복 있는 사람

오직 하나님 말씀에 사로잡혀 밤낮 성경말씀 곱씹는 그대!
에덴에 다시 심긴 나무, 달마다 신선한 과실 맺고 잎사귀 하나 지는 일 없이,
늘 꽃 만발한 나무라네.(시편 1:2-3, 메시지)

나는 저자에게 직접 『메시지』의 저술 동기를 물은 적이 있습니다. 유진은 순전히 '목회적 동기'였다고 대답했습니다. 교인들이 성경 읽기를 너무 어려워하고, 말은 안 하지만 성경 읽기의 당위성을 알면서도 그렇게 못하고 있는 죄책감에서 교인들을 해방시키고 즐겁게 성경을 읽을 수 있도록 도울 길은 없을까를 고민했다고 합니다. 그 결과가 이 책 『메시지』입니다. 나는 지난 수년 동안 영어 성경을 이 『메시지』로 읽어 왔습니다. 얼마나 쉽고 흥미까지 있는지요! 그러면서도 이 책은 성경 원문의 표현을 벗어나지 않는 학문적 엄밀성까지 지키고 있습니다. 나는 성경에 흥미를 느끼며 성경을 독파할 다시없는 우리 시대의 대안으로, 단연 유진 피터슨의 『메시지』를 추천하고 싶습니다.

이동원 목사 지구촌교회

성경은 자구(字句)를 따져 가며 세심히 읽어야 하는 진리의 말씀입니다. 그뿐만 아니라, 성경은 하나님께서 우리를 인격적 존재로 대하시며 건네시는 생생한 일상의 말씀이기도 합니다. 그 살아 있는 말씀으로 하나님의 마음을 느끼며 신앙의 내용도 바로 이해하게 될 때, 우리는 더욱 성숙한 믿음으로 나아가게 될 것입니다. 그 길로 나아가는 데 이 책 『메시지』는 크나큰 유익을 줄 것이라 기대합니다.

박영선 목사 남포교회

유진 피터슨의 『메시지』 완간을 우리 모두가 오랫동안 기다려 왔습니다. 그의 탁월한 글솜씨와 함께 현대적 감각의 생생한 언어로 성경을 흥미롭게 풀어 우리 곁에 다가온 『메시지』는 성도들의 영적 삶에 큰 변화를 가져올 기회가 되리라 확신합니다. 어렵게 여기던 성경과의 거리감을 없애고 친밀하게 다가갈 수 있게 함으로 그야말로 '열린 성경'이 되어 더 많은 독자들을 만날 수 있게 되었습니다. 말씀이 거침없이 읽힐 때 어떤 일이 일어날지 참으로 기대와 함께 흥분이 됩니다.

이규현 목사 수영로교회

문자로 기록된 성경은 하나님의 말씀이다. 거기에는 하나님의 깊은 뜻이 담겨 있다. 성경에 담겨 있는 깊은 뜻은 어느 시대 어떤 번역자에 의해서도 완전하게 드러낼 수 없다. 시대의 상황에서 최선을 다한 번역일 뿐이다. 유진 피터슨의 『메시지』는 우리 시대에 살고 있는 사람들에게 하나님의 깊은 뜻을 가장 적절하게 잘 드러낸 최선의 번역이라는 찬사를 아끼지 않는다. 이름 그대로 독자들에게 살아 있는 메시지로 들려질 수 있는 번역이다. 어느 때보다 하나님의 말씀에 목말라하는 이때에, 이 『메시지』가 많은 독자들에게 영의 양식이 될 줄 확신하는 바이다.

임영수 목사 모새골 공동체

저는 『메시지』 성경을 읽으면서, 성경 읽기를 무척이나 어려워하는 우리 성도들이 떠올랐습니다. 묵상은커녕 성경을 하루 한 장 읽기에도 바쁜 오늘날, 『메시지』는 한국교회에 참 귀한 선물입니다. 저는 성도를 말씀으로 깨워 각자의 삶 속에서 예수님 닮은 모습으로 서도록 도와주는 일이 목회자의 본질적인 사명이라 확신하며 사역해 왔습니다. 그러한 목회자의 마음이 담긴 『메시지』는, 어렵게만 느껴지던 성경을 우리 일상의 언어로 풀어 주어 성도 스스로 삶 속에서 말씀으로 하나님과 관계 맺도록 도와줍니다. 진정한 그리스도인의 영성은 구체적이고 실천적인 '일상의 영성', '삶의 영성'입니다. 『메시지』를 통해 한국교회의 성도들이 말씀의 깊은 세계로 뛰어들어 그 말씀대로 살기 위해 씨름하는, 주님의 참된 제자로 세워지기를 소망합니다.

이찬수 목사 분당우리교회

성에 낀 창가, 흐린 불빛 아래 앉아 시린 손을 호호 불며 시를 쓰던 지바고를 생각한다. 그리고 말씀의 지층을 탐사하면서, 곱씹은 말씀 한 자 한 자를 명징한 언어로 옮기느라 골똘했을 한 사람을 생각한다. 『메시지』의 행간에는 각고의 세월 동안 그가 흘렸을 눈물과 탄식, 기쁨과 감동이 배어 있다. 그 행간까지도 읽으려 한 번역자들과 편집자들의 노고도 눈물겹다. 아브라함 요수아 헤셸은 현대인을 가리켜 '메시지를 잃어버린 메신저'라 했다. 그런 현대인들에게 이 한 권의 책은 우리가 잃어버린 혹은 잊고 있는 본래적 삶을 되찾도록 도와줄 것이다. 성경의 세계와 깊이 만날 수 있는 또 하나의 창을 얻은 기분이다.

김기석 목사 청파교회

우리 교회는 성경을 읽을 때 두 가지 번역본을 사용하려고 합니다. 하나는 개역개정 성경이고, 하나는 『메시지』라는 의역 성경입니다. 특히, 『메시지』란 성경을 적극적으로 활용해 주시기를 바랍니다. 이미 성경을 여러 번 읽으셨던 분들은 새로운 번역본으로 읽으면서 성경의 새로운 의미를 깨달을 수 있을 것입니다. 그리고 처음 성경을 읽는 분들은 현대어로 번역된 이 성경을 통해 성경의 의미를 쉽게 파악할 수 있을 것입니다. 말씀을 통해 우리의 심령에 주실 하나님의 은혜의 단비를 사모합니다.

정현구 목사 서울영동교회

유진 피터슨의 『메시지』는 묵상 성경이다. 유진 피터슨은 문학적 상상력과 신학적 치밀성이 통합된 아주 놀라운 성경 해석가요 설교자다. 그의 풍요로운 문학적 상상력이 신학적 경직을 훌쩍 건너뛰어, 그의 모든 글들을 풍요롭고 자유롭고 아름답게 해준다. 딱딱한 성경의 이야기(narrative)를 흥미롭고 풍요로운 시적 언어로 다시 풀어내어 신선한 통찰력이 넘치는 새로운 이야기로 전하는 '스토리텔링 바이블'이 바로 『메시지』이다.

이문식 목사 광교산울교회

저는 『메시지』의 출판을 정말 오랫동안 기다려 왔습니다. 1996년도 안식년에 저는 리젠트 칼리지에 머물면서 저자도 만나고 그의 저서들도 접하게 되었습니다. 그때 『메시지』를 소개받고 읽으며 얼마나 좋아했는지 모릅니다. 그리고 그때부터 저는 한국어판의 간행을 기다려 왔습니다. 벌써 15년이나 되었네요. 이 책의 출간을 진심으로 기뻐하며 추천합니다. 여러분 모두 성경처럼 옆에 두고 읽어 보십시오. 은혜가 되고 영감이 떠오를 것입니다.

정주채 목사 향상교회

성경은 하나님에 대하여 어디서도 얻을 수 없는 살아 있는 정보를 가득 담고 있는 세상에서 가장 소중한 책이지만, 성경 원어가 모국어가 아닌 모든 사람에게 늘 쉽지 않은 책이기도 하다. 유진 피터슨은 문화와 시간의 벽을 뛰어넘어 그 소중한 의미를 밝혀 주는 번역과 의역 작업을 통해 우리를 성경 말씀에 더 가까이 나아가게 만든다. 한국인에 의한 한국판 『메시지』가 나올 때까지, 이 책은 우리 모두에게 축복의 보고가 될 것이다.

김형국 목사 나들목교회

『메시지』는 변함없는 진리의 말씀을, 지금 이 시대의 평범하고 일상적인 단어들에 담아 생동감 있게 전해 줍니다. 성경의 원문에 충실한 바른 번역이 살아 있는 언어로 더욱 빛을 발하는 『메시지』는, 성경을 처음 읽는 사람이든 오랫동안 상고해 온 사람이든, 누구에게나 깊이 파고드는 생명력 있는 진리의 귀한 통로가 될 것입니다. 이 시대의 젊은이와 미래를 이끌어 갈 다음 세대에게 생명을 살리는 도구로 크게 쓰일 것입니다.

오정현 목사 사랑의교회

유진 피터슨의 『메시지』는 이미 영어권 독자에게는 '뉴욕타임스'처럼 매일 읽을 수 있는 책으로 자리 잡았다. 그러나 『메시지』는 단순히 사건에 대한 기사를 읽고 아는 것에 그치지 않고 '거룩한 독서', '영적 독서' 렉티오 디비나(lectio divina) 전통이 해온 것처럼 읽고, 묵상하고, 기도하고, 일상의 구체적 삶에서 말씀을 삶으로 살아 내도록 배려한다. 따라서 오늘도 여전히 살아 계셔서 말씀하시는 하나님이 성경을 통해서 말씀하시고 계신 것을 『메시지』를 통해서 체험하게 될 것이고 읽는 이들이 성경을 더욱더 사랑하게 될 것이라 믿고 진심으로 추천한다.

강영안 미국 칼빈신학대학원 철학신학 교수, 서강대학교 철학과 명예교수나는 『메시지』 출간으로, 한반도에 사는 남과 북의 사람들이 성경이 읽고 이해할 수 있는 책이라는 것을 알게 되리라고 확신한다. 유진 피터슨은 보통 사람들의 일상 언어로 성경을 번역했지만 학문적인 엄밀성도 갖춰, 젊은 사람이나 나이 든 사람, 성경을 공부해 온 사람이나 성경을 한 번도 읽은 적 없는 사람 모두에게, 하나님의 말씀이 "살아 있는" 말씀이 되게 했다. 하나님께서 『메시지』를 사용하셔서, 이 땅 한반도가 그분의 살아 있는 말씀으로 가득 채워지기를 기도한다.

오대원 예수전도단 설립자

포스트모던 시대에 교회가 유념해야 하는 사실은 매체가 메시지가 된다는 점입니다. 교회가 간직해 온 가장 소중하고 핵심적인 매체는 하나님의 말씀인 성경인데, 그간 다양한 번역이 나오기는 했지만 아직도 개역이나 개역개정에 대해 많은 사람들이 어렵다는 반응을 보이고 있습니다. 이처럼 한국교회의 매체는 여전히 어렵고 접근하기 불편한 것이 사실입니다. 성경이라는 매체가 '교회는 어려운 곳'이라는 메시지를 전한다면 안타까운 일입니다. 유진 피터슨의 『메시지』는 이미 영어권에서는 폭발적인 반응을 일으킨 바 있습니다. 이 『메시지』가 우리나라의 독자들에게도 전해지게 되어 기쁘게 생각합니다. 바라기는 『메시지』가 우리와 함께하시는 임마누엘의 하나님을 대면하는 새로운 매체가 되어, 교회의 문호가 모든 사람에게 활짝 열려 있다는 메시지도 함께 전달되기를 기대합니다.

김중안 전 한국기독학생회 IVF 대표

"말씀이 육신이 되어……." 육신이 된 말씀은 역사의 분기점마다 새 세상을 창조하는 영감과 통찰, 그리고 힘의 원천이었다. 위대한 개혁의 시대에는 일상의 언어, 보통 사람의 말로 생생하게 살아 펄떡이는 말씀이 있었다. 위클리프의 성경이, 루터의 성경이, 암울했던 일제 강점기에는 개역성경이, 그리고 이제 우리에게는 『메시지』가 주어졌다. 주님께서는 우리 시대 또 어떤 역사를 시작하실 것인가?

이윤복 전 죠이선교회 대표

원어의 운율과 숙어적인 의미를 살리면서도 편안하게 빠져서 읽을 수 있는 『메시지』를 우리말로 읽을 수 있게 됨을 환영한다. 우리말로 옮기면서 운율과 어감이 다소 달라졌지만, 성경을 살아 있는 메시지로 듣고자 하는 이들의 보조성경으로 흔쾌히 권하련다.

권영석 전 학원복음화협의회 상임대표

기독교는 창조주 하나님께서 친히 속내를 드러내신 계시의 종교다. 성경은 영원한 하나님의 진리를 제한된 사람의 언어로 담아낸 책으로, 평범한 사람이 이해하도록 배려하신 하나님의 커뮤니케이션이다. 그러나 역사상 수많은 번역이 난삽하거나 고전적 표현을 고집함으로써 성경의 메시지로부터 일반인을 격리시키는 오류를 범하곤 했다. 개역성경도 긴 시간이 흐르면서 현대인이 쉽게 읽기 어려운 책이 되고 말았다. 유진 피터슨의 『메시지』가 우리말로 번역된 것을 보니 오랜 가뭄에 단비같이 반가운 소식이다. 이 탁월한 '성경 옆의 성경'을 통해, 하나님의 말씀이 독자의 삶에 친숙하고 풍성하게 되살아나는 축복이 있기를 바란다.

정민영 전 국제 위클리프 성경번역선교회 부대표

개역성경, 솔직히 좀 어려운 게 사실이지만 다들 쓰니까 어쩔 수 없이 들고 다녀야 했다. 다른 현대어 성경, 좀 밋밋하고 아쉬운 구석이 많아 영어 성경 보듯 가끔 참고만 했다. 유진 피터슨의 『메시지』 성경, 오랜만에 앉은자리에서 책 읽듯이 쭉 읽고 묵상하고 싶게 만드는 성경이다. 못 믿겠으면 지금 당장 로마서 12장 1-2절을 찾아 읽어 보라!

서재석 Young2080 대표

『메시지』 성경의 출간은 오랫동안 기다려 왔던 일입니다. 왜냐하면 성경을 오늘날의 언어로 이해할 수 있는 탁월한 성경이기 때문입니다. 『메시지』를 통해 많은 사람들이 성경의 진수를 오늘의 생각과 언어 그리고 정서로 이해할 수 있었으면 좋겠습니다. 성경을 손에 잡히는 언어로 이해하고 묵상하기에 가장 훌륭한 도구가 될 것입니다.

한철호 미션파트너스 상임대표

말씀에 목마른 사람들이 있습니다. 말씀 없이는 단 한 순간도 살아갈 수 없는 사람들입니다. 저는 컴패션 현지에서 가난 속에서 몸부림치며 하나님 말씀 붙들고 일어나는 수많은 어린이와 부모들을 만납니다. 그들과 만나면, 말씀의 능력 앞에 엎드릴 수밖에 없습니다. 그 말씀에 가장 좋은 친구가 되는 『메시지』를 통해 말씀의 살아 있음을 더욱 깊이 경험하게 되기를 바랍니다.

서정인 국제어린이양육기구 한국컴패션 대표

『메시지』는 평소에 늘 곁에 두고 읽고 싶은 성경입니다. 마침내 본문 전체가 번역되다니, 얼마나 기쁜지요! 유진 피터슨은 많은 책에서 일상의 영성을 강조하는데, 우리의 구체적인 삶 가운데 함께하시는 하나님을 깨닫고 만나는 데 『메시지』가 많은 도움을 주리라 믿습니다. 『메시지』를 읽고 잠잠히 묵상하는 가운데, 수천 년 전 살았던 성경 속 인물들이 지금 우리 곁에서 이야기하는 듯한 놀라운 경험을 하게 될 것입니다.

문애란 G&M 글로벌문화재단 대표

『메시지』는 이 시대의 언어로 성경 속 그 시절을 물 흐르듯 자연스럽게 만나게 합니다. 『메시지』를 통해 더 많은 이들이 우리를 향한 하나님의 계획하심과 일하심을 생생하게 느끼기를, 나아가 예수님을 알지 못하는 이들 역시 지금 이 순간에도 살아 역사하시는 하나님을 뜨겁게 맞이하기를 소망합니다.

김경란 전 KBS 아나운서

『메시지』 성경의 뛰어난 가독성은, 하나님의 말씀인 성경이 이렇게 빨리 읽히고 이렇게 쉽게 이해되어도 괜찮나, 하는 생각이 들어 문득 독서를 멈출 정도이다. 그렇지만 성경이 왜 잘 안 읽히고 이해되기 어려운 책이어야 한단 말인가. 일상의 언어와 시대의 문장에 담겨 우리를 찾아온 새로운 버전의 이 성경은 하나님의 말씀이 얼마나 친근하고 가까운지를 새삼 상기시킨다. 말씀이 그분의 임재의 현장임을 믿는다. 『메시지』 성경의 생생하고 과감한 현대적 표현을 통해 우리는 어제와 마찬가지로 오늘도 동일하게 활동하시는 성령의 역동적인 운행을 경험하며 놀란다.

이승우 소설가, 조선대학교 문예창작학과 교수

『메시지』가 다른 쉬운 번역 성경과 차별되는 독특함은, 번역과 의역을 넘나드는 그 문학성 때문이다. 『메시지』는 딱딱한 성경의 이야기성(narrative)을 멋지게 되살려 낸, 이 시대를 사는 그리스도인들에게 참 반가운 선물이다. 『메시지』는 피터슨의 학문적인 토대 위에서 30여 년간의 목회 사역과 그의 문학적 소양이 빚어낸 역작이다. 하지만 역설적으로 『메시지』는 유진 피터슨의 책이 아니다. 그는 창작자가 아니라 통역자이기 때문이다. 하나님이 말씀하시고, 피터슨 목사는 알아듣기 쉬운 언어로 그 말씀을 전하는 또 한 명의 도구일 뿐이다. 이 지혜로운 동네 목사님이 준비해 주신 말씀이 우리 안에서 살아 내지도록 하는 것만이 그 은혜에 보답하는 길이리라.

고(故) 안수현 『그 청년 바보의사』 저자

제가 이스라엘에서 10년간 사역하면서 누린 최고의 복은, 이스라엘의 역사 · 지리 · 문화에 대한 폭넓은 이해를 통해 성경을 역사 드라마처럼 익사이팅하게 읽을 수 있게 되었다는 점입니다. 유진 피터슨의 『메시지』 또한 성경 속 이야기를 눈앞에서 움직이듯이 생생히 전달해 주어 성경을 더욱 친근하고 입체적으로 이해하도록 돕습니다. 이 책을 통해, 풍성하고 벗어날 수 없는 성경의 매력에 푹 빠져 보시기 바랍니다.

류모세 『열린다 성경』 저자

『메시지』는 유진 피터슨의 35년간의 목회 경험과 신학 교수로서의 전문성이 집약된 '읽는 성경'이다. 학자적 엄밀성뿐 아니라 공역 성경이 줄 수 없는 친근함과 정겨움이 넘쳐나는 이 책은, 기독교인과 일반인 모두에게 성경을 더욱 가까이하는 계기를 제공한다.

「국민일보」

『메시지』는 마치 다리와도 같다. 성경과 사람들 사이에 다리를 놓아 우리로 하여금 바로 일상에서 말씀하시는 것 같은 생생한 어조로 진리를 듣게 해준다.

하덕규 CCM 아티스트

유진 피터슨은 일상과 사람과 영성을 따로 보지 않았습니다. 『메시지』에는 뭇 백성을 향한 애끓는 사랑과 그분을 향한 한결같은 장인 정신이 살아 있습니다. 예수가 사람이 되어 오신 사랑과 연민을 그는 『메시지』를 통해 실천했습니다.

홍순관 CCM 아티스트

『메시지』의 출간을 독자의 한 사람으로 기다리고 있었습니다. 따뜻하고 친절한 저자의 배려가 글 한 구절 한 구절에 담겨져 있는 듯합니다. 덕분에 쉽게 펼쳐 보지 못했던 성경의 구석구석을 『메시지』와 함께 여행할 수 있어 읽는 내내 가슴 설레고, 인생이라는 여행길에 걸음걸음 흥겨움을 줍니다. 고맙습니다. 좋은 책을 만나게 해주셔서…….

조수아 CCM 아티스트

하나님은 인간의 언어를 사용하여 우리의 수준으로 말씀하셨다. 신약성경이 코이네(평범한) 그리스어로 쓰여진 것도 바로 그 맥락일 것이다. 『메시지』는 누구나 이해할 수 있는 일상의 언어로 우리에게 말씀하신 그 놀라운 성육신의 은혜를 고스란히 담아내고 있다.

조준모 CCM 아티스트, 한동대학교 국제어문학부 교수

일상을 사는 일과 말씀을 읽고 그 말씀을 일상 속에 해석하고 또한 비추어 내는 일은 늘 어려운 숙제 같습니다. 여기 이 책이 그 여정 가운데 도움이 되지 않을까 싶습니다.

한웅재 CCM 아티스트

『메시지』 예언서 감수자

『메시지』는 목회자의 마음으로 번역된 성경이다. 독자에게 하나님의 마음을 전달하려는 간절한 목자의 마음이 문체와 어조 속에 잘 반영되어 있다. 유진 피터슨은 자신이 목회하는 교회의 회중의 눈높이에 맞춰, 현대인의 접근을 어렵게 만드는 성경의 구절들을 일상의 언어로 탁월하게 번역해 냈다.

김회권 교수 숭실대학교 구약학

구약의 예언서를 『메시지』로 읽으면, 구약의 예언자들이 마치 오늘 우리를 향해 외치는 소리를 듣는 듯한 기분이 든다. 성경을 현대적으로 번역한 『메시지』 예언서는, 예언자들과 우리 시대의 문화적 간극을 상당히 극복해 준다. 이 때문에 『메시지』를 읽는 누구나 구약의 예언서를 짧은 시간 안에 통독할 수 있게 된다. 예언자들의 준엄한 책망에 마음이 뜨끔해지다가도, 하나님의 사랑에 다시 마음이 뜨거워진다. 이런 순간을 반복하면서 어느새 예언서의 책장을 다 넘기게 된다. 무엇보다도 예언자들의 목소리가 사라진 한국 교회에 꼭 필요한 번역이라고 생각한다.

김구원 교수 개신대학원대학교 구약학

종교개혁의 중요한 공헌 가운데 하나는, 신부들의 전유물처럼 여겨진 라틴어로 된 성경을 각 나라말로 번역하여 평신도들이 직접 성경을 읽게 함으로써 성경 중심의 신앙을 세운 것이다. 한국에서는 예배용으로 사용되는 개역성경의 전통이 있고 최근에 다양한 성경이 보급되었지만, 여전히 신앙인들이 쉽게 성경을 읽기에는 장애물들이 있는 실정이다. 이러한 상황에서, 성경 옆의 성경 『메시지』는 성경이 신앙인들에게 더 가까이 다가가게 만드는 역할을 한다는 면에서 반갑지 않을 수 없다. 나 자신도 감수를 하면서 쉬운 일상의 말로 번역된 성경의 이야기가 통전적으로 다가오는 편안함을 느낄 수 있었다. 『메시지』가 한국어를 사용하는 신앙인들에게 성경의 오묘한 세계로 들어가는 친절한 친구가 되기를 소망한다.

배정훈 교수 장로회신학대학교 구약학

유진 피터슨이 풀어가는 『메시지』는 참으로 파격적이다. 워낙 파격적이어서 어떤 부분에서는 히브리어 본문보다 한 걸음 더 나아간 듯 보이기도 한다. 주어진 본문의 일점일획을 강조하는 오늘의 우리는 그의 번역을 따라가기가 주저되기도 한다. 그러나 성경 번역의 가장 기본적인 목적이 그때에 주어진 말씀을 오늘의 우리가 이해할 수 있도록 돕는 것, 다시 말해 '과거와 현재의 소통'이라고 할 때, 『메시지』는 일관되게 이 목적에 충실하다. 『메시지』를 읽다 보면 성경에 이런 말씀이 있었는지 깜짝 놀라게 될 것이다. 이렇게 파격적인 표현이 있었던가 싶을 것이며, 개역개정판을 다시 들추어 보게 될 것이다. 그렇게 두 번역본을 서로 대조해 보게 하고, 또 다른 번역들을 확인해 보게 만든다는 점으로도 『메시지』의 가치는 매우 특별하다.

김근주 교수 기독연구원 느헤미야 전임연구위원

『메시지』의 미덕은 두 가지다. 무엇보다 성경을 막힘없이 읽을 수 있게 해준다. 하나님의 거대한 이야기를 만들었던 소소한 일상 속에서 사람들이 웃고 떠들고 화내고 슬퍼하던 소리를 생생히 듣는다. 그들과 함께했던 하나님의 일하심을 또렷하게 본다. 이것이 『메시지』의 잘 알려진 첫 번째 미덕이다. 그런데 『메시지』의 두 번째 미덕은 첫 번째 미덕과는 반대의 성격을 띤다. 『메시지』는 종종 성경을 읽는 걸음을 멈추게 한다. 하나님의 말씀이 잘 들리지 않는 이유 중 하나는 우리가 그 말씀에 너무 "익숙해져" 있기 때문이다. 익숙한 말은 더 이상 들리지 않는다. 더 이상 설레지도 않는다. 그런데 『메시지』는 하나님의 말씀을 낯설게 한다. 이런 말씀이 성경에 있었단 말인가? 말씀을 낯설게 하기, 이것이 『메시지』의 두 번째 미덕이다. 이런 낯설음이 정말로 성경이 무엇을 말하고 있는지 다시금 꼼꼼히 살펴보는 계기가 된다면, 『메시지』는 '성경 옆의 성경'이라는 소임을 성공적으로 수행한 것이다. 『메시지』를 통해 하나님 말씀을 가슴 설레며 읽게 되는 것, 그 하늘의 복을 모든 독자들이 누릴 수 있기를 바란다.

전성민 교수 밴쿠버 기독교세계관대학원 원장

『메시지』는 내가 아는 성경의 최근 번역본 중에 가장 역동적인 성경이다. 『메시지』는 아이들도 이해할 수 있는 성경이다. 성경을 많이 읽어 온 사람은 이 『메시지』를 통해 예수님의 말씀을 전혀 새로운 눈으로 보게 될 것이다.

빌리 그레이엄

『메시지』는 하나님 말씀을 교인들에게 전하려고 했던 피터슨의 목회 경험에서 나온 책이다. 『메시지』를 통해 가장 큰 유익을 얻을 사람은, 성경을 읽어도 이해가 되지 않아 성경을 덮어 버린 사람이다. 또한 깊이 생각하며 진리를 추구하지만 아직 말씀을 받아들일 준비가 되어 있지 않은 사람이다. 놀랍게도 『메시지』는, 일상적인 언어로 저들에게 강렬하게 다가가서 살아 있는 말씀이 된다.

달라스 윌라드 『하나님의 모략』 저자

『메시지』는 성경 본래의 목소리를 생생한 언어로 전해 주는 성경이다. 강력하게 추천한다.

리처드 포스터 『영적 훈련과 성장』 저자

학자적 엄밀성과 생생한 표현이 잘 어우러진 유진 피터슨의 『메시지』는, 다양한 성경 번역본 가운데 단연 돋보이고 뛰어난 성경이다. 성경 원문의 논리적 흐름과 활력적인 정서, 함축된 의미들이 탁월하게 되살아난다.

제임스 I. 패커 『하나님을 아는 지식』 저자

『메시지』는 오늘날 살아 있는 일상의 언어로 말하는 성경이다. 유진 피터슨의 탁월한 언어 감각은 『메시지』만의 고유한 특징이다.

고든 피 『성경을 어떻게 읽을 것인가』 저자

우리는 전 교인과 함께 『메시지』를 읽었고, 지금도 계속해서 읽고 있다.

릭 워렌 『목적이 이끄는 삶』 저자

나는 『메시지』에서 단어를 읽을 뿐 아니라, 단어 뒤에서 말하는 소리까지도 듣게 된다. 『메시지』는 우리 눈에 읽히고 귀로도 들려서, 성경 속으로 들어가는 문을 활짝 열어 준다.

마이클 카드 CCM 아티스트

피터슨 목사님, 안녕하세요? 저는 그룹 U2의 싱어인 보노입니다. 성경 본문을 이렇게 멋지게 번역하신 그 수고에 대해서 저와 저희 밴드가 감사의 마음을 전하고 싶습니다. 정말이지 너무 훌륭합니다. 그동안 많은 훌륭한 번역들이 있었지만 제 자신의 언어 그대로 이야기해 주는 이런 성경은 처음이었어요. 10년이라는 시간, 참 긴 시간이죠. 이젠 좀 쉬셔야죠? 안녕히.

보노 록그룹 U2 리드싱어

『메시지』는 한 번 손에 들면 놓을 수 없는 책이다. 다음에 어떤 내용이 있을지 궁금해서 계속해서 읽게 되고, 읽다 보면 끊임없이 놀라게 된다. 『메시지』의 신선한 관점과 형식은 예수님에 관한 사실들을 단번에 읽어 내는 경험을 가져다줄 것이다.

에이미 그랜트 CCM 아티스트

성경의 이야기를 새롭고 신선하게 보는 눈을 열어 준 이 책을 처음 만난 것이 아주 오래전 일인 것 같다. 이제 『메시지』를 읽고 싶어 하는 저 수많은 사람들의 명단에 내 이름이 올라 있다. 『메시지』는 내게 너무도 소중한 친구이다.

맥스 루케이도 『예수님처럼』 저자

유진 피터슨 덕분에 이 시대 모든 이들이 성경을 흥미롭고 강력하고 감미롭고 날카롭고 설득력 있고 통렬하고 인간적이고 현대적이고 따뜻하고 극적으로 읽을 수 있게 되었다.

월터 왱어린 『오직 나와 내 집은』 저자

나는 『메시지』의 한 구절을 읽고, 다시 읽고 생각한다. '아, 이것이 그런 뜻이었구나!' 피터슨은 우리에게 평생의 선물을 주었다.

레베카 피펏 『빛으로 소금으로』 저자

놀랍다! 나는 항상 『메시지』를 가지고 다닌다. 『메시지』는 어디를 가든 꺼내 보고 싶은 보화다.

조니 에릭슨 타다 『하나님의 눈물』 저자

『메시지』는 나를 사로잡아 놀랍도록 살아 있게 한다. 『메시지』는 경이와 흥분, 인간의 진정한 언어와 감정으로 가득 차 있다.

프레드릭 뷰크너 『하나님을 향한 여정』 저자

『메시지』를 주신 하나님께 감사드린다. 유진 피터슨은 『메시지』를 통해 교회가 성경을 새롭게 읽을 수 있게 해주었다.

『크리스채너티 투데이』

『메시지』 구약 원서 감수자

로버트 L. 허버드 Jr. | 노스 파크 신학교 구약학 교수
리처드 E. 에버벡 | 트리니티 복음주의 신학교 구약학 교수
피터 E. 엔즈 | 이스턴 대학교 구약학 교수
듀안 A. 개럿 | 남침례 신학교 구약학 교수
프레스콧 H. 윌리엄스 Jr. | 전 오스틴 장로교 신학교 구약학 교수
브라이언 E. 베이어 | 컬럼비아 인터내셔널 대학교 인문대 교수
레이머 E. 쿠퍼 | 크리스웰 칼리지 구약학 교수
도널드 R. 글렌 | 댈러스 신학교 구약학 명예교수
폴 R. 하우스 | 비슨 신학교 구약학 교수
V. 필립스 롱 | 리젠트 칼리지 구약학 교수
트렘퍼 롱맨 3세 | 웨스트몬트 칼리지 구약학 교수
존 N. 오스월트 | 애즈베리 신학교 구약학 교수
리처드 L. 프랫 Jr. | 리폼드 신학교 구약학 교수
존 H. 월튼 | 휘튼 칼리지 구약학 교수
마빈 R. 윌슨 | 고든 칼리지 구약학 교수

『메시지』 예언서 한국어판 작업에 도움을 준 이들

번역

이종태 | 서울여자대학교 교목실장, 번역가(『메시지』『순전한 기독교』『다윗: 현실에 뿌리박은 영성』 등 다수)

책임 감수

김회권 | 숭실대학교 기독교학과 교수, 『청년설교 시리즈』『하나님 나라 신학 강해 시리즈』 저자

신학 감수

김구원 | 개신대학원대학교 구약학 교수

김근주 | 기독연구원 느헤미야 전임연구위원

배정훈 | 장로회신학대학교 구약학 교수

전성민 | 밴쿠버 기독교세계관대학원 원장

영문 감수

홍종락 | 전문 번역가(『메시지』『올 댓 바이블』『피고석의 하나님』『영광의 무게』 등 다수)

편집 및 독자 감수

『메시지』 한국어판이 약 10년에 걸쳐 완간되기까지, 복 있는 사람 출판사에서 오랫동안 수고해 온 멤버들과 개교회 목회자, 선교단체 간사, 신학생들 그리고 무명의 독자들의 날카롭고도 애정어린 편집 및 감수의 손길이 『메시지』 곳곳에 배어 있다.

메시지 | 예언서영한대역

2013년 8월 14일 초판 1쇄 발행
2025년 7월 8일 양장판 1쇄 인쇄
2025년 7월 21일 양장판 1쇄 발행

지은이 유진 피터슨
옮긴이 이종태
감수자 김회권
펴낸이 박종현

(주) 복 있는 사람
주소 서울특별시 마포구 연남동 246-21(성미산로23길 26-6)
전화 02-723-7183(편집), 7734(영업·마케팅)
팩스 02-723-7184
이메일 hismessage@naver.com
등록 1998년 1월 19일 제1-2280호

ISBN 979-11-7083-280-5 04230

THE MESSAGE: The Old Testament Prophets
by Eugene H. Peterson

Originally published in English in the USA under the title
THE MESSAGE: The Bible in Contemporary Language by Eugene H. Peterson

메시지 | 예언서영한대역

THE MESSAGE

The Old Testament Prophets

Eugene H. Peterson

The MESSAGE

메시지 영한대역
예언서

유진 피터슨

복 있는 사람

차례

일러두기

- 유진 피터슨의 『메시지』 영어 원문을 번역하면서, 한국 교회의 실정과 환경을 고려하여 『메시지』 한글 번역본의 극히 일부분을 의역하거나 문장과 용어를 바꾸었다.

한국의 독자에게

한국의 많은 친구들이 하나님의 말씀, 이 귀한 성경 말씀을 오늘의 언어로 된 새로운 번역으로 읽게 된다니 기쁘기 그지없습니다.

하나님의 말씀—하나님은 말씀하시고, 언어를 사용하십니다—은 세상과 우리 안에서 벌어지는 모든 일, 글자 그대로 모든 일의 기초입니다. 성경의 첫 페이지에는 "하나님께서 말씀하셨다"가 아홉 번이나 나옵니다. 하나님이 말씀하시면, 일이 생겨납니다. 우리가 존재하게 됩니다. 성경은 하나님이 말씀하실 때 생겨나거나 존재하게 되는 일들의 이야기입니다. 그 이야기는 우리가 자녀와 부모 간에, 친구와 이웃들과 이야기할 때 사용하는 언어와 똑같은 언어로 말하고 기록되었습니다. 그러므로 하나님의 백성이, 하나님이 누구시며 그분이 무슨 일을 하시는지를 계시해 주는 말씀을 읽는 데 계속해서 열심을 내는 것은 놀랄 일이 아닙니다. 참으로 놀라운 사실은, 하나님의 백성인 우리가 모든 것을 포괄하는 그 거대한 창조와 구원의 이야기에 등장하고, 그 이야기에 참여하고 있으며, 그 이야기를 살아 낸다는 것입니다.

여러분이 이 책을 펴서 읽는 동안, 기독교 신앙과 모든 삶의 핵심에 자리한 그 거대한 대화 속으로 들어가기를, 하나님이 말씀하시고 여러분이 응답하는 대화 속으로 들어가기를 간절히 바랍니다.

유진 피터슨

『메시지』를 읽는 독자에게

『메시지』에 독특한 점이 있다면, 현직 목사가 그 본문을 다듬었기 때문일 것이다. 나는 성경의 메시지를 내가 섬기는 사람들의 삶 속에 들여놓는 것을 내게 주어진 일차적 책임으로 받아들이고 성인 인생의 대부분을 살아왔다. 강단과 교단, 가정 성경공부와 산상수련회에서 그 일을 했고, 병원과 양로원에서 대화하면서, 주방에서 커피를 마시고 바닷가를 거닐면서 그 일을 했다. 『메시지』는 40년간의 목회 사역이라는 토양에서 자라난 열매다.

인간의 삶을 만들고 변화시키는 하나님의 말씀은, 내가 『메시지』 작업을 하는 동안 정말로 사람들의 삶을 만들고 변화시켰다. 우리 교회와 공동체라는 토양에 심겨진 말씀의 씨앗은, 싹을 틔우고 자라서 열매를 맺었다. 현재의 『메시지』를 작업할 무렵에는, 내가 수확기의 과수원을 누비며 무성한 가지에서 잘 영근 사과며 복숭아며 자두를 따고 있다는 기분이 들곤 했다. 놀랍게도 성경에는, 내가 목회하는 성도며 죄인인 사람들이 살아 낼 수 없는 말씀, 이 나라와 문화 속에서 진리로 확증되지 않는 말씀이 단 한 페이지도 없었다.

내가 처음부터 목사였던 것은 아니다. 원래 나는 교사의 길에 들어서서, 몇 년간 신학교에서 성경 원어인 히브리어와 그리스어를 가르쳤다. 남은 평생을 교수와 학자로 가르치고 집필하고 연구하며 살겠거니 생각했었다. 그러다 갑자기 직업을 바꾸어 교회 목회를 맡게 되었다.

뛰어들고 보니, 교회는 전혀 다른 세계였다. 제일 먼저 눈에 띈 차이는, 아무도 성경에 별로 관심이 없어 보인다는 점이었다. 얼마 전까지만 해도, 사람들은 내게 돈을 내면서까지 성경을 가르쳐 달라고 했는데 말이다. 내가 새로 섬기게 된 사람들 중 다수는, 사실 성경에 대해 아무것도 몰랐다. 성경을 읽은 적도 없었고, 배우려는 마음조차 없었다. 성경을 몇 년씩 읽어 온 사람들도 많았지만, 그들에게 성경은 너무 익숙해서 무미건조하고 진부한 말로 전락해 있었다. 그들은 지루함을 느낀 나머지 성경을 제쳐 둔 상태였다. 그 양쪽 사이에 있는 사람은 많지 않았다. 내가 가장 중요하게 여긴 일은, 성경 말씀을 그 사람들의 머리와 가슴 속에 들여놓아서, 성경의 메시지가 그들의 삶이 되게 하는 것이었다. 그러나 거기에 관심을 갖는 사람은 거의 없었다. 신문과 잡지, 영화와 소설이 그들 입맛에 더 맞았다.

결국 나는, 바로 그 사람들에게 성경의 메시지를 듣게—정말로 듣게—해주는 일을 내 평생의 본분으로 삼게 되었다. 그것이야말로 확실히 나를 위해 예비된 일이었다.

나는 성경의 세계와 오늘의 세계라는 두 언어 세계에 살고 있었다. 나는 언제나 그 두 세계가 같은 세계인 줄 알았다. 그러나 사람들은 그렇게 보지 않았다. 나는 어쩔 수 없이 "번역가"(당시에는 그런 표현을 쓰지 않았지만)가 되었다. 날마다 그 두 세계의 접경에 서서, 하나님이 우리를 창조하시고 구원하시고 치유하시고 복 주시고 심판하시고 다스리실 때 쓰시는 성경의 언어를, 우리가 잡담하고 이야기하고 길을 알려 주고 사업하고 노래 부르고 자녀에게 말할 때 쓰는 오늘의 언어로 옮긴 것이다.

그렇게 하는 동안, 성경의 원어—강력하고 생생한 히브리어와 그리스어—는 끊임없이 내 설교의 물밑에서 작용했다. 성경의 원어는 단어와 문장을 힘 있고 예리하게 해주고, 내가 섬기는 사람들의 상상력을 넓혀 주었다. 그래서 오늘의 언어 속에서 성경의 언어를 듣고, 성경의 언어 속에서 오늘의 언어를 들을 수 있게 해주었다.

나는 30년간 한 교회에서 그 일을 했다. 그러던 어느 날(1990년 4월 30일이었다), 한 편집자가 내게 편지를 보내 왔다. 그동안 내가 목사로서 해온 일의 연장선에서 새로운 성경 번역본을 집필해 달라는 청탁의 편지였다. 나는 수락했다. 그 후 10년은 수확기였다. 그 열매가 바로 『메시지』다.

『메시지』는 읽는 성경이다. 기존의 탁월한 주석성경을 대체하기 위한 것이 아니다. 내 취지는 간단하다. (일찍이 우리 교회와 공동체에서도 그랬듯이) 성경이 충분히 읽을 수 있는 책이라는 사실을 모르는 사람들에게 성경을 읽게 해주고, 성경에 관심을 잃은 지 오래된 사람들에게 성경을 다시 읽게 해주는 것이다. 그렇다고 굳이 내용을 쉽게 하지는 않았다. 성경에는 이해하기 어려운 부분도 많이 있다. 그래서 『메시지』를 읽다 보면, 더 깊은 연구에 도움이 될 주석성경을 구하는 일이 조만간 중요하게 여겨질 것이다. 그때까지는, 일상을 살기 위해 읽으라. 읽으면서 이렇게 기도하라. "하나님, 말씀하신 대로 내게 이루어지기를 원합니다."

유진 피터슨

『메시지』 머리말

읽는 것이 먼저다. 일단 성경을 읽는 것이 중요하다. 읽다 보면, 어느새 우리는 새로운 말의 세계에 들어가 대화를 나누게 된다. 하나님께서 시작과 끝을 쥐고 계신 그 대화에 우리도 참여하고 있음을 곧 알게 된다. 이것은 우리가 예상치 못한 일이다. 하지만 어느 시대를 막론하고 성경을 읽는 사람들은, 성경이 우리에 관해서 기록된 책일 뿐 아니라 우리를 향해 기록된 책이라는 사실을 알고 있었다. 성경 속에서 우리는 대화의 참여자가 된다. 그 대화를 통해, 하나님은 말씀으로 우리를 만드시고 복 주시고 가르치시고 인도하시고 용서하시고 구원하신다.

우리는 이런 일에 익숙하지 못하다. 반면에, 설명이나 지시나 감동이나 즐거움을 주는 책을 읽는 데는 익숙하다. 하지만 성경은 다르다. 성경은 계시의 세계다. 하나님은 바로 우리 같은 사람들—하나님 형상대로 지음받은 남녀들—에게, 그분이 일하시는 방식과 우리가 살고 있는 세계의 실상을 계시해 주신다. 동시에 하나님은 우리를 이끌어 그분의 일하시는 삶에 동참하도록 초청하고 명령하신다. 우리 시대의 가장 중요한 일은 하나님께서 (하늘에서와 같이) 이 땅에 사랑과 정의의 위대한 통치를 세우시는 것이다. 우리가 그 일의 주체임을, 우리는 서서히 (혹은 갑자기) 깨닫는다. '계시'란 우리 스스로는 알아내지 못할 일, 짐작하지도 못할 내용을 읽고 있다는 뜻이다. 성경의 독특성은 바로 계시에 있다.

『메시지』 성경도, 일단 읽고 귀 기울여 듣는 것이 중요하다. 공부할 시간은 나중에 얼마든지 있을 것이다. 우선은 그냥 읽는 것이 중요하다. 서두르지 말고 생각하면서 읽어야 한다. 성경의 이야기와 노래, 기도와 대화, 설교와 환상이 우리를 보다 큰 세계로 초청하는 방식을 느낄 수 있어야 한다. 하나님께서는 그 큰 세계에 계시면서 우리 눈에 보이는 모든 것에 개입하신다. 이 땅에 산다는 것—그냥 왔다 가는 것이 아니라 정말로 산다는 것—의 의미를 일깨워 주신다. 읽다 보면, 우리는 "알아듣기" 시작한다. 읽으면 읽을수록, 더욱 그렇다. 우리는 하나님과 대화를 나누고 있다. 우리에게 가장 중요한 사안들에 관해서 어느새 듣고 대답하고 있다. 우리는 누구인가, 어디서 와서 어디로 가는가, 무엇이 우리를 움직이는가, 우리가 사는 세계와 공동체의 원리는 무엇인가, 무엇보다도 우리 가운데 계시면서 우리 힘으로 할 수 없는 일들을 대신 해주시는 하나님의 신기한 사랑에 관해 대화하게 된다.

성경을 읽으면서 우리는, 이 세상에 더 큰 의미가 있음을 알게 된다. 인간이라는 존재에도, 보이는 세계에도, 보이지 않는 세계에도 더 큰 의미가 있다. 모든 것에 더 큰 의미가 있다! 그리고 그 의미는 하나님과 관계가 있다.

많은 사람들에게 성경은 새로운 책, 전혀 다른 종류의 책이다. 성경은 우리가 읽는 책이지만, 우리를 읽는 책이기도 하다. 우리는 뭔가 얻어 낼 수 있는 책을 찾아 읽는 데 익숙하다. 이를테면, 유용한 정보나 기운을 북돋아 주는 감동적인 이야기, 온갖 일의 방법론, 비오는 날 시간을 때울 오락물, 더 행복한 삶으로 이끌어 줄 지혜 같은 것을 찾는다. 성경 읽기에도 그런 유익이 있을 수 있고, 실제로 있기도 하다. 하지만 하나님께서 우리에게 성경을 주신 본래 목적은, 단순히 우리를 초청하시기 위해서다. 하나님의 세계와 하나님의 말씀을 내 집처럼 느끼도록, 하나님이 말씀하시는 방식과 우리가 삶으로 그분께 응답하는 방식에 익숙해지도록 하려는 것이다.

성경을 읽다 보면, 몇 가지 놀라운 일이 있다. 가장 놀랄 만한 일은, 성경은 일단 펼쳐서 읽어 보면 참으로 다가가기 쉬운 책이라는 점이다. 성경은 사실 누구나 읽고 이해할 수 있는 책이다. 두어 세대마다 새로운 번역본이 나오는 이유는, 성경의 언어를 우리가 현재 쓰는 일상어, 성경이 맨 처음 기록된 바로 그 언어로 유지하기 위해서다. 똑똑하지 않은 사람, 교육을 많이 받지 못한 사람도 성경을 이해할 수 있다. 성경은 우리가 시장과 놀이터와 저녁식탁에서 흔히 듣는 단어와 문장들로 기록되었기 때문이다. 성경이 워낙 유명하고 높여지다 보니, 반드시 전문가들이 설명하고 해석해 주어야 한다고 생각하는 사람들이 많다. 물론 설명이 필요한 부분도 있다. 하지만 성경에 기록된 말을 처음 들은 사람들은 평범한 노동자 계층이었다. 성경을 영어로 옮긴 초기의 최고 번역가 중 한 사람인 윌리엄 틴데일이 한 말이 있다. 그는 "쟁기로 밭을 가는 소년"이 읽을 수 있도록 성경을 번역하고 있다고 말했다.

교육을 많이 받은 아프리카인 어거스틴은 나중에 역사상 가장 영향력 있는 성경 교사가 되었지만, 성경을 처음 읽었을 때는 큰 반감을 가졌다. 문학적으로 세련되고 깔끔한 책을 극찬했던 그가 보기에, 성경은 평범하고 시시한 사람들의 투박하고 촌스러운 이야기로 가득했던 것이다. 그가 읽은 라틴어역 성경에는 속어와 은어가 수두룩했다. 많은 등장인물이 "속되고" 예수는 평범해 보여서, 그는 성경을 한 번 보고는 경멸하며 내던졌다. 그러나 하나님은 세련된 지성인의 몸을 입고 오지 않으셨고, 그분의 고상한 세계를 터득하도록 우리에게 수준 높은 지식인 문화를 가르치지도 않으셨다. 어거스틴은 세월이 흐른 뒤에야 그것을 깨달았다. 하나님이 우리를 구원하기 위해 유대인 종의 모습으로 인간의 삶에 들어오셨다는 것을 알게 되면서부터, 그는 감사하고 믿는 마음으로 성경을 읽기 시작했다.

성경을 읽어도 세상이 "더 나아지지" 않는다며 놀라는 사람들도 있다. 성경의 세계는 결코 여행사의 안내 책자에 나오는 그런 이상적인 세계가 아니다. 하나님께서 이 세계 속에서 일하시고 사랑하시고 구원하시지만, 그렇다고 해서 고난과 불의와 악이 말끔히 사라지지는 않는다. 그렇게 간단한 문제가 아니다. 하나님은 죄로 물든 우리의 본성과 역사 속에서 끈기 있고 깊이 있게 일하시지만, 종종 은밀하게 일하신다. 이 세계는 깔끔하고 단정한 곳이 못되며, 우리가 모든 일을 통제할 수 있다는 보장도 없다. 이런 현실에 익숙해져야 한다. 어디에나 신비가 있다. 성경이 우리에게 제시하는 세계는, 우리의 직업을 계획하여 미래를 보장받을 수 있는 세계, 인과법칙에 따라 움직이는 예측 가능한 세계가 아니다. 모든 일이 우리의 미숙한 바람대로 이루어지는 꿈의 세계도 아니다. 고통과 가난과 학대가 있다. 그 앞에서 우리는 분개하여 "어떻게 이러실 수 있습니까!" 하고 부르짖는다. 대다수 사람들의 경우, 우리의 꿈의 세계가 성경이 제시하는 실제 세계로 바뀌기까지, 길고 긴 세월이 걸린다. 그 실제 세계는 은혜와 자비, 희생과 사랑, 자유와 기쁨의 세계다. 하나님께 구원받은 세계다.

놀라운 사실이 하나 더 있다. 성경은 우리의 기분을 맞추려고 하지 않는다는 것이다. 성경은 더 쉬운 삶을 약속하는 어떤 것도 우리에게 팔려고 하지 않는다. 성경은 우리가 흔히 생각하는 형통이나 쾌락이나 짜릿한 모험의 비결을 내놓지 않는다. 성경을 읽으면서 뚜렷이 부각되는 실체는, 하나님께서 구원을 위해 사랑으로 행하시는 일이다. 우리와, 우리가 하는 모든 일이 그 하나님의 일에 포함되어 있다. 이것은 죄와 문화 속에서 위축되고 너저분해진 우리가 상상하던 것과는 사뭇 다르다. 성경을 읽는 것은, 여러 우상을 소개하는 우편주문용 카탈로그에서 우상 하나를 골라서 우리의 환상을 채우는 것이 아니다. 성경은 하나님께서 말씀으로 만물과 우리를 창조하시는 것에서 시작한다. 그리고 하나님께서 우리 각 사람과의 복잡한 관계 속으로 들어오셔서, 우리를 도우시고 복 주시고 가르치시고 훈련하시고 책망하시고 징계하시고 사랑하시고 구원하시는 이야기를 들려준다. 이것은 현실 도피가 아니라, 오히려 더 큰 현실 속으로 뛰어드는 것이다. 희생이 따르지만, 시종 훨씬 더 나은 삶으로 말이다.

하나님은 이 가운데 어느 것도 우리에게 강요하지 않으신다. 하나님의 말씀은 인격적인 부름이기 때문에, 초청하고 명령하고 도전하고 책망하고 심판하고 위로하고 지도하지만, 절대로 강요하지는 않는다. 결코 억지로 시키지 않는다. 대화에 참여해서 응답할 자유와 여지가 우리에게 주어져 있다. 무엇보다도 성경은 하나님의 일과 언어에 동참하도록 우리를 초청하는 책이다.

읽으면서 우리는, 말씀을 읽는 일과 말씀대로 사는 삶이 연관되어 있음을 알게 된다. 성경의 모든 말씀은 삶으로 살아 낼 수 있다. 많은 사람들이 발견하듯이, 성경을 읽으면서 가장 중요한 질문은 '이것이 무슨 의미인가'가 아니라 '어떻게 이대로 살 수 있는가'이다. 그래서 우리는 성경을 비인격적으로 읽지 않고 인격적으로 읽는다. 우리의 참 자아로 살기 위해서 읽는다. 그저 생활수준을 높이는 데 유용한 정보를 얻기 위해 읽는 것이 아니다. 성경 읽기는 하나님의 음성을 듣고 순종하기 위한 방편이지, 종교 자료를 수집해서 우리 스스로 신이 되기 위한 수단이 아니다.

지금부터 당신은 성경의 이야기를 듣게 될 것이다. 그 이야기들은 당신을 자신에게 몰입된 상태에서 이끌어 내어, 세상의 구원을 이루고 계신 하나님의 드넓은 자유 속으로 데려갈 것이다. 거기서 만나게 될 단어와 문장들이, 당신을 비수처럼 찔러 아름다움과 희망에 눈뜨게 할 것이다. 그것이 당신을 참된 삶과 연결해 줄 것이다.

그 메시지에 꼭 응답하기 바란다.

감수의 글

예언자의 목소리가 사라진 오늘날 한국교회

한국교회는 구약성경을 대체로 멀리한다. 특히 설교강단에서 구약 예언서를 설교하는 경우는 거의 없다. 십일조를 강조하는 말라기 3장이 가장 빈번히 설교되는 본문이라는 사실을 제외한다면, 예언서는 설교자들이 가까이하기에는 너무 '거룩하고 난해하고 신랄한' 비판 어록처럼 보인다. 한국교회에서 예언서가 소외되는 까닭에 한국 그리스도인들이 입는 손해는 막대하다. 우선, 세속사회를 거룩하게 변화시키려는 사회선교적 기상의 상실이 가장 큰 손해다. 기독교 구원을 내면의 구원 확신이나 내세의 구원으로 축소시켜 버리는 협소한 구원 이해는 예언서 영성의 결핍에서 비롯된다. 또한 예언서와 예언자들에 대한 이해 부족은 예수 그리스도의 하나님 나라 복음에 대한 이해 부족을 드러내고, 세상을 복음화하려는 선교적 비전의 약화, 그리고 그 결과 교회의 사회적 영향력 약화를 가져온다.

그렇다면 한국교회가 예언서를 통해 얻을 수 있는 풍성한 유익은 무엇인가? 예언서를 관통하는 여러 주제를 중심으로 생각해 보고자 한다. 모든 예언서는 정도와 빈도의 차이는 있지만 대략 여섯 가지 주제를 공통적으로 다룬다.

첫째, 예언서는 신정통치의 지도자들 중 왕과 제사장, 재판관의 죄를 가장 맹렬하게 탄핵하고, 지주와 부유층들의 타락이 이스라엘 자유농민들의 생존 기반을 붕괴시킨 주범이라고 적시한다. 예언자들은 추상적이고 보편적인 인간의 죄성을 논하기 전에 권력층과 사회 지배세력의 죄를 훨씬 더 자주, 강도 높게 정조준하며 비판한다. 결국 이러한 지배층 탄핵을 바탕으로 예언서들은 하나님 백성 이스라엘의 죄성과 타락성을 해부하고, 더 나아가서 인간의 타락과 집단적 죄악성을 집요하게 추적하고 단죄한다. 예언서가 그토록 강조하는 하나님의 공평과 정의는 하나님의 사회적 자비 실천을 대변하는 신앙술어다. 예언서는 부동산 및 토지 투기, 소작인 착취, 임금체불, 무역거래상의 불법, 성적 타락 등이 왜 하나님의 심판을 촉발시키는 죄인지를 소상하게 다룬다. 한국교회의 사회정의 사역 투신은 예언서를 진지하게 공부할 때 시작된다.

둘째, 예언서는 하나님 나라 백성들의 가장 구체적이고 곤궁한 삶의 자리에까지 내려오시는 성육신적 영성을 대변하고 실천하는 예언자들의 활약상을 보여준다. 예언자들은 생활밀착형, 민중친화적인 '거리의 성직자'들이었다. 그들은 왕이나 제사장처럼 고정된 왕궁이나 성소를 거점 삼아 사역하는 성직자들이 아니라, 민중의 신음과 아우성이 있는 곳이면 바람처럼 나타났다가 문제가 해결되면 이슬처럼 사라지는 하나님의 사역자들이었다. 예언자는 심판예언으로 지배계층의 양심을 진동시켰으나, 곤궁하고 가난한 하나님의 백성들 가운데 와서는 유순한 목자처럼 군림하지 않고 섬기다가 스스로 자취를 감추었다.

셋째, 예언서는 하나님과 이스라엘의 언약(아브라함과 맺은 언약, 모세를 통해 맺은 언약, 다윗을 통해 맺은 언약)이 이스라엘의 참혹한 죄에도 불구하고 파기될 수 없는 영원한 언약임을 상기시킨다. 모든 예언서는 멸망과 심판의 예언으로 시작했다가 위로와 회복, 미래를 열어 주실 하나님의 새 구원경륜 기대로 종료된다. 모든 예언서에는 심판, 회복, 위로의 메시지가 절묘하게 교직되어 있으며, 희망과 미래 구원의 언어가 참혹한 심판언어를 덮어쓰기하고 있다.

넷째, 예언서는 보편적인 하나님 나라를 선포한다. 예언서는 하나님 나라와 구원의 사회적, 우주적 비전을 전개한다. 열방 백성은 물론이요 온 누리의 동식물계까지 하나님의 우주적 구원 계획의 일부다. 하나님과 이스라엘 사이의 특수한 언약관계와 이스라엘의 선민 지위를 확고하게 붙들면서도, 예언서는 결코 배타적인 선민주의를 주창하지 않는다. 예언자들은 국제정세에 정통했으며 다른 나라에서 일어나는 죄악들과 그에 대한 하나님의 심판 및 구원 역사에 대해서도 정확한 이해를 가졌다. 그래서 예언서를 읽는 그리스도인들은 전 세계적인 차원의 위기에 민감해진다. 식량위기, 남북문제, 문명충돌, 기후생태위기, 핵문제 등 전 세계적인 파급력을 가진 시사쟁점들에 대한 예언자적 식견은 하나님 나라 운동가들의 필수교양이다.

다섯째, 예언서는 세계를 지배하는 제국주의의 제한적 가치(하나님 백성에 대한 징계용 방망이)를 인정하지만, 본질적으로 모든 압제적 지배국가를 비판하고 탄핵한다. 앗시리아, 바빌론, 이집트, 메대-페르시아, 그리스 제국 등 모든 제국들은 도래하는 하나님 나라에 의해 산산조각난다. 하나님 나라는 압제적 지배국가들을 부서뜨린 잔해 위에 건설되는, 영원히 평화로운 나라다. 왜냐하면 하나님 나라는 하나님의 공평과 정의 위에 건설된, 지극히 약자 친화적인 공동체이기 때문이다.

여섯째, 모든 예언서는 이스라엘과 하나님의 언약관계를 회복시켜 줄 이상적인 이스라엘과, 이상적인 이스라엘의 대표자인 세상 죄를 지고 가는 하나님의 어린양의 도래를 앙망하고 기다린다. 모든 예언서는 하나님의 계명을 모두 준행하여 이스라엘에게 두신 거룩한 백성, 제사장 나라 비전을 온전히 구현할 이스라엘의 대표자, 메시아의 도래시점을 가리키고 있다. 예수님의 하나님 나라 비전과 사도 바울의 세계선교 비전도 모두 예언서 안에 이미 예고되어 있다. 구약성경 안에 이미 십자가와 부활의 복음이 들어와 있다. 신약성경의 새 언약은 이미 예레미야 31장과 에스겔 36장에 소개되고 있다. 신약성경은 구약의 온전한 성취물인 것이다.

특히 나사렛 예수의 하나님 나라 언어, 하나님 나라 구현 사역의 일거수일투족을 자세하게 이해하려면 예언서 이해가 반드시 요청된다. 나사렛 예수의 십자가 구원 여정 시나리오는 이미 구약성경 안에 있다. 예레미야 7장과 26장의 미신적 성전숭배 비판 예언, 에스겔 34장의 선한 목자 예언, 이사야 53장의 세상 죄를 지고 가는 어린양 예언, 스가랴 9장의 나귀 타고 예루살렘에 입성하는 평화의 왕 메시아 예언, 요나서의 삼 일 만의 인자(人子) 부활 예언 등은 모두 예언서에 기록된 메시아의 각본들이다. 심지어 아라비아로 갔다가 시리아를 거쳐 땅끝으로 전진하는 사도 바울의 세계선교 여정도 결국 이사야서의 예언 성취였다.

나사렛 예수의 하나님 나라 운동은, 이스라엘과 야웨 하나님 사이의 언약은 이스라엘의 죄가 끊을 수 없다는 예언자들의 신앙이 옳았음을 공증했다. 이스라엘의 회복, 부활, 소생 약속은 나사렛 예수의 고난과 십자가 죽음 후에 찾아온 부활로 확증되고 실현되었다. 나사렛 예수의 언어와 행동은 구약성경의 예언서라는 큰 산맥을 휘몰아쳐 들리는 큰 울림이다. 예언서를 읽으며 '만물보다 심히 부패한 것이 인간의 마음'(렘 17:9)임을 알고 절망하지만, 나사렛 예수 안에 있는, 끝내 인간의 죄악을 이기고 승리한 그 찬란한 사죄 은총을 보고는 하나님을 경배하지 않을 수 없다. 예언자들은 인간의 죄악에 대한 하나님의 좌절감, 진노, 슬픔의 파토스에 공감하는 한편, 구원을 위해 당신의 독생자를 보낼 수밖에 없는 하나님 아버지의 깊이를 헤아릴 수 없는 자비와 은총에 전율했다. 예언서에는 이미 당신의 독생자에게 세상 죄를 전가시켜 지고 가게 하시는 상처 입은 아버지 하나님이 와 계신다!

예언서는 어떤 책인가?

열여섯 명의 예언자들은 남북분열왕국시대 후반인 주전 8세기 중반 이후부터 등장했다. 그들은 먼 미래의 일을 알아맞히는 천리안적 신통력을 가진 예언가들이 아니라, 하나님의 입장에서 역사적 사건들을 해석하고 하나님의 의도를 대변했던 대언자들이었다. 예언자들의 눈에 비친 왕정시대는 사사시대의 영적 · 도덕적 무정부 상태와 다르지 않았고, 오히려 전제왕권을 휘두르는 인간 왕들은 하나님의 직접적 통치를 방해하는 장애물들이었다. 이런 상황에서 예언자들은 스스로를 하나님의 어전회의에서 의논된 의제를 지배계층에게 전달하는 거룩한 전령(messenger)이라고 자임하였다(왕상 22장, 사 6장).

구약성경의 예언이란 당대의 역사적 · 자연적 사건이나 현상들을 신학적으로 해석하는 틀을 가리킨다. 예언은 점성술에서 주로 시도하는 미래 예측(fortune-telling)이 아니라 하나님 나라 중심의 현실분석이었으며, 동시대 사람들의 마음에 모종의 신앙적 결단을 하도록 돕는 목회사역의 일환이었다. 인간 역사가 하나님의 공평과 정의의 잣대로 보아 급격한 퇴락과 영적 일탈의 길로 치달을 때 예언이 분출하였다. 남유다와 북이스라엘 왕국이 맞이한 주전 8세기 중후반(주전 750-701년)은 위기의 시대였다. 그래서 하나님의 회오리바람 같은 예언운동이 주전 8세기 중후반에 일어났다. 물론 정통 예언자들이 질풍노도처럼 북이스라엘과 남유다를 진동하기 전에도 많은 생계형 예언자들이 활동하고 있었다(미 3장). 그들은 모두 고객 중심의 예언활동에 종사하고 있었다. 그들은 하나님 말씀을 동시대의 지배층을 비롯하여 모든 백성들이 마땅히 들어야 할 공적 담론으로 전하지 못하였고, 지극히 사유화된 "예언"으로 개인의 길흉화복을 예측하고 그것들에 대처할 만한 액땜들을 처방하는 "종교적 흥행사"로 머물렀다. 이에 비해 정통 예언자들은 자신들을 찾아오는 고객이 아닌, 하나님이 지정하신 청중에게 하나님 말씀을 전달했다. 정통 예언자들은 당대의 역사적인 재난이나 위기를 하나님의 의도와 목적의 빛 아래서 해석했다. 미래 예언의 목적은 동시대 사람들에게 회개를 촉발시키기 위함이었다. 결국 대부분의 예언자들은 철두철미하게 당대의 중심과제를 안고 씨름하던 사람들이었다.

1. 주전 8세기 예언자: 요나, 아모스, 호세아, 이사야, 미가

요나서는 주전 8세기 북이스라엘 여로보암 2세 시대에 활동한 예언자 **요나**를 주인공으로 삼는 예언서인데, 정작 주전 7세기 상황, 곧 앗시리아가 몰락하는 주전 612년 전후를 다루고 있다. 요나서는 편협한 선민의식을 부드럽고 익살스럽게 비판한다.

아모스(주전 750년경 여로보암 2세)와 **호세아**(여로보암 2세 직후)는 이스라엘이 금과옥조처럼 여겨 오던 고대 이스라엘의 구원사 전승을 과격하게 재해석하여 선택과 계약 전승을 책임의 전승으로 전환시킨다. 그는 출애굽 전승마저도 상대화시키며, 진정 택함받은 백성이라면 하나님의 계약적 요구에 부응하는 높은 도덕과 윤리적 이상을 사회 각 영역에서 구현해야 함을 강조한다(암 9:7). 아모스가 사회정치적 · 경제적인 영역에서 공의의 실현을 강조한 반면, 호세아는 이스라엘의 종교적 배교의 문제에 초점을 맞춘다. 바알 숭배가 어떤 사회경제적인 함의를 가지고 있는지를 깊이 파헤친 호세아는 제사장 계급의 타락과 부패, 왕정제도의 배교적 특성, 그리고 종교윤리적 음란의 문제를 집중적으로 다룬다.

이사야와 **미가**가 공식적인 예언활동을 시작할 무렵인 주전 8세기 중엽은 북쪽의 앗시리아 제국이 제국주의적 정복전쟁을 남서쪽으로 확장하던 시점이었다. 앗시리아 제국의 디글랏빌레셀 3세는 이미 주전 740–738년경에 북시리아 지역의 소왕국들을 모두 정복한 상태였다(웃시야 왕이 죽기 전후의 시기). 앗시리아 제국은 아람의 도시국가인 하맛(Hamath) 정복을 필두로 갈로(Calno) 등 시리아–페니키아–팔레스타인의 소왕국들도 차례로 정복하였다(사 10:8–11; 36:18–20). 디글랏빌레셀 3세는 주전 734년경에 팔레스타인에 진출하였으며, 심지어 이집트 국경선에까지 육박하였다. 그는 블레셋 정복일지에서 "이집트 강 앞에" 군사(무역)기지를 구축하기에 이르렀다고 자랑한다. 이 가공할 만한 앗시리아의 군사적 팽창에 직면하여 많은 작은 왕국들이 반역을 시도했으나 잔혹하게 진압되어 버렸다. 이 와중에 시리아와 북이스라엘이 주도하는 시리아–에브라임 전쟁이 일어나고(주전 734–732년), 두 나라 동맹군은 유다의 아하스 왕에게 반앗시리아 연합전선에 동참하도록 강요하기에 이른다. 예언자 이사야가 처음으로 공적인 무대에 등장하는 때가 바로 이 상황이었다. 이사야는 예루살렘에 본거지를 둔 상류계층에서 태어났으며, 왕실 내부에서 일어나는 일들과 외교정책의 추이들을 면밀하게 분석하고 비판할 수 있을 만큼 유다 왕국 내부의 사정에 정통하였다. 그는 유다가 야웨 하나님과의 계약관계를 파기함으로써 발생되는 사회 문제들을 폭로하고 귀족과 관료, 지주 등 상류사회의 타락과 부패를 공격하였다(사 1:3–9; 3:13–15; 5:8–23).

이사야는 시리아–에브라임 전쟁 이후 약 40년간 지속된 국가적 위기 속에서 하나님의 말씀을 대언하였다. 이사야는 40장부터 위로와 희망의 예언으로 주조음(leitmotif)을 바꾼다. 연대기적으로 볼 때 이사야 40–66장은 바빌론 포로기와 페르시아 시기, 그리고 바빌론 귀환포로들의 가나안 재정착 과정 상황을 다루고 있다. 미가는 주로 산헤립의 유다 침략기인 주전 701년 전후의 피폐해질 혹은 피폐해진 유다 농촌 현실에 초점을 맞추며 예언하였다. 그는 북이스라엘의 유력자들이 예루살렘에 피신해 와서 남유다의 정치적·경제적 불의와 불법을 조장하는 상황을 주목하고, 유다 농민들의 입장에서 예루살렘 중심의 지주들과 정치 권력자들에게 심판을 예언하였다. 시온의 패망 가능성에 대하여 극도로 조심했던 이사야와 달리, 미가는 시온도 멸망당할 수 있음을 공공연히 선포했다.

2. 주전 7-6세기 포로기 예언자: 예레미야, 에스겔

예레미야와 **에스겔**은 주전 6세기 바빌론 제국에 의한 조국 유다의 멸망을 목격하였거나(예레미야) 멸망 소식을 망명지에서 들었던(에스겔) 사람들이다. 주전 586년에 유다는 하나님이 그들을 선택하셨다는 상징적 보증이었던 성전과 다윗 왕조를 상실하였다. 주전 586년 사건의 그림자가 예레미야서 전체와 에스겔서의 후반부를 뒤덮고 있다. 이 두 책의 주제는 절망을 초극하는 희망, 하나님이 창조하신 희망이다. 예레미야는 예루살렘 몰락(렘 1, 20, 25, 29, 31-33장)의 현장을 목격하면서 하나님의 언약적 신실성이 아니면 이제 다시는 유다에게 희망이 없다고 단언한다. 그는 유다 멸망의 필연성을 역설하고 바빌론 유배의 신학적 의의를 강조한다(렘 25장, 29:11-13). 가나안 땅에 사는 것이 얼마나 큰 은혜인지 모를 바에는 차라리 바빌론 포로로 잡혀가서, 약속의 땅 상실이 무엇을 의미하는지, 약속의 땅에 살았던 시절이 얼마나 놀라운 은혜의 시절이었는지를 회상해야 한다고 주장한다. 그는 바빌론에 포로로 잡혀간 사람들에게 유다의 미래가 있을 것이라고 말한다. 그치지 않는 사랑으로 이스라엘을 돌보셨던 거룩하고 은혜로우신 하나님의 정당한 분노를 옹호해 온 예레미야는, 나라가 멸망한 뒤에는 그릇된 길로부터 돌이키는 백성을 능히 회복시키실 하나님의 구원 의지를 옹호하기 시작했다. 뿌리를 뽑고 기초를 훼파(毁破)하셨던 그 하나님이 바로 다시 건축하고 심으시는 하나님이시다(렘 1:10).

에스겔은 주전 597년에 바빌론으로 끌려가 약 10년간의 포로생활이 지난 후 예루살렘의 멸망 소식을 망명지에서 듣고 경악한다. 그는 망명지에서 아내를 잃고도 공식적인 애도의식을 거행하지 못할 만큼 비극적인 인물이었다. 사독 계열 제사장의 아들로 태어난 에스겔은 서른 살의 나이에 바빌론 포로들 한복판에서 하나님의 부르심을 받고 예언자적 목회에 돌입한다. 그는 성전의 그룹 사이에 좌정하신 하나님이 아니라 불전차를 타고 세계를 종횡무진하시는, 절대적으로 초월적이고 절대적으로 자유하신 하나님과 부딪힌다. 그는 유다 왕실은 망하고 유다 왕의 보좌는 텅 비어 있었지만, 하나님 나라의 보좌에는 이상이 없다는 것을 깨달았다. 유다 왕조의 흥망성쇠와 상관없이 여전히 하나님은 우주와 역사, 인생과 온 삼라만상을 주재하는 왕이시다. 유다 왕의 보좌는 비어 있지만 하나님은 불전차 보좌 위에 앉아 계시며 세계를 다스리신다. 전체적으로 에스겔서의 주제는 예루살렘 성전을 떠나는 하나님의 영광(Shekinah)과 회복된 성전(시 46편, 겔 40장)이다.

3. 주전 7-6세기의 소예언서: 나훔, 오바댜, 하박국, 스바냐, 요엘, 예레미야 애가

나훔은 앗시리아 제국의 몰락을 기뻐하는 나훔이 남긴 민족주의적인 예언서다(주전 7세기). **오바댜**는 한 장으로 구성된 예언서로서, 유다 왕국이 바빌론에게 함락될 때(주전 597-586년) 바빌론을 도와 유다를 노략질한 에돔에 대한 가혹한 심판을 선포하는 예언을 담고 있다(주전 6세기).

하박국서는 예레미야와 거의 동시대의 예언자인 하박국의 예언서로서, "믿는 자가 의인이며, 하나님의 심판(바빌론 유수)의 필연성을 영접하는 자가 의인"임을 역설한다.

스바냐는 예레미야와 동시대에 활동한 유다 왕국의 예언자 스바냐가 남긴 예언서로, 하나님 백성을 정결케 하는 날인 "여호와의 날"과 정결케 된 "남은 자들"의 회복에 대하여 예언한다. 스바냐와 거의 동시대의 유다 예언자인 **요엘**은 "야웨의 날"은 심판의 날임과 동시에 위로의 날이 될 것임을 선포한다.

예레미야 애가는 예루살렘 파괴(요시야 왕의 때 이른 죽음)에 대한 애가와 하나님의 한없는 은혜에 대한 감사를 담고 있으며, 심판을 초월하는 하나님의 무궁한 자비를 노래한다. 이 책은 심판을 넘어 하나님이 열어 가실 미래에 대한 기대를 표명하며, 폐허가 된 예루살렘 성전 터를 배경으로 슬픔과 통곡을 표출한다.

4. 주전 6-5세기 포로기 이후 예언자: 학개, 스가랴, 말라기

학개와 **스가랴**는 주전 538-515년 사이에 귀환포로 공동체에게 성전 재건을 독려한 예언자들이다. 두 장으로 구성된 학개서는 주로 귀환포로들의 영적 해이와 성전 재건에 대한 열의 부족을 질타한다. 당시 유다에 닥친 가뭄에 대해, 성전 건축에 충성을 다하지 않는 백성들의 영적 해이와 근시안적 이기주의에 대한 하나님의 심판이라고 주장한다.

스가랴도 거의 비슷한 기조의 예언을 선포하지만 훨씬 더 비의적이고 종말론적인 메시지를 전한다. 모두 열네 장으로 구성된 스가랴서는 주전 6세기 상황을 반영한 1-8장과, 다소 비의적이고 종말론적인 음조를 띠고 있는 9-14장으로 나뉜다. 저자 스가랴는 주전 520년(다리오 왕 2년) 어느 시점(학개보다 약간 늦은 시점)에 예언사역을 시작했다. 그의 메시지는 회개를 촉구하는 예언이다. 망령된 조상들을 본받지 말고 그들의 길에서 떠나라고 말한다.

네 장으로 구성된 말라기는 주전 5-4세기의 귀환포로 공동체에게 예언한 예언자다. 그는 포로기 이후의 이스라엘의 영적 해이와 제사장들의 업무태만에 대하여 개탄하고 규탄한다. 마지막 4장은 메시아 강림 전에 엘리야의 회개 운동이 있을 것을 예언하며, 세례자 요한의 인생 요절 중 하나를 제공한다(말 4:2).

5. 묵시예언서: 다니엘서

다니엘서는 한글 성경에서 대예언서로 분류되지만, 히브리 성경은 성문서로 간주한다. 다니엘은 주전 7세기와 6세기에 걸쳐 활동한 예언자요 묵시가이지만 다니엘서가 다루는 상황은 신구약 중간시대이므로 학개, 스가랴, 말라기와 함께 읽는다. 문학적인 양식으로 볼 때 다니엘서는 주전 3세기부터 꽃피기 시작한 장르인 유대 묵시문학(주전 250-주후 250년)의 하나다. 묵시문학은 천상의 계시자가, 박해를 경험하고 스스로를 주류 세력들에 의하여 희생당하는 소수자라고 느끼는 사람들에게 미래 환상이나 천상 비밀을 몰래 알려 주는 현상을 다루는 문학이다. 미래 환상이나 천상 비밀을 일부 사람들에게 몰래 알려 주는 목적은, 어둠이 지배하는 고난의 시기가 얼마 남지 않았음을 알려 줌으로써 그들을 지지하고 보존하는 데 있다.

다니엘서의 주제는 하나님의 백성으로서의 정체성을 결코 희생시키지 말아야 한다는 것이다. 다니엘서는 하나님께서 역사를 주관하시기에 모든 것은 하나님의 계획 속에 들어 있다고 믿으며 악에 대한 하나님의 궁극적 승리를 주장한다. 그러나 동시에 믿음을 빌미 삼아 역사로부터 도피하지 말고, 하나님 나라의 도래를 믿고 역사 안에서 준동하는 악과의 싸움에 능동적으로 참여할 것을 독려한다.

『메시지』가 한국교회에 던지는 도전: 왜 『메시지』 예언서인가?

그동안 출간된 『메시지』의 다른 책과 동일하게, 예언서에서도 하나님의 마음이 잘 느껴진다. 지존하시며 거룩하신 하나님이 낮고 천한 인간의 거리에 내려오신 느낌을 준다. 특히, 우리 시대의 문화적 · 사상적 감수성에 적절하게 호소하며, 인간의 죄악과 타락에 대한 하나님의 진노, 좌절, 그리고 비통의 감정을 잘 전달한다. 『메시지』 예언서를 읽을 때 가장 강하게 다가오는 진실은, 이스라엘의 죄악으로 인한 하나님의 슬픔과 고통이 진노보다 더 크고 앞선다는 사실이다. 이스라엘의 죄와 씨름하시다가 당신의 독생자에게 모든 죄를 전가시켜 지고 가게 하시는 하나님 아버지의 마음이 예언서에 나타나 있다. 『메시지』 예언서가 역동적 동등성(dynamic equivalence)의 원리로 의미역함으로써 성경의 정교하고 심오한 맛을 일부 놓치고 있으나, 그것을 상쇄시킬 만한 특장 또한 많다. 몇 가지 사항을 주목함으로써 『메시지』 예언서의 유익을 상고해 보고자 한다.

첫째, 예언서 안의 다양한 하위문학 장르들을 가독성 높은 편집으로 잘 부각시켰다. 독백, 대화, 논쟁, 내러티브, 기도, 찬양, 비탄이 잘 읽힌다. 『메시지』로 읽을 때, 성경 읽는 속도가 두 배 이상 빨라질 수 있다. 예레미야 6:26이 좋은 예다. "카운트다운이 시작된다. 육, 오, 사, 삼……공포가 들이닥친다!" 이런 번역은 심판 이미지의 박진감을 한껏 넘치게 한다.

둘째, 기존 한글성경의 단어, 개념, 어휘들에 익숙하지 않은 신세대 독자들의 감수성에 잘 맞는 흥미로운 비유, 유비 등이 사용되었다. '역동적 동등' 번역이라는 번역원리에 충실하여 독자들에게 하나님의 파토스가 부드럽게 이입되는 성경읽기가 가능하다. 이사야 28:14-15, "우리는 좋은 생명보험을 들어 두었다." 이사야 28:18-22, "애지중지하던 생명보험 증권이 한낱 종잇조각에 불과하다는 것을 알게 되리라." 이사야 29:9-10, "위스키 없이도 정신을 잃으리라." 예레미야 2:33-35, "너는 죄를 가르치는 학교를 세우고 대학원 과정까지 개설해 악을 가르쳤다!"

또한 도량형 단위가 한국 독자들에게 익숙한 단위로 표현되어 있어 잘 읽힌다(예를 들어, 다니엘 3:1의 "높이 27미터, 두께 2.7미터나 되는 금 신상").

셋째, 예언서 전체를 하나의 드라마처럼 읽을 수 있도록 번역했다. 옴니버스 형식의 다중플롯 드라마 같은 예언서에서, 등장인물과 시대상황은 각기 다르지만 그 안에 등장하는 '주인공

하나님'의 상처 입은 마음은 예언서의 드라마적 구조를 지탱시켜 가고 있다. 야웨 하나님은 과연 당신의 신실하지 못한 아내를 영구적으로 버리실 것인가? 아버지 하나님은 당신의 언약백성이자 당신께서 친히 낳으신 자녀 이스라엘을 영구적으로 버리실 것인가? 이런 긴장과 박진감을 일으키며 전개되는 예언서는 독생자를 보내시기까지 세상을 사랑하시는 하나님의 심연 같은 사랑의 물길을 재고 있다.

넷째, 『메시지』 예언서는 왜 하나님께서 인간의 믿음과 순종을 애타게 요구하시는지를 잘 부각시켜 주며, 구약의 하나님 아버지가 곧 신약의 예수 그리스도를 파송하신 그 하나님임을 확신시켜 준다. 개역개정 성경의 경우 구약에서 신약으로 전환될 때 쉽게 극복할 수 없는 이격감(離隔感)이 들지만, 『메시지』 예언서는 예언자를 파송하셔서 이스라엘을 영생의 길로 이끄시려고 분투하신 하나님이, 바로 갈릴리 땅에 오셔서 회개를 촉구하며 하나님 나라의 영생잔치를 벌여 주셨던 나사렛 예수의 아버지 하나님임을 확신시켜 주기에 충분할 정도로 하나님의 속마음이 잘 드러난다. 목회자의 마음으로 번역한 성경의 위력을 또 한번 실감하는 곳이 『메시지』 예언서다.

하지만 다른 『메시지』 책에서도 언급했듯이, 다바르(말씀), 하자(환상), 마사(예언), 에차(계획) 등 숱한 의미 함축적인 히브리어 단어들을 '메시지'라는 말로 과도하게 평탄화하였기에 성경 말씀의 묘미와 신학적 깊이를 음미하려는 독자들에게는 원문 확인의 열망을 불러일으킨다. 그러나 이 아쉬움이 『메시지』 예언서를 한국 독자들에게 적극 추천하는 것을 주저하게 만들지는 않는다. 부디 독자들이 『메시지』 예언서를 통해, 도시의 거리에 성큼 다가오는 예언자들의 천상의 메시지를 원음처럼 생생하게 들을 수 있기를 기도한다.

마지막으로, 우리는 유진 피터슨의 수고 위에 한국어판 작업에 쏟아진 번역자와 편집진의 노고 속에서, 하나님 말씀을 우리 마음의 귓전에 들려주시려는 하나님의 간절하고 애타는 마음을 체감한다. 예언서에 적힌 글자 하나, 단어 하나, 구문 하나에 쏟아부어진 예언자적 중보의 영성이 독자들에게 잘 전달되어, 문자를 넘어 영이신 하나님과 막힘없는 교감이 일어나기를 간구한다.

『메시지』 예언서를 읽는 독자는 크게 다섯 가지 유익을 얻게 될 것이다. 첫째, 하나님의 말씀을 듣는 영적 감청력이 현저하게 향상될 것이다. 예언자들의 양심을 진동시켰던 그 말씀이 독자들의 마음을 하나님의 마음과 결속시켜 줄 것이다. 독자들은 『메시지』 예언서를 읽으면서 예언자들의 육성을 증폭된 음조로 들을 것이며, 예언자들 각각의 개성과 비전에 공감할 수 있을 것이다. 둘째, 개인 구원과 내면 영성에 제한되었던 신앙생활이 사회적, 우주적 차원까지 확장될 것이다. 신문을 읽고 방송을 듣고 시사 문제를 대면할 때마다 예언자적인 시각을 계발할 수 있을 것이다. 셋째, 예언서의 드라마적 구조를 감지하며 속도감 있게 예언서를 통독할 수 있을 것이다. 넷째, 예수 그리스도의 하나님 나라 복음이 예언자들이 전한 예언의 적분적 종합임을 깨닫게 될 것이며, 왜 하나님의 아들이 십자가에 달려 세상 죄를 지고 가는 어린양이 되셔야 했는지 그 논리를 깊이 깨닫게 될 것이다. 마지막으로, 『메시지』 예언서의 상관성 넘치고 생동감 넘치는 언어에 매료되고 나면, 구약성경 전체에 대한 호감과 관심이 비약적으로 증가되어 성경통독의 소망이 새록새록 자랄 것이다.

김회권 숭실대학교 기독교학과 교수

옮긴이의 글

"만일 이사야나 요한이 우리 시대 사람이었다면 어떤 식으로 말했을까?" 이는 히브리어와 그리스어 성경 원전을 현대어로 옮긴 유진 피터슨이 작업 중에 늘 떠올렸던 질문이었다고 합니다. 『메시지』의 가치와 한계는 바로 이 질문의 가치와 한계에서 찾을 수 있지 않을까 생각합니다. 한계는 분명합니다. 이사야나 요한은 어찌 되었든 현대인이 '아니기' 때문입니다. "하늘아 땅아……귀를 기울여라"(사 1:2)고 외친 그 예언자는 지금으로부터 2,700여 년 전 인물이었고, "처음에 그 말씀이 있었다"(요 1:1)고 기록한 이 역시 지금으로부터 1,900여 년 전 인물이었습니다. 그런 그들을 마치 청바지를 입고 '뉴욕 타임스'를 읽는 사람처럼 보이게 만든 『메시지』는 정말이지 '번역'(traduttore)을 한 것이 아니라 '반역'(traditore)을 한 것인지도 모르겠습니다. 하지만 이 '반역'을 통해 『메시지』가 도모했던 목적이 있고, 저는 그 목적이 매우 가치 있는 것이며, 『메시지』가 그 목적을 탁월하게 성취했다고 생각합니다.

『메시지』의 존재 이유(raison d'etre)이기도 한 그 목적은 바로 성경 '메시지'의 전달입니다. 유진 피터슨은, 성경은 역사적 '텍스트'이기도 하지만 더 중요하게는 오늘 우리를 위한 '메시지'이며, 따라서 현대 독자들에게는 텍스트 자체에 충실한 번역 성경들뿐 아니라, '오늘 우리를 위한 메시지 전달'에 보다 주안점을 둔 번역 성경도 필요하다고 생각했습니다.

"만일 이사야나 요한이 우리 시대 사람이었다면 어떤 식으로 말했을까?" 이것은 그러한 '메시지' 성경을 의도하며 유진 피터슨이 자신의 번역 작업의 도구로 삼은 질문이었습니다. '신학적 상상력'을 번역 도구로 삼은 셈인데, 생각해 보면 성경에서 '하나님의 말씀'—이사야의 말이나 요한의 말이 아니라—을 듣는 모든 이들은 사실 이미 그러한 신학적 상상력을 동원해 성경을 읽고 있습니다.

물론, 성경의 말씀을 너무 친숙한 말과 개념으로 바꾸어 읽는 것은 오히려 "성경 안의 낯설고 새로운 세계"(칼 바르트)를 발견하는 일에 방해가 될 수도 있습니다. 아마도 그런 이유로, 유진 피터슨 자신도 『메시지』를 예배 중 성경 봉독 시간이나 본격적 성경 연구에 사용하는 것은 권장하지 않았던 것 같습니다. 개인적으로, 『메시지』가 사용되면 가장 좋을 시간은 개인 성경묵상 시간과 더불어 주일예배 설교시간이라고 생각합니다. '해석적'(interpretive) 번역을 넘어 가히 '설교적'(sermonic) 번역이라고 할 만한 『메시지』가 '메시지'를 듣고자 모인 성도들 앞에서 우렁차고 낭랑하게 낭독될 경우, 그 자체만으로도 충분히 훌륭한 설교가 될 수 있다고 생각하기 때문입니다.

성경 중에서, 설교강단에서 낭독하기에 가장 안성맞춤인 책임에도 실제로는 가장 적게 낭독되고 있는 책이 있다면, 바로 예언서 책들일 것입니다. 이사야서에서 말라기까지의 예언서 책들은, 개인적 성경 읽기에서뿐 아니라 주일 공동예배에서도, 성경에서 가장 적게 읽히는 부분입니다. 구약성경 말미에 자리 잡고 있어서 그런 것이기도 하지만, 더 큰 이유는 예언서의 말씀들이 거의 대부분 '시'(詩)이기 때문입니다. 시는 텍스트의 '문자'(letter)에 충실한 번역만으로는 그 텍스트의 '영'(spirit)을 충실히 전하기 어려운 문학장르인데다, 이 시들은 '예언'이라고 하는, 오늘 우리에게는 생경한 형식의 메시지를 전해 주는 시들이기 때문입니다. 이 시들은 "하나님의 파토스"(아브라함 요수아 헤셸)로 불붙어 있는 '신학적 시'들이요 '시적 설교'들입니다. 어찌나 불같은 시, 불같은 설교들이었던지, 당대 청중은 그 불에 열을 받아 그 예언자들을 잡아다 죽이거나, 그 불에 돌같이 굳었던 그들의 마음이 녹아 새로 태어나거나, 둘 중에 하나로만 반응할 수 있었을 정도입니다. 『메시지』 예언서는 예언서의 말씀이 이러한 불칼 같은 '예언자적 설교'요 불꽃같은 시들이었음을, 그 어떤 다른 번역 성경들보다 더 생생하고 충실하게 전달해 주고 있다고 저는 생각합니다.

물론, 지금까지의 이야기는 엄밀히 말하면 유진 피터슨의 『메시지』(*The Message*)에 대한 것입니다. 사실 『메시지』 한국어판이, 『메시지』가 영어 사용자들에게 해주는 일을 한국어 사용자들에게 똑같이 해주는지 묻는다면, 정직히 말해 다소 '회의적'인 것은 사실입니다. 장차 '한국의 유진 피터슨'이 나와서 히브리어 · 그리스어 성경 원전을 가지고 번역 작업을 한 성경이라야 『메시지』의 성경 번역 정신을 제대로 이어받은 성경이라 할 수 있을 것입니다. 많은 이들이 그러한 성경을 기다리고 있습니다. 『메시지』 한국어판이 비록 '한국판 더 메시지'는 되지 못할지라도, 그런 성경이 나오기까지 그 길을 예비하는 세례 요한 같은 역할은 할 수 있지 않을까 생각합니다. (실제로 많은 이들이 『메시지』 한국어판을 접하고서 '한국판 더 메시지'를 고대하게 되었습니다.) 많은 이들이 고대하는 그 책이 등장하면, 『메시지』 한국어판은 기꺼이 '신랑의 들러리'가 되어 "그는 흥하고 나는 쇠하여야 하리라" 말하며 기뻐할 것입니다.

『메시지』 프로젝트에 번역자의 한 사람으로서 참여하게 된 것은 제게 과분한 영광이었습니다. 그 '영광의 무게'는 곧 책임의 무게이기도 해, 감당하기에 많은 힘이 들었던 것도 사실이지만, 받은 복도 이루 헤아릴 수 없습니다. 특히 『메시지』 예언서를 우리말로 옮긴 일은 제게는 아주 특별한 경험이었습니다. 'translate'(번역하다)는 '옮긴다'는 말인데, 『메시지』 예언서 번역을 마친 지금, 저는 제가 그 책을 옮겼다는 생각보다는 그 책이 저를 '옮겨(移動) 주었다'는 사실에 더 큰 감회를 느낍니다. 참으로 『메시지』 예언서는 저를 옮겨 주었습니다! 허언(虛言), 감언(甘言), 교언(巧言)이 판치는 거짓 예언자들의 시장판에서 참 하나님의 예언자들의 '말씀의 세계'로 말입니다. '광야에서 외치는 소리', 천지를 진동시키는 그 벽력같은 소리는 사람의 말에 지쳤던 저의 귀를 깨워 '하나님'의 말씀을 듣게 해주었습니다. 그 '빈 들의 소리'는 도성 거짓 설교자들의 시끄러운 잔소리, 얼빠진 헛소리, 하나 마나 한 시시한 소리들과 얼마나 다른지요! 하나님의 예언자들이 전한 메시지는 과연 '말씀'이었습니다. '일을 내는 말', '다바르'(*dabar*)였습니다. 이 땅에 하나님 나라를 가져오는 말이요, 이 땅을 불법 점령한 세상 나라를 전복시키는 말이었습니다. 하늘에서 떨어지는 불덩이 같은 말씀이요, '좌우에 날선 검'과 같은 말씀이었습니다. '소멸하는 불'이신 하나님의 영의 검이었습니다. 죄인의 오만과 기만과 태만을 사정없이 도려내는 검이었습니다. 그런데 그 불칼 같은 말씀 앞에 서는 일은 신비하게도 구원이었습니다. '힐링'이었습니다. 세상이 주는 것과 다른, 세상이 알 수도 없는 힐링이었습니다. "말씀이 육신이 되어" 우리 가운데 오신 분을 새롭게 만나는 일이었습니다.

이런 만남을 통해 개혁되고 성숙하는 한국교회를 보고자 하는 것이 『메시지』 프로젝트에 기획자로, 번역자로, 편집자로, 조언자로, 그 밖에 여러 모양으로 힘과 정성을 쏟고 계신 모든 분들의 바람이라고 믿습니다. 동역자로 탁월한 섬김을 베풀어 준 문준호 편집자를 비롯하여 복있는 사람 사역자 분들과, 늘 격려와 도전을 주시는 박종현 대표님께 이 자리를 빌려 깊은 감사의 말씀을 드립니다.

말의 홍수와 말씀의 기갈을 겪는 이 시대에, 『메시지』 예언서가 이 땅에 "하나님의 말씀이 점점 왕성하여"지고 "흥왕하여 세력을 얻는" 일에 쓰임받기를 간절히 기도합니다.

이종태 목사

The MESSAGE

예언서

수백 년에 걸친 기간 동안 히브리 민족은 예언자들을 놀랍도록 많이 배출해 냈다. 그들은 하나님의 실재를 제시하는 일에 탁월한 능력과 솜씨를 보여주었다. 하나님에 대한 온갖 판타지와 거짓말에 속아 살던 공동체와 민족들에게 그들은 참 하나님의 명령과 약속과 임재를 전해 주었다.

정도의 차이가 있을 뿐 우리는 누구나 하나님을 믿고 있다. 그러나 우리 대부분은 어떻게든 하나님을 우리 삶의 주변 자리에 묶어 두려 하고, 그것이 여의치 않을 경우, 하나님을 각자의 편의대로 축소시켜 대하려 한다. 그런 우리에게, 하나님은 중심이 되시며 결코 무대 뒤에서 우리가 불러 주기를 기다리는 존재가 아니라고 목소리 높이는 이들이 바로 예언자들이다. 이사야는 우리에게 하나님이 "놀라우신 조언자", "전능하신 하나님", "영원하신 아버지", "온전케 하시는 왕"(사 9:6)이라는 사실을 깨닫게 하며, 예레미야는 "하나님은 참되시다. 살아 계신 하나님은 영원한 왕이시다"(렘 10:10)라고 말한다. 다니엘은 그분을 "비밀들을 계시해 주시는 분"(단 2:29)이라고 부르고, 요나는 하나님이 "지극히 은혜로우시며 자비로우신 분", "웬만해서는 노하지 않으시고, 사랑이 차고 넘치며, 벌을 내리려고 했다가도 툭하면 용서해 주시는 분"(욘 4:2)이라 표현하고 있다. 나훔은 독자들에게, "하나님을 가벼이 여기지 마라"(나 1:2)고 말하며, 하박국은 하나님이 "영원부터 계신 분", "거룩하신 하나님", "반석이

Over a period of several hundred years, the Hebrew people gave birth to an extraordinary number of prophets—men and women distinguished by the power and skill with which they presented the reality of God. They delivered God's commands and promises and living presence to communities and nations who had been living on god-fantasies and god-lies.

Everyone more or less believes in God. But most of us do our best to keep God on the margins of our lives or, failing that, refashion God to suit our convenience. Prophets insist that God is the sovereign center, not off in the wings awaiting our beck and call. Isaiah remind us God is the "Amazing Counselor, Strong God, Eternal Father, Prince of Wholeness(Isaiah 9:6); Jeremiah says, "GOD is the real thing—the living God, the eternal King"(Jeremiah 10:10); Daniel calls him the "Revealer of Mysteries"(Daniel 2:29); Jonah notes that God is "sheer grace and mercy, not easily angered, rich in love, and ready at the drop of a hat to turn your plans of punishment into a program of forgiveness!"(Jonah 4:2); Nahum tells his readers, "GOD is serious business"(Nahum 1:2); and Habakkuk reminds us God is "from eternity", "Holy", and "Rock-Solid"(Habakkuk 1:12). And prophets insist that we deal with God as

신 하나님"(합 1:12)이라는 것을 상기시킨다. 예언자들은 우리가 상상하는 대로가 아니라, 하나님이 스스로 계시해 주신 대로 그분을 알고 대해야 한다고 역설한다.

그들은 사람들을 일깨워 그들의 삶 가운데 주권적으로 역사하시는 하나님을 볼 수 있게 해주었다. 그들은 고함치며 울었고, 꾸짖고 쓰다듬었으며, 도전과 위로를 주었다. 투박하게 말할 때나 공교히 말할 때나 그 안에는 늘 힘과 상상력이 있었다.

이들 예언자 중 열여섯 사람이, 말한 바를 글로 남겼다. 그들은 '문서 예언자들'(writing prophets)이라 불리는데, 이사야서에서 말라기까지가 그들이 남긴 문서들이다. 하나님 앞에서 신실하게 순종하며 사는 길을 찾는 이들에게 이 열여섯 명의 히브리 예언자들은 없어서는 안될 길잡이들이다. 하나님의 길은 이 세상의 길—전제, 가치, 일하는 방식—과 다르기 때문이다. 그 둘은 결코 같지 않다.

예언자들은 우리의 상상력을 정화시켜 준다. 어떻게 살고, 무엇을 위해 살아야 하는지에 대해 그동안 세상이 우리에게 심어 놓은 생각들을 일소해 준다. 미가는 다음과 같이 말한다.

> 그분께서는 이미 말씀해 주셨다. 사람이 어떻게 살아야 하는지,
> 하나님께서 찾으시는 것이 무엇인지 분명히 말씀해 주셨다.
> 간단하다. 이웃에게 공의를 행하고,
> 자비를 베풀고 사랑에 충실하며,
> 자신을 중심에 두지 말고
> 하나님을 중심에 모시면 된다(미 6:8).

성령 하나님께서는 예언자들을 도구로

God reveals himself, not as we imagine him to be.

These men and women woke people up to the sovereign presence of God in their lives. They yelled, they wept, they rebuked, they soothed, they challenged, they comforted. They used words with power and imagination, whether blunt or subtle.

Sixteen of these prophets wrote what they spoke. We call them "the writing prophets." They comprise the section from Isaiah to Malachi in the Bible. These Hebrew prophets provide the help we so badly need if we are to stay alert and knowledgeable regarding the conditions in which we cultivate faithful and obedient lives before God. For the ways of the world—its assumptions, its values, its methods of going about its work—are never on the side of God. Never.

The prophets purge our imaginations of this world's assumptions on how life is lived and what counts in life. Micah wrote,

> He's already made it plain how to live, what to do,
> what GOD is looking for in men and women.
> It's quite simple: Do what is fair and just to your neighbor,
> be compassionate and loyal in your love,
> And don't take yourself too seriously—
> take God seriously(Micah 6:8).

Over and over again, God the Holy Spirit uses these prophets to separate his people

사용해 당신의 백성을 주변 문화와 떨어뜨려 놓으시고, 세상이 주는 칭찬과 보상을 과감히 저버리고 순전한 믿음과 순종과 예배의 길로 돌아가게 해주신다. 예언자들은 이 세상의 길과 복음의 길을 구분하고, 늘 하나님의 현존에 깨어 있게 하는 이들이다.

⁂

예언서를 몇 페이지 읽지 않아도 우리는 예언자들이 결코 편한 상대가 아니라는 것을 금세 알아차린다. 예언자들은 인기 있는 이들이 아니었다. 그들은 스타의 위치에 있지 않았다. 늘 주변 사람들의 심기를 불편하게 하고, 그들의 비위를 거스르는 이들이었다. 수세기가 지났음에도, 그들은 여전히 우리에게 편하지 않은 인물들이다. 우리가 그들을 부담스러워하는 것은 당연하다. 그들은 사람의 감정을 잘 도닥거려 주지 못하기 때문이다. 요즘 말로 '관계 기술'이 모자란 이들이다. 우리는 우리 문제를 잘 이해해 주는, 포스터나 텔레비전 화면에 멋진 모습으로 등장하는 지도자들—특히 종교 지도자들—을 원한다.

그렇다. 한마디로 말해, 예언자들은 우리 취향에 맞지 않다.

"어느 정도 하나님을 위한 자리를 염두에 두며" 산다는 자들, 그렇게 하나님을 자기 삶에 "끼워 맞추는" 데 익숙한 자들은 예언자들을 받아들이기 어려워한다. 그래서 쉽게 무시해 버리고 만다. 왜냐하면 예언자들이 말하는 하나님은 우리 삶에 끼워 맞추기에는 너무 큰 존재이기 때문이다. 예언자들의 하나님과 의미 있는 관계를 맺고 싶다면, 우리 자신을 그분께 맞추어야 한다. 이사야는 이것을 우리에게 상기시킨다.

"나는 너희가 생각하는 방식으로 생각하지 않는다.

from the cultures in which they live, putting them back on the path of simple faith and obedience and worship in defiance of all that the world admires and rewards. Prophets train us in discerning the difference between the ways of the world and the ways of the gospel, keeping us present to the Presence of God.

⁂

We don't read very many pages into the Prophets before realizing that there was nothing easygoing about them. Prophets were not popular figures. They never achieved celebrity status. They were decidedly uncongenial to the temperaments and dispositions of the people with whom they lived. And the centuries have not mellowed them. It's understandable that we should have a difficult time coming to terms with them. They aren't particularly sensitive to our feelings. They have very modest, as we would say, "relationship skills." We like leaders, especially religious leaders, who understand our problems ("come alongside us" is our idiom for it), leaders with a touch of glamour, leaders who look good on posters and on television.

The hard-rock reality is that prophets don't fit into our way of life.

For a people who are accustomed to "fitting God" into their lives, or, as we like to say, "making room for God," the prophets are hard to take and easy to dismiss. The God of whom the prophets speak is far too large to fit into our lives. If we want anything to do with God, we have to fit into him. Isaiah reminds us,

나는 너희가 일하는 방식으로 일하지 않는다."

하나님의 포고다.

"하늘이 땅보다 높은 것처럼

내가 일하는 방식은 너희의 방식을 초월하며,

내가 생각하는 방식은 너희의 방식을 뛰어넘는다"(사 55:8-9).

"I don't think the way you think.

The way you work isn't the way I work."

GOD's Decree.

"For as the sky soars high above earth,

so the way I work surpasses the way you work,

and the way I think is beyond the way you think"(Isaiah 55:8-9).

예언자들은 "합리적"이지 않다. 우리의 상식적 판단을 거스른다. 그들은 전혀 싹싹하지 않으며, 도무지 우리와 타협점을 찾으려 하지 않는다. 그저 막무가내로 우리를 우리 예상과 이해를 뛰어넘는 거대한 실재 속으로 밀어 넣을 뿐이다. 우리를 어마어마한 신비 속에 풍덩 빠뜨려 넣고 만다.

그들의 메시지와 환상은, 우리가 실재로부터 우리 자신을 보호하기 위해 쳐 놓은 온갖 허상을 모조리 꿰뚫고 들어온다. 인간에게는 진실을 부인하고 자신을 기만하는 탁월한 능력이 있다. 우리는 죄의 결과를 감수하는 능력을 스스로 거세하여, 심판을 직시할 수도, 진실을 받아들일 수도 없는 상태에 이른다. 이런 때에 예언자들이 나선다. 그들은 우리를 도와 하나님께서 열어주시는 새로운 삶을 알아보게 하고, 그 안으로 들어가게 한다. 하나님을 향한 소망이 가져다주는 새로운 삶 속으로 말이다. 예레미야는 이렇게 말한다. "하나님의 말씀이다.……'나는 내가 할 일을 안다. 그 일을 계획한 이가 바로 나다. 나는 너희를 돌보기 위해 계획을 세웠다. 너희를 포기하려는 계획이 아니라, 너희가 꿈꾸는 내일을 주려는 계획이다'"(렘 29:10-11). 또한 미가는 그 본보기를 보여준다. "그러나 나는, 희망을 버리지 않을 것이다. 나는 하나님께서 행하실 일을 기다릴 것이다. 모든 것을 바로잡으시고, 내게 귀 기울여 주실 것을 기대하

The prophets are not "reasonable," accommodating themselves to what makes sense to us. They are not diplomatic, tactfully negotiating an agreement that allows us a "say" in the outcome. What they do is haul us unceremoniously into a reality far too large to be accounted for by our explanations and expectations. They plunge us into mystery, immense and staggering.

Their words and visions penetrate the illusions with which we cocoon ourselves from reality. We humans have an enormous capacity for denial and self-deceit. We incapacitate ourselves from dealing with the consequences of sin, for facing judgment, for embracing truth. Then the prophets step in and help us to first recognize and then enter the new life God has for us, the life that hope in God opens up. Jeremiah spoke "GOD's Word on the subject:...'I know what I'm doing. I have it all planned out—plans to take care of you, not abandon you, plans to give you the future you hope for'"(Jeremiah 29:10-11). And Micah led by example: "But me, I'm not giving up. I'm Sticking around to see what GOD will do. I'm waiting for God to make things right. I'm counting on God to listen

며 살 것이다"(미 7:7).

예언자들은 하나님을 설명하지 않는다. 대신 그들은 편협한 사고와 좀스런 종교생활에 틀어박혀 있던 우리를 흔들어, 경이와 순종과 경배가 약동하는 탁 트인 공간으로 나오게 해준다. 먼저 예언자들을 이해할 수 있어야 받아들이겠다고 고집부리는 자들은 결코 그러한 경험에 도달하지 못한다.

to me"(Micah 7:7).

They don't explain God. They shake us out of old conventional habits of small-mindedness, of trivializing god-gossip, and set us on our feet in wonder and obedience and worship. If we insist on understanding them before we live into them, we will never get it.

기본적으로, 예언자들이 행한 일은 두 가지다. 먼저, 현실로 닥친 최악의 상황을 하나님의 심판으로 받아들이게 해주었다. 단순한 종교적 재앙이나 사회적 재난이 아닌, 하나님의 심판으로서 말이다. 최악의 상황으로만 보았던 것을 하나님의 심판으로 볼 줄 알게 되면, 이제 우리는 그것을 부인하거나 회피하지 않고 받아들일 수 있게 된다. 왜냐하면 하나님은 우리를 구원하시려는 선의를 가진 분이시기 때문이다. 따라서 심판은—물론 일부러 기다릴 사람은 없겠지만—우리에게 일어날 수 있는 최악의 일이 아니다. 아니, 사실은 최선의 상황이다. 하나님께서 하시는 모든 일은 결국 세상과 우리를 바로잡아 주시려는 것이기 때문이다.

그 다음으로 예언자들이 한 일은, 기진맥진해 쓰러진 자들이 일어나서 하나님이 열어 주실 미래를 향해 다시 걸어가도록 용기를 북돋은 것이었다. 예언자들은 포로생활과 죽음과 수치와 죄라는 총체적 파멸 한가운데서 다시금 희망의 횃불을 들었고, 하나님께서 어느 시대 어느 곳에서나 하고 계신 새로운 구원의 역사에 사람들을 동참시켰다. 하나님은 이사야를 통해 말씀하셨다.

"내 백성아, 주목하여라.
민족들아, 내게 귀 기울여라.

Basically, the prophets did two things: They worked to get people to accept the worst as *God's* judgment—not a religious catastrophe or a political disaster, but *judgment*. If what seems like the worst turns out to be *God's* judgment, it can be embraced, not denied or avoided, for God is good and intends our salvation. So judgment, while certainly not what we human beings anticipate in our planned future, can never be the worst that can happen. It is the best, for it is the work of God to set the world, and us, right.

And the prophets worked to get people who were beaten down to open themselves up to hope in God's future. In the wreckage of exile and death and humiliation and sin, the prophets ignited hope, opening lives to the new work of salvation that God is about at all times and everywhere. Through Isaiah, God said,

"Pay attention, my people.
Listen to me, nations.
Revelation flows from me.
My decisions light up the world.
My deliverance arrives on the run,
my salvation right on time.

내게서 계시가 흘러나오고,
나의 결정들이 세상을 밝혀 준다.
나의 구원이 빠르게 달려오며,
나의 구원하는 일이 제때에 이루어진다.
내가 민족들에게 정의를 베풀 것이다.
먼 섬들도 나를 바라보며,
내 구원의 능력에 희망을 둘 것이다.
하늘을 올려다보며,
네 발아래 있는 땅을 깊이 생각하여라.
하늘은 연기처럼 사라질 것이며,
땅은 작업복처럼 해어질 것이다.
사람들은 하루살이처럼 죽어 나가겠지만
나의 구원은 다함이 없으며,
세상을 바로잡는 나의 일은 결코 쇠하지 않을 것이다"(사 51:4-6).

살면서 우리가 아주 일찍부터 갖게 되는 나쁜 습관이 있는데, 사물이나 사람을 성(聖)과 속(俗)으로 이분하는 것이다. 우리는 직업생활, 시간관리, 오락, 정치, 사회생활 등을 '속된 일'로 여기고, 우리에게 얼마간 재량권이 있는 영역이라고 생각한다. 반면 예배와 성경, 천국과 지옥, 교회와 기도 같은 것들은 '성스러운 일'이며, 하나님의 영역이라고 여긴다. 우리는 이런 이원론적 생각에 입각해 각자의 삶에서 하나님을 위해 일정한 자리를 내어 드리며 살고 있다고 생각한다. 겉보기에는 하나님을 높이는 것 같지만, 이것은 사실 하나님을 일정한 자리에 한정시키고 그 밖의 모든 것은 우리 멋대로 하겠다는 속셈에 지나지 않는다.

예언자들은 이런 시도를 절대 용납하지 않는다. 그들은 모든 일—절대적으로 모든 일—이 성스러운 영역 안에 있다고 역설한다. 하나님은 우리 삶의 전 영역을 다스릴 권한을 가지신 분이다. 이른바 사적 영역이

I'll bring justice to the peoples.
Even faraway islands will look to me
and take hope in my saving power.
Look up at the skies,
ponder the earth under your feet.
The skies will fade out like smoke,
the earth will wear out like work pants,
and the people will die off like flies.
But my salvation will last forever,
my setting-things-right will never be obsolete"(Isaiah 51:4-6).

One of the bad habits that we pick up early in our lives is separating things and people into secular and sacred. We assume that the secular is what we are more or less in charge of: our jobs, our time, our entertainment, our government, our social relations. The sacred is what God has charge of: worship and the Bible, heaven and hell, church and prayers. We then contrive to set aside a sacred place for God, designed, we say, to honor God but really intended to keep God in his place, leaving us free to have the final say about everything else that goes on.

Prophets will have none of this. They contend that everything, absolutely everything, takes place on sacred ground. God has something to say about every aspect of our lives: The way we feel and act in the so-called privacy of our hearts and homes, the way we make our money and the way we spend it, the politics we embrace, the wars we fight, the catastrophes we endure, the people we hurt and the people we help. Nothing is hidden from the

라는 우리의 감정과 가정생활을 비롯해, 돈을 벌고 쓰는 방식, 채택하는 정치형태, 전쟁, 재난, 우리가 해를 입히는 사람, 도움을 주는 사람 등 그 어떤 것도 하나님께서 무시하시거나, 그분의 통치영역을 벗어나 있거나, 그분의 목적과 무관한 것은 없다. 그분은 "거룩, 거룩, 거룩"하신 분이다.

예언자들은 우리가 하나님을 피할 수 없게 만든다. 그들은 하나님을 전면적으로 받아들이라고 촉구한다. 예언자에게 하나님은, 바로 이웃에 사는 사람보다 더 분명한 실재이시다.

scrutiny of God, nothing is exempt from the rule of God, nothing escapes the purposes of God. Holy, holy, holy.

Prophets make it impossible to evade God or make detours around God. Prophets insist on receiving God in every nook and cranny of life. For a prophet, God is more real than the next-door neighbor.

이사야에게 말이란, 참된 것과 아름다운 것과 선한 것을 만들어 내는 물감이요 멜로디요 조각칼이라 할 수 있다. 경우에 따라서는, 죄와 악과 반역을 부서뜨리는 망치요 창이요 메스가 되기도 한다. 이사야는 그저 정보만을 전달한 예언자가 아니다. 그는 비전을 창조하고 계시를 전하고 믿음을 세워준 사람이다. 그는 실로 근본적 의미에서의 시인, 곧 장인이다. 하나님의 현존을 우리 피부에 와 닿게 하기 때문이다. 이사야는 히브리 민족이 낳은 최고의 예언자요 시인이다.

믿음으로 사는 이들, 하나님의 말씀으로 빚어지고자 늘 자신을 드려 거룩을 추구하며 사는 이들에게, 이사야는 실로 우뚝 솟은 산이다. 그렇다, 거룩. 이사야서에서 볼 수 있는 가장 특징적인 하나님의 호칭은 다름 아닌 "거룩하신 분"이다. 이 광대한 책은 고대 이스라엘 백성에게 전해진 메시지 모음집으로, 읽는 이들을 거룩하신 분의 현존과 역사(役事) 속에 빠뜨린다. "만군의 하나님께서 정의를 행하심으로, 산이 되실 것이다. 거룩하신 하나님께서 의를 행하심으로, '거룩'이 무엇인지 보여주실 것이다"(사 5:16).

이사야의 말은 '거룩'에 대한 우리 생각을 바꾸어 놓는다. 지금까지 거룩이 그저 경건한 말, 별다른 감흥 없는 민숭민숭한 말에 지나지 않았다면, 이사야의 설교는 그 단어를 불덩이 같은 그 무엇으로 바꾸어 놓는다. 거룩은 우리가 삶에서 가져 볼 수 있

For Isaiah, words are watercolors and melodies and chisels to make truth and beauty and goodness. Or, as the case may be, hammers and swords and scalpels to *unmake* sin and guilt and rebellion. Isaiah does not merely convey information. He creates visions, delivers revelation, arouses belief. He is a poet in the most fundamental sense—a *maker*, making God present and that presence urgent. Isaiah is the supreme poet-prophet to come out of the Hebrew people.

Isaiah is a large presence in the lives of people who live by faith in God, who submit themselves to being shaped by the Word of God and are on the lookout for the holy. *The Holy*. The characteristic name for God in Isaiah is "The Holy." As we read this large and comprehensive gathering of messages that were preached to the ancient people of Israel, we find ourselves immersed in both the presence and the action of The Holy: "But by working justice, God-of-the-Angel-Armies will be a mountain. By working righteousness, Holy God will show what 'holy' is"(Isaiah 5:16).

The more hours we spend pondering the words of Isaiah, the more the word "holy" changes in our understanding. If "holy" was ever a pious, pastel-tinted word in our vocabularies, the Isaiah-preaching quickly

는 가장 매혹적이고 가장 강렬한 체험이다. 그저 겉핥기식 삶이 아닌, 삶의 진수를 있는 그대로 맛보는 것, 그것이 바로 거룩이다. 우리는 하나님이 직접 행하고 계신 일들 속으로 뛰어들게 된다. 그저 그 일들에 대해 입으로 떠들거나 책으로 읽는 것이 아니라는 말이다. 거룩은 거기 들어오는 자들을 완전히 녹여서 새로운 존재로 만들어 내는 용광로다. 그래서,

"누가 이 불폭풍에서 살아남을 수 있으랴? 누가 이 대숙청을 모면할 수 있으랴?" 하고 묻는다.

답은 간단하다.
의롭게 살면서
진실을 말하며,
사람을 착취하는 일을 혐오하고
뇌물을 거절하여라.
폭력을 거부하고
악한 유흥을 피하여라.
이것이 너의 삶의 질을 높이는 길이다!
안전하고 안정된 삶을 사는 길,
넉넉하고 만족스러운 삶을 사는 길이다.
(사 33:14-16)

'거룩, 거룩, 거룩'은 장식용으로 수놓은 레이스가 아니다. 그것은 혁명의 깃발이다. 진정한 혁명이다.

이사야서는 실로 광범위한 책이다. 이 지구 행성에서 하나님의 백성으로 살아가는 일에 포함된 거의 모든 것을 다루고 있다. 이사야는 하나님께서 우리의 지극히 일상적이고 때로 실망스러운 경험을 들어, 창조와 구원과 희망의 일들을 이루시는 과정을 보여준다. 이것이 바로 이 책의 특징이다. 이 방대한 파노라마가 펼쳐지는 광경을 보며 우리는 깨닫는다. 이 세상과 우리 인생

turns it into something blazing. Holiness is the most attractive quality, the most intense experience we ever get of sheer *life*—authentic, firsthand living, not life looked at and enjoyed from a distance. We find ourselves in on the operations of God himself, not talking about them or reading about them. Holiness is a furnace that transforms the men and women who enter it. So,

"Who among us can survive this firestorm?
Who of us can get out of this purge with our lives?"

The answer's simple:
Live right,
speak the truth,
despise exploitation,
refuse bribes,
reject violence,
avoid evil amusements.
This is how you raise your standard of living!
A safe and stable way to live.
A nourishing, satisfying way to live.
(Isaiah 33:14-16)

"Holy, Holy, Holy" is not needlepoint. It is the banner of a revolution, *the* revolution.

The book of Isaiah is expansive, dealing with virtually everything that is involved in being a people of God on this planet Earth. The impressive art of Isaiah involves taking the stuff of our ordinary and often disappointing human experience and showing us how it is the very stuff that God uses to create and save and give hope. As this vast

에, 하나님이 사용하실 수 없는 것은 아무 것도 없다는 사실을 말이다. 하나님께서는 존재하는 모든 것과 모든 사람을 당신의 일을 위한 재료로 사용하시며, 우리가 엉망진창으로 만들어 놓은 삶을 다시 고쳐 사용하신다.

"두고 보아라. 너를 푸대접했던 자들,
천대받게 될 것이다.
실패자가 될 것이다.
너를 대적하던 자들,
빈털터리가 될 것이다.
아무것도 보여줄 것 없는 신세가 될 것이다.
네가 옛 적들을 찾아보려고 해도
찾지 못하리라.
너의 옛 원수들, 흔적조차 남지 않을 것이다.
기억하는 자 하나 없으리라.
그렇다. 나 너의 **하나님**이,
너를 꽉 붙잡고, 결코 놓지 않기 때문이다.
내가 네게 말한다. '겁먹지 마라.
내가 여기 있다. 내가 너를 도우리라.'"
(사 41:11-13)

'교향곡'은 단순성과 복잡성이 절묘하게 어우러진 이사야서의 특징을 묘사할 때 많은 사람들이 즐겨 쓰는 표현이다. 이사야서의 중심 주제는 뚜렷하다. '하나님이 이루시는 구원', 바로 이것이다. 이사야서는 '구원 교향곡'이다(이사야라는 이름 자체가 "하나님이 구원하신다"라는 뜻이다). 이 웅장한 교향곡에는 작품 전체에 걸쳐 반복되고 발전되는 주된 주제 셋이 있으니, 바로 '심판'과 '위로'와 '희망'이다. 이 세 가지 주제는 거의 모든 장에서 발견되는데, 하나하나가 하나님의 구원역사를 힘 있게 펼쳐 놓

panorama opens up before us, it turns out that nothing is unusable by God. He uses everything and everybody as material for his work, which is the remaking of the mess we have made of our lives.

"Count on it: Everyone who had it in for you
will end up out in the cold—
real losers.
Those who worked against you
will end up empty-handed—
nothing to show for their lives.
When you go out looking for your old adversaries
you won't find them—
Not a trace of your old enemies,
not even a memory.
That's right. Because I, your GOD,
have a firm grip on you and I'm not letting go.
I'm telling you, 'Don't panic.
I'm right here to help you'"(Isaiah 41:11-13).

"Symphony" is the term many find useful to capture the fusion of simplicity and complexity presented in the book of Isaiah. The major thrust is clearly God's work of salvation: "The Salvation Symphony" (the name Isaiah means "God Saves"). The prominent themes repeated and developed throughout this vast symphonic work are judgment, comfort, and hope. All three elements are present on nearly every page, but each also gives distinction to the three "movements" of the book that so powerfully enact salvation: Messages of Judgment (chapters 1-39),

은 세 '악장'의 주제이기도 하다. 다시 말해 이사야서는 '심판의 메시지'(1–39장), '위로의 메시지'(40–55장), 그리고 '희망의 메시지'(56–66장)로 이루어져 있다.

Messages of Comfort (chapters 40-55), and Messages of Hope (chapters 56-66).

이사야

ISAIAH

심판의 메시지

예배 시늉만 내는 너희여

1 [1] 아모스의 아들 이사야가 유다 왕 웃시야, 요담, 아하스, 히스기야의 재위기간에 유다와 예루살렘에 대해 본 환상이다.

2-4 하늘아 땅아, 너희 배심원들아,
하나님의 진술에 귀를 기울여라.
"내게 자식들이 있다. 애지중지 키운 자식들이다.
그런데 그들이 내게 등을 돌렸다.
소도 제 주인을 알아보고
노새도 제게 먹이 주는 손을 알아보는 법이건만,
이스라엘은 그렇지 못하다.
내 백성은 도무지 알지 못한다.
아, 이 무슨 꼴인가! 죄에 눌려 비틀비틀하며
하나님의 길에서 탈선한 낙오자들,
사악한 무뢰배,
야만스런 패거리다.
내 백성이 저희의 **하나님**인 나를 떠났고,
'이스라엘의 거룩한 이'인 내게 등을 돌렸다.
뒤도 돌아보지 않고 떠나가 버렸다.

5-9 한사코 고집부리는 너희,

Messages of Judgment

Quit Your Worship Charades

1 [1] The vision that Isaiah son of Amoz saw regarding Judah and Jerusalem during the times of the kings of Judah: Uzziah, Jotham, Ahaz, and Hezekiah.

2-4 Heaven and earth, you're the jury.
Listen to GOD's case:
"I had children and raised them well,
and they turned on me.
The ox knows who's boss,
the mule knows the hand that feeds him,
But not Israel.
My people don't know up from down.
Shame! Misguided GOD-dropouts,
staggering under their guilt-baggage,
Gang of miscreants,
band of vandals—
My people have walked out on me, their GOD,
turned their backs on The Holy of Israel,
walked off and never looked back.

5-9 "Why bother even trying to do anything with you
when you just keep to your bullheaded

내가 무엇을 할 수 있겠느냐?
자기 머리로 계속 벽을 들이박고
온몸으로 나를 거스르는 너희,
머리끝에서 발끝까지,
어디 성한 곳 하나 없다.
온몸이 상처와 멍, 고름 흐르는 종기로 뒤덮였는데,
치료도 받지 못하고, 씻지도 못하고, 붕대도 감지 못했다.
너희 땅은 황폐해졌고,
너희 성읍들은 불타 버렸다.
온 땅이 너희 눈앞에서 이방인들에게 짓밟혀,
미개인들에게 결딴나 버렸다.
딸 시온이 버림을 받았다.
막다른 골목의 다 쓰러져 가는 폐가처럼,
인적 없는 곳의 초라한 판잣집처럼,
쥐들도 다 떠난 침몰하는 배처럼 되고 말았다.
만군의 **하나님**께서 얼마라도 생존자들을 남겨 두시지 않았더라면,
우리는 그야말로 소돔처럼 폐허가 되고,
고모라처럼 망했을 것이다.

10 너희, 소돔을 좇아가는 지도자들아,
내 **메시지**에 귀를 기울여라.
너희, 고모라를 좇아가는 지도자들아,
하나님의 계시를 받아들여라."

11-12 **하나님**께서 물으신다.
"이 정신없이 널려 있는 제물은 다 무엇이냐?
번제물, 숫양, 포동포동한 송아지들,
나는 이미 질리도록 먹었다.
황소, 어린양, 염소들의 피도 지겹다.
대체 어디서 배워 먹은 짓들이냐?
누가 내 앞에서 이리저리 뛰어다니고,
이 짓 저 짓 벌이며

ways?
You keep beating your heads against brick walls.
Everything within you protests against you.
From the bottom of your feet to the top of your head,
nothing's working right.
Wounds and bruises and running sores—
untended, unwashed, unbandaged.
Your country is laid waste,
your cities burned down.
Your land is destroyed by outsiders while you watch,
reduced to rubble by barbarians.
Daughter Zion is deserted—
like a tumbledown shack on a dead-end street,
Like a tarpaper shanty on the wrong side of the tracks,
like a sinking ship abandoned by the rats.
If GOD-of-the-Angel-Armies hadn't left us a few survivors,
we'd be as desolate as Sodom, doomed just like Gomorrah.

10 "Listen to my Message,
you Sodom-schooled leaders.
Receive God's revelation,
you Gomorrah-schooled people.

11-12 "Why this frenzy of sacrifices?"
GOD's asking.
"Don't you think I've had my fill of burnt sacrifices,
rams and plump grain-fed calves?
Don't you think I've had my fill
of blood from bulls, lambs, and goats?
When you come before me,

예배장소에서 이렇듯 소란을 피우라고
가르치더냐?

13-17 예배 시늉 놀이, 이제 그만 집어치
워라.
같잖은 경건 놀음, 더 이상 참아 줄 수가
없다.
달마다 열리는 회합, 주마다 돌아오는
안식일, 갖가지 특별 모임,
모임, 모임, 모임, 더는 못 참겠다!
이런저런 목적의 집회들, 나는 싫다!
정말 신물이 난다!
죄는 죄대로 지으면서
경건, 경건, 경건을 떠벌이는 너희가 지
겹다.
이제 너희가 기도 쇼를 벌여도,
나는 외면할 것이다.
아무리 오래, 아무리 크게, 아무리 자주
기도해도
나는 듣지 않을 것이다.
왜 그런지 아느냐?
너희가 사람을 찢어발겼기 때문이다. 너
희 손에 피가 흥건하다.
집에 가서 씻어라.
너희 행실을 씻어라.
너희 삶에서 악행을 깨끗이 씻어 내어
내 눈에 보이지 않게 하여라.
바르지 못한 일 에 대해서는 '아니요'라
고 말하여라.
선한 일을 배워 행하여라.
정의를 위해 일하여라.
낙오자들을 도와주어라.
집 없는 이들을 대변해 주어라.
힘없는 자들을 변호해 주어라."

18-20 **하나님의 메시지다.**
"여기 와 앉아라. 한번 끝까지 따져 보자.
너희 죄가 피처럼 붉으냐?

whoever gave you the idea of acting like this,
Running here and there, doing this and that—
all this sheer *commotion* in the place
provided for worship?

13-17 "Quit your worship charades.
I can't stand your trivial religious games:
Monthly conferences, weekly Sabbaths,
special meetings—
meetings, meetings, meetings—I can't
stand one more!
Meetings for this, meetings for that. I hate
them!
You've worn me out!
I'm sick of your religion, religion, religion,
while you go right on sinning.
When you put on your next prayer-perfor-
mance,
I'll be looking the other way.
No matter how long or loud or often you pray,
I'll not be listening.
And do you know why? Because you've
been tearing
people to pieces, and your hands are
bloody.
Go home and wash up.
Clean up your act.
Sweep your lives clean of your evildoings
so I don't have to look at them any longer.
Say no to wrong.
Learn to do good.
Work for justice.
Help the down-and-out.
Stand up for the homeless.
Go to bat for the defenseless.

Let's Argue This Out

18-20 "Come. Sit down. Let's argue this out."

눈처럼 새하얘질 것이다.
너희 죄가 주홍빛처럼 붉으냐?
양털처럼 하얘질 것이다.
너희가 순종하고자 하면,
왕처럼 잔치를 즐기게 될 것이다.
그러나 완고하게 고집을 부린다면,
너희는 개처럼 죽게 될 것이다."
그렇다. **하나님**의 말씀이다.

This is GOD's Message:
"If your sins are blood-red,
they'll be snow-white.
If they're red like crimson,
they'll be like wool.
If you'll willingly obey,
you'll feast like kings.
But if you're willful and stubborn,
you'll die like dogs."
That's right. GOD says so.

하나님을 떠나간 자들

21-23 오! 믿어지느냐? 순결했던 성읍이
창녀가 되었다!
전에는 정의 빼면 시체였던 그녀,
서로 좋은 이웃으로 살았던 자들이,
이제는 서로가
서로의 목을 노린다.
너희 돈은 위조지폐고,
너희 포도주는 물 탄 가짜다.
너희 지도자들은
사기꾼과 내통하는 변절자들이다.
그들은 가장 높은 값을 부르는 자들에게 자신을 팔아넘기며,
뭐든지 닥치는 대로 집어삼킨다.
그들은 집 없는 이들을 대변하는 법이 없고,
힘없는 자들을 변호해 주는 법도 없다.

Those Who Walk Out on God

21-23 Oh! Can you believe it? The chaste city
has become a whore!
She was once all justice,
everyone living as good neighbors,
And now they're all
at one another's throats.
Your coins are all counterfeits.
Your wine is watered down.
Your leaders are turncoats
who keep company with crooks.
They sell themselves to the highest bidder
and grab anything not nailed down.
They never stand up for the homeless,
never stick up for the defenseless.

24-31 그러므로, 주 곧 만군의 **하나님**,
'이스라엘의 전능하신 분'의 포고다.
"이제, 나를 대적하던 자들을 가만두지 않겠다!
내 원수들에게 보복하겠다.
귀싸대기를 갈겨서라도
너의 삶에서 쓰레기를 치우고, 너를 깨끗이 청소해 주겠다.
처음으로 되돌아가,
네 가운데 정직한 재판관과 현명한 조언자들이 서게 하겠다.

24-31 This Decree, therefore, of the Master,
GOD-of-the-Angel-Armies,
the Strong One of Israel:
"This is it! I'll get my oppressors off my back.
I'll get back at my enemies.
I'll give you the back of my hand,
purge the junk from your life, clean you up.
I'll set honest judges and wise counselors

그러면 너는 새 이름을 갖게 될 것이다.
'백성을 바르게 대하는 성읍', '참 푸른 성읍'이라 불릴 것이다."
하나님의 바른 길이 시온을 다시 바로 세워 줄 것이다.
하나님의 올바른 조처가 회개한 백성을 회복시킬 것이다.
그러나 반역자와 **하나님**을 배신한 자들은 끝장날 것이다.
하나님을 저버린 자들은 막다른 골목에 몰릴 것이다.
"저 상수리나무 숲 산당에서 농탕질을 벌인 너희,
최신 유행하는 신과 여신의 동산을 찾아다니며
얼빠진 짓거리를 벌인 너희는,
천하제일의 얼간이로 판명날 것이다.
결국
잎이 다 떨어진 상수리나무처럼 되고 말 것이다.
물이 말라
시들어 죽은 정원처럼 되고 말 것이다.
강한 자가 죽은 나무껍질, 죽은 잔가지에 불과하고,
그가 벌이는 일이란 화재나 일으키는 불똥일 뿐임이 드러날 것이며,
그 화재로, 그와 그의 모든 일이,
재와 연기만 남긴 채 사라질 것이다."

하나님의 산에 오르자

2 [1-5] 유다와 예루살렘에 관해 이사야가 받은 메시지다.

하나님의 집이 서 있는 산이
모든 산 위로 우뚝 솟은,
으뜸 산이 될 날이 오고 있다.
모든 민족이 그리로 모여들고,
사방에서 사람들이 찾아올 것이다.

among you
just like it was back in the beginning.
Then you'll be renamed
City-That-Treats-People-Right, the True-Blue City."
GOD's right ways will put Zion right again.
GOD's right actions will restore her penitents.
But it's curtains for rebels and GOD-traitors,
a dead end for those who walk out on GOD.
"Your dalliances in those oak grove shrines
will leave you looking mighty foolish,
All that fooling around in god and goddess gardens
that you thought was the latest thing.
You'll end up like an oak tree
with all its leaves falling off,
Like an unwatered garden,
withered and brown.
'The Big Man' will turn out to be dead bark and twigs,
and his ' work,' the spark that starts the fire
That exposes man and work both
as nothing but cinders and smoke."

Climb God's Mountain

2 [1-5] The Message Isaiah got regarding Judah and Jerusalem:

There's a day coming
when the mountain of GOD's House
Will be The Mountain—
solid, towering over all mountains.
All nations will river toward it,
people from all over set out for it.

그들이 말하리라.
"자, **하나님**의 산에 함께 오르자.
야곱의 하나님의 집으로 가자.
그분이 우리에게 그분의 길을 보여주실 것이다.
그러면 우리, 가야 할 길을 알게 될 것이다."
시온에서 계시가 흘러나온다.
하나님의 **메시지**가 예루살렘에서 나온다.
그분이 민족들 사이의 일을 공정하게 처리하시고,
뭇 백성 사이의 일을 바로잡아 주시리라.
사람들은 칼을 쳐서 삽을 만들고,
창을 쳐서 괭이를 만들 것이다.
민족과 민족이 더 이상 싸움을 벌이지 않고,
전쟁이 사라질 것이다.
야곱 가문아,
이제 **하나님**의 빛 가운데 살자.

6-9 **하나님**, 주께서 주의 가문 야곱을 버리신 것은
그들이 거짓 종교로,
블레셋 마술과 이방 요술로,
주체 못할 재물들로,
온갖 물건들로,
무수한 기계와 도구들로,
온갖 종류, 온갖 크기의 신들로 꽉 차 있기 때문입니다.
저들은 자기 손으로 신을 만들어서 그 앞에 경배합니다.
시궁창에 얼굴을 처박은 타락한 종족입니다.
그들에게 신경 쓰지 마십시오! 용서하실 만한 가치가 없는 자들입니다!

콧대 높았던 자들, 콧대가 납작해질 것이다

10 언덕으로 내빼라.
동굴로 숨어들어라.
무시무시한 **하나님**을 피해,

They'll say, "Come,
let's climb GOD's Mountain,
go to the House of the God of Jacob.
He'll show us the way he works
so we can live the way we're made."
Zion's the source of the revelation.
GOD's Message comes from Jerusalem.
He'll settle things fairly between nations.
He'll make things right between many peoples.
They'll turn their swords into shovels,
their spears into hoes.
No more will nation fight nation;
they won't play war anymore.
Come, family of Jacob,
let's live in the light of GOD.

6-9 GOD, you've walked out on your family Jacob
because their world is full of hokey religion,
Philistine witchcraft, and pagan hocus-pocus,
a world rolling in wealth,
Stuffed with things,
no end to its machines and gadgets,
And gods—gods of all sorts and sizes.
These people make their own gods and worship what they make.
A degenerate race, facedown in the gutter.
Don't bother with them! They're not worth forgiving!

Pretentious Egos Brought Down to Earth

10 Head for the hills,
hide in the caves
From the terror of GOD,
from his dazzling presence.

눈부신 그분의 임재를 피해 숨어라.

11-17 목에 힘주고 다니던 자들, 목이 꺾일 것이다.
콧대 높았던 자들, 콧대가 꺾일 것이다.
우리가 말하는 그날에,
오직 **하나님**만이 우뚝 서시리라.
그날, 만군의 **하나님**께서
모든 허세 부리는 것들,
모든 뽐내는 것들과 맞서신다.
높이 솟은 거목들,
거대한 밤나무와 맞서신다.
킬리만자로와 안나푸르나,
알프스 산맥, 안데스 산맥과 맞서신다.
하늘 높은 줄 모르는 마천루와 맞서시며,
웅장한 오벨리스크와 신상들과 맞서신다.
대양을 항해하는 큰 배들과 맞서시며,
우아한 호화 범선과 맞서신다.
허풍 가득한 자들, 결국 바람이 빠질 것이다.
콧대 높았던 자들, 콧대가 납작해질 것이다.
우리가 말하는 그날에,
오직 **하나님**만이 우뚝 서시리라.

18 신처럼 보이게 하려고 꾸민
막대기와 돌멩이들이
죄다 영구히 사라질 것이다.

19 절벽동굴 속으로 기어올라라.
무슨 구멍이든 보이는 대로 찾아 들어라.
무시무시한 **하나님**을 피해,
눈부신 그분의 임재를 피해 숨어라.
하나님께서 땅 위에 우뚝 서시며,
무섭도록 높이 서시는 그날에.

20-21 그날이 오면,
사람들은 신처럼 보이게 하려고
금과 은으로 꾸며 경배하던

11-17 People with a big head are headed for a fall,
pretentious egos brought down a peg.
It's GOD alone at front-and-center
on the Day we're talking about,
The Day that GOD-of-the-Angel-Armies
is matched against all big-talking rivals,
against all swaggering big names;
Against all giant sequoias
hugely towering,
and against the expansive chestnut;
Against Kilimanjaro and Annapurna,
against the ranges of Alps and Andes;
Against every soaring skyscraper,
against all proud obelisks and statues;
Against ocean-going luxury liners,
against elegant three-masted schooners.
The swelled big heads will be punctured bladders,
the pretentious egos brought down to earth,
Leaving GOD alone at front-and-center
on the Day we're talking about.

18 And all those sticks and stones
dressed up to look like gods
will be gone for good.

19 Clamber into caves in the cliffs,
duck into any hole you can find.
Hide from the terror of GOD,
from his dazzling presence,
When he assumes his full stature on earth,
towering and terrifying.

20-21 On that Day men and women will take
the sticks and stones

막대기와 돌멩이들을
아무 하수구나 도랑에
던져 버리고서,
바위굴이나
절벽에 난 구멍을 찾아 도망칠 것이다.
무시무시한 **하나님**을 피해,
그분의 눈부신 임재를 피해 숨을 것이다.
하나님께서 땅 위에 우뚝 서시며,
무섭도록 높이 서시는 그날에.

22 인간에 불과한 존재들에게 아첨하는 짓을 그만두어라.
그들은 자아와 허풍으로 가득할 뿐,
별 볼 일 없는 존재인 것을 모른단 말이냐?

다 쓰러져 가는 예루살렘

3 1-7 만군의 주 **하나님**께서,
예루살렘과 유다에서
빵과 물을 시작으로
모든 생필품이
동나게 하신다.
경찰과 치안,
재판관과 법정,
목사와 교사,
지휘관과 장군,
의사와 간호사,
심지어 수리공이나 잡기에 능한 자들까지
모두 사라지게 하신다.
그분께서 말씀하신다.
"이제 내가 철부지 꼬마들이 성읍을 맡도록 할 것이다.
어린아이들이 명령권자가 되게 하겠다.
사람들은 서로 목을 노리고
서로 등 뒤에 칼을 꽂을 것이다.
이웃과 이웃, 젊은이와 늙은이,
무지렁이와 명망가들이 서로 맞설 것이다.
한 사람이 자기 형제를 붙들고 말할 것이다.

They've decked out in gold and silver
to look like gods and then worshiped,
And they will dump them
in any ditch or gully,
Then run for rock caves
and cliff hideouts
To hide from the terror of GOD,
from his dazzling presence,
When he assumes his full stature on earth,
towering and terrifying.

22 Quit scraping and fawning over mere humans,
so full of themselves, so full of hot air!
Can't you see there's nothing to them?

Jerusalem on Its Last Legs

3 1-7 The Master, GOD-of-the-Angel-Armies,
is emptying Jerusalem and Judah
Of all the basic necessities,
plain bread and water to begin with.
He's withdrawing police and protection,
judges and courts,
pastors and teachers,
captains and generals,
doctors and nurses,
and, yes, even the repairmen and jacks-of-all-trades.
He says, "I'll put little kids in charge of the city.
Schoolboys and schoolgirls will order everyone around.
People will be at each other's throats,
stabbing one another in the back:
Neighbor against neighbor, young against old,
the no-account against the well-respected.

'너는 그래도 머리가 좀 되잖아.
뭔가 해봐!
이 진창에서 우리를 구해 줘!'
그러면 그가 말할 것이다. '무슨 소리! 나도 갈팡질팡하는데!
내게 책임을 맡길 생각 마.'

8-9 예루살렘이 다 쓰러져 가고 있다.
유다가 망하기 직전이다.
사람들이 하는 모든 말과 행동이
다 **하나님**과 어긋난다.
내 뺨을 후려치는 격이다.
썩을 대로 썩어 철면피가 된 그들,
타락한 소돔처럼 오히려 자신의 죄를 과시한다.
그들의 영혼에 영원히 화가 있으리라!
이제, 그들은 스스로 뿌린 씨를 거둘 때다.

10-11 의인들에게 전하여라.
그들의 선한 삶은 보상받을 것이다.
그러나 악인들에게는 화가 있을 것이다!
재앙이 닥치리라!
그들이 행한 그대로 되돌려 받을 것이다.

12 주먹만한 꼬마 아이들에게 내 백성이 당한다.
우스꽝스런 여자아이들이 내 백성을 괴롭힌다.
내 사랑하는 백성들아! 네 지도자들은 지금 너를 막다른 골목으로 데려가고 있다.
가봐야 소용없는 길로 보내고 있다."

하나님께서 백성을 재판하시다

13-15 **하나님**께서 법정에 입장하신다.
자기 백성을 재판하러 자리에 앉으신다.
명령을 내리셔서,
자기 백성의 지도자들을 끌어다가 피고석에 앉히신다.

One brother will grab another and say,
'You look like you've got a head on your shoulders.
Do something!
Get us out of this mess.'
And he'll say, 'Me? Not me! I don't have a clue.
Don't put me in charge of anything.'

8-9 "Jerusalem's on its last legs.
Judah is soon down for the count.
Everything people say and do
is at cross-purposes with GOD,
a slap in my face.
Brazen in their depravity,
they flaunt their sins like degenerate Sodom.
Doom to their eternal souls! They've made their bed;
now they'll sleep in it.

10-11 "Reassure the righteous
that their good living will pay off.
But doom to the wicked! Disaster!
Everything they did will be done to them.

12 "Skinny kids terrorize my people.
Silly girls bully them around.
My dear people! Your leaders are taking you down a blind alley.
They're sending you off on a wild-goose chase."

A City Brought to Her Knees by Her Sorrows

13-15 GOD enters the courtroom.
He takes his place at the bench to judge his people.

"너희가 이 나라를 결딴냈다.
너희 집 안에는, 가난한 이들에게서 도적질한 것들로 꽉 차 있다.
내 백성을 짓밟고
가난한 이들의 얼굴을 흙바닥에 처박다니,
있을 수 있는 일이냐?"
만군의 주 **하나님**의 말씀이다.

16-17 **하나님**께서 말씀하신다. "시온의 여자들,
하이힐을 신고 우쭐거리며 다닌다.
싸구려 보석을 주렁주렁 걸친 채
머리카락 흩날리며,
엉덩이를 흔들며
거리의 남자들에게 추파 던지며 돌아다닌다."
그 시온의 여자들을, 주님은 모두
대머리로 만드실 작정이다.
경멸받는 대머리 여자들이 되게 하실 작정이다.
주께서 그렇게 하실 것이다.

18-23 주께서 그들이 걸친 싸구려 노리개
들을 다 벗기실 날이 오고 있다. 대롱대롱
매달린 귀걸이, 발찌, 팔찌, 빗, 거울, 실크
스카프, 다이아몬드 브로치, 진주 목걸이,
손가락 반지, 발가락 반지, 최신 유행 모
자, 외국 향수, 최음제, 가운, 망토, 그리고
세계 최고의 직물과 디자인이라는 것을
모두 벗기실 것이다.

24 호리는 향수 냄새가 아니라,
이 여자들에게서 배추 썩는 냄새가 날 것이다.
멋지게 늘어진 가운이 아니라,
누더기를 걸치게 될 것이다.
폼 나는 머리가 아니라,
꾀죄죄한 머리를 하게 될 것이다.

GOD calls for order in the court,
hauls the leaders of his people into the dock:
"You've played havoc with this country.
Your houses are stuffed with what you've stolen from the poor.
What is this anyway? Stomping on my people,
grinding the faces of the poor into the dirt?"
That's what the Master,
GOD-of-the-Angel-Armies, says.

16-17 GOD says, "Zion women are stuck-up,
prancing around in their high heels,
Making eyes at all the men in the street,
swinging their hips,
Tossing their hair,
gaudy and garish in cheap jewelry."
The Master will fix it so those Zion women
will all turn bald—
Scabby, bald-headed women.
The Master will do it.

18-23 The time is coming when the Master
will strip them of their fancy baubles—the
dangling earrings, anklets and bracelets,
combs and mirrors and silk scarves, diamond
brooches and pearl necklaces, the rings on
their fingers and the rings on their toes,
the latest fashions in hats, exotic perfumes
and aphrodisiacs, gowns and capes, all the
world's finest in fabrics and design.

24 Instead of wearing seductive scents,
these women are going to smell like rotting cabbages;
Instead of modeling flowing gowns,
they'll be sporting rags;
Instead of their stylish hairdos,

애교점 대신
상처딱지와 흉터를 갖게 될 것이다.

25-26 너희 최고 전사들이 죽임당하고,
군인들이 전쟁터에서 쓰러질 것이다.
시온으로 들어가는 입구가
사람들의 애곡소리로 뒤덮일 것이다.
상실의 무게를 이기지 못해 엎어진 도성,
슬픔에 눌려 무릎 꿇은 도성이 될 것이다.

4

1 그날에 여자 일곱이
남자 하나에게 떼로 덮치면서 말할 것이다.
"우리 몸은 우리가 알아서 돌보겠소.
우리 먹을 음식과 옷은 우리가 알아서 해결하겠소.
다만 우리에게 아이를 갖게 해주오. 우리를 임신시켜 주오.
그래서 우리에게 살아갈 이유가 있게 해주오!"

하나님의 가지

2-4 그날에 '**하나님**의 가지'가 움터 나오리라. 싱싱하고 푸르게 움터 나오리라. 이스라엘의 살아남은 자들이 자기 나라의 산물을 다시금 자랑거리로 삼고, 오, 그들이 다시 머리를 들게 되리라! 시온에 남겨진 자들, 예루살렘의 버림받고 거절당한 자들 모두가, 거룩한—살아 있고 소중한—이들이라 불리게 되리라. **하나님**께서 시온의 여인들을 목욕시켜 주시고, 피로 물든 성읍에서 폭력과 잔인함을 씻어 내시며, 불폭풍 심판으로 깨끗하게 해주시리라.
5-6 **하나님**께서 옛적의 구름기둥과 불기둥으로 시온 산과 거기 모인 모든 자들 앞에 밤낮 영광스럽게 임하실 것이다. 그 거대한 보호의 임재가, 그들에게 불볕을 피할

scruffy heads;
Instead of beauty marks,
scabs and scars.
25-26 Your finest fighting men will be killed,
your soldiers left dead on the battlefield.
The entrance gate to Zion will be clotted
with people mourning their dead—
A city stooped under the weight of her loss,
brought to her knees by her sorrows.

4

1 That will be the day when seven women
will gang up on one man, saying,
"We'll take care of ourselves,
get our own food and clothes.
Just give us a child. Make us pregnant
so we'll have something to live for!"

God's Branch

2-4 And that's when GOD's Branch will sprout green and lush. The produce of the country will give Israel's survivors something to be proud of again. Oh, they'll hold their heads high! Everyone left behind in Zion, all the discards and rejects in Jerusalem, will be reclassified as "holy"—alive and therefore precious. GOD will give Zion's women a good bath. He'll scrub the bloodstained city of its violence and brutality, purge the place with a firestorm of judgment.
5-6 Then GOD will bring back the ancient pillar of cloud by day and the pillar of fire by night and mark Mount Zion and everyone in it with his glorious presence, his immense, protective presence, shade from the burning sun and shelter from the

그늘, 폭우를 피해 숨을 곳이 되어 주리라.

driving rain.

최상품 포도를 기대했건만

5

1-2 내가 사랑하는 분에게, 노래 하나 지어 불러 드리려 하네.
그분의 포도원에 대한 사랑 노래를.
사랑하는 그분에게 포도원이 하나 있었다네.
좋은 땅의 아름다운 포도원이었지.
그분은 땅을 일구고 잡초를 뽑아내어,
최상품 포도나무를 심었다네.
망대를 세우고, 포도주 짜는 곳도 만들었지.
자랑할 만한 포도원이었다네.
그러나 최상품 포도 수확을 기대했건만,
그 모든 수고 끝에 열린 것은 돌포도였다네.

3-4 "너희 예루살렘과 유다에 사는 자들아,
이제 내가 하는 말을 잘 들어라.
나와 내 포도원 사이의 일을
한번 판단해 보아라.
내가 내 포도원을 위해 할 수 있었으면서도
하지 않은 일이
어디 하나라도 있었느냐?
좋은 포도를 기대했는데
쓴 포도만을 수확한 것은 어째서란 말이냐?

5-6 좋다. 이제 내가 내 포도원을 어떻게 할지
너희에게 말해 주겠다.
나는 그 울타리를 허물고
그곳을 폐허로 만들 것이다.
그 문을 부서뜨려
마구 짓밟히게 할 것이다.
그곳을 잡초 밭, 버려진 땅,
엉겅퀴와 가시만 무성한 곳이 되게 할 것이다.
내가 구름을 향해
'다시는 저 포도원에 비를 내리지 말라!'고

Looking for a Crop of Justice

5

1-2 I'll sing a ballad to the one I love,
a love ballad about his vineyard:
The one I love had a vineyard,
a fine, well-placed vineyard.
He hoed the soil and pulled the weeds,
and planted the very best vines.
He built a lookout, built a winepress,
a vineyard to be proud of.
He looked for a vintage yield of grapes,
but for all his pains he got junk grapes.

3-4 "Now listen to what I'm telling you,
you who live in Jerusalem and Judah.
What do you think is going on
between me and my vineyard?
Can you think of anything I could have done
to my vineyard that I didn't do?
When I expected good grapes,
why did I get bitter grapes?

5-6 "Well now, let me tell you
what I'll do to my vineyard:
I'll tear down its fence
and let it go to ruin.
I'll knock down the gate
and let it be trampled.
I'll turn it into a patch of weeds, untended, uncared for—
thistles and thorns will take over.
I'll give orders to the clouds:
'Don't rain on that vineyard, ever!'"

7 Do you get it? The vineyard of GOD-of-

명령을 내릴 것이다."

7 너희는 알아들었느냐? 만군의 **하나님**의 포도원은
바로 이스라엘 나라다.
그분이 그토록 자랑스러워했던 그 정원은
바로 유다의 모든 자들이다.
그분은 정의를 수확하기를 바라셨지만,
보이는 것이라곤 서로 죽이는 모습뿐이었다.
의를 거두기를 바라셨지만,
들리는 것이라곤 희생자들의 애통소리뿐이었다.

이스라엘에 대한 재앙

8-10 집들을 있는 대로 사들이고
땅을 독차지하는 너희에게 화가 있으리라.
너희는 이전 주인들을 다 쫓아내고서,
출입금지 푯말을 붙여 놓고
나라 전체를 장악했다.
모두를 집 없고 땅 없는 이들로 만들어 버린다.
나는 만군의 **하나님**께서 말씀하시는 소리를 들었다.
"으리으리한 집들, 다 텅텅 비게 될 것이다.
호화롭던 사유지들, 다 폐허가 될 것이다.
만 평이나 되는 포도원에서 고작 포도주 1리터가 나고,
열 말이나 되는 씨에서 겨우 곡식 한 말밖에 나지 않을 것이다."

11-17 아침 일찍 일어나서
아침밥도 먹기 전에 술잔을 들고,
밤이 새도록
코가 삐뚤어져라 마셔 대는 자들에게 화가 있으리라.
그들은 술자리에
하프와 플루트와 충분한 포도주에는 마음

the-Angel-Armies
is the country of Israel.
All the men and women of Judah
are the garden he was so proud of.
He looked for a crop of justice
and saw them murdering each other.
He looked for a harvest of righteousness
and heard only the moans of victims.

You Who Call Evil Good and Good Evil

8-10 Doom to you who buy up all the houses
and grab all the land for yourselves—
Evicting the old owners,
posting NO TRESPASSING signs,
Taking over the country,
leaving everyone homeless and landless.
I overheard GOD-of-the-Angel-Armies say:
"Those mighty houses will end up empty.
Those extravagant estates will be deserted.
A ten-acre vineyard will produce a pint of wine,
a fifty-pound sack of seed, a quart of grain."

11-17 Doom to those who get up early
and start drinking booze before breakfast,
Who stay up all hours of the night
drinking themselves into a stupor.
They make sure their banquets are well-furnished
with harps and flutes and plenty of wine,
But they'll have nothing to do with the work of GOD,
pay no mind to what he is doing.

쓰면서도
하나님의 일,
그분이 하시는 일에는 아무 관심이 없다.
내 백성이 포로가 된 것은 바로 이 때문이다.
그들의 무지 때문이다.
거물들이 굶어 죽고
서민들은 목말라 죽을 것이다.
식욕이 커질 대로 커진 스올이,
닥치는 대로 사람들을 집어삼킬 것이다!
거물들, 서민들 할 것 없이 모두가
그 식도를 따라 굴러떨어질 것이다. 주정뱅이는 더 말할 것도 없다.
밑바닥 인생들이나
지체 높은 자들이나 매한가지다.
기세등등하던 자들이
구멍 난 방광처럼 쪼그라들 것이다.
그러나 만군의 **하나님**께서 정의를 행하심으로,
산이 되실 것이다.
거룩하신 하나님께서 의를 행하심으로,
'거룩'이 무엇인지 보여주실 것이다.
그러고 나면 어린양들이
마치 제 땅인 양 그곳에서 풀을 뜯고,
아이들과 송아지들이
제 집인 듯 그 폐허에서 편하게 살 것이다.

18-19 거짓말로 악을 팔고
죄를 한 트럭씩 시장에 내다 파는 너희,
"하나님은 대체 뭐하고 계시나?
우리가 볼 수 있게 좀 움직여 보시라고 해봐.
'이스라엘의 거룩하신 분'이라는 그가 대체 뭘 하시려는지 알고 싶다"고 말하는 너희에게 화가 있으리라.

20 악을 선이라
선을 악이라 부르고,
빛을 어둠으로
어둠을 빛으로 대체하며,

Therefore my people will end up in exile
because they don't know the score.
Their "big men" will starve to death
and the common people die of thirst.
Sheol developed a huge appetite,
swallowing people nonstop!
Big people and little people alike
down that gullet, to say nothing of all the drunks.
The down-and-out on a par
with the high-and-mighty,
Windbag boasters crumpled,
flaccid as a punctured bladder.
But by working justice,
GOD-of-the-Angel-Armies will be a mountain.
By working righteousness,
Holy God will show what "holy" is.
And lambs will graze
as if they owned the place,
Kids and calves
right at home in the ruins.

18-19 Doom to you who use lies to sell evil,
who haul sin to market by the truckload,
Who say, "What's God waiting for?
Let him get a move on so we can see it.
Whatever The Holy of Israel has cooked up,
we'd like to check it out."

20 Doom to you who call evil good
and good evil,
Who put darkness in place of light
and light in place of darkness,
Who substitute bitter for sweet
and sweet for bitter!

단 것을 쓴 것으로
쓴 것을 단 것으로 바꾸는 너희에게 화가 있으리라!

21-23 스스로를 똑똑하고
대단하다고 여기는 너희에게 화가 있으리라!
너희가 잘하는 것이라곤 술 마시는 일이 전부다.
술 마시기 대회 챔피언 트로피나 모으는 너희,
범죄자에게서 뇌물을 받아먹고서는
죄 없는 이들의 권리를 짓밟는다.

24 그러나 그들, 무사하지 못하리라. 불에
나무가 그루터기까지 타 버리고
마른 풀이 연기가 되어 사라지듯,
그들의 영혼이 쭈그러지고
그들이 이룬 것들도 다 허물어져 먼지가 될 것이다.
그들이 만군의 **하나님**의 계시를 거부했고,
'이스라엘의 거룩하신 분'에게
아무 관심도 없었기 때문이다.

25-30 그러므로 **하나님**께서 당신의 백성을
향해 불같이 노하시고,
손을 들어 그들을 때려눕히셨다.
그들의 시체가 거리에 쌓일 때,
산들이 몸을 떨었다.
그러나 그분의 진노는 아직 풀리지 않았고,
또다시 치시려고 주먹을 높이 들고 계신다.
그분께서 깃발을 들어 먼 나라에 신호를 보내신다.
휘파람을 불어 땅 끝의 민족들을 불러들이신다.
그러자 저기, 그들이 온다.
달려온다!
굼뜬 자, 비틀거리는 자,

21-23 Doom to you who think you're so smart,
who hold such a high opinion of yourselves!
All you're good at is drinking—champion boozers
who collect trophies from drinking bouts
And then line your pockets with bribes from the guilty
while you violate the rights of the innocent.

24 But they won't get by with it. As fire eats stubble
and dry grass goes up in smoke,
Their souls will atrophy,
their achievements crumble into dust,
Because they said no to the revelation
of GOD-of-the-Angel-Armies,
Would have nothing to do
with The Holy of Israel.

25-30 That's why GOD flamed out in anger against his people,
reached out and knocked them down.
The mountains trembled
as their dead bodies piled up in the streets.
But even after that, he was still angry,
his fist still raised, ready to hit them again.
He raises a flag, signaling a distant nation,
whistles for people at the ends of the earth.
And here they come—
on the run!
None drag their feet, no one stumbles,

조는 자, 꾸물거리는 자 하나 없다.
군복에 허리띠를 동이고
광이 나는 군화는 끈이 질끈 매여 있다.
그들의 화살은 날카롭고,
활의 줄이 팽팽하게 당겨 있다.
말발굽에 편자가 박혀 있고,
전차바퀴는 기름칠 되어 있다.
새끼 사자 떼같이 으르렁거리며,
귀청이 떨어져라 포효하는 젊은 사자 떼처럼 달려와,
먹이를 잡아채서는 끌고 간다.
누구도 구해 주지 못한다!
그날에, 그들은 포효하고, 포효하고, 또 포효할 것이다.
대양의 파도소리같이 포효할 것이다.
그 땅을 샅샅이 살펴보아라.
어둠과 고통 말고는 아무것도 보이지 않으리라.
하늘의 모든 빛을
구름이 덮어 꺼뜨릴 것이다.

거룩하시다, 거룩하시다, 거룩하시다!

6 1-8 웃시야 왕이 죽은 해에, 나는 주께서 지극히 높은 보좌 위에 앉아 계시고 그분의 긴 옷자락이 성전을 가득 채우고 있는 모습을 보았다. 그분 위로 천사 스랍들이 머물러 있는데, 저마다 여섯 개의 날개를 달고 있었다. 둘로는 자기 얼굴을, 둘로는 자기 발을 가리고, 두 날개로 날면서, 서로를 향해 이렇게 외치며 화답하고 있었다.

> 거룩하시다, 거룩하시다, 거룩하시다, 만군의 **하나님**.
> 그분의 빛나는 영광, 온 땅에 가득하도다.

천사들의 소리에 바닥 전체가 흔들리더니, 성전 안에 연기가 가득해졌다. 내가 말했다.

no one sleeps or dawdles.
Shirts are on and pants buckled,
every boot is spit-polished and tied.
Their arrows are sharp,
bows strung,
The hooves of their horses shod,
chariot wheels greased.
Roaring like a pride of lions,
the full-throated roars of young lions,
They growl and seize their prey,
dragging it off—no rescue for that one!
They'll roar and roar and roar on that Day,
like the roar of ocean billows.
Look as long and hard as you like at that land,
you'll see nothing but darkness and trouble.
Every light in the sky
will be blacked out by the clouds.

Holy, Holy, Holy!

6 1-8 In the year that King Uzziah died, I saw the Master sitting on a throne—high, exalted!—and the train of his robes filled the Temple. Angel-seraphs hovered above him, each with six wings. With two wings they covered their faces, with two their feet, and with two they flew. And they called back and forth one to the other,

> Holy, Holy, Holy is GOD-of-the-Angel-Armies.
> His bright glory fills the whole earth.

The foundations trembled at the sound of the angel voices, and then the whole house filled with smoke. I said,

"재앙이다! 재앙의 날이다!
이제 나는 죽은 목숨이다!
나는 이제껏 하나같이 더러운 말을 일삼았다.
하나님을 모독하기까지 했다!
나와 함께 살아가는 자들도 마찬가지다.
다 썩어 빠진 말들, 불경스런 말들을 쏟아 놓았다.
그런데 내가 여기서 하나님을 대면하다니!
왕이신 만군의 **하나님**을!"

그때 천사 스랍들 가운데 하나가 내게 날아왔다. 제단에서 타고 있는 숯 하나를 부집게로 집어 들더니, 그 숯을 내 입에 대며 말했다.

"보아라. 이 숯이 네 입술에 닿았으니,
네 죄과가 사라지고
네 죄가 씻겨졌다."
그때 내게 주의 음성이 들렸다.
"내가 누구를 보낼까?
누가 우리를 위해 갈까?"
내가 소리쳐 말했다.
"제가 가겠습니다.
저를 보내 주소서!"

9-10 그분께서 말씀하셨다. "가서 이 백성에게 전하여라.

'귀를 쫑긋하고 들어도, 알아먹지 못하리라.
뚫어져라 쳐다보아도, 알아보지 못하리라.'
이 백성을, 손가락으로 귀를 틀어막고 눈가리개로 눈을 가린
바보천치로 만들어라.
아무것도 보지 못하고,
아무 말도 듣지 못하도록.
뭐가 뭔지 도무지 깨닫지 못하고,
그래서 돌이켜 고침받지 못하도록."

"Doom! It's Doomsday!
I'm as good as dead!
Every word I've ever spoken is tainted—
blasphemous even!
And the people I live with talk the same way,
using words that corrupt and desecrate.
And here I've looked God in the face!
The King! GOD-of-the-Angel-Armies!"

Then one of the angel-seraphs flew to me. He held a live coal that he had taken with tongs from the altar. He touched my mouth with the coal and said,

"Look. This coal has touched your lips.
Gone your guilt,
your sins wiped out."
And then I heard the voice of the Master:
"Whom shall I send?
Who will go for us?"
I spoke up,
"I'll go.
Send me!"

9-10 He said, "Go and tell this people:

"'Listen hard, but you aren't going to get it;
look hard, but you won't catch on.'
Make these people blockheads,
with fingers in their ears and blindfolds on their eyes,
So they won't see a thing,
won't hear a word,
So they won't have a clue about what's going on

11-13 소스라치게 놀라 내가 말했다.
"그런데 주님, 언제까지 그렇게 하시렵니까?"
그분께서 말씀하셨다. "성읍들이 텅 비어
사람 하나 남지 않게 될 때까지,
집들이 텅 비어
구석구석 황무지가 될 때까지,
나 **하나님**이 사람들을 모조리 멀리 쫓아내어,
땅이 완전히 텅 빌 때까지다.
설령 십분의 일 정도가 살아남는다 해도,
그들에게 다시금 참화가 덮칠 것이다.
이 나라는 나무들이 다 잘려 나간
소나무 숲, 상수리나무 숲 같을 것이다.
그루터기들만 남은 거대한 그루터기 밭이 될 것이다.
그러나 그 그루터기 안에는 거룩한 씨가 담겨 있다."

and, yes, so they won't turn around and
be made whole."

11-13 Astonished, I said,
"And Master, how long is this to go on?"
He said, "Until the cities are emptied out,
not a soul left in the cities—
Houses empty of people,
countryside empty of people.
Until I, GOD, get rid of everyone, sending them off,
the land totally empty.
And even if some should survive, say a tenth,
the devastation will start up again.
The country will look like pine and oak forest
with every tree cut down—
Every tree a stump, a huge field of stumps.
But there's a holy seed in those stumps."

한 처녀가 아들을 낳을 것이다

7 1-2 웃시야의 손자요 요담의 아들
인 아하스가 유다의 왕으로 있던
때에, 아람 왕 르신과 르말리야의 아들인
이스라엘 왕 베가가 예루살렘을 공격했으
나 성공하지 못했다. 아람과 에브라임(이스
라엘)이 동맹을 맺었다는 사실이 다윗 왕실
에 전해지자, 아하스와 백성은 크게 동요했
다. 그들은 사시나무 떨듯 떨었다.
3-6 그러자 **하나님**께서 이사야에게 말씀하
셨다. "가서 아하스를 만나라. 네 아들 스알
야숩(남은 자가 돌아오리라)을 함께 데리고 가
거라. 성의 남쪽 공중 빨래터로 가는 길인
윗저수지의 수로 끝에서 그를 만나 이렇게
전하여라. 내 말을 듣고 진정하여라. 두려
워하지 마라. 다 탄 막대기에 불과한 그 둘,
아람의 르신과 르말리야의 아들을 두려워
할 이유가 없다. 큰소리치지만, 그들은 아
무것도 아니다. 아람이 에브라임의 르말리

A Virgin Will Bear a Son

7 1-2 During the time that Ahaz son
of Jotham, son of Uzziah, was king
of Judah, King Rezin of Aram and King
Pekah son of Remaliah of Israel attacked
Jerusalem, but the attack sputtered out.
When the Davidic government learned
that Aram had joined forces with Ephraim
(that is, Israel), Ahaz and his people were
badly shaken. They shook like trees in the
wind.
3-6 Then GOD told Isaiah, "Go and meet
Ahaz. Take your son Shear-jashub (A-Rem-
nant-Will-Return) with you. Meet him south
of the city at the end of the aqueduct
where it empties into the upper pool on
the road to the public laundry. Tell him,
Listen, calm down. Don't be afraid. And
don't panic over these two burnt-out cases,

야의 아들과 더불어 너를 해칠 계략을 꾸몄
다. '가서 유다를 치자. 결딴내서 우리 것으
로 삼고, 다브엘의 아들을 꼭두각시 왕으로
세우자'며 둘이 공모했다."

7-9 그러나 주 **하나님**께서 말씀하신다.

"결코 그렇게 되지 않을 것이다.
아람의 수도는 다마스쿠스고,
다마스쿠스의 왕, 르신은 그저 인간에 불과
하기 때문이다.
에브라임도 육십오 년이 지나기 전에,
나라가 망해 돌무더기밖에 남지 않을 것
이다.
에브라임의 수도는 사마리아고,
사마리아의 왕은 고작 르말리야의 아들에
불과하다.
너희가 믿음 안에 굳게 서지 않으면,
도무지 제대로 서지 못할 것이다."

10-11 **하나님**께서 아하스에게 다시 이렇게
말씀하셨다. "네 **하나님**에게 표징을 구하
여라. 무엇이든 구하여라. 통 크게 구하여
라. 하늘의 달이라도 구하여라!"
12 그러나 아하스가 말했다. "아닙니다. 나
는 **하나님**께 그런 요구를 하지 않을 것입
니다!"
13-17 이사야가 그에게 말했다. "다윗 왕실
이여, 잘 들으십시오! 그대들은 소심과 위
선에 불과한 경건으로 사람들을 지치게 만
들고, 그것으로도 모자라서 이제는 하나님
까지 지치게 만들고 있습니다. 그러니 주께
서 친히 그대들에게 표징 하나를 주실 것입
니다. 두고 보십시오. 처녀인 한 소녀가 잉
태하게 될 것입니다. 그녀는 아들을 낳고 그
의 이름을 임마누엘(하나님이 우리와 함께 계
신다)이라 할 것입니다. 그 아이가 열두 살이

Rezin of Aram and the son of Remaliah.
They talk big but there's nothing to
them. Aram, along with Ephraim's son of
Remaliah, have plotted to do you harm.
They've conspired against you, saying,
'Let's go to war against Judah, dismember
it, take it for ourselves, and set the son of
Tabeel up as a puppet king over it.'

7-9 But GOD, the Master, says,

"It won't happen.
 Nothing will come of it
Because the capital of Aram is Damascus
 and the king of Damascus is a mere man,
 Rezin.
As for Ephraim, in sixty-five years
 it will be rubble, nothing left of it.
The capital of Ephraim is Samaria,
 and the king of Samaria is the mere son
 of Remaliah.
If you don't take your stand in faith,
 you won't have a leg to stand on."

10-11 GOD spoke again to Ahaz. This time
he said, "Ask for a sign from your GOD. Ask
anything. Be extravagant. Ask for the moon!"
12 But Ahaz said, "I'd never do that. I'd
never make demands like that on GOD!"
13-17 So Isaiah told him, "Then listen to
this, government of David! It's bad enough
that you make people tired with your
pious, timid hypocrisies, but now you're
making God tired. So the Master is going
to give you a sign anyway. Watch for this:
A girl who is presently a virgin will get
pregnant. She'll bear a son and name him

되어 도덕적 판단을 할 수 있을 때가 되면, 전쟁의 위협이 끝나 있을 것입니다. 그러니 마음을 놓으십시오. 그대들을 그토록 근심케 하는 저 두 왕은 그때쯤 사라져 없어지게 될 것입니다. 그러나 이 경고도 함께 들으십시오. **하나님**께서는 왕과 백성과 이 왕실에, 에브라임이 유다를 떠나 나라가 두 동강 났던 그때 이래로 가장 혹독한 심판을 내리실 것입니다. 앗시리아의 왕이 올 것입니다!"

18-19 그때가 되면, **하나님**께서 이집트 나일
강 원류의 파리 떼를 부르시고, 앗시리아 땅
의 벌 떼를 불러오실 것이다. 그것들이 와서
이 나라 구석구석까지 쓸어버릴 것이다. 무
엇으로도 그것들을 막을 수 없을 것이다.
20 또 그때가 되면, 주께서 유프라테스 강
저편에서 빌려 온 면도칼—앗시리아의 왕
을 말한다!—을 가지고서 너희 머리와 음부
의 털을 다 밀어 버리실 것이다. 너희는 발
가벗겨져 수치와 치욕을 당하게 되리라. 그
분께서 너희 수염을 다 밀어 버리실 것이다.
21-22 그때, 살아남은 자들은 소 한 마리,
양 두 마리만 있어도 자신을 행운아로 여
길 것이다. 적어도 우유는 많을 테니 말이
다! 그 땅에 남은 자들은 극히 간소한 음식
—버터와 꿀—만으로 사는 법을 배워야
할 것이다.
23-25 그것이 다가 아니다. 좋은 포도원들
이 지천이던—수천 개도 넘었던 수억 가
치의 포도원들!—이 나라가 조그만 잡초
밭으로 바뀔 것이다. 어디를 보아도 잡초
와 가시덤불밖에 없으리라! 아무짝에도
쓸모없는 잡초 밭이, 토끼 사냥 때나 소용
있을지 모르겠다. 소와 양들만이 먹을 것
을 찾아 이리저리 헤매고 다니겠지만, 잡
초뿐인 그 땅, 예전의 비옥하고 잘 가꿔진
과수원과 들판은 흔적조차 찾을 수 없을
것이다.

Immanuel (God-With-Us). By the time the child is twelve years old, able to make moral decisions, the threat of war will be over. Relax, those two kings that have you so worried will be out of the picture. But also be warned: GOD will bring on you and your people and your government a judgment worse than anything since the time the kingdom split, when Ephraim left Judah. The king of Assyria is coming!"

18-19 That's when GOD will whistle for the
flies at the headwaters of Egypt's Nile, and
whistle for the bees in the land of Assyria.
They'll come and infest every nook and
cranny of this country. There'll be no
getting away from them.
20 And that's when the Master will take the
razor rented from across the Euphrates—
the king of Assyria no less!—and shave the
hair off your heads and genitals, leaving you
shamed, exposed, and denuded. He'll shave
off your beards while he's at it.
21-22 It will be a time when survivors will
count themselves lucky to have a cow and a
couple of sheep. At least they'll have plenty
of milk! Whoever's left in the land will learn
to make do with the simplest foods—curds,
whey, and honey.
23-25 But that's not the end of it. This country
that used to be covered with fine vineyards—
thousands of them, worth millions!—will
revert to a weed patch. Weeds and thorn-
bushes everywhere! Good for nothing except,
perhaps, hunting rabbits. Cattle and sheep will
forage as best they can in the fields of weeds—
but there won't be a trace of all those fertile
and well-tended gardens and fields.

8
1 **하나님**께서 내게 말씀하셨다. "커
다란 종이 한 장을 가져다가 지워지
지 않는 잉크로 이렇게 적어라. '이는 마헬-
살랄-하스-바스(노략-빨리 온다-약탈-서둘러
온다)의 것이다.'"
2-3 나는 정직한 사람 둘, 곧 제사장 우리야와
여베레기야의 아들 스가랴를 그 문서의 증인
으로 세웠다. 그런 다음에 여예언자인 내 아
내가 있는 집으로 돌아갔다. 그녀가 아이를
가졌고, 아들을 낳았다.
3-4 **하나님**께서 내게 말씀하셨다. "아기의 이
름을 '마헬-살랄-하스-바스'라고 지어라. 그
아기가 아빠와 엄마를 부를 줄 알기 전에, 앗
시리아 왕이 다마스쿠스의 재물과 사마리아
의 재산을 모두 약탈해 갈 것이다."

5-8 **하나님**께서 내게 다시 말씀하셨다.

"이 백성이
고요한 실로아 물에 등을 돌리고
르신과 르말리야의 아들을 바라보며
흥분해 있으니,
내가 나서서
유프라테스의 거친 홍수를 톡톡히 맛보게 해
주겠다.
앗시리아 왕과 그의 위력이
홍수처럼 강둑을 터뜨리고
유다로 넘쳐흘러와,
눈앞에서 모든 것을 다 쓸어버릴 것이다.
물이 너희 목까지 차오르리라.
오 임마누엘이여, 미친 듯이 날뛰는 그 강물,
거대한 날개처럼 너희 온 땅을 뒤덮을 것이다."

9-10 그러나 너희 압제자들아, 사태를 직시하
고 너희 가슴을 쥐어뜯어라.

8
1 Then GOD told me, "Get a big
sheet of paper and write in indel-
ible ink, 'This belongs to Maher-shalal-
hash-baz (Spoil-Speeds-Plunder-Hurries).'"
2-3 I got two honest men, Uriah the
priest and Zechariah son of Jeberekiah,
to witness the document. Then I went
home to my wife, the prophetess. She
conceived and gave birth to a son.
3-4 GOD told me, "Name him Maher-
shalal-hash-baz. Before that baby says
'Daddy' or 'Mamma' the king of Assyria
will have plundered the wealth of
Damascus and the riches of Samaria."

5-8 GOD spoke to me again, saying:

"Because this people has turned its back
on the gently flowing stream of Shiloah
And gotten all excited over Rezin
and the son of Remaliah,
I'm stepping in and facing them with
the wild floodwaters of the Euphrates,
The king of Assyria and all his fanfare,
a river in flood, bursting its banks,
Pouring into Judah, sweeping everything before it,
water up to your necks,
A huge wingspan of a raging river,
O Immanuel, spreading across your land."

9-10 But face the facts, all you oppressors,
and then wring your hands.

먼 나라든 가까운 나라든, 모두 잘 들어라.
최악을 각오하고 너희 가슴을 쥐어뜯어라.
그렇다. 진정 최악을 각오하고 너희 가슴을 쥐어뜯어라!
너희 생각대로 이런저런 일을 도모해 보아라.
다 헛일일 뿐이다.
이런저런 말을 떠들어 보아라. 다 헛말일 뿐이다.
모든 말, 모든 일 뒤에 남는 것은
결국 임마누엘—하나님이 우리와 함께 계신다—일 테니.

하나님을 두려워하라

11-15 **하나님**께서 내게 강하게 말씀하셨다. 두 손으로 나를 움켜잡으시고는, 이 백성을 따라가지 말라고 경고하셨다. 그분께서 말씀하셨다.

"이 백성을 따라 하지 마라.
그들은 늘 누군가 자신을 해칠 음모를 꾸미고 있다고 생각하며,
두려워 떤다.
그들이 두려워하는 것을 두려워하지 마라.
그들이 염려하는 것을 염려하지 마라.
염려하려거든, 거룩하신 분을 염려하여라.
만군의 **하나님**을 두려워하여라.
거룩하신 분은 너희의 은신처가 되기도 하시지만,
너희 길을 막는 암석,
고집 센 이스라엘 두 집안의 가는 길을 막아서는 바위,
예루살렘 시민의 출입을 막는
철조망이 될 수도 있다.
많은 자들이 뛰어가다 그 바위와 부딪쳐
뼈가 아스러지고,
그 철조망에 걸려
헤어 나오지 못할 것이다."

Listen, all of you, far and near.
Prepare for the worst and wring your hands.
Yes, prepare for the worst and wring your hands!
Plan and plot all you want—nothing will come of it.
All your talk is mere talk, empty words,
Because when all is said and done,
the last word is Immanuel—God-With-Us.

A Boulder Blocking Your Way

11-15 GOD spoke strongly to me, grabbed me with both hands and warned me not to go along with this people. He said:

"Don't be like this people,
always afraid somebody is plotting against them.
Don't fear what they fear.
Don't take on their worries.
If you're going to worry,
worry about The Holy. Fear GOD-of-the-Angel-Armies.
The Holy can be either a Hiding Place
or a Boulder blocking your way,
The Rock standing in the willful way
of both houses of Israel,
A barbed-wire Fence preventing trespass
to the citizens of Jerusalem.
Many of them are going to run into that Rock
and get their bones broken,
Get tangled up in that barbed wire
and not get free of it."

16-18 이 증언을 잘 받아들이고
이 가르침을 잘 간직하여, 내 제자들에게 전하여라.
나는 **하나님**을 기다릴 것이다.
자신을 숨기고 계신 그분을 기다리며, 그분께 소망을 둘 것이다.
나는 이 소망을 지키며 여기 있을 것이다.
하나님께서 내게 주신 자녀들과 더불어.
그들은 이스라엘을 향한 표징이다.
시온 산에 거하시는 만군의 **하나님**께서 주시는 경고의 표징,
소망의 표징이다.

16-18 Gather up the testimony,
preserve the teaching for my followers,
While I wait for GOD as long as he remains in hiding,
while I wait and hope for him.
I stand my ground and hope,
I and the children GOD gave me as signs to Israel,
Warning signs and hope signs from GOD-of-the-Angel-Armies,
who makes his home in Mount Zion.

19-22 사람들이 너희에게 "점쟁이들을 한번 찾아가 보지 그래.
영매들에게 물어보지 그래.
영계에 들어가서
죽은 자들과 접촉해 보는 것이 어때?"라고 말하면,
이렇게 대답하여라. "아니, 우리는 성경을 연구할 것이다."
다른 길을 시도해 보는 자는 결국 아무 데도 이르지 못할 것이다.
막다른 골목이 기다릴 뿐이다!
좌절하고 절박한 그들
이것저것 시도해 보지만,
아무 효과가 없으면 화가 치밀어 올라,
처음에는 이 신, 다음에는 저 신에게 욕을 퍼붓는다.
이 길, 저 길 기웃거리고
위를 보았다, 아래를 보았다, 옆을 보았다 하지만,
결국 아무것도 보지 못한다.
막다른 골목, 텅 빈 굴,
공허한 흑암에 처할 뿐이다.

19-22 When people tell you, "Try out the fortunetellers.
Consult the spiritualists.
Why not tap into the spirit-world,
get in touch with the dead?"
Tell them, "No, we're going to study the Scriptures."
People who try the other ways get nowhere—a dead end!
Frustrated and famished,
they try one thing after another.
When nothing works out they get angry,
cursing first this god and then that one,
Looking this way and that,
up, down, and sideways—and seeing nothing,
A blank wall, an empty hole.
They end up in the dark with nothing.

우리를 위해 한 아이가 태어났다

9 1 그러나 고난 가운데 있던 자들은
이제 어둠에서 벗어날 것이다. 전
에 주께서 스불론 땅과 납달리 땅을 불명
예 가운데 두셨지만, 이제 그 지역 전체를,
곧 바다 따라 난 길과 요단 강 건너 국제적
인 성읍 갈릴리를 영광스럽게 만드실 때가
오고 있다.

2-7 어둠 속을 헤매던 백성이
큰 빛을 보았다.
짙은 그늘이 드리운 땅에 살던 자들 위로
빛! 구름 사이를 뚫고 햇살이 비추었다!
주께서 그 나라를 다시 사람들로 북적이게 하시고
그들의 기쁨을 넓혀 주셨습니다.
오, 주 앞에서 그들이 얼마나 즐거워하는지요!
축제의 기쁨!
풍성한 선물과 따뜻한 인사를 나누는
큰 축일의 기쁨.
압제자들의 학대와 독재자들의 잔인함,
채찍질, 몽둥이질, 욕설들이
다 사라졌다. 이제 끝났다. 이 구원은,
전에 기드온이 미디안 족속을 꺾었던 승리만큼 놀라운 구원이로다.
침략 군대의 군화들,
무고한 피로 얼룩진 겉옷들이
한 무더기로 쌓여 불살라질 것이다.
며칠 동안 타오를 것이다!
이는, 우리를 위해 한 아이가 태어났기 때문이다!
그 아들을 우리에게 선물로 주셨기 때문이다!
이제 그가
세계를 통치할 것이다.
그의 이름은 '놀라우신 조언자'
'전능하신 하나님'
'영원하신 아버지'

A Child Has Been Born—for Us!

9 1 But there'll be no darkness
for those who were in trouble.
Earlier he did bring the lands of Zebulun and Naphtali into disrepute, but the time is coming when he'll make that whole area glorious—the road along the Sea, the country past the Jordan, international Galilee.

2-7 The people who walked in darkness
have seen a great light.
For those who lived in a land of deep shadows—
light! sunbursts of light!
You repopulated the nation,
you expanded its joy.
Oh, they're so glad in your presence!
Festival joy!
The joy of a great celebration,
sharing rich gifts and warm greetings.
The abuse of oppressors and cruelty of tyrants—
all their whips and cudgels and curses—
Is gone, done away with, a deliverance
as surprising and sudden as Gideon's old victory over Midian.
The boots of all those invading troops,
along with their shirts soaked with innocent blood,
Will be piled in a heap and burned,
a fire that will burn for days!
For a child has been born—for us!
the gift of a son—for us!
He'll take over
the running of the world.
His names will be: Amazing Counselor,
Strong God,

'온전케 하시는 왕'이라 불리리라!
그분의 통치권, 점점 커지고
그분의 온전하심, 끝이 없으리라.
그분은 역사적인 다윗 보좌에 앉으셔서
약속된 왕국을 다스리시고,
그 왕국 굳게 세우셔서
세세토록 다스리실 것이다.
공정함과 올바름으로
이제부터 영원까지, 다스리시리라.
만군의 **하나님**의 열심이
이 모든 일을 이루실 것이다.

하나님께서 이스라엘을 벌하신다

8-10 주께서 야곱을 벌하시겠다는 메시지를 보내셨다.
그 메시지는 이스라엘 집 문 앞에 도달했고,
모든 백성, 에브라임과 사마리아의 시민들 모두가
그것을 들었다.
그러나 교만하고 오만한 떼거리인 그들,
그 메시지를 묵살하며 말했다.
"뭐, 상황이 그렇게 나쁜 것은 아니다.
우리는 뭐든지 대처할 수 있으니.
건물이 무너지면
더 크고 좋게 다시 지으면 되고,
나무들이 쓰러지면
다시 더 좋은 나무를 심으면 된다."

11-12 그래서 **하나님**께서 적들을 자극해 그들을 치게 하셨다.
원수들을 부추겨 그들을 공격하게 하셨다.
동쪽으로는 아람 사람들을, 서쪽으로는 블레셋 사람들을 일으키셨다.
그들이 이스라엘을 요절냈다.
그럼에도 아직 그분의 노는 풀리지 않으셨고,
다시 그들을 치시려고 높이 주먹을 쳐들고 계신다.

Eternal Father,
Prince of Wholeness.
His ruling authority will grow,
and there'll be no limits to the wholeness he brings.
He'll rule from the historic David throne
over that promised kingdom.
He'll put that kingdom on a firm footing
and keep it going
With fair dealing and right living,
beginning now and lasting always.
The zeal of GOD-of-the-Angel-Armies
will do all this.

God Answered Fire with Fire

8-10 The Master sent a message against Jacob.
It landed right on Israel's doorstep.
All the people soon heard the message,
Ephraim and the citizens of Samaria.
But they were a proud and arrogant bunch.
They dismissed the message, saying,
"Things aren't that bad.
We can handle anything that comes.
If our buildings are knocked down,
we'll rebuild them bigger and finer.
If our forests are cut down,
we'll replant them with finer trees."

11-12 So GOD incited their adversaries against them,
stirred up their enemies to attack:
From the east, Arameans; from the west, Philistines.
They made hash of Israel.
But even after that, he was still angry,
his fist still raised, ready to hit them

13-17 그런데도 이 백성은 자기들을 치는 분에게 무관심하다.
만군의 **하나님**을 찾지 않는다.
그래서 **하나님**께서는 이스라엘의 머리와 꼬리를,
그 종려가지와 갈대를 잘라내 버리셨다. 같은 날 한꺼번에.
그 머리는 우두머리 장로들이고,
그 꼬리는 거짓말하는 예언자들이다.
백성을 이끌어야 할 그들이
백성을 도리어 막다른 골목으로 끌고 들어갔으니,
지도자를 따랐던 이들이
길을 잃고 갈팡질팡한다.
주께서 젊은이들에게 흥미를 잃으시고,
그들의 고아와 과부들을 불쌍히 여기지 않으시는 것은 그래서다.
그들 모두 사악하고 악독하며,
더럽고 아둔한 말들을 떠벌린다.
그럼에도 아직 그분의 노는 풀리지 않으셨고,
다시 그들을 치시려고 높이 주먹을 쳐들고 계신다.

18-21 그들의 악독한 삶, 걷잡을 수 없는 불과 같다.
나무와 수풀, 잡초와 목초,
뭐든지 닥치는 대로 태워 버려,
온 하늘을 연기 자욱하게 만드는 불과 같다.
그 불에 만군의 **하나님**께서 불로 응답하셨다.
나라 전체에 불을 놓으셔서,
사람들 모두 불이 되게,
욕망 가운데 서로가 서로를 삼키는 불이 되게 하셨다.
만족을 모르는 그 욕망,
그들은 주위에 사람과 물건을 쌓아 놓고 게걸스럽게 집어삼킨다.

again.

13-17 But the people paid no mind to him who hit them,
didn't seek GOD-of-the-Angel-Armies.
So GOD hacked off Israel's head and tail,
palm branch and reed, both on the same day.
The big-head elders were the head,
the lying prophets were the tail.
Those who were supposed to lead this people
led them down blind alleys,
And those who followed the leaders
ended up lost and confused.
That's why the Master lost interest in the young men,
had no feeling for their orphans and widows.
All of them were godless and evil,
talking filth and folly.
And even after that, he was still angry,
his fist still raised, ready to hit them again.

18-21 Their wicked lives raged like an out-of-control fire,
the kind that burns everything in its path—
Trees and bushes, weeds and grasses—
filling the skies with smoke.
GOD-of-the-Angel-Armies answered fire with fire,
set the whole country on fire,
Turned the people into consuming fires,
consuming one another in their lusts—
Appetites insatiable, stuffing and gorging
themselves left and right with people

그래도 여전히 허기에 시달린다. 심지어 그들의 아이들도
그들의 탐욕스런 허기에서 안전하지 못하다.
므낫세가 에브라임을 먹어 치우고, 에브라임이 므낫세를 먹어 치웠으며,
그 둘이 유다를 해치려고 패를 지었다.
그럼에도 아직 그분의 노는 풀리지 않으셨고,
다시 그들을 치시려고 높이 주먹을 쳐들고 계신다.

and things.
But still they starved. Not even their children
were safe from their rapacious hunger.
Manasseh ate Ephraim, and Ephraim Manasseh,
and then the two ganged up against Judah.
And after that, he was still angry,
his fist still raised, ready to hit them again.

악을 합법화하는 너희

10 1-4 악을 합법화하고,
희생자를 양산하는 법을 제정하는 너희에게 화가 있으리라.

가난한 이들을 비참하게 만들고
내 빈궁한 백성에게서 존엄을 앗아 가며,
힘없는 과부들을 이용하고
집 없는 아이들을 착취하는 법을 만들다니.
심판 날, 너희가 무슨 할 말이 있을까?
청천벽력처럼 임할 그 운명의 날에,
누가 너희를 도울 수 있겠느냐?
돈이 있다 한들 무슨 소용이 있겠느냐?
그때 너희는, 짐짝 취급받는 죄수나,
거리의 시체들 사이에 끼인 비참한 신세가 될 텐데.
그럼에도 아직, 이 모든 일로 그분의 노가 풀리지 않으셨고,
다시 그들을 치시려고 높이 주먹을 쳐들고 계신다.

You Who Legislate Evil

10 1-4 Doom to you who legislate evil,
who make laws that make victims—

Laws that make misery for the poor,
that rob my destitute people of dignity,
Exploiting defenseless widows,
taking advantage of homeless children.
What will you have to say on Judgment Day,
when Doomsday arrives out of the blue?
Who will you get to help you?
What good will your money do you?
A sorry sight you'll be then, huddled with the prisoners,
or just some corpses stacked in the street.
Even after all this, God is still angry,
his fist still raised, ready to hit them again.

앗시리아에게 화가 있으리라!

5-11 "앗시리아에게 화가 있으리라. 그는 내 진노의 무기요,
그의 손에 들린 곤봉은 바로 나의 진노다!
내가 그를 보내어 사악한 민족을 치며,

Doom to Assyria!

5-11 "Doom to Assyria, weapon of my anger.

나를 노하게 만든 백성을 친다.
나는 그들을 모조리 노략질하고 약탈하여,
그 얼굴을 진창에 처박아 버리라고 명령한다.
그런데 앗시리아는 딴 속셈을 품는다.
속으로 딴생각을 한다.
그는 닥치는 대로 나라들을
짓밟아 멸망시키는 일에 광분해 있다.
앗시리아가 말한다. '내 지휘관은 다 왕들이 아니냐?
뭐든 제 맘대로 할 수 있는 자들이다.
나는 갈그미스뿐 아니라 갈로도 꺾지 않았느냐?
아르밧과 하맛도 멸망시켰고, 다마스쿠스처럼 사마리아도 뭉개 버렸다.
나는 예루살렘과 사마리아의 신들보다 훨씬 대단해 보이는
신들로 가득했던 나라들도 다 쓸어버렸다.
그러니, 예루살렘을 멸망시키려는 나를 막을 자 누구랴?
사마리아와 그 신-우상들을 모조리 쓰러뜨린 나인데.'"

12-13 주께서 시온 산과 예루살렘에 관한 일을 다 마치시면, 이렇게 말씀하실 것이다. "이제 앗시리아 차례다. 나는 앗시리아 왕의 오만과 허풍을 벌할 것이다. 그는 거들먹거리며 목에 힘을 잔뜩 주고 이렇게 말한다.

13-14 '나는 이 모든 일을 혼자 힘으로 이루었다.
나보다 뛰어난 자 누구랴.
나는 나라들의 경계를 허물었다.
밀고 들어가서, 원하는 것은 뭐든지 취했다.
황소처럼 돌진해 들어가,
왕들을 보좌에서 다 끌어내렸다.

My wrath is a cudgel in his hands!
I send him against a godless nation,
against the people I'm angry with.
I command him to strip them clean, rob them blind,
and then push their faces in the mud and leave them.
But Assyria has another agenda;
he has something else in mind.
He's out to destroy utterly,
to stamp out as many nations as he can.
Assyria says, 'Aren't my commanders all kings?
Can't they do whatever they like?
Didn't I destroy Calno as well as Carchemish?
Hamath as well as Arpad? Level Samaria as I did Damascus?
I've eliminated kingdoms full of gods
far more impressive than anything in Jerusalem and Samaria.
So what's to keep me from destroying Jerusalem
in the same way I destroyed Samaria and all her god-idols?'"

12-13 When the Master has finished dealing with Mount Zion and Jerusalem, he'll say, "Now it's Assyria's turn. I'll punish the bragging arrogance of the king of Assyria, his high and mighty posturing, the way he goes around saying,

13-14 "'I've done all this by myself.
I know more than anyone.
I've wiped out the boundaries of whole countries.
I've walked in and taken anything I

그들이 쌓아 놓은 보물들을 다 내 손아귀에 넣었다.
아이가 새 둥우리에서 새알을 꺼내듯 손쉽게 차지했다.
농부가 닭장에서 달걀을 꺼내 모으듯
온 세상을 내 바구니 안에 거두어들였다.
그런데도 날개를 푸덕이거나 꽥꽥 울어 대기는커녕
찍소리조차 내는 놈 하나 없었다.'"

15-19 도끼가 도끼질하는 자를 대신할 수 있느냐?
톱이 톱질하는 자 대신 주인공으로 나설 수 있느냐?
마치 삽이 스스로 인부를 부려서 도랑을 팠다는 식이구나!
마치 망치가 스스로 목수를 부려서 못을 박았다는 식이구나!
그래서다. 주 만군의 **하나님**께서 질병을 보내어
그 건장한 앗시리아 전사들을 쇠약하게 만드실 것이다.
하나님의 빛나는 영광 아래
한 맹렬한 불이 터져 나올 것이다.
'이스라엘의 빛이신 분'이 큰불이 되시고,
'거룩하신 분'이 불폭풍이 되실 것이다.
그리하여 하루 만에, 앗시리아 가시덤불을 하나도 남김없이 새까맣게 태워 버리실 것이다.
하나님께서 장대한 나무들과 우거진 과수원을 파괴하실 것이다.
앗시리아는 병든 환자처럼
몸도 영혼도 허약해져 쓰러질 것이다.
남은 나무들의 숫자를
아이가 두 손의 손가락으로도 셀 수 있을 것이다.

wanted.
I charged in like a bull
and toppled their kings from their thrones.
I reached out my hand and took all that they treasured
as easily as a boy taking a bird's eggs from a nest.
Like a farmer gathering eggs from the henhouse,
I gathered the world in my basket,
And no one so much as fluttered a wing
or squawked or even chirped.'"

15-19 Does an ax take over from the one who swings it?
Does a saw act more important than the sawyer?
As if a shovel did its shoveling by using a ditch digger!
As if a hammer used the carpenter to pound nails!
Therefore the Master, GOD-of-the-Angel-Armies,
will send a debilitating disease on his robust Assyrian fighters.
Under the canopy of God's bright glory
a fierce fire will break out.
Israel's Light will burst into a conflagration.
The Holy will explode into a firestorm,
And in one day burn to cinders
every last Assyrian thornbush.
GOD will destroy the splendid trees and lush gardens.
The Assyrian body and soul will waste away to nothing
like a disease-ridden invalid.
A child could count what's left of the trees

20-23 또한 그날에는, 이스라엘의 남은 자들, 야곱의 소수 생존자들이 더 이상 난폭한 압제자 앗시리아에게 매혹당하지 않을 것이다. 그들은 **하나님**, '거룩하신 분'을 의지할 것이다. 진정으로 의지할 것이다. 소수의 남은 자들—야곱의 남은 자들—이 전능하신 하나님께 돌아올 것이다. 너 이스라엘이 한때는 바다의 모래처럼 그 수가 많았지만, 그날에는 오직 소수만이 흩어졌던 곳에서 돌아올 것이다. 파괴 명령이 내려졌다. 이것은 의로 충만한 명령이다. 주 만군의 **하나님**께서, 온 세상에 걸쳐 시작하신 일을 여기서 끝마치실 것이기 때문이다.

24-27 그러므로 주 만군의 **하나님**께서 말씀하신다. "시온에 사는 내 사랑하고 사랑하는 백성들아, 앗시리아 사람들이 너를 곤봉으로 때릴 때, 전에 이집트 사람들이 그랬던 것처럼 너를 몽둥이로 위협할 때, 무서워하지 마라. 잠시 잠깐 뒤면 너에 대한 나의 진노가 풀리겠고, 내가 나의 진노를 그들에게 돌려 그들을 파멸시킬 것이다. 나 만군의 **하나님**이 아홉 가닥 채찍을 들고 그들을 쫓을 것이다. 기드온이 오렙 바위에서 미디안 사람들을 쓰러뜨렸듯이, 모세가 이집트를 발칵 뒤집어 놓았듯이, 그들을 아주 끝장내 버릴 것이다. 그날, 너의 등을 타고 있던 앗시리아 사람들이 끌어내려지고, 너의 목에서 종의 멍에가 벗겨질 것이다."

27-32 앗시리아가 오고 있다. 림몬으로부터 올라와
아얏에 이르고,
미그론을 통과해
믹마스에서 야영을 한다.
험한 길을 지나온 그들,

on the fingers of his two hands.

20-23 And on that Day also, what's left of Israel, the ragtag survivors of Jacob, will no longer be fascinated by abusive, battering Assyria. They'll lean on GOD, The Holy—yes, truly. The ragtag remnant—what's left of Jacob—will come back to the Strong God. Your people Israel were once like the sand on the seashore, but only a scattered few will return. Destruction is ordered, brimming over with righteousness. For the Master, GOD-of-the-Angel-Armies, will finish here what he started all over the globe.

24-27 Therefore the Master, GOD-of-the-Angel-Armies, says: "My dear, dear people who live in Zion, don't be terrorized by the Assyrians when they beat you with clubs and threaten you with rods like the Egyptians once did. In just a short time my anger against you will be spent and I'll turn my destroying anger on them. I, GOD-of-the-Angel-Armies, will go after them with a cat-o'-nine-tails and finish them off decisively—as Gideon downed Midian at the rock Oreb, as Moses turned the tables on Egypt. On that day, Assyria will be pulled off your back, and the yoke of slavery lifted from your neck."

27-32 Assyria's on the move: up from Rimmon,
on to Aiath,
through Migron,
with a bivouac at Micmash.

밤에 게바에 진을 쳤다.
라마가 겁에 질려 떤다.
사울의 고향 기브아가 줄행랑을 놓는다.
갈림의 딸아, 도와 달라고 소리쳐라!
라이사야, 그 외침을 들어라!
아나돗아, 뭐든 해보아라!
맛메나가 산속으로 내빼고,
게빔 주민들은 공포에 질려 도망간다.
적군이 놉에 이르렀다. 거의 코앞이다!
성읍이 보이자, 그들이 사랑하는 딸 시온 산,
예루살렘 언덕 위에서, 주먹을 휘두른다.

33-34 그러나 두고 보아라. 주 만군의 하나님께서
당신의 도끼를 휘둘러 그 가지들을 쳐내시며,
커다란 나무들을 베어 쓰러뜨리시고,
행진해 오는 그 높다란 나무들을 모조리 쓰러뜨리신다.
그분의 도끼가 그 나무들을 이쑤시개로 만들어 버릴 것이며,
레바논 같은 군대는 불쏘시개로 전락할 것이다.

이새의 그루터기에서 새싹이 나며

11 1-5 이새의 그루터기에서 한 푸른 새싹이 나며,
그 뿌리에서 한 가지가 움터 나오리라.
생명을 주는 **하나님**의 영,
곧 지혜와 깨달음을 주는 영,
방향을 잡아 주고 힘을 부어 주는 영,
지식과 **하나님**을 경외하는 마음을 불어넣어 주는 영이, 그 위에 머물리라.
하나님을 경외하는 것이
그의 기쁨과 즐거움이 될 것이다.
그는 겉모습으로 판단하지 않으며,
풍문에 따라 판결을 내리지 않을 것이다.
궁핍한 이들을 위해 의롭게 재판하고,

They've crossed the pass,
set camp at Geba for the night.
Ramah trembles with fright.
Gibeah of Saul has run off.
Cry for help, daughter of Gallim!
Listen to her, Laishah!
Do something, Anathoth!
Madmenah takes to the hills.
The people of Gebim flee in panic.
The enemy's soon at Nob—nearly there!
In sight of the city he shakes his fist
At the mount of dear daughter Zion,
the hill of Jerusalem.

33-34 But now watch this: The Master, GOD-of-the-Angel-Armies,
swings his ax and lops the branches,
Chops down the giant trees,
lays flat the towering forest-on-the-march.
His ax will make toothpicks of that forest,
that Lebanon-like army reduced to kindling.

A Green Shoot from Jesse's Stump

11 1-5 A green Shoot will sprout from Jesse's stump,
from his roots a budding Branch.
The life-giving Spirit of GOD will hover over him,
the Spirit that brings wisdom and understanding,
The Spirit that gives direction and builds strength,
the Spirit that instills knowledge and Fear-of-GOD.
Fear-of-GOD
will be all his joy and delight.

땅 위의 가난한 이들을 위해 정의롭게 판결할 것이다.
모두 옷깃을 여미고 그의 말을 주목하여 듣게 되리라.
그의 입에서 나오는 숨만으로도 악한 자들이 거꾸러질 것이다.
매일 아침 그는 튼튼한 작업복과 신발을 갖추고 나와,
이 땅에 의와 신실함을 세우는 일을 할 것이다.

6-9 이리와 어린양이 함께 뛰놀며,
표범과 새끼 염소가 같이 잘 것이다.
송아지와 사자가 같은 여물통에서 먹고,
어린아이가 그들을 기를 것이다.
암소와 곰이 목초지에서 함께 풀을 뜯고
새끼들도 서로 어울려 지내며,
사자가 소처럼 짚을 먹을 것이다.
젖 먹는 아이가 방울뱀 소굴 위를 기어 다니고,
걸음마하는 아이가 독사 굴에 손을 넣으며 놀리라.
나의 거룩한 산에서는
어떤 짐승이나 사람도 남을 해치거나 죽이는 일이 없을 것이다.
온 땅에 하나님을 아는 산 지식,
대양처럼 깊고, 대양처럼 넓은
산 지식으로 차고 넘치리라.

10 그날이 오면, 이새의 뿌리가 높이 세워
져, 만백성을 집결시키는 깃발로 설 것이
다. 모든 민족이 그에게 나아오고, 그의
본부가 영광스럽게 되리라.
11 또한 그날이 오면, 주께서 다시 한번 손
을 뻗으셔서, 흩어졌던 자기 백성 중에 남
은 자들을 데려오실 것이다. 앗시리아, 이
집트, 바드로스, 에티오피아, 엘람, 시날,

He won't judge by appearances,
won't decide on the basis of hearsay.
He'll judge the needy by what is right,
render decisions on earth's poor with justice.
His words will bring everyone to awed attention.
A mere breath from his lips will topple the wicked.
Each morning he'll pull on sturdy work clothes and boots,
and build righteousness and faithfulness in the land.

A Living Knowledge of God

6-9 The wolf will romp with the lamb,
the leopard sleep with the kid.
Calf and lion will eat from the same trough,
and a little child will tend them.
Cow and bear will graze the same pasture,
their calves and cubs grow up together,
and the lion eat straw like the ox.
The nursing child will crawl over rattle-snake dens,
the toddler stick his hand down the hole of a serpent.
Neither animal nor human will hurt or kill
on my holy mountain.
The whole earth will be brimming with knowing God-Alive,
a living knowledge of God ocean-deep, ocean-wide.

10 On that day, Jesse's Root will be raised
high, posted as a rallying banner for the
peoples. The nations will all come to him.

하맛, 바다 섬들에서 그들을 다시 데려오
실 것이다.

12-16 그분은 모든 민족이 볼 수 있게 깃발
을 높이 드시고
흩뿌려진 이스라엘 유랑민들을 불러 모으
시며,
뿔뿔이 흩어진 유다 난민 모두를
땅의 사방과 칠대양에서 이끌어 오실 것
이다.
에브라임의 질투가 풀리고,
유다의 적개심이 사라지리라.
에브라임은 더 이상 유다를 질투해 맞서
지 않으며,
유다는 더 이상 에브라임을 증오해 맞서
지 않을 것이다!
그들은 피를 나눈 형제로 하나 되어, 서쪽
으로 블레셋 사람들을 덮치고,
동맹군을 이뤄 동쪽의 민족들을 약탈
하며,
에돔과 모압을 공격할 것이다.
암몬 사람들도 그들과 같은 처지가 될 것
이다.
하나님께서 다시 한번 이집트의 홍해를
말리셔서,
쉽게 건널 수 있는 길을 내실 것이다.
거대한 강 유프라테스에
거센 바람을 내려보내셔서,
그 강을 일곱 개의 실개울로 만들어 버리
실 것이다.
발을 적시지 않고 건널 수 있는 실개울로!
마침내, 대로가 열릴 것이다.
하나님의 백성 중에 남은 자들이 앗시리
아에서 쉽게 나올 수 있는 대로,
과거 이스라엘이 이집트에서 행군해 나올
때와 같은
그런 대로가 열릴 것이다.

His headquarters will be glorious.
11 Also on that day, the Master for the
second time will reach out to bring back
what's left of his scattered people. He'll
bring them back from Assyria, Egypt,
Pathros, Ethiopia, Elam, Sinar, Hamath,
and the ocean islands.

12-16 And he'll raise that rallying banner
high, visible to all nations,
gather in all the scattered exiles of
Israel,
Pull in all the dispersed refugees of Judah
from the four winds and the seven seas.
The jealousy of Ephraim will dissolve,
the hostility of Judah will vanish—
Ephraim no longer the jealous rival of
Judah,
Judah no longer the hostile rival of
Ephraim!
Blood brothers united, they'll pounce on
the Philistines in the west,
join forces to plunder the people in the
east.
They'll attack Edom and Moab.
The Ammonites will fall into line.
GOD will once again dry up Egypt's Red Sea,
making for an easy crossing.
He'll send a blistering wind
down on the great River Euphrates,
Reduce it to seven mere trickles.
None even need get their feet wet!
In the end there'll be a highway all the
way from Assyria,
easy traveling for what's left of God's
people—
A highway just like the one Israel had
when he marched up out of Egypt.

나의 힘, 나의 노래

12 [1] 그날에 너는 이렇게 말할 것이
다.
"**하나님**, 주께 감사드립니다.
주께서 노하셨으나
주의 진노는 영원하지 않았습니다.
주께서 노를 거두시고
제게 오셔서, 위로해 주셨습니다.

[2] 그렇습니다. 참으로 하나님은 나의 구원이
십니다.
내가 주를 믿고 두려워하지 않겠습니다.
하나님께서—진정 **하나님**께서!—나의 힘이
시요 나의 노래이시며,
무엇보다, 나의 구원이십니다!"

[3-4] 너희는 구원의 우물에서
기쁨 가득 물을 길어 올릴 것이다.
그러면서 말하리라.
"**하나님**께 감사드려라.
그분의 이름 소리 높여 외쳐라.
무엇이든 그분께 구하여라!
민족들에게 외쳐라. 그분이 하신 일을 들려주
어라.
그분의 높은 명성, 그 소식을 전하여라!

[5-6] **하나님**께 찬양을 드려라. 그분이 이 모든
일을 이루셨다!
온 땅에 그분이 하신 일을 알려라!
오 시온아, 지붕이 떠나갈 듯 외쳐라! 심장이
터지도록 크게 불러라!
한없이 위대하신 이가 너희 가운데 계시니,
그분은 '이스라엘의 거룩하신 분'이시다."

바빌론은 끝났다!

13 [1] 아모스의 아들 이사야가 본, 바빌
론에 대한 **메시지**다.

My Strength and Song

12 [1] And you will say in that day,
"I thank you, GOD.
You were angry
but your anger wasn't forever.
You withdrew your anger
and moved in and comforted me.

[2] "Yes, indeed—God is my salvation.
I trust, I won't be afraid.
GOD—yes GOD!—is my strength and
song,
best of all, my salvation!"

[3-4] Joyfully you'll pull up buckets of
water
from the wells of salvation.
And as you do it, you'll say,
"Give thanks to GOD.
Call out his name.
Ask him anything!
Shout to the nations, tell them what he's
done,
spread the news of his great reputation!

[5-6] "Sing praise-songs to GOD. He's done
it all!
Let the whole earth know what he's
done!
Raise the roof! Sing your hearts out, O
Zion!
The Greatest lives among you: The
Holy of Israel."

Babylon Is Doomed!

13 [1] The Message on Babylon.
Isaiah son of Amoz saw it:

2-3 "탁 트인 언덕 위에 깃발을 높이 올려라.
크게 소리쳐라. 그들로 주목하게 하고,
구령을 붙여 대형을 갖추게 하여라.
그들을 지휘해 권력의 핵심부로 쳐들어가라.
내가 특수부대를 맡고
돌격대를 소집했다.
내 진노의 심판을 수행하는 그들,
긍지와 열의가 끓어오른다."

4-5 산들 위에서 우르르 천둥소리가 울려 퍼진다.
큰 무리의 폭도들이 내는 소리 같다.
그 소리는 전쟁하러 모인 왕국과
나라들이 일으킨 소란이다.
만군의 **하나님**께서 당신의 군대를 소집하시고
전투대형을 갖추게 하신다.
먼 곳에서 오는 그들,
밀물처럼 밀어닥쳐 땅을 뒤덮는다.
하나님이 오고 계신다. 당신의 진노의 병기 들고서,
이 나라를 결딴내러 오신다.

6-8 통곡하여라! **하나님**의 심판 날이 가까이 왔다.
전능하신 하나님이 오실 날이, 눈사태처럼 밀어닥친다!
모두 공포에 질려 심신이 얼어붙고
신경이 쇠약해져 히스테리를 부리며,
해산하는 여인처럼
고통으로 몸부림친다.
무서워 떠는 그들, 누구를 보든지,
악몽을 보는 듯하리라.

9-16 "잘 보아라. **하나님**의 심판의 날이 온다.

2-3 "Run up a flag on an open hill.
Yell loud. Get their attention.
Wave them into formation.
Direct them to the nerve center of power.
I've taken charge of my special forces,
called up my crack troops.
They're bursting with pride and passion
to carry out my angry judgment."

4-5 Thunder rolls off the mountains
like a mob huge and noisy—
Thunder of kingdoms in an uproar,
nations assembling for war.
GOD-of-the-Angel-Armies is calling
his army into battle formation.
They come from far-off countries,
they pour in across the horizon.
It's GOD on the move with the weapons of his wrath,
ready to destroy the whole country.

6-8 Wail! GOD's Day of Judgment is near—
an avalanche crashing down from the Strong God!
Everyone paralyzed in the panic,
hysterical and unstrung,
Doubled up in pain
like a woman giving birth to a baby.
Horrified—everyone they see
is like a face out of a nightmare.

9-16 "Watch now. GOD's Judgment Day comes.
Cruel it is, a day of wrath and anger,
A day to waste the earth
and clean out all the sinners.
The stars in the sky, the great parade of

이는 무자비한 날, 진노와 격분의 날,
땅을 황폐하게 만들고
모든 죄인을 쓸어버리는 날.
하늘의 별들, 그 거대한 별들의 행렬이
블랙홀에 지나지 않게 될 것이다.
해는 그저 검은 원반이 되고,
달도 있으나 마나 한 것이 되리라.
내가 이 땅의 악을 완전히 멈춰 세우고,
악한 자들의 사악한 행위를 뿌리째 뽑아 버릴 것이다.
허풍 치며 뻐기던 자들의 입에 재갈을 물리면, 그들, 찍소리도 못 내리라.
거드름 피우며 활보하던 폭군들, 다 자빠트려 땅바닥에 얼굴을 처박게 만들 것이다.
교만한 인류, 지상에서 종적을 감출 것이다.
내가, 인간을 가물에 콩 나듯 하게 만들리라.
그렇다. 만군의 하나님의 진노 아래
그 맹렬한 진노의 심판 날에,
하늘도 흔들리고
땅도 뿌리까지 떨릴 것이다.
사냥꾼에 쫓기는 사슴처럼,
목자 없이 길 잃은 양처럼,
사람들이 소수의 동류들과 떼를 지어
임시변통할 피난처로 도망쳐 갈 것이다.
그렇게 뛰다가 넘어지는 자들, 가련하다.
그들은 그 자리에서 죽임을 당할 것이다.
목이 잘리고, 배가 찢겨 터지리라.
부모가 보는 앞에서
아기들이 바위에 메어쳐지고,
집들이 약탈당하며,
아내들이 겁탈당할 것이다.

17-22 이제 잘 보아라.
내가 메대를 자극해 바빌론을 치게 할 것이다.
뇌물로도 막을 수 없는 무자비,
무엇으로도 누그러뜨릴 수 없는 잔인함의 대명사인 메대 사람들.

constellations,
will be nothing but black holes.
The sun will come up as a black disk,
and the moon a blank nothing.
I'll put a full stop to the evil on earth,
terminate the dark acts of the wicked.
I'll gag all braggarts and boasters—not a peep anymore from them—
and trip strutting tyrants, leave them flat on their faces.
Proud humanity will disappear from the earth.
I'll make mortals rarer than hens' teeth.
And yes, I'll even make the sky shake,
and the earth quake to its roots
Under the wrath of GOD-of-the-Angel-Armies,
the Judgment Day of his raging anger.
Like a hunted white-tailed deer,
like lost sheep with no shepherd,
People will huddle with a few of their own kind,
run off to some makeshift shelter.
But tough luck to stragglers—they'll be killed on the spot,
throats cut, bellies ripped open,
Babies smashed on the rocks
while mothers and fathers watch,
Houses looted,
wives raped.

17-22 "And now watch this:
Against Babylon, I'm inciting the Medes,
A ruthless bunch indifferent to bribes,
the kind of brutality that no one can blunt.
They massacre the young,
wantonly kick and kill even babies.

그들은 젊은이들을 죄다 몰살시키고,
갓난아기들도 발로 걷어차며 놀다가 죽이는 자들이다.
가장 찬란했던 왕국,
갈대아 사람들의 자랑이요 기쁨이던 바빌론.
하나님이 끝장내신 소돔과 고모라처럼,
결국 연기와 악취만 남기고 사라질 것이다.
누구도 거기 살지 않게 되리라.
세대가 지나고 또 지나도, 유령마을로 남을 것이다.
유목민, 베두인 사람들도 거기에는 천막을 치지 않을 것이다.
목자들도 피해서 멀리 돌아갈 것이다.
이름 모를 들짐승이나 찾아와서,
밤마다 빈집들을 섬뜩한 괴성으로 채울 것이다.
스컹크들이 집으로 삼고,
무시무시한 귀신들이 출몰할 것이다.
하이에나의 괴성이 피를 얼어붙게 하고,
늑대의 울부짖음이 몸을 오싹하게 만들 것이다.

바빌론은 이제 망했다.
끝이 멀지 않았다."

14 1-2 그러나 야곱은 다르다. **하나님**께서 야곱에게 자비를 베푸시리라. 그분이 다시 한번 이스라엘을 택하실 것이다. 그들을 고향 땅에 자리 잡고 살게 하실 것이다. 이방인들이 야곱에게 매혹되어 운명을 같이하기 원할 것이다. 그들이 타향살이하던 곳의 여러 민족들이 고향으로 돌아가는 이스라엘을 도우며, 이스라엘은 그들을 남종과 여종으로 삼을 것이다. **하나님**의 나라에서 그들을 종으로 취할 것이며, 과거 자신들을 사로잡았던 자들을 사

And Babylon, most glorious of all kingdoms,
the pride and joy of Chaldeans,
Will end up smoking and stinking like Sodom,
and, yes, like Gomorrah, when God had finished with them.
No one will live there anymore,
generation after generation a ghost town.
Not even Bedouins will pitch tents there.
Shepherds will give it a wide berth.
But strange and wild animals will like it just fine,
filling the vacant houses with eerie night sounds.
Skunks will make it their home,
and unspeakable night hags will haunt it.
Hyenas will curdle your blood with their laughing,
and the howling of coyotes will give you the shivers.

"Babylon is doomed.
It won't be long now."

Now You Are Nothing

14 1-2 But not so with Jacob. GOD will have compassion on Jacob. Once again he'll choose Israel. He'll establish them in their own country. Outsiders will be attracted and throw their lot in with Jacob. The nations among whom they lived will actually escort them back home, and then Israel will pay them back by making slaves of them, men and women alike, possessing them as slaves in GOD's

로잡고, 자신들을 압제하던 자들 위에 군림하며 살 것이다.
3-4 **하나님**께서 너희를 압제와 고생과 혹독한 종살이에서 풀어 주시는 날, 너희는 이런 풍자노래로 바빌론 왕을 조롱하며 재미있어 할 것이다.

바빌론아, 이제 너는 아무것도 아니다

4-6 믿어지느냐? 폭군이 사라졌다!
폭정이 끝났다!
만인을 짓밟던 악인의 통치를,
그 악당의 권력을
하나님께서 깨부수셨다.
그칠 줄 모르는 빗발 같은 잔혹함으로,
고문과 박해로 점철된
폭력과 광포로 통치하던 그를.

7-10 이제 끝났다. 온 땅에 안식이 깃든다.
노래가 터져 나온다! 지붕이 들썩이도록!
폰데로사 소나무들이 행복해하며,
거대한 레바논 백향목들이 안도의 한숨을 내쉬며 말한다.
"네가 망했으니,
이제 우리를 베어 쓰러뜨릴 자 없다."
지하의 망자들이
너를 맞이할 준비로 부산하다.
그들, 유령 같은 망자들,
모두 한때는 땅에서 이름 날렸던 자들이다.
나라의 왕이었다가 땅에 묻힌 그들,
모두 보좌에서 일어나,
잘 준비된 연설로
너를 죽음으로 초대한다.
"자, 이제 너도 우리처럼 아무것도 아닌 존재가 되었다!
죽은 우리와 더불어 여기서 집처럼 편히 지내거라!"

country, capturing those who had captured them, ruling over those who had abused them.
3-4 When GOD has given you time to recov-
er from the abuse and trouble and harsh servitude that you had to endure, you can amuse yourselves by taking up this satire, a taunt against the king of Babylon:

4-6 Can you believe it? The tyrant is gone!
The tyranny is over!
GOD has broken the rule of the wicked,
the power of the bully-rulers
That crushed many people.
A relentless rain of cruel outrage
Established a violent rule of anger
rife with torture and persecution.

7-10 And now it's over, the whole earth quietly at rest.
Burst into song! Make the rafters ring!
Ponderosa pine trees are happy,
giant Lebanon cedars are relieved, saying,
"Since you've been cut down,
there's no one around to cut us down."
And the underworld dead are all excited,
preparing to welcome you when you come.
Getting ready to greet you are the ghostly dead,
all the famous names of earth.
All the buried kings of the nations
will stand up on their thrones
With well-prepared speeches,
royal invitations to death:
"Now you are as nothing as we are!
Make yourselves at home with us dead

11 바빌론아, 너의 화려한 행렬과 멋진 음악이 너를 데려갈 곳은
결국 여기다.
땅 밑 독방,
구더기들을 침대 삼아 눕고
스멀스멀 기어다니는 벌레들을 이불로 덮는 곳이다.

12 오 바빌론아, 이 무슨 몰락이란 말이냐!
샛별이었던 너! 새벽의 아들이었던 너!
지하 진흙뻘에 얼굴이 처박히다니,
나라들을 쓰러뜨리던 일로 이름 높았던 네가!

13-14 너, 속으로 중얼거렸지.
"나, 하늘로 올라가리라.
하나님의 별들 위로 내 보좌를 높이겠다.
신성한 자폰 산에서 열리는
천사들의 회합을 내가 주재하겠다.
나, 구름 꼭대기로 올라가리라.
우주의 왕 자리를 내가 차지하겠다!"

15-17 그러나 성공했느냐?
아니다. 위로 올라가기는커녕, 너는 밑으로 밑으로 추락했다.
저 아래, 지하의 망자들에게로
그 깊은 구렁 속으로.
너를 보는 자들, 생각에 잠겨 중얼거린다.
"아니 정녕 이 자가
한때 세상과 나라들을 공포에 떨게 하고,
땅을 황폐케 하고,
성읍들을 멸망시키고,
죄수들을 산송장으로 만든, 바로 그 자란 말인가?"

18-20 왕들은 보통 품위 있게 장사된다.
덕을 기리는 송가와 더불어 무덤에 안장된다.

folks!"

11 This is where your pomp and fine music led you, Babylon,
to your underworld private chambers,
A king-size mattress of maggots for repose
and a quilt of crawling worms for warmth.

12 What a comedown this, O Babylon!
Daystar! Son of Dawn!
Flat on your face in the underworld mud,
you, famous for flattening nations!

13-14 You said to yourself,
"I'll climb to heaven.
I'll set my throne
over the stars of God.
I'll run the assembly of angels
that meets on sacred Mount Zaphon.
I'll climb to the top of the clouds.
I'll take over as King of the Universe!"

15-17 But you didn't make it, did you?
Instead of climbing up, you came down—
Down with the underground dead,
down to the abyss of the Pit.
People will stare and muse:
"Can this be the one
Who terrorized earth and its kingdoms,
turned earth to a moonscape,
Wasted its cities,
shut up his prisoners to a living death?"

18-20 Other kings get a decent burial,
honored with eulogies and placed in a tomb.

그러나 너는 매장되지 못하고,
길거리 개나 고양이처럼 시궁창에 버려져
썩어 문드러지는 시신들,
살해되고 유기된 가련한 시체들에 둘러싸였다.
네 시신은 더럽혀지고 사지가 절단되었다.
네 장례를 치러 줄 나라는 없다.
너는 네 땅을 폐허로 만들었고
대학살을 유산으로 남겼다.
네 악한 삶의 소산,
이름도 붙여지지 않으리라. 그저 잊혀질 뿐!

21 악인의 아들들을 죽일 장소를 마련하고
그 가문의 대를 끊어 버려라.
그들이 땅 한 평이라도 차지하거나
그들의 성읍들로 세상의 얼굴에 먹칠하는 것, 있을 수 없는 일이다!

22-23 만군의 **하나님**의 포고다. "내가 바벨론과 맞서겠다. 바벨론이라는 이름과 그 생존자들, 자녀와 후손들을 앗아 갈 것이다." **하나님**의 포고다. "그곳을 쓸모없는 늪지대로 만들고, 고슴도치들에게 주어 버리겠다. 아주 싹 쓸어버릴 것이다." 만군의 **하나님**의 포고다.

하나님의 계획, 누가 막을 수 있겠느냐?

24-27 만군의 **하나님**께서 말씀하신다.

"내 계획 그대로,
이뤄질 것이다.
내 청사진 그대로,
일이 성사될 것이다.
내 땅을 침범한 앗시리아를 내가 바스러뜨리고
내 산에서 그를 바닥에 짓이길 것이다.
내가 사람을 잡아 종으로 삼던 그의 일을 중단시켜,

But you're dumped in a ditch unburied,
like a stray dog or cat,
Covered with rotting bodies,
murdered and indigent corpses.
Your dead body desecrated, mutilated—
no state funeral for you!
You've left your land in ruins,
left a legacy of massacre.
The progeny of your evil life
will never be named. Oblivion!

21 Get a place ready to slaughter the sons of the wicked
and wipe out their father's line.
Unthinkable that they should own a square foot of land
or desecrate the face of the world with their cities!

22-23 "I will confront them"—Decree of GOD-of-the-Angel-Armies—"and strip Babylon of name and survivors, children and grandchildren." GOD's Decree. "I'll make it a worthless swamp and give it as a prize to the hedgehog. And then I'll bulldoze it out of existence." Decree of GOD-of-the-Angel-Armies.

Who Could Ever Cancel Such Plans?

24-27 GOD-of-the-Angel-Armies speaks:

"Exactly as I planned,
it will happen.
Following my blueprints,
it will take shape.
I will shatter the Assyrian who trespasses my land
and stomp him into the dirt on my

억압에 눌린 이들의 허리를 펴게 할 것이다."
이것이
온 땅을 향해 세우신 계획이다.
이 계획을 이룰 손,
온 나라들을 향해 뻗어 있다.
만군의 **하나님**께서 계획하셨다.
누가 막을 수 있겠느냐?
그분께서 손을 뻗으셨다.
누가 막을 수 있겠느냐?

28-31 아하스가 죽은 해에, 이 **메시지**가 임했다.

잠깐! 블레셋 사람들아, 너는
잔인한 압제자가 쓰러졌다고 좋아할 때가 아니다.
단말마 비명 속에 죽는 그 뱀에게서 더 독한 뱀이 튀어나오고,
거기에서 또 더 독한 뱀이 튀어나올 것이다.
가난한 이들은 염려할 것 없다.
궁핍한 이들은 재난을 면할 것이다.
그러나 너희 블레셋 사람들은 기근에 던져지고,
굶어 죽지 않은 자들은 하나님이 쳐서 죽이실 것이다.
교만한 성읍아, 통곡하고 울부짖어라!
블레셋아, 공포에 떨며 바닥에 납작 엎드려라!
북쪽 지평선에서, 연기가 피어오른다.
성읍들이 불탄다. 사납고 날랜 파괴자가 지나간 자국이다.

32 궁금해 하는 이방인들에게
뭐라고 답하겠느냐?
"**하나님**께서 시온을 굳건히 세우셨다.
궁핍과 곤경에 처한 이들이 그곳을 피난처로 삼는다"고 말해 주어라.

mountains.
I will ban his taking and making of slaves
and lift the weight of oppression from all shoulders."
This is the plan,
planned for the whole earth,
And this is the hand that will do it,
reaching into every nation.
GOD-of-the-Angel-Armies has planned it.
Who could ever cancel such plans?
His is the hand that's reached out.
Who could brush it aside?

28-31 In the year King Ahaz died, this Message came:

Hold it, Philistines! It's too soon to celebrate
the defeat of your cruel oppressor.
From the death throes of that snake a worse snake will come,
and from that, one even worse.
The poor won't have to worry.
The needy will escape the terror.
But you Philistines will be plunged into famine,
and those who don't starve, God will kill.
Wail and howl, proud city!
Fall prostrate in fear, Philistia!
On the northern horizon, smoke from burned cities,
the wake of a brutal, disciplined destroyer.

32 What does one say to
outsiders who ask questions?
Tell them, "GOD has established Zion.
Those in need and in trouble find refuge in her."

모압 전역에 울려 퍼지는 울음소리

15

1-4 모압에 대한 메시지다.

모압 마을, 알이 폐허가 되었다.
야간공격으로 잿더미로 변했다.
모압 마을, 길이 폐허가 되었다.
야간공격으로 잿더미로 변했다.
디본 마을이 언덕 위 자기 예배실로 올라간다.
거기서 울기 위해 올라간다.
느보와 메드바를 보며
모압이 슬피 울며 통곡한다.
다들 머리를 밀고
수염을 깎는다.
그들, 상복을 입고 거리로 쏟아져 나와,
지붕 위로 올라가거나 마을 광장에 모인다.
모두 울음을 터뜨리며
비탄에 잠긴다.
헤스본과 엘르알레의 그칠 줄 모르는 큰 울음소리,
멀리 야하스까지 들린다.
모압이 흐느끼고, 슬픔을 이기지 못해 몸을 떤다.
모압의 영혼이 떤다.

5-9 오, 가련하기 짝이 없는 모압이여!
피난민의 행렬이 소알까지,
에글랏슬리시야까지 이어진다.
루힛 비탈길을 오르며 그들이 슬피 운다.
모든 것을 잃은 그들, 호로나임으로 가는 길에서 서럽게 운다.
니므림의 샘들이 다 말라 버렸다.
풀이 시들고 싹도 막혀, 아무것도 자라지 않는다.
그들, 가진 물건 전부를
등에 지고 떠난다.
버드나무 개울 건너
안전한 곳을 찾으려고 안간힘을 쓴다.

Poignant Cries Reverberate Through Moab

15

1-4 A Message concerning Moab:

Village Ar of Moab is in ruins,
destroyed in a night raid.
Village Kir of Moab is in ruins,
destroyed in a night raid.
Village Dibon climbs to its chapel in the hills,
goes up to lament.
Moab weeps and wails
over Nebo and Medba.
Every head is shaved bald,
every beard shaved clean.
They pour into the streets wearing black,
go up on the roofs, take to the town square,
Everyone in tears,
everyone in grief.
Towns Heshbon and Elealeh cry long and loud.
The sound carries as far as Jahaz.
Moab sobs, shaking in grief.
The soul of Moab trembles.

5-9 Oh, how I grieve for Moab!
Refugees stream to Zoar
and then on to Eglath-shelishiyah.
Up the slopes of Luhith they weep;
on the road to Horonaim they cry their loss.
The springs of Nimrim are dried up—
grass brown, buds stunted, nothing grows.
They leave, carrying all their possessions
on their backs, everything they own,
Making their way as best they can
across Willow Creek to safety.

모압 전역에,
가슴 저미는 울음소리가 울려 퍼진다.
창자가 끊어지는 듯한 애곡소리, 에글라임
에까지 들리고
가슴이 찢어지는 듯한 애곡소리, 브엘엘림
에까지 들린다.
디본의 둑 위로 피가 흘러넘치는데,
하나님께서 디본을 위해 더 큰 재앙을 마련
하셨다.
사자다. 도망치는 자들을 끝장내고
남은 자들 모두를 해치울 사자다.

모압이 한탄할 것이다

16

1-4 모압이 말한다. "어서 서둘러
예루살렘 지도자들에게 어린양
을 조공으로 바쳐라.
셀라에서 광야를 거쳐 예루살렘으로 가지
고 가라. 그들의 환심을 사라.
모압의 성읍과 백성들,
어쩔 줄 몰라 한다.
부화되어 나오자마자 둥지를 잃은 새들,
아르논 강 둑 위에서
건너지 못할 강을 바라보며
날개만 퍼덕거리는 새들 같구나.
'우리, 어떻게 해요?
제발, 우리를 좀 도와주세요!
우리를 보호해 주세요.
우리를 숨겨 주세요!
모압에서 나오는 피난민들에게
은신처를 마련해 주세요.
대학살을 피해 도망 오는 자들에게
안전한 처소가 되어 주세요.'"

4-5 유다가 대답한다. "이 일이 모두 끝나면,
폭군이 쓰러지고
학살이 중단되고
잔인한 일들이 흔적조차 남지 않을 때가
되면,

Poignant cries reverberate
all through Moab,
Gut-wrenching sobs as far as Eglaim,
heart-racking sobs all the way to
Beer-elim.
The banks of the Dibon crest with blood,
but God has worse in store for Dibon:
A lion—a lion to finish off the fugitives,
to clean up whoever's left in the land.

A New Government in the David Tradition

16

1-4 "Dispatch a gift of lambs,"
says Moab,
"to the leaders in Jerusalem—
Lambs from Sela sent across the desert
to buy the goodwill of Jerusalem.
The towns and people of Moab
are at a loss,
New-hatched birds knocked from the
nest,
fluttering helplessly
At the banks of the Arnon River,
unable to cross:
'Tell us what to do,
help us out!
Protect us,
hide us!
Give the refugees from Moab
sanctuary with you.
Be a safe place for those on the run
from the killing fields.'"

4-5 "When this is all over," Judah answers,
"the tyrant toppled,
The killing at an end,
all signs of these cruelties long gone,
A new government of love will be estab-
lished

숭엄한 다윗 전통을 따르는 새 정권,
인애의 정권이 세워질 것이다.
네가 의지할 수 있는 한 통치자가
그 정권의 수장이 될 것이다.
그는 정의를 향한 열정으로 가득한 통치자,
세상을 바로잡으려는 열의로 충만한 통치자다."

6-12 우리는 익히 들었다. 모두가 들었다!
모압의 교만에 대해.
온 세상이 다 아는 그 거만과 오만 방자와
허풍에 대해.
그러니, 이제 모압이 자신의 달라진 처지를 한탄하게 내버려 두어라.
이웃들이 번갈아 부르는 거짓 애가를 듣게 하여라!
이 무슨 수치인가! 이 얼마나 끔찍한 일인가!
그 좋았던 과일빵과 길하레셋 사탕을 더 이상 맛볼 수 없다니!
울창하던 헤스본의 밭들이 황폐해지고,
기름지던 십마의 포도원들이 모두 황무지로 변했다!
한때는 야스엘과
사막 바로 코앞에까지 뻗어 가,
눈 닿는 곳 어디에서나
풍성한 수확을 안겨 주던
그 유명했던 포도덩굴을,
외적들이 다 밟아 뭉개고 찢어발겼다.
나도 통곡하련다. 야스엘과 함께 통곡하고,
십마 포도원을 위해 통곡하련다.
그렇다. 헤스본과 엘르알레여,
너의 눈물에 내 눈물을 섞으련다!
추수 때의 즐거운 환호가 영영 사라졌다.
노래와 축제 대신 쥐 죽은 듯 정적뿐이다.
과수원에 떠들썩한 웃음소리 들리지 않고,
포도원에 신나는 노동요가 더는 들리지 않

in the venerable David tradition.
A Ruler you can depend upon
will head this government,
A Ruler passionate for justice,
a Ruler quick to set things right."

6-12 We've heard—everyone's heard!—of Moab's pride,
world-famous for pride—
Arrogant, self-important, insufferable,
full of hot air.
So now let Moab lament for a change,
with antiphonal mock-laments from the neighbors!
What a shame! How terrible!
No more fine fruitcakes and Kir-hareseth candies!
All those lush Heshbon fields dried up,
the rich Sibmah vineyards withered!
Foreign thugs have crushed and torn out
the famous grapevines
That once reached all the way to Jazer,
right to the edge of the desert,
Ripped out the crops in every direction
as far as the eye can see.
I'll join the weeping. I'll weep right along with Jazer,
weep for the Sibmah vineyards.
And yes, Heshbon and Elealeh,
I'll mingle my tears with your tears!
The joyful shouting at harvest is gone.
Instead of song and celebration, dead silence.
No more boisterous laughter in the orchards,
no more hearty work songs in the vineyards.

는다.
들판에서 일하는 자들의 흥겨운 노랫소리 대신에
정적, 죽음 같은 정적, 숨 막히는 정적뿐이다.
모압을 보면 내 심금 울리고,
가련한 길하레셋을 생각하면 내 동정심이 솟는다.
모압은 터벅터벅 산당에 올라가 기도하지만,
시간과 정력을 낭비할 뿐이다.
그 성소에 들어가 구원해 달라고 기도해 봐야
소용없다. 아무 일도 일어나지 않는다.

Instead of the bustle and sound of good work in the fields,
silence—deathly and deadening silence.
My heartstrings throb like harp strings for Moab,
my soul in sympathy for sad Kir-heres.
When Moab trudges to the shrine to pray,
he wastes both time and energy.
Going to the sanctuary and praying for relief
is useless. Nothing ever happens.

13-14 이는 전에 **하나님**께서 모압에 대해 주셨던 **메시지**다. **하나님**께서 이제 다시 주신 **메시지**는 이러하다. "삼 년 안에, 징집된 병사의 복무기간보다 짧은 그 시간 안에, 대단했던 모압이 자취도 없이 사라질 것이다. 허풍 가득한 호화로운 풍선이 한순간에 터져 버리고, 사람들로 들끓던 그곳에는 몇몇 부랑자들만 발을 질질 끌며 구걸을 다닐 것이다."

13-14 This is GOD's earlier Message on Moab. GOD's updated Message is, "In three years, no longer than the term of an enlisted soldier, Moab's impressive presence will be gone, that splendid hot-air balloon will be punctured, and instead of a vigorous population, just a few shuffling bums cadging handouts."

다마스쿠스: 먼지 더미, 돌무더기가 되리라

17

1-3 다마스쿠스에 대한 **메시지**다.

"잘 보아라. 다마스쿠스는 이제 도성이 아니라
먼지 더미, 돌무더기가 되리라!
성읍들은 텅텅 비고
양과 염소들이 들어와,
주인인 듯 떡하니 자리를 차지할 것이다.
실제로 그렇게 될 것이다!
에브라임에 요새가 있었던 흔적,
다마스쿠스에 정부가 있었던 자취, 눈을 씻고 찾아도 찾을 수 없다.
아람에 남은 것이 얼마나 되겠느냐고?
이스라엘과 마찬가지다. 별로 없을 것이다."
만군의 **하나님**의 포고다.

Damascus: A Pile of Dust and Rubble

17

1-3 A Message concerning Damascus:

"Watch this: Damascus undone as a city,
a pile of dust and rubble!
Her towns emptied of people.
The sheep and goats will move in
And take over the towns
as if they owned them—which they will!
Not a sign of a fort is left in Ephraim,
not a trace of government left in Damascus.
What's left of Aram?
The same as what's left of Israel—not much."
Decree of GOD-of-the-Angel-Armies.

4-6 "야곱의 눈부신 찬란함이 빛을 잃고
살찐 몸이 뼈만 앙상해질 날이 오고 있다.
나라 전체가 텅 빌 것이다. 추수가 끝난 들판처럼,
무엇 하나 남은 것이 없을 것이다.
추수 후 르바임 골짜기에 남은
몇 개의 보리 줄기 같거나,
나무 꼭대기에 달려 사람의 손길을 피한
두세 개의 익은 올리브 열매 같거나,
과수원에서 과일 따는 자들의 손 닿지 않은
네다섯 개의 사과 같을 것이다."
이스라엘의 하나님의 포고다.

7-8 그렇다. 사람들이 '그들을 지으신 분'을 주목하게 될 날, '이스라엘의 거룩하신 분'을 주목하게 될 날이 오고 있다. 전에는 대단하다 여겼던 자기 작품들—제단, 기념물, 의식, 가내수공품 종교—에 대한 흥미를 모두 잃고 말 것이다.

9 그렇다. 그들이 요새 성읍들을 버리고 도망칠 날이 오고 있다. 이스라엘이 쳐들어왔을 때 히위 사람과 아모리 사람이 버리고 도망갔던 바로 그 성읍들을! 나라가 텅 빌 것이다. 전부 황폐해질 것이다.

10-11 이유를 알겠느냐? 네가 너의 구원이신 하나님을 잊었고,
너의 반석이요 피난처이신 분을 기억하지 않았기 때문이다.
그러니, 네가 아무리 종교에 열심을 낸다 하더라도,
네 풍요의 신들을 구슬려 뜻대로 하게 하려고
온갖 종류의 관목과 목초와 나무들을 심고
그것들을 잘 가꾸어

The Day Is Coming

4-6 "The Day is coming when Jacob's robust splendor goes pale
and his well-fed body turns skinny.
The country will be left empty, picked clean
as a field harvested by field hands.
She'll be like a few stalks of barley left standing
in the lush Valley of Rephaim after harvest,
Or like the couple of ripe olives overlooked
in the top of the olive tree,
Or the four or five apples
that the pickers couldn't reach in the orchard."
Decree of the GOD of Israel.

7-8 Yes, the Day is coming when people will notice The One Who Made Them, take a long hard look at The Holy of Israel. They'll lose interest in all the stuff they've made—altars and monuments and rituals, their homemade, handmade religion—however impressive it is.

9 And yes, the Day is coming when their fortress cities will be abandoned—the very same cities that the Hivites and Amorites abandoned when Israel invaded! And the country will be empty, desolate.

You Have Forgotten God

10-11 And why? Because you have forgotten God-Your-Salvation,
not remembered your Rock-of-Refuge.
And so, even though you are very religious,
planting all sorts of bushes and herbs and trees
to honor and influence your fertility gods,

싹과 봉오리와 꽃을 활짝 피운다 하더라도,
네게는 아무 수확이 없을 것이다. 거둬들이는 것이라고는
그저 비통과 고통, 끝없는 고통뿐일 것이다.

12-13 오! 천둥이 울린다! 군중이 일으키는 천둥소리!
요란한 파도소리 같은 천둥소리!
나라들이 포효한다.
거대한 폭포처럼 포효한다.
고막을 터뜨릴 듯 포효한다!
그러나 하나님께서는 말씀 한 마디로 그들을 잠잠케 하시고,
훅 불어 날리실 것이다.
죽은 잎사귀처럼, 떨어진 엉겅퀴 잎처럼.

14 잠자리에 들 시각, 공포가 대기를 가득 채운다.
그러나 아침에 일어나 보니, 다 사라져 버렸다. 흔적도 찾을 수 없다!
바로 우리를 멸망시키려는 자들에게 일어날 일,
우리 목숨을 노리는 자들이 맞을 운명이다.

And even though you make them grow so well,
bursting with buds and sprouts and blossoms,
Nothing will come of them. Instead of a harvest
you'll get nothing but grief and pain, pain, pain.

12-13 Oh my! Thunder! A thundering herd of people!
Thunder like the crashing of ocean waves!
Nations roaring, roaring,
like the roar of a massive waterfall,
Roaring like a deafening Niagara!
But God will silence them with a word,
And then he'll blow them away like dead leaves off a tree,
like down from a thistle.

14 At bedtime, terror fills the air.
By morning it's gone—not a sign of it anywhere!
This is what happens to those who would ruin us,
this is the fate of those out to get us.

에티오피아: 강력하고 무자비한 자들

18 1-2 에티오피아 강 너머,
파리와 모기들의 땅에 화가 있으리라.
강 따라 바다 건너,
세계 방방곡곡에 사신들을 배에 태워 보내는 땅.

발 빠른 사신들아, 가거라.
키 크고 잘생긴 그들에게.
강줄기 여러 갈래로 나뉘어 흐르는 땅에

People Mighty and Merciless

18 1-2 Doom to the land of flies and mosquitoes
beyond the Ethiopian rivers,
Shipping emissaries all over the world,
down rivers and across seas.

Go, swift messengers,
go to this people tall and handsome,
This people held in respect everywhere,
this people mighty and merciless,

사는
강력하고 무자비한 민족,
어디서나 우러름 받는 그들에게 가거라.

3 모든 곳, 모든 자들,
땅의 모든 주민들아,
산에 깃발이 나부끼는 모습이 보이거든, 잘 보아라!
나팔 부는 소리가 들리거든, 잘 들어라!

4-6 **하나님**께서 내게 이렇게 말씀하셨기 때문이다.

"나는 아무 말 없이,
그저 여기 나 있는 곳에서 지켜보고만 있을 것이다.
따뜻한 햇살처럼 고요히,
추수 때의 이슬처럼 조용히."
그러다가 추수 직전,
꽃철이 지나 포도가 영글 무렵이 되면,
그분이 오셔서 새로 난 가지들을 다 잘라내고,
자라난 가지들을 가차 없이 쳐내실 것이다.
그것들, 바닥에 버려져
새와 짐승들 끌이 될 것이다.
새들이 먹고 여름을 지내고,
짐승들이 먹고 겨울을 지내는 먹이가 될 것이다.

7 그때에 만군의 **하나님**께 공물이 바쳐지리라.
키 크고 잘생긴 민족,
한때 어디서나 우러름 받던 그들,
강력하고 무자비하던 그들이
강줄기 여러 갈래로 나뉘어 흐르는 그 땅에서
시온 산, **하나님**의 처소로 공물을 가져올 것이다.

from the land crisscrossed with rivers.

3 Everybody everywhere,
all earth-dwellers:
When you see a flag flying on the mountain, look!
When you hear the trumpet blown, listen!

4-6 For here's what GOD told me:

"I'm not going to say anything,
but simply look on from where I live,
Quiet as warmth that comes from the sun,
silent as dew during harvest."
And then, just before harvest, after the blossom
has turned into a maturing grape,
He'll step in and prune back the new shoots,
ruthlessly hack off all the growing branches.
He'll leave them piled on the ground
for birds and animals to feed on—
Fodder for the summering birds,
fodder for the wintering animals.

7 Then tribute will be brought to GOD-of-the-Angel-Armies,
brought from this people tall and handsome,
This people once held in respect everywhere,
this people once mighty and merciless,
From the land crisscrossed with rivers,
to Mount Zion, GOD's place.

이집트: 무정부 상태, 대혼란, 살육!

19

1 이집트에 대한 **메시지**다.

잘 보아라! **하나님**이 빠른 구름을 타고서
이집트를 향해 가신다!
이집트의 신들, 그 우상들이 벌벌 떤다.
이집트 사람들이 공포에 질려 몸이 굳는다.

2-4 하나님께서 말씀하신다. "내가 이집트 사람들끼리 치고받으며 싸우게 하겠다.
형제들끼리 서로, 이웃들끼리 서로,
성읍과 성읍이, 나라와 나라가.
그곳은 무정부 상태가 되고, 대혼란과 살육이 벌어질 것이다!
내가 이집트 사람들의 혼을 빼놓을 것이며,
그들은 도무지 갈피를 잡지 못할 것이다.
그들이 답을 구하러 자기들의 신들, 그 우상들에게 달려갈 것이다.
응답이 절실한 그들, 혼령을 불러내는 의식을 거행할 것이다.
그러나 나는 이집트 사람들을
잔인하기 그지없는 폭군에게 넘겨,
야비하고 무자비한 왕의 통치를 받게 할 것이다."
주 만군의 **하나님**의 포고다.

5-10 나일 강이 말라 버릴 것이다.
강바닥까지 햇볕에 바싹 말라붙을 것이다.
운하에는 물이 고여 썩은 냄새가 풍기고,
나일 강에 닿는 개울들도 모조리 말라 버릴 것이다.
강가 식물들이 다 썩어 문드러지고
강둑은 딱딱하게 굳어지리라.
강바닥도 굳어 반질반질해지고
강가의 풀들도 말라비틀어져, 바람에 날려 사라질 것이다.
고기 잡는 어부들,
이제 고기잡이는 끝이라고 한탄할 것이다.

Anarchy and Chaos and Killing!

19

1 A Message concerning Egypt:

Watch this! GOD riding on a fast-moving cloud,
moving in on Egypt!
The god-idols of Egypt shudder and shake,
Egyptians paralyzed by panic.

2-4 God says, "I'll make Egyptian fight Egyptian,
brother fight brother, neighbor fight neighbor,
City fight city, kingdom fight kingdom—
anarchy and chaos and killing!
I'll knock the wind out of the Egyptians.
They won't know coming from going.
They'll go to their god-idols for answers;
they'll conjure ghosts and hold séances,
desperate for answers.
But I'll turn the Egyptians
over to a tyrant most cruel.
I'll put them under the rule of a mean, merciless king."
Decree of the Master, GOD-of-the-Angel-Armies.

5-10 The River Nile will dry up,
the riverbed baked dry in the sun.
The canals will become stagnant and stink,
every stream touching the Nile dry up.
River vegetation will rot away
the banks of the Nile-baked clay,
The riverbed hard and smooth,
river grasses dried up and gone with the wind.
Fishermen will complain
that the fishing's been ruined.

직물 짜는 자들, 일감이 떨어질 것이다.
아마포, 무명, 양털로 천을 짜는 모든 자들,
할 일 없어 빈둥거리며 풀이 죽어 지낼 것이다.
생계를 위해 일해야 하는 모든 자들, 아무 할 일이 없어질 것이다.

11-15 소안의 제후들은 멍청이들이고,
바로의 참모들은 얼간이들이다.
어떻게 너희가 바로에게
"저를 믿으십시오. 저는 일이 어떻게 돌아가는지 알고 있습니다.
저는 고대 이집트의 지혜를 계승한 현인입니다"라고 말할 수 있단 말이냐?
너의 이집트에 현인은 단 한 사람도 없다.
있다면, 그가 너에게
만군의 **하나님**께서 이집트에 대해 갖고 계신 생각을 일러 주었으리라.
실상은 소안의 제후들은 다 멍청이들이고,
멤피스의 제후들은 다 저능아들이다.
네가 사회의 기둥이라 치켜세웠던 자들,
그들이 이집트를 그릇된 길로, 막다른 골목으로 이끌었다.
하나님께서 그들의 머리를 뒤죽박죽으로 만드셨다.
이집트는 자기가 게워낸 토사물에, 스스로 미끄러져 자빠진 꼴이 되었다.
이집트는 희망이 없다. 어찌해 볼 수 있는 상황은 이미 지났다.
늙어 비실대는 노쇠한 얼간이다.

16-17 그날이 오면, 이집트 사람들은 극도로 흥분한 여학생들처럼 되어, 만군의 **하나님**께서 행동하실 기미가 조금이라도 보이면 마구 비명을 질러댈 것이다. 미약한 유다가 그들에게 공포의 대상이 되리라! '유다'라는 말만 들어도 공포에 질릴 것이다. 그 이름

Textile workers will be out of work, all weavers
and workers in linen and cotton and wool
Dispirited, depressed in their forced idleness—
everyone who works for a living, jobless.

11-15 The princes of Zoan are fools,
the advisors of Pharaoh stupid.
How could any of you dare tell Pharaoh,
"Trust me: I'm wise. I know what's going on.
Why, I'm descended from the old wisdom of Egypt"?
There's not a wise man or woman left in the country.
If there were, one of them would tell you
what GOD-of-the-Angel-Armies has in mind for Egypt.
As it is, the princes of Zoan are all fools
and the princes of Memphis, dunces.
The honored pillars of your society
have led Egypt into detours and dead ends.
GOD has scrambled their brains,
Egypt's become a falling-down-in-his-own-vomit drunk.
Egypt's hopeless, past helping,
a senile, doddering old fool.

16-17 On that Day, Egyptians will be like hysterical schoolgirls, screaming at the first hint of action from GOD-of-the-Angel-Armies. Little Judah will strike terror

을 들을 때마다, 이집트를 치시려는 만군의
하나님의 계획이 떠올라 두려움에 사로잡힐
것이다.
18 그날이 오면, 이집트의 여러 성읍들이 믿
음의 언어를 배우고 만군의 **하나님**을 따르
겠노라 약속할 것이다. 이 성읍들 가운데 하
나는 '태양의 성읍'이라는 영예로운 이름을
갖게 될 것이다.
19-22 그날이 오면, 이집트 중심부에 **하나님**
을 예배하는 처소가 자리하고, 국경에는 **하
나님**께 바쳐진 기념물이 들어서, 만군의 **하
나님**께서 그동안 이집트 사람들을 어떻게
도우셨는지 증거하게 될 것이다. 그들이 압
제자들로 인해 **하나님**께 기도하고 부르짖
으면, 그분께서 도움의 손길을 내미실 것이
다. 그들을 지키고 보살펴 줄 구원자를 보내
주실 것이다. **하나님**께서 이집트 사람들에
게 자신을 숨김없이 드러내실 그날에, 그들
이 그분을 알게 되리라. 희생 제물과 번제물
을 가져와 그분을 진심으로 예배하게 되리
라. 그들이 하나님 앞에서 서약하고 그 서약
을 지킬 것이다. **하나님**께서 이집트에게 상
처를 입히고 치시겠지만, 그 후에는 고쳐 주
실 것이다. 이집트가 **하나님**께 돌아오고, **하
나님**은 그들의 기도를 들으시고 그들을 치
료해 주실 것이다. 머리끝부터 발끝까지 낫
게 하실 것이다.
23 그날이 오면, 이집트에서 앗시리아까지
이어지는 대로가 열릴 것이다. 앗시리아 사
람들이 이집트에서, 이집트 사람들이 앗시리
아에서 마음껏 활보하며 다닐 것이다. 더 이
상 적수가 아닌 그들, 이집트 사람들과 앗시
리아 사람들이 함께 예배를 드릴 것이다!
24-25 그날이 오면, 이스라엘은 이집트와 앗
시리아와 어깨를 나란히 하고, 세상의 중심
에서 복을 함께 나눌 것이다. 이스라엘에게
복 주신 만군의 **하나님**께서 그들 모두에게
넘치는 복을 내리실 것이다. "복되어라 이

in Egyptians! Say "Judah" to an Egyptian
and see panic. The word triggers fear
of the GOD-of-the-Angel-Armies' plan
against Egypt.
18 On that Day, more than one city in
Egypt will learn to speak the language of
faith and promise to follow GOD-of-the-
Angel-Armies. One of these cities will be
honored with the title "City of the Sun."
19-22 On that Day, there will be a place
of worship to GOD in the center of Egypt
and a monument to GOD at its border.
It will show how the GOD-of-the-Angel-
Armies has helped the Egyptians. When
they cry out in prayer to GOD because of
oppressors, he'll send them help, a savior
who will keep them safe and take care of
them. GOD will openly show himself to
the Egyptians and they'll get to know him
on that Day. They'll worship him serious-
ly with sacrifices and burnt offerings.
They'll make vows and keep them. GOD
will wound Egypt, first hit and then heal.
Egypt will come back to GOD, and GOD
will listen to their prayers and heal them,
heal them from head to toe.
23 On that Day, there will be a highway
all the way from Egypt to Assyria: Assyr-
ians will have free range in Egypt and
Egyptians in Assyria. No longer rivals,
they'll worship together, Egyptians and
Assyrians!
24-25 On that Day, Israel will take its place
alongside Egypt and Assyria, sharing the
blessing from the center. GOD-of-the-
Angel-Armies, who blessed Israel, will
generously bless them all: "Blessed be
Egypt, my people!...Blessed be Assyria,

집트여, 나의 백성이여! 복되어라 앗시리아 여, 내 손의 작품이여! 복되어라 이스라엘 이여, 나의 소유여!"

work of my hands!...Blessed be Israel, my heritage!"

벌거벗은 예언자의 표징

20 1-2 앗시리아 왕 사르곤이 보낸 야전 사령관이 아스돗을 공격하여 점령했던 그해, **하나님**께서 아모스의 아들 이사야에게 말씀하셨다. "가서, 네 옷과 신발을 벗어 던져라." 이사야는 그렇게 했고, 알몸과 맨발로 다녔다.
3-6 그 후 **하나님**께서 말씀하셨다. "내 종 이사야는 이집트와 에티오피아에 대한 경고의 표징으로 삼 년 동안 알몸과 맨발로 다녔다. 이제 그것이 그대로 이루어져, 앗시리아 왕이 쳐들어와 이집트와 에티오피아 사람들을 포로로 잡아갈 것이다. 젊은이나 늙은이 할 것 없이, 모두 알몸과 맨발로 끌려가며 조롱거리가 될 것이다. 엉덩이를 드러낸 채 줄을 지어 끌려가는 이집트 사람들의 모습을 생각해 보아라! 에티오피아에 희망을 걸었던 자들, 이집트에게 도움을 기대했던 자들, 다 혼란에 빠질 것이다. 바닷가에 사는 자들은 이렇게 말하리라. '저들을 봐라! 알몸으로, 맨발로 끌려가는 저 포로들을! 저들이 우리의 희망이라 여겼는데. 우리를 앗시리아 왕에게서 구해 주리라 믿었는데. 이제 우리는 어떻게 하지? 어떻게 여기서 빠져나가지?'"

Exposed to Mockery and Jeers

20 1-2 In the year the field commander, sent by King Sargon of Assyria, came to Ashdod and fought and took it, GOD told Isaiah son of Amoz, "Go, take off your clothes and sandals," and Isaiah did it, going about naked and barefooted.
3-6 Then GOD said, "Just as my servant Isaiah has walked around town naked and barefooted for three years as a warning sign to Egypt and Ethiopia, so the king of Assyria is going to come and take the Egyptians as captives and the Ethiopians as exiles. He'll take young and old alike and march them out of there naked and barefooted, exposed to mockery and jeers—the bared buttocks of Egypt on parade! Everyone who has put hope in Ethiopia and expected help from Egypt will be thrown into confusion. Everyone who lives along this coast will say, 'Look at them! Naked and barefooted, shuffling off to exile! And we thought they were our best hope, that they'd rescue us from the king of Assyria. Now what's going to happen to us? How are we going to get out of this?'"

21 1-4 바닷가 사막에 대한 메시지다.

거센 폭풍우가 네겝 사막,
공포 가득한 그곳을 거쳐 돌진해 올 때,
한 준엄한 환상이 내게 임했다.
배신자가 배신당하고, 약탈자가 약탈당하는

The Betrayer Betrayed

21 1-4 A Message concerning the desert at the sea:

As tempests drive through the Negev Desert,
coming out of the desert, that terror-filled place,

환상이다.
공격하여라, 엘람아!
포위하여라, 메대야!
페르시아 사람들아, 공격하여라!
공격하여라, 바빌론을!
내가 모든 비탄과 신음을
끝장내리라.
이 소식으로 인해 나는 고통으로 몸을 구부렸다.
해산하는 여인처럼 고통스럽게 몸을 비틀었다.
들리는 소리로 정신이 아득해지고,
보이는 광경으로 맥이 탁 풀렸다.
어안이 벙벙해지고
공포에 사로잡힌 나,
느긋한 저녁 시간을 바랐건만,
다가온 것은 악몽이었다.

5 향연이 베풀어지는 자리,
손님들이 기대어 앉아 호사와 안락을 누리며
먹고 마시며 즐기고 있는데,
갑자기 소리가 들린다. "제후들아, 무기를 들어라! 전투가 벌어졌다!"

6-9 주께서 내게 말씀하셨다. "가서, 파수꾼을 세워라.
그에게 관측한 것을 보고하게 하여라.
전투대형을 갖춘 말과 마차들,
나귀와 낙타 행렬을 보거든,
땅바닥에 귀를 대고
작은 속삭임, 풍문 하나까지 귀담아들으라고 말해 두어라."
바로 그때, 파수꾼이 소리쳤다.
"주님, 저는 온종일을 매일같이,
밤을 새워 가며
제 자리를 지키며 보초를 섭니다!
저는 몰려오는 그들,

A hard vision is given me:
The betrayer betrayed, the plunderer plundered.
Attack, Elam!
Lay siege, Media!
Persians, attack!
Attack, Babylon!
I'll put an end to
all the moaning and groaning.
Because of this news I'm doubled up in pain,
writhing in pain like a woman having a baby,
Baffled by what I hear,
undone by what I see.
Absolutely stunned,
horror-stricken,
I had hoped for a relaxed evening,
but it has turned into a nightmare.

5 The banquet is spread,
the guests reclining in luxurious ease,
Eating and drinking, having a good time,
and then, "To arms, princes! The fight is on!"

6-9 The Master told me, "Go, post a lookout.
Have him report whatever he spots.
When he sees horses and wagons in battle formation,
lines of donkeys and columns of camels,
Tell him to keep his ear to the ground,
note every whisper, every rumor."
Just then, the lookout shouted,
"I'm at my post, Master,
Sticking to my post day after day
and all through the night!

전투대형을 갖춘 말과 마차들을 지켜보았습니다.
그들이 큰소리로 알리는 전쟁 소식을 들었습니다.
'바빌론이 쓰러졌다! 쓰러졌다!
그 귀한 신-우상들,
다 바닥에 메쳐져 산산조각 나버렸다.'"

10 사랑하는 이스라엘아, 너희가 그동안 많은 일을 겪었다.
맷돌에 넣어져 으깨졌다.
이제 내가 이스라엘의 **하나님**,
만군의 하나님께 들은 기쁜 소식을 너희에게 전한다.

⁂

11-12 에돔에 대한 **메시지**다.

에돔의 세일 산에서
한 음성이 나에게 울려 퍼진다.
"야간 파수꾼이여! 동이 트려면 얼마나 남았느냐?
이 밤이 얼마나 남았느냐?"
야간 파수꾼이 소리쳐 대답한다.
"아침이 오고 있다.
그러나 아직은 밤이다.
다시 물어도 내 대답은 같다."

⁂

13-15 아라비아에 대한 **메시지**다.

너희 드단의 대상들아,
너희는 사막 불모지에 천막을 치고 야영해야 할 것이다.
목마른 자들에게 물을 갖다 주어라.
도망자들에게 빵을 대접해 주어라.
데마에 사는 너희여,
너희가 잘하는 사막의 환대를 보여주어라.

I watched them come,
the horses and wagons in battle formation.
I heard them call out the war news in headlines:
'Babylon fallen! Fallen!
And all its precious god-idols
smashed to pieces on the ground.'"

10 Dear Israel, you've been through a lot,
you've been put through the mill.
The good news I get from GOD-of-the-Angel-Armies,
the God of Israel, I now pass on to you.

⁂

11-12 A Message concerning Edom:

A voice calls to me
from the Seir mountains in Edom,
"Night watchman! How long till daybreak?
How long will this night last?"
The night watchman calls back,
"Morning's coming,
But for now it's still night.
If you ask me again, I'll give the same answer."

⁂

13-15 A Message concerning Arabia:

You'll have to camp out in the desert badlands,
you caravans of Dedanites.
Haul water to the thirsty,
greet fugitives with bread.
Show your desert hospitality,
you who live in Tema.

사막이 전쟁의 공포를 피해 도망쳐 나오는
피난민들로 넘쳐난다.

16-17 주께서 내게 말씀하셨다. "기다려라.
일 년 안에—내가 약정하노라!—사막의 불
한당인 게달의 오만과 잔인함이 끝장날 것
이다. 게달 불량배들, 살아남을 자가 많지
않을 것이다." 이스라엘의 **하나님**의 말씀
이다.

예루살렘에 대한 경고

22

1-3 '환상 골짜기'에 대한 **메시지**다.

지금 무엇을 하고 있느냐?
이 시끄러운 파티소리는 무엇이냐?
길거리에 환호소리, 박수소리 요란하고
성읍 전체가 축제로 들썩이는구나!
존경할 만한 용감한 군인,
자랑스러운 전쟁 영웅 하나 없는 너희다.
너희 지도자들은 모두
칼 한번 휘두르지 못하고 붙잡힌 겁쟁이들이다.
너희는 싸움터에서 줄행랑치다 붙잡힌
겁쟁이들의 나라다.

4-8 그 소란 중에 내가 말했다. "나를 혼자 내버려 두어라.
홀로 슬피 울게 놔두어라.
다 잘될 것이라는 말, 내게는 하지 마라.
이 백성은 망할 것이다. 잘되지 않을 것이다."
주 만군의 **하나님**께서
떼 지어 몰려든 사람들로 요란해질 날이 이르게 하실 것이다.
'환상 골짜기'에서 서로 밀치며 우르르 도망치는 소리,
성벽 허물어뜨리는 소리,

The desert's swarming with refugees
escaping the horrors of war.

16-17 The Master told me, "Hang on.
Within one year—I'll sign a contract on
it!—the arrogant brutality of Kedar, those
hooligans of the desert, will be over,
nothing much left of the Kedar toughs."
The GOD of Israel says so.

A Country of Cowards

22

1-3 A Message concerning the Valley of Vision:

What's going on here anyway?
All this partying and noisemaking,
Shouting and cheering in the streets,
the city noisy with celebrations!
You have no brave soldiers to honor,
no combat heroes to be proud of.
Your leaders were all cowards,
captured without even lifting a sword,
A country of cowards
captured escaping the battle.

You Looked, but You Never Looked to Him

4-8 In the midst of the shouting, I said, "Let me alone.
Let me grieve by myself.
Don't tell me it's going to be all right.
These people are doomed. It's all right."
For the Master, GOD-of-the-Angel-Armies,
is bringing a day noisy with mobs of people,
Jostling and stampeding in the Valley of Vision,
knocking down walls
and hollering to the mountains, "Attack!

산을 향해 "공격! 공격!"을 외치고 아우성치는 소리로 요란할 날을.
옛 원수들, 엘람과 기르가 빈틈없이 무장하고,
무기와 전차와 기병부대를 갖추고 쳐들어온다.
네 아름다운 골짜기들이 전쟁소리로,
이리저리 돌진하는 전차와 기병들 소리로 요란하다.
하나님께서 유다를 무방비 상태로 내버려 두셨다.

8-11 그날, 너희는 방어진을 점검하고 '숲 병기고'의 무기들을 검열했다. 성벽의 약한 지점을 찾아 보수했다. 너희는 '아랫못'에 물을 충분히 저장해 두었다. 예루살렘의 모든 집을 조사하여, 어떤 집은 허물고 그 벽돌을 성벽에 덧대어 튼튼하게 만들었다. 물을 충분히 확보하기 위해 커다란 수조도 만들었다.
너희는 이것저것을 살피고 둘러보았다. 그러나 너희는 이 성읍을 너희에게 주셨던 분을 바라보지 않았다. 이 성읍에 관해 오래전부터 계획을 세우셨던 그분께는 단 한 번도 자문을 구하지 않았다.

12-13 그날, 주 만군의 하나님께서
소리쳐 이르셨다.
눈물로 회개하는 시간을 가지라고,
잿빛 옷을 입고 비가를 부르라고.
그런데 너희는 지금 무엇을 하고 있느냐? 너희는 파티를 열었다!
먹고 마시고, 길거리에서 춤판을 벌였다!
소와 양을 잡고, 엄청난 잔치를 열었다.
술판, 고기판을 벌였다.
"오늘을 즐기자! 먹고 마시자!
내일이면 죽을 테니!"

Attack!"
Old enemies Elam and Kir arrive armed to the teeth—
weapons and chariots and cavalry.
Your fine valleys are noisy with war,
chariots and cavalry charging this way and that.
God has left Judah exposed and defenseless.

8-11 You assessed your defenses that Day, inspected your arsenal of weapons in the Forest Armory. You found the weak places in the city walls that needed repair. You secured the water supply at the Lower Pool. You took an inventory of the houses in Jerusalem and tore down some to get bricks to fortify the city wall. You built a large cistern to ensure plenty of water.
You looked and looked and looked, but you never looked to him who gave you this city, never once consulted the One who has long had plans for this city.

12-13 The Master, GOD-of-the-Angel-Armies,
called out on that Day,
Called for a day of repentant tears,
called you to dress in somber clothes of mourning.
But what do *you* do? You throw a party!
Eating and drinking and dancing in the streets!
You barbecue bulls and sheep, and throw a huge feast—
slabs of meat, kegs of beer.
"Seize the day! Eat and drink!
Tomorrow we die!"

14 만군의 **하나님**께서 내게 이 천박함에 대한 그분의 평결을 속삭여 일러 주셨다. "너희는 죽는 날까지 이 악한 행위에 대한 대가를 치르게 될 것이다." 주 만군의 **하나님**의 말씀이다.

14 GOD-of-the-Angel-Armies whispered to me his verdict on this frivolity: "You'll pay for this outrage until the day you die." The Master, GOD-of-the-Angel-Armies, says so.

셉나에게 경고하시다

15-19 주 만군의 **하나님**께서 말씀하셨다. "오라, 궁중업무 총책임자인 셉나에게 가서 이렇게 전하여라. 이것이 대체 무슨 짓이냐? 외부인에 지나지 않는 네가 마치 주인인 양 행세하고 있다. 보란 듯이 제 무덤을 크고 화려하게 만들어 놓고는 거물처럼 굴고 있다. **하나님**이 너를 덮쳐 가진 것을 다 빼앗고, 너를 개들에게 던져 버릴 것이다. 네 머리채를 잡아 공중에서 빙글빙글 돌렸다가 놓아 버릴 것이다. 그러면 너는 공처럼 날아가 시야에서 사라지리라. 아무도 모르는 곳까지 날아가 떨어져서, 거기서 죽을 것이다. 그동안 네가 네 무덤 속에 쌓아 둔 것들도 다 사라질 것이다. 너는 네 주인의 집을 수치스럽게 했다! 너는 이제 해고다. 아, 속이 시원하다!

The Key of the Davidic Heritage

15-19 The Master, GOD-of-the-Angel-Armies, spoke: "Come. Go to this steward, Shebna, who is in charge of all the king's affairs, and tell him: What's going on here? You're an outsider here and yet you act like you own the place, make a big, fancy tomb for yourself where everyone can see it, making sure everyone will think you're important. GOD is about to sack you, to throw you to the dogs. He'll grab you by the hair, swing you round and round dizzyingly, and then let you go, sailing through the air like a ball, until you're out of sight. Where you'll land, nobody knows. And there you'll die, and all the stuff you've collected heaped on your grave. You've disgraced your master's house! You're fired—and good riddance!

20-24 그날이 오면, 나는 너 셉나를 교체할 것이다. 힐기야의 아들인 내 종 엘리아김을 불러 그에게 네 의복을 입혀 줄 것이다. 그에게 네 띠를 매어 주고, 네 권력을 넘겨줄 것이다. 그는 예루살렘과 유다 정권의 아버지 같은 지도자가 될 것이다. 나는 그에게 다윗 유산의 열쇠를 줄 것이다. 그가 장악하고서, 어떤 문이라도 열고 어떤 문이라도 닫을 것이다. 단단한 벽 속에 못을 박아 넣듯 내가 그를 박아 넣을 것이다. 그는 다윗 전통을 굳게 지킬 것이다. 모두가 그에게 매달릴 것이다. 다윗 후손의 운명뿐 아니라, 컵이나 나이프같이 그 집안의 세세한 것까지도 그를 의지하게

20-24 "On that Day I'll replace Shebna. I will call my servant Eliakim son of Hilkiah. I'll dress him in your robe. I'll put your belt on him. I'll give him your authority. He'll be a father-leader to Jerusalem and the government of Judah. I'll give him the key of the Davidic heritage. He'll have the run of the place—open any door and keep it open, lock any door and keep it locked. I'll pound him like a nail into a solid wall. He'll secure the Davidic tradition. Everything will hang on him—not only the fate of Davidic descendants but also the detailed daily operations of the house, including cups and cutlery.

되리라."
25 만군의 **하나님**께서 말씀하신다. "그 다
음에, 그 못이 느슨해져 단단한 벽에서 떨
어져 나올 날이 올 것이다. 그날에, 못에 매
달려 있던 것들 전부가 떨어져 부서질 것
이다." 이것이 앞으로 일어날 일이다. **하나
님**의 말씀이다.

두로와 시돈에 대한 경고

23 1-4 다시스의 배들아, 슬피 울어라.
강력했던 너희 항구들, 모두 잿더미가 되었다!
키프로스에서 돌아오는 배들,
그 몰락을 목도했다.
바닷가에 사는 너희 시돈의 상인들아,
입을 다물어라.
큰 바다를 항해하면서
물건을 사고팔며,
시홀에서 생산된 밀들,
나일 강변에서 자란 밀들로 너희는 돈을 벌어들였지.
다국적 곡물 중개상을 하던 너희여!
시돈아, 이제 부끄러운 줄 알고 고개를 숙여라.
그 바다, 정력 넘치던 해양이 소리 높여 말한다.
"나는 산고를 겪어 본 적도, 아기를 낳아 본 적도,
아이를 키워 본 적도 없다.
생명을 주어 본 적도, 생명을 위해 일해 본 적도 없다.
그저 숫자들, 생명 없는 숫자들, 이윤과 손실 액수나 세어 왔을 뿐."

5 두로에 대한 소식이 이집트에 전해지면,
통곡소리! 그 가슴 쥐어뜯는 소리 들리리라!

25 "And then the Day will come," says
GOD-of-the-Angel-Armies, "when that
nail will come loose and fall out, break
loose from that solid wall—and everything
hanging on it will go with it." That's what
will happen. GOD says so.

It Was All Numbers, Dead Numbers, Profit and Loss

23 1-4 Wail, ships of Tarshish,
your strong seaports all in ruins!
When the ships returned from Cyprus,
they saw the destruction.
Hold your tongue, you who live on the seacoast,
merchants of Sidon.
Your people sailed the deep seas,
buying and selling,
Making money on wheat from Shihor,
grown along the Nile—
multinational broker in grains!
Hang your head in shame, Sidon. The Sea speaks up,
the powerhouse of the ocean says,
"I've never had labor pains, never had a baby,
never reared children to adulthood,
Never gave life, never worked with life.
It was all numbers, dead numbers, profit and loss."

5 When Egypt gets the report on Tyre,
what wailing! what wringing of hands!

Nothing Left Here to Be Proud Of

6-12 Visit Tarshish, you who live on the seacoast.

6-12 바닷가에 사는 너희여, 다시스에 가보아라.
가서 잘 살펴보고 통곡하여라. 눈물바다를 이루어라!
이것이 너희가 기억하는, 정력과 활력 넘치던 그 성읍이 맞느냐?
활발하고 북적거리던 유서 깊은 성읍,
전 세계로 뻗어나가
물건을 사고팔던 그 성읍이 맞느냐?
세계시장을 주름잡던 두로,
그 두로의 멸망 배후에 누가 있는지 아느냐?
두로의 상인들, 그 세계의 거물들이었다.
두로의 거래상들, 큰손들이었다.
만군의 **하나님**께서 추락을 명하셨다.
오만의 추한 이면을 드러내시려고,
부풀린 명성을 땅에 떨어뜨리시려고 그리 하셨다.
아, 다시스의 배들아, 배를 돌려 귀향하여라.
이 항구에는 선착장이 남아 있지 않다.
하나님께서 바다와 상인들에게 손을 뻗어
그 바다 왕국들을 혼란에 빠뜨리셨다.
하나님께서 그 바닷가 성읍들,
상업 중심지의 파괴를 명하셨다.
하나님께서 말씀하셨다. "이곳은 이제 내세울 것 하나 없이 되었다.
시돈은 파산했고 다 빼앗겼다.
키프로스에서 새 출발을 하고 싶다고?
꿈도 꾸지 마라. 거기서도 너희는 되는 일이 없을 것이다."

13 바빌론이 어떻게 되었는지 보아라. 남은 것 하나 없이 다 멸망했다. 앗시리아가 그곳을 사막으로, 들개와 들고양이들의 은신처로 만들어 버렸다. 거대한 포위 공격 무기들로 건물들을 모조리 무너뜨렸다. 그곳에는 돌무더기만 남았다.

Take a good, long look and wail—yes, cry buckets of tears!
Is this the city you remember as energetic and alive,
bustling with activity, this historic old city,
Expanding throughout the globe,
buying and selling all over the world?
And who is behind the collapse of Tyre,
the Tyre that controlled the world markets?
Tyre's merchants were the business tycoons.
Tyre's traders called all the shots.
GOD-of-the-Angel-Armies ordered the crash
to show the sordid backside of pride
and puncture the inflated reputations.
Sail for home, O ships of Tarshish.
There are no docks left in this harbor.
GOD reached out to the sea and sea traders,
threw the sea kingdoms into turmoil.
GOD ordered the destruction
of the seacoast cities, the centers of commerce.
GOD said, "There's nothing left here to be proud of,
bankrupt and bereft Sidon.
Do you want to make a new start in Cyprus?
Don't count on it. Nothing there will work out for you either."

13 Look at what happened to Babylon: There's nothing left of it. Assyria turned it into a desert, into a refuge for wild dogs and stray cats. They brought in their big siege engines, tore down the buildings, and

14 다시스의 배들아, 통곡하여라.
강력했던 너희 항구들, 다 잿더미가 되었다!

15-16 앞으로 왕들의 평균 수명인 칠십 년 동안, 두로는 잊혀질 것이다. 그 칠십 년이 차면 재기하겠지만, 그것은 한물간 창녀의 재기일 뿐, 두로는 이런 노랫말 속의 주인공 같을 것이다.

"잊혀진 창녀여,
하프를 들고 성읍을 돌아다녀 보아라.
전에 부르던 노래, 자주 부르던 노래들을 불러 보아라.
행여 누군가 기억해 주는 사람이 있을지도 모르니."

17-18 칠십 년이 차면 **하나님**께서 두로를 돌아보실 것이다. 그녀는 전에 하던 무역일, 매춘과 같은 그 일로 돌아가 가장 높은 가격을 부르는 자에게 자신을 팔 것이다. 화대만 주면 누구와 무슨 짓이라도 할 것이다. 땅의 모든 나라와 난잡한 거래를 벌일 것이다. 그러나 그녀가 받은 돈 전부는 **하나님**께 넘겨질 것이다. 제 몫으로 저축하지 못할 것이다. 그녀가 벌어들이는 이윤 전부는, **하나님**을 알고 **하나님**을 섬기는 백성에게 풍부한 음식과 최고의 옷을 마련해 주는 일에 쓰일 것이다.

하나님께서 땅을 벌하시리라

24 1-3 위험이 코앞에 닥쳤다! **하나님**께서 땅을 초토화하고
잿더미로 만드실 것이다.
전부를 뿌리째 뒤엎고
모두를 갈팡질팡하게 만드실 것이다.
제사장도 백성도,
소유주도 노동자도,

left nothing behind but rubble.

14 Wail, ships of Tarshish,
your strong seaports all in ruins!

15-16 For the next seventy years, a king's lifetime, Tyre will be forgotten. At the end of the seventy years, Tyre will stage a comeback, but it will be the comeback of a worn-out whore, as in the song:

"Take a harp, circle the city,
unremembered whore.
Sing your old songs, your many old songs.
Maybe someone will remember."

17-18 At the end of the seventy years, GOD will look in on Tyre. She'll go back to her old whoring trade, selling herself to the highest bidder, doing anything with anyone—promiscuous with all the kingdoms of earth—for a fee. But everything she gets, all the money she takes in, will be turned over to GOD. It will not be put in banks. Her profits will be put to the use of GOD-Aware, GOD-Serving-People, providing plenty of food and the best of clothing.

The Landscape Will Be a Moonscape

24 1-3 Danger ahead! GOD's about to ravish the earth
and leave it in ruins,
Rip everything out by the roots
and send everyone scurrying:
priests and laypeople alike,
owners and workers alike,

이름 있는 자도 이름 없는 자도,
사는 자도 파는 자도,
재력가도 가난뱅이도,
가진 자도 못 가진 자도.
땅의 모습이 달표면처럼 되리라.
완전히 황폐해지리라.
그 까닭을 아느냐? **하나님**께서 그렇게 말씀하시기 때문이다.
그분이 명령을 내리셨기 때문이다.

4 땅이 황량해지고 잿빛이 되리라.
세상은 정적과 슬픔만이 감돌고,
하늘과 땅이 생기와 빛을 잃으리라.

5-13 땅이 거기 사는 사람들로 인해 더럽혀졌다.
법을 깨뜨리고,
질서를 교란시키며,
신성하고 영원한 언약을 범하는 자들로 더럽혀졌다.
그로 인한 저주가, 마치 암처럼
땅을 초토화시키고 있다.
사람들은 신성한 것을 짓밟은 죄값을 치르고 있다.
그들의 수가 점점 줄어 없어진다. 하나씩 죽어 나간다.
포도주도 없고 포도농장도 없고,
노래도, 노래하는 자도 없다.
소고 치며 웃는 소리가 사라지고
잔칫집의 떠들썩한 소리도 사라졌으며,
수금 켜며 웃는 소리도 사라졌다.
축배를 드는 파티, 더 이상 열리지 않는다.
술꾼조차도 고개를 젓는 역겨운 술만 남았다.
혼돈에 빠진 성읍들, 사람이 도무지 살 수 없는 곳이다. 무정부상태다.
집들은 전부 문에 못질을 하여 폐가로 변했다.

celebrities and nobodies alike,
buyers and sellers alike,
bankers and beggars alike,
the haves and have-nots alike.
The landscape will be a moonscape,
totally wasted.
And why? Because GOD says so.
He's issued the orders.

4 The earth turns gaunt and gray,
the world silent and sad,
sky and land lifeless, colorless.

Earth Polluted by Its Very Own People

5-13 Earth is polluted by its very own people,
who have broken its laws,
Disrupted its order,
violated the sacred and eternal covenant.
Therefore a curse, like a cancer,
ravages the earth.
Its people pay the price of their sacrilege.
They dwindle away, dying out one by one.
No more wine, no more vineyards,
no more songs or singers.
The laughter of castanets is gone,
the shouts of celebrants, gone,
the laughter of fiddles, gone.
No more parties with toasts of champagne.
Serious drinkers gag on their drinks.
The chaotic cities are unlivable. Anarchy reigns.
Every house is boarded up, condemned.
People riot in the streets for wine,
but the good times are gone forever—
no more joy for this old world.
The city is dead and deserted,

포도주를 찾아 헤매는 사람들, 길거리에서 소
요를 일으키지만
좋았던 시절은 영영 가 버렸다.
이 넓은 세상에 더는 남은 기쁨이 없다.
성읍은 죽고 버려져,
잔해 더미만 남았다.
이것이 이 땅에 임할 미래다.
이것이 모든 나라에 닥칠 운명이다.
다 털려 올리브 하나 남지 않은 올리브나무,
다 털려 포도알 하나 남지 않은 포도나무처럼
될 것이다.

14-16 그러나 즐거운 노래를 터뜨릴 자들도
있다.
그들, 서쪽에서 **하나님**의 장엄을 소리쳐 노래
하리라.
그렇다. 동쪽에서 **하나님**의 영광이 높아지리라.
바다의 모든 섬이
하나님의 명성을,
이스라엘의 하나님의 명성을 널리 퍼뜨릴 것
이다.
사방 칠대양에서 이런 노랫소리 들려오리라.
"의로우신 분께 찬양을 드리세!"

16-20 그러나 나는 말했다. "누구에게는 좋은
일이 있을지 모르겠지만,
지금 내 눈에 보이는 것은 파멸, 파멸, 더 큰
파멸뿐이다."
모든 사람이 서로의 목을 노리고 있다.
그렇다. 모두들 다른 사람의 목을 노리고 있다.
어디를 가나
공포와 구렁과 올가미 천지다.
공포를 피해 달아나면,
구렁에 빠진다.
구렁에서 기어올라오면,
올가미에 걸린다.
혼돈이 하늘에서 쏟아져 내린다.
땅의 기초가 허물어진다.

bulldozed into piles of rubble.
That's the way it will be on this earth.
This is the fate of all nations:
An olive tree shaken clean of its olives,
a grapevine picked clean of its grapes.

14-16 But there are some who will break
into glad song.
Out of the west they'll shout of GOD's
majesty.
Yes, from the east GOD's glory will
ascend.
Every island of the sea
Will broadcast GOD's fame,
the fame of the God of Israel.
From the four winds and the seven seas
we hear the singing:
"All praise to the Righteous One!"

16-20 But I said, "That's all well and good
for somebody,
but all I can see is doom, doom, and
more doom."
All of them at one another's throats,
yes, all of them at one another's
throats.
Terror and pits and booby traps
are everywhere, whoever you are.
If you run from the terror,
you'll fall into the pit.
If you climb out of the pit,
you'll get caught in the trap.
Chaos pours out of the skies.
The foundations of earth are
crumbling.
Earth is smashed to pieces,
earth is ripped to shreds,
earth is wobbling out of control,

땅이 산산조각으로 깨어진다.
땅이 갈기갈기 찢어진다.
땅이 흔들린다.
땅이 술 취한 자처럼 비틀거리며,
폭풍 속의 판잣집처럼 요동한다.
쌓이고 쌓인 죄들, 이제 감당할 수 없는 무게가 되었다.
무너져 내린다. 다시는 서지 못할 것이다.

21-23 바로 그날에, **하나님**께서
하늘의 반역 세력과
땅의 반역한 왕들을 불러내 혼쭐내실 것이다.
그들을 붙잡아 죄수처럼 감옥에 가두실 것이다.
짐승을 우리에 가두듯 감옥에 처넣으시고,
형을 선고하여 중노동을 시키실 것이다.
달이 창피해서 어깨를 움츠릴 것이다.
해가 부끄러워 슬그머니 숨을 것이다.
만군의 **하나님**이 즉위하셔서,
시온 산과 예루살렘에서부터 통치하실 것이기 때문이다.
모든 지도자 앞에서
당신의 찬란한 영광을 나타내실 것이기 때문이다.

Earth staggers like a drunk,
sways like a shack in a high wind.
Its piled-up sins are too much for it.
It collapses and won't get up again.

21-23 That's when GOD will call on the carpet
rebel powers in the skies and
Rebel kings on earth.
They'll be rounded up like prisoners in a jail,
Corralled and locked up in a jail,
and then sentenced and put to hard labor.
Shamefaced moon will cower, humiliated,
red-faced sun will skulk, disgraced,
Because GOD-of-the-Angel-Armies will take over,
ruling from Mount Zion and Jerusalem,
Splendid and glorious
before all his leaders.

하나님의 손이 이 산 위에 머무신다

25 1-5 **하나님**, 주는 나의 하나님이십니다.
내가 주를 높이 기립니다. 주를 찬양합니다.
주께서 놀라운 기적들을 행하셨고,
치밀하게 세우신 계획들, 견실하고 확실히 실행하셨습니다.
주께서 성읍을 돌무더기로 만드시고,
강력했던 성읍을 잿더미로 만드셨습니다.
그 원수 '큰 도성'은 이제 도성도 아니고,
앞으로도 그럴 것입니다.
이를 목도하게 될 초강대국들이 주를 높이고,
잔혹한 압제자들도 주를 경외하며 몸을 굽힙니다.

God's Hand Rests on This Mountain

25 1-5 GOD, you are *my* God.
I celebrate you. I praise you.
You've done your share of miracle-wonders,
well-thought-out plans, solid and sure.
Here you've reduced the city to rubble,
the strong city to a pile of stones.
The enemy Big City is a non-city,
never to be a city again.
Superpowers will see it and honor you,
brutal oppressors bow in worshipful reverence.

그들은 주께서 가난한 이들을 돌보시는 광경을 보게 될 것입니다.
곤궁에 처한 가련한 이들을 돌보시되
궂은 날에는 따뜻하고 마른 보금자리를,
무더운 날에는 서늘한 쉼터를 마련해 주심을 알게 될 것입니다.
잔혹한 압제자들은 겨울의 눈보라와 같고,
사악한 이방인들은 사막의 정오와 같습니다.
그러나 주께서는 폭풍우를 피할 피난처,
뙤약볕을 피할 그늘이 되어 주시며,
그 큰소리치는 악당들의 입을 막아 버리십니다.

They'll see that you take care of the poor,
that you take care of poor people in trouble,
Provide a warm, dry place in bad weather,
provide a cool place when it's hot.
Brutal oppressors are like a winter blizzard
and vicious foreigners like high noon in the desert.
But you, shelter from the storm and shade from the sun,
shut the mouths of the big-mouthed bullies.

6-8 여기 이 산 위에서, 만군의 **하나님**이 온 세상 만민을 위한 향연을 베푸실 것이다.
최상급 음식과 최고급 포도주가 나오는 향연,
일곱 코스의 일품요리와 고급 디저트가 나오는 향연을 베푸실 것이다.
또 여기 이 산 위에서, **하나님**은
만민 위에 드리웠던 파멸의 장막,
모든 민족 위에 드리웠던 파멸의 그림자를 걷어 내실 것이다.
그렇다. 그분께서 죽음을 영원히 추방하실 것이다.
하나님께서 모든 얼굴에서 눈물을 닦아 주시며,
자기 백성의 수치를, 어디서든,
흔적도 없게 하시리라.
그렇다! **하나님**께서 그렇게 말씀하신다!

6-8 But here on this mountain, GOD-of-the-Angel-Armies
will throw a feast for all the people of the world,
A feast of the finest foods, a feast with vintage wines,
a feast of seven courses, a feast lavish with gourmet desserts.
And here on this mountain, GOD will banish
the pall of doom hanging over all peoples,
The shadow of doom darkening all nations.
Yes, he'll banish death forever.
And GOD will wipe the tears from every face.
He'll remove every sign of disgrace
From his people, wherever they are.
Yes! GOD says so!

9-10 그때가 되면, 사람들이 말하리라.
"보아라! 우리 하나님이시다!
우리가 기다렸던 분, 마침내 오셔서 우리를 구원해 주셨다!
이분이시다. 우리가 기다려 왔던 **하나님**!

9-10 Also at that time, people will say,
"Look at what's happened! This is our God!

함께 기뻐하자. 그분의 구원을 기뻐하며 노래하자.
하나님의 손이 이 산에 머무신다!"

10-12 모압 사람들, 그들은 쓰레기 취급을 당하리라.
시궁창에 처박히리라.
물에 빠져 허우적거리는 자처럼
자맥질해도,
결국 하수구 구정물 속으로 가라앉을 것이다.
그들의 교만이 그들을 아래로 가라앉히고,
그들의 유명했던 요새들, 다 무너져 폐허가 되리라.
강력했던 성벽들, 다 허물어져 먼지 더미가 될 것이다.

삶의 경계를 넓히신 하나님

26 1-6 그때에, 이런 노래가
유다 나라에서 불리리라.
우리에게는 강력한 도성이 있네.
구원의 도성, 구원으로 세워진 도성.
성문을 활짝 열어 젖혀라.
선한 이들, 참된 이들이 들어올 수 있도록.
주께 일편단심인 이들,
주께서 온전히 지켜 주시며,
그들은 두 발로 굳게 선다네.
그들의 태도 한결같고 절대 물러서지 않는다.
하나님을 의지하여라. 굳게 의지하여라.
주 **하나님**만이 참으로 믿을 만한 분이시다.
지체 있고 권세 높은 자들,
그분이 높은 데서 다 떨어뜨리셨다.
언덕 위의 도성,
습지를 메우는 흙더미가 되게 하셨다.
착취당하고 소외된 백성,
땅을 되찾고 거기서 삶을 재건한다.

We waited for him and he showed up and saved us!
This GOD, the one we waited for!
Let's celebrate, sing the joys of his salvation.
GOD's hand rests on this mountain!"

10-12 As for the Moabites, they'll be treated like refuse,
waste shoveled into a cesspool.
Thrash away as they will,
like swimmers trying to stay afloat,
They'll sink in the sewage.
Their pride will pull them under.
Their famous fortifications will crumble to nothing,
those mighty walls reduced to dust.

Stretch the Borders of Life

26 1-6 At that time, this song
will be sung in the country of Judah:
We have a strong city, Salvation City,
built and fortified with salvation.
Throw wide the gates
so good and true people can enter.
People with their minds set on you,
you keep completely whole,
Steady on their feet,
because they keep at it and don't quit.
Depend on GOD and keep at it
because in the LORD GOD you have a sure thing.
Those who lived high and mighty
he knocked off their high horse.
He used the city built on the hill
as fill for the marshes.
All the exploited and outcast peoples
build their lives on the reclaimed land.

7-10 바르게 사는 이들의 길은 평탄합니다.
높은 것을 낮추고 낮은 것을 높이시는 분이
그 길을 닦아 주십니다.
하나님, 우리는 서두르지 않습니다. 우리는
주의 결정들이 푯말로 붙어 있는 길을 느긋
하게 걷습니다.
주님 자신과 주께서 행하신 일이
우리가 원하는 전부입니다.
밤새도록 내 영혼이 주를 갈망합니다.
마음 깊은 곳에서 내 영이 주를 열망합니다.
주의 결정들이 마침내 드러나는 날,
모두가 바른 삶을 배울 것입니다.
악인들은 드러난 은혜를 보면서도
도무지 배우지 못합니다.
바른 삶의 땅에서도 끝까지 잘못된 삶을 고
집합니다.
눈멀어 **하나님**의 광채를 보지 못합니다.

11-15 **하나님**, 주께서 주의 손을 높이 드십
니다.
그러나 그들은 보지 못합니다.
그들의 눈을 열어 주의 일을 보게 하시고,
주의 백성을 향한 주의 열정 넘치는 사랑을
보게 해주십시오.
그들로 부끄러움을 당하게 해주십시오. 그
들이 있는 곳에 불을 놓아,
모두가 주의 원수인 그들을 주목하게 해주
십시오.
하나님, 우리가 평화롭고 온전한 삶을 살 수
있게 해주십시오.
우리가 성취한 일은 모두 주께서 우리를 위
해 행하신 일들입니다.
오 **하나님**, 우리 하나님, 지금껏 여러 주인
들의 지배를 받아 왔지만
우리의 참 주인은 오직 주님이십니다.
죽은 자들은 말하지 못하고
유령들은 걷지 못합니다.
주께서 "이제 그만!" 하시며,

7-10 The path of right-living people is level.
The Leveler evens the road for the right-living.
We're in no hurry, GOD. We're content to linger
in the path sign-posted with your decisions.
Who you are and what you've done
are all we'll ever want.
Through the night my soul longs for you.
Deep from within me my spirit reaches out to you.
When your decisions are on public display,
everyone learns how to live right.
If the wicked are shown grace,
they don't seem to get it.
In the land of right living, they persist in wrong living,
blind to the splendor of GOD.

11-15 You hold your hand up high, GOD,
but they don't see it.
Open their eyes to what you do,
to see your zealous love for your people.
Shame them. Light a fire under them.
Get the attention of these enemies of yours.
GOD, order a peaceful and whole life for us
because everything we've done, you've done for us.
O GOD, our God, we've had other masters rule us,
but you're the only Master we've ever known.
The dead don't talk,
ghosts don't walk,

그들을 책에서 지워 버리셨기 때문입니다.
그러나 산 자들은 주께서 더 크게 하십니다.
더 풍성한 생명을 주시고, 더 많은 영광을 보여주시며,
삶의 경계가 더 커지도록 넓혀 주십니다!

16-18 오 **하나님**, 그들이 환난에 처했을 때 주께 도움을 구했습니다.
주의 징계가 너무 무거워
그들은 한 마디의 기도조차 하기 어려웠습니다.
마치 해산이 임박하여,
고통 가운데 몸을 비틀며
비명을 지르는 여인 같았습니다.
오 **하나님**, 우리가 그러했습니다. 주 때문이었습니다.
우리는 늘 그런 임신부였습니다.
산고로 몸을 비틀었지만 아이를 낳지 못했습니다.
바람만 낳았을 뿐입니다.
우리의 산고는 아무것도 낳지 못했습니다.
어떤 생명도 생산하지 못했습니다.
우리는 세상을 구원하지 못했습니다.

19 그러나, 너희 죽은 자들이 살아날 것이다.
너희 시신이 두 발로 일어설 것이다.
죽어 묻혔던 너희 모두,
깨어나라! 노래하여라!
주의 이슬은
첫 햇살 머금은 아침 이슬이니,
생명으로 들끓는 땅,
죽은 자들을 내어놓는다.

20-21 오라, 나의 백성들아, 집에 가서
문을 닫고 그 안에 숨어라.
잠시 피해 있어라.
진노의 벌이 지나갈 때까지.
하나님께서 분명 땅 위 사람들의 죄를 벌하

Because you've said, "Enough—that's all for you,"
and wiped them off the books.
But the living you make larger than life.
The more life you give, the more glory you display,
and stretch the borders to accommodate more living!

16-18 O GOD, they begged you for help when they were in trouble,
when your discipline was so heavy
they could barely whisper a prayer.
Like a woman having a baby,
writhing in distress, screaming her pain
as the baby is being born,
That's how we were because of you, O GOD.
We were pregnant full-term.
We writhed in labor but bore no baby.
We gave birth to wind.
Nothing came of our labor.
We produced nothing living.
We couldn't save the world.

19 But friends, your dead will live,
your corpses will get to their feet.
All you dead and buried,
wake up! Sing!
Your dew is morning dew
catching the first rays of sun,
The earth bursting with life,
giving birth to the dead.

20-21 Come, my people, go home
and shut yourselves in.
Go into seclusion for a while
until the punishing wrath is past,

시려고
그분의 처소에서 나오실 것이다.
그날에, 땅이 직접 핏자국을 드러내어
살해된 사람들이 묻힌 곳을 알려 줄 것이다.

Because GOD is sure to come from his place
to punish the wrong of the people on earth.
Earth itself will point out the bloodstains;
it will show where the murdered have been hidden away.

27 1 그때에 **하나님**께서 당신의 칼,
무자비하고 강력한 칼을 빼셔서,
달아나는 뱀 리워야단,
몸부림치며 도망가는 뱀 리워야단을 벌하실 것이다.
그분께서 바다에 사는 그 옛 용을
죽이실 것이다.

2-5 "그때에, 한 아름다운 포도원이 나타나리라.
노래가 절로 나올 만큼 아름다운 포도원!
나 **하나님**이 그 포도원을 가꾸고
물을 대어,
누구도 해를 끼치지 못하도록
늘 보살펴 준다.
나는 노를 발하지 않는다. 다만 마음 써 줄 뿐.
엉겅퀴와 가시덤불이 돋아난다고 해도,
내가 그것들을 뽑아
불에 태울 것이다.
그 포도나무가 안전하고자 하거든, 내게 꼭 붙어 있게 하여라.
나와 더불어 건강히 잘살고자 하거든, 나를 찾게 하여라.
온전한 삶을 살고자 하거든, 내게 꼭 붙어 있게 하여라."

6 야곱이 뿌리를 내리게 될 날,
이스라엘이 꽃을 피우고 새 가지를 내며,
그 열매로 온 세상을 가득 채울 날이 오고 있다.

Selected Grain by Grain

27 1 At that time GOD will unsheathe his sword,
his merciless, massive, mighty sword.
He'll punish the serpent Leviathan as it flees,
the serpent Leviathan thrashing in flight.
He'll kill that old dragon
that lives in the sea.

2-5 "At that same time, a fine vineyard will appear.
There's something to sing about!
I, GOD, tend it.
I keep it well-watered.
I keep careful watch over it
so that no one can damage it.
I'm not angry. I care.
Even if it gives me thistles and thorn-bushes,
I'll just pull them out
and burn them up.
Let that vine cling to me for safety,
let it find a good and whole life with me,
let it hold on for a good and whole life."

6 The days are coming when Jacob
shall put down roots,
Israel blossom and grow fresh branches,

7-11 야곱을 친 자들을 때려눕히신 것처럼
하나님께서 야곱을 바닥에 때려눕히신 적이 있느냐? 아니, 없다.
야곱을 죽인 자들이 죽임당한 것처럼
야곱이 죽임을 당한 적이 있느냐? 아니, 없다.
그분은 이스라엘에게 가혹하셨다. 유랑은 혹독한 형벌이었다.
그분께서 맹렬한 돌풍으로 그들을 멀리 불어 날리셨다.
그러나 기쁜 소식이 있으니, 이러한 일들을 통해
야곱의 죄가 사라졌다.
야곱의 죄가 제거되었다는 증거가 이렇게 나타날 것이다.
그분께서 이방 제단들을 허무실 것이다.
돌 하나도 돌 위에 남기지 않고 다 허물어뜨리시고,
그 돌을 으깨어 가루가 되게 하실 것이다.
음란한 종교 산당들도 모조리 없애실 것이다.
대단하던 위용, 이제 흔적도 없다.
이제 그곳에는 아무도 살지 않는다. 사람이 살 수 있는 곳이 못 된다.
짐승들이나 이리저리 다니며,
풀을 뜯고 누워 잘 뿐이다.
그곳은 땔감 얻기에는 나쁘지 않은 곳이다.
마른 잔가지와 죽은 가지들이 지천에 널렸다.
하나님에 대해 무지한 자들이 남기는 흔적이란 이런 것이다.
그렇다. 이스라엘을 만드신 하나님께서
그들과 절교하실 것이다.
그들을 지으신 분께서 그들에게 등을 돌리실 것이다.

12-13 그때에 **하나님**께서
유프라테스 강에서부터 이집트 시내에 이르기까지 타작 일을 하시리라.
너희 이스라엘 백성은

and fill the world with its fruit.

7-11 Has GOD knocked them to the ground
as he knocked down those who hit them?
Oh, no.
Were they killed
as their killers were killed? Again, no.
He was hard on them all right. The exile was a harsh sentence.
He blew them away on a fierce blast of wind.
But the good news is that through this experience
Jacob's guilt was taken away.
The evidence that his sin is removed will be this:
He will tear down the alien altars,
take them apart stone by stone,
And then crush the stones into gravel
and clean out all the sex-and-religion shrines.
For there's nothing left of that pretentious grandeur.
Nobody lives there anymore. It's unlivable.
But animals do just fine,
browsing and bedding down.
And it's not a bad place to get firewood.
Dry twigs and dead branches are plentiful.
It's the leavings of a people with no sense of God.
So, the God who made them
Will have nothing to do with them.
He who formed them will turn his back on them.

12-13 At that time GOD will thresh
from the River Euphrates to the Brook of Egypt,

알곡처럼 한 알 한 알 거둬질 것이다.
바로 그때에 거대한 나팔소리가 울려 퍼질 것이다.
앗시리아의 유랑민을 고향으로 부르는 소리,
이집트의 난민들을 고향으로 맞아들이는 소리다.
그들이 와서, 거룩한 산 예루살렘에서 **하나님**을 경배할 것이다.

And you, people of Israel,
will be selected grain by grain.
At that same time a great trumpet will be blown,
calling home the exiles from Assyria,
Welcoming home the refugees from Egypt
to come and worship GOD on the holy mountain, Jerusalem.

에브라임에 대한 경고

28 1-4 화가 있으리라, 몰골 사납고 초라한
에브라임의 거만한 주정꾼들,
잘나가던 과거를 엉성하게 흉내 내면서 비틀거리는
술배 나온 주정뱅이들.
잘 보아라. **하나님**께서 누군가를 선발하셨다.
그들을 때려눕힐 거칠고 힘센 누군가를.
우박폭풍과 허리케인처럼, 순식간에 밀려드는 홍수처럼,
그가 한 손으로 그들을 들어 바닥에 메어칠 것이다.
이스라엘 머리 위의 파티 모자 같은 사마리아가
한 방에 나가 떨어질 것이다.
개에게 던져진 한 조각 고기보다
더 빨리 눈앞에서 사라지고 말 것이다.

5-6 그때에, 만군의 **하나님**께서 친히
자기 백성의 남은 자들에게, 머리 위에 얹힌 아름다운 면류관이 되실 것이다.
인도하고 결정하는 이들에게는 정의의 활력과 통찰을,
지키고 보호하는 이들에게는 힘과 용맹을 주실 것이다.

7-8 제사장과 예언자들까지 술에 취해 비틀

God Will Speak in Baby Talk

28 1-4 Doom to the pretentious drunks of Ephraim,
shabby and washed out and seedy—
Tipsy, sloppy-fat, beer-bellied parodies
of a proud and handsome past.
Watch closely: GOD has someone picked out,
someone tough and strong to flatten them.
Like a hailstorm, like a hurricane, like a flash flood,
one-handed he'll throw them to the ground.
Samaria, the party hat on Israel's head,
will be knocked off with one blow.
It will disappear quicker than
a piece of meat tossed to a dog.

5-6 At that time, GOD-of-the-Angel-Armies will be
the beautiful crown on the head of what's left of his people:
Energy and insights of justice to those who guide and decide,
strength and prowess to those who guard and protect.

7-8 These also, the priest and prophet,

거린다.
갈지자걸음으로 걷다가 이내 나자빠진다.
코가 삐뚤어지도록 포도주와 위스키를 마신 그들,
앞도 제대로 못 보면서 헛소리를 지껄인다.
식탁마다 구토물 범벅이다.
아예 그 속에서 뒹굴며 산다.

9-10 "그래? 대체 네가 뭔데 우리를 가르치려 드느냐?
대체 네가 뭔데 우리에게 어른 행세냐?
우리가 젖먹이도 아닌데,
왜 애한테 말하듯이
'이거, 이거, 이거, 이거,
저거, 저거, 저거, 저거,
착하지, 우리 꼬마'라고 말하느냐?"

11-12 그러나 너는 바로 그런 식으로 말을 듣게 될 것이다.
하나님께서는 이 백성에게
젖먹이에게 말하듯, 한 음절씩 끊어서 말씀하실 것이다.
이방 압제자들의 입을 통해 그렇게 하실 것이다.
그분이 전에 말씀하셨다. "지금은 쉴 때고, 여기가 쉴 곳이다. 지친 사람들이 쉼을 얻을 때다.
여기에 너희 짐을 내려놓아라."
그러나 그들은 들으려 하지 않는다.

13 그러므로 **하나님**께서 다시 기초로 돌아가,
젖먹이에게 말하듯, 한 음절씩 끊어서 말씀하실 것이다.
"이거, 이거, 이거, 이거,
저거, 저거, 저거, 저거,
착하지, 우리 꼬마."
그러면 그들은 걸음마를 배우는 아이처럼

stagger from drink,
weaving, falling-down drunks,
Besotted with wine and whiskey,
can't see straight, can't talk sense.
Every table is covered with vomit.
They *live* in vomit.

9-10 "Is that so? And who do you think you are to teach us?
Who are you to lord it over us?
We're not babies in diapers
to be talked down to by such as you—
'Da, da, da, da,
blah, blah, blah, blah.
That's a good little girl,
that's a good little boy.'"

11-12 But that's exactly how you will be addressed.
God will speak to this people
In baby talk, one syllable at a time—
and he'll do it through foreign oppressors.
He said before, "This is the time and place to rest,
to give rest to the weary.
This is the place to lay down your burden."
But they won't listen.

13 So GOD will start over with the simple basics
and address them in baby talk, one syllable at a time—
"Da, da, da, da,
blah, blah, blah, blah.
That's a good little girl,
that's a good little boy."
And like toddlers, they will get up and fall

일어나 걷다가 넘어지고,
멍이 들어 당황하며, 길을 잃고 말 것이다.

14-15 너희, 조롱하는 자들아, 예루살렘에서 이 백성을 다스리는 자들아,
이제 **하나님**의 **메시지**에 귀 기울여라.
너희는 말한다. "우리는 좋은 생명보험을 들어 두었다.
손해 보는 일이 없도록 만반의 준비를 해 두었다.
어떤 불상사가 일어나더라도 우리는 괜찮다. 다 대비해 두었다.
전문가의 조언대로 다 해두었다. 우리는 안전하다."

16-17 그러나 주 **하나님**께서 말씀하신다.

"잘 보아라. 나는 시온에 초석을 하나 놓을 것이다.
네모반듯하고 확고부동한 초석이다.
그 돌이 뜻하는 바는 이렇다.
'믿고 의지하는 자 흔들리지 않는다.'
나는 정의를 줄자 삼고,
의를 다림줄 삼아 건축할 것이다.
거짓말로 지어진 판잣집은 우박폭풍에 무너지고,
남은 조각은 폭우에 다 쓸려 갈 것이다.

18-22 그러면 너희는, 애지중지하던 생명보험 증권이
한낱 종잇조각에 불과하다는 것을 알게 되리라.
죽음을 막아 보겠다고 세운 그 모든 면밀한 대책들은
그저 착각과 거짓의 꾸러미일 뿐이었다.
재난이 닥쳐오면,
너희는 아스러진다.

down,
get bruised and confused and lost.

14-15 Now listen to GOD's Message, you scoffers,
you who rule this people in Jerusalem.
You say, "We've taken out good life insurance.
We've hedged all our bets, covered all our bases.
No disaster can touch us. We've thought of everything.
We're advised by the experts. We're set."

The Meaning of the Stone

16-17 But the Master, GOD, has something to say to this:

"Watch closely. I'm laying a foundation in Zion,
a solid granite foundation, squared and true.
And this is the meaning of the stone:
A TRUSTING LIFE WON'T TOPPLE.
I'll make justice the measuring stick
and righteousness the plumb line for the building.
A hailstorm will knock down the shantytown of lies,
and a flash flood will wash out the rubble.

18-22 "Then you'll see that your precious life insurance policy
wasn't worth the paper it was written on.
Your careful precautions against death
were a pack of illusions and lies.
When the disaster happens,
you'll be crushed by it.

아침에도 재난, 밤에도 재난.
재난이란 재난이 다 너희를 덮친다."
재난에 대한 소문을 듣기만 해도
너희는 공포에 질려 몸이 움츠러든다.
한숨 돌릴 수 있는 곳,
몸을 숨길 수 있는 곳은 어디에도 없을 것이다.
격노하신 **하나님**께서 벌떡 일어서시리라.
오래전 브라심 산에서와 같이,
또 기브온 골짜기에서 블레셋 사람을 치셨던 때처럼.
이번에는 너희가 표적이다.
믿기 어렵겠지만, 사실이다.
너희에게 예상치 못한 일이 닥쳐온다.
그러니, 정신 차려라. 비웃지 마라.
비웃다가는 더 심한 일을 겪는다.
나는 파괴 명령이 내려지는 소리를 들었다.
만군의 **하나님**께서 내리시는 명령, 전 세계적 재난을 명하시는 소리를 들었다.

Every time disaster comes, you'll be in on it—
disaster in the morning, disaster at night."
Every report of disaster
will send you cowering in terror.
There will be no place where you can rest,
nothing to hide under.
GOD will rise to full stature,
raging as he did long ago on Mount Perazim
And in the valley of Gibeon against the Philistines.
But this time it's against *you*.
Hard to believe, but true.
Not what you'd expect, but it's coming.
Sober up, friends, and don't scoff.
Scoffing will just make it worse.
I've heard the orders issued for destruction, orders from
GOD-of-the-Angel-Armies—ending up in an international disaster.

23-26 이제 내 말에 귀 기울여라.
최대한 주목해 들어라.
쟁기질하는 농부가 쟁기질만 계속하더냐?
혹은, 써레질만 계속하더냐?
땅을 고르고 나면 파종하지 않더냐?
소회향 씨, 대회향 씨를 뿌리지 않더냐?
밭에 밀과 보리를 심고,
가장자리에는 귀리를 심지 않더냐?
그들은 무슨 일을 언제 해야 할지를 정확히 안다.
그들의 하나님께서 그들에게 가르쳐 주신 것이다.

23-26 Listen to me now.
Give me your closest attention.
Do farmers plow and plow and do nothing but plow?
Or harrow and harrow and do nothing but harrow?
After they've prepared the ground, don't they plant?
Don't they scatter dill and spread cumin,
Plant wheat and barley in the fields
and raspberries along the borders?
They know exactly what to do and when to do it.
Their God is their teacher.

27-29 그리고 추수 때가 되면, 섬세한 허브와 향신료들,

27-29 And at the harvest, the delicate herbs and spices,

소회향과 대회향을 조심스레 다룬다.
밀을 탈곡하고 맷돌질할 때도, 알맞은 정도가 있다.
농부는 각각의 곡식을 어떻게 다뤄야 하는지 안다.
만군의 **하나님**에게서 배웠기 때문이다.
일을 언제, 어떻게, 어디서 해야 하는지 너무도 잘 아시는 그분에게서
배웠기 때문이다.

the dill and cumin, are treated delicately.
On the other hand, wheat is threshed and milled, but still not endlessly.
The farmer knows how to treat each kind of grain.
He's learned it all from GOD-of-the-Angel-Armies,
who knows everything about when and how and where.

예루살렘의 운명

29 1-4 너에게 화가 있으리라. 아리엘아, 아리엘아,
다윗이 진을 쳤던 성읍아!
해가 지나고 또 지나고
축제 절기가 돌고 돌아도,
나는 예루살렘을 봐주지 않을 것이다.
그 신음소리가 계속될 것이다.
예루살렘은 내게 아리엘이다.
다윗처럼, 내가 진 치고 너를 치겠다.
포위하고 토성을 쌓고,
무기와 장치들을 동원해 공략하겠다.
너는 땅바닥에 메쳐져,
흙먼지를 뒤집어쓴 채 웅얼거릴 것이다.
흙바닥에서 나는 네 목소리가 마치 유령의 중얼거림 같을 것이다.
흙더미 속에서 들려오는 속삭임 같을 것이다.

5-8 그러나 두들겨 맞아 가루가 될 운명은 너의 원수들이다.
그 폭도들, 겨처럼 바람에 날려가 버릴 것이다.
갑자기, 난데없이,
만군의 **하나님**께서 찾아오실 것이기 때문이다.
천둥과 지진과 거대한 굉음,
허리케인과 토네이도와 번쩍이는 번개를

Blind Yourselves So That You See Nothing

29 1-4 Doom, Ariel, Ariel,
the city where David set camp!
Let the years add up,
let the festivals run their cycles,
But I'm not letting up on Jerusalem.
The moaning and groaning will continue.
Jerusalem to me is an Ariel.
Like David, I'll set up camp against you.
I'll set siege, build towers,
bring in siege engines, build siege ramps.
Driven into the ground, you'll speak,
you'll mumble words from the dirt—
Your voice from the ground, like the muttering of a ghost.
Your speech will whisper from the dust.

5-8 But it will be your enemies who are beaten to dust,
the mob of tyrants who will be blown away like chaff.
Because, surprise, as if out of nowhere,
a visit from GOD-of-the-Angel-Armies,
With thunderclaps, earthquakes, and earsplitting noise,
backed up by hurricanes, tornadoes, and

동반하고 오실 것이다.
그러면 아리엘과 전쟁중이던 그 원수의 무리,
그를 괴롭히고 들볶고 못살게 굴던 그 폭도들,
결국 하룻밤 악몽에 지나지 않은 존재가 되고 말 것이다.
굶주린 사람이 자면서 스테이크 먹는 꿈을 꾸더라도
깨어나면 여전히 배가 고픈 것처럼,
목마른 여인이 자면서 아이스티 마시는 꿈을 꾸더라도
깨어나면 여전히 목이 마른 것처럼,
시온 산을 상대로 전쟁을 벌인 그 나라들, 그 폭도들은
깨어나면 자기들은 화살 하나 쏘지 못했다는 것을,
목숨 하나 없애지 못했다는 것을 알게 될 것이다.

lightning strikes,
And the mob of enemies at war with Ariel,
all who trouble and hassle and torment her,
will turn out to be a bad dream, a nightmare.
Like a hungry man dreaming he's eating steak
and wakes up hungry as ever,
Like a thirsty woman dreaming she's drinking iced tea
and wakes up thirsty as ever,
So that mob of nations at war against Mount Zion
will wake up and find they haven't shot an arrow,
haven't killed a single soul.

9-10 마취제를 먹어라. 아무것도 느끼지 못하게.
스스로 장님이 되어라. 아무것도 보지 못하게.
포도주 없이도 술에 취하고
위스키 없이도 정신을 잃으리라.
하나님께서 너희를 깊고 깊은 잠 속으로 던져 넣으셨고,
분별하는 일을 해야 할 예언자들을 잠들게 하셨으며,
멀리 보아야 할 선견자들을 잠들게 하셨다.

9-10 Drug yourselves so you feel nothing.
Blind yourselves so you see nothing.
Get drunk, but not on wine.
Black out, but not from whiskey.
For GOD has rocked you into a deep, deep sleep,
put the discerning prophets to sleep,
put the farsighted seers to sleep.

너희는 모든 일을 뒤집어서 생각한다!

11-12 우리가 본 이것은 봉인된 봉투 속에 들어 있는 편지 같은 것이다. 너희가 글을 읽을 줄 아는 사람에게 그것을 건네며 "읽어 보라"고 하면, 그는 "못합니다. 봉투가 봉인되어 있습니다" 하고 말할 것이다. 또 너희가 글을 읽을 줄 모르는 사람에게 그것을 주면서 "읽어 보라"고 하면, 그는 "나는 글을 읽

You Have Everything Backward

11-12 What you've been shown here is somewhat like a letter in a sealed envelope. If you give it to someone who can read and tell her, "Read this," she'll say, "I can't. The envelope is sealed." And if you give it to someone who can't read and tell him, "Read this," he'll say, "I can't read."

을 줄 모릅니다" 하고 말할 것이다.

13-14 주께서 말씀하셨다.

"이 백성이 입바른 말을 거창하게 떠벌리지만,
그들의 마음은 딴 데 있다.
겉으로는 나를 경배하는 듯해도,
진심은 그렇지 않다.
그러므로 내가 나서서 그들을 놀라게 하겠다.
깜짝 놀라 소스라치게 만들겠다.
만사를 통달했다고 여긴 현자들이
알고 보니 바보였다는 사실이 폭로될 것이다.
모르는 것이 없다고 여긴 똑똑한 자들이
실은 아무것도 모른다는 사실이 드러날 것이다."

15-16 너희에게 화가 있으리라! 스스로 우위에 있다고 여기는 너희,
너희는 **하나님**을 밖으로 내보내고 몰래 일을 꾸민다.
만사를 모두 꿰고 있는 것처럼 장래 일을 계획하고,
은밀하게 활동하며 정체를 숨긴다.
너희는 모든 일을 뒤집어서 생각한다!
옹기장이를 진흙 덩어리처럼 취급한다.
책이 저자를 두고
"그는 한 글자도 적지 않았다"고 말할 수 있느냐?
음식이 요리한 여인을 두고
"그 여자는 아무것도 하지 않았다"고 말할 수 있느냐?

17-21 때가 되면, 너희가 모르는 사이에,
전혀 너희 힘을 빌리지 않고,

13-14 The Master said:

"These people make a big show of saying the right thing,
but their hearts aren't in it.
Because they act like they're worshiping me
but don't mean it,
I'm going to step in and shock them awake,
astonish them, stand them on their ears.
The wise ones who had it all figured out
will be exposed as fools.
The smart people who thought they knew everything
will turn out to know nothing."

15-16 Doom to you! You pretend to have the inside track.
You shut GOD out and work behind the scenes,
Plotting the future as if you knew everything,
acting mysterious, never showing your hand.
You have everything backward!
You treat the potter as a lump of clay.
Does a book say to its author,
"He didn't write a word of me"?
Does a meal say to the woman who cooked it,
"She had nothing to do with this"?

17-21 And then before you know it,
and without you having anything to do with it,
Wasted Lebanon will be transformed into lush gardens,
and Mount Carmel reforested.

황무지였던 레바논이 울창한 동산으로 변모되며,
갈멜 산에 다시 숲이 우거질 것이다.
그때가 되면, 귀먹은 자들이
한 글자도 놓치지 않고 기록된 모든 말씀을 들을 수 있게 되리라.
평생을 암흑 속에서 보냈던 눈먼 자들이
눈을 떠서 보게 되리라.
사회에서 버림받은 자들이 **하나님** 안에서 웃고 춤추며,
밑바닥 인생이던 자들이 '이스라엘의 거룩하신 분'을 소리쳐 찬양하리라.
이제 거리에서 깡패들이 사라졌기 때문이다.
냉소와 조롱을 일삼던 자들도 멸종되리라.
기회만 있으면 사람을 해코지하고 우롱하던 자들,
이름조차 기억되지 않으리라.
법정을 더럽힌 자들,
가난한 이들에게 사기 친 자들,
죄 없는 이들에게 죄를 뒤집어씌운 자들, 모두 사라지리라.

22-24 이것은 야곱 가문을 향한 **하나님**의 **메시지**다.
아브라함을 속량하신 바로 그 **하나님**께서 말씀하신다.
"야곱이 수치 가운데 고개를 숙이고,
기다림에 지쳐 수척해지고 창백해지는 일은 더 이상 없을 것이다.
이제 그가 자손을 보게 될 것이기 때문이다.
내가 그에게 많은 자녀들을 선물로 줄 것이다.
그리고 그 자손들은,
거룩한 삶을 살면서 나를 높일 것이다.
거룩한 예배로 야곱의 거룩한 분을 높이고,
이스라엘의 하나님을 경외하며 섬길 것이다.
방황하던 자들이 다시 제정신을 차리고,
불평하고 투덜대던 자들이 감사를 배우게

At that time the deaf will hear
word-for-word what's been written.
After a lifetime in the dark,
the blind will see.
The castoffs of society will be laughing and dancing in GOD,
the down-and-outs shouting praise to The Holy of Israel.
For there'll be no more gangs on the street.
Cynical scoffers will be an extinct species.
Those who never missed a chance to hurt or demean
will never be heard of again:
Gone the people who corrupted the courts,
gone the people who cheated the poor,
gone the people who victimized the innocent.

22-24 And finally this, GOD's Message for the family of Jacob,
the same GOD who redeemed Abraham:
"No longer will Jacob hang his head in shame,
no longer grow gaunt and pale with waiting.
For he's going to see his children,
my personal gift to him—lots of children.
And these children will honor me
by living holy lives.
In holy worship they'll honor the Holy One of Jacob
and stand in holy awe of the God of Israel.
Those who got off-track will get back on-track,
and complainers and whiners learn

될 것이다."

gratitude."

반역하는 자들에 대한 경고

30 1-5 "반역하는 자녀들아, 화가 있으리라!"
하나님의 포고다.
"너희가 세우는 계획, 나와 상관없다.
너희가 하는 거래, 내 뜻과 무관하다.
너희는 그저 죄에 죄를 더하며,
계속 높이 쌓아 갈 뿐이다.
내게는 묻지도 않고
이집트로 도망쳐 내려가서,
바로에게 보호를 요청할 생각을 한다.
이집트가 피난처가 되어 주리라 기대한다.
글쎄, 바로가 잘도 보호해 주겠구나!
이집트가 잘도 피난처가 되어 주겠구나!
북쪽으로 소안까지, 남쪽으로 하네스까지
전략적으로 관료들을 배치해 놓은 그들,
대단해 보이는 것이 사실이다.
그러나 사실 그들은 아무것도 아니다.
어리석게도 그들을 믿는 자,
결국 자신의 어리석음만 드러낼 뿐이다.
그들은 겉만 번지르르하고 속은 텅 빈,
깡통일 뿐이다."

6-7 이집트로 내려가는 길에서 만나게 될
네겝의 짐승들에 대한 말씀이다.
사자와 독사가 도사리고 있는
위험천만한 길인데도,
너희는 그리로 가려고 한다. 너희 소유 전부를 질질 끌고서,
나귀와 낙타에 뇌물을 잔뜩 짊어지운 채.
아니, 빈 깡통에 불과한 나라에게서
무슨 보호를 구하겠다는 것이냐?
이집트는 겉은 번지르르하나 속은 텅 비었다.
나는 그녀를 '이빨 빠진 용'이라 부른다.

8-11 그러니, 이제 가서 이 사실을 전부 기록

All Show, No Substance

30 1-5 "Doom, rebel children!"
GOD's Decree.
"You make plans, but not mine.
You make deals, but not in my Spirit.
You pile sin on sin,
one sin on top of another,
Going off to Egypt
without so much as asking me,
Running off to Pharaoh for protection,
expecting to hide out in Egypt.
Well, some protection Pharaoh will be!
Some hideout, Egypt!
They look big and important, true,
with officials strategically established in
Zoan in the north and Hanes in the south,
but there's nothing to them.
Anyone stupid enough to trust them
will end up looking stupid—
All show, no substance,
an embarrassing farce."

6-7 And this note on the animals of the Negev
encountered on the road to Egypt:
A most dangerous, treacherous route,
menaced by lions and deadly snakes.
And you're going to lug all your stuff down *there*,
your donkeys and camels loaded down with bribes,
Thinking you can buy protection
from that hollow farce of a nation?
Egypt is all show, no substance.
My name for her is Toothless Dragon.

하여라.
책에 적어 두어?!
그것을 보고,
오는 세대들이 교훈을 얻게 하여라.
지금 이 세대는 반역자 세대,
거짓을 일삼는 백성이다.
하나님께서 하시는 말씀은 한 마디도
귀 기울여 듣지 않는다.
그들은 영적 지도자들에게 말한다.
"제발, 이제 현실과 동떨어진 이야기는 그만하시오."
그들은 설교자들에게 말한다.
"그런 실용성 없는 이야기는 집어치우세요.
다 시간 낭비일 뿐입니다.
기분 좋아지는 이야기나 해주시지요.
구식 종교 이야기는 따분하단 말입니다.
우리에게는 전혀 와 닿지 않으니.
'이스라엘의 거룩하신 분' 이야기는 이제 집어치우세요. 듣기 곤혹스럽네요."

12-14 그래서다. '이스라엘의 거룩하신 분'께서 말씀하신다.
"너희가 그처럼 이 **메시지**를 업신여기고
불의에 기댄 삶,
거짓에 기초한 삶을 선호한다면,
너희의 어그러진 삶은
부실공사로 높이 세운 벽과 같이
서서히 기울고 변형되다가,
어느 날 손쓸 겨를도 없이 무너져 내릴 것이다.
옹기그릇이 부서지듯 산산조각 나서,
알아볼 수도, 수리할 수도 없는 부스러기 더미가 되고 말 것이다.
아무짝에도 쓸모없어,
빗자루에 쓸려 쓰레기통에 던져질 것이다."

포기하지 않으시는 하나님

15-17 '이스라엘의 거룩하신 분', 주 **하나님**

This Is a Rebel Generation

8-11 So, go now and write all this down.
Put it in a book
So that the record will be there
to instruct the coming generations,
Because this is a rebel generation,
a people who lie,
A people unwilling to listen
to anything GOD tells them.
They tell their spiritual leaders,
"Don't bother us with irrelevancies."
They tell their preachers,
"Don't waste our time on impracticalities.
Tell us what makes us feel better.
Don't bore us with obsolete religion.
That stuff means nothing to us.
Quit hounding us with The Holy of Israel."

12-14 Therefore, The Holy of Israel says this:
"Because you scorn this Message,
Preferring to live by injustice
and shape your lives on lies,
This perverse way of life
will be like a towering, badly built wall
That slowly, slowly tilts and shifts,
and then one day, without warning, collapses—
Smashed to bits like a piece of pottery,
smashed beyond recognition or repair,
Useless, a pile of debris
to be swept up and thrown in the trash."

God Takes the Time to Do Everything Right

15-17 GOD, the Master, The Holy of Israel,
has this solemn counsel:

께서
엄숙히 조언하신다.
"구원을 얻고자 하면, 내게 돌아와야 한다.
자기 힘으로 구원을 도모하는 어리석은 노력을 그쳐야 한다.
너희 힘은, 잠잠히 자신을 가라앉히고
온전히 나를 의지하는 데 있다.
그러나 너희는 지금껏
그렇게 하기를 거부해 왔다.
너희는 말했다. '아무것도 하지 않겠습니다! 우리는 말을 타고 날래게 도망갈 겁니다!'
그래, 날래게 도망갈 것이다! 그리 멀리 가지는 못하겠지만!
너희는 말했다. '우리는 빠른 말을 타고 갈 겁니다!'
너희 생각에, 너희를 추격하는 자들은 늙은 말을 타고 올 것 같으냐?
아서라. 공격자 한 명 앞에서 너희 천 명이 뿔뿔이 흩어질 것이다.
적군 다섯 앞에서 너희 전부가 줄행랑을 놓을 것이다.
너희는 모든 것을 잃을 것이다.
언덕 위의, 깃발 잃은 깃대,
길가의, 표지가 찢겨 나간 표지판 같을 것이다."

18 그러나 **하나님**께서는 포기하지 않으셨다.
너희에게 은혜를 베푸시려고 기다리며 준비하고 계신다.
너희에게 자비를 보이시려고 힘을 비축하고 계신다.
때가 되면 **하나님**께서 전부를 바로잡으실 것이다. 그렇다, 전부를.
그분을 기다리며 준비하는 자들은 행운아들이다.

19-22 오, 그렇다. 시온의 백성들아, 예루살
렘 시민들아, 너희 눈물의 시간이 끝났다. 이

"Your salvation requires you to turn back to me
and stop your silly efforts to save yourselves.
Your strength will come from settling down
in complete dependence on me—
The very thing
you've been unwilling to do.
You've said, 'Nothing doing! We'll rush off on horseback!'
You'll rush off, all right! Just not far enough!
You've said, 'We'll ride off on fast horses!'
Do you think your pursuers ride old nags?
Think again: A thousand of you will scatter before one attacker.
Before a mere five you'll all run off.
There'll be nothing left of you—
a flagpole on a hill with no flag,
a signpost on a roadside with the sign torn off."

18 But GOD's not finished. He's waiting around to be gracious to you.
He's gathering strength to show mercy to you.
GOD takes the time to do everything right—everything.
Those who wait around for him are the lucky ones.

19-22 Oh yes, people of Zion, citizens of
Jerusalem, your time of tears is over.
Cry for help and you'll find it's grace and
more grace. The moment he hears, he'll
answer. Just as the Master kept you alive

제 도움을 구하며 부르짖어라. 은혜를 얻을
것이다. 풍성히 얻을 것이다. 그분께서 듣자
마자 응답해 주실 것이다. 고난의 시기에 너
희를 지켜 주신 것처럼, 너의 스승을 지켜 주
셔서 네 가운데 있게 하실 것이다. 너의 스승
은 네 가까이서 본연의 일을 하여, 네가 좌로
나 우로 치우칠 때 "옳은 길은 이쪽이다. 이
길로 가라"고 말하며, 바로잡아 줄 것이다.
너는 값비싼 최신 우상들을 다 찢어발길 것
이다. 전부 쓰레기통에 처넣으며 "속 시원하
다!" 하고 말할 것이다.
23-26 네가 씨를 뿌리면 하나님께서 비를 내
려 주실 것이다. 너의 곡물은 왕성하게 자라
고, 너의 가축 떼는 들판을 뒤덮을 것이다. 전
쟁과 지진은 잊혀진 과거사가 될 것이요, 짐
을 운반하고 땅을 가는 너의 소와 나귀들은
산과 언덕에서 콸콸 쏟아지는 시내 옆에서
배불리 꼴을 먹을 것이다. 더욱이, 그날 **하나
님**께서는 징벌의 시간에 그분의 백성이 받은
상처를 친히 치료해 주실 것이며, 달빛은 태
양빛처럼 빛나고, 태양빛은 일주일치 햇빛이
한꺼번에 쏟아지듯, 온 땅에 가득하리라.

during the hard times, he'll keep your
teacher alive and present among you.
Your teacher will be right there, local and
on the job, urging you on whenever you
wander left or right: "This is the right
road. Walk down this road." You'll scrap
your expensive and fashionable god-im-
ages. You'll throw them in the trash as so
much garbage, saying, "Good riddance!"
23-26 God will provide rain for the seeds
you sow. The grain that grows will be
abundant. Your cattle will range far and
wide. Oblivious to war and earthquake,
the oxen and donkeys you use for hauling
and plowing will be fed well near running
brooks that flow freely from mountains
and hills. Better yet, on the Day GOD
heals his people of the wounds and
bruises from the time of punishment,
moonlight will flare into sunlight, and
sunlight, like a whole week of sunshine at
once, will flood the land.

27-28 보아라. 저 멀리
하나님께서 오고 계신다!
그분의 모습이 보인다.
불타는 진노로 어마어마한 연기를 내뿜으
신다.
그분의 입에서 말씀이 흘러나온다.
태우고 고발하는 말씀이다!
급류와 홍수 같은 말씀으로,
그분이 모든 사람을 말씀의 소용돌이 속으
로 휩쓸어 가신다.
파멸의 체로 민족들을 흔드시고,
막다른 골목으로 그들을 몰고 가실 것이다.

27-28 Look, GOD's on his way,
and from a long way off!
Smoking with anger,
immense as he comes into view,
Words steaming from his mouth,
searing, indicting words!
A torrent of words, a flash flood of words
sweeping everyone into the vortex of
his words.
He'll shake down the nations in a sieve of
destruction,
herd them into a dead end.

29-33 그러나 너희는 노래하리라.

29-33 But *you* will sing,

밤새 거룩한 축제일을 지키며 노래하리라!
너희 마음속에서 노래가 터져 나오리라.
하나님의 산으로 향할 때,
'이스라엘의 반석'께 행진하며 나아갈 때 부는
피리소리 같은 음악이 흘러나오리라.
하나님께서 장엄한 천둥으로 외치시고,
내리치시는 팔을 나타내 보이시리라.
불같은 진노의 화염이 소나기처럼 쏟아지리라.
홍수가, 폭풍이, 우박이 있으리라!
그렇다. **하나님**의 천둥, 그 곤봉을 맞고
앗시리아가 몸을 움츠릴 것이다.
하나님께서 소고와 수금소리에 맞추어,
곤봉을 내리치실 것이다.
두 주먹을 불끈 쥐시고
그들과 전면전을 벌이실 것이다.
도벳의 맹렬한 불,
앗시리아 왕을 위해 준비된 불이다.
도벳의 널따랗고 깊은 화로,
잘 타는 땔감들로 빼곡히 채워져 있다.
하나님이 내쉬는 숨이, 마치 유황불 강처럼 흘러들어가,
불을 붙인다.

sing through an all-night holy feast!
Your hearts will burst with song,
make music like the sound of flutes on parade,
En route to the mountain of GOD,
on the way to the Rock of Israel.
GOD will sound out in grandiose thunder,
display his hammering arm,
Furiously angry, showering sparks—
cloudburst, storm, hail!
Oh yes, at GOD's thunder
Assyria will cower under the clubbing.
Every blow GOD lands on them with his club
is in time to the music of drums and pipes,
GOD in all-out, two-fisted battle,
fighting against them.
Topheth's fierce fires are well prepared,
ready for the Assyrian king.
The Topheth furnace is deep and wide,
well stoked with hot-burning wood.
GOD's breath, like a river of burning pitch,
starts the fire.

31 1-3 군마의 힘을 믿고
병력 수를 의지하고
전차와 기병 수에 자신만만하여,
이집트로 내달리는 자들에게 화가 있으리라.
그들은 '이스라엘의 거룩하신 분'에게 눈길 한번 주지 않는다.
하나님께 기도 한번 하지 않는다.
그러나 그분은, 절대 무시해서는 안될 분,
무엇을 해야 할지를 잘 아시는, 한없이 지혜로우신 하나님이다.
그분은 재앙을 자유자재로 내리시고,

Impressed by Military Mathematics

31 1-3 Doom to those who go off to Egypt
thinking that horses can help them,
Impressed by military mathematics,
awed by sheer numbers of chariots and riders—
And to The Holy of Israel, not even a glance,
not so much as a prayer to GOD.
Still, he must be reckoned with,
a most wise God who knows what he's

말씀하신 바를 행하시는 하나님이다.
잘못을 행하는 자들을 막으시고,
당신의 일을 방해하는 행악자들을 치시는 분이다.
이집트 사람들은 죽을 인생들일 뿐, 하나님이 아니다.
그들의 군마는 고깃덩어리일 뿐, 영이 아니다.
하나님께서 신호를 내리시면, 돕는 자나 도움을 받는 자나
매한가지로 땅에 쓰러져 흙으로 덮일 뿐이다.

doing.
He can call down catastrophe.
He's a God who does what he says.
He intervenes in the work of those who do wrong,
stands up against interfering evildoers.
Egyptians are mortal, not God,
and their horses are flesh, not Spirit.
When GOD gives the signal, helpers and helped alike
will fall in a heap and share the same dirt grave.

4-5 **하나님**께서 내게 이렇게 말씀하셨다.

"먹이를 잡아 물어뜯고 있는 사자,
목자들이 몰려와 쫓아내려고 해도
조금도 당황하지 않는
그 짐승의 왕처럼,
그렇게 만군의 **하나님**이 내려와
시온 산에서 싸움을, 그 언덕에서 전쟁을 벌일 것이다.
공중을 맴도는 거대한 독수리처럼,
만군의 **하나님**이 예루살렘을 보호해 줄 것이다.
내가 보호하고 건져 줄 것이다.
그렇다. 내가 맴돌아 감싸고 구해 줄 것이다."

4-5 This is what GOD told me:

"Like a lion, king of the beasts,
that gnaws and chews and worries its prey,
Not fazed in the least by a bunch of shepherds
who arrive to chase it off,
So GOD-of-the-Angel-Armies comes down
to fight on Mount Zion, to make war from its heights.
And like a huge eagle hovering in the sky,
GOD-of-the-Angel-Armies protects Jerusalem.
I'll protect and rescue it.
Yes, I'll hover and deliver."

6-7 사랑하는 이스라엘아, 회개하여라. 너희가 무참하게 버린 분께 다시 돌아오너라. 너희가 돌아오는 날, 너희 죄악된 손이 금속과 나무로 만든 우상들을 모조리 내던져 버릴 것이다. 한 사람도 빠짐없이 그러하리라.

6-7 Repent, return, dear Israel, to the One you so cruelly abandoned. On the day you return, you'll throw away—every last one of you—the no-gods your sinful hands made from metal and wood.

8-9 "앗시리아 사람들이, 쓰러져 죽을 것이다.
칼에 찔려 죽겠지만, 병사가 찌르는 칼이 아니다.

8-9 "Assyrians will fall dead,
killed by a sword-thrust but not by a

칼을 맞아 쓰러지겠지만, 죽을 인생이 휘두르는 칼이 아니다.
앗시리아 사람들이 그 칼을 피해 도망치고,
그 장정들은 종이 될 것이다.
바위처럼 강했던 백성이 공포에 질려 산산조각 나고,
지도자들도 미친 듯이 도망쳐 뿔뿔이 흩어질 것이다."
앗시리아에 대한 **하나님**의 포고다.
그분의 불이 시온에서 타오르며,
그분의 화로가 예루살렘에서 뜨겁게 달아오른다.

의로운 통치를 펼치실 왕

32 1-8 그러나 보아라! 한 왕이 의로운 통치를 펼치고,
그의 신하들이 정의를 수행하리라.
한 사람 한 사람 모두, 거센 바람을 막아 주는 피난처,
폭풍우를 피할 은신처가 되어 줄 것이다.
한 사람 한 사람 모두, 바싹 마른 땅을 적셔 주는 시원한 물줄기,
사막에서 그늘을 드리우는 커다란 바윗돌이 될 것이다.
눈을 드는 자 누구나 보게 되고,
귀를 기울이는 자 누구나 듣게 되리라.
충동적이던 자들이 바른 판단을 내리고,
혀가 굳었던 자들이 유창한 언변을 구사하게 되리라.
더 이상 어리석은 자가 유명인사가 되는 일은 없으며,
간교한 자가 명성을 얻는 일도 없을 것이다.
해코지하는 일에 아무리 뛰어나도,
그는 어리석은 자일 뿐이다.
많은 이들의 인생을 망치고
하나님에 대해 거짓말을 늘어놓는 그들,
집 없이 굶주린 이들에게 등을 돌리고
거리에서 목말라 죽어 가는 이들을 외면

soldier,
laid low by a sword not swung by a mortal.
Assyrians will run from that sword, run for their lives,
and their prize young men made slaves.
Terrorized, that rock-solid people will fall to pieces,
their leaders scatter hysterically."
GOD's Decree on Assyria.
His fire blazes in Zion,
his furnace burns hot in Jerusalem.

Safe Houses, Quiet Gardens

32 1-8 But look! A king will rule in the right way,
and his leaders will carry out justice.
Each one will stand as a shelter from high winds,
provide safe cover in stormy weather.
Each will be cool running water in parched land,
a huge granite outcrop giving shade in the desert.
Anyone who looks will see,
anyone who listens will hear.
The impulsive will make sound decisions,
the tongue-tied will speak with eloquence.
No more will fools become celebrities,
nor crooks be rewarded with fame.
For fools are fools and that's that,
thinking up new ways to do mischief.
They leave a wake of wrecked lives
and lies about GOD,
Turning their backs on the homeless hungry,
ignoring those dying of thirst in the streets.

한다.
간교한 자요, 음험한 도둑이다.
죄와 부끄러운 짓에 재간이 있는 그들,
사기와 거짓말로 가난한 이들을 착취하고
짓밟힌 가난한 이들의 호소를 외면한다.
그러나 고귀한 이들은 고귀한 계획을 세우며,
고귀한 일을 위해 일어선다.

And the crooks? Underhanded sneaks they are,
inventive in sin and scandal,
Exploiting the poor with scams and lies,
unmoved by the victimized poor.
But those who are noble make noble plans,
and stand for what is noble.

9-14 나태한 여인들아, 일어나라!
내 말에 귀 기울여라!
나태하기 짝이 없는 여인들아,
이제부터 내가 하는 말을 귀담아들어라.
앞으로 일 년이 조금 지나면,
더 이상 나태하게 지낼 수 없는 날이 닥칠 것이다.
포도농사가 망하고,
나무에 열매가 맺히지 않을 것이다.
너희 나태한 여인들아, 몸을 떨어라.
너희 철없는 여인들아, 사태의 심각성을 깨달아라!
너희 비싼 옷과 장신구들을 다 벗어 던져라.
상복을 꺼내 입어라.
망한 밭농사와 포도농사를 보며
정직한 눈물을 흘려라.
엉겅퀴와 가시덤불밖에 자라지 않는
내 백성의 동산과 농장들을 보며, 눈물을 흘려라.
울어라. 진정으로 울어라. 행복했던 가정들이 더는 행복하지 않고,
즐거웠던 성읍들이 더는 즐겁지 않으리라.
왕궁은 폐가가 되고,
붐비던 성읍은 무덤처럼 고요하며,
들짐승들이
텅 빈 동산과 공원들을 차지해,
제집처럼 뛰어다닌다.

9-14 Take your stand, indolent women!
Listen to me!
Indulgent, indolent women,
listen closely to what I have to say.
In just a little over a year from now,
you'll be shaken out of your lazy lives.
The grape harvest will fail,
and there'll be no fruit on the trees.
Oh tremble, you indolent women.
Get serious, you pampered dolls!
Strip down and discard your silk fineries.
Put on funeral clothes.
Shed honest tears for the lost harvest,
the failed vintage.
Weep for my people's gardens and farms
that grow nothing but thistles and thornbushes.
Cry tears, real tears, for the happy homes no longer happy,
the merry city no longer merry.
The royal palace is deserted,
the bustling city quiet as a morgue,
The emptied parks and playgrounds
taken over by wild animals,
delighted with their new home.

15-20 Yes, weep and grieve until the Spirit is poured
down on us from above

15-20 그렇다, 눈물을 흘리며 슬피 울어라.
위로부터 그 영이 우리에게 부어져,
황무하던 곳이 비옥해지고
비옥한 땅이 숲이 될 때까지, 슬피 울어라.
황무하던 곳에 정의가 들어와 살고,
비옥해진 땅에 의가 머물며 살 것이다.
의가 있는 곳에 평화가 있고,
의가 맺는 열매는 평온한 삶과 다함없는 신뢰다.
나의 백성은 안전한 집과 평온한 동산에서
평화롭게 살 것이다.
너희가 자랑하던 숲은 다 베어질 것이고,
너희 힘을 과시하던 도성은 초토화될 것이다.
그러나 너희는 물이 넉넉한 밭과 동산을 일구고,
가축들을 자유롭게 풀어 기르며,
복된 삶을 누릴 것이다.

고통 중에 도움을 구하는 기도

33

1 파괴당한 적 없는 파괴자여,
네게 화가 있으리라.
배반당한 적 없는 배반자여,
네게 화가 있으리라.
너의 파괴하는 일이 끝나면,
네 차례가 될 것이다. 네가 파괴당할 것이다!
너의 배반하는 일이 끝나면,
네 차례가 될 것이다. 네가 배반당할 것이다!

2-4 **하나님**, 우리를 자애롭게 대해 주십시오.
주님은 우리의 유일한 희망이십니다.
아침이 되면 가장 먼저, 우리를 위해 오십시오!
어려움이 닥치면, 곧장 우리를 도와주십시오!
주께서 천둥 속에서 말씀하시자, 모두가 달아났습니다.
주께서 모습을 나타내시자, 민족들이 흩어졌습니다.

And the badlands desert grows crops
and the fertile fields become forests.
Justice will move into the badlands desert.
Right will build a home in the fertile field.
And where there's Right, there'll be Peace
and the progeny of Right: quiet lives and endless trust.
My people will live in a peaceful neighborhood—
in safe houses, in quiet gardens.
The forest of your pride will be clear-cut,
the city showing off your power leveled.
But you will enjoy a blessed life,
planting well-watered fields and gardens,
with your farm animals grazing freely.

The Ground Under Our Feet Mourns

33

1 Doom to you, Destroyer,
not yet destroyed;
And doom to you, Betrayer,
not yet betrayed.
When you finish destroying,
your turn will come—destroyed!
When you quit betraying,
your turn will come—betrayed!

2-4 GOD, treat us kindly. You're our only hope.
First thing in the morning, be there for us!
When things go bad, help us out!
You spoke in thunder and everyone ran.
You showed up and nations scattered.
Your people, for a change, got in on the loot,
picking the field clean of the enemy

주의 백성이 기분전환을 위해 밖으로 나갔다가,
적들이 두고 간 물품을 거둬들이니 들판이 말끔해집니다.

spoils.

5-6 **하나님**께서 더없이 높임을 받으셨다.
그분의 처소가 든든히 섰다.
시온에 정의와 의가 차고 넘친다.
하나님께서 너의 시대를 안정되고 견고하게 지키신다.
구원과 지혜와 지식이 흘러넘친다.
시온의 가장 귀중한 보배는, 바로 '**하나님**을 경외하는 것'이다.

5-6 GOD is supremely esteemed. His center holds.
Zion brims over with all that is just and right.
GOD keeps your days stable and secure—
salvation, wisdom, and knowledge in surplus,
and best of all, Zion's treasure, Fear-of-GOD.

7-9 그러나 보아라! 들어라!
억센 남자들이 대놓고 운다.
협상을 벌이던 외교관들이 비통의 눈물을 흘린다.
도로가 텅 비었다.
거리에 다니는 사람 하나 없다.
평화조약이 깨어지고,
그 규정들이 무시되고,
거기에 서명한 자들은 욕설을 듣는다.
우리가 발 딛고 선 땅이 애곡하며,
레바논의 산들이 고개를 숙인다.
꽃이 만발하던 샤론이 잡초로 뒤덮인 도랑이 되었다.
바산과 갈멜의 숲에는 잎이 모조리 떨어진 가지뿐이다.

7-9 But look! Listen!
Tough men weep openly.
Peacemaking diplomats are in bitter tears.
The roads are empty—
not a soul out on the streets.
The peace treaty is broken,
its conditions violated,
its signers reviled.
The very ground under our feet mourns,
the Lebanon mountains hang their heads,
Flowering Sharon is a weed-choked gully,
and the forests of Bashan and Carmel?
Bare branches.

10-12 "이제 내가 나설 것이다." **하나님**께서 말씀하신다.
"지금부터는 내가 맡을 것이다.
내가 링에 올랐다. 내 주먹맛을 보아라.
너희에게는 아무것도 없다.
겨를 잉태하여 지푸라기를 낳을 뿐이다.
허풍으로 배불리다가 자멸할 뿐이다.
너희는 비료나 연료로밖에는 아무짝에도

10-12 "Now I'm stepping in," GOD says.
"From now on, I'm taking over.
The gloves come off. Now see how mighty I am.
There's nothing to you.
Pregnant with chaff, you produce straw babies;
full of hot air, you self-destruct.
You're good for nothing but fertilizer and fuel.

쓸모없다.
흙이니 흙으로 돌아갈 뿐, 그 시기는 빠를수록 좋다.

13-14 먼 곳에 살고 있다면,
내가 한 일을 전해 들어라.
가까이 살고 있다면,
내가 한 일을 주목해 보아라.
시온의 죄인들이 겁에 질려 있다. 당연하다.
사악한 자들, 어찌할 바를 몰라 허둥댄다.
'누가 이 불폭풍에서 살아남을 수 있으랴?
누가 이 대숙청을 모면할 수 있으랴?' 하고 묻는다."

15-16 답은 간단하다.
의롭게 살면서
진실을 말하며,
사람을 착취하는 일을 혐오하고
뇌물을 거절하여라.
폭력을 거부하고
악한 유흥을 피하여라.
이것이 너의 삶의 질을 높이는 길이다!
안전하고 안정된 삶을 사는 길,
넉넉하고 만족스러운 삶을 사는 길이다.

결정권자는 하나님이시다

17-19 오, 네가 왕을 뵙게 되리라. 그 장엄한 모습을 보게 되리라!
드넓은 영토를 조망하리라.
마음속으로 옛적 두려움을 떠올리며 말하리라.
"우리에게 형을 선고하고 재산을 몰수하던
그 앗시리아 조사관은 지금 어떻게 되었지?
우리에게 세금을 부과하던 그 자는?
그 사기꾼 환전상은 어떻게 되었지?"
사라졌다! 눈앞에서 영원히! 그들의 오만,
이제 바닥에 남은 빛바랜 오물자국일 뿐이다!

Earth to earth—and the sooner the better.

13-14 "If you're far away,
get the reports on what I've done,
And if you're in the neighborhood,
pay attention to my record.
The sinners in Zion are rightly terrified;
the godless are at their wit's end:
'Who among us can survive this firestorm?
Who of us can get out of this purge with our lives?'"

15-16 The answer's simple:
Live right,
speak the truth,
despise exploitation,
refuse bribes,
reject violence,
avoid evil amusements.
This is how you raise your standard of living!
A safe and stable way to live.
A nourishing, satisfying way to live.

God Makes All the Decisions Here

17-19 Oh, you'll see the king—a beautiful sight!
And you'll take in the wide vistas of land.
In your mind you'll go over the old terrors:
"What happened to that Assyrian inspector who condemned and confiscated?
And the one who gouged us of taxes?
And that cheating moneychanger?"

이제 더 이상 알 수 없는 외국어를 들으며 살 필요가 없다.
알 수 없는 소리를 더 이상 들을 필요가 없다.

20-22 시온만 바라보면 된다. 보겠느냐?
예배가 축제로 변하는 그곳!
예루살렘으로 너의 눈을 호강시켜 주어라.
평온하고 영원한 거처,
더는 말뚝을 옮기며 다닐 필요가 없고,
더는 헝겊을 기워 만든 천막에서 살 필요가 없다.
장엄하신 **하나님**께서 친히,
우리의 처소가 되어 주신다.
넓은 강과 시내가 흐르는 그 나라,
침입하는 배와 약탈하는 해적을 강이 막아 준다.
그 나라에서는 **하나님**이 결정권자이시고,
하나님이 우리의 왕이시기 때문이다.
하나님이 다스리시며 우리를 안전히 지켜 주신다.

23 아! 너의 돛들이 갈기갈기 찢기고
돛대는 흔들거리며,
선착장에서는 물이 샌다.
전리품은 누구든 마음껏 가져간다. 누구나 자유롭게.
힘이 약한 자도 힘이 센 자도, 내부인도 외부인도.

24 시온에서는 누구도 "아프다"고 말할 자 없으리라.
무엇보다도, 그들은 모두 죄를 용서받고 살 것이다.

민족들에 대한 심판

34 1 민족들아, 가까이 다가오너라.
백성들아, 잘 들어라. 주목하여라!

Gone! Out of sight forever! Their insolence
nothing now but a fading stain on the carpet!
No more putting up with a language you can't understand,
no more sounds of gibberish in your ears.

20-22 Just take a look at Zion, will you?
Centering our worship in festival feasts!
Feast your eyes on Jerusalem,
a quiet and permanent place to live.
No more pulling up stakes and moving on,
no more patched-together lean-tos.
Instead, GOD! GOD majestic, God himself the place
in a country of broad rivers and streams,
But rivers blocked to invading ships,
off-limits to predatory pirates.
For GOD makes all the decisions here.
GOD is our king.
GOD runs this place and he'll keep us safe.

23 Ha! Your sails are in shreds,
your mast wobbling,
your hold leaking.
The plunder is free for the taking, free for all—
for weak and strong, insiders and outsiders.

24 No one in Zion will say, "I'm sick."
Best of all, they'll all live guilt-free.

The Fires Burning Day and Night

34 1 Draw in close now, nations.
Listen carefully,

땅아, 너도 들어라. 네 안에 있는 모든 것도 함께.
세상아, 너도 들어라. 네게서 나는 모든 것도 함께.

2-4 이유는 이렇다. **하나님**께서 노하셨다.
모든 민족에게 진노하셨다.
그들의 무기와 군대에 불같이 노하셔서,
이제 그들을 땅에서 쓸어 없애 버리실 참이다.
산처럼 쌓인 시체들은
한여름 도시 쓰레기 더미처럼 썩은내를 풍기고,
산에서 흘러 내려오는 그들의 피가
봄날 눈 녹은 물처럼 시내를 이룬다.
너무 익어 떨어져 썩은 과일처럼,
별들이 하늘에서 떨어진다.
하늘이 담요처럼 둘둘 말려
벽장에 처박힌다.
별들의 군대가 모두 오그라져,
가을날 잎과 열매처럼 땅에 떨어져 썩는다!

5-7 "땅과 하늘에 대한 일을 마치고 나면,
나는 에돔을 손볼 것이다.
에돔, 내가 완전히 멸망시키기로 작정한 그 민족을
짓누를 것이다."
하나님의 칼이 피에 주렸다.
살찐 고깃덩어리에,
어린양과 염소 피에,
숫양의 기름진 콩팥에 주렸다.
그렇다. **하나님**께서 수도 보스라에서, 희생 제사를 벌이기로 작정하셨다.
에돔 전 지역을 도살장으로 만드실 것이다.
대대적인 도살이다. 들짐승도
가축도 매한가지로 도살된다.
나라 전체가 피에 절여지고,
온 땅에 기름이 흐를 것이다.

you people. Pay attention!
Earth, you, too, and everything in you.
World, and all that comes from you.

2-4 And here's why: GOD is angry,
good and angry with all the nations,
So blazingly angry at their arms and armies
that he's going to rid earth of them, wipe them out.
The corpses, thrown in a heap,
will stink like the town dump in midsummer,
Their blood flowing off the mountains
like creeks in spring runoff.
Stars will fall out of the sky
like overripe, rotting fruit in the orchard,
And the sky itself will be folded up like a blanket
and put away in a closet.
All that army of stars, shriveled to nothing,
like leaves and fruit in autumn, dropping and rotting!

5-7 "Once I've finished with earth and sky,
I'll start in on Edom.
I'll come down hard on Edom,
a people I've slated for total termination."
GOD has a sword, thirsty for blood and more blood,
a sword hungry for well-fed flesh,
Lamb and goat blood,
the suet-rich kidneys of rams.
Yes, GOD has scheduled a sacrifice in Bozrah, the capital,
the whole country of Edom a slaughterhouse.
A wholesale slaughter, wild animals

8-15 이는 **하나님**께서 정하신 보복의 때,
시온의 원한을 갚아 주시는 해다.
에돔의 강은 오염물질로 뒤덮여 제대로 흐르지 못할 것이요,
땅도 폐기물의 독이 쌓여 척박해지리라.
나라 전체가
연기와 냄새가 진동하는 쓰레기 더미가 될 것이다.
불이 밤낮으로 타오르고,
그 끝없는 연기로 하늘마저 검게 변할 것이다.
여러 세대가 지나도 여전히 황폐한 곳으로 남을 것이다.
더는 그 나라를 여행할 사람이 없으리라!
독수리와 스컹크들이 휘젓고 다니고,
부엉이와 까마귀들이 거기에 거처를 잡을 것이다.
하나님께서 그 지으신 것들을 뒤집으시니,
'혼돈'으로 되돌아가리라!
그분이 다산의 복을 거두시리니, '공허'로 되돌아가리라!
백성을 이끌 지도자 하나 없으리라.
그래서 '나라 아닌 곳'이라 불릴 것이다.
왕과 제후들이 할 일 하나 없는
그런 나라가 될 것이다.
엉겅퀴가 득세하여 성들을 뒤덮을 것이며,
잡초와 가시덤불이 숲을 장악할 것이다.
들개들이 그 폐허를 배회하고,
타조들이 그곳을 주름잡을 것이다.
들고양이와 하이에나들이 함께 어울려 사냥하고,
귀신과 마귀들이 밤새 춤판을 벌일 것이다.
사악하고 게걸스런 밤귀신 릴리스가,
거기 자리 잡고 살 것이다.
썩은 고기를 뜯어 먹는 새들이 새끼를 치는 곳,
불길한 악이 횡행하는 곳이 될 것이다.

and farm animals alike slaughtered.
The whole country soaked with blood,
all the ground greasy with fat.

8-15 It's GOD's scheduled time for vengeance,
the year all Zion's accounts are settled.
Edom's streams will flow sluggish, thick with pollution,
the soil sterile, poisoned with waste,
The whole country
a smoking, stinking garbage dump—
The fires burning day and night,
the skies black with endless smoke.
Generation after generation of wasteland—
no more travelers through this country!
Vultures and skunks will police the streets;
owls and crows will feel at home there.
God will reverse creation. Chaos!
He will cancel fertility. Emptiness!
Leaders will have no one to lead.
They'll name it No Kingdom There,
A country where all kings
and princes are unemployed.
Thistles will take over, covering the castles,
fortresses conquered by weeds and thornbushes.
Wild dogs will prowl the ruins,
ostriches have the run of the place.
Wildcats and hyenas will hunt together,
demons and devils dance through the night.
The night-demon Lilith, evil and rapacious,
will establish permanent quarters.
Scavenging carrion birds will breed and brood,
infestations of ominous evil.

16-17 **하나님**의 책을 구해 읽어 보아라.
새끼 치는 이 악은,
그 어느 것 하나 그냥 사라지지 않는다.
그 모두는 **하나님**께서 친히 명령하신 바다.
그분의 영이 그것을 움직여 활동하게 하셨다.
하나님께서 그들이 있을 곳을 지정하시고,
그들의 운명을 세세히 정해 주셨다.
이는 영원히 지속될 일이다.
세대가 지나고 또 지나도, 계속 반복될 일이다.

거룩한 길

35 1-2 광야와 사막이 즐거이 노래하고,
불모였던 땅이 기뻐하며 꽃을 피우리라.
봄꽃이 만발하는 듯하니,
노래와 빛깔의 합주로다.
레바논의 걸출한 영광,
눈부신 갈멜, 황홀한 샤론을 선물로 주셨도다.
찬란하게 빛나는 **하나님**의 영광,
눈부신 위엄과 장엄이 충만하게 나타나는도다.

3-4 맥 풀린 손에 힘을 불어넣고,
약해진 무릎에 힘을 돋우어라.
두려워하는 자들에게 전하여라.
"용기를 가져라! 기운을 내라!
하나님께서 오고 계신다.
모든 것을 바로 세우시려고,
모든 잘못된 것을 바로잡으시려고, 여기로 오고 계신다.
그분께서 오고 계신다! 너희를 구원하시려!"

5-7 보지 못하던 눈이 열리고,
듣지 못하던 귀가 들을 것이다.
절던 자들이 사슴처럼 뛰고,

16-17 Get and read GOD's book:
None of this is going away,
this breeding, brooding evil.
GOD has personally commanded it all.
His Spirit set it in motion.
GOD has assigned them their place,
decreed their fate in detail.
This is permanent—
generation after generation, the same old thing.

The Voiceless Break into Song

35 1-2 Wilderness and desert will sing joyously,
the badlands will celebrate and flower—
Like the crocus in spring, bursting into blossom,
a symphony of song and color.
Mountain glories of Lebanon—a gift.
Awesome Carmel, stunning Sharon—gifts.
GOD's resplendent glory, fully on display.
GOD awesome, GOD majestic.

3-4 Energize the limp hands,
strengthen the rubbery knees.
Tell fearful souls,
"Courage! Take heart!
GOD is here, right here,
on his way to put things right
And redress all wrongs.
He's on his way! He'll save you!"

5-7 Blind eyes will be opened,
deaf ears unstopped,
Lame men and women will leap like deer,
the voiceless break into song.
Springs of water will burst out in the wilderness,

목소리 잃었던 자들이 소리 높여 노래할 것이다.
광야에 샘물이 터지고,
사막에 시냇물이 흐를 것이다.
뜨거운 모래밭이 시원한 오아시스로 변하고,
바싹 말랐던 땅에 물이 흘러넘칠 것이다.
비천한 승냥이도 마음껏 물을 마시고,
불모였던 땅에 초목이 무성해질 것이다.

8-10 큰길이 열릴 것이다.
야만스러운 자, 반역하는 자는
'거룩한 길'이라 불리는
그 길에 들어가지 못한다.
오직 **하나님**의 백성을 위한 길,
바보라도 길 잃어버릴 염려 없고
사자나 위험한 들짐승이 없으며,
어떤 위험이나 위협도 없는 길.
오직 속량받은 사람만이 그 길을 걷게 되리라.
하나님께서 몸값을 치러 주신 백성,
그 길을 걸어 돌아올 것이다.
사라지지 않는 후광, 그 기쁨을 두르고서
노래하며 시온으로 돌아올 것이다.
고향은 기쁨과 즐거움을 선사하며 그들을 환영하고,
모든 슬픔과 한숨은 뒷걸음쳐 사라질 것이다.

streams flow in the desert.
Hot sands will become a cool oasis,
thirsty ground a splashing fountain.
Even lowly jackals will have water to drink,
and barren grasslands flourish richly.

8-10 There will be a highway
called the Holy Road.
No one rude or rebellious
is permitted on this road.
It's for GOD's people exclusively—
impossible to get lost on this road.
Not even fools can get lost on it.
No lions on this road,
no dangerous wild animals—
Nothing and no one dangerous or threatening.
Only the redeemed will walk on it.
The people GOD has ransomed
will come back on this road.
They'll sing as they make their way home to Zion,
unfading halos of joy encircling their heads,
Welcomed home with gifts of joy and gladness
as all sorrows and sighs scurry into the night.

산헤립이 예루살렘을 공격하다

36 1-3 히스기야 왕 십사년에, 앗시리아 왕 산헤립이 유다의 모든 요새 성읍을 공격하여 점령했다. 앗시리아 왕은 랍사게라 불리는 부하 장군에게 큰 군대를 주고, 라기스에서 예루살렘의 히스기야 왕에게 보냈다. 그 장군은 공중 빨래터로 가는 길가 윗저수지 수로까지 와서 걸음을 멈추었다. 그를 맞으러 세 사람이 나왔는데, 그들은 왕궁을 책임지고 있는 힐기야의

It's Their Fate That's at Stake

36 1-3 In the fourteenth year of King Hezekiah, Sennacherib king of Assyria made war on all the fortress cities of Judah and took them. Then the king of Assyria sent his general, the "Rabshekah," accompanied by a huge army, from Lachish to Jerusalem to King Hezekiah. The general stopped at the aqueduct where it empties into the upper pool on the road to

아들 엘리아김과 서기관 셉나와 궁중 사관 아삽의 아들 요아였다.

4-7 랍사게가 그들에게 말했다. "히스기야에게 가서 위대한 앗시리아 왕의 말씀을 전하여라. '너는 대체 뭘 믿고 나와 맞서는 것이냐? 너의 행동은 허세일 뿐이다. 고작 말 몇 마디로 내 무기를 상대하겠다는 것이냐? 대체 뭘 믿고 나에게 맞서 반항하느냐? 이집트를 믿는 것이냐? 웃기지 마라. 이집트는 고무지팡이다. 이집트에 기대어 보아라. 앞으로 푹 고꾸라지고 말 것이다. 이집트 왕 바로에게 기대는 자는 다 그렇게 될 것이다. 혹 "우리는 우리 **하나님**을 의지한다"고 말할 참이라면, 너무 늦지 않았느냐? 히스기야는 "누구나 이 제단에서만 예배해야 한다"며 다른 예배처들을 모조리 없애 버리지 않았더냐?'

8-9 이치에 맞게 생각해라. 현실을 직시하여라. 내 주인, 앗시리아 왕께서 네게 말 이천 마리를 내주신다 한들, 네게 그 말들에 태울 기병이나 있느냐? 없지 않느냐! 형편없는 이집트 전차와 기병들이나 의지하는 네가, 내 주인의 최하급 지휘관인들 상대할 수 있을 것 같으냐?

10 게다가, 너희는 내가 **하나님**의 축복도 없이 이 땅을 멸하러 이렇게 먼 길을 왔으리라 생각하느냐? 다름 아닌 너희 **하나님**께서 내게 이 땅과 전쟁을 벌여 멸하라고 말씀하셨다."

11 엘리아김과 셉나와 요아가 랍사게에게 대답했다. "우리가 아람 말을 알아들으니, 제발 아람 말로 말씀해 주십시오. 말소리가 들릴 만큼 가까운 곳까지 백성이 나와서 듣고 있으니, 히브리 말로 말하지 말아 주십시오."

12 그러자 랍사게가 대답했다. "내 주인께서 너희 주인과 너희에게만 이 메시지를 전하라고 나를 보냈다고 생각하느냐? 지

the public laundry. Three men went out to meet him: Eliakim son of Hilkiah, in charge of the palace; Shebna the secretary; and Joah son of Asaph, the official historian.

4-7 The Rabshekah said to them, "Tell Hezekiah that the Great King, the king of Assyria, says this: 'What kind of backing do you think you have against me? You're bluffing and I'm calling your bluff. Your words are no match for my weapons. What kind of backup do you have now that you've rebelled against me? Egypt? Don't make me laugh. Egypt is a rubber crutch. Lean on Egypt and you'll end up flat on your face. That's all Pharaoh king of Egypt is to anyone who leans on him. And if you try to tell me, "We're leaning on our GOD," isn't it a bit late? Hasn't Hezekiah just gotten rid of all the places of worship, telling you, "You've got to worship at *this* altar"?

8-9 "'Be reasonable. Face the facts: My master the king of Assyria will give you two thousand horses if you can put riders on them. You can't do it, can you? So how do you think, depending on flimsy Egypt's chariots and riders, you can stand up against even the lowest-ranking captain in my master's army?

10 "'And besides, do you think I came all this way to destroy this land without first getting GOD's blessing? It was your GOD who told me, Make war on this land. Destroy it.'"

11 Eliakim, Shebna, and Joah answered the Rabshekah, "Please talk to us in Aramaic. We understand Aramaic. Don't talk to us in Hebrew within earshot of all the people gathered around."

12 But the Rabshekah replied, "Do you think

금 목숨이 위태로운 쪽은 바로 저들이다. 머지않아 자기 똥을 먹고 자기 오줌을 마시게 될 저들 말이다."

13-15 그러더니 랍사게가 일어나, 모두가 알아들을 수 있는 히브리 말로 크게 외쳐 말했다. "위대한 앗시리아 왕의 메시지를 들어라! 히스기야의 거짓말을 듣지 마라. 그는 '**하나님**께서 우리를 구원하실 것이다. 그분을 의지하여라. **하나님**께서는 결코 앗시리아 왕이 이 성읍을 멸하도록 놔두시지 않을 것이다'라고 설교조로 말하지만, 그의 말에 귀 기울이지 마라. 그는 너희를 구원할 수 없다.

16-20 히스기야의 말을 듣지 말고 앗시리아 왕의 제안을 들어라. '나와 평화조약을 맺자. 와서 내 편이 되어라. 그러면 너희 모두 넓은 땅과 풍부한 물을 제공받고 잘살게 될 것이다. 살림살이가 훨씬 나아질 것이다. 나는 너희를 광활한 장소에 풀어 줄 것이고, 너희 모두는 비옥하고 기름진 땅을 넘치도록 받을 것이다.' 히스기야의 거짓말을 믿고 오판하지 않도록 하여라. '**하나님**께서 우리를 구원하실 것이다'라고 하는데, 과연 그런 적이 있었느냐? 역사상 앗시리아 왕과 싸워 이긴 신이 있었더냐? 주위를 둘러보아라. 하맛과 아르밧의 신들은 어디 있느냐? 스발와임의 신들은 어디 있느냐? 신들이 사마리아를 위해 무엇을 했더냐? 내 손에서 자기 나라를 구한 신이 하나라도 있으면 어디 이름을 대보아라. 그런데 어찌하여 너희는 **하나님**이 내 손에서 예루살렘을 구원할 수 있으리라고 생각하느냐?'"

21 그 세 사람은 침묵했다. 왕이 이미 "그에게 아무 대답도 하지 말라"고 명령했기 때문에 아무 말도 하지 않았다.

22 왕궁 관리 힐기야의 아들 엘리아김과 서기관 셉나와 궁중 사관 아삽의 아들 요

my master has sent me to give this message to your master and you but not also to the people clustered here? It's their fate that's at stake. They're the ones who are going to end up eating their own excrement and drinking their own urine."

13-15 Then the Rabshekah stood up and called out loudly in Hebrew, the common language, "Listen to the message of the great king, the king of Assyria! Don't listen to Hezekiah's lies. He can't save you. And don't pay any attention to Hezekiah's pious sermons telling you to lean on GOD, telling you 'GOD will save us, depend on it. GOD won't let this city fall to the king of Assyria.'

16-20 "Don't listen to Hezekiah. Listen to the king of Assyria's offer: 'Make peace with me. Come and join me. Everyone will end up with a good life, with plenty of land and water, and eventually something far better. I'll turn you loose in wide open spaces, with more than enough fertile and productive land for everyone.' Don't let Hezekiah mislead you with his lies, 'GOD will save us.' Has that ever happened? Has any god in history ever gotten the best of the king of Assyria? Look around you. Where are the gods of Hamath and Arpad? The gods of Sepharvaim? Did the gods do anything for Samaria? Name one god that has ever saved its countries from me. So what makes you think that GOD could save Jerusalem from me?'"

21 The three men were silent. They said nothing, for the king had already commanded, "Don't answer him."

22 Then Eliakim son of Hilkiah, the palace administrator, Shebna the secretary, and Joah son of Asaph, the court histo-

아는 절망하여 옷을 찢고 돌아가서, 랍사게의 말을 히스기야에게 보고했다.

히스기야가 이사야에게 묻다

37 1-2 이 보고를 들은 히스기야 왕도, 옷을 찢고 회개의 굵은 마대 베옷을 입고서 **하나님**의 성소에 들어갔다. 그러고는 왕궁 관리 엘리아김과 서기관 셉나와 원로 제사장들을 아모스의 아들 예언자 이사야에게 보냈는데, 그들도 모두 회개의 베옷을 입었다.

3-4 그들이 이사야에게 말했다. "히스기야 왕의 말씀입니다. '오늘은 참담한 날입니다. 위기가 닥쳤습니다. 지금 우리는, 아기 낳을 때가 되었는데 출산할 힘이 없는 여인 같습니다! 당신의 **하나님**께서는 랍사게가 한 말을 들으셨겠지요? 살아 계신 하나님을 모독하려고 앗시리아 왕이 보낸 그 자의 말 말입니다. 당신의 **하나님**께서는 결코 가만있지 않으시겠지요? 이사야여, 우리를 위해 기도해 주십시오. 이곳에 남아, 요새를 지키고 있는 우리를 위해 기도해 주십시오!'"

5-7 그때 히스기야 왕의 신하들이 이사야에게 와서 이렇게 말하니, 이사야가 대답했다. "당신들의 주인에게 이렇게 전하십시오. '**하나님의 메시지다**. 네가 들은 말, 앗시리아 왕의 종들이 나를 조롱하며 했던 그 말에 동요할 것 없다. 내가 친히 그를 처리할 것이다. 그가 나쁜 소식을 듣고 그 일을 처리하러 자기 나라로 황급히 돌아가게 만들 것이다. 그는 거기서 살해될 것이다. 비명횡사할 것이다.'"

8 랍사게가 떠나, 립나와 전쟁하고 있는 앗시리아 왕에게 갔다. (왕이 라기스를 떠났다는 소식을 들었기 때문이다.)

rian, tearing their clothes in defeat and despair, went back and reported what the Rabshekah had said to Hezekiah.

The Only God There Is

37 1-2 When King Hezekiah heard the report, he also tore his clothes and dressed in rough, penitential burlap gunnysacks, and went into the sanctuary of GOD. He sent Eliakim the palace administrator, Shebna the secretary, and the senior priests, all of them also dressed in penitential burlap, to the prophet Isaiah son of Amoz.

3-4 They said to him, "Hezekiah says, 'This is a black day. We're in crisis. We're like pregnant women without even the strength to have a baby! Do you think your GOD heard what the Rabshekah said, sent by his master the king of Assyria to mock the living God? And do you think your GOD will do anything about it? Pray for us, Isaiah. Pray for those of us left here holding the fort!'"

5-7 Then King Hezekiah's servants came to Isaiah. Isaiah said, "Tell your master this, 'GOD's Message: Don't be upset by what you've heard, all those words the servants of the Assyrian king have used to mock me. I personally will take care of him. I'll arrange it so that he'll get a rumor of bad news back home and rush home to take care of it. And he'll die there. Killed—a violent death.'"

8 The Rabshekah left and found the king of Assyria fighting against Libnah. (He had gotten word that the king had left Lachish.)

9-13 Just then the Assyrian king received

9-13 바로 그때, 앗시리아 왕이 에티오피
아 왕 디르하가가 자신을 치러 진군해 오
고 있다는 첩보를 듣게 되었다.
그는 즉시 히스기야에게 사신들을 보내어 이런 메시지를 전하게 했다. "너는 순진하게 믿는다만, 네 **하나님**에게 속지 마라. 예루살렘은 앗시리아 왕에게 무너지지 않을 것이라는 거짓 약속에 휘둘리지 마라. 머리를 좀 굴려 보아라! 앗시리아 왕이 모든 나라에게 한 일을 둘러보란 말이다. 하나씩 줄줄이 짓밟히고 말았다! 그런데 너라고 피할 수 있을 것 같으냐? 그 나라들, 내 선왕들이 멸망시킨 나라들—고산, 하란, 레셉, 들라살에 있는 에덴 민족—중에 대체 어느 나라, 어느 신이 자기 백성을 구했단 말이냐? 주위를 둘러보아라. 하맛 왕, 아르밧 왕, 스발와임 성읍의 왕, 헤나 왕, 이와 왕, 그들은 지금 모두 어디에 있느냐?"
14 히스기야가 사신들에게서 편지를 받아
읽었다. 그러고는 **하나님**의 성소에 들어가 **하나님** 앞에 편지를 펼쳐 놓았다.
15-20 히스기야가 **하나님**께 기도했다. "그
룹 천사들 위에 앉아 계신 만군의 **하나님**, 주님은 하나님, 오직 한분이신 하나님, 세상 모든 나라를 다스리시는 하나님이십니다. 주님은 하늘과 땅을 지으신 분입니다. 오 **하나님**, 귀 기울여 들어주십시오. 오 **하나님**, 눈여겨보십시오. 산헤립이 보내온 저 말, 살아 계신 하나님을 모욕하는 저 말을 들어 보십시오. 오 **하나님**, 과연 그의 말대로 앗시리아 왕들은 모든 나라, 모든 강토를 초토화시켰습니다. 그 나라의 신들을 쓰레기통에 처넣고 불살랐습니다. 하지만 대단한 업적이 못되는 것은, 본래 그것들은 신이 아니기 때문입니다. 모두 작업장에서 만들어진 신, 나무를 자르거나 돌을 조각해 만

an intelligence report on King Tirhakah of Ethiopia: "He is on his way to make war on you."
On hearing that, he sent messengers to Hezekiah with instructions to deliver this message: "Don't let your GOD, on whom you so naively lean, deceive you, promising that Jerusalem won't fall to the king of Assyria. Use your head! Look around at what the kings of Assyria have done all over the world—one country after another devastated! And do you think you're going to get off? Have any of the gods of any of these countries ever stepped in and saved them, even one of these nations my predecessors destroyed—Gozan, Haran, Rezeph, and the people of Eden who lived in Telassar? Look around. Do you see anything left of the king of Hamath, the king of Arpad, the king of the city of Sepharvaim, the king of Hena, the king of Ivvah?"
14 Hezekiah took the letter from the hands
of the messengers and read it. Then he went into the sanctuary of GOD and spread the letter out before GOD.
15-20 Then Hezekiah prayed to GOD:
"GOD-of-the-Angel-Armies, enthroned over the cherubim-angels, you are God, the only God there is, God of all kingdoms on earth. You *made* heaven and earth. Listen, O GOD, and hear. Look, O GOD, and see. Mark all these words of Sennacherib that he sent to mock the living God. It's quite true, O GOD, that the kings of Assyria have devastated all the nations and their lands. They've thrown their gods into the trash and burned them—no great achievement since they were no-gods anyway, gods made in workshops, carved from wood and chiseled from rock.

든 신들에 불과하기 때문입니다. 신이 아닌 것들이 최후를 맞은 것일 뿐입니다! 그러니 **하나님**, 오, 우리 하나님, 속히 나서 주십시오. 그의 손에서 우리를 구원해 주십시오. 그리하여 땅 위의 모든 나라가 주께서, 오직 주님만이 **하나님**이신 것을 알게 해주십시오."

❧

21-25 그때 아모스의 아들 이사야가 히스
기야에게 사람을 보내어 말을 전했다.
"**하나님** 이스라엘의 하나님의 **메시지**입
니다. '네가 앗시리아 왕 산헤립의 일로
내게 기도했으니, 나 **하나님**이 너에게 대
답한다.

산헤립아, 처녀 딸 시온에게
너 따위는 안중에도 없다. 그저 멸시뿐이다.
딸 예루살렘은
네게 침을 뱉고 홱 가버린다.

너는, 여러 해에 걸쳐
네가 누구를 조롱하고 욕했는지 아느냐?
여러 해에 걸쳐
누구를 우습게 여기고
모욕했는지 아느냐?
바로, "이스라엘의 거룩한 이"다!
너는 네 종들을 통해 주를 조롱했다.
그리고 자랑했다. "나는 전차부대로
가장 높은 산꼭대기까지 올라갔고,
레바논의 가장 깊은 곳까지 들어가,
그 거대한 백향목들,
그 멋진 잣나무들을 다 베어 넘어뜨렸다.
나는 산 위 가장 높은 곳을 정복했고,
숲 속 가장 깊은 곳을 탐험했다.
나는 우물을 파서
실컷 마셨다.
내가 발로 한번 걷어차자,

An end to the no-gods! But now step in, O GOD, our God. Save us from him. Let all the kingdoms of earth know that you and you alone are GOD."

❧

21-25 Then Isaiah son of Amoz sent this
word to Hezekiah: "GOD's Message, the
God of Israel: Because you brought King
Sennacherib of Assyria to me in prayer,
here is my answer, GOD's answer:

"'She has no use for you, Sennacherib, nothing but contempt,
this virgin daughter Zion.
She spits at you and turns on her heel,
this daughter Jerusalem.

"'Who do you think you've been mocking and reviling
all these years?
Who do you think you've been jeering
and treating with such utter contempt
All these years?
The Holy of Israel!
You've used your servants to mock the Master.
You've bragged, "With my fleet of chariots
I've gone to the highest mountain ranges,
penetrated the far reaches of Lebanon,
Chopped down its giant cedars,
its finest cypresses.
I conquered its highest peak,
explored its deepest forest.
I dug wells
and drank my fill.
I emptied the famous rivers of Egypt

이집트의 유명한 강들이 모두 말라 버렸다."

26-27 너는 듣지 못했느냐?
그 모든 일 뒤에 내가 있었다는 소식을?
이는 오래전부터 내가 세운 계획이었고
이제 실행에 옮기고 있는 것뿐이다.
나는 너를 도구로 사용해서,
강력했던 성읍들을 무너뜨려 잔해 더미로 만들었고,
그곳의 주민들을 절망과
당혹과 혼란 속에 빠뜨려서,
그들을 가뭄 만난 식물처럼 축 처지게,
시든 묘목처럼 지지러지게 만들었다.

28-29 나는 우쭐대는 네 허세와
왔다갔다 하며 네가 벌이는 일들과,
나에 대해 갖고 있는 불끈하는 네 마음을 잘 알고 있다.
나에 대한 너의 사나운 분노,
계속해서 내 귀에 들리는 너의 날뛰는 그 오만 때문에,
내가 네 코에 갈고리를 꿰고,
네 입에 재갈을 물릴 참이다.
누가 주인인지 네게 보여주겠다. 내가 너를
네가 왔던 곳으로 되돌려 보낼 것이다.

30-32 그리고 히스기야야, 이것은 네게 주
는 확실한 표징이다. 올해의 수확은 땅에
떨어진 것들이나 줍는 정도로 보잘것없
고, 내년도 별로 다르지 않을 것이다. 그
러나 삼 년째가 되면 씨 뿌려 거두고, 파
종하고 추수하는 농사일이 정상을 되찾
을 것이다. 유다의 남은 백성이 뿌리를
내려 새 출발할 것이다. 예루살렘에 남은
백성이 다시 움직일 것이다. 시온 산의
살아남은 자들이 다시 일어설 것이다. 만
군의 **하나님**의 열심이 이 모든 일을 이룰
것이다.'"

with one kick of my foot.

26-27 "'Haven't you gotten the news
that I've been behind this all along?
This is a longstanding plan of mine
and I'm just now making it happen,
using you to devastate strong cities,
turning them into piles of rubble
and leaving their citizens helpless,
bewildered, and confused,
drooping like unwatered plants,
stunted like withered seedlings.

28-29 "'I know all about your pretentious poses,
your officious comings and goings,
and, yes, the tantrums you throw against me.
Because of all your wild raging against me,
your unbridled arrogance that I keep hearing of,
I'll put my hook in your nose
and my bit in your mouth.
I'll show you who's boss. I'll turn you around
and take you back to where you came from.

30-32 "'And this, Hezekiah, will be your
confirming sign: This year's crops will be
slim pickings, and next year it won't be
much better. But in three years, farming
will be back to normal, with regular
sowing and reaping, planting and harvest-
ing. What's left of the people of Judah will
put down roots and make a new start. The
people left in Jerusalem will get moving
again. Mount Zion survivors will take

hold again. The zeal of GOD-of-the-Angel-Armies will do all this.'

33-35 "마지막으로, 앗시리아 왕에 대한 하나님의 말씀입니다.

'걱정할 것 없다. 그는 이 성에 들어오지 못하고,
이리로 화살 하나도 쏘지 못할 것이다.
공격축대를 쌓기는커녕
방패 한번 휘두르지 못할 것이다.
그는 자기가 왔던 길로 되돌아가게 되리라.
이 성에는 한 발자국도 들이지 못할 것이다.
하나님의 포고다.
이 성은 내가 내 손으로 지켜
구원할 것이다.
나 자신을 위해,
또 나의 다윗 왕조를 위해.'"

36-38 그러고 나서, 하나님의 천사가 내려와 앗시리아 진영을 쳤다. 그러자 앗시리아 사람 185,000명이 죽었다. 동이 틀 무렵, 그들 모두가 죽어 있었다. 주검뿐인 군대가 된 것이다! 앗시리아 왕 산헤립은 거기서 재빨리 빠져나와 니느웨로 돌아갔다. 그가 자기의 신 니스록의 신전에서 예배하고 있을 때, 그의 아들 아드람멜렉과 사레셀이 그를 죽이고 아라랏 땅으로 도망쳤다. 그의 아들 에살핫돈이 뒤를 이어 왕이 되었다.

33-35 "Finally, this is GOD's verdict on the king of Assyria:

"'Don't worry, he won't enter this city,
won't let loose a single arrow,
Won't brandish so much as one shield,
let alone build a siege ramp against it.
He'll go back the same way he came.
He won't set a foot in this city.
GOD's Decree.
I've got my hand on this city
to save it,
Save it for my very own sake,
but also for the sake of my David dynasty.'"

36-38 Then the Angel of GOD arrived and struck the Assyrian camp—185,000 Assyrians died. By the time the sun came up, they were all dead—an army of corpses! Sennacherib, king of Assyria, got out of there fast, back home to Nineveh. As he was worshiping in the sanctuary of his god Nisroch, he was murdered by his sons Adrammelech and Sharezer. They escaped to the land of Ararat. His son Esar-haddon became the next king.

히스기야의 병이 회복되다

38 1 그때, 히스기야가 병이 들었다. 죽을병이었다. 아모스의 아들 예언자 이사야가 그에게 문병을 와서 말했다. "하나님께서 말씀하십니다. '네가 하는 일과 집안일을 정리하여라. 이제 너는 죽을 것이다. 낫지 못할 것이다.'"
2-3 그러자 히스기야는 이사야를 등지고

Time Spent in Death's Waiting Room

38 1 At that time, Hezekiah got sick. He was about to die. The prophet Isaiah son of Amoz visited him and said, "GOD says, 'Prepare your affairs and your family. This is it: You're going to die. You're not going to get well.'"
2-3 Hezekiah turned away from Isaiah and,

벽을 향해 돌아서서 **하나님**께 기도했다. "**하나님**, 간구하옵기는, 제가 지금까지 어떻게 살아왔는지 기억해 주십시오. 저는 주님 앞에서 신실했고, 제 마음을 온전히 주께 드렸습니다. 주님은 제가 어떻게 살았는지, 무슨 선을 행했는지 잘 알고 계십니다." 히스기야는 기도하며 울었다. 흐느껴 울었다.
4-6 그러자 **하나님**께서 이사야에게 말씀하셨다. "가서 히스기야에게 말하여라. 나 **하나님**, 네 조상 다윗의 하나님이 그에게 메시지를 주셨다고 전하여라. '내가 네 기도를 듣고 네 눈물을 보았다. 나는 이렇게 할 것이다. 네 수명에 십오 년을 더해 주겠다. 또한 너와 이 도성을 앗시리아 왕의 손에서 구하고, 이 성을 내 손으로 지켜 줄 것이다.
7-8 네게 줄 표징은 이것이다. 나 **하나님**은 약속한 바를 틀림없이 시행한다는 것을 확증해 주는 표징이다. 잘 보아라. 지는 해를 따라 아하스의 해시계 위 그림자가 길어질 것이다. 그때 내가 그 그림자를 십 도 뒤로 돌릴 것이다.'" 정말 그렇게 되었다. 지는 해의 그림자가 그 시계 위에서 십 도 뒤로 물러났다.

9-15 이는 유다의 히스기야 왕이 병에서 회복되고 난 다음에 쓴 글이다.

생의 한창때에
떠나야 하다니.
남은 시간이 얼마든
다만 죽음의 대기실에서 보낼 뿐이네.
더는 산 자들의 땅에서
하나님을 뵙지 못하고,
이웃을 만나지 못하며,
더 이상 친구들과도 어깨동무하지 못하네.

facing the wall, prayed to GOD: "GOD, please, I beg you: Remember how I've lived my life. I've lived faithfully in your presence, lived out of a heart that was totally yours. You've seen how I've lived, the good that I have done." And Hezekiah wept as he prayed—painful tears.
4-6 Then GOD told Isaiah, "Go and speak with Hezekiah. Give him this Message from me, GOD, the God of your ancestor David: 'I've heard your prayer. I have seen your tears. Here's what I'll do: I'll add fifteen years to your life. And I'll save both you and this city from the king of Assyria. I have my hand on this city.
7-8 "'And this is your confirming sign, confirming that I, GOD, will do exactly what I have promised. Watch for this: As the sun goes down and the shadow lengthens on the sundial of Ahaz, I'm going to reverse the shadow ten notches on the dial.'" And that's what happened: The declining sun's shadow reversed ten notches on the dial.

9-15 This is what Hezekiah king of Judah wrote after he'd been sick and then recovered from his sickness:

In the very prime of life
  I have to leave.
Whatever time I have left
  is spent in death's waiting room.
No more glimpses of GOD
  in the land of the living,
No more meetings with my neighbors,
  no more rubbing shoulders with friends.
This body I inhabit is taken down

내가 들어와 사는 이 몸,
바닥에 쓰러져 야영자의 천막처럼 거두어진다.
베 짜는 사람처럼, 나도 융단 말듯 내 생을 둘둘 말아 버렸네.
하나님이 베틀에서 나를 잘라 내시고는
날이 저물자, 바닥에 떨어진 부스러기들을 쓸어버리신다.
나, 동틀 때까지 울며 도움을 청하지만,
사자가 달려들듯, 하나님은 나를 두들겨 패시고
가차 없이 나를 끝장내신다네.
내가 화를 당한 암탉처럼 꽥꽥 울고
비둘기처럼 구슬피 울며,
눈이 빠지도록 도움을 찾았다네.
"주님, 곤경에 처했습니다! 여기서 저를 건져 주십시오!"
하지만 무슨 소용 있으랴? 하나님께서 친히 말씀하시고,
그분이 내게 행하시는 일인데.
번민과 괴로움에
잠을 이룰 수 없네.

16-19 오 주님, 인생이 처한 자리는 이런 것입니다.
그런데, 이런 처지에서도 제 영혼이 아직 살아 있습니다.
생명을 새로 받아 온전히 회복되었습니다!
이 고난을 겪은 것이
제게는 유익이었습니다.
이 고난 속에서도, 주님은 제 생명선을 꼭 잡아 주셨습니다.
제가 멸망 속으로 굴러떨어지지 않도록 보호하셨습니다.
제 죄들을 놓아 버리시고,
주의 등 뒤로 던져 버리셨습니다. 얼마나 후련한지요!
죽은 자들은 주께 감사하지 못하고,

and packed away like a camper's tent.
Like a weaver, I've rolled up the carpet of my life
as God cuts me free of the loom
And at day's end sweeps up the scraps and pieces.
I cry for help until morning.
Like a lion, God pummels and pounds me,
relentlessly finishing me off.
I squawk like a doomed hen,
moan like a dove.
My eyes ache from looking up for help:
"Master, I'm in trouble! Get me out of this!"
But what's the use? God himself gave me the word.
He's done it to me.
I can't sleep—
I'm that upset, that troubled.

16-19 O Master, these are the conditions in which people live,
and yes, in these very conditions my spirit is still alive—
fully recovered with a fresh infusion of life!
It seems it was good for me
to go through all those troubles.
Throughout them all you held tight to my lifeline.
You never let me tumble over the edge into nothing.
But my sins you let go of,
threw them over your shoulder—good riddance!
The dead don't thank you,
and choirs don't sing praises from the morgue.
Those buried six feet under

무덤에서는 주를 찬양하는 찬송이 울려 나
오지 못합니다.
땅 밑에 묻힌 자들은
주의 신실하심을 증언하지 못합니다.
지금의 나처럼,
오직 산 자만이 주께 감사할 수 있습니다.
부모가 자녀에게
주의 신실하심을 일러줍니다.

20 **하나님**께서 나를 건지고 건지시리니,
수금과 비파 뜯으며
우리 노래하리라.
평생토록 **하나님**의 성소에서 노래하고 노
래하리라.

21-22 이사야가 말했다. "무화과로 습포를
만들어 왕의 종기 위에 얹으면 왕께서 나을
것입니다."
히스기야가 말했다. "내가 **하나님**의 성소
에 다시 들어가도 좋다는 것을 말해 주는
표징은 무엇입니까?"

바빌론의 사신을 맞이하는 히스기야

39 1 얼마 후에, 바빌론의 발라단의
아들 므로닥발라단 왕이 히스기
야에게 사신들을 보내어 인사하며 선물을
전했다. 히스기야가 병들었다가 나았다는
소식을 들었던 것이다.
2 히스기야는 그 사신들을 반갑게 맞이
했다. 그는 그들에게 왕궁 내부를 구경
시켜 주면서, 자기가 가진 보물—은, 금,
향료, 진귀한 기름, 무기들—전부를 자
랑삼아 보이며 우쭐거렸다. 자기 왕궁이
나 나라 안에 있는 것 가운데 히스기야
가 그들에게 보여주지 않은 것은 하나도
없었다.
3 나중에 예언자 이사야가 나타나 히스기

don't witness to your faithful ways.
It's the living—live men, live women—who thank you,
just as I'm doing right now.
Parents give their children
full reports on your faithful ways.

20 GOD saves and will save me.
As fiddles and mandolins strike up the tunes,
We'll sing, oh we'll sing, sing,
for the rest of our lives in the Sanctuary of GOD.

21-22 Isaiah had said, "Prepare a poultice
of figs and put it on the boil so he may
recover."
Hezekiah had said, "What is my cue that
it's all right to enter again the Sanctuary
of GOD?"

There Will Be Nothing Left

39 1 Sometime later, King
Merodach-baladan son of
Baladan of Babylon sent messengers with
greetings and a gift to Hezekiah. He had
heard that Hezekiah had been sick and
was now well.
2 Hezekiah received the messengers
warmly. He took them on a tour of his
royal precincts, proudly showing them all
his treasures: silver, gold, spices, expen-
sive oils, all his weapons—everything out
on display. There was nothing in his house
or kingdom that Hezekiah didn't show
them.
3 Later the prophet Isaiah showed up. He

야에게 물었다. "그 사람들은 누구입니
까? 무슨 말을 하였습니까? 어디서 온 자
들입니까?"
히스기야가 말했다. "그들은 멀리 바빌
론에서 왔습니다."
4 "그들이 왕궁에서 무엇을 보았습니까?"
"모든 것을 보았습니다." 히스기야가 말했
다. "내가 창고 문을 활짝 열었더니, 그들
이 다 보고서 감동을 받았습니다."
5-7 그러자 이사야가 히스기야에게 말했다.
"이제 만군의 **하나님**께서 주시는 이 **메시
지**를 들으십시오. '경고한다. 이 왕궁 안에
있는 모든 것, 네 조상이 쌓아 놓은 모든 것
이 바빌론으로 옮겨질 날이 올 것이다.' **하
나님**께서 또 말씀하십니다. '아무것도 남지
않을 것이다. 아무것도. 네 소유물뿐 아니
라 네 아들들도 그러할 것이다. 네 아들들
가운데 얼마는 포로로 끌려가, 바빌론 왕궁
의 내시가 될 것이다.'"
8 히스기야가 이사야에게 대답했다. "**하
나님**께서 그렇게 말씀하셨다면, 당연히
그렇게 되어야 할 것입니다." 그러나 그
는 속으로 "분명 내 평생에는 나쁜 일이
일어나지 않을 테니, 내가 사는 동안에
는 평안과 안정을 누릴 것이다" 하고 생
각했다.

asked Hezekiah, "What were these men up
to? What did they say? And where did they
come from?"
Hezekiah said, "They came from a long
way off, from Babylon."
4 "And what did they see in your palace?"
"Everything," said Hezekiah. "I showed
them the works, opened all the doors and
impressed them with it all."
5-7 Then Isaiah said to Hezekiah, "Now
listen to this Message from GOD-of-
the-Angel-Armies: I have to warn you,
the time is coming when everything in
this palace, along with everything your
ancestors accumulated before you, will be
hauled off to Babylon. GOD says that there
will be nothing left. Nothing. And not
only your things but your sons. Some of
your sons will be taken into exile, ending
up as eunuchs in the palace of the king of
Babylon."
8 Hezekiah replied to Isaiah, "Good. If
GOD says so, it's good." Within himself he
was thinking, "But surely nothing bad will
happen in my lifetime. I'll enjoy peace and
stability as long as I live."

위로의 메시지
하나님이 오고 계시니 준비하여라

40 1-2 "위로하여라. 오, 내 백성을
위로하여라."
너희 하나님께서 말씀하신다.
"부드럽고 다정한 말로,
그러나 분명한 말로 예루살렘에 전하여라.
이제 형을 다 살았다고,
이제 죄가 해결되었다고, 용서받았다고!
예루살렘은 벌을 충분히 받았다. 지나치도
록 받았다.

Messages of Comfort
Prepare for God's Arrival

40 1-2 "Comfort, oh comfort my
people,"
says your God.
"Speak softly and tenderly to Jerusalem,
but also make it very clear
That she has served her sentence,
that her sin is taken care of—forgiven!
She's been punished enough and more
than enough,

이제 끝났다. 모두 끝났다."

3-5 광야에 울리는 천둥소리다!
"**하나님**이 오고 계시니 준비하여라!
길을 내어라. 곧고 평탄한 길을 내어라.
우리 하나님께 걸맞은 대로를 내어라.
골짜기는 돋우고,
언덕은 평평하게 골라라.
거친 길을 평탄하게 하고,
돌들도 말끔히 치워라.
그러면 **하나님**의 찬란한 영광이 비치리니,
모두가 그것을 보게 되리라.
그렇다. **하나님**께서 말씀하신 그대로 되리라."

6-8 한 소리가 말한다. "외쳐라!"
내가 말했다. "뭐라고 외쳐야 합니까?"

"이 사람들은 풀에 지나지 않고,
그들의 아름다움은 들꽃처럼 덧없다.
하나님께서 한 번 훅 부시면,
풀은 마르고 들꽃은 시든다.
이 백성은 그저 풀에 불과하지 않느냐?
그렇다. 풀은 마르고 들꽃은 시들지만,
우리 하나님의 말씀은 영원토록 굳건히 설 것이다."

9-11 시온아, 높은 산에 올라라.
너는 기쁜 소식을 전하는 자다.
예루살렘아, 목청을 돋우어라. 크게 외쳐라.
너는 낭보를 전하는 자다.
크고 분명한 소리로 전하여라. 소심하게 굴지 마라!
유다의 성읍들을 향해 말하여라.
"보아라! 너희 하나님이시다!"
그분을 보아라! **하나님** 우리 주께서 맹위를 떨치시며,

and now it's over and done with."

3-5 Thunder in the desert!
"Prepare for GOD's arrival!
Make the road straight and smooth,
a highway fit for our God.
Fill in the valleys,
level off the hills,
Smooth out the ruts,
clear out the rocks.
Then GOD's bright glory will shine
and everyone will see it.
Yes. Just as GOD has said."

6-8 A voice says, "Shout!"
I said, "What shall I shout?"

"These people are nothing but grass,
their love fragile as wildflowers.
The grass withers, the wildflowers fade,
if GOD so much as puffs on them.
Aren't these people just so much grass?
True, the grass withers and the wildflowers fade,
but our God's Word stands firm and forever."

9-11 Climb a high mountain, Zion.
You're the preacher of good news.
Raise your voice. Make it good and loud, Jerusalem.
You're the preacher of good news.
Speak loud and clear. Don't be timid!
Tell the cities of Judah,
"Look! Your God!"
Look at him! GOD, the Master, comes in power,
ready to go into action.

행동 태세를 갖추고 오신다.
원수들에게는 보복하시되,
그분을 사랑하는 이들에게는 상을 내려 주실 것이다.
목자처럼 자기 양 떼를 돌보아 주시리라.
어린양들을 친히 두 팔로 감싸
품에 안으시고,
젖먹이는 어미 양들을 푸른 초장으로 이끄시리라.

비교할 수 없는 하나님

12-17 자기 두 손으로
대양을 퍼 올리거나
자기 장뼘으로 하늘의 크기를 재 본 사람,
자기 바구니에 온 땅의 티끌을 담고
산과 언덕의 무게를 재 본 사람이 있겠느냐?
하나님께 그분이 하실 일을 일러 드리거나
일을 가르쳐 드린 사람이 있겠느냐?
그분이 조언을 구하실 전문가나
정의를 배우실 학교가 있겠느냐?
그분께 지식을 전해 주거나
세상 돌아가는 이치를 알려 준 신이 있겠느냐?
보아라. 뭇 민족들은 그저 두레박 안의 물 한 방울,
창문에 묻은 때 한 점에 지나지 않는다.
그분이 마루에서 먼지를 닦아 내듯,
섬들을 싹 쓸어버리시는 것을 보아라!
레바논의 모든 나무를 모아도,
저 거대한 숲 속 짐승 전부를 다 모아도,
그분을 예배하는 데 필요한 땔감과 제물로 부족하리라.
모든 민족을 합쳐도 그분 앞에서는 없는 것이나 마찬가지다.
아니, 없는 것만도 못하다. 오히려 손해만 끼친다.

He is going to pay back his enemies
and reward those who have loved him.
Like a shepherd, he will care for his flock,
gathering the lambs in his arms,
Hugging them as he carries them,
leading the nursing ewes to good pasture.

The Creator of All You Can See or Imagine

12-17 Who has scooped up the ocean
in his two hands,
or measured the sky between his thumb and little finger,
Who has put all the earth's dirt in one of his baskets,
weighed each mountain and hill?
Who could ever have told GOD what to do
or taught him his business?
What expert would he have gone to for advice,
what school would he attend to learn justice?
What god do you suppose might have taught him what he knows,
showed him how things work?
Why, the nations are but a drop in a bucket,
a mere smudge on a window.
Watch him sweep up the islands
like so much dust off the floor!
There aren't enough trees in Lebanon
nor enough animals in those vast forests
to furnish adequate fuel and offerings for his worship.
All the nations add up to simply nothing before him—
less than nothing is more like it. A minus.

18-20 그러니, 하나님을 누구와 견주겠으며
무엇에 비기겠느냐?
우상 신들에? 웃기는 소리다!
우상들은 작업실에서 만들어진 제품이다.
청동으로 본을 떠서
얇게 금을 입히고,
가는 은사슬로 장식을 한다.
누구는 올리브나무처럼 썩지 않는 좋은 나무를 고르고
목수를 불러 만들기도 하는데,
그 우상이 기울어져 넘어지는 일이 없도록
받침대에 특별히 신경을 쓴다.

18-20 So who even comes close to being like God?
To whom or what can you compare him?
Some no-god idol? Ridiculous!
It's made in a workshop, cast in bronze,
Given a thin veneer of gold,
and draped with silver filigree.
Or, perhaps someone will select a fine wood—
olive wood, say—that won't rot,
Then hire a woodcarver to make a no-god,
giving special care to its base so it won't tip over!

21-24 주목해서 보지 않았단 말이냐?
귀 기울여 듣지 않았단 말이냐?
이는 너희가 평생 들어 온 이야기가 아니더냐?
만물의 기초가 무엇인지 모른단 말이냐?
하나님께서는 땅 위 높은 곳에 앉아 계신다.
거기서는 사람들이 개미 떼처럼 보인다.
그분은 휘장을 펴듯,
거주할 천막을 치듯, 하늘을 쭉 펴신다.
제후들이 무슨 말을 하거나 무슨 일을 벌여도, 괘념치 않으신다.
땅의 통치자들, 그분은 없는 셈 친다.
제후와 통치자들, 별것 아니다.
싹만 텄을 뿐 제대로 뿌리를 내리지 못한 씨앗 같아서,
하나님께서 훅 부시면 시들어 버린다.
지푸라기처럼 바람에 날아간다.

21-24 Have you not been paying attention?
Have you not been listening?
Haven't you heard these stories all your life?
Don't you understand the foundation of all things?
God sits high above the round ball of earth.
The people look like mere ants.
He stretches out the skies like a canvas—
yes, like a tent canvas to live under.
He ignores what all the princes say and do.
The rulers of the earth count for nothing.
Princes and rulers don't amount to much.
Like seeds barely rooted, just sprouted,
They shrivel when God blows on them.
Like flecks of chaff, they're gone with the wind.

25-26 "그러니, 나와 같은 자 누구랴?
누구를 나와 견주겠느냐?" '거룩하신 분'께서 말씀하신다.
밤하늘을 올려다보아라.
그 모든 것을 누가 만들었느냐?
매일 밤 별들의 행진을 지휘하는 이,

25-26 "So—who is like me?
Who holds a candle to me?" says The Holy.
Look at the night skies:
Who do you think made all this?
Who marches this army of stars out each night,

그 하나하나의 이름을 빠짐없이 부르며
더없는 위엄과 능력으로
점호를 실시하는 이, 누구냐?

27-31 오, 야곱아, 왜 불평하느냐?
이스라엘아, 왜 투덜대느냐?
어찌하여 "**하나님**께서 나를 잊으셨다.
내게 무슨 일이 있는지 관심도 없으시다"
고 말하느냐?
그렇게도 모른단 말이냐? 그렇게도 알아듣지 못한단 말이냐?
하나님은 왔다갔다 하시는 분이 아니다. 하나님은 언제나 너희와 함께하시는 분이다.
그분은 우리 눈에 보이는 모든 것, 상상할 수 있는 모든 것을 지으신 창조자이시다.
그분은 지치지도, 피곤해 하지도 않으신다.
모든 것을 속속들이 다 아신다.
그분은 지친 자들에게 기운을 북돋우시고,
나가떨어진 자들에게 새 힘을 불어넣어 주신다.
청년들도 지쳐 나가떨어지고,
한창때의 젊은이들도 비틀거리다 쓰러지지만,
하나님을 바라보는 이들은 새 힘을 얻는다.
그들은 독수리처럼 날개를 펼쳐 높이 날아오르며,
아무리 뛰어도 지칠 줄 모르고,
아무리 걸어도 피곤치 않다.

네가 하찮은 벌레처럼 느껴지느냐?

41 1 "먼 바다 섬들아, 진정하여라.
조용히 들어 보아라!
모두 앉아 쉬면서, 기운을 차려라.
내 주위로 모여라. 네 마음속 생각을 털어놓아라.
무엇이 옳은지 함께 판단해 보자.

2-3 이 일을 진행하는 이,

counts them off, calls each by name
—so magnificent! so powerful!—
and never overlooks a single one?

27-31 Why would you ever complain, O Jacob,
or, whine, Israel, saying,
"GOD has lost track of me.
He doesn't care what happens to me"?
Don't you know anything? Haven't you been listening?
GOD doesn't come and go. God *lasts*.
He's Creator of all you can see or imagine.
He doesn't get tired out, doesn't pause to catch his breath.
And he knows *everything*, inside and out.
He energizes those who get tired,
gives fresh strength to dropouts.
For even young people tire and drop out,
young folk in their prime stumble and fall.
But those who wait upon GOD get fresh strength.
They spread their wings and soar like eagles,
They run and don't get tired,
they walk and don't lag behind.

Do You Feel Like a Lowly Worm?

41 1 "Quiet down, far-flung ocean islands. Listen!
Sit down and rest, everyone. Recover your strength.
Gather around me. Say what's on your heart.
Together let's decide what's right.

2-3 "Who got things rolling here,

동방에서 그 정복자를 일으켜 오게 한 이가 누구냐?
그를 뽑아 일을 맡기고,
민족들을 한데 몰아넣어,
그로 하여금 왕들을 짓밟게 한 이가 누구냐?
그가 출발해 달리고 있다.
민족들을 빻아 가루로 만들고 있다.
그가 지나간 자리에는 재와 먼지뿐이다.
그들을 쫓아가 해치우는 그는 다치는 일이 없고,
발이 거의 땅에 닿지도 않는다.

got this champion from the east on the move?
Who recruited him for this job,
then rounded up and corralled the nations
so he could run roughshod over kings?
He's off and running,
pulverizing nations into dust,
leaving only stubble and chaff in his wake.
He chases them and comes through unscathed,
his feet scarcely touching the path.

4 누구냐? 이런 일을 일으킨 이가 누구냐?
만사를 시작케 하는 이가 누구냐?
나다. **하나님**이다. 무대에 가장 먼저 등장하는 이는 언제나 나다.
또 가장 늦게까지 남아 있는 이도 바로 나다.

4 "Who did this? Who made it happen?
Who always gets things started?
I did. GOD. I'm first on the scene.
I'm also the last to leave.

5-7 먼 바다 섬들이 보고는 겁에 질린다.
땅끝 나라들이 뒤흔들린다.
공포에 떨며 서로 한데 모인다.
암흑 속에서 서로
없는 말 지어내며 위로해 주려 한다.
우상 제작자들,
초과근무까지 하며 신상품을 찍어 내고
서로 '좋네!' '디자인 끝내주는데!' 하고 말한다.
우상이 기울어져 쓰러지지 않도록
받침대에 단단히 못을 박아 넣으면서.

5-7 "Far-flung ocean islands see it and panic.
The ends of the earth are shaken.
Fearfully they huddle together.
They try to help each other out,
making up stories in the dark.
The godmakers in the workshops
go into overtime production, crafting new models of no-gods,
Urging one another on—'Good job!' 'Great design!'—
pounding in nails at the base
so that the things won't tip over.

8-10 그러나 너, 이스라엘아, 너는 내 종이다.
너는 야곱이다. 내가 고르고 고른 자다.
나의 좋은 친구 아브라함의 자손이다.
나는 세상 전역에서 너를 끌어모으고,
땅의 어둔 구석구석에서 너를 불러내며 말

8-10 "But you, Israel, are my servant.
You're Jacob, my first choice,
descendants of my good friend Abraham.
I pulled you in from all over the world,
called you in from every dark corner of

했다.
'너는 나의 종, 내 옆에서 나를 섬기는 종이다.
내가 너를 뽑았으며, 너를 내친 적이 없다.'
겁먹지 마라. 내가 너와 함께하고 있다.
두려워할 것 없다. 내가 너의 하나님이니
내가 네게 힘을 줄 것이다. 너를 도와주리라.
내가 너를 붙들어 줄 것이다. 꽉 붙잡아 주리라.

the earth,
Telling you, 'You're my servant, serving on my side.
I've picked you. I haven't dropped you.'
Don't panic. I'm with you.
There's no need to fear for I'm your God.
I'll give you strength. I'll help you.
I'll hold you steady, keep a firm grip on you.

11-13 두고 보아라. 너를 푸대접했던 자들,
천대받게 될 것이다.
실패자가 될 것이다.
너를 대적하던 자들,
빈털터리가 될 것이다.
아무것도 보여줄 것 없는 신세가 될 것이다.
네가 옛 적들을 찾아보려고 해도
찾지 못하리라.
너의 옛 원수들, 흔적조차 남지 않을 것이다.
기억하는 자 하나 없으리라.
그렇다. 나 너의 **하나님**이,
너를 꽉 붙잡고, 결코 놓지 않기 때문이다.
내가 네게 말한다. '겁먹지 마라.
내가 여기 있다. 내가 너를 도우리라.'

11-13 "Count on it: Everyone who had it in for you
will end up out in the cold—
real losers.
Those who worked against you
will end up empty-handed—
nothing to show for their lives.
When you go out looking for your old adversaries
you won't find them—
Not a trace of your old enemies,
not even a memory.
That's right. Because I, your GOD,
have a firm grip on you and I'm not letting go.
I'm telling you, 'Don't panic.
I'm right here to help you.'

14-16 야곱아, 네가 하찮은 벌레처럼 느껴지느냐?
염려할 것 없다.
이스라엘아, 네가 보잘것없는 곤충처럼 느껴지느냐?
내가 너를 도울 것이다.
나 **하나님**이 장담한다.
나는 값을 치르고 너를 다시 산 하나님, '이스라엘의 거룩한 이'다.
내가 너를 벌레에서 써레가 되게,
곤충에서 철이 되게 할 것이다.

14-16 "Do you feel like a lowly worm, Jacob?
Don't be afraid.
Feel like a fragile insect, Israel?
I'll help you.
I, GOD, want to reassure you.
The God who buys you back, The Holy of Israel.
I'm transforming you from worm to harrow,

너는 날카로운 날을 가진 써레가 되어 산들을 갈아 없애고,
굳은 언덕들을 옥토 밭으로 바꾸어 놓을 것이다.
너는 거친 땅을 온갖 풍상에,
햇빛과 바람과 비에, 시달리게 만들 것이다.
그러나 너는 '이스라엘의 거룩한 이' 안에서
자신감 넘치고 원기 왕성하며,
기상이 원대해지리라!

17-20 가난하고 집 없는 자들이 간절히 물을 찾는다.
갈증으로 혀가 타지만 물이 없다.
그러나 내가 있다. 그들을 위해 내가 있다.
나 이스라엘의 하나님이, 그들을 계속 목마르게 내버려 두지 않을 것이다.
그들을 위해 메말랐던 언덕에서 강물이 터지고,
골짜기 가운데서 샘물이 터져 나게 할 것이다.
바싹 말랐던 황무지를 시원한 못으로,
메마른 사막을 물이 철철 넘쳐흐르는 시내로 바꿀 것이다.
나무 한 그루 없던 황야에 붉은 백향목과
아카시아나무, 도금양나무, 올리브나무를 심을 것이다.
사막에 잣나무를 심고,
상수리나무와 소나무가 우거지게 할 것이다.
모두가 보게 되리라. 못 볼 수가 없다.
명백한 증거가 되리라.
나 **하나님**이 친히 이뤄 낸 일.
반박할 수 없는 증거가 되리라.
그렇다. 이는 '이스라엘의 거룩한 이'가 창조하고 서명까지 한 일이다."

21-24 **하나님**께서 말씀하신다. "너의 신들을 위해 변론을 시작해 보아라.

from insect to iron.
As a sharp-toothed harrow you'll smooth out the mountains,
turn those tough old hills into loamy soil.
You'll open the rough ground to the weather,
to the blasts of sun and wind and rain.
But you'll be confident and exuberant,
expansive in The Holy of Israel!

17-20 "The poor and homeless are desperate for water,
their tongues parched and no water to be found.
But *I'm* there to be found, I'm there for them,
and I, God of Israel, will not leave them thirsty.
I'll open up rivers for them on the barren hills,
spout fountains in the valleys.
I'll turn the baked-clay badlands into a cool pond,
the waterless waste into splashing creeks.
I'll plant the red cedar in that treeless wasteland,
also acacia, myrtle, and olive.
I'll place the cypress in the desert,
with plenty of oaks and pines.
Everyone will see this. No one can miss it—
unavoidable, indisputable evidence
That I, GOD, personally did this.
It's created and signed by The Holy of Israel.

증거를 제시해 보아라." '야곱의 왕'이신 이가 말씀하신다.
"너의 우상들을 변호하기 위해 논증을 제시하여 보아라.
근거를 대 보아라.
우리가 판단할 수 있도록,
우리 앞에 사실을 내놓아 보아라.
네 신들에게 이렇게 물어보아라.
'그대들이 정말 신이라면, 지나간 일들의 의미를 설명해 주시오.
못하겠소? 그러면, 앞으로 일어날 일들에 대해 말해 보시오.
그것도 못하겠소?
그러면, 뭐라도 해보시오. 무슨 일이든!
좋은 일이든 나쁜 일이든, 아무거나 해보시오.
도대체 그대들은 우리에게 해를 끼치거나 도움을 줄 수 있는 존재요?
우리가 두려워해야 할 필요가 있는 존재요?'
그들, 아무 말도 못한다. 아무것도 아니기 때문이다.
가짜 신들, 우상 신들, 어릿광대 신들이기 때문이다.

21-24 "Set out your case for your gods," says GOD.
"Bring your evidence," says the King of Jacob.
"Take the stand on behalf of your idols, offer arguments,
assemble reasons.
Spread out the facts before us
so that we can assess them ourselves.
Ask them, 'If you are gods, explain what the past means—
or, failing that, tell us what will happen in the future.
Can't do that?
How about doing something—anything!
Good or bad—whatever.
Can you hurt us or help us? Do we need to be afraid?'
They say nothing, because they *are* nothing—
sham gods, no-gods, fool-making gods.

25-29 나 하나님이, 북쪽에서 누군가를 일으켜 이리로 오게 했다.
내가 동쪽에서 그의 이름을 불러 뽑았다.
토기장이가 진흙을 밟아 이기듯,
그가 통치자들을 바닥에 짓이길 것이다.
네게 한번 물어보자. 이런 일이 있을 것을 미리 알았던 자가 있느냐?
우리에게 먼저 말해 주어,
'과연 그의 말이 옳았다!'고 말하게 한 자가 있느냐?
이 일은 누구도 언급한 바 없다. 누구도 예고한 바 없다.
너 역시 찍소리도 낸 적 없다.
그러나 나는 시온에게 이 일을 미리 알려 주었다.

25-29 "I, God, started someone out from the north and he's come.
He was called out of the east by name.
He'll stomp the rulers into the mud
the way a potter works the clay.
Let me ask you, Did anyone guess that this might happen?
Did anyone tell us earlier so we might confirm it
with 'Yes, he's right!'?
No one mentioned it, no one announced it,
no one heard a peep out of you.
But I told Zion all about this beforehand.
I gave Jerusalem a preacher of good

내가 예루살렘에 낭보를 알리는 자를 보냈다.
그러나 여기 둘러보니,
무슨 일이 벌어지고 있는지 아는 사람이 아무도 없다.
물어봐도, 누구 하나 진상을 말하지 못한다.
여기에는 아무것도 없다. 전부 연기와 헛바람뿐이다.
가짜 신들, 텅 빈 신들, 우상 신들뿐이다."

news.
But around here there's no one—
no one who knows what's going on.
I ask, but no one can tell me the score.
Nothing here. It's all smoke and hot air—
sham gods, hollow gods, no-gods."

하나님의 종이 모든 일을 바로잡으리라

42 1-4 "나의 종을 유심히 보아라.
내가 전적으로 지지하는 종이다.
그는 내가 택한 사람이며,
나는 그가 더없이 마음에 든다.
나는 그를 온통 내 영으로, 내 생명으로 감싸 주었다.
그가 민족들 사이에서 모든 일을 바로잡을 것이다.
그는 일장연설이나 화려한 행사로
자기 일을 과시하지 않을 것이다.
그는 다치고 상한 이들을 무시하거나
미천하고 보잘것없는 자들에게 무관심하지 않으며,
분명하고 단호하게 모든 일을 바로잡아 줄 것이다.
그는 자기 일을 마칠 때까지 지쳐 주저앉는 법이 없고,
땅 위의 모든 일을 바로잡기까지 멈추지 않을 것이다.
먼 바다 섬들까지,
그의 가르침을 고대할 것이다."

God's Servant Will Set Everything Right

42 1-4 "Take a good look at my servant.
I'm backing him to the hilt.
He's the one I chose,
and I couldn't be more pleased with him.
I've bathed him with my Spirit, my *life*.
He'll set everything right among the nations.
He won't call attention to what he does
with loud speeches or gaudy parades.
He won't brush aside the bruised and the hurt
and he won't disregard the small and insignificant,
but he'll steadily and firmly set things right.
He won't tire out and quit. He won't be stopped
until he's finished his work—to set things right on earth.
Far-flung ocean islands
wait expectantly for his teaching."

5-9 우주를 창조하시고, 하늘을 펴셨으며,
땅과 거기 자라는 모든 것을 펼치신 분,
땅에 사는 사람들에게 당신의 생명 불어넣어,
그 생명으로 그들을 살게 하시는
하나님의 메시지다.

The God Who Makes Us Alive with His Own Life

5-9 GOD's Message,
the God who created the cosmos,
stretched out the skies,
laid out the earth and all that grows

"나는 **하나님**이다. 의롭게 살라고 내가 너를 불렀다.
내가 너를 책임지고 안전히 지켰다.
너를 내 백성 가운데 세워 그들과 나를 잇고,
너로 하여금 민족들을 비추는 등대로 삼아,
밝고 탁 트인 곳으로 사람들을 인도하는 일을 시작했다.
눈먼 사람의 눈을 뜨게 하고,
감옥에 갇힌 자들을 풀어 주며,
어두운 감방을 텅텅 비우는 일을 시작했다.
나는 **하나님**이다. 이것이 나의 이름이다.
나는 내 영광을 남에게 빌려 주지 않으며,
우상 신들을 인정해 주지 않는다.
기억하여라. 예전에 예고했던 심판들, 모두 이루어졌다.
이제 나는 새로운 구원을 예고한다.
그 일이 엄습하기 전에,
너희에게 미리 일러 준다."

10-16 **하나님**께 새 노래를 불러라!
온 세상에 찬양의 노래 울려 퍼지게 하여라!
바다와 그 속의 고기들이
환호성을 지르게 하여라.
모든 먼 섬들도 따라하게 하여라.
광야와 장막들이 소리 높여 노래하고
게달의 유목민들도 따라 하게 하여라.
셀라의 주민들이 찬양대를 만들어
산꼭대기에서 노래하게 하여라.
하나님의 영광이 울려 퍼지게 하여라.
그분을 찬양하는 소리가 대양을 가로질러 메아리치게 하여라.
하나님께서 작정하고 나서신다.
행동에 들어가실 태세다.
"내가 왔다." 그분께서 큰소리로 알리

from it,
Who breathes life into earth's people,
makes them alive with his own life:
"I am GOD. I have called you to live right and well.
I have taken responsibility for you, kept you safe.
I have set you among my people to bind them to me,
and provided you as a lighthouse to the nations,
To make a start at bringing people into the open, into light:
opening blind eyes,
releasing prisoners from dungeons,
emptying the dark prisons.
I am GOD. That's my name.
I don't franchise my glory,
don't endorse the no-god idols.
Take note: The earlier predictions of judgment have been fulfilled.
I'm announcing the new salvation work.
Before it bursts on the scene,
I'm telling you all about it."

10-16 Sing to GOD a brand-new song,
sing his praises all over the world!
Let the sea and its fish give a round of applause,
with all the far-flung islands joining in.
Let the desert and its camps raise a tune,
calling the Kedar nomads to join in.
Let the villagers in Sela round up a choir
and perform from the tops of the mountains.
Make GOD's glory resound;
echo his praises from coast to coast.
GOD steps out like he means business.

신다.
적들을 단번에 장악하신다.
"내가 오랫동안 침묵을 지켜 왔다.
뒤로 물러나 이를 악물고 있었다.
그러나 이제야, 터뜨린다.
해산하는 여인처럼 크게 소리친다.
산들을 벌거숭이로 만들고
들꽃들을 말려 죽이고
강들을 말라붙게 하며,
호수들을 개펄이 되게 한다.
그러나 길을 알지 못하는 자들,
향방을 알지 못하는 자들은 내가 손을 잡아 주리라.
낯선 곳을 지나는 그들을 위해
친히 내가 길 안내자가 되어 줄 것이다.
어느 길로 가야 하는지 곁에서 일러 주고,
도랑에 빠지지 않게 도와주리라.
그들을 위해 그렇게 할 것이다.
그들 옆에 꼭 붙어, 한시도 떠나지 않으리라."

17 그러나 우상에 투자했던 자들은
이제 파산이다. 끝장이다.

이스라엘이 깨닫지 못한다

18-25 주목하여라! 귀가 멀었느냐?
눈을 떠라! 눈이 멀었느냐?
너희는 나의 종이다. 그런데 보고 있지 않구나!
너희는 내가 보내는 사자다. 그런데 듣고 있지 않구나!
내가 믿었던 백성이, **하나님**의 종들이
장님이다. 작심하고 눈을 감아 버린 장님이다!
너희는 많은 것을 보았으나, 제대로 본 것은 아무것도 없다.
전부 다 들었으나, 제대로 들은 것은 아무것도 없다.

You can see he's primed for action.
He shouts, announcing his arrival;
he takes charge and his enemies fall into line:
"I've been quiet long enough.
I've held back, biting my tongue.
But now I'm letting loose, letting go,
like a woman who's having a baby—
Stripping the hills bare,
withering the wildflowers,
Drying up the rivers,
turning lakes into mudflats.
But I'll take the hand of those who don't know the way,
who can't see where they're going.
I'll be a personal guide to them,
directing them through unknown country.
I'll be right there to show them what roads to take,
make sure they don't fall into the ditch.
These are the things I'll be doing for them—
sticking with them, not leaving them for a minute."

17 But those who invested in the no-gods
are bankrupt—dead broke.

You've Seen a Lot, but Looked at Nothing

18-25 Pay attention! Are you deaf?
Open your eyes! Are you blind?
You're my servant, and you're not looking!
You're my messenger, and you're not listening!
The very people I depended upon, servants of GOD,
blind as a bat—willfully blind!
You've seen a lot, but looked at nothing.
You've heard everything, but listened to

하나님께서는 선한 마음으로
자신의 계시를 아낌없이 나누시기로 작정하셨다.
그런데 얻어맞고 윽박지름당하며 살아온 이 백성,
다락, 구석에 갇혀
피해의식에 젖은 채
자기 상처나 핥고 있다.
거기, 누구 듣고 있는 자 없느냐?
지금 벌어지는 일을 주목하는 자 없느냐?
너희는 야곱을 흉악범의 손에 넘기고,
이스라엘에 강도를 풀어 활보하게 한 이가 누구라고 생각하느냐?
하나님이 아니시더냐? 우리는 이 하나님께 죄를 범했다.
그분이 명령하신 것을 행하지 않았고,
그분이 말씀하신 바를 듣지 않았다.
이 모든 일 뒤에는 하나님의 진노가,
하나님의 심판하시는 능력이 있지 않더냐?
그런데, 자기 세상 전부가 무너졌는데, 그들은 여전히 깨닫지 못했다.
자기 삶이 폐허가 되었는데도, 그들은 여전히 마음에 새기지 않는다.

nothing.
GOD intended, out of the goodness of his heart,
to be lavish in his revelation.
But this is a people battered and cowed,
shut up in attics and closets,
Victims licking their wounds,
feeling ignored, abandoned.
But is anyone out there listening?
Is anyone paying attention to what's coming?
Who do you think turned Jacob over to the thugs,
let loose the robbers on Israel?
Wasn't it GOD himself, this God against whom we've sinned—
not doing what he commanded,
not listening to what he said?
Isn't it God's anger that's behind all this,
God's punishing power?
Their whole world collapsed but they still didn't get it;
their life is in ruins but they don't take it to heart.

43 1-4 그러나 이제, **하나님**의 **메시지**를 들어라.
애초에 너, 야곱을 만드신 하나님,
너, 이스라엘을 시작하신 분의 말씀이다.
"두려워하지 마라. 내가 너를 속량했다.
내가 네 이름을 불렀다. 너는 내 것이다.
네가 길을 잃고 갈팡질팡할 때, 내가 함께할 것이다.
네가 물에 빠져 허우적거릴 때, 가라앉게 내버려 두지 않을 것이다.
사면초가에 처해도,
그것이 네게 막다른 골목이 되지 않으리라.
나는 **하나님**, 곧 너의 하나님,

When You're Between a Rock and a Hard Place

43 1-4 But now, GOD's Message,
the God who made you in the first place, Jacob,
the One who got you started, Israel:
"Don't be afraid, I've redeemed you.
I've called your name. You're mine.
When you're in over your head, I'll be there with you.
When you're in rough waters, you will not go down.
When you're between a rock and a hard place,

'이스라엘의 거룩한 이', 너의 구원자이기 때문이다.
나는 어마어마한 값을 치르고 너를 샀다. 너를 얻으려고
이집트를 다, 귀중한 구스와 스바도 같이, 내놓았다!
너는 내게 그만큼 소중하다!
내가 너를 그만큼 사랑한다!
너를 얻기 위해서라면 나는 온 세상도 팔 수 있다.
창조세계와 너를 맞바꿀 수도 있다.

5-7 그러니 두려워하지 마라. 내가 너와 함께한다.
너의 흩어진 자녀들을 내가 다시 불러 모을 것이다.
동쪽과 서쪽에서 그들을 끌어모을 것이다.
내가 북쪽과 남쪽으로 명령을 보낼 것이다.
'그들을 다시 보내라.
먼 땅에 있는 내 아들들,
먼 곳에 있는 내 딸들을 돌려보내라.
내가 되돌려 받고자 한다. 내 이름을 지니고 있는 사람 모두.
내 영광을 위해 창조한 이들,
친히 내가 하나하나 빚어 만든 그들,
한 사람도 빠짐없이, 다 돌려보내라.'"

8-13 눈먼 자들과 귀먹은 자들을 불러 준비하게 하여라.
(눈은 멀쩡한데) 눈먼 자들,
(귀는 멀쩡한데) 귀먹은 자들 말이다.
다른 민족들도 나와서 준비하게 하여라.
그들이 무슨 말을 할지,
벌어진 일에 대해 무슨 설명을 내놓을지 보자.
그들로 하여금 노련한 증인들을 내세워
변론하게 해보아라.

it won't be a dead end—
Because I am GOD, your personal God,
The Holy of Israel, your Savior.
I paid a huge price for you:
all of Egypt, with rich Cush and Seba thrown in!
That's how much you mean to me!
That's how much I love you!
I'd sell off the whole world to get you back,
trade the creation just for you.

5-7 "So don't be afraid: I'm with you.
I'll round up all your scattered children,
pull them in from east and west.
I'll send orders north and south:
'Send them back.
Return my sons from distant lands,
my daughters from faraway places.
I want them back, every last one who bears my name,
every man, woman, and child
Whom I created for my glory,
yes, personally formed and made each one.'"

8-13 Get the blind and deaf out here and ready—
the blind (though there's nothing wrong with their eyes)
and the deaf (though there's nothing wrong with their ears).
Then get the other nations out here and ready.
Let's see what they have to say about this,
how they account for what's happened.
Let them present their expert witnesses

자기들 말이 옳다는 것을 설득해 보게 하여라.
"그러나 내 증인은 너희다." **하나님**의 포고다.
"너희는 나의 종이다. 나를 알고 신뢰하라고,
내가 존재한다는 것과 내가 어떤 존재인지를 깨달아 알라고,
내 손으로 직접 고른 나의 종이다.
나 이전부터 존재한 신이나,
나 이후에도 존재할 신 같은 것은 없다.
그렇다. 내가 **하나님**이다.
존재하는 유일한 구원자다.
내가 말했고, 내가 구원했으며,
건방진 신들이 설치기 훨씬 이전의 일들을 너희에게 일러 주었다.
너희도 알고 있다. 너희가 내 증인이고,
내 증거물이라는 사실을." **하나님**의 포고다.
"그렇다. 내가 하나님이다.
언제나 그랬고,
언제까지나 그럴 것이다.
내게서 무엇을 앗아 갈 자 아무도 없다.
내가 만든 것을 누가 없앨 수 있겠느냐?"

너희는 나를 거들떠보지도 않았다

14-15 **하나님**, 너희 속량자,
'이스라엘의 거룩하신 분'께서 말씀하신다.
"내가 너를 위해 바빌론으로 행군해 갈 것이다.
바빌론 사람들에게 보복할 것이다.
야단법석을 떨던 그들,
통곡하게 되리라.
나는 **하나님**, 너희의 거룩한 이,
이스라엘의 창조자, 너희의 왕이다."

16-21 **하나님**께서 말씀하신다.
대양 가운데 길을 내시고
거센 물결 사이로 길을 뚫으시는 하나님,
말과 전차와 군대를 소환하시면
다 쓰러져 일어나지 못하고

and make their case;
let them try to convince us what they say is true.
"But *you* are my witnesses." GOD's Decree.
"You're my handpicked servant
So that you'll come to know and trust me,
understand both *that* I am and *who* I am.
Previous to me there was no such thing as a god,
nor will there be after me.
I, yes I, am GOD.
I'm the only Savior there is.
I spoke, I saved, I told you what existed
long before these upstart gods appeared on the scene.
And you know it, you're my witnesses,
you're the evidence." GOD's Decree.
"Yes, I am God.
I've always been God
and I always will be God.
No one can take anything from me.
I make; who can unmake it?"

You Didn't Even Do the Minimum

14-15 GOD, your Redeemer,
The Holy of Israel, says:
"Just for you, I will march on Babylon.
I'll turn the tables on the Babylonians.
Instead of whooping it up,
they'll be wailing.
I am GOD, your Holy One,
Creator of Israel, your King."

16-21 This is what GOD says,
the God who builds a road right through the ocean,
who carves a path through pounding

촛불처럼 꺼져 버리고 마는, 그 하나님께서
말씀하신다.
"지금까지 있었던 일들은 잊어라.
지나간 역사에 연연하지 마라.
다만, 깨어 있어라. 현재에 깨어 있어라.
이제 나는 전혀 새로운 일을 행할 것이다.
이미 시작되었다! 보이지 않느냐?
여기를 보아라! 내가 사막 가운데 길을 내고,
황무지에 강을 낼 것이다.
들짐승들이, 이리와 독수리들이
'감사합니다!' 하고 외칠 것이다.
내가 사막에 물을 가져오고
바싹 마른 땅에 강이 흐르게 하여,
나의 택한 백성이 그 물을 마시게 하기 때문
이다.
그들은 나를 위해 특별히 만든 백성,
나를 찬양하라고 특별히 지은 백성이다.

22-24 그런데 야곱아, 너는 나를 거들떠보지
도 않았다.
이스라엘아, 너는 빨리도 나에게 싫증을
냈다.
너는 양을 제물로 바치는 일도 하지 않으려
했다.
희생 제물을 바치는 일에도 전혀 관심이 없
었다.
나는 너에게 많은 것을 요구하지 않았다.
값비싼 선물도 기대하지 않았다.
그런데 너는 최소한의 성의도 보이지 않
았다.
내게 참으로 인색했다. 구두쇠처럼 굴었다.
그런데 네가 죄를 짓는 일에는 인색하지 않
았다.
죄 앞에서는 손이 너무도 컸다. 나는 이제
지쳤다.

25 그러나 나는, 그렇다,
너의 죄를 처리해 주는 이다. 그것이 내가

waves,
The God who summons horses and chariots and armies—
they lie down and then can't get up;
they're snuffed out like so many candles:
"Forget about what's happened;
don't keep going over old history.
Be alert, be present. I'm about to do something brand-new.
It's bursting out! Don't you see it?
There it is! I'm making a road through the desert,
rivers in the badlands.
Wild animals will say 'Thank you!'
—the coyotes and the buzzards—
Because I provided water in the desert,
rivers through the sun-baked earth,
Drinking water for the people I chose,
the people I made especially for myself,
a people custom-made to praise me.

22-24 "But you didn't pay a bit of attention to me, Jacob.
You so quickly tired of me, Israel.
You wouldn't even bring sheep for offerings in worship.
You couldn't be bothered with sacrifices.
It wasn't that I asked that much from you.
I didn't expect expensive presents.
But you didn't even do the minimum—
so stingy with me, so closefisted.
Yet you haven't been stingy with your sins.
You've been plenty generous with them—and I'm fed up.

25 "But I, yes I, am the one
who takes care of your sins—that's what

하는 일이다.
나는 너의 죄 목록을 보관하지 않고 있다.

26-28 그러니, 내게 맞서 변론을 해보아라.
공개토론을 해보자.
너의 주장을 펼쳐 보아라. 네가 옳다는 것을 증명해 보아라.
너의 처음 조상이 범죄행위를 시작했고,
그 후로 모두가 동참했다.
그것이 내가 성전 지도자들의 자격을 박탈하고,
야곱을 버리며, 이스라엘을 불신할 수밖에 없었던 이유다."

나 같은 반석은 없다

44 1-5 "그러나 사랑하는 종 야곱아,
내가 친히 뽑은 너, 이스라엘아,
이제 들어라.
너를 만든 **하나님**이 네게 말한다.
모태에서 너를 빚은 그 하나님이 너를 도우려 한다.
사랑하는 종 야곱아,
내가 택한 여수룬아, 두려워하지 마라.
내가 메말랐던 땅에 물을 쏟아붓고,
바싹 말랐던 땅에 시내가 흐르게 할 것이다.
네 자손에게 나의 영을 부어 주며,
네 자녀들에게 나의 복을 부어 주리라.
그들이 초원의 풀처럼,
시냇가의 버들처럼 쑥쑥 자랄 것이다.
누구는 '나는 **하나님**의 것이다' 말하고,
누구는 자기 이름을 야곱이라 할 것이다.
또 누군가는 자기 손에 '이 몸은 **하나님**의 것'이라 쓰고 다니며
이스라엘이라 불리기를 자랑스러워할 것이다."

6-8 **하나님**, 이스라엘의 왕,
너희를 속량한 자, 만군의 **하나님**께서 말씀

I do.
I don't keep a list of your sins.

26-28 "So, make your case against me. Let's have this out.
Make your arguments. Prove you're in the right.
Your original ancestor started the sinning,
and everyone since has joined in.
That's why I had to disqualify the Temple leaders,
repudiate Jacob and discredit Israel."

Proud to Be Called Israel

44 1-5 "But for now, dear servant Jacob, listen—
yes, you, Israel, my personal choice.
GOD who made you has something to say to you;
the God who formed you in the womb wants to help you.
Don't be afraid, dear servant Jacob,
Jeshurun, the one I chose.
For I will pour water on the thirsty ground
and send streams coursing through the parched earth.
I will pour my Spirit into your descendants
and my blessing on your children.
They shall sprout like grass on the prairie,
like willows alongside creeks.
This one will say, 'I am GOD's,'
and another will go by the name Jacob;
That one will write on his hand 'GOD's property'—
and be proud to be called Israel."

6-8 GOD, King of Israel,

하신다.
"나는 시작이요 끝이며, 그 사이의 모든 것
이다.
나는 존재하는 유일한 하나님이다.
나와 견줄 자 누구냐?
한번 나서 보아라. 어디, 자격이 되는지 보자.
처음부터 앞으로 될 일을 예고한 이가 나 말
고 또 누가 있느냐?
있다면, 한번 말해 보아라. 이제 무슨 일이
있겠느냐? 누가 말해 보겠느냐?
두려워하지 마라. 염려하지 마라.
내가 너희에게 늘 알리지 않았더냐? 무슨 일
인지 말해 주지 않았더냐?
너희는 나의 증인들이다.
너희가 나 말고 다른 하나님을 만나 본 적 있
느냐?
나 같은 반석은 없다. 내가 아는 한, 없다."

어리석은 우상숭배자들

9-11 우상을 만드는 자들은 모두 허망한 존재
에 불과하다. 그들이 땀 흘려 만들어 내는 것
은 아무 쓸모가 없다. 시시한 장난감 신들, 그
것들은 아무것도 못 보고 아무것도 모른다.
그저 해괴망측할 뿐이다! 아무것도 하지 못
하는 신들, 신이라고 할 수도 없는 것들을 만
들어 내는 자 누구냐? 부끄러워 얼굴을 들지
못하는 저 꼴을 보아라. 자기들이 만든 우상
들이 기대를 저버리자, 창피해서 슬금슬금
꽁무니를 빼는 저 모습을 보아라. 그들을 이
곳 광장에 데리고 나와 세워라. 그들에게 하
나님의 실재를 대면시켜라.
12 대장장이가 자기 우상을 만든다. 그의 대
장간에서, 모루 위에 올려놓고 망치로 탕탕
두들겨 만들어 낸다. 참 고된 일이다! 허기지
고 목말라 지친 모습으로 그는 일을 마친다.
13-17 목수가 자기 우상을 만들 계획을 세우
고 나무토막 위에 도면을 그린다. 끌질을 하
고 대패질을 해서 사람 모양을 만든다. 근사

your Redeemer, GOD-of-the-Angel-Armies, says:
"I'm first, I'm last, and everything in between.
I'm the only God there is.
Who compares with me?
Speak up. See if you measure up.
From the beginning, who else has always announced what's coming?
So what is coming next? Anybody want to venture a try?
Don't be afraid, and don't worry:
Haven't I always kept you informed, told you what was going on?
You're my eyewitnesses:
Have you ever come across a God, a real God, other than me?
There's no Rock like me that I know of."

Lover of Emptiness

9-11 All those who make no-god idols
don't amount to a thing, and what they
work so hard at making is nothing. Their
little puppet-gods see nothing and know
nothing—they're total embarrassments!
Who would bother making gods that can't
do anything, that can't "*god*"? Watch all
the no-god worshipers hide their faces in
shame. Watch the no-god makers slink
off humiliated when their idols fail them.
Get them out here in the open. Make them
face God-reality.
12 The blacksmith makes his no-god,
works it over in his forge, hammering it
on his anvil—such hard work! He works
away, fatigued with hunger and thirst.
13-17 The woodworker draws up plans for

한 미남, 미녀 모양으로 만들어 예배당에 갖다 두려는 것이다. 우선 백향목을 베어 오거나, 소나무나 상수리나무를 고르고, 그것이 숲 속에서 비를 맞고 잘 클 때까지 기다린다. 나무가 다 자라면 그는 그것을 두 가지 용도로 쓴다. 일부는 집을 데우거나 빵 굽는 데 필요한 땔감으로 쓰고, 남는 것으로 자기가 숭배할 신을 만든다. 잘 깎아 신의 모양을 만든 다음 그것 앞에서 기도하려는 것이다. 먼저 그는 나무의 반을 가져와 방을 덥히고 불을 피워 고기를 굽는다. 배불리 먹은 다음, 배를 두드리며 따뜻한 불가에 기대어 앉아 말한다. "아, 이런 게 사는 맛이지." 그 다음에 그는 남은 나무를 가지고 자기 취향에 따라 우상을 디자인한다. 마음 내킬 때 편하게 예배할 수 있도록 간편하고 편리한 우상을 만든다. 그러고 나서 필요할 때마다 그것 앞에서 기도한다. "나를 구원해 주십시오. 당신은 나의 신입니다."

18-19 이 얼마나 바보 같은 짓이냐? 눈이 있어도 보지 못하고 머리가 있어도 생각하지 못하는구나. 아니, 그들에게는 이런 생각이 들지 않더란 말이냐? "내가 이 나무의 반으로 불을 피웠다. 그것으로 빵을 구웠고, 고기를 구웠고, 배불리 먹었다. 그리고 나머지 반으로 우상을 만들었다. 이런 혐오스런 우상을. 아니, 나무 막대기에 불과한 것 앞에서 내가 기도하고 있다니!"

20 허상에 미혹된 자들은 현실감각을 잃어버린 나머지, 자기가 무슨 짓을 하고 있는지 도무지 깨닫지 못한다. 손에 들고 있는 나무 막대기 우상을 보며 "이 무슨 미친 짓인가" 하고 말하지 못한다.

21-22 "오, 야곱아, 이것들을 기억하여라.
이스라엘아, 네가 내 종이라는 사실을 엄숙히 받아들여라.

his no-god, traces it on a block of wood. He shapes it with chisels and planes into human shape—a beautiful woman, a handsome man, ready to be placed in a chapel. He first cuts down a cedar, or maybe picks out a pine or oak, and lets it grow strong in the forest, nourished by the rain. Then it can serve a double purpose: Part he uses as firewood for keeping warm and baking bread; from the other part he makes a god that he worships—carves it into a god shape and prays before it. With half he makes a fire to warm himself and barbecue his supper. He eats his fill and sits back satisfied with his stomach full and his feet warmed by the fire: "Ah, this is the life." And he still has half left for a god, made to his personal design—a handy, convenient no-god to worship whenever so inclined. Whenever the need strikes him he prays to it, "Save me. You're my god."

18-19 Pretty stupid, wouldn't you say? Don't they have eyes in their heads? Are their brains working at all? Doesn't it occur to them to say, "Half of this tree I used for firewood: I baked bread, roasted meat, and enjoyed a good meal. And now I've used the rest to make an abominable no-god. Here I am praying to a stick of wood!"

20 This lover of emptiness, of nothing, is so out of touch with reality, so far gone, that he can't even look at what he's doing, can't even look at the no-god stick of wood in his hand and say, "This is crazy."

내가 너를 만들었다. 너를 빚어 내었다. 너는 나의 종이다.
오, 이스라엘아, 나는 결코 너를 잊을 수 없다.
내가 너의 모든 죄를 청산해 주었다.
말끔히 없애 주었다.
내게 돌아오너라, 돌아오너라.
내가 너를 속량했다."

23 높은 하늘아, 노래하여라!
하나님께서 이를 이루셨다.
깊은 땅아, 소리쳐라!
너희 산들아, 노래하여라!
상수리나무, 소나무, 백향목들아, 숲 속에서 합창하여라!
하나님께서 야곱을 속량하셨다.
이스라엘에 **하나님**의 영광이 나타났다.

24 **하나님**, 너의 구원자,
네 어머니의 태에서 너의 생명을 빚어 내신 분께서 말씀하신다.
"나는 **하나님**이다. 내가 존재하는 모든 것을 만들었다.
너의 도움 전혀 없이 내가 하늘을 펼치고
땅을 펼쳤다."

25-28 그분께서 마술사들을 우스꽝스럽게 만드시고
점쟁이들을 가소로운 자들로 만들어 버리신다.
전문가들을 시시하게 만드시고
첨단 지식을 바보 같은 소리로 만들어 버리신다.
그러나 당신 종이 하는 말은 뒷받침해 주시며
당신이 보낸 사자의 조언은 확증해 주신다.
그분께서 예루살렘에게 "사람들이 네게 들어와 살 것이다" 말씀하시고
유다의 성읍들에게 "너희는 다시 재건될 것이다" 말씀하시며,

21-22 "Remember these things, O Jacob.
Take it seriously, Israel, that you're my servant.
I made you, *shaped* you: You're my servant.
O Israel, I'll never forget you.
I've wiped the slate of all your wrongdoings.
There's nothing left of your sins.
Come back to me, come back.
I've redeemed you."

23 High heavens, sing!
GOD has done it.
Deep earth, shout!
And you mountains, sing!
A forest choir of oaks and pines and cedars!
GOD has redeemed Jacob.
GOD's glory is on display in Israel.

24 GOD, your Redeemer,
who shaped your life in your mother's womb, says:
"I am GOD. I made all that is.
With no help from you I spread out the skies
and laid out the earth."

25-28 He makes the magicians look ridiculous
and turns fortunetellers into jokes.
He makes the experts look trivial
and their latest knowledge look silly.
But he backs the word of his servant
and confirms the counsel of his messengers.

폐허 더미들에게 "내가 너희를 다시 일으켜 세우리라" 말씀하신다.
그분께서 대양에게 "말라 버려라.
내가 강들을 말려 버릴 것이다" 말씀하신다.
그분께서 고레스에게 "내 목자여,
내가 원하는 일 모두를 네가 해낼 것이다" 말씀하신다.
예루살렘에게 "재건될 것이다" 말씀하시고,
성전에게 "다시 세워지리라" 말씀하신다.

He says to Jerusalem, "Be inhabited,"
and to the cities of Judah, "Be rebuilt,"
and to the ruins, "I raise you up."
He says to Ocean, "Dry up.
I'm drying up your rivers."
He says to Cyrus, "My shepherd—
everything I want, you'll do it."
He says to Jerusalem, "Be built,"
and to the Temple, "Be established."

하나님께서 고레스를 세우시다

45 1-7 **하나님**께서 당신의 기름부음 받은 자,
고레스에게 주시는 **메시지**다.
민족들을 길들이고
그 왕들의 간담을 서늘케 하라고
하나님이 친히 그를 붙잡아 세우시며,
전권과 재량을 주시며 말씀하셨다.
"내가 네 앞서 가며,
길을 낼 것이다.
단단한 성문들을 부서뜨리고
굳센 자물쇠를 깨뜨리며, 굳게 잠긴 출입문을 박살내겠다.
내가 너를 보물이 묻혀 있는 곳,
보석이 숨겨 있는 은닉처로 안내하겠다.
그렇게, 너를 지명하여 불러낸 이가 바로 나 **하나님**,
이스라엘의 하나님임을 확증해 주겠다.
내가 너를 뽑고, 너를 지명하고 불러내어
이 특권을 맡긴 것은,
바로 내 사랑하는 종 야곱,
내가 택한 이스라엘 때문이다.
너는 나를 알지도 못한다!
나는 **하나님**, 존재하는 유일한 하나님이다.
나 외에 다른 신은 없다.
내가 나를 알지도 못하는 너를
무장시켜 이 일을 맡긴 것은,
동쪽에서 서쪽에 이르기까지 모든 사람으

The God Who Forms Light and Darkness

45 1-7 GOD's Message to his anointed,
to Cyrus, whom he took by the hand
To give the task of taming the nations,
of terrifying their kings—
He gave him free rein,
no restrictions:
"I'll go ahead of you,
clearing and paving the road.
I'll break down bronze city gates,
smash padlocks, kick down barred entrances.
I'll lead you to buried treasures,
secret caches of valuables—
Confirmations that it is, in fact, I, GOD,
the God of Israel, who calls you by your name.
It's because of my dear servant Jacob,
Israel my chosen,
That I've singled you out, called you by name,
and given you this privileged work.
And you don't even know me!
I am GOD, the only God there is.
Besides me there are no real gods.
I'm the one who armed you for this work,
though you don't even know me,

로 하여금
나 외에 다른 신이 없다는 것을 알게 하려는 것이다.
나는 **하나님**, 존재하는 유일한 하나님이다.
나는 빛을 만들고, 어둠을 창조하며,
조화를 만들고, 불화를 창조한다.
나 **하나님**이 이 모든 일을 이룬다.

So that everyone, from east to west, will know
that I have no god-rivals.
I am GOD, the only God there is.
I form light and create darkness,
I make harmonies and create discords.
I, GOD, do all these things.

8-10 열려라, 하늘아, 비를 내려라.
구름들아, 나의 의를 쏟아부어라!
땅아, 다 내놓아라. 구원을 꽃피게 하여라.
의로운 삶을 싹트게 하여라.
나 **하나님**이 이 모든 일을 일으키리라.
그러나 자신의 창조자와 맞서 싸우는 자들에게는 화가 있으리라.
그들은 토기장이에게 맞서는 토기와 같다!
진흙이 토기장이에게
'이게 뭡니까? 정말 형편없는 솜씨군요!' 하고 대드는 법이 있느냐?
정자가 그 주인에게
'누구 허락을 받아 날 가지고 아기를 만듭니까?' 하거나
태아가 엄마에게
'왜 뱃속에 날 가두는 거예요?' 하고 말할 수 있느냐?"

8-10 "Open up, heavens, and rain.
Clouds, pour out buckets of my goodness!
Loosen up, earth, and bloom salvation;
sprout right living.
I, GOD, generate all this.
But doom to you who fight your Maker—
you're a pot at odds with the potter!
Does clay talk back to the potter:
'What are you doing? What clumsy fingers!'
Would a sperm say to a father,
'Who gave you permission to use me to make a baby?'
Or a fetus to a mother,
'Why have you cooped me up in this belly?'"

11-13 **하나님**, 이스라엘의 거룩하신 분, 이스라엘의 창조자께서 말씀하신다.
"내가 누구를 만드는지, 무엇을 만드는지, 너희가 왈가왈부하느냐?
내가 무엇을 할 수 있고, 무엇을 할 수 없는지, 너희가 따지려 드느냐?
내가 땅을 만들었고,
거기에 살 사람들을 창조했다.
내가 하늘을 직접 만들었고,
별들의 움직임을 지도했다.
그런 내가 이제 고레스를 일으켰다.
그 앞에 레드 카펫을 깔아 주었다.

11-13 Thus GOD, The Holy of Israel, Israel's Maker, says:
"Do you question who or what I'm making?
Are you telling me what I can or cannot do?
I made earth,
and I created man and woman to live on it.
I handcrafted the skies
and direct all the constellations in their turnings.

그가 내 성읍을 건설할 것이다.
그가 내 유랑민들을 고향으로 데리고 올 것이다.
내가 이 일을 위해 보수를 주고 그를 고용하지 않았다.
다만 그에게 명령을 내렸다.
나 만군의 **하나님**이."

⁂

14 **하나님**께서 말씀하신다.

"이집트의 일꾼들, 에티오피아의 상인들,
훤칠한 스바 사람들이 모두
너에게 올 것이다. 모두 너의 것이 될 것이다.
사슬에 묶인 채 고분고분하게 너를 따르고,
공손하게 두 손 모아 네 앞에서 기도하며 말하리라.
'놀랍습니다! 하나님이 당신과 함께하십니다!
다른 신은 없습니다.'"

15-17 분명, 주님은 배후에서 일하시는 하나님,
이스라엘의 하나님, 구원자 하나님이십니다.
그들은 모두 부끄러움을 당하여,
얼굴을 들지 못하게 될 것입니다.
우상을 만드는 자들, 일을 잃고 갈팡질팡하며
어쩔 줄 몰라 할 것입니다.
그러나 **하나님**, 이스라엘 백성은 주가 구원해 주셨습니다.
주께서 영원한 구원을 베풀어 주셨습니다.
그들은 수치를 당하지 않고,
갈팡질팡하는 일도 없을 것입니다.

18-24 **하나님**은 하늘을 창조하신 분.
기억하여라. 그분은 하나님이시다.
그분이 땅을 만드셨고,

And now I've got Cyrus on the move.
I've rolled out the red carpet before him.
He will build my city.
He will bring home my exiles.
I didn't hire him to do this. I *told* him.
I, GOD-of-the-Angel-Armies."

⁂

14 GOD says:

"The workers of Egypt, the merchants of Ethiopia,
and those statuesque Sabeans
Will all come over to you—all yours.
Docile in chains, they'll follow you,
Hands folded in reverence, praying before you:
'Amazing! God is with you!
There is no other God—none.'"

Look at the Evidence

15-17 Clearly, you are a God who works behind the scenes,
God of Israel, Savior God.
Humiliated, all those others
will be ashamed to show their faces in public.
Out of work and at loose ends, the makers of no-god idols
won't know what to do with themselves.
The people of Israel, though, are saved by you, GOD,
saved with an eternal salvation.
They won't be ashamed,
they won't be at loose ends, ever.

18-24 GOD, Creator of the heavens—
he is, remember, *God*.

태초에 땅의 기초를 세우셨다.
그분은 땅을 텅 빈 곳이 되게 하시려고
그런 수고를 들이신 것이 아니라,
생명이 살 수 있는 곳이 되게 하시려고 땅을 만드셨다.

이 **하나님**께서 말씀하신다.

"나는 **하나님**이다.
오직 나만이 그렇다.
나는 혼잣말을 중얼거리거나
웅얼대며 말하는 이가 아니다.
나는 야곱에게
'나를 공허 속에서, 어두운 무(無)에서 찾으라'고 말해 본 적이 없다.
나는 **하나님**이다. 나는 공공연하게 일하고
옳은 것을 말하며, 모든 일을 바로잡아 준다.
그러니 너희 모든 피난민, 버림받은 자들아,
함께 모여서, 오너라.
그들, 참으로 아둔하기 짝이 없다.
나무토막 신들을 지고 다니며,
죽은 막대기에다 도움을 청하는 자들 말이다.
네 생각을 말해 보아라. 증거를 보아라.
머리를 써 보아라. 변론을 해보아라.
지금 일어나고 있는 이 일을 이미 오래전에
네게 일러 준 이가 누구냐?
네가 사태를 이해하도록 도운 이가 누구냐?
바로 나, **하나님**이 아니냐?
나일 수밖에 없다. 내가 유일한 하나님이기 때문이다.
모든 일을 바로잡고
도움을 베풀 수 있는 하나님은 오직 나밖에 없다.
그러니 어디에 사는 누구든지,
모두 내게 돌아와 도움을 받아라. 구원을 받아라!
나는 **하나님**이다.

Maker of earth—
he put it on its foundations, built it from scratch.
He didn't go to all that trouble
to just leave it empty, nothing in it.
He made it to be lived in.

This GOD says:

"I am GOD,
the one and only.
I don't just talk to myself
or mumble under my breath.
I never told Jacob,
'Seek me in emptiness, in dark nothingness.'
I am GOD. I work out in the open,
saying what's right, setting things right.
So gather around, come on in,
all you refugees and castoffs.
They don't seem to know much, do they—
those who carry around their no-god blocks of wood,
praying for help to a dead stick?
So tell me what you think. Look at the evidence.
Put your heads together. Make your case.
Who told you, and a long time ago, what's going on here?
Who made sense of things for you?
Wasn't I the one? GOD?
It had to be me. I'm the only God there is—
The only God who does things right
and knows how to help.
So turn to me and be helped—saved!—
everyone, whoever and wherever you are.
I am GOD,

유일무이한 하나님이다.
내가 나의 이름으로 약속한다.
내 입에서 나오는 모든 말은 그대로 이루어진다.
나는 내 말을 도로 담는 법이 없다.
결국 모두가 내 앞에 무릎 꿇게 될 것이다.
결국 모두가 나에 대해 이렇게 말하게 될 것이다.
'그렇습니다! 구원과 능력은 **하나님**께 있습니다!'"

24-25 그분께 맞서 사납게 날뛰던 자들
다 그분 앞에 서게 되고,
그 불신으로 인해 부끄러움을 당하게 될 것이다.
그러나 이스라엘과 연결된 자들은 모두,
하나님 안에서 힘과 찬양과 복이 넘치는 삶을 누리게 되리라!

바빌론 신들의 몰락

46 1-2 벨 신이 쓰러진다. 느보 신이 고꾸라진다.
그 나무토막 신들이 노새 등에 실려,
가련한 노새 등에 실려
끌려간다.
짐을 지어 주기는커녕, 과중한 짐만 되어,
포로로 끌려간다.

3-4 "야곱 가문아, 이스라엘 가문의 남은 자들아,
내 말에 귀 기울여라.
나는, 너희가 태어난 날부터 지금까지
너희를 내 등에 업고 다녔다.
너희가 늙어도 나는 계속 너희를 업고 다닐 것이다.
늙어 머리가 희끗희끗해져도 너희를 지고 다닐 것이다.
지금까지 그렇게 해왔고, 앞으로도 그럴 것

the only God there is, the one and only.
I promise in my own name:
Every word out of my mouth does what it says.
I never take back what I say.
Everyone is going to end up kneeling before me.
Everyone is going to end up saying of me,
'Yes! Salvation and strength are in GOD!'"

24-25 All who have raged against him
will be brought before him,
disgraced by their unbelief.
And all who are connected with Israel
will have a robust, praising, good life in GOD!

This Is Serious Business, Rebels

46 1-2 The god Bel falls down, god Nebo slumps.
The no-god hunks of wood are loaded on mules
And have to be hauled off,
wearing out the poor mules—
Dead weight, burdens who can't bear burdens,
hauled off to captivity.

3-4 "Listen to me, family of Jacob,
everyone that's left of the family of Israel.
I've been carrying you on my back
from the day you were born,
And I'll keep on carrying you when you're old.
I'll be there, bearing you when you're old and gray.

이다.
내 등에 너희를 업고 다닐 것이다. 너희를 구원해 줄 것이다.

5-7 그러니, 나를 누구와 비교하겠느냐? 비교할 수 없는 나를!
나를 무엇에 견주는 것은 곧 나를 격하시키는 일이 아니냐?
돈 많은 자들이 장인을 고용해
신상을 만들게 한다.
제작을 마친 기술공이 신상을 배달해 주면
그들은 그 앞에 무릎 꿇고 절한다!
그것을 지고 다니며 종교행렬을 벌이고는
집에 가져가 선반 위에 둔다.
그것은 놓인 그 자리에 밤낮으로
꼼짝 않고 그대로 앉아 있다.
그것에 무슨 말이든 해보아라. 결코 대꾸하는 법이 없다.
물론, 무슨 일을 하는 법도 없다!

8-11 잘 생각하여라. 숙고하여라.
반역자들아, 명심하여라. 이것은 심각한 일이다.
너희 역사를 기억하여라.
그 다사다난했던 시간을 기억하여라.
나는 **하나님**이다. 너희에게 유일한 하나님이었고, 앞으로도 그럴 것이다.
비교할 수 없고 대체할 수 없는 하나님이다.
맨 처음부터 나는
끝이 어떻게 될 것인지 너희에게 알려 주었고,
앞으로 일어날 일을 늘 일러 주었다.
'이는 내가 오래전부터 벌여 온 일,
나는 내가 계획한 일을 그대로 이룰 것이다'라고 너희에게 확신시켰고,
동쪽 먼 나라에서 그 독수리를 불러왔다.
나의 일을 돕는 자로 고레스를 택했다.
내가 말했으니, 내가 틀림없이 이룰 것이다.

I've done it and will keep on doing it,
carrying you on my back, saving you.

5-7 "So to whom will you compare me, the Incomparable?
Can you picture me without reducing me?
People with a lot of money
hire craftsmen to make them gods.
The artisan delivers the god,
and they kneel and worship it!
They carry it around in holy parades,
then take it home and put it on a shelf.
And there it sits, day in and day out,
a dependable god, always right where you put it.
Say anything you want to it, it never talks back.
Of course, it never *does* anything either!

8-11 "Think about this. Wrap your minds around it.
This is serious business, rebels. Take it to heart.
Remember your history,
your long and rich history.
I am GOD, the only God you've had or ever will have—
incomparable, irreplaceable—
From the very beginning
telling you what the ending will be,
All along letting you in
on what is going to happen,
Assuring you, 'I'm in this for the long haul,
I'll do exactly what I set out to do,'
Calling that eagle, Cyrus, out of the east,
from a far country the man I chose to help me.

내가 계획한 일이니, 이미 된 것이나 다름 없다.

12-13 이제 내게 귀 기울여라,
돕기 어려운 고집불통들아.
나는 당장이라도 너희를 도울 준비가 되어 있다.
구원은 장기계획이 아니다.
구원은 지체 없이 온다.
나는 이미 시온에 구원을,
이스라엘에 영광을 일으키고 있다."

I've said it, and I'll most certainly do it.
I've planned it, so it's as good as done.

12-13 "Now listen to me:
You're a hardheaded bunch and hard to help.
I'm ready to help you right now.
Deliverance is not a long-range plan.
Salvation isn't on hold.
I'm putting salvation to work in Zion now,
and glory in Israel."

파티는 끝났다

47 1-3 "너, 처녀 딸 바빌론아,
네 높은 말에서 내려와 먼지 더미 위에 앉아라.
딸 갈대아야,
이제 네가 앉을 보좌는 없다. 바닥에나 앉아라.
이제는 누구도 너를 매력적이라,
매혹적이라 부르지 않는다. 현실을 받아들여라.
일자리를 찾아라. 무슨 일이든.
하수도나 화장실 청소 같은 일이라도 찾아보아라.
드레스와 스카프는 전당포에 맡기고
작업복으로 갈아입어라. 파티는 끝났다.
너는 알몸으로 거리에서
저급한 조롱을 당하리라.
보복의 때가 왔다. 내가 보복을 행하리라.
누구도 빠져나갈 수 없다."

The Party's Over

47 1-3 "Get off your high horse and sit in the dirt,
virgin daughter of Babylon.
No more throne for you—sit on the ground,
daughter of the Chaldeans.
Nobody will be calling you 'charming'
and 'alluring' anymore. Get used to it.
Get a job, any old job:
Clean gutters, scrub toilets.
Hock your gowns and scarves,
put on overalls—the party's over.
Your nude body will be on public display,
exposed to vulgar taunts.
It's vengeance time, and I'm taking vengeance.
No one gets let off the hook."

4-13 우리의 속량자,
그 이름이 만군의 **하나님**이신, '이스라엘의 거룩하신 분'께서 말씀하신다.
"딸 갈대아야,
입 다물고 비켜서라.
이제 너는 더 이상

You're Acting Like the Center of the Universe

4-13 Our Redeemer speaks,
named GOD-of-the-Angel-Armies, The Holy of Israel:
"Shut up and get out of the way,
daughter of Chaldeans.
You'll no longer be called

'만국의 으뜸'이라 불리지 않을 것이다.
나는 내 백성에게 질렸고,
내 자손에게 넌더리가 났다.
그래서 그들을 네게 넘겨주었다.
그런데 너는 전혀 동정심이 없었다.
너는 나이 든 노인들까지도
무자비한 중노동을 시켰다.
너는 '내가 최고야.
나는 만인의 영원한 연인'이라고 말했다.
너는 어떤 것도 진지하게 받아들이지 않고, 어떤 것도 마음에 새기지 않았다.
내일을 생각하지 않고 하루하루를 살았다.
그러니 방탕한 여인아, 이제부터라도 생각을 가져라.
너는 세상의 중심인 양 굴면서
속으로 '내가 최고다. 나 말고 누가 있나.
나는 과부가 될 일도, 자녀를 잃을 일도 없다'고 으스댄다.
그러나 그 두 가지 일이 동시에 네게 닥칠 것이다.
한날에, 느닷없이,
너는 남편과 자식을 잃게 될 것이다.
그 많은 마력과 매력을 갖고도, 속절없이 모두를 잃게 될 것이다.
너는 '누가 보랴' 하며
대담하고 속편하게, 악하게 살았다.
스스로 똑똑하다고, 모르는 것이 없노라 여겼다.
대단한 망상이다!
속으로 '내가 최고다. 나 말고 누가 있나'며 으스대던 너에게,
파멸이 임한다.
네 매력으로 막지 못한다.
재난이 들이닥친다.
네 마력으로도 쫓아내지 못한다.
대재앙이, 대대적인 재난이 돌연히 닥친다.
너는 그저 망연자실할 뿐이다!
그러나 포기하지 마라. 네 커다란 마법 창

'First Lady of the Kingdoms.'
I was fed up with my people,
thoroughly disgusted with my progeny.
I turned them over to you,
but you had no compassion.
You put old men and women
to cruel, hard labor.
You said, 'I'm the First Lady.
I'll always be the pampered darling.'
You took nothing seriously, took nothing to heart,
never gave tomorrow a thought.
Well, start thinking, playgirl.
You're acting like the center of the universe,
Smugly saying to yourself, 'I'm Number One. There's nobody but me.
I'll never be a widow, I'll never lose my children.'
Those two things are going to hit you both at once,
suddenly, on the same day:
Spouse and children gone, a total loss,
despite your many enchantments and charms.
You were so confident and comfortable in your evil life,
saying, 'No one sees me.'
You thought you knew so much, had everything figured out.
What delusion!
Smugly telling yourself, 'I'm Number One. There's nobody but me.'
Ruin descends—
you can't charm it away.
Disaster strikes—
you can't cast it off with spells.
Catastrophe, sudden and total—

고에
아직 시도해 보지 않은 무엇이 남아 있을지 모르니.
하루 이틀 해온 일이 아닐 테니,
분명 무엇 하나는 통하는 것이 있지 않겠느냐?
온갖 시도를 해보느라 이제 지쳤다는 것을 안다만,
그래도 포기하지 마라.
점성가들, 별을 뚫어져라 쳐다보는 자들을 불러 보아라.
이런 일에 능한 자들이니 뭔가 대책을 내놓지 않겠느냐!

14-15 그러나 가망이 없구나.
지푸라기라도 잡으려 한다만,
그것마저 맹렬한 불에 타고 있다.
너의 '전문가들', 그 불구덩이 안에 갇힌 채, 나오지 못한다.
그 불은 고깃국이나 끓이고,
추위나 녹이는 불이 아니다!
평생 너와 한통속이었던 네 친구와 동료들,
그 마술사와 마법사들이 처할 운명이 바로 이러하다.
그들, 어찌할 바를 몰라 자기들끼리 부딪힌다.
너를 도울 수 있는 형편이 아니다."

하나님께서 새 일을 약속하시다

48 1-11 "야곱 가문아, 이스라엘이라는 이름으로 불리는 너희여,
이제 귀 기울여 들어라.
너희를 유다의 허리에서 시작케 한 이가 누구냐?
너희는 **하나님**의 이름으로 맹세하고
이스라엘의 하나님께 기도한다만,
그것이 진심이냐?
맹세한 대로 실천하느냐?

and you're totally at sea, totally bewildered!
But don't give up. From your great repertoire
of enchantments there must be one you haven't yet tried.
You've been at this a long time.
Surely *something* will work.
I know you're exhausted trying out remedies,
but don't give up.
Call in the astrologers and stargazers.
They're good at this. Surely they can work up something!

14-15 "Fat chance. You'd be grasping at straws
that are already in the fire,
A fire that is even now raging.
Your 'experts' are in it and won't get out.
It's not a fire for cooking venison stew,
not a fire to warm you on a winter night!
That's the fate of your friends in sorcery, your magician buddies
you've been in cahoots with all your life.
They reel, confused, bumping into one another.
None of them bother to help you."

Tested in the Furnace of Affliction

48 1-11 "And now listen to this, family of Jacob,
you who are called by the name Israel:
Who got you started in the loins of Judah,
you who use GOD's name to back up your promises
and pray to the God of Israel?
But do you mean it?
Do you live like it?

너희는 스스로를 거룩한 도성의 시민이라 주장한다.
이스라엘의 하나님,
그 이름이 만군의 **하나님**이신 분을 의지하는 것처럼 군다.
지금까지 나는 오랫동안 너희와 함께해 왔다.
내가 무슨 일을 할지 미리 너희에게 일러 주었고,
그 일을 행했으며, 실제로 일이 이루어졌다.
너희는 마음이 완고하고 얼굴에 철판을 깐 고집불통들이다. 나는 그 사실을 잘 알고 있다.
그래서 일이 일어나기 전에 먼저
무슨 일이 있을지 너희에게 미리 알려 준 것이다.
그러니 너희는 이제 와서
'이는 내 신-우상이 한 일이다'
'내가 제일 좋아하는 조각신상이 명령한 일이다'라고 말할 수 없다.
너희는 모든 증거를 보았다.
너희 눈과 귀로 직접 확인했다.
그런데 왜 그렇게 잠자코 있느냐?
그러나 이것은 시작일 뿐이다.
너희에게 말해 줄 일들이 아직 많이 남아 있다.
너희가 전혀 들어 보지 못한 일들이다.
같은 바탕에 무늬만 새로워진 것이 아니라
전적으로 새로운 일,
너희가 짐작도 못하고 꿈도 꾸지 못한 일이다.
듣고서 '익히 알고 있던 내용'이라고 말할 수 없는 일이다.
그동안 너희는 내 말을 귀담아듣지 않았다.
늘 나를 무시해 왔다.
변덕이 죽 끓듯 한 너희는,
타고난 반역자들이었다.
그러나 나는 선한 마음으로

You claim to be citizens of the Holy City;
you act as though you lean on the God of Israel,
named GOD-of-the-Angel-Armies.
For a long time now, I've let you in on the way I work:
I told you what I was going to do beforehand,
then I did it and it was done, and that's that.
I know you're a bunch of hardheads,
obstinate and flint-faced,
So I got a running start and began telling you
what was going on before it even happened.
That is why you can't say,
'My god-idol did this.'
'My favorite god-carving commanded this.'
You have all this evidence
confirmed by your own eyes and ears.
Shouldn't you be talking about it?
And that was just the beginning.
I have a lot more to tell you,
things you never knew existed.
This isn't a variation on the same old thing.
This is new, brand-new,
something you'd never guess or dream up.
When you hear this you won't be able to say,
'I knew that all along.'
You've never been good listeners to me.
You have a history of ignoring me,
A sorry track record of fickle attachments—
rebels from the womb.

내가 나인 이유로,
그동안 노를 참으면서 분을 터뜨리지 않았다.
나는 너희에게서 손을 떼지 않는다.
내가 한 일을 보느냐?
나는 너희를 정련시켜 왔다. 불로 그렇게 했다.
은처럼 시련의 용광로 속에서 시험했다.
내가 하는 일의 근거는 바로 나다. 내가 나인 이유로 그 일을 한다.
내게는 지켜야 할 명성이 있다.
나는 그 누구에게도 주연 자리를 내주지 않는다.

12-13 야곱아, 들어라. 이스라엘아, 들어라.
나는 네게 이름을 지어 준 바로 그다!
내가 그다.
내가 모든 일을 시작했고, 내가 결말지을 것이다.
땅은 내가 만든 작품이다.
하늘도 내가 만들었다. 이쪽 끝에서 저쪽 끝까지.
내가 말하면, 그들은 벌떡 일어나 귀를 기울인다.

14-16 모두 모여서 들어 보아라.
신들 가운데 이 소식을 너희에게 전해 준 이가 있더냐?
나 **하나님**이 그 사람 고레스를 사랑하며,
그를 통해 바빌론을 향한 나의 뜻을 펼칠 것이다.
그렇다. 내가 말했다. 내가 그를 불러냈다.
내가 그를 이곳으로 데려왔다. 그는 성공할 것이다.
가까이 다가와 귀 기울여 들어라.
나는 그동안 너희에게 무엇을 숨긴 적이

But out of the sheer goodness of my heart,
because of who I am,
I keep a tight rein on my anger and hold my temper.
I don't wash my hands of you.
Do you see what I've done?
I've refined you, but not without fire.
I've tested you like silver in the furnace of affliction.
Out of myself, simply because of who I am,
I do what I do.
I have my reputation to keep up.
I'm not playing second fiddle to either gods or people.

12-13 "Listen, Jacob. Listen, Israel—
I'm the One who named you!
I'm the One.
I got things started and, yes, I'll wrap them up.
Earth is my work, handmade.
And the skies—I made them, too, horizon to horizon.
When I speak, they're on their feet, at attention.

14-16 "Come everybody, gather around, listen:
Who among the gods has delivered the news?
I, GOD, love this man Cyrus, and I'm using him
to do what I want with Babylon.
I, yes I, have spoken. I've called him.
I've brought him here. He'll be successful.
Come close, listen carefully:
I've never kept secrets from you.

없다.
나는 늘 너희와 함께했다."

백성을 인도하시는 하나님

16-19 이제, 주 **하나님**께서 나를 보내셨고
그분의 영도 함께 보내시며
메시지를 전하신다. 너의 속량자,
이스라엘의 거룩하신 분 **하나님**께서 말씀
하신다.
"나는 **하나님**, 너의 하나님이다.
나는 네게 의롭고 복된 삶을 가르치며,
네가 해야 할 일과 가야 할 길을 보여주는
이다.
네가 그동안 내 말을 귀 기울여 들었더라면,
네 삶은 풍성한 강물처럼 넘실거리고
축복이 파도처럼 밀려들었을 것이다.
자녀와 손자손녀를 비롯한
자손들이 모래알처럼 많아졌을 것이다.
대가 끊어지거나
나와의 관계가 끊어질 위험은 없었을 것
이다."

20 바빌론에서 나오너라! 바빌론 사람들에
게서 도망쳐라!
소식을 알려라. 외쳐라.
세상에, 온 세상에 알려라.
"**하나님**께서 그분의 사랑하는 종 야곱을
속량하셨다!"고 전하여라.

21 그분의 인도로 광야를 지날 때, 그들은
목마르지 않았다.
그분이 바위에서 물이 쏟아져 나오게 하
셨다.
그분이 바위를 쪼개시니, 물이 솟구쳐 나
왔다.

22 **하나님**께서 말씀하신다. "악인에게는
평화가 없다."

I've always been present with you."

Your Progeny, Like Grains of Sand

16-19 And now, the Master, GOD, sends me
and his Spirit
with this Message from GOD,
your Redeemer, The Holy of Israel:
"I am GOD, your God,
who teaches you how to live right and
well.
I show you what to do, where to go.
If you had listened all along to what I told
you,
your life would have flowed full like a
river,
blessings rolling in like waves from the
sea.
Children and grandchildren are like sand,
your progeny like grains of sand.
There would be no end of them,
no danger of losing touch with me."

20 Get out of Babylon! Run from the
Babylonians!
Shout the news. Broadcast it.
Let the world know, the whole world.
Tell them, "GOD redeemed his dear
servant Jacob!"

21 They weren't thirsty when he led them
through the deserts.
He made water pour out of the rock;
he split the rock and the water gushed.

22 "There is no peace," says GOD, "for the
wicked."

내가 너를 통해 빛을 발하리라

49 1-3 먼 바다 섬들아, 들어라.
먼 나라 백성들아, 주목하여라.
하나님께서는 내가 태어난 날부터 내게 일을 주셨고,
내가 세상에 들어오자마자 내게 이름을 지어 주셨다.
칼처럼 베고 창처럼 꿰뚫는 언변을 내게 주셨으며,
당신 손으로 늘 나를 지켜 주셨다.
나를 당신의 곧은 화살로 삼으시고
당신의 화살통 속에 숨기셨다.
그분이 내게 말씀하셨다. "너는 내 사랑하는 종,
이스라엘이다. 내가 너를 통해 빛을 발하리라."

4 그러나 내가 말했다. "내가 한 일은 다 헛수고였다.
평생을 애썼지만 내놓을 만한 것은 하나도 없다.
그러나, 최종판단은 **하나님**께 맡기련다.
그분의 판결을 기다릴 것이다."

5-6 **하나님**께서 말씀하신다.
그분께서 내가 태어난 순간부터 나를 붙잡아
당신의 종으로 삼으시고,
야곱을 당신께로 다시 데려와
이스라엘을 재결합시키는 일을 맡기셨다.
하나님 앞에서 이 얼마나 영광스런 일인가!
하나님은 나의 힘이시다!
그분께서 말씀하신다. "이제 야곱 지파들을 회복하고,
이스라엘의 길 잃은 자들을 한데 모으는 일은,
나의 종에게 오히려 가벼운 일이다.
너로 하여금 모든 민족을 위한 빛으로 세워,

A Light for the Nations

49 1-3 Listen, far-flung islands,
pay attention, faraway people:
GOD put me to work from the day I was born.
The moment I entered the world he named me.
He gave me speech that would cut and penetrate.
He kept his hand on me to protect me.
He made me his straight arrow
and hid me in his quiver.
He said to me, "You're my dear servant,
Israel, through whom I'll shine."

4 But I said, "I've worked for nothing.
I've nothing to show for a life of hard work.
Nevertheless, I'll let GOD have the last word.
I'll let him pronounce his verdict."

5-6 "And now," GOD says,
this God who took me in hand
from the moment of birth to be his servant,
To bring Jacob back home to him,
to set a reunion for Israel—
What an honor for me in GOD's eyes!
That God should be my strength!
He says, "But that's not a big enough job for my servant—
just to recover the tribes of Jacob,
merely to round up the strays of Israel.
I'm setting you up as a light for the *nations*
so that my salvation becomes *global!*"

나의 구원을 '전 세계'에 퍼뜨릴 것이다!"

7 **하나님**, 이스라엘의 속량자, 이스라엘의 거룩하신 분께서
남들에게 멸시받는 자들, 민족들에게 발길질당하는 자들,
지배층에 종살이하는 자들에게 말씀하신다.
"너를 보면 왕과 제후들이 자리에서 일어날 것이며,
땅에 엎드려 경의를 표할 것이다.
신실하게 약속을 지킨 **하나님**,
너를 택한 '이스라엘의 거룩한 이' 때문이다."

8-12 **하나님**께서 말씀하신다.

"때가 되면, 내가 너희에게 응답할 것이다.
승리를 거둘 때가 되면 너희를 도울 것이다.
너희를 빚어 내고 너희를 들어서 내 일을 행할 것이다.
사람들을 다시 내게로 연결시키고,
땅의 질서를 바로잡으며,
폐허가 된 땅에서 다시 새 삶을 시작하게 할 것이다.
감옥에 갇힌 자들에게 '나오너라. 이제 너희는 자유의 몸이다!'라고 말하고,
무서워 몸을 웅크리는 자들에게
'이제 괜찮다. 안전하다'고 일러 주리라.
그들, 돌아오는 길 내내 먹을 것이 부족하지 않겠고,
언덕마다 소풍을 즐길 것이다.
누구도 주리지 않고, 누구도 목마르지 않으며,
볕을 피할 그늘과 바람을 피해 쉴 곳을 얻으리라.
나, 자비한 이가 그들의 길 안내자가 되어,
그들을 가장 좋은 샘으로 인도할 것이기 때문이다.
내가 나의 모든 산이 길이 되게 하고,

7 GOD, Redeemer of Israel, The Holy of Israel,
says to the despised one, kicked around by the nations,
slave labor to the ruling class:
"Kings will see, get to their feet—the princes, too—
and then fall on their faces in homage
Because of GOD, who has faithfully kept his word,
The Holy of Israel, who has chosen you."

8-12 GOD also says:

"When the time's ripe, I answer you.
When victory's due, I help you.
I form you and use you
to reconnect the people with me,
To put the land in order,
to resettle families on the ruined properties.
I tell prisoners, 'Come on out. You're free!'
and those huddled in fear, 'It's all right. It's safe now.'
There'll be foodstands along all the roads,
picnics on all the hills—
Nobody hungry, nobody thirsty,
shade from the sun, shelter from the wind,
For the Compassionate One guides them,
takes them to the best springs.
I'll make all my mountains into roads,
turn them into a superhighway.
Look: These coming from far countries,
and those, out of the north,
These streaming in from the west,

그것들을 대로로 바꾸어 놓을 것이다.
보아라. 저기 먼 나라에서 오는 자들,
저기 북쪽에서 오는 자들,
저기 서쪽에서 몰려오는 자들,
저기 나일 강을 따라 내려오는 자들!"

13 하늘들아, 지붕이 떠나갈 듯 소리 질러라!
땅들아, 죽은 자들도 깨울 듯 크게 외쳐라!
산들아, 환호성을 올려라!
하나님께서 당신의 백성을 위로해 주셨다.
이리저리 두들겨 맞은 백성을 어루만지며 돌보아 주셨다.

14 그런데 시온은 말한다.
"글쎄, 나는 잘 모르겠는데. **하나님**은 나를 버리셨어.
나의 주님은 내가 존재한다는 사실조차 잊으셨어."

15-18 "어찌 어머니가 자기 품속의 젖먹이를 잊을 수 있으며,
자기가 낳은 아기를 버릴 수 있겠느냐?
설령 그럴 수 있다 해도,
나는 결코 너를 잊지 않을 것이다.
보아라, 내가 내 손바닥에 네 이름을 새겨 두었다.
나는 네가 다시 세우는 그 성벽들에서, 결코 눈을 떼지 않을 것이다.
너를 세우는 자들은 너를 무너뜨린 자들보다 더 신속하다.
파괴자들은 영원히 사라졌다.
위를 올려다보아라. 주위를 둘러보아라.
눈을 크게 뜨고 보아라!
보이느냐? 네게 몰려오고 있는 저들이?"
하나님의 포고다. "살아 있는 나 하나님을 두고 맹세하는데,
너는 저들을 보석처럼 몸에 두르리라.

and those from all the way down the Nile!"

13 Heavens, raise the roof! Earth, wake the dead!
Mountains, send up cheers!
GOD has comforted his people.
He has tenderly nursed his beaten-up, beaten-down people.

14 But Zion said, "I don't get it. GOD has left me.
My Master has forgotten I even exist."

15-18 "Can a mother forget the infant at her breast,
walk away from the baby she bore?
But even if mothers forget,
I'd never forget you—never.
Look, I've written your names on the backs of my hands.
The walls you're rebuilding are never out of my sight.
Your builders are faster than your wreckers.
The demolition crews are gone for good.
Look up, look around, look well!
See them all gathering, coming to you?
As sure as I am the living God"—GOD's Decree—
"you're going to put them on like so much jewelry,
you're going to use them to dress up like a bride.

19-21 "And your ruined land?
Your devastated, decimated land?
Filled with more people than you know

저들로 신부처럼 몸을 치장하리라.

19-21 폐허가 된 네 땅에 대해 묻느냐?
살육이 자행된 그 황폐한 땅에 대해 묻느냐?
그 땅은 도저히 주체 못할 만큼 많은 사람들로 북적거릴 것이다!
야만스런 원수들, 기억에도 남지 않으리라.
유랑시절에 태어난 자녀들이 네게,
'여기는 너무 비좁아요. 더 넓은 장소가 필요해요'라고 할 것이다.
그때 너는 혼잣말로,
'아, 이 많은 아이들이 어디에서 왔는가?
다 잃고 아무 가진 것 없던 빈털터리 유랑민이었던 나인데,
누가 이 아이들을 길러 주었나?
이 아이들, 어떻게 여기 있게 되었나?' 할 것이다."

22-23 주 **하나님**께서 말씀하신다.

"보아라! 내가 민족들에게 신호를 내린다.
내 백성을 소환하려고 깃발을 쳐든다.
이곳으로 그들이 오리라. 여자들은 어린 아들을 품에 안고,
남자들은 어린 딸을 목말 태우고 올 것이다.
왕들이 너의 유모가 될 것이요,
공주들이 너의 보모가 될 것이다.
그들이 자원하여 네 허드렛일을 할 것이다.
네 마루를 닦고 네 빨래를 해줄 것이다.
그러면 너는, 내가 **하나님**이라는 것을 알게 되리라.
나에게 희망을 두는 자는 결코 후회하는 법이 없다."

24-26 거인에게 빼앗긴 것을 되찾아 올 수 있겠느냐?
폭군의 손에서 포로들을 빼내 올 수 있겠느냐?

what to do with!
And your barbarian enemies, a fading memory.
The children born in your exile will be saying,
'It's getting too crowded here. I need more room.'
And you'll say to yourself,
'Where on earth did these children come from?
I lost everything, had nothing, was exiled and penniless.
So who reared these children?
How did these children get here?'"

22-23 The Master, GOD, says:

"Look! I signal to the nations,
I raise my flag to summon the people.
Here they'll come: women carrying your little boys in their arms,
men carrying your little girls on their shoulders.
Kings will be your babysitters,
princesses will be your nursemaids.
They'll offer to do all your drudge work—
scrub your floors, do your laundry.
You'll know then that I am GOD.
No one who hopes in me ever regrets it."

24-26 Can plunder be retrieved from a giant,
prisoners of war gotten back from a tyrant?
But GOD says, "Even if a giant grips the plunder
and a tyrant holds my people prisoner,
I'm the one who's on your side,

그러나 **하나님**께서 말씀하신다. "거인이 약탈품을 움켜쥐고
폭군이 내 백성을 죄수로 붙잡고 있어도,
내가 네 편에 서서
너를 위해 싸워 네 자녀들을 구해 줄 것이다.
그러면 네 원수들은 미쳐서 발악하며
자기들끼리 죽이다 멸망하리라.
그러면 모두가 알게 되리라. 나 **하나님**이,
나 '야곱의 전능자'가 너를 구원하였음을."

누구, 하나님을 경외하는 자 있느냐?

50 1-3 **하나님**께서 말씀하신다.

"내가 너희 어머니를 쫓아냈느냐?
그 사실을 증명하는 이혼증서를 제시할 수 있느냐?
내가 너희를 팔아 넘겼느냐?
그 영수증을 제시할 수 있느냐?
너희는 당연히, 하지 못한다.
너희가 이 지경에 처한 것은 너희 죄 때문이다.
너희가 타국살이를 하게 된 것은 너희 잘못 때문이다.
내가 문을 두드렸을 때 왜 아무도 나오지 않았느냐?
내가 불렀을 때 왜 아무도 응답하지 않았느냐?
너희는 내가 돕는 법을 잊기라도 했다고 생각하느냐?
이제는 노쇠해 구원할 힘이 없다고 생각하느냐?
내 힘은 여전하다.
전에 했던 일을 뒤집어 버릴 수도 있을 만큼 여전하다.
지금 나는 말 한 마디로 바다를 말릴 수 있고
강을 모래사막으로 바꿀 수 있으며,
물고기들을 전부 뭍으로 올려
악취를 풍기며 말라 죽게 할 수도 있고,

defending your cause, rescuing your children.
And your enemies, crazed and desperate,
will turn on themselves,
killing each other in a frenzy of self-destruction.
Then everyone will know that I, GOD,
have saved you—I, the Mighty One of Jacob."

Who Out There Fears God?

50 1-3 GOD says:

"Can you produce your mother's divorce papers
proving I got rid of her?
Can you produce a receipt
proving I sold you?
Of course you can't.
It's your sins that put you here,
your wrongs that got you shipped out.
So why didn't anyone come when I knocked?
Why didn't anyone answer when I called?
Do you think I've forgotten how to help?
Am I so decrepit that I can't deliver?
I'm as powerful as ever,
and can reverse what I once did:
I can dry up the sea with a word,
turn river water into desert sand,
And leave the fish stinking in the sun,
stranded on dry land...
Turn all the lights out in the sky
and pull down the curtain."

4-9 The Master, GOD, has given me

하늘의 빛들을 모조리 끄고
커튼을 드리워, 하늘을 덮어 버릴 수도 있다."

4-9 주 **하나님**께서 내게
학자의 혀를 주셔서,
지친 사람들에게 힘을 불어넣게 하셨다.
그분이 아침마다 나를 깨우시고
나의 귀를 열어 주셔서, 명을 받드는 자처럼
주의 말씀을 듣고 순종하게 하셨다.
주 **하나님**께서 내 귀를 열어 주셨으니,
내가 도로 잠들거나
이불을 뒤집어쓰지 않았다.
나는 명을 따랐고,
매를 맞아도 견뎠으며,
수염이 뽑힐 때도 가만히 있었다.
사람들이 조롱해도 숨지 않았고,
내 얼굴에 침을 뱉을 때도 피하지 않았다.
주 **하나님**께서 언제나 함께 계셔 나를 도우시니,
내가 수치를 당하지 않는다.
결코 후회 없으리라 확신하기에,
내가 얼굴을 굳게 한다.
나의 옹호자께서 여기 나와 함께 계시니,
분명한 입장을 취해 보자!
누가 감히 나를 고소하겠느냐?
어디 한번 해보라고 하여라!
보아라! 주 **하나님**이 여기 계신다.
누가 감히 나를 정죄하겠느냐?
보아라! 나를 고소하는 자들은 누더기들이다.
좀에게 먹힐 자들이다!

10-11 누구, **하나님**을 경외하는 자 있느냐?
그분의 종의 음성에 진정으로 귀 기울이는 자 있느냐?
어디로 가는지도 모르고 가는 자여,

a well-taught tongue,
So I know how to encourage tired people.
He wakes me up in the morning,
Wakes me up, opens my ears
to listen as one ready to take orders.
The Master, GOD, opened my ears,
and I didn't go back to sleep,
didn't pull the covers back over my head.
I followed orders,
stood there and took it while they beat me,
held steady while they pulled out my beard,
Didn't dodge their insults,
faced them as they spit in my face.
And the Master, GOD, stays right there and helps me,
so I'm not disgraced.
Therefore I set my face like flint,
confident that I'll never regret this.
My champion is right here.
Let's take our stand together!
Who dares bring suit against me?
Let him try!
Look! the Master, GOD, is right here.
Who would dare call me guilty?
Look! My accusers are a clothes bin of threadbare
socks and shirts, fodder for moths!

10-11 Who out there fears GOD,
actually listens to the voice of his servant?
For anyone out there who doesn't know where you're going,
anyone groping in the dark,
Here's what: Trust in GOD.

어둠 속을 헤매는 자여,
여기 길이 있다. **하나님**을 신뢰하여라.
너희 하나님을 의지하여라!
너희가 계속 말썽을 피우고
불장난을 하면,
결국 어떻게 될지 두고 보아라.
불을 피우고, 사람들을 충동질하고, 불꽃을 키워 보아라.
내가 서서 가만히 지켜만 보고 있으리라 생각지 마라.
나는 너희를 그 불구덩이 속으로 밀어 넣을 것이다.

이제 고통이 끝나고

51 1-3 "의를 따르며 **하나님** 찾는 일에 매진하는 너희여,
내게 귀 기울여라,
너희가 떨어져 나온 그 바위에 대해,
너희가 캐내어진 채석장에 대해 깊이 생각하여라.
너희 조상 아브라함,
너희를 낳아 준 사라에 대해 깊이 생각하여라.
생각해 보아라! 내가 불렀을 때 그는 혼자였지만,
내가 축복하자, 수많은 자손이 생겼다.
이와 같이, 나 **하나님**이 시온도 위로해 주리라.
그 폐허들을 어루만져 줄 것이다.
죽은 땅을 에덴으로,
황무지를 **하나님**의 동산으로 변화시킬 것이다.
열매와 웃음 가득한 곳,
감사와 찬양이 가득한 곳으로 바꾸어 놓을 것이다.

4-6 내 백성아, 주목하여라.
민족들아, 내게 귀 기울여라.

Lean on your God!
But if all you're after is making trouble,
playing with fire,
Go ahead and see where it gets you.
Set your fires, stir people up, blow on the flames,
But don't expect me to just stand there and watch.
I'll hold your feet to those flames.

Committed to Seeking God

51 1-3 "Listen to me, all you who are serious about right living
and committed to seeking GOD.
Ponder the rock from which you were cut,
the quarry from which you were dug.
Yes, ponder Abraham, your father,
and Sarah, who bore you.
Think of it! One solitary man when I called him,
but once I blessed him, he multiplied.
Likewise I, GOD, will comfort Zion,
comfort all her mounds of ruins.
I'll transform her dead ground into Eden,
her moonscape into the garden of GOD,
A place filled with exuberance and laughter,
thankful voices and melodic songs.

4-6 "Pay attention, my people.
Listen to me, nations.
Revelation flows from me.
My decisions light up the world.
My deliverance arrives on the run,
my salvation right on time.
I'll bring justice to the peoples.
Even faraway islands will look to me
and take hope in my saving power.

내게서 계시가 흘러나오고,
나의 결정들이 세상을 밝혀 준다.
나의 구원이 빠르게 달려오며,
나의 구원하는 일이 제때에 이루어진다.
내가 민족들에게 정의를 베풀 것이다.
먼 섬들도 나를 바라보며,
내 구원의 능력에 희망을 둘 것이다.
하늘을 올려다보며,
네 발아래 있는 땅을 깊이 생각하여라.
하늘은 연기처럼 사라질 것이며,
땅은 작업복처럼 해어질 것이다.
사람들은 하루살이처럼 죽어 나가겠지만
나의 구원은 다함이 없으며,
세상을 바로잡는 나의 일은 결코 쇠하지 않을 것이다.

7-8 자, 들어라, 옳고 그름을 구분하며
나의 가르침을 마음속에 담고 사는 너희여.
모욕당하는 일에 개의치 말며, 조롱 앞에서 의기소침하지 마라.
그 모욕과 조롱 고리타분하며,
공허한 소리에 지나지 않는다.
그러나 세상을 바로잡는 나의 일은 계속된다.
나의 구원은 끝없이 진행된다."

9-11 깨어나십시오. 깨어나십시오. **하나님**, 맹위를 떨치십시오!
오래전, 그 옛날처럼 깨어나십시오.
그때 주께서는 라합을 완전히 제압하시고,
옛 용, 혼돈을 단칼에 해치우지 않으셨습니까?
주께서는 그 바다,
깊고도 강력한 물을 말려 버리시고
대양의 바닥에 길을 내셔서,
속량받은 자들이 그리로 건너가게 하지 않으셨습니까?
바로 그렇게, **하나님**께서 속량하신 자들이

Look up at the skies,
ponder the earth under your feet.
The skies will fade out like smoke,
the earth will wear out like work pants,
and the people will die off like flies.
But my salvation will last forever,
my setting-things-right will never be obsolete.

7-8 "Listen now, you who know right from wrong,
you who hold my teaching inside you:
Pay no attention to insults, and when mocked
don't let it get you down.
Those insults and mockeries are moth-eaten,
from brains that are termite-ridden,
But my setting-things-right lasts,
my salvation goes on and on and on."

9-11 Wake up, wake up, flex your muscles, GOD!
Wake up as in the old days, in the long ago.
Didn't you once make mincemeat of Rahab,
dispatch the old chaos-dragon?
And didn't you once dry up the sea,
the powerful waters of the deep,
And then made the bottom of the ocean a road
for the redeemed to walk across?
In the same way GOD's ransomed will come back,
come back to Zion cheering, shouting,
Joy eternal wreathing their heads,
exuberant ecstasies transporting them—

이제 돌아올 것입니다.
환호성을 외치며 시온으로 돌아올 것입니다.
영원한 기쁨이 화환처럼 그들의 머리를 두르고,
모두가 넘치는 희열에 도취될 것입니다.
탄식과 신음은 흔적도 없이 사라질 것입니다.

12-16 "나, 나는 너희를 위로하는 이다.
그런데 너희는 대체 무엇을, 누구를 두려워하느냐?
죽을 목숨에 불과한 인간들을?
흙먼지로 돌아갈 가련한 인생들을?
너희는 나를 잊었구나. 너희를 만들고
하늘을 펴서 땅의 기초를 놓은 나, **하나님**을 잊고서는,
자기가 세상을 쥐고 흔든다고 착각하는
성질 사나운 폭군 앞에서,
사시나무 떨듯 떨고 있구나.
그러나 그가 무엇을 할 수 있을 것 같으냐?
너희가 생각지도 못한 사이에, 희생자들은 풀려나 자유의 몸이 될 것이다.
그들은 죽지 않고
주리지도 않을 것이다.
나는 바다를 뒤흔들고 파도를 일으키는,
만군의 **하나님**, 바로 너의 하나님이기 때문이다.
내가 네게 한 마디 한 마디 말을 가르치고
친히 돌보아 주리라.
나는 하늘을 펴고
땅에 단단한 기초를 놓고서,
'환영한다, 내 백성아!' 하며 시온을 맞이할 것이다."

17-20 그러니 깨어나라! 눈 비비고 잠에서 깨어나라!
예루살렘아, 일어나 서라!
너는 **하나님**이 주신 잔,
그 진노의 독주를 마셨다.

and not a sign of moans or groans.

What Are You Afraid of—or Who?

12-16 "I, I'm the One comforting you.
What are you afraid of—or who?
Some man or woman who'll soon be dead?
Some poor wretch destined for dust?
You've forgotten me, GOD, who made you,
who unfurled the skies, who founded the earth.
And here you are, quaking like an aspen
before the tantrums of a tyrant
who thinks he can kick down the world.
But what will come of the tantrums?
The victims will be released before you know it.
They're not going to die.
They're not even going to go hungry.
For I am GOD, your very own God,
who stirs up the sea and whips up the waves,
named GOD-of-the-Angel-Armies.
I teach you how to talk, word by word,
and personally watch over you,
Even while I'm unfurling the skies,
setting earth on solid foundations,
and greeting Zion: 'Welcome, my people!'"

17-20 So wake up! Rub the sleep from your eyes!
Up on your feet, Jerusalem!
You've drunk the cup GOD handed you,
the strong drink of his anger.
You drank it down to the last drop,
staggered and collapsed, dead-drunk.
And nobody to help you home,
no one among your friends or children

마지막 한 방울까지 남김없이 마시고 나서
비틀거리다 쓰러졌다.
그런데 너를 집에 데려다 주는 자가 없다.
친구들이나 자녀들 중에도
너를 부축해서 침대에 눕혀 주는 자 없다.
너는 화에 화를 당했으나,
누구, 네게 마음을 써 주는 자 있느냐?
폭행과 구타를 당하고, 굶주림과 죽음이 코앞에 있건만,
누구, 너를 위로해 주는 자 있느냐?
너의 아들과 딸들은 기절한 토끼들마냥
제정신을 잃고 길거리에 쓰러졌다.
하나님의 진노, 네 하나님의 진노의 독주를 마시고
쓰러져 잠을 자고 있다.

21-23 그러니 잘 들어라, 너,
포도주를 마신 것도 아닌데
숙취로 머리가 빠개질 듯 아픈 자여.
너의 주님, 너의 **하나님**께서 네게 하실 말씀이 있으시다.
너의 하나님께서 자기 백성의 사정을 들어주셨다.
"보아라. 네가 비틀거리도록 마시게 했던
그 술을 이제 내가 거둔다.
이제 너는 더 이상 내 진노의 술잔을 마시지 않으리라!
나는 그 잔을 네 압제자들에게 보냈다.
'바닥에 엎드려! 우리가 밟고 지나가겠다'
고 네게 명령하던 자들에게.
그 명령에 따를 수밖에 없었던 너는,
바닥에 납작 엎드려 먼지처럼 짓밟혔다."

하나님께서 예루살렘을 속량하시다

52

1-2 깨어나라, 깨어나라! 시온아,
너의 신발 끈을 동여매라!
예루살렘, 거룩한 성읍아, 너의 가장 좋은 옷을 꺼내 입어라!

to take you by the hand and put you in bed.
You've been hit with a double dose of trouble
—does anyone care?
Assault and battery, hunger and death
—will anyone comfort?
Your sons and daughters have passed out,
strewn in the streets like stunned rabbits,
Sleeping off the strong drink of GOD's anger,
the rage of your God.

21-23 Therefore listen, please,
you with your splitting headaches,
You who are nursing the hangovers
that didn't come from drinking wine.
Your Master, your GOD, has something to say,
your God has taken up his people's case:
"Look, I've taken back the drink that sent you reeling.
No more drinking from that jug of my anger!
I've passed it over to your abusers to drink,
those who ordered you,
'Down on the ground so we can walk all over you!'
And you had to do it. Flat on the ground,
you were the dirt under their feet."

God Is Leading You Out of Here

52

1-2 Wake up, wake up! Pull on your boots, Zion!
Dress up in your Sunday best, Jerusalem, holy city!
Those who want no part of God have been

하나님께 무관심하던 자들, 다 가려내었다.
다시는 나타나지 못할 것이다.
포로로 잡혔던 예루살렘아, 먼지를 털고 일어서라!
포로로 잡혔던 딸 시온아, 사슬을 벗어던져라!

3 **하나님**께서 말씀하신다. "너희가 값없이 팔려 갔으니, 이제 값없이 속량될 것이다."
4-6 주 **하나님**께서 다시 말씀하신다. "전에 내 백성은 이집트로 가 그 땅에서 이방인으로 살았다. 후에는 앗시리아가 그들을 억압했다. 그런데 지금 내가 보는 이것은 또 무엇이냐?" **하나님**의 포고다. "내 백성이 또 다시 아무 이유 없이 끌려갔다. 폭군들이 길길이 날뛰고, 내 이름은 매일같이 모욕당한다. 이제 내 백성에게 내가 누구인지, 내가 어떤 존재인지 알릴 때가 되었다. 그렇다. 내가 할 말이 있다. 내가 여기 있다!"

7-10 얼마나 아름다운가,
기쁜 소식을 들고 산을 넘는 이의 발이여!
모든 것이 잘되었다 전하고,
좋은 세상이 열렸다 선포한다. 구원을 선언하면서
시온에게 "이제 하나님이 통치하신다!" 일러 준다.
저 목소리들! 들어 보아라!
너의 정찰병들이 외치는 소리, 우레와 같은 소리,
환희 가득한 합창소리다.
그들이 본다.
하나님께서 시온으로 돌아오시는 광경을 똑똑히 본다.
노래를 터뜨려라! 예루살렘의 폐허들아, 노래를 꽃피워라.
"**하나님**께서 자기 백성을 위로해 주셨다!

culled out.
They won't be coming along.
Brush off the dust and get to your feet, captive Jerusalem!
Throw off your chains, captive daughter of Zion!

3 GOD says, "You were sold for nothing. You're being bought back for nothing."
4-6 Again, the Master, GOD, says, "Early on, my people went to Egypt and lived, strangers in the land. At the other end, Assyria oppressed them. And now, what have I here?" GOD's Decree. "My people are hauled off again for no reason at all. Tyrants on the warpath, whooping it up, and day after day, incessantly, my reputation blackened. Now it's time that my people know who I am, what I'm made of—yes, that I have something to say. Here I am!"

7-10 How beautiful on the mountains
are the feet of the messenger bringing good news,
Breaking the news that all's well,
proclaiming good times, announcing salvation,
telling Zion, "Your God reigns!"
Voices! Listen! Your scouts are shouting, thunderclap shouts,
shouting in joyful unison.
They see with their own eyes
GOD coming back to Zion.
Break into song! Boom it out, ruins of Jerusalem:
"GOD has comforted his people!
He's redeemed Jerusalem!"

그분이 예루살렘을 속량하셨다!"
하나님께서 당신의 소매를 걷어붙이셨다.
그분의 거룩한 팔, 그 억센 팔뚝을 모든 민족이 보게 되리라.
땅의 이쪽 끝에서 저쪽 끝까지, 모두가 보게 되리라.
그분께서 일하시는 광경, 그분께서 당신의 구원을 이루시는 광경을 보게 되리라.

11-12 여기서 나가라! 여기서 나가라! 이곳을 떠나라!
뒤돌아보지 마라. 약탈로 너를 더럽히지 마라.
그냥 떠나라. 깨끗이 떠나라.
하나님의 거룩한 기물을 나르는 예배 행렬이니, 스스로를 정결케 하여라.
서두를 것 없다.
너희는 도망치는 길이 아니니!
하나님께서 앞장서 너희를 이끌어 주시리라.
이스라엘의 하나님께서 너희 뒤도 맡아 지켜 주시리라.

우리의 고통을 짊어지셨네

13-15 "나의 종을 보아라! 활짝 피어난 모습,
우뚝 솟은 군계일학이다!
시작은 그렇지 못했다.
처음에는 모두가 질겁했다.
알아볼 수 없을 만큼 망가진 흉한 그 얼굴,
사람의 모습이 아니었다.
이제 온 세상 모든 민족들이 놀라고 두려워하리라.
왕들이 그를 보고, 충격에 입을 다물지 못하리라.
들어 보지도 못한 일을 목도하고,
생각지도 못한 일을 눈앞에서 보게 될 것이기 때문이다."

GOD has rolled up his sleeves.
All the nations can see his holy, muscled arm.
Everyone, from one end of the earth to the other,
sees him at work, doing his salvation work.

11-12 Out of here! Out of here! Leave this place!
Don't look back. Don't contaminate yourselves with plunder.
Just leave, but leave clean. Purify yourselves
in the process of worship, carrying the holy vessels of GOD.
But you don't have to be in a hurry.
You're not running from anybody!
GOD is leading you out of here,
and the God of Israel is also your rear guard.

It Was Our Pains He Carried

13-15 "Just watch my servant blossom!
Exalted, tall, head and shoulders above the crowd!
But he didn't begin that way.
At first everyone was appalled.
He didn't even look human—
a ruined face, disfigured past recognition.
Nations all over the world will be in awe, taken aback,
kings shocked into silence when they see him.
For what was unheard of they'll see with their own eyes,
what was unthinkable they'll have right before them."

53 [1] 우리가 듣고 본 이 일을 믿은 자 있었느냐?
하나님의 구원하시는 능력이 이런 것일 줄 상상이라도 해본
자 있었느냐?

2-6 하나님 앞에서 자라난 그 종,
바싹 마른 땅에 심긴 앙상한 묘목, 왜소한 초목 같았다.
아무 볼품없고
보잘것없었다.
멸시받고 무시당하며,
고난을 아는 사람, 고통을 몸소 겪은 사람이었다.
그를 보면 사람들은 고개를 돌렸다.
우리는 그를 멸시했고, 벌레 취급했다.
그러나 그는, 질고를 짊어지고 가는 사람이었다.
우리의 고통, 우리의 추함, 우리의 모든 잘못을.
우리는 그가 제 잘못 때문에 저렇게 되었다고,
자기 잘못 때문에 하나님께 벌을 받는 것이라고 생각했다.
그러나 실은, 우리의 죄 때문이었다.
그가 찢기고, 깨지고, 밟힌 것은, 우리의 죄 때문이었다!
그가 벌을 받아들였기에 우리가 온전해졌고,
그가 입은 상처를 통해 우리가 치유를 받았다.
우리는 길 잃고 방황하는 양들같이
다 제멋대로 제 갈 길로 갔지만,
하나님은 우리의 모든 죄, 모든 잘못을
그에게 지우셨다. 그에게.

7-9 두들겨 맞고 고문을 당했어도,
그는 아무 말이 없었다.

53 [1] Who believes what we've heard and seen?
Who would have thought GOD's saving power would look like this?

2-6 The servant grew up before God—a scrawny seedling,
a scrubby plant in a parched field.
There was nothing attractive about him,
nothing to cause us to take a second look.
He was looked down on and passed over,
a man who suffered, who knew pain firsthand.
One look at him and people turned away.
We looked down on him, thought he was scum.
But the fact is, it was *our* pains he carried—
our disfigurements, all the things wrong with *us*.
We thought he brought it on himself,
that God was punishing him for his own failures.
But it was our sins that did that to him,
that ripped and tore and crushed him—*our sins*!
He took the punishment, and that made us whole.
Through his bruises we get healed.
We're all like sheep who've wandered off and gotten lost.
We've all done our own thing, gone our own way.
And GOD has piled all our sins, everything we've done wrong,
on him, on him.

7-9 He was beaten, he was tortured,
but he didn't say a word.

도살장에 끌려가는 어린양처럼,
털 깎이는 어미 양처럼,
잠잠히 있었다.
정의가 죽고, 그가 붙들려 갔건만,
진상을 알았던 자 있느냐?
자기 안위는 조금도 돌보지 않았던, 그가 죽었다.
피투성이가 되도록 얻어맞았다. 내 백성의 죄를 위해.
누구도 해코지하지 않고
어떤 거짓도 말한 적 없는데도,
그는 악인들과 함께 묻혔고,
어느 부자와 함께 무덤에 뉘였다.

10 그러나 그를 그렇게 고통으로 짓누른 것은,
하나님께서 뜻하신 바였다.
그로 하여금 자신을 속죄 제물로 내어주어
거기서 나오는 생명, 그 끝없는 생명을 누리게 하시려는 계획이었다.
하나님의 계획은 그를 통해 온전하게 이루어지리라.

11-12 그 극심한 영혼의 산고 끝에,
그는 자신이 해낸 값진 일을 보며 기뻐하게 되리라.
나의 이 의로운 종이 겪은 일을 통해
의로운 이들이 많이 생겨나게 되리라.
그가 그들의 죄 짐을 대신 짊어지기 때문이다.
그러므로 내가 그에게 넘치는 상을 베풀리라.
최고의 것, 최고의 영예를 주리라.
그가 죽음과 맞서 뒤로 물러나지 않았고,
가장 낮은 이들과 기꺼이 친구가 되었기 때문이다.
그는 많은 사람들의 죄를 자기 어깨에 짊

Like a lamb taken to be slaughtered
and like a sheep being sheared,
he took it all in silence.
Justice miscarried, and he was led off—
and did anyone really know what was happening?
He died without a thought for his own welfare,
beaten bloody for the sins of my people.
They buried him with the wicked,
threw him in a grave with a rich man,
Even though he'd never hurt a soul
or said one word that wasn't true.

10 Still, it's what GOD had in mind all along,
to crush him with pain.
The plan was that he give himself as an offering for sin
so that he'd see life come from it—life, life, and more life.
And GOD's plan will deeply prosper through him.

11-12 Out of that terrible travail of soul,
he'll see that it's worth it and be glad he did it.
Through what he experienced, my righteous one, my servant,
will make many "righteous ones,"
as he himself carries the burden of their sins.
Therefore I'll reward him extravagantly—
the best of everything, the highest honors—
Because he looked death in the face and didn't flinch,
because he embraced the company of the lowest.
He took on his own shoulders the sin of the

어졌고,
모든 문제아를 위해 발 벗고 나서 주었다.

하나님의 영원한 사랑

54 1-6 "아이를 가져 본 적 없는 불임의 여인아, 노래 불러라.
너, 아이 낳아 보지 못한 여인아, 목청 높여 불러라!
결국에는 네가, 아이 있는 모든 여인보다
더 많은 아이를 갖게 되리라." **하나님**의 말씀이다!
"너의 장막 터를 더 넓게 잡아라!
장막을 넓혀라. 더 넓게 펼쳐라! 생각의 폭을 넓혀라!
줄을 기다랗게 늘이고
말뚝을 깊이 박아라.
가족이 늘어
더 넓은 공간이 필요하게 되리라.
너는 뭇 민족들을 차지하게 될 것이다.
버려진 성읍이 다시 주민들로 북적이게 될 것이다.
두려워하지 마라. 다시는 쩔쩔맬 일 없으리니.
주저하지 마라. 다시는 벽에 부딪힐 일 없으리니.
네 젊었을 적 당한 수치들, 다 잊을 것이다.
과부였을 적 받은 모욕들, 기억에서 모두 사라질 것이다.
너를 지은 이가, 이제 너의 신랑이기 때문이다.
그 이름, 만군의 **하나님**!
너를 속량한 이는 '이스라엘의 거룩한 이'
온 땅의 하나님이다.
버림받은 아내 같았던 너, 비탄에 빠진 폐인이었던 너를
나 **하나님**이 다시 맞아들였다.
너는 젊어서 결혼했다가
버림받은 여인 같았다." 너의 하나님의 말

many,
he took up the cause of all the black sheep.

Spread Out! Think Big!

54 1-6 "Sing, barren woman, who has never had a baby.
Fill the air with song, you who've never experienced childbirth!
You're ending up with far more children
than all those childbearing women." GOD says so!
"Clear lots of ground for your tents!
Make your tents large. Spread out! Think big!
Use plenty of rope,
drive the tent pegs deep.
You're going to need lots of elbow room
for your growing family.
You're going to take over whole nations;
you're going to resettle abandoned cities.
Don't be afraid—you're not going to be embarrassed.
Don't hold back—you're not going to come up short.
You'll forget all about the humiliations of your youth,
and the indignities of being a widow will fade from memory.
For your Maker is your bridegroom,
his name, GOD-of-the-Angel-Armies!
Your Redeemer is The Holy of Israel,
known as God of the whole earth.
You were like an abandoned wife, devastated with grief,
and GOD welcomed you back,
Like a woman married young
and then left," says your God.

씀이다.

7-8 너의 속량자 **하나님**께서 말씀하신다.

"내가 너를 버렸다만, 잠시였다.
이제 말할 수 없이 큰 연민으로 너를 다시 데려온다.
나의 노가 폭발하여 네게 등을 돌렸다만,
잠시였다.
이제 나는 너를 품에 안고 돌보아 준다.
나의 사랑은 무궁하기 때문이다.

9-10 이 유랑은 나에게 이전 노아 때와 같다.
그때 내가, 다시는 노아의 홍수가
땅을 범람하지 않으리라 약속했다.
이제 내가 더 이상 진노하지 않고,
더는 너를 혼내지 않으리라 약속한다.
설령 산들이 너를 떠난다 해도
언덕들이 산산조각 난다 해도
나의 사랑은 결코 너를 떠나지 않을 것이며,
나의 굳은 평화의 언약은 결코 깨지지 않을 것이기 때문이다."
너를 가엾게 여기시는 **하나님**의 말씀이다.

11-17 "풍파에 시달려도 동정하는 자 없던 도성아,
이제 내가 터키석으로 너를 재건하려 한다.
청보석으로 기초를 놓고,
홍옥으로 망루를 세우며,
성문은 보석으로
성벽은 보옥으로 지을 것이다.
네 자녀들에게 **하나님**이 직접 선생이 되어 줄 것이다.
이 이상의 멘토가 어디 있겠느냐!
너는 의에 기초해 굳게 세워지리라.
고난은 이제 멀리 물러갔다. 두려워할 것 전혀 없다!
폭압도 멀리 물러갔다. 네 근처에 얼씬거리

7-8 Your Redeemer GOD says:

"I left you, but only for a moment.
Now, with enormous compassion, I'm bringing you back.
In an outburst of anger I turned my back on you—
but only for a moment.
It's with lasting love
that I'm tenderly caring for you.

9-10 "This exile is just like the days of Noah for me:
I promised then that the waters of Noah would never again flood the earth.
I'm promising now no more anger,
no more dressing you down.
For even if the mountains walk away
and the hills fall to pieces,
My love won't walk away from you,
my covenant commitment of peace won't fall apart."
The GOD who has compassion on you says so.

11-17 "Afflicted city, storm-battered, unpitied:
I'm about to rebuild you with stones of turquoise,
Lay your foundations with sapphires,
construct your towers with rubies,
Your gates with jewels,
and all your walls with precious stones.
All your children will have GOD for their teacher—
what a mentor for your children!
You'll be built solid, grounded in righteousness,
far from any trouble—nothing to fear!

지도 않을 것이다!
설령 누가 너를 공격한다 해도,
결코 내가 그들을 보냈다고는 생각지 마라.
공격받는다 해도
아무 일 없을 것이다.
내가 대장장이를 창조했고,
그가 용광로에 불을 붙여
살상 무기를 만들어 낸다.
나는 파괴자도 창조했다.
그러나 너를 해할 수 있는 무기는 누구도 만들지 못한다.
누구든지 너를 고소하는 자는
거짓말쟁이로 판정받고 패소할 것이다.
하나님의 종들은 이 일들을 기대해도 좋다.
나는 모든 일이 협력하여 결국 최선이 되게 할 것이다."
하나님의 포고다.

far from terror—it won't even come close!
If anyone attacks you,
don't for a moment suppose that I sent them,
And if any should attack,
nothing will come of it.
I create the blacksmith
who fires up his forge
and makes a weapon designed to kill.
I also create the destroyer—
but no weapon that can hurt you has ever been forged.
Any accuser who takes you to court
will be dismissed as a liar.
This is what GOD's servants can expect.
I'll see to it that everything works out for the best."
GOD's Decree.

너희 목마른 자들아

55 1-5 "거기! 목마른 자들아,
모두 물로 나아오너라!
무일푼이냐?
상관없으니 오너라. 와서 사 먹어라!
와서, 너희 마실 것을 사라. 포도주와 젖을 사라.
돈 없이 사라. 모든 것이 무료다!
어째서 너희는 아무 영양가 없는 것들에 돈을 낭비하며,
힘들게 번 돈을 불량식품에 허비하느냐?
내 말을 들어라. 귀담아들어라. 가장 좋은 것만 먹고,
최고의 먹거리로만 배를 채워라.
주목하여라. 이제 가까이 다가와서
생명을 주는 나의 말, 생명을 길러 내는 나의 말에 귀 기울여라.
내가 너희와 영원히 굳은 언약을 맺으려 한다.

Buy Without Money

55 1-5 "Hey there! All who are thirsty,
come to the water!
Are you penniless?
Come anyway—buy and eat!
Come, buy your drinks, buy wine and milk.
Buy without money—everything's free!
Why do you spend your money on junk food,
your hard-earned cash on cotton candy?
Listen to me, listen well: Eat only the best,
fill yourself with only the finest.
Pay attention, come close now,
listen carefully to my life-giving, life-nourishing words.
I'm making a lasting covenant commitment with you,

전에 다윗과 맺은 언약과 같은, 확실하고 굳건하며 영속적인 사랑의 언약을 맺으려 한다. 나는 그를 민족들에게 보내는 증인으로 세웠고,
그를 민족들의 지배자요 지도자로 만들었다.
이제는 너희를 그렇게 만들려고 한다.
너희는 한 번도 들어 보지 못한 민족을 불러 모을 것이며,
너희를 알지 못하는 민족들이 다 너희에게 달려올 것이다.
나, 너희 **하나님** 때문이다.
'이스라엘의 거룩하신 이'가 너희를 높여 주었기 때문이다."

6-7 가까이 계실 때 **하나님**을 찾아라.
옆에 계실 때 그분께 기도하여라.
불의한 자들은 불의한 생활방식을 버리고
악한 자들은 악한 사고방식을 버려라.
그리고 **하나님**께 돌아오너라. 그분은 자비하시다.
우리 하나님께로 돌아오너라. 그분은 아낌없이 용서를 베푸신다.

8-11 "나는 너희가 생각하는 방식으로 생각하지 않는다.
나는 너희가 일하는 방식으로 일하지 않는다."
하나님의 포고다.
"하늘이 땅보다 높은 것처럼
내가 일하는 방식은 너희의 방식을 초월하며,
내가 생각하는 방식은 너희의 방식을 뛰어넘는다.
하늘에서 내리는 비와 눈이
땅을 적시고
만물을 자라고 꽃피우게 하며,
농부들에게 씨를 주고

the same that I made with David: sure, solid, enduring love.
I set him up as a witness to the nations,
made him a prince and leader of the nations,
And now I'm doing it to you:
You'll summon nations you've never heard of,
and nations who've never heard of you
will come running to you
Because of me, your GOD,
because The Holy of Israel has honored you."

6-7 Seek GOD while he's here to be found,
pray to him while he's close at hand.
Let the wicked abandon their way of life
and the evil their way of thinking.
Let them come back to GOD, who is merciful,
come back to our God, who is lavish with forgiveness.

8-11 "I don't think the way you think.
The way you work isn't the way I work."
GOD's Decree.
"For as the sky soars high above earth,
so the way I work surpasses the way you work,
and the way I think is beyond the way you think.
Just as rain and snow descend from the skies
and don't go back until they've watered the earth,
Doing their work of making things grow and blossom,
producing seed for farmers and food for the hungry,
So will the words that come out of my mouth

굶주린 자들에게 먹을 것을 주고 난 다음에야 하늘로 돌아가듯이,
나의 입에서 나오는 말들도
결코 빈손으로 돌아가지 않는다.
나의 말들은 내가 계획한 일을 이루며,
내가 맡긴 임무를 완수한다.

12-13 그러므로 너희는 기쁨 가운데 나아가,
온전한 삶으로 인도받을 것이다.
산과 언덕들이 앞장서 행진하며
노래를 터뜨릴 것이다.
숲 속 나무들도 모두 환호성을 올리며
그 행진에 동참할 것이다.
엉겅퀴 대신에 거목들이 들어서고,
가시덤불 대신에 장중한 소나무들이 들어서서,
나 **하나님**을 기리는 기념물이 될 것이다.
하나님을 보여주는, 생생하고 영속적인 증거가 될 것이다."

희망의 메시지
구원이 코앞에 다가왔다

56

1-3 **하나님**의 메시지다.
"너희는 바르게 살아라.
구원이 코앞에 다가왔으니,
옳은 일을 행하되 바르게 하여라.
이제, 세상을 바로잡는 나의 일이 펼쳐질 것이기 때문이다.
얼마나 복된가, 이 일에 뛰어드는 자들.
이 일을 환영하고
안식일을 지켜 그날을 더럽히지 않으며,
늘 자신을 살펴 어떤 악도 저지르지 않는 사람들!
하나님을 따르기로 한 이방인들이
'나는 **하나님**의 이등 백성일 뿐
진짜 백성은 아니다'라고 말하는 일이 없게 하여라.

not come back empty-handed.
They'll do the work I sent them to do,
they'll complete the assignment I gave them.

12-13 "So you'll go out in joy,
you'll be led into a whole and complete life.
The mountains and hills will lead the parade,
bursting with song.
All the trees of the forest will join the procession,
exuberant with applause.
No more thistles, but giant sequoias,
no more thornbushes, but stately pines—
Monuments to me, to GOD,
living and lasting evidence of GOD."

Messages of Hope
Salvation Is Just Around the Corner

56

1-3 GOD's Message:
"Guard my common good:
Do what's right and do it in the right way,
For salvation is just around the corner,
my setting-things-right is about to go into action.
How blessed are you who enter into these things,
you men and women who embrace them,
Who keep Sabbath and don't defile it,
who watch your step and don't do anything evil!
Make sure no outsider who now follows GOD
ever has occasion to say, 'GOD put me in second-class.

몸이 불편한 자들이,
'나는 폐물일 뿐
진짜 백성은 못된다'고 생각하는 일이 없게 하여라."

4-5 **하나님**께서 이렇게 말씀하시기 때문이다.

"몸에 장애가 있지만 내 안식일을 지키고
내가 기뻐하는 일을 행하며
나의 언약을 굳게 붙드는 자들은,
내가 내 집과 내 성읍에서
높은 자리를 차지하게 할 것이다.
아들과 딸보다도 더 높은 자리에 앉게 할 것이다.
취소되지 않는
영원한 영예를 수여할 것이다.

6-8 나를 따르기로 한 이방인들,
나를 위해 일하고 내 이름을 사랑하여
나의 종이 되고자 하는 자들,
안식일을 지켜 그날을 더럽히지 않으며
나의 언약을 굳게 붙드는 자들은 누구든지,
내가 나의 거룩한 산으로 데려가
내 기도의 집에서 기쁨을 선사할 것이다.
그들도 나의 백성 유다 사람들과 똑같이
나의 제단에 번제와 희생 제물을 바치며,
마음껏 예배하게 되리라.
그렇다. 나를 예배하는 집은
만민을 위한 기도의 집으로 알려질 것이다."
이스라엘 유랑민을 모아들이시는
주 **하나님**의 포고다.
"내가 다른 사람들도 모아들여,
이미 모아들인 자들과 함께 있게 할 것이다."

9-12 흉포한 짐승들을 부르신다. 이리 달려오너라.

I don't really belong.'
And make sure no physically mutilated person
is ever made to think, 'I'm damaged goods.
I don't really belong.'"

4-5 For GOD says:

"To the mutilated who keep my Sabbaths
and choose what delights me
and keep a firm grip on my covenant,
I'll provide them an honored place
in my family and within my city,
even more honored than that of sons and daughters.
I'll confer permanent honors on them
that will never be revoked.

6-8 "And as for the outsiders who now follow me,
working for me, loving my name,
and wanting to be my servants—
All who keep Sabbath and don't defile it,
holding fast to my covenant—
I'll bring them to my holy mountain
and give them joy in my house of prayer.
They'll be welcome to worship the same as the 'insiders,'
to bring burnt offerings and sacrifices to my altar.
Oh yes, my house of worship
will be known as a house of prayer for all people."
The Decree of the Master, GOD himself,
who gathers in the exiles of Israel:
"I will gather others also,
gather them in with those already gathered."

와서, 저 짐승 같은 야만인들을 잡아먹어라!
이스라엘의 파수꾼이라는 자들이 다 눈멀었다. 모조리 눈멀었다.
그들은 지금 무슨 일이 일어나고 있는지 모른다.
짖을 줄도 모르는 개들,
백일몽이나 꾸는 게을러빠진 개들이다.
그런데 먹는 데는 아주 밝은 주린 개들,
먹어도 먹어도 만족을 모르는 게걸들린 개들이다.
이스라엘의 목자들이 바로 그들이다!
아무 생각 없고 아무 개념도 없다.
다들 자기 생각뿐이며,
가질 만한 것은 무엇이든 차지하려고 혈안이다.
"오너라." 그들이 말한다. "잔치를 벌이자. 나가서 마시자!"
다음 날도 마찬가지다.
"즐기자!"

9-12 A call to the savage beasts: Come on the run.
Come, devour, beast barbarians!
For Israel's watchmen are blind, the whole lot of them.
They have no idea what's going on.
They're dogs without sense enough to bark,
lazy dogs, dreaming in the sun—
But hungry dogs, they do know how to eat,
voracious dogs, with never enough.
And these are Israel's shepherds!
They know nothing, understand nothing.
They all look after themselves,
grabbing whatever's not nailed down.
"Come," they say, "let's have a party.
Let's go out and get drunk!"
And tomorrow, more of the same:
"Let's live it up!"

지치지도 않고 새 종교를 찾아다니는 너희

57 1-2 그러는 사이 의인들은 하나씩 죽어 나가는데,
아무도 거들떠보지 않는다.
하나님을 경외하는 이들이 하나씩 세상을 떠나는데,
아무도 주목하지 않는다.
그 의인들, 비참함에서 벗어나
마침내 안식을 누린다.
고귀한 삶을 살았던 그들,
마침내 평화를 누린다.

3-10 "그러나 너희 마녀의 자식들아, 이리 오너라!
창녀의 아들들아, 매춘부의 딸들아.
대체 너희가 지금 누구를 비웃고
조롱하며 놀린단 말이냐?

Never Tired of Trying New Religions

57 1-2 Meanwhile, right-living people die
and no one gives them a thought.
God-fearing people are carted off
and no one even notices.
The right-living people are out of their misery,
they're finally at rest.
They lived well and with dignity
and now they're finally at peace.

3-10 "But you, children of a witch, come here!
Sons of a slut, daughters of a whore.
What business do you have taunting,
sneering, and sticking out your tongue?
Do you have any idea what wretches

너희가 얼마나 비참한 신세가 될지 알기나 하느냐?
이 반역의 종족, 사기꾼 세대여.
어디든 구석만 있으면 들어가 색욕을 불태우고
내키는 대로 간통을 저지르는 너희다.
굴속이든 바위틈이든,
적당한 곳을 골라 제 자식을 죽이는 너희다.
너는 강가에서 돌을 옮겨 와
음란한 종교 산당을 세운다.
그렇게 너의 운명을 택했다.
너의 예배가 네 운명을 결정한다.
너는 높은 산에 올라
그 더러운 섹스교, 죽음교를 실천했다.
문을 닫아걸고서
너의 애지중지하는 신과 여신들을 불러 모았다.
나를 저버린 채, 밖으로 나돌며 옷을 훌렁 벗고
침상을 예배장소로 삼았다.
신성하다는 창녀들과 침상에 올라
그 벗은 몸뚱이들을 숭배하며
탐닉했다.
너는 네가 받들어 섬기는 신에게 기름을 바르고
네 몸에 향수를 뿌린다.
최신 유행 종교를 물색하러 사절을 보낸다.
지옥에도 갔다 오게 한다.
끝없이 새로운 것, 색다른 것을 시도해 보느라 자신을 허비하면서도,
너는 그것이 허비인 줄도 모른다.
최신 유행을 좇는 힘은 늘 남아돌아서,
지치지도 않고 새 종교를 찾아다닌다.

11-13 대체 누가 너를 꼬드겨 이런 터무니없는 짓을 하게 했느냐?
나를 잊게 만들고,
나를 알았다는 사실조차 잊게 만들었느냐?

you've turned out to be?
A race of rebels, a generation of liars.
You satisfy your lust any place you find some shade
and fornicate at whim.
You kill your children at any convenient spot—
any cave or crevasse will do.
You take stones from the creek
and set up your sex-and-religion shrines.
You've chosen your fate.
Your worship will be your doom.
You've climbed a high mountain
to practice your foul sex-and-death religion.
Behind closed doors
you assemble your precious gods and goddesses.
Deserting me, you've gone all out, stripped down
and made your bed your place of worship.
You've climbed into bed with the 'sacred' whores
and loved every minute of it,
adoring every curve of their naked bodies.
You anoint your king-god with ointments
and lavish perfumes on yourselves.
You send scouts to search out the latest in religion,
send them all the way to hell and back.
You wear yourselves out trying the new and the different,
and never see what a waste it all is.
You've always found strength for the latest fad,
never got tired of trying new religions.

고함도 지르지 않고 가만있으니
너는 내가 존재하지도 않는다고 생각하는 것이냐?
내가 너의 의로운 종교 행위들을 하나하나 다 파헤쳐,
그것이 얼마나 엉터리인지 폭로하겠다.
가거라. 가서, 네가 모아 둔 우상들에게 도와 달라고 부르짖어 봐라.
그것들, 바람 한번 불면 다 날아가 버린다.
연기에 지나지 않는 것들이기 때문이다.

그러나 누구든지 내게 달려와 도움을 청하는 자는
땅을 상속받을 것이며,
나의 거룩한 산을 소유하게 되리라!"

14 어디선가 음성이 들려온다. "건설하여라, 건설하여라! 길을 만들어라!
길을 닦아라. 내 백성이 걸어올 길에서
바위들을 치워라."

15-21 영원 안에 사시며
그 이름이 '거룩'이신 분,
지극히 높으신 하나님의 메시지다.
"나는 높고 거룩한 곳에 살지만,
또한 기운 잃고 풀죽은 자들과 함께한다.
그들 속에 새로운 영을 불어넣고,
그들을 다시 일으켜 세운다.
나는 끝없이 사람들을 법정에 세우거나,
끊임없이 노하지 않는다.
그렇게 하면, 그들이 용기를 잃고 말 것이고,
내가 창조한 영혼들이 지쳐 주저앉고 말기 때문이다.
나는 노했었다. 이스라엘의 죄로 인해, 몹시 노했었다.
고집스럽게 제멋대로 가는 그들을,

11-13 "Who talked you into the pursuit of this nonsense,
leaving me high and dry,
forgetting you ever knew me?
Because I don't yell and make a scene
do you think I don't exist?
I'll go over, detail by detail, all your 'righteous' attempts at religion,
and expose the absurdity of it all.
Go ahead, cry for help to your collection of no-gods:
A good wind will blow them away.
They're smoke, nothing but smoke.

"But anyone who runs to me for help
will inherit the land,
will end up owning my holy mountain!"

14 Someone says: "Build, build! Make a road!
Clear the way, remove the rocks
from the road my people will travel."

15-21 A Message from the high and towering God,
who lives in Eternity,
whose name is Holy:
"I live in the high and holy places,
but also with the low-spirited, the spirit-crushed,
And what I do is put new spirit in them,
get them up and on their feet again.
For I'm not going to haul people into court endlessly,
I'm not going to be angry forever.
Otherwise, people would lose heart.
These souls I created would tire out and give up.

내가 심하게 쳤고, 노하여 등을 돌렸다.
그러나 뒤돌아 그들이 어떻게 지내는지 보면서,
그들을 치유하고 이끌어 주기로, 그들을 위로해 주기로 마음먹었다.
나는 애통하는 그들에게 새로운 언어, 찬양의 언어를 안겨 주련다.
먼 곳에 있는 자들에게도, 가까운 곳에 있는 자들에게도 평화가 있으리라." **하나님**께서 말씀하신다.
"그렇다. 내가 그들을 치유해 줄 것이다.
그러나 악한 자들은
폭풍에 요동치는 바다와 같아서,
그 파도가 오물과 진창을 마구 솟구쳐 올린다."
하나님께서 말씀하신다. "악인에게는 평화가 없다."

I *was* angry, good and angry, because of Israel's sins.
I struck him hard and turned away in anger,
while he kept at his stubborn, willful ways.
When I looked again and saw what he was doing,
I decided to heal him, lead him, and comfort him,
creating a new language of praise for the mourners.
Peace to the far-off, peace to the near-at-hand," says GOD—
"and yes, I will heal them.
But the wicked are storm-battered seas
that can't quiet down.
The waves stir up garbage and mud.
There's no peace," God says, "for the wicked."

하나님께서 기뻐하시는 금식

58 1-3 "외쳐라! 목이 터지도록 외쳐라!
조금도 주저하지 마라. 나팔을 불듯 크게 외쳐라!
내 백성의 문제가 무엇인지 말해 주어라.
내 가문 야곱에게 그들의 죄를 들이대어라!
그들은 예배하느라 바쁘다. 늘 바쁘다.
나에 대해 공부하는 것도 무척이나 좋아한다.
겉모습만 보면, 가히 의인들의 나라다.
율법을 지키고 하나님을 높이는 자들 같다.
그들은 내게 '무엇이 옳은 일입니까?'라고 물으며,
나를 자기들 편에 세우기를 좋아한다.
그러면서도 불평한다.
'우리가 이렇게 금식하는데 왜 알아주지 않으십니까?
우리가 이렇게 자신을 낮추는데 왜 거들떠보지도 않으십니까?'

Your Prayers Won't Get Off the Ground

58 1-3 "Shout! A full-throated shout!
Hold nothing back—a trumpet-blast shout!
Tell my people what's wrong with their lives,
face my family Jacob with their sins!
They're busy, busy, busy at worship,
and love studying all about me.
To all appearances they're a nation of right-living people—
law-abiding, God-honoring.
They ask me, 'What's the right thing to do?'
and love having me on their side.
But they also complain,
'Why do we fast and you don't look our way?
Why do we humble ourselves and you don't even notice?'

3-5 좋다. 이유를 말해 주겠다.

금식일을 지킨다지만 결국 너희가 추구하는 것은 이윤이다.
너희는 너희 일꾼들을 혹사시킨다.
금식하면서 말다툼과 싸움질을 벌인다.
금식하면서 야비한 주먹을 휘두른다.
그런 금식으로는,
너희 기도는 땅에서 한 치도 올라가지 못한다.
너희는 내가 찾는 금식이 그런 것이라고 생각하느냐?
겸손을 과시하려는 금식?
짐짓 경건한 척 근엄한 표정을 짓고
칙칙한 옷을 입고 무게 잡고 돌아다니는 그런 것?
너희는 그런 것을 금식이라고 말하느냐?
나 **하나님**이 기뻐하는 금식일이라고 말하느냐?

3-5 "Well, here's why:

"The bottom line on your 'fast days' is profit.
You drive your employees much too hard.
You fast, but at the same time you bicker and fight.
You fast, but you swing a mean fist.
The kind of fasting you do
won't get your prayers off the ground.
Do you think this is the kind of fast day I'm after:
a day to show off humility?
To put on a pious long face
and parade around solemnly in black?
Do you call *that* fasting,
a fast day that I, GOD, would like?

6-9 내가 찾는 금식은 이런 것이다.
불의의 사슬을 끊어 주고,
일터에서 착취를 없애며,
압제받는 자를 풀어 주고,
빚을 청산해 주는 것이다.
또, 내가 너에게서 보고 싶은 모습은 이런 것이다.
굶주린 자들과 음식을 나누고,
집 없고 가난한 자들을 집에 초대하며,
헐벗어 추위에 떠는 자들에게 옷을 주고,
혈육을 외면하지 않고 도와주는 모습이다.
이런 일을 행하여라. 그러면 빛이 쏟아져 들어와,
너의 삶이 순식간에 달라질 것이다.
너의 의가 네 앞서 길을 닦을 것이요,
영광의 **하나님**이 너의 길을 지켜 주실 것이다.

6-9 "This is the kind of fast day I'm after:
to break the chains of injustice,
get rid of exploitation in the workplace,
free the oppressed,
cancel debts.
What I'm interested in seeing you do is:
sharing your food with the hungry,
inviting the homeless poor into your homes,
putting clothes on the shivering ill-clad,
being available to your own families.
Do this and the lights will turn on,
and your lives will turn around at once.
Your righteousness will pave your way.
The GOD of glory will secure your passage.
Then when you pray, GOD will answer.
You'll call out for help and I'll say, 'Here I am.'

네가 기도할 때 **하나님**이 응답하실 것이다.
네가 도와 달라고 부르짖으면, 내가 '여기 있다' 하고 대답할 것이다.

9-12 만일 네가 불공정한 관행을 없애고,
남을 공연히 비난하는 일
남의 허물을 들추는 일을 그친다면,
또, 네가 굶주린 자들에게 아낌없이 베풀고
밑바닥 사람들을 위해 일하기 시작한다면,
네 삶이 어둠을 뚫고 빛나기 시작할 것이다.
그늘졌던 네 삶에 햇빛이 가득해지리라.
내가 가야 할 네 길을 항상 일러 줄 것이다.
황량하기 그지없는 곳에서도 네 삶은 풍성할 것이며,
내가 너의 근육을 강인하게, 너의 뼈를 튼튼하게 만들어 줄 것이다.
너는 물이 넉넉한 동산,
물이 마르지 않는 샘터 같을 것이다.
너는 허물어졌던 삶의 조각들로 삶을 재건하고,
과거에서 출발해 다시 기초를 세울 것이다.
너는 무엇이든 수리해 내는 자,
오래된 폐허를 복구하고 재건하고 쇄신하는 자,
세상을 다시 살 만한 곳으로 만들어 내는 자로 알려질 것이다.

13-14 만일 네가 안식일에 스스로 조심하고
내 거룩한 날을 이용해 이득을 챙기려 들지 않으면,
네가 안식일을 기쁜 날로 여기고
하나님의 거룩한 날을 즐겁게 보내면,
네가 그날을 귀히 여겨
평일과 똑같이 돈 벌려고 이리저리 뛰어다니지 않으면,
너는 마음껏 **하나님**을 누리게 될 것이다!
내가 너를 높이 뛰게 하며, 높이 날게 할 것

A Full Life in the Emptiest of Places

9-12 "If you get rid of unfair practices,
quit blaming victims,
quit gossiping about other people's sins,
If you are generous with the hungry
and start giving yourselves to the down-and-out,
Your lives will begin to glow in the darkness,
your shadowed lives will be bathed in sunlight.
I will always show you where to go.
I'll give you a full life in the emptiest of places—
firm muscles, strong bones.
You'll be like a well-watered garden,
a gurgling spring that never runs dry.
You'll use the old rubble of past lives to build anew,
rebuild the foundations from out of your past.
You'll be known as those who can fix anything,
restore old ruins, rebuild and renovate,
make the community livable again.

13-14 "If you watch your step on the Sabbath
and don't use my holy day for personal advantage,
If you treat the Sabbath as a day of joy,
GOD's holy day as a celebration,
If you honor it by refusing 'business as usual,'
making money, running here and there—
Then you'll be free to enjoy GOD!

이다.
내가 너의 조상 야곱의 유산으로 축제를 벌
이게 해줄 것이다."
그렇다! **하나님**의 말씀이다!

빛을 갈망하나 어둠 속에서 비틀거리는 우리

59 1-8 보아라! 들어라!
하나님의 팔은 잘리지 않았다.
여전히 구원하실 수 있다.
하나님의 귀도 막히지 않았다. 여전히 들으
실 수 있다.
하나님 편에는 아무 문제가 없다. 문제는
너희에게 있다.
너희의 비뚤어진 삶이 너희와 하나님 사이
를 갈라놓았다.
그 사이에 죄가 있기에, 그분이 듣지 않으
시는 것이다.
너희 손은 피로 흥건하고,
손가락에서는 죄가 뚝뚝 떨어진다.
너희 입술은 거짓으로 얼룩졌고,
너희 혀는 추잡한 말들로 부풀어 있다.
바른 소리 하는 자 아무도 없고,
공정하게 일을 처리하는 자 아무도 없다.
그들은 헛된 망상을 믿으며, 거짓을 말한다.
그들은 악을 잉태하고 죄를 출산한다.
그들은 뱀 알을 품으며 거미줄을 짠다.
그 알은 먹으면 죽고 깨뜨리면 뱀이 나온다!
그 거미줄로는 옷을 만들지 못한다.
거미줄로 만들어진 옷을 어떻게 입겠는가!
그들은 악독을 짜는 자들,
폭력을 부화시키는 자들이다.
그들은 악행을 두고 서로 경쟁을 벌이며,
살인자의 대장 자리를 놓고 서로 다툰다.
늘 악을 계획하고 모의하며, 늘 악을 생각
하고 호흡한다.
그들이 지나간 자리는 줄줄이 인생 파탄
이다.
그들은 평화에 대해 아무것도 알지 못한다.

Oh, I'll make you ride high and soar
above it all.
I'll make you feast on the inheritance of
your ancestor Jacob."
Yes! GOD says so!

We Long for Light but Sink into Darkness

59 1-8 Look! Listen!
GOD's arm is not amputated—
he can still save.
GOD's ears are not stopped up—he can still
hear.
There's nothing wrong with God; the
wrong is in *you*.
Your wrongheaded lives caused the split
between you and God.
Your sins got between you so that he
doesn't hear.
Your hands are drenched in blood,
your fingers dripping with guilt,
Your lips smeared with lies,
your tongue swollen from muttering
obscenities.
No one speaks up for the right,
no one deals fairly.
They trust in illusion, they tell lies,
they get pregnant with mischief and
have sin-babies.
They hatch snake eggs and weave spider
webs.
Eat an egg and die; break an egg and get
a snake!
The spider webs are no good for shirts or
shawls.
No one can wear these weavings!
They weave wickedness,
they hatch violence.
They compete in the race to do evil

정의에 대해서는 말할 것도 없다.
그들은 길을 비트는 자들이다.
그 길을 따라가는 가련한 자들은 평화에서 멀어질 뿐이다!

9-11 이처럼 우리는 공평과 거리가 멀고,
의로운 삶 근처에도 가보지 못했다.
우리는 빛을 갈망하나 어둠 속으로 가라앉고,
광명을 갈망하나 밤새 흑암 속에서 비틀거린다.
눈먼 자들처럼 벽에 손을 대고 걸으며,
어둠 속에서 더듬거린다.
밝은 대낮에도 허우적거리는 우리,
마치 죽은 자들이 걷는 것 같다.
신음하는 우리, 곰보다 나을 게 없고,
구슬피 우는 우리, 비둘기와 다를 바 없다.
우리는 정의를 갈망하지만, 기미도 보이지 않는다.
구원을 갈망하지만, 낌새도 없다.

12-15 하나님, 우리의 잘못들이 주 앞에 쌓여 있습니다.
우리의 죄들이 일어나 우리를 고발합니다.
우리의 잘못들이 우리를 노려보고 있습니다.
우리는 스스로 행한 일을 너무도 잘 알고 있습니다.
우리는 하나님을 따르지 않았습니다.
하나님을 조롱하고 부인했습니다.
뜬소문을 퍼뜨리며 사람들을 들쑤셨고,
거짓을 품고 다니며 악독을 내뱉었습니다.
정의는 만신창이가 되었고,
의는 구석으로 팽개쳐졌습니다.
진실은 거리에서 비틀거리고,
정직은 종적을 감추었으며,
선한 행실은 실종되었습니다.
악을 멀리하는 이가 구타와 강탈을 당합

and run to be the first to murder.
They plan and plot evil, think and breathe evil,
and leave a trail of wrecked lives behind them.
They know nothing about peace
and less than nothing about justice.
They make tortuously twisted roads.
No peace for the wretch who walks down those roads!

9-11 Which means that we're a far cry from fair dealing,
and we're not even close to right living.
We long for light but sink into darkness,
long for brightness but stumble through the night.
Like the blind, we inch along a wall,
groping eyeless in the dark.
We shuffle our way in broad daylight,
like the dead, but somehow walking.
We're no better off than bears, groaning,
and no worse off than doves, moaning.
We look for justice—not a sign of it;
for salvation—not so much as a hint.

12-15 Our wrongdoings pile up before you, God,
our sins stand up and accuse us.
Our wrongdoings stare us down;
we know in detail what we've done:
Mocking and denying GOD,
not following our God,
Spreading false rumors, inciting sedition,
pregnant with lies, muttering malice.
Justice is beaten back,
Righteousness is banished to the sidelines,

니다.

15-19 **하나님**께서 보시니, 악이 점점 득세하는데
정의는 흔적도 찾을 수 없었다.
그분은 당신의 눈을 의심하셨다. 아무리 둘러보아도
누구 하나 이 끔찍한 상황을 바로잡으려는 자가 없었기 때문이다.
그래서 그분이 친히 일어나셨다. 당신 자신의 의를 힘입어,
몸소 구원의 과업을 떠맡으셨다.
그분께서 의를 옷처럼 입으셨다.
의를 갑옷처럼 입으시고,
구원을 투구처럼 쓰셨다.
심판을 철갑처럼 두르시고,
열정을 망토처럼 걸치셨다.
그분께서 모두가 그 소행대로 보응을 받게 하실 것이다.
당신의 원수들에게 불같은 노로 응분의 벌을 내리실 것이다.
먼 곳의 섬들도 빠짐없이 대가를 치르게 될 것이다.
서쪽 사람들이 **하나님**의 이름을 두려워하고,
동쪽 사람들도 **하나님**의 영광을 두려워하게 될 것이다.
그분께서 홍수 때의 강물처럼,
하나님의 바람에 휘몰리는 격류처럼 등장하실 것이기 때문이다.

20 "내가 시온에 당도할 것이다.
자기 죄에서 떠난 야곱의 자손들에게 속량자로 올 것이다."
하나님의 포고다.

21 **하나님**께서 말씀하신다. "자, 내가 그들과 맺는 언약은 이러하다. 내가 네 위에 둔

Truth staggers down the street,
Honesty is nowhere to be found,
Good is missing in action.
Anyone renouncing evil is beaten and robbed.

15-19 GOD looked and saw evil looming on the horizon—
so much evil and no sign of Justice.
He couldn't believe what he saw:
not a soul around to correct this awful situation.
So he did it himself, took on the work of Salvation,
fueled by his own Righteousness.
He dressed in Righteousness, put it on like a suit of armor,
with Salvation on his head like a helmet,
Put on Judgment like an overcoat,
and threw a cloak of Passion across his shoulders.
He'll make everyone pay for what they've done:
fury for his foes, just deserts for his enemies.
Even the far-off islands will get paid off in full.
In the west they'll fear the name of GOD,
in the east they'll fear the glory of GOD,
For he'll arrive like a river in flood stage,
whipped to a torrent by the wind of GOD.

20 "I'll arrive in Zion as Redeemer,
to those in Jacob who leave their sins."
GOD's Decree.

21 "As for me," GOD says, "this is my covenant with them: My Spirit that I've

나의 영과 선포하라고 준 나의 말들이, 너와 네 자녀와 네 자손들의 입에서 떠나지 않을 것이다. 너는 언제까지나 이 말들을 반복하게 될 것이다." **하나님**의 명령이다.

placed upon you and the words that I've given you to speak, they're not going to leave your mouths nor the mouths of your children nor the mouths of your grandchildren. You will keep repeating these words and won't ever stop." GOD's orders.

예루살렘이 받을 영광

60 1-7 "예루살렘아, 일어나라!
깨어나, 해를 맞아라.
하나님의 빛나는 영광이 너를 위해 솟아올랐다.
온 땅이 어둠에 싸였고
온 백성이 깊은 어둠 속에 잠겼으나,
네 위로 **하나님**이 떠오르시고,
그분의 새벽빛 영광이 동터 올랐다.
민족들이 너의 빛을 향해,
왕들이 너의 찬란한 광명 앞으로 나아올 것이다.
위를 올려다보아라! 주위를 둘러보아라!
그들이 너에게 몰려오는 광경을 보아라.
너의 아들들이 먼 곳에서 돌아오며,
너의 딸들이 유모의 품에 안겨서 온다.
그 모습을 보며, 너는 미소 가득 함박웃음을 지으리라.
너의 가슴이 벅차오르리라. 터질 듯 벅차오르리라!
바닷길로 귀향해 오는 저 유랑민들,
뭇 민족들에게서 거두어들인 풍성한 수확이로다!
눈 닿는 곳까지 이어지는 저 낙타와 대상들의 행렬을 보아라.
미디안과 에바 유목민들의 쌩쌩한 낙타들이
금과 유향을 잔뜩 지고서,
하나님을 찬양하며
남쪽 스바로부터 쏟아져 들어온다.
뿐만 아니다. 게달과 느바욧의 유목민들이 무수한 가축 떼를 몰고 온다.

People Returning for the Reunion

60 1-7 "Get out of bed, Jerusalem!
Wake up. Put your face in the sunlight.
GOD's bright glory has risen for you.
The whole earth is wrapped in darkness,
all people sunk in deep darkness,
But GOD rises on you,
his sunrise glory breaks over you.
Nations will come to your light,
kings to your sunburst brightness.
Look up! Look around!
Watch as they gather, watch as they approach you:
Your sons coming from great distances,
your daughters carried by their nannies.
When you see them coming you'll smile—big smiles!
Your heart will swell and, yes, burst!
All those people returning by sea for the reunion,
a rich harvest of exiles gathered in from the nations!
And then streams of camel caravans as far as the eye can see,
young camels of nomads in Midian and Ephah,
Pouring in from the south from Sheba,
loaded with gold and frankincense,
preaching the praises of GOD.
And yes, a great roundup

내가 내 영광스런 성전을 광채로 둘러쌀 때 내 제단에 바쳐질 합당한 예물들이다.

8-22 저기 멀리 보이는 것이 무엇이냐?
지평선을 덮는 구름처럼, 하늘을 뒤덮는 비둘기 떼처럼 오는 저것은.
바로, 먼 섬에서 오는 배들이다.
그 유명한 다시스의 배들이,
먼 곳에서 너의 자녀들을 태우고 온다.
금은보화를 가득 싣고
너의 **하나님**, '이스라엘의 거룩한 이'의 보호를 받으며 온다.
그의 광채에 둘러싸여 온다.
이방인들이 너의 성벽을 재건하고,
그 왕들이 예배를 인도하는 네 일을 도울 것이다.
내가 노하여 너를 심하게 쳤지만,
이제는 너를 어루만져 주련다.
너의 예루살렘 성문들은 늘 열려 있어,
밤낮으로 개방되리라!
그리로 뭇 민족들이 가져오는 재물을 받을 것이다.
각 나라의 왕들이 직접 가져올 것이다!
재물을 바치지 않는 민족이나 나라는 멸망할 것이다.
그런 민족은 초토화될 것이다.
레바논의 우람한 나무들,
잣나무, 상수리나무, 소나무들을 가져와
내 성소를 장려하게 단장할 것이다.
내 발을 놓은 그곳을 내가 영광스럽게 만들리라.
너를 압제했던 자들의 후손들이
굽실거리며 네게 나아오고,
너를 깔보던 자들이
네 앞에서 머리를 조아릴 것이다.
그들은 너를 '**하나님**의 성읍'이라,
'이스라엘의 거룩하신 분의 시온'이라 부를 것이다.

of flocks from the nomads in Kedar and Nebaioth,
Welcome gifts for worship at my altar
as I bathe my glorious Temple in splendor.

What's That We See in the Distance?

8-22 "What's that we see in the distance,
a cloud on the horizon, like doves darkening the sky?
It's ships from the distant islands,
the famous Tarshish ships
Returning your children from faraway places,
loaded with riches, with silver and gold,
And backed by the name of your GOD, The Holy of Israel,
showering you with splendor.
Foreigners will rebuild your walls,
and their kings assist you in the conduct of worship.
When I was angry I hit you hard.
It's my desire now to be tender.
Your Jerusalem gates will always be open
—open house day and night!—
Receiving deliveries of wealth from all nations,
and their kings, the delivery boys!
Any nation or kingdom that doesn't deliver will perish;
those nations will be totally wasted.
The rich woods of Lebanon will be delivered
—all that cypress and oak and pine—
To give a splendid elegance to my Sanctuary,
as I make my footstool glorious.
The descendants of your oppressor
will come bowing and scraping to you.
All who looked down at you in contempt

얼마 전까지만 해도 너는 아무도 거들떠보지 않는,
멸시받는 피난민이었다.
그러나 이제 내가 너를 일으켜 세웠으니,
대대로 우뚝 서 있을 너의 모습, 모두가 기쁘게 우러르리라!
네가 민족들의 젖을 빨고
그 왕족들의 젖을 빨게 되는 날,
나 **하나님**이 너의 구원자이고,
너의 속량자이며, '야곱의 용사'임을 알게 되리라.
나는 너에게 최고의 것만 줄 것이다. 너절한 것이나 받던 시절은 끝났다!
구리 대신 금을, 철 대신 은을,
나무 대신 구리를, 돌 대신 철을 줄 것이다.
나는 평화가 너의 나라 최고경영자가 되게 하겠고,
의가 너의 상관이 되게 하겠다.
너의 땅에 더 이상 범죄 뉴스가 없을 것이며,
강도질도, 파괴 행위도 사라지리라.
너는 네 중심가를 '구원의 길'이라 이름 붙이고,
마을 한가운데에 '찬양 공원'을 조성할 것이다.
너는 낮의 해와
밤의 달빛이 필요 없을 것이다.
하나님이 너의 영원한 빛이 되고,
너의 하나님이 너를 광명으로 둘러쌀 것이다.
너의 해는 지는 법이 없겠고,
너의 달도 기우는 법이 없을 것이다.
내가 너의 영원한 빛이 될 것이다.
너의 암울했던 시절은 이제 지났다.
네 백성 모두가 영원히 그들 차지인 땅에서
의롭고 풍성한 삶을 누릴 것이다.
그들은 내가 내 영광을 보여주기 위해,
내 손으로 직접 심은 푸른 새싹이다.

will lick your boots.
They'll confer a title on you: City of GOD,
Zion of The Holy of Israel.
Not long ago you were despised refuse—
out-of-the-way, unvisited, ignored.
But now I've put you on your feet,
towering and grand forever, a joy to look at!
When you suck the milk of nations
and the breasts of royalty,
You'll know that I, GOD, am your Savior,
your Redeemer, Champion of Jacob.
I'll give you only the best—no more hand-me-downs!
Gold instead of bronze, silver instead of iron,
bronze instead of wood, iron instead of stones.
I'll install Peace to run your country,
make Righteousness your boss.
There'll be no more stories of crime in your land,
no more robberies, no more vandalism.
You'll name your main street Salvation Way,
and install Praise Park at the center of town.
You'll have no more need of the sun by day
nor the brightness of the moon at night.
GOD will be your eternal light,
your God will bathe you in splendor.
Your sun will never go down,
your moon will never fade.
I will be your eternal light.
Your days of grieving are over.
All your people will live right and well,
in permanent possession of the land.
They're the green shoot that I planted,
planted with my own hands to display my glory.

꼬마 부족이 거인 부족이 될 것이며,
약골들이 모여 강력한 민족을 이룰 것이다.
나는 **하나님**이다.
때가 되면, 내가 그렇게 만들 것이다."

기쁜 구원의 소식

61 [1-7] **하나님**께서 내게 기름을 부어 주시니,
주 **하나님**의 영이 내게 임하셨다.
주께서 나를 보내어 가난한 이들에게 복된 소식을 전하고,
마음 상한 자들을 치유하며,
포로 된 이들에게 자유를,
감옥에 갇힌 이들에게 사면을 선포하게 하셨다.
하나님께서 나를 보내어 당신의 은혜의 해가 임했고,
우리의 모든 원수를 섬멸하셨음을 선언하며,
슬퍼하는 이들을 위로하게 하셨다.
시온에서 슬퍼하는 이들의 사정을 돌아보게 하시고,
그들에게 재 대신 꽃다발을,
슬픈 소식 대신 기쁜 소식을 안겨 주게 하셔서,
시들했던 그들의 마음에 찬양의 꽃을 피우게 하셨다.
그들의 이름을 '의의 참나무'로 고쳐 불러라.
그들은 **하나님**께서 당신의 영광을 보이시기 위해 심은 나무다.
그들은 오래된 폐허를 재건할 것이며,
그 잔해 위에 새로운 성읍을 일으켜 세울 것이다.
그들은 무너진 성읍에서,
그 잿더미로부터 다시 시작할 것이다.
너희는 외부인을 고용해 너희의 가축을 치게 하고,
이방인을 고용해 너희의 밭일을 하게 할 것이다.

The runt will become a great tribe,
the weakling become a strong nation.
I am GOD.
At the right time I'll make it happen."

Announce Freedom to All Captives

61 [1-7] The Spirit of GOD, the Master, is on me
because GOD anointed me.
He sent me to preach good news to the poor,
heal the heartbroken,
Announce freedom to all captives,
pardon all prisoners.
GOD sent me to announce the year of his grace—
a celebration of God's destruction of our enemies—
and to comfort all who mourn,
To care for the needs of all who mourn in Zion,
give them bouquets of roses instead of ashes,
Messages of joy instead of news of doom,
a praising heart instead of a languid spirit.
Rename them "Oaks of Righteousness"
planted by GOD to display his glory.
They'll rebuild the old ruins,
raise a new city out of the wreckage.
They'll start over on the ruined cities,
take the rubble left behind and make it new.
You'll hire outsiders to herd your flocks
and foreigners to work your fields,
But you'll have the title "Priests of GOD,"
honored as ministers of our God.
You'll feast on the bounty of nations,

너희는 '**하나님**의 제사장들'이라 불려지고,
하나님의 사역자로 높임을 받게 될 것이다.
너희는 뭇 민족들이 내어주는 부를 향유하고,
그들의 영광을 누리게 될 것이다.
지금까지 너희는 갑절로 고난을 받아 왔고
너희의 몫 이상으로 수치를 당했으니,
이제 그 땅에서 갑절로 유산을 받을 것이며
너희의 기쁨은 영원히 지속될 것이다.

8-9 "나 **하나님**은 공정한 거래를 사랑하고
도둑질과 범죄를 미워하니,
나는 너희가 받아야 할 삯을 제때에 충분히 지불할 것이며
너희와 영원한 언약을 맺을 것이다.
너희 자손들은 온 세상에 이름을 날리게 될 것이다.
이방 나라 사람들은 너희 자녀들을
내가 축복해 준 자들로
단번에 알아볼 것이다."

10-11 나, **하나님** 안에서 기뻐 노래하리라.
내 영혼 깊은 곳에서 찬양이 터져 나온다!
그분께서 나를 예복을 입은 신랑같이
보석 박힌 관을 쓴 신부같이
구원의 옷을 입히시고,
의를 겉옷처럼 두르게 하셨다.
봄이 오면 들꽃이 만발하고
꽃동산이 펼쳐지듯,
주 **하나님**께서 의를 활짝 꽃피우시고
민족들 앞에 찬양을 펼쳐 보이시리라.

보아라, 너의 구원자가 오신다!

62 1-5 시온의 의가 해처럼 빛날 때까지,
나는 가만히 입 다물고 있을 수 없다.
예루살렘의 구원이 불꽃처럼 타오르기까지,
나는 그저 잠자코 있을 수 없다.

you'll bask in their glory.
Because you got a double dose of trouble
and more than your share of contempt,
Your inheritance in the land will be doubled
and your joy go on forever.

8-9 "Because I, GOD, love fair dealing
and hate thievery and crime,
I'll pay your wages on time and in full,
and establish my eternal covenant with you.
Your descendants will become well-known all over.
Your children in foreign countries
Will be recognized at once
as the people I have blessed."

10-11 I will sing for joy in GOD,
explode in praise from deep in my soul!
He dressed me up in a suit of salvation,
he outfitted me in a robe of righteousness,
As a bridegroom who puts on a tuxedo
and a bride a jeweled tiara.
For as the earth bursts with spring wildflowers,
and as a garden cascades with blossoms,
So the Master, GOD, brings righteousness into full bloom
and puts praise on display before the nations.

Look, Your Savior Comes!

62 1-5 Regarding Zion, I can't keep my mouth shut,
regarding Jerusalem, I can't hold my tongue,

이방 나라들이 너의 의를 볼 것이고,
세계 지도자들이 너의 영광을 보게 될 것이다.
너는 **하나님**께서 친히 불러 주시는,
전혀 새로운 이름을 얻을 것이다.
너는 **하나님**의 손바닥에 놓인 휘황찬란한 왕관,
하나님의 손에 들린 보석 박힌 금잔이 되리라.
더 이상 너를 '버림받은 자'라 부르지 않고,
너의 나라도 더 이상 '폐허'로 불리지 않을 것이다.
너는 '헵시바'(나의 기쁨)라 불리고,
너의 나라는 '쁠'(결혼한 여자)라 불릴 것이다.
하나님께서 너를 기뻐하시고,
네 땅은 결혼 축하연이 벌어지는 곳 같을 것이기 때문이다.
젊은 신랑이 처녀 신부와 결혼하듯
너를 지으신 분께서 너와 결혼하실 것이며,
신랑이 자기 신부를 좋아하듯
너의 하나님이 너를 좋아하실 것이기 때문이다.

6-7 예루살렘아, 내가 너의 성벽 위에 파수꾼을 세웠다.
그들이 밤낮으로 그 자리를 지키고 기도하며 부르짖어,
하나님께 약속을 상기시켜 드릴 것이다.
말씀하신 바를 행하실 때까지,
예루살렘을 평화의 성읍으로 높이실 때까지,
그분을 쉬시지 못하게 할 것이다.

8-9 **하나님**께서 맹세하셨다.
엄숙히 맹세하셨다.
"다시는 너의 양식 창고가
원수들에게 털리는 일이 없게 할 것이다.
다시는 네가 수고해 만든 포도주를
이방인들이 마셔 버리는 일이 없게 할 것

Until her righteousness blazes down like the sun
and her salvation flames up like a torch.
Foreign countries will see your righteousness,
and world leaders your glory.
You'll get a brand-new name
straight from the mouth of GOD.
You'll be a stunning crown in the palm of GOD's hand,
a jeweled gold cup held high in the hand of your God.
No more will anyone call you Rejected,
and your country will no more be called Ruined.
You'll be called Hephzibah (My Delight),
and your land Beulah (Married),
Because GOD delights in you
and your land will be like a wedding celebration.
For as a young man marries his virgin bride,
so your builder marries you,
And as a bridegroom is happy in his bride,
so your God is happy with you.

6-7 I've posted watchmen on your walls, Jerusalem.
Day and night they keep at it, praying, calling out,
reminding GOD to remember.
They are to give him no peace until he does what he said,
until he makes Jerusalem famous as the City of Praise.

8-9 GOD has taken a solemn oath,
an oath he means to keep:

이다.
그렇다. 식량을 재배하는 농부가 그 식량을 먹으며
하나님을 찬양할 것이다.
포도주를 만드는 자들이 나의 거룩한 안뜰에서
그 포도주를 마실 것이다."

10-12 성문 밖으로 나가라. 서둘러라!
돌아올 백성을 위해 길을 내어라.
큰길을 닦아라. 공사를 시작하여라!
자갈들을 치우고
깃발을 높이 들어, 모든 백성에게 신호를 보내라!
그렇다! 하나님께서 세계만방에 선포하셨다.
"딸 시온에게 말하여라. '보아라! 너의 구원자가 오신다.
말씀하신 일을 행하시려고,
약속하신 바를 이루시려고 그분이 오신다.'"
시온은 새 이름으로 불릴 것이다.
'거룩한 백성', '하나님이 속량하신 자',
'찾아낸 바 된 자', '버림받지 않은 성읍'이라 불릴 것이다.

하나님의 구원의 날

63 1 파수꾼이 힘껏 외친다.
"거기, 붉게 물든 옷을 입고
에돔과 보스라에서 나오는 당신은 누구신가요?
그처럼 빛나는 차림을 하고
원기왕성하게 전진해 오시는 당신, 그 이름을 말씀해 주십시오!"

"나다. 옳은 말을 하는 나,
구원할 힘을 가진 나다!"

2 "그런데 의복이 왜 그렇게 붉은가요?

"Never again will I open your grain-filled barns
to your enemies to loot and eat.
Never again will foreigners drink the wine
that you worked so hard to produce.
No. The farmers who grow the food will eat the food
and praise GOD for it.
And those who make the wine will drink the wine
in my holy courtyards."

10-12 Walk out of the gates. Get going!
Get the road ready for the people.
Build the highway. Get at it!
Clear the debris,
hoist high a flag, a signal to all peoples!
Yes! GOD has broadcast to all the world:
"Tell daughter Zion, 'Look! Your Savior comes,
Ready to do what he said he'd do,
prepared to complete what he promised.'"
Zion will be called new names: Holy People, GOD-Redeemed,
Sought-Out, City-Not-Forsaken.

Who Goes There?

63 1 The watchmen call out,
"Who goes there, marching out of Edom,
out of Bozrah in clothes dyed red?
Name yourself, so splendidly dressed,
advancing, bristling with power!"

"It is I: I speak what is right,
I, mighty to save!"

2 "And why are your robes so red,

포도주 틀을 밟고 나온 것처럼, 왜 그렇게 옷이 붉게 물들었나요?"

your clothes dyed red like those who tread grapes?"

3-6 "나 혼자서 포도주 틀을 밟았다.
나를 도와주는 자 아무도 없었다.
나는 노하여 포도를 밟았다.
진노하여 그 백성을 짓밟았다.
그들의 피가 내게 튀었다.
내 옷은 피로 완전히 젖었다.
내가 보복하기로 작정한 때,
속량을 행할 때가 이르렀기 때문이다.
나를 도와줄 사람이 있는지 둘러보았지만,
아무도 없었다.
믿을 수 없었다.
누구 하나 자원하여 나서는 자가 없었다.
그래서 나는 혼자서 그 일을 했다.
나의 노를 힘입어 했다.
노하여 그 백성을 짓밟았고,
진노하며 그들을 밟아 뭉갰다.
그들의 피로 땅을 흠뻑 적셨다."

3-6 "I've been treading the winepress alone.
No one was there to help me.
Angrily, I stomped the grapes;
raging, I trampled the people.
Their blood spurted all over me—
all my clothes were soaked with blood.
I was set on vengeance.
The time for redemption had arrived.
I looked around for someone to help
—no one.
I couldn't believe it
—not one volunteer.
So I went ahead and did it myself,
fed and fueled by my rage.
I trampled the people in my anger,
crushed them under foot in my wrath,
soaked the earth with their lifeblood."

7-9 내가 열거해 보겠다. **하나님**의 자애로운 업적을,
하나님이 행하신 찬양받으실 일들을,
하나님께서 주신 풍성한 선물들을.
이스라엘 가문에 베푸신 크신 인애,
그 넉넉한 긍휼과
넘치는 사랑을.
그분께서 "정녕 이들은 나의 백성이다.
나를 배신하지 않을 자녀들이다"라고 말씀하시고,
그들의 구원자가 되어 주셨다.
그들이 고난을 당할 때,
당신도 친히 함께 고난을 겪으셨다.
누구를 대신 보내 그들을 돕게 하지 않으시고,
그분이 직접 나서서 도와주셨다.
당신의 사랑과 동정에 이끌려
그들을 속량해 주셨다.

All the Things God Has Done That Need Praising

7-9 I'll make a list of GOD's gracious dealings,
all the things GOD has done that need praising,
All the generous bounties of GOD,
his great goodness to the family of Israel—
Compassion lavished,
love extravagant.
He said, "Without question these are my people,
children who would never betray me."
So he became their Savior.
In all their troubles,

그분은 그들을 건지시고 아주 오랜 세월,
그들을 안고 가 주셨다.

10 그런데 그들은 그분께 등을 돌렸다.
그분의 성령을 슬프시게 했다.
그래서 그분도 그들에게 등을 돌리셨고,
그들의 적이 되어 몸소 그들과 싸우셨다.

11-14 그러자 그들은 옛 시절을 떠올렸다.
하나님의 종, 모세의 때를.
"당신의 양 떼의 목자들을
바다에서 올라오게 하신 그분, 지금 어디에 계시는가?
그들 속에 당신의 성령을 두신 분,
지금 무엇을 하고 계시는가?
모세의 오른팔에 당신의 팔을 올려
그들 앞에서 물을 가르신 분,
그를 대대로 유명하게 만드셨으며,
그들을 이끌어 진흙뻘 심연을,
굳은 평지를 디디는 말들처럼 통과하게 하신 그분은 누구신가?
초장으로 인도되는 가축 떼처럼,
하나님의 영이 그들에게 안식을 주셨다."

14-19 주께서는 그렇게 주의 백성들을 인도하셨습니다!
그렇게 주의 이름이 널리 알려졌습니다!
하늘에서 우리를 굽어 살펴 주십시오!
주의 거룩하고 장대한 집 창문 밖으로 내려다봐 주십시오!
주님의 그 열정,
주님의 그 높으신 권능의 역사들, 이제 어디로 갔습니까?
주님의 진심어린 동정과 자비하심, 이제 어디에 있습니까?
어찌하여 물러서 계십니까?
주님은 우리 아버지이십니다.
아브라함과 이스라엘은 오래전에 죽었습니다.

he was troubled, too.
He didn't send someone else to help them.
He did it himself, in person.
Out of his own love and pity
he redeemed them.
He rescued them and carried them along
for a long, long time.

10 But they turned on him;
they grieved his Holy Spirit.
So he turned on them,
became their enemy and fought them.

11-14 Then they remembered the old days,
the days of Moses, God's servant:
"Where is he who brought the shepherds of his flock
up and out of the sea?
And what happened to the One who set
his Holy Spirit within them?
Who linked his arm with Moses' right arm,
divided the waters before them,
Making him famous ever after,
and led them through the muddy abyss
as surefooted as horses on hard, level ground?
Like a herd of cattle led to pasture,
the Spirit of GOD gave them rest."

14-19 *That's* how you led your people!
That's how you became so famous!
Look down from heaven, look at us!
Look out the window of your holy and magnificent house!
Whatever happened to your passion,

그들은 우리를 전혀 알아보지 못합니다.
그러나 주님은 우리의 살아 계신 아버지이십니다!
영원 전부터 이름 높으신 우리의 속량자이십니다.
하나님, 어찌하여 우리가 주의 길을 떠나 방황하게 하셨습니까?
왜 우리를 냉담하고 완고한 자들로 만드셔서,
더 이상 주를 경외하지 않고 예배하지도 않게 하셨습니까?
주의 종들을 돌아보아 주십시오.
주님은 우리의 주인이십니다! 우리는 주의 소유입니다!
주의 거룩한 백성이 주의 거룩한 곳을 잠시 차지했으나,
이제 그곳은 우리의 원수들에게 완전히 파괴되었습니다.
오래전부터 주님은 우리에게 눈길 한번 주지 않으셨습니다.
마치 우리를 전혀 모르시는 분 같습니다.

64 1-7 오, 주께서 하늘을 찢고 내려오신다면!
산들이 주님 앞에서 오들오들 떨 것입니다.
숲에 불이 붙듯,
물이 불에 끓듯 할 것입니다.
주를 대면한 주의 적들, 공포에 휩싸이고,
민족들은 사시나무 떨듯 떨 것입니다!
전에 주께서는 우리가 감히 생각지 못한 놀라운 일들을 행하셨습니다.
이곳에 내려오셔서, 산들이 주님 앞에서 오들오들 떨게 만드셨습니다.
당신을 기다리는 자들을 위해 역사하시는
주님과 같은 신은,
시간이 시작된 이래
누구도 상상하지 못했고,
어떤 귀도 듣지 못했으며, 어떤 눈도 보지 못

your famous mighty acts,
Your heartfelt pity, your compassion?
Why are you holding back?
You are our Father.
Abraham and Israel are long dead.
They wouldn't know us from Adam.
But you're our *living* Father,
our Redeemer, famous from eternity!
Why, God, did you make us wander from your ways?
Why did you make us cold and stubborn
so that we no longer worshiped you in awe?
Turn back for the sake of your servants.
You own us! We belong to you!
For a while your holy people had it good,
but now our enemies have wrecked your holy place.
For a long time now, you've paid no attention to us.
It's like you never knew us.

Can We Be Saved?

64 1-7 Oh, that you would rip open the heavens and descend,
make the mountains shudder at your presence—
As when a forest catches fire,
as when fire makes a pot to boil—
To shock your enemies into facing you,
make the nations shake in their boots!
You did terrible things we never expected,
descended and made the mountains shudder at your presence.
Since before time began
no one has ever imagined,

했습니다.
주께서는 의로운 일을 기쁘게 행하는 이들,
주의 길을 기억하고 따르는 이들을 만나 주시는 분입니다.
그러나 주께서는 우리에게 얼마나 노하셨던지요!
우리는 죄를 지었고, 너무 오랫동안 죄를 고집했습니다!
이런 우리에게, 희망이 있는지요? 이런 우리가, 구원받을 수 있겠는지요?
우리는 모두 죄에 감염된 자들, 죄에 오염된 자들입니다.
최선을 다한 노력도 때 묻은 누더기에 불과합니다.
우리는 가을 낙엽처럼 말랐습니다.
죄로 말라 버린 우리, 바람에 날려 갑니다.
주께 기도하는 자,
주께 이르려고 애쓰는 자, 아무도 없습니다.
주께서 우리에게 등을 돌리시고,
우리를 우리 죄 속에 내버려 두셨기 때문입니다.

8-12 그럼에도 **하나님**, 주님은 여전히 우리 아버지이십니다.
우리는 진흙, 주님은 우리의 토기장이십니다.
우리는 다 주의 작품입니다.
오 **하나님**, 너무 노하지는 말아 주십시오.
우리 잘못을 영원히 기록해 두지는 말아 주십시오.
부디 우리가, 지금도 주의 백성인 것을 기억해 주십시오.
주의 거룩한 성읍들이 유령마을로 변했습니다.
시온은 유령마을이 되었고,
예루살렘은 잡초밭이 되었습니다.
우리 조상들이 주를 향한 찬양으로 가득 채웠던
거룩하고 아름다운 성전은

No ear heard, no eye seen, a God like you
who works for those who wait for him.
You meet those who happily do what is right,
who keep a good memory of the way you work.
But how angry you've been with us!
We've sinned and kept at it so long!
Is there any hope for us? Can we be saved?
We're all sin-infected, sin-contaminated.
Our best efforts are grease-stained rags.
We dry up like autumn leaves—
sin-dried, we're blown off by the wind.
No one prays to you
or makes the effort to reach out to you
Because you've turned away from us,
left us to stew in our sins.

8-12 Still, GOD, you are our Father.
We're the clay and you're our potter:
All of us are what you made us.
Don't be too angry with us, O GOD.
Don't keep a permanent account of wrongdoing.
Keep in mind, please, we *are* your people—all of us.
Your holy cities are all ghost towns:
Zion's a ghost town,
Jerusalem's a field of weeds.
Our holy and beautiful Temple,
which our ancestors filled with your praises,
Was burned down by fire,
all our lovely parks and gardens in ruins.

불타서 잿더미가 되었고,
우리의 아름다운 공원과 동산들도 다 폐허가 되었습니다.
하나님,
이러한데도 보고만 계실 작정이십니까?
아무 말씀도 하지 않으시렵니까?
이제는 충분히, 우리를 오랫동안 비참하게 내버려 두지 않으셨습니까?

심판과 구원

65 1-7 "애써 청하지 않는 자들에게도
나는 기꺼이 응하려 했다.
애써 찾지 않는 자들도
나는 기꺼이 만나 주려 했다.
내가 늘 '여기 있다. 바로 여기 있다'고 말해 주던 민족,
그들이 나를 무시했다.
내가 날마다 손을 내밀어 주던 백성,
그들이 내게 등을 돌리고
그릇된 길로 갔다.
제멋대로 하기를 고집했다.
그들은 내 마음을 상하게 하고
날마다 내 앞에서 무례하게 굴면서,
자기 부엌에서 만든 종교,
잡탕 종교를 만들어 낸다.
그들은 죽은 자들의 메시지를 듣겠다며
무덤 속에서 밤을 지새우고,
금지된 음식을 먹으며
마법의 약물을 들이킨다.
그러고는 '물렀거라.
내게 가까이 오지 마라. 이 몸은 너희보다 거룩하다'고 말한다.
이런 자들, 내 속을 뒤집는다.
그들이 내는 악취를 나는 참을 수가 없다.
이것을 보아라! 여기,
그들의 죄가 전부 기록되어 있는 목록을 내가 들고 있다.
나는 더 이상 참지 않을 것이다.

In the face of all this,
are you going to sit there unmoved, GOD?
Aren't you going to say something?
Haven't you made us miserable long enough?

The People Who Bothered to Reach Out to God

65 1-7 "I've made myself available
to those who haven't bothered to ask.
I'm here, ready to be found
by those who haven't bothered to look.
I kept saying 'I'm here, I'm right here'
to a nation that ignored me.
I reached out day after day
to a people who turned their backs on me,
People who make wrong turns,
who insist on doing things their own way.
They get on my nerves,
are rude to my face day after day,
Make up their own kitchen religion,
a potluck religious stew.
They spend the night in tombs
to get messages from the dead,
Eat forbidden foods
and drink a witch's brew of potions and charms.
They say, 'Keep your distance.
Don't touch me. I'm holier than thou.'
These people gag me.
I can't stand their stench.
Look at this! Their sins are all written out—
I have the list before me.
I'm not putting up with this any longer.

그들로 하여금 값을 치르게 할 것이다.
그들 자신의 죄와,
거기에 더해
그들 부모의 죄에 대해서도." **하나님**께서 말씀하신다.
"그런 신성모독을 자행하고
언덕 위 산당들에서 나를 모독한 그들이기에,
그 결과를 맛보게 하겠다.
그들이 저지른 행위에 대한 대가를 톡톡히 치르게 할 것이다."

8-10 **하나님**의 메시지다.

"그러나 사과 하나가 썩었다고 사과 농사 전부를 망친 것은 아니며,
여전히 좋은 사과들도 많이 남아 있다.
이스라엘 안에서 내게 순종하는 자들은 내가 보존해 줄 것이다.
나는 이 나라 전체를 멸망시키지는 않을 것이다.
야곱으로부터 나의 참 자녀를 데리고 나올 것이며,
나의 산들을 상속받을 자들을 유다에서 데리고 나올 것이다.
나의 택함을 받은 자들이 그 땅을 상속받을 것이며,
나의 종들이 거기 들어가 살 것이다.
서쪽의 울창한 샤론 골짜기는
양 떼를 위한 초장이 되고,
동쪽의 아골 골짜기는
가축을 방목하는 곳이 될 것이다.
힘써 내게 나아오는 자들, 힘써 나를 원하는 자들,
진심으로 나를 찾는 백성들이 이것을 누리게 되리라."

I'll pay them the wages
They have coming for their sins.
And for the sins of their parents lumped in,
a bonus." GOD says so.
"Because they've practiced their blasphemous worship,
mocking me at their hillside shrines,
I'll let loose the consequences
and pay them in full for their actions."

8-10 GOD's Message:

"But just as one bad apple doesn't ruin the whole bushel,
there are still plenty of good apples left.
So I'll preserve those in Israel who obey me.
I won't destroy the whole nation.
I'll bring out my true children from Jacob
and the heirs of my mountains from Judah.
My chosen will inherit the land,
my servants will move in.
The lush valley of Sharon in the west
will be a pasture for flocks,
And in the east, the valley of Achor,
a place for herds to graze.
These will be for the people
who bothered to reach out to me, who wanted me in their lives,
who actually bothered to look for me.

11-12 "But you who abandon me, your GOD,
who forget the holy mountains,

⁂

11-12 "그러나 너희 **하나님**인 나를 버리고
거룩한 산을 잊은 너희,
행운의 여신을 위해 상을 차리고
운명의 남신을 위해 술 파티를 여는 너희는,
결국, 너희가 구한 것을 얻을 것이다. 너희 운명이 이루어질 것이다.
너희 숙명인 죽음을 맞게 되리라.
내가 초대했지만 너희가 나를 무시했고,
내가 말을 건넸지만 너희가 나를 외면했기 때문이다.
너희는 내가 악으로 지목한 바로 그 일들을 했고,
내가 미워하는 짓만 골라서 행했다."

13-16 그러므로, 주 **하나님**께서 주시는 **메시지**다.

"나의 종들은 먹겠지만
너희는 굶주릴 것이다.
나의 종들은 마시겠지만
너희는 목마를 것이다.
나의 종들은 기뻐 환호하겠지만
너희는 부끄러워 머리를 숙일 것이다.
나의 종들은 마음이 즐거워 웃겠지만
너희는 마음이 아파 울 것이다.
그렇다. 영혼이 찢겨 울부짖을 것이다.
너희는 내가 택한 백성들이
악담할 때 쓰는 이름으로나 남을 것이다.
나 **하나님**이 너희를 죽음에게 넘기겠고,
나의 종들에게는 새 이름을 줄 것이다.
그러면 땅에서 복을 구하는 자는 누구나
나의 신실한 이름으로 복을 구할 것이며,
땅에서 맹세하는 자는 누구나
나의 신실한 이름으로 맹세할 것이다.
내가 지난날의 괴로움을 되새기지 않고 잊었으며,
눈앞에서 깨끗이 지워 버렸기 때문이다."

Who hold dinners for Lady Luck
and throw cocktail parties for Sir Fate,
Well, you asked for it. Fate it will be:
your destiny, Death.
For when I invited you, you ignored me;
when I spoke to you, you brushed me off.
You did the very things I exposed as evil;
you chose what I hate."

13-16 Therefore, this is the Message from the Master, GOD:

"My servants will eat,
and you'll go hungry;
My servants will drink,
and you'll go thirsty;
My servants will rejoice,
and you'll hang your heads.
My servants will laugh from full hearts,
and you'll cry out heartbroken,
yes, wail from crushed spirits.
Your legacy to my chosen
will be your name reduced to a cussword.
I, GOD, will put you to death
and give a new name to my servants.
Then whoever prays a blessing in the land
will use my faithful name for the blessing,
And whoever takes an oath in the land
will use my faithful name for the oath,
Because the earlier troubles are gone and forgotten,
banished far from my sight.

New Heavens and a New Earth

17-25 "Pay close attention now:
I'm creating new heavens and a new

새 하늘과 새 땅

17-25 "보아라.
내가 새 하늘과 새 땅을 창조할 것이다.
이전의 괴로움과 혼돈과 고통은,
모두 옛적 일이 되어 잊혀질 것이다.
기뻐하며 앞을 보아라.
내가 창조할 것을 내다보아라.
나는 예루살렘을 순전한 기쁨이 되게 창조할 것이요,
나의 백성이 청정한 즐거움이 되게 창조할 것이다.
나는 예루살렘을 보며 기뻐하겠고,
내 백성을 보며 즐거워할 것이다.
그 성읍에서는 더 이상 우는 소리나
울부짖는 소리가 들리지 않으며,
갓난아기들이 죽거나
노인들이 천수를 누리지 못하는 일이 없으리라.
백세수가 흔한 일이 되고,
그에 못 미치면 비정상으로 여겨질 것이다.
그들은 집을 짓고,
거기 들어가 살 것이다.
밭을 경작하여,
거기서 기른 것을 먹을 것이다.
그들이 지은 집을
다른 사람이 차지하는 일이 없겠고,
그들이 경작해 얻은 수확을
적이 빼앗아 가는 일도 없을 것이다.
나의 백성은 나무처럼 장수하고,
나의 택한 자들은 자기 일에서 만족을 누리며 살 것이다.
일하고도 아무 소득을 얻지 못하거나,
자녀를 잃는 불상사도 없을 것이다.
그들이 **하나님**께 복을 받았고,
그들의 자녀와 자손도 **하나님**께 복을 받았기 때문이다.
그들이 외쳐 부르기 전에, 내가 응답할 것이다.

earth.
All the earlier troubles, chaos, and pain
are things of the past, to be forgotten.
Look ahead with joy.
Anticipate what I'm creating:
I'll create Jerusalem as sheer joy,
create my people as pure delight.
I'll take joy in Jerusalem,
take delight in my people:
No more sounds of weeping in the city,
no cries of anguish;
No more babies dying in the cradle,
or old people who don't enjoy a full lifetime;
One-hundredth birthdays will be considered normal—
anything less will seem like a cheat.
They'll build houses
and move in.
They'll plant fields
and eat what they grow.
No more building a house
that some outsider takes over,
No more planting fields
that some enemy confiscates,
For my people will be as long-lived as trees,
my chosen ones will have satisfaction in their work.
They won't work and have nothing come of it,
they won't have children snatched out from under them.
For they themselves are plantings blessed by GOD,
with their children and grandchildren likewise GOD-blessed.
Before they call out, I'll answer.

그들이 말을 다 끝내기도 전에, 내가 알아들을 것이다.
이리와 어린양이 풀밭에서 함께 풀을 뜯고,
사자와 황소가 구유에서 여물을 먹을 것이다.
그러나 뱀은 흙을 파먹고 살 것이다!
나의 거룩한 산에서는,
동물이나 사람이 서로 해치고 죽이는 일이 없을 것이다." **하나님**의 말씀이다.

Before they've finished speaking, I'll have heard.
Wolf and lamb will graze the same meadow,
lion and ox eat straw from the same trough,
but snakes—they'll get a diet of dirt!
Neither animal nor human will hurt or kill
anywhere on my Holy Mountain," says GOD.

하나님께 드릴 산 예배

66 1-2 **하나님**의 메시지다.
"하늘은 나의 보좌요,
땅은 나의 발 받침대다.
그러니 너희가 나를 위해 무슨 집을 짓겠다는 것이냐?
나를 위해 무슨 휴양처를 만들겠다는 말이냐?
만물을 만든 이가 나다! 만물의 주인이 나다!"
하나님의 포고다.
"그러나 내가 찾는 것이 있다.
나는 순수하고 소박한 사람,
내 말에 떨며 응답하는 사람을 찾는다.

3-4 너희의 예배는,
죄짓는 행위나 다름없다.
황소를 잡아 바치는 너희 희생 제사,
이웃을 살해하는 짓과 다름없다.
너희의 예물 봉헌,
제단에 돼지 피를 마구 뿌리는 짓과 다름없다.
너희의 기념물 봉헌,
우상을 칭송하는 짓과 다름없다.
너희 예배는, 너희 자신을 섬기는 예배다.
자기중심적인 예배를 드리며 즐거워하는 너희여, 이제 역겹다!

Living Worship to God

66 1-2 GOD's Message:
"Heaven's my throne,
earth is my footstool.
What sort of house could you build for me?
What holiday spot reserve for me?
I made all this! I own all this!"
GOD's Decree.
"But there *is* something I'm looking for:
a person simple and plain,
reverently responsive to what I say.

3-4 "Your acts of worship
are acts of sin:
Your sacrificial slaughter of the ox
is no different from murdering the neighbor;
Your offerings for worship,
no different from dumping pig's blood on the altar;
Your presentation of memorial gifts,
no different from honoring a no-god idol.
You choose self-serving worship,
you delight in self-centered worship—disgusting!

나는, 너희가 하는 일이 얼마나 어처구니없는지 폭로하고,
너희가 가장 두려워하던 일이 너희에게 들이닥치게 하겠다.
내가 너희를 초대했지만 너희가 나를 무시했고,
내가 너희에게 말을 건넸지만 너희가 나를 외면했기 때문이다.
너희는 내가 악으로 지목한 바로 그 일들을 했고,
내가 미워하는 짓만 골라서 행했다."

5 그러나 **하나님**의 말씀에 떨며 응답하는 너희여,
그분이 너희에게 하시는 말씀을 들어라.
"나로 인해 너희가
친족들의 미움을 받고 쫓겨난다.
그들은 '어디 **하나님**의 영광을 보여줘 봐라!
하나님이 그렇게 위대한 분이라면,
우리는 지금 왜 행복하지 못한 거지?'하며 너희를 조롱한다.
그러나 결국 부끄러움을 당할 자들은
그들이다."

6 성읍에서 우르릉대는 천둥소리가 들려온다!
성전에서 한 음성이 울려 나온다!
당신의 적들에게 심판을 내리시는
하나님의 음성이다.

7-9 "진통이 오기도 전에
아기를 낳았다.
산고를 겪기도 전에
아들을 낳았다.
이런 일을 들어본 적이 있느냐?
이런 일을 본 사람이 있느냐?
하루 만에 나라가 태어날 수 있느냐?

Well, I choose to expose your nonsense
and let you realize your worst fears,
Because when I invited you, you ignored me;
when I spoke to you, you brushed me off.
You did the very things I exposed as evil,
you chose what I hate."

5 But listen to what GOD has to say
to you who reverently respond to his Word:
"Your own families hate you
and turn you out because of me.
They taunt you, 'Let us see GOD's glory!
If God's so great, why aren't you happy?'
But they're the ones
who are going to end up shamed."

6 Rumbles of thunder from the city!
A voice out of the Temple!
GOD's voice,
handing out judgment to his enemies:

7-9 "Before she went into labor,
she had the baby.
Before the birth pangs hit,
she delivered a son.
Has anyone ever heard of such a thing?
Has anyone seen anything like this?
A country born in a day?
A nation born in a flash?
But Zion was barely in labor
when she had her babies!
Do I open the womb
and not deliver the baby?

눈 깜짝할 사이에 민족이 태어날 수 있느냐?
그러나 시온은,
산고 없이 아이들을 낳았다!
모태를 여는 내가,
아기를 낳게 해주지 않겠느냐?
아기를 낳게 해주는 내가,
모태를 닫아 버리겠느냐?

10-11 예루살렘아, 기뻐하여라.
그녀를 사랑하는 모든 자들아, 즐거워하여라!
그녀를 생각하며 눈물 흘렸던 너희여,
이제 함께 즐거이 노래 불러라.
갓 태어난 너희여,
그녀의 젖가슴에서 마음껏 젖을 빨아라.
그 풍족한 젖을 실컷 빨며
마음껏 즐거워하여라."

12-13 하나님의 메시지다.

"나는 견고한 평안이 강물처럼,
민족들의 영광이 홍수처럼, 그녀에게 쏟아져 들어가게 할 것이다.
너희는 그녀의 젖을 빨고
그녀의 품에 안길 것이며,
그녀의 무릎 위에서 놀 것이다.
어머니가 제 자식을 위로하듯,
내가 너희를 위로해 줄 것이다.
예루살렘에서 너희가 위로를 얻을 것이다."

14-16 너희는 이 모든 것을 보고 기쁨으로 충만하리라.
사기가 충천하리라.
하나님께서 너희 편에 서시며,
당신의 원수들을 대적하시는 모습이 명백하기 때문이다.
하나님께서 들불처럼 오시고,
그분의 병거가 회오리바람같이 들이닥친다.

Do I, the One who delivers babies,
shut the womb?

10-11 "Rejoice, Jerusalem,
and all who love her, celebrate!
And all you who have shed tears over her,
join in the happy singing.
You newborns can satisfy yourselves
at her nurturing breasts.
Yes, delight yourselves and drink your fill
at her ample bosom."

12-13 GOD's Message:

"I'll pour robust well-being into her like a river,
the glory of nations like a river in flood.
You'll nurse at her breasts,
nestle in her bosom,
and be bounced on her knees.
As a mother comforts her child,
so I'll comfort you.
You will be comforted in Jerusalem."

14-16 You'll see all this and burst with joy
—you'll feel ten feet tall—
As it becomes apparent that GOD is on your side
and against his enemies.
For GOD arrives like wildfire
and his chariots like a tornado,
A furious outburst of anger,
a rebuke fierce and fiery.
For it's by fire that GOD brings judgment,
a death sentence on the human race.
Many, oh so many,
are under GOD's sentence of death:

그분이 불같이 노를 터뜨리시며,
맹렬한 화염같이 꾸짖으시며 오신다.
하나님께서 불로 심판을 내리시고,
모든 인류에게 사형선고를 내리신다.
많은 자들이, 오, 너무도 많은 자들이
하나님께로부터 사형선고를 받는다.

17 "신성한 숲에 들어가 부정한 입교의식을 치르고, 돼지와 쥐를 먹는 부정한 식사의식에 참여하는 자들은, 다 같이 먹다가 다 같이 죽을 것이다." **하나님**의 포고다.

18-21 "나는 그들의 행위와 생각을 전부 알고 있다. 내가 가서 모두를, 언어가 다른 모든 민족을 불러 모을 것이다. 그들이 와서 나의 영광을 볼 것이다. 나는 세계의 중심 예루살렘에 본부를 설치하고, 심판에서 살아남은 자들을 세계 각지로 보낼 것이다. 스페인과 아프리카, 터키와 그리스를 비롯해, 내 이름을 들어 본 적 없고 내가 행한 일과 나에 대해 전혀 알지 못하는 먼 섬들에게까지 보낼 것이다. 내가 그들을 선교사로 보내어, 민족들 가운데서 나의 영광을 선포하게 할 것이다. 그들은 오래전에 잃었던 너희 형제자매들을 세계 각지로부터 데리고 돌아올 것이다. 돌아와서, **하나님**께 산 예배를 드리며 그들을 바칠 것이다. 그들을 말과 수레와 마차에 태워, 노새와 낙타에 태워, 나의 거룩한 산 예루살렘으로 곧장 데려올 것이다." **하나님**께서 말씀하신다. "그들은 이스라엘 사람들이 **하나님**의 성전에서 제의 그릇에 예물을 담아 바치듯, 그들을 내게 바칠 것이다. 나는 그들 가운데서 일부를 제사장과 레위인으로 세울 것이다." **하나님**께서 말씀하신다.

22-23 "내가 지을 새 하늘과 새 땅이
내 앞에서 굳건히 서듯이,

17 "All who enter the sacred groves for initiation in those unholy rituals that climaxed in that foul and obscene meal of pigs and mice will eat together and then die together." GOD's Decree.

18-21 "I know everything they've ever done or thought. I'm going to come and then gather everyone—all nations, all languages. They'll come and see my glory. I'll set up a station at the center. I'll send the survivors of judgment all over the world: Spain and Africa, Turkey and Greece, and the far-off islands that have never heard of me, who know nothing of what I've done nor who I am. I'll send them out as missionaries to preach my glory among the nations. They'll return with all your long-lost brothers and sisters from all over the world. They'll bring them back and offer them in living worship to GOD. They'll bring them on horses and wagons and carts, on mules and camels, straight to my holy mountain Jerusalem," says GOD. "They'll present them just as Israelites present their offerings in a ceremonial vessel in the Temple of GOD. I'll even take some of them and make them priests and Levites," says GOD.

22-23 "For just as the new heavens and new earth
that I am making will stand firm before me"
—GOD's Decree—
"So will your children
and your reputation stand firm.
Month after month and week by week,

너희 자녀들과 너희 명성도
바로 그렇게, 굳건히 설 것이다."
하나님의 포고다.
"달마다, 주마다,
모든 사람이 내게 나아와 예배할 것이다."
하나님께서 말씀하신다.

24 "그리고 밖으로 나가서,
나를 대적하고 반역했던 자들이 결국 어떻게 되었는지 보게 될 것이다.
그 시체들을 보게 될 것이다!
끝없이 구더기들에 파먹히고,
땔감이 되어 끝없이 불에 타는 모습.
그 광경을 보고 그 악취를 맡은 사람은 누구나,
구역질을 할 것이다."

everyone will come to worship me," GOD says.

24 "And then they'll go out and look at what happened
to those who rebelled against me. Corpses!
Maggots endlessly eating away on them,
an endless supply of fuel for fires.
Everyone who sees what's happened
and smells the stench retches."

예레미야 | 머리말

예레미야의 삶과 그가 쓴 책은 둘로 나뉠 수 없는 하나다. 그는 살았던 대로 썼고, 쓴 대로 살았다. 그의 삶과 책 사이에는 불일치가 전혀 없다. 어떤 이들은, 삶보다 글이 낫다. 또 어떤 이들은, 글보다 삶이 낫다. 그러나 예레미야는 글과 삶이 동일하다.

이 사실은 매우 중요하다. 어려운 시기를 맞은 많은 사람들이 그 안에서 어떻게 생각하고 어떻게 기도하며 어떻게 그 시기를 헤쳐 나갈지에 관해 도움을 얻고자 할 때, 가장 많이 찾는 예언자가 예레미야이기 때문이다. 그가 정말 도움을 줄 수 있는 사람이라는 확신을 받고 싶다면, 이 책에서 그것을 확인할 수 있다.

우리는 격변의 시대를 살고 있다. 바야흐로 21세기를 살아가고 있는 지금, 엄밀히 말해 이 시대를 전에 없던 시대라고 할 수는 없다. 분명 과거에도 오늘날과 같은 격변의 시대가 있었다. 급변하는 세상의 속도에 모두가 현기증을 느꼈던 시대 말이다. 하지만 상황과 규모가 어떠하든지, 모든 난세에는 특별한 마음의 태도가 필요하다.

예레미야의 험난했던 인생살이는 히브리 역사상 가장 험난했던 시기 중 하나와 겹친다. 그는 주전 587년에, 예루살렘이 함락되고 유다가 바빌론에 포로로 붙잡혀 가는 것을 직접 목도했다. 일어날 수 있는 최악의 상황이 모두 일어났던 시기였다. 예레미야는 이 험악한 소용돌이 한가운데서 끝까지 견디어 냈다. 기도하고 설교하면서, 고초당하고 맞서 싸우면서, 글을 쓰고 믿

Jeremiah's life and Jeremiah's book are a single piece. He wrote what he lived, he lived what he wrote. There is no dissonance between his life and his book. Some people write better than they live; others live better than they write. Jeremiah, writing or living, was the same Jeremiah.

This is important to know because Jeremiah is the prophet of choice for many when we find ourselves having to live through difficult times and want some trustworthy help in knowing what to think, how to pray, how to carry on. We'd like some verification of credentials. This book provides the verification.

We live in disruptive times. The decades preceding and following the pivotal third millennium are not exactly unprecedented. There have certainly been comparable times of disruption in the past that left everyone reeling, wondering what on earth and in heaven was going on. But whatever their occasion or size, troubles require attention.

Jeremiah's troubled life spanned one of the most troublesome periods in Hebrew history, the decades leading up to the fall of Jerusalem in 587 B.C., followed by the Babylonian exile. Everything that could go wrong *did* go wrong. And Jeremiah was in the middle of all of it, sticking it out, pray-

음을 지키면서 말이다. 그는 외부에서 오는 폭풍 같은 공격과 내면에서 치솟는 불같은 의심에 시달려야 했다. 피로와 의심과 조롱은 몸과 마음과 감정을 극한까지 내몰았다. 그러나 그는 이 모든 것과 고투하며 자신을 둘러싼 모든 것을 장엄하게 글로 담아냈다.

하나님, 주께서 저를 이렇게 만드셨으니,
저는 따를 수밖에 없습니다.
저는 주님을 이길 수 없습니다.
이제 저는 공개적인 놀림감이 되었습니다.
모든 자들이 저를 놀려댑니다.
저는 입을 열 때마다
"살인이다! 강탈이다!" 하고 외칩니다.
그런데 **하나님**의 경고의 말씀을 그렇게 외쳐서 제가 얻는 것은
모욕과 멸시가 전부입니다.
그러나 "이제 그만!
더 이상은 **하나님**의 메시지를 전하지 않으리라!" 하고 마음먹으면,
말씀이 제 뱃속에서 불처럼 타오르며
뼛속까지 태웁니다.
참아 보려고 했지만, 이제 지쳤습니다.
더는 견딜 수 없습니다!
제 등 뒤에서 수군대는 소리가 들려옵니다.
"저기, '사면초가' 운운했던 자다. 저 자를 잡아라! 신고하여라!"
전에 친구였던 자들이, 지금은 제가 바닥에 고꾸라지기만을 기다립니다.
"뭐든지 하나만 걸려 봐라. 영원히 없애 줄 테니!"

그러나 **하나님**, 실로 맹렬한 전사이신 주께서 제 편이십니다.
저를 쫓는 자들은 모두 대자로 쭉 뻗게 될 것입니다.

ing and preaching, suffering and striving, writing and believing. He lived through crushing storms of hostility and furies of bitter doubt. Every muscle in his body was stretched to the limit by fatigue; every thought in his mind was subjected to questioning; every feeling in his heart was put through fires of ridicule. He experienced it all agonizingly and wrote it all magnificently.

You pushed me into this, GOD, and I let you do it.
You were too much for me.
And now I'm a public joke.
They all poke fun at me.
Every time I open my mouth
I'm shouting, "Murder!" or "Rape!"
And all I get for my GOD-warnings
are insults and contempt.
But if I say, "Forget it!
No more GOD-Messages from me!"
The words are fire in my belly,
a burning in my bones.
I'm worn out trying to hold it in.
I can't do it any longer!
Then I hear whispering behind my back:
"There goes old 'Danger-Everywhere.'
Shut him up! Report him!"
Old friends watch, hoping I'll fall flat on my face:
"One misstep and we'll have him. We'll get rid of him for good!"

But GOD, a most fierce warrior, is at my side.
Those who are after me will be sent sprawling—

어릿광대처럼 제 발에 걸려 넘어져 땅에 뒹굴며,
우스꽝스런 장면을 연출할 것입니다.

오, 만군의 **하나님**, 누구도 주님을 우롱하지 못합니다.
주께서는 모든 자를, 모든 것을 꿰뚫어 보십니다.
저는 그들이 행한 그대로 되갚음 받는 것을 보고 싶습니다.
주께 제 송사를 맡겨 드립니다.

하나님께 노래 불러라! **하나님**을 찬양하여라!
그분은 악인들의 손아귀에서 약자를 건지시는 분이다 (렘 20:7-13).

Slapstick buffoons falling all over themselves,
a spectacle of humiliation no one will ever forget.

Oh, GOD-of-the-Angel-Armies, no one fools you.
You see through everyone, everything.
I want to see you pay them back for what they've done.
I rest my case with you.

Sing to GOD! All praise to GOD!
He saves the weak from the grip of the wicked(Jeremiah 20:7-13).

여러분이 믿고 의지하던 모든 것이 산산조각 나버리는 상황을 맞게 된다면 어떠하겠는가? 때때로 우리는 하나님께 기대했던 것과 정반대되는 상황을 개인적으로나 공동체적으로 경험하게 된다. 그럴 때 우리는 그 재난을 통해, 그동안 상상했거나 바라던 하나님이 아닌 진짜 하나님을 만나고 그 과정에서 근본적으로 달라지는가? 아니면, 하나님을 헌신짝 버리듯 내버리게 되는가? 그것도 아니라면, 거기에서 더 무너져 이미 붕괴된 신념체계나 환상을 놓지 않으려고 한사코 고집을 부리는가?

격변의 시대를 사는 사람은, 앞서 그것을 경험한 이들에게서 도움을 얻고자 한다. 그들이 어떤 일을 겪었는지, 어떻게 그것을 견뎌 냈는지 배우고 싶어 한다. 은혜에 힘입어 격변의 시기를 견디고 살아남은 이를 찾을 때면, 흔히 사람들은 예레미야를 떠올린다. 그리고 참되고 정직하며 하나님의 길을 보여주는 그를 길동무 삼아, 그와 함께 고통의 시간을 건넌다. 예레미야를 통해 우리는, 어

What happens when everything you believe in and live by is smashed to bits by circumstances? Sometimes the reversals of what we expect from God come to us as individuals, other times as entire communities. When it happens, does catastrophe work to re-form our lives to conform to who God actually is and not the way we imagined or wished him to be? Does it lead to an abandonment of God? Or, worse, does it trigger a stubborn grasping to the old collapsed system of belief, holding on for dear life to an illusion?

Anyone who lives in disruptive times looks for companions who have been through them earlier, wanting to know how they went through it, how they made it, what it was like. In looking for a companion who has lived through catastrophic disruption and survived with grace, biblical people more often than not come upon Jeremiah and receive him as a true, honest,

떤 상황에도 하나님은 "나는 너를 사랑하지 않은 적이 없고, 앞으로도 그럴 것이다"(렘 31:3)라고 말씀하시는 분임을 알고 평안할 수 있다.

and God-revealing companion for the worst of times, who reassures us that, no matter what, God has "never quit loving you and never will"(Jeremiah 31:3).

예레미야

부서뜨리고 다시 시작하여라

1 1-4 베냐민 땅 아나돗의 제사장 가문 힐기야의 아들 예레미야의 **메시지**다. 아모스의 아들 요시야가 유다를 다스린 지 십삼 년째 되던 해에 **하나님**의 **메시지**가 그에게 임했다. 그 **메시지**는 요시야의 아들 여호야김이 유다의 왕으로 있던 동안 계속 임했고, 요시야의 아들 시드기야 십일 년, 곧 예루살렘이 포로로 잡혀가게 된 해의 다섯째 달이 되기까지 계속해서 임했다. **하나님**께서 말씀하셨다.

5 "너를 모태에서 빚기 전부터
나는 이미 너를 알고 있었다.
네가 태어나 햇빛을 보기 전부터
이미 너에 대한 거룩한 계획을 세워 두었다.
나는 너를 뭇 민족에게 보낼
예언자로 세우려는 뜻을 품었다."

6 그러나 내가 말했다. "주 **하나님**! 저를 보십시오.
저는 아직 아무것도 모르는 어린아이에 불과합니다!"

7-8 **하나님**께서 내게 말씀하셨다. "어린아이에 불과하다니,
그런 소리 하지 마라.

JEREMIAH

Demolish, and Then Start Over

1 1-4 The Message of Jeremiah son of Hilkiah of the family of priests who lived in Anathoth in the country of Benjamin. GOD's Message began to come to him during the thirteenth year that Josiah son of Amos reigned over Judah. It continued to come to him during the time Jehoiakim son of Josiah reigned over Judah. And it continued to come to him clear down to the fifth month of the eleventh year of the reign of Zedekiah son of Josiah over Judah, the year that Jerusalem was taken into exile. This is what GOD said:

5 "Before I shaped you in the womb,
I knew all about you.
Before you saw the light of day,
I had holy plans for you:
A prophet to the nations—
that's what I had in mind for you."

6 But I said, "Hold it, Master GOD! Look at me.
I don't know anything. I'm only a boy!"

7-8 GOD told me, "Don't say, 'I'm only a boy.'

너는 내가 가라고 하는 곳에 가면 된다.
내가 말하라고 하는 것을 말하면 된다.
전혀 두려워할 것 없다.
내가 바로 곁에서 너를 지켜 줄 것이다."
하나님의 포고다.

9-10 **하나님**께서 손을 내밀어 내 입에 대고 말씀하셨다.
"보아라! 내가 방금 너의 입속에 나의 말을 넣어 주었다.
내가 손수 넣어 주었다!
내가 한 일을 보고 있느냐?
나는 네가 뭇 민족과 통치자들에게 가서 해야 할 일을 주었다.
오늘은 너에게 기념비적인 날이다!
네가 해야 할 일은 뽑아 허물어뜨리고,
찢고 부서뜨리고,
그러고 나서
다시 시작하는 것이다.
다시 세우고 심는 일이다."

11-12 **하나님의 메시지**가 내게 임했다. "예레미야야, 지금 무엇이 보이느냐?"
내가 말했다. "지팡이가 하나 보입니다. 그것이 전부입니다."
그러자 **하나님**께서 말씀하셨다. "잘 보았다! 내가 너의 지팡이가 되어 줄 것이다.
내가 네게 주는 말들이 다 이루어지게 할 것이다."

13-15 **하나님의 메시지**가 다시 임했다. "이제 무엇이 보이느냐?"
내가 말했다. "끓는 솥이 하나 보이는데, 이쪽으로 기울어져 곧 쏟아질 것 같습니다."
그러자 **하나님**께서 말씀하셨다. "북방에서 재앙이 쏟아져
이 땅에 사는 모든 백성에게 들이닥칠 것이다.

I'll tell you where to go and you'll go there.
I'll tell you what to say and you'll say it.
Don't be afraid of a soul.
I'll be right there, looking after you."
GOD's Decree.

9-10 GOD reached out, touched my mouth, and said,
"Look! I've just put my words in your mouth—hand-delivered!
See what I've done? I've given you a job to do
among nations and governments—a red-letter day!
Your job is to pull up and tear down,
take apart and demolish,
And then start over,
building and planting."

Stand Up and Say Your Piece

11-12 GOD's Message came to me: "What do you see, Jeremiah?"
I said, "A walking stick—that's all."
And GOD said, "Good eyes! I'm sticking with you.
I'll make every word I give you come true."

13-15 GOD's Message came again: "So what do you see now?"
I said, "I see a boiling pot, tipped down toward us."
Then GOD told me, "Disaster will pour out of the north
on everyone living in this land.
Watch for this: I'm calling all the kings out of the north."

잘 지켜보아라. 이제 내가 북방에서 왕들을 모두 불러낼 것이다."
하나님의 포고다.

15-16 "그들이 내려와서
예루살렘 성문과
성벽 코앞에,
유다의 모든 마을 코앞에 진을 칠 것이다.
내가 유다 백성에게 심판을 선언할 것이다.
그들이 나를 저버렸기 때문이다. 이 얼마나 천인공노할 일인가!
그들은 다른 신들에게 잘 보이려고 제물을 갖다 바쳤고,
자기들이 깔라 만든 막대기와 색칠해 만든 돌들을 신으로 섬겼다.

17 그러나 너는, 옷을 챙겨 입고 일어나 일을 시작하여라!
일어나서 네가 해야 할 말을 하여라. 내가 전하라는 말을 그대로 전하여라.
인정사정 봐주지 말고 주먹을 날려라.
그렇지 않으면 내가 너를 경기장 바깥으로 빼 버릴 것이다.

18-19 내가 너를 무장시킬 테니 너는 주의하여 서 있거라.
내가 너를 난공불락의 성으로,
꿈쩍도 않는 강철 기둥으로,
견고한 철벽으로 만들어 세울 것이다.
너는 이 시대의 문화와
유다의 왕과 제후들과
제사장과 지역 고관들에게 맞서는,
일인 방어 요새다.
그들이 덤벼들겠으나,
네게 흠집 하나 내지 못할 것이다.
내가 너를 철두철미하게 엄호해 줄 것이다."
하나님의 포고다.

GOD's Decree.

15-16 "They'll come and set up headquarters
facing Jerusalem's gates,
Facing all the city walls,
facing all the villages of Judah.
I'll pronounce my judgment on the people of Judah
for walking out on me—what a terrible thing to do!—
And courting other gods with their offerings,
worshiping as gods sticks they'd carved,
stones they'd painted.

17 "But you—up on your feet and get dressed for work!
Stand up and say your piece. Say exactly what I tell you to say.
Don't pull your punches
or I'll pull you out of the lineup.

18-19 "Stand at attention while I prepare you for your work.
I'm making you as impregnable as a castle,
Immovable as a steel post,
solid as a concrete block wall.
You're a one-man defense system
against this culture,
Against Judah's kings and princes,
against the priests and local leaders.
They'll fight you, but they won't
even scratch you.
I'll back you up every inch of the way."
GOD's Decree.

하나님의 거룩한 특선품이었던 이스라엘

2

1-3 **하나님의 메시지**가 이같이 내게 임했다.

"거리로 나가 예루살렘을 향해 외쳐라.
'**하나님의 메시지**다!
나는 네가 젊은 시절에 바친 충성을 기억한다.
신혼 같았던 우리의 사랑을 기억한다.
그 광야 시절, 너는 내 곁을 지켰고
그 고생길에도 내 곁을 떠나지 않았다.
이스라엘은 **하나님**의 거룩한 특선품이자
특상품이었다.
감히 그녀에게 손대는 자는 누구든지
곧 후회하게 되었다!'"
하나님의 포고다.

4-6 야곱의 집이여, **하나님의 메시지**를 들어라!
너희, 이스라엘의 집이여!
하나님의 메시지다. "도대체 내가 무엇을 잘못했기에
너희 조상은 나를 버리고,
거품에 불과한 우상과 붙어살다가
자기들도 거품이 되고 말았단 말이냐?
그들은 한 번도 이렇게 물은 적이 없다. '**하나님**은 어디 계신가?
우리를 이집트에서 구해 주시고
그 메마른 사막과 죽음의 골짜기,
아무도 살아 나오지 못하는 땅,
사람이 살 수 없는 잔혹한 땅을 지나던
그 험악하고 다사다난했던 광야 세월 동안,
한결같이 우리를 보살펴 주신 그 하나님은?'

7-8 나는 너희를 비옥한 땅으로 인도하여
싱싱한 과일을 따 먹게 했다.

Israel Was God's Holy Choice

2

1-3 GOD's Message came to me. It went like this:

"Get out in the streets and call to Jerusalem,
'GOD's Message!
I remember your youthful loyalty,
our love as newlyweds.
You stayed with me through the wilderness years,
stuck with me through all the hard places.
Israel was GOD's holy choice,
the pick of the crop.
Anyone who laid a hand on her
would soon wish he hadn't!'"
GOD's Decree.

4-6 Hear GOD's Message, House of Jacob!
Yes, you—House of Israel!
GOD's Message: "What did your ancestors find fault with in me
that they drifted so far from me,
Took up with Sir Windbag
and turned into windbags themselves?
It never occurred to them to say, 'Where's GOD,
the God who got us out of Egypt,
Who took care of us through thick and thin, those rough-and-tumble
wilderness years of parched deserts and death valleys,
A land that no one who enters comes out of,
a cruel, inhospitable land?'

7-8 "I brought you to a garden land
where you could eat lush fruit.
But you barged in and polluted my land,

그런데 너희는 내 땅에 난입해 들어와서 그 땅을 더럽혔다.
내가 아끼는 땅을 쓰레기장으로 만들고 오염시켰다.
제사장이라는 자들은 '**하나님**은 어디 계신가?' 하고 물을 생각도 하지 않았다.
종교 전문가라는 자들은 나에 대해서 아는 바가 전혀 없었다.
통치자들은 내게 도전했고,
예언자들은 바알 신을 전하면서,
허망한 꿈과 우둔한 계획에 지나지 않는 우상을 좇았다.

9-11 그래서 이제 내가 너희를 고발한다."
하나님의 포고다.
"너희와 너희 자녀와 너희 자손들을 고발한다.
주위를 한번 둘러보아라. 이런 일을 본 적이 있느냐?
배를 타고 서쪽 섬들에 가 보아라.
게달 광야에도 가 보아라.
잘 살펴보아라. 이런 일이 전에도 있었더냐?
자기 신을, 신 발꿈치에도 닿지 못하는 것들과 바꾼 나라가 있는지 말이다.
그러나 나의 백성은 나의 영광을,
허망한 꿈과 우둔한 계획에 지나지 않는 우상과 바꾸어 버렸다.

12-13 하늘아, 충격적인 이 일을 보아라!
믿을 수 없는 이 일을 보아라. 어떻게 이런 일이 있을 수 있느냐!"
하나님의 포고다.
"내 백성은 이중의 죄를 범했다.
그들은 나를 버렸다.
그들은 생수가 솟는 샘인 나를 버리고, 대신 땅에 물웅덩이를 팠다.
물이 새는 물웅덩이, 하수구나 다를 바 없

trashed and defiled my dear land.
The priests never thought to ask, 'Where's GOD?'
The religion experts knew nothing of me.
The rulers defied me.
The prophets preached god Baal
And chased empty god-dreams and silly god-schemes.

9-11 "Because of all this, I'm bringing charges against you"
—GOD's Decree—
"charging you and your children and your grandchildren.
Look around. Have you ever seen anything quite like this?
Sail to the western islands and look.
Travel to the Kedar wilderness and look.
Look closely. Has this ever happened before,
That a nation has traded in its gods
for gods that aren't even close to gods?
But my people have traded my Glory
for empty god-dreams and silly god-schemes.

12-13 "Stand in shock, heavens, at what you see!
Throw up your hands in disbelief—this can't be!"
GOD's Decree.
"My people have committed a compound sin:
they've walked out on me, the fountain
Of fresh flowing waters, and then dug cisterns—
cisterns that leak, cisterns that are no better than sieves.

는 물웅덩이를 팠다.

14-17 이스라엘은
지체 높은 가문에 태어난 귀한 종이 아니더냐?
그런데 어쩌다가 사자들이 으르렁거리며
서로 차지하려고 달려드는
한 점의 고기 신세가 되고 말았단 말인가?
이제 겨우 뼈다귀 몇 개만 남았구나.
마을들은 쑥대밭, 폐허가 되었다.
멤피스와 다바네스에서 온 이집트 사람들이
너의 두개골을 박살내었다.
왜 이런 일이 일어났다고 생각하느냐?
이는 네가 하나님을,
바른길로 인도하려던 네 하나님을 저버렸기 때문이 아니냐?

18-19 이제 와서 이집트로 도망간다 한들 무엇을 얻을 수 있겠느냐?
시원한 나일 강 물 한 잔 정도일 것이다.
앗시리아로 도망간다 한들 무엇을 얻을 수 있겠느냐?
청량한 유프라테스 강 물 한 잔 정도일 것이다.
너는 악행의 대가로 실컷 두들겨 맞을 것이다.
불충의 값을 톡톡히 치를 것이다.
네가 무슨 짓을 했는지, 그 쓰디쓴 결말이 무엇인지 똑똑히 보아라.
어떠냐. 너의 하나님을 저버린 것이 잘한 일 같으냐?"
만군의 주 **하나님**의 포고다.

이방 신들에 중독된 이스라엘

20-22 "너는 오래전에 고삐를 풀고 뛰쳐나갔다.
굴레를 다 벗어던져 버렸다.

14-17 "Isn't Israel a valued servant,
born into a family with place and position?
So how did she end up a piece of meat
fought over by snarling and roaring lions?
There's nothing left of her but a few old bones,
her towns trashed and deserted.
Egyptians from the cities of Memphis and Tahpanhes
have broken your skulls.
And why do you think all this has happened?
Isn't it because you walked out on your God
just as he was beginning to lead you in the right way?

18-19 "And now, what do you think you'll get by going off to Egypt?
Maybe a cool drink of Nile River water?
Or what do you think you'll get by going off to Assyria?
Maybe a long drink of Euphrates River water?
Your evil ways will get you a sound thrashing, that's what you'll get.
You'll pay dearly for your disloyal ways.
Take a long, hard look at what you've done and its bitter results.
Was it worth it to have walked out on your God?"
GOD's Decree, Master GOD-of-the-Angel-Armies.

Addicted to Alien Gods

20-22 "A long time ago you broke out of the harness.
You shook off all restraints.
You said, 'I will not serve!'

'더 이상 섬기지 않을 테다!' 말하고
떠나서는,
음란한 종교 산당을 만날 때마다 한 곳도
그냥 지나치지 않고 들어가
싸구려 창녀처럼 몸을 팔았다.
너는 내가 최고의 종자를 구해다 심은
최고급 포도나무였다.
그런데 지금 네 모습이 어떤지 보아라.
엉망으로 자라 비뚤어진 네 모습, 도저히
포도나무로 봐줄 수 없는 꼴이다.
초강력 세제로 빨아 보아라.
생살이 벗겨지도록 북북 문질러 씻어 보아라.
그래도 네 죄의 때는 빠지지 않을 것이다.
너를 쳐다보는 일조차 내게는 고역이다!"
주 **하나님**의 포고다.

23-24 "감히 네가 '나는 죄로 내 자신을 더럽힌 적이 없습니다.
음란한 신 바알들을 찾아다닌 적이 없습니다'라고 말하느냐!
네가 골짜기에 남긴 자국을 보아라.
사막 모래 위의 흔적은 어떻게 설명하겠느냐.
발정 나 이리 뛰고 저리 뛴 낙타 자국,
몸이 달아 헐떡거리며 돌아다니던
들나귀 자국 말이다.
색욕이 발동해 이리저리 날뛰는 짐승은
누구도 말릴 수 없다!

25 진정하여라. 제발 숨 좀 돌려라. 뭐가 그리 급하냐?
왜 그렇게 몸을 망가뜨리느냐? 대체 무엇을 그렇게 좇는 것이냐?
그러나 너는 말한다. '어쩔 수 없습니다.
이방 신들에 중독되어, 멈출 수가 없습니다.'"

and off you went,
Visiting every sex-and-religion shrine on the way,
like a common whore.
You were a select vine when I planted you
from completely reliable stock.
And look how you've turned out—
a tangle of rancid growth, a poor excuse for a vine.
Scrub, using the strongest soaps.
Scour your skin raw.
The sin-grease won't come out. I can't stand to even look at you!"
GOD's Decree, the Master's Decree.

23-24 "How dare you tell me, 'I'm not stained by sin.
I've never chased after the Baal sex gods'!
Well, look at the tracks you've left behind in the valley.
How do you account for what is written in the desert dust—
Tracks of a camel in heat, running this way and that,
tracks of a wild donkey in rut,
Sniffing the wind for the slightest scent of sex.
Who could possibly corral her!
On the hunt for sex, sex, and more sex—
insatiable, indiscriminate, promiscuous.

25 "Slow down. Take a deep breath. What's the hurry?
Why wear yourself out? Just what are you after anyway?
But you say, 'I can't help it.
I'm addicted to alien gods. I can't quit.'

⁂

26-28 "도둑이 붙잡히고 나서 원통해하듯,
이스라엘 백성이 원통해한다.
왕, 제후,
제사장, 예언자들과 함께 포로로 붙잡히고
나서야 원통해한다.
그들은 나무에다 대고 '나의 아버지!' 하고,
돌을 집어들고서는 '나의 어머니! 나를 낳
아 주신 어머니!' 한다.
그들은 내게 늘 뒤통수만 보여주었다.
한 번도 내게 얼굴을 보여준 적이 없다.
그런데도 상황이 안 좋아지면 거리낌 없이
달려와서는,
'손 좀 써 주세요! 우리를 구원해 주세요!'
하고 소리 지른다.
어째서 네가 그렇게도 좋아하는 신들, 네
손으로 만든 그 신들에게 가지 않느냐?
그들을 깨워라. 재앙에서 구해 달라고 하
여라.
유다야, 너에게는 주체할 수 없을 정도로
많은 신들이 있지 않느냐."

유다를 심판할 것이다

29-30 "독립을 주장하며 내게서 떠나가다니,
내가 대체 너희에게 무엇을 잘못했느냐?"
하나님의 포고다.
"내가 너희 자녀를 훈련시키려 애썼지만,
시간 낭비였다.
그들은 나를 거들떠보지도 않았다. 내 훈육
을 무시했다.
또한 너희는 하나님의 사자들을 제거했다.
그들을 먼지 취급하며 깨끗이 쓸어버렸다.

31-32 오, 이 세대여!
내가 너희에게 말하지 않았느냐? 경고하지
않았느냐?
이스라엘아, 내가 너희를 실망시켰더냐?
어찌하여 나를 막다른 골목 취급하느냐?

⁂

26-28 "Just as a thief is chagrined, but only when caught,
so the people of Israel are chagrined,
Caught along with their kings and princes,
their priests and prophets.
They walk up to a tree and say, 'My father!'
They pick up a stone and say, 'My mother! You bore me!'
All I ever see of them is their backsides.
They never look me in the face.
But when things go badly, they don't hesitate to come running,
calling out, 'Get a move on! Save us!'
Why not go to your handcrafted gods you're so fond of?
Rouse them. Let them save you from your bad times.
You've got more gods, Judah,
than you know what to do with.

Trying Out Another Sin-Project

29-30 "What do you have against me,
running off to assert your 'independence'?"
GOD's Decree.
"I've wasted my time trying to train your children.
They've paid no attention to me, ignored my discipline.
And you've gotten rid of your God-messengers,
treating them like dirt and sweeping them away.

31-32 "What a generation you turned out to be!
Didn't I tell you? Didn't I warn you?
Have I let you down, Israel?

어찌하여 나의 백성이 나를 버리고 '아, 속 시원하다!
이제부터 우리는 자유다' 한단 말이냐?
여인이 자기 보석을 잊는 법이 있느냐?
신부가 면사포 쓰는 것을 잊는 법이 있느냐?
그런데 내 백성은 나를 잊었다.
날이 지나고 또 지나도 거들떠보지도 않았다."

Am I nothing but a dead-end street?
Why do my people say, 'Good riddance!
From now on we're on our own'?
Young women don't forget their jewelry, do they?
Brides don't show up without their veils, do they?
But my people forget me.
Day after day after day they never give me a thought.

33-35 "최대한 즐기며 살겠다더니
정말 출발부터 대단했다.
너는 죄를 가르치는 학교를 세우고
대학원 과정까지 개설해 악을 가르쳤다!
그리고 이제 졸업생들이 배출되고 있다.
멋진 학사모와 가운을 착용한 자들.
그러나 그들의 몸에는 무고한 희생자들의 피가 묻어 있다!
그 피가 너에게 유죄 선고를 내린다.
지금의 위치에 오르기 위해 너는 수많은 사람들을 해치고 찔렀다.
그런데도 뻔뻔한 얼굴로 말한다. '나는 아무 잘못이 없다.
어디, 하나님이 신경 쓰시더냐? 그분이 내게 벌을 내리신 적이 있더냐?'
그러나 보아라. 심판이 오고 있다.
'나는 아무 잘못이 없다'고 말하는 바로 너를 향해 오고 있다.

33-35 "What an impressive start you made
to get the most out of life.
You founded schools of sin,
taught graduate courses in evil!
And now you're sending out graduates,
resplendent in cap and gown—
except the gowns are stained with the blood of your victims!
All that blood convicts you.
You cut and hurt a lot of people to get where you are.
And yet you have the gall to say, 'I've done nothing wrong.
God doesn't mind. He hasn't punished me, has he?'
Don't look now, but judgment's on the way,
aimed at you who say, 'I've done nothing wrong.'

36-37 너는 한 가지 죄를 도모하다 실패하면
아무렇지 않게 또 다른 죄를 도모한다. 그렇지 않느냐?
그러나 기억하여라. 앗시리아가 그랬던 것처럼
이집트도 너희를 내팽개치고 말 것이다.
너는 가슴을 쥐어뜯으며
거기서 나오게 될 것이다.

36-37 "You think it's just a small thing, don't you,
to try out another sin-project when the first one fails?
But Egypt will leave you in the lurch
the same way that Assyria did.
You're going to walk away from there

나 **하나님**은 네가 의지하는 모든 자들의 리스트를 갖고 있다.
너는 그 누구에게서든 손톱만큼의 도움도 얻지 못할 것이다."

음란한 종교에 사로잡힌 너희

3 [1] **하나님**의 **메시지**가 이같이 내게 임했다.

"어떤 남자의 아내가
그를 버리고 떠나
다른 남자와 결혼하면,
본남편이 아무 일 없었다는 듯 그녀를 다시 받아 줄 수 있겠느냐?
이는 땅 전체가 들고 일어날 일이 아니냐?
네가 한 짓이 바로 이와 같다.
너는 이 신 저 신 좇아다니며 매춘부 짓을 했다.
그래 놓고서, 이제 아무 일도 없었다는 듯 돌아오고 싶어 한다."
하나님의 포고다.

2-5 "언덕들을 둘러보아라.
네가 섹스 행각을 벌이지 않은 곳이 어디 한 군데라도 있느냐?
너는 사슴을 좇는 사냥꾼처럼 야외에 텐트를 쳐 놓고
여러 신들에게 구애했다.
거리의 매춘부처럼
이 신 저 신 붙잡고 호객행위를 했다.
그래서 비가 그친 것이다.
더 이상 하늘에서 비가 내리지 않는 것은 그 때문이다!
그래도 너는 전혀 당황하는 빛이 없다. 매춘부처럼 뻔뻔한 너는
마치 아무 잘못이 없다는 듯 행동한다.
그러면서 뻔뻔스럽게 외친다. '나의 아버지!
제가 어렸을 때 주님은 저를 돌보아 주셨습

wringing your hands.
I, GOD, have blacklisted those you trusted.
You'll get not a lick of help from them."

Your Sex-and-Religion Obsessions

3 [1] GOD's Message came to me as follows:

"If a man's wife
walks out on him
And marries another man,
can he take her back as if nothing had happened?
Wouldn't that raise a huge stink
in the land?
And isn't that what you've done—
'whored' your way with god after god?
And now you want to come back as if nothing had happened."
GOD's Decree.

2-5 "Look around at the hills.
Where have you *not* had sex?
You've camped out like hunters stalking deer.
You've solicited many lover-gods,
Like a streetwalking whore
chasing after other gods.
And so the rain has stopped.
No more rain from the skies!
But it doesn't even faze you. Brazen as whores,
you carry on as if you've done nothing wrong.
Then you have the nerve to call out, 'My father!
You took care of me when I was a child.
Why not now?

니다. 왜 지금은 아닌가요?
쉬지 않고 계속 화만 내시렵니까?'
툭하면 네가 하는 말이다. 그러나 너는 쉬지 않고 계속 죄를 짓는다."

Are you going to keep up your anger nonstop?'
That's your line. Meanwhile you keep sinning nonstop."

네 하나님을 무시하는 너희여

6-10 요시야 왕이 다스릴 때에 **하나님**께서 내게 말씀하셨다. "너는 변덕쟁이 이스라엘이 언덕마다, 숲마다 찾아다니며 매춘 행위를 벌여 온 것을 보았을 것이다. 나는 그녀가 할 만큼 한 다음에는 돌아오리라 여겼지만, 그렇지 않았다. 그녀의 동생, 배신자 유다는 언니가 하는 짓을 지켜보았다. 내가 그 행실 나쁜 변덕쟁이 이스라엘을 이혼장을 들려 쫓아낸 것도 지켜보았다. 그러나 배신자 유다는 전혀 동요하지 않았다. 오히려 밖으로 나가 더 과감하게 매춘 행위를 벌였다. 그녀는 저급하고 음란한 종교를 오락물과 유흥거리로 삼으면서, 닥치는 대로 정신나간 짓과 불경한 짓을 벌였고, 나라 전체에 썩은 내가 진동하게 만들었다. 이 모든 일을 벌이면서 배신자 유다는 이때금 시늉만 했을 뿐, 내게 눈길 한번 주지 않았다." **하나님**의 포고다.
11-12 **하나님**께서 내게 말씀하셨다. "변덕쟁이 이스라엘이 배신자 유다보다는 훨씬 낫다. 가서 이 메시지를 전하여라. 북쪽 이스라엘에게 이렇게 말하여라.

Admit Your God—Defiance

6-10 GOD spoke to me during the reign of King Josiah: "You have noticed, haven't you, how fickle Israel has visited every hill and grove of trees as a whore at large? I assumed that after she had gotten it out of her system, she'd come back, but she didn't. Her flighty sister, Judah, saw what she did. She also saw that because of fickle Israel's loose morals I threw her out, gave her her walking papers. But that didn't faze flighty sister Judah. She went out, big as you please, and took up a whore's life also. She took up cheap sex-and-religion as a sideline diversion, an indulgent recreation, and used anything and anyone, flouting sanity and sanctity alike, stinking up the country. And not once in all this did flighty sister Judah even give me a nod, although she made a show of it from time to time." GOD's Decree.
11-12 Then GOD told me, "Fickle Israel was a good sight better than flighty Judah. Go and preach this message. Face north toward Israel and say:

12-15 '변덕쟁이 이스라엘아, 돌아오너라.
나는 네게 벌주기를 주저하고 있다.
무슨 일이 있어도 너를 사랑하기로 굳게 마음먹었다.
나는 노했지만, 나의 노는 영원하지 않다.
그저 너의 죄를 시인하기만 하여라.
네가 감히 하나님을 무시했던 것,
나의 말에 귀를 막은 채

12-15 "'Turn back, fickle Israel.
I'm not just hanging back to punish you.
I'm committed in love to you.
My anger doesn't seethe nonstop.
Just admit your guilt.
Admit your God-defiance.
Admit to your promiscuous life with casual partners,

외간 남자들을 음란한 종교 숲에 끌어들여,
내키는 대로 난잡한 짓을 벌인 것을 시인하여라.'"
하나님의 포고다.
"방황하는 자녀들아, 돌아오너라!"
하나님의 포고다.
"그렇다. 내가 너희의 참된 남편이다.
내가 너희를 한 사람씩 뽑을 것이다.
성읍마다 한 사람씩, 지역마다 두 사람을 뽑아
너희를 시온으로 데려올 것이다.
그리고 내 뜻대로 다스리는 선한 목자 같은 통치자들을
너희에게 보내 주리라.
그들이 명철과 지혜로 너희를 다스릴 것이다."

16 하나님의 포고다. "너희는 이 땅에서 수
가 늘고 번성할 것이다. 그때가 되면, 누구도
'아, 좋았던 옛날이여! 언약궤가 있던 시절이
여!'라고 말하지 못할 것이다. '좋았던 옛날'
이라는 말조차 떠오르지 않을 것이다. 궤가
있던 시절, 좋았던 옛 시절은 지나간 과거가
될 것이다.
17 이제, 예루살렘이 새로운 궤가 되고, 하나
님의 보좌가 될 것이다. 이방 민족들이 악한
길에서 떠나, 예루살렘에 모여 하나님을 높이
게 될 것이다.
18 그때, 유다와 이스라엘 집안이 하나가 될
것이다. 그들은 손을 맞잡고 북방 나라를 떠
나, 내가 너희 조상에게 유산으로 준 땅으로
올 것이다."

19-20 "너희가 내게 돌아오면 이런 말을 해주
리라 생각했었다.
'좋다! 너희를 다시 가족으로 받아 주겠다.
너희에게 최고로 좋은 땅,
뭇 민족들이 부러워 죽을 땅을 주겠다.'
나는 너희가 '사랑하는 아버지!' 하며 내게

pulling strangers into the sex-and-religion groves
While turning a deaf ear to me.'"
GOD's Decree.
"Come back, wandering children!"
GOD's Decree.
"I, yes I, am your true husband.
I'll pick you out one by one—
This one from the city, these two from the country—
and bring you to Zion.
I'll give you good shepherd-rulers who rule my way,
who rule you with intelligence and wisdom.

16 "And this is what will happen: You will
increase and prosper in the land. The time
will come"—GOD's Decree!—"when no one
will say any longer, 'Oh, for the good old
days! Remember the Ark of the Covenant?'
It won't even occur to anyone to say
it—'the good old days.' The so-called good
old days of the Ark are gone for good.
17 "Jerusalem will be the new Ark—'GOD's
Throne.' All the godless nations, no longer
stuck in the ruts of their evil ways, will
gather there to honor GOD.
18 "At that time, the House of Judah will
join up with the House of Israel. Holding
hands, they'll leave the north country and
come to the land I willed to your ancestors.

19-20 "I planned what I'd say if you
returned to me:
'Good! I'll bring you back into the family.

와서,
다시는 나를 떠나지 않는 모습을 그렸었다.
그러나 어이없게도, 남편을 배신하고 떠난 여인처럼
너희, 이스라엘 가문 전체가 나를 배신했다."
하나님의 포고다.

21-22 언덕에서 사람들의 소리가 들려온다.
이스라엘이 울부짖는 소리다.
허송한 세월을 두고,
자기 하나님을 까맣게 잊고 살아온 시간을 두고 한탄하는 소리다.
"방황하는 자녀들아, 돌아오너라!
내가 너희 방랑벽을 고쳐 주겠다!"

22-25 "우리가 여기 왔습니다! 주께 돌아왔습니다.
우리의 참 **하나님**이신 주께 돌아왔습니다!
저 유행하는 종교는 전부 저급한 사기에 지나지 않았습니다.
대중에게 최신 신을 팔아먹는 수작에 불과했습니다.
우리가 돌아왔습니다! 우리의 참 **하나님**이신 주께,
이스라엘의 구원이신 주께 돌아왔습니다.
그 사기꾼 신이 우리를 탈탈 털어 갔고, 우리한테서
우리 조상이 남겨 준 것을 전부 빼앗아 갔습니다.
속아 넘어간 우리는 우리의 유산을,
하나님의 축복인 양 떼와 소 떼, 하나님의 선물인 자녀들을 잃고 말았습니다.
우리가 뿌린 씨를 우리가 거두고 있습니다.
지금 우리는 수치 가운데 바닥을 기고 있습니다.
이 모두는, 우리가 **하나님**께 범죄했기 때문입니다.

I'll give you choice land,
land that the godless nations would die for.'
And I imagined that you would say, 'Dear father!'
and would never again go off and leave me.
But no luck. Like a false-hearted woman walking out on her husband,
you, the whole family of Israel, have proven false to me."
GOD's Decree.

21-22 The sound of voices comes drifting out of the hills,
the unhappy sound of Israel's crying,
Israel lamenting the wasted years,
never once giving her God a thought.
"Come back, wandering children!
I can heal your wanderlust!"

22-25 "We're here! We've come back to you.
You're our own true GOD!
All that popular religion was a cheap lie,
duped crowds buying up the latest in gods.
We're back! Back to our true GOD,
the salvation of Israel.
The Fraud picked us clean, swindled us
of what our ancestors bequeathed us,
Gypped us out of our inheritance—
God-blessed flocks and God-given children.
We made our bed and now lie in it,
all tangled up in the dirty sheets of dishonor.
All because we sinned against our GOD,

우리와 우리 부모가 다 범죄했습니다.
우리는 첫걸음마 때부터, 첫말이 터질 때부터 이미,
하나님의 음성에 불순종하는 반역자들이었습니다."

we and our fathers and mothers.
From the time we took our first steps, said our first words,
we've been rebels, disobeying the voice of our GOD."

⁂

4 1-2 "이스라엘아, 네가 돌아오려거든,
진심으로 내게 돌이켜야 한다.
지니고 있던 역겨운 것들을 모두 없애 버리고,
더 이상 나를 떠나 방황하는 일이 없어야 한다.
그러면 너는 '**하나님**께서 살아 계심을 두고 맹세하는데'라는 말로
진실과 정의와 공의를 도모할 수 있게 될 것이다.
그리하여 뭇 민족들이 더불어 축복을 받게 될 것이며,
이스라엘을 우러러보게 될 것이다."

4 1-2 "If you want to come back, O Israel,
you must really come back to me.
You must get rid of your stinking sin paraphernalia
and not wander away from me anymore.
Then you can say words like, 'As GOD lives...'
and have them mean something true and just and right.
And the godless nations will get caught up in the blessing
and find something in Israel to write home about."

⁂

3-4 **하나님**께서
유다와 예루살렘의 백성에게 주시는 **메시지**다.
"너희 묵은 밭을 갈아라.
그러나 그 땅에 잡초를 심지는 마라!
그렇다. 너희는 하나님 앞에서 너희 삶에 할례를 행해야 한다.
너희, 유다와 예루살렘 백성들아,
너희 묵은 마음을 갈아라.
너희에게 나의 진노의 불이 떨어지지 않도록 하여라.
그 불은 한번 붙으면 꺼지지 않는다.
그 불을 키우는 것은
너희의 사악한 행실이다."

3-4 Here's another Message from GOD
to the people of Judah and Jerusalem:
"Plow your unplowed fields,
but then don't plant weeds in the soil!
Yes, circumcise your *lives* for God's sake.
Plow your unplowed hearts,
all you people of Judah and Jerusalem.
Prevent fire—the fire of my anger—
for once it starts it can't be put out.
Your wicked ways
are fuel for the fire.

God's Sledgehammer Anger

5-8 "Sound the alarm in Judah,
broadcast the news in Jerusalem.

침략자들이 들이닥친다

5-8 "유다에 경보를 울려라.
예루살렘에 뉴스를 전하여라.
'온 땅에 숫양 뿔나팔을 불어라!' 하고 말하여라.
소리 질러라. 확성기에 대고 외쳐라!
'어서 움직여라!
살고 싶거든 피난처로 달아나라!'
시온이 보도록 경보 봉화를 피워 올려라.
'잠시도 지체하지 마라! 꾸물거릴 시간이 없다!'
북쪽에서 재앙이 내려온다. 내가 보낸 재앙이다!
그 재앙이 도착하면, 지축이 흔들릴 것이다.
사자가 튀어나와 달려들듯 침략자들이 들이닥친다.
민족들을 갈기갈기 찢어발기며,
너의 땅을 잿더미로 만들고,
너의 성읍들을 폐허로 만들 것이다.
검은 상복을 꺼내 입어라.
울며 통곡하여라.
하나님의 진노가 쇠망치처럼
우리 머리에 가해졌기 때문이다."

9 **하나님**의 포고다.
"이런 일이 일어나면
왕과 제후들은 겁에 질릴 것이다.
제사장과 예언자들도 당황하여 혼비백산할 것이다."

10 그때 내가 말했다. "오, 주 **하나님**!
주께서 이 백성을, 이 예루살렘을 속이셨습니다.
주께서 '괜찮다. 염려 말라'며 그들을 안심시키신 바로 그 순간에,
칼이 그들 목에 닿았습니다."

Say, 'Blow the ram's horn trumpet through the land!'
Shout out—a bullhorn bellow!—
'Close ranks!
Run for your lives to the shelters!'
Send up a flare warning Zion:
'Not a minute to lose! Don't sit on your hands!'
Disaster's descending from the north. I set it off!
When it lands, it will shake the foundations.
Invaders have pounced like a lion from its over,
ready to rip nations to shreds,
Leaving your land in wrack and ruin,
your cities in rubble, abandoned.
Dress in funereal black.
Weep and wail,
For GOD's sledgehammer anger
has slammed into us head-on.

9 "When this happens"
—GOD's Decree—
"King and princes will lose heart;
priests will be baffled and prophets stand dumbfounded."

10 Then I said, "Alas, Master GOD!
You've fed lies to this people, this Jerusalem.
You assured them, 'All is well, don't worry,'
at the very moment when the sword was at their throats."

11-12 At that time, this people, yes, this very Jerusalem,
will be told in plain words:

11-12 그때가 되면, 이 백성과 이 예루살렘은 이같이 분명한 말을 듣게 될 것이다.
"북방의 사막 초원지대에서
약탈자들이 휩쓸려 오고 있다.
좋을 것 하나 없는 바람, 거센 바람이다.
내가 이 바람을 명하여 불렀다.
내가 나의 백성에게
폭풍 심판을 선언한다."

너의 심장까지 파고드는 악한 삶

13-14 그들을 보아라! 두터운 먹구름 같다.
그들의 병거가 회오리바람같이 질주해 온다.
그들의 군마는 독수리보다도 빠르다!
어쩌면 좋으냐! 이제 우리는 끝장이다!
예루살렘아! 너의 삶에서 악을 깨끗이 씻어 내라.
그래야 구원받을 수 있다.
도대체 언제까지
속에 음험한 악의를 품고 있을 작정이냐?

15-17 이것은 무엇이냐? 단에서 오는 사자인가?
에브라임 언덕에서 오는 흉한 소식이로구나!
사람들에게 알려라.
예루살렘 전역에 그 소식을 전하여라.
"먼 곳에서 침략자들이 들이닥친다.
유다 성읍들을 치겠다고 함성을 질러 댄다.
뼈다귀를 향해 달려드는 개처럼, 그들이 유다를 덮칠 것이다.
왜 그런지 아느냐? 유다가 내게 반역했기 때문이다."
하나님의 포고다.

18 "이는 모두
네가 초래한 것이다.
그 쓰라린 맛은 네 악한 삶에서 비롯된 것

"The northern hordes are sweeping in
from the desert steppes—
A wind that's up to no good, a gale-force wind.
I ordered this wind.
I'm pronouncing
my hurricane judgment on my people."

Your Evil Life Is Piercing Your Heart

13-14 Look at them! Like banks of storm clouds,
racing, tumbling, their chariots a tornado,
Their horses faster than eagles!
Woe to us! We're done for!
Jerusalem! Scrub the evil from your lives
so you'll be fit for salvation.
How much longer will you harbor
devious and malignant designs within you?

15-17 What's this? A messenger from Dan?
Bad news from Ephraim's hills!
Make the report public.
Broadcast the news to Jerusalem:
"Invaders from far off are
raising war cries against Judah's towns.
They're all over her, like a dog on a bone.
And why? Because she rebelled against me."
GOD's Decree.

18 "It's the way you've lived
that's brought all this on you.
The bitter taste is from your evil life.
That's what's piercing your heart."

19-21 I'm doubled up with cramps in my belly—

이다.
그것이 네 심장까지 파고들 것이다."

19-21 나, 배가 뒤틀려 허리를 펼 수 없다.
불꼬챙이가 창자를 찌르는 듯하다.
오장육부가 갈기갈기 찢기는 것 같은 고통이,
한 순간도 멈추지 않는다.
전쟁을 알리는 숫양 뿔나팔소리가
내 귀를 떠나지 않는다.
재앙이 꼬리에 꼬리를 물고 이어져,
나라 전체가 잿더미가 되었다!
한순간에 내 집이 허물어졌다.
눈 깜짝할 사이에 벽이 무너져 내렸다.
저 경보 봉화를 얼마나 더 보아야 하느냐?
저 경보소리를 얼마나 더 들어야 하느냐?

악의 전문가들

22 "어리석기 짝이 없는, 내 백성이여!
저들은 내가 누구인지 전혀 모른다.
모두 얼간이,
얼뜨기, 멍청이들이다!
악에는 전문가들이지만
선에는 저능아들이다."

23-26 내가 땅을 보니,
다시 창세전의 혼돈과 공허 상태로 돌아가 있었다.
하늘을 보니,
하늘에 별이 하나도 보이지 않았다.
산들을 보니,
산들이 사시나무처럼 떨고 있고,
언덕들도 모두
바람에 마구 흔들리고 있었다.
또 보니, 어찌 된 일인가! 사람이 한 사람도 보이지 않고,
하늘에는 새 한 마리 보이지 않았다.

a poker burns in my gut.
My insides are tearing me up,
never a moment's peace.
The ram's horn trumpet blast rings in my ears,
the signal for all-out war.
Disaster hard on the heels of disaster,
the whole country in ruins!
In one stroke my home is destroyed,
the walls flattened in the blink of an eye.
How long do I have to look at the warning flares,
listen to the siren of danger?

Experts at Evil

22 "What fools my people are!
They have no idea who I am.
A company of half-wits,
dopes and donkeys all!
Experts at evil
but klutzes at good."

23-26 I looked at the earth—
it was back to pre-Genesis chaos and emptiness.
I looked at the skies,
and not a star to be seen.
I looked at the mountains—
they were trembling like aspen leaves,
And all the hills
rocking back and forth in the wind.
I looked—what's this! Not a man or woman in sight,
and not a bird to be seen in the skies.
I looked—this can't be! Every garden and orchard shriveled up.
All the towns were ghost towns.
And all this because of GOD,

어떻게 이럴 수 있는가! 동산과 과수원이
다 황무지로 변했다.
모든 성읍이 유령마을이 되었다.
이 모두는 다 **하나님** 때문이다.
하나님의 불타는 진노 때문이다.

27-28 그렇다. 이에 대해 **하나님**께서 말씀
하신다.

"나라 전체가 폐허가 될 것이다.
그러나 완전히 망하지는 않을 것이다.
땅이 통곡하고
하늘이 애곡할 것이다.
나는 한번 말하면, 되물리지 않는다.
한번 결정하면, 마음을 바꾸지 않는다."

29 누군가 외친다. "기병과 활 쏘는 자들
이다!"
그러자 모두 피신처로 달음질친다.
도랑 속으로 숨어들고,
동굴 속으로 기어오른다.
마을이 텅 비고,
어디에서도 개미 새끼 하나 볼 수 없다.

30-31 그런데 너는, 지금 무엇을 하느냐?
파티복을 차려입고,
보석으로 몸치장을 하고,
립스틱과 볼연지에 마스카라까지!
그런 꽃단장, 다 헛일이다.
너는 누구도 꾀지 못할 것이기 때문이다.
그들은 너를 죽이려고 혈안이 되어 있다!
지금 들리는 이 소리는 무엇인가? 산고 중
인 여인의 고통소리,
첫째 아이를 낳고 있는 여인의 비명소리다.
숨을 헐떡이며 도움을 청하는
딸 시온의 울음소리다.
"제발, 도와주세요! 살려주세요!
살인자들이 들이닥쳤어요!"

because of the blazing anger of GOD.

27-28 Yes, this is GOD's Word on the matter:

"The whole country will be laid waste—
still it won't be the end of the world.
The earth will mourn
and the skies lament
Because I've given my word and won't take it back.
I've decided and won't change my mind."

You're Not Going to Seduce Anyone

29 Someone shouts, "Horsemen and archers!"
and everybody runs for cover.
They hide in ditches,
they climb into caves.
The cities are emptied,
not a person left anywhere.

30-31 And you, what do you think you're up to?
Dressing up in party clothes,
Decking yourselves out in jewelry,
putting on lipstick and rouge and mascara!
Your primping goes for nothing.
You're not going to seduce anyone. They're out to *kill* you!
And what's that I hear? The cry of a woman in labor,
the screams of a mother giving birth to her firstborn.
It's the cry of Daughter Zion, gasping for breath,
reaching out for help:
"Help, oh help me! I'm dying!
The killers are on me!"

하늘 높이 쌓인 이 백성의 죄

5

1-2 "예루살렘 거리를 순찰해 보아라.
주위를 둘러보아라. 잘 살펴보아라.
중심가를 샅샅이 뒤져 보아라.
옳은 일을 하는 사람,
참되게 살고자 애쓰는 사람,
어디 하나라도 찾을 수 있는지 보아라.
그런 사람은 내가 용서해 주겠다."
하나님의 포고다.
"그렇지 않고서 '**하나님**께서 살아 계심을 두고 맹세하는데' 운운하며 말만 하는 자들은,
거짓말쟁이에 지나지 않는다."

3-6 그러나 주 **하나님**은
진실을 찾으시는 분이 아니십니까?
주께서 그들을 치셨는데도, 그들은 정신 차리지 않았습니다.
주께서 그들을 연단하셨는데도, 그들은 훈육을 거부했습니다.
바윗돌보다 고집 센 그들,
도무지 바뀌려 하지 않았습니다.
그래서 저는 속으로 생각했습니다. "좋다. 저들은 그저 가난뱅이에 무지렁이 민초일 뿐이다.
하나님에 대해 제대로 배우지 못했고,
기도하는 곳에도 나가지 않는 자들이다.
그러니 이제, 지체 높은 가문의 사람들을 찾아
그들과 이야기해 봐야겠다.
그들이라면 이 일이 무엇인지,
하나님께서 어떻게 하실지 알고 있을 것이다.
사태를 파악하고 있을 것이다."
그러나 그들도 다르지 않았습니다!
그들 역시 제멋대로 빗나가는 반역자들이었습니다!

Sins Are Piled Sky-High

5

1-2 "Patrol Jerusalem's streets.
Look around. Take note.
Search the market squares.
See if you can find one man, one woman,
A single soul who does what is right
and tries to live a true life.
I want to forgive that person."
GOD's Decree.
"But if all they do is say, 'As sure as GOD lives...'
they're nothing but a bunch of liars."

3-6 But you, GOD,
you have an eye for truth, don't you?
You hit them hard, but it didn't faze them.
You disciplined them, but they refused correction.
Hardheaded, harder than rock,
they wouldn't change.
Then I said to myself, "Well, these are just poor people.
They don't know any better.
They were never taught anything about GOD.
They never went to prayer meetings.
I'll find some people from the best families.
I'll talk to them.
They'll know what's going on, the way GOD works.
They'll know the score."
But they were no better! Rebels all!
Off doing their own thing.
The invaders are ready to pounce and kill,
like a mountain lion, a wilderness wolf,
Panthers on the prowl.
The streets aren't safe anymore.

산속의 사자나 들의 늑대,
길가를 배회하는 표범처럼,
침략자들이 곧 달려들어 우리를 죽일 태세입니다.
거리는 더 이상 안전하지 않습니다.
왜 그렇습니까? 이 백성들의 죄가 하늘 높이 쌓였기 때문입니다.
그들의 반역 행위가 셀 수조차 없는 지경이 되었기 때문입니다.

7-9 "왜 내가 너를 더 참아 주어야 하느냐?
네 자녀들은 나를 버리고 떠나,
신도 아닌 것들에게 가서
그들과 어울렸다.
내가 그들의 간절한 필요를 해결해 주었건만, 그들은 나를 버리고
'신성하다'는 창녀들을 찾아가,
음란한 산당에서 광란의 파티를 벌였다!
훤칠하고 정력 넘치는 수말 같은 그들,
이웃의 아내를 탐하며 씩씩거리고 힝힝거린다.
이런데도, 내가 그저 팔짱만 끼고 보고 있어야 하느냐?"
하나님의 포고다.
"그런 자들,
내가 단단히 손보아야 하지 않겠느냐?"

하나님께서 백성을 버리시다

10-11 "포도원에 가서, 늘어선 포도나무들을 찍어 쪼개라.
그러나 전부 그렇게 하지는 말고, 몇 그루는 남겨 두어라.
그 포도나무에서 자라난 가지들을 쳐내 버려라!
그것들은 **하나님**과 무관하다!
그들 유다와 이스라엘은,
거듭하여 나를 배신했다."
하나님의 포고다.

And why? Because the people's sins are piled sky-high;
their betrayals are past counting.

7-9 "Why should I even bother with you any longer?
Your children wander off, leaving me,
Taking up with gods
that aren't even gods.
I satisfied their deepest needs, and then they went off with the 'sacred' whores,
left me for orgies in sex shrines!
A bunch of well-groomed, lusty stallions,
each one pawing and snorting for his neighbor's wife.
Do you think I'm going to stand around and do nothing?"
GOD's Decree.
"Don't you think I'll take serious measures
against a people like this?

Eyes That Don't Really Look, Ears That Don't Really Listen

10-11 "Go down the rows of vineyards and rip out the vines,
but not all of them. Leave a few.
Prune back those vines!
That growth didn't come from GOD!
They've betrayed me over and over again,
Judah and Israel both."
GOD's Decree.

12-13 "They've spread lies about GOD.
They've said, 'There's nothing to him.
Nothing bad will happen to us,
neither famine nor war will come our way.
The prophets are all windbags.

12-13 "그들은 **하나님**에 대한 거짓말을 퍼뜨렸다.
그들은 말했다. '하나님은 신경 쓸 것 없다.
우리에게는 나쁜 일이 일어나지 않을 것이다.
기근도 전쟁도 없을 것이다.
예언자들은 말쟁이일 뿐이다.
터무니없는 말이나 늘어놓는다.'"

14 그러므로, 만군의 **하나님**께서 내게 이렇게 말씀하셨다.

"그런 말을 한 그들,
이제 그 말을 취소하게 될 것이다.
잘 보아라! 내가 너의 입에
나의 말을, 곧 불을 넣어 준다.
이 백성은 불쏘시개 더미며,
불타 잿더미가 될 것이다.

15-17 이스라엘의 집이여, 주목하여라!
내가 먼 곳에서 한 민족을 데려와 너희를 치게 할 것이다."
하나님의 포고다.
"견실한 민족이자
유구한 역사를 가진 민족,
너와 다른 말을 하는 민족이다.
너는 그들의 말을 한 마디도 알아듣지 못할 것이다.
그들이 활을 겨누면, 너는 죽은 목숨이나 다름없다.
그들은 진짜 전사들이다!
그들이 너를 집과 고향에서 몰아내고,
네 곡식과 자녀를 빼앗아 갈 것이다.
네 양 떼와 소 떼를 다 먹어 치우고,
네 포도나무와 무화과나무를 발가벗길 것이다.
네가 안전하다고 굳게 믿는 요새들이,
그들의 한 방에 모두 초토화될 것이다!"

They speak nothing but nonsense.'"

14 Therefore, this is what GOD said to me, GOD-of-the-Angel-Armies:

"Because they have talked this way,
they are going to eat those words.
Watch now! I'm putting my words
as fire in your mouth.
And the people are a pile of kindling
ready to go up in flames.

15-17 "Attention! I'm bringing a far-off nation
against you, O house of Israel."
GOD's Decree.
"A solid nation,
an ancient nation,
A nation that speaks another language.
You won't understand a word they say.
When they aim their arrows, you're as good as dead.
They're a nation of real fighters!
They'll clean you out of house and home,
rob you of crops and children alike.
They'll feast on your sheep and cattle,
strip your vines and fig trees.
And the fortresses that made you feel so safe—
leveled with a stroke of the sword!

18-19 "Even then, as bad as it will be"—
GOD's Decree!—"it will not be the end of
the world for you. And when people ask,
'Why did our GOD do all this to us?' you
must say to them, 'It's tit for tat. Just as
you left me and served foreign gods in
your own country, so now you must serve

18-19 **하나님**의 포고다. "비참하기 이를 데
없는 지경에 처하겠지만, 그러나 완전히 망
하지는 않을 것이다. '왜 우리 **하나님**께서
우리에게 이런 일을 행하십니까?'라고 사람
들이 묻거든, 이렇게 일러 주어라. '행한 그
대로 당하는 것이다. 너희가 나를 떠나 너희
나라에서 이방 신들을 섬겼으니, 이제 너희
가 그들 나라에서 이방인들을 섬겨야 한다.'

20-25 야곱 집에 이렇게 전하여라.
잘 들어라.
유다에 이런 공문을 내걸어라.
눈이 있어도 보지 못하고
귀가 있어도 듣지 못하는 너희,
아둔한 바보들아,
어찌 나를 높일 줄 모르느냐?
어찌 나를 경외할 줄 모른단 말이냐?
내가 해안선을 그어
대양을 나누었고,
모래사장에 선을 그어
물이 넘어오지 못하게 했다.
물결이 넘실대나 범람하지 못하고,
세찬 파도도 이내 부서지고 만다.
그런데, 이 백성을 보아라!
고삐 풀려 날뛰는 망아지 같다.
그들은 '우리 **하나님**,
봄과 가을에 비를 주시고
계절을 일정하게 순환시키시며
해마다 추수를 허락하시는 하나님,
우리를 위해 만사를 원활하게 하시는 그 하나님을
우리 삶으로 어떻게 높여 드릴까?' 생각해 본 적 없다.
당연한 일이다! 너희의 악한 행실이 너희 눈을 가렸기 때문이다.
너희에게서 나의 축복이 먼 것은 너희 죄 때문이다.

foreigners in their own country.'

20-25 "Tell the house of Jacob this,
put out this bulletin in Judah:
Listen to this,
you scatterbrains, airheads,
With eyes that see but don't really look,
and ears that hear but don't really listen.
Why don't you honor me?
Why aren't you in awe before me?
Yes, *me*, who made the shorelines
to contain the ocean waters.
I drew a line in the sand
that cannot be crossed.
Waves roll in but cannot get through;
breakers crash but that's the end of them.
But this people—what a people!
Uncontrollable, untameable runaways.
It never occurs to them to say,
'How can we honor our GOD with our lives,
The God who gives rain in both spring and autumn
and maintains the rhythm of the seasons,
Who sets aside time each year for harvest
and keeps everything running smoothly for us?'
Of course you don't! Your bad behavior blinds you to all this.
Your sins keep my blessings at a distance.

To Stand for Nothing and Stand Up for No One

26-29 "My people are infiltrated by wicked men,

26-29 사악한 자들,
사냥하는 파렴치한들이 내 백성 안에 들어와 있다.
그들이 무고한 사람들을 잡으려 덫을 놓으니,
무죄한 이들이 덫에 걸린다.
잡은 새들로 가득한 사냥꾼의 자루처럼,
그들의 집은 부정하게 취한 이득으로 가득하다.
거만하고 권세 있고 부자인 그들,
피둥피둥 살이 쪄 기름기가 흐른다.
그들에게 양심이란 없다.
옳고 그름에 전혀 개의치 않는다.
대의를 지지하는 일도, 누군가를 지켜 주는 일도 없다.
고아들을 이리 떼에게 내어주고 가난한 이들을 착취한다.
이런데도 너희는 내가 그저 잠자코 있으리라고 생각하느냐?"
하나님의 포고다.
"내가 그들을
크게 손봐 주지 않을 수 있겠느냐?"

30-31 "말이 나오지 않는다! 구역질만 일어난다!
이 나라가 대체 어찌 된 것인가?
예언자들이 거짓을 전파하고
제사장들은 그들의 조수 노릇을 한다.
게다가 내 백성은 이 상황을 즐기고 있다. 완전히 그들 세상이다!
그러나 그 세상이 곧 끝날 텐데, 너희는 어찌 하려느냐?"

거짓 가득한 도성

6 1-5 "베냐민의 자녀들아, 살려거든 달아나라!
예루살렘에서 도망쳐라, 당장!
나팔소리 마을에서 숫양 뿔나팔을 크게 불

unscrupulous men on the hunt.
They set traps for the unsuspecting.
Their victims are innocent men and women.
Their houses are stuffed with ill-gotten gain,
like a hunter's bag full of birds.
Pretentious and powerful and rich,
hugely obese, oily with rolls of fat.
Worse, they have no conscience.
Right and wrong mean nothing to them.
They stand for nothing, stand up for no one,
throw orphans to the wolves, exploit the poor.
Do you think I'll stand by and do nothing about this?"
GOD's Decree.
"Don't you think I'll take serious measures
against a people like this?

30-31 "Unspeakable! Sickening!
What's happened in this country?
Prophets preach lies
and priests hire on as their assistants.
And my people love it. They eat it up!
But what will you do when it's time to pick up the pieces?"

A City Full of Lies

6 1-5 "Run for your lives, children of Benjamin!
Get out of Jerusalem, and now!
Give a blast on the ram's horn in Blastville.

어라.
봉화연기 마을에서 연기를 피워 올려라.
북방에서 재앙이 쏟아져 내려온다.
무시무시한 공포가 닥친다!
나는 사랑하는 딸 시온을
아름다운 목초지라 불렀다.
그러나 이제 북쪽의 '목자들'이 그녀를 발견하고,
군대를 몰고 와서
사방에 진을 친다
어디서 풀을 뜯어 먹을까 모의한다.
그러다가 외친다. '공격 준비! 전투 준비!
전원 무장하라! 정오에 쳐들어간다!
너무 늦었나? 날이 벌써 저문다고?
땅거미가 내린다고?
좋다. 어쨌든 준비하라! 밤에 공격해 들어갈 것이다.
그녀의 방어 요새를 초토화시켜 버리자.'"

Send up smoke signals from Smoketown.
Doom pours out of the north—
massive terror!
I have likened my dear daughter Zion
to a lovely meadow.
Well, now 'shepherds' from the north have discovered her
and brought in their flocks of soldiers.
They've pitched camp all around her,
and plan where they'll 'graze.'
And then, 'Prepare to attack! The fight is on!
To arms! We'll strike at noon!
Oh, it's too late? Day is dying?
Evening shadows are upon us?
Well, up anyway! We'll attack by night
and tear apart her defenses stone by stone.'"

6-8 만군의 **하나님**께서 명령을 내리셨다.

"그녀의 나무들을 베어 쓰러뜨려라.
포위 공격 축대를 쌓아서 예루살렘,
야만이 가득하고
폭력이 들끓는 그 도성을 쳐라.
멈추지 않고 솟아나는 샘처럼,
그녀에게서는 끊임없이 악이 솟아나온다.
거리마다 '폭력이다! 강간이다!' 외치는 소리가 들려오고,
곳곳마다 희생자들이 땅바닥에 쓰러져 피 흘리며 신음한다.
예루살렘아, 너는 위험에 처했다.
나는 너를 더 이상 참을 수가 없다.
이제 너는 전멸을 앞두고 있다.
유령마을이 되기 직전이다."

6-8 GOD-of-the-Angel-Armies gave the orders:

"Chop down her trees.
Build a siege ramp against Jerusalem,
A city full of brutality,
bursting with violence.
Just as a well holds a good supply of water,
she supplies wickedness nonstop.
The streets echo the cries: 'Violence! Rape!'
Victims, bleeding and moaning, lie all over the place.
You're in deep trouble, Jerusalem.
You've pushed me to the limit.
You're on the brink of being wiped out,
being turned into a ghost town."

9 만군의 **하나님**께서 명령하신다.

9 More orders from GOD-of-the-Angel-

"이제 시간이 되었다! 포도를 따거라. 심판을 행하여라.
이스라엘에 남아 있는 것들을 모조리 수거하여라.
그 포도나무들에게 다시 가서,
포도알 하나 남기지 말고 모조리 따거라."

귀 기울여 들을 자 있는가?

10-11 "내가 할 말이 있다. 누구, 귀 기울여 들을 자 있는가?
내가 붙일 경고문이 있다. 누구, 주목하여 볼 자 있는가?
희망이 없구나! 그들의 귀는 밀로 봉해졌다.
전부 귀머거리에, 눈뜬장님이다.
절망적이다! 그들은 **하나님**의 말에 아예 귀를 닫아 버렸다.
그들은 내가 하는 말을 듣기 싫어한다.
그러나 내 속에서 **하나님**의 진노가 부글부글 끓어오른다.
더 이상 품고 있을 수 없다.

11-12 그러니 이 분노를 거리의 아이들에게 쏟아부어라.
젊은 무리에게 쏟아부어라.
누구도 예외가 없다. 남편과 아내가 잡혀가고,
노인과 죽을 날이 얼마 안 남은 병자도 끌려갈 것이다.
모두 집을 빼앗길 것이다.
가졌던 전부를 잃고, 사랑하는 자들도 잃을 것이다.
내가 신호를 내려
이 나라에 살고 있는 모든 자를 칠 것이다."
하나님의 포고다.

13-15 "다들 부정한 이득을 취하는 데 혈안이다.

Armies:

"Time's up! Harvest the grapes for judgment.
Salvage what's left of Israel.
Go back over the vines.
Pick them clean, every last grape."

Is Anybody Listening?

10-11 "I've got something to say. Is anybody listening?
I've a warning to post. Will anyone notice?
It's hopeless! Their ears are stuffed with wax—
deaf as a post, blind as a bat.
It's hopeless! They've tuned out GOD.
They don't want to hear from me.
But I'm bursting with the wrath of GOD.
I can't hold it in much longer.

11-12 "So dump it on the children in the streets.
Let it loose on the gangs of youth.
For no one's exempt: Husbands and wives will be taken,
the old and those ready to die;
Their homes will be given away—
all they own, even their loved ones—
When I give the signal
against all who live in this country."
GOD's Decree.

13-15 "Everyone's after the dishonest dollar,
little people and big people alike.
Prophets and priests and everyone in between
twist words and doctor truth.

지위 높은 자나 낮은 자나 마찬가지다.
예언자든 제사장이든, 누구 할 것 없이 모두가
말을 비틀고 진실을 조작한다.
내 백성이 망가졌다. 아주 결딴나 버렸다!
그런데도 그들은 반창고나 붙여 주면서,
'별일 아니다. 괜찮다'고 말한다.
그러나 절대 괜찮지 않다!
무도한 짓을 자행하는 그들,
부끄러움을 느낄 것 같으냐?
그렇지 않다. 그들은 부끄러움을 모른다.
얼굴 붉힐 줄을 모른다.
그들에게는 희망이 없다. 바닥에 메쳐진 그들,
일어설 가망이 없다.
내가 보기에,
그들은 끝났다."
하나님께서 말씀하셨다.

하나님의 길에서 떠난 유다 백성

16-20 다시 **하나님**의 메시지다.

"갈림길에 서서 둘러보아라.
옛길, 이미 검증된 길이 어느 방향인지 묻고,
그 길로 가거라.
너희 영혼이 살 수 있는 바른 길을 찾아라.
그러나 그들은 말했다.
'아니, 우리는 그 길로 가지 않을 것이다.'
나는 그들을 위해 파수꾼을 세우고
그들에게 경보를 울리게 했다.
그러나 이 백성은 말했다. '잘못된 경보다.
우리와 상관없다.'
그래서 이제 나는 뭇 민족들을 증인으로 부를 참이다.
'증인들아, 이제 저들에게 무슨 일이 일어나는지 잘 보아라!
땅아, 주목하여라!

My people are broken—shattered!—
and they put on Band-Aids,
Saying, 'It's not so bad. You'll be just fine.'
But things are not 'just fine'!
Do you suppose they are embarrassed
over this outrage?
No, they have no shame.
They don't even know how to blush.
There's no hope for them. They've hit bottom
and there's no getting up.
As far as I'm concerned,
they're finished."
GOD has spoken.

Death Is on the Prowl

16-20 GOD's Message yet again:

"Go stand at the crossroads and look around.
Ask for directions to the old road,
The tried-and-true road. Then take it.
Discover the right route for your souls.
But they said, 'Nothing doing.
We aren't going that way.'
I even provided watchmen for them
to warn them, to set off the alarm.
But the people said, 'It's a false alarm.
It doesn't concern us.'
And so I'm calling in the nations as witnesses:
'Watch, witnesses, what happens to them!'
And, 'Pay attention, Earth!
Don't miss these bulletins.'
I'm visiting catastrophe on this people, the end result
of the games they've been playing with

이 공문을 똑똑히 보아라.'
이제 내가 이 백성에게 재앙을 내릴 것이다.
감히 나를 상대로 벌인 게임이 어떻게 끝나는지 알게 할 것이다.
그들은 나의 말을 하나도 듣지 않았다.
나의 가르침을 멸시했다.
너희가 스바에서 들여오는 향과
이국에서 가져오는 진귀한 향료 같은 것들을 내가 좋아할 것 같으냐?
너희가 바치는 번제물, 나는 전혀 즐겁지 않다.
너희가 행하는 종교 의식들, 내게는 아무 의미가 없다."

21 그러니 이제 똑똑히 들어라. 너희가 살아온 길에 대한 **하나님**의 선고다.

"잘 보아라! 나는 너희가 가는 그 길에
걸림돌과 장벽을 놓을 것이다.
너희는 그것들과 부딪혀 길 위에 나동그라질 것이다.
부모와 자식, 이웃과 친구들이,
모두 같은 운명을 맞을 것이다."

22-23 **하나님**의 선고다. 똑똑히 들어라.

"잘 보아라! 북방에서 한 침략자가 내려온다.
먼 곳에서 강력한 민족이 쳐들어온다.
사악하고 무자비한 그들,
완전무장에
전투대형을 갖추고,
바다폭풍소리 같은 굉음을 내며,
군마를 타고 너를 치러 온다.
사랑하는 딸, 시온을 치러 온다!"

24-25 그 소식을 들은 우리,
맥이 탁 풀렸습니다.
두려움에 온몸이 마비되었습니다.

me.
They've ignored everything I've said,
had nothing but contempt for my teaching.
What would I want with incense brought in from Sheba,
rare spices from exotic places?
Your burnt sacrifices in worship give me no pleasure.
Your religious rituals mean nothing to me."

21 So listen to this. Here's GOD's verdict on your way of life:

"Watch out! I'm putting roadblocks and barriers
on the road you're taking.
They'll send you sprawling,
parents and children, neighbors and friends—
and that will be the end of the lot of you."

22-23 And listen to this verdict from GOD:

"Look out! An invasion from the north,
a mighty power on the move from a faraway place:
Armed to the teeth,
vicious and pitiless,
Booming like sea storm and thunder—
tramp, tramp, tramp—
riding hard on war horses,
In battle formation
against you, dear Daughter Zion!"

24-25 We've heard the news,

공포에 목이 졸려 숨 쉴 수조차 없습니다.
절대 문 밖에 나가지 마라!
집을 나서지 마라!
죽음이 삼킬 것을 찾아 돌아다니고 있다.
도처에 위험이 도사리고 있다!

26 "사랑하는 딸 시온아, 상복을 꺼내 입어라.
얼굴에 검게 재를 바르고,
슬피 울어라.
하나밖에 없는 자식을 잃은 사람처럼 통곡하여라.
카운트다운이 시작된다.
육, 오, 사, 삼……
공포가 들이닥친다!"

27-30 **하나님**께서 내게 이 임무를 맡기셨다.

"내가 너를 내 백성의 심사관으로 삼아,
그들의 삶을 심사하고 무게를 달아 보게 했다.
하나같이 얼간이며 고집불통인 데다가
속속들이 썩어빠진 그들,
고열의 용광로 속에 넣어도
모양이 변하지 않고 그대로다.
제련하려고 아무리 애써도 소용이 없다.
어떻게 해도 그들 안의 악을 빼낼 수가 없다.
사람들은 그들을 포기하고,
그들의 **하나님**이 버린 '폐석'이라 부를 것이다."

예레미야의 성전 설교

7 1-2 예레미야에게 임한 **하나님의 메시지**다. "**하나님**의 성전 문에 서서
이 **메시지**를 전하여라.
2-3 '들어라, **하나님**을 예배하러 이 문으로
들어오는 너희 모든 유다 백성들아. 만군의

and we're as limp as wet dishrags.
We're paralyzed with fear.
Terror has a death grip on our throats.
Don't dare go outdoors!
Don't leave the house!
Death is on the prowl.
Danger everywhere!

26 "Dear Daughter Zion: Dress in black.
Blacken your face with ashes.
Weep most bitterly,
as for an only child.
The countdown has begun...
six, five, four, three...
The Terror is on us!"

27-30 GOD gave me this task:

"I have made you the examiner of my people,
to examine and weigh their lives.
They're a thickheaded, hard-nosed bunch,
rotten to the core, the lot of them.
Refining fires are cranked up to white heat,
but the ore stays a lump, unchanged.
It's useless to keep trying any longer.
Nothing can refine evil out of them.
Men will give up and call them 'slag,'
thrown on the slag heap by me, their GOD."

The Nation That Wouldn't Obey God

7 1-2 The Message from GOD to Jeremiah: "Stand in the gate of
GOD's Temple and preach this Message.
2-3 "Say, 'Listen, all you people of Judah
who come through these gates to worship

하나님, 이스라엘의 하나님께서 너희에게 말씀하신다.

3-7 너희 행위를—사는 방식과 하는 일을—깨끗게 하여라. 그래야 내가 이 성전을 내 집으로 여기고, 너희와 함께 지낼 수 있다. 이곳에서 전하는 거짓말을 터럭만큼도 믿지 마라. "이곳은 **하나님**의 성전이다, **하나님**의 성전이다, **하나님**의 성전이다!" 이 말은 거짓이며 터무니없는 소리다! 너희가 행실을(사는 방식과 하는 일을) 깨끗게 하고, 사는 방식과 이웃을 대하는 방식을 대대적으로 고치며, 빈민과 고아와 과부들을 착취하던 일을 멈추고, 이곳에서 무죄한 자들을 이용하거나 이 성전에 숨어 다른 신들을 섬기며 너희 영혼을 파괴하는 짓을 그만둘 때에야 비로소, 내가 너희 이웃이 되어 너희와 함께 살 것이다. 그때가 되어야, 내가 너희 조상들에게 준 이 나라는 내가 항상 머무는 집, 나의 성전이 될 것이다.

8-11 아무 생각이 없구나! 너희는 너희 지도자들이 던져 주는 거짓말을 잘도 받아 삼키고 있다! 생각해 보아라! 너희는 그렇게 강탈하고 살인하고 이웃의 아내와 간통하고 입만 열면 거짓말하며 우상숭배와 최신 유행 종교를 좇아다니면서, 이 성전, 나를 예배하는 곳으로 구별된 이곳에 들어와 "우리는 안전하다!" 말할 수 있다고 생각하느냐? 밖에서 아무리 극악한 짓을 벌였어도 이 장소에만 들어오면 아무 문제가 없다고 생각하느냐? 여기가 그런 범죄자 소굴이더냐? 너희는 나를 예배하는 곳으로 구별된 이 성전을, 그런 곳으로 바꾸어도 된다고 생각하느냐? 그렇다면 생각을 다시 하여라. 내가 보고 있다. 무슨 일이 벌어지고 있는지 내가 똑똑히 보고 있다.'" **하나님**의 포고다!

12 "'전에 실로에 있던 그 장소, 전에 내가 내 백성을 만나던 그곳을 찾아가 보

GOD. GOD-of-the-Angel-Armies, Israel's God, has this to say to you:

3-7 "'Clean up your act—the way you live, the things you do—so I can make my home with you in this place. Don't for a minute believe the lies being spoken here—"This is GOD's Temple, GOD's Temple, GOD's Temple!" Total nonsense! Only if you clean up your act (the way you live, the things you do), only if you do a total spring cleaning on the way you live and treat your neighbors, only if you quit exploiting the street people and orphans and widows, no longer taking advantage of innocent people on this very site and no longer destroying your souls by using this Temple as a front for other gods—only then will I move into your neighborhood. Only *then* will this country I gave your ancestors be my permanent home, my Temple.

8-11 "'Get smart! Your leaders are handing you a pack of lies, and you're swallowing them! Use your heads! Do you think you can rob and murder, have sex with the neighborhood wives, tell lies nonstop, worship the local gods, and buy every novel religious commodity on the market—and then march into this Temple, set apart for my worship, and say, "We're safe!" thinking that the place itself gives you a license to go on with all this outrageous sacrilege? A cave full of criminals! Do you think you can turn this Temple, set apart for my worship, into something like that? Well, think again. I've got eyes in my head. I can see what's going on.'" GOD's Decree!

12 "'Take a trip down to the place that was once in Shiloh, where I met my people in

아라. 그곳이 지금 어떻게 폐허가 되었는
지, 나의 백성 이스라엘이 악한 길로 갈
때에, 내가 그곳을 어떻게 만들었는지 잘
보아라.
13-15 내가 거듭거듭 너희를 따로 불러 엄
중히 경고했건만, 너희는 듣지 않고 가던
길을 고집했다. 회개를 촉구했건만, 달라
지지 않았다. 그러므로, 이제 나는 나를
예배하는 곳으로 구별된 이 성전, 너희
가 무슨 일이 있어도 너희를 안전하게 지
켜 주리라 믿고 있는 이곳, 내가 너희 조
상과 너희에게 선물로 주었던 이 장소에,
전에 내가 실로에서 했던 것과 같은 일을
일으키겠다. 전에 실로 주위에 살던 너희
옛 친척과 지금은 사라진 북방 왕국, 너
희 동족 이스라엘 백성에게 했던 것처럼,
너희도 싹 쓸어버릴 것이다.'
16-18 너 예레미야야, 이 백성을 위해 기
도하느라 네 시간을 낭비할 것 없다. 그
들을 위해 간청하지 마라. 그들 일로 나
에게 조르지 마라. 나는 듣지 않을 것이
다. 그들이 유다 마을과 예루살렘 거리에
서 하는 짓이 보이지 않느냐? 그들은 자
식들에게 땔감을 주워 오게 하여, 아버지
는 불을 피우고 어머니는 '하늘의 여왕'
에게 바칠 빵을 굽는다! 그것으로도 모자
라, 아무 신에게나 술을 부어 바치며 내
마음에 상처를 입힌다."
19 **하나님**의 포고다! "과연 그들이 내게
상처를 입히는 것이겠느냐? 사실은 그들
자신에게 상처를 입히면서, 자신의 수치
를 드러내고 자신을 우스꽝스럽게 만들
고 있지 않느냐?
20 주 **하나님**이 말한다. '나의 불같은 노
가 이 나라와 그 안에 있는 모든 것—사
람과 동물, 들의 나무와 동산의 식물—위
에 임할 것이다. 무엇으로도 끌 수 없는
맹렬한 불이다.'

the early days. Take a look at those ruins,
what I did to it because of the evil ways of
my people Israel.
13-15 "'So now, because of the way you
have lived and failed to listen, even though
time and again I took you aside and talked
seriously with you, and because you
refused to change when I called you to
repent, I'm going to do to this Temple, set
aside for my worship, this place you think
is going to keep you safe no matter what,
this place I gave as a gift to your ancestors
and you, the same as I did to Shiloh. And
as for you, I'm going to get rid of you, the
same as I got rid of those old relatives of
yours around Shiloh, your fellow Israelites
in that former kingdom to the north.'
16-18 "And you, Jeremiah, don't waste your
time praying for this people. Don't offer
to make petitions or intercessions. Don't
bother me with them. I'm not listening.
Can't you see what they're doing in all the
villages of Judah and in the Jerusalem
streets? Why, they've got the children
gathering wood while the fathers build
fires and the mothers make bread to be
offered to 'the Queen of Heaven'! And as if
that weren't bad enough, they go around
pouring out libations to any other gods
they come across, just to hurt me.
19 "But is it me they're hurting?" GOD's
Decree! "Aren't they just hurting
themselves? Exposing themselves shame-
fully? Making themselves ridiculous?
20 "Here's what the Master GOD has to say:
'My white-hot anger is about to descend
on this country and everything in it—
people and animals, trees in the field and

21-23 만군의 **하나님**, 이스라엘의 하나님의
메시지다. '그래, 계속 그렇게 하여라! 너
희 번제물에다 희생 제물까지, 너희나 실
컷 먹어라. 분명히 말하는데, 나는 그것을
원치 않는다! 내가 너희 조상을 이집트에
서 구해 낼 때, 나는 그들에게 내가 그런
번제물과 희생 제물을 원한다고 말한 적이
없다. 나는 이렇게 명령했다. "나에게 순
종하여라. 내가 이르는 대로 행하여라. 그
러면 나는 너희 하나님이 되고, 너희는 나
의 백성이 될 것이다. 내가 너희에게 이르
는 대로 살아라. 내가 명령하는 바를 행하
여라. 그러면 너희가 잘될 것이다."
24-26 그러나 그들이 들었느냐? 한 마디도
듣지 않았다. 그들은 그저 마음 내키는
대로 행했고, 악한 충동에 충실히 따르면
서 날이 갈수록 악해졌다. 너희 조상들이
이집트 땅을 떠난 날부터 지금까지, 나는
쉬지 않고 나의 종, 예언자들을 보냈다.
그런데 그 백성이 들었느냐? 한 번도 듣
지 않았다. 노새처럼 고집불통이며, 조상
보다 더 완악한 그들이다!'
27-28 그들에게 가서 내 말을 전하되, 그
들이 귀 기울여 들으리라고는 기대하지
마라. 그들에게 소리쳐 외쳐라. 그러나
대답을 기대하지는 마라. 다만 그들에게
전하여라. '너희는 하나님께 순종하지 않
았고, 그분의 훈계를 모조리 거부한 민족
이다. 진실이 사라졌다. 너희 입에서 흔
적도 없이 사라졌다.

29 그러니 너의 머리를 밀어라.
민둥산에 올라가 슬피 울어라.
하나님께서 떠나셨기 때문이다.
그분을 노하게 만든 이 세대에 등을 돌리
셨다.'"

30-31 **하나님**의 포고다. "유다 백성은 내

vegetables in the garden—a raging wildfire
that no one can put out.'
21-23 "The Message from GOD-of-the-
Angel-Armies, Israel's God: 'Go ahead! Put
your burnt offerings with all your other
sacrificial offerings and make a good meal
for yourselves. *I* sure don't want them!
When I delivered your ancestors out of
Egypt, I never said anything to them about
wanting burnt offerings and sacrifices as
such. But I did say this, *commanded* this:
"Obey me. Do what I say and I will be your
God and you will be my people. Live the
way I tell you. Do what I command so that
your lives will go well."
24-26 "'But do you think they listened?
Not a word of it. They did just what they
wanted to do, indulged any and every evil
whim and got worse day by day. From the
time your ancestors left the land of Egypt
until now, I've supplied a steady stream of
my servants the prophets, but do you think
the people listened? Not once. Stubborn as
mules and worse than their ancestors!'
27-28 "Tell them all this, but don't expect
them to listen. Call out to them, but don't
expect an answer. Tell them, 'You are the
nation that wouldn't obey GOD, that refused
all discipline. Truth has disappeared.
There's not a trace of it left in your mouths.

29 "'So shave your heads.
Go bald to the hills and lament,
For GOD has rejected and left
this generation that has made him so angry.'

30-31 "The people of Judah have lived evil
lives while I've stood by and watched."

가 지켜보고 있는데도 버젓이 악을 저질렀다. 다른 곳도 아니고 나를 높여야 할 성전 안에 추악한 신상을 세워, 나를 의도적으로 모욕했다. 그들은 벤힌놈 골짜기 전역에 장소를 골라 도벳 제단을 세우고, 아기들을 불살라 바쳤다. 자기 아들딸들을 산 채로 불태웠다. 나와 나의 명령 전부를 참람하게 왜곡했다."

32-34 **하나님**의 포고다! "그러나 이제 도벳과 벤힌놈은 그 이름으로 불리지 않게 되리라. 사람들은 그곳을 '살육의 골짜기'라 부를 것이다. 더 이상 묻을 데가 없어 도벳에 시체들이 높이 쌓일 것이다! 노천에 버려진 시체들은 그곳을 활보하는 까마귀와 늑대의 밥이 되리라. 내가 유다 마을과 예루살렘 거리에서 미소와 웃음이 완전히 사라지게 만들 것이다. 결혼을 축하하는 노랫소리, 여흥을 즐기는 소리가 사라지고, 죽음 같은 정적만이 흐를 것이다."

8

1-2 **하나님**의 포고다. "그때가 이르면, 나는 사람들이 유다 왕들의 뼈, 제후와 제사장과 예언자들의 뼈, 일반 백성들의 뼈를 다 파헤쳐, 그것들이 하늘의 해와 달과 별들을 올려다보며 숭배하는 무리들 앞에 널브러지게 만들 것이다. 오랜 세월 동안 하늘의 신들에 심취하고 '행운의 별들'을 헌신적으로 따랐던 그들이다. 그 뼈들은 노천에 흩뿌려진 채 버려지고, 비료와 거름이 되어 땅에 스며들 것이다.

3 남은 모든 자들, 곧 악한 세대 중에 불행하게도, 그때까지 목숨이 붙어 있는 자들은, 저주받은 장소를 여기저기 떠돌며 차라리 죽기를 바랄 것이다." 만군의 **하나님**의 포고다.

GOD's Decree. "In deliberate insult to me, they've set up their obscene god-images in the very Temple that was built to honor me. They've constructed Topheth altars for burning babies in prominent places all through the valley of Ben-hinnom, altars for burning their sons and daughters alive in the fire—a shocking perversion of all that I am and all I command.

32-34 "But soon, very soon"—GOD's Decree!—"the names Topheth and Ben-hinnom will no longer be used. They'll call the place what it is: Murder Meadow. Corpses will be stacked up in Topheth because there's no room left to bury them! Corpses abandoned in the open air, fed on by crows and coyotes, who have the run of the place. And I'll empty both smiles and laughter from the villages of Judah and the streets of Jerusalem. No wedding songs, no holiday sounds. *Dead* silence."

8

1-2 "And when the time comes"—GOD's Decree!—"I'll see to it that they dig up the bones of the kings of Judah, the bones of the princes and priests and prophets, and yes, even the bones of the common people. They'll dig them up and spread them out like a congregation at worship before sun, moon, and stars, all those sky gods they've been so infatuated with all these years, following their 'lucky stars' in doglike devotion. The bones will be left scattered and exposed, to reenter the soil as fertilizer, like manure.

3 "Everyone left—all from this evil generation unlucky enough to still be alive in

그들에게는 희망이 없다

4-7 "그들에게 가서, **하나님**의 **메시지**를 전하여라.

'사람은 넘어지면 다시 일어서지 않느냐?
잘못 들어선 길이면 멈추고 돌아서지 않느냐?
그런데 어째서 이 백성은 길을 거꾸로 가면서도
계속 그 길을 고집하느냐? 거꾸로 된 그 길을!
그들은 한사코 거짓된 것을 따라가려 하고,
방향을 바꾸기를 거절한다.
내가 유심히 귀를 기울여 보아도,
전혀 들리지 않는다.
자책하는 소리,
"이런 길을 가다니" 하는 후회의 소리 하나 없다.
그들은 그저 그 길을 계속 갈 뿐이다. 맹목적으로 가다가,
멍청하게 벽에 머리를 찧는다.
겨울을 준비하는 두루미는
언제 남쪽으로 이동해야 하는지 안다.
울새, 휘파람새, 파랑새는
언제 다시 돌아와야 하는지 안다.
그러나 내 백성은 어떤가. 그들은 아무것도 모른다.
하나님과 그분의 법에 대해서는 낫 놓고 기역 자도 모른다.

8-9 "우리는 다 안다. 영광스럽게도 우리는 **하나님**의 계시를 소유한 자들이다"라니,
어떻게 그런 말을 할 수 있느냐?
지금 너희 상태를 보아라. 거짓된 것에 사로잡혀 있다.
너희 종교 전문가들에게 사기당한 것이다!
"다 안다"는 그들, 실상이 폭로될 것이요
정체가 탄로 날 것이다.

whatever godforsaken place I will have driven them to—will wish they were dead."
Decree of GOD-of-the-Angel-Armies.

To Know Everything but God's Word

4-7 "Tell them this, GOD's Message:

"'Do people fall down and not get up?
Or take the wrong road and then just keep going?
So why does this people go backward,
and just keep on going—*backward*!
They stubbornly hold on to their illusions,
refuse to change direction.
I listened carefully
but heard not so much as a whisper.
No one expressed one word of regret.
Not a single "I'm sorry" did I hear.
They just kept at it, blindly and stupidly
banging their heads against a brick wall.
Cranes know when it's time
to move south for winter.
And robins, warblers, and bluebirds
know when it's time to come back again.
But my people? My people know nothing,
not the first thing of GOD and his rule.

8-9 "'How can you say, "We know the score.
We're the proud owners of GOD's revelation"?
Look where it's gotten you—stuck in illusion.
Your religion experts have taken you for a ride!
Your know-it-alls will be unmasked,
caught and shown up for what they are.
Look at them! They know everything but

그들을 보아라! 정말 다 안다. **하나님**의 말씀만 빼놓고 모든 것을 안다.
그런데 그런 것을 과연 "안다"고 말할 수 있겠느냐?

10-12 다 안다는 그들을 내가 어떻게 할지 말해 주겠다.
그들은 아내를 잃고 집을 잃을 것이다.
내가 그렇게 만들 것이다.
다들 부정한 이득을 취하는 데 혈안이다.
지위 높은 자나 낮은 자나 마찬가지다.
예언자든 제사장이든, 누구 할 것 없이 모두가
말을 비틀고 진실을 조작한다.
내 사랑하는 딸, 내 백성이 망가졌다. 아주 결딴나 버렸다!
그런데도 그들은 반창고나 붙여 주면서,
"별일 아니다. 괜찮다"고 말한다.
그러나 절대 괜찮지 않다!
무도한 짓을 자행하는 그들,
부끄러움을 느낄 것 같으냐?
그렇지 않다. 그들은 부끄러움을 모른다.
얼굴 붉힐 줄을 모른다.
그들에게는 희망이 없다. 바닥에 메쳐진 그들,
일어설 가망이 없다.
내가 보기에,
그들은 끝났다.'" **하나님**께서 말씀하셨다.

13 **하나님**의 포고다.
"행여 건질 것이 있을까 해서 나가 보았지만,
아무것도 찾지 못했다.
포도 하나, 무화과 하나 얻지 못했고
시든 이파리 몇 개가 전부였다.
나는 그들에게 주었던 것 전부를
다시 회수할 것이다."

GOD's Word.
Do you call that "knowing"?

10-12 "'So here's what will happen to the know-it-alls:
I'll make them wifeless and homeless.
Everyone's after the dishonest dollar,
little people and big people alike.
Prophets and priests and everyone in between
twist words and doctor truth.
My dear Daughter—my people—broken, shattered,
and yet they put on Band-Aids,
Saying, "It's not so bad. You'll be just fine."
But things are not "just fine"!
Do you suppose they are embarrassed
over this outrage?
Not really. They have no shame.
They don't even know how to blush.
There's no hope for them. They've hit bottom
and there's no getting up.
As far as I'm concerned,
they're finished.'" GOD has spoken.

13 "'I went out to see if I could salvage anything'"
—GOD's Decree—
"'but found nothing:
Not a grape, not a fig,
just a few withered leaves.
I'm taking back
everything I gave them.'"

14-16 So why are we sitting here, doing

14-16 그러니 여기 이렇게 가만히 앉아서 뭘 하겠느냐?
전열을 갖추자.
그 큰 도성으로 가서 싸우자.
거기에서 싸우다 죽자.
우리에게는 이미 **하나님**의 최후통첩이 내려졌다.
우리는 나가 싸워도 죽고, 싸우지 않더라도 결국 죽을 것이다.
그분께 지은 죄로 인해 우리는 이미 끝장났다.
우리는 사태가 호전되고 역전되리라 기대했지만,
결국 그렇게 되지 않았다.
치유를 바라며 기다렸지만,
결국 모습을 드러낸 것은 공포였다!
북쪽 단에서
말발굽소리가 들려온다.
거센 콧소리를 내며 말들이 질주해 오는 소리다.
땅이 흔들리고 떨린다.
그들이 이 나라를 통째로 삼킬 것이다.
마을과 사람들이 전쟁의 먹이가 되어 사라질 것이다.

17 "그것이 전부가 아니다. 나는 너희 안에 독사도 풀어 놓을 것이다.
무슨 수로도 길들일 수 없는 뱀들,
너희를 모조리 물어 죽일 것이다."
하나님의 포고다!

예언자의 탄식

18-22 나는 비탄에 잠겼다.
가슴이 찢어질 듯 아프다.
들어 보아라! 귀 기울여 들어 보아라! 온 나라에 울려 퍼지는
내 사랑하는 백성의 울음소리를.
하나님께서 더 이상 시온에 계시지 않는가?

nothing?
Let's get organized.
Let's go to the big city
and at least die fighting.
We've gotten GOD's ultimatum:
We're damned if we do and damned if we don't—
damned because of our sin against him.
We hoped things would turn out for the best,
but it didn't happen that way.
We were waiting around for healing—
and terror showed up!
From Dan at the northern borders
we hear the hooves of horses,
Horses galloping, horses neighing.
The ground shudders and quakes.
They're going to swallow up the whole country.
Towns and people alike—fodder for war.

17 "'What's more, I'm dispatching
poisonous snakes among you,
Snakes that can't be charmed,
snakes that will bite you and kill you.'"
GOD's Decree!

Advancing from One Evil to the Next

18-22 I drown in grief.
I'm heartsick.
Oh, listen! Please listen! It's the cry of my dear people
reverberating through the country.
Is GOD no longer in Zion?
Has the King gone away?
Can you tell me why they flaunt their plaything-gods,

왕이신 그분께서 영영 떠나셨는가?
대체 저들이 내 앞에서 장난감 신들,
그 우스꽝스러운 수입 우상들을 자랑하는 까닭이 무엇이냐?
수확이 끝나고 여름도 지나갔지만,
우리는 아무것도 달라진 것이 없다.
우리는 여전히 구조를 기다리고 있다.
내 사랑하는 백성이 상했고, 내 마음도 상했다.
나는 비탄에 잠겨, 슬피 운다.
길르앗에 상처를 치료하는 약이 없단 말이냐?
그곳에 의사가 없단 말이냐?
내 사랑하는 백성을 치료하고 구원하기 위해
할 수 있는 일이 어째서 하나도 없단 말이냐?

9 1-2 내 머리가 물 가득한 우물이었으면,
내 눈이 눈물의 샘이었으면 좋으련만.
그러면, 내 사랑하는 백성에게 닥친 재앙을 가슴 아파하며
밤낮으로 울 수 있을 텐데.
때로는 광야나 숲 속에
오두막집 하나 있었으면 할 때가 있다.
내 백성을 멀리 떠나
그들이 보이지 않는 곳에서 살고 싶다.
저 불충하고 무책임한 떼거리,
저 변절자 무리를 보지 않고 살고 싶다.

3-6 "활이 화살을 쏘듯
그들은 혀로 거짓말을 쏘아 댄다.
강력한 거짓말쟁이 군대요,
진실과 철천지원수다.
나를 알지 못하는 그들,
악에 악을 쌓아 간다."
하나님의 포고다.
"오랜 이웃이라도 경계하여라.
친할머니도 믿지 마라!

their silly, imported no-gods before me?
The crops are in, the summer is over,
but for us nothing's changed.
We're still waiting to be rescued.
For my dear broken people, I'm heartbroken.
I weep, seized by grief.
Are there no healing ointments in Gilead?
Isn't there a doctor in the house?
So why can't something be done
to heal and save my dear, dear people?

9 1-2 I wish my head were a well of water
and my eyes fountains of tears
So I could weep day and night
for casualties among my dear, dear people.
At times I wish I had a wilderness hut,
a backwoods cabin,
Where I could get away from my people
and never see them again.
They're a faithless, feckless bunch,
a congregation of degenerates.

3-6 "Their tongues shoot out lies
like a bow shoots arrows—
A mighty army of liars,
the sworn enemies of truth.
They advance from one evil to the next,
ignorant of me."
GOD's Decree.
"Be wary of even longtime neighbors.
Don't even trust your grandmother!

옛 사기꾼 야곱처럼,
그들은 자기 형제도 속이고 이용한다.
친구들끼리
악독한 헛소문을 퍼뜨린다.
이웃에게 사기치고
진실을 감춘다.
거짓말로 혀를 단련시킨 그들,
이제는 진실을 말하고 싶어도 할 수 없다.
그들은 잘못 위에 잘못을, 거짓 위에 거짓을 쌓을 뿐
나를 알려고 하지 않는다."
하나님의 포고다.

7-9 그러므로, 만군의 **하나님**께서 말씀하신다.

"보아라! 내가 그들을 녹여
그 본색을 드러내 보일 것이다.
이렇게 사악한 백성에게
내가 달리 무엇을 할 수 있겠느냐?
그들의 혀는 독화살이다!
끔찍한 거짓말이 입에서 끝없이 흘러나온다.
이웃에게 미소를 지으며,
'좋은 아침입니다! 어떻게 지내십니까?' 하고 인사를 나누지만,
속으로는 서로를 없앨 궁리만 한다.
이런데도 내가 그저 팔짱만 낀 채 보고 있어야 하느냐?"
하나님의 포고다.
"그런 자들,
내가 단단히 손봐 주어야 하지 않겠느냐?

10-11 잃어버린 초원을 생각하며 비가를 부른다.
사라진 목초지를 그리며 애가를 부른다.
그 땅들, 이제는 위험하고 황량한 황무지일 뿐이다.
양 떼 소리, 소 떼 소리가 더는 들리지 않

Brother schemes against brother,
like old cheating Jacob.
Friend against friend
spreads malicious gossip.
Neighbors gyp neighbors,
never telling the truth.
They've trained their tongues to tell lies,
and now they can't tell the truth.
They pile wrong upon wrong, stack lie upon lie,
and refuse to know me."
GOD's Decree.

7-9 Therefore, GOD-of-the-Angel-Armies says:

"Watch this! I'll melt them down
and see what they're made of.
What else can I do
with a people this wicked?
Their tongues are poison arrows!
Deadly lies stream from their mouths.
Neighbor greets neighbor with a smile,
'Good morning! How're things?'
while scheming to do away with him.
Do you think I'm going to stand around and do nothing?"
GOD's Decree.
"Don't you think I'll take serious measures
against a people like this?

10-11 "I'm lamenting the loss of the mountain pastures.
I'm chanting dirges for the old grazing grounds.
They've become deserted wastelands too dangerous for travelers.
No sounds of sheep bleating or cattle

는다.
새와 들짐승도 모두 사라졌다.
살아 꿈틀거리는 것, 살아 소리 내는 것이 하나도 없다.
나는 예루살렘을 돌무더기로 만들 것이다.
승냥이나 어슬렁거리며 다니는 곳이 되게 할 것이다.
나는 유다 성읍들을 전부 폐허로 전락시킬 것이다.
아무도 살지 않는 폐허로!"

12 내가 물었다. "우리에게 진상을 알려 줄 현자는 없는가? **하나님**께 내막을 전해 듣고 우리에게 알려 줄 자 어디 없는가?
나라가 이토록 황폐해진 까닭이 무엇인가?
어찌하여 인적 하나 없는 황무지가 되어 버렸는가?"
13-15 **하나님**의 대답이다. "그것은 그들이 나의 가르침을 분명히 알고도 등을 돌렸기 때문이다. 그들은 내 말을 하나도 귀담아듣지 않았고, 내가 지시하는 삶을 한사코 거절했다. 그들은 자기들 원하는 대로 살면서, 그 조상이 그랬던 것처럼, 모든 소원을 들어준다는 바알 신을 섬겼다." 이것이 그들이 망한 이유다. 만군의 **하나님**께서 말씀하신다.

"나는 그들에게 돼지 똥오줌을 먹일 것이다.
그들에게 독을 주어 마시게 할 것이다.
16 그러고는 그들 모두를 저 먼 곳, 아무도 들어 보지 못한 이방 민족들 사이로 흩어 버리고, 죽음이 그들을 끝까지 추격하여 쓸어 버리게 할 것이다."

깨어 있어라!

17-19 만군의 **하나님**의 메시지다.

mooing.
Birds and wild animals, all gone.
Nothing stirring, no sounds of life.
I'm going to make Jerusalem a pile of rubble,
fit for nothing but stray cats and dogs.
I'm going to reduce Judah's towns to piles of ruins
where no one lives!"

12 I asked, "Is there anyone around bright enough to tell us what's going on here? Anyone who has the inside story from GOD and can let us in on it?
"Why is the country wasted?
"Why no travelers in this desert?"
13-15 GOD's answer: "Because they abandoned my plain teaching. They wouldn't listen to anything I said, refused to live the way I told them to. Instead they lived any way they wanted and took up with the Baal gods, who they thought would give them what they wanted—following the example of their parents." And this is the consequence. GOD-of-the-Angel-Armies says so:

"I'll feed them with pig slop.
"I'll give them poison to drink.
16 "Then I'll scatter them far and wide among godless peoples that neither they nor their parents have ever heard of, and I'll send Death in pursuit until there's nothing left of them."

A Life That Is All Outside but No Inside

17-19 A Message from GOD-of-the-Angel-Armies:

"우리가 곤경에 처했으니, 도움을 청하여라.
슬픔을 달래 줄 노래꾼들을 불러라.
서둘러 오게 하여라.
와서, 우리가 상실과 비탄을 드러내고
눈물을 흘리며 울 수 있도록,
눈물의 노래를 부를 수 있도록 돕게 하여라.
귀 기울여라!
시온에서 흘러나오는 강물 같은 눈물소리에 귀 기울여라.
'우리는 망한 백성,
수치를 당한 백성이로다!
우리는 고향에서 쫓겨난 백성,
자기 땅을 떠나야 하는 백성이로다!'"

"Look over the trouble we're in and call for help.
Send for some singers who can help us mourn our loss.
Tell them to hurry—
to help us express our loss and lament,
Help us get our tears flowing,
make tearful music of our crying.
Listen to it!
Listen to that torrent of tears out of Zion:
'We're a ruined people,
we're a shamed people!
We've been driven from our homes
and must leave our land!'"

20-21 애곡하는 여인들아! 오, **하나님의 메시지**를 들어라!
너희 귀를 열어, 그분이 하시는 말씀을 받아라.
너희 딸들에게 장송곡을 가르치고,
너희 친구들에게 비가를 가르쳐라.
죽음이 창문을 넘어,
우리 안방까지 침입해 들어왔다.
놀이터에서 놀던 아이들이 쓰러져 죽고,
광장에서 뛰던 청년들이 고꾸라진다.

20-21 Mourning women! Oh, listen to GOD's Message!
Open your ears. Take in what he says.
Teach your daughters songs for the dead
and your friends the songs of heartbreak.
Death has climbed in through the window,
broken into our bedrooms.
Children on the playgrounds drop dead,
and young men and women collapse at their games.

22 소리 높여 전하여라! "**하나님의 메시지**다.

'어디를 가나 사람의 시체가 즐비하다.
들판에 널린 양과 염소의 똥처럼,
추수 때 바닥에 버려져 썩는 곡식 단처럼
마구 널브러져 있다.'"

22 Speak up! "GOD's Message:

"'Dead bodies everywhere, scattered at random
like sheep and goat dung in the fields,
Like wheat cut down by reapers
and left to rot where it falls.'"

23-24 **하나님의 메시지**다.

"지혜 있는 자들은 자기 지혜를 자랑하지

23-24 GOD's Message:

"Don't let the wise brag of their wisdom.
Don't let heroes brag of their exploits.

마라.
영웅들은 자기 공적을 자랑하지 마라.
부유한 자들은 자기 부를 자랑하지 마라.
자랑을 하려거든,
내 뜻을 알고 나를 아는 것, 오직 그것만을 자랑하여라.
나는 **하나님**, 신실한 사랑으로 일하는 이다.
바른 일을 하며, 만사를 바로잡는 이며,
그런 일을 행하는 자들을 기뻐하는 이다.
이것이 너희가 나를 알아보는 표지다."
하나님의 포고다.

25-26 **하나님**의 포고다! "깨어 있어라! 머지않아 나는, 겉만 꾸미고 속은 텅 빈 자들을 직접 손봐 줄 것이다. 이집트, 유다, 에돔, 암몬, 모압이 그들이다. 모두 종교 연기에 능한 민족들, 이스라엘도 다를 바 없다."

거짓 신과 참된 신

10 1-5 이스라엘의 집이여, **하나님**께서 너희에게 보내시는 **메시지**를 들어라. 주의 깊게 들어라.

"저 이방 민족들을 본받지 마라.
그들의 현란한 마력에 현혹되지 마라.
그들의 종교는
허상에 불과하다.
우상은 목공이 도끼로 나무를 찍어 만든 것에 지나지 않는다.
그들은 그것에 이것저것 장식을 붙이고,
넘어지지 않도록 망치와 못으로 고정한다.
그것은 배추밭에 서 있는 허수아비와 같다.
말 한 마디 못한다!
그것은 사람들이 운반해 주어야 하는 죽은 나무토막에 불과하다. 제 발로 다니지도 못한다!
그런 물건에 현혹되지 마라.

Don't let the rich brag of their riches.
If you brag, brag of this and this only:
That you understand and know me.
I'm GOD, and I act in loyal love.
I do what's right and set things right and fair,
and delight in those who do the same things.
These are my trademarks."
GOD's Decree.

25-26 "Stay alert! It won't be long now"—GOD's Decree!—"when I will personally deal with everyone whose life is all outside but no inside: Egypt, Judah, Edom, Ammon, Moab. All these nations are big on performance religion—including Israel, who is no better."

The Stick Gods

10 1-5 Listen to the Message that GOD is sending your way, House of Israel. Listen most carefully:

"Don't take the godless nations as your models.
Don't be impressed by their glamour and glitz,
no matter how much they're impressed.
The religion of these peoples
is nothing but smoke.
An idol is nothing but a tree chopped down,
then shaped by a woodsman's ax.
They trim it with tinsel and balls,
use hammer and nails to keep it upright.

아무짝에도 쓸모없는 무용지물일 뿐이다."

6-9 오 **하나님**, 주님은 그런 것과 비교할 수 없는 분입니다.
주님은 경이롭도록 위대하신 분, 그 이름이 더없이 높으신 분입니다.
만민의 왕이신 주님을 누가 감히 두려워하지 않을 수 있겠습니까?
주님만이 경배받기에 합당하신 분입니다!
저기, 먼 사방의 여러 민족들을 보십시오.
그들 중 가장 뛰어난 자들이 만든 가장 뛰어난 것도
도저히 주님과 견줄 수 없습니다.
아둔하기 짝이 없는 그들, 나무 막대기를 줄지어 세우지만
모두 헛것들일 뿐입니다.
다시스에서 들여온 은박과
우바스에서 들여온 금박,
청색과 자주색 옷감으로 제 아무리 예쁘게 꾸며도
그저 나무 막대기에 불과합니다.

10 그러나 **하나님**은 참되시다.
살아 계신 하나님은 영원한 왕이시다.
그분이 노하시면 땅이 흔들린다.
그렇다, 이방 민족들이 몸을 떤다.

11-15 "그들에게 전하여라. '하늘과 땅을 지은 적 없는 신들,
아무것도 지은 적 없는 막대기 신들은,
결국 하늘과 땅 사이에서,
아무것도 아닌 것이 되어 나뒹굴 것이다.'"
그러나 하나님은 능력으로 땅을 지으시고,
지혜로 세상을 빚어 내셨다.
우주는 그분의 작품이다.
그분께서 천둥소리를 내시면, 비가 쏟아진다.
구름을 피워 올리시고,
번개로 폭풍을 두르시며,

It's like a scarecrow in a cabbage patch—can't talk!
Dead wood that has to be carried—can't walk!
Don't be impressed by such stuff.
It's useless for either good or evil."

6-9 All this is nothing compared to you, O GOD.
You're wondrously great, famously great.
Who can fail to be impressed by you, King of the nations?
It's your very nature to be worshiped!
Look far and wide among the elite of the nations.
The best they can come up with is nothing compared to you.
Stupidly, they line them up—a lineup of sticks,
good for nothing but making smoke.
Gilded with silver foil from Tarshish,
covered with gold from Uphaz,
Hung with violet and purple fabrics—
no matter how fancy the sticks, they're still sticks.

10 But GOD is the real thing—
the living God, the eternal King.
When he's angry, Earth shakes.
Yes, and the godless nations quake.

11-15 "Tell them this, 'The stick gods
who made nothing, neither sky nor earth,
Will come to nothing
on the earth and under the sky.'"
But it is God whose power made the earth,

당신의 창고에서 바람을 꺼내 날려 발진시키신다.
막대기 신을 숭배하는 자들, 참으로 어처구니없는 얼간이들이다!
자기 손으로 만든 신들로 수치를 당하여 쩔쩔맨다!
그 신들은 모두 가짜요, 죽은 막대기일 뿐이다.
말라 죽은 나무를 두고 신이라니, 어이가 없다.
심판의 불이 닥치면, 모두 재가 되고 말 것들이다.

16 그러나 '야곱의 분깃'이신 분은 참되시다.
그분은 온 우주를 지으신 분,
이스라엘을 특별히 주목하시는 분.
그분의 이름이 무엇인가? 만군의 **하나님**이시다!

⁂

17-18 공격자들에게 포위된 너희여,
짐보따리를 꼭 움켜쥐어라.
하나님께서 경고하셨다. "주목하여라!
나는 여기 사는 자들 전부를 쫓아낼 것이다!
지금 당장. 그렇다, 지금 당장이다!
내가 그들을 벼랑 끝까지 몰아붙이고
압살시킬 것이다."

⁂

19-20 이런 재앙의 날이 오다니!
나는 치명상을 입었다.
"오, 내가 어찌
이를 감당할 수 있으리라 여겼단 말인가?"
내 집이 무너졌다.
지붕이 허물어졌다.
자녀들이 사라졌다.
다시는 그들을 보지 못할 것이다.
남아서 재건을 시작할 수 있는 사람,
새롭게 시작할 수 있는 사람, 하나도 남지 않

whose wisdom gave shape to the world,
who crafted the cosmos.
He thunders, and rain pours down.
He sends the clouds soaring.
He embellishes the storm with lightnings,
launches wind from his warehouse.
Stick-god worshipers looking mighty foolish,
god-makers embarrassed by their handmade gods!
Their gods are frauds—dead sticks,
deadwood gods, tasteless jokes.
When the fires of judgment come,
they'll be ashes.

16 But the Portion-of-Jacob is the real thing.
He put the whole universe together
And pays special attention to Israel.
His name? GOD-of-the-Angel-Armies!

⁂

17-18 Grab your bags,
all you who are under attack.
GOD has given notice:
"Attention! I'm evicting
Everyone who lives here,
And right now—yes, right now!
I'm going to press them to the limit,
squeeze the life right out of them."

⁂

19-20 But it's a black day for me!
Hopelessly wounded,
I said, "Why, oh why
did I think I could bear it?"
My house is ruined—
the roof caved in.

았다!

21 이는 다 우리 지도자들이 어리석었기 때문이다.
그들은 **하나님**께 길을 묻지 않았다.
그래서 모든 일이 틀어졌고,
백성은 사방으로 흩어졌다.

22 자, 들어 보아라! 무엇인가 다가오고 있다!
북쪽 국경 지대에서 큰 소요가 일어나고 있다!
이제 유다 마을들은 박살나서,
들짐승이나 돌아다니는 곳으로 전락하고 말 것이다!

23-25 **하나님**, 저는 압니다. 죽을 인생들인 저희는
인생의 주인이 될 수 없다는 것을,
그럴 만한 능력이
저희에게 없다는 것을.
그러니 **하나님**, 저희를 바로잡아 주십시오.
주께서 보시기에 최선의 길로 인도해 주십시오.
노를 참아 주십시오. 주께서 노를 발하시면 저희는 끝장입니다.
주님의 노를,
저 이방 민족들 위에 내려 주십시오.
그들은 주님을 인정하지 않으며,
주께 기도하지 않는 자들입니다.
야곱을 씹어 먹은 자들입니다.
그렇습니다. 정말로 그를 통째로,
사람과 땅을 모두
씹어 삼킨 자들입니다.

하나님의 언약의 말씀

11 1 **하나님**께서 예레미야에게 주신 메시지다.
2-4 "유다 백성과 예루살렘 주민들에게 전하여라. 그들에게 이렇게 일러라. '이는 **하나님**

Our children are gone—
we'll never see them again.
No one left to help in rebuilding,
no one to make a new start!

21 It's because our leaders are stupid.
They never asked GOD for counsel,
And so nothing worked right.
The people are scattered all over.

22 But listen! Something's coming!
A big commotion from the northern borders!
Judah's towns about to be smashed,
left to all the stray dogs and cats!

23-25 I know, GOD, that mere mortals
can't run their own lives,
That men and women
don't have what it takes to take charge of life.
So correct us, GOD, as you see best.
Don't lose your temper. That would be the end of us.
Vent your anger on the godless nations,
who refuse to acknowledge you,
And on the people
who won't pray to you—
The very ones who've made hash out of Jacob,
yes, made hash
And devoured him whole,
people and pastures alike.

The Terms of This Covenant

11 1 The Message that came to Jeremiah from GOD:
2-4 "Preach to the people of Judah and

의 **메시지**, 곧 너희를 향한 이스라엘의 하
나님의 **메시지**다. 이 언약의 조건을 따르
지 않는 자는 누구든지 저주 아래에 놓인
다. 그 조건은 분명하다. 내가 너희 조상을
이집트, 그 고통의 용광로에서 구해 냈을
때 이미 명백히 말한 바다.
4-5 내가 하는 말에 순종하여라. 나의 명령
을 지켜라. 너희가 순종하면 계약이 성사된
다. 너희는 나의 백성이 되고 나는 너희의
하나님이 될 것이다. 이것이 내가 너희 조상
에게 한 약속, 곧 비옥하고 기름진 땅을 주
겠다고 한 그 약속을 시행할 조건이다. 그리
고 너희가 알듯이, 나는 약속대로 행했다.'"
내가 대답했다. "**하나님**, 참으로 그렇습
니다."
6-8 **하나님**께서 이어 말씀하셨다. "유다 성
읍과 예루살렘 거리에 나가서 이렇게 전하
여라. '이 언약의 조건을 기억하고 즉시 준
행하여라! 너희 조상을 이집트에서 구해 냈
을 때, 이미 나는 그들에게 경고했다. 경고
하기를 한시도 멈추지 않았다. 아침부터 밤
까지 "나에게 순종하여라!" 하고 경고했다.
그러나 그들은 순종하지 않았다. 그들은 나
를 무시했다. 그들은 자기 마음 내키는 대로
살았다. 그래서 결국 내가 이렇게 나섰다.
나의 경고에도 불구하고 그들이 한사코 무
시해 온 그 언약에 제시된 벌이, 마침내 시
행되도록 명한 것이다.'"
9-10 **하나님**께서 말씀하셨다. "지금 유다 백
성과 예루살렘 주민들이 모반을 꾀하고 있
다. 조상의 죄를 재현하려는 모의다. 내게
불순종하고 다른 신들을 좇으며 예배하던
죄 말이다. 이스라엘과 유다가 손을 맞잡고
이 일을 벌이고 있다. 그들의 조상과 내가
맺은 언약을 함부로 깨뜨리고 있다.
11-13 그래, 너희 하나님이 이 일에 대해 할
말이 있다. 보아라! 이제 내가 너희에게 화
가 닥치게 할 것이다. 누구도 빠져나오지 못

citizens of Jerusalem. Tell them this: 'This
is GOD's Message, the Message of Israel's
God to you. Anyone who does not keep
the terms of this covenant is cursed. The
terms are clear. I made them plain to your
ancestors when I delivered them from
Egypt, out of the iron furnace of suffering.
4-5 "'Obey what I tell you. Do exactly what
I command you. Your obedience will close
the deal. You'll be mine and I'll be yours.
This will provide the conditions in which
I will be able to do what I promised your
ancestors: to give them a fertile and lush
land. And, as you know, that's what I did.'"
"Yes, GOD," I replied. "That's true."
6-8 GOD continued: "Preach all this in
the towns of Judah and the streets of
Jerusalem. Say, 'Listen to the terms of this
covenant and carry them out! I warned
your ancestors when I delivered them
from Egypt and I've kept up the warnings.
I haven't quit warning them for a moment.
I warned them from morning to night:
"Obey me or else!" But they didn't obey.
They paid no attention to me. They did
whatever they wanted to do, whenever
they wanted to do it, until finally I stepped
in and ordered the punishments set out
in the covenant, which, despite all my
warnings, they had ignored.'"
9-10 Then GOD said, "There's a conspiracy
among the people of Judah and the citizens
of Jerusalem. They've plotted to reenact
the sins of their ancestors—the ones who
disobeyed me and decided to go after other
gods and worship them. Israel and Judah
are in this together, mindlessly breaking the
covenant I made with their ancestors."

한다. 너희가 도와 달라고 소리쳐 울겠지
만, 나는 듣지 않을 것이다. 유다와 예루살
렘의 백성들이 지금껏 제사를 지내 온 그 신
들에게 달려가서 기도해도 아무 소용이 없
을 것이다. 유다야, 너희 안에는 마을 수만
큼이나 많은 신들이 있다! 예루살렘의 골목
마다 음란하고 무능한 신 바알을 위한 제단
들이 빼곡하다!
14 예레미야야, 너는 이 백성을 위해, 한 마
디도 기도하지 마라! 한 마디도 간청하지
마라. 위기가 닥치면 으레 하는 그 기도에
나는 절대 귀 기울이지 않을 것이다."

아나돗 사람들이 예레미야를 죽이려 하다

15-16 "무엇하는 것이냐? 나의 사랑하는 자들이
화를 피할 궁리에 골몰하고 있다니. 그것도 예배 드리는 집에서!
너의 생각에, 이런저런 맹세와 종교 행위를 남발하면
닥쳐오는 재앙에서 구원받을 수 있을 것 같으냐?
종교적인 모양새에 더 신경을 쓰면
화를 면할 수 있다고 생각하느냐?
한때 나는 너를
우람한 상수리나무, 장대하고 영광스런 나무라 불렀다.
그러나 네가 박살나는 데에는
천둥 한 번, 번개 한 번이면 충분할 것이다.

17 그래, 나다. 너희를 심었던 나 만군의 **하
나님**이 너희에게 재앙을 선고했다. 이유를
묻느냐? 그것은 너희 삶 자체가 재앙을 부
르는 삶이기 때문이다. 한심한 신 바알에게
이스라엘과 유다가 줄기차게 바친 숭배와
봉헌들, 그것이 나를 노하게 했다."

11-13 "Well, your God has something to say
about this: Watch out! I'm about to visit
doom on you, and no one will get out of it.
You're going to cry for help but I won't listen.
Then all the people in Judah and Jerusalem
will start praying to the gods you've been
sacrificing to all these years, but it won't do a
bit of good. You've got as many gods as you
have villages, Judah! And you've got enough
altars for sacrifices to that impotent sex god
Baal to put one on every street corner in
Jerusalem!"
14 "And as for you, Jeremiah, I don't want you
praying for this people. Nothing! Not a word
of petition. Indeed, I'm not going to listen to a
single syllable of their crisis-prayers."

Promises and Pious Programs

15-16 "What business do the ones I love have figuring out
how to get off the hook? And right in the house of worship!
Do you think making promises and devising pious programs
will save you from doom?
Do you think you can get out of this
by becoming more religious?
A mighty oak tree, majestic and glorious—
that's how I once described you.
But it will only take a clap of thunder and a bolt of lightning
to leave you a shattered wreck.

17 "I, GOD-of-the-Angel-Armies, who
planted you—yes, I have pronounced doom
on you. Why? Because of the disastrous
life you've lived, Israel and Judah alike,
goading me to anger with your continuous

18-19 **하나님**께서 지금 벌어지고 있는 일을
제게 말씀해 주셨습니다.
그래서 제가 알게 되었습니다.
하나님, 주께서 제 눈을 열어 그들의 악한
계략을 보게 하셨습니다.
저는 무슨 일이 일어나고 있는지 전혀 몰
랐습니다. 아무것도 모른 채
도살장으로 끌려가는 어린양 같았습니다!
그들이 저를 두고 무슨 꿍꿍이를 하는지
몰랐고,
제 뒤에서 무슨 모의를 꾸미는지도 알지
못했습니다.
"저 설교자를 없애 버리자.
그러면 설교가 중단될 것이다!
그를 영원히 없애 버리자.
기억에서 완전히 사라지게 만들자."

20 내가 말했다. "만군의 **하나님**,
주님은 공정한 재판관이십니다.
주님은 사람의 행위와 동기를
속속들이 아십니다.
저는 그들의 정체가 폭로되어 수치를 당하
는 꼴을 보고 싶습니다!
주님은 제가 어떤 사람인지 샅샅이 아십니
다. 부디 제 오명을 씻어 주십시오."

21-23 그러자 **하나님**께서 응답하시며 큰소
리로 말씀하셨다. "너를 살해하려는 아나
돗 사람들, '우리에게 **하나님**의 이름으로
설교하지 마라. 계속 그렇게 나오면 너를
죽여 버릴 테다' 하고 말하는 그들을 내가
어떻게 다룰지 말해 주겠다. 그렇다. 만군
의 **하나님**이 말한다. 보아라! 나는 그들에
게 책임을 물을 것이다. 그들의 젊은이들
이 전쟁터에서 쓰러져 죽고, 아이들은 굶
어 죽을 것이다. 아무도 살아남지 못하리
라. 아무도. 내가 재앙을 몰고서 아나돗
사람들을 찾아갈 것이다. 그날은 대재앙

worship and offerings to that sorry god Baal."

18-19 GOD told me what was going on.
That's how I knew.
You, GOD, opened my eyes to their evil scheming.
I had no idea what was going on—naive as a lamb
being led to slaughter!
I didn't know they had it in for me,
didn't know of their behind-the-scenes plots:
"Let's get rid of the preacher.
That will stop the sermons!
Let's get rid of him for good.
He won't be remembered for long."

20 Then I said, "GOD-of-the-Angel-Armies,
you're a fair judge.
You examine and cross-examine
human actions and motives.
I want to see these people shown up and put down!
I'm an open book before you. Clear my name."

21-23 That sent a signal to GOD, who spoke
up: "Here's what I'll do to the men of
Anathoth who are trying to murder you, the
men who say, 'Don't preach to us in GOD's
name or we'll kill you.' Yes, it's GOD-of-
the-Angel-Armies speaking. Indeed! I'll
call them to account: Their young people
will die in battle, their children will die of
starvation, and there will be no one left at
all, none. I'm visiting the men of Anathoth

의 날이 되리라!"

예레미야의 질문에 답하시다

12 1-4 오 **하나님**, 주님은 의로우신 분, 모든 일을 바로잡으시는 분입니다.
이에 대해서는 이의가 없습니다. 그런데 제게 질문이 있습니다.
어째서 나쁜 인간들이 잘되고,
사기꾼들이 성공하여 잘사는 것입니까?
주께서 그들을 심으셨고, 그들은 뿌리를 잘 내렸습니다.
그들은 번창했고, 열매를 많이 맺었습니다.
그들은 마치 주님이 오랜 친구나 되는 듯 떠들지만,
실은 주님에 대해 아무 관심도 없는 자들입니다.
그런데 주님은 저에 대해서는 안팎을 속속들이 꿰뚫어 보십니다.
저만은 무엇 하나도 그냥 넘어가시지 않습니다!
그들이 자신의 삶에 대해 대가를 치르게 해주십시오.
도살되는 양처럼, 그들의 생명으로 대가를 치르게 해주십시오.
그들의 사악함 때문에,
온 나라가 암울해졌고 농장은 폐허가 되었습니다.
이를 얼마나 더 보고 있어야 합니까?
짐승과 새들도 죽어 나가고 있습니다.
하나님께 무관심한 그들,
하나님도 자신들에게 무관심할 거라고 생각하는 그들 때문에 말입니다.

5-6 "예레미야야, 네가 사람들과의 경주에서도 이렇게 피곤해하면,
앞으로 말들과는 어떻게 경주하겠느냐?

with doom. Doomsday!"

What Makes You Think You Can Race Against Horses?

12 1-4 You are right, O GOD, and you set things right.
I can't argue with that. But I do have some questions:
Why do bad people have it so good?
Why do con artists make it big?
You planted them and they put down roots.
They flourished and produced fruit.
They talk as if they're old friends with you,
but they couldn't care less about you.
Meanwhile, you know *me* inside and out.
You don't let me get by with a thing!
Make them pay for the way they live,
pay with their lives, like sheep marked for slaughter.
How long do we have to put up with this—
the country depressed, the farms in ruin—
And all because of wickedness, these wicked lives?
Even animals and birds are dying off
Because they'll have nothing to do with God
and think God has nothing to do with them.

5-6 "So, Jeremiah, if you're worn out in this footrace with men,
what makes you think you can race against horses?
And if you can't keep your wits during times of calm,

평온한 시절에도 정신을 가누지 못하면,
앞으로 고난이, 홍수 때의 요단 강처럼
물밀듯 닥쳐올 때는 어떻게 하려느냐?
지금 너와 가장 가까운 친형제와 사촌들이
너를 해치려 작당하고 있다.
그들은 너를 잡으려고 혈안이다. 어떤 일도
서슴지 않을 것이다.
그들을 믿지 마라. 특히 미소를 띠고 접근할
때는 더욱 조심하여라."

7-11 "나는 이스라엘 집을 버리고,
내 사랑하는 백성을 버리고 떠날 참이다.
내 사랑하는 자들을
그 원수들의 손에 넘겨주려고 한다.
백성이, 내 사랑하는 백성이,
내게 숲 속에서 으르렁거리는 사자처럼 굴
었다.
나를 향해 으르렁거리며 이빨을 드러냈다.
나는 더는 봐줄 수 없다.
어찌 내가 아끼는 자가 허영에 들뜬 공작새
가 되었느냐?
내 백성은 지금 독수리의 공격을 받는 처지
가 아니더냐?
좋다. 굶주린 채 먹이를 찾아 헤매는 짐승들
을 다 불러라.
와서 배터지게 먹게 하여라!
닥치는 대로 먹어 삼키는 이방의 목자들이
와서
내 들판을 짓밟고 싹쓸이할 것이다
내가 정성껏 가꾼 아름다운 들판을,
빈 깡통과 엉겅퀴만 있는 공터로 바꾸어 놓
을 것이다.
이 땅을, 쓰레기들만 나뒹구는 곳,
황무한 땅, 통곡하는 땅으로 만들어 놓을 것
이다.
나라 전체가 황무지가 되어도,
아무도 마음 쓰는 자 없을 것이다."

what's going to happen when troubles break loose
like the Jordan in flood?
Those closest to you, your own brothers and cousins,
are working against you.
They're out to get you. They'll stop at nothing.
Don't trust them, especially when they're smiling.

7-11 "I will abandon the House of Israel,
walk away from my beloved people.
I will turn over those I most love
to those who are her enemies.
She's been, this one I held dear,
like a snarling lion in the jungle,
Growling and baring her teeth at me—
and I can't take it anymore.
Has this one I hold dear become a preening peacock?
But isn't she under attack by vultures?
Then invite all the hungry animals at large,
invite them in for a free meal!
Foreign, scavenging shepherds
will loot and trample my fields,
Turn my beautiful, well-cared-for fields
into vacant lots of tin cans and thistles.
They leave them littered with junk—
a ruined land, a land in lament.
The whole countryside is a wasteland,
and no one will really care.

12-13 "The barbarians will invade,
swarm over hills and plains.

12-13 "야만인들이 쳐들어와
언덕과 평원을 덮치고,
하나님의 심판의 칼이
땅 이 끝에서 저 끝까지 유린할 것이다.
살아 있는 것은 무엇 하나 안전하지 못하리라.
밀을 심어도 잡초만 거두고,
무슨 일을 해도 성과가 없을 것이다.
초라한 수확을 보며 가슴을 쥐어뜯게 되리라.
이 모두가, **하나님**의 불같은 진노의 결과다!"

14-17 **하나님**의 **메시지다**. "내가 이스라엘에게 유산으로 준 땅을 유린한 나쁜 이웃들, 내가 그들을 땅에서 뽑아낼 것이다. 그리고 그 지역에서 유다를 데리고 나오겠다. 그 나쁜 이웃들을 뽑아내고 난 뒤에, 마음을 누그러뜨려 그들을 다시 그들의 땅으로, 그들의 고향으로, 그들의 가족농장으로 되돌려 보낼 것이다. 전에 내 백성으로 하여금 바알 신에게 기도하게 만든 그들이지만, 성심으로 나의 길을 따르고 내게 기도하면, 만사가 잘 풀릴 것이다. 그러나 내 말에 귀 기울이지 않을 때는, 그들의 땅에서 뿌리째 뽑아내어 바로 폐기처분할 것이다. 완전히 끝장내 버릴 것이다!" **하나님**의 포고다.

두 가지 상징

13 1-2 **하나님**께서 내게 말씀하셨다. "가서 모시 바지를 사서 입어라. 다른 옷으로 갈아입지 말고 빨지도 마라." 나는 **하나님**께서 지시하신 대로 바지를 사서 입었다.
3-5 그러자 **하나님**께서 말씀하셨다. "네가 산 바지를 가지고 브랏으로 가서 그것을 바위틈에 숨겨 두어라." 나는 **하나님**께서 말씀하신 대로 그 바지를 브랏에 숨겼다.

The judgment sword of GOD will take its toll
from one end of the land to the other.
Nothing living will be safe.
They will plant wheat and reap weeds.
Nothing they do will work out.
They will look at their meager crops and wring their hands.
All this the result of GOD's fierce anger!"

14-17 GOD's Message: "Regarding all the bad neighbors who abused the land I gave to Israel as their inheritance: I'm going to pluck them out of their lands, and then pluck Judah out from among them. Once I've pulled the bad neighbors out, I will relent and take them tenderly to my heart and put them back where they belong, put each of them back in their home country, on their family farms. Then if they will get serious about living my way and pray to me as well as they taught my people to pray to that god Baal, everything will go well for them. But if they won't listen, then I'll pull them out of their land by the roots and cart them off to the dump. Total destruction!" GOD's Decree.

People Who Do Only What They Want to Do

13 1-2 GOD told me, "Go and buy yourself some linen shorts. Put them on and keep them on. Don't even take them off to wash them." So I bought the shorts as GOD directed and put them on.
3-5 Then GOD told me, "Take the shorts that you bought and go straight to Perath

6-7 꽤 시간이 지난 다음에, **하나님**께서 내게 말씀하셨다. "브랏에 다시 가서, 전에 내가 숨겨 두라고 한 그 모시 바지를 가져오너라." 나는 브랏으로 가서 전에 숨겨 두었던 장소에서 바지를 다시 꺼냈다. 그런데 그 바지는 썩어 문드러져 폐물이 되어 있었다.

8-11 **하나님**께서 설명해 주셨다. "내가 바로 이렇게 유다의 교만과 예루살렘의 큰 교만을 없앨 것이다. 나의 말을 듣지 않고 제멋대로 살면서, 온갖 우상들을 섬기고 예배하는 저 사악한 군상들을 모조리 멸할 것이다. 그들이 그 낡은 바지만큼 썩었다는 사실이 드러날 것이다. 바지가 사람의 몸을 보호해 주듯이, 나는 지금껏 온 이스라엘의 가문을 보호하고 돌보아 주었다." **하나님**의 포고다. "그들이 나의 백성이라는 것, 내가 온 세상에 내보이며 자랑할 내 백성이라는 사실을 모든 사람들에게 보이기 위해서였다. 그러나 그들은 내 말을 한 마디도 따르지 않았다.

12 그들에게 이렇게 전하여라. '**하나님** 이스라엘의 하나님께서 친히 주시는 **메시지**다. 무릇 포도주 병은 포도주로 가득해야 한다.'
그러면 그들이 말할 것이다. '물론이오. 우리도 알고 있소. 포도주 병은 포도주로 가득해야 하오!'

13-14 그러면 너는 이렇게 대답하여라. '**하나님**께서 이렇게 말씀하신다. 잘 보아라. 나는 이 나라에 사는 모든 자를—다윗 보좌에 앉아 다스리는 왕과 제사장과 예언자와 예루살렘 주민 모두를—포도주로 가득 채워 취하게 만들 것이다. 그런 다음에, 그들 곧 포도주로 가득한 병들을 박살낼 것이다. 오래된 것이든 새것이든, 가리지 않을 것이다. 그 무엇도 나를 막지 못할 것이

and hide them there in a crack in the rock." So I did what GOD told me and hid them at Perath.

6-7 Next, after quite a long time, GOD told me, "Go back to Perath and get the linen shorts I told you to hide there." So I went back to Perath and dug them out of the place where I had hidden them. The shorts by then had rotted and were worthless.

8-11 GOD explained, "This is the way I am going to ruin the pride of Judah and the great pride of Jerusalem—a wicked bunch of people who won't obey me, who do only what they want to do, who chase after all kinds of no-gods and worship them. They're going to turn out as rotten as these old shorts. Just as shorts clothe and protect, so I kept the whole family of Israel under my care"—GOD's Decree—"so that everyone could see they were my people, a people I could show off to the world and be proud of. But they refused to do a thing I said.

12 "And then tell them this, 'GOD's Message, personal from the God of Israel: Every wine jug should be full of wine.'
"And they'll say, 'Of course. We know that. Every wine jug should be full of wine!'

13-14 "Then you'll say, 'This is what GOD says: Watch closely. I'm going to fill every person who lives in this country—the kings who rule from David's throne, the priests, the prophets, the citizens of Jerusalem—with wine that will make them drunk. And then I'll smash them, smash the wine-filled jugs—old and young alike. Nothing will stop me. Not an

다. 눈곱만큼의 동정이나 자비나 긍휼도 베풀지 않을 것이다. 그 술 취한 병들, 최후의 하나까지 모조리 박살날 것이다!'"

너희 길을 고집하지 마라

15-17 그때 내가 말했다. 들어라. 귀 기울여 들어라. 너희 길을 고집하지 마라!
이는 다름 아니라 **하나님**의 **메시지**다.
하나님 앞에서 너희 삶이 빛나게 하여라.
그렇지 않으면, 그분이 빛들을 모두 꺼 버리실 것이다.
너희는 어두운 산길을 걷다가
넘어지고 말 것이다.
늘 있을 것이라고 여겨 온 빛이 꺼져 버리면
온 세상은 암흑천지가 될 것이다.
백성들아, 너희가 그래도 귀 기울여 듣지 않으면,
나는 홀로 떠나서 너희를 위해 울 것이다.
너희의 그 고집스런 오만 때문에 울 것이다.
비통한 눈물이, 쓰라린 눈물이
내 눈에서 강처럼 흘러내릴 것이다.
하나님의 양들이 결국 포로가 되고 말 것이기 때문이다.

18-19 왕과 왕후에게 이렇게 전하여라.
"너희 높은 자리에서 내려오너라.
너희의 눈부신 왕관은
너희 머리에서 벗겨져 내릴 것이다."
네겝의 마을들이 포위될 것이며,
모두가 붙잡혀 갈 것이다.
유다 전체가 포로로 끌려가고,
온 나라가 망각 속으로 끌려 들어갈 것이다.

20-22 예루살렘아, 보아라!
북쪽에서 적들이 쳐들어오고 있다!

ounce of pity or mercy or compassion will slow me down. Every last drunken jug of them will be smashed!'"

The Light You Always Took for Granted

15-17 Then I said, Listen. Listen carefully:
Don't stay stuck in your ways!
It's GOD's Message we're dealing with here.
Let your lives glow bright before GOD
before he turns out the lights,
Before you trip and fall
on the dark mountain paths.
The light you always took for granted will go out
and the world will turn black.
If you people won't listen,
I'll go off by myself and weep over you,
Weep because of your stubborn arrogance,
bitter, bitter tears,
Rivers of tears from my eyes,
because GOD's sheep will end up in exile.

18-19 Tell the king and the queen-mother,
"Come down off your high horses.
Your dazzling crowns
will tumble off your heads."
The villages in the Negev will be surrounded,
everyone trapped,
And Judah dragged off to exile,
the whole country dragged to oblivion.

20-22 Look, look, Jerusalem!
Look at the enemies coming out of the north!

너의 백성들,
네가 애지중지하던 양 떼들, 어찌될 것인가?
네가 지금껏 우러러보고 아첨 떨던 자들이 너를 깔볼 때,
너의 기분이 어떨 것 같으냐? 너는 생각지도 못했을 것이다.
깜짝 놀랄 것이다! 해산하는 여인과 같은 고통을 느낄 것이다!
너는
"아니, 어떻게 된 거지? 왜 내가 이런 일을 당해야 하지?" 하겠지만,
대답은 간단하다. 네 죄,
너의 엄청난 죄 때문이다.
네 죄가 너의 삶을 위험에 빠뜨렸고,
네 죄가 너를 고통 가운데 몸부림치게 만든 것이다.

23 아프리카인이 피부색을 바꿀 수 있겠느냐?
표범이 얼룩무늬를 없앨 수 있겠느냐?
이토록 오랫동안 악에 물든 네가,
과연 선을 행할 수 있겠느냐?

24-27 "내가 이 백성을
바람에 날리는 나뭇잎처럼 불어서 날려 버릴 것이다.
이 일이 곧 네게 닥치리라.
내가 이 일을 정확히 시행하리라."
하나님의 포고다.
"이는 네가 나를 잊고,
바알이라는, 터무니없는 거짓 신을 따랐기 때문이다.
그렇다. 내가 너의 옷을 찢어발기고,
온 세상이 보는 앞에서 너의 치부를 드러내어 수치를 당하게 할 것이다.
이 신, 저 신을 찾아다니던 너의 강박증,
이 남신, 저 여신과 놀아나던 너의 더러움이 폭로될 것이다.

What will become of your flocks of people,
the beautiful flocks in your care?
How are you going to feel when the people
you've played up to, looked up to all these years
Now look down on you? You didn't expect this?
Surprise! The pain of a woman having a baby!
Do I hear you saying,
"What's going on here? Why me?"
The answer's simple: You're guilty,
hugely guilty.
Your guilt has your life endangered,
your guilt has you writhing in pain.

23 Can an African change skin?
Can a leopard get rid of its spots?
So what are the odds on you doing good,
you who are so long-practiced in evil?

24-27 "I'll blow these people away—
like wind-blown leaves.
You have it coming to you.
I've measured it out precisely."
GOD's Decree.
"It's because you forgot me
and embraced the Big Lie,
that so-called god Baal.
I'm the one who will rip off your clothes,
expose and shame you before the watching world.
Your obsessions with gods, gods, and more gods,
your goddess affairs, your god-adulteries.
Gods on the hills, gods in the fields—
every time I look you're off with anoth-

어제는 언덕의 이 신, 오늘은 들판의 저 신,
너는 날마다 다른 신들과 놀아나고 있다.
오 예루살렘아, 이 얼마나 역겨운 삶이냐!
너는 아무 가망이 없다!"

극심한 가뭄

14 1-6 계속되는 가뭄에 대해 예레미야에게 임한 **하나님**의 메시지다.

"유다가 슬피 운다.
성읍마다 통곡한다.
백성이 땅바닥에 주저앉아 애곡하고,
예루살렘의 호곡소리가 하늘을 찌른다.
부유한 자들이 물을 구해 오라고 종들을 보낸다.
그들이 우물에 가보지만, 우물은 바싹 말랐다.
그들은 빈 그릇을 들고 돌아온다.
가슴을 쥐어뜯으며, 고개를 떨어뜨린 채 돌아온다.
모든 농사가 중지되었다.
비는 한 방울도 내리지 않는다.
망연자실한 농부들이
가슴을 쥐어뜯으며 고개를 떨어뜨린다.
먹을 풀이 없는 암사슴은
들판에 새끼를 내버린다.
흐려진 눈으로
피골이 상접한 채 죽어 간다."

7-9 저희에게 죄가 있음을 압니다. 잘못 살아왔음을 압니다.
그러나 **하나님**, 주의 이름을 생각하셔서 선처해 주십시오!
저희는 거듭거듭 주님을 배반했습니다.
부인할 수 없는 사실입니다. 저희가 주께 범죄했습니다.
주께서는 이스라엘의 희망이십니다! 저희의 유일한 희망이십니다!

er god.
O Jerusalem, what a sordid life!
Is there any hope for you!"

Time and Again We've Betrayed God

14 1-6 GOD's Message that came to Jeremiah regarding the drought:

"Judah weeps,
her cities mourn.
The people fall to the ground, moaning,
while sounds of Jerusalem's sobs rise up, up.
The rich people sent their servants for water.
They went to the cisterns, but the cisterns were dry.
They came back with empty buckets,
wringing their hands, shaking their heads.
All the farm work has stopped.
Not a drop of rain has fallen.
The farmers don't know what to do.
They wring their hands, they shake their heads.
Even the doe abandons her fawn in the field
because there is no grass—
Eyes glazed over, on her last legs,
nothing but skin and bones."

7-9 We know we're guilty. We've lived bad lives—
but do something, GOD. Do it for *your* sake!
Time and time again we've betrayed you.
No doubt about it—we've sinned against you.
Hope of Israel! Our only hope!

고난당하는 이스라엘이 기댈 마지막 소망이 십니다!
어찌하여 주께서 오늘은 여기, 내일은 저기, 구경이나 다니는
관광객처럼 행세하십니까?
어찌하여 주님은 위기 앞에서 어쩔 줄 몰라 하는 사람처럼
그저 멀찍이 서서 보고만 계십니까?
하나님, 주께서는 여기에 계십니다. 지금 여기에 저희와 함께 계십니다!
주님은 저희가 누구인지 아십니다. 주께서 저희에게 이름을 주셨습니다!
부디 저희를 이 궁지 속에 내버려 두지 마십시오.

10 그러자 **하나님**께서 이 백성에 대해 말씀하셨다.

"그들은 자기들이 어디로 가는지 아무 고민도 하지 않은 채,
그저 이 길 저 길로 방황하기를 좋아하는 자들이다.
그러니 내가 그들의 죄를 지적하고 그 죄를 벌한 다음에,
그들과 완전히 절교할 생각이다."

거짓 설교자

11-12 **하나님**께서 내게 말씀하셨다. "이 백성이 잘되게 해달라고 기도하지 마라. 그들이 식사를 거르며 기도한다 해도, 나는 그들의 말을 절대 듣지 않을 것이다. 그들이 갑절로 기도하고 온갖 종류의 가축과 곡물을 헌물로 가져온다 해도, 나는 그것들을 받지 않을 것이다. 나는 전쟁과 기근과 질병으로 그들을 끝장내 버릴 것이다."
13 내가 말했다. "그러나 주 **하나님**! 설교자들은 늘 그들에게, 만사가 잘될 것이라고, 전쟁도 없고 기근도 없을 것이니, 아무

Israel's last chance in this trouble!
Why are you acting like a tourist,
taking in the sights, here today and gone tomorrow?
Why do you just stand there and stare,
like someone who doesn't know what to do in a crisis?
But GOD, you are, in fact, *here*, here *with us*!
You know who we are—you named us!
Don't leave us in the lurch.

10 Then GOD said of these people:

"Since they loved to wander this way and that,
never giving a thought to where they were going,
I will now have nothing more to do with them—
except to note their guilt and punish their sins."

The Killing Fields

11-12 GOD said to me, "Don't pray that everything will turn out all right for this people. When they skip their meals in order to pray, I won't listen to a thing they say. When they redouble their prayers, bringing all kinds of offerings from their herds and crops, I'll not accept them. I'm finishing them off with war and famine and disease."
13 I said, "But Master, GOD! Their preachers have been telling them that everything is going to be all right—no war and no famine—that there's nothing to worry about."

걱정도 하지 말라고 말합니다."
14 그러자 **하나님**께서 말씀하셨다. "그 설
교자들은 거짓말쟁이들이다. 그들은 자기
들의 거짓을 위장하려고 내 이름을 이용했
을 뿐이다. 나는 그들에게 명령을 내린 적
이 없으며, 그들과 이야기하지도 않는다.
그들의 설교는 순전히 망상이요, 거짓말이
요, 헛소리에 불과하다.
15-16 그들에 대한 나의 판결은 이러하다. 나
는 내 이름을 사칭하여 설교하는 그들을 보
낸 적이 없다. '전쟁과 기근은 결코 없을 것
이다'라고 설교하는 그들은, 모두 전쟁과 기
근으로 죽게 될 것이다. 그리고 그들의 설교
를 들은 자들도 전쟁과 기근의 희생자가 되
어, 땅에 묻히지도 못하고 예루살렘 거리에
내버려질 것이다. 그들과 그들의 아내, 그들
의 자녀들도 같은 운명을 맞으리라. 장례조
차 치르지 못하게 될 것이다! 나는 반드시
그들이 저지른 악행에 대해 응분의 대가를
치르게 할 것이다.

17-18 예레미야야, 그때 너는 그들을 향해 이
렇게 전하여라.

'내 눈에서 눈물이 흘러내린다.
밤낮으로 눈물이 그치지 않는다.
내 사랑하는 백성이 참혹하게 두들겨 맞아
치명적인 상처를 입었다.
나는 들판에 나가 보고 경악했다.
그곳은 널브러진 시신들로 가득한 학살의 현장이었다.
도성에 들어가 보고 또 한번 경악했다.
그 안에는 굶어 죽는 자들 천지였다.
그런데 설교자와 제사장들은
아무 일도 없다는 듯 제 할 일만 하고 있구나!'"

19-22 하나님, 유다를 완전히 버리셨습니까?

14 Then GOD said, "These preachers are
liars, and they use my name to cover
their lies. I never sent them, I never
commanded them, and I don't talk
with them. The sermons they've been
handing out are sheer illusion, tissues of
lies, whistlings in the dark.
15-16 "So this is my verdict on them: All
the preachers who preach using my name
as their text, preachers I never sent in
the first place, preachers who say, 'War
and famine will never come here'—these
preachers will die in war and by starva-
tion. And the people to whom they've
been preaching will end up as corpses,
victims of war and starvation, thrown out
in the streets of Jerusalem unburied—no
funerals for them or their wives or their
children! I'll make sure they get the full
brunt of all their evil.

17-18 "And you, Jeremiah, will say this to
them:

"'My eyes pour out tears.
Day and night, the tears never quit.
My dear, dear people are battered and bruised,
hopelessly and cruelly wounded.
I walk out into the fields,
shocked by the killing fields strewn with corpses.
I walk into the city,
shocked by the sight of starving bodies.
And I watch the preachers and priests
going about their business as if nothing's happened!'"

이제 더는 시온을 참아 주실 수 없습니까?
어찌하여 저희에게 이렇게 하셨습니까?
어찌하여 저희를 거의 죽기까지 내리치셨습니까?
저희는 평화를 바랐지만,
좋은 일은 하나도 일어나지 않습니다.
저희는 치유를 바랐지만,
배만 걷어차였을 뿐입니다.
오 **하나님**, 저희가 정말 잘못 살았습니다.
저희 조상들이 정말 잘못했음을 인정합니다.
저희가 범죄했습니다. 그들도 범죄했습니다.
저희 모두가 주께 범죄했습니다!
주님의 명예가 위태롭게 되었습니다! 그러니 저희를 포기하지 말아 주십시오!
주님의 영광스런 성전을 버리지 마십시오!
주님의 언약을 기억하시고,
우리의 믿음을 저버리지 말아 주십시오!
저 이방 민족들의 우상이 과연 비를 일으킬 수 있겠습니까?
하늘이 저절로 비를 내려 땅을 적실 수 있겠습니까?
아닙니다. 그런 일을 하시는 분은, 오직 주 **하나님**뿐이십니다.
그러므로 저희는 주님을 바라고 기다립니다.
모든 것을 만드시고,
모든 일을 행하시는 분은, 오직 주님이십니다.

19-22 God, have you said your final No to Judah?
Can you simply not stand Zion any longer?
If not, why have you treated us like this,
beaten us nearly to death?
We hoped for peace—
nothing good came from it;
We looked for healing—
and got kicked in the stomach.
We admit, O GOD, how badly we've lived,
and our ancestors, how bad they were.
We've sinned, they've sinned,
we've all sinned against you!
Your reputation is at stake! Don't quit on us!
Don't walk out and abandon your glorious Temple!
Remember your covenant.
Don't break faith with us!
Can the no-gods of the godless nations cause rain?
Can the sky water the earth by itself?
You're the one, O GOD, who does this.
So you're the one for whom we wait.
You made it all,
you do it all.

15 1-2 그때 **하나님**께서 내게 말씀하셨다. "예레미야야, 모세와 사무엘이 여기 내 앞에 서서 간청한다 해도, 나는 이 백성에 대한 마음을 바꾸지 않을 것이다. 여기서 그들을 데리고 나가거라. 그들에게 어서 사라져 버리라고 말하여라! 그들이 '그러면 우리는 어디로 가야 합니까?' 물으면, **하나님**께서 이렇게 말씀하신다고 전하여라.

'죽기로 결정된 자는, 가서 죽어라.

15 1-2 Then GOD said to me: "Jeremiah, even if Moses and Samuel stood here and made their case, I wouldn't feel a thing for this people. Get them out of here. Tell them to get lost! And if they ask you, 'So where do we go?' tell them GOD says,

"'If you're assigned to die, go and die;

전쟁터에서 죽기로 결정된 자는, 나가 싸우다
죽어라.
굶어 죽기로 결정된 자는, 굶어 죽어라.
포로로 잡혀가기로 결정된 자는, 포로로 잡혀
가라!'

3-4 나는 네 가지 벌을 내리기로 결정했다. 그
들은 전쟁터에서 죽을 것이며, 개들이 그 시체
들을 물어뜯다가 버릴 것이다. 그러면 독수리
들이 나머지를 말끔히 발라 먹고, 하이에나들
이 남은 뼈를 갉아먹을 것이다. 온 세상이 보
고 경악할, 실로 끔찍한 광경이 벌어질 것이
다. 이 모든 재앙은, 히스기야의 아들 므낫세
가 예루살렘에서 저지른 죄 때문이다.

5 예루살렘아, 너를 동정해 줄 자가 있을 것
같으냐?
너를 위해 눈물을 흘려 줄 자가 있을 것 같
으냐?
'대체 어떻게 된 일인가?' 하고
묻기라도 할 자가 있을 것 같으냐?"

6-9 **하나님**의 포고다. "네가 나를 버렸다. 기
억하느냐?
네가 내게 등을 돌리고 떠나갔다.
그러니 이제 내가 너를 붙잡아 세게 내려칠
것이다.
너를 봐주는 일에도 이제 지쳤다.
내가 너를 사방으로 던져,
바람에 날리는 나뭇잎처럼 흩어지게 만들
었다.
네가 가진 전부를 잃어버리게 만들었다.
너는 그 무엇으로도 바뀌지 않았기 때문이다.
나는 너희 과부들의 수가
바닷가 모래알보다 더 많아지게 했다.
정오에, 어머니들이
전쟁터에서 죽은 아들의 소식을 듣게 될 것
이다.

if assigned to war, go and get killed;
If assigned to starve, go starve;
if assigned to exile, off to exile you go!'

3-4 "I've arranged for four kinds of
punishment: death in battle, the corpses
dropped off by killer dogs, the rest
picked clean by vultures, the bones
gnawed by hyenas. They'll be a sight to
see, a sight to shock the whole world—
and all because of Manasseh son of
Hezekiah and all he did in Jerusalem.

5 "Who do you think will feel sorry for
you, Jerusalem?
Who do you think will waste tears on
you?
Who will bother to take the time to ask,
'So, how are things going?'

6-9 "*You* left *me*, remember?" GOD's
Decree.
"You turned your back and walked out.
So I will grab you and hit you hard.
I'm tired of letting you off the hook.
I threw you to the four winds
and let the winds scatter you like
leaves.
I made sure you'll lose everything,
since nothing makes you change.
I created more widows among you
than grains of sand on the ocean
beaches.
At noon mothers will get the news
of their sons killed in action.
Sudden anguish for the mothers—
all those terrible deaths.
A mother of seven falls to the ground,

그 처참한 죽음의 소식에,
어머니들은 격통을 느끼며 주저앉을 것이다.
일곱 아들을 둔 어머니는,
숨을 헐떡거리며 땅바닥에 쓰러질 것이다.
한창때의 자식들을 다 잃었기 때문이다.
정오지만 그녀의 해는 이미 졌다!
나는 살아남은 자들도 모두 잡아들여
적들에게 죽임을 당하게 할 것이다."
하나님의 포고다.

예레미야의 탄식과 주님의 응답

10-11 불운한 어머니, 저 같은 아들을 두시다니요.
온 나라를 고발해야 하는 불행한 임무를 받은 저를요!
저는 누구도 해코지한 적이 없는데,
다들 저를 잡으려고 혈안입니다.
그러나 **하나님**은 아십니다. 제가 어떻게든 그들을 도우려 했고,
그들의 적들을 대적하며, 그들을 위해 기도한 것을 아십니다.
저는 늘 그들 편이었고, 재앙을 피하게 하려고 애썼습니다.
제가 얼마나 노력했는지 하나님은 아십니다!

12-14 "오 이스라엘아, 오 유다야, 너희가 과연
북쪽에서 내려오는 저 무시무시한 파괴자와 맞설 수 있겠느냐?
나는 너희가 가진 전부를 다른 자들에게 공짜로 나눠 주어,
너희의 죄를 벌할 것이다.
나는 너희를 먼 객지로 보내어
적들의 종이 되어 살게 할 것이다.
나의 진노가 맹렬히 타오르는 불,
뜨거운 심판의 불이 되어, 너희를 삼킬 것이다."

gasping for breath,
Robbed of her children in their prime.
Her sun sets at high noon!
Then I'll round up any of you that are left alive
and see that you're killed by your enemies."
GOD's Decree.

Giving Everything Away for Nothing

10-11 Unlucky mother—that you had me as a son,
given the unhappy job of indicting the whole country!
I've never hurt or harmed a soul,
and yet everyone is out to get me.
But, GOD knows, I've done everything I could to help them,
prayed for them and against their enemies.
I've always been on their side, trying to stave off disaster.
God knows how I've tried!

12-14 "O Israel, O Judah, what are your chances
against the iron juggernaut from the north?
In punishment for your sins, I'm giving away
everything you've got, giving it away for nothing.
I'll make you slaves to your enemies
in a strange and far-off land.
My anger is blazing and fierce,
burning in hot judgment against you."

15-18 **하나님**, 주께서는 저를 아십니다!
제가 무슨 일을 하고 있는지 기억해 주십시오!
저를 비방하는 자들에 맞서 제 편이 되어 주십시오.
그들이 저를 파멸시키려고 할 때 막아 주십시오.
제가 어떤 학대를 당하고 있는지 보아 주십시오!
주의 말씀이 나타나자, 저는 그것들을 받아먹었습니다.
통째로 삼켰습니다. 얼마나 만족스러웠던지요!
오 **하나님**, 만군의 **하나님**,
제가 주의 것임이 얼마나 기쁜지요!
저는 웃고 떠들며 즐기는 저들 무리에
한 번도 섞인 적이 없습니다.
저는 다만 주께서 이끄시는 대로 저의 길을 갔습니다.
주께서 저를 분으로 가득 채우셨고, 그들의 죄를 볼 때마다
제 안에서 분이 끓어올랐습니다.
그러나 이 떠나지 않는 고통은 왜입니까?
어찌하여 이 상처는 나아질 가망 없이 점점 심해져만 가는지요?
하나님, 주님은 그저 신기루입니다.
멀리서 보면 아름다운 오아시스지만, 실제로는 아무것도 아닙니다!

19-21 **하나님**께서 내게 이렇게 대답하셨다.

"그 말을 거두어라. 그러면 내가 너를 다시 맞아들여,
내 앞에 우뚝 서게 하겠다.
말을 참되고 바르게 하여라. 천박한 푸념이 되지 않게 하여라.
그래야, 너는 나를 대변하여 말하는 자가 될

15-18 You know where I am, GOD!
Remember what I'm doing here!
Take my side against my detractors.
Don't stand back while they ruin me.
Just look at the abuse I'm taking!
When your words showed up, I ate them—
swallowed them whole. What a feast!
What delight I took in being yours,
O GOD, GOD-of-the-Angel-Armies!
I never joined the party crowd
in their laughter and their fun.
Led by you, I went off by myself.
You'd filled me with indignation. Their sin had me seething.
But why, why this chronic pain,
this ever worsening wound and no healing in sight?
You're nothing, GOD, but a mirage,
a lovely oasis in the distance—and then nothing!

19-21 This is how GOD answered me:

"Take back those words, and I'll take you back.
Then you'll stand tall before me.
Use words truly and well. Don't stoop to cheap whining.
Then, but only then, you'll speak for me.
Let your words change *them*.
Don't change your words to suit them.
I'll turn you into a steel wall,
a thick steel wall, impregnable.
They'll attack you but won't put a dent in

수 있다.
그들에게 맞추느라 말을 바꾸지 말고,
너의 말이 그들을 바꾸게 하여라.
나는 너를 누구도 무너뜨리지 못할 강철벽,
두꺼운 강철로 만들어진 벽이 되게 할 것이다.
그들이 너를 공격한다 해도, 네게 흠집 하나 내지 못할 것이다.
내가 너의 편에 서서, 너를 지키며 구원해 줄 것이기 때문이다."
하나님의 포고다.
"내가 너를 사악한 자들의 손아귀에서 건질 것이다.
무자비한 자들의 수중에서 빼낼 것이다."

임박한 재앙

16 [1] 내게 임한 **하나님**의 **메시지다.**
[2-4] "예레미야야, 너는 결혼하지 마
라. 이 땅에서 가정을 꾸리지 마라. 내가 이 나라에서 태어날 모든 아이, 그들을 낳을 모든 어머니, 아버지들에게 죽음을 선고했다. 죽음이 전염병처럼 만연하리라. 죽어도 애곡해 주는 자, 매장해 주는 자 없이 바깥에 배설물처럼 버려져 악취를 풍기며 썩어 갈 것이다. 칼에 죽고 굶주려 죽은 그들의 시신은, 썩은 고기를 뜯어 먹는 까마귀와 잡종 개들의 먹이가 될 것이다!"
[5-7] **하나님**께서 계속 말씀하셨다. "초상집에 가지 마라. 장례식에 가지 마라. 위로해 주지도 마라. 나는 이 백성에게 아예 관심을 끊었다." **하나님**의 포고다. "더 이상 신실한 사랑을 하지 않을 것이며, 자비를 베풀지 않을 것이다. 이름 있는 자들과 미천한 자들이 모두 죽을 것이다. 그들을 위해 곡하거나 묻어 줄 사람이 없을 것이다. 장례식도 없고 그들을 돌아보는 자도 없으며, 관심을 갖는 자도 없으리라. '안됐다'고 말해 주는 자도 없고, 그들 부모에게 차 한 잔 대접하는 자도 없을 것이다.

you
because I'm at your side, defending and delivering."
GOD's Decree.
"I'll deliver you from the grip of the wicked.
I'll get you out of the clutch of the ruthless."

Can Mortals Manufacture Gods?

16 [1] GOD's Message to me:
[2-4] "Jeremiah, don't get
married. Don't raise a family here. I have signed the death warrant on all the children born in this country, the mothers who bear them and the fathers who beget them—an epidemic of death. Death unlamented, the dead unburied, dead bodies decomposing and stinking like dung, all the killed and starved corpses served up as meals for carrion crows and mongrel dogs!"
[5-7] GOD continued: "Don't enter a house where there's mourning. Don't go to the funeral. Don't sympathize. I've quit caring about what happens to this people." GOD's Decree. "No more loyal love on my part, no more compassion. The famous and obscure will die alike here, unlamented and unburied. No funerals will be conducted, no one will give them a second thought, no one will care, no one will say, 'I'm sorry,' no one will so much as offer a cup of tea, not even for the mother or father.
[8] "And if there happens to be a feast celebrated, don't go there either to enjoy the festivities."

8 어디에서 축하잔치가 벌어져도 그것을 즐
기러 가지 마라."
9 만군의 **하나님**, 이스라엘의 하나님께서 말
씀하신다. "잘 보아라! 내가 이 땅에서 미소와
웃음을 모조리 추방할 것이다. 결혼 축하잔치
도 찾아볼 수 없으리라. 네가 살아 있는 동안
에, 너의 눈앞에 이 일이 일어날 것이다.
10-13 네가 이런 말을 이 백성에게 전하면 그
들이 물을 것이다. '**하나님**께서 왜 그렇게 말
씀하시겠는가? 무엇 때문에 우리를 그런 재
앙으로 위협하시겠는가? 우리가 범죄자인
가? 우리가 **하나님**께 대체 무얼 잘못했기에,
우리를 그런 식으로 대하신단 말인가?' 그러
면 그들에게 이렇게 대답하여라. '그것은 너
희 조상들이 나를 저버리고 내게서 아주 떠
났기 때문이다. 그들은 우상에 홀딱 빠져 그
것들을 숭배하고 따르면서, 나를 무시하고
내가 하는 말은 한 마디도 듣지 않았다. 그런
데 너희는 그들보다 더하다! 가서 거울을 들
여다보아라. 너희 모두는 그저 내키는 대로
살면서, 나를 바라보기를 거절했다. 그래서
내가 너희를 없애 버리려고 한다. 너희를 이
땅에서 쫓아내고, 낯선 먼 나라에 던져 버릴
것이다. 거기서라면 너희가 애지중지하는 우
상들을 마음껏 숭배할 수 있을 것이다. 안심
하여라. 내가 더는 너희를 귀찮게 하지 않을
테니.'"

14-15 "그런데 이것 역시 기억하여라. 누구
도 '이스라엘을 이집트에서 구해 내신 **하나
님**께서 살아 계심을 두고 맹세하는데'라고
말하지 않을 때가 올 것이다. 그때 사람들은
'이스라엘을 북쪽 땅에서 다시 데려오신 하
나님, 그들을 흩으셨던 곳에서 다시 데려오
신 **하나님**께서 살아 계심을 두고 맹세하는
데'라고 말할 것이다. 그렇다. 나는 처음 그
들의 조상에게 주었던 땅으로 그들을 다시

9 GOD-of-the-Angel-Armies, the God
of Israel, says, "Watch this! I'm about
to banish smiles and laughter from this
place. No more brides and bridegrooms
celebrating. And I'm doing it in your
lifetime, before your very eyes.
10-13 "When you tell this to the people
and they ask, 'Why is GOD talking
this way, threatening us with all these
calamities? We're not criminals, after
all. What have we done to our GOD to
be treated like this?' tell them this: 'It's
because your ancestors left me, walked
off and never looked back. They took up
with the no-gods, worshiped and doted
on them, and ignored me and wouldn't
do a thing I told them. And *you're* even
worse! Take a good look in the mirror—
each of you doing whatever you want,
whenever you want, refusing to pay
attention to me. And for this I'm getting
rid of you, throwing you out in the cold,
into a far and strange country. You can
worship your precious no-gods there
to your heart's content. Rest assured, I
won't bother you anymore.'

14-15 "On the other hand, don't miss
this: The time is coming when no one
will say any longer, 'As sure as GOD
lives, the God who delivered Israel
from Egypt.' What they'll say is, 'As
sure as GOD lives, the God who brought
Israel back from the land of the north,
brought them back from all the places
where he'd scattered them.' That's right,
I'm going to bring them back to the land

데리고 올 것이다."

I first gave to their ancestors.

16-17 "이제, 다음에 일어날 일에 주목하여
라. 나는 많은 어부들을 불러 모을 것이다."
하나님의 포고다! "그들이 나가서 내 백성
을 물고기 잡듯 잡아들여 심판할 것이다. 또
내가 많은 사냥꾼들을 보낼 것이다. 그들이
나가서, 모든 산과 언덕과 동굴들을 샅샅이
뒤져 내 백성을 찾아낼 것이다. 내가 그들의
일거수일투족을 주시할 것이다. 그들 가운
데 누구 하나도 놓치지 않고, 그들의 죄 가
운데 무엇 하나도 놓치지 않을 것이다.
18 나는 어느 것 하나도 그냥 넘어가지 않
을 것이다. 그들은 자신의 악행에 대해 두
배로 값을 치르게 될 것이다. 그들은 역겨
운 우상들로 자기 삶을 더럽혔고, 악취 나
는 쓰레기 우상들을 사방에 흩뿌려 이 땅
을 엉망진창으로 만들었다."

16-17 "Now, watch for what comes
next: I'm going to assemble a bunch of
fishermen." GOD's Decree! "They'll go
fishing for my people and pull them in
for judgment. Then I'll send out a party
of hunters, and they'll hunt them out in
all the mountains, hills, and caves. I'm
watching their every move. I haven't
lost track of a single one of them,
neither them nor their sins.
18 "They won't get by with a thing.
They'll pay double for everything they
did wrong. They've made a complete
mess of things, littering their lives with
their obscene no-gods, leaving piles of
stinking god-junk all over the place."

19-20 환난이 닥칠 때, **하나님**은 내게 힘과 요새와
안전한 피난처가 되어 주신다.
하나님을 모르던 이방 민족들이
사방에서 모여들어 말할 것이다.
"저희 조상들은 거짓과,
쓸데없는 헛것을 믿고 살았습니다."
인생이 어찌 신을 만들어 낼 수 있겠느냐?
그들이 만들어 낸 것은 우상일 뿐이다!

19-20 GOD, my strength, my stronghold,
my safe retreat when trouble descends:
The godless nations will come
from earth's four corners, saying,
"Our ancestors lived on lies,
useless illusions, all smoke."
Can mortals manufacture gods?
Their factories turn out no-gods!

21 "잘 보아라. 내가 이제 이 아둔한 백성을
가르칠 것이다.
지금 당장 시작할 것이다. 그들에게
내가 누구인지, 무슨 일을 행하는지 가르칠 것이다.
내 이름—**하나님**, 곧 '스스로 있는 자'—의
의미를 가르쳐 알게 할 것이다."

21 "Watch closely now. I'm going to
teach these wrongheaded people.
Starting right now, I'm going to teach them
Who I am and what I do,
teach them the meaning of my name,
GOD—'I AM.'"

유다의 죄와 벌

17 1-2 "유다의 죄가
철필로,
금강석 촉이 달린 철필로 새겨져 있다.
화강암 같은 그들의 마음판에도 새겨져 있고,
그들의 제단 돌 귀퉁이에도 새겨져 있다.
죄의 증거는 명명백백하다.
수풀이 우거진 곳마다,
웬만한 언덕마다 서 있는,
음란한 종교 제단과 산당이 그것들이다.

3-4 나는 너의 산들을 가판대 삼아
네가 가진 전부를 팔아 치울 것이다.
너의 것 전부가,
나라 전역에서 저지른 죄에 대한 배상물로 사용될 것이다.
너는 선물로 받은 땅,
내가 너에게 상속물로 준 땅을 잃게 될 것이다.
내가 너를 낯선 먼 땅에서
적들의 종이 되어 살게 할 것이다.
나의 노는 맹렬히 타오르는 불,
누구도 끌 수 없는 불이다."

5-6 **하나님**의 메시지다.

"사람을 의지하고
자기 근력을 믿으며,
하나님을 짐스럽게 여기는 자는
저주를 받으리라.
그는 뿌리가 잘려 굴러다니는
엉겅퀴와 같다.
그는 아무것도 자라지 못하는 땅에서
뿌리 없이, 방향 없이 살아간다.

7-8 그러나 나 **하나님**을 의지하는 자,

The Heart Is Hopelessly Dark and Deceitful

17 1-2 "Judah's sin is engraved
with a steel chisel,
A steel chisel with a diamond point—
engraved on their granite hearts,
engraved on the stone corners of their altars.
The evidence against them is plain to see:
sex-and-religion altars and sacred sex shrines
Anywhere there's a grove of trees,
anywhere there's an available hill.

3-4 "I'll use your mountains as roadside stands
for giving away everything you have.
All your 'things' will serve as reparations
for your sins all over the country.
You'll lose your gift of land,
The inheritance I gave you.
I'll make you slaves of your enemies
in a far-off and strange land.
My anger is hot and blazing and fierce,
and no one will put it out."

5-6 GOD's Message:

"Cursed is the strong one
who depends on mere humans,
Who thinks he can make it on muscle alone
and sets GOD aside as dead weight.
He's like a tumbleweed on the prairie,
out of touch with the good earth.
He lives rootless and aimless
in a land where nothing grows.

언제나 **하나님**을 붙드는 자는 복이 있다.
그들은 에덴에 심긴 나무 같아서,
강가에 깊이 뿌리를 내린다.
폭염을 만나도 걱정할 것 없고,
잎사귀 하나 떨어지지 않는다.
가뭄에도 끄떡없고,
철 따라 신선한 열매를 맺는다."

⁂

9-10 "사람의 마음이란 형편없이 시커멓고 기만적이어서,
아무도 풀 수 없는 퍼즐 같다.
그러나 나 **하나님**은 사람의 마음을 탐색하고,
그 생각을 살핀다.
나는 사람의 중심과
사태의 근원을 꿰뚫는다.
나는 사람의 겉모습이 아니라,
그 실상을 본다."

⁂

11 사기 쳐 돈을 모은 자들은,
마치 속임수를 써서 다른 새의 둥지에
자기 알을 누이는 자고새와 같다.
알들이 부화하면, 사기는 폭로된다.
이 얼마나 얼간이 같은 짓인가!

⁂

12-13 주의 성소는 처음부터 높이 자리 잡았습니다.
지극히 높은 영광의 보좌여!
오 **하나님**, 주님은 이스라엘의 희망이십니다.
주님을 등지는 자들은 바보입니다.
생수의 근원이신 **하나님**을 버리는 자들은,
결국 아무 열매 없는 인생으로
허무하게 죽고 말 것입니다!

7-8 "But blessed is the man who trusts me, GOD,
the woman who sticks with GOD.
They're like trees replanted in Eden,
putting down roots near the rivers—
Never a worry through the hottest of summers,
never dropping a leaf,
Serene and calm through droughts,
bearing fresh fruit every season.

⁂

9-10 "The heart is hopelessly dark and deceitful,
a puzzle that no one can figure out.
But I, GOD, search the heart
and examine the mind.
I get to the heart of the human.
I get to the root of things.
I treat them as they really are,
not as they pretend to be."

⁂

11 Like a cowbird that cheats by laying its eggs
in another bird's nest
Is the person who gets rich by cheating.
When the eggs hatch, the deceit is exposed.
What a fool he'll look like then!

⁂

12-13 From early on your Sanctuary was set high,
a throne of glory, exalted!
O GOD, you're the hope of Israel.
All who leave you end up as fools,
Deserters with nothing to show for their

14-18 **하나님**, 다시 세워 주십시오.
저를 다시 일으켜 세워 주십시오.
주님은 저의 찬양이십니다!
그들이 제게 하는 소리를 들어 보십시오.
"그래, '**하나님**의 말씀'이란 게 대체 어디 있지?
우리 눈으로 볼 수 있게 해줘 보시지!"
그래도 저는 재앙의 날을 청하지 않았습니다.
환난이 닥치는 것을 바라지 않았습니다.
주께서는 제가 한 말을 다 아십니다.
주님 앞에는 모든 것이 공개되어 있기 때문입니다.
이제 더는 제게 괴로움을 주지 마십시오.
부디 한숨 돌릴 수 있게 해주십시오!
제가 아니라, 이제 저를 괴롭히는 자들이 괴롭힘을 당하게 하십시오.
제가 아니라, 그들이 수치를 당하게 하십시오.
그들에게 재앙의 날을 내려 주십시오.
쾅 하고 벼락을 내려 주십시오!

안식일을 거룩하게 지켜라

19-20 내게 임한 **하나님**의 **메시지**다. "가서,
유다의 왕들이 출입하는 '백성의 문'에서
시작해 예루살렘 모든 문 앞에 서서, 사람
들에게 이렇게 전하여라. '너희 유다의 왕
들아, 들어라. **하나님**의 **메시지**에 귀 기울
여라. 이 문으로 출입하는 너희 모든 백성
들아, 너희도 들어라!
21-23 이는 **하나님**의 **메시지**다. 살고 싶거
든, 안식일에 평일처럼 물건을 이리저리
운반하고 다니면서 그날을 더럽히지 않도
록 주의하여라. 안식일을 이용해 평일처
럼 장사하지 마라. 내가 너희 조상에게 명
령했듯이, 안식일을 거룩하게 지켜라. 너
희가 잘 알듯이, 그들은 그 명령을 따르지

lives,
who walk off from GOD, fountain of living waters—
and wind up dead!

14-18 GOD, pick up the pieces.
Put me back together again.
You are my praise!
Listen to how they talk about me:
"So where's this 'Word of GOD'?
We'd like to see something happen!"
But it wasn't my idea to call for Doomsday.
I never wanted trouble.
You know what I've said.
It's all out in the open before you.
Don't add to my troubles.
Give me some relief!
Let those who harass me be harassed, not me.
Let *them* be disgraced, not me.
Bring down upon them the day of doom.
Lower the boom. *Boom*!

Keep the Sabbath Day Holy

19-20 GOD's Message to me: "Go stand in the
People's Gate, the one used by Judah's kings
as they come and go, and then proceed in
turn to all the gates of Jerusalem. Tell them,
'Listen, you kings of Judah, listen to GOD's
Message—and all you people who go in and
out of these gates, you listen!
21-23 "'This is GOD's Message. Be careful, if
you care about your lives, not to desecrate
the Sabbath by turning it into just another
workday, lugging stuff here and there. Don't
use the Sabbath to do business as usual.
Keep the Sabbath day holy, as I command-

않았다. 그들은 내 말에 주목하지 않았고, 나의 인도와 지도를 거절하며 장사를 계속했다.

24-26 그러나 이제 내가 이르는 말을 귀담아들어라. 너희 일을 하느라, 이리저리 바쁘게 돌아다니며 안식일을 더럽히던 것을 멈추어라. 안식일에 평일처럼 장사하던 것을 멈추고 그날을 거룩하게 지켜라. 그러면 다윗의 보좌를 이어받은 왕들과 그 신하들이, 계속해서 말과 마차를 타고 이 문을 출입하게 될 것이다. 유다의 백성과 예루살렘의 주민들도 계속 이 문으로 다니게 될 것이다. 예루살렘이 늘 사람들로 북적거릴 것이다. 유다 너머 사방에서, 베냐민 지방에서, 예루살렘 교외에서, 작은 언덕과 산과 사막들로부터 사람들이 몰려올 것이다. 그들이 온갖 종류의 예물—짐승과 곡식과 향료와 감사 예물—을 들고 **하나님**의 성소에 들어와 경배를 드릴 것이다.

27 그러나 너희가 내 말을 거역하고 안식일을 거룩하게 지키지 않으면, 안식일을 이용해 자기 사업을 하던 것과 분주하게 도성 문을 드나들며 자기 일을 하던 것을 그치지 않으면, 그때는 내가 이 문을 모두 불태우고 무너뜨릴 것이다. 아니, 궁전과 도성 전체를 불태우고 허물어 버릴 것이다. 그 무엇으로도 끌 수 없는 불로 그렇게 할 것이다!'"

ed your ancestors. They never did it, as you know. They paid no attention to what I said and went about their own business, refusing to be guided or instructed by me.

24-26 "'But now, take seriously what I tell you. Quit desecrating the Sabbath by busily going about your own work, and keep the Sabbath day holy by not doing business as usual. Then kings from the time of David and their officials will continue to ride through these gates on horses or in chariots. The people of Judah and citizens of Jerusalem will continue to pass through them, too. Jerusalem will always be filled with people. People will stream in from all over Judah, from the province of Benjamin, from the Jerusalem suburbs, from foothills and mountains and deserts. They'll come to worship, bringing all kinds of offerings—animals, grains, incense, expressions of thanks—into the Sanctuary of GOD.

27 "'But if you won't listen to me, won't keep the Sabbath holy, won't quit using the Sabbath for doing your own work, busily going in and out of the city gates on your self-important business, then I'll burn the gates down. In fact, I'll burn the whole city down, palaces and all, with a fire nobody will be able to put out!'"

토기장이의 비유

18 1-2 **하나님**께서 예레미야에게 말씀하셨다. "당장 일어나 토기장이의 집으로 가거라! 거기 도착하면 네게 할 말을 일러 주겠다."

3-4 나는 토기장이 집에 갔고, 마침 토기장이가 물레를 돌리며 일하고 있었다. 그런데 가만히 보니, 토기장이는 자기가 만

To Worship the Big Lie

18 1-2 GOD told Jeremiah, "Up on your feet! Go to the potter's house. When you get there, I'll tell you what I have to say."

3-4 So I went to the potter's house, and sure enough, the potter was there, working away at his wheel. Whenever the pot the

든 그릇이 마음에 들지 않으면 처음부터 다시 시작해, 그 진흙으로 다른 그릇을 만들었다.
5-10 그때 **하나님**의 **메시지**가 내게 임했다.
"이스라엘 백성들아, 내가 이 토기장이처럼 너희에게 할 수 없겠느냐?" **하나님**의 포고다! "이 토기장이를 잘 보아라. 나는 그가 자기 진흙을 다루는 방식으로 너희 이스라엘 백성을 다룬다. 나는 언제라도 어느 백성이나 어느 나라든 뿌리째 뽑아 버리기로 결정할 수 있다. 그러나 그들이 악행을 회개하면, 나는 생각을 바꾸어 그들과 다시 시작할 수 있다. 또 나는 언제든지, 어느 백성이나 어느 나라든 다시 심기로 결정할 수 있다. 그러나 그들이 내게 협력하지 않고 내 말을 듣지 않으면, 생각을 바꾸어 그들에 대한 계획을 취소해 버릴 것이다.
11 그러니, 유다 백성과 예루살렘 주민들에게 나의 이 **메시지**를 전하여라. '조심하여라! 지금 나는 너희에게 내릴 재앙을 준비하고 있다. 너희를 칠 계획을 세우고 있다. 재앙에 이르는 그 길에서 돌아서라. 바른 길로 가라.'
12 하지만 그들은 이렇게 말할 것이다. '아니, 왜? 어째서 우리가 그래야 하지? 우리는 지금껏 살아온 대로 살 거야. 재앙이야 오든 말든.'"

13-17 **하나님**의 **메시지**다.

"주위에 물어보아라.
이방 민족들을 조사해 보아라.
이런 일을 누가 들어 본 적 있더냐?
처녀 이스라엘이 매춘부가 되다니!
레바논 산 정상에서 눈이 사라지는 것을 본 적 있느냐?
그 산에서 흘러나오는 강물이 마르는 것을

potter was working on turned out badly, as sometimes happens when you are working with clay, the potter would simply start over and use the same clay to make another pot.
5-10 Then GOD's Message came to me:
"Can't I do just as this potter does, people of Israel?" GOD's Decree! "Watch this potter. In the same way that this potter works his clay, I work on you, people of Israel. At any moment I may decide to pull up a people or a country by the roots and get rid of them. But if they repent of their wicked lives, I will think twice and start over with them. At another time I might decide to plant a people or country, but if they don't cooperate and won't listen to me, I will think again and give up on the plans I had for them.
11 "So, tell the people of Judah and citizens of Jerusalem my Message: 'Danger! I'm shaping doom against you, laying plans against you. Turn back from your doomed way of life. Straighten out your lives.'
12 "But they'll just say, 'Why should we? What's the point? We'll live just the way we've always lived, doom or no doom.'"

13-17 GOD's Message:

"Ask around.
Survey the godless nations.
Has anyone heard the likes of this?
Virgin Israel has become a slut!
Does snow disappear from the Lebanon peaks?
Do alpine streams run dry?

본 적 있느냐?
그런데 내 백성은 나를 버리고 떠나서,
터무니없는 거짓 우상을 숭배하는 자들이 되어 버렸다.
그들은 바른 길,
예로부터 잘 닦인 그 길을 벗어나
넝쿨이 마구 엉킨 덤불 속을
헤치며 간다.
결국 그들의 땅은 엉망이 될 것이며
비웃음거리로 전락할 것이다.
그곳을 지나는 여행자들은
머리를 절레절레 흔들 것이다.
가을 강풍이 나뭇잎들을 흩어 버리듯이,
내가 내 백성을 적들 앞에서 흩어 버릴 것이다.
그 재앙의 날, 그들은 내 얼굴을 전혀 보지 못한 채,
그들을 등지고 떠나는 내 뒷모습만 보게 될 것이다."

But my people have left me
to worship the Big Lie.
They've gotten off the track,
the old, well-worn trail,
And now bushwhack through underbrush
in a tangle of roots and vines.
Their land's going to end up a mess—
a fool's memorial to be spit on.
Travelers passing through
will shake their heads in disbelief.
I'll scatter my people before their enemies,
like autumn leaves in a high wind.
On their day of doom, they'll stare at my back as I walk away,
catching not so much as a glimpse of my face."

18 백성 가운데 어떤 자들이 말했다. "예레미야를 없앨 묘안을 짜내 보자. 우리에게는 엄연히 율법을 가르쳐 주는 제사장과 조언을 해 주는 현인들과 하나님의 말씀을 전해 주는 예언자들이 있다. 그러니 어떻게든 그의 평판을 떨어뜨려, 모두들 그가 하는 말에 더 이상 신경 쓰지 않게 하자."

18 Some of the people said, "Come on, let's cook up a plot against Jeremiah. We'll still have the priests to teach us the law, wise counselors to give us advice, and prophets to tell us what God has to say. Come on, let's discredit him so we don't have to put up with him any longer."

19-23 내가 **하나님**께 말씀드렸다.

"**하나님**, 제 말을 들어주십시오!
저의 적들이 하는 말을 들어 보십시오.
선을 악으로 갚아도 되는 것입니까?
그들이 제게 그렇게 하려고 합니다. 저를 죽여 없앨 계획을 세웠습니다!
제가 늘 주님 앞에서
그들을 대변하고,
주님의 노를 풀어 드리려고 애썼던 것을 기억

19-23 And I said to GOD:

"GOD, listen to me!
Just listen to what my enemies are saying.
Should I get paid evil for good?
That's what they're doing. They've made plans to kill me!
Remember all the times I stood up for

하십니까?
그러나 이제는 됐습니다! 이제, 그들의 자녀들이 굶어 죽게 해주십시오!
그들이 전쟁에서 떼죽음을 당하게 해주십시오!
그들의 아내가 자식과 남편을 잃고 과부가 되게 해주십시오.
그들의 친구가 죽고, 그들의 거만한 젊은이들이 살해당하게 해주십시오.
약탈자들이 들이닥친다는 소식에,
그들의 집에서 공포에 질린 울음소리가 새어 나오게 해주십시오!
그들은 저를 잡아 족치려고 혈안입니다.
이미 제 목을 조르고 있습니다!
그러나 **하나님**, 주님은 알고 계십니다.
그들이 저를 죽이기로 작정했음을, 주님은 알고 계십니다.
그들의 범죄를 봐주지 마십시오.
죄 하나도 그냥 넘어가지 마십시오!
주님 앞에서 그들을 한 묶음으로 돌돌 말아서, 불같은 진노를 발하시고, 주의 무쇠 몽둥이로 내리쳐 주십시오!"

박살난 질그릇

19 1-2 **하나님**께서 내게 말씀하셨다.
"가서 질그릇을 하나 사거라. 그러
고 나서 백성 중에 지도자와 지도급 제사장들
몇 명을 데리고 '질그릇 조각의 문' 바로 앞에
있는 벤힌놈 골짜기로 가거라. 거기서 내가
네게 이르는 말을 전하여라.
3-5 이렇게 말하여라. '너희 유다 왕들과 예루
살렘 백성들아, **하나님**의 말씀을 들어라! 이
는 만군의 **하나님**, 이스라엘의 하나님의 **메시
지**다. 내가 이곳에 재앙을 쏟을 것이다. 들리
느냐? 재앙이 쏟아져 내린다. 그들이 나를 등
지고 떠나서, 그들과 그들 부모와 유다의 옛
왕들이 들어 본 적도 없는 낯선 신들을 예배
하면서, 이곳을 남의 나라처럼 만들어 버렸기

them before you,
speaking up for them,
trying to soften your anger?
But enough! Let their children starve!
Let them be massacred in battle!
Let their wives be childless and widowed,
their friends die and their proud young men be killed.
Let cries of panic sound from their homes
as you surprise them with war parties!
They're all set to lynch me.
The noose is practically around my neck!
But you know all this, GOD.
You know they're determined to kill me.
Don't whitewash their crimes,
don't overlook a single sin!
Round the bunch of them up before you.
Strike while the iron of your anger is hot!"

Smashing the Clay Pot

19 1-2 GOD said to me, "Go, buy a
clay pot. Then get a few leaders
from the people and a few of the leading
priests and go out to the Valley of
Ben-hinnom, just outside the Potsherd
Gate, and preach there what I tell you.
3-5 "Say, 'Listen to GOD's Word, you
kings of Judah and people of Jerusalem!
This is the Message from GOD-of-the-
Angel-Armies, the God of Israel. I'm
about to bring doom crashing down on
this place. Oh, and will ears ever ring!
Doom—because they've walked off and
left me, and made this place strange by

때문이다. 재앙이 쏟아져 내린다. 그들이 죄 없는 사람들을 학살했기 때문이다. 재앙이 쏟아져 내린다. 그들이 우상 바알의 제단을 세우고, 거기에 그들의 친자식들을 산 채로 불살라 제물로 바쳤기 때문이다. 이는 내가 명한 적 없는, 아니, 생각조차 해본 적 없는 끔찍한 일이다!'"

6-9 **하나님**의 포고다! "'그러므로 값을 치를 날이 곧 온다. 이곳의 이름은 도벳이나 벤힌놈 골짜기가 아닌, 대학살 평지로 바뀔 것이다. 나는 유다와 예루살렘이 이곳에 대해 세운 모든 계획을 무효로 돌리고, 그들이 여기서 적들에게 떼죽음을 당하게 할 것이다. 나는 그들의 시체를 쌓아 올려 까마귀와 들개의 먹이가 되게 할 것이다. 이 도성을 잔혹의 대명사로 만들어, 이 부근을 지나는 모든 사람이 그 잔혹함에 말을 잃게 할 것이다. 사람이 사람을 잡아먹을 것이다. 원수들에게 포위된 채 극한으로 몰리면, 그들은 인간성을 잃고 친자식도 잡아먹을 것이다! 그렇다. 가족도 친구도 가리지 않고, 닥치는 대로 잡아먹을 것이다.'

10-13 이 말을 다 전한 뒤에, 네가 데려온 사람들 앞에서 그 질그릇을 박살내라. 그리고 말하여라. '만군의 **하나님**께서 말씀하신다. 사람이 질그릇을 아주 못쓰게 산산조각 내듯이, 내가 이 백성과 이 도성을 아주 박살낼 것이다. 더 이상 자리가 남지 않을 때까지, 이곳 도벳에 시체를 묻게 될 것이다. 도성 전체가 도벳처럼 되리라. 백성과 왕이 이 도성을 별 신 숭배 성전으로 만들어 버렸기 때문이다. 도성 전체가 도벳 땅처럼, 썩는 냄새 진동하는 열린 무덤이 될 것이다.'"

14-15 그 후 예레미야는 **하나님**이 말씀을 전하라고 보낸 도벳에서 돌아와, **하나님**의 성전 뜰에 서서 백성에게 말했다. "너희를

worshiping strange gods, gods never heard of by them, their parents, or the old kings of Judah. Doom—because they have massacred innocent people. Doom—because they've built altars to that no-god Baal, and burned their own children alive in the fire as offerings to Baal, an atrocity I never ordered, never so much as hinted at!

6-9 "'And so it's payday, and soon'—GOD's Decree!—'this place will no longer be known as Topheth or Valley of Ben-hinnom, but Massacre Meadows. I'm canceling all the plans Judah and Jerusalem had for this place, and I'll have them killed by their enemies. I'll stack their dead bodies to be eaten by carrion crows and wild dogs. I'll turn this city into such a museum of atrocities that anyone coming near will be shocked speechless by the savage brutality. The people will turn into cannibals. Dehumanized by the pressure of the enemy siege, they'll eat their own children! Yes, they'll eat one another, family and friends alike.'

10-13 "Say all this, and then smash the pot in front of the men who have come with you. Then say, 'This is what GOD-of-the-Angel-Armies says: I'll smash this people and this city like a man who smashes a clay pot into so many pieces it can never be put together again. They'll bury bodies here in Topheth until there's no more room. And the whole city will become a Topheth. The city will be turned by people and kings alike into a center for worshiping the star gods and goddesses, turned into an open grave, the whole city an open grave, stinking like a sewer, like Topheth.'"

14-15 Then Jeremiah left Topheth, where

향한 만군의 **하나님**의 **메시지**다. '경고한다! 내가 곧 이 도성과 주변 마을들에 대해 선언했던 재앙을 내릴 것이다. 그들은 자기 길을 고집하며 돌이키려 하지 않는다. 그들은 내 말을 한 마디도 들으려 하지 않는다.'"

제사장 바스훌과 충돌하다

20 1-5 임멜의 아들 제사장 바스훌은 **하나님**의 성전에서 지도급 제사장이었다. 그는 예레미야가 하는 이 설교를 듣고 예언자 예레미야를 채찍질했다. 그러고 나서 그를 **하나님**의 성전 위쪽 '베냐민 문' 옆 창고에 가두었다. 다음 날 바스훌이 와서 그를 풀어 주자, 예레미야가 그에게 말했다. "**하나님**께서 당신에게 새 이름을 지어 주셨소. 이제 당신 이름은 바스훌이 아니라 '사면초가'요. **하나님**께서 이렇게 말씀하셨소. '이제 너는 네 자신과 주변 사람들 모두에게 위험한 존재다. 네 친구들은 모두 전쟁터에 끌려가, 네가 지켜보는 앞에서 죽임을 당할 것이다. 그뿐 아니라, 나는 유다 백성 전부를 바빌론 왕에게 넘겨주어, 그가 원하는 대로 하게 내버려 둘 것이다. 바빌론 왕은 그들을 포로로 끌고 가서 마음 내키는 대로 죽일 것이다. 왕궁 보물 보관소에 있는 보물은 물론이고, 이 도성 안에 있는 것들 중 조금이라도 값나가는 것은 내가 무엇이든 원수에게 넘겨줄 것이다. 그들이 그 모든 재산과 소유물을 싹쓸이하여 바빌론으로 가져갈 것이다.

6 그리고 바스훌, 너와 네 가족은 모두 포로로 끌려갈 것이다. 그렇다. 너는 바빌론에 포로로 잡혀가, 거기서 죽어 묻힐 것이다. 네 거짓 설교를 듣고 동조하던 자들도 모두 그렇게 될 것이다.'"

GOD had sent him to preach the sermon, and took his stand in the court of GOD's Temple and said to the people, "This is the Message from GOD-of-the-Angel-Armies to you: 'Warning! Danger! I'm bringing down on this city and all the surrounding towns the doom that I have pronounced. They're set in their ways and won't budge. They refuse to do a thing I say.'"

Life's Been Nothing but Trouble and Tears

20 1-5 The priest Pashur son of Immer was the senior priest in GOD's Temple. He heard Jeremiah preach this sermon. He whipped Jeremiah the prophet and put him in the stocks at the Upper Benjamin Gate of GOD's Temple. The next day Pashur came and let him go. Jeremiah told him, "GOD has a new name for you: not Pashur but Danger-Everywhere, because GOD says, 'You're a danger to yourself and everyone around you. All your friends are going to get killed in battle while you stand there and watch. What's more, I'm turning all of Judah over to the king of Babylon to do whatever he likes with them—haul them off into exile, kill them at whim. Everything worth anything in this city, property and possessions along with everything in the royal treasury—I'm handing it all over to the enemy. They'll rummage through it and take what they want back to Babylon.

6 "'And you, Pashur, you and everyone in your family will be taken prisoner into exile—that's right, exile in Babylon. You'll die and be buried there, you and all your cronies to whom you preached your lies.'"

7-10 **하나님**, 주께서 저를 이렇게 만드셨으니,
저는 따를 수밖에 없습니다.
저는 주님을 이길 수 없습니다.
이제 저는 공개적인 놀림감이 되었습니다.
모든 자들이 저를 놀려댑니다.
저는 입을 열 때마다
"살인이다! 강탈이다!" 하고 외칩니다.
그런데 **하나님**의 경고의 말씀을 그렇게 외쳐서 제가 얻는 것은
모욕과 멸시가 전부입니다.
그러나 "이제 그만!
더 이상은 **하나님**의 **메시지**를 전하지 않으리라!" 하고 마음먹으면,
말씀이 제 뱃속에서 불처럼 타오르며
뼛속까지 태웁니다.
참아 보려고 했지만, 이제 지쳤습니다.
더는 견딜 수 없습니다!
제 등 뒤에서 수군대는 소리가 들려옵니다.
"저기, '사면초가' 운운했던 자다. 저 자를 잡아라! 신고하여라!"
전에 친구였던 자들이, 지금은 제가 바닥에 고꾸라지기만을 기다립니다.
"뭐든지 하나만 걸려 봐라. 영원히 없애 줄 테니!"

11 그러나 **하나님**, 실로 맹렬한 전사이신 주께서 제 편이십니다.
저를 좇는 자들은 모두 대자로 쭉 뻗게 될 것입니다.
어릿광대처럼 제 발에 걸려 넘어져 땅에 뒹굴며,
우스꽝스런 장면을 연출할 것입니다.

12 오, 만군의 **하나님**, 누구도 주님을 우롱하지 못합니다.
주께서는 모든 자를, 모든 것을 꿰뚫어 보십니다.

7-10 You pushed me into this, GOD, and I let you do it.
You were too much for me.
And now I'm a public joke.
They all poke fun at me.
Every time I open my mouth
I'm shouting, "Murder!" or "Rape!"
And all I get for my GOD-warnings
are insults and contempt.
But if I say, "Forget it!
No more GOD-Messages from me!"
The words are fire in my belly,
a burning in my bones.
I'm worn out trying to hold it in.
I can't do it any longer!
Then I hear whispering behind my back:
"There goes old 'Danger-Everywhere.'
Shut him up! Report him!"
Old friends watch, hoping I'll fall flat on my face:
"One misstep and we'll have him. We'll get rid of him for good!"

11 But GOD, a most fierce warrior, is at my side.
Those who are after me will be sent sprawling—
Slapstick buffoons falling all over themselves,
a spectacle of humiliation no one will ever forget.

12 Oh, GOD-of-the-Angel-Armies, no one fools you.
You see through everyone, everything.
I want to see you pay them back for what they've done.

저는 그들이 행한 그대로 되갚음 받는 것을 보고 싶습니다.
주께 제 송사를 맡겨 드립니다.

13 **하나님**께 노래 불러라! **하나님**을 찬양하여라!
그분은 악인들의 손아귀에서 약자를 건지시는 분이다.

⁂

14-18 내가 태어난 날이여,
저주 받아라!
내 어머니가 나를 임신한 날이여,
그날도 저주 받아라!
내 아버지에게
"당신 아들이 태어났소" 하고
(그를 몹시도 기쁘게 했을)
소식을 전한 그도 저주 받아라.
출생의 소식이 없던 것이 되고,
기록에서 지워져 버렸으면 좋겠구나.
그 소식을 전한 자는,
자기가 전한 그 흉보에 죽을 때까지 시달림 받으리라.
그는 내가 태어나기 전에 나를 죽였어야 했다.
내 모태가 내 무덤이 되고,
내 어머니는
평생 죽은 아기를 태 안에 둔 채 살아갔어야 했다.
오, 대체 무슨 이유로 내가 그 태에서 나왔단 말인가?
고난과 눈물로 얼룩진 삶,
앞으로도 마찬가지일 이 삶.

I rest my case with you.

13 Sing to GOD! All praise to GOD!
He saves the weak from the grip of the wicked.

⁂

14-18 Curse the day
I was born!
The day my mother bore me—
a curse on it, I say!
And curse the man who delivered
the news to my father:
"You've got a new baby—a boy baby!"
(How happy it made him.)
Let that birth notice be blacked out,
deleted from the records,
And the man who brought it haunted to his death
with the bad news he brought.
He should have killed me before I was born,
with that womb as my tomb,
My mother pregnant for the rest of her life
with a baby dead in her womb.
Why, oh why, did I ever leave that womb?
Life's been nothing but trouble and tears,
and what's coming is more of the same.

예루살렘의 멸망 예고

21 1-2 시드기야 왕이 말기야의 아들
바스훌과 마아세야의 아들 제사장
스바냐를 예레미야에게 보냈을 때, 그에게 임
한 **하나님**의 **메시지**다. 그들이 와서 말했다.

Start Each Day with a Sense of Justice

21 1-2 GOD's Message to Jeremiah
when King Zedekiah sent
Pashur son of Malkijah and the priest
Zephaniah son of Maaseiah to him with

"바빌론 왕 느부갓네살이 우리를 치려고 전쟁을 일으켰소. 우리를 위해 **하나님**께 기도해 주시오. 그분께 도움을 청해 주시오. 어쩌면 **하나님**께서 옛날처럼 기적을 일으켜서 그를 물리쳐 주실지 모르니 말이오."
3-7 그러나 예레미야가 말했다. "시드기야 왕에게 이렇게 전하시오. '이스라엘의 **하나님**이 네게 이르는 **메시지**다. 너희 군대는 이제 없는 셈 쳐라. 병사들의 사기가 꺾이고, 가진 무기들도 무용지물이 될 것이다. 나는 너희가 지금 힘겹게 대항해 싸우는 바빌론 왕과 갈대아 사람들을 친히 이 도성 안으로 이끌고 들어올 것이다. 내가 그들 편이 되어서 너희와 맞서 싸울 것이다. 불같은 진노로 전력을 다해 싸울 것이다. 이 도성에 사는 모든 사람과 짐승들을 무서운 전염병으로 싹 쓸어버릴 것이다. 그런 후에 나는 유다 왕 시드기야와 그의 신하들, 아직 병들어 죽지 않고, 칼에 맞아 죽지 않고, 굶어 죽지 않은 생존자들 전부를 바빌론 왕 느부갓네살에게 넘겨줄 것이다. 그렇다. 그들을 죽이러 온 적들에게 내가 친히 넘겨줄 것이다. 적들이 그들을 무자비하게 죽일 것이다.'
8-10 또 백성 전체에게 이렇게 말하시오. '너희를 향한 **하나님**의 **메시지**다. 잘 들어라. 내가 너희에게 선택권을 준다. 살고자 하느냐, 아니면 죽고자 하느냐? 이 도성에 남는 사람은 누구나 죽을 것이다. 칼에 맞아 죽든지, 굶어 죽든지, 병에 걸려 죽든지 할 것이다. 그러나 여기를 나가서 이 도성을 포위하고 있는 갈대아 사람들에게 항복하는 자는, 다 살 것이다. 모든 것을 빼앗기겠으나 목숨만은 부지할 것이다. 나는 기필코 이 도성을 멸망시킬 것이다. 나는 그만큼 크게 노했다! **하나님**의 포고다. 내가 이곳을 바빌론 왕에게 넘겨줄 것이며, 그가 모든 것을 불태워 잿더미로 만들 것이다.'"

this request: "Nebuchadnezzar, king of Babylon, has waged war against us. Pray to GOD for us. Ask him for help. Maybe GOD will intervene with one of his famous miracles and make him leave."
3-7 But Jeremiah said, "Tell Zedekiah: 'This is the GOD of Israel's Message to you: You can say good-bye to your army, watch morale and weapons flushed down the drain. I'm going to personally lead the king of Babylon and the Chaldeans, against whom you're fighting so hard, right into the city itself. I'm joining *their* side and fighting against *you,* fighting all-out, holding nothing back. And in fierce anger. I'm prepared to wipe out the population of this city, people and animals alike, in a raging epidemic. And then I will personally deliver Zedekiah king of Judah, his princes, and any survivors left in the city who haven't died from disease, been killed, or starved. I'll deliver them to Nebuchadnezzar, king of Babylon—yes, hand them over to their enemies, who have come to kill them. He'll kill them ruthlessly, showing no mercy.'
8-10 "And then tell the people at large, 'GOD's Message to you is this: Listen carefully. I'm giving you a choice: life or death. Whoever stays in this city will die—either in battle or by starvation or disease. But whoever goes out and surrenders to the Chaldeans who have surrounded the city will live. You'll lose everything—but not your life. I'm determined to see this city destroyed. I'm that angry with this place! GOD's Decree. I'm

11-14 "유다 왕실에 말한다. **하나님의 메시지**에 귀 기울여라!
다윗 집안이여, 들어라. 너희를 향한 **하나님의 메시지**다.
'아침마다 새롭게 정의를 다짐하며 하루를 시작하여라.
착취당하는 자들을 구해 주어라.
그렇게 하여, 나의 진노의 불을 피하여라.
그 불은 한번 붙으면, 그 무엇으로도 끌 수 없기 때문이다.
그런데 너희는 내 진노에 불을 지피는
악한 무리다.
내가 너희를 적대시한다는 것을 모르느냐?
그래, 내가 너희를 대적한다.
너희는 모든 준비를 갖추어
안전하다고 생각한다.
"누가 우리를 손댈 수 있겠는가?
누가 우리 파티를 망칠 수 있겠는가?" 한다.
내가 그렇게 할 수 있다! 내가 그렇게 할 것이다!
내가 너희 악한 무리를 벌할 것이다.
무엇으로도 끌 수 없는 맹렬한 불을 일으켜서,
보이는 것 전부를 태워 재로 만들 것이다.'"

이 왕궁은 폐허가 될 것이다

22 1-3 **하나님**의 명령이다. "왕궁에 가서 이 **메시지**를 전하여라. '다윗 보좌에 앉은 유다 왕아, **하나님**의 말씀에 귀 기울여라. 왕과 신하들, 그리고 이 왕궁 문을 출입하는 백성들 모두 들어라. 이는 **하나님의 메시지**다. 너희의 정의를 돌아보아라. 사람 사이의 일을 공정하게 다루어라. 착취당하는 자들을 구해 주어라. 빈민과 고아와 과부들을 착취하지 마라. 살인행위를 멈춰라!
4-5 너희가 이 명령에 순종하면, 그때는 다

going to give it to the king of Babylon, and he's going to burn it to the ground.'

11-14 "To the royal house of Judah, listen to GOD's Message!
House of David, listen—GOD's Message to you:
'Start each day by dealing with justice.
Rescue victims from their exploiters.
Prevent fire—the fire of my anger—
for once it starts, it can't be put out.
Your evil regime
is fuel for my anger.
Don't you realize that I'm against you,
yes, *against* you.
You think you've got it made,
all snug and secure.
You say, "Who can possibly get to us?
Who can crash our party?"
Well, I can—and will!
I'll punish your evil regime.
I'll start a fire that will rage unchecked,
burn everything in sight to cinders.'"

Walking Out on the Covenant of God

22 1-3 GOD's orders: "Go to the royal palace and deliver this Message. Say, 'Listen to what GOD says, O King of Judah, you who sit on David's throne—you and your officials and all the people who go in and out of these palace gates. This is GOD's Message: Attend to matters of justice. Set things right between people. Rescue victims from their exploiters. Don't take advantage of the homeless, the orphans, the widows. Stop the murdering!
4-5 "'If you obey these commands, then

윗 왕가의 왕들이 끊이지 않고 말과 병거를 타고 이 왕궁 문을 드나들게 될 것이다. 그들의 신하와 유다 주민들도 그러할 것이다. 그러나 너희가 이 명령에 순종하지 않으면, 맹세컨대—**하나님**의 포고다!—이 왕궁은 폐허가 되고 말 것이다.'"

6-7 유다 왕궁에 대한 **하나님**의 선고다.

"내가 너를 좋아하여
길르앗의 아름다운 언덕과
레바논의 산 정상같이 여겼으나,
이제, 맹세코 너를 황무지로,
텅 빈 유령마을로 바꾸어 놓을 것이다.
커다란 쇠망치와 무시무시한 몽둥이를 가진
파괴자들을 고용하여,
온 나라를 늘씬하게 두들겨 패고
다 불태워 버릴 것이다.

8-9 각처에서 온 여행자들이 이 땅을 지나며
물을 것이다. '무슨 이유로 **하나님**께서 그
대단하던 도성을 이렇게 만드셨는가?' 그
들은 이런 대답을 듣게 될 것이다. '그들이
자기 **하나님**과의 언약을 저버리고, 다른 신
들을 따르며 숭배했기 때문이다.'"

살룸과 여호야김에 대한 예언

10 죽은 왕 요시야를 두고 울지 마라.
눈물을 낭비할 필요 없다.
대신에, 포로로 잡혀간 그의 아들을 위해 울어라.
그가 영원히 떠났으니 말이다.
그는 다시 고향 땅을 밟지 못할 것이다.
11-12 아버지 요시야를 이어 유다의 왕이 된
살룸에 대해 **하나님**께서 이렇게 말씀하신
다. "그는 이곳을 영원히 떠났다. 그는 그들
에게 붙잡혀 가, 그 땅에서 죽을 것이다. 다

kings who follow in the line of David will continue to go in and out of these palace gates mounted on horses and riding in chariots—they and their officials and the citizens of Judah. But if you don't obey these commands, then I swear—GOD's Decree!—this palace will end up a heap of rubble.'"

6-7 This is GOD's verdict on Judah's royal palace:

"I number you among my favorite places—
like the lovely hills of Gilead,
like the soaring peaks of Lebanon.
Yet I swear I'll turn you into a wasteland,
as empty as a ghost town.
I'll hire a demolition crew,
well-equipped with sledgehammers and wrecking bars,
Pound the country to a pulp
and burn it all up.

8-9 "Travelers from all over will come
through here and say to one another, 'Why
would GOD do such a thing to this wonder-
ful city?' They'll be told, 'Because they
walked out on the covenant of their GOD,
took up with other gods and worshiped
them.'"

Building a Fine House but Destroying Lives

10 Don't weep over dead King Josiah.
Don't waste your tears.
Weep for his exiled son:
He's gone for good.
He'll never see home again.

시는 고향 땅을 밟지 못할 것이다."

13-17 "백성들을 들볶아 자기 왕궁을 짓고,
사람들을 해쳐 가며 좋은 집을 짓고,
일꾼들을 속이고
정당한 품삯을 주지 않는 자,
'널찍한 방과 화려한 창문을 갖춘
멋진 집을 지어 살아야겠다.
값비싸고 진귀한 원목과
최신 유행 장식품을 수입해 들여와야겠다'
고 말하는 자에게 화가 있으리라.
그래, 화려한 왕궁을 짓는 일이
왕의 본분이더냐?
네 아버지는 성공한 왕이었다. 그렇지 않느냐?
그는 옳은 일을 행하고 백성을 공정하게 대하여,
모든 일에 형통했다.
그가 억압받는 자들을 보살펴 주었고,
유다가 잘살게 되었다.
이런 것이 나를 안다는 말의 의미가 아니겠느냐?"
하나님의 포고다!
"그러나 너는 눈멀었고 머리도 텅 비었다.
오로지 자기 생각밖에 할 줄 모르며,
힘없는 자들을 이용하고,
힘으로 눌러 약자들을 괴롭힌다."

18-19 유다 왕 요시야의 아들 여호야김에 대한 하나님의 판결이다.
"이 자에게 화가 있으리라!
아무도 그를 위해
'가련한 형제여!' 하고 울어 주지 않는다.
아무도 그를 위해
'가련한 폐하!' 하고 울어 주지 않는다.
그들은 죽은 노새에게 하듯 그의 장례를 치르고,

11-12 For this is GOD's Word on Shallum son of Josiah, who succeeded his father as king of Judah: "He's gone from here, gone for good. He'll die in the place they've taken him to. He'll never see home again."

13-17 "Doom to him who builds palaces but bullies people,
who makes a fine house but destroys lives,
Who cheats his workers
and won't pay them for their work,
Who says, 'I'll build me an elaborate mansion
with spacious rooms and fancy windows.
I'll bring in rare and expensive woods
and the latest in interior decor.'
So, that makes you a king—
living in a fancy palace?
Your father got along just fine, didn't he?
He did what was right and treated people fairly,
And things went well with him.
He stuck up for the down-and-out,
And things went well for Judah.
Isn't this what it means to know me?"
GOD's Decree!
"But you're blind and brainless.
All you think about is yourself,
Taking advantage of the weak,
bulldozing your way, bullying victims."

18-19 This is God's epitaph on Jehoiakim son of Josiah king of Judah:
"Doom to this man!
Nobody will shed tears over him,
'Poor, poor brother!'

성문 밖으로 끌어다가 쓰레기처럼 던져 버릴 것이다."

예루살렘에 대한 탄식

20-23 "예루살렘아, 너는 레바논 산 정상에 올라, 거기서 울어라.
바산의 산에 올라, 거기서 통곡하여라.
아바림 산등성에 올라, 거기서 애곡하여라.
너는 스스로의 삶을 완전히 망가뜨렸다.
네가 잘나갈 때 나는 네게 경고했다.
그러나 너는 '그런 이야기, 관심 없습니다' 하고 말했다.
너는 처음부터 그런 식이었다.
내 말을 한 마디도 듣지 않았다.
네 지도자들이 전부 바람에 휩쓸려 가고,
네 친구들도 다 포로로 잡혀갔으며,
너도 네 악행으로 수치를 당하고,
시궁창에 처박힐 것이다.
너는 큰 도성에 산다며 우쭐대고
으뜸가는 산이나 되는 듯이 함부로 굴었다!
그러나 머지않아 고통 가운데 사지를 비틀게 되리라.
해산하는 여인의 진통보다 더 심한 고통을 겪게 되리라."

24-26 **하나님**의 포고다. "살아 있는 나 하나님을 두고 맹세하는데, 너 유다 왕 여호야김의 아들 여호야긴아, 네가 내 오른손에 낀 옥새 반지라 해도 내가 너를 빼내어, 너를 죽이려고 작정한 자들, 곧 바빌론의 느부갓네살 왕과 갈대아 사람들에게 넘겨줄 것이다. 그 다음에는, 너와 네 어머니를 고향 땅에서 멀리 떨어진 낯선 나라로 던져 버릴 것이다. 너희 둘 다 거기서 죽을 것이다.

Nobody will shed tears over him,
 'Poor, poor master!'
They'll give him a donkey's funeral,
 drag him out of the city and dump him.

You've Made a Total Mess of Your Life

20-23 "People of Jerusalem, climb a Lebanon peak and weep,
 climb a Bashan mountain and wail,
Climb the Abarim ridge and cry—
 you've made a total mess of your life.
I spoke to you when everything was going your way.
 You said, 'I'm not interested.'
You've been that way as long as I've known you,
 never listened to a thing I said.
All your leaders will be blown away,
 all your friends end up in exile,
And you'll find yourself in the gutter,
 disgraced by your evil life.
You big-city people thought you were so important,
 thought you were 'king of the mountain'!
You're soon going to be doubled up in pain,
 pain worse than the pangs of childbirth.

24-26 "As sure as I am the living God"—GOD's Decree—"even if you, Jehoiachin son of Jehoiakim king of Judah, were the signet ring on my right hand, I'd pull you off and give you to those who are out to kill you, to Nebuchadnezzar king of Babylon and the Chaldeans, and then throw you, both you and your mother, into a foreign country, far from your place of birth. There you'll both die.

27 너희는 죽을 때까지 고향을 그리워하겠지만, 다시는 고향 땅을 밟지 못할 것이다."

27 "You'll be homesick, desperately homesick, but you'll never get home again."

28-30 여호야긴은 물 새는 양동이,
아무짝에도 쓸모없는 폐물인가?
그렇지 않다면 왜 버려졌겠는가? 어찌하여 자식들과 함께
낯선 땅에 버려졌겠는가?
오 땅이여, 땅이여, 땅이여,
하나님의 **메시지**에 귀 기울여라!
하나님의 선고다.
"그를 자식 없는 사람인 셈 치고 포기하여라.
그는 사람 구실을 하지 못할 것이다.
그에게서 대가 끊기고,
그가 마지막 왕이 될 것이다."

28-30 Is Jehoiachin a leaky bucket,
a rusted-out pail good for nothing?
Why else would he be thrown away, he and his children,
thrown away to a foreign place?
O land, land, land,
listen to GOD's Message!
This is GOD's verdict:
"Write this man off as if he were childless,
a man who will never amount to anything.
Nothing will ever come of his life.
He's the end of the line, the last of the kings."

의로운 다윗 가지

23 1-4 "내 양 떼를 도살하고 흩어 버린 목자들아, 화가 있으리라!" **하나님**의 포고다. "내 백성을 그릇된 길로 인도한 목자들에게 나 **하나님**, 이스라엘의 하나님이 말한다. '너희는 내 양 떼를 흩어 버렸다. 너희가 그들을 몰아냈다. 너희는 그들을 지켜보지 않았다. 그런데 아느냐? 나는 그런 너희를 지켜보고 있다. 너희 범죄 행위를 하나도 빠뜨리지 않고 지켜보고 있다. 이제 내가 나서서, 내 양들 가운데 남은 양들을 불러 모을 것이다. 내가 쫓아 보냈던 그 땅에서 다시 불러 모아, 고향 땅으로 데려올 것이다. 그들은 회복되고 번성할 것이다. 그들을 보살필 목자를 내가 친히 세워 줄 것이다. 그들은 더 이상 공포와 두려움 속에서 살지 않을 것이다. 잃었던 양들이 다시 모일 것이다!' **하나님**의 포고다."

5-6 "그날이 오고 있다." **하나님**의 포고다.

An Authentic David-Branch

23 1-4 "Doom to the shepherd-leaders who butcher and scatter my sheep!" GOD's Decree. "So here is what I, GOD, Israel's God, say to the shepherd-leaders who misled my people: 'You've scattered my sheep. You've driven them off. You haven't kept your eye on them. Well, let me tell you, I'm keeping my eye on *you*, keeping track of your criminal behavior. I'll take over and gather what's left of my sheep, gather them in from all the lands where I've driven them. I'll bring them back where they belong, and they'll recover and flourish. I'll set shepherd-leaders over them who will take good care of them. They won't live in fear or panic anymore. All the lost sheep rounded up!' GOD's Decree."

5-6 "Time's coming"—GOD's Decree—
"when I'll establish a truly righteous

"내가 진정으로 의로운 다윗 가지를 일으
켜 세울 날이 오고 있다.
그는 정의롭게 통치를 펼칠 것이며,
정의를 세워 사람들을 하나 되게 하리라.
그의 시대가 이르면, 유다는 다시금 안전한
곳이 되고
이스라엘은 평안을 누리리라.
사람들은 그를,
'모든 일을 바로잡아 주시는 **하나님**'이라
부를 것이다."

7-8 **하나님**의 포고다. "보아라. 그날이 오
면, 사람들은 더 이상 '이스라엘을 이집트
에서 구해 내신 **하나님**의 살아 계심을 두
고' 맹세하지 않을 것이다. 대신에 '이스라
엘 자손을 북쪽 땅과, 그들을 쫓아 보낸 곳
에서 다시 데려오신 **하나님**의 살아 계심을
두고' 맹세할 것이며, 그들이 비옥한 자기
땅에서 살 것이다."

거짓 예언자들에 대한 경고

9 머리가 어지럽고,
팔다리에 힘이 풀린다.
사물이 둘로 보일 만큼,
술에 취한 주정뱅이처럼 비틀거린다.
이 모든 것은 **하나님** 때문이다.
그분의 거룩한 말씀 때문이다.

10-12 거짓 예언자들에 대한 **하나님**의 말씀
이다.

"믿어지느냐? 나라가 온통 간음하는 자들,
부정하고 문란한 우상숭배자들 천지다!
그들이 저주의 화근이다.
그들로 인해 땅이 황무지가 되었다.
그들의 부정이
나라 전체를 시궁창으로 바꾸어 놓았다.
예언자와 제사장들이 신성모독의 앞잡이

David-Branch,
A ruler who knows how to rule justly.
He'll make sure of justice and keep people united.
In his time Judah will be secure again
and Israel will live in safety.
This is the name they'll give him:
'GOD-Who-Puts-Everything-Right.'

7-8 "So watch for this. The time's
coming"—GOD's Decree—"when no one
will say, 'As sure as GOD lives, the God
who brought the Israelites out of Egypt,'
but, 'As sure as GOD lives, the God who
brought the descendants of Israel back
from the north country and from the other
countries where he'd driven them, so that
they can live on their own good earth.'"

The "Everything Will Turn Out Fine" Sermon

9 My head is reeling,
my limbs are limp,
I'm staggering like a drunk,
seeing double from too much wine—
And all because of GOD,
because of his holy words.

10-12 Now for what GOD says regarding the
lying prophets:

"Can you believe it? A country teeming with adulterers!
faithless, promiscuous idolater-adulterers!
They're a curse on the land.
The land's a wasteland.
Their unfaithfulness
is turning the country into a cesspool,
Prophets and priests devoted to desecration.

들이다.
그들은 하나님인 나와 아무 상관이 없다.
그들은 심지어 내 성전까지도
더러운 범죄로 도배했다." **하나님**의 포고다.
"그들, 무사하지 못할 것이다.
어둔 곳으로 기울어진
미끄러운 길에서 구르다가,
칠흑 같은 어둠 속으로 굴러떨어지리라.
나는 그들이 반드시 죄의 대가를 치르게 할 것이다.
재앙의 해가 닥칠 것이다." **하나님**의 포고다.

⁂

13-14 "나는 사마리아 전역에서 예언자들이 벌이는
얼간이짓을 보았다. 충격적이었다!
그들은 바알 우상의 이름으로 설교하며
내 백성을 큰 혼란에 빠뜨렸다.
그런데 예루살렘 예언자들은 그보다 더 심하다. 끔찍할 정도다!
섹스에 중독되고 거짓을 따라 사는 그들,
악의 문화를 장려하고 있으면서
반성은 찾아볼 길 없다.
그들은 옛 소돔의 가련한 자들,
옛 고모라의 타락한 자들 못지않게 악하다."

15 그러므로 만군의 **하나님**께서 그 예언자들에 대해 주시는 **메시지**다.

"내가 그들에게 구더기 가득한 고기를 먹이고,
후식으로 독약을 주어 마시게 할 것이다.
그 예루살렘 예언자들이, 이 모든 문제의 배후다.
그들이 이 나라를 오염시키는 악의 원인

They have nothing to do with me as their God.
My very own Temple, mind you—
mud-spattered with their crimes." GOD's Decree.
"But they won't get by with it.
They'll find themselves on a slippery slope,
Careening into the darkness,
somersaulting into the pitch-black dark.
I'll make them pay for their crimes.
It will be the Year of Doom." GOD's Decree.

⁂

13-14 "Over in Samaria I saw prophets
acting like silly fools—shocking!
They preached using that no-god Baal for a text,
messing with the minds of my people.
And the Jerusalem prophets are even worse—horrible!—
sex-driven, living a lie,
Subsidizing a culture of wickedness,
and never giving it a second thought.
They're as bad as those wretches in old Sodom,
the degenerates of old Gomorrah."

15 So here's the Message to the prophets from GOD-of-the-Angel-Armies:

"I'll cook them a supper of maggoty meat
with after-dinner drinks of strychnine.
The Jerusalem prophets are behind all this.
They're the cause of the godlessness
polluting this country."

이다."

16-17 만군의 **하나님**의 메시지다.

"그 예언자들의 설교에 귀 기울이지 마라.
다 헛소리다. 새빨간 거짓말이다.
모두 지어낸 말이다.
내게서 나온 것은 한 마디도 없다.
그들은 하나님에 대해 무감각한 회중을 앞에 두고
'모든 일이 잘될 것'이라고 말한다.
잘못된 길을 고집하는 백성들을 향해
'나쁜 일은 절대 없을 것'이라고 설교한다.

18-20 그 예언자들 중에
나 **하나님**을 만나려고 애쓰는 자,
내가 하는 말을 들으려고 진정으로 애쓰는 자,
내 말을 듣고, 그대로 살아 내려는 자가 한 사람이라도 있느냐?
보아라! **하나님**의 회오리바람이 닥칠 것이다.
폭풍 같은 나의 회오리바람이,
그 사악한 자들의 머리를 팽이처럼 돌려 버릴 것이다!
내가 다 쓸어버리고
내 일을 마친 뒤에야,
비로소 하나님의 맹렬한 진노가 가라앉을 것이다.
그때 너희는,
내 일이 완수되었음을 보게 될 것이다.

21-22 내가 그 예언자들을 보낸 적이 없는데도,
그들은 제멋대로 달려 나갔다.
내가 그들에게 말한 적이 없는데도,
그들은 제멋대로 말을 전했다.

16-17 A Message from GOD-of-the-Angel-Armies:

"Don't listen to the sermons of the prophets.
It's all hot air. Lies, lies, and more lies.
They make it all up.
Not a word they speak comes from me.
They preach their 'Everything Will Turn Out Fine' sermon
to congregations with no taste for God,
Their 'Nothing Bad Will Ever Happen to You' sermon
to people who are set in their own ways.

18-20 "Have any of these prophets bothered to meet with me,
the true GOD?
bothered to take in what *I* have to say?
listened to and then *lived out* my Word?
Look out! GOD's hurricane will be let loose—
my hurricane blast,
Spinning the heads of the wicked like tops!
God's raging anger won't let up
Until I've made a clean sweep,
completing the job I began.
When the job's done,
you'll see that it's been well done.

Quit the "God Told Me This" Kind of Talk

21-22 "I never sent these prophets,
but they ran anyway.
I never spoke to them,
but they preached away.
If they'd have bothered to sit down and meet with me,

정말 그들이 차분히 앉아 나를 만나고자 애썼다면,
그들은 내 백성에게 내 **메시지**를 전해 주었을 것이다.
내 백성을 바른 길로 되돌리고,
악한 길에서 건져 내었을 것이다."

❦

23-24 **하나님**의 포고다. "내가 가까이에만 있는 하나님이냐?
멀리 있는 하나님은 아니냐?
내가 볼 수 없는 곳에
사람이 숨는 것이 가능하냐?"
하나님의 포고다.
"나는 보이든 보이지 않든,
어디에나 있지 않느냐?"
하나님의 포고다.

❦

25-27 "나는 내 이름을 팔아 거짓으로 설교하는 그 예언자들이 뭐라고 말하는지 잘 안다. 그들은 '내가 이런 꿈을 꾸었다! 내가 이런 꿈을 꾸었다!' 하고 떠든다. 내가 얼마나 더 참아야 하느냐? 그렇게 거짓말을 전하고 거창한 망상을 토해 내는 그 예언자들이 눈곱만큼이라도 나를 생각하겠느냐? 그들은 서로 꿈을 교환하고 망상을 바꿔 먹으면서, 내 백성을 미혹케 하여 나를 잊게 만든다. 우상 바알에게 미혹되었던 그들의 조상처럼 말이다.

28-29 꿈이나 꾸는 너희 예언자들,
계속 그렇게 얼빠진 꿈 이야기나 하고 다녀라.
그러나 나의 메시지를 받은 예언자들은
충실하고 성실하게 그것을 전하여라.
알곡과 쭉정이가 서로 무슨 상관이 있느냐?
하나님의 포고 같은 것이 또 어디 있으랴!

they'd have preached my Message to my people.
They'd have gotten them back on the right track,
gotten them out of their evil ruts.

❦

23-24 "Am I not a God near at hand"—GOD's Decree—
"and not a God far off?
Can anyone hide out in a corner
where I can't see him?"
GOD's Decree.
"Am I not present everywhere,
whether seen or unseen?"
GOD's Decree.

❦

25-27 "I know what they're saying, all these prophets who preach lies using me as their text, saying 'I had this dream! I had this dream!' How long do I have to put up with this? Do these prophets give two cents about me as they preach their lies and spew out their grandiose delusions? They swap dreams with one another, feed on each other's delusive dreams, trying to distract my people from me just as their ancestors were distracted by the no-god Baal.

28-29 "You prophets who do nothing but dream—
go ahead and tell your silly dreams.
But you prophets who have a message from me—
tell it truly and faithfully.
What does straw have in common with

나의 **메시지**는 불같지 않느냐?" **하나님**의 포고다.
"바위를 깨부수는 거대한 쇠망치 같지 않느냐?

30-31 서로 얻어 들은 것으로 설교하는 그 예언자들을 내가 대적하겠다. 그렇다. 내가 대적할 것이다. 그들은 자기들이 지어낸 말을 설교라 한다.

32 오, 그렇다. 몽상에 불과한 거짓말을 전하고, 그것을 나라 전역에 퍼뜨리며, 저속하고 무모한 말로 내 백성의 삶을 파멸시키는 예언자들을 내가 대적할 것이다.
나는 그들을 보낸 적이 없으며, 그들 중 누구에게도 권한을 부여한 적이 없다. 그들은 이 백성에게 아무 도움도 되지 않는, 백해무익한 존재들이다!" **하나님**의 포고다.
33 "예언자나 제사장이나 그 누구든지 '**하나님**께서 왜 이렇게 말씀하시는 거요? 대체 뭐가 문제요?' 하고 묻거든, 그에게 이렇게 말해 주어라. '너다. 바로 네가 문제다. 그리고 나는 너를 없애 버릴 것이다.'" **하나님**의 포고다.

34 "예언자와 제사장들을 포함해 입만 열면 '**하나님**의 **메시지**다! **하나님**의 **메시지**다!' 하며 떠들고 다니는 자들, 내가 그들과 그 가족들을 벌할 것이다.
35-36 **하나님**이 뭐라고 말씀하는지 안다고 주장할 것이 아니라, '이 일에 있어 **하나님**의 뜻이 무엇일까' 하고 서로 물어보아라. 다 안다는 듯 '하나님께서 내게 이렇게 말씀하셨다. 이렇게도 말씀하셨다' 말하지 마라. 나는 그런 소리를 더 이상 듣고 싶지 않다. 오직 내가 권한을 부여한 자만이 나를 대변할 수 있다. 그렇지 않은 모든 자는 나의 **메시지**, 곧 살아 있는 만군의 **하나님**의

wheat?
Nothing else is like GOD's Decree.
Isn't my Message like fire?" GOD's Decree.
"Isn't it like a sledgehammer busting a rock?

30-31 "I've had it with the 'prophets' who get all their sermons secondhand from each other. Yes, I've had it with them. They make up stuff and then pretend it's a real sermon.

32 "Oh yes, I've had it with the prophets who preach the lies they dream up, spreading them all over the country, ruining the lives of my people with their cheap and reckless lies.
"I never sent these prophets, never authorized a single one of them. They do nothing for this people—*nothing!*" GOD's Decree.
33 "And anyone, including prophets and priests, who asks, 'What's GOD got to say about all this, what's troubling him?' tell him, 'You, you're the trouble, and I'm getting rid of you.'" GOD's Decree.

34 "And if anyone, including prophets and priests, goes around saying glibly 'GOD's Message! GOD's Message!' I'll punish him and his family.
35-36 "Instead of claiming to know what GOD says, ask questions of one another, such as 'How do we understand GOD in this?' But don't go around pretending to know it all, saying 'God told me this...God told me that...' I don't want to hear it anymore. Only the person I authorize speaks for me. Otherwise, my Message

메시지를 왜곡하는 자다.

37-38 너희는 예언자들에게 '하나님께서 당신에게 어떻게 대답하셨소? 그분이 당신에게 뭐라고 말씀하셨소?' 하고 물을 수 있다. 그러나 너희는 답을 아는 척 가장하지 말고, 그렇게 말하지도 마라. 다시 말한다. '하나님께서 내게 이렇게 말씀하셨다. 이렇게도 말씀하셨다' 하는 식으로 말하는 것을 멈추어라.

39-40 귀담아듣고 있느냐? 그렇게 하지 않으면, 내가 너희를 들어 올려 바닥에 내팽개칠 생각이다. 내가 너희와 너희 조상에게 준 이 도성 전체가 함께 널브러질 것이다. 내가 너희를 대적할 것이다. 그냥 넘어가지 않을 것이다. 너희는 수치를 당하여 역사의 무대에서 사라질 것이다."

무화과 두 바구니

24 1-2 **하나님**께서 내게 **하나님**의 성전 앞에 놓인 무화과 두 바구니를 보여주셨다. 바빌론의 느부갓네살 왕이 예루살렘에 있던 유다 왕 여호야김의 아들 여호야긴과 유다의 지도자와 장인과 숙련공을 바빌론으로 끌고 간 뒤에 있었던 일이다. 한 바구니 안에는 먹음직스럽게 잘 익은 최상품 무화과가 들어 있었고, 다른 바구니에는 도저히 먹을 수 없을 정도로 썩어 버린 무화과가 들어 있었다.

3 **하나님**께서 내게 말씀하셨다. "예레미야야, 무엇이 보이느냐?"

"무화과입니다." 내가 말했다. "최상품 무화과와, 먹을 수 없을 정도로 썩어 버린 무화과입니다."

4-6 그러자 **하나님**께서 내게 말씀하셨다. "이스라엘의 **하나님**의 **메시지**다. 내가 멀리 바빌론 사람들의 땅으로 보낸 포로들은 최상품 무화과와 같다. 나는 그들이 거기서

gets twisted, the Message of the living GOD-of-the-Angel-Armies.

37-38 "You can ask the prophets, 'How did GOD answer you? What did he tell you?' But don't pretend that you know all the answers yourselves and talk like you know it all. I'm telling you: Quit the 'God told me this...God told me that...' kind of talk.

39-40 "Are you paying attention? You'd better, because I'm about to take you in hand and throw you to the ground, you and this entire city that I gave to your ancestors. I've had it with the lot of you. You're never going to live this down. You're going down in history as a disgrace."

Two Baskets of Figs

24 1-2 GOD showed me two baskets of figs placed in front of the Temple of GOD. This was after Nebuchadnezzar king of Babylon had taken Jehoiachin son of Jehoiakim king of Judah from Jerusalem into exile in Babylon, along with the leaders of Judah, the craftsmen, and the skilled laborers. In one basket the figs were of the finest quality, ripe and ready to eat. In the other basket the figs were rotten, so rotten they couldn't be eaten.

3 GOD said to me, "Jeremiah, what do you see?"

"Figs," I said. "Excellent figs of the finest quality, and also rotten figs, so rotten they can't be eaten."

4-6 Then GOD told me, "This is the Message from the GOD of Israel: The exiles from here that I've sent off to the land of the Babylonians are like the good figs, and I'll make sure they get good treatment. I'll

좋은 대우를 받게 할 것이다. 그들을 잘 보살펴 다시 이 땅으로 데려올 것이다. 나는 그들을 세우고, 허물지 않을 것이다. 내가 그들을 심고, 뽑지 않을 것이다.
7 내가 그들에게 나 **하나님**을 아는 마음을 주어, 그들은 내 백성이 되고 나는 그들의 하나님이 될 것이다. 그들은 전심으로 내게 돌아올 것이다.
8-10 그러나 유다 왕 시드기야는 너무 썩어 먹을 수 없는 무화과와 같다. 나는 그와 그의 신하들을 썩은 무화과처럼 취급할 것이다. 이곳에 남은 생존자들과 이집트로 내려간 자들도 마찬가지다. 나는 온 세상이 그들을 역겨워하게 만들 것이다. 그들은 혐오감을 주는 유랑자들이 될 것이며, 내가 쫓아 보낸 곳마다 사람들이 그들의 이름을 욕으로 사용할 것이다. 나는 그들이 전쟁과 기아와 염병으로 떼죽음을 당하게 하고, 내가 그들과 그들 조상에게 주었던 땅에서 완전히 사라지게 만들 것이다."

바빌론 왕의 지배를 받으리라

25 1 유다 백성에 대해 예레미야에게 임한 **메시지**다. 때는 유다 왕 요시야의 아들 여호야김 사년, 곧 바빌론 느부갓네살 왕 원년이었다.
2 예언자가 유다의 모든 백성과 예루살렘 모든 주민에게 이 **메시지**를 전했다.
3 "유다 왕 아몬의 아들 요시야 십삼년부터 오늘에 이르기까지—이십삼 년 동안!—내게 **하나님**의 말씀이 임했고, 나는 이른 아침부터 밤늦게까지 매일 그것을 너희에게 전했다. 그런데 너희는 그 말을 한 마디도 귀 기울여 듣지 않았다!
4-6 **하나님**께서는 나뿐 아니라 끈질긴 예언자들을 쉼 없이 보내셨지만, 너희는 전혀 귀 기울이지 않았다. 예언자들은 너희에게 말했다. '돌아서라. 지금 당장, 한 사람도

keep my eye on them so that their lives are good, and I'll bring them back to this land. I'll build them up, not tear them down; I'll plant them, not uproot them.
7 "And I'll give them a heart to know me, GOD. They'll be my people and I'll be their God, for they'll have returned to me with all their hearts.
8-10 "But like the rotten figs, so rotten they can't be eaten, is Zedekiah king of Judah. Rotten figs—that's how I'll treat him and his leaders, along with the survivors here and those down in Egypt. I'll make them something that the whole world will look on as disgusting—repugnant outcasts, their names used as curse words wherever in the world I drive them. And I'll make sure they die like flies—from war, starvation, disease, whatever—until the land I once gave to them and their ancestors is completely rid of them."

Don't Follow the God-Fads of the Day

25 1 This is the Message given to Jeremiah for all the people of Judah. It came in the fourth year of Jehoiakim son of Josiah king of Judah. It was the first year of Nebuchadnezzar king of Babylon.
2 Jeremiah the prophet delivered the Message to all the people of Judah and citizens of Jerusalem:
3 From the thirteenth year of Josiah son of Amon king of Judah right up to the present day—twenty-three years it's been!—GOD's Word has come to me, and from early each morning to late every night I've passed it on to you. And you haven't listened to a

빠짐없이! 너희 길과 악한 행실에서 돌아서
라. 하나님이 너희와 너희 조상에게 준 땅,
너희에게 영원히 주려고 한 그 땅에서 살고
싶으면 돌아서라. 유행하는 신들을 좇지 말
고, 우상들을 추종하여 숭배하지 마라. 신
을 만들어 파는 사업을 벌여 나를 격노케
하지 마라. 위험하기 그지없는 불장난을 그
쳐라!
7 그런데도 너희는 전혀 귀 기울여 듣지
않았고, 그래서 나는 진노했다. 너희가 벌
여 온 신 장사가 마침내 너희에게 화를 불
러왔다.'
8-11 이제 만군의 **하나님**의 선고를 들어
라. '너희가 내 말에 귀 기울이기를 계속
거절했으니, 이제 내가 나서겠다. 나는
내 종 바빌론 왕 느부갓네살을 시켜 북방
에서 군대를 일으키게 하고 그들을 이곳
으로 데려와서, 이 땅과 그 백성과 주변
나라들을 모조리 치게 할 것이다. 내가
전부 진멸해 버릴 것이다. 역사상 가장
참혹한 일이 벌어질 것이다. 기쁨의 소리
란 소리는 모조리 걷어낼 것이다. 노랫소
리, 웃음소리, 결혼 축하연소리, 일꾼들
의 흥겨운 소리, 등불을 켜고 저녁식사를
즐기는 소리가 모두 사라질 것이다. 땅
전체가 거대한 황무지가 될 것이다. 그
나라들은 칠십 년 동안 바빌론 왕의 지배
를 받을 것이다.
12-14 칠십 년이 다 차면, 나는 바빌론 왕
과 바빌론 나라의 죄를 물어 벌할 것이
다. 이번에는 그들이 황무지가 될 것이
다. 나는 그 나라에 행하겠다고 말한 모
든 일을 이룰 것이다. 이 책에 기록된 모
든 일, 예레미야가 그 사악한 민족들을
대적해 말했던 모든 일을 내가 낱낱이 이
행할 것이다. 많은 민족과 대왕들이 바빌
론 사람을 종으로 삼을 것이며, 그들이
다른 사람들에게 했던 그대로 되갚아 줄

word of it!
4-6 Not only that but GOD also sent a steady
stream of prophets to you who were just as
persistent as me, and you never listened.
They told you, "Turn back—right now, each
one of you!—from your evil way of life and
bad behavior, and live in the land GOD
gave you and your ancestors, the land he
intended to give you forever. Don't follow
the god-fads of the day, taking up and
worshiping these no-gods. Don't make me
angry with your god-businesses, making
and selling gods—a dangerous business!
7 "You refused to listen to any of this, and
now I am really angry. These god-making
businesses of yours are your doom."
8-11 The verdict of GOD-of-the-Angel-Armies
on all this: "Because you have refused to
listen to what I've said, I'm stepping in.
I'm sending for the armies out of the north
headed by Nebuchadnezzar king of Babylon,
my servant in this, and I'm setting them on
this land and people and even the surround-
ing countries. I'm devoting the whole works
to total destruction—a horror to top all the
horrors in history. And I'll banish every
sound of joy—singing, laughter, marriage
festivities, genial workmen, candlelit suppers.
The whole landscape will be one vast waste-
land. These countries will be in subjection to
the king of Babylon for seventy years.
12-14 "Once the seventy years is up, I'll punish
the king of Babylon and the whole nation of
Babyㅋhing that I said I'd do to that country,
I'll do—everything that's written in this book,
everything Jeremiah preached against all
the godless nations. Many nations and great
kings will make slaves of the Babylonians,

것이다. 그들은 결코 무사하지 못할 것이다.' 하나님의 포고다."

모든 민족에게 내리는 진노의 잔

15-16 이스라엘의 하나님께서 내게 주신 메시지다. "내가 너에게 건네는 이 진노의 포도주 잔을 받아라. 내가 너를 모든 민족에게 보낼 때에, 그들이 이 잔을 마시게 하여라. 그들이 마시고 취할 것이다. 내가 그들 가운데 풀어 놓을 대학살 때문에 정신을 잃고 헛소리를 지껄이며 비틀거릴 것이다."

17-26 나는 하나님의 손에서 그 잔을 받아, 그분께서 나를 보내신 모든 민족에게 마시게 했다.

예루살렘과 유다의 마을과 그들의 왕과 고관들이 마시자, 모두 거대한 황무지로 변해 버렸다. 실로 끔찍하고 저주스런 광경이었다. 이것이 지금 그들의 모습이다.
이집트의 바로 왕과 그의 신하와 고관과 백성들, 그리고 그들과 섞여 사는 모든 외국인,
우스의 모든 왕,
아스글론과 가사와 에그론 출신 블레셋 사람의 모든 왕과 아스돗에 남아 있는 주민들,
에돔과 모압과 암몬 백성,
두로와 시돈과 바다 건너 해안 지방의 모든 왕,
드단과 데마와 부스와 사막 언저리의 유목민들,
아라비아의 모든 왕과 사막에서 옮겨 다니는 여러 베두인 족장과 추장들,
시므리와 엘람과 메대 사람의 모든 왕,
북쪽 나라의 모든 왕,
지구 위의 모든 왕국,
마지막으로 세삭(곧 바빌론)의 왕이 그 잔을 마시게 될 것이다.

paying them back for everything they've done to others. They won't get by with anything." GOD's Decree.

God Puts the Human Race on Trial

15-16 This is a Message that the GOD of Israel gave me: "Take this cup filled with the wine of my wrath that I'm handing to you. Make all the nations where I send you drink it down. They'll drink it and get drunk, staggering in delirium because of the killing that I'm going to unleash among them."

17-26 I took the cup from GOD's hand and made them drink it, all the nations to which he sent me:

Jerusalem and the towns of Judah, along with their kings and leaders, turning them into a vast wasteland, a horror to look at, a cussword—which, in fact, they now are;
Pharaoh king of Egypt with his attendants and leaders, plus all his people and the melting pot of foreigners collected there;
All the kings of Uz;
All the kings of the Philistines from Ashkelon, Gaza, Ekron, and what's left of Ashdod;
Edom, Moab, and the Ammonites;
All the kings of Tyre, Sidon, and the coastlands across the sea;
Dedan, Tema, Buz, and the nomads on the fringe of the desert;
All the kings of Arabia and the various Bedouin sheiks and chieftains wandering about in the desert;
All the kings of Zimri, Elam, and the Medes;
All the kings from the north countries near and far, one by one;
All the kingdoms on planet Earth...

27 "그들에게 전하여라. '만군의 **하나님**, 이스라엘의 하나님께서 내리시는 명령이다. 너희는 마시고 취하고 토하여라. 앞으로 자빠져 일어나지 마라. 너희에게 대학살이 예정되어 있다.'

28 그들 중 누구라도 네게서 잔을 받아 마시기를 거절하는 자가 있으면, 이렇게 전하여라. '만군의 **하나님**께서 네게 마시라고 명령하셨다. 그러니 마셔라!

29 최악의 시간이 닥쳐올 것이다! 내가 나의 것으로 삼았던 이 도성에 대재앙을 내리기 시작했다. 빠져나갈 생각은 아예 마라. 너희는 결코 빠져나가지 못할 것이다. 이것은 칼이다. 온 세계의 모든 사람을 내리치는 칼이다!'" 만군의 **하나님**의 포고다.

30-31 "예레미야야, 이 모든 말을 전하여라. 이 **메시지** 전부를 그들에게 전하여라.

'**하나님**께서 높은 하늘에서 사자처럼 포효하시니,
그분의 거룩한 거처에서 우르릉 천둥소리가 울려 나온다.
당신의 백성을 향해 귀청을 찢을 듯 고함을 치신다.
가을걷이 일꾼들의 환성소리 같은 고함이다.
그 거대한 소리가 온 땅에 울려 퍼진다.
모든 곳, 모든 자들에게 들린다.
하나님께서 사악한 민족들을 고발하신다.
그분이 온 인류를 심판하실 것이다.
악인들이 받게 될 선고는 명백하다.
모두 칼에 맞아 죽을 것이다.'" **하나님**의 포고다.

32 만군의 **하나님**의 **메시지**다.

"최악의 시간이 닥쳐온다! 대재앙의 날

And the king of Sheshak (that is, Babylon) will be the last to drink.

27 "Tell them, 'These are orders from GOD-of-the-Angel-Armies, the God of Israel: Drink and get drunk and vomit. Fall on your faces and don't get up again. You're slated for a massacre.'

28 "If any of them refuse to take the cup from you and drink it, say to them, 'GOD-of-the-Angel-Armies has ordered you to drink. So drink!

29 "'Prepare for the worst! I'm starting off the catastrophe in the city that I claim as my own, so don't think you are going to get out of it. No, you're not getting out of anything. It's the sword and nothing but the sword against everyone everywhere!'" The GOD-of-the-Angel-Armies' Decree.

30-31 "Preach it all, Jeremiah. Preach the entire Message to them. Say:

"'GOD roars like a lion from high heaven;
  thunder rolls out from his holy dwelling—
Ear-splitting bellows against his people,
  shouting hurrahs like workers in harvest.
The noise reverberates all over the earth;
  everyone everywhere hears it.
GOD makes his case against the godless nations.
  He's about to put the human race on trial.
For the wicked the verdict is clear-cut:
  death by the sword.'" GOD's Decree.

32 A Message from GOD-of-the-Angel-Armies:

이다!
재앙이 이 민족에서 저 민족으로 퍼져 나가리라.
온 땅을 휩쓸어 버릴
거대한 폭풍이 일어나리라."

"Prepare for the worst! Doomsday!
Disaster is spreading from nation to nation.
A huge storm is about to rage
all across planet Earth."

33 그날에, **하나님**의 심판을 받아 쓰러진 자들의 시체가 땅의 이쪽 끝에서 저쪽 끝까지 널브러질 것이다. 그들을 위해 우는 자 없고, 땅에 묻어 줄 자도 없으리라. 거름 똥처럼 땅에 그대로 방치될 것이다.

33 Laid end to end, those killed in GOD's judgment that day will stretch from one end of the earth to the other. No tears will be shed and no burials conducted. The bodies will be left where they fall, like so much horse dung fertilizing the fields.

34-38 목자들아, 슬피 울어라! 도와 달라고 부르짖어라!
양 떼의 주인들아, 땅바닥에 엎드려라!
시간이 다 되었다. 도살장에 끌려가는
숫양 같은 너희가, 이제 그 차례다.
지도자들은 빠져나가지 못한다.
목자들도 도망가지 못한다.
들리느냐? 살려 달라고 지도자들이 울부짖는 소리,
양 떼의 목자들이 통곡하는 소리!
아름다웠던 그들의 목장을 **하나님**께서 황무지로 바꾸어 놓으실 것이다.
평화로웠던 양 우리에는,
하나님의 진노로 죽음 같은 정적만 흐르게 될 것이다.
느닷없이 달려드는 사자처럼,
하나님께서 불시에 나타나시리라.
그분의 진노로 온 나라가 갈기갈기 찢기고,
땅은 폐허가 될 것이다.

34-38 Wail, shepherds! Cry out for help!
Grovel in the dirt, you masters of flocks!
Time's up—you're slated for the slaughterhouse,
like a choice ram with its throat cut.
There's no way out for the rulers,
no escape for those shepherds.
Hear that? Rulers crying for help,
shepherds of the flock wailing!
GOD is about to ravage their fine pastures.
The peaceful sheepfolds will be silent with death,
silenced by GOD's deadly anger.
God will come out into the open
like a lion leaping from its cover,
And the country will be torn to pieces,
ripped and ravaged by his anger.

예레미야의 성전 설교

26 1 유다 왕 요시야의 아들 여호야김이 나라를 다스리기 시작할 무렵, **하나님**의 **메시지**가 예레미야에

Change the Way You're Living

26 1 At the beginning of the reign of Jehoiakim son of Josiah king of Judah, this Message came from GOD to Jeremiah:

게 임했다.

2-3 "**하나님**의 **메시지**다. 너는 **하나님**의 성전 뜰에 서서, 유다 전역에서 **하나님**을 예배하러 오는 백성에게 전하여라. 내가 이르는 말을 남김없이 전하여라. 한 마디도 빼지 마라. 행여 그들이 듣고 악한 삶에서 돌이킬지 어찌 알겠느냐. 그러면 나는 그들의 악행을 벌하기 위해 계획한 재앙을 다시 생각해 볼 것이다.

4-6 그들에게 전하여라. '**하나님**의 **메시지**다. 너희가 내게 귀 기울이기를 거부하고, 내가 분명하게 계시한 가르침을 따라 살기를 거부하고, 내가 끊임없이 보내는 나의 종과 예언자들의 말에 귀 기울이기를 계속 거부하면—한 번도 귀 기울인 적 없는 너희는 앞으로도 그럴 것이다!—나는 이 성전을 실로처럼 폐허로 만들 것이다. 이 도성을 온 세상의 조롱과 저주가 되게 할 것이다.'"

7-9 예레미야가 **하나님**의 성전에서 이 **메시지**를 전하자, 그곳에 있던 모든 제사장과 예언자와 백성들이 들었다. 예레미야가 하나님이 이르신 모든 말씀을 남김없이 전하고 설교를 마치자, 제사장과 예언자와 백성들이 그를 붙잡고 소리쳤다. "너는 사형감이다! 감히 **하나님**의 이름을 들먹이며 이 성전이 실로처럼 폐허가 될 거라고 말하느냐? 이 도성 사람들이 다 전멸한다고?"
성전 안에 있던 백성 모두가 폭도처럼 예레미야에게 달려들었다.

10 유다 왕궁의 고관들이 이 일을 전해 들었다. 그들은 즉시 왕궁을 떠나 **하나님**의 성전에 와서 진상을 조사했다. 그리고 **하나님**의 성전 '새 대문' 어귀에서 현장 공판을 열었다.

11 먼저 예언자와 제사장들이 입을 열어 고관과 백성들을 향해 말했다. "이 자를 사형

2-3 "GOD's Message: Stand in the court of GOD's Temple and preach to the people who come from all over Judah to worship in GOD's Temple. Say everything I tell you to say to them. Don't hold anything back. Just maybe they'll listen and turn back from their bad lives. Then I'll reconsider the disaster that I'm planning to bring on them because of their evil behavior.

4-6 "Say to them, 'This is GOD's Message: If you refuse to listen to me and live by my teaching that I've revealed so plainly to you, and if you continue to refuse to listen to my servants the prophets that I tirelessly keep on sending to you—but you've never listened! Why would you start now?—then I'll make this Temple a pile of ruins like Shiloh, and I'll make this city nothing but a bad joke worldwide.'"

7-9 Everybody there—priests, prophets, and people—heard Jeremiah preaching this Message in the Temple of GOD. When Jeremiah had finished his sermon, saying everything God had commanded him to say, the priests and prophets and people all grabbed him, yelling, "Death! You're going to die for this! How dare you preach—and using GOD's name!—saying that this Temple will become a heap of rubble like Shiloh and this city be wiped out without a soul left in it!"
All the people mobbed Jeremiah right in the Temple itself.

10 Officials from the royal court of Judah were told of this. They left the palace immediately and came to GOD's Temple to

에 처하십시오! 그는 죽어 마땅합니다! 여러분이 들은 것처럼, 그는 이 도성을 저주하는 설교를 했습니다."

12-13 이번에는 예레미야가 군중이 보는 앞에서 고관들을 향해 말했다. "**하나님**이 나를 보내셔서, 여러분이 전해 들은 그 말씀 모두를 이 성전과 도성을 향해 전하라고 하셨습니다. 그러니 이제 응답하십시오! 여러분의 삶을 바꾸고, 행위를 바꾸십시오. **하나님**의 **메시지**에 귀 기울이고 순종하십시오. 그렇게 되면, **하나님**께서 내리겠다고 하신 재앙을 다시 생각하겠다고 말씀하십니다.

14-15 내 몸은 여러분의 손에 달려 있습니다. 여러분 마음대로 하십시오. 그러나 이것만은 분명히 알아 두십시오. 만일 여러분이 나를 죽인다면 그것은 죄 없는 자를 죽이는 일이고, 여러분과 이 도성과 이곳 백성 모두가 그 일에 대해 책임을 져야 할 것입니다. 나는 단 한 마디도 내 생각을 말하지 않았습니다. **하나님**께서 나를 보내셨고, 내게 해야 할 말을 일러 주셨습니다. 여러분은 예레미야가 아니라 **하나님**께서 하시는 말씀을 들은 것입니다."

16 그러자 고관들이 백성 앞에서 제사장과 예언자들에게 판결을 내렸다. "석방하시오. 이 사람에게는 사형당할 만한 죄가 없소. 그는 우리 **하나님**의 권위에 기대어 말한 것이오."

17-18 그러자 존경받는 지도자들 가운데 몇몇이 일어나 군중을 향해 말했다. "유다 왕 히스기야가 다스릴 때에, 모레셋 사람 미가가 유다 백성을 향해 이런 설교를 한 적이 있습니다. '너희를 향한 만군의 **하나님**의 **메시지**다.

바로 너희 같은 자들 때문에

investigate. They held court on the spot, at the New Gate entrance to GOD's Temple.

11 The prophets and priests spoke first, addressing the officials, but also the people: "Death to this man! He deserves nothing less than death! He has preached against this city—you've heard the evidence with your own ears."

12-13 Jeremiah spoke next, publicly addressing the officials before the crowd: "GOD sent me to preach against both this Temple and city everything that's been reported to you. So do something about it! Change the way you're living, change your behavior. Listen obediently to the Message of your GOD. Maybe GOD will reconsider the disaster he has threatened.

14-15 "As for me, I'm at your mercy—do whatever you think is best. But take warning: If you kill me, you're killing an innocent man, and you and the city and the people in it will be liable. I didn't say any of this on my own. GOD sent me and told me what to say. You've been listening to *GOD* speak, not Jeremiah."

16 The court officials, backed by the people, then handed down their ruling to the priests and prophets: "Acquittal. No death sentence for this man. He has spoken to us with the authority of our GOD."

17-18 Then some of the respected leaders stood up and addressed the crowd: "In the reign of Hezekiah king of Judah, Micah of Moresheth preached to the people of Judah this sermon: This is GOD-of-the-Angel-Armies' Message for you:

시온은 다시 밭으로 돌아가고,
예루살렘은 결국 돌무더기가 될 것이다.
산 위에는 성전 대신,
몇 그루 잡목만 서 있게 될 것이다.'

19 이런 설교를 했다고 히스기야 왕이나
유다 백성이 그 모레셋 사람 미가를 죽였
습니까? 아닙니다. 오히려 히스기야는 그
를 높이면서 **하나님**께 자비를 베풀어 달라
고 기도하지 않았습니까? 그러자 **하나님**
께서는 내리시겠다고 하신 재앙을 취소해
주시지 않았습니까?
그러니 여러분, 자칫하면 우리가 끔찍한
재앙을 불러들일 수 있습니다."

20-23 (전에 **하나님**의 이름으로 유사한 설교를 했
던 사람으로, 기럇여아림 사람 스마야의 아들 우
리야가 있었다. 그도 예레미야처럼 이 도성과 나
라를 대적하는 설교를 했다. 그의 설교를 들은 여
호야김 왕과 그의 고관들은 그를 죽이기로 작정
했다. 목숨이 위태로워지자, 우리야는 이집트로
도망가 숨었다. 여호야김 왕이 악볼의 아들 엘라
단에게 수색대를 딸려 보내 그를 추적하게 했다.
그들이 이집트에서 우리야를 찾아내어 왕 앞으로
데려왔다. 왕은 그를 죽이라고 명령했다. 그들은
그의 시신을 쓰레기 버리듯 도성 바깥에 던져 버
렸다.
24 그러나 예레미야는 사반의 아들 아히감
이 나서서 그의 편을 들어주었기에, 군중
의 손에 죽는 것을 면할 수 있었다.)

거짓 예언자들과 싸우는 예레미야

27 1-4 유다 왕 요시야의 아들 시드
기야 재위 초기에, **하나님**께서
예레미야에게 **메시지**를 주셨다. "너는 마
구와 멍에를 만들어 목에 메어라. 에돔과
모압과 암몬과 두로와 시돈의 왕들에게 전

"'Because of people like you,
Zion will be turned back into farmland,
Jerusalem end up as a pile of rubble,
and instead of the Temple on the mountain,
a few scraggly scrub pines.'

19 "Did King Hezekiah or anyone else in
Judah kill Micah of Moresheth because
of that sermon? Didn't Hezekiah honor
him and pray for mercy from GOD? And
then didn't GOD call off the disaster he had
threatened?
"Friends, we're at the brink of bringing a
terrible calamity upon ourselves."

20-23 (At another time there had been a man,
Uriah son of Shemaiah from Kiriath-jearim, who
had preached similarly in the name of GOD. He
preached against this same city and country just as
Jeremiah did. When King Jehoiakim and his royal
court heard his sermon, they determined to kill
him. Uriah, afraid for his life, went into hiding in
Egypt. King Jehoiakim sent Elnathan son of Achbor
with a posse of men after him. They brought him
back from Egypt and presented him to the king.
And the king had him killed. They dumped his body
unceremoniously outside the city.
24 But in Jeremiah's case, Ahikam son of
Shaphan stepped forward and took his side,
preventing the mob from lynching him.)

Harness Yourselves Up to the Yoke

27 1-4 Early in the reign of Zedekiah
son of Josiah king of Judah,
Jeremiah received this Message from GOD:
"Make a harness and a yoke and then
harness yourself up. Send a message to the

갈을 보내라. 유다 왕 시드기야를 만나러 예루살렘에 온 그들의 사신들을 통해 보내라. 그들에게, 가서 이 명령을 주인에게 전하라고 일러라. '만군의 **하나님**, 이스라엘의 하나님의 **메시지**다. 너희 주인에게 이렇게 전하여라.

5-8 나는 땅과 사람과 세상 모든 짐승을 만든 이다. 나는 누구의 도움 없이 혼자서 그 일을 했으며, 내가 만든 것을 누구든지 내가 원하는 자에게 주어 맡긴다. 현재 나는 그 땅 전체를 나의 종 바빌론 왕 느부갓네살에게 맡겼다. 나는 들짐승들도 그에게 복종하게 했다. 민족들 모두가 그를 섬기고, 이후에는 그의 아들과 그의 손자를 섬기게 될 것이다. 그러고 나면 그의 때가 다하여 세상이 뒤집힐 것이다. 그때 바빌론은 패자가 되어 종으로 전락할 것이다. 그러나 그 전까지는, 모든 나라와 왕국이 바빌론 왕 느부갓네살에게 굴복하고 바빌론 왕의 멍에를 받아들여 그것을 메어야 한다. 그렇게 하지 않는 민족은 내가 전쟁과 기근과 염병으로 벌을 주어, 결국 내가 원하는 곳으로 끌고 갈 것이다.

9-11 그러니 장래 일을 안다고 주장하며 너희더러 바빌론 왕에게 항복하지 말라고 말하는 자들, 곧 너희 예언자와 영매와 점쟁이들의 말에 절대 귀 기울이지 마라. 그들은 뻔뻔한 거짓말을 늘어놓을 뿐이며, 너희가 그 말을 듣다가는 고향 땅을 떠나 멀리 포로로 잡혀가게 될 것이다. 내가 직접 너희를 너희 땅에서 쫓아 보낼 것이다. 그것이 너희의 최후가 될 것이다. 그러나 바빌론 왕의 멍에를 받아들이고 그가 시키는 대로 따르는 민족은, 계속해서 자기 땅에서 생업을 돌보며 살 수 있게 할 것이다.'"

12-15 나는 유다 왕 시드기야에게도 같은 메시지를 전했다. "바빌론 왕의 멍에를

kings of Edom, Moab, Ammon, Tyre, and Sidon. Send it through their ambassadors who have come to Jerusalem to see Zedekiah king of Judah. Give them this charge to take back to their masters: 'This is a Message from GOD-of-the-Angel-Armies, the God of Israel. Tell your masters:

5-8 "'I'm the one who made the earth, man and woman, and all the animals in the world. I did it on my own without asking anyone's help and I hand it out to whomever I will. Here and now I give all these lands over to my servant Nebuchadnezzar king of Babylon. I have made even the wild animals subject to him. All nations will be under him, then his son, and then his grandson. Then his country's time will be up and the tables will be turned: *Babylon* will be the underdog servant. But until then, any nation or kingdom that won't submit to Nebuchadnezzar king of Babylon must take the yoke of the king of Babylon and harness up. I'll punish that nation with war and starvation and disease until I've got them where I want them.

9-11 "'So don't for a minute listen to all your prophets and spiritualists and fortunetellers, who claim to know the future and who tell you not to give in to the king of Babylon. They're handing you a line of lies, barefaced lies, that will end up putting you in exile far from home. I myself will drive you out of your lands, and that'll be the end of you. But the nation that accepts the yoke of the king of Babylon and does what he says, I'll let that nation stay right where it is, minding its own business.'"

12-15 Then I gave this same message to

메십시오. 그와 그의 백성을 섬기십시오. 부디 목숨을 부지하십시오! 굳이 칼에 맞아 죽고, 굶어 죽고, 병들어 죽는 길을 택할 까닭이 무엇입니까? **하나님**께서는 바빌론 쪽에 붙지 않는 모든 민족이 그렇게 될 것이라고 경고하십니다. 바빌론 왕에게 복종하지 말라고 전하는 예언자들의 말을 듣지 마십시오. 그것은 거짓말입니다. 거짓 설교입니다. 이에 대한 **하나님**의 말씀은 이렇습니다. '나는 그 예언자들을 보낸 적이 없는데도, 그들은 내가 자기들을 보냈다고 주장하며 거짓 설교를 일삼는다. 너희가 그들의 말을 듣고 따른다면, 나는 너희를 이 땅에서 쫓아낼 것이다. 그것이 너희와 거짓말하는 예언자들의 최후가 될 것이다.'"

16-22 마지막으로 나는 제사장과 백성 전체를 향해 말했다. "**하나님**의 **메시지**입니다. 여러분에게 계속 '우리를 믿어라. 탈취당한 **하나님**의 성전 기구들이 이제 곧 바빌론에서 되돌아올 것이다' 하고 말하는 예언자들의 설교에 귀 기울이지 마십시오. 거짓말입니다. 그들의 말을 듣지 마십시오. 바빌론 왕에게 무릎을 꿇고 목숨을 부지하십시오. 이 도성의 멸망과 폐허를 불러올 일을 왜 한단 말입니까? 그들이 진짜 예언자들이고 **하나님**의 **메시지**를 받는 자들이라면, 마땅히 만군의 **하나님** 앞에 나아가, 아직 **하나님**의 성전과 왕궁과 예루살렘에 남아 있는 기구들이 바빌론에 빼앗기지 않게 해달라고 기도해야 할 것입니다. 만군의 **하나님**께서 아직 남아 있는 성전 기구들—바빌론의 느부갓네살 왕이 여호야김의 아들 여호야긴과 유다와 예루살렘의 모든 지도자들을 포로로 잡아 바빌론으로 끌고 갈 때 가져가지 않고 남겨 놓은 기둥과 대형 청동대야, 받침대, 기타 여러 그릇과 잔들—에 대해 이미 말씀하신 바가

Zedekiah king of Judah: "Harness yourself up to the yoke of the king of Babylon. Serve him and his people. Live a long life! Why choose to get killed or starve to death or get sick and die, which is what GOD has threatened to any nation that won't throw its lot in with Babylon? Don't listen to the prophets who are telling you not to submit to the king of Babylon. They're telling you lies, *preaching lies*. GOD's Word on this is, 'I didn't send those prophets, but they keep preaching lies, claiming I sent them. If you listen to them, I'll end up driving you out of here and that will be the end of you, both you and the lying prophets.'"

16-22 And finally I spoke to the priests and the people at large: "This is GOD's Message: Don't listen to the preaching of the prophets who keep telling you, 'Trust us: The furnishings, plundered from GOD's Temple, are going to be returned from Babylon any day now.' That's a lie. Don't listen to them. Submit to the king of Babylon and live a long life. Why do something that will destroy this city and leave it a heap of rubble? If they are real prophets and have a Message from GOD, let them come to GOD-of-the-Angel-Armies in prayer so that the furnishings that are still left in GOD's Temple, the king's palace, and Jerusalem aren't also lost to Babylon. That's because GOD-of-the-Angel-Armies has already spoken about the Temple furnishings that remain—the pillars, the great bronze basin, the stands, and all the other bowls and chalices that Nebuchadnezzar king of Babylon didn't take when he took Jehoiachin son of Jehoiakim off to Babylonian

있지 않습니까? 그분은 **하나님**의 성전과 왕궁과 예루살렘에 남아 있는 기구들마저 결국 모두 바빌론으로 옮겨질 것이며, **하나님**께서 '이제 내가 그것들을 다시 제자리에 돌려놓을 것이다' 하실 때까지 거기 있게 되리라고 말씀하셨습니다."

거짓 예언자 하나냐

28 1-2 그 후 같은 해에(시드기야 왕
사년 다섯째 달이었다), 기브온
출신 예언자이자 앗술의 아들인 하나냐
가 **하나님**의 성전에 모인 제사장들과 모
든 백성 앞에서 예레미야와 맞섰다. 하나
냐가 말했다.
2-4 "만군의 **하나님**, 이스라엘의 하나님
께서 직접 주시는 **메시지**다. '내가 분명코
바빌론 왕의 멍에를 부서뜨릴 것이다. 두
해가 지나기 전에 내가 **하나님**의 성전 기
구 전부와 바빌론 느부갓네살 왕이 약탈
해 간 것들 전부를 이곳에 다시 돌려놓을
것이다. 또한 유다 왕 여호야김의 아들 여
호야긴과 함께 바빌론으로 잡혀간 포로
전부를 다시 데려올 것이다.' **하나님**의 포
고다. '그렇다. 내가 바빌론 왕의 멍에를
부서뜨릴 것이다. 너희는 더 이상 그에게
매이지 않을 것이다.'"
5-9 그러자 예언자 예레미야가 그날 **하나
님**의 성전에 있던 제사장들과 모든 백성
앞에서 예언자 하나냐를 향해 일어났다.
예언자 예레미야가 말했다. "놀랍소! 그
것이 사실이었으면 정말 좋겠소. 하나님
께서 성전 기구들과 포로로 잡혀간 이들
을 다 바빌론에서 데려오셔서 당신의 설
교를 입증해 주셨으면 정말 좋겠소. 하지
만 내 말을 들으시오. 내가 당신과 여기
있는 모든 백성에게 하는 말을 잘 들으시
오. 옛 예언자들, 우리 이전 시대의 예언
자들은 많은 나라와 왕국을 향해 심판의

exile along with all the leaders of Judah and Jerusalem. He said that the furnishings left behind in the Temple of GOD and in the royal palace and in Jerusalem will be taken off to Babylon and stay there until, in GOD's words, 'I take the matter up again and bring them back where they belong.'"

From a Wooden to an Iron Yoke

28 1-2 Later that same year (it was in
the fifth month of King Zedekiah's fourth
year) Hananiah son of Azzur, a prophet from
Gibeon, confronted Jeremiah in the Temple
of GOD in front of the priests and all the
people who were there. Hananiah said:
2-4 "This Message is straight from GOD-of-
the-Angel-Armies, the God of Israel: 'I will
most certainly break the yoke of the king of
Babylon. Before two years are out I'll have
all the furnishings of GOD's Temple back
here, all the things that Nebuchadnezzar
king of Babylon plundered and hauled off
to Babylon. I'll also bring back Jehoiachin
son of Jehoiakim king of Judah and all
the exiles who were taken off to Babylon.'
GOD's Decree. 'Yes, I will break the king
of Babylon's yoke. You'll no longer be in
harness to him.'"
5-9 Prophet Jeremiah stood up to prophet
Hananiah in front of the priests and all the
people who were in GOD's Temple that day.
Prophet Jeremiah said, "Wonderful! Would
that it were true—that GOD would validate
your preaching by bringing the Temple
furnishings and all the exiles back from
Babylon. But listen to me, listen closely.
Listen to what I tell both you and all the
people here today: The old prophets, the

메시지를 전했소. 전쟁과 재앙과 기근이 닥칠 것이라 경고했소. 그러나 모든 일이 잘 될 것이니 걱정할 필요가 전혀 없다고 설교하는 예언자는 드물었소. 그것은 몹시 이례적인 경우요. 그러니 우리는 두고 볼 것이오. 당신이 말한 대로 일이 진행된다면, 우리는 당신을 **하나님**께서 보내신 예언자로 알 것이오."

10-11 그러자 하나냐가 예레미야의 어깨에서 멍에를 잡아채 부숴 버렸다. 그러고는 백성들을 향해 말했다. "**하나님**의 **메시지**요. '내가 바로 이렇게 바빌론 왕의 멍에를 부서뜨릴 것이며, 이 년 내에 모든 민족의 목에서 그의 멍에를 풀어 줄 것이다.'"
예레미야가 그 자리를 떠났다.

12-14 하나냐가 예레미야의 멍에를 풀어 부서뜨리고 나서 얼마 후에, **하나님**께서 예레미야에게 **메시지**를 주셨다. "하나냐에게 다시 가서 전하여라. '**하나님**의 **메시지**다. 네가 나무 멍에를 부서뜨렸다만, 이제 네게는 쇠 멍에가 씌워졌다. 이스라엘의 하나님인 만군의 **하나님**의 **메시지**다. 내가 이 민족 모두에게 쇠 멍에를 씌웠다. 그들 모두 바빌론 느부갓네살 왕에게 매여서, 그가 시키는 대로 하게 될 것이다. 나는 들짐승도 다 그에게 복종하게 만들 것이다.'"

15-16 예언자 예레미야가 예언자 하나냐에게 말했다. "이보시오, 하나냐! **하나님**께서는 당신을 보내신 적이 없소. 그런데도 당신은 온 나라를 속여 당신의 거짓말에 넘어가게 했소! 그러니 **하나님**께서 당신에게 말씀하시오. '내가 너를 보냈다고 주장하느냐? 좋다. 내가 너를 이 땅에 발붙이지 못하도록 보내 버리겠다! 감히 **하나님**을 거역하도록 선동했으니, 올해가 가기 전에 네가 죽을 것이다.'"

17 예언자 하나냐는 그해 일곱째 달에 죽었다.

ones before our time, preached judgment against many countries and kingdoms, warning of war and disaster and plague. So any prophet who preaches that everything is just fine and there's nothing to worry about stands out like a sore thumb. We'll wait and see. If it happens, it happens—and then we'll know that GOD sent him."

10-11 At that, Hananiah grabbed the yoke from Jeremiah's shoulders and smashed it. And then he addressed the people: "This is GOD's Message: In just this way I will smash the yoke of the king of Babylon and get him off the neck of all the nations—and within two years."

Jeremiah walked out.

12-14 Later, sometime after Hananiah had smashed the yoke from off his shoulders, Jeremiah received this Message from GOD: "Go back to Hananiah and tell him, 'This is GOD's Message: You smashed the wooden yoke-bars; now you've got iron yoke-bars. This is a Message from GOD-of-the-Angel-Armies, Israel's own God: I've put an iron yoke on all these nations. They're harnessed to Nebuchadnezzar king of Babylon. They'll do just what he tells them. Why, I'm even putting him in charge of the wild animals.'"

15-16 So prophet Jeremiah told prophet Hananiah, "Hold it, Hananiah! GOD never sent you. You've talked the whole country into believing a pack of lies! And so GOD says, 'You claim to be sent? I'll send you all right—right off the face of the earth! Before the year is out, you'll be dead because you fomented sedition against GOD.'"

17 Prophet Hananiah died that very year, in the seventh month.

포로에게 보낸 편지

29 1-2 이것은 예루살렘에 있던 예
언자 예레미야가 포로로 잡혀간
사람들 중에 살아남은 장로와 제사장과 예
언자들, 또 여호야긴 왕과 그의 모후와 관료
와 모든 기술자와 장인들을 비롯해, 느부갓
네살이 포로로 잡아 바빌론으로 끌고 간 모
든 사람들에게 써 보낸 편지다.
3 이 편지는 유다 왕 시드기야가 바빌론 왕
느부갓네살에게 보낸 사반의 아들 엘라사
와 힐기야의 아들 그마랴 편에 전달했는데,
편지의 내용은 이러하다.

4 만군의 **하나님**, 이스라엘의 하나님의
메시지다. 내가 예루살렘에서 바빌론으
로 잡혀가게 한 모든 포로에게 말한다.
5 "너희는 거기서 집을 짓고 정착해 살
아라.
과수원을 만들고, 그 나라에서 자라는 것
들을 먹어라.
6 결혼해서 아이를 낳아라. 너희 자녀들
도 결혼시키고 아이를 낳게 하여 그 나
라에서 번성하여라. 수가 줄지 않게 하
여라.
7 그곳을 고향 삼아 지내고 그 나라를 위
해 일하여라.
그리고 바빌론의 번창을 위해 기도하여
라. 바빌론이 잘되는 것이 너희에게도 좋
은 일로 여겨라."
8-9 그렇다. 믿기지 않겠지만, 이것이 만
군의 **하나님**, 이스라엘의 하나님의 **메시**
지다. "너희 주변에 널리고 널린, 이른바
설교자와 박사들의 거짓말에 속아 넘어
가지 마라. 듣기 좋으라고 하는 그들의
이야기에 관심을 보이지 마라. 모두 꾸며
낸 이야기에 불과하다. 그들은 거짓 설교
를 일삼는 사기꾼 집단이다. 내가 자기들
을 보냈다고 우긴다만, 나는 그들을 보낸

Plans to Give You the Future You Hope For

29 1-2 This is the letter that the
prophet Jeremiah sent from
Jerusalem to what was left of the elders
among the exiles, to the priests and proph-
ets and all the exiles whom Nebuchadnez-
zar had taken to Babylon from Jerusalem,
including King Jehoiachin, the queen
mother, the government leaders, and all
the skilled laborers and craftsmen.
3 The letter was carried by Elasah son of
Shaphan and Gemariah son of Hilkiah,
whom Zedekiah king of Judah had sent
to Nebuchadnezzar king of Babylon. The
letter said:

4 This is the Message from GOD-of-the-
Angel-Armies, Israel's God, to all the exiles
I've taken from Jerusalem to Babylon:
5 "Build houses and make yourselves at
home.
"Put in gardens and eat what grows in
that country.
6 "Marry and have children. Encourage
your children to marry and have children
so that you'll thrive in that country and
not waste away.
7 "Make yourselves at home there and
work for the country's welfare.
"Pray for Babylon's well-being. If things go
well for Babylon, things will go well for you."
8-9 Yes. Believe it or not, this is the Message
from GOD-of-the-Angel-Armies, Israel's
God: "Don't let all those so-called preach-
ers and know-it-alls who are all over the
place there take you in with their lies. Don't
pay any attention to the fantasies they keep
coming up with to please you. They're a

적이 없다. 전혀 근거 없는 소리다." **하나**
님의 포고다!
10-11 이에 대한 **하나님**의 말씀이다. "하
루도 모자라지 않게 바빌론에서 칠십 년
이 다 채워지면, 내가 너희 앞에 나타나
서 약속한 대로 너희를 돌보고 너희를 고
향으로 데려갈 것이다. 나는 내가 할 일
을 안다. 그 일을 계획한 이가 바로 나다.
나는 너희를 돌보기 위해 계획을 세웠다.
너희를 포기하려는 계획이 아니라, 너희
가 꿈꾸는 내일을 주려는 계획이다.
12 너희가 나를 부르고, 내게 와서 기도하
면, 내가 들어줄 것이다.
13-14 너희가 나를 찾아오면, 내가 만나
줄 것이다.
그렇다. 너희가 진지하게 나를 찾고 무엇
보다 간절히 나를 원하면, 나는 결코 너
희를 실망시키지 않을 것이다." **하나님**의
포고다.
"내가 너희를 위해 상황을 뒤집을 것이
다. 내가 너희를 쫓아 보낸 모든 나라에
서 다시 너희를 이끌어 낼 것이다." **하나**
님의 포고다. "포로로 끌려가게 했던 곳
에서 다시 너희를 찾아 데려올 것이다.
반드시 그렇게 할 것이다.
15-19 그러나 지금 너희는 자칭 '바빌론
전문가'라는 신식 예언자들에게 붙어,
그들을 '**하나님**이 우리를 위해 보내신
예언자들'이라고 부르며 따르고 있다.
하나님은 그 일부터 바로잡을 것이다.
지금 다윗 보좌에 앉아 있는 왕과, 너희
와 함께 포로로 잡혀 오지 않고 예루살
렘에 남은 백성 앞에 고난이 기다리고
있다. 만군의 **하나님**이 말한다. 잘 보아
라! 재앙이 오고 있다. 전쟁과 기근과
질병이다! 그들은 썩은 사과들이다. 전
쟁과 기근과 질병을 통해 내가 그들을
그 나라에서 모조리 치워 버릴 것이다.

bunch of liars preaching lies—and claiming
I sent them! I never sent them, believe me."
GOD's Decree!
10-11 This is GOD's Word on the subject:
"As soon as Babylon's seventy years are
up and not a day before, I'll show up and
take care of you as I promised and bring
you back home. I know what I'm doing.
I have it all planned out—plans to take
care of you, not abandon you, plans to
give you the future you hope for.
12 "When you call on me, when you
come and pray to me, I'll listen.
13-14 "When you come looking for me,
you'll find me.
"Yes, when you get serious about finding
me and want it more than anything else,
I'll make sure you won't be disappoint-
ed." GOD's Decree.
"I'll turn things around for you. I'll bring
you back from all the countries into which
I drove you"—GOD's Decree—"bring you
home to the place from which I sent you off
into exile. You can count on it.
15-19 "But for right now, because you've
taken up with these newfangled prophets
who set themselves up as 'Babylonian
specialists,' spreading the word 'GOD sent
them just for us!' GOD is setting the record
straight: As for the king still sitting on
David's throne and all the people left in
Jerusalem who didn't go into exile with
you, they're facing bad times. GOD-of-the-
Angel-Armies says, 'Watch this! Catastro-
phe is on the way: war, hunger, disease!
They're a barrel of rotten apples. I'll rid the
country of them through war and hunger
and disease. The whole world is going to

온 세상이 그 악취에 코를 막고, 끔찍한 광경에 눈을 돌릴 것이다. 그들은 빈민굴에 갇혀 사는 신세가 될 것이다. 그들은 내가 보낸 나의 종들이 쉼 없이 다급하게 전한 말들, 곧 예언자들을 통해 내가 한 말들에 조금도 귀 기울이지 않았다." **하나님**의 포고다.

20-23 "내가 예루살렘에서 바빌론으로 보낸 너희 포로들아, 너희에게 주는 **하나님의 메시지**에 귀 기울여라. 골라야의 아들 아합과 마아세야의 아들 시드기야에 대한 말이다. 내 이름으로 거짓 설교를 하는 그 '바빌론 전문가들'을, 내가 바빌론 왕 느부갓네살에게 넘겨줄 것이다. 그리고 바빌론 왕은 그들을 너희가 보는 앞에서 죽일 것이다. 유다에서 잡혀 온 포로들은 이후 남을 저주할 때 그 처형식에서 본 광경을 들어 말하리라. '바빌론 왕이 시드기야와 아합을 불사른 것처럼 **하나님**께서 너를 불에 바싹 태워 죽이시기를!' 섹스에 미친 짐승이자 예언자를 사칭한 그 자들은 마땅히 받아야 할 벌을 받을 것이다. 그들은 손에 닿는 모든 여자들을—심지어 이웃의 아내들도—침실로 끌어들였고, 나의 **메시지**라며 거짓을 설교했다. 나는 그들을 보낸 적이 없다. 그들은 나와 무관하다." **하나님**의 포고다.

"그들은 결코 무사하지 못할 것이다. 내가 그 모든 악행을 목격했다."

24-26 느헬람 사람 스마야에 대한 하나님의 **메시지**다. "만군의 **하나님**, 이스라엘의 하나님이 말한다. 너는 예루살렘의 백성과 마아세야의 아들 제사장 스바냐와 그 동료 제사장들에게 네 멋대로 편지를 써서 보냈다. 그 편지에서 너는 스바냐에게 이렇게 말했다. '**하나님**께서는 당신을 제사장 여

hold its nose at the smell, shut its eyes at the horrible sight. They'll end up in slum ghettos because they wouldn't listen to a thing I said when I sent my servant-prophets preaching tirelessly and urgently. No, they wouldn't listen to a word I said.'" GOD's Decree.

20-23 "And you—you exiles whom I sent out of Jerusalem to Babylon—listen to GOD's Message to you. As far as Ahab son of Kolaiah and Zedekiah son of Maaseiah are concerned, the 'Babylonian specialists' who are preaching lies in my name, I will turn them over to Nebuchadnezzar king of Babylon, who will kill them while you watch. The exiles from Judah will take what they see at the execution and use it as a curse: 'GOD fry you to a crisp like the king of Babylon fried Zedekiah and Ahab in the fire!' Those two men, sex predators and prophet-impostors, got what they deserved. They pulled every woman they got their hands on into bed—their neighbors' wives, no less—and preached lies claiming it was my Message. I never sent those men. I've never had anything to do with them." GOD's Decree.

"They won't get away with a thing. I've witnessed it all."

24-26 And this is the Message for Shemaiah the Nehelamite: "GOD-of-the-Angel-Armies, the God of Israel, says: You took it on yourself to send letters to all the people in Jerusalem and to the priest Zephaniah son of Maaseiah and the company of priests. In your letter you told Zephaniah that GOD set you up as priest replacing priest Jehoiadah. He's put

호야다를 대신할 제사장으로 세우셨소. 그리고 **하나님**의 성전 일과 예언자 행세를 하는 미치광이들을 잡아 가두는 일을 맡기셨소.
27-28 그런데 어째서 예언자를 자처하며 돌아다니는 저 아나돗 사람 예레미야를 가두어 그의 입에 재갈을 물리지 않는 거요? 그는 바빌론에 있는 우리에게, 이 포로생활은 아주 오래갈 것이니 이곳에 집을 짓고 고향 삼아 살며, 과수원을 만들고 바빌론의 요리를 배우라고 편지를 써 보내기까지 했소.'"

you in charge of GOD's Temple and made you responsible for locking up any crazy fellow off the street who takes it into his head to be a prophet.
27-28 "So why haven't you done anything about muzzling Jeremiah of Anathoth, who's going around posing as a prophet? He's gone so far as to write to us in Babylon, 'It's going to be a long exile, so build houses and make yourselves at home. Plant gardens and prepare Babylonian recipes.'"

29 제사장 스바냐가 이 편지를 예언자 예레미야에게 읽어 주었다.

29 The priest Zephaniah read that letter to the prophet Jeremiah.

30-32 그때 **하나님**께서 예레미야에게 말씀하셨다. "이 **메시지**를 바빌론 포로들에게 전하여라. **하나님**이 느헬람 사람 스마야에 대해 한 말을 그들에게 전하여라. 스마야는 거짓을 설교하고 있다. 나는 그를 보낸 일이 없다. 그는 거짓말로 너희를 속이고 있다. 그래서 나 **하나님**이 선고를 내린다. 나는 느헬람 사람 스마야와 그의 가족을 벌할 것이다. 그는 재산 전부와 가족 모두를 잃게 될 것이다. 그의 가문 중에는 살아남아서 내가 장차 내 백성에게 가져올 좋은 날을 볼 자가 없을 것이다. 이는 그가 나를 거슬러 반역을 꾀했기 때문이다." **하나님**의 포고다.

30-32 Then GOD told Jeremiah, "Send this Message to the exiles. Tell them what GOD says about Shemaiah the Nehelamite: Shemaiah is preaching lies to you. I didn't send him. He is seducing you into believing lies. So this is GOD's verdict: I will punish Shemaiah the Nehelamite and his whole family. He's going to end up with nothing and no one. No one from his family will be around to see any of the good that I am going to do for my people because he has preached rebellion against me." GOD's Decree.

이스라엘아, 절망하지 마라

30 1-2 **하나님**께서 예레미야에게 주신 **메시지**다. "이스라엘의 **하나님**의 **메시지**다. '내가 네게 이르는 말 전부를 책에 적어라.
3 보아라. 내가 내 백성, 이스라엘과 유다를 위해 모든 상황을 뒤집을 날이 다가오고 있다. 나 **하나님**이 말한다. 나는 그들의 조상

Don't Despair, Israel

30 1-2 This is the Message Jeremiah received from GOD: "GOD's Message, the God of Israel: 'Write everything I tell you in a book.
3 "'Look. The time is coming when I will turn everything around for my people, both Israel and Judah. I, GOD, say so. I'll

에게 주었던 땅으로 그들을 다시 데려올 것이다. 그들이 다시 그 땅을 차지하게 될 것이다.'"

4 **하나님**께서 이스라엘과 유다에게 하신 말씀은 이러하다.

5-7 "**하나님**의 메시지다.

'비명소리가 들린다.
평화가 산산조각이 났다.
주위에 물어보아라! 주변을 둘러보아라!
아니, 남자도 해산하느냐?
아니라면, 남자들이 왜 저렇게
해산하는 여인처럼 잔뜩 찌푸리고
백지장처럼 창백한 얼굴로
자기 배를 움켜잡고 있단 말이냐?
전무후무한
흑암의 날이다!
야곱에게 닥친 환난의 때다.
그러나 야곱은 살아남을 것이다.

8-9 내가 그 흑암 속으로 찾아갈 것이다.
그들의 목에서 멍에를 벗겨 부수고,
그들을 마구에서 풀어 주리라.
그들은 더 이상 이방인들의 종으로 부역하지 않을 것이다!
그들은 자기들의 **하나님**을 섬기고,
내가 그들을 위해 세울 다윗 왕을 섬기게 되리라.

10-11 그러니 야곱아, 사랑하는 종아, 두려워하지 마라.
이스라엘아, 절망하지 마라.
고개를 들어 위를 보아라! 내가 너를 먼 타향살이에서 구원하고,
포로로 잡혀갔던 네 자녀들을 되찾아 줄 것이다.
야곱이 돌아와,

bring them back to the land I gave their ancestors, and they'll take up ownership again.'"

4 This is the way GOD put it to Israel and Judah:

5-7 "GOD's Message:

"'Cries of panic are being heard.
The peace has been shattered.
Ask around! Look around!
Can men bear babies?
So why do I see all these he-men
holding their bellies like women in labor,
Faces contorted,
pale as death?
The blackest of days,
no day like it ever!
A time of deep trouble for Jacob—
but he'll come out of it alive.

8-9 "'And then I'll enter the darkness.
I'll break the yoke from their necks,
Cut them loose from the harness.
No more slave labor to foreigners!
They'll serve their GOD
and the David-King I'll establish for them.

10-11 "'So fear no more, Jacob, dear servant.
Don't despair, Israel.
Look up! I'll save you out of faraway places,
I'll bring your children back from exile.
Jacob will come back and find life good,
safe and secure.
I'll be with you. I'll save you.

안전하고 평안하며 복된 삶을 누리리라.
내가 너와 함께하고, 너를 구원해 줄 것이다.
내가 너를 쫓아내어 여러 민족들로 흩어 버렸지만,
그 이방 민족들을 모조리 끝장낼 것이다.
그러나 너는 끝장내지 않을 것이다.
너를 벌하기는 하겠지만, 공정한 벌로 다스릴 것이다.
그저 손바닥 때리는 정도로 넘어가지는 않을 것이다.'

12-15 하나님의 메시지다.

'너는 만신창이,
죽은 목숨이다.
다들 너를 내팽개쳤다.
너는 가망이 없다.
네가 잘나갈 때 어울리던 친구들은
뒤도 돌아보지도 않고 너를 등지고 떠났다.
너를 이렇게 때려눕힌 이는 바로 나다.
이처럼 네게 결코 잊지 못할 벌을 내린 것은,
너의 죄가 극악하고
네가 지은 죄의 목록이 끝도 없기 때문이다.
그러니, 상처를 핥으며 자기연민에 빠져 있을 필요 없다.
너는 받아 마땅한 벌을 받은 것이다. 실은 더 많이 받아야 마땅하다.
너의 죄가 극악하고
네가 지은 죄의 목록이 끝도 없어,
내가 네게 이런 벌을 내렸다.

16-17 너를 해치는 자는 누구든지 해를 당하리라.
너의 적들은 종이 될 것이다.
너를 약탈한 자들이 약탈을 당하고,
너를 탈취한 자들이 탈취를 당할 것이다.
너에게는, 내가 너를 찾아와 치유해 주리라.

I'll finish off all the godless nations
Among which I've scattered you,
but I won't finish you off.
I'll punish you, but fairly.
I won't send you off with just a slap on the wrist.'

12-15 "This is GOD's Message:

"'You're a burned-out case,
as good as dead.
Everyone has given up on you.
You're hopeless.
All your fair-weather friends have skipped town
without giving you a second thought.
But I delivered the knockout blow,
a punishment you will never forget,
Because of the enormity of your guilt,
the endless list of your sins.
So why all this self-pity, licking your wounds?
You deserve all this, and more.
Because of the enormity of your guilt,
the endless list of your sins,
I've done all this to you.

16-17 "'Everyone who hurt you will be hurt;
your enemies will end up as slaves.
Your plunderers will be plundered;
your looters will become loot.
As for you, I'll come with healing,
curing the incurable,
Because they all gave up on you
and dismissed you as hopeless—
that good-for-nothing Zion.'

18-21 "Again, GOD's Message:

불치의 병을 치유해 줄 것이다.
모두가 가망 없다고,
아무짝에도 쓸모없는 시온이라며
내팽개쳤던 너를 고쳐 주리라.'

18-21 다시, **하나님**의 메시지다.

'내가 야곱을 위해 사태를 역전시켜 줄 것이다.
그를 가엾게 여겨 장막을 재건해 줄 것이다.
마을이 다시 옛 토대 위에 재건될 것이다.
다시 웅장한 저택이 세워질 것이다.
집집마다 감사가 창문 밖으로 흘러넘치고,
웃음이 문 밖으로 흘러나오리라.
갈수록 형편이 나아질 것이다.
암울했던 시절은 이제 지나갔다.
그들은 번성하고 번창할 것이다.
멸시받던 시절은 이제 지나갔다.
그들은 다시 아이를 낳고 싶어 하며,
내가 자랑스럽게 여길 공동체를 이룰 것이다.
그들을 해치는 자는 내가 누구든지 벌할 것이다.
그들 안에서 다스릴 자가 나올 것이다.
그들 중에 지도자가 나오고,
그들을 통치할 자가 나올 것이다.
나는 그가 언제라도 내 앞에 나올 수 있게 허락할 것이다.
누가 감히 목숨을 걸고, 초대도 없이
내 앞에 나올 수 있겠느냐?' **하나님**의 포고다.

22 '그렇다. 너희는 나의 백성이 되고,
나는 너희의 하나님이 될 것이다.'"

23-24 보아라! **하나님**의 폭풍이 터져 나온다.
그분의 폭풍 같은 진노가
회오리바람이 되어, 사악한 자들의 머리를

"'I'll turn things around for Jacob.
I'll compassionately come in and rebuild homes.
The town will be rebuilt on its old foundations;
the mansions will be splendid again.
Thanksgivings will pour out of the windows;
laughter will spill through the doors.
Things will get better and better.
Depression days are over.
They'll thrive, they'll flourish.
The days of contempt will be over.
They'll look forward to having children again,
to being a community in which I take pride.
I'll punish anyone who hurts them,
and their prince will come from their own ranks.
One of their own people shall be their leader.
Their ruler will come from their own ranks.
I'll grant him free and easy access to me.
Would anyone dare to do that on his own,
to enter my presence uninvited?' GOD's Decree.

22 "'And that's it: You'll be my very own people,
I'll be your very own God.'"

23-24 Look out! GOD's hurricane is let loose,
his hurricane blast,
Spinning the heads of the wicked like

날려 버린다!
다 쓸어버리고,
시작하신 일을 모두 끝낸 다음에야,
하나님의 맹렬한 진노가 누그러진다.
그 일이 끝나면,
너희는 그 일이 완수되었음을 보게 될 것이다.

31 1 **하나님**의 포고다. "그 일이 이루어지면,
정오의 태양만큼이나 분명해지리라.
나는 이스라엘 모든 남녀와 아이들의 하나님이 되고,
그들은 나의 친 백성이 될 것이다."

2-6 **하나님**께서 이렇게 말씀하신다.

"그들, 살육에서 살아남은 백성이
사막에서 은혜를 찾아냈다.
쉴 곳을 찾아다니다 마침내 이스라엘이,
그들을 찾아오신 하나님을 만났다!"
하나님이 그들에게 말씀하셨다. "나는 너를 사랑하지 않은 적이 없고,
앞으로도 그럴 것이다.
사랑을 기대하여라. 더 많이 기대하여라!
사랑하는 처녀 이스라엘아,
내가 너와 다시 시작할 것이다. 너를 다시 일으켜 주리라.
다시 탬버린을 들고 춤추며,
너는 노래하게 될 것이다.
예전처럼
사마리아 언덕에 포도원을 만들고,
느긋이 앉아 그 열매를 즐길 것이다.
오, 그 수확이 너에게 기쁨을 선사하리라!
에브라임의 언덕 꼭대기에서 파수꾼들이
이렇게 소리쳐 부를 날이 오고 있다.

dust devils!
God's raging anger won't let up
Until he's made a clean sweep
completing the job he began.
When the job's done
you'll see it's been well done.

31 1 "And when that happens"—GOD's Decree—
"it will be plain as the sun at high noon:
I'll be the God of every man, woman, and child in Israel
and they shall be my very own people."

2-6 This is the way GOD put it:

"They found grace out in the desert,
these people who survived the killing.
Israel, out looking for a place to rest,
met God out looking for them!"
GOD told them, "I've never quit loving you and never will.
Expect love, love, and more love!
And so now I'll start over with you and build you up again,
dear virgin Israel.
You'll resume your singing,
grabbing tambourines and joining the dance.
You'll go back to your old work of planting vineyards
on the Samaritan hillsides,
And sit back and enjoy the fruit—
oh, how you'll enjoy those harvests!
The time's coming when watchmen will call out

'일어나라! 시온으로 가자.
우리 **하나님**을 만나러 가자!'"

⁂

7 그렇다. **하나님**께서 그렇게 말씀하신다.

"야곱을 향해 목이 터져라 환호성을 질러라!
그 일등 민족에게 희소식을 전하여라!
환호성을 올려라! 찬송을 불러라. 선포하여라.
'**하나님**께서 당신의 백성을 구원하셨다.
이스라엘의 알맹이를 남겨 주셨다.'

8 이제 장차 일어날 일을 잘 보아라.

내가 내 백성을
북방 나라에서 다시 데려오고,
땅끝에서 모아들일 것이다.
눈먼 자들,
다리 절고 절뚝거리는 자들,
임신한 여인들,
산고가 시작된 임산부까지도 모아,
그 거대한 무리를, 다 데려올 것이다!

9 그들을 보아라! 기쁨의 눈물을 흘리며 올 것이다.
내가 친히 그들의 손을 잡고 길잡이가 되어 주리라.
물이 흐르는 시냇가로,
평탄하게 잘 닦인 길로 인도해 주리라.
그렇다. 나는 이스라엘의 아버지이고
에브라임은 나의 맏아들이기 때문이다!

10-14 뭇 민족들아, 들어라! **하나님**의 메시지다!
세계만방에 이를 널리 알려라!
그들에게 전하여라. '이스라엘을 흩어 버리신 분께서

from the hilltops of Ephraim:
'On your feet! Let's go to Zion,
go to meet our GOD!'"

⁂

7 Oh yes, GOD says so:

"Shout for joy at the top of your lungs for Jacob!
Announce the good news to the number-one nation!
Raise cheers! Sing praises. Say,
'GOD has saved his people,
saved the core of Israel.'

8 "Watch what comes next:

"I'll bring my people back
from the north country
And gather them up from the ends of the earth,
gather those who've gone blind
And those who are lame and limping,
gather pregnant women,
Even the mothers whose birth pangs have started,
bring them all back, a huge crowd!

9 "Watch them come! They'll come weeping for joy
as I take their hands and lead them,
Lead them to fresh flowing brooks,
lead them along smooth, uncluttered paths.
Yes, it's because I'm Israel's Father
and Ephraim's my firstborn son!

10-14 "Hear this, nations! GOD's Message!
Broadcast this all over the world!

다시 그들을 모으실 것이다.
자기 양 떼를 보살피는 목자같이,
이제부터 그들을 보살펴 주실 것이다.'
나 **하나님**이 야곱의 몸값을 다 치르고,
그를 불한당 바빌론의 손아귀에서 건져 낼 것이다.
백성이 시온의 비탈길을 오르며 기쁨의 환성을 지를 것이며,
하나님이 주는 풍성한 밀과 포도주와 기름과
양 떼와 소 떼로,
그 얼굴이 기쁨으로 빛날 것이다.
그들의 삶은 물 댄 동산 같을 것이며,
다시는 메마르지 않을 것이다.
젊은 여인들이 덩실덩실 춤을 추고,
젊은이와 노인들도 따라 출 것이다.
내가 그들의 눈물을 웃음으로 바꾸고,
그들에게 위로를 쏟아부을 것이다. 슬픔을 기쁨으로 바꾸리라.
내가 제사장들이 하루 세끼 푸짐한 식사를 하게 하고,
내 백성의 형편을 넉넉하게 만들어 줄 것이다." **하나님**의 포고다.

15-17 **하나님의 메시지다.**

"들어 보아라! 라마에서 통곡소리가 들린다.
목 놓아 슬피 우는 소리다.
라헬이 자식을 잃고 우는 소리,
위로받기를 마다하고 우는 소리다.
그녀의 자식들, 다 가 버렸다.
멀리 포로로 잡혀가 버렸다."
그러나 **하나님**께서 말씀하신다. "그칠 줄 모르는 통곡, 이제 그쳐라.
네 눈물을 거두어라.
이제 네 비탄의 삯을 받아라." **하나님**의

Tell them, 'The One who scattered Israel
will gather them together again.
From now on he'll keep a careful eye on them,
like a shepherd with his flock.'
I, GOD, will pay a stiff ransom price for Jacob;
I'll free him from the grip of the Babylonian bully.
The people will climb up Zion's slopes shouting with joy,
their faces beaming because of GOD's bounty—
Grain and wine and oil,
flocks of sheep, herds of cattle.
Their lives will be like a well-watered garden,
never again left to dry up.
Young women will dance and be happy,
young men and old men will join in.
I'll convert their weeping into laughter,
lavishing comfort, invading their grief with joy.
I'll make sure that their priests get three square meals a day
and that my people have more than enough.'" GOD's Decree.

15-17 Again, GOD's Message:

"Listen to this! Laments coming out of Ramah,
wild and bitter weeping.
It's Rachel weeping for her children,
Rachel refusing all solace.
Her children are gone,
gone—long gone into exile."
But GOD says, "Stop your incessant weeping,

포고다.
"네 자식들이 다시 집으로 돌아올 것이다!
그러니, 희망을 가져라." **하나님**의 포고다.

18-19 "내가 에브라임이 참회하는 소리를 들었다.
그렇다. 그가 이렇게 말하는 것을 분명히 들었다.
'주께서 저를 길들이셨습니다.
야생마 같던 저를 꺾으시고 안장을 지우셨습니다.
이제 고분고분해진 저를 사용해 주십시오.
주님은 저의 **하나님**이십니다.
제멋대로 날뛰던 지난 세월을 뉘우칩니다.
주께 길들여진 나,
제멋대로 굴었던 지난 과거를 부끄러워합니다.
부끄러워 가슴을 칩니다.
이 부끄러움을 씻을 수 있겠는지요?'

20 오! 에브라임은 내 사랑하는 아들,
내 기뻐하는 자식이다!
그의 이름을 부르기만 해도,
나는 그가 보고 싶어 가슴이 탄다!
사무치게 그를 외쳐 부른다.
애틋한 심정으로 그를 기다린다." **하나님**의 포고다.

21-22 "집으로 돌아오는 길에 이정표를 세워라.
좋은 지도를 구하고,
도로 상태를 점검하여라.
네가 끌려갔던 길이 돌아오는 길이다.
사랑하는 처녀 이스라엘아, 돌아오너라.
네 고향 마을로 돌아오너라.
그동안 네 마음이 얼마나 변덕스러웠느냐?
요동치는 마음을 다잡기까지 얼마나 오래

hold back your tears.
Collect wages from your grief work." GOD's Decree.
"They'll be coming back home!
There's hope for your children." GOD's Decree.

18-19 "I've heard the contrition of Ephraim.
Yes, I've heard it clearly, saying,
'You trained me well.
You broke me, a wild yearling horse, to the saddle.
Now put me, trained and obedient, to use.
You are my GOD.
After those years of running loose, I repented.
After you trained me to obedience,
I was ashamed of my past, my wild, unruly past.
Humiliated, I beat on my chest.
Will I ever live this down?'

20 "Oh! Ephraim is my dear, dear son,
my child in whom I take pleasure!
Every time I mention his name,
my heart bursts with longing for him!
Everything in me cries out for him.
Softly and tenderly I wait for him." GOD's Decree.

21-22 "Set up signposts to mark your trip home.
Get a good map.
Study the road conditions.
The road out is the road back.
Come back, dear virgin Israel,
come back to your hometowns.
How long will you flit here and there, indecisive?

걸렸느냐?
하나님께서 이 땅에 새로운 것을 창조하실 것이다.
변화시키시는 **하나님**을 맞아들이는 변화된 여인을!"

❧

23-24 이스라엘의 만군의 **하나님**의 **메시지**다. "내가 만사를 완전히 바꾸어 내 백성을 다시 데려오면, 거리마다 '**하나님**께서 당신을 축복하시기를!', '오 참된 집이여!', '오 거룩한 산이여!' 같은 옛 시절의 말들이 다시 들릴 것이다. 성읍에서나 시골에서나, 유다의 모든 백성이 서로 사이좋게 지낼 것이다.

25 내가 너희 지친 몸을 회복시켜 줄 것이다.
너희 지친 영혼에 다시 활력을 불어넣을 것이다."

26 그때에 내가 잠에서 깨어나, 주위를 둘러보았다. 꿀 같은 단잠이었다!

❧

27-28 **하나님**의 포고다. "준비하여라. 농부가 씨를 뿌리듯, 내가 이스라엘과 유다에 사람의 씨와 짐승의 씨를 뿌릴 날이 오고 있다. 전에는 가차 없이 뽑고 허물어뜨리고 찢고 부숴뜨렸지만, 이제는 다시 시작하는 그들 곁에서 내가 세워 주고 심어 줄 것이다.
29 그날이 오면 이런 옛말은 사라지리라.

부모가 덜 익은 사과를 먹더니,
자식들이 배탈이 났다.

30 아니다. 이제 사람은 자기가 지은 죄에

How long before you make up your fickle mind?
GOD will create a new thing in this land:
A transformed woman will embrace the transforming GOD!"

❧

23-24 A Message from Israel's GOD-of-the-Angel-Armies: "When I've turned everything around and brought my people back, the old expressions will be heard on the streets: 'GOD bless you!'...'O True Home!'...'O Holy Mountain!' All Judah's people, whether in town or country, will get along just fine with each other.

25 I'll refresh tired bodies;
I'll restore tired souls.

26 Just then I woke up and looked around—what a pleasant and satisfying sleep!

❧

27-28 "Be ready. The time's coming"—GOD's Decree—"when I will plant people and animals in Israel and Judah, just as a farmer plants seed. And in the same way that earlier I relentlessly pulled up and tore down, took apart and demolished, so now I am sticking with them as they start over, building and planting.
29 "When that time comes you won't hear the old proverb anymore,

Parents ate the green apples,
their children got the stomachache.

30 "No, each person will pay for his own sin.

대해서만 대가를 치르게 될 것이다. 네가 덜 익은 사과를 먹으면, 너만 탈이 날 것이다."

새 언약

31-32 "그렇다. 내가 이스라엘과 유다와 전혀 새로운 언약을 맺을 날이 오고 있다. 이는 전에 내가 그들의 조상을 이집트 땅에서 인도해 나올 때 그들과 맺은 언약과 다르다. 주인인 내가 약속을 이행했는데도 그들은 그 언약을 깨뜨려 버렸다." **하나님**의 포고다.

33-34 "그날에 내가 이스라엘과 맺을 전혀 새로운 언약은 이것이다. 내가 나의 법을 그들 속에 넣어 주겠고—마음판에 새길 것이다!—그들의 하나님이 되어 줄 것이다. 그리고 그들은 나의 백성이 될 것이다. 그들은 **하나님**에 대해 가르치는 학교를 더 이상 세울 필요가 없으리라. 둔한 자든 영리한 자든, 이해가 빠른 자든 느린 자든, 그들은 직접 나를 알게 될 것이기 때문이다. 내가 그들의 과거를 모두 청산해 줄 것이다. 나는 그들이 죄를 지었다는 사실조차 잊어버릴 것이다!" **하나님**의 포고다.

35 해로 낮을 밝히시고 달과 별들로 밤을 밝히시며,
대양을 뒤흔들어 큰 물결을 일으키시는,
그 이름 만군의 **하나님**의 **메시지**다.

36 "이 우주의 질서가 무너져
내 앞에서 다시 혼돈 속으로 빠져드는 일이 없는 한,
이스라엘 민족이 허물어져
내 앞에서 사라지는 일은 없을 것이다."
하나님의 포고다.

You eat green apples, you're the one who gets sick.

31-32 "That's right. The time is coming when I will make a brand-new covenant with Israel and Judah. It won't be a repeat of the covenant I made with their ancestors when I took their hand to lead them out of the land of Egypt. They broke that covenant even though I did my part as their Master." GOD's Decree.

33-34 "This is the brand-new covenant that I will make with Israel when the time comes. I will put my law within them—write it on their hearts!—and be their God. And they will be my people. They will no longer go around setting up schools to teach each other about GOD. They'll know me firsthand, the dull and the bright, the smart and the slow. I'll wipe the slate clean for each of them. I'll forget they ever sinned!" GOD's Decree.

If This Ordered Cosmos Ever Fell to Pieces

35 GOD's Message, from the God who lights up the day with sun and
brightens the night with moon and stars,
Who whips the ocean into a billowy froth,
whose name is GOD-of-the-Angel-Armies:

36 "If this ordered cosmos ever fell to pieces,
fell into chaos before me"—GOD's Decree—
"Then and only then might Israel fall apart
and disappear as a nation before me."

37 GOD's Message:

37 **하나님**의 메시지다.

"누가 막대기로 하늘을 측량하거나
땅을 밑바닥까지 파 들어갈 수 있다면 모르까,
이스라엘이 저지른 역겨운 죄 때문에
내가 그들을 버리는 일은 없을 것이다."
하나님의 포고다.

38-40 "보아라. **하나님**의 도성이 재건될
날이 다가온다. 하나넬 요새부터 '모퉁
이 문'에 이르기까지, 전체가 재건될 것이
다." **하나님**의 포고다. "완성된 도성은 서
쪽으로 가렙 언덕까지 뻗고, 거기서 돌아
고아까지 이를 것이다. 불탄 시체 더미가
쌓인 남쪽 골짜기 전역—죽음의 골짜기!
—과 북쪽 '말 문'에서 동쪽 기드론 시내
까지 펼쳐진 계단 모양의 들판 전체가 나
를 위한 거룩한 곳으로 구별될 것이다.
이 도성이 다시는 허물어지거나 파괴되지 않을 것이다."

예레미야가 아나돗의 밭을 사다

32
1-5 유다 왕 시드기야 십년에
예레미야가 **하나님**께 받은 메
시지다. 느부갓네살 십팔년이 되던 해
다. 이때에 바빌론 왕의 군대가 예루살
렘을 포위했다. 예레미야는 왕궁 감옥에
갇혀 있었다. 유다 왕 시드기야가 그를
잡아 가두며 말했다. "당신은 '**하나님**께
서 말씀하신다. 내가 네게 경고한다. 내
가 이 도성을 바빌론 왕에게 넘겨주고
그의 차지가 되게 할 것이다. 유다 왕
시드기야도 이 도성과 함께 갈대아 사람
들에게 넘겨질 것이다. 그는 바빌론 왕
앞에 끌려갈 것이며, 그 앞에서 응당한

"If the skies could be measured with a yardstick
and the earth explored to its core,
Then and only then would I turn my back on Israel,
disgusted with all they've done." GOD's Decree.

38-40 "The time is coming"—it's GOD's
Decree—"when GOD's city will be rebuilt,
rebuilt all the way from the Citadel of
Hanamel to the Corner Gate. The master
plan will extend west to Gareb Hill and
then around to Goath. The whole valley to
the south where incinerated corpses are
dumped—a death valley if there ever was
one!—and all the terraced fields out to the
Brook Kidron on the east as far north as the
Horse Gate will be consecrated to me as a
holy place.
"This city will never again be torn down or destroyed."

Killing and Disease Are on Our Doorstep

32
1-5 The Message Jeremiah
received from GOD in the tenth
year of Zedekiah king of Judah. It was the
eighteenth year of Nebuchadnezzar. At that
time the army of the king of Babylon was
holding Jerusalem under siege. Jeremiah
was shut up in jail in the royal palace.
Zedekiah, king of Judah, had locked him
up, complaining, "How dare you preach,
saying, 'GOD says, I'm warning you: I will
hand this city over to the king of Babylon
and he will take it over. Zedekiah king of
Judah will be handed over to the Chaldeans

처벌을 받아야 할 것이다. 그는 바빌론으로 끌려가서, 내가 다시 찾을 때까지 거기 머물게 될 것이다. **하나님**의 포고다. 원한다면, 바빌론 사람들에게 맞서 싸워 보아라. 그래 봐야 아무 소용없을 것이다' 하고 설교했소. 어떻게 감히 그런 설교를 한단 말이오?"

6-7 예레미야가 말했다. "**하나님의 메시지**가 내게 임했습니다. '준비하여라! 너의 숙부 살룸의 아들 하나멜이 너를 보러 오는 중이다. 그가 와서 "아나돗에 있는 내 밭을 사십시오. 그 밭을 살 수 있는 법적 권한이 당신에게 있습니다" 할 것이다.'

8 그런데 **하나님**께서 말씀하신 대로, 정말 나의 사촌 하나멜이 감옥에 있는 나를 찾아와서 말했습니다. '베냐민 영역 아나돗에 있는 내 밭을 사십시오. 그것을 가문의 재산으로 소유할 법적 권한이 당신에게 있으니, 그 밭을 사서 차지하십시오.'

나는 그것이 **하나님**의 **메시지**라는 것을 알았습니다.

9-12 그래서 사촌 하나멜의 소유였던 그 밭을 샀습니다. 나는 그에게 은 열일곱 세겔을 지불했습니다. 그리고 필요한 절차를 모두 밟았습니다. 증인들 앞에서 매매계약서를 작성하고 봉인했으며, 저울에 돈의 무게를 달았습니다. 그러고 나서 구매증서들—계약 내용과 조건이 적힌 봉인된 문서와 봉인되지 않은 문서—을 마세야의 손자요 네리야의 아들인 바룩에게 주었습니다. 나는 내 사촌 하나멜과 증서에 서명한 증인들이 지켜보는 앞에서 이 모든 일을 행했고, 그날 감옥에 있던 유다 사람들도 이 일을 지켜보았습니다.

13-15 그 다음에, 나는 그들 모두가 보는 앞에서 바룩에게 말했습니다. '이는 만군의

right along with the city. He will be handed over to the king of Babylon and forced to face the music. He'll be hauled off to Babylon where he'll stay until I deal with him. GOD's Decree. Fight against the Babylonians all you want—it won't get you anywhere.'"

6-7 Jeremiah said, "GOD's Message came to me like this: Prepare yourself! Hanamel, your uncle Shallum's son, is on his way to see you. He is going to say, 'Buy my field in Anathoth. You have the legal right to buy it.'

8 "And sure enough, just as GOD had said, my cousin Hanamel came to me while I was in jail and said, 'Buy my field in Anathoth in the territory of Benjamin, for you have the legal right to keep it in the family. Buy it. Take it over.'

"That did it. I knew it was GOD's Message.

9-12 "So I bought the field at Anathoth from my cousin Hanamel. I paid him seventeen silver shekels. I followed all the proper procedures: In the presence of witnesses I wrote out the bill of sale, sealed it, and weighed out the money on the scales. Then I took the deed of purchase—the sealed copy that contained the contract and its conditions and also the open copy—and gave them to Baruch son of Neriah, the son of Mahseiah. All this took place in the presence of my cousin Hanamel and the witnesses who had signed the deed, as the Jews who were at the jail that day looked on.

13-15 "Then, in front of all of them, I told Baruch, 'These are orders from GOD-of-the-Angel-Armies, the God of Israel: Take

하나님, 이스라엘의 하나님께서 내리시는 명령이다. 이 문서들을—봉인된 문서와 봉인되지 않은 문서 둘 다—가져다가 옹기그릇 안에 안전하게 넣어 두어라. 만군의 **하나님**, 이스라엘의 하나님께서 말씀하신다. "이제 사람들이 정상적인 생활을 되찾을 것이다. 집과 밭과 포도원을 사는 일이 다시 시작될 것이다."'

16-19 네리야의 아들 바룩에게 그 증서들을 넘겨준 다음, 나는 **하나님**께 기도했습니다. '사랑하는 **하나님**, 나의 주님, 주께서는 크신 능력으로—한 번의 손짓만으로!—땅과 하늘을 창조하셨습니다. 주께는 불가능이란 없습니다. 주님은 천 대에 이르기까지 한결같은 사랑을 보여주십니다. 그러나 주님은 부모가 지은 죄의 결과를 자녀가 지고 살게도 하십니다. 크고 능하신 하나님, 그 이름 만군의 **하나님**, 확고한 목적을 세우시며 뜻하신 바를 반드시 이루어 내시는 주께서는 사람이 행하는 모든 일을 보십니다. 그들이 살아온 길과 행한 일에 따라 합당하게 다루십니다.

20-23 주께서는 이집트에서 표징과 기적을 행하셨고, 바로 이 순간까지도 여기 이스라엘과 다른 모든 곳에서 그 같은 일을 행하고 계십니다. 주께서는 스스로 이름을 떨치셨으며, 그 명예는 결코 실추되는 법이 없습니다. 주께서는 표징과 기적들로, 한 번의 손짓만으로 주의 백성을 이집트에서 구해 내셨습니다. 강력한 구원의 일을 행하셨습니다! 주께서는 조상들에게 엄숙히 약속하신 대로, 그들에게 기름지고 비옥한 이 땅을 주셨습니다. 그러나 그들이 땅을 차지하게 되자, 주의 말씀 듣기를 거부했습니다. 그들은 주께서 명하신 일들을 지켜 행하지 않았습니다. 주께서 그들에게 이르시는 말씀을 한 마디도 듣지 않았습니다. 그래서 주님은 그들에게 이 재앙을 내

these documents—both the sealed and the open deeds—and put them for safekeeping in a pottery jar. For GOD-of-the-Angel-Armies, the God of Israel, says, "Life is going to return to normal. Homes and fields and vineyards are again going to be bought in this country."'

16-19 "And then, having handed over the legal documents to Baruch son of Neriah, I prayed to GOD, 'Dear GOD, my Master, you created earth and sky by your great power—by merely stretching out your arm! There is nothing you can't do. You're loyal in your steadfast love to thousands upon thousands—but you also make children live with the fallout from their parents' sins. Great and powerful God, named GOD-of-the-Angel-Armies, determined in purpose and relentless in following through, you see everything that men and women do and respond appropriately to the way they live, to the things they do.

20-23 "'You performed signs and wonders in the country of Egypt and continue to do so right into the present, right here in Israel and everywhere else, too. You've made a reputation for yourself that doesn't diminish. You brought your people Israel out of Egypt with signs and wonders—a powerful deliverance!—by merely stretching out your arm. You gave them this land and solemnly promised to their ancestors a bountiful and fertile land. But when they entered the land and took it over, they didn't listen to you. They didn't do what you commanded. They wouldn't listen to a thing you told them. And so you brought this disaster on them.

24-25 "'Oh, look at the siege ramps already set

리셨습니다.

24-25 오, 이 도성을 점령하려고 저들이 세운 포위 공격용 축대들을 보십시오. 살육과 기아와 질병이 우리 코앞에 닥쳤습니다. 바빌론 사람들이 공격해 옵니다! 주의 말씀이 이제 이루어지고 있습니다. 눈앞에서 매일 벌어지고 있습니다! 그러나 주 **하나님**, 주께서는 바빌론 사람들에게 도성이 넘어갈 것이 확실한 상황에서 제게 또 말씀하셨습니다. 그 밭을 현금을 주고 사라고, 반드시 증인들을 세워 두라고 말씀하셨습니다.'"

⁂

26-30 **하나님의 메시지**가 다시 예레미야에게 임했다. "깨어 있어라! 나는 **하나님**이다. 살아 있는 모든 것의 하나님이다. 내가 할 수 없는 일이 무엇이겠느냐? 그러니 **하나님의 메시지**에 귀 기울여라. 내가 분명히 이 도성을 바빌론 사람들과 바빌론 왕 느부갓네살에게 넘겨줄 것이다. 그가 이 도성을 점령할 것이다. 갈대아 사람들이 쳐들어와 이 도성을 불태울 것이다. 지붕 위에서 바알에게 제물을 바치고 수도 없이 많은 우상숭배로 나를 격노케 한 자들의 집이 모두 불탈 것이다. 그들이 나를 노하게 한 것이 이번이 처음은 아니다. 이스라엘과 유다 백성은 이미 오래전부터 그렇게 해왔다. 내가 혐오하는 악을 행하여 나를 진노케 했다." **하나님**의 포고다.

31-35 "이 성읍은 처음 건설된 날부터 나를 진노케 했고, 나는 참을 만큼 참았다. 그러나 이제는 그것을 멸하려고 한다. 이스라엘과 유다 백성의 사악한 삶을 더는 봐줄 수 없다. 왕, 지도자, 제사장, 설교자, 시골 사람, 성읍사람 할 것 없이 다들 의도적으로 내 진노를 돋운다. 그들에게 사는 길을 가르치려고 그토록 애썼건만, 그들은 내게

in place to take the city. Killing and starvation and disease are on our doorstep. The Babylonians are attacking! The Word you spoke is coming to pass—it's daily news! And yet you, GOD, the Master, even though it is certain that the city will be turned over to the Babylonians, also told me, Buy the field. Pay for it in cash. And make sure there are witnesses.'"

⁂

26-30 Then GOD's Message came again to Jeremiah: "Stay alert! I am GOD, the God of everything living. Is there anything I can't do? So listen to GOD's Message: No doubt about it, I'm handing this city over to the Babylonians and Nebuchadnezzar king of Babylon. He'll take it. The attacking Chaldeans will break through and burn the city down: All those houses whose roofs were used as altars for offerings to Baal and the worship of who knows how many other gods provoked me. It isn't as if this were the first time they had provoked me. The people of Israel and Judah have been doing this for a long time—doing what I hate, making me angry by the way they live." GOD's Decree.

31-35 "This city has made me angry from the day they built it, and now I've had my fill. I'm destroying it. I can't stand to look any longer at the wicked lives of the people of Israel and Judah, deliberately making me angry, the whole lot of them—kings and leaders and priests and preachers, in the country and in the city. They've turned their backs on me—won't even look me in the face!—even though I took great pains to teach them how to live. They refused to listen, refused to be taught. Why, they even set up obscene god

등을 돌렸다. 내 얼굴도 보지 않는다! 그들은 귀 기울여 듣지 않고 가르침 받기를 거절했다. 그들은 나를 높이려고 세운 성전 안에 역겨운 신상과 여신상들을 두기까지 했다. 극악무도한 신성모독이다! 그들은 힌놈 골짜기에 바알 산당을 세우고, 거기서 자식들을 몰록 신에게 불살라 바치며—내가 상상조차 해본 적 없는 악이다!—온 나라를 죄악의 소굴로 만들어 버렸다."

36 "너희는 '이 도성이 살육과 기근과 염병을 겪고 바빌론 왕의 손에 넘어갈 것이다' 하고 말하는데, 나 이스라엘의 **하나님**이 이 도성에 주는 **메시지**를 들어라.
37-40 두고 보아라! 내가 격노하여 그들을 여러 나라로 쫓아내겠지만, 언젠가 다시 모아들일 것이다. 그렇다. 그들을 다시 이곳으로 데려와서 평화롭게 살게 할 것이다. 그들은 나의 백성이 되고, 나는 그들의 하나님이 될 것이다. 그들이 한마음으로 나를 높이게 하여, 그들뿐 아니라 그 후손들도 복된 삶을 살게 할 것이다. 내가 그들과 영원한 언약을 맺어, 어떤 일이 있더라도 그들 곁을 지키며 그들을 보호할 것이다. 나는 그들이 한마음과 한 뜻으로 나를 늘 존귀히 여기게 하여, 내게 등을 돌릴 생각조차 못하게 만들 것이다.
41 내가 참으로 그들을 기뻐하리라! 참으로 기꺼이 좋은 것을 그들에게 베풀리라! 내가 온 마음을 다해 그들을 이 나라에 심을 것이며, 이곳에서 그들을 지키리라!'
42-44 그렇다. 이는 **하나님**의 **메시지**다. '내가 분명히 이 백성에게 엄청난 재앙을 내리겠지만, 놀라운 번영도 가져올 것이다. 내가 약속한다. 이 나라에서 밭을 사고파는 일이 재개될 것이다. 너희가 바빌론 사람들에게 짓밟혀, 영영 사람이 살 수

and goddess statues in the Temple built in my honor—an outrageous desecration! And then they went out and built shrines to the god Baal in the valley of Hinnom, where they burned their children in sacrifice to the god Molech—I can hardly conceive of such evil!—turning the whole country into one huge act of sin.

36 "But there is also this Message from me, the GOD of Israel, to this city of which you have said, 'In killing and starvation and disease this city will be delivered up to the king of Babylon':
37-40 "'Watch for this! I will collect them from all the countries to which I will have driven them in my anger and rage and indignation. Yes, I'll bring them all back to this place and let them live here in peace. They will be my people, I will be their God. I'll make them of one mind and heart, always honoring me, so that they can live good and whole lives, they and their children after them. What's more, I'll make a covenant with them that will last forever, a covenant to stick with them no matter what, and work for their good. I'll fill their hearts with a deep respect for me so they'll not even *think* of turning away from me.
41 "'Oh how I'll rejoice in them! Oh how I'll delight in doing good things for them! Heart and soul, I'll plant them in this country and keep them here!'
42-44 "Yes, this is GOD's Message: 'I will certainly bring this huge catastrophe on this people, but I will also usher in a wonderful life of prosperity. I promise. Fields are going to

없는 황무지가 될 것이라고 생각하는 이 나라에서 말이다. 그렇다. 사람들이 다시 농장을 살 것이다. 구매증서를 작성하고, 문서를 봉인하고, 합당한 증인들을 세우며, 법적인 절차를 따라 살 것이다. 바로 여기 베냐민 영토에서, 예루살렘 주변에서, 유다와 산간지역 주변에서, 세벨라와 네겝에서 말이다. 너희가 잃은 모든 것을 내가 회복시킬 것이다.' **하나님**의 포고다."

예루살렘과 유다의 회복에 대한 약속

33 [1] 예레미야가 아직 감옥에 갇
혀 있을 때, **하나님**께서 두 번
째 **메시지**를 그에게 주셨다.
2-3 "**하나님**, 땅을 만들되 생명체가 살기
에 알맞고 든든한 곳으로 세운 이, 온 세
상에 **하나님**으로 알려진 이의 **메시지**다.
나를 불러라. 내가 응답할 것이다. 너 스
스로는 결코 깨닫지 못할 경이롭고 놀라
운 것들을 너에게 말해 줄 것이다.
4-5 **하나님** 이스라엘의 하나님이, 이 성읍
에서 일어나고 있는 일에 대해 말한다. 백
성의 집과 왕의 집들이 무너졌고, 전쟁의
피해를 입었으며, 갈대아 사람들이 학살
을 저질렀고, 거리에는 나의 불같은 진노
로 인해 죽은 자들의 시체가 널브러져 있
다. 내 속을 뒤집어 놓은 악행 때문에 이
성읍에서 이 모든 일이 벌어졌다.
6-9 그러나 이제 다시 보아라. 내가 이
성읍을 안팎으로 치료하여 완전히 새롭
게 세울 것이다. 그들에게 온전한 삶, 복
이 넘치는 삶을 보여줄 것이다. 유다와
예루살렘이 잃었던 모든 것을 되찾고,
모든 것을 처음처럼 다시 세울 것이다.
그들이 내게 지은 죄의 얼룩을 깨끗이
씻어 주고, 내가 그들이 행한 잘못과 반
역을 모두 용서해 줄 것이다. 그리하여

be bought here again, yes, in this very country that you assume is going to end up desolate—gone to the dogs, unlivable, wrecked by the Babylonians. Yes, people will buy farms again, and legally, with deeds of purchase, sealed documents, proper witnesses—and right here in the territory of Benjamin, and in the area around Jerusalem, around the villages of Judah and the hill country, the Shephelah and the Negev. I will restore everything that was lost.' GOD's Decree."

Things You Could Never Figure Out on Your Own

33 [1] While Jeremiah was still locked
up in jail, a second Message from
GOD was given to him:
2-3 "This is GOD's Message, the God who
made earth, made it livable and lasting,
known everywhere as *GOD*: 'Call to me and
I will answer you. I'll tell you marvelous and
wondrous things that you could never figure
out on your own.'
4-5 "This is what GOD, the God of Israel, has
to say about what's going on in this city, about
the homes of both people and kings that have
been demolished, about all the ravages of war
and the killing by the Chaldeans, and about
the streets littered with the dead bodies of
those killed because of my raging anger—
about all that's happened because the evil
actions in this city have turned my stomach in
disgust.
6-9 "But now take another look. I'm going to
give this city a thorough renovation, working a
true healing inside and out. I'm going to show
them life whole, life brimming with blessings.
I'll restore everything that was lost to Judah
and Jerusalem. I'll build everything back as

세상 모든 나라가 예루살렘으로 인해 내 게 기쁨과 찬양과 영광을 돌릴 것이다. 내가 이 성읍에 베풀 온갖 좋은 일을 만민이 전해 들을 것이다. 내가 이 성읍에 쏟아부을 복을 보며 그들 모두가 경외심을 품게 될 것이다.
10-11 그렇다. **하나님**의 **메시지다**. 너희
는 이곳, 유다의 텅 빈 마을과 예루살렘
의 황폐한 거리를 보며 '황무지다. 살 수
없는 곳이다. 들개도 살 수 없다' 할 것
이다. 그러나 이곳에 웃음소리, 축제소
리, 결혼 축하연소리가 들리게 될 날이
오리라. 그날이 오면, 사람들이 **하나님**
의 성전에 감사의 제물을 바치며 큰소리
로 외칠 것이다. '만군의 **하나님**께 감사
하여라. 그분은 선하시다! 그분의 사랑
은 다함이 없다.' 내가 이 땅이 잃은 모
든 것을 회복시켜 주리라. 모든 것을 새
롭게 하리라. 나 **하나님**의 말이다.
12-13 만군의 **하나님**이 말한다. '머지않
아 들개도 살 수 없을 만큼 황폐해질 이
곳이지만, 장차 목자들이 자기 양 떼를
보살피는 초장이 될 것이다. 사방에서
—세벨라와 네겝 주변의 산들에서, 베
냐민 영토 전역에서, 예루살렘과 유다
주변에서—양 떼를 보게 되리라. 목자
들이 양 한 마리 한 마리를 세심하게 보
살필 것이다.' 나 **하나님**의 말이다."

하나님의 언약

14-18 "**하나님**의 포고다. 두고 보아라.
내가 이스라엘과 유다 가문에게 한 약
속을 이룰 날이 올 것이다. 그날이 오면,
나는 '다윗 나무'에서 새롭고 참된 한 가
지가 돋아나게 할 것이다. 그가 이 나라
를 정직하고 공평하게 다스릴 것이다.
그가 모든 일을 바로잡을 것이다. 그날
이 오면, 유다가 평안을 누리고 예루살

good as new. I'll scrub them clean from the dirt they've done against me. I'll forgive everything they've done wrong, forgive all their rebellions. And Jerusalem will be a center of joy and praise and glory for all the countries on earth. They'll get reports on all the good I'm doing for her. They'll be in awe of the blessings I am pouring on her.
10-11 "Yes, GOD's Message: 'You're going to
look at this place, these empty and desolate
towns of Judah and streets of Jerusalem, and
say, "A wasteland. Unlivable. Not even a dog
could live here." But the time is coming when
you're going to hear laughter and celebration,
marriage festivities, people exclaiming, "Thank
GOD-of-the-Angel-Armies. He's so good! His
love never quits," as they bring thank offerings
into GOD's Temple. I'll restore everything that
was lost in this land. I'll make everything as
good as new.' I, GOD, say so.
12-13 "GOD-of-the-Angel-Armies says: 'This
coming desolation, unfit for even a stray dog,
is once again going to become a pasture for
shepherds who care for their flocks. You'll see
flocks everywhere—in the mountains around
the towns of the Shephelah and Negev, all over
the territory of Benjamin, around Jerusalem
and the towns of Judah—flocks under the care
of shepherds who keep track of each sheep.'
GOD says so.

A Fresh and True Shoot from the David-Tree

14-18 "'Watch for this: The time is coming'—
GOD's Decree—'when I will keep the promise
I made to the families of Israel and Judah.
When that time comes, I will make a fresh and
true shoot sprout from the David-Tree. He will
run this country honestly and fairly. He will set

렘이 안전한 곳이 되리라. 사람들은 그 성읍을 두고 '**하나님**께서 우리를 위해 만사를 바로잡으셨다'고 말할 것이다. 나 **하나님**이 분명히 말하건대, 이스라엘 백성을 통치할 다윗 후손이 끊어지지 않을 것이다. 번제와 곡식 제물과 희생 제물을 바쳐 나를 높일 레위 지파 제사장들도 끊어지지 않을 것이다."

19-22 예레미야에게 임한 **하나님의 메시지**다. "**하나님**이 말한다. 내가 낮과 밤과 맺은 언약이 깨어져 낮과 밤이 무질서해지고, 언제 밤이 되고 언제 낮이 될지 알 수 없는 일이 벌어지지 않는 한, 내가 나의 종 다윗과 맺은 언약이 깨지거나 그의 후손이 더 이상 통치하지 못하게 될 일은 결코 없을 것이다. 나를 섬기는 레위 지파 제사장들의 경우도 마찬가지다. 하늘의 별들을 다 셀 수 없고 바닷가 모래알을 다 헤아릴 수 없듯이, 너희는 나의 종 다윗의 후손과 나를 섬기는 레위인의 수를 다 셀 수 없을 것이다."

23-24 예레미야에게 임한 **하나님의 메시지**다. "너는 들어 보았느냐? '**하나님**께서 전에 택하신 두 가문, 곧 이스라엘과 유다를 이제 내쳐 버리셨다'는 소문을. 너는 보았느냐? 내 백성이 멸시를 받고 별 볼 일 없는 자들이라고 무시당하는 모습을.
25-26 자, **하나님**의 응답이다. '내가 낮과 밤과 맺은 언약이 건재하고, 하늘과 땅이 내가 정한 대로 움직이는 한, 내가 야곱과 나의 종 다윗의 후손을 내치거나 다윗의 후손 중에 아브라함과 이삭

things right. That's when Judah will be secure and Jerusalem live in safety. The motto for the city will be, "GOD Has Set Things Right for Us." GOD has made it clear that there will always be a descendant of David ruling the people of Israel and that there will always be Levitical priests on hand to offer burnt offerings, present grain offerings, and carry on the sacrificial worship in my honor.'"

19-22 GOD's Message to Jeremiah: "GOD says, 'If my covenant with day and my covenant with night ever fell apart so that day and night became haphazard and you never knew which was coming and when, then and only then would my covenant with my servant David fall apart and his descendants no longer rule. The same goes for the Levitical priests who serve me. Just as you can't number the stars in the sky nor measure the sand on the seashore, neither will you be able to account for the descendants of David my servant and the Levites who serve me.'"

23-24 GOD's Message to Jeremiah: "Have you heard the saying that's making the rounds: 'The two families GOD chose, Israel and Judah, he disowned'? And have you noticed that my people are treated with contempt, with rumors afoot that there's nothing to them anymore?
25-26 "Well, here's GOD's response: 'If my covenant with day and night wasn't in working order, if sky and earth weren't functioning the way I set them going, then, but only then, you might think I had disowned the descendants

과 야곱의 후손을 다스릴 자들을 세우던 것을 그치는 일은 결코 없을 것이다. 나는 그들이 잃은 것 전부를 되찾게 해줄 것이다. 그들에게 자비를 베풀 것이다. 이것이 나의 최종 결정이다.'"

시드기야 왕에 대한 예언

34 1 바빌론 느부갓네살 왕이 그의 군대와 동맹군과 소집 가능한 병력을 총동원하여 예루살렘과 그 주변 성읍들을 전면적으로 공격해 왔을 때, 예레미야에게 임한 **하나님**의 **메시지**다.

2-3 "나 **하나님**, 이스라엘의 하나님이 말한다. 너는 유다 왕 시드기야에게 가서 이렇게 전하여라. '**하나님**의 **메시지**다. 내 말을 잘 들어라. 내가 이제 이 도성을 바빌론 왕에게 넘겨줄 텐데, 그로 인해 이 도성이 잿더미가 될 것이다. 빠져나갈 생각은 아예 마라. 너는 붙잡혀서 그의 죄수가 될 것이다. 너는 바빌론 왕을 직접 대면하고 바빌론으로 끌려갈 것이다.

4-5 유다 왕 시드기야야, **하나님**의 **메시지**를 끝까지 들어라. 네가 살해되는 일은 없을 것이다. 너는 평화롭게 죽을 것이다. 사람들은 너의 조상과 선왕들에게 한 것처럼, 너의 장례도 잘 치러 줄 것이다. "왕이시여, 왕이시여!" 하며 예법에 따라 너의 죽음을 애도할 것이다. 이것은 엄숙한 약속이다. **하나님**의 포고다.'"

6-7 예언자 예레미야가 예루살렘의 유다 왕 시드기야에게 이 **메시지**를 전했다. 한 자도 빠뜨리지 않고 그대로 전했다. 그때 바빌론 왕은 예루살렘과 유다의 남은 성읍을 향해 맹공격을 퍼붓고 있었다. 그때까지 함락되지 않고 남은 유다의 요새는 라기스와 아세가, 두 곳뿐이었다.

of Jacob and of my servant David, and that I wouldn't set up any of David's descendants over the descendants of Abraham, Isaac, and Jacob. But as it is, I will give them back everything they've lost. The last word is, I will have mercy on them.'"

Freedom to the Slaves

34 1 GOD's Message to Jeremiah at the time King Nebuchadnezzar of Babylon mounted an all-out attack on Jerusalem and all the towns around it with his armies and allies and everyone he could muster:

2-3 "I, GOD, the God of Israel, direct you to go and tell Zedekiah king of Judah: 'This is GOD's Message. Listen to me. I am going to hand this city over to the king of Babylon, and he is going to burn it to the ground. And don't think you'll get away. You'll be captured and be his prisoner. You will have a personal confrontation with the king of Babylon and be taken off with him, captive, to Babylon.

4-5 "'But listen, O Zedekiah king of Judah, to the rest of the Message of GOD. You won't be killed. You'll die a peaceful death. They will honor you with funeral rites as they honored your ancestors, the kings who preceded you. They will properly mourn your death, weeping, "Master, master!" This is a solemn promise. GOD's Decree.'"

6-7 The prophet Jeremiah gave this Message to Zedekiah king of Judah in Jerusalem, gave it to him word for word. It was at the very time that the king of Babylon was mounting his all-out attack on Jerusalem and whatever cities in Judah that were still standing—only Lachish and Azekah, as it turned out (they were

8-10 **하나님**께서 예레미야에게 **메시지**를
전하셨다. 시드기야 왕이 남녀 히브리 종
을 해방시켜 주겠다는 언약을 예루살렘
백성과 맺은 다음이었다. 유다에서는 누
구도 동족 유다 사람을 종으로 소유해서
는 안된다는 것이 언약의 내용이었다. 그
언약에 서명한 모든 지도자와 백성은 그
들이 종으로 부리던 남종과 여종 모두를
해방시켜 주었다.
11 그러나 얼마 지나지 않아 그들은 그 언
약을 어기고, 전에 부리던 자들을 강제로
끌고 가 다시 종으로 삼았다.
12-14 그때 **하나님**께서 예레미야에게 **메시**
지를 주셨다. "**하나님** 이스라엘의 하나님
이 말한다. 나는 이집트에서 종으로 있던
너희 조상을 구해 주고 그들과 언약을 맺
었다. 그때 내가 분명히 말했다. '네 동족
히브리 사람이 어쩔 수 없이 자신을 팔아
너의 종이 되더라도, 일곱 해째에는 그를
해방시켜 주어야 한다. 그가 여섯 해 동안
너를 섬겼으면, 이후에는 그를 자유롭게
풀어 주어야 한다.' 그러나 너희 조상은
내 말을 완전히 무시했다.
15-16 그렇다면 너희는 어떠했느냐? 처
음에는 너희가 바른 길로 돌아섰고 바른
일을 행했다. 형제자매들에게 자유를 선
언했다. 그것도 내 성전에서, 엄숙한 언
약을 통해 공식적으로 그렇게 했다. 그
러나 너희는 금세 돌변하여 너희가 했던
약속을 깨뜨렸다. 나와의 언약을 우습게
여겨, 얼마 전에 풀어 주었던 그들을 다
시 종으로 삼았다. 그들을 강제로 다시
종이 되게 했다.
17-20 그러므로 나 **하나님**이 말한다. 너희
는 내 말에 순종하지 않았다. 너희 형제
자매들을 풀어 주지 않았다. 그러니 이번
에는 내가 너희를 풀어 주겠다. **하나님**의
포고다. 너희를 전쟁과 염병과 기근이 판

the only fortified cities left in Judah).

8-10 GOD delivered a Message to Jeremiah
after King Zedekiah made a covenant with
the people of Jerusalem to decree freedom
to the slaves who were Hebrews, both men
and women. The covenant stipulated that
no one in Judah would own a fellow Jew as
a slave. All the leaders and people who had
signed the covenant set free the slaves, men
and women alike.
11 But a little while later, they reneged on the
covenant, broke their promise and forced their
former slaves to become slaves again.
12-14 Then Jeremiah received this Message
from GOD: "GOD, the God of Israel, says, 'I
made a covenant with your ancestors when I
delivered them out of their slavery in Egypt. At
the time I made it clear: "At the end of seven
years, each of you must free any fellow Hebrew
who has had to sell himself to you. After he
has served six years, set him free." But your
ancestors totally ignored me.
15-16 "'And now, *you*—what have you done?
First you turned back to the right way and
did the right thing, decreeing freedom for
your brothers and sisters—and you made it
official in a solemn covenant in my Temple.
And then you turned right around and broke
your word, making a mockery of both me and
the covenant, and made them all slaves again,
these men and women you'd just set free. You
forced them back into slavery.
17-20 "'So here is what I, GOD, have to say: You
have not obeyed me and set your brothers and
sisters free. Here is what I'm going to do: I'm
going to set *you* free—GOD's Decree—free to

치는 도살장에 풀어 주겠다. 너희를 공포의 주인공으로 만들겠다. 너희 모습을 보고 온 세상 사람이 무서워 떨 것이다. 나는 내 언약을 어긴 자들, 송아지를 두 토막으로 가르고 그 사이로 걸어가는 언약 의식으로 엄숙히 맹세한 언약을 이행하지 않은 자들, 그날 두 토막 난 송아지 사이로 걸어갔던 유다와 예루살렘의 지도자, 왕궁 관리, 제사장과 나머지 백성 모두를, 그들의 목숨을 노리는 적들에게 넘겨줄 것이다. 독수리와 들개가 그들의 시체를 먹어 치울 것이다.

21-22 유다 왕 시드기야와 그의 고관들도, 그들의 목숨을 노리는 적들에게 넘겨줄 것이다. 바빌론 왕의 군대가 잠시 물러가겠지만, 곧 다시 올 것이다. 내가 명령을 내려 그들을 다시 이 도성으로 불러올 것이기 때문이다. 그들이 쳐들어와 이 땅을 점령하고 모두 불태워 잿더미로 만들 것이다. 유다 주변의 성읍들도 같은 운명을 맞을 것이다. 그 성읍들도 사람이 살 수 없는 곳, 텅 빈 곳으로 만들 것이다." **하나님**의 포고다.

레갑 사람들

35 1 십 년 전 요시야의 아들 여호야김이 이스라엘의 왕으로 다스리던 때에, 예레미야가 **하나님**께 받은 메시지다.

2 "레갑 공동체를 찾아가거라. 그들에게 **하나님**의 성전 어느 방에서 만나자고 전하고, 그 방에서 그들에게 포도주를 대접하여라."

3-4 나는 그 길로 가서 하바시냐의 손자요 예레미야의 아들인 야아사냐와 그의 형제와 아들들—레갑 공동체 전체—을 만나, 그들을 **하나님**의 성전 안, 하난의 회합실로 데리고 들어갔다. 하난은 익다

get killed in war or by disease or by starvation. I'll make you a spectacle of horror. People all over the world will take one look at you and shudder. Everyone who violated my covenant, who didn't do what was solemnly promised in the covenant ceremony when they split the young bull into two halves and walked between them, all those people that day who walked between the two halves of the bull—leaders of Judah and Jerusalem, palace officials, priests, and all the rest of the people—I'm handing the lot of them over to their enemies who are out to kill them. Their dead bodies will be carrion food for vultures and stray dogs.

21-22 "'As for Zedekiah king of Judah and his palace staff, I'll also hand them over to their enemies, who are out to kill them. The army of the king of Babylon has pulled back for a time, but not for long, for I'm going to issue orders that will bring them back to this city. They'll attack and take it and burn it to the ground. The surrounding cities of Judah will fare no better. I'll turn them into ghost towns, unlivable and unlived in.'" GOD's Decree.

Meeting in God's Temple

35 1 The Message that Jeremiah received from GOD ten years earlier, during the time of Jehoiakim son of Josiah king of Israel:

2 "Go visit the Recabite community. Invite them to meet with you in one of the rooms in GOD's Temple. And serve them wine."

3-4 So I went and got Jaazaniah son of Jeremiah, son of Habazziniah, along with all his brothers and sons—the whole community of the Recabites as it turned out—and brought them to GOD's Temple and to the meeting

랴의 아들로 하나님의 사람이다. 그 방은 성전 관리들의 회합실 바로 옆이었고, 살룸의 아들이자 성전 일을 맡고 있는 마아세야의 방 바로 위였다.

5 거기서 내가 레갑 집안 사람들 앞에 포도주가 담긴 주전자와 잔을 내놓으며 권했다. "드시지요!"

6-7 그러나 그들은 마시려 하지 않았다. "우리는 포도주를 마시지 않습니다." 그들이 말했다. "우리 조상 레갑의 아들 요나답이 이르기를, '너희와 너희 자식들은 절대 포도주를 마시지 마라. 집을 짓거나, 밭이나 동산이나 포도원을 경작하며 정착생활을 해서도 안된다. 재산을 소유하지 마라. 유랑민처럼 장막을 치고 살아라. 그러면 너희 유랑생활이 복되고 번창할 것이다'라고 했습니다.

8-10 우리는 그렇게 해왔습니다. 레갑의 아들 요나답이 명령한 대로 따랐습니다. 우리와 우리 아내와 우리 아들과 딸들은 포도주를 전혀 마시지 않습니다. 우리는 집을 짓지도, 포도원이나 밭이나 동산을 소유하지도 않습니다. 우리는 유랑민들처럼 장막을 치고 삽니다. 우리는 우리 조상 요나답의 말씀에 순종했고, 그가 명령한 모든 것을 지켰습니다.

11 그런데 바빌론 왕 느부갓네살이 우리 땅에 쳐들어왔을 때, 우리는 '갈대아 군대와 아람 군대를 피해 예루살렘으로 가자. 안전한 장소를 찾아가자'고 의견을 모았습니다. 그래서 지금 우리가 여기 예루살렘에 살고 있는 것입니다."

12-15 그때 **하나님**께서 예레미야에게 메시지를 주셨다. "나 만군의 **하나님**, 이스라엘의 하나님이 말한다. 너는 유다 사람과 예루살렘 주민에게 가서 내 말을 전하여라. '어째서 너희는 교훈을 얻으려 하지 않느냐? 어째서 내 말을 따르지 않느냐?'

room of Hanan son of Igdaliah, a man of God. It was next to the meeting room of the Temple officials and just over the apartment of Maaseiah son of Shallum, who was in charge of Temple affairs.

5 Then I set out chalices and pitchers of wine for the Recabites and said, "A toast! Drink up!"

6-7 But they wouldn't do it. "We don't drink wine," they said. "Our ancestor Jonadab son of Recab commanded us, 'You are not to drink wine, you or your children, ever. Neither shall you build houses or settle down, planting fields and gardens and vineyards. Don't own property. Live in tents as nomads so that you will live well and prosper in a wandering life.'

8-10 "And we've done it, done everything Jonadab son of Recab commanded. We and our wives, our sons and daughters, drink no wine at all. We don't build houses. We don't have vineyards or fields or gardens. We live in tents as nomads. We've listened to our ancestor Jonadab and we've done everything he commanded us.

11 "But when Nebuchadnezzar king of Babylon invaded our land, we said, 'Let's go to Jerusalem and get out of the path of the Chaldean and Aramean armies, find ourselves a safe place.' That's why we're living in Jerusalem right now."

Why Won't You Learn Your Lesson?

12-15 Then Jeremiah received this Message from GOD: "GOD-of-the-Angel-Armies, the God of Israel, wants you to go tell the people of Judah and the citizens of Jerusalem that I say, 'Why won't you learn your lesson and do what

하나님의 포고다. '레갑의 아들 요나답이 자손들에게 내린 명령은 그야말로 철두철미하게 준행되었다. 요나답은 그들에게 포도주를 마시지 말라고 했고, 그들은 오늘까지 한 방울의 포도주도 입에 대지 않았다. 그들은 조상이 내린 명령을 존중하여 순종했다. 그런데 너희는 어떠냐! 너희 주의를 끌고자 내가 그토록 수고하였는데도, 너희는 계속 나를 무시했다. 나는 거듭거듭 너희에게 예언자들을 보냈다. 나의 종인 그들은 이른 아침부터 밤늦게까지 너희에게 외쳤다. 삶을 바꾸고 악한 과거에서 돌이켜 옳은 일을 행하며, 다른 신들을 좇아가지 말고, 내가 너희 조상에게 준 이 나라에 정착해 신실하게 살아가라고 말했다.

15-16 그런데 내게 돌아온 것이 무엇이냐? 귀를 틀어막은 너희의 모습뿐이다. 레갑의 아들 요나답의 자손들은 조상이 내린 명령을 그토록 철두철미하게 따랐는데, 내 백성은 나를 무시한다.'

17 그러므로 앞으로 이렇게 될 것이다. 만군의 **하나님**, 이스라엘의 하나님이 말한다. '내가 유다와 예루살렘의 모든 백성에게 재앙을 내릴 것이다. 이미 경고한 그 재앙이 임할 것이다. 내가 말할 때에 너희가 귀를 막았고, 내가 부를 때에 너희가 등을 돌렸기 때문이다.'"

18-19 그러고 나서, 예레미야가 레갑 공동체를 향해 말했다. "만군의 **하나님**, 이스라엘의 하나님께서 너희에게 이르시는 말씀이다. '너희는 너희 조상 요나답이 너희에게 이른 대로 행했고, 그의 명령에 순종했으며, 그의 지시를 철저히 따랐다. 그러므로 나 만군의 **하나님**, 이스라엘의 하나님이 내리는 이 **메시지**를 받아라. 레갑의 아들 요나답의 자손 가운데서 나를 섬길 사람이 끊어지지 않으리라! 언제까지나!'"

I tell you?' GOD's Decree. 'The commands of Jonadab son of Recab to his sons have been carried out to the letter. He told them not to drink wine, and they haven't touched a drop to this very day. They honored and obeyed their ancestor's command. But look at you! I have gone to a lot of trouble to get your attention, and you've ignored me. I sent prophet after prophet to you, all of them my servants, to tell you from early morning to late at night to change your life, make a clean break with your evil past and do what is right, to not take up with every Tom, Dick, and Harry of a god that comes down the pike, but settle down and be faithful in this country I gave your ancestors.

15-16 "'And what do I get from you? Deaf ears. The descendants of Jonadab son of Recab carried out to the letter what their ancestor commanded them, but this people ignores me.'

17 "So here's what is going to happen. GOD-of-the-Angel-Armies, the God of Israel, says, 'I will bring calamity down on the heads of the people of Judah and Jerusalem—the very calamity I warned you was coming—because you turned a deaf ear when I spoke, turned your backs when I called.'"

18-19 Then, turning to the Recabite community, Jeremiah said, "And this is what GOD-of-the-Angel-Armies, the God of Israel, says to you: Because you have done what Jonadab your ancestor told you, obeyed his commands and followed through on his instructions, receive this Message from GOD-of-the-Angel-Armies, the God of Israel: There will always be a descendant of Jonadab son of Recab at my service! Always!'"

바룩이 성전에서 두루마리를 낭독하다

36 1 유다 왕 요시야의 아들 여호야김 사년에, **하나님**께서 예레미야에게 **메시지**를 주셨다.

2 "두루마리를 구해서, 요시야 때부터 오늘에 이르기까지 내가 이스라엘과 유다와 다른 모든 민족에 대해 네게 말한 내용을 전부 적어라.

3 행여 유다 공동체가 알아들을지도 모른다. 내가 내리려는 재앙을 그들이 마침내 깨닫고 악한 삶에서 떠나면, 내가 그들의 고집과 죄를 용서하게 될지도 모른다."

4 예레미야는 네리야의 아들 바룩을 불렀다. 바룩은 **하나님**께서 예레미야에게 하신 모든 말씀을 예레미야가 불러 주는 대로 두루마리에 받아 적었다.

5-6 그런 다음에 예레미야가 바룩에게 말했다. "나는 감시받는 몸이어서 **하나님**의 성전에 갈 수 없으니, 나를 대신하여 그대가 가야 하오. 성전에 들어가서, 내가 불러 주는 대로 받아 적은 이 말씀 전부를 그대가 낭독하여 들려주시오. 모두가 그대의 말을 들을 수 있는 금식일을 기다렸다가 낭독하시오. 유다의 여러 성읍에서 온 모든 사람이 이 말씀을 듣게 하시오.

7 그들이 기도하기 시작하면, **하나님**께서 그들의 기도를 들어주실지 모르오. 그들이 악한 길에서 돌이킬지 모르오. 이는 참으로 중대한 문제요. **하나님**께서 얼마나 노하셨는지 그들에게 분명히 알리시니 말이오!"

8 네리야의 아들 바룩은 예언자 예레미야가 지시한 대로, 하나님의 성전으로 가서 그가 두루마리에 적은 **하나님**의 **메시지**를 읽었다.

9 때는 유다 왕 요시야의 아들 여호야김 오년 십이월이었다. 예루살렘 주민과 유다

Reading God's Message

36 1 In the fourth year of Jehoiakim son of Josiah king of Judah, Jeremiah received this Message from GOD:

2 "Get a scroll and write down everything I've told you regarding Israel and Judah and all the other nations from the time I first started speaking to you in Josiah's reign right up to the present day.

3 "Maybe the community of Judah will finally get it, finally understand the catastrophe that I'm planning for them, turn back from their bad lives, and let me forgive their perversity and sin."

4 So Jeremiah called in Baruch son of Neriah. Jeremiah dictated and Baruch wrote down on a scroll everything that GOD had said to him.

5-6 Then Jeremiah told Baruch, "I'm blacklisted. I can't go into GOD's Temple, so you'll have to go in my place. Go into the Temple and read everything you've written at my dictation. Wait for a day of fasting when everyone is there to hear you. And make sure that all the people who come from the Judean villages hear you.

7 "Maybe, just maybe, they'll start praying and GOD will hear their prayers. Maybe they'll turn back from their bad lives. This is no light matter. GOD has certainly let them know how angry he is!"

8 Baruch son of Neriah did everything Jeremiah the prophet told him to do. In the Temple of GOD he read the Message of GOD from the scroll.

9 It came about in December of the fifth year of Jehoiakim son of Josiah king of Judah that

성읍에서 온 사람들 모두가 예루살렘에 모여 **하나님** 앞에서 금식하고 있었다.

10 바룩이 두루마리를 가지고 성전에 들어가 사람들 앞에서 예레미야의 말을 낭독했다. 낭독한 곳은 서기관 사반의 아들 그마랴의 회합실이었는데, 그 방은 **하나님**의 성전 '새 대문' 어귀의 위 뜰에 있었다. 모든 사람이 그의 말을 잘 들을 수 있었다.

11-12 그마랴의 아들 미가야가 두루마리에 기록된 **하나님의 메시지**를 듣고서는, 즉시 왕궁에 있는 서기관의 방으로 갔다. 마침 고관들이 거기 모여 회의를 하고 있었다. 서기관 엘리사마와 스마야의 아들 들라야와 악볼의 아들 엘라단과 사반의 아들 그마랴와 하나냐의 아들 시드기야 등 모든 고관이 그곳에 있었다.

13 미가야는 바룩이 낭독한 내용을 들은 대로 보고했고, 고관들은 귀 기울여 들었다.

14 그들은 즉시 구시의 증손이요 셀레먀의 손자요 느다냐의 아들인 여후디를 바룩에게 보내어, "그대가 백성에게 읽어 준 두루마리를 가져오시오" 하고 명령했다. 그래서 바룩이 그 두루마리를 가지고 그들에게 갔다.

15 고관들은 그에게 "거기 앉아서, 그 두루마리를 우리에게 낭독해 주시오" 하고 말했다. 바룩은 그들에게 낭독하여 들려주었다.

16 그 모든 말씀을 들은 그들은 몹시 당황했다. 그들은 서로 말을 주고받더니, "우리가 이것을 왕에게 전부 보고해야겠소" 하고 말했다.

17 그들이 바룩에게 청했다. "말해 주시오. 어떻게 이 모든 말씀을 적게 된 것이오? 예레미야의 말을 받아 적은 것이오?"

all the people of Jerusalem, along with all the people from the Judean villages, were there in Jerusalem to observe a fast to GOD.

10 Baruch took the scroll to the Temple and read out publicly the words of Jeremiah. He read from the meeting room of Gemariah son of Shaphan the secretary of state, which was in the upper court right next to the New Gate of GOD's Temple. Everyone could hear him.

11-12 The moment Micaiah the son of Gemariah heard what was being read from the scroll—GOD's Message!—he went straight to the palace and to the chambers of the secretary of state where all the government officials were holding a meeting: Elishama the secretary, Delaiah son of Shemaiah, Elnathan son of Achbor, Gemariah son of Shaphan, Zedekiah son of Hananiah, and all the other government officials.

13 Micaiah reported everything he had heard Baruch read from the scroll as the officials listened.

14 Immediately they dispatched Jehudi son of Nethaniah, son of Semaiah, son of Cushi, to Baruch, ordering him, "Take the scroll that you have read to the people and bring it here." So Baruch went and retrieved the scroll.

15 The officials told him, "Sit down. Read it to us, please." Baruch read it.

16 When they had heard it all, they were upset. They talked it over. "We've got to tell the king all this."

17 They asked Baruch, "Tell us, how did you come to write all this? Was it at Jeremiah's dictation?"

18 Baruch said, "That's right. Every word

18 바룩이 말했다. "그렇습니다. 그의 입에서 나오는 대로 한 자 한 자 펜과 잉크로 받아 적었습니다."
19 고관들이 바룩에게 말했다. "당신은 여길 떠나야 하오. 가서, 예레미야와 같이 숨어 지내시오. 당신들이 어디 있는지 누구도 알아서는 안되오!"
20-21 고관들이 그 두루마리를 서기관 엘리사마의 집무실에 보관하여 두고 왕궁 뜰로 가서 왕에게 보고했다. 왕은 여후디를 보내어 그 두루마리를 가져오게 했다. 여후디가 서기관 엘리사마의 집무실에서 그것을 가져다가, 왕과 왕을 보좌하는 고관들 앞에서 낭독했다.
22-23 때는 십이월이었다. 왕은 겨울 별관에서 화롯불 앞에 앉아 있었다. 여후디가 서너 문단을 읽자, 왕은 자기 주머니칼을 꺼내 그 부분을 두루마리에서 오려내고 불 속에 던져 버렸다. 이런 식으로 왕은 두루마리 전부를 불에 넣고 태워 버렸다.
24-26 왕과 신하들 모두, 낭독되는 메시지를 듣고 일말의 가책도 느끼지 않았다. 엘라단과 들라야와 그마랴가 두루마리를 태우지 말도록 간청했으나, 왕은 전혀 듣지 않았다. 오히려 왕은, 왕자 여라므엘과 아스리엘의 아들 스라야와 압디엘의 아들 셀레먀에게 명령하여, 예언자 예레미야와 그의 서기관 바룩을 잡아오게 했다. 그러나 **하나님**께서 그들을 숨기셨다.

27-28 예레미야가 불러 주는 대로 바룩이 받아 적은 두루마리를 왕이 불태운 뒤에, **하나님**께서 예레미야에게 메시지를 주셨다. "빈 두루마리를 구해다가, 유다 왕 여호야김이 태워 없앤 처음 두루마리에 적힌 내용을 전부 다시 적어라.

right from his own mouth. And I wrote it down, word for word, with pen and ink."
19 The government officials told Baruch, "You need to get out of here. Go into hiding, you and Jeremiah. Don't let anyone know where you are!"
20-21 The officials went to the court of the palace to report to the king, having put the scroll for safekeeping in the office of Elishama the secretary of state. The king sent Jehudi to get the scroll. He brought it from the office of Elishama the secretary. Jehudi then read it to the king and the officials who were in the king's service.
22-23 It was December. The king was sitting in his winter quarters in front of a charcoal fire. After Jehudi would read three or four columns, the king would cut them off the scroll with his pocketknife and throw them in the fire. He continued in this way until the entire scroll had been burned up in the fire.
24-26 Neither the king nor any of his officials showed the slightest twinge of conscience as they listened to the messages read. Elnathan, Delaiah, and Gemariah tried to convince the king not to burn the scroll, but he brushed them off. He just plowed ahead and ordered Prince Jerahameel, Seraiah son of Azriel, and Shelemiah son of Abdeel to arrest Jeremiah the prophet and his secretary Baruch. But GOD had hidden them away.

27-28 After the king had burned the scroll that Baruch had written at Jeremiah's dictation, Jeremiah received this Message from GOD: "Get another blank scroll and do it all over again. Write out everything that

29 그리고 유다 왕 여호야김에게 이 메시지를 보내라. '**하나님**이 말한다. 너는 "바빌론 왕이 와서 이 땅을 파괴하고 이 땅의 모든 것을 전멸시킬 것이라니, 말이 되는 소린가?" 하면서 감히 두루마리를 불태웠다.

30-31 좋다. **하나님**이 유다 왕 여호야김에게 뭐라고 할지 알고 싶으냐? 들어라. 그의 자손 중에 어느 누구도 다윗 보좌에 앉지 못할 것이다. 그의 시체가 길거리에 내던져져 낮에는 불볕을, 밤에는 칼바람을 받을 것이다. 내가 여호야김과 그의 자녀와 그의 고관들의 파렴치한 죄를 물어 모두 벌할 것이다. 그동안 경고했던 재앙, 그들이 믿지 않았던 대재앙을 그들과 예루살렘 모든 주민에게 내릴 것이다.'"

32 예레미야가 다른 두루마리를 가져다가 네리야의 아들 서기관 바룩에게 주었다. 바룩은 예레미야가 불러 주는 대로, 유다 왕 여호야김이 불태워 없애 버린 내용 전부를 다시 적었다. 어느 정도 추가된 부분이 있었으나 내용은 전과 비슷했다.

꼭두각시 왕 시드기야

37 1-2 바빌론 왕 느부갓네살이 세운 꼭두각시 왕 요시야의 아들 시드기야가 여호야김의 아들 여호야긴을 대신하여 유다를 통치하고 있었다. 그런데 왕과 신하와 백성은 **하나님**께서 예언자 예레미야에게 주신 **메시지**에 조금도 주의를 기울이지 않았다.

3 어느 날 시드기야 왕이 셀레먀의 아들 여후갈과 마아세야의 아들 제사장 스바냐를 예언자 예레미야에게 보내어 말했다. "우리를 위해서 우리의 주님이신 **하나님**께 기도해 주시오. 열심을 다해 기도

was in that first scroll that Jehoiakim king of Judah burned up.

29 "And send this personal message to Jehoiakim king of Judah: 'GOD says, You had the gall to burn this scroll and then the nerve to say, "What kind of nonsense is this written here—that the king of Babylon will come and destroy this land and kill everything in it?"

30-31 "'Well, do you want to know what GOD says about Jehoiakim king of Judah? This: No descendant of his will ever rule from David's throne. His corpse will be thrown in the street and left unburied, exposed to the hot sun and the freezing night. I will punish him and his children and the officials in his government for their blatant sin. I'll let loose on them and everyone in Jerusalem the doomsday disaster of which I warned them but they spit at.'"

32 So Jeremiah went and got another scroll and gave it to Baruch son of Neriah, his secretary. At Jeremiah's dictation he again wrote down everything that Jehoiakim king of Judah had burned in the fire. There were also generous additions, but of the same kind of thing.

In an Underground Dungeon

37 1-2 King Zedekiah son of Josiah, a puppet king set on the throne by Nebuchadnezzar king of Babylon in the land of Judah, was now king in place of Jehoiachin son of Jehoiakim. But neither he nor his officials nor the people themselves paid a bit of attention to the Message GOD gave by Jeremiah the prophet.

3 However, King Zedekiah sent Jehucal son of Shelemiah, and Zephaniah the priest, son of Maaseiah, to Jeremiah the prophet,

해 주시오!"

4-5 그때는 예레미야가 백성 가운데 자유롭게 드나들며 활동하던 때로, 아직 감옥에 갇히기 전이었고, 바로의 군대가 이집트를 출발해 진군해 오고 있었다. 예루살렘을 포위하고 있던 갈대아 사람들이 이집트 군대가 오고 있다는 소식을 듣고 예루살렘에서 물러갔다.

6-10 그때 **하나님**께서 예언자 예레미야에게 **메시지**를 주셨다. "이스라엘의 **하나님**이 말한다. 너는 내게 자문을 구하려고 너희를 보낸 유다 왕에게 이 **메시지**를 전하여라. '잘 들어라. 너희를 도우러 바로의 군대가 오고 있다만, 그들은 오래 머물지 않을 것이다. 그들은 여기 도착하자마자 곧 떠나 이집트로 돌아갈 것이다. 그러면 바빌론 사람들이 돌아와 공격을 재개하고, 이 도성을 점령하여 불태울 것이다. 나 **하나님**이 너희에게 말한다. 서로 안심시키려고 "바빌론 사람들은 며칠 내로 떠날 것이다" 말하며 스스로를 속이지 마라. 내가 너희에게 말하는데, 그들은 떠나지 않을 것이다. 설령 너희가 갈대아 공격부대를 모두 격퇴시켜 그들 진영에 부상병들만 남더라도, 그들이 일어나 이 도성을 불태워 버릴 것이다.'"

11-13 갈대아 군대가 예루살렘에서 물러갔을 때, 예레미야가 개인적 일을 처리하러 예루살렘을 떠나 베냐민 영토로 건너갔다. 그가 '베냐민 성문'에 이르렀을 때, 거기 수문장이던 하나냐의 손자요 셀레먀의 아들인 이리야가 예언자 예레미야를 붙잡고 고발하며 말했다. "당신은 지금 갈대아 사람들에게 투항하러 가고 있소!"

14-16 "그렇지 않소." 예레미야가 항변했다. "갈대아 사람들에게 투항하다니, 생각도 해

saying, "Pray for us—pray hard!—to the Master, our GOD."

4-5 Jeremiah was still moving about freely among the people in those days. This was before he had been put in jail. Pharaoh's army was marching up from Egypt. The Chaldeans fighting against Jerusalem heard that the Egyptians were coming and pulled back.

6-10 Then Jeremiah the prophet received this Message from GOD: "I, the GOD of Israel, want you to give this Message to the king of Judah, who has just sent you to me to find out what he should do. Tell him, 'Get this: Pharaoh's army, which is on its way to help you, isn't going to stick it out. No sooner will they get here than they'll leave and go home to Egypt. And then the Babylonians will come back and resume their attack, capture this city and burn it to the ground. I, GOD, am telling you: Don't kid yourselves, reassuring one another, "The Babylonians will leave in a few days." I tell you, they aren't leaving. Why, even if you defeated the entire attacking Chaldean army and all that was left were a few wounded soldiers in their tents, the wounded would still do the job and burn this city to the ground.'"

11-13 When the Chaldean army pulled back from Jerusalem, Jeremiah left Jerusalem to go over to the territory of Benjamin to take care of some personal business. When he got to the Benjamin Gate, the officer on guard there, Irijah son of Shelemiah, son of Hananiah, grabbed Jeremiah the prophet, accusing him, "You're deserting to the Chaldeans!"

14-16 "That's a lie," protested Jeremiah. "I

본 적 없소."
그러나 이리야는 그 말을 듣지 않았다. 그
는 예레미야를 체포해 경비대로 끌고 갔
다. 경비대는 몹시 격분하여, 예레미야를
때린 다음 서기관 요나단의 집 감옥에 가
두었다. (그들은 그 집을 감옥으로 사용하고 있
었다.) 그렇게 해서 예레미야는 물웅덩이
를 개조한 지하 감옥에 들어가 오랫동안
갇혀 있었다.
17 나중에 시드기야 왕이 사람을 시켜 예
레미야를 데려왔다. 왕이 그에게 은밀히
물었다. "**하나님**께서 주신 **메시지**가 있
소?"
"물론입니다. 있습니다." 예레미야가 말했
다. "왕께서는 바빌론 왕의 손에 넘겨질 것
입니다."
18-20 예레미야가 계속해서 시드기야 왕에
게 말했다. "왕께서는 도대체 무슨 이유로
저를 감옥에 가두신 것입니까? 제가 왕과
왕의 신하들, 그리고 백성에게 죄를 지은
것이 있습니까? 말씀해 보십시오. 바빌론
왕이 왕과 이 땅을 치러 오는 일은 결단코
없을 것이라고 설교하던 왕의 예언자들
은 지금 다 어디에 있습니까? 내 주인인
왕이시여, 부디 제 말에 귀 기울여 주십시
오! 부디 저를 서기관 요나단의 집 지하
감옥 속으로 다시 보내지 말아 주십시오.
거기 가면 저는 죽습니다!"
21 시드기야 왕은 명령을 내려 예레미야
를 왕궁 경비대 뜰에 두었다. 거기서 예레
미야는, 도성에 빵이 동날 때까지 '빵 굽
는 자들의 골목'에서 매일 빵을 한 덩어리
씩 배급받았다. 이렇게 해서 예레미야는
왕궁 경비대 뜰에서 지내게 되었다.

예레미야가 웅덩이에 갇히다

38 1 예레미야가 온 백성에게 전하
는 말을, 맛단의 아들 스바댜와

wouldn't think of deserting to the Chaldeans."
But Irijah wouldn't listen to him. He arrested
him and took him to the police. The police
were furious with Jeremiah. They beat him
up and threw him into jail in the house of
Jonathan the secretary of state. (They were
using the house for a prison cell.) So Jeremiah
entered an underground cell in a cistern
turned into a dungeon. He stayed there a
long time.
17 Later King Zedekiah had Jeremiah
brought to him. The king questioned him
privately, "Is there a Message from GOD?"
"There certainly is," said Jeremiah. "You're
going to be turned over to the king of
Babylon."
18-20 Jeremiah continued speaking to King
Zedekiah: "Can you tell me why you threw
me into prison? What crime did I commit
against you or your officials or this people?
And tell me, whatever has become of your
prophets who preached all those sermons
saying that the king of Babylon would
never attack you or this land? Listen to me,
please, my master—my king! Please don't
send me back to that dungeon in the house
of Jonathan the secretary. I'll die there!"
21 So King Zedekiah ordered that Jeremiah
be assigned to the courtyard of the palace
guards. He was given a loaf of bread from
Bakers' Alley every day until all the bread in
the city was gone. And that's where Jeremi-
ah remained—in the courtyard of the palace
guards.

From the Dungeon to the Palace

38 1 Shaphatiah son of Mattan,
Gedaliah son of Pashur, Jehucal

바스훌의 아들 그다랴와 셀레먀의 아들 유
갈과 말기야의 아들 바스훌이 들었다.
2 "**하나님**의 **메시지**다. '이 성읍에 머무는
자는 누구든지 죽임을 당할 것이다. 칼에
찔려 죽거나, 굶어 죽거나, 병들어 죽을 것
이다. 그러나 바빌론 사람들에게 투항하면
목숨을 부지할 것이다.'
3 **하나님**의 분명한 말씀이다. '이 도성은
반드시 바빌론 왕의 군대에게 멸망당할 것
이다. 그에게 점령당할 것이다.'"
4 신하들이 왕에게 말했다. "부디, 이 자를
죽이십시오. 그가 살아 있어서는 안됩니
다! 그가 계속 저런 말들을 퍼뜨려서, 아직
도성에 남아 있는 군인과 온 백성의 사기
를 떨어뜨리고 있습니다. 이 자는 이 백성
이 잘 되기를 바라지 않습니다. 그는 우리
를 망하게 하려는 자입니다!"
5 시드기야 왕이 말했다. "그대들 생각이
그렇다면 뜻대로 하시오. 내가 무슨 힘이
있다고 그대들에게 반대하겠소."
6 그래서 그들이 예레미야를 붙잡아 왕
궁 경비대 뜰에 있는 왕자 말기야의 집
물웅덩이에 빠뜨렸다. 그들은 그를 밧줄
에 묶어 내려보냈다. 웅덩이 안에는 물
대신 진흙뿐이었다. 예레미야는 진흙 속
에 빠졌다.
7-9 왕궁 관리였던 에티오피아 사람 에벳
멜렉은, 사람들이 예레미야를 물웅덩이 속
으로 내동댕이쳤다는 소식을 들었다. 그때
왕은 '베냐민 문'에서 나랏일을 보고 있었
는데, 에벳멜렉이 왕궁을 나와 왕에게 달
려가 말했다. "내 주인인 왕이시여, 저 자
들이 큰 범죄를 저질렀습니다. 예언자 예
레미야를 굶겨 죽이려고 그를 물웅덩이 속
에 던져 넣었습니다. 그는 죽은 목숨이나
다름없습니다. 지금 도성에는 빵 한 조각
남아 있지 않습니다."
10 왕은 에티오피아 사람 에벳멜렉에게 명

son of Shelemiah, and Pashur son of
Malkijah heard what Jeremiah was telling
the people, namely:
2 "This is GOD's Message: 'Whoever stays
in this town will die—will be killed or
starve to death or get sick and die. But
those who go over to the Babylonians will
save their necks and live.'
3 "And, GOD's sure Word: 'This city is
destined to fall to the army of the king of
Babylon. He's going to take it over.'"
4 These officials told the king, "Please, kill this
man. He's got to go! He's ruining the resolve
of the soldiers who are still left in the city, as
well as the people themselves, by spreading
these words. This man isn't looking after the
good of this people. He's trying to ruin us!"
5 King Zedekiah caved in: "If you say so.
Go ahead, handle it your way. You're too
much for me."
6 So they took Jeremiah and threw him
into the cistern of Malkijah the king's son
that was in the courtyard of the palace
guard. They lowered him down with ropes.
There wasn't any water in the cistern, only
mud. Jeremiah sank into the mud.
7-9 Ebed-melek the Ethiopian, a court
official assigned to the royal palace, heard
that they had thrown Jeremiah into the
cistern. While the king was holding court
in the Benjamin Gate, Ebed-melek went
immediately from the palace to the king
and said, "My master, O king—these men
are committing a great crime in what
they're doing, throwing Jeremiah the
prophet into the cistern and leaving him
there to starve. He's as good as dead. There
isn't a scrap of bread left in the city."

령을 내렸다. "사람 세 명을 데리고 가서,
예언자 예레미야가 죽기 전에 어서 물웅덩
이에서 꺼내어라."
11-12 에벳멜렉이 사람 세 명을 구해 왕궁
의복창고로 가서, 해진 옷 조각 얼마를 얻
어 하나로 묶고 밧줄과 함께 물웅덩이 안
에 있는 예레미야에게 내려보냈다. 에티
오피아 사람 에벳멜렉이 아래에 있는 예
레미야를 부르며 말했다. "양쪽 겨드랑이
와 밧줄 사이에 이 해진 옷 조각들을 끼워
넣으십시오."
예레미야가 그의 말을 따랐다.
13 그들이 밧줄을 당겨 예레미야를 물웅덩
이 밖으로 꺼냈다. 그러나 그는 계속 왕궁
경비대 뜰에 감금되었다.
14 후에, 시드기야 왕이 예언자 예레미야
를 하나님의 성전 셋째 입구로 불렀다. 왕
이 예레미야에게 말했다. "그대에게 물을
것이 있소. 내게 아무것도 숨기지 마시오."
15 예레미야가 말했다. "제가 사실대로 말
씀드리면, 왕께서는 저를 죽이실 것입니
다. 제가 무슨 말을 하든지, 왕께서는 귀 기
울여 듣지 않으실 것입니다."
16 시드기야가 그 자리에서 예레미야에게
은밀히 맹세하며 말했다. "우리에게 생명
을 주시는 **하나님**께서 살아 계심을 두고
맹세하는데, 나는 결코 그대를 죽이거나
그대의 목숨을 노리는 자들에게 넘겨주지
않을 것이오."
17-18 예레미야가 시드기야에게 말했다.
"만군의 **하나님**, 이스라엘의 하나님의 **메
시지**입니다. '만일 네가 바빌론 왕의 장군
들에게 투항하면, 너도 살고 이 도성도 불
타지 않을 것이다. 너의 가문은 살아남을
것이다. 그러나 네가 바빌론 왕의 장군들
에게 투항하지 않으면, 이 도성은 갈대아
사람들의 수중에 들어가 모조리 불타 없어
질 것이다. 그들의 손에서 빠져나올 수 있

10 So the king ordered Ebed-melek the
Ethiopian, "Get three men and pull Jeremi-
ah the prophet out of the cistern before he
dies."
11-12 Ebed-melek got three men and went
to the palace wardrobe and got some
scraps of old clothing, which they tied
together and lowered down with ropes to
Jeremiah in the cistern. Ebed-melek the
Ethiopian called down to Jeremiah, "Put
these scraps of old clothing under your
armpits and around the ropes." Jeremiah
did what he said.
13 And so they pulled Jeremiah up out of the
cistern by the ropes. But he was still confined
in the courtyard of the palace guard.
14 Later, King Zedekiah sent for Jeremiah
the prophet and had him brought to the
third entrance of the Temple of GOD. The
king said to Jeremiah, "I'm going to ask
you something. Don't hold anything back
from me."
15 Jeremiah said, "If I told you the whole
truth, you'd kill me. And no matter what
I said, you wouldn't pay any attention
anyway."
16 Zedekiah swore to Jeremiah right there,
but in secret, "As sure as GOD lives, who gives
us life, I won't kill you, nor will I turn you over
to the men who are trying to kill you."
17-18 So Jeremiah told Zedekiah, "This is
the Message from GOD, GOD-of-the-Angel-
Armies, the God of Israel: 'If you will turn
yourself over to the generals of the king
of Babylon, you will live, this city won't be
burned down, and your family will live.
But if you don't turn yourself over to the
generals of the king of Babylon, this city

을 것이라는 생각은 꿈에도 하지 마라.'"
19 시드기야 왕이 예레미야에게 말했다.
"그러나 나는 갈대아 사람들에게 먼저 투
항한 유다 사람들이 두렵소. 그들이 나를
손에 넣으면, 나를 매우 거칠게 다룰 테니
말이오."
20-22 예레미야가 그를 안심시켰다. "그
들의 수중에 떨어지는 일은 없을 것입니
다. 부디, **하나님**의 음성에 순종하십시
오. 저는 지금 왕을 위해, 왕께서 목숨을
부지하실 수 있게 하려고 이 말씀을 드
립니다. 왕께서 투항을 거부할 때 어떤
일이 있을지 **하나님**께서 제게 보여주셨
습니다. 상상해 보십시오. 유다 왕의 왕
궁에 남은 여인들 모두가 바빌론 왕의
신하들에게 끌려갑니다. 그들은 끌려가
며 이렇게 말합니다.

'그들이 네게 거짓말을 했다.
친구라고 믿었던 자들이 너를 속였다.
이제 진창에 빠져 옴짝달싹 못하는 네 꼴
이라니.
네 친구라는 자들, 지금 모두 어디에 있
느냐?'

23 왕의 아내와 자식들 모두가 갈대아 사
람들에게 넘겨질 것입니다. 그들의 손에
서 빠져나올 수 있으리라 생각하지 마십
시오. 왕께서는 바빌론 왕에게 붙잡힐 것
이며, 그가 이 도성을 불태워 허물어 버
릴 것입니다."
24-26 시드기야가 예레미야에게 말했다.
"오늘 우리가 나눈 대화는 비밀로 하는 것
이 그대를 위해 좋을 것이오. 고관들이 이
일을 눈치채면, 바로 달려와 말할 것이오.
'왕과 무슨 얘기를 했는지 털어놓으시오.
남김없이 자백하면 목숨은 살려주겠소.'
만일 그런 일이 생기면, 그들에게 이렇게

will go into the hands of the Chaldeans and
they'll burn it down. And don't for a minute
think there's any escape for you.'"
19 King Zedekiah said to Jeremiah, "But
I'm afraid of the Judeans who have already
deserted to the Chaldeans. If they get hold
of me, they'll rough me up good."
20-22 Jeremiah assured him, "They won't get
hold of you. Listen, please. Listen to GOD's
voice. I'm telling you this for your own good
so that you'll live. But if you refuse to turn
yourself over, this is what GOD has shown me
will happen: Picture this in your mind—all
the women still left in the palace of the king
of Judah, led out to the officers of the king of
Babylon, and as they're led out they are saying:

"'They lied to you and did you in,
those so-called friends of yours;
And now you're stuck, about knee-deep in
mud,
and your "friends," where are they now?'

23 "They'll take all your wives and children
and give them to the Chaldeans. And you,
don't think you'll get out of this—the king
of Babylon will seize you and then burn this
city to the ground."
24-26 Zedekiah said to Jeremiah, "Don't
let anyone know of this conversation,
if you know what's good for you. If the
government officials get wind that I've been
talking with you, they may come and say,
'Tell us what went on between you and the
king, what you said and what he said. Hold
nothing back and we won't kill you.' If this
happens, tell them, 'I presented my case to
the king so that he wouldn't send me back

말하시오. '나는 다만 왕께 나를 요나단의
집 지하 감옥으로 다시 보내지 말아 달라
고 간청드렸을 뿐이오.'"
27 과연 고관들이 예레미야를 찾아와 물
었고, 그는 왕이 지시한 대로 대답했다.
그들은 결국 그냥 돌아갔다. 그 대화를 엿
들은 자는 아무도 없었다.
28 예레미야는 예루살렘이 점령당하는 날
까지 왕궁 경비대 뜰에서 지냈다.

예루살렘이 함락되다

39 1-2 유다의 시드기야 왕 구년
열째 달에, 바빌론의 느부갓네
살 왕이 그의 전 병력을 이끌고 와서 예루
살렘을 포위했다. 시드기야 십일년 넷째
달 구일에, 마침내 성벽이 뚫렸다.
3 바빌론 왕의 고관들이 성 안으로 모두
들어가 '중앙 대문'에 자리를 잡고 통치위
원회를 꾸렸다. 그들은 심마갈의 네르갈
사레셀, 랍사리스 사람 느부사스반, 랍막
사람 네르갈사레셀, 그 밖의 여러 바빌론
왕의 고관들이었다.
4-7 유다 왕 시드기야와 남은 군사들이
그 모습을 보고 도망쳤다. 그들은 야반
도주하여, 왕의 동산에 난 길을 따라 두
성벽 사이의 문을 통과하고 광야 쪽 요
단 골짜기를 향해 갔다. 바빌론 군대가
그들을 추격해 여리고 광야에서 시드기
야를 붙잡았다. 그들이 시드기야를 하
맛 지방 리블라에 있는 바빌론 느부갓네
살 왕 앞으로 끌고 갔다. 리블라에서 바
빌론 왕은 시드기야가 보는 앞에서 그의
아들들을 다 죽이고, 유다의 귀족들도
모두 죽였다. 시드기야가 그 학살을 모
두 목격하게 한 뒤에, 느부갓네살은 그
의 눈을 멀게 했다. 그 후에 그를 사슬에
묶어 바빌론으로 끌고 갔다.
8-10 바빌론 사람들은 왕궁과 성전과 백성

to the dungeon of Jonathan to die there.'"
27 And sure enough, all the officials came to
Jeremiah and asked him. He responded as
the king had instructed. So they quit asking.
No one had overheard the conversation.
28 Jeremiah lived in the courtyard of the
palace guards until the day that Jerusalem
was captured.

Bad News, Not Good News

39 1-2 In the ninth year and tenth
month of Zedekiah king of Judah,
Nebuchadnezzar king of Babylon came with
his entire army and laid siege to Jerusalem.
In the eleventh year and fourth month,
on the ninth day of Zedekiah's reign, they
broke through into the city.
3 All the officers of the king of Babylon came
and set themselves up as a ruling council
from the Middle Gate: Nergal-sharezer of
Simmagar, Nebushazban the Rabsaris, Nergal-
sharezer the Rabmag, along with all the other
officials of the king of Babylon.
4-7 When Zedekiah king of Judah and his
remaining soldiers saw this, they ran for their
lives. They slipped out at night on a path in
the king's garden through the gate between
two walls and headed for the wilderness,
toward the Jordan Valley. The Babylonian
army chased them and caught Zedekiah in
the wilderness of Jericho. They seized him
and took him to Nebuchadnezzar king of
Babylon at Riblah in the country of Hamath.
Nebuchadnezzar decided his fate. The king
of Babylon killed all the sons of Zedekiah in
Riblah right before his eyes and then killed
all the nobles of Judah. After Zedekiah had
seen the slaughter, Nebuchadnezzar blinded

들의 집에 불을 질러 허물어 버렸다. 예루살렘 성벽들도 모두 무너뜨렸다. 경호대장 느부사라단이 도성 안에 남은 자들을 붙잡아서, 투항한 자들과 함께 바빌론으로 끌고 갔다. 아무 가진 것 없는 소수의 가난한 무리는 굳이 데려가지 않았다. 그들을 유다 땅에 남겨 두어, 포도원과 밭을 일구며 생계를 꾸려 가게 했다.

⁂

11-12 바빌론의 느부갓네살 왕이 예레미야에 대하여 경호대장 느부사라단에게 특별 명령을 내렸다. "그를 데려다가 잘 보살펴 주어라. 절대로 그가 해를 당하지 않게 하고, 무엇을 원하든지 다 해주어라."

13-14 경호대장 느부사라단은 랍사리스 사람 느부사스반과 랍막 사람 네르갈사레셀과 그 밖의 바빌론 왕의 모든 고관들과 함께 왕궁 경비대 뜰로 사람을 보내어, 예레미야를 데려다가 사반의 손자요 아히감의 아들인 그다랴에게 맡겨 집으로 돌아갈 수 있게 해주었다. 그렇게 해서 예레미야는 백성과 더불어 살게 되었다.

⁂

15-18 전에 예레미야가 왕궁 경비대 뜰에 구금되어 있을 때, **하나님**의 **메시지**가 그에게 임했다. "가서 에티오피아 사람 에벳멜렉에게 전하여라. '만군의 **하나님**, 이스라엘의 하나님이 말한다. 잘 들어라. 내가 전에 말했던 그 일을 이제 이 도성에 행하려 한다. 이는 흉보다. 너는 이 일을 직접 목격하게 되겠지만, 재앙의 날에 내가 너를 건져 줄 것이다. 너는 네가 두려워하는 그들의 손에 넘겨지지 않을 것이다. 그렇다. 내가

him, chained him up, and then took him off to Babylon.

8-10 Meanwhile, the Babylonians burned down the royal palace, the Temple, and all the homes of the people. They leveled the walls of Jerusalem. Nebuzaradan, commander of the king's bodyguard, rounded up everyone left in the city, along with those who had surrendered to him, and herded them off to exile in Babylon. He didn't bother taking the few poor people who had nothing. He left them in the land of Judah to eke out a living as best they could in the vineyards and fields.

⁂

11-12 Nebuchadnezzar king of Babylon gave Nebuzaradan captain of the king's bodyguard special orders regarding Jeremiah: "Look out for him. Make sure nothing bad happens to him. Give him anything he wants."

13-14 So Nebuzaradan, chief of the king's bodyguard, along with Nebushazban the Rabsaris, Nergal-sharezer the Rabmag, and all the chief officers of the king of Babylon, sent for Jeremiah, taking him from the courtyard of the royal guards and putting him under the care of Gedaliah son of Ahikam, the son of Shaphan, to be taken home. And so he was able to live with the people.

⁂

15-18 Earlier, while Jeremiah was still in custody in the courtyard of the royal guards, GOD's Message came to him: "Go and speak with Ebed-melek the Ethiopian. Tell him, GOD-of-the-Angel-Armies, the God of Israel, says, Listen carefully: I will do exactly what I said I would do to this city—bad news, not good

반드시 너를 구해 줄 것이다. 너는 죽임을 당하지 않을 것이다. 털끝 하나 다치지 않고 무사할 것이다. 네가 나를 신뢰했기 때문이다.'" **하나님**의 포고다.

40 1 경호대장 느부사라단이 라마에서 예레미야를 풀어 준 뒤에 **하나님**의 **메시지**가 그에게 임했다. 느부사라단이 예레미야에게 왔을 때, 그는 예루살렘과 유다의 다른 포로들과 함께 사슬에 묶여 바빌론으로 끌려가는 중이었다.
2-3 경호대장이 예레미야를 지목하여 불러 말했다. "그대의 **하나님**께서 이곳에 재앙을 선포하시더니, 과연 **하나님**께서 경고한 대로 행하셨소. 이는 그대들이 **하나님** 앞에서 죄를 짓고, 그분의 말씀을 따르지 않았기 때문이오. 그대들 모두가 이렇게 고통을 겪는 것은 바로 그 때문이오.
4-5 그러나 예레미야여, 오늘 내가 그대를 풀어 주고 그대의 손에서 사슬을 벗겨 주겠소. 나와 함께 바빌론으로 가고 싶다면 그렇게 합시다. 내가 그대를 돌보아 주겠소. 그러나 바빌론으로 가는 것을 원치 않는다 해도 괜찮소. 보시오, 그대 앞에 온 땅이 펼쳐져 있소. 그대가 원하는 대로 하시오. 어디든 그대가 원하는 곳으로 가서 사시오. 고향 땅에 머물기를 원한다면, 사반의 손자요 아히감의 아들인 그다랴에게 돌아가시오. 바빌론 왕께서 그를 유다의 도성 총독으로 삼으셨소. 그와 함께, 그대의 백성과 더불어 사시오. 어디든 원하는 곳으로 가시오. 당신의 결정에 달렸소."
경호대장은 길에서 먹을 음식과 작별 선물을 들려 주며 그를 떠나보냈다.

news. When it happens, you will be there to see it. But I'll deliver you on that doomsday. You won't be handed over to those men whom you have good reason to fear. Yes, I'll most certainly save you. You won't be killed. You'll walk out of there safe and sound because you trusted me.'" GOD's Decree.

Go and Live Wherever You Wish

40 1 GOD's Message to Jeremiah after Nebuzaradan captain of the bodyguard set him free at Ramah. When Nebuzaradan came upon him, he was in chains, along with all the other captives from Jerusalem and Judah who were being herded off to exile in Babylon.
2-3 The captain of the bodyguard singled out Jeremiah and said to him, "Your GOD pronounced doom on this place. GOD came and did what he had warned he'd do because you all sinned against GOD and wouldn't do what he told you. So now you're all suffering the consequences.
4-5 "But today, Jeremiah, I'm setting you free, taking the chains off your hands. If you'd like to come to Babylon with me, come along. I'll take good care of you. But if you don't want to come to Babylon with me, that's just fine, too. Look, the whole land stretches out before you. Do what you like. Go and live wherever you wish. If you want to stay home, go back to Gedaliah son of Ahikam, son of Shaphan. The king of Babylon made him governor of the cities of Judah. Stay with him and your people. Or go wherever you'd like. It's up to you."
The captain of the bodyguard gave him food for the journey and a parting gift, and sent

6 예레미야는 미스바에 있는 아히감의 아들 그다랴에게 가서, 그와 함께 그 땅에 남겨진 백성들과 함께 살았다.

유다 총독 그다랴

7-8 바빌론 왕이 아히감의 아들 그다랴를 이 땅의 총독으로 임명하고 바빌론에 포로로 끌려가지 않은 극빈자들과 그들의 자녀들을 그에게 맡겼다는 소식을 듣자, 들판에 숨어 있던 군지휘관과 부하들이 미스바로 와서 그다랴를 만났다. 그들은 느다냐의 아들 이스마엘, 가레아의 두 아들 요하난과 요나단, 단후멧의 아들 스라야, 느도바 부족 에배의 아들들, 마아가 사람의 아들 여사냐, 그리고 그들의 부하들이다.

9 사반의 손자요 아히감의 아들인 그다랴가 그들에게 약속했다. "그대들은 갈대아 관리들을 두려워하지 않아도 되오. 여기, 이 땅에 머물러 살면서 바빌론 왕을 섬기시오. 그러면 모든 일이 다 잘될 것이오.

10 나는 여기 미스바에 머물면서, 갈대아 사람들이 오면 그들 앞에서 그대들을 변호하겠소. 그대들은 땅을 돌보는 일을 맡아 주시오. 포도주를 만들고 여름 과실을 수확하고 올리브기름을 짜는 일을 맡으시오. 그것들을 도기 그릇에 넣어 잘 저장하고, 어느 성읍이든 그대들이 차지한 곳에 정착해 사시오."

11-12 모압과 암몬과 에돔과 여러 나라로 피신했던 유다 사람들도 바빌론 왕이 유다에 소수의 생존자들을 남겨 두고, 사반의 손자요 아히감의 아들인 그다랴를 총독으로 세웠다는 소식을 들었다. 그들 모두 흩어졌던 곳에서 다시 유다로 돌아오기 시작했다. 그들은 유다 땅 미스바의 그다랴에게 와서 일을 시작했고, 막대한 양의 포도주와 여름 과실을 거두어들였다.

him off.

6 Jeremiah went to Gedaliah son of Ahikam at Mizpah and made his home with him and the people who were left behind in the land.

Take Care of the Land

7-8 When the army leaders and their men, who had been hiding out in the fields, heard that the king of Babylon had appointed Gedaliah son of Ahikam as governor of the land, putting him in charge of the men, women, and children of the poorest of the poor who hadn't been taken off to exile in Babylon, they came to Gedaliah at Mizpah: Ishmael son of Nethaniah, Johanan and Jonathan the sons of Kareah, Seraiah son of Tanhumeth, the sons of Ephai the Netophathite, and Jaazaniah son of the Maacathite, accompanied by their men.

9 Gedaliah son of Ahikam, the son of Shaphan, promised them and their men, "You have nothing to fear from the Chaldean officials. Stay here on the land. Be subject to the king of Babylon. You'll get along just fine.

10 "My job is to stay here in Mizpah and be your advocate before the Chaldeans when they show up. Your job is to take care of the land: Make wine, harvest the summer fruits, press olive oil. Store it all in pottery jugs and settle into the towns that you have taken over."

11-12 The Judeans who had escaped to Moab, Ammon, Edom, and other countries heard that the king of Babylon had left a few survivors in Judah and made Gedaliah son of Ahikam, son of Shaphan, governor over them. They all started coming back to Judah from all the places where they'd been scattered. They came to Judah and to Gedaliah at

13-14 어느 날 가레아의 아들 요하난과
오지에 숨어 있던 군지휘관들이 미스바
에 있는 그다랴를 찾아와 말했다. "아
니, 모르신단 말입니까? 암몬 왕 바알리
스가 총독님의 목숨을 빼앗으려고 느다
냐의 아들 이스마엘을 보냈습니다." 그
러나 아히감의 아들 그다랴는 그들의 말
을 믿지 않았다.
15 가레아의 아들 요하난은 미스바에서
그다랴를 은밀히 만나 말했다. "제가 가
서 느다냐의 아들 이스마엘을 죽이도록
허락해 주십시오. 아무도 모르게 해치우
겠습니다. 그 자가 총독님을 죽이고 이
나라를 큰 혼란에 빠뜨리려는 것을 그냥
보고만 있을 수는 없습니다. 총독께서 돌
보시는 백성이 다 흩어지고 유다의 남은
자들마저 모두 망할 텐데, 그저 가만히
있을 수는 없지 않습니까?"
16 그러나 아히감의 아들 그다랴는 가레
아의 아들 요하난에게 말했다. "그래서
는 안되오. 이것은 명령이오. 그대는 이
스마엘에 대해 헛소문을 퍼뜨리고 있
구려."

41 1-3 일곱째 달에, 엘리사마의
손자요 느다냐의 아들인 이스
마엘이 도착했다. 그는 왕족이며 왕의
대신이기도 했다. 그가 부하 열 명을 데
리고 미스바에 있는 아히감의 아들 그다
랴를 찾아왔다. 그들이 같이 식사를 하
는데, 이스마엘과 그가 데리고 온 열 명
의 부하들이 갑자기 일어나서 그다랴를
때려눕히고, 바벨론 왕이 그 땅의 총독
으로 임명한 그를 죽였다. 또 이스마엘
은 그다랴와 함께 미스바에 있던 유다
사람들을 모조리 죽이고, 거기 주둔하고

Mizpah and went to work gathering in a huge supply of wine and summer fruits.

13-14 One day Johanan son of Kareah and all
the officers of the army who had been hiding
out in the backcountry came to Gedaliah at
Mizpah and told him, "You know, don't you,
that Baaliss king of Ammon has sent Ishmael
son of Nethaniah to kill you?" But Gedaliah
son of Ahikam didn't believe them.
15 Then Johanan son of Kareah took Gedali-
ah aside privately in Mizpah: "Let me go and
kill Ishmael son of Nethaniah. No one needs
to know about it. Why should we let him kill
you and plunge the land into anarchy? Why
let everyone you've taken care of be scattered
and what's left of Judah destroyed?"
16 But Gedaliah son of Ahikam told Johanan
son of Kareah, "Don't do it. I forbid it. You're
spreading a false rumor about Ishmael."

Murder

41 1-3 But in the seventh month,
Ishmael son of Nethaniah, son
of Elishama, came. He had royal blood in
his veins and had been one of the king's
high-ranking officers. He paid a visit to
Gedaliah son of Ahikam at Mizpah with ten
of his men. As they were eating together,
Ishmael and his ten men jumped to their
feet and knocked Gedaliah down and killed
him, killed the man the king of Babylon had
appointed governor of the land. Ishmael
also killed all the Judeans who were with
Gedaliah in Mizpah, as well as the Chaldean
soldiers who were stationed there.
4-5 On the second day after the murder of

있던 갈대아 병사들까지 죽였다.

4-5 그다랴가 살해된 다음 날—아직 아무도 그 사실을 몰랐다—수염을 깎고 옷을 찢고 몸에 상처를 낸 사람들 여든 명이 세겜과 실로와 사마리아에서 왔다. 그들은 곡식 제물과 향료를 들고 예루살렘 성전에 예배하러 가는 순례자들이었다.

6 느다냐의 아들 이스마엘이 미스바에서 나와, 보라는 듯이 울며 그들을 영접했다. 그는 그들에게 인사를 건넨 다음, 안으로 초대했다. "들어오셔서 아히감의 아들 그다랴를 만나시지요."

7-8 그러나 순례자들이 도성 안으로 들어선 순간, 느다냐의 아들 이스마엘과 그의 심복들이 그들을 무참히 죽여 시신을 물웅덩이 속에 던져 버렸다. 그런데 그들 가운데 열 사람은 기지를 발휘해 그 상황을 모면했다. 그들은 이렇게 말하며 이스마엘과 흥정을 벌였다. "우리를 죽이지 마시오. 우리 밭에는 밀과 보리와 올리브기름과 꿀을 숨겨 놓은 비밀 창고가 있소." 그러자 이스마엘이 그들을 죽이지 않고 살려 두었다.

9 이스마엘이 시신들을 물웅덩이에 던진 것은 그다랴 시해 사건을 은폐하기 위해서였다. 그 물웅덩이는 아사 왕이 이스라엘 왕 바아사의 공격에 맞서 싸울 때 만들어졌는데, 느다냐의 아들 이스마엘은 그 웅덩이를 시신으로 가득 채웠다.

10 그러고 나서 이스마엘은 왕의 딸들을 비롯해 미스바의 모든 사람들, 경호대장인 느부사라단이 아히감의 아들 그다랴에게 맡긴 모든 사람들을 죄수로 삼았다. 느다냐의 아들 이스마엘은 그들을 포박해 끌고 가서 암몬 땅에 넘기려고 했다.

11-12 가레아의 아들 요하난과 그와 같이 있던 군지휘관들이 느다냐의 아들

Gedaliah—no one yet knew of it—men arrived from Shechem, Shiloh, and Samaria, eighty of them, with their beards shaved, their clothing ripped, and gashes on their bodies. They were pilgrims carrying grain offerings and incense on their way to worship at the Temple in Jerusalem.

6 Ishmael son of Nethaniah went out from Mizpah to welcome them, weeping ostentatiously. When he greeted them he invited them in: "Come and meet Gedaliah son of Ahikam."

7-8 But as soon as they were inside the city, Ishmael son of Nethaniah and his henchmen slaughtered the pilgrims and dumped the bodies in a cistern. Ten of the men talked their way out of the massacre. They bargained with Ishmael, "Don't kill us. We have a hidden store of wheat, barley, olive oil, and honey out in the fields." So he held back and didn't kill them with their fellow pilgrims.

9 Ishmael's reason for dumping the bodies into a cistern was to cover up the earlier murder of Gedaliah. The cistern had been built by king Asa as a defense against Baasha king of Israel. This was the cistern that Ishmael son of Nethaniah filled with the slaughtered men.

10 Ishmael then took everyone else in Mizpah, including the king's daughters entrusted to the care of Gedaliah son of Ahikam by Nebuzaradan the captain of the bodyguard, as prisoners. Rounding up the prisoners, Ishmael son of Nethaniah proceeded to take them over into the country of Ammon.

11-12 Johanan son of Kareah and all the army officers with him heard about the atrocities committed by Ishmael son of Nethaniah.

이스마엘이 저지른 극악무도한 일을 전해 들었다. 그들은 즉시 느다냐의 아들 이스마엘을 잡으러 출동했다. 그들은 기브온에 있는 큰 못 근처에서 그와 맞닥뜨렸다.

13-15 이스마엘에게 잡혀 미스바에서 끌려온 이들은 가레아의 아들 요하난과 지휘관들을 보고 그들의 눈을 의심했다. 그들은 기뻐 어쩔 줄 몰랐다! 그들은 가레아의 아들 요하난의 주위로 모여 고향 쪽으로 다시 길을 잡았다. 그러나 느다냐의 아들 이스마엘은 요하난을 피해 달아났고, 부하 여덟 명과 함께 암몬 땅으로 넘어갔다.

16 가레아의 아들 요하난과 군지휘관들은, 느다냐의 아들 이스마엘이 아히감의 아들 그다랴를 살해하고 미스바에서 잡아온 사람들—남자와 여자와 아이와 내시들—모두를 기브온에서 데려왔다.

17-18 그들은 갈대아 사람들을 피하기 위해 즉시 이집트를 향해 떠났다가, 도중에 베들레헴 근처 게롯김함에서 쉬었다. 그들은 바빌론 왕이 그 지방 총독으로 임명한 아히감의 아들 그다랴를 느다냐의 아들 이스마엘이 살해한 일로 갈대아 사람들이 어떤 보복을 할지 몰라 두려워했다.

백성이 예레미야에게 기도를 부탁하다

42 1-3 가레아의 아들 요하난과 호사야의 아들 여사냐를 비롯한 모든 군지휘관이, 낮은 자에서 높은 자에 이르는 온 백성을 이끌고 예언자 예레미야를 찾아와 말했다. "간청이 있습니다. 부디 들어주십시오. 우리 남은 자들을 위해 당신의 **하나님**께 기도해 주십시오. 보시다시피, 우리는 이렇게 적은 수만 살아남았습니다! 당신의 **하나님**께서 우리가

They set off at once after Ishmael son of Nethaniah. They found him at the large pool at Gibeon.

13-15 When all the prisoners from Mizpah who had been taken by Ishmael saw Johanan son of Kareah and the army officers with him, they couldn't believe their eyes. They were so happy! They all rallied around Johanan son of Kareah and headed back home. But Ishmael son of Nethaniah got away, escaping from Johanan with eight men into the land of Ammon.

16 Then Johanan son of Kareah and the army officers with him gathered together what was left of the people whom Ishmael son of Nethaniah had taken prisoner from Mizpah after the murder of Gedaliah son of Ahikam—men, women, children, eunuchs—and brought them back from Gibeon.

17-18 They set out at once for Egypt to get away from the Chaldeans, stopping on the way at Geruth-kimham near Bethlehem. They were afraid of what the Chaldeans might do in retaliation of Ishmael son of Nethaniah's murder of Gedaliah son of Ahikam, whom the king of Babylon had appointed as governor of the country.

What You Fear Will Catch Up with You

42 1-3 All the army officers, led by Johanan son of Kareah and Jezaniah son of Hoshaiah, accompanied by all the people, small and great, came to Jeremiah the prophet and said, "We have a request. Please listen. Pray to your God for us, what's left of us. You can see for yourself how few we are! Pray that your God will tell us the way we should go and what we

어디로 가며 무엇을 해야 할지 알려 주시도
록 기도해 주십시오."
4 예언자 예레미야가 말했다. "잘 알아들었
습니다. 여러분의 간청대로, 내가 여러분의
하나님께 기도하겠습니다. **하나님**께서 무슨
말씀을 하시든지, 그대로 전해 드리겠습니
다. 아무것도 숨기지 않고 다 알려 드리겠습
니다."
5-6 그들이 예레미야에게 말했다. "참되고
신실한 증인이신 **하나님** 앞에서 맹세합니
다. 우리는 **하나님**께서 당신을 통해 우리에
게 하시는 말씀을 따르겠습니다. 그 내용이
좋든지 싫든지, 모두 따르겠습니다. 우리 **하
나님**께서 무슨 말씀을 하시든지 순종하겠습
니다. 우리를 믿어 주십시오. 우리는 반드시
그렇게 할 것입니다."
7-8 열흘 후에, **하나님**의 **메시지**가 예레미야
에게 임했다. 그가 가레아의 아들 요하난과
모든 군지휘관과 지위고하를 막론한 온 백
성을 한자리에 불러 모았다.
9-12 예레미야가 말했다. "이스라엘의 하나
님의 **메시지**입니다. 여러분이 나를 보내 여
러분의 간구를 전해 달라고 간청했는데, 그
분께서 말씀하십니다. '너희가 이 땅에 머물
며 살기로 각오하면, 내가 너희를 세워 줄 것
이다. 너희를 허물어뜨리지 않을 것이다. 너
희를 심되, 잡초처럼 뽑아 버리지 않을 것이
다. 내가 재앙을 내렸지만 내가 너희를 불쌍
히 여기니, 너희는 바빌론 왕을 두려워하지
않아도 된다. 그럴 필요가 없다. 내가 너희
편이며, 그가 어떻게 하든지 내가 너희를 구
하고 건져 줄 것이기 때문이다. 내가 너희에
게 자비를 쏟아부을 것이다. 바빌론 왕은 너
희에게 자비를 베풀 것이다! 너희가 고향 땅
으로 돌아가도록 허락해 줄 것이다.
13-17 그러니 "우리는 이곳에 머물 생각이 전
혀 없습니다"라는 말은 하지 마라. 너희 **하나
님**의 명령에 순종하기를 거부하지 마라. "아

should do."
4 Jeremiah the prophet said, "I hear your
request. And I will pray to your GOD as
you have asked. Whatever GOD says, I'll
pass on to you. I'll tell you everything,
holding nothing back."
5-6 They said to Jeremiah, "Let GOD be
our witness, a true and faithful witness
against us, if we don't do everything that
your GOD directs you to tell us. Whether
we like it or not, we'll do it. We'll obey
whatever our GOD tells us. Yes, count on
us. We'll do it."
7-8 Ten days later GOD's Message came
to Jeremiah. He called together Johanan
son of Kareah and all the army officers
with him, including all the people,
regardless of how much clout they had.
9-12 He then spoke: "This is the Message
from GOD, the God of Israel, to whom
you sent me to present your prayer. He
says, 'If you are ready to stick it out in
this land, I will build you up and not
drag you down, I will plant you and
not pull you up like a weed. I feel deep
compassion on account of the doom I
have visited on you. You don't have to
fear the king of Babylon. Your fears are
for nothing. I'm on your side, ready to
save and deliver you from anything he
might do. I'll pour mercy on you. What's
more, *he* will show you mercy! He'll let
you come back to your very own land.'
13-17 "But do not say, 'We're not staying
around this place,' refusing to obey
the command of your GOD and saying
instead, 'No! We're off to Egypt, where
things are peaceful—no wars, no attack-

닙니다! 우리는 평화로운 이집트로 달아날 것입니다. 전쟁도, 적의 공격도 없고 먹을 것이 풍부한 그곳으로 가겠습니다." 너희가 이렇게 말하고 유다의 남은 자들이 그 길로 내려가고자 한다면, 무슨 일이 있을지 **하나님**의 **메시지**에 귀 기울여라. 만군의 **하나님**이 말한다. 만일 너희가 이집트로 가서 그곳을 고향 삼아 살 작정이라면, 명심하여라. 너희가 두려워하던 전쟁이 이집트에서 너희를 덮치고, 너희가 두려워하던 기근이 이집트에서 너희를 괴롭힐 것이다. 너희는 그 땅에서 죽을 것이다! 이집트를 고향 삼아 살려고 작정한 자들은 거기서 최후의 한 사람까지 모두 칼에 맞아 죽거나, 굶어 죽거나, 병들어 죽을 것이다. 한 사람도 살아남지 못할 것이다! 내가 너희에게 내리는 재앙은 누구도 피해 가지 못한다.

18 만군의 **하나님**, 이스라엘의 하나님의 **메시지**다. 내가 분노와 진노로 예루살렘 주민들을 쓸어버렸듯이, 이집트에서도 같은 일을 행할 것이다. 너희는 악담과 욕설과 조롱과 조소의 대상이 될 것이고, 다시는 고향 땅을 볼 수 없을 것이다.'

19-20 유다의 남은 여러분, **하나님**께서는 여러분에게 '이집트로 돌아가지 말라'고 분명히 말씀하셨습니다. 더없이 분명히 말씀하셨습니다. 이 자리에서 여러분에게 경고합니다. 여러분은 지금 헛된 꿈을 꾸고 있습니다. 여러분은 치명적인 실수를 범하려고 합니다.

여러분은 나를 여러분의 **하나님**께 보내며, '우리를 위해 우리 **하나님**께 기도해 주십시오. **하나님**께서 하시는 모든 말씀을 전해 주십시오. 무슨 말씀을 하시든지 따르겠습니다' 하고 말하지 않았습니까?

21-22 이제 내가 여러분에게 알려드렸습니다. 그분의 말씀을 전부 전했습니다. 그런데 여러분은 여러분의 **하나님**께서 나를 보내어

ing armies, plenty of food. We're going to live there.' If what's left of Judah is headed down that road, then listen to GOD's Message. This is what GOD-of-the-Angel-Armies says: 'If you have determined to go to Egypt and make that your home, then the very wars you fear will catch up with you in Egypt and the starvation you dread will track you down in Egypt. You'll die there! Every last one of you who is determined to go to Egypt and make it your home will either be killed, starve, or get sick and die. No survivors, not one! No one will escape the doom that I'll bring upon you.'

18 "This is the Message from GOD-of-the-Angel-Armies, the God of Israel: 'In the same way that I swept the citizens of Jerusalem away with my anger and wrath, I'll do the same thing all over again in Egypt. You'll end up being cursed, reviled, ridiculed, and mocked. And you'll never see your homeland again.'

19-20 "GOD has plainly told you, you leftovers from Judah, 'Don't go to Egypt.' Could anything be plainer? I warn you this day that you are living out a fantasy. You're making a fatal mistake.

"Didn't you just now send me to your GOD, saying, 'Pray for us to our GOD. Tell us everything that GOD says and we'll do it all'?

21-22 "Well, now I've told you, told you everything he said, and you haven't obeyed a word of it, not a single word of what your GOD sent me to tell you. So now let me tell you what will happen

여러분에게 하신 말씀에, 단 한 마디도 순종하지 않았습니다. 이제 나는 여러분 앞에 무슨 일이 놓여 있는지 말하겠습니다. 여러분은 이제 가서 살려고 하는 그 꿈의 나라에서 칼에 맞아 죽고, 굶어 죽고, 병들어 죽을 것입니다."

예레미야가 이집트로 끌려가다

43 [1-3] 예레미야가 **하나님**께서 모든 백성에게 전하라고 하신 **메시지** 곧 모든 말씀 전하기를 마치자, 호사야의 아들 아사랴와 가레아의 아들 요하난이 잘난 체하는 자들을 등에 업고서 예레미야에게 말했다. "거짓말이오! 우리 **하나님**께서 이집트로 가서 살지 말라는 메시지를 당신더러 전하라고 하셨을 리 없소. 이 일의 배후에 네리야의 아들 바룩이 있는 거요. 그 자가 당신을 부추겨 우리를 대적하게 한 거요. 바빌론 사람들의 계략에 말려든 그 자 때문에, 우리는 그들 손에 죽거나 바빌론으로 끌려가게 될 거요."

4 가레아의 아들 요하난과 군지휘관들 그리고 백성들까지도 유다 땅에 머물러 살라는 **하나님의 메시지**에 순종하지 않았다.

5-7 가레아의 아들 요하난과 군지휘관들은 사방으로 흩어졌다가 다시 돌아온 유다의 남은 자들 전부와, 모든 남자와 여자와 아이들과 왕의 딸들, 경호대장 느부사라단이 사반의 손자요 아히감의 아들인 그다랴에게 맡긴 자들, 예언자 예레미야와 네리야의 아들 바룩까지 데리고서 이집트 땅으로 들어갔다. 그들은 **하나님**의 **메시지**를 정면으로 거부했다. 그리고 도성 다바네스에 도착했다.

8-9 다바네스에 있을 때, **하나님**의 말씀이 예레미야에게 임했다. "큰 돌 몇 개를 들고 가서, 다바네스에 있는 바로의 전용 건물로 이어지는 포장도로 부근에 진흙으로

next: You'll be killed, you'll starve to death, you'll get sick and die in the wonderful country where you've determined to go and live."

Death! Exile! Slaughter!

43 [1-3] When Jeremiah finished telling all the people the whole Message that their GOD had sent him to give them—all these words—Azariah son of Hoshaiah and Johanan son of Kareah, backed by all the self-important men, said to Jeremiah, "Liar! Our GOD never sent you with this message telling us not to go to Egypt and live there. Baruch son of Neriah is behind this. He has turned you against us. He's playing into the hands of the Babylonians so we'll either end up being killed or taken off to exile in Babylon."

4 Johanan son of Kareah and the army officers, and the people along with them, wouldn't listen to GOD's Message that they stay in the land of Judah and live there.

5-7 Johanan son of Kareah and the army officers gathered up everyone who was left from Judah, who had come back after being scattered all over the place—the men, women, and children, the king's daughters, all the people that Nebuzaradan captain of the bodyguard had left in the care of Gedaliah son of Ahikam, the son of Shaphan, and last but not least, Jeremiah the prophet and Baruch son of Neriah. They entered the land of Egypt in total disobedience of GOD's Message and arrived at the city of Tahpanhes.

8-9 While in Tahpanhes, GOD's Word came

그것들을 묻어라. 반드시 유다 사람들 몇 몇이 지켜보는 앞에서 그렇게 하여라.
10-13 그러고 나서 그들을 향해 전하여라. '만군의 **하나님**께서 말씀하신다. 두고 보아라! 내가 사람을 보내어 바빌론 왕 느부갓네살—그는 내가 부리는 종이다!—을 이리로 불러올 것이다. 그가 와서 내가 여기 묻은 이 돌들 위에 자기 보좌를 세우고, 그 위로 천막을 칠 것이다. 그가 와서 이집트를 결딴내고, 모두를 각자 주어진 운명대로 다룰 것이다. 죽을 자는 죽을 것이고, 끌려갈 자는 끌려갈 것이며, 학살당할 자는 학살을 당할 것이다. 그가 이집트 신전에 불을 놓을 것이다. 그 안에 있는 신들은 불태우거나 전리품으로 가져갈 것이다. 목동이 자기 옷에서 이를 털어 내듯이, 그가 이집트를 이 잡듯 털어 버릴 것이다. 그러고는 아무 제지도 받지 않고 떠나갈 것이다. 그는 이집트 '태양의 집'에 있는 신성한 오벨리스크를 박살내고, 이집트 신전들을 땔감 삼아 거대한 불을 피울 것이다.'"

이집트 땅의 유다 사람에게 하신 말씀

44 1-6 이집트 땅에 사는 모든 유다 사람, 곧 믹돌과 다바네스와 놉과 바드로스 땅에 정착해 사는 자들을 두고 예레미야에게 임한 **메시지**다. "만군의 **하나님**, 이스라엘의 하나님이 말한다. 너희는 내가 예루살렘과 유다 성읍에 내린 끔찍한 재앙을 두 눈으로 똑똑히 보았다. 그곳이 지금 어떻게 되었느냐? 잿더미뿐인 폐허, 유령마을이 되었다. 이는 그들이 악한 길을 따르고 유행하는 신들—그들도 너희도, 너희 조상도 알지 못하는 우상들—을 좇으며, 그것들에 제물을 바치고 예배하여 나를 진노케 했기 때문이다. 나는 아침부터 밤늦게

to Jeremiah: "Pick up some large stones and cover them with mortar in the vicinity of the pavement that leads up to the building set aside for Pharaoh's use in Tahpanhes. Make sure some of the men of Judah are watching.
10-13 "Then address them: 'This is what GOD-of-the-Angel-Armies says: Be on the lookout! I'm sending for and bringing Nebuchadnezzar the king of Babylon—my servant, mind you!—and he'll set up his throne on these very stones that I've had buried here and he'll spread out his canopy over them. He'll come and absolutely smash Egypt, sending each to his assigned fate: death, exile, slaughter. He'll burn down the temples of Egypt's gods. He'll either burn up the gods or haul them off as booty. Like a shepherd who picks lice from his robes, he'll pick Egypt clean. And then he'll walk away without a hand being laid on him. He'll shatter the sacred obelisks at Egypt's House of the Sun and make a huge bonfire of the temples of Egypt's gods.'"

The Same Fate Will Fall upon All

44 1-6 The Message that Jeremiah received for all the Judeans who lived in the land of Egypt, who had their homes in Migdol, Tahpanhes, Noph, and the land of Pathros: "This is what GOD-of-the-Angel-Armies, the God of Israel, says: 'You saw with your own eyes the terrible doom that I brought down on Jerusalem and the Judean cities. Look at what's left: ghost towns of rubble and smoking ruins, and all because they took up with evil ways, making me angry by going off to offer sacrifices and worship the latest in gods—no-gods that neither they nor

까지 날마다 너희 곁을 떠나지 않고, 내 종 예언자들을 너희에게 보내어 간청했다. '제발, 그만두어라. 내가 너무나 혐오하는 짓, 역겨운 우상숭배를 그만두어라.' 그러나 어떠했느냐. 누구 하나 귀 기울여 듣거나 악에서 돌이켜 우상숭배를 그친 자가 있더냐? 한 사람도 없다. 그래서 나는 유다 성읍과 예루살렘 거리에 나의 불같은 진노를 쏟아부어, 잿더미 폐허로 만들어 버렸다. 지금도 그곳은 잿더미뿐인 폐허 그대로다.

7-8 만군의 **하나님**, 이스라엘의 하나님의 **메시지다**. 어찌하여 너희는 너희 자신을—남자나 여자나 아이나 아기들 모두—생명의 길에서 끊어 내고, 스스로를 고립시켜 너희 삶을 파멸시키려는 것이냐? 왜 살기 위해 들어온 이집트 땅에서 우상들에게 제물을 불살라 바치며 나를 진노케 하느냐? 그것은 너희 자신을 파괴하는 일이며, 땅의 모든 민족에게 너희 자신을 저주의 표본으로, 조롱의 대상으로 내세우는 일이다.

9-11 너희는 너희 조상이 저지르던 악행과, 유다 왕과 왕비들이 저지른 악행을 잊었단 말이냐? 너희 자신과 너희 아내의 악행, 유다 땅과 이스라엘 거리에서 벌이던 악행을 벌써 다 잊었단 말이냐? 오늘까지도 너희 중에는 일말의 양심의 가책을 느끼는 자가 없다. 최소한의 경외심이라도 보이는 자, 내가 말한 대로 살려는 자, 내가 너희와 너희 조상에게 분명하게 제시한 가르침대로 살려는 자가 하나도 없다! 그러므로 만군의 **하나님**이 내리는 포고다.

11-14 각오하여라! 내가 너희에게 재앙을 내려, 유다와 관련된 자들을 모두 없애 버리기로 결정했다. 유다의 남은 자들, 이집트에 가서 살기로 결정한 그들

you nor your ancestors knew the first thing about. Morning after morning and long into the night I kept after you, sending you all those prophets, my servants, begging you, "Please, please—don't do this, don't fool around in this loathsome gutter of gods that I hate with a passion." But do you think anyone paid the least bit of attention or repented of evil or quit offering sacrifices to the no-gods? Not one. So I let loose with my anger, a firestorm of wrath in the cities of Judah and the streets of Jerusalem, and left them in ruins and wasted. And they're *still* in ruins and wasted.'

7-8 "This is the Message of GOD, GOD-of-the-Angel-Armies, the God of Israel: 'So why are you ruining your lives by amputating yourselves—man, woman, child, and baby—from the life of Judah, leaving yourselves isolated, unconnected? And why do you deliberately make me angry by what you do, offering sacrifices to these no-gods in the land of Egypt where you've come to live? You'll only destroy yourselves and make yourselves an example used in curses and an object of ridicule among all the nations of the earth.

9-11 "'Have you so soon forgotten the evil lives of your ancestors, the evil lives of the kings of Judah and their wives, to say nothing of your own evil lives, you and your wives, the evil you flaunted in the land of Judah and the streets of Jerusalem? And to this day, there's not a trace of remorse, not a sign of reverence, nobody caring about living by what I tell them or following my instructions that I've set out so plainly before you and your parents! So this is what GOD-of-the-Angel-Armies decrees:

모두를 내가 잡아다가 끝장내 버릴 것이다. 그들 모두 이집트에서 칼에 맞아 죽거나, 굶어 죽을 것이다. 이름 있는 사람이든 이름 없는 사람이든, 다 같은 운명에 처할 것이다. 신분이 높은 자든 낮은 자든, 모두 살해당하거나 굶어 죽을 것이다. 너희는 결국 악담과 욕설과 조롱과 조소거리가 될 것이다. 내가 전에 예루살렘 거주민들에게 내렸던 처방을 이집트에 거주하는 그들에게도 내릴 것이다. 학살과 기근과 염병이 바로 그것이다. 용케 살아서 유다를 빠져나와 이집트로 도망친 자들 가운데, 그들이 그토록 그리워하는 유다로 돌아갈 자는 소수에 불과할 것이다. 몇몇 도망자들을 제외하면 누구도 돌아가지 못할 것이다.'"

15-18 자기 아내들이 우상에게 제물을 불살라 바치고 있다는 것을 알고 있던 남자들이 큰 무리의 여자들과 합세하여, 이집트의 바드로스에 사는 거의 모든 자들과 함께 예레미야를 찾아와 말했다. "우리는 당신이 **하나님**의 **메시지**라며 전하는 말에 전혀 개의치 않겠소. 우리는 '하늘 여왕님'께 제물을 불살라 바치고 술 제물을 부어 바치는 일을 계속할 거요. 예전에 좋았던 시절에 우리 조상과 왕과 고관들이 유다 성읍과 예루살렘 거리에서 하던 그 전통을 지킬 것이오. 그 시절에 우리는 유복했소. 먹을 것도 많았고, 살림살이도 넉넉했고, 불운한 일도 없었소. 그러나 '하늘 여왕님'께 제물을 불살라 바치고 술 제물을 부어 바치는 일을 그만둔 뒤로 모든 것이 엉망이 되었소. 그 후로 우리가 얻은 것이라고는 학살과 기근뿐이오."

19 그러자 여자들이 맞장구를 쳤다. "맞습니다! 우리는 '하늘 여왕님'께 제물을 불살라 바치고 술 제물을 부어 바치는 일을

11-14 "'Watch out! I've decided to bring doom on you and get rid of everyone connected with Judah. I'm going to take what's left of Judah, those who have decided to go to Egypt and live there, and finish them off. In Egypt they will either be killed or starve to death. The same fate will fall upon both the obscure and the important. Regardless of their status, they will either be killed or starve. You'll end up cursed, reviled, ridiculed, and mocked. I'll give those who are in Egypt the same medicine I gave those in Jerusalem: massacre, starvation, and disease. None of those who managed to get out of Judah alive and get away to Egypt are going to make it back to the Judah for which they're so homesick. None will make it back, except maybe a few fugitives.'"

Making Goddess Cookies

15-18 The men who knew that their wives had been burning sacrifices to the no-gods, joined by a large crowd of women, along with virtually everyone living in Pathros of Egypt, answered Jeremiah: "We're having nothing to do with what you tell us is GOD's Message. We're going to go right on offering sacrifices to the Queen of Heaven and pouring out drink offerings to her, keeping up the traditions set by our ancestors, our kings and government leaders in the cities of Judah and the streets of Jerusalem in the good old days. We had a good life then—lots of food, rising standard of living, and no bad luck. But the moment we quit sacrificing to the Queen of Heaven and pouring out offerings to her, everything fell apart. We've

계속할 겁니다. 우리 남편들도 응원해 주지 않습니까? 남편들은 우리가 여신 과자를 만들고 여신께 술 제물을 부어 바치는 것을 좋아합니다."

⁂

20-23 예레미야는 거만하게 대답하는 그들 모두와 맞서 목청을 높여 말했다. "여러분과 여러분의 부모들, 여러분의 왕과 고관과 일반 백성 모두가 유다 성읍과 예루살렘 거리에서 바쳤던 그 제사를 **하나님**께서 보시지 않았겠습니까? 물론, 그분은 주목하여 보셨습니다. 그래서 더는 참으실 수가 없었습니다. 여러분의 악한 행실과 역겨운 행위들을 더는 참아 주실 수가 없었던 것입니다. 그리하여 여러분의 땅이 황무지와 폐허와 으스스한 유령마을이 되었고, 지금도 그곳은 그 상태로 있습니다. 여러분에게 이 재앙이 닥친 것은, 제물을 불살라 바치는 제사를 그만두지 않았기 때문입니다. 여러분이 **하나님**께 죄를 지었기 때문입니다! 여러분은 그분의 말씀에 순종하기를 거부했고, 그분의 가르침대로 살지 않았으며, 언약의 조건들을 무시했습니다."

24-25 예레미야가 이번에는 특별히 여자들을 향해 말을 이었다. "이집트에 살고 있는 유다 백성 여러분, 들으십시오. 부디 **하나님**의 말씀에 귀 기울이십시오. 만군의 **하나님**, 이스라엘의 하나님께서 말씀하십니다. '너희, 여자들아! 과연 말한 대로 행했구나. 너희는 말했다. "우리는 '하늘 여왕님'께 제물을 불살라 바치고 술 제물을 부어 바치기로 한 서약을 계속해서 지킬 겁니다. 누구도 우리를 막을 수 없습니다!"

25-27 좋다. 계속 그렇게 해보아라. 너희

had nothing but massacres and starvation ever since."

19 And then the women chimed in: "Yes! Absolutely! We're going to keep at it, offering sacrifices to the Queen of Heaven and pouring out offerings to her. Aren't our husbands behind us? They like it that we make goddess cookies and pour out our offerings to her."

⁂

20-23 Then Jeremiah spoke up, confronting the men and the women, all the people who had answered so insolently. He said, "The sacrifices that you and your parents, your kings, your government officials, and the common people of the land offered up in the cities of Judah and the streets of Jerusalem—don't you think GOD noticed? He noticed, all right. And he got fed up. Finally, he couldn't take your evil behavior and your disgusting acts any longer. Your land became a wasteland, a death valley, a horror story, a ghost town. And it continues to be just that. This doom has come upon you because you kept offering all those sacrifices, and you sinned against GOD! You refused to listen to him, wouldn't live the way he directed, ignored the covenant conditions."

24-25 Jeremiah kept going, but now zeroed in on the women: "Listen, all you who are from Judah and living in Egypt—please, listen to GOD's Word. GOD-of-the-Angel-Armies, the God of Israel, says: 'You women! You said it and then you did it. You said, "We're going to keep the vows we made to sacrifice to the Queen of Heaven and pour out offerings to her, and nobody's going to stop us!"'

서약을 지킬 테면 지켜 보아라. 그러나 **하나님**이 유다를 떠나 이집트에 사는 너희 모두에게 하는 말도 귀담아들어라. **하나님**이 말한다! 내가 나의 큰 이름과 나의 전부를 걸고 맹세하는데, 이후로는 이집트 전역에서 서약할 때 "주 **하나님**께서 살아 계심을 두고 맹세하는데"라며 내 이름을 부르지 못할 것이다. 내가 너희를 위해 재앙을 준비했다. 이제 너희는 죽은 목숨이나 다름없다.

27-28 이집트에 사는 유다 사람들은 대학살과 기근으로 전멸할 것이다. 살아서 이집트를 빠져나가 유다로 돌아갈 사람은 극소수에 불과할 것이다. 유다를 떠나 이집트에 살려고 온 불쌍한 무리들은, 그때가 되어서야 모든 일의 최종 결정권이 누구에게 있는지 깨닫게 될 것이다.

29-30 내가 증거를 보여주리라. 바로 이곳에 벌을 내려, 나의 재앙 선포가 빈말이 아니라는 것을 보여주겠다. 재앙의 표징이 있을 것이니 두고 보아라. 나는 느부갓네살에게 유다 왕 시드기야를 넘겨준 것처럼, 이집트 왕 바로 호브라를 그의 목숨을 노리는 원수에게 넘겨줄 것이다.'"

하나님께서 바룩에게 구원을 약속하시다

45 1 여호야김 사년 어느 날에, 바룩이 예레미야의 말을 받아 적고 있을 때 예언자 예레미야가 그에게 말했다.

2-3 "바룩, **하나님** 이스라엘의 하나님께서 그대에게 하시는 말씀이오. 그대는 '이 무슨 고생인가! **하나님**께서 나를 첩첩산중으로 가게 하시는구나. 끝이 보이지 않는 이 길, 이제 지쳤다' 말하지만,

4-5 **하나님**께서는 이렇게 말씀하시오. '주위를 둘러보아라. 내가 지었던 것을

25-27 "Well, go ahead. Keep your vows. Do it up big. But also listen to what GOD has to say about it, all you who are from Judah but live in Egypt: 'I swear by my great name, backed by everything I am—this is GOD speaking!—that never again shall my name be used in vows, such as "As sure as the Master, GOD, lives!" by anyone in the whole country of Egypt. I've targeted each one of you for doom. The good is gone for good.

27-28 "'All the Judeans in Egypt will die off by massacre or starvation until they're wiped out. The few who get out of Egypt alive and back to Judah will be very few, hardly worth counting. Then that ragtag bunch that left Judah to live in Egypt will know who had the last word.

29-30 "'And this will be the evidence: I will bring punishment right here, and by this you'll know that the decrees of doom against you are the real thing. Watch for this sign of doom: I will give Pharaoh Hophra king of Egypt over to his enemies, those who are out to kill him, exactly as I gave Zedekiah king of Judah to his enemy Nebuchadnezzar, who was after him.'"

GOD's Piling On the Pain

45 1 This is what Jeremiah told Baruch one day in the fourth year of Jehoiakim's reign as he was taking dictation from the prophet:

2-3 "These are the words of GOD, the God of Israel, to you, Baruch. You say, 'These are bad times for me! It's one thing after another. GOD is piling on the pain. I'm worn out and there's no end in sight.'

내가 허물고, 내가 심었던 것을 내가 뽑아
버릴 것이다. 어디에서든—세상 전역에
서!—나는 그렇게 할 것이다. 그러므로 스
스로 거창한 계획을 세울 생각은 마라. 상
황이 호전되기 전에 악화일로를 걸을 것
이다. 그러나 걱정하지 마라. 이 모든 일
가운데 내가 너를 끝까지 지켜 살아남게
할 것이다.'"

이집트에 내리신 예언

46 1 이방 민족들에 대해 **하나님**께
서 예언자 예레미야를 통해 주
신 **메시지**다.
2-5 유다 왕 여호야김 사년에, 유프라테
스 강 근처 갈그미스에 진을 쳤다가 바빌
론 왕 느부갓네살에게 패배한 이집트와
이집트 왕 바로 느고의 군대를 향한 **메시**
지다.

"'전투 준비!
출격이다!
말에 마구를 채워라!
안장을 얹고 올라타라!
전열을 갖추어라! 투구를 쓰고,
창날을 갈고, 완전무장하여라!'
그런데, 이 무슨 광경인가?
모두 겁에 질려 제정신이 아니다!
대열에서 이탈하여 줄행랑을 친다.
그들의 용사들, 공황 상태다.
이리 뛰고 저리 뛰고,
이리로 우르르, 저리로 우르르.
대혼란, 엉망진창이다. 사방이 적이다!"
하나님의 포고다.

6 "제아무리 발 빨라도 도망치지 못한다.
제아무리 힘세어도 달아나지 못한다.
저 북쪽 나라, 유프라테스 강가에서
비틀거리다 쓰러진다.

4-5 "But GOD says, 'Look around. What
I've built I'm about to wreck, and what I've
planted I'm about to rip up. And I'm doing
it everywhere—all over the whole earth!
So forget about making any big plans for
yourself. Things are going to get worse before
they get better. But don't worry. I'll keep you
alive through the whole business.'"

You Vainly Collect Medicines

46 1 GOD's Messages through the
prophet Jeremiah regarding the
godless nations.
2-5 The Message to Egypt and the army of
Pharaoh Neco king of Egypt at the time it
was defeated by Nebuchadnezzar king of
Babylon while camped at Carchemish on
the Euphrates River in the fourth year of
the reign of Jehoiakim king of Judah:

"'Present arms!
March to the front!
Harness the horses!
Up in the saddles!
Battle formation! Helmets on,
spears sharpened, armor in place!'
But what's this I see?
They're scared out of their wits!
They break ranks and run for cover.
Their soldiers panic.
They run this way and that,
stampeding blindly.
It's total chaos, total confusion, danger
everywhere!"
GOD's Decree.

6 "The swiftest runners won't get away,
the strongest soldiers won't escape.

7-9 범람하는 나일 강 같은 저것이 무엇이냐?
격류 같은 저것은?
이집트다. 범람하는 나일 강 같고,
격류 같은 그 자가
말한다. '내가 세상을 다 차지하리라.
모든 도성과 민족을 싹쓸이하리라.'
군마들아, 달려라!
병거들아, 질주하여라!
방패를 들고 구스와 붓에서 온 용사들아,
루드에서 온 활잡이들아,
진격하여라!

10 그러나 어쩌랴. 오늘은 너희 날이 아니다.
오늘은 주의 날, 나 만군의 **하나님**의 날,
내가 적들을 끝장내 버리는 날,
나의 칼이 적들을 결딴내고
나의 칼이 복수를 행하는 날이다.
저 북방 대국,
강력한 유프라테스 강가에서
나 주 만군의 **하나님**이
그들을 제물로 잡을 것이다. 거대한 희생 제사가 되리라!

11-12 오, 처녀 딸 이집트야,
길르앗 산지로 올라가, 약제 유향을 구해 보아라.
그러나 백약이 무효일 것이다.
너의 고통을 치유할 수 있는 것은 아무것도 없다.
온 세상이 너의 신음소리를 들으리라.
너의 울음소리가 온 땅에 울려 퍼지리라.
용사들이 쓰러지고, 겹겹이 쌓여
무더기를 이루리라."

13 바빌론 왕 느부갓네살이 이집트를 치러
길을 나섰을 때, **하나님**께서 예언자 예레

In the north country, along the River Euphrates,
they'll stagger, stumble, and fall.
7-9 "Who is this like the Nile in flood?
like its streams torrential?
Why, it's Egypt like the Nile in flood,
like its streams torrential,
Saying, 'I'll take over the world.
I'll wipe out cities and peoples.'
Run, horses!
Roll, chariots!
Advance, soldiers
from Cush and Put with your shields,
Soldiers from Lud,
experts with bow and arrow.

10 "But it's not your day. It's the Master's,
me, GOD-of-the-Angel-Armies—
the day when I have it out with my enemies,
The day when Sword puts an end to my enemies,
when Sword exacts vengeance.
I, the Master, GOD-of-the-Angel-Armies,
will pile them on an altar—a huge sacrifice!—
In the great north country,
along the mighty Euphrates.

11-12 "Oh, virgin Daughter Egypt,
climb into the mountains of Gilead, get healing balm.
You will vainly collect medicines,
for nothing will be able to cure what ails you.
The whole world will hear your anguished cries.
Your wails fill the earth,
As soldier falls against soldier
and they all go down in a heap."

미야에게 주신 **메시지**다.

14 "이집트에 알려라. 믹돌에 위험을 알려라.
놉과 다바네스에 경보를 발하여라.
'일어나라! 전투 준비를 갖추어라!
전쟁이다!'

15-19 너의 황소 신 아피스가 왜 달아나겠느냐고?
하나님께서 쫓아 버리실 것이기 때문이다.
너의 오합지졸 군대가 박살나리라.
병사들이 다들 수군거린다.
'어서 여기를 빠져나가자.
고향으로 달아나 목숨을 부지하자.'
고향으로 돌아간 그들은, 바로를
'떠버리 불운아'라고 부르리라.
살아 있는 나 하나님을 두고 맹세한다."
그 이름이 만군의 **하나님**인 왕의 포고다.
"정복자가 올 것이다. 산들 위로 우뚝 솟은 다볼 산 같고,
바닷가에 불쑥 솟은 갈멜 같은 자가 올 것이다!
그러니 너희, 이집트의 응석받이 딸들아,
유배길을 위해 행장을 꾸려라.
곧 멤피스가 초토화되어,
잡초만 무성한 폐허로 변할 것이다.

20-21 정말 안됐구나, 이집트, 그 어여쁜 암송아지가
북녘에서 몰려오는 쇠파리 떼의 공격을 받다니!
자기를 보호하려고
살진 송아지들 같은 용병들을 고용했지만,
목숨이 위태로워지자 그들은 다 내뺀다.
하나같이 겁쟁이인 그들,
험한 길을 만나면
쉬운 길로 달아나 버린다.

Egypt's Army Slithers Like a Snake

13 The Message that GOD gave to the prophet Jeremiah when Nebuchadnezzar king of Babylon was on his way to attack Egypt:

14 "Tell Egypt, alert Migdol,
post warnings in Noph and Tahpanhes:
'Wake up! Be prepared!
War's coming!'

15-19 "Why will your bull-god Apis run off?
Because GOD will drive him off.
Your ragtag army will fall to pieces.
The word is passing through the ranks,
'Let's get out of here while we still can.
Let's head for home and save our skins.'
When they get home they'll nickname Pharaoh
'Big-Talk-Bad-Luck.'
As sure as I am the living God"
—the King's Decree, GOD-of-the-Angel-Armies is his name—
"A conqueror is coming: like Tabor, singular among mountains;
like Carmel, jutting up from the sea!
So pack your bags for exile,
you coddled daughters of Egypt,
For Memphis will soon be nothing,
a vacant lot grown over with weeds.

20-21 "Too bad, Egypt, a beautiful sleek heifer
attacked by a horsefly from the north!
All her hired soldiers are stationed to defend her—
like well-fed calves they are.
But when their lives are on the line, they'll

22-24 적군이 대거 침입해 오면,
이집트는 뱀처럼 미끄러져 내뺄 것이다.
벌목꾼처럼
도끼를 휘두르며 몰려온 그들이
나라를 초토화시킬 것이다" **하나님**의 포고다.
"그 무엇도, 그 누구도 성치 못하리라.
침략자들은 수를 헤아릴 수 없는
메뚜기 떼 같으리라.
딸 이집트를, 북쪽에서 온 파괴자들이
강탈하고 겁탈하리라."

25-26 만군의 **하나님**, 이스라엘의 하나님께서 말씀하신다. "내가 테에베의 신 아몬과, 이집트와 그 나라의 신과 왕들, 또 바로와 그를 믿는 모든 자들에게 재앙을 내릴 테니 잘 보아라. 내가 그들의 목숨을 노리는 자들, 곧 느부갓네살과 그의 군대의 손에 그들을 넘겨줄 것이다. 이집트는 천 년 전으로 돌아가리라. 그러나 언젠가는 그 땅에 다시 사람들이 살게 될 것이다." **하나님**의 포고다.

27-28 "나의 종 야곱아, 그러나 너는 두려워할 것 없다.
이스라엘아, 너는 걱정할 것 없다.
고개를 들어라! 내가 그 먼 나라에서 너를 구해 줄 것이다.
유랑의 땅에서 네 자녀를 데리고 나올 것이다.
야곱의 삶은 다시 정상을 되찾을 것이다.
안전과 평안을 누리며 만사가 순조로울 것이다.
그렇다. 나의 종 야곱아, 너는 두려워할 것이 전혀 없다.
마음 놓아라. 내가 너의 편이다.

run off,
cowards every one.
When the going gets tough,
they'll take the easy way out.

22-24 "Egypt will slither and hiss like a snake
as the enemy army comes in force.
They will rush in, swinging axes
like lumberjacks cutting down trees.
They'll level the country"—GOD's Decree—"nothing
and no one standing for as far as you can see.
The invaders will be a swarm of locusts,
innumerable, past counting.
Daughter Egypt will be ravished,
raped by vandals from the north."

25-26 GOD-of-the-Angel-Armies, the God of Israel, says, "Watch out when I visit doom on the god Amon of Thebes, Egypt and its gods and kings, Pharaoh and those who trust in him. I'll turn them over to those who are out to kill them, to Nebuchadnezzar and his military. Egypt will be set back a thousand years. Eventually people will live there again." GOD's Decree.

27-28 "But you, dear Jacob my servant, you have nothing to fear.
Israel, there's no need to worry.
Look up! I'll save you from that far country,
I'll get your children out of the land of exile.
Things are going to be normal again for Jacob,
safe and secure, smooth sailing.
Yes, dear Jacob my servant, you have

내가 너를 내쫓아 여러 사악한 민족들 사이로 흩어 버렸지만,
이제 그 민족들을 내가 끝장낼 것이다.
그러나 너는 망하지 않으리라.
아직 내게 할 일이 남아 있다.
나는 너를 공정하게 벌할 것이다.
그렇다. 너는 아직 내게 끝나지 않았다."

블레셋 사람들에게 닥칠 재앙

47 1-5 바로가 가사를 치기 직전, 하
나님께서 블레셋 사람들에 대해
예언자 예레미야에게 주신 메시지다. 하나
님께서 이렇게 말씀하신다.

"각오하여라! 북녘에서 물이 불어
범람하는 강물이 되리라.
그 격류가 땅을 덮쳐
도성과 주민을 휩쓸어 버릴 것이다.
공포에 질려 사람들이 비명을 지르고,
집집마다 통곡소리 들리리라.
군마들의 말발굽소리,
병거들의 요란한 바퀴소리가 지축을 흔들리라.
공포에 질린 아버지들은 손이 굳어
자기 아기를 붙잡지도 못하리라.
블레셋 사람들이 심판을 받아 모조리 멸망하는 날이다.
두로와 시돈이 도움을 얻을 가망은 아예 사라졌다.
하나님께서 블레셋 사람들과
크레타 섬에서 살아 나온 자들을 전부 쓸어 버릴 것이다.
가사가 머리를 깎이고
아스글론이 말을 잃는다.
기진맥진한 너희,
자맥질을 얼마나 더 할 수 있겠느냐?

6 오, **하나님**의 칼이여,

nothing to fear.
Depend on it, I'm on your side.
I'll finish off all the godless nations
among which I've scattered you,
But I won't finish you off.
I have more work left to do on you.
I'll punish you, but fairly.
No, I'm not finished with you yet."

It's Doomsday for Philistines

47 1-5 GOD's Message to the prophet
Jeremiah regarding the Philis-
tines just before Pharaoh attacked Gaza.
This is what GOD says:

"Look out! Water will rise in the north country,
swelling like a river in flood.
The torrent will flood the land,
washing away city and citizen.
Men and women will scream in terror,
wails from every door and window,
As the thunder from the hooves of the horses will be heard,
the clatter of chariots, the banging of wheels.
Fathers, paralyzed by fear,
won't even grab up their babies
Because it will be doomsday for Philistines, one and all,
no hope of help for Tyre and Sidon.
GOD will finish off the Philistines,
what's left of those from the island of Crete.
Gaza will be shaved bald as an egg,
Ashkelon struck dumb as a post.
You're on your last legs.
How long will you keep flailing?

언제까지 이렇게 하려는가?
다시 칼집에 들어가 다오.
이제 충분하지 않은가? 멈출 수 없는가?

7 어떻게 멈출 수 있겠느냐?
나 **하나님**이 명령을 내렸는데.
아스글론과 해변지역을 전부 베어 없애라고
내가 명령을 내렸는데."

모압의 멸망

48 1-10 만군의 **하나님**, 이스라엘의 하나님께서 모압에 대해 주신 **메시지**다.

"느보에게 재앙이 닥쳤다! 초토화되었다!
기랴다임이 치욕과 패배를 겪고,
철통 요새들이 모래성처럼 허물어졌다.
모압의 영광이 끝났다. 이제 재와 먼지뿐이다.
음모자들이 헤스본의 파멸을 도모한다.
'자, 모압을 아예 지도에서 없애 버리자.'
이어지는 살육을 겪으며
'똥 묻은 화상' 디몬이 목 놓아 통곡한다.
들어 보아라! 호로나임에서 들려오는 울부짖음을.
'참화다! 대재앙이다!'
모압이 박살날 것이다.
그 울부짖는 소리가 소알까지 또렷이 들려온다.
루힛의 오르막길을 오르며
사람들이 슬피 운다.
호로나임에서 내려오는 길도
다 빼앗기고, 유린당한 자들의 울음소리로 가득하다.
오, 살고 싶거든 도망쳐라! 어서 여기를 빠져나가라!
광야로 나가 어떻게든 살아남아라!

6 "Oh, Sword of GOD,
how long will you keep this up?
Return to your scabbard.
Haven't you had enough? Can't you call it quits?

7 "But how can it quit
when I, GOD, command the action?
I've ordered it to cut down
Ashkelon and the seacoast."

Get Out While You Can!

48 1-10 The Message on Moab from GOD-of-the-Angel-Armies, the God of Israel:

"Doom to Nebo! Leveled to the ground!
Kiriathaim demeaned and defeated,
The mighty fortress reduced to a molehill,
Moab's glory—dust and ashes.
Conspirators plot Heshbon's doom:
'Come, let's wipe Moab off the map.'
Dungface Dimon will loudly lament,
as killing follows killing.
Listen! A cry out of Horonaim:
'Disaster—doom and more doom!'
Moab will be shattered.
Her cries will be heard clear down in Zoar.
Up the ascent of Luhith
climbers weep,
And down the descent from Horonaim,
cries of loss and devastation.
Oh, run for your lives! Get out while you can!
Survive by your wits in the wild!
You trusted in thick walls and big money, yes?

너희는 두꺼운 성벽과 든든한 재물을 믿었다.
그러나 어쩌랴? 이제 그런 것들은 너희에게 전혀 도움이 되지 못한다.
너희의 위대한 신 그모스가 질질 끌려갈 것이며,
그의 제사장과 감독자들도 같은 신세가 되리라.
파괴자의 손에 도성이 모조리 허물어지리라.
단 한 곳도 온전하지 못할 것이다.
골짜기 밭들이 황폐해질 것이요,
고원 목장들도 파괴될 것이다. 내가 말한 대로 모두 이루어지리라.
모압 땅 전역에 소금을 뿌려라.
다시는 생명이 자라지 못하게 하여라.
성읍들이 모두 유령마을이 될 것이다.
다시는 사람이 살지 못하리라.
하나님의 이름으로 하는 일을 정성껏 하지 않는 자,
심판의 칼을 마지못해 휘두르는 자는 저주를 받으리라.

11-17 꾸벅꾸벅 조는 강아지처럼
늘 팔자 좋았던 모압이다.
생계를 위해 일해야 했던 적 없고,
어려움을 겪어 본 적 없고,
어른이 되어야 했던 적 없으며,
땀 흘려 일해 본 적도 없다.
그러나 이제 다 지나간 이야기다.
내가 이제 그를 중노동에 처할 것이다.
그러면 그는 냉엄한 현실을 깨닫게 되리라.
그의 환상이 박살날 것이다.
과거 이스라엘이 자신들이 우러르던 베델의 송아지 신들 때문에 수치를 당했듯이,
모압도 그모스 신 때문에 수치를 당할 것이다.
너희 말이, '우리는 억세다.

But it won't help you now.
Your big god Chemosh will be hauled off,
his priests and managers with him.
A wrecker will wreck every city.
Not a city will survive.
The valley fields will be ruined,
the plateau pastures destroyed, just as I told you.
Cover the land of Moab with salt.
Make sure nothing ever grows here again.
Her towns will all be ghost towns.
Nobody will ever live here again.
Sloppy work in GOD's name is cursed,
and cursed all halfhearted use of the sword.

11-17 "Moab has always taken it easy—
lazy as a dog in the sun,
Never had to work for a living,
never faced any trouble,
Never had to grow up,
never once worked up a sweat.
But those days are a thing of the past.
I'll put him to work at hard labor.
That will wake him up to the world of hard knocks.
That will smash his illusions.
Moab will be as ashamed of god Chemosh
as Israel was ashamed of her Bethel calf-gods,
the calf-gods she thought were so great.
For how long do you think you'll be saying,
'We're tough.
We can beat anyone anywhere'?
The destruction of Moab has already begun.
Her choice young soldiers are lying dead

이 세상 누구든지 때려눕힐 수 있다'고 하지만,
그런 말을 앞으로 얼마나 더 할 수 있을 것 같으냐?
모압의 파멸은 이미 시작되었다.
모압의 최고 젊은 용사들이 죽어 나자빠지고 있다."
그 이름 만군의 **하나님**인
왕의 포고다.
"그렇다. 모압의 파멸이 초읽기에 들어갔고,
재앙이 활시위를 떠나 과녁을 향해 날아가고 있다.
모압의 친구와 이웃들이여,
그가 얼마나 유명했는지 아는 모든 자들이여, 모압을 위해 울어라.
애곡하며 말하여라. '그 막강하던 왕의 홀이 이쑤시개처럼 부러지고 말았구나!
그 화려하던 지휘봉이!'

18-20 디본의 방자한 미녀들아, 이제 그 높은 자리에서 내려오너라.
개똥밭에 나앉아라.
모압을 파괴할 자가 와서 너희를 칠 것이다.
안전하다는 너희 가옥들을 그가 다 부수어 버릴 것이다.
아로엘의 방자한 여인들아,
길거리에 나가 서서,
피난민들에게 물어보아라.
'무슨 일입니까? 왜 도망을 갑니까?'
모압은 그저 수치스런 과거로, 폐허로 남을 것이다.
통곡하여라. 눈이 빠지도록 울어라!
아르논 강을 따라 비보를 전하여라.
온 세상에 모압의 멸망을 알려라.

21-24 고원의 도성들 위로 나의 심판이 임하리라. 홀론과 야사와 메바앗에, 디본과 느보와 벳디블라다임에, 기랴다임과 벳가물

right now."
The King's Decree—
his full name, GOD-of-the-Angel-Armies.
"Yes. Moab's doom is on countdown,
disaster targeted and launched.
Weep for Moab, friends and neighbors,
all who know how famous he's been.
Lament, 'His mighty scepter snapped in two like a toothpick,
that magnificent royal staff!'

18-20 "Come down from your high horse, pampered beauty of Dibon.
Sit in dog dung.
The destroyer of Moab will come against you.
He'll wreck your safe, secure houses.
Stand on the roadside,
pampered women of Aroer.
Interview the refugees who are running away.
Ask them, 'What's happened? And why?'
Moab will be an embarrassing memory, nothing left of the place.
Wail and weep your eyes out!
Tell the bad news along the Arnon river.
Tell the world that Moab is no more.

21-24 "My judgment will come to the plateau cities: on Holon, Jahzah, and Mephaath; on Dibon, Nebo, and Beth-diblathaim; on Kiriathaim, Beth-gamul, and Beth-meon; on Kerioth, Bozrah, and all the cities of Moab, far and near.

25 "Moab's link to power is severed.
Moab's arm is broken." GOD's Decree.

과 벳므온에, 그리욧과 보스라와 모압 땅 원
근 각처 모든 성읍에.

25 모압이 힘의 근원을 잃었다.
모압의 팔이 부러졌다." 하나님의 포고다.

26-27 "모압이 술독에 빠지게 하여라. 내 진노
의 포도주를 마시고 취하여 사방에 토하며,
그 위를 뒹굴게 하여라. 이리저리 비틀거리
다 자빠지는 주정꾼 모압, 온 세상의 웃음거
리다. 모압아, 이제까지 이스라엘을 야비하게
놀리던 네가 아니냐? 친구를 잘못 만나 고생
하는 그들을 보고, 혀를 쯧쯧 차고 수군덕대
며 비웃던 네가 아니냐?

28 모압에서 자란 너희여, 떠나라!
너희 마을을 떠나 절벽 틈에 거처를 잡아라.
강 협곡 높은 곳에 둥지를 틀고 사는
비둘기처럼 살아 보아라.

29-33 모압의 오만은 다들 들어 익히 아는
바다.
그 전설적인 교만,
젠체하며 으스대고 거들먹거리던,
구역질 나는 그의 오만함 말이다."
하나님의 포고다. "나는 모압의 큰소리가
그저 허풍이요, 그의 거드름은 허세에 불과함
을 알고 있다.
하지만 내가 모압을 위해 울어 주리라.
그렇다. 내가 모압 백성을 위해 애곡할 것이다.
길헤레스 백성을 위해서도 애곡하리라.
내가 십마의 포도나무들을 위해 울겠고,
야스엘과 같이 울어 줄 것이다.
지금까지는 포도나무들이 사해까지
그 덩굴이 야스엘까지 뻗어 나갔지만,
잔인한 약탈자가 나타나
너희 여름 과일과 다 익은 포도를 싹쓸이할
것이다.

The Sheer Nothingness of Moab

26-27 "Turn Moab into a drunken sot,
drunk on the wine of my wrath, a dung-faced drunk, filling the country with vomit—Moab a falling-down drunk, a joke in bad taste. Wasn't it you, Moab, who made crude jokes over Israel? And when they were caught in bad company, didn't you cluck and gossip and snicker?

28 "Leave town! Leave! Look for a home in the cliffs,
you who grew up in Moab.
Try living like a dove
who nests high in the river gorge.

29-33 "We've all heard of Moab's pride,
that legendary pride,
The strutting, bullying, puffed-up pride,
the insufferable arrogance.
I know"—GOD's Decree—"his rooster-crowing pride,
the inflated claims, the sheer nothingness of Moab.
But I will weep for Moab,
yes, I will mourn for the people of Moab.
I will even mourn for the people of Kir-heres.
I'll weep for the grapevines of Sibmah
and join Jazer in her weeping—
Grapevines that once reached the Dead Sea
with tendrils as far as Jazer.
Your summer fruit and your bursting grapes
will be looted by brutal plunderers,
Lush Moab stripped

번창했던 모압에서
노래와 웃음이 사라지리라.
그렇다. 내가 술틀을 닫아 버리고,
수확하는 자들의 환호성을 중단시킬 것이다.

34 헤스본과 엘르알레가 울부짖겠고, 그 소
리가 야하스까지 들릴 것이다. 소알에서부
터 호로나임과 에글랏셀리시야에 이르기까
지, 모두가 그 소리를 듣게 되리라. 니므림의
샘들도 다 말라 버릴 것이다."
35 **하나님**의 포고다. "내가 모압의 높은 곳
에 올라가, 신들에게 제물을 불살라 바치던
일을 멈추게 할 것이다.
36 바람에 실려 오는 부드러운 피리소리처
럼, 내 마음이 모압과 길헤레스 사람들을 위
해 슬피 운다. 그들은 모든 것을 잃었다. 남
은 것이 하나도 없다.

37 어디를 가나 탄식의 몸짓들이다.
머리를 밀고, 수염을 깎고,
손에 상처를 내 피를 흘리며,
옷을 찢는 광경들이다.

38 모압의 집집마다, 모압의 거리마다 슬피
우는 소리가 들린다. 아무도 좋아하지 않는
옹기그릇같이, 내가 모압을 부수어 버릴 것
이다." **하나님**의 포고다.

39 "모압이 멸망했다!
수치를 당해 얼굴을 가리는 모압!
조롱거리가 된 모압!
실로 처참한 모압!"

40-42 모압을 향한 **하나님**의 평결이다. 과연
그렇다!

"보아라! 독수리가 날개를 펼치고

of song and laughter.
And yes, I'll shut down the winepresses,
stop all the shouts and hurrahs of harvest.

34 "Heshbon and Elealeh will cry out, and
the people in Jahaz will hear the cries.
They will hear them all the way from Zoar
to Horonaim and Eglath-shelishiyah. Even
the waters of Nimrim will be dried up.
35 "I will put a stop in Moab"—GOD's
Decree—"to all hiking to the high places to
offer burnt sacrifices to the gods.
36 "My heart moans for Moab, for the men
of Kir-heres, like soft flute sounds carried
by the wind. They've lost it all. They've got
nothing.

37 "Everywhere you look are signs of
mourning:
heads shaved, beards cut,
Hands scratched and bleeding,
clothes ripped and torn.

38 "In every house in Moab there'll be loud
lamentation, on every street in Moab, loud
lamentation. As with a pottery jug that no
one wants, I'll smash Moab to bits." GOD's
Decree.

39 "Moab ruined!
Moab shamed and ashamed to be seen!
Moab a cruel joke!
The stark horror of Moab!"

40-42 GOD's verdict on Moab. Indeed!

"Look! An eagle is about to swoop down

모압을 내리 덮칠 태세다.
적이 성읍들을 점령하고
요새들을 탈취한다.
용사들이 해산하는 여인처럼
고통으로 몸을 웅크리며, 싸울 엄두를 내지 못한다.
모압에는 아무것도 남지 않으리라. 아무것도.
나를 거슬러 오만하고 방자하게 굴었기 때문이다.

43-44 모압아, 네가 나와 맞서 얻을 것은
공포와 함정과 올가미뿐이다." **하나님**의 포고다.
"공포를 피해 도망치다가
함정에 빠질 것이다.
함정에서 올라오면
올가미에 걸릴 것이다.
이것이 재앙의 날,
내가 모압에 대해 정해 둔 예정표다." **하나님**의 포고다.

45-47 "헤스본 변두리에
피난민들이 기진하여 주저앉으리라.
헤스본에서 불꽃이 치솟고,
시혼의 수도에 불폭풍이 닥쳐온다.
불이 모압의 눈썹을 태우고,
허풍선이들의 두개골을 그슬려 버릴 것이다.
모압아, 이것이 네 앞에 놓인 전부다!
그모스를 숭배하는 너, 결국 망하여 죽을 것이다!
너의 아들들은 짐짝처럼 수용소로 실려 가고,
너의 딸들은 짐승처럼 포로로 끌려갈 것이다.
그러나 훗날, 내가 모압의 만사를 바로잡을 날이 올 것이다.

지금으로서는, 이것이 모압에 떨어질 심판이다."

and spread its wings over Moab.
The towns will be captured,
the fortresses taken.
Brave warriors will double up in pain,
helpless to fight,
like a woman giving birth to a baby.
There'll be nothing left of Moab, nothing at all,
because of his defiant arrogance against me.

43-44 "Terror and pit and trap
are what you have facing you, Moab."
GOD's Decree.
"A man running in terror
will fall into a trap.
A man climbing out of a pit
will be caught in a trap.
This is my agenda for Moab
on doomsday." GOD's Decree.

45-47 "On the outskirts of Heshbon,
refugees will pull up short, worn out.
Fire will flame high from Heshbon,
a firestorm raging from the capital of Sihon's kingdom.
It will burn off Moab's eyebrows,
will scorch the skull of the braggarts.
That's all for you, Moab!
You worshipers of Chemosh will be finished off!
Your sons will be trucked off to prison camps;
your daughters will be herded into exile.
But yet there's a day that's coming
when I'll put things right in Moab.

"For now, that's the judgment on Moab."

암몬이 받을 심판

49 1-6 암몬 백성에 대한 **하나님**의 메시지다.

"이스라엘에게 자식이 없더냐?
유산을 상속할 자가 하나도 없더냐?
어찌하여 몰렉 신이 갓의 땅을 차지하고,
그의 추종자들이 그 성읍에 들어가 살고 있느냐?
그러나 오래가지 않을 것이다."
하나님의 포고다.
"내가 보낸 적군의 함성소리로,
암몬의 큰 도성 랍바가 귀를 틀어막을 날이 올 것이다.
암몬은 폐허 더미가 되고,
성읍들은 잿더미가 되리라.
그때 이스라엘이 자신의 침략자들을 발로 걷어차 내쫓을 것이다.
나 **하나님**의 말이다. 반드시 그렇게 될 것이다.
헤스본아, 통곡하여라. 아이 성이 멸망했다.
랍바의 성읍들아, 가슴을 쥐어뜯어라!
애곡의 옷을 걸치고, 눈물로 강을 이루어라.
이리 뛰고 저리 뛰며 발작을 일으켜라!
너희의 신 몰렉이 포로로 질질 끌려갈 것이며,
그의 제사장과 관리인들도 그렇게 될 것이다.
한때의 위세를 아직도 자랑하느냐?
이제 너는 아무짝에도 쓸모없는 퇴물에 불과하다.
화려했던 과거를 그리며 향수에나 젖어 사는 너,
아직도 '누가 나를 건드리랴' 하며, 공상에 빠져 있다니.
정신 차려라. 내가 너를 사방에서 공포와 직면하게 만들 것이다."
주 만군의 **하나님**의 말이다.

You're a Broken-Down Has-Been

49 1-6 GOD's Message on the Ammonites:

"Doesn't Israel have any children,
no one to step into her inheritance?
So why is the god Milcom taking over Gad's land,
his followers moving into its towns?
But not for long! The time's coming"
—GOD's Decree—
"When I'll fill the ears of Rabbah, Ammon's big city,
with battle cries.
She'll end up a pile of rubble,
all her towns burned to the ground.
Then Israel will kick out the invaders.
I, GOD, say so, and it will *be* so.
Wail Heshbon, Ai is in ruins.
Villages of Rabbah, wring your hands!
Dress in mourning, weep buckets of tears.
Go into hysterics, run around in circles!
Your god Milcom will be hauled off to exile,
and all his priests and managers right with him.
Why do you brag of your once-famous strength?
You're a broken-down has-been, a castoff
Who fondles his trophies and dreams of glory days
and vainly thinks, 'No one can lay a hand on me.'
Well, think again. I'll face you with terror from all sides."
Word of the Master, GOD-of-the-Angel-Armies.

"너는 허둥지둥 달아나다가 흩어져,
다시는 모이지 못할 것이다.
그러나 장차 내가 암몬의 일을 바로잡아 줄 날이 올 것이다."
하나님의 포고다.

"You'll be stampeded headlong,
with no one to round up the runaways.
Still, the time will come
when I will make things right with Ammon." GOD's Decree.

에돔이 받을 심판

7-11 에돔에 대한 만군의 **하나님**의 메시지다.

"그 유명한 데만에 현인이 한 사람도 없단 말이냐?
현실을 똑바로 볼 자가 하나도 없더냐?
그들의 지혜가 다 썩어 문드러졌느냐?
살고 싶거든 도망쳐라! 속히 달아나라!
드단에 사는 너희여,
몸을 숨길 곳을 찾아라!
내가 에서에게 재앙을 내릴 것이다.
이제 빚을 청산할 시간이다.
사람들이 밭에서 곡식을 거두어들일 때
이삭 정도는 남겨 둔다. 그렇지 않느냐?
집에 도둑이 들어도
원하는 것만 가져간다. 그렇지 않느냐?
그러나 나는 에서를 완전히 발가벗길 참이다.
구석구석 샅샅이 뒤져 다 찾아낼 것이다.
그의 자녀, 친척, 이웃을 비롯해
그와 관계된 모든 것을 멸할 것이다.
살아남아 네 고아들을 거두어 줄 자,
네 과부들을 보살펴 줄 자가
하나도 없으리라."

12-13 진실로 그렇다. **하나님**께서 말씀하신
다. "들어 보아라. 마실 이유가 없어도 하나
님의 진노의 잔을 마실 수밖에 없는 사람들
이 있다. 그런데 네가 어떻게 그 잔을 피할 수
있겠느냐? 너는 결코 피하지 못한다. 너는
그 잔을 마시게 될 것이다. 그렇다. 한 방울도

Strutting Across the Stage of History

7-11 The Message of GOD-of-the-Angel-Armies on Edom:

"Is there nobody wise left in famous Teman?
no one with a sense of reality?
Has their wisdom gone wormy and rotten?
Run for your lives! Get out while you can!
Find a good place to hide,
you who live in Dedan!
I'm bringing doom to Esau.
It's time to settle accounts.
When harvesters work your fields,
don't they leave gleanings?
When burglars break into your house,
don't they take only what they want?
But I'll strip Esau clean.
I'll search out every nook and cranny.
I'll destroy everything connected with him,
children and relatives and neighbors.
There'll be no one left who will be able to say,
'I'll take care of your orphans.
Your widows can depend on me.'"

12-13 Indeed. GOD says, "I tell you, if there
are people who have to drink the cup
of God's wrath even though they don't
deserve it, why would you think you'd get

남기지 않고 다 마시게 될 것이다." **하나님**의 포고다. "또 너의 수도 보스라에 대해 말하면, 나의 전부를 걸고 맹세하는데, 그 도성은 잿더미와 쓰레기뿐인 역겨운 장소가 될 것이다. 거기 딸린 성읍들도 다 마찬가지다."

14 내가 방금 **하나님**께로부터 들은 최신 소식이다.
그분이 뭇 민족들에게 특사를 보내어 말씀하셨다.
"군대를 소집하여라. 에돔을 쳐라.
무장을 갖추어라! 출정하여라!

15-16 아, 에돔이여, 내가 너를 민족들 가운데 말석으로 추락시켜,
바닥에서 이리 치이고 저리 치이게 만들 것이다.
너는 스스로 대단한 줄 안다.
역사의 무대 위를 으스대며 활보한다.
난공불락의 높은 바위 요새에 살면서,
산의 정상이라도 되는 것처럼 군다.
높은 곳에 둥지를 튼 독수리인 양,
세상이 다 네 발아래로 보이느냐?
두고 봐라. 너는 추락할 것이다.
내가 너를 바닥으로 곤두박질치게 만들 것이다." **하나님**의 포고다.

17-18 "에돔은 오물로 전락하리라. 악취 풍기는 역겨운 오물, 세상을 놀라게 하는 흉물이 되리라. 소돔과 고모라와 그 이웃들처럼, 에돔도 역사의 시궁창에 처박힐 것이다." **하나님**의 말씀이다.

"아무도 거기 살지 않을 것이며,
누구도 거기 머물지 않으리라.

19 잘 보아라. 먹이를 찾아
요단 강가 깊은 숲에서

off? You won't get off. You'll drink it. Oh yes, you'll drink every drop. And as for Bozrah, your capital, I swear by all that I am"—GOD's Decree—"that that city will end up a pile of charred ruins, a stinking garbage dump, an obscenity—and all her daughter-cities with her."

14 I've just heard the latest from GOD.
He's sent an envoy to the nations:
"Muster your troops and attack Edom.
Present arms! Go to war!"

15-16 "Ah, Edom, I'm dropping you to last place among nations,
the bottom of the heap, kicked around.
You think you're so great—
strutting across the stage of history,
Living high in the impregnable rocks,
acting like king of the mountain.
You think you're above it all, don't you,
like an eagle in its aerie?
Well, you're headed for a fall.
I'll bring you crashing to the ground."
GOD's Decree.

17-18 "Edom will end up trash. Stinking, despicable trash. A wonder of the world in reverse. She'll join Sodom and Gomorrah and their neighbors in the sewers of history." GOD says so.

"No one will live there,
no mortal soul move in there.

19 "Watch this: Like a lion coming up
from the thick jungle of the Jordan
Looking for prey in the mountain

푸른 목장으로 뛰어나오는 사자처럼,
내가 에돔에게 달려들어 덮칠 것이다.
아무거나 먹이로 골라잡을 것이다. 누가 나를 막을 수 있으랴?
에돔의 목자들은 나를 어찌하지 못한다."

20-22 그러니, **하나님**께서 에돔에 대해 세우신 계획, 데만 주민에 대한 계획에 귀 기울여라.

"믿기지 않겠지만, 어린 것들이
—새끼 양과 새끼 염소들도—끌려갈 것이다.
믿기지 않겠지만, 모두들 그저
충격 가운데 무력하게 지켜볼 수밖에 없을 것이다.
그 울음소리에 땅이 요동하고,
그 울부짖는 소리, 멀리 홍해까지 들릴 것이다.
보아라! 하늘 높이 날던 독수리가
날개를 펼치고 보스라를 내리 덮친다.
산고 중인 여인처럼 용사들이
몸을 비틀며, 싸울 엄두를 내지 못하리라."

다마스쿠스가 받을 심판

23-27 다마스쿠스에 대한 **메시지**다.

"비보를 듣고
하맛과 아르밧이 충격에 휩싸일 것이다.
겁에 질려 간이 콩알만 해지고,
걱정근심에 안절부절 못하리라.
다마스쿠스의 얼굴에서 핏기가 가실 것이다.
달아나다가
발작을 일으켜 쓰러지고,
해산하는 여인처럼 아무것도 할 수 없으리라.
한때 유명하던 도성이, 한때 잘나가던 그

pastures,
I will come upon Edom and pounce.
I'll take my pick of the flock—and who's to stop me?
The shepherds of Edom are helpless before me."

20-22 So, listen to this plan that GOD has worked out against Edom, the blueprint of what he's prepared for those who live in Teman:

"Believe it or not, the young, the vulnerable—
mere lambs and kids—will be dragged off.
Believe it or not, the flock
in shock, helpless to help, will watch it happen.
The very earth will shudder because of their cries,
cries of anguish heard at the distant Red Sea.
Look! An eagle soars, swoops down,
spreads its wings over Bozrah.
Brave warriors will double up in pain, helpless to fight,
like a woman giving birth to a baby."

The Blood Will Drain from the Face of Damascus

23-27 The Message on Damascus:

"Hamath and Arpad will be in shock
when they hear the bad news.
Their hearts will melt in fear
as they pace back and forth in worry.
The blood will drain from the face of Damascus
as she turns to flee.
Hysterical, she'll fall to pieces,
disabled, like a woman in childbirth.

도성이,
전부를 잃고 모두에게 버림받은 외톨이가 되었다!
총명한 젊은이들이 거리에서 죽어 나가고,
용감한 전사들도 온데간데없다."
만군의 **하나님**의 포고다.
"그날에, 내가 다마스쿠스의 성벽에 불을 질러
벤하닷의 요새를 전부 태워 버릴 것이다."

게달과 하솔이 받을 심판

28-33 바빌론 왕 느부갓네살의 공격을 받은 게달과 하솔 민족들에 대한 **하나님**의 **메시지**다.

"일어나라! 게달을 공격하여라!
저 동방 베두인 유목민들을 약탈하여라.
담요와 살림살이를 탈취하여라.
낙타를 빼앗아라.
'재앙이다! 죽음이다! 파멸이다!
사방이 위험천지다!' 하고 고함을 쳐 그들의 혼을 빼 놓아라.
오, 하솔에서 온 유목민들아,
살고 싶으면 어서 달아나라." **하나님**의 포고다.
"숨을 곳을 찾아라.
바빌론 왕 느부갓네살이
너희를 쓸어버리고,
야멸치게 몰아붙일 계획을 세웠다.
'그들을 뒤쫓아라.' 그가 말한다. '사막에서 태평하게,
문도 잠그지 않고
자기들끼리 살아가는 저들,
저 팔자 좋은 유목민들을 추격하여라.'
그들의 낙타, 거저먹기다.
그들의 소 떼와 양 떼, 가져가는 사람이 임자다.
내가 사막 가장자리에 사는 힘없는 유목민

And now how lonely—bereft, abandoned!
The once famous city, the once happy city.
Her bright young men dead in the streets,
her brave warriors silent as death.
On that day"—Decree of GOD-of-the-Angel-Armies—
"I'll start a fire at the wall of Damascus
that will burn down all of Ben-hadad's forts."

Find a Safe Place to Hide

28-33 The Message on Kedar and the sheikdoms of Hazor who were attacked by Nebuchadnezzar king of Babylon. This is GOD's Message:

"On your feet! Attack Kedar!
Plunder the Bedouin nomads from the east.
Grab their blankets and pots and pans.
Steal their camels.
Traumatize them, shouting, 'Terror! Death! Doom!
Danger everywhere!'
Oh, run for your lives,
You nomads from Hazor." GOD's Decree.
"Find a safe place to hide.
Nebuchadnezzar king of Babylon
has plans to wipe you out,
to go after you with a vengeance:
'After them,' he says. 'Go after these relaxed nomads
who live free and easy in the desert,
Who live in the open with no doors to lock,
who live off by themselves.'
Their camels are there for the taking,
their herds and flocks, easy picking.

들을
사방으로 흩어 버릴 것이다.
내가 사방에서 공포가 들이닥치게 할 것이다.
그들은 무엇에 얻어맞는지도 알지 못하리라." **하나님**의 포고다.
"승냥이들이 하솔의 진영을 차지할 것이다.
그 땅에는 바람과 모래만 남으리라.
아무도 거기 살지 않고,
누구도 거기 머물지 않으리라."

I'll scatter them to the four winds,
these defenseless nomads on the fringes of the desert.
I'll bring terror from every direction.
They won't know what hit them." GOD's Decree.
"Jackals will take over the camps of Hazor,
camps abandoned to wind and sand.
No one will live there,
no mortal soul move in there."

엘람이 받을 심판

34-39 유다 왕 시드기야가 다스리기 시작할 무렵, 엘람을 두고 예언자 예레미야에게 임한 **하나님의 메시지다**. 만군의 **하나님**께서 말씀하신다.

"지켜보아라! 내가 엘람의 주력 무기인 활을
내 무릎 위에서 꺾어 버리리라.
그러고는 사방, 땅의 네 귀퉁이에서
바람을 일으켜 엘람에게 불어닥치게 할 것이다.
내가 엘람 사람들을 사방으로 날려 보내
만방에 흩어 버리고, 거류민으로 살아가게 할 것이다.
그들은 목숨을 노리는 적들 사이에서
늘 공포와 두려움에 떨며 살게 될 것이다.
내가 그들에게 재앙을,
나의 진노로 타오르는 재앙을 내리리라.
내가 도살견을 풀어 그들을 쫓게 하여
아무도 살아남지 못하게 할 것이다.
그런 후에 엘람의 왕과 그 심복들을 내던져 버리고,
엘람에 나의 보좌를 세울 것이다.
그러나 장차 내가 엘람을 위해
모든 일을 바로잡을 날이 올 것이다." **하나님**의 포고다.

The Winds Will Blow Away Elam

34-39 GOD's Message to the prophet Jeremiah on Elam at the outset of the reign of Zedekiah king of Judah. This is what GOD-of-the-Angel-Armies says:

"Watch this! I'll break Elam's bow,
her weapon of choice, across my knee.
Then I'll let four winds loose on Elam,
winds from the four corners of earth.
I'll blow them away in all directions,
landing homeless Elamites in every country on earth.
They'll live in constant fear and terror
among enemies who want to kill them.
I'll bring doom on them,
my anger-fueled doom.
I'll set murderous hounds on their heels
until there's nothing left of them.
And then I'll set up my throne in Elam,
having thrown out the king and his henchmen.
But the time will come when I make
everything right for Elam again." GOD's Decree.

바빌론이 받을 심판

50 1-3 바빌론, 곧 갈대아 사람들의 땅에 대해 **하나님**께서 예언자 예레미야를 통해 주신 **메시지**다.

"만민에게 알려라! 선포하여라!
천하에 공표하고 만방에 전하여라.
바빌론이 함락되었고, 벨 신이 수치를 당해 고개를 들지 못한다.
마르둑 신이 사기꾼으로 드러났다.
모든 우상이 수치를 당해 쭈뼛쭈뼛거리고,
장난감 신들이 저급한 사기꾼들로 드러났다.
북방에서 한 민족이 쳐들어와,
도성들을 모두 폐허로 만들어 버릴 것이다.
모든 생명이—짐승도 사람도—끊어져,
소리 하나, 동작 하나, 호흡 하나 찾을 수 없을 것이다."

4-5 **하나님**의 포고다. "그날이 오고 그때가 이르면,
이스라엘 백성이 돌아오고,
그들과 더불어 유다 백성들도 돌아올 것이다.
울면서 걸어와, 그들의 **하나님**인 나를 찾을 것이다.
시온으로 가는 길을 묻고,
시온을 향해 길을 떠나리라.
그들이 와서는, 결코 잊을 수 없을 영원한 언약에 묶여
하나님 곁에 늘 꼭 붙어 있으리라.

6-7 나의 백성은 길 잃은 양 떼였다.
목자들이 그들을 잘못 이끌어서,
산속에 버리고 떠났다.
그들은 산으로, 언덕으로 헤매고 다녔다.
집으로 돌아가는 길을 잃고,
집에 대한 기억도 잃었다.

Get Out of Babylon as Fast as You Can

50 1-3 The Message of GOD through the prophet Jeremiah on Babylon, land of the Chaldeans:

"Get the word out to the nations! Preach it!
Go public with this, broadcast it far and wide:
Babylon taken, god-Bel hanging his head in shame,
god-Marduk exposed as a fraud.
All her god-idols shuffling in shame,
all her play-gods exposed as cheap frauds.
For a nation will come out of the north to attack her,
reduce her cities to rubble.
Empty of life—no animals, no people—
not a sound, not a movement, not a breath.

4-5 "In those days, at that time"—GOD's Decree—
"the people of Israel will come,
And the people of Judah with them.
Walking and weeping, they'll seek me, their GOD.
They'll ask directions to Zion
and set their faces toward Zion.
They'll come and hold tight to GOD,
bound in a covenant eternal they'll never forget.
6-7 "My people were lost sheep.
Their shepherds led them astray.
They abandoned them in the mountains
where they wandered aimless through the hills.
They lost track of home,
couldn't remember where they came from.

그들과 마주친 자들은 모두 그들을 착취했다.
적들은 전혀 양심의 가책을 느끼지 않았다.
그들은 말했다. '공평하지 않소? **하나님**을 등진 자들이니 말이오.
그들은 자신들의 참된 목장이신 분, 조상 대대로 소망이었던 분을 저버렸소.'

8-10 그러나 이제, 어서 빨리 바빌론을 탈출하여라.
바빌론에서 빠져나가라.
네 길을 가라. 좋은 목양견들이 앞장을 서겠지만, 그들을 따라가지 마라.
너희가 앞장서 가라!
내가 지금 일으키는 일이 보이느냐?
바빌론을 칠 민족들을 규합하고 있다.
그들이 북녘에서 쳐들어와,
바빌론을 정복할 것이다.
오, 그들은 싸움에 능한 군대다.
빈손으로 돌아가는 법이 없는 자들이다.
바빌론은 무르익은 열매다!
모두들 배 터지게 따먹을 것이다!" **하나님**의 포고다.

11-16 "바빌론 사람들아, 너희는 지금까지 참 좋은 시절을 보냈다. 그렇지 않느냐?
내 백성을 착취하고 이용하면서, 그동안 잘 먹고 잘살았다.
너희는 푸른 초원을 까불며 뛰어다니는 송아지 같았고,
넓은 들판을 마구 달리며 즐기는 야생마 같았다!
그러나 너희는 너희 어머니의 자랑이 되지 못하리라.
너희를 낳아 준 여인의 기쁨이 되지 못하리라.
지금 너희 꼴을 보아라! 아무 볼 것 없는 민족!

Everyone who met them took advantage of them.
Their enemies had no qualms:
'Fair game,' they said. 'They walked out on GOD.
They abandoned the True Pasture, the hope of their parents.'

8-10 "But now, get out of Babylon as fast as you can.
Be rid of that Babylonian country.
On your way. Good sheepdogs lead, but don't you be led.
Lead the way home!
Do you see what I'm doing?
I'm rallying a host of nations against Babylon.
They'll come out of the north,
attack and take her.
Oh, they know how to fight, these armies.
They never come home empty-handed.
Babylon is ripe for picking!
All her plunderers will fill their bellies!"
GOD's Decree.

11-16 "You Babylonians had a good time while it lasted, didn't you?
You lived it up, exploiting and using my people,
Frisky calves romping in lush pastures,
wild stallions out having a good time!
Well, your mother would hardly be proud of you.
The woman who bore you wouldn't be pleased.
Look at what's come of you! A nothing nation!
Rubble and garbage and weeds!

잡석과 쓰레기와 잡초뿐인 곳!
나의 거룩한 진노로 생명이 사라지고,
죽음과 공허뿐인 사막이 되었다.
바빌론을 지나는 자들은 그 몰락을 목격하고,
놀라서 말을 잊고 고개를 절레절레 흔들 것이다.
다 함께 바빌론에게 달려들어라! 꼼짝 못하게 만들어라!
있는 힘을 다해 두들겨 패라.
젖 먹던 힘까지 다 써라. 완전히 때려눕혀라.
바빌론은 죄인이다. 오, 내게 얼마나 큰 죄를 지었던가!
사방을 에워싸고 함성을 질러라.
바빌론은 싸울 의지를 다 잃었다.
방어진이 허물어졌고,
성벽들이 무너져 내렸다.
작전명 '**하나님**의 복수'를 수행하여라.
복수를 퍼부어라!
그가 행한 대로 갚아 주어라.
똑같이 해주어라!
농장들을 파괴하고, 농부들을 죽이고,
밭을 못쓰게 만들고, 곳간을 털어라.
포로로 잡혀와 있는 너희는,
이 파멸의 폭풍을 피해 어떻게든 빠져나가라.
속히 고국으로 도망쳐라."

17 "이스라엘은
사자들에게 쫓겨 흩어진 양 떼다.
앗시리아 왕이 처음 시작한
이 살육을,
바빌론 왕 느부갓네살이 완수하여
뼈까지 다 갉아먹었다."

18-20 그러나 이제, 만군의 **하나님**,
이스라엘의 하나님께서 말씀하신다.

Emptied of life by my holy anger,
a desert of death and emptiness.
Travelers who pass by Babylon will gasp, appalled,
shaking their heads at such a comedown.
Gang up on Babylon! Pin her down!
Throw everything you have against her.
Hold nothing back. Knock her flat.
She's sinned—oh, how she's sinned, against me!
Shout battle cries from every direction.
All the fight has gone out of her.
Her defenses have been flattened,
her walls smashed.
'Operation GOD's Vengeance.'
Pile on the vengeance!
Do to her as she has done.
Give her a good dose of her own medicine!
Destroy her farms and farmers,
ravage her fields, empty her barns.
And you captives, while the destruction rages,
get out while the getting's good,
get out fast and run for home.

17 "Israel is a scattered flock,
hunted down by lions.
The king of Assyria started the carnage.
The king of Babylon, Nebuchadnezzar,
Has completed the job,
gnawing the bones clean."

18-20 And now this is what GOD-of-the-Angel-Armies,
the God of Israel, has to say:
"Just watch! I'm bringing doom on the

"자 보아라! 내가 바빌론 왕과 그의 땅에 재앙을 내릴 것이다.
앗시리아 왕에게 내렸던 것과 똑같은 재앙을 내리리라.
그러나 이스라엘은 비옥한 목초지로 다시 데려올 것이다.
그가 갈멜과 바산의 언덕에서 풀을 뜯고,
에브라임 비탈길과 길르앗에서
마음껏 먹을 것이다."
하나님의 포고다. "그날이 오고 그때가 이르면,
이스라엘의 허물을 찾아 구석구석 뒤져도,
아무것도 찾지 못할 것이다.
유다의 죄를 찾아 샅샅이 살펴도, 하나도 발견하지 못할 것이다.
내가 구원한 그들은 과거를 청산하고 새 출발하게 될 것이다."

21 "반역자들의 땅 므라다임을 공격하여라!
파멸의 나라 브곳을 습격하여라!
그들을 추격하여라. 모조리 쓸어버려라."
하나님의 포고다.
"이는 내 명령이다. 내가 이르는 대로 하여라.

22-24 전쟁의 함성소리가
지축을 흔든다!
망치였던 자가
두들겨 맞아 박살이 났다.
바빌론이
형체를 알아볼 수 없을 정도로 얻어터졌다.
내가 올가미를 놓았으니, 네가 걸려들었다.
오, 바빌론이여, 억센 올가미에 걸려
옴짝달싹 못하고 당하기만 했다!
네가 **하나님**께 맞선 대가다.

25-28 나 **하나님**이 나의 병기고 문을 열고,

king of Babylon and his land,
the same doom I brought on the king of Assyria.
But Israel I'll bring home to good pastures.
He'll graze on the hills of Carmel and Bashan,
On the slopes of Ephraim and Gilead.
He will eat to his heart's content.
In those days and at that time"—GOD's Decree—
"they'll look high and low for a sign of Israel's guilt—nothing;
Search nook and cranny for a trace of Judah's sin—nothing.
These people that I've saved will start out with a clean slate.

21 "Attack Merathaim, land of rebels!
Go after Pekod, country of doom!
Hunt them down. Make a clean sweep."
GOD's Decree.
"These are my orders. Do what I tell you.

22-24 "The thunderclap of battle
shakes the foundations!
The Hammer has been hammered,
smashed and splintered,
Babylon pummeled
beyond recognition.
I set out a trap and you were caught in it.
O Babylon, you never knew what hit you,
Caught and held in the steel grip of that trap!
That's what you get for taking on GOD.

25-28 "I, GOD, opened my arsenal.
I brought out my weapons of wrath.

진노의 무기들을 꺼내 들었다.
주 만군의 **하나님**이
바빌론에서 할 일이 있다.
사방에서 그를 덮쳐라!
그 곡창지대로 쳐들어가라!
그를 장작더미에 올려 불태워라.
아무것도 남기지 마라! 아무도 살려 두지 마라!
그 불량아들을 다 잡아 죽여라.
모조리 파멸시켜라!
파멸! 그렇다. 파멸의 날이다!
이제 그들의 명이 다했다.
놀라지 마라.
바빌론을 탈출한 자들, 거기서 도망쳐 나온 자들이
시온에 나타나 **하나님**의 보복 소식을 전하리라.
하나님의 성전을 위한 복수였다고.

29-30 바빌론을 칠 병력을 소집하여라.
활을 쏠 수 있는 자는 다 불러 모아라!
올가미를 죄어라!
빠져나갈 구멍을 남기지 마라!
받은 그대로 돌려주고,
당한 그대로 똑같이 갚아 주어라!
그는 오만했다. 감히 **하나님**,
'이스라엘의 거룩한 이' 앞에서 방자하게 굴었다.
이제 그 대가를 치른다. 젊은이들이 죽어 길거리에 나뒹굴고,
용사들은 죽어 간데없다." **하나님**의 포고다.

31-32 "이제 알겠느냐? 교만의 화신이여,
내가 너의 적이다!"
주 만군의 **하나님**의 포고다.
"너의 때가 되었다.
그렇다. 파멸의 날이 이르렀다.
교만의 화신이 고꾸라질 것이다.

The Master, GOD-of-the-Angel-Armies,
has a job to do in Babylon.
Come at her from all sides!
Break into her granaries!
Shovel her into piles and burn her up.
Leave nothing! Leave no one!
Kill all her young turks.
Send them to their doom!
Doom to them! Yes, Doomsday!
The clock has finally run out on them.
And here's a surprise:
Runaways and escapees from Babylon
Show up in Zion reporting the news of GOD's vengeance,
taking vengeance for my own Temple.

29-30 "Call in the troops against Babylon,
anyone who can shoot straight!
Tighten the noose!
Leave no loopholes!
Give her back as good as she gave,
a dose of her own medicine!
Her brazen insolence is an outrage
against GOD, The Holy of Israel.
And now she pays: her young strewn dead in the streets,
her soldiers dead, silent forever." GOD's Decree.

31-32 "Do you get it, Mister Pride? I'm your enemy!"
Decree of the Master, GOD-of-the-Angel-Armies.
"Time's run out on you:
That's right: It's Doomsday.
Mister Pride will fall flat on his face.
No one will offer him a hand.
I'll set his towns on fire.

아무도 붙잡아 일으켜 주지 않으리라.
내가 그의 성읍들에 불을 놓을 것이다.
그 불이 들불처럼 퍼져 온 나라에 번지리라."

33-34 만군의 **하나님**께서 연이어 말씀하
신다.

"이스라엘 백성이 두들겨 맞았고,
유다 백성도 그렇다.
압제자들이 억센 손아귀로 꽉 잡고
그들을 놓아주지 않는다.
그러나 강한 구원자가 있으니,
바로 만군의 **하나님**이다.
그렇다. 내가 그들 편에 설 것이다.
내가 가서 그들을 구조하고,
내가 그들의 땅을 진정시켜 주리라.
그러나 바빌론 백성은 내가 손볼 것이다."

35-40 **하나님**의 포고다."바빌론에 전면전이
벌어졌다.
백성도, 지도자도, 현인도 다 쓸어버리는
총력전이다!
잘난 체하던 자들이 모두 얼간이가 되는 전
쟁이다!
용사들을 모조리 겁쟁이로 바꾸어 놓는 전
쟁이다!
사람을 죽이는 용병들을 어처구니없는 겁
쟁이로 만드는 전쟁이다!
창고들을 결딴내는 전쟁이다. 다 털렸다!
상수원을 결딴내는 전쟁이다. 바싹 말라 버
렸다!
미친 가짜 신들, 요귀들의 땅!
이제 바빌론은 승냥이나 전갈,
야행 올빼미나 흡혈박쥐들만 출몰하는 곳
이 될 것이다.
누구도 다시는 거기 살지 않고,
죽음의 악취만을 풍기는 땅이 될 것이다.

The fire will spread wild through the country."

33-34 And here's more from GOD-of-the-
Angel-Armies:

"The people of Israel are beaten down,
the people of Judah along with them.
Their oppressors have them in a grip of steel.
They won't let go.
But the Rescuer is strong:
GOD-of-the-Angel-Armies.
Yes, I will take their side,
I'll come to their rescue.
I'll soothe their land,
but rough up the people of Babylon.

35-40 "It's all-out war in Babylon"—GOD's
Decree—
"total war against people, leaders, and the wise!
War to the death on her boasting pretenders, fools one and all!
War to the death on her soldiers, cowards to a man!
War to the death on her hired killers, gutless wonders!
War to the death on her banks—looted!
War to the death on her water supply—drained dry!
A land of make-believe gods gone crazy—hobgoblins!
The place will be haunted with jackals and corpions,
night-owls and vampire bats.
No one will ever live there again.
The land will reek with the stench of death.

내가 없애 버린 도성들,
소돔과 고모라와 이웃 성읍과 같은 운명을 맞으리라." **하나님**의 포고다.
"누구도 다시는 거기 살지 않고,
그 땅에서 숨 쉬며 살아갈 사람이 다시는 없을 것이다."

It will join Sodom and Gomorrah and their neighbors,
the cities I did away with." GOD's Decree.
"No one will live there again.
No one will again draw breath in that land, ever.

41-43 "이제, 잘 보아라! 북방에서 사람들이
인산인해를 이루며 쏟아져 내려온다.
먼 곳에서
왕들이 떼를 지어 몰려온다.
살인병기를 휘두르는 그들,
무자비하고 잔인한 야만인들이다.
대양의 파도처럼 거칠게 노호하며
사나운 말을 모는 그들,
전투태세를 갖추고 당장
너 바빌론을 치려고 몰려온다!
바빌론 왕이 그들이 오는 소리를 듣는다.
그의 얼굴이 백지장처럼 하얗게 되고, 사지의 맥이 탁 풀린다.
공포에 질린 왕은
산고 중인 여인처럼 몸을 비틀며, 싸울 엄두를 내지 못한다.

41-43 "And now, watch this! People pouring
out of the north, hordes of people,
A mob of kings stirred up
from far-off places.
Flourishing deadly weapons,
barbarians they are, cruel and pitiless.
Roaring and relentless, like ocean breakers,
they come riding fierce stallions,
In battle formation, ready to fight
you, Daughter Babylon!
Babylon's king hears them coming.
He goes white as a ghost, limp as a dishrag.
Terror-stricken, he doubles up in pain, helpless to fight,
like a woman giving birth to a baby.

44 이제, 잘 보아라. 먹이를 찾아
요단 강가 깊은 숲에서
푸른 목장으로 뛰어나오는 사자처럼,
내가 달려들어 덮칠 것이다.
아무거나 먹이로 골라잡을 것이다. 누가 나를 막을 수 있으랴?
이른바 목자라는 자들, 다들 나를 어찌하지 못한다."

44 "And now watch this: Like a lion coming up
from the thick jungle of the Jordan,
Looking for prey in the mountain pastures,
I'll take over and pounce.
I'll take my pick of the flock—and who's to stop me?
All the so-called shepherds are helpless before me."

45-46 그러니, **하나님**께서 바빌론에 대해 세우신 계획, 갈대아 사람들에 대한 계획에 귀 기울여라.

45-46 So, listen to this plan that GOD has worked out against Babylon, the blueprint of what he's prepared for dealing with Chaldea:

믿기지 않겠지만, 어리고 약한 것들,
새끼 양과 새끼 염소들도 끌려갈 것이다.
믿기지 않겠지만, 모두들 충격으로
그저 무력하게 지켜볼 수밖에 없을 것이다.
"바빌론이 함락되었다!"는 함성소리에
땅이 요동치니,
세계만방에 그 소식이 전해질 것이다.

폭풍 페르시아

51 1-5 하나님의 말씀이 아직 남았다.

"잘 보아라. 내가 바빌론을 칠
무시무시한 폭풍을 일으킬 것이다.
'폭풍 페르시아'가
그 사악한 땅에 사는 주민 모두를 덮칠 것이다.
내가 바빌론을 짓밟을 부대를 보내어,
그들이 그곳을 완전히 쓸어버릴 것이다.
그들이 일을 마치면, 그 땅에는 더 이상
가질 만한 것, 볼만한 것이 하나도 남지 않으리라.
그들은 하나도 그냥 놔두지 않을 것이다.
진멸의 날이다!
모두 닥치는 대로 아무것이나 집어 들고 싸울 것이다.
수단과 방법을 가리지 않는 싸움이다.
그들은 그 무엇도 아끼지 않고, 그 누구도 살려 두지 않을 것이다.
모조리 멸망시키리라. 끝장을 내리라!
바빌론 전역이 부상자들로 뒤덮이고,
거리마다 시체들이 쌓일 것이다.
이스라엘과 유다를 과부라 여겼다면
오산이다.
그들의 하나님, 만군의 하나님인 내가 이렇게 살아서 건재하다.
비록 그 땅을
이스라엘의 거룩하신 하나님을 거스르는

Believe it or not, the young,
the vulnerable—mere lambs and kids—
will be dragged off.
Believe it or not, the flock
in shock, helpless to help, watches it happen.
When the shout goes up, "Babylon's down!"
the very earth will shudder at the sound.
The news will be heard all over the world.

Hurricane Persia

51 1-5 There's more. GOD says more:

"Watch this:
I'm whipping up
A death-dealing hurricane against Babylon—'Hurricane Persia'—
against all who live in that perverse land.
I'm sending a cleanup crew into Babylon.
They'll clean the place out from top to bottom.
When they get through there'll be nothing left of her
worth taking or talking about.
They won't miss a thing.
A total and final Doomsday!
Fighters will fight with everything they've got.
It's no-holds-barred.
They will spare nothing and no one.
It's final and wholesale destruction—the end!
Babylon littered with the wounded,
streets piled with corpses.
It turns out that Israel and Judah
are not widowed after all.
As their God, GOD-of-the-Angel-Armies, I

죄로 가득 채운 그들이지만,
나는 여전히 그들에게 묶인 몸이다.

6-8 속히 바빌론에서 빠져나오너라.
살고 싶거든 달아나라! 목숨을 부지하여라!
우물쩍거리다, 그에게 죄값을 물리는 나의 복수에
너까지 목숨을 잃게 되는 일이 없게 하여라.
바빌론은 내 손에 들린 화려한 금잔이었다.
거기 가득 담긴 나의 진노의 포도주가,
온 세상을 취하게 만들었다.
뭇 민족이 그 포도주를 들이켰고,
모두 제정신을 잃었다.
이제, 바빌론 자신이 인사불성이 되도록 취해,
비틀거리다 쓰러진다. 비극이다!
향유를 구해다 상처에 발라 주어라.
어쩌면 나을지도 모르니."

9 "우리는 최선을 다했지만, 그를 도울 수 없었다.
바빌론은 나을 가망이 없다.
그가 제 운명의 길을 가게 내버려 두어라.
고향으로 돌아가라.
그에게 곧 어마어마한 심판이 떨어질 것이다.
하늘을 찌를 듯한 기념비적인 보복이 행해질 것이다.

10 **하나님**께서 우리를 위해 모든 일을 바로잡아 주셨다.
오라! 시온으로 돌아가서,
이 기쁜 소식을 전하자.
우리 **하나님**께서 모든 일을 바로잡으시기 위해 행하신 일을 전하자.

am still alive and well,
committed to them even though
They filled their land with sin
against Israel's most Holy God.

6-8 "Get out of Babylon as fast as you can.
Run for your lives! Save your necks!
Don't linger and lose your lives to my vengeance on her
as I pay her back for her sins.
Babylon was a fancy gold chalice
held in my hand,
Filled with the wine of my anger
to make the whole world drunk.
The nations drank the wine
and they've all gone crazy.
Babylon herself will stagger and crash,
senseless in a drunken stupor—tragic!
Get anointing balm for her wound.
Maybe she can be cured."

9 "We did our best, but she can't be helped.
Babylon is past fixing.
Give her up to her fate.
Go home.
The judgment on her will be vast,
a skyscraper-memorial of vengeance.

Your Lifeline Is Cut

10 "GOD has set everything right for us.
Come! Let's tell the good news
Back home in Zion.
Let's tell what our GOD did to set things right.

11-13 "Sharpen the arrows!
Fill the quivers!

11-13 화살촉을 갈아라!
화살통을 채워라!
하나님께서 메대 왕들을 선동하여
전쟁광들로 만드셨다. '바빌론을 없애 버리자!'
하나님께서 출정길에 오르셨다.
당신의 성전을 위한 복수전을 벌이려 하신다.
공격신호를 올리고 바빌론 성벽을 쳐라.
경계병을 세워라.
병력을 증원하여라.
병사들을 매복시켜라.
하나님께서 당신의 계획을 이행하시리라.
바빌론에게 하시겠다던 일을 행하시리라.
풍족한 물과
풍족한 재물을 가진 너,
그러나 이제 너는 끝이다.
너는 죽은 목숨이다."

14 만군의 **하나님**께서 엄숙히 맹세하셨다.
"내가 이곳을 적군들로 들끓게 하리라.
그들이 메뚜기 떼처럼 이곳을 뒤덮고,
너를 고꾸라뜨려 개선가를 부를 것이다."

15-19 그분께서 능력으로 땅을 지으시고,
지혜로 세상을 빚어 내셨다.
우주는 그분의 작품이다.
그분이 천둥소리를 내시면, 비가 쏟아진다.
구름을 피워 올리시고,
번개로 폭풍을 두르시며,
당신의 창고에서 바람을 꺼내 날려 발진시키신다.
막대기 신을 숭배하는 자들, 참으로 어처구니없는 얼간이들이다!
자기 손으로 만든 신들로 수치를 당하여 쩔쩔맨다!

GOD has stirred up the kings of the Medes,
infecting them with war fever: 'Destroy Babylon!'
GOD's on the warpath.
He's out to avenge his Temple.
Give the signal to attack Babylon's walls.
Station guards around the clock.
Bring in reinforcements.
Set men in ambush.
GOD will do what he planned,
what he said he'd do to the people of Babylon.
You have more water than you need,
you have more money than you need—
But your life is over,
your lifeline cut."

14 GOD-of-the-Angel-Armies has solemnly sworn:
"I'll fill this place with soldiers.
They'll swarm through here like locusts
chanting victory songs over you."

15-19 By his power he made earth.
His wisdom gave shape to the world.
He crafted the cosmos.
He thunders and rain pours down.
He sends the clouds soaring.
He embellishes the storm with lightnings,
launches the wind from his warehouse.
Stick-god worshipers look mighty foolish!
god-makers embarrassed by their handmade gods!
Their gods are frauds, dead sticks—
deadwood gods, tasteless jokes.
They're nothing but stale smoke.

그 신들은 모두 가짜요, 죽은 막대기일 뿐이다.
말라 죽은 나무를 두고 신이라니, 어이가 없다.
그것들은 연기에 불과하다.
바람과 함께 사라지고 만다.
그러나 '야곱의 분깃'이신 분은 참되시다.
그분은 온 우주를 지으신 분,
이스라엘을 특별히 주목하시는 분이다.
그분의 이름이 무엇인가? 만군의 **하나님**이시다!

바빌론은 하나님의 망치다

20-23 하나님께서 말씀하신다. "너 바빌론은 나의 망치다.
나의 병기다.
내가 너를 들어 사악한 민족을 쳐부수고,
뭇 왕국을 박살낼 것이다.
내가 너를 들어 말과 기병을 쳐부수고,
병거와 전사를 쳐부술 것이다.
내가 너를 들어 남자와 여자를 쳐부수고,
노인과 아이를 쳐부술 것이다.
내가 너를 들어 청년 남녀를 쳐부수고,
목자와 양을 쳐부술 것이다.
내가 너를 들어 농부와 겨릿소를 쳐부수고,
고관과 대신을 쳐부술 것이다.

24 유다 사람들아, 너희 두 눈으로 똑똑히 보게 되리라. 내가 바빌론과 갈대아 사람들이 시온에서 저지른 모든 악행을 그들에게 그대로 되갚아 주는 것을." **하나님**의 포고다.

25-26 "너 바빌론아, 온 세상을 황폐하게 만든
'파괴자 산'아, 나는 너의 적이다.
내가 팔을 뻗어 너를 내 손으로 붙잡고,
산이던 너를 짓뭉개 버릴 것이다.

When the smoke clears, they're gone.
But the Portion-of-Jacob is the real thing;
he put the whole universe together,
With special attention to Israel.
His name? GOD-of-the-Angel-Armies!

They'll Sleep and Never Wake Up

20-23 God says, "You, Babylon, are my hammer,
my weapon of war.
I'll use you to smash godless nations,
use you to knock kingdoms to bits.
I'll use you to smash horse and rider,
use you to smash chariot and driver.
I'll use you to smash man and woman,
use you to smash the old man and the boy.
I'll use you to smash the young man and young woman,
use you to smash shepherd and sheep.
I'll use you to smash farmer and yoked oxen,
use you to smash governors and senators.

24 "Judeans, you'll see it with your own eyes. I'll pay Babylon and all the Chaldeans back for all the evil they did in Zion." GOD's Decree.

25-26 "I'm your enemy, Babylon, Mount Destroyer,
you ravager of the whole earth.
I'll reach out, I'll take you in my hand,
and I'll crush you till there's no mountain left.
I'll turn you into a gravel pit—
no more cornerstones cut from you,

너를 자갈밭으로 만들어 버리리라.
이제 더는 네게서 모퉁잇돌을 얻거나,
주춧돌을 떠낼 수 없을 것이다!
자갈밖에는 아무것도 남지 않으리라." 하나님의 포고다.

27-28 "온 땅에 신호를 올려라.
민족들을 향해 숫양 뿔나팔을 불어라.
바빌론을 치는 거룩한 일을 위해 민족들을 구별하여라.
신성한 이 일에 왕국들을 불러들여라.
아라랏과 민니와 아스그나스를 징집하여라.
바빌론을 칠 사령관을 임명하고,
메뚜기 떼처럼 많은 군마들을 불러 모아라!
바빌론을 치는 이 거룩한 일을 위해 민족들을,
메대의 왕과 그의 지도자들과 백성을 구별하여라.

29-33 땅이 공포에 떨고, 고통으로 몸을 비튼다.
바빌론을 치려는 내 계획,
그 나라를 아무도 살 수 없는
황무지로 바꾸어 놓겠다는 내 계획에, 소스라치게 놀란다.
바빌론 용사들이 싸우다 말고
폐허와 동굴 속으로 숨는다.
싸우지도 않고 포기해 버리는 그들,
알고 보니 계집애처럼 소심한 겁쟁이들이다.
바빌론의 집들이 화염에 휩싸이고,
성문들이 돌쩌귀에서 뜯겨져 나간다.
보고자들이 연이어 헐떡이며 달려와서,
바빌론 왕에게
도성의 함락 소식을 전한다.
강나루도 모두 점령되었다.

No more foundation stones quarried from you!
Nothing left of you but gravel." GOD's Decree.

27-28 "Raise the signal in the land,
blow the shofar-trumpet for the nations.
Consecrate the nations for holy work against her.
Call kingdoms into service against her.
Enlist Ararat, Minni, and Ashkenaz.
Appoint a field marshal against her,
and round up horses, locust hordes of horses!
Consecrate the nations for holy work against her—
the king of the Medes, his leaders and people.

29-33 "The very land trembles in terror, writhes in pain,
terrorized by my plans against Babylon,
Plans to turn the country of Babylon
into a lifeless moonscape—a wasteland.
Babylon's soldiers have quit fighting.
They hide out in ruins and caves—
Cowards who've given up without a fight,
exposed as cowering milksops.
Babylon's houses are going up in flames,
the city gates torn off their hinges.
Runner after runner comes racing in,
each on the heels of the last,
Bringing reports to the king of Babylon
that his city is a lost cause.
The fords of the rivers are all taken.
Wildfire rages through the swamp grass.
Soldiers desert left and right.

늪지대까지 불에 타들어 간다.
용사들이 이리 뛰고 저리 뛰며 달아난다.
나, 만군의 **하나님**이 말한 대로다.
'딸 바빌론은 타작 시기의
타작마당이다.
머지않아, 수확이 시작되면
가라지가 바람에 날릴 것이다!'"

34-37 "바빌론 왕 느부갓네살이
내 백성을 질겅질겅 씹고 뼈를 뱉어 내었다.
그릇을 깨끗이 비운 뒤 의자를 뒤로 빼고 앉아
트림을 했다. 게걸스런 엄청난 트림을.
숙녀 시온이 말한다.
'내가 당한 만행을 바빌론도 당하게 하소서!'
예루살렘도 말한다.
'내가 흘린 피의 값을 갈대아 사람들에게 물리소서!'
그때, 나 **하나님**이 나서서 말한다.
'내가 너의 편이며, 너를 위해 싸운다.
내가 너의 원수를 갚아 주겠다. 너를 위해 복수해 주겠다.
내가 그의 강을 다 말리고, 그의 샘을 다 막아 버릴 것이다.
바빌론은 폐허 더미가 될 것이며,
들개와 들고양이들이 먹이를 찾아 배회하는 곳,
쓰레기 투기장,
황폐한 유령마을이 될 것이다.'"

38-40 "바빌론 사람들은 먹이를 두고 으르렁거리는,
게걸스런 사자와 그 새끼들 같다.
내가 그들에게 세 끼니 제대로 챙기고, 잔

I, GOD-of-the-Angel-Armies, said it would happen:
'Daughter Babylon is a threshing floor
at threshing time.
Soon, oh very soon, her harvest will come
and then the chaff will fly!'

34-37 "Nebuchadnezzar king of Babylon
chewed up my people and spit out the bones.
He wiped his dish clean, pushed back his chair,
and belched—a huge gluttonous belch.
Lady Zion says,
'The brutality done to me be done to Babylon!'
And Jerusalem says,
'The blood spilled from me be charged to the Chaldeans!'
Then I, GOD, step in and say,
'I'm on your side, taking up your cause.
I'm your Avenger. You'll get your revenge.
I'll dry up her rivers, plug up her springs.
Babylon will be a pile of rubble,
scavenged by stray dogs and cats,
A dumping ground for garbage,
a godforsaken ghost town.'

38-40 "The Babylonians will be like lions and their cubs,
ravenous, roaring for food.
I'll fix them a meal, all right—a banquet, in fact.
They'll drink themselves falling-down drunk.

칫상을 차려 주리라.
그들은 실컷 마시고 취해 쓰러질 것이다.
코가 비뚤어지게 취해서, 잠이 들 것이다.
계속 잠만 잘 것이다.
그러고는 다시 깨어나지 못하리라." 하나님의 포고다.
"내가 그 '사자들'을,
어린양, 숫양, 숫염소들처럼 도살장으로 끌고 가리라.
다시는 그들 소식을 듣지 못하리라."

41-48 "바빌론은 이제 끝났다.
온 땅의 자랑거리였던 그가 아주 바닥에 고꾸라졌다.
처참히 몰락한 바빌론,
시궁창에 처박혔다!
밀어닥친 적군들의 파도에 난타당해
대혼란에 빠져들었다.
마을에서는 썩는 냄새가 진동하고,
땅은 텅 비어 황량하다.
이제는 성읍 안에 아무도 살지 않는다.
사람들이 그곳을 피해 멀찍이 돌아간다.
바빌론의 탐욕스런 벨 신에게 내가 재앙을 내릴 것이다.
그가 꿀꺽 삼킨 것들을 다 토해 내도록 만들겠다.
더 이상 바빌론의 놀라운 볼거리들을 보려고
사람들이 줄지어 찾아오는 일은 없을 것이다.
이제 바빌론에는 볼거리들이 남아 있지 않다.
나의 백성이여, 살고 싶다면 도망쳐라!
뛰어라. 뒤를 돌아다보지 마라!
속히 그곳에서 빠져나와라.
하나님의 진노의 불이 떨어지는 그곳을 탈출하여라.

Dead drunk, they'll sleep—and sleep, and sleep...
and they'll never wake up." GOD's Decree.
"I'll haul these 'lions' off to the slaughterhouse
like the lambs, rams, and goats,
never to be heard of again.

41-48 "Babylon is finished—
the pride of the whole earth is flat on her face.
What a comedown for Babylon,
to end up inglorious in the sewer!
Babylon drowned in chaos,
battered by waves of enemy soldiers.
Her towns stink with decay and rot,
the land empty and bare and sterile.
No one lives in these towns anymore.
Travelers give them a wide berth.
I'll bring doom on the glutton god-Bel in Babylon.
I'll make him vomit up all he gulped down.
No more visitors stream into this place,
admiring and gawking at the wonders of Babylon.
The wonders of Babylon are no more.
Run for your lives, my dear people!
Run, and don't look back!
Get out of this place while you can,
this place torched by GOD's raging anger.
Don't lose hope. Don't ever give up
when the rumors pour in hot and heavy.
One year it's this, the next year it's that—
rumors of violence, rumors of war.
Trust me, the time is coming

희망을 잃지 마라. 아무리 흉흉한 소문이 들려오더라도
결코 포기하지 마라.
이 해에는 이런 폭행 소문,
저 해에는 저런 전쟁 소문이 나돌 것이다.
나를 신뢰하여라. 내가
바빌론 우상들의 콧대를 꺾어 놓을 날이 오고 있다.
내가 그 나라의 역겨운 사기 행각을 드러내고,
나라 전역이 시체로 뒤덮이도록 할 것이다.
앙갚음해 줄 군대가 북방에서 내려와
바빌론을 덮치는 날,
하늘과 땅, 천사와 사람들이
승리축하 파티를 열 것이다." **하나님**의 포고다!

바빌론이 멸망하리라

49-50 "바빌론은 반드시 망한다.
이스라엘의 전사자들에 대한 보상이다.
바빌론 사람들이 살육될 것이다.
그들이 저지른 참혹한 살인 행각 때문이다.
그러나 참혹한 죽음을 모면한 너희 포로들아,
떠나라! 어서 빨리!
붙잡혀 간 먼 곳에서도 언제나 **하나님**을 기억하여라.
예루살렘을 늘 마음에 간직하고 살아라."

51 너무나 오랜 세월, 수치와 조롱과 학대를 당하며 살아온 우리,
우리가 누군지조차 거의 잊었다!
마음을 추스를 수조차 없다.
우리의 옛 성소, **하나님**의 집이 이방인들에게 짓밟혔다.

52-53 "그래, 내가 안다. 그러니 나를 신뢰하여라."

when I'll put the no-gods of Babylon in their place.
I'll show up the whole country as a sickening fraud,
with dead bodies strewn all over the place.
Heaven and earth, angels and people,
will throw a victory party over Babylon
When the avenging armies from the north
descend on her." GOD's Decree!

Remember God in Your Long and Distant Exile

49-50 "Babylon must fall—
compensation for the war dead in Israel.
Babylonians will be killed
because of all that Babylonian killing.
But you exiles who have escaped a Babylonian death,
get out! And fast!
Remember GOD in your long and distant exile.
Keep Jerusalem alive in your memory."

51 How we've been humiliated, taunted and abused,
kicked around for so long that we hardly know who we are!
And we hardly know what to think—
our old Sanctuary, GOD's house,
desecrated by strangers.

52-53 "I know, but trust me: The time is coming"
—GOD's Decree—
"When I will bring doom on her no-god idols,
and all over this land her wounded will groan.
Even if Babylon climbed a ladder to the

하나님의 포고다.
"내가 그 우상들에게 재앙을 내릴 날이 오고 있다.
온 땅이 신음하는 부상자들 천지가 될 것이다.
설령 바빌론이 달까지 사다리를 놓고 올라가서
사다리를 걷어 아무도 올라오지 못하게 할지라도,
그래도 나를 막지는 못할 것이다.
나의 보복을 이행할 자들이 거기까지 따라 올라가리라."
하나님의 포고다.

54-56 이제 들어라! 들리느냐? 바빌론에서 들려오는 울부짖음이!
갈대아에서 들려오는 섬뜩한 울음소리가!
하나님께서 철퇴를 들고 바빌론으로 가실 것이다.
그의 마지막 신음이 들려온다.
죽음이 요란한 파도소리를 내고,
죽음이 거대한 폭포수소리를 낸다.
보복을 행할 파괴자들이 바빌론으로 쳐들어간다.
바빌론의 용사들이 사로잡히고, 그 병기들은 고철이 되리라.
실로, **하나님**은 평등을 이루어 내시는 분.
모두가 정당한 보응을 받게 되리라.

57 "내가 그들 모두를 취하게 만들 것이다.
왕자도, 현인도, 고관도, 용사도.
코가 비뚤어지게 취해서 잠들 것이다. 그들은 계속 잠만 잘 것이다.
그러고는 다시 깨어나지 못하리라." 왕이신 분의 포고다.
그분의 이름이 무엇인가? 바로, 만군의 **하나님**이시다!

58 만군의 **하나님**께서 말씀하신다.

moon
and pulled up the ladder so that no one could get to her,
That wouldn't stop me.
I'd make sure my avengers would reach her."
GOD's Decree.

54-56 "But now listen! Do you hear it? A cry out of Babylon!
An unearthly wail out of Chaldea!
GOD is taking his wrecking bar to Babylon.
We'll be hearing the last of her noise—
Death throes like the crashing of waves,
death rattles like the roar of cataracts.
The avenging destroyer is about to enter Babylon:
Her soldiers are taken, her weapons are trashed.
Indeed, GOD is a God who evens things out.
All end up with their just deserts.

57 "I'll get them drunk, the whole lot of them—
princes, sages, governors, soldiers.
Dead drunk, they'll sleep—and sleep and sleep...
and never wake up." The King's Decree.
His name? GOD-of-the-Angel-Armies!

58 GOD-of-the-Angel-Armies speaks:

"The city walls of Babylon—those massive walls!—
will be flattened.
And those city gates—huge gates!—
will be set on fire.

"바빌론의 성벽, 그 거대한 벽들이
허물어지리라!
성문, 그 육중한 문들이
불타 없어지리라!
그런 헛된 삶,
열심히 살수록 더 초라해진다.
그런 야망,
재만 남길 뿐이다."

59 마세야의 손자요 네리야의 아들인 스라야가 유다 왕 시드기야와 함께 바빌론으로 갔을 때, 예언자 예레미야가 그에게 할 일을 일러 주었다. 때는 시드기야 사년이었다. 스라야는 여행 관련 업무 책임자였다.
60-62 예레미야가 바빌론에 닥칠 모든 재앙을 작은 책자에 기록한 뒤, 스라야에게 말했다. "바빌론에 이르면, 이것을 사람들 앞에서 낭독하십시오. '오 **하나님**, 주께서 말씀하시기를, 이곳을 멸망시켜 인간이든 짐승이든 아무도 살 수 없는 영원한 불모의 땅으로 만들겠다고 하셨습니다' 하고 읽어 주십시오.
63-64 읽기를 마치면, 그 책자에 돌을 매달아 유프라테스 강에 던지고, 그것이 가라앉는 모습을 보면서 이렇게 말하십시오. '내가 내린 재앙을 당한 뒤에, 바빌론이 저렇게 바닥으로 가라앉아 다시는 떠오르지 못할 것이다.'"

예루살렘의 멸망

52 1 시드기야가 왕이 되었을 때 그의 나이 스물한 살이었다. 그는 예루살렘에서 십일 년 동안 다스렸다. 그의 어머니는 립나 출신 예레미야의 딸 하무달이다.
2 **하나님**께서 보시기에, 시드기야 역시 악한 왕 여호야김을 그대로 베껴 놓은 자에 지나지 않았다.
3-5 예루살렘과 유다가 맞게 된 모든 파멸의 근원에는 **하나님**의 진노가 있었다. **하나님**께

The harder you work at this empty life,
the less you are.
Nothing comes of ambition like this
but ashes."

59 Jeremiah the prophet gave a job to Seraiah son of Neriah, son of Mahseiah, when Seraiah went with Zedekiah king of Judah to Babylon. It was in the fourth year of Zedekiah's reign. Seraiah was in charge of travel arrangements.
60-62 Jeremiah had written down in a little booklet all the bad things that would come down on Babylon. He told Seraiah, "When you get to Babylon, read this out in public. Read, 'You, O GOD, said that you would destroy this place so that nothing could live here, neither human nor animal—a wasteland to top all wastelands, an eternal nothing.'
63-64 "When you've finished reading the page, tie a stone to it, throw it into the River Euphrates, and watch it sink. Then say, 'That's how Babylon will sink to the bottom and stay there after the disaster I'm going to bring upon her.'"

The Destruction of Jerusalem and Exile of Judah

52 1 Zedekiah was twenty-one years old when he started out as king. He was king in Jerusalem for eleven years. His mother's name was Hamutal, the daughter of Jeremiah. Her hometown was Libnah.
2 As far as GOD was concerned, Zedekiah was just one more evil king, a carbon copy of Jehoiakim.
3-5 The source of all this doom to Jerusa-

서 심판의 행위로 그들에게 등을 돌리신
것이다.
시드기야가 바빌론 왕에게 반역했다. 느부갓네살은 모든 군대를 이끌고 예루살렘으로 향했다. 그는 진을 치고 성 둘레에 토성을 쌓아 성을 봉쇄했다. 그는 시드기야 구년 열째 달에 예루살렘에 도착했고, 성은 열아홉 달 동안(시드기야 십일년까지) 포위되어 있었다.
6-8 시드기야 십일년 넷째 달 구일이
되자, 기근이 너무 심해져 성 안에 빵 부스러기 하나 남지 않았다. 그때에 바빌론이 성벽을 뚫고 쳐들어왔다. 그것을 본 유다의 모든 군대는 야음을 틈타 성벽 통로(왕의 동산 위쪽에 있는 두 성벽 사이의 문)로 도망쳤다. 그들은 바빌론 군사들의 전선을 몰래 뚫고 나가, 아라바 골짜기 길을 지나 요단 강으로 향했다. 바빌론 군사들이 총력을 다해 추격하여 여리고 평원에서 그들을 따라잡았다. 그러나 시드기야의 군대는 이미 흩어져 도망친 뒤였다.
9-11 바빌론 군사들이 시드기야를 사로잡
아 하맛 땅 리블라에 있는 바빌론 왕에게 끌고 가자, 왕은 그 자리에서 그를 재판하고 선고를 내렸다. 바빌론 왕은 시드기야가 보는 앞에서 그의 아들들을 죽였다. 아들들의 즉결 처형을 마지막으로, 그는 더 이상 앞을 볼 수 없었다. 바빌론 군사들이 그의 눈을 멀게 했기 때문이다. 그러고 나서 바빌론 왕은 유다의 지휘관들을 모두 죽였다. 시드기야는 사슬에 단단히 묶여 바빌론으로 끌려갔다. 바빌론 왕이 그를 감옥에 가두었고, 그는 죽을 때까지 거기서 나오지 못했다.
12-16 바빌론 왕 느부갓네살 십구년 다
섯째
달 칠일에, 바빌론 왕의 수석 부관인

lem and Judah was GOD's anger. GOD turned his back on them as an act of judgment.
Zedekiah revolted against the king of Babylon. Nebuchadnezzar set out for Jerusalem with a full army. He set up camp and sealed off the city by building siege mounds around it. He arrived on the ninth year and tenth month of Zedekiah's reign. The city was under siege for nineteen months (until the eleventh year of Zedekiah).
6-8 By the fourth month of Zedekiah's eleventh
year, on the ninth day of the month, the famine was so bad that there wasn't so much as a crumb of bread for anyone. Then the Babylonians broke through the city walls. Under cover of the night darkness, the entire Judean army fled through an opening in the wall (it was the gate between the two walls above the King's Garden). They slipped through the lines of the Babylonians who surrounded the city and headed for the Jordan into the Arabah Valley, but the Babylonians were in full pursuit. They caught up with them in the Plains of Jericho. But by then Zedekiah's army had deserted and was scattered.
9-11 The Babylonians captured Zedekiah and
marched him off to the king of Babylon at Riblah in Hamath, who tried and sentenced him on the spot. The king of Babylon then killed Zedekiah's sons right before his eyes. The summary murder of his sons was the last thing Zedekiah saw, for they then blinded him. The king of Babylon followed that up by killing all the officials of Judah. Securely handcuffed, Zedekiah was hauled off to Babylon. The king of Babylon threw him in prison, where he stayed until the day he died.
12-16 In the nineteenth year of Nebuchadnezzar

느부사라단이 예루살렘에 도착했다. 그는 **하나님**의 성전과 왕궁과 성까지 모두 불태워 없앴다. 그리고 자기가 데려온 바빌론 군대를 투입하여 성벽을 허물었다. 마지막으로, 전에 바빌론 왕에게 투항했던 사람들을 포함해서 예루살렘 성에 남아 있던 사람들을 모두 포로로 잡아 바빌론으로 끌고 갔다. 그는 가난한 농부 일부만을 남겨서 포도원과 밭을 관리하게 했다.

17-19 바빌론 사람들은 **하나님**의 성전 안에 있는 청동기둥과 청동세면대와 커다란 청동대야(바다)를 깨뜨려 바빌론으로 가져갔다. 또 예배용 청동기구들과 성전 예배에 쓰이는 금과 은으로 만든 향로와 뿌리는 대접들도 가져갔다. 왕의 부관은 귀금속 조각이라면 하나도 빠뜨리지 않고 눈에 띄는 대로 다 가져갔다.

20-23 솔로몬이 **하나님**의 성전을 위해 만든 두 기둥과 바다와 바다를 떠받치는 열두 청동황소와 열 개의 세면대에서 뜯은 청동의 양은 어마어마해서 무게를 달 수조차 없었다! 각 기둥의 높이가 8.1미터였고, 둘레가 5.4미터였다. 기둥들은 속이 비었고, 청동의 두께는 3센티미터가 조금 못 되었다. 각 기둥에는 청동 석류와 금줄세공으로 장식한 2.25미터 높이의 기둥머리가 얹혀 있었다. 일정한 간격으로 아흔여섯 개의 석류가 보였는데, 보이지 않는 부분까지 더하면 하나의 기둥에 백 개의 석류가 달려 있었다.

24-27 왕의 부관은 특별한 포로들을 많이 데려갔다. 대제사장 스라야, 부제사장 스바냐, 성전 관리 세 명, 남아 있던 군 최고지휘관, 성에 남아 있던 왕의 고문 일곱 명, 군 최고 모병지휘관, 그

king of Babylon on the seventh day of the fifth month, Nebuzaradan, the king of Babylon's chief deputy, arrived in Jerusalem. He burned the Temple of GOD to the ground, went on to the royal palace, and then finished off the city. He burned the whole place down. He put the Babylonian troops he had with him to work knocking down the city walls. Finally, he rounded up everyone left in the city, including those who had earlier deserted to the king of Babylon, and took them off into exile. He left a few poor dirt farmers behind to tend the vineyards and what was left of the fields.

17-19 The Babylonians broke up the bronze pillars, the bronze washstands, and the huge bronze basin (the Sea) that were in the Temple of GOD, and hauled the bronze off to Babylon. They also took the various bronze-crafted liturgical accessories, as well as the gold and silver censers and sprinkling bowls, used in the services of Temple worship. The king's deputy didn't miss a thing. He took every scrap of precious metal he could find.

20-23 The amount of bronze they got from the two pillars, the Sea, the twelve bronze bulls that supported the Sea, and the ten washstands that Solomon had made for the Temple of GOD was enormous. They couldn't weigh it all! Each pillar stood twenty-seven feet high with a circumference of eighteen feet. The pillars were hollow, the bronze a little less than an inch thick. Each pillar was topped with an ornate capital of bronze pomegranates and filigree, which added another seven and a half feet to its height. There were ninety-six pomegranates evenly spaced—in all, a hundred pomegranates worked into the filigree.

리고 성에 남아 있던 백성 중에 지위가 높은 사람 예순 명이었다. 왕의 부관 느부사라단은 그들을 모두 리블라에 있는 바빌론 왕에게 끌고 갔다. 바빌론 왕은 그곳 하맛 땅 리블라에서 그들 무리를 처참하게 죽였다.
유다 사람들은 자기 땅을 잃고 포로로 끌려갔다.

28 느부갓네살 칠년에, 3,023명의 유다 사람들이 포로로 잡혀갔다.
29 느부갓네살 십팔년에, 832명의 예루살렘 주민들이 잡혀갔다.
30 느부갓네살 이십삼년에, 745명의 유다 백성이 왕의 부관 느부사라단에 의해 잡혀갔다.
이렇게 해서, 총 4,600명이 포로로 잡혀갔다.

31-34 유다의 여호야긴 왕이 포로로 있은 지 삼십칠 년째 되던 해에, 에윌므로닥이 바빌론의 왕이 되어 여호야긴을 감옥에서 풀어 주었다. 석방은 열두째 달 이십오일에 있었다. 왕은 그에게 극진한 호의를 베풀어, 바빌론에 억류되었던 다른 어떤 포로들보다 그를 높이 대우했다. 여호야긴은 죄수복을 벗고 그날부터 왕과 함께 식사를 했다. 왕은 그가 남은 여생 동안 편히 살도록 필요한 것들을 모두 마련해 주었다.

24-27 The king's deputy took a number of special prisoners: Seraiah the chief priest, Zephaniah the associate priest, three wardens, the chief remaining army officer, seven of the king's counselors who happened to be in the city, the chief recruiting officer for the army, and sixty men of standing from among the people who were still there. Nebuzaradan the king's deputy marched them all off to the king of Babylon at Riblah. And there at Riblah, in the land of Hamath, the king of Babylon killed the lot of them in cold blood.
Judah went into exile, orphaned from her land.

28 3,023 men of Judah were taken into exile by Nebuchadnezzar in the seventh year of his reign.
29 832 from Jerusalem were taken in the eighteenth year of his reign.
30 745 men from Judah were taken off by Nebuzaradan, the king's chief deputy, in Nebuchadnezzar's twenty-third year.
The total number of exiles was 4,600.

31-34 When Jehoiachin king of Judah had been in exile for thirty-seven years, Evil-Merodach became king in Babylon and let Jehoiachin out of prison. This release took place on the twenty-fifth day of the twelfth month. The king treated him most courteously and gave him preferential treatment beyond anything experienced by the political prisoners held in Babylon. Jehoiachin took off his prison garb and from then on ate his meals in company with the king. The king provided everything he needed to live comfortably for the rest of his life.

예레미야 애가 | 머리말

예레미야 애가는 고통에 대한 성경의 압축적이고 절절한 증언이다. 고통은 거대하고도 피할 수 없는 인간 조건이다. 인간으로 산다는 것은 곧 고통을 겪으며 산다는 의미다. 누구도 예외일 수 없다. 인간의 상황에 깊이 뿌리내린 성경이, 고통에 대한 증언을 광범위하게 내놓는 것은 놀라운 일이 아니다.

히브리 역사의 중추를 이루는 두 사건은 바로 '출애굽'과 '바빌론 포로생활'이다. 출애굽은 자유를 선사받은 구원 이야기, 결정적 구원 이야기다. (주전 1200년경) 하나님께서 당신의 백성을 이집트 종살이에서 구해 주셨다. 이는 해방인 동시에, 춤과 노래가 뒤따르는 환희의 경험이다. 반면에, 바빌론 포로생활은 엄청난 고통이 수반된 심판 이야기, 결정적 심판 이야기다. (주전 587년 예루살렘이 멸망하고) 하나님의 백성이 바빌론에 종으로 끌려갔다. 이는 비극이며 통곡이 따르는 참혹한 경험이다. 이 두 사건, 출애굽과 바빌론 유배는, 구원이 가져오는 기쁨으로부터 심판에 따르는 고통에 이르기까지, 하나님의 백성이 겪는 광범위한 경험들의 좌표를 정해 주는 두 개의 축이라고 할 수 있다.

바빌론 포로생활을 배경으로 하는 이 책 예레미야 애가는, 상실과 고통을 다루는 형식과 어휘를 신앙 공동체에 제공한다. 비극의 시작인 예루살렘 멸망 사건은 열왕기하 25장과 예레미야 52장에 기록되어 있다. 예루살렘 멸망에서 시작하여 그 후 70년간 이

Lamentations is a concentrated and intense biblical witness to suffering. Suffering is a huge, unavoidable element in the human condition. To be human is to suffer. No one gets an exemption. It comes as no surprise then to find that our Holy Scriptures, immersed as they are in the human condition, provide extensive witness to suffering.

There are two polar events in the history of the Hebrew people: the Exodus from Egypt and the Exile into Babylon. Exodus is the definitive story of salvation into a free life. God delivered his people from Egyptian slavery (in about 1200 B.C.). It is a story of freedom. It's accompanied by singing and dancing—an exuberant experience. Exile is the definitive story of judgment accompanied by immense suffering. God's people are taken into Babylonian slavery (the fall of Jerusalem in 587 B.C. marks the event). It is a time of devastation and lament. It is a terrible experience. The two events, Exodus and Exile, are bookends holding together the wideranging experiences of God's people that fall between the exuberance that accompanies salvation and the suffering associated with judgment.

Lamentations, written out of the Exile experience, provides the community of faith with a form and vocabulary for dealing with loss and pain. The precipitating event, the

어진 포로생활의 고통은 과장과 묘사가 불가능할 정도다. 예레미야 애가 1:7에는 이렇게 표현되어 있다. "예루살렘이 그날을 떠올린다. 자신의 전부를 잃은 그날을. 그녀의 백성이 적군의 손에 넘어간 그날, 아무도 그녀를 돕지 못했다. 적들이 보며 웃었다. 망연자실해 하는 그녀를 비웃었다." 모든 것을 잃었고, 모두가 죽어 갔다. 훼파된 예루살렘 거리에서 '식인'과 '신성모독'이 횡행했다. 잔혹한 어린이 살해는 인간의 가치가 땅에 떨어졌음을 보여주는 만행이었고, 광포한 제사장 집단 살해는 신성의 가치가 땅에 떨어졌음을 보여주는 만행이었다. 몸과 영혼, 개인과 국가에 일어날 수 있는 최악의 상황이 모두 일어났다. 가히, 고통의 극한이었다. 그리고 그 고통은 지금도 세계 도처에서 계속되고 있다. 대형 참사로든, 혹은 개인적 아픔으로든.

예레미야 애가는 고통에 대한 설명이나, 고통을 제거해 주는 프로그램을 제시하지 않는다. 다만, 성경과 한목소리를 내면서, 하나님께서 우리 고통 속에 친히 들어오시며 고통받는 우리와 함께하신다고 증언한다. 그럼으로써 우리 고통에 존엄을 부여한다.

> **하나님**의 신실한 사랑은 다함이 없고,
> 그분의 자애로운 사랑은 마르는 법이 없다.
> 그 사랑은 아침마다 다시 새롭게 창조된다.
> 주의 신실하심이 어찌 그리도 크신지!
> (거듭 말하노니) 나, **하나님**을 붙들리라.
> 그분은 내가 가진 전부이시다.
>
> 열정을 품고 기다리는 사람,
> 열심으로 찾는 이는 **하나님**께서 반드시 선대하신다.

fall of Jerusalem, is told in 2 Kings 25 and Jeremiah 52. It is impossible to overstate either the intensity or the complexity of the suffering that came to a head in the devastation of Jerusalem and then continued on into the seventy years of exile in Babylon. Lamentations 1:7 says, "Jerusalem remembers the day she lost everything, when her people fell into enemy hands, and not a soul there to help. Enemies looked on and laughed, laughed at her helpless silence." Loss was total. Carnage was rampant. Cannibalism and sacrilege were twin horrors stalking the streets of destroyed Jerusalem. The desperate slaying of innocent children showed complete loss of respect for human worth, and the angry murder of priests showed absolute loss of respect for divine will. The worst that can happen to body and spirit, to person and nation, happened here—a nadir of suffering. And throughout the world the suffering continues, both in large-scale horrors and in personal agonies. Neither explaining suffering nor offering a program for the elimination of suffering, Lamentations keeps company with the extensive biblical witness that gives dignity to suffering by insisting that God enters our suffering and is companion to our suffering.

> GOD's loyal love couldn't have run out,
> his merciful love couldn't have dried up.
> They're created new every morning.
> How great your faithfulness!
> I'm sticking with GOD (I say it over and over).
> He's all I've got left.

잠잠히 소망하며,
하나님의 도우심을 잠잠히 바라는 그 사람은 복되다.
젊은 시절 고난을 겪고
끝까지 견디는 이, 그 사람은 복되다.

삶이 힘겹고 짐이 무거울 때,
홀로 있어라. 침묵 속으로 들어가라.
바닥에 엎드려 기도하여라. 캐묻지 마라.
다만, 나타날 소망을 기다려라.
고난으로부터 달아나지 마라. 정면으로 맞서라.
우리에게 최악의 상황이란 없다.

왜 그런가! 주님은
한번 가면 영영 돌아오지 않는 분이 아니시기 때문이다.
그분은 엄하시나, 또한 자애로우시다.
그분의 신실한 사랑은 무궁무진하여, 동나는 법이 없다.
그분은 우리에게 고난을 주시고
난관에 봉착케 하는 것을, 즐거워하지 않으신다. (애 3:22-33)

GOD proves to be good to the man who passionately waits,
to the woman who diligently seeks.
It's a good thing to quietly hope,
quietly hope for help from GOD...
It's good thing when you're young
to stick it out through the hard times.

When life is heavy and hard to take,
go off by yourself. Enter the silence.
Bow in prayer. Don't ask questions:
Wait for hope to appear.
Don't run from trouble. Take it full-face.
The "worst" is never the worst.

Why? Because the Master won't ever
walk out and fail to return.
If he works severely, he also works tenderly.
His stockpiles of loyal love are immense.
He takes no pleasure in making life hard,
in throwing roadblocks in the way.
(Lamentations 3:22-33)

예레미야 애가

LAMENTATIONS

비천한 신세!

1

1 오……
사람들로 들끓던 도성이 이제 텅
비었다.
과부가 되었다. 뭇 민족 가운데 으뜸이던
도성,
여왕 같던 그녀가 부엌데기로 전락했다.

2 매일 밤 베개를 적시며 울다 잠이 든다.
그녀의 애인들, 누구 하나 남아서 그녀의
손을 잡아 주는 자 없다.
친구들도 모두 등을 돌리고 떠났다.

3 수년간 고통과 노역에 시달렸던 유다, 결
국 포로로 잡혀갔다.
뭇 민족 가운데 떠돌며, 편히 다리 뻗고 쉴
곳 없이,
모두에게 쫓기며, 오도 가도 못하는 신세가
되었다.

4 시온의 길이 슬피 운다. 명절이 와도 찾아
오는 순례자 하나 없다.
성문이 있던 자리는 폐허가 되었고, 제사장
들은 절망에 빠졌으며,
처녀들은 슬픔에 잠겨 지낸다. 아, 쓰라린
비운이여.

Worthless, Cheap, Abject!

1

1 Oh, oh, oh...
How empty the city, once teeming
with people.
A widow, this city, once in the front rank
of nations,
once queen of the ball, she's now a
drudge in the kitchen.

2 She cries herself to sleep each night,
tears soaking her pillow.
No one's left among her lovers to sit and
hold her hand.
Her friends have all dumped her.

3 After years of pain and hard labor, Judah
has gone into exile.
She camps out among the nations, never
feels at home.
Hunted by all, she's stuck between a
rock and a hard place.

4 Zion's roads weep, empty of pilgrims
headed to the feasts.
All her city gates are deserted, her
priests in despair.
Her virgins are sad. How bitter her fate.

5 과거 적이었던 자들이 이제 그녀의 주인이 되었다. 그들은 승승장구한다.
하나님께서 그녀를 때려눕히셨기 때문이다. 반역을 일삼던 그녀를 벌하신 것이다.
그녀의 자녀들마저 적들에게 포로로 잡혀 끌려갔다.

6 아름다웠던 딸 시온의 미모는 이제 온데간데없다.
제후들도 먹을 것을 찾아 헤매다,
사냥꾼에게 쫓겨 기진맥진한 사슴 같다.

7 예루살렘이 그날을 떠올린다. 자신의 전부를 잃은 그날을.
그녀의 백성이 적군의 손에 넘어간 그날, 아무도 그녀를 돕지 못했다.
적들이 보며 웃었다. 망연자실해 하는 그녀를 비웃었다.

8 이 세상 제일가는 죄인이던 예루살렘, 이제 세상 모두에게 버림받았다.
곁에서 칭송하던 자들, 그녀의 실체를 보고서 모두 경멸을 퍼붓는다.
부끄러움을 당해 신음하는 그녀, 비참하기 그지없다.

9 내키는 대로 살았던 그녀, 내일을 생각하는 법 없던 그녀가
보기 좋게 몰락했다. 그 손을 잡아 주는 자 아무도 없다.
"오 **하나님**, 제가 당하는 고통을 보아 주십시오! 저 잔인한 원수들이
으스대는 꼴을 보십시오!"

10 원수가 손을 뻗어 그녀의 소중한 것 전부를 빼앗아 갑니다.
그녀의 눈앞에서 이방인들, 주께서 출입을 금지시킨 자들이

5 Her enemies have become her masters. Her foes are living it up
because GOD laid her low, punishing her repeated rebellions.
Her children, prisoners of the enemy, trudge into exile.

6 All beauty has drained from Daughter Zion's face.
Her princes are like deer famished for food,
chased to exhaustion by hunters.

7 Jerusalem remembers the day she lost everything,
when her people fell into enemy hands,
and not a soul there to help.
Enemies looked on and laughed,
laughed at her helpless silence.

8 Jerusalem, who outsinned the whole world, is an outcast.
All who admired her despise her now
that they see beneath the surface.
Miserable, she groans and turns away in shame.

9 She played fast and loose with life, she never considered tomorrow,
and now she's crashed royally, with no one to hold her hand:
"Look at my pain, O GOD! And how the enemy cruelly struts."

10 The enemy reached out to take all her favorite things. She watched
as pagans barged into her Sanctuary,
those very people for whom

성소에까지 난입해 공회를 유린합니다.

11 모두들 먹을 것이 없어 신음하는 저들, 살아남기 위해
자신이 가장 아끼던 보물을 빵 한 조각과 바꿉니다.
"오 **하나님**, 저를 살펴 주십시오! 바닥을 기는 이 비천한 몸을!

12 지나가는 이들이여, 내 모습 좀 보시오! 이런 것을 본 적 있소?
내가 겪는 참혹한 고통, 그분이 내게 하신 일,
하나님께서 진노 가운데 내게 행하신 이 같은 일을 본 적이 있소?

13 그분이 나를 번개로 내리치시고, 머리끝부터 발끝까지 꼬챙이에 꿴 다음,
내 주위 사방에 덫을 놓으셔서, 옴짝달싹 못하게 하셨다.
그분께서 나의 모든 것을 앗아 가셨다. 진저리 나는 삶만 남았을 뿐.

14 그분께서 내 죄들을 엮어 동아줄을 만드시고,
그것으로 나를 얽어매고 멍에를 씌우셨다.
이 몸은 무자비한 감독관에게 들볶이는 신세가 되었다.

15 주께서 나의 최고 용사들을 한데 불러 모으시고,
흉악한 자들을 시켜 꽃다운 목숨들을 다 꺾어 버리셨다.
주께서 아리따운 처녀 유다를 사정없이 짓밟아 버리셨다.

16 그리하여 내가 운다. 눈에서 눈물이 강물처럼 흘러나오지만,
둘러보아도 내 영혼을 위로해 줄 자 아무도

you posted orders: KEEP OUT: THIS ASSEMBLY OFF-LIMITS.

11 All the people groaned, so desperate for food, so desperate to stay alive
that they bartered their favorite things for a bit of breakfast:
"O GOD, look at me! Worthless, cheap, abject!

12 "And you passersby, look at me! Have you ever seen anything like this?
Ever seen pain like my pain, seen what he did to me,
what *GOD* did to me in his rage?

13 "He struck me with lightning, skewered me from head to foot,
then he set traps all around so I could hardly move.
He left me with nothing—left me sick, and sick of living.

14 "He wove my sins into a rope
and harnessed me to captivity's yoke.
I'm goaded by cruel taskmasters.

15 "The Master piled up my best soldiers in a heap,
then called in thugs to break their fine young necks.
The Master crushed the life out of fair virgin Judah.

16 "For all this I weep, weep buckets of tears,
and not a soul within miles around cares for my soul.

없다.
나의 자녀들은 개죽음을 당하고, 나의 원수는 승승장구한다."

17 시온이 도와 달라고 부르짖었으나, 누구 하나 나서서 도와주지 않았다.
하나님께서 야곱의 적들에게 명령을 내리시고 그를 포위하게 하셨다.
그러나 아무도 예루살렘을 돕겠다고 나서지 않았다.

18 "**하나님**이 옳으시다. 잘못한 것은 나다.
모두들, 내 말을 들어라! 내게 닥친 이 일을 보아라!
나의 꽃다운 젊은이들이 모조리 포로로 잡혀갔다!

19 친구들을 불렀지만, 그들이 다들 등을 돌렸다.
제사장과 지도자들도 제 살길 찾기에 바쁘고,
살아남고자 몸부림치나 결국 성공하지 못한다.

20 오 **하나님**, 제가 겪는 이 고난을 살펴 주십시오! 반역을 일삼던 지난날을 생각하니, 속이 뒤틀리고 심장이 터질 듯합니다.
거리마다 학살이 자행되고, 집집마다 사람들이 굶어 죽습니다.

21 오, 저의 신음소리에 귀 기울여 주십시오.
제게 귀 기울이는 사람, 마음 써 주는 사람 아무도 없습니다.
적들이 주께서 제게 내리신 고난을 듣고 환호성을 올렸습니다.
심판의 날이 이르게 하십시오! 그들도 저와 같은 일을 당하게 해주십시오!

22 그들의 악한 삶을 들여다보시고, 벌을 내려 주십시오!

My children are wasted, my enemy got his way."

17 Zion reached out for help, but no one helped.
GOD ordered Jacob's enemies to surround him,
and now no one wants anything to do with Jerusalem.

18 "GOD has right on his side. I'm the one who did wrong.
Listen everybody! Look at what I'm going through!
My fair young women, my fine young men, all herded into exile!

19 "I called to my friends; they betrayed me.
My priests and my leaders only looked after themselves,
trying but failing to save their own skins.

20 "O GOD, look at the trouble I'm in! My stomach in knots,
my heart wrecked by a life of rebellion.
Massacres in the streets, starvation in the houses.

21 "Oh, listen to my groans. No one listens, no one cares.
When my enemies heard of the trouble you gave me, they cheered.
Bring on Judgment Day! Let them get what I got!

22 "Take a good look at their evil ways and give it to them!

저의 죄를 물으시며, 주께서 제게 하신 일을
저들에게도 행해 주십시오.
고통에 짓눌려 신음하는 제 몸과 마음, 더
이상 감당할 수가 없습니다."

Give them what you gave me for my
sins.
Groaning in pain, body and soul, I've
had all I can take."

하나님께서 성전을 버리고 떠나시다

2 [1] 오……
주께서 딸 시온을 하늘에서 떨어뜨
리시고,
이스라엘의 영광스런 도성을 땅바닥에 내
치시며,
가장 아끼시던 것을 진노 가운데 쓰레기처
럼 내다 버리셨다.

[2] 주께서 망설임 없이 이스라엘을 단번에
삼켜 버리셨다.
불같이 노하셔서, 유다의 방어진들을 박살
내시고,
나라의 왕과 제후들을 혹독하게 다루셨다.

[3] 불같이 노하셔서, 이스라엘을 바닥에 때
려눕히시고,
그 팔을 부러뜨리셨다. 그녀의 적 앞에서 그
녀에게 등을 돌리시고,
사방을 태우며 다가오는 들불처럼 야곱을
몰아붙이셨다.

[4] 원수를 대하듯, 우리에게 활을 겨누고 칼
을 빼어 드셨으며,
우리의 자랑이요 기쁨이던 젊은이들을 죽
이셨다.
그분의 불같은 진노가, 시온의 집들을 잿더
미로 만들어 버렸다.

[5] 주께서 우리를 원수처럼 다루셨다. 이스
라엘을 삼키셨다.
방어 요새들을 질겅질겅 씹어서 뱉어 버리
셨다.

God Walked Away from His Holy Temple

2 [1] Oh, oh, oh...
How the Master has cut down
Daughter Zion
from the skies, dashed Israel's glorious
city to earth,
in his anger treated his favorite as
throwaway junk.

[2] The Master, without a second thought,
took Israel in one gulp.
Raging, he smashed Judah's defenses,
made hash of her king and princes.

[3] His anger blazing, he knocked Israel flat,
broke Israel's arm and turned his back
just as the enemy approached,
came on Jacob like a wildfire from every
direction.

[4] Like an enemy, he aimed his bow, bared
his sword,
and killed our young men, our pride and
joy.
His anger, like fire, burned down the
homes in Zion.

[5] The Master became the enemy. He had
Israel for supper.
He chewed up and spit out all the
defenses.
He left Daughter Judah moaning and
groaning.

딸 유다가 통곡하고 신음하게 하셨다.

6 그분께서 옛 밀회장소를 갈아엎으시고,
아끼시던 회합장소를 폐허로 만드셨다.
하나님께서 시온에서 절기와 안식일을 기억조차 나지 않게 모조리 없애셨고,
노하시며 왕과 제사장도 다 내쳐 버리셨다.

7 **하나님**께서 당신의 제단과 거룩한 성전을 버리고 떠나실 때,
요새들을 원수의 손에 넘기셨다.
마치 절기라도 된 것처럼, 원수들이 **하나님**의 성전에서 환호성을 올렸다!

8 **하나님**께서 딸 시온의 성벽을 허물어뜨리기로 작정하셨다.
당신의 작업반을 소집하시고 일에 착수하셨다.
성벽은 완전히 허물어졌다! 돌들이 통곡한다!

9 그녀의 성문과 쇠 빗장들, 돌무더기에 파묻혀 모두 사라졌다.
왕과 제후들이 모두 포로로 끌려갔다. 갈 길을 지시해 줄 자 더 이상 없다.
예언자들도 있으나 마나다. **하나님**에게서 아무것도 보지도 못하고 듣지도 못한다.

10 딸 시온의 장로들, 망연자실한 채 땅바닥에 주저앉았다.
머리에 흙을 뿌리고 거친 베옷을 입었다.
예루살렘의 젊은 처녀들이 얼굴에 먼지를 뒤집어쓰고 있다.

11 내 눈은 눈물로 멀어 버렸고, 내 위가 뒤틀린다.
내 백성의 비운에, 내 애간장이 녹아내린다.
아기와 아이들이 사방에서 까무러친다.

6 He plowed up his old trysting place, trashed his favorite rendezvous.
GOD wiped out Zion's memories of feast days and Sabbaths,
angrily sacked king and priest alike.

7 GOD abandoned his altar, walked away from his holy Temple
and turned the fortifications over to the enemy.
As they cheered in GOD's Temple, you'd have thought it was a feast day!

8 GOD drew up plans to tear down the walls of Daughter Zion.
He assembled his crew, set to work and went at it.
Total demolition! The stones wept!

9 Her city gates, iron bars and all, disappeared in the rubble:
her kings and princes off to exile—no one left to instruct or lead;
her prophets useless—they neither saw nor heard anything from GOD.

10 The elders of Daughter Zion sit silent on the ground.
They throw dust on their heads, dress in rough penitential burlap—
the young virgins of Jerusalem, their faces creased with the dirt.

11 My eyes are blind with tears, my stomach in a knot.
My insides have turned to jelly over my people's fate.
Babies and children are fainting all over

12 엄마를 부르며 "배고파! 목말라!" 하다가,
길에서 죽어 가는 부상병처럼 숨을 헐떡거리다,
엄마 무릎 위에서 숨을 거둔다.

13 사랑하는 예루살렘아, 내 어찌 너의 고난을 다 헤아릴 수 있으랴?
사랑하는 시온아, 내 무슨 말로 너를 위로할 수 있겠는가?
누가 너를 회복시켜 줄 수 있으랴? 끔찍한 파멸을 당한 너를.

14 예언자들이 달콤한 말로 너를 꾀었다.
네 죄를 지적해 회개로 이끌었어야 했건만,
그들의 설교는 전부 기만적인, 거짓몽상이었다.

15 지나가는 자들이 경악하며, 제 눈을 의심한다.
예루살렘을 보고 눈을 비비며, 머리를 절레절레 흔든다.
정녕 이곳이 '가장 아름다운 곳', '가장 살기 좋은 곳'으로 알려졌던
그 도성이란 말인가?

16 너의 적들이 입을 헤벌리고
히죽거리며 말한다. "이제 저들은 우리 차지다!"
우리가 기다려 왔던 순간이다! 바로 이거다!

17 **하나님**께서 전부터 말씀하신 일을 하나하나 행동에 옮기셨다.
하겠다고 하신 일을 마침내 행하셨다. 그 곳을 허물어뜨리셨다.
적들이 너를 짓밟게 만드시고, 그들이 세

the place,

12 Calling to their mothers, "I'm hungry! I'm thirsty!"
then fainting like dying soldiers in the streets,
breathing their last in their mothers' laps.

13 How can I understand your plight, dear Jerusalem?
What can I say to give you comfort, dear Zion?
Who can put you together again? This bust-up is past understanding.

14 Your prophets courted you with sweet talk.
They didn't face you with your sin so that you could repent.
Their sermons were all wishful thinking, deceptive illusions.

15 Astonished, passersby can't believe what they see.
They rub their eyes, they shake their heads over Jerusalem.
Is this the city voted "Most Beautiful" and "Best Place to Live"?

16 But now your enemies gape, slack-jawed.
Then they rub their hands in glee: "We've got them!
We've been waiting for this! Here it is!"

17 GOD did carry out, item by item, exactly what he said he'd do.
He always said he'd do this. Now he's

계 챔피언이라고 선언하셨다!
18 참회하는 시온아, 마음을 찢으며 주께 울부짖어라.
밤낮으로 눈물을 강물처럼 흘려라.
쉼 없이 울어라. 한시도 눈물이 그치지 않게 하여라!

19 매일 밤 야경이 시작되면, 일어나 기도하며 부르짖어라.
주님 얼굴 앞에 네 마음을 쏟아부어라.
너의 손을 높이 들어라. 길거리에서 굶어 죽어 가는
네 아이들을 살려 달라고 빌어라.

20 "**하나님**, 우리를 보살펴 주십시오. 생각해 주십시오. 주께서 사람을 이렇게 대하신 적이 있었습니까?
여인이 자기 아기를, 자신이 기른 아이를 잡아먹어야 하겠습니까?
제사장과 예언자들이 주님의 성소 안에서 살해당해야 하겠습니까?

21 아이와 노인들이 거리 시궁창에 처박히고,
젊은이들이 꽃다운 나이에 목숨을 잃었습니다.
주께서 노하셔서 그들을 참혹하게 죽이시고,
그들을 무자비하게 베어 쓰러뜨리셨습니다.

22 주께서 잔치에 친구들을 부르듯 사람들을 불러 우리를 급습하게 하셔서,
하나님의 진노의 날, 그 중대한 날에, 누구도 빠져나가지 못하게 하셨습니다.
제가 사랑으로 기른 자녀들이 모두 죽었습니다. 다 죽어 없습니다."

done it—torn the place down.
He's let your enemies walk all over you,
declared them world champions!

18 Give out heart-cries to the Master, dear repentant Zion.
Let the tears roll like a river, day and night,
and keep at it—no time-outs. Keep those tears flowing!

19 As each night watch begins, get up and cry out in prayer.
Pour your heart out face-to-face with the Master.
Lift high your hands. Beg for the lives of your children
who are starving to death out on the streets.

20 "Look at us, GOD. Think it over. Have you ever treated *anyone* like this?
Should women eat their own babies, the very children they raised?
Should priests and prophets be murdered in the Master's own Sanctuary?

21 "Boys and old men lie in the gutters of the streets,
my young men and women killed in their prime.
Angry, you killed them in cold blood, cut them down without mercy.

22 "You invited, like friends to a party, men to swoop down in attack
so that on the big day of GOD's wrath no one would get away.
The children I loved and reared—gone, gone, gone."

하나님께서 나를 깊은 흑암 속에 가두시다

3 1-3 내가, 고난을 맛보았다.
하나님의 진노의 매질을 당했다.
그분이 내 손을 잡아,
칠흑 같은 어둠 속에 밀어 넣으셨다.
아니, 당신 손등으로 나를 후려치셨다.
거듭거듭 후려치셨다.

4-6 나를 막대기처럼
뼈만 앙상하게 만드신 다음, 뼈마저 부러뜨리셨다.
나를 사방에서 포위하시고는,
고난과 고생을 들이부으셨다.
나를 관 속에 갇힌 시체처럼
깊은 흑암 속에 가두셨다.

7-9 나로 결코 빠져나오지 못하게 하신다.
내 손을 묶으시고 내 발에 족쇄를 채우신다.
아무리 부르짖으며 도움을 청해도
내 기도를 자물쇠로 잠그시고, 열쇠마저 없애 버리신다.
떠내 온 돌로 내 길을 막으신다.
나를 사지로 몰아넣으신다.

10-12 그분은 나를 노리며 뒤를 쫓는 곰,
숨어 있다 별안간 달려드는 사자이시다.
나를 쓰러뜨려 길 바깥으로 끌고 가서는 나를 찢어발기시니,
나는 모조리 다 뜯겼다.
그분이 활과 화살을 꺼내
나를 과녁으로 삼으셨다.

13-15 화살통에서 활을 꺼내
내 배를 쏘셨다.
모두가 나를 비웃었다.
조롱하는 노래를 부르며 나를 희롱했다.
그분은 썩어 악취 나는 음식을 내 목구멍에

God Locked Me Up in Deep Darkness

3 1-3 I'm the man who has seen trouble,
trouble coming from the lash of GOD's anger.
He took me by the hand and walked me
into pitch-black darkness.
Yes, he's given me the back of his hand
over and over and over again.

4-6 He turned me into a scarecrow
of skin and bones, then broke the bones.
He hemmed me in, ganged up on me,
poured on the trouble and hard times.
He locked me up in deep darkness,
like a corpse nailed inside a coffin.

7-9 He shuts me in so I'll never get out,
manacles my hands, shackles my feet.
Even when I cry out and plead for help,
he locks up my prayers and throws away the key.
He sets up blockades with quarried limestone.
He's got me cornered.

10-12 He's a prowling bear tracking me down,
a lion in hiding ready to pounce.
He knocked me from the path and ripped me to pieces.
When he finished, there was nothing left of me.
He took out his bow and arrows
and used me for target practice.

13-15 He shot me in the stomach
with arrows from his quiver.
Everyone took me for a joke,

밀어 넣으시고,
고약한 음료를 잔뜩 마시게 하셨다.

16-18 그분이 내 얼굴을 자갈에 갈아 버리셨다.
나를 진창에 처박으셨다.
나는 삶을 아주 포기해 버렸다.
희망을 영영 잊고 말았다.
나는 속으로 중얼거렸다. "그래, 이제 모든 게 끝이다.
하나님을 믿어 봐야 헛일이다."

하나님의 도움을 바라는 자, 복되다

19-21 이 고난, 이 엄청난 상실,
내가 삼킨 독과 그 쓰라린 맛을, 나는 결코 잊지 못하리라.
전부를 생생하게 기억한다. 오, 얼마나 생생히 기억하는지,
나락에 떨어진 그때의 심정을.
그러나 내가 기억하는 또 한 가지가 있으니,
나, 그것을 기억하며, 희망을 붙든다.

22-24 **하나님**의 신실한 사랑은 다함이 없고,
그분의 자애로운 사랑은 마르는 법이 없다.
그 사랑은 아침마다 다시 새롭게 창조된다.
주의 신실하심이 어찌 그리도 크신지!
(거듭 말하노니) 나, **하나님**을 붙들리라.
그분은 내가 가진 전부이시다.

25-27 열정을 품고 기다리는 사람,
열심으로 찾는 이는 **하나님**께서 반드시 선대하신다.
잠잠히 소망하며,
하나님의 도우심을 잠잠히 바라는 그 사람은 복되다.
젊은 시절 고난을 겪고
끝까지 견디는 이, 그 사람은 복되다.

made me the butt of their mocking ballads.
He forced rotten, stinking food down my throat,
bloated me with vile drinks.

16-18 He ground my face into the gravel.
He pounded me into the mud.
I gave up on life altogether.
I've forgotten what the good life is like.
I said to myself, "This is it. I'm finished.
GOD is a lost cause."

It's a Good Thing to Hope for Help from God

19-21 I'll never forget the trouble, the utter lostness,
the taste of ashes, the poison I've swallowed.
I remember it all—oh, how well I remember—
the feeling of hitting the bottom.
But there's one other thing I remember,
and remembering, I keep a grip on hope:

22-24 GOD's loyal love couldn't have run out,
his merciful love couldn't have dried up.
They're created new every morning.
How great your faithfulness!
I'm sticking with GOD (I say it over and over).
He's all I've got left.

25-27 GOD proves to be good to the man who passionately waits,
to the woman who diligently seeks.
It's a good thing to quietly hope,
quietly hope for help from GOD.

28-30 삶이 힘겹고 짐이 무거울 때,
홀로 있어라. 침묵 속으로 들어가라.
바닥에 엎드려 기도하여라. 캐묻지 마라.
다만, 나타날 소망을 기다려라.
고난으로부터 달아나지 마라. 정면으로 맞서라.
우리에게 최악의 상황이란 없다.

31-33 왜 그런가! 주님은
한번 가면 영영 돌아오지 않는 분이 아니시기 때문이다.
그분은 엄하시나, 또한 자애로우시다.
그분의 신실한 사랑은 무궁무진하여, 동나는 법이 없다.
그분은 우리에게 고난을 주시고
난관에 봉착케 하는 것을, 즐거워하지 않으신다.

34-36 불운한 죄수들을
발아래 짓밟는 일,
높으신 하나님의 법정에서
무고한 이들의 억울함을 풀어 주지 않는 일,
증거를 조작하는 일,
주님은 이런 일들을 결코 좌시하지 않으신다.

37-39 말씀으로 명하시고 그 일을 이루시는 분 누구시냐?
그런 명령을 내리시는 분은 바로 주님이시다.
좋은 일도 힘든 일도,
지극히 높으신 하나님의 명령으로 나타나지 않느냐?
어찌하여 생명을 선물로 받은 사람이
자신의 죄 때문에 벌 받는 것을 불평하느냐?

40-42 우리의 삶을 돌이켜 보고
하나님 앞에서 다시 바르게 세우자.
우리가 마음을 다하여 손을 높이 들고,

It's a good thing when you're young
to stick it out through the hard times.

28-30 When life is heavy and hard to take,
go off by yourself. Enter the silence.
Bow in prayer. Don't ask questions:
Wait for hope to appear.
Don't run from trouble. Take it full-face.
The "worst" is never the worst.

31-33 Why? Because the Master won't ever
walk out and fail to return.
If he works severely, he also works tenderly.
His stockpiles of loyal love are immense.
He takes no pleasure in making life hard,
in throwing roadblocks in the way:

34-36 Stomping down hard
on luckless prisoners,
Refusing justice to victims
in the court of High God,
Tampering with evidence—
the Master does not approve of such things.

God Speaks Both Good Things and Hard Things into Being

37-39 Who do you think "spoke and it happened"?
It's the Master who gives such orders.
Doesn't the High God speak everything,
good things and hard things alike, into being?
And why would anyone gifted with life
complain when punished for sin?

하늘에 계신 하나님께 기도하자.
"우리는 반역했고 마음대로 행동했습니다.
주께서는 그런 우리를 용서하지 않으셨습니다.

43-45 주님은 마침내 우리에게 진노를 발하셨습니다.
우리를 뒤쫓아 오셔서, 사정없이 쓰러뜨리셨습니다.
당신을 두꺼운 구름으로 감싸시고,
어떤 기도도 뚫고 들어오지 못하게 하셨습니다.
우리를 더러운 구정물인 양,
뭇 민족들 뒷마당에 내다 버리셨습니다.

46-48 적들이 우리에게 욕을 하고,
조롱과 악담을 퍼붓습니다.
사는 곳이 지옥이 되었고,
달리 갈 곳도 없습니다.
사랑하는 내 백성의 파멸을 보며,
내 눈에서 눈물이 강물처럼 쏟아져 내립니다.

49-51 내 눈에서 눈물이 흘러내립니다.
끊임없이 눈물을 쏟아내는 샘이 되어,
하나님, 높은 곳에 계신 주께서
굽어살펴 주시기를 기다립니다.
도성의 젊은 여인들이 겪은 일을 생각하면,
나의 가슴이 고통으로 찢어집니다.

52-54 까닭 없이 나를 대적하는 자들이
새를 사냥하듯 나를 쫓았습니다.
나를 구덩이에 던져 넣고는,
돌을 퍼부었습니다.
비가 내렸고 구덩이에 물이 차올랐습니다.
물이 머리 위까지 차오르자, '나는 이제 죽

40-42 Let's take a good look at the way we're living
and reorder our lives under GOD.
Let's lift our hearts and hands at one and the same time,
praying to God in heaven:
"We've been contrary and willful,
and you haven't forgiven.

43-45 "You lost your temper with us, holding nothing back.
You chased us and cut us down without mercy.
You wrapped yourself in thick blankets of clouds
so no prayers could get through.
You treated us like dirty dishwater,
threw us out in the backyard of the nations.

46-48 "Our enemies shout abuse,
their mouths full of derision, spitting invective.
We've been to hell and back.
We've nowhere to turn, nowhere to go.
Rivers of tears pour from my eyes
at the smashup of my dear people.

49-51 "The tears stream from my eyes,
an artesian well of tears,
Until you, GOD, look down from on high,
look and see my tears.
When I see what's happened to the young women in the city,
the pain breaks my heart.

52-54 "Enemies with no reason to be enemies
hunted me down like a bird.

었구나' 하고 생각했습니다.

55-57 오 **하나님**, 제가 주의 이름을 불렀습니다.
구렁 밑바닥에서 소리쳐 불렀습니다.
'귀를 막지 마십시오! 여기서 꺼내 주십시오! 저를 건져 주십시오!'
그러자, 주께서 들으셨습니다.
제가 소리쳐 부르자 주께서 가까이 오셨고,
말씀해 주셨습니다. '염려하지 마라.'

58-60 주님, 주께서 제 편이 되어 주셨습니다.
제 목숨을 건져 주셨습니다!
하나님, 제가 겪은 부당한 일들을 주께서 보셨습니다.
법정에서 저의 원통함을 풀어 주십시오!
그렇습니다. 저를 해치려는 자들의
야비한 계략과 음모를 주께서 보셨습니다.

61-63 **하나님**, 저를 파멸시키려는 자들의
험담과 흉계를 주께서 들으셨습니다.
저의 원수인 저들, 끊임없이 음흉한 일을 꾸밉니다.
하루도 거르지 않고 악을 꾀합니다.
저들을 보십시오! 앉으나 서나,
졸렬한 조롱의 노래로 저를 비웃습니다.

64-66 **하나님**, 저들이 죄의 대가를 치르게 해주십시오.
응분의 보응을 받게 해주십시오.
저들의 야비한 가슴을 찢어발기소서, 비참히 찢기게 하소서!
저들의 눈을 저주해 주십시오!
불같은 진노로 저들을 추격하셔서,
주님의 하늘 아래 흔적도 없이 진멸해 주십시오!"

They threw me into a pit,
then pelted me with stones.
Then the rains came and filled the pit.
The water rose over my head. I said, 'It's all over.'

55-57 "I called out your name, O GOD,
called from the bottom of the pit.
You listened when I called out, 'Don't shut your ears!
Get me out of here! Save me!'
You came close when I called out.
You said, 'It's going to be all right.'

58-60 "You took my side, Master;
you brought me back alive!
GOD, you saw the wrongs heaped on me.
Give me my day in court!
Yes, you saw their mean-minded schemes,
their plots to destroy me.

61-63 "You heard, GOD, their vicious gossip,
their behind-my-back plots to ruin me.
They never quit, these enemies of mine, dreaming up mischief,
hatching out malice, day after day after day.
Sitting down or standing up—just look at them!—
they mock me with vulgar doggerel.

64-66 "Make them pay for what they've done, GOD.
Give them their just deserts.
Break their miserable hearts!
Damn their eyes!
Get good and angry. Hunt them down.
Make a total demolition here under your heaven!"

발가벗겨진 채 깨어나리라

4

1 오……
황금이 오물 취급을 받고,
순금이 쓰레기처럼 버려지다니.
진귀한 보석이 길거리에 나뒹굴고,
보석이 시궁창에 처박혀 널브러지다니.

2 전에는 금보다 더 귀한 대접을 받던
시온의 백성이,
이제는 옹기장이가 손으로 만든 싸구려 질그릇,
흔해 빠진 국그릇 밥그릇 취급을 당한다.

3 승냥이들도 제 새끼를 돌보고
젖을 주어 먹게 하건만,
내 백성은 광야의 타조들처럼
제 아기들에게도 잔인하구나.

4 아기들이 마실 것이 없어
혀가 입천장에 달라붙는다.
어린아이들이 빵을 달라고 애원해도
부스러기 하나 주는 자가 없다.

5 최고급 요리를 즐기던 자들이
먹을 것을 찾아 거리를 헤매고,
최신유행 옷을 걸치던 자들이
입을 것이 없어 쓰레기 더미를 뒤진다.

6 내 사랑하는 백성의 죄악은
소돔의 죄보다 더 악하다.
그 도성은 한순간에 멸망했고,
아무도 막지 못했다.

7 화려하고 고귀했던 귀족들,
전에는 혈기왕성했지.
건장하고 혈색 좋았으며
수염도 조각 같았다.

Waking Up with Nothing

4

1 Oh, oh, oh...
How gold is treated like dirt,
the finest gold thrown out with the garbage,
Priceless jewels scattered all over,
jewels loose in the gutters.

2 And the people of Zion, once prized,
far surpassing their weight in gold,
Are now treated like cheap pottery,
like everyday pots and bowls mass-produced by a potter.

3 Even wild jackals nurture their babies,
give them their breasts to suckle.
But my people have turned cruel to their babies,
like an ostrich in the wilderness.

4 Babies have nothing to drink.
Their tongues stick to the roofs of their mouths.
Little children ask for bread
but no one gives them so much as a crust.

5 People used to the finest cuisine
forage for food in the streets.
People used to the latest in fashions
pick through the trash for something to wear.

6 The evil guilt of my dear people
was worse than the sin of Sodom—
The city was destroyed in a flash,
and no one around to help.

7 The splendid and sacred nobles
once glowed with health.
Their bodies were robust and ruddy,

8 그러나 지금은 꺼무스름해져,
거리에서 아무도 알아보지 못한다.
몸은 막대기처럼 마르고,
피부는 낡은 가죽처럼 메말랐다.

9 굶어 죽기보다는
전쟁터에서 죽는 편이 낫다.
먹을 것이 없어 서서히 아사하기보다는
싸우다 부상을 입고 전사하는 편이 낫다.

10 자애로웠던 여인들이
자기 아이들을 삶아 먹었다.
내 사랑하는 백성이 패망했을 때,
성읍에 남은 유일한 음식이 그것이었다.

11 **하나님**께서 당신의 노를 크게 터트리시고,
불같은 진노를 퍼부으셨다.
시온에 불을 놓으셔서
잿더미로 만드셨다.

12 땅의 왕들, 자기 눈을 의심했다.
예루살렘의 오랜 적들이
보무도 당당하게 성문을 통과해 들어가는 모습을 보고,
만국의 통치자들이 경악했다.

13 이는 다 그녀의 예언자들이 지은 죄 때문이다.
그녀의 제사장들이 저지른 악 때문이다.
그들은 선량하고 순진한 백성을 착취했고,
그들의 목숨을 빼앗았다.

14 그 예언자와 제사장들, 이제 눈먼 자들처럼 거리를 헤매고 다닌다.
추잡하게 살아 더러워지고 때 묻은 그들,
헛되게 살아 황폐해진 그들,
넝마를 걸친 채, 지칠 대로 지친 모습이다.

their beards like carved stone.

8 But now they are smeared with soot,
unrecognizable in the street,
Their bones sticking out,
their skin dried out like old leather.

9 Better to have been killed in battle
than killed by starvation.
Better to have died of battle wounds
than to slowly starve to death.

10 Nice and kindly women
boiled their own children for supper.
This was the only food in town
when my dear people were broken.

11 GOD let all his anger loose, held nothing back.
He poured out his raging wrath.
He set a fire in Zion
that burned it to the ground.

12 The kings of the earth couldn't believe it.
World rulers were in shock,
Watching old enemies march in big as you please,
right through Jerusalem's gates.

13 Because of the sins of her prophets
and the evil of her priests,
Who exploited good and trusting people,
robbing them of their lives,

14 These prophets and priests blindly grope their way through the streets,
grimy and stained from their dirty lives,
Wasted by their wasted lives,

shuffling from fatigue, dressed in rags.

15 사람들이 그들을 보고 고함을 지른다.
"냉큼 꺼져라, 이 추악한 늙은이들아!
얼른 사라져라, 염병 같은 놈들아!"
성읍을 떠나야 하는 그들, 갈 곳 없이 떠돈다.
아무도 그들을 받아 주지 않는다.
고향에서 쫓겨났듯,
어딜 가나 쫓겨난다.

15 People yell at them, "Get out of here, dirty old men!
Get lost, don't touch us, don't infect us!"
They have to leave town. They wander off.
Nobody wants them to stay here.
Everyone knows, wherever they wander,
that they've been kicked out of their own hometown.

16 하나님께서 직접 그들을 흩어 버리셨다.
더는 그들을 돌보아 주지 않으신다.
제사장들과 관계를 끊어 버리셨다.
장로들에게 관심을 꺼 버리셨다.

16 GOD himself scattered them.
No longer does he look out for them.
He has nothing to do with the priests;
he cares nothing for the elders.

17 우리는 눈이 빠져라
도움이 오기를 기다리고 기다렸지만, 헛일이었다.
망루를 높이 세우고
도움이 나타나기를 기다렸지만, 허사였다.

17 We watched and watched,
wore our eyes out looking for help. And nothing.
We mounted our lookouts and looked
for the help that never showed up.

18 추적자들이 우리를 잡으러 다녔다.
안심하고 거리를 나다닐 수 없었다.
우리의 끝이 바짝 다가왔고, 우리의 날수가 다 찼다.
우리는 죽은 목숨이었다.

18 They tracked us down, those hunters.
It wasn't safe to go out in the street.
Our end was near, our days numbered.
We were doomed.

19 그들은 하늘의 독수리보다 빠르게 우리 뒤를 쫓아와서는,
산에서 우리를 몰아붙이고, 사막에 매복하여 있다가 습격했다.

19 They came after us faster than eagles in flight,
pressed us hard in the mountains,
ambushed us in the desert.

20 우리 생명의 호흡이요 하나님의 기름부음 받은 자인 우리 왕이,
그들이 파 놓은 함정에 빠져 버렸다.
우리는 그의 보호 아래 살 거라고 늘 말했지만,
헛말이 되었다.

20 Our king, our life's breath, the anointed of GOD,
was caught in their traps—
Our king under whose protection
we always said we'd live.

21 오 에돔아, 어디 한번 실컷 좋아해 보아라!
우스에서 마음껏 즐겨 보아라!
머지않아 곧 너도 이 잔을 마시게 될 테니.
하나님의 진노를 마시는 것이 어떤 일인지,
하나님의 진노를 마시고 취했다가
발가벗겨진 채 깨는 것이 어떤 일인지, 너도 곧 알게 되리라.

21 Celebrate while you can, O Edom!
Live it up in Uz!
For it won't be long before you drink this cup, too.
You'll find out what it's like to drink God's wrath,
Get drunk on God's wrath
and wake up with nothing, stripped naked.

22 시온아, 너는 다 받았다. 받아야 할 벌을 모두 받았다.
너는 다시 사로잡혀 가지 않으리라.
그러나 에돔아, 너의 차례가 오고 있다.
그분께서 너의 악행을 벌하시고, 너의 죄를 만천하에 드러내시리라.

22 And that's it for you, Zion. The punishment's complete.
You won't have to go through this exile again.
But Edom, your time is coming:
He'll punish your evil life, put all your sins on display.

하나님, 우리를 주께로 돌이켜 주십시오

5 1-22 "**하나님**, 우리가 겪은 이 모든 일을 기억해 주십시오.
우리가 처한 이 곤경, 이 암울한 역사를 눈여겨보아 주십시오.
우리의 소중한 땅이 외인들에게 넘어갔습니다.
우리의 집들이 이방인들에게 넘어갔습니다.
우리는 아버지 없는 고아나 다름없고,
우리 어머니는 과부나 다름없습니다.
우리는 물도 사서 마셔야 하고,
장작도 돈 주고 사야 합니다.
종에 지나지 않는 우리,
쉼 없이 들볶이며 시달립니다.
먹을 것을 얻기 위해
앗시리아와 이집트에 스스로 몸을 팔았습니다.
우리 조상들이 죄를 지었고, 그들이 사라진 지금,
그 죄의 대가를 우리가 치르고 있습니다.

Give Us a Fresh Start

5 1-22 "Remember, GOD, all we've been through.
Study our plight, the black mark we've made in history.
Our precious land has been given to outsiders,
our homes to strangers.
Orphans we are, not a father in sight,
and our mothers no better than widows.
We have to pay to drink our own water.
Even our firewood comes at a price.
We're nothing but slaves, bullied and bowed,
worn out and without any rest.
We sold ourselves to Assyria and Egypt
just to get something to eat.
Our parents sinned and are no more,
and now we're paying for the wrongs they did.
Slaves rule over us;

우리 종이었던 자들이, 우리 위에 군림하고 있습니다.
그들의 손아귀에서 벗어날 방도가 없습니다.
우리는 음식을 구하러
강도가 들끓는 사막을 목숨을 걸고 건너다닙니다.
우리 피부는 아궁이처럼 검게 그을렸고,
제대로 먹지 못하여, 낡은 가죽처럼 바싹 말랐습니다.
우리의 아내들이 시온의 거리에서,
우리의 처녀들이 유다 성읍에서 겁탈을 당합니다.
원수들이 우리 고관들을 목매달아 죽였고,
우리 장로들에게 모욕을 주었습니다.
건장한 사나이들에게 여자 일을 시키고,
어린 남자아이들에게 장정의 일을 시켰습니다.
성문에 가 보아도 현명한 장로들을 만날 수 없고,
젊은이들의 음악소리도 더는 들리지 않습니다.
우리 마음속에서 기쁨이 모조리 사라졌습니다.
춤은 통곡으로 바뀌었습니다.
우리 머리에서 영광의 면류관이 벗겨지고 땅으로 떨어졌습니다.
아! 우리가 어쩌자고 죄를 지었단 말인가!
이 모든 일로 우리의 가슴이 찢어집니다.
눈물이 앞을 가립니다.
허물어지고 황폐해진 시온 산에는,
이제 승냥이들이나 어슬렁거립니다.
하나님, 그러나 주께서는 지금도 왕이십니다.
주의 보좌는 여전히 그대로이며 영원합니다.
그런데 어찌하여 우리를 잊고 계십니까?
어찌하여 우리를 저버리고 계십니까?
하나님, 우리를 주께로 돌이켜 주십시오. 우리는 돌아갈 준비가 되었습니다.
우리에게 새 출발을 허락해 주십시오.
그동안 주님은 너무도 잔인하게 우리를 내치셨습니다.
실로 우리에게, 크게 노하셨습니다."

there's no escape from their grip.
We risk our lives to gather food
in the bandit-infested desert.
Our skin has turned black as an oven,
dried out like old leather from the famine.
Our wives were raped in the streets in Zion,
and our virgins in the cities of Judah.
They hanged our princes by their hands,
dishonored our elders.
Strapping young men were put to women's work,
mere boys forced to do men's work.
The city gate is empty of wise elders.
Music from the young is heard no more.
All the joy is gone from our hearts.
Our dances have turned into dirges.
The crown of glory has toppled from our head.
Woe! Woe! Would that we'd never sinned!
Because of all this we're heartsick;
we can't see through the tears.
On Mount Zion, wrecked and ruined,
jackals pace and prowl.
And yet, GOD, you're sovereign still,
your throne intact and eternal.
So why do you keep forgetting us?
Why dump us and leave us like this?
Bring us back to you, GOD—we're ready to come back.
Give us a fresh start.
As it is, you've cruelly disowned us.
You've been so very angry with us."

에스겔 | 머리말

하늘이 무너져 내리는 것 같은 재난을 만나면 사람들은 다양한 반응을 보인다. 가장 흔한 두 가지는, 부정(denial)과 절망(despair)이다. 부정은 닥쳐온 재난을 인정하지 않고 거부하는 것이다. 눈을 감고 아예 보려고 하지 않거나 시선을 딴 곳으로 돌려 버린다. 괜찮을 것이라고 스스로 다독거리며 하루하루 살아간다. 기분전환거리나 거짓말이나 환상 속으로 도피한다. 반면에, 절망은 닥쳐온 재난 앞에서 마비되어 마치 세상의 종말이라도 온 듯 반응하는 것이다. 그냥 주저앉아 이제 내 인생은 끝났다고 결론짓는다. 생명이 사라져 잿빛이 되어 버린 세상에 대해 눈을 감아 버린다.

성경 저자들 가운데, 에스겔은 재난을 만난 이들의 스승이다. 닥쳐온 재난, 곧 주전 6세기 바빌론의 침공 앞에서 이스라엘이 보인 주된 반응은 부정이었다. 에스겔이 보니, 하나님의 백성은 그들에게 닥친 현실을 한사코 거부하며 '부정'하고 있었다. (지금 우리와 얼마나 유사한가!) 그런가 하면, '절망'에 빠져 당장 눈앞에 보이는 것 말고는 아무것도 보려 하지 않는 사람들도 있었다.

그러나 에스겔은 보았다. 백성들이 보지 못했던 것을, 혹은 보지 않으려고 했던 것을 보았다. 그는 그 재난 가운데 일하고 계신 하나님을 보았고, 무시무시한 생물들(겔 1장), 먹을 수 있는 책(겔 2장), 되살아난 뼈들(겔 37:1-14)과 같은 이미지를 사용해, 그분의 일하심을 때로는 굵직굵직하게, 때로는 세밀하게 그려 냈다. '부정'하는 쪽을 택

Catastrophe strikes and a person's world falls apart. People respond variously, but two of the more common responses are denial and despair. Denial refuses to acknowledge the catastrophe. It shuts its eyes tight or looks the other way; it manages to act as if everything is going to be just fine; it takes refuge in distractions and lies and fantasies. Despair is paralyzed by the catastrophe and accepts it as the end of the world. It is unwilling to do anything, concluding that life for all intents and purposes is over. Despair listlessly closes its eyes to a world in which all the color has drained out, a world gone dead.

Among biblical writers, Ezekiel is our master at dealing with catastrophe. When catastrophe struck—it was the sixth-century B.C. invasion of Israel by Babylon—denial was the primary response. Ezekiel found himself living among a people of God who (astonishingly similar to us!) stubbornly refused to see what was right before their eyes (the denial crowd). There were also some who were unwilling to see anything other than what was right before their eyes (the despair crowd).

But Ezekiel saw. He saw what the people with whom he lived either couldn't or wouldn't see. He saw in wild and unforgettable images, elaborated in exuberant

한 자들은 재난을 재난으로 인정하기를 거부했다. 있을 수 없는 일이라는 반응이었다. 하나님께서 그런 끔찍한 일을 그들에게 허락하셨을 리가 없다는 것이었다. 그러나 에스겔은 보여주었다. 재앙이 실제로 닥쳤다는 것, 하지만 하나님께서 그 재앙 속에서 일하고 계시며, 그 재난을 주권적으로 사용하고 계신다는 것을 보여주었다. 그 어떤 상황에서도 우리는 하나님을 붙들 수 있음을 보여주었다.

'절망'을 선택한 자들은, 눈앞의 참혹한 광경에 압도되어 삶 자체와 살아갈 이유에 대해 눈을 감아 버렸다. 나라와 성전과 자유와 수많은 목숨을 잃었고, 앞으로도 계속 잃게 될 그들에게 무슨 삶의 의미가 있겠느냐는 것이었다. 그러나 에스겔은 그 폐허와 잔해 더미 위에서 일하셨던 하나님과, 그 재난을 주권적으로 사용하여 그분의 백성을 새롭게 창조해 나가실 하나님을 그들에게 보여주었다.

"너희를 향한 주 하나님의 메시지다. 그렇다. 나는 너희를 먼 나라로 쫓았고 이국땅으로 흩어 버렸다. 그러면서도 너희가 가 있는 나라에서 너희에게 임시 성소를 마련해 주었다. 장차 나는 너희가 흩어져 살고 있는 나라와 땅에서 너희를 다시 모으고, 이스라엘 땅을 너희에게 줄 것이다. 너희는 집에 돌아와 청소를 하면서, 혐오스런 신상과 역겨운 우상들을 모두 내다 버릴 것이다. 내가 너희에게 새 마음을 줄 것이다. 너희 안에 새 영을 둘 것이다. 돌 같던 너희 심장을 도려내고, 붉은 피가 도는 튼튼한 심장을 넣어 줄 것이다. 그러면 너희가 나의 율례를 따르고, 성심으로 나의 명령을 따르며 살게 될 것이다. 너희는 나의 백성이 되고, 나는 너희의 하나님이 될 것이다!"(겔

detail—God at work in a catastrophic era: fearsome creatures (Ezekiel 1), an edible book (Ezekiel 2), bones coming to life (Ezekiel 37:1-14). The denial people refused to see that the catastrophe was in fact catastrophic. How could it be? God wouldn't let anything that bad happen to them. Ezekiel showed them. He showed them that, yes, there *was* catastrophe, but God was at work in the catastrophe, sovereignly *using* the catastrophe. He showed them so that they would be able to embrace God in the worst of times.

The despair people, overwhelmed by the devastation, refused to see that life was worth living. How could it be? They had lost everything, or would soon—country, Temple, freedom, and many, many lives. Ezekiel showed them. He showed them that God was and would be at work in the wreckage and rubble, sovereignly *using* the disaster to create a new people of God.

"This is your Message from GOD, the Master. True, I sent you to the far country and scattered you through other lands. All the same, I've provided you a temporary sanctuary in the countries where you've gone. I will gather you back from those countries and lands where you've been scattered and give you back the land of Israel. You'll come back and clean house, throw out all the rotten images and obscene idols. I'll give you a new heart. I'll put a new spirit in you. I'll cut out your stone heart and replace it with a red-blooded, firm-muscled heart. Then you'll obey my statutes and

11:16-20)

부정과 절망은 하나님의 백성이 그 정체성을 잃게 만드는 위험 요소였다. 그러나 결국 그들은 그 위기를 극복해 냈다. 재난의 세월 끝에 그들은 활력 넘치는 하나님의 백성이 되어 있었다. 그리고 그것은 많은 부분, 에스겔 덕분이었다.

be careful to obey my commands. You'll be my people! I'll be your God!"(Ezekiel 11:16-20)

Whether through denial or despair, the people of God nearly lost their identity as a people of God. But they didn't. God's people emerged from that catastrophic century robust and whole. And the reason, in large part, was Ezekiel.

에스겔

하나님의 보좌

1

1 내 나이 서른 살이던 해에, 나는 포로로 잡혀 온 사람들과 함께 그발 강가에서 살고 있었다. 그해 넷째 달 오일에, 하늘이 열리고 내게 하나님의 환상이 보였다.

2-3 (바빌론 땅 그발 강둑에서 부시의 아들 에스겔 제사장에게 **하나님**의 말씀이 임한 시기는, 여호야긴 왕이 포로로 잡혀 온 지 오 년째 되는 달 오일이었다. 그날 **하나님**의 손이 그에게 임했다.)

4-9 내가 보니, 북쪽에서 거대한 모래 폭풍이 불어오는데, 번갯불이 번쩍이는 거대한 구름이 있었다. 그 구름은 청동빛으로 빛나는 거대한 불의 덩어리였다. 불 안쪽에는 생물 같아 보이는 네 형상이 움직이고 있었다. 각각 사람의 형상을 하고 있었으나, 저마다 얼굴이 넷이고 날개도 넷이었다. 다리는 기둥처럼 튼튼하고 곧게 뻗었으나, 발에는 송아지처럼 굽이 있었고, 청동빛 불꽃이 그 위로 일렁였다. 사면의 날개 밑으로는 사람 손이 있었다. 네 생물 모두 얼굴과 날개가 있었고, 날개들이 서로 맞닿아 있었다. 그들은 어느 쪽으로도 몸을 돌리지 않은 채 곧장 앞으로 나아갔다.

EZEKIEL

Wheels Within Wheels, Like a Gyroscope

1

1 When I was thirty years of age, I was living with the exiles on the Kebar River. On the fifth day of the fourth month, the sky opened up and I saw visions of God.

2-3 (It was the fifth day of the month in the fifth year of the exile of King Jehoiachin that GOD's Word came to Ezekiel the priest, the son of Buzi, on the banks of the Kebar River in the country of Babylon. GOD's hand came upon him that day.)

4-9 I looked: I saw an immense dust storm come from the north, an immense cloud with lightning flashing from it, a huge ball of fire glowing like bronze. Within the fire were what looked like four creatures vibrant with life. Each had the form of a human being, but each also had four faces and four wings. Their legs were as sturdy and straight as columns, but their feet were hoofed like those of a calf and sparkled from the fire like burnished bronze. On all four sides under their wings they had human hands. All four had both faces and wings, with the wings touching one another. They turned neither one way nor the other; they went straight forward.

10-12 그들의 얼굴 모습은 이러했다. 앞쪽은 사람 얼굴이고, 오른쪽은 사자 얼굴이며, 왼쪽은 황소 얼굴이고, 뒤쪽은 독수리 얼굴이었다. 이것이 그들의 얼굴 모양이었다. 그들의 날개는 쭉 펼쳐져 있었는데, 한 쌍의 날개는 끝이 옆 생물에 닿아 있었고, 다른 쌍의 날개는 각자의 몸을 가리고 있었다. 각 생물은 앞으로 곧게 나아갔다. 영이 이끄는 대로 따라갔다. 앞으로 나아갈 뿐 몸을 돌리는 법이 없었다.

13-14 네 생물은 맹렬히 타는 불, 혹은 활활 타오르는 횃불 같은 모습이었다. 불의 혀가 그 생물들 사이를 세차게 오갔으며, 그 불에서 번개가 터져 나왔다. 그 생물들은 이리 번쩍 저리 번쩍 번개처럼 움직였다.

15-16 네 생물을 가만히 살펴보니, 바퀴처럼 보이는 물체가 네 얼굴을 가진 그 생물들 각각의 옆 바닥에 있었다. 바퀴들의 생김새를 보니 모양이 모두 같았고, 햇빛을 받은 다이아몬드처럼 번쩍거렸다. 회전의처럼 바퀴 안에 또 바퀴가 들어 있는 것 같은 모습이었다.

17-21 그 바퀴들은 사방 어디로 가든지, 방향을 바꾸지 않고 곧게 나아갔다. 그 테두리의 크기는 어마어마했는데, 눈으로 둘러싸여 있었다. 네 생물이 앞으로 나아가면 바퀴들도 나아갔다. 네 생물이 위로 떠오르면, 바퀴들도 위로 떠올랐다. 생물들은 영이 가는 곳을 따라 움직였고, 바퀴들도 그들 곁에 꼭 붙어서 함께 움직였다. 네 생물의 영이 바퀴들 안에 들어 있었기 때문이다. 생물들이 나아가면 바퀴들도 나아갔고, 생물들이 멈추어 서면 바퀴들도 멈추어 섰다. 또 생물들이 위로 떠오르면, 바퀴들도 위로 떠올랐다. 네 생물의 영이 바퀴들 안에 들어 있었기 때문이다.

22-24 네 생물의 머리 위로 둥근 천장 같은 것이 펼쳐져 있었는데, 세공 유리같이 반

10-12 Their faces looked like this: In front a human face, on the right side the face of a lion, on the left the face of an ox, and in back the face of an eagle. So much for the faces. The wings were spread out with the tips of one pair touching the creature on either side; the other pair of wings covered its body. Each creature went straight ahead. Wherever the spirit went, they went. They didn't turn as they went.

13-14 The four creatures looked like a blazing fire, or like fiery torches. Tongues of fire shot back and forth between the creatures, and out of the fire, bolts of lightning. The creatures flashed back and forth like strikes of lightning.

15-16 As I watched the four creatures, I saw something that looked like a wheel on the ground beside each of the four-faced creatures. This is what the wheels looked like: They were identical wheels, sparkling like diamonds in the sun. It looked like they were wheels within wheels, like a gyroscope.

17-21 They went in any one of the four directions they faced, but straight, not veering off. The rims were immense, circled with eyes. When the living creatures went, the wheels went; when the living creatures lifted off, the wheels lifted off. Wherever the spirit went, they went, the wheels sticking right with them, for the spirit of the living creatures was in the wheels. When the creatures went, the wheels went; when the creatures stopped, the wheels stopped; when the creatures lifted off, the wheels lifted off, because the spirit of the living creatures was in the wheels.

22-24 Over the heads of the living creatures

짝이며 그들 머리 위를 창공처럼 덮고 있었다. 그 둥근 천장 아래에서 그들은 한 쌍의 날개는 옆 생물을 향해 펼치고, 다른 쌍의 날개로는 자기 몸을 덮고 있었다. 그들이 움직일 때 날개 치는 소리가 들려왔다. 거대한 폭포소리 같기도 하고 강하신 하나님의 음성 같기도 했으며, 전쟁터에서 들리는 함성 같기도 했다. 멈추어 설 때는 네 생물이 날개를 접었다.

25-28 그들이 날개를 접고 멈추어 섰을 때, 그들의 머리 위 둥근 천장 위쪽에서 음성이 들려왔다. 둥근 천장 위에는 보좌처럼 보이는 것이 있었는데, 청보석 같은 청옥빛이었고, 그 보좌 위로 사람처럼 보이는 형상이 우뚝 솟아 있었다. 허리 위쪽은 광을 낸 청동 같은 모습이었고, 허리 아래쪽은 타오르는 불꽃 같은 모습이었다. 사방이 휘황찬란하게 빛났다! 마치 비 온 날 하늘에 무지개가 떠오른 모습 같았다. 바로 **하나님**의 영광이었다!

그 모든 광경을 본 나는, 무릎을 꿇고 얼굴을 땅에 대고 엎드렸다. 그때 한 음성이 내게 들려왔다.

2

1 "사람의 아들아, 일어서라. 내가 너에게 할 말이 있다."

2 그 음성이 들려온 순간, 그분의 **영**이 내 안에 들어와 나를 일으켜 세우셨다. 그분이 내게 말씀하셨고, 내가 들었다.

3-7 "사람의 아들아, 내가 너를 이스라엘 가문에 보낸다. 역사상 가장 반역이 심한 그 민족에게 말이다. 그들과 그 조상은 오늘날까지 반역만을 일삼아 왔다. 완악한 그들에게 내가 너를 보낸다. 죄로 완악해진 그 백성에게 말이다. 그들에게 '이는 **주 하나님의 메시지다**' 하고 말하여라. 반역하는 그 족속이 듣지 않더라도 상관없

was something like a dome, shimmering like a sky full of cut glass, vaulted over their heads. Under the dome one set of wings was extended toward the others, with another set of wings covering their bodies. When they moved I heard their wings—it was like the roar of a great waterfall, like the voice of The Strong God, like the noise of a battlefield. When they stopped, they folded their wings.

25-28 And then, as they stood with folded wings, there was a voice from above the dome over their heads. Above the dome there was something that looked like a throne, sky-blue like a sapphire, with a humanlike figure towering above the throne. From what I could see, from the waist up he looked like burnished bronze and from the waist down like a blazing fire. Brightness everywhere! The way a rainbow springs out of the sky on a rainy day—that's what it was like. It turned out to be the Glory of GOD!

When I saw all this, I fell to my knees, my face to the ground. Then I heard a voice.

2

1 It said, "Son of man, stand up. I have something to say to you."

2 The moment I heard the voice, the Spirit entered me and put me on my feet. As he spoke to me, I listened.

3-7 He said, "Son of man, I'm sending you to the family of Israel, a rebellious nation if there ever was one. They and their ancestors have fomented rebellion right up to the present. They're a hard case, these people to whom I'm sending you—hardened in their sin. Tell them, 'This is the Message of GOD,

다. 어쨌거나 그들은 예언자가 왔었다는
사실만큼은 알게 될 것이다. 사람의 아들
아, 그들을 두려워하지 말고 그들이 무슨
말을 하든지 겁먹지 마라. 그들 가운데 살
다 보면 가시밭길을 걷고 전갈이 나오는
침대에서 자는 것 같겠지만, 그래도 두려
워하지 마라. 그들의 험악한 말이나 험상
궂은 표정을 무서워하지 마라. 그들은 반
역하는 족속이다. 네가 할 일은 그들에게
내 말을 전하는 것이다. 그들이 듣든지 말
든지, 네가 상관할 바가 아니다. 그들은 완
악한 반역자들이다.
8 사람의 아들아, 다만 너도 그 반역자들처
럼 반역하는 자가 되지 않도록 주의하여라.
입을 열어라. 그리고 내가 주는 이것을 받
아먹어라."
9-10 내가 보니 그분의 손이 내게 뻗어 있는
데, 그 손 위에 두루마리 책이 놓여 있었다.
그분이 그 두루마리를 펴 보이셨는데, 탄식
과 비탄과 재앙이 앞뒤로 적혀 있었다.

이 백성에게 경고하여라

3 1 그분이 내게 말씀하셨다. "사람의
아들아, 이것을 먹어라. 이 책을 먹
고 가서, 이스라엘 가문에게 알려 주어라."
2-3 내가 입을 벌리자, 그분이 그 두루마리
를 먹여 주시며 말씀하셨다. "사람의 아들
아, 내가 주는 이 책을 먹어라. 배불리 먹어
라!"
나는 그것을 먹었다. 맛이 참 좋았다. 꿀맛
같았다.
4-6 그러자 그분이 내게 말씀하셨다. "사람
의 아들아, 이스라엘 가문에게 가서 나의
메시지를 전하여라. 보아라. 나는 지금 너
를, 발음조차 배우기 힘든 외국어로 말하는
민족에게 보내는 것이 아니다. 차라리 그런
민족이라면, 귀를 쫑긋 세우고 네 말에 귀
를 기울일 것이다.

the Master.' They are a defiant bunch.
Whether or not they listen, at least they'll
know that a prophet's been here. But don't
be afraid of them, son of man, and don't be
afraid of anything they say. Don't be afraid
when living among them is like stepping
on thorns or finding scorpions in your bed.
Don't be afraid of their mean words or
their hard looks. They're a bunch of rebels.
Your job is to speak to them. Whether
they listen is not your concern. They're
hardened rebels.
8 "Only take care, son of man, that you
don't rebel like these rebels. Open your
mouth and eat what I give you."
9-10 When I looked he had his hand
stretched out to me, and in the hand a
book, a scroll. He unrolled the scroll. On
both sides, front and back, were written
lamentations and mourning and doom.

Warn These People

3 1 He told me, "Son of man, eat what
you see. Eat this book. Then go and
speak to the family of Israel."
2-3 As I opened my mouth, he gave me
the scroll to eat, saying, "Son of man, eat
this book that I am giving you. Make a full
meal of it!"
So I ate it. It tasted so good—just like honey.
4-6 Then he told me, "Son of man, go to the
family of Israel and speak my Message. Look,
I'm not sending you to a people who speak a
hard-to-learn language with words you can
hardly pronounce. If I had sent you to such
people, their ears would have perked up and
they would have listened immediately.
7-9 "But it won't work that way with the

7-9 그러나 이스라엘 가문은 그렇지 않다.
그들은 너의 말을 듣지 않을 것이다. 그들
은 나의 말을 듣기 싫어하기 때문이다. 내
가 말했듯이, 그들은 완악한 자들, 죄로 완
악해진 자들이다. 그러나 내가 너를 그들
못지않게 완강하게 만들겠다. 내가 네 얼굴
을 바위처럼 굳세게, 화강암보다 더 굳세게
만들 것이다. 그들에게 겁먹지 마라. 그 반
역자 무리들을 두려워하지 마라."
10-11 그런 다음 그분이 말씀하셨다. "사람
의 아들아, 내가 주는 이 모든 말을 네 안에
받아들여라. 귀 기울여 듣고 순종하여 네
것으로 삼아라. 이제 가거라. 그 포로들에
게, 너의 백성에게 가서 전하여라. 그들에
게 '이는 주 **하나님**의 **메시지다**' 하고 말하
여라. 그들이 듣든지 말든지, 너는 전해야
할 말을 전하여라."
12-13 그때 하나님의 영이 나를 위로 들어
올리셨다. 내 뒤에서 큰 소란이 일어나는
소리가 들려왔다. "성소에 계신 **하나님**의
영광을 찬양하여라!" 네 생물이 서로 날개
를 부딪치고 바퀴들이 회전하면서 큰 지진
이 일어나는 소리가 들렸다.
14-15 하나님의 영이 나를 들어서 멀리 데려
가셨다. 나는 괴롭고 화가 났다. 나는 가고
싶지 않았다. 그러나 **하나님**께서 나를 단단
히 붙드셨다. 나는 포로로 잡혀 온 사람들
이 살고 있던 델아빕 그발 강가에 도착했
다. 그곳에서 망연자실한 채 칠 일 동안 앉
아 있었다.
16 칠 일이 지나자, **하나님**께서 내게 이 **메
시지**를 주셨다.
17-19 "사람의 아들아, 나는 너를 이스라엘
가문의 파수꾼으로 세웠다. 너는 내가 하는
말을 듣고, 그때마다 나를 대신해서 그들에
게 경고해야 한다. 내가 악인들에게 '너희
는 곧 죽으리라'고 말했는데, 네가 경고해
주지 않으면 그들은 그대로 죽고 말 것이

family of Israel. They won't listen to you
because they won't listen to me. They are,
as I said, a hard case, hardened in their sin.
But I'll make you as hard in your way as they
are in theirs. I'll make your face as hard as
rock, harder than granite. Don't let them
intimidate you. Don't be afraid of them, even
though they're a bunch of rebels."
10-11 Then he said, "Son of man, get all
these words that I'm giving you inside you.
Listen to them obediently. Make them
your own. And now go. Go to the exiles,
your people, and speak. Tell them, 'This
is the Message of GOD, the Master.' Speak
your piece, whether they listen or not."
12-13 Then the Spirit picked me up. Behind
me I heard a great commotion—"Blessed
be the Glory of GOD in his Sanctuary!"—
the wings of the living creatures beating
against each other, the whirling wheels,
the rumble of a great earthquake.
14-15 The Spirit lifted me and took me
away. I went bitterly and angrily. I didn't
want to go. But GOD had me in his grip. I
arrived among the exiles who lived near
the Kebar River at Tel Aviv. I came to
where they were living and sat there for
seven days, appalled.
16 At the end of the seven days, I received
this Message from GOD:
17-19 "Son of man, I've made you a watch-
man for the family of Israel. Whenever
you hear me say something, warn them for
me. If I say to the wicked, 'You are going
to die,' and you don't sound the alarm
warning them that it's a matter of life or
death, they will die and it will be your
fault. I'll hold you responsible. But if you

다. 그러면 이는 네 잘못이 될 것이다. 내가 너에게 책임을 물을 것이다. 그러나 네가 경고했는데도 계속 그들이 죄를 고집하면, 그들은 그들 죄 때문에 죽을 것이지만 너는 죽지 않을 것이다. 너는 목숨을 보존할 것이다.

20-21 또한 의인들이라도, 내가 그들 앞에 둔 어려움을 만났을 때 의로운 삶을 버리고 악의 편에 서면, 그들 역시 죽을 것이다. 네가 그들에게 경고해 주지 않으면 그들은 그들 죄 때문에 죽을 것이며, 그들이 지금껏 행한 모든 의로운 일이 허사가 되고 말 것이다. 나는 네게 책임을 물을 것이다. 그러나 네가 그 의인들에게 죄짓지 말라고 경고하여 그들이 네 말을 들으면, 그들은 경고를 받아들였으니 살게 될 것이다. 너도 목숨을 보존할 것이다."

22 **하나님**께서 내 어깨를 꽉 붙잡으시고 말씀하셨다. "일어나 들로 가거라. 내가 너와 이야기를 나누고 싶다."

23 나는 일어나서 들로 나갔다. 믿을 수 없는 광경이 눈앞에 펼쳐졌다. **하나님**의 영광이었다! 바로 그곳에! 내가 그발 강에서 보았던 것과 같은 영광이었다. 나는 얼굴을 땅에 대고 엎드렸다.

24-26 그때 하나님의 영이 내 속에 들어와 나를 일으켜 세우시고 말씀하셨다. "집에 들어가 문을 닫아라." 이어 기이한 말씀이 임했다. "사람의 아들아, 너는 손과 발이 묶인 채 집에서 나오지 못하게 될 것이다. 내가 네 혀를 입천장에 달라붙게 하여, 네가 말을 못하게 만들 것이다. 너는 반역자들의 잘못을 지적할 수 없게 될 것이다.

27 그러나 때가 이르면 내가 네 혀를 풀어 줄 테니, 그때 너는 '주 **하나님**께서 이렇게 말씀하신다' 하고 말하게 될 것이다. 그때부터는 모든 것이 전적으로 그들에게 달렸다. 그들이 듣고자 하면 들을 것이고, 듣지

warn the wicked and they keep right on sinning anyway, they'll most certainly die for their sin, but *you* won't die. You'll have saved your life.

20-21 "And if the righteous turn back from living righteously and take up with evil when I step in and put them in a hard place, they'll die. If you haven't warned them, they'll die because of their sins, and none of the right things they've done will count for anything—and I'll hold you responsible. But if you warn these righteous people not to sin and they listen to you, they'll live because they took the warning—and again, you'll have saved your life."

22 GOD grabbed me by the shoulder and said, "Get up. Go out on the plain. I want to talk with you."

23 So I got up and went out on the plain. I couldn't believe my eyes: the Glory of GOD! Right there! It was like the Glory I had seen at the Kebar River. I fell to the ground, prostrate.

24-26 Then the Spirit entered me and put me on my feet. He said, "Go home and shut the door behind you." And then something odd: "Son of man: They'll tie you hand and foot with ropes so you can't leave the house. I'll make your tongue stick to the roof of your mouth so you won't be able to talk and tell the people what they're doing wrong, even though they are a bunch of rebels.

27 "But then when the time is ripe, I'll free your tongue and you'll say, 'This is what GOD, the Master, says:...' From then on it's up to them. They can listen or not listen,

않고자 하면 듣지 않을 것이다. 그들은 반역자들이기 때문이다!"

예루살렘이 포위될 것이다

4 1-3 "사람의 아들아, 이제 벽돌을 하나 가져다가 네 앞에 놓고, 그 위에 예루살렘 도성을 그려 넣어라. 그리고 군대가 그 벽돌을 포위한 모습으로 모형을 만들어라. 축대를 쌓고, 보루를 쌓고, 진을 치고, 성벽 부수는 무기를 성 둘레에 놓아라. 또 철판을 가져다가, 너와 그 도성 사이에 철벽을 세워라. 그리고 그 모형을 마주하고 서라. 도성은 포위되었고 너는 공격자다. 이는 이스라엘 가문에게 보여주는 표징이다.

4-5 그런 다음, 네 왼쪽 옆구리를 바닥에 대고 옆으로 누워, 이스라엘 가문의 죄를 네 몸에 얹어라. 너는 옆으로 누워 있는 날수만큼 그들의 죄를 짊어져라. 네가 그들의 죄를 짊어질 날수는 그들의 죄의 햇수에 상응하는 390이다. 너는 390일 동안 이스라엘 가문의 죄를 짊어져야 할 것이다.

6-7 이 일을 마친 다음에, 너는 몸을 돌려서 오른쪽 옆구리를 바닥에 대고 옆으로 누워, 유다 가문의 죄를 짊어져라. 이번에는 그렇게 사십 일 동안을 누워 있어야 한다. 그들의 죄의 햇수에 상응하는 날수로, 일 년을 하루씩 계산한 것이다. 너는 포위된 예루살렘을 똑바로 응시하여라. 그리고 소매를 걷어 올리고 손짓을 해가며, 그 도성에 대한 심판을 선포하여라.

8 내가 너를 줄로 꽁꽁 묶어, 포위 공격 날수를 다 채우기 전까지는 움직이거나 몸을 돌리지 못하게 할 것이다.

9-12 이제 너는 밀과 보리, 콩과 팥, 조와 귀리를 가져다가 한 그릇에 담고 넓적하게 빵을 하나 만들어라. 이는 네가 옆으로 누워 있는 390일 동안 먹을 식량이다. 너는 그것

whichever they like. They *are* a bunch of rebels!"

This Is What Sin Does

4 1-3 "Now, son of man, take a brick and place it before you. Draw a picture of the city Jerusalem on it. Then make a model of a military siege against the brick: Build siege walls, construct a ramp, set up army camps, lay in battering rams around it. Then get an iron skillet and place it upright between you and the city—an iron wall. Face the model: The city shall be under siege and you shall be the besieger. This is a sign to the family of Israel.

4-5 "Next lie on your left side and place the sin of the family of Israel on yourself. You will bear their sin for as many days as you lie on your side. The number of days you bear their sin will match the number of years of their sin, namely, 390. For 390 days you will bear the sin of the family of Israel.

6-7 "Then, after you have done this, turn over and lie down on your right side and bear the sin of the family of Judah. Your assignment this time is to lie there for forty days, a day for each year of their sin. Look straight at the siege of Jerusalem. Roll up your sleeve, shake your bare arm, and preach against her.

8 "I will tie you up with ropes, tie you so you can't move or turn over until you have finished the days of the siege.

9-12 "Next I want you to take wheat and barley, beans and lentils, dried millet and spelt, and mix them in a bowl to make a flat bread. This is your food ration for the 390 days you lie on your side. Measure out

을 매일 220그램씩 달아 시간을 정해 놓고 먹어라. 물은 0.5리터씩 달아 시간을 정해 놓고 마셔라. 머핀을 먹는 식으로 그 빵을 먹어라. 모두가 너를 볼 수 있는 곳에서 그 머핀을 굽되, 사람 똥을 말린 것으로 불을 피워라."

13 **하나님**께서 말씀하셨다. "이는 이스라엘 백성이 당하게 될 일이다. 내가 그들을 여러 이방 민족들에게로 흩어 버리면, 그들은 거기서 거룩한 백성이 결코 먹어서는 안될 음식을 먹게 될 것이다."

14 내가 말했다. "주 나의 **하나님**, 그럴 수 없습니다! 저는 지금껏 그런 음식으로 제 자신을 더럽힌 적이 없습니다. 어려서부터 저는, 죽은 채 발견된 것이든 들짐승에게 찢긴 것이든, 율법이 금하는 것은 그 어떤 것도 입에 대지 않았습니다. 금지된 음식은 조금도 입에 넣지 않았습니다."

15 그분이 말씀하셨다. "좋다. 그렇다면 사람 똥 대신 소똥으로 빵을 구워라."

16-17 그러고 나서 다시 말씀하셨다. "사람의 아들아, 나는 예루살렘에서 음식이 완전히 동나게 만들 것이다. 사람들은 끼니 때마다 빵을 달아 먹으면서 다음 끼니 걱정을 하고, 마실 물을 찾아 헤맬 것이다. 온 천하에 기근이 들며, 사람들이 뼈만 앙상한 서로의 모습을 보며 고개를 절레절레 흔들 것이다. 이것이 바로 그들이 저지른 죄의 결과다."

질투하시는 하나님

5 1-2 "사람의 아들아, 이제 날카로운 칼을 가져다가 그것을 면도날 삼아 네 머리카락과 수염을 깎아라. 그 다음, 저울을 이용해 그것들을 삼등분하여라. 포위 기간이 끝나면, 그 털의 삼분의 일을 도성 안에서 태우고, 삼분의 일은 칼로 잘게 썰어 도성 주변에 뿌려라. 마지막 삼분의 일

about half a pound for each day and eat it on schedule. Also measure out your daily ration of about a pint of water and drink it on schedule. Eat the bread as you would a muffin. Bake the muffins out in the open where everyone can see you, using dried human dung for fuel."

13 GOD said, "This is what the people of Israel are going to do: Among the pagan nations where I will drive them, they will eat foods that are strictly taboo to a holy people."

14 I said, "GOD, my Master! Never! I've never contaminated myself with food like that. Since my youth I've never eaten anything forbidden by law, nothing found dead or violated by wild animals. I've never taken a single bite of forbidden food."

15 "All right," he said. "I'll let you bake your bread over cow dung instead of human dung."

16-17 Then he said to me, "Son of man, I'm going to cut off all food from Jerusalem. The people will live on starvation rations, worrying where the next meal's coming from, scrounging for the next drink of water. Famine conditions. People will look at one another, see nothing but skin and bones, and shake their heads. This is what sin does."

A Jealous God, Not to Be Trifled With

5 1-2 "Now, son of man, take a sharp sword and use it as a straight razor, shaving your head and your beard. Then, using a set of balancing scales, divide the hair into thirds. When the days of the siege are over, take one-third of the hair and burn it inside the city. Take another third, chop it into bits with the sword and sprinkle it

은 바람에 날려 버려라. 그러면 내가 칼을 들고 그것들을 쫓아가겠다.

3-4 너는 그 털을 조금 가져다가 주머니에 넣어라. 그중 얼마를 불 속에 던져 넣고 태워라. 거기서 불이 나와 온 이스라엘 가문으로 번질 것이다.

5-6 주 **하나님**이 말한다. 이것은 예루살렘 이야기다. 나는 그 도성을 세상의 중심에 세우고, 모든 민족을 그 주변에 두었다. 그런데도 예루살렘은 나의 율법과 규례를 거부했다. 주변 민족들보다 훨씬 더 심하게 —악질적으로!—반역을 일삼고, 나의 인도를 거절하고, 나의 지도를 무시했다.

7 그러므로, 주 **하나님**이 말한다. 너희는 주변 민족들보다 더 완악하게 나의 인도를 거절했고, 나의 지도를 무시했다. 너희는 주변 민족들 수준으로 추락했다.

8-10 그러므로, 주 **하나님**이 말한다. 내가 너희와 맞설 것이다. 그렇다. 내가 너희 예루살렘을 대적할 것이다. 모든 민족이 보는 앞에서 너희에게 벌을 내릴 것이다. 역겨운 우상을 숭배한 너희 가운데, 내가 지금껏 한 번도 해보지 않았고 앞으로 다시는 하지 않을 일을 일으킬 것이다. 가족이 서로를 잡아먹을 것이다. 부모가 자식을 잡아먹고, 자식이 부모를 잡아먹을 것이다! 실로 중한 벌이다. 그리고 남은 자들은 모두 바람에 날려 버릴 것이다.

11-12 그러므로, 살아 있는 나 하나님을 두고 맹세하는데—주 **하나님**의 포고다 —추잡한 짓과 역겨운 우상들로 나의 성소를 더럽힌 너희를 내가 반드시 뽑아 버릴 것이다. 너희에게 털끝만큼의 동정도 베풀지 않으리라. 너희 백성의 삼분의 일은 도성 안에서 전염병에 걸려 죽거나 굶어 죽고, 또 삼분의 일은 도성 밖에서 칼에 맞아 죽을 것이며, 나머지 삼분의 일은 사방에 흩어져 살인자들에게 쫓길 것

around the city. The final third you'll throw to the wind. Then I'll go after them with a sword.

3-4 "Retrieve a few of the hairs and slip them into your pocket. Take some of them and throw them into the fire—burn them up. From them, fire will spread to the whole family of Israel.

5-6 "This is what GOD, the Master, says: This means *Jerusalem*. I set her at the center of the world, all the nations ranged around her. But she rebelled against my laws and ordinances, rebelled far worse than the nations ranged around her—sheer wickedness!—refused my guidance, ignored my directions.

7 "Therefore this is what GOD, the Master, says: You've been more headstrong and willful than any of the nations around you, refusing my guidance, ignoring my directions. You've sunk to the gutter level of those around you.

8-10 "Therefore this is what GOD, the Master, says: I'm setting myself against you—yes, against you, Jerusalem. I'm going to punish you in full sight of the nations. Because of your disgusting no-god idols, I'm going to do something to you that I've never done before and will never do again: turn families into cannibals—parents eating children, children eating parents! Punishment indeed. And whoever's left over I'll throw to the winds.

11-12 "Therefore, as sure as I am the living God—Decree of GOD, the Master—because you've polluted my Sanctuary with your obscenities and disgusting no-god idols, I'm pulling out. Not an ounce of pity will I show

이다.
13 그제야 비로소 나의 분이 가라앉고 나
의 노가 풀리리라. 그때 너희는 내 말이 진
담이었음을 알게 될 것이다. 나는 질투하
는 하나님이요, 너희가 결코 함부로 대할
수 없는 이임을 알게 될 것이다.
14-15 나의 일을 모두 마치면, 너는 폐허 더
미로 변할 것이다. 지나가는 민족들이 보
며 야비한 농담을 지껄일 것이다. 나의 모
진 벌과 혹독한 징계가 끝나면 너는 조롱
거리와 웃음거리로 전락하고, 주변 민족들
은 너에 대해 이야기하며 무서워 떨 것이
다. 나 **하나님**의 말이다.
16-17 나는 너희에게 살인적 기근의 화살
을 쏠 것이다. 너희를 죽이려고 쏘는 화
살이다. 기근을 점점 악화시켜 식량이 동
나게 만들 것이다. 기근은 연이어 찾아오
리라. 그런 다음에는 들짐승을 보내 너희
자녀들을 앗아 갈 것이다. 그리고 전염병
과 살육과 죽음을 보낼 것이다! 나 **하나
님**의 말이다."

하나님께서 우상숭배를 심판하시다

6 1-7 그때 **하나님**의 말씀이 내게 임
했다. "사람의 아들아, 이제 몸을
돌려 이스라엘의 산들을 마주 보고, 그것
들에게 내릴 심판을 전하여라. '이스라엘
의 산들아, 주 **하나님**의 **메시지**를 들어
라. 주 **하나님**께서 산과 언덕에게, 계곡
과 골짜기에게 말씀하신다. 나는 너희가
신성하게 여기는 산당을 없애 버릴 것이
다. 너희의 제단을 허물고, 태양신 기둥
들을 무너뜨리며, 우상들에게 절하는 너
희 백성을 죽일 것이다. 내가 이스라엘
백성의 시체를 너희 우상들 앞에 쌓아 놓
고, 그 뼈를 산당 주변에 흩뿌릴 것이다.
너희가 살았던 모든 곳과 성읍들이 폐허
가 될 것이며, 이방 산당들이 파괴될 것

you. A third of your people will die of either
disease or hunger inside the city, a third will
be killed outside the city, and a third will be
thrown to the winds and chased by killers.
13 "Only then will I calm down and let my
anger cool. Then you'll know that I was
serious about this all along, that I'm a
jealous God and not to be trifled with.
14-15 "When I get done with you, you'll
be a pile of rubble. Nations who walk by
will make coarse jokes. When I finish my
angry punishment and searing rebukes,
you'll be reduced to an object of ridicule
and mockery, turned into a horror story
circulating among the surrounding nations.
I, GOD, have spoken.
16-17 "When I shoot my lethal famine arrows
at you, I'll shoot to kill. Then I'll step up the
famine and cut off food supplies. Famine and
more famine—and then I'll send in the wild
animals to finish off your children. Epidemic
disease, unrestrained murder, death—and I
will have sent it! I, GOD, have spoken."

Turn Israel into Wasteland

6 1-7 Then the Word of GOD came to me:
"Son of man, now turn and face the
mountains of Israel and preach against them:
'O Mountains of Israel, listen to the Message
of GOD, the Master. GOD, the Master, speaks
to the mountains and hills, to the ravines and
the valleys: I'm about to destroy your sacred
god and goddess shrines. I'll level your altars,
bust up your sun-god pillars, and kill your
people as they bow down to your no-god idols.
I'll stack the dead bodies of Israelites in front
of your idols and then scatter your bones
around your shrines. Every place where you've

이다. 제단들이 부서지고 우상들이 박살나며, 맞춤 제작된 태양신 기둥들이 모두 무너지고, 시체들이 사방에 널브러질 것이다! 그제야 너희는 내가 **하나님**인 줄 알게 될 것이다.

8-10 그러나 나는 소수의 사람들을 살려 여러 이방 땅과 민족들 가운데 흩어져 살게 할 것이다. 그들은 전쟁포로로 잡혀간 낯선 나라에서 나를 기억할 것이다. 그들은 자신들의 반역과 탐욕스런 욕망을 좇아서 행한 우상숭배에 내가 얼마나 몸서리쳤는지 깨닫게 될 것이다. 자신들이 걸어온 악한 길과 하나님이 역겨워한 그 삶을 역겨워하게 될 것이다. 그들은 내가 **하나님**인 줄 알게 되고, 그들을 심판하겠다고 했던 나의 말이 허풍이 아니었음을 알게 될 것이다.

11-14 주 **하나님**이 말한다. 너는 손뼉을 치고 발을 구르며 "아니, 이럴 수가!" 하고 소리쳐라. 이스라엘에 만연한 역겨운 악행들을 보며 소리쳐라. 그들은 칼에 맞아 죽고, 굶어 죽고, 전염병에 걸려 죽을 것이다. 사방이 죽음 천지가 될 것이다. 사람들의 목숨이 파리 목숨 같아지리라. 먼 곳에서 쓰러져 죽고, 가까운 곳에서도 쓰러져 죽고, 도성에 남은 자들은 굶어 죽으리라. 이유를 묻느냐? 내가 노했기 때문이다. 불같이 노했기 때문이다. 황량한 언덕과 우거진 숲에 자리한 음란한 종교 산당들의 폐허와, 그들이 음란한 의식을 행하던 모든 곳 주위에 백성의 시체가 널브러져 뒹굴리라. 그들은 그 광경을 보고 그제야 내가 **하나님**인 줄 알게 될 것이다. 내가 그들을 내 손으로 짓누르고 그들의 땅을 황폐하게 만들 것이다. 광야 이 끝에서 리블라에 이르는 지역 전부를 황무지로 바꿔 놓을 것이다. 그제야 그들은 내가 **하나님**인 줄 알게 될 것이다!'"

lived, the towns will be torn down and the pagan shrines demolished—altars busted up, idols smashed, all your custom-made sun-god pillars in ruins. Corpses everywhere you look! Then you'll know that I am GOD.

8-10 "'But I'll let a few escape the killing as you are scattered through other lands and nations. In the foreign countries where they're taken as prisoners of war, they'll remember me. They'll realize how devastated I was by their betrayals, by their voracious lust for gratifying themselves in their idolatries. They'll be disgusted with their evil ways, disgusting to God in the way they've lived. They'll know that I am GOD. They'll know that my judgment against them was no empty threat.

11-14 "'This is what GOD, the Master, says: Clap your hands, stamp your feet, yell out, "No, no, no!" because of all the evil obscenities rife in Israel. They're going to be killed, dying of hunger, dying of disease—death everywhere you look, people dropping like flies, people far away dying, people nearby dying, and whoever's left in the city starving to death. Why? Because I'm angry, furiously angry. They'll realize that I am GOD when they see their people's corpses strewn over and around all their ruined sex-and-religion shrines on the bare hills and in the lush fertility groves, in all the places where they indulged their sensual rites. I'll bring my hand down hard on them, demolish the country wherever they live, turn it into wasteland from one end to the other, from the wilderness to Riblah. Then they'll know that I am GOD!'"

끝이 가까이 왔다

7 1-4 **하나님**의 말씀이 내게 임했다. "너 사람의 아들아, 주 **하나님**이 이스라엘 땅에 대해 주는 **메시지**다.

끝이다.
모두, 끝장이다.
다 끝났다. 너희는 이제 끝이다.
내가 너희를 향해 진노를 발했다.
너희가 살아온 길에 대해 유죄 선고를 내렸다.
너희가 저지른 역겨운 행위들의 대가를 치르게 하겠다.
너희를 봐주지도 않으며,
너희를 동정하지도 않을 것이다.
너희가 살아온 길의 대가를 치르게 할 것이다.
너희가 저지른 역겨운 행위들이 네 뒤통수를 칠 것이다.
그제야 너희는 내가 **하나님**인 줄 알게 될 것이다.

5-9 나, 주 **하나님**이 말한다.
재앙이다! 연이은 재앙이다! 보아라, 또 온다!
끝이다.
끝이 오고 있다.
거의 이르렀다. 보아라, 저기 온다!
이 땅에 사는 사람들아, 이것이 너희의 운명이다.
시간이 되었다.
공격 개시 시간이다.
더 이상 망설이거나,
시간을 끌지 않을 것이다.
이제 내가 너희에게 나의 진노를 쏟아붓고,
나의 노를 퍼부을 것이다.
너희가 살아온 길에 대해 유죄 선고를 내리고,

Fate Has Caught Up with You

7 1-4 GOD's Word came to me, saying, "You, son of man—GOD, the Master, has this Message for the land of Israel:

"'Endtime.
The end of business as usual for everyone.
It's all over. The end is upon you.
I've launched my anger against you.
I've issued my verdict on the way you live.
I'll make you pay for your disgusting obscenities.
I won't look the other way,
I won't feel sorry for you.
I'll make you pay for the way you've lived:
Your disgusting obscenities will boomerang on you,
and you'll realize that I am GOD.'

5-9 "I, GOD, the Master, say:
'Disaster after disaster! Look, it comes!
Endtime—
the end comes.
The end is ripe. Watch out, it's coming!
This is your fate, you who live in this land.
Time's up.
It's zero hour.
No dragging of feet now,
no bargaining for more time.
Soon now I'll pour my wrath on you,
pay out my anger against you,
Render my verdict on the way you've lived,
make you pay for your disgusting obscenities.
I won't look the other way,
I won't feel sorry for you.
I'll make you pay for the way you've lived.
Your disgusting obscenities will boomer-

너희의 역겨운 행위들의 대가를 치르게 할 것이다.
너희를 봐주지도 않으며,
너희를 동정하지도 않을 것이다.
너희가 살아온 길의 대가를 치르게 할 것이다.
너희가 저지른 역겨운 행위들이 네 뒤통수를 칠 것이다.
그때 너희는
너희를 친 이가, 바로 나 **하나님**인 줄 알게 될 것이다.

10-13 심판의 날이다!
파멸이 임했다.
커다란 홀을 쥐고 위세를 부리며
도를 넘어 오만하게 굴던 그들,
폭력을 행사하며
악한 홀을 휘두르던 자들이었다.
그러나 그들, 이제 아무것도 아니다.
완전히 거덜 날 것이다.
시간이 다 되었다.
카운트다운이 시작된다. 오, 사, 삼, 이…….
물건을 사는 자들이여, 자만할 것 없다.
물건을 파는 자들이여, 근심할 것 없다.
진노의 심판이 세상을 완전히 뒤집어 놓았다.
이제 사고파는 일이 토대부터 무너져 내렸다.
다시는 회복되지 않으리라.
경기가 좋아지리라는 희망은 품지 마라.
나라 전체가 죄로 인해 파산할 것이다.
다시는 일어서지 못할 것이다.

14-16 전쟁 나팔이 울린다.
'전투 준비!'
그러나 아무도 싸우러 나가지 않는다.
나의 노가 그들을 마비시켰다!
밖으로 나온 자들은 길거리에서 죽임당

ang on you.
Then you'll realize
that it is I, GOD, who have hit you.

10-13 "'Judgment Day!
Fate has caught up with you.
The scepter outsized and pretentious,
pride bursting all bounds,
Violence strutting,
brandishing the evil scepter.
But there's nothing to them,
and nothing will be left of them.
Time's up.
Countdown: five, four, three, two...
Buyer, don't crow; seller, don't worry:
Judgment wrath has turned the world topsy-turvy.
The bottom has dropped out of buying and selling.
It will never be the same again.
But don't fantasize an upturn in the market.
The country is bankrupt because of its sins,
and it's not going to get any better.

14-16 "'The trumpet signals the call to battle:
"Present arms!"
But no one marches into battle.
My wrath has them paralyzed!
On the open roads you're killed,
or else you go home and die of hunger and disease.
Either get murdered out in the country
or die of sickness or hunger in town.
Survivors run for the hills.
They moan like doves in the valleys,

하고,
집에 돌아간 자들은 굶어 죽거나 병들어 죽는다.
그도 아니면, 벌판에서 칼에 맞아 죽고,
성읍에서 병들어 죽거나 굶주려 죽는다.
살아남은 자들은 산으로 달아난다.
골짜기에 숨어 비둘기처럼 구슬피 운다.
각자 자신의 죄를 생각하며
슬피 운다.

17-18 모두 손에 맥이 풀리고
무릎의 힘이 빠진다.
거친 베옷을 걸친 그들,
머리를 완전히 밀고
수치심으로 얼굴을 들지 못한 채 머리만 굴리는,
초라하고 비참한 신세다.

19-27 그들, 자기 돈을 시궁창에 갖다 버린다.
어렵사리 벌어들인 현금이 오물 같은 악취를 풍긴다.
심판의 날, 그들은 돈으로
아무것도 살 수 없음을 깨닫는다.
그들은 돈에 걸려 넘어져
죄의 나락으로 떨어졌다.
보석을 주렁주렁 걸치고 으스대던 그들,
화려한 장신구로 천박한 우상을 꾸미던 그들.
내가 그 역겨운 우상들을 악취 나는 오물로 만들 것이다.
그 신성한 오물들을 내다 버릴 것이다.
이방인들이 그것을 거저 주워 갈 것이요,
불경한 자들이 거기에 침을 뱉고 농담을 지껄일 것이다.
난폭한 이방인들이 난입하여
나의 소중한 성전과 백성을
유린하고 더럽힐 때,
도성에 범죄와 폭력이 들끓고
피비린내 나는 학살이 벌어질 때,

Each one moaning
for his own sins.

17-18 "'Every hand hangs limp,
every knee turns to rubber.
They dress in rough burlap—
sorry scarecrows,
Shifty and shamefaced,
with their heads shaved bald.

19-27 "'They throw their money into the gutters.
Their hard-earned cash stinks like garbage.
They find that it won't buy a thing
they either want or need on Judgment Day.
They tripped on money
and fell into sin.
Proud and pretentious with their jewels,
they deck out their vile and vulgar no-gods in finery.
I'll make those god-obscenities a stench in their nostrils.
I'll give away their religious junk—
strangers will pick it up for free,
the godless spit on it and make jokes.
I'll turn my face so I won't have to look
as my treasured place and people are violated,
As violent strangers walk in
and desecrate place and people—
A bloody massacre,
as crime and violence fill the city.
I'll bring in the dregs of humanity
to move into their houses.
I'll put a stop to the boasting and strutting

나는 내 얼굴을 돌려, 모른 체할 것이다.
인간쓰레기들이 쳐들어와,
내 백성의 집을 차지하게 할 것이다.
지체 높고 권세 있는 자들이
자랑과 오만을 멈추게 하고,
그들의 신성한 장소에
신성한 것이 하나도 남지 않게 만들 것이다.
재앙이 내려온다. 그들은 평화를 찾지만,
평화는 종적을 감추었다.
재난이 꼬리에 꼬리를 물고 들이닥치고,
흉흉한 소문이 연이어 들려온다.
대체 무슨 영문인지 말해 줄 예언자를 찾지만,
사태를 파악하는 자 아무도 없다.
제사장도 짐작조차 하지 못한다.
장로들이 할 말을 모른다.
왕은 절망 가운데 고개를 떨어뜨리고,
제후는 망연자실 넋을 잃는다.
백성들은 사지가 굳는다.
공포에 사로잡혀 꼼짝도 하지 못한다.
내가 그들의 실체를 드러내고
그들 식대로 심판하리라.
그들은 내가 **하나님**인 줄 알게 될 것이다."

예루살렘의 우상숭배

8 1-4 여섯째 해 여섯째 달 오일에, 내가
집에서 유다 지도자들과 모임을 가지
며 앉아 있는데, 나의 주 **하나님**의 손이 나를
사로잡는 일이 일어났다. 나는 보았고, 보고
서 몹시 놀랐다. 내가 본 것은 사람처럼 보이
는 형상이었다. 허리 아래는 불 같고, 허리 위
는 광채 나는 청동 같았다. 그분이 손처럼 보
이는 것을 내미셔서 내 머리카락을 움켜쥐셨
다. 하나님께서 환상을 보여주시는 중에, 하
나님의 영이 나를 공중으로 높이 들어 올려,
예루살렘 성전 안뜰 북문 입구로 옮기셨다.
하나님을 몹시 노하게 한 음란한 여신상이
세워져 있는 곳이었다. 내 바로 앞에 이스라
엘의 하나님의 영광이 있었다. 전에 들에 나

of the high-and-mighty,
And see to it that there'll be nothing holy
left in their holy places.
Catastrophe descends. They look for peace,
but there's no peace to be found—
Disaster on the heels of disaster,
one rumor after another.
They clamor for the prophet to tell them what's up,
but nobody knows anything.
Priests don't have a clue;
the elders don't know what to say.
The king holds his head in despair;
the prince is devastated.
The common people are paralyzed.
Gripped by fear, they can't move.
I'll deal with them where they are,
judge them on their terms.
They'll know that I am GOD.'"

The Spirit Carried Me in Visions

8 1-4 In the sixth year, in the sixth
month and the fifth day, while I
was sitting at home meeting with the
leaders of Judah, it happened that the
hand of my Master, GOD, gripped me.
When I looked, I was astonished. What
I saw looked like a man—from the waist
down like fire and from the waist up like
highly burnished bronze. He reached
out what looked like a hand and grabbed
me by the hair. The Spirit swept me high
in the air and carried me in visions of
God to Jerusalem, to the entrance of the
north gate of the Temple's inside court
where the image of the sex goddess that
makes God so angry had been set up.

가서 보았던 환상과 똑같았다.
5 그분이 내게 말씀하셨다. "사람의 아들
아, 북쪽을 보아라." 북쪽을 보니, 바로 북
문 입구쪽으로, 하나님을 몹시 노하게 한
음란한 여신 아세라의 제단이 모습을 드러
냈다.
6 그분이 또 말씀하셨다. "사람의 아들아,
그들이 지금 무엇을 하고 있는지 보이느
냐? 입에 담기조차 역겨운 짓을, 그것도 바
로 이곳 성전에서 저지르고 있다! 이것만
으로도 나는, 여기 내 성전에 도저히 머물
수가 없다. 그러나 너는 더 심한 것을 보게
될 것이다."

7 그분이 나를 성전 뜰로 들어가는 문으로
데려가셨다. 내가 보니, 벽에 갈라지는 구
멍이 있었다.
8 그분이 말씀하셨다. "사람의 아들아, 그
벽을 파서 뚫어라."
내가 벽을 파서 뚫으니 어떤 문이 나타
났다.
9 그분이 말씀하셨다. "이제 그 문으로 들
어가서, 그들이 벌이는 역겨운 짓을 한번
보아라."
10-11 내가 들어가서 보니, 사방의 벽이 온
갖 파충류와 짐승, 괴물 그림으로 도배가
되어 있었다. 나는 내 눈을 의심했다. 그것
은 이스라엘이 숭배하는 이집트 신들의 그
림이었다. 그 방 가운데 이스라엘 지도자
일흔 명이 모여 있었는데, 그 한가운데에
사반의 아들 야아사냐가 서 있었다. 저마
다 손에 든 향로에서 향의 연기가 구름처
럼 올라가고 있었다.
12 그분이 말씀하셨다. "사람의 아들아, 장
로들이 이 어두운 방, 자기가 좋아하는 신
의 그림 앞에 서서 무슨 짓을 하고 있는지
보이느냐? 그들은 이렇게 중얼거린다. '하

Right before me was the Glory of the God
of Israel, exactly like the vision I had seen
out on the plain.
5 He said to me, "Son of man, look north."
I looked north and saw it: Just north of
the entrance loomed the altar of the sex
goddess, Asherah, that makes God so
angry.
6 Then he said, "Son of man, do you see
what they're doing? Outrageous obscen-
ities! And doing them right here! It's
enough to drive me right out of my own
Temple. But you're going to see worse yet."

7 He brought me to the door of the Temple
court. I looked and saw a gaping hole in
the wall.
8 He said, "Son of man, dig through the
wall."
I dug through the wall and came upon a
door.
9 He said, "Now walk through the door
and take a look at the obscenities they're
engaging in."
10-11 I entered and looked. I couldn't
believe my eyes: Painted all over the walls
were pictures of reptiles and animals
and monsters—the whole pantheon of
Egyptian gods and goddesses—being
worshiped by Israel. In the middle of the
room were seventy of the leaders of Israel,
with Jaazaniah son of Shaphan standing in
the middle. Each held his censer with the
incense rising in a fragrant cloud.
12 He said, "Son of man, do you see what
the elders are doing here in the dark, each
one before his favorite god-picture? They

나님은 우리를 보시지 않는다. **하나님**께서
이 나라를 버리셨다.'"
13 그분이 또 말씀하셨다. "너는 더 심한 것
을 보게 될 것이다."

14-15 그분이 나를 **하나님**의 성전 북문 입구
로 데려가셨다. 그곳에는 여인들이 앉아서,
바빌론 다산의 신 담무스를 위해 슬피 울고
있었다. 그분이 말씀하셨다. "사람의 아들
아, 볼 만큼 보았다고 생각하느냐? 아니다.
너는 더 심한 것을 보게 될 것이다."

16 마지막으로, 그분이 나를 **하나님**의 성전
안뜰로 데려가셨다. 거기 현관과 제단 사이
에 스물다섯 명가량의 사람들이 모여 있었
다. 그들은 **하나님**의 성전을 등지고 서 있
었다. 동쪽을 바라보고 태양에게 절하며 경
배하고 있었다.
17-18 그분이 말씀하셨다. "사람의 아들아,
잘 보았느냐? 유다는 입에 담기조차 역겨
운 이런 짓을 벌이고 있다. 이것으로도 모
자라 나라를 폭력으로 가득 채우고, 거기에
더해 온갖 역겨운 짓으로 나의 진노를 더하
게 한다. 그렇다. 그들이 불러들인 하나님
의 진노가 이제 그들에게 쏟아졌다! 더 이
상 자비는 없다. 그들이 아무리 소리를 질
러 대도, 나는 듣지 않을 것이다."

예루살렘을 향해 진노를 쏟으시다

9 1 그때 나는 그분이 큰소리로 외치
는 소리를 들었다. "사형 집행인들
아, 오너라! 너희 살인병기들을 들고 오
너라."
2 그러자 여섯 사람이 북쪽으로 향하는 윗
문 길로 내려왔는데, 각자 자신의 살인병기
를 들고 있었다. 그들 사이로 모시옷을 입은

tell themselves, 'GOD doesn't see us. GOD
has forsaken the country.'"
13 Then he said, "You're going to see worse
yet."

14-15 He took me to the entrance at the
north gate of the Temple of GOD. I saw
women sitting there, weeping for Tammuz,
the Babylonian fertility god. He said, "Have
you gotten an eyeful, son of man? You're
going to see worse yet."

16 Finally, he took me to the inside court
of the Temple of GOD. There between the
porch and the altar were about twenty-five
men. Their backs were to GOD's Temple.
They were facing east, bowing in worship
to the sun.
17-18 He said, "Have you seen enough, son
of man? Isn't it bad enough that Judah
engages in these outrageous obscenities?
They fill the country with violence and
now provoke me even further with their
obscene gestures. That's it. They have an
angry God on their hands! From now on,
no mercy. They can shout all they want,
but I'm not listening."

A Mark on the Forehead

9 1 Then I heard him call out loudly,
"Executioners, come! And bring
your deadly weapons with you."
2 Six men came down the road from the
upper gate that faces north, each carrying
his lethal weapon. With them was a man
dressed in linen with a writing case slung

한 사람이 있었는데, 어깨에 필묵통을 메고 있었다. 그들이 들어와 청동제단 옆에 섰다.

3-4 이스라엘의 하나님의 영광이 그때까지 머물던 그룹 천사들 위로 떠올라 성전 문지방으로 자리를 옮겨 갔다. 그분이 모시옷을 입고 필묵통을 멘 사람을 부르셨다. "예루살렘의 거리를 돌아다니면서, 그곳에서 일어나는 역겨운 짓들 때문에 괴로워하는 모든 사람의 이마에 표를 해 놓아라."

5-6 나는 그분이 사형 집행인들에게 연이어 하시는 말씀을 들었다. "너희는 저 사람의 뒤를 따라 도성을 다니면서 죽여라. 누구도 불쌍히 여기거나 가엾게 여기지 마라. 노인과 여자들도 죽이고, 젊은이들도 죽이고, 엄마와 아이들도 죽여라. 그러나 이마에 표가 있는 사람은 손대서는 안된다. 내 성전에서부터 일을 시작하여라."

그들은 성전 앞에 있는 지도자들부터 죽이기 시작했다.

7-8 그분이 사형 집행인들에게 이르셨다. "너희는 성전을 더럽혀라. 시체들로 뒤덮어라. 그리고 밖으로 나가 살육을 계속하여라." 그들은 밖으로 나가 도성을 쳤다.

대학살이 진행되는 동안, 나는 홀로 남겨졌다. 나는 얼굴을 땅에 대고 엎드려 기도했다. "오, 주 나의 **하나님**! 예루살렘에 이렇듯 주의 진노를 쏟아부으셔서, 이스라엘에 남은 자들을 다 죽이실 작정입니까?"

9-10 그분이 말씀하셨다. "이스라엘과 유다의 죄악이 참으로 크다. 땅이 온통 살인 천지고, 도성이 불법으로 가득하다. 모두가, '하나님께서 나라를 버리셨다. 우리가 무슨 일을 하든지 보시지 않는다'고 말한다. 그것이 무슨 말이냐? 나는 똑똑히 보고 있다. 나는 그들 누구도 불쌍히 여기지 않을 것이다. 그들은 자기 죄의 대가를 치르게 될 것이다."

from his shoulder. They entered and stood by the bronze altar.

3-4 The Glory of the God of Israel ascended from his usual place above the cherubim-angels, moved to the threshold of the Temple, and called to the man with the writing case who was dressed in linen: "Go through the streets of Jerusalem and put a mark on the forehead of everyone who is in anguish over the outrageous obscenities being done in the city."

5-6 I listened as he went on to address the executioners: "Follow him through the city and kill. Feel sorry for no one. Show no compassion. Kill old men and women, young men and women, mothers and children. But don't lay a hand on anyone with the mark. Start at my Temple."

They started with the leaders in front of the Temple.

7-8 He told the executioners, "Desecrate the Temple. Fill it with corpses. Then go out and continue the killing." So they went out and struck the city.

While the massacre went forward, I was left alone. I fell on my face in prayer: "Oh, oh, GOD, my Master! Are you going to kill everyone left in Israel in this pouring out of your anger on Jerusalem?"

9-10 He said, "The guilt of Israel and Judah is enormous. The land is swollen with murder. The city is bloated with injustice. They all say, 'GOD has forsaken the country. He doesn't see anything we do.' Well, I do see, and I'm not feeling sorry for any of them. They're going to pay for what they've done."

11 Just then, the man dressed in linen and

11 바로 그때, 모시옷을 입고 필묵통을 메
고 있던 사람이 돌아와서 보고했다. "주께
서 이르신 대로 다 행했습니다."

carrying the writing case came back and reported, "I've done what you told me."

영광이 성전을 떠나다

10 1 그 다음 내가 보니, 그룹 천사
들의 머리 위에 있는 둥근 천장
위로 청옥처럼 빛나는 보좌의 형상 같은
것이 솟아 있었다!
2-5 **하나님**께서 모시옷을 입은 사람에게
말씀하셨다. "그룹 천사들 밑에 있는 저 바
퀴들 사이로 들어가 숯불을 두 손 가득 움
켜쥔 다음, 이 도성 위에 뿌려라."
나는 그 사람이 들어가는 모습을 지켜보았다. 그가 들어갈 때 그룹들은 성전 남쪽에 서 있었고, 안뜰에는 구름이 가득 피어올랐다. 그때 **하나님**의 영광이 그룹들 위로 떠올라 성전 문지방으로 자리를 옮겨갔고, 성전에 구름이 가득 차면서 뜰과 성전이 **하나님**의 영광으로 빛나고, 그분의 임재로 가득 찼다. 그리고 소리가 들렸다! 그룹들이 날개 치는 소리였다. 그 소리가 바깥뜰에까지 들리는데, 마치 강하신 하나님의 천둥소리 같았다.
6-8 **하나님**께서 모시옷을 입은 사람에게
"저 바퀴들 사이, 그룹들 사이에서 불을 집어내라" 하고 명령하시자, 그가 안으로 들어가서 바퀴 옆에 섰다. 그룹들 가운데 하나가 불 속으로 손을 뻗어 숯불 얼마를 집어내어 모시옷을 입은 사람의 손에 얹어 주니, 그가 숯불을 받아서 밖으로 나왔다. 그룹들의 날개 밑에는 사람 손처럼 보이는 것이 있었다.
9-13 그 후에 나는 그룹 옆에 하나씩 있는
네 바퀴를 보았다. 광채 나는 그 바퀴들은 햇빛을 받아 반짝거리는 다이아몬드 같았다. 네 바퀴의 생김새가 비슷해서, 바퀴 안에 다른 바퀴가 들어 있는 것처럼 보였

The Temple, Filled with the Presence of God

10 1 When I next looked, oh! Above
the dome over the heads of the
cherubim-angels was what looked like a
throne, sky-blue, like a sapphire!
2-5 GOD said to the man dressed in linen,
"Enter the place of the wheels under the cherubim-angels. Fill your hands with burning coals from beneath the cherubim and scatter them over the city."
I watched as he entered. The cherubim were standing on the south side of the Temple when the man entered. A cloud filled the inside courtyard. Then the Glory of GOD ascended from the cherubim and moved to the threshold of the Temple. The cloud filled the Temple. Court and Temple were both filled with the blazing presence of the Glory of GOD. And the sound! The wings of the cherubim were audible all the way to the outer court—the sound of the voice was like The Strong God in thunder.
6-8 When GOD commanded the man dressed
in linen, "Take fire from among the wheels, from between the cherubim," he went in and stood beside a wheel. One of the cherubim reached into the fire, took some coals, and put them in the hands of the man dressed in linen. He took them and went out. Something that looked like a human hand could be seen under the wings of the cherubim.
9-13 And then I saw four wheels beside
the cherubim, one beside each cherub. The wheels radiating were sparkling like

다. 그룹들이 움직일 때 바퀴도 네 방향
으로 자유롭게 움직였는데, 늘 곧게만 나
아갔다. 그룹들이 어디로 가든지, 바퀴들
도 그리로 곧게 나아갔다. 그룹들의 등과
손과 날개는 눈으로 가득했다. 바퀴들 역
시 눈으로 가득했다. 그 바퀴들의 이름은
'바퀴들 안의 바퀴들'이었다.
14 그룹들은 각각 네 개의 얼굴을 갖고
있었다. 첫째는 천사의 얼굴, 둘째는 사
람의 얼굴, 셋째는 사자의 얼굴, 넷째는
독수리의 얼굴이었다.
15-17 그때 그룹들이 위로 떠올랐다. 그들
은 내가 그발 강에서 보았던 바로 그 생
물들이었다. 그룹들이 움직이면, 그들 옆
의 바퀴들도 함께 움직였다. 그룹들이 날
개를 펴고 지면에서 떠오르면, 바퀴들도
그들 곁에 바짝 붙어 따라 움직였다. 그
룹들이 멈추어 서면, 바퀴들도 멈추어 섰
다. 그룹들이 치솟으면 바퀴들도 치솟았
는데, 이는 그 생물들의 영이 바퀴들 안
에도 있었기 때문이다.
18-19 그때 **하나님**의 영광이 성전 입구를
떠나 그룹 위를 맴돌았다. 그룹들이 날
개를 펼치고 지면에서 떠오르자, 바퀴들
도 그들 곁에 바짝 붙어 따라갔다. 그들
은 성전 동문 입구에서 멈추어 섰다. 이
스라엘의 하나님의 영광이 그들 위에 있
었다.
20-22 그들은 내가 전에 그발 강에서 본
그 생물들이었고, 이스라엘의 하나님 아
래에 있었다. 나는 그들을 바로 알아보
았다. 그들은 각기 얼굴이 넷이고 날개
도 넷이었다. 그들의 날개 아래에는 사
람의 손처럼 보이는 것이 있었다. 그 얼
굴은 내가 그발 강에서 보았던 모습 그
대로였다. 그들은 각기 앞으로 곧게 나
아갔다.

diamonds in the sun. All four wheels looked
alike, each like a wheel within a wheel. When
they moved, they went in any of the four
directions but in a perfectly straight line.
Where the cherubim went, the wheels went
straight ahead. The cherubim were full of
eyes in their backs, hands, and wings. The
wheels likewise were full of eyes. I heard the
wheels called "wheels within wheels."
14 Each of the cherubim had four faces: the
first, of an angel; the second, a human; the
third, a lion; the fourth, an eagle.
15-17 Then the cherubim ascended. They
were the same living creatures I had seen at
the Kebar River. When the cherubim moved,
the wheels beside them moved. When the
cherubim spread their wings to take off
from the ground, the wheels stayed right
with them. When the cherubim stopped, the
wheels stopped. When the cherubim rose,
the wheels rose, because the spirit of the
living creatures was also in the wheels.
18-19 Then the Glory of GOD left the Temple
entrance and hovered over the cherubim. I
watched as the cherubim spread their wings
and left the ground, the wheels right with
them. They stopped at the entrance of the
east gate of the Temple. The Glory of the
God of Israel was above them.
20-22 These were the same living creatures
I had seen previously beneath the God of
Israel at the Kebar River. I recognized them
as cherubim. Each had four faces and four
wings. Under their wings were what looked
like human hands. Their faces looked exact-
ly like those I had seen at the Kebar River.
Each went straight ahead.

새 마음과 새 영

11 [1] 그때 하나님의 영이 나를 들어 올리셔서, 성전 동쪽 문으로 데리고 가셨다. 그 문에는 스물다섯 사람이 서 있었다. 나는 그들 사이에 지도자인 앗술의 아들 야아사냐와 브나야의 아들 블라댜가 있는 것을 보았다.

2-3 하나님께서 말씀하셨다. "사람의 아들아, 저들은 이 도성의 죄를 도안하고 악을 기획한 자들이다. 저들은 말한다. '우리는 못할 일이 없다. 우리가 최고다. 고깃국 그릇 속에 든 특등심이다.'

4 사람의 아들아, 저들과 맞서라. 저들을 대적하여 말씀을 전하여라."

5-6 그때 하나님의 영이 내게 임하여 할 말을 일러 주셨다. "하나님께서 이렇게 말씀하신다. '이스라엘아, 멋진 연설이기는 하다만 나는 너희가 품은 생각을 잘 알고 있다. 너희는 이 도성에서 수많은 자들을 살해했다. 거리마다 시체 더미가 높이 쌓여 있다.'

7-12 그러므로 주 하나님께서 말씀하신다. '너희가 거리마다 쌓아 놓은 시체들이 바로 고기요, 이 도성은 가마솥이다. 그런데 너희는 이 가마솥 속에도 들어 있지 않다! 내가 너희를 밖으로 던져 버릴 것이다! 너희가 두려워하는 전쟁이 닥치리라. 내가 전쟁을 일으켜 너희를 칠 것이다. 너희를 이 도성 밖으로 던져 버리고 이방인들에게 넘겨주어, 혹독한 벌을 받게 할 것이다. 너희는 전쟁터에서 살해당할 것이다. 내가 이스라엘의 국경에서 너희를 심판할 것이다. 그때 너희는 내가 하나님인 줄 알게 될 것이다. 이 도성은 너희에게 가마솥이 되지 않을 것이며, 너희 또한 그 속에 든 특등심이 되지 못할 것이다. 천만의 말씀이다. 내가 이스라엘의 국경에서 너희를 심판할 것이며, 그제야 너희는 내가 하나님인 줄 알게 될 것

A New Heart and a New Spirit

11 [1] Then the Spirit picked me up and took me to the gate of the Temple that faces east. There were twenty-five men standing at the gate. I recognized the leaders, Jaazaniah son of Azzur and Pelatiah son of Benaiah.

2-3 GOD said, "Son of man, these are the men who draw up blueprints for sin, who think up new programs for evil in this city. They say, 'We can make anything happen here. We're the best. We're the choice pieces of meat in the soup pot.'

4 "Oppose them, son of man. Preach against them."

5-6 Then the Spirit of GOD came upon me and told me what to say: "This is what GOD says: 'That's a fine public speech, Israel, but I know what you are thinking. You've murdered a lot of people in this city. The streets are piled high with corpses.'

7-12 "Therefore this is what GOD, the Master, says: 'The corpses that you've piled in the streets are the meat and this city is the soup pot, and you're not even in the pot! I'm throwing you out! You fear war, but war is what you're going to get. I'm bringing war against you. I'm throwing you out of this city, giving you over to foreigners, and punishing you good. You'll be killed in battle. I'll carry out judgment on you at the borders of Israel. Then you'll realize that I am GOD. This city will not be your soup pot and you won't be the choice pieces of meat in it either. Hardly. I will carry out judgment on you at the borders of Israel and you'll realize that I am GOD, for you haven't followed my statutes and

이다. 이는 너희가 나의 율례와 규례를 따
르지 않았기 때문이다. 너희는 나의 길을
따르는 대신에, 주변 민족들의 규례를 따랐
고, 그들의 수준으로 추락했다.'"
13 내가 말씀을 전하고 있는 중에 브나야의
아들 블라댜가 죽었다. 나는 얼굴을 땅에
대고 엎드려 큰소리로 기도했다. "주 **하나
님**! 이스라엘에 남은 자들 전부를 모두 없
애 버리시렵니까?"
14-15 **하나님**이 응답하셨다. "사람의 아들
아, 예루살렘 주민이 네 혈육, 곧 너와 같이
포로로 잡혀 온 이스라엘 백성 전체를 두고
이렇게 말한다. '그들은 먼 나라에 가 있어
하나님과 멀리 떨어졌다. 이제 이 땅은 우
리 차지다.'
16-20 그러므로 그들에게 이렇게 전하여라.
'너희를 향한 주 **하나님**의 메시지다. 그렇
다. 나는 너희를 먼 나라로 쫓았고 이국땅
으로 흩어 버렸다. 그러면서도 너희가 가
있는 나라에서 너희에게 임시 성소를 마
련해 주었다. 장차 나는 너희가 흩어져 살
고 있는 나라와 땅에서 너희를 다시 모으
고, 이스라엘 땅을 너희에게 줄 것이다. 너
희는 집에 돌아와 청소를 하면서, 혐오스런
신상과 역겨운 우상들을 모두 내다 버릴 것
이다. 내가 너희에게 새 마음을 줄 것이다.
너희 안에 새 영을 둘 것이다. 돌 같던 너
희 심장을 도려내고, 붉은 피가 도는 튼튼
한 심장을 넣어 줄 것이다. 그러면 너희가
나의 율례를 따르고, 성심으로 나의 명령을
따르며 살게 될 것이다. 너희는 나의 백성
이 되고, 나는 너희의 하나님이 될 것이다!
21 그러나 고집을 부리며 여전히 흉측한 신
상과 역겨운 우상들에 집착하는 자들은 사
정이 다를 것이다! 그런 자들은 행한 그대
로 갚아 줄 것이다.' 주 **하나님**의 포고다."
22-23 그때 그룹들이 날개를 펼쳤는데, 바퀴
들이 그들 곁에 있고 이스라엘의 하나님의

ordinances. Instead of following my ways,
you've sunk to the level of the laws of the
nations around you.'"
13 Even while I was preaching, Pelatiah
son of Benaiah died. I fell down, face to
the ground, and prayed loudly, "O Master,
GOD! Will you completely wipe out what's
left of Israel?"
14-15 The answer from GOD came back:
"Son of man, your brothers—I mean the
whole people of Israel who are in exile
with you—are the people of whom the
citizens of Jerusalem are saying, 'They're
in the far country, far from GOD. This land
has been given to us to own.'
16-20 "Well, tell them this, 'This is your
Message from GOD, the Master. True, I
sent you to the far country and scattered
you through other lands. All the same, I've
provided you a temporary sanctuary in the
countries where you've gone. I will gather
you back from those countries and lands
where you've been scattered and give you
back the land of Israel. You'll come back
and clean house, throw out all the rotten
images and obscene idols. I'll give you a
new heart. I'll put a new spirit in you. I'll
cut out your stone heart and replace it with
a red-blooded, firm-muscled heart. Then
you'll obey my statutes and be careful to
obey my commands. You'll be my people!
I'll be your God!
21 "'But not those who are self-willed and
addicted to their rotten images and obscene
idols! I'll see that they're paid in full for what
they've done.' Decree of GOD, the Master."
22-23 Then the cherubim spread their
wings, with the wheels beside them and

영광이 그들 위에 머물고 있었다. **하나님**의 영광이 도성 안에서 떠올라, 도성 동쪽 산 위에 머물렀다.

24-25 그때 하나님의 영이 환상 중에 나를 붙잡아, 바빌론에 포로로 잡혀 온 사람들의 무리 속으로 다시 들어 옮기셨다. 그 후에 그 환상이 나를 떠났다. 나는 **하나님**께서 보여주신 모든 내용을 포로로 잡혀 온 사람들에게 말해 주었다.

포로가 될 것을 상징으로 보여주다

12 1-6 **하나님**의 **메시지**가 내게 임했다. "사람의 아들아, 너는 지금 반역하는 백성 가운데 살고 있다. 그들은 눈이 있어도 보려고 하지 않고, 귀가 있어도 들으려 하지 않는다. 그들은 전부 반역자들이다. 그러므로 사람의 아들아, 너는 포로 행장을 꾸려 대낮에 모두가 보는 앞에서 길을 떠나라. 포로로 잡혀가는 사람처럼 떠나라. 그러면 반역자들인 그들이 지금의 상황을 깨닫게 될지도 모른다. 그들이 지켜보는 앞에서 포로로 잡혀가는 사람처럼 생필품 행장을 꾸려서, 저녁 무렵에 길을 떠나라. 그들이 보는 앞에서 성벽에 구멍을 뚫고 네 짐 꾸러미를 그리로 내보내라. 사람들이 다 보는 앞에서 그 짐을 어깨에 메고 밤길을 떠나라. 너는 얼굴을 가려, 다시는 못 볼 것에 네 시선이 가지 않게 하여라. 나는 너를 이스라엘 가문에 보여주는 표징으로 삼을 것이다."

7 나는 그분이 명령하시는 대로 했다. 내 물건을 한데 모아서 모두가 잘 볼 수 있도록 길거리에 내다 놓고, 포로로 잡혀가는 사람처럼 그것을 한 묶음으로 꾸렸다. 그리고 해가 저물녘에 내 손으로 성벽에 구멍을 내었다. 어둠이 내릴 무렵, 나는 사람들이 지

the Glory of the God of Israel hovering over them. The Glory of GOD ascended from within the city and rested on the mountain to the east of the city.

24-25 Then, still in the vision given me by the Spirit of God, the Spirit took me and carried me back to the exiles in Babylon. And then the vision left me. I told the exiles everything that GOD had shown me.

Put the Bundle on Your Shoulder and Walk into the Night

12 1-6 GOD's Message came to me: "Son of man, you're living with a bunch of rebellious people. They have eyes but don't see a thing, they have ears but don't hear a thing. They're rebels all. So, son of man, pack up your exile duffel bags. Leave in broad daylight with everyone watching and go off, as if into exile. Maybe then they'll understand what's going on, rebels though they are. You'll take up your baggage while they watch, a bundle of the bare necessities of someone going into exile, and toward evening leave, just like a person going off into exile. As they watch, dig through the wall of the house and carry your bundle through it. In full sight of the people, put the bundle on your shoulder and walk out into the night. Cover your face so you won't have to look at what you'll never see again. I'm using you as a sign for the family of Israel."

7 I did exactly as he commanded me. I got my stuff together and brought it out in the street where everyone could see me, bundled it up the way someone being

켜보는 앞에서 어깨에 짐을 짊어지고 길을
떠났다.
8-10 다음 날 아침에 **하나님**께서 내게 말씀
하셨다. "사람의 아들아, 반역자 이스라엘
의 무리 중에 '대체 지금 뭐하는 거요?' 하
고 누가 네게 묻거든, 그들에게 말하여라.
'주 **하나님**께서 말씀하신다. 이는 예루살
렘의 왕 시드기야에 관한 **메시지**다. 이는
또한 이스라엘 백성 전체에 관한 메시지이
기도 하다.'
11 그들에게 말하여라. '나는 지금 너희를
위해 그림을 그리고 있다. 내가 지금 하는
이 일을, 이스라엘의 모든 백성이 하게 될
것이다. 그들 모두가 포로로 잡혀 끌려갈
것이다.'
12-15 시드기야 왕은 어두운 밤에 자기 짐
꾸러미를 어깨에 짊어지고 떠날 것이다.
그는 성벽에 구멍을 뚫고, 다시는 못 볼
땅을 보지 않으려고 얼굴을 가릴 것이다.
그러나 나는 그가 붙잡혀 바빌론으로 끌
려가게 만들 것이다. 그는 눈이 멀어, 그
땅을 보지도 못하고 살다가 거기서 죽을
것이다. 내가 그의 탈출을 도운 자들과
그의 군대를 사방으로 흩어 버릴 것이며,
많은 자들이 전장에서 죽을 것이다. 내가
사람들을 여러 나라로 흩어 버릴 것이며,
그때에야 그들은 내가 **하나님**인 줄 알게
될 것이다.
16 나는 그들 가운데 얼마를 살려 두어 살
육과 굶주림과 죽을병을 피하게 하고, 이
방 나라에서 그들의 추하고 역겨운 과거
행위들을 고백하면서 살게 할 것이다. 그
들은 내가 **하나님**인 줄 알게 될 것이다."

17-20 **하나님**의 **메시지**가 내게 임했다.
"사람의 아들아, 너는 벌벌 떨며 음식을
먹고, 두려워하며 물을 마셔라. 이 땅의

taken off into exile would, and then, as the
sun went down, made a hole in the wall of
the house with my hands. As it grew dark
and as they watched, I left, throwing my
bundle across my shoulders.
8-10 The next morning GOD spoke to me:
"Son of man, when anyone in Israel, that
bunch of rebels, asks you, 'What are you
doing?' Tell them, 'GOD, the Master, says
that this Message especially concerns
the prince in Jerusalem—Zedekiah—but
includes all the people of Israel.'
11 "Also tell them, 'I am drawing a picture
for you. As I am now doing, it will be done
to all the people of Israel. They will go into
exile as captives.'
12-15 "The prince will put his bundle on his
shoulders in the dark and leave. He'll dig
through the wall of the house, covering his
face so he won't have to look at the land he'll
never see again. But I'll make sure he gets
caught and is taken to Babylon. Blinded,
he'll never see that land in which he'll die. I'll
scatter to the four winds those who helped
him escape, along with his troops, and many
will die in battle. They'll realize that I am
GOD when I scatter them among foreign
countries.
16 "I'll permit a few of them to escape the
killing, starvation, and deadly sickness so
that they can confess among the foreign
countries all the disgusting obscenities
they've been involved in. They will realize
that I am GOD."

17-20 GOD's Message came to me: "Son
of man, eat your meals shaking in your

백성에게, 예루살렘과 이스라엘에 사는 모두에게 **하나님**의 **메시지**를 전하여라. '너희는 벌벌 떨며 음식을 먹고, 겁에 질린 채 물을 마시게 될 것이다. 이 땅을 폭행으로 뒤덮은 일에 대한 벌로, 너희 땅이 황폐해질 것이기 때문이다. 모든 성읍과 마을이 텅텅 비고, 밭들도 황무지가 될 것이다. 그제야 너희는 내가 **하나님**인 줄 알게 될 것이다.'"

boots, drink your water trembling with fear. Tell the people of this land, everyone living in Jerusalem and Israel, GOD's Message: 'You'll eat your meals shaking in your boots and drink your water in terror because your land is going to be stripped bare as punishment for the brutality rampant in it. All the cities and villages will be emptied out and the fields destroyed. Then you'll realize that I am GOD.'"

21-22 **하나님**의 **메시지**가 내게 임했다. "사
람의 아들아, 이스라엘 땅에 '세상은 늘 그대로다. 예언자들의 경고는 공연한 헛소리에 불과하다'는 말이 돌고 있다니, 어찌 된 일이냐?
23-25 그들에게 말하여라. '주 **하나님**께서
말씀하신다. 이 말은 곧 종적을 감추게 될 것이다!'
그들에게 말하여라. '시간이 다 되었다. 이제 곧 모든 경고가 실현될 것이다. 거짓 경보와 안일한 설교는 더 이상 이스라엘에 발붙일 수 없다. 나 **하나님**이 나서서 말할 것이다. 내가 말하면, 그대로 이루어진다. 어떤 말이든 지체 없이 이루어진다. 너희 반역자들아, 나는 내가 말하는 것을 곧 이룰 것이다!' 주 **하나님**의 포고다."

21-22 GOD's Message came to me: "Son
of man, what's this proverb making the rounds in the land of Israel that says, 'Everything goes on the same as ever; all the prophetic warnings are false alarms'?
23-25 "Tell them, 'GOD, the Master, says,
This proverb's going to have a short life!' "Tell them, 'Time's about up. Every warning is about to come true. False alarms and easygoing preaching are a thing of the past in the life of Israel. I, GOD, am doing the speaking. What I say happens. None of what I say is on hold. What I say, I'll do—and soon, you rebels!' Decree of GOD the Master."

26-28 **하나님**의 **메시지**가 내게 임했다. "사
람의 아들아, '그 예언자의 경고는 먼 훗날에 대한 것이다', '그는 먼 장래에 대해 말하는 것이다'라는 말이 들리느냐? 이스라엘에게 말하여라. '주 **하나님**께서 말씀하신다. "나의 말은 무엇이든 지체 없이 이루어진다. 내가 말하는 것은 그대로 이루어진다."' 주 **하나님**의 포고다."

26-28 GOD's Message came to me: "Son of
man, do you hear what Israel is saying: that the alarm the prophet raises is for a long time off, that he's preaching about the far-off future? Well, tell them, 'GOD, the Master, says, "Nothing of what I say is on hold. What I say happens."' Decree of GOD, the Master."

거짓 예언자들

13 1-2 **하나님**의 **메시지**가 내게 임했다. "사람의 아들아, 제 머리로 무언가를 지어내고 그것을 일컬어 '예언'이라고 떠드는 이스라엘 예언자들을 대적하여 말씀을 전하여라.

2-6 그들에게 진짜 예언의 말씀을 전해 주어라. 너는 이렇게 말하여라. '**하나님**의 **메시지**를 들어라! 주 **하나님**께서 제멋대로 떠드는 무지몽매한 예언자들에게 재앙을 선언하신다! 이스라엘아, 너희 예언자들은 먹이를 찾아 폐허를 배회하는 여우와 같다. 그들은 도성 방어벽을 보수하는 일에 손가락 하나 까딱하지 않으며, **하나님**의 심판 날을 맞는 이스라엘을 도우려는 생각이 전혀 없는 자들이다. 그들이 하는 일이란, 듣기 좋은 말로 망상을 심어 주고 거짓을 설교하는 것이 전부다. 그들은 입만 열면 '**하나님**께서 말씀하시기를' 하고 되뇌이지만, 나 **하나님**은 그들에게 눈길 한번 준 적이 없다. 그런데도 그들은 자신들의 말이 이루어지기를 기다린다.

7-9 너희는 순전히 잠꼬대 같은 소리를 지껄이고 있지 않느냐? 내가 너희에게 말한 적이 없는데도 '**하나님**께서 말씀하시기를' 운운하는 너희 설교는 새빨간 거짓말이 아니고 무엇이냐? 이제 기억하여라. 주 **하나님**의 **메시지**다. 하나님이 준 환상 대신에 제멋대로 본 망상을 퍼뜨리고, 설교를 이용해 거짓을 말하는 예언자들을 내가 철천지 원수로 여길 것이다. 그들을 내 백성의 공회에서 추방시키고, 이스라엘 명부에서 이름을 빼며, 이스라엘 땅에 출입하지 못하게 할 것이다. 그제야 너희는 내가 주 **하나님**인 줄 알게 될 것이다.

10-12 그들은 내 백성을 속였다. 상황을 무시하고 '다 괜찮다. 아무 문제없다'고 말했다. 그들은 사람들이 담을 세우면, 뒤에 서

People Who Love Listening to Lies

13 1-2 GOD's Message came to me: "Son of man, preach against the prophets of Israel who are making things up out of their own heads and calling it 'prophesying.'

2-6 "Preach to them the real thing. Tell them, 'Listen to *GOD's* Message!' GOD, the Master, pronounces doom on the empty-headed prophets who do their own thing and know nothing of what's going on! Your prophets, Israel, are like jackals scavenging through the ruins. They haven't lifted a finger to repair the defenses of the city and have risked nothing to help Israel stand on GOD's Day of Judgment. All they do is fantasize comforting illusions and preach lying sermons. They say 'GOD says...' when GOD hasn't so much as breathed in their direction. And yet they stand around thinking that something they said is going to happen.

7-9 "Haven't you fantasized sheer nonsense? Aren't your sermons tissues of lies, saying 'GOD says...' when I've done nothing of the kind? Therefore—and this is the Message of GOD, the Master, remember—I'm dead set against prophets who substitute illusions for visions and use sermons to tell lies. I'm going to ban them from the council of my people, remove them from membership in Israel, and outlaw them from the land of Israel. Then you'll realize that I am GOD, the Master.

10-12 "The fact is that they've lied to my people. They've said, 'No problem; everything's just fine,' when things are not at all fine. When people build a wall, they're right behind them slapping on whitewash. Tell

있다가 그 담에 회칠하는 자들이다. 회칠하는 자들에게 말하여라. '폭우가 내리고 우박이 쏟아지고 폭풍이 휩쓸어 담이 무너지면, 보기 좋으라고 처바른 그 회칠이 대체 무슨 소용이 있겠느냐?'

13-14 앞으로 일어날 일이 바로 그와 같다. 나 주 **하나님**이 말한다. '나는 내 진노의 폭풍을 일으킬 것이다. 분노의 우박을 억수같이 쏟아부을 것이다. 너희가 회칠한 그 담을 내가 쓰러뜨리리라. 완전히 무너뜨려 기초만 덩그러니 남게 할 것이다. 그것이 무너져 내리는 날, 너희도 다 같이 망하여 죽을 것이다. 그제야 너희는 내가 **하나님**인 줄 알게 될 것이다.

15-16 내가 그 담과, 거기에 회칠한 자들에게 나의 진노를 쏟아부을 것이다. 그들에게 말하리라. "담이 무너졌구나. 공들여 회칠을 했는데 헛수고였구나." 내 경고를 무시하고 다 괜찮다며, 예루살렘에게 제멋대로 자기 환상을 전한 이스라엘의 예언자들에게, 내가 그렇게 말할 것이다. 주 **하나님**의 포고다.'

17-19 사람의 아들아, 자기 멋대로 말을 지어내는 여예언자들을 대적하여라. 그들과 맞서라. 마법의 팔찌나 이 사람 저 사람 구미에 맞는 머리 너울을 만들어 영혼을 덫에 걸리게 하는 그 여자들에게 '화가 있으리라' 말하여라. 또 이렇게 말하여라. '너희가 내 백성의 영혼을 죽이려 하느냐? 부와 인기를 얻겠다고 사람의 영혼을 이용하느냐? 너희는 성공을 위해 내 백성 앞에서 나를 욕되게 했고, 사람들의 호감을 얻기 위해 나를 이용했다. 죽어서는 안될 영혼들을 죽였고, 살아서는 안될 영혼들을 살려 주었다. 너희는 속기 좋아하는 백성을 속여 넘겼다.'

20-21 **하나님**이 말한다. '나는 영혼을 사냥하는 데 사용하는 네 모든 도구와 기술을

those who are slapping on the whitewash, 'When a torrent of rain comes and the hailstones crash down and the hurricane sweeps in and the wall collapses, what's the good of the whitewash that you slapped on so liberally, making it look so good?'

13-14 "And that's exactly what will happen. I, GOD, the Master, say so: 'I'll let the hurricane of my wrath loose, a torrent of my hailstone-anger. I'll make that wall you've slapped with whitewash collapse. I'll level it to the ground so that only the foundation stones will be left. And in the ruin you'll all die. You'll realize then that I am GOD.

15-16 "'I'll dump my wrath on that wall, all of it, and on those who plastered it with whitewash. I will say to them, There is no wall, and those who did such a good job of whitewashing it wasted their time, those prophets of Israel who preached to Jerusalem and announced all their visions telling us things were just fine when they weren't at all fine. Decree of GOD, the Master.'

17-19 "And the women prophets—son of man, take your stand against the women prophets who make up stuff out of their own minds. Oppose them. Say 'Doom' to the women who sew magic bracelets and head scarves to suit every taste, devices to trap souls. Say, 'Will you kill the souls of my people, use living souls to make yourselves rich and popular? You have profaned me among my people just to get ahead yourselves, used me to make yourselves look good—killing souls who should never have died and coddling souls who shouldn't live. You've lied to people who love listening to lies.'

20-21 "Therefore GOD says, 'I am against all

그냥 두지 않을 것이다. 너희 손에서 그것들을 빼앗을 것이다. 너희가 사로잡으려 했던 영혼들을 내가 풀어 줄 것이다. 너희 마술 팔찌와 너울을 갈기갈기 찢어 버리고, 너희의 마수에서 내 백성을 건져 내어, 그들이 더 이상 희생되지 않게 할 것이다. 그제야 너희는 내가 **하나님**인 줄 알게 될 것이다.

22-23 이제 너희는 끝장이다. 너희는 선량하고 순진무구한 이들을 거짓말로 속여 혼돈과 혼란에 빠뜨렸다. 사람들이 악을 저지르도록 거들고, 그들이 내게 돌아와 구원받을 생각을 아예 하지 못하게 만들었다. 그러나 망상을 팔고, 거짓을 설교하던 짓은 이제 끝이다. 내가 내 백성을 너희의 마수에서 건져 낼 것이다. 그제야 너희는 내가 **하나님**인 줄 알게 될 것이다.'"

the devices and techniques you use to hunt down souls. I'll rip them out of your hands. I'll free the souls you're trying to catch. I'll rip your magic bracelets and scarves to shreds and deliver my people from your influence so they'll no longer be victimized by you. That's how you'll come to realize that I am GOD.

22-23 "'Because you've confounded and confused good people, unsuspecting and innocent people, with your lies, and because you've made it easy for others to persist in evil so that it wouldn't even dawn on them to turn to me so I could save them, as of now you're finished. No more delusion-mongering from you, no more sermonic lies. I'm going to rescue my people from your clutches. And you'll realize that I am GOD.'"

마음속에 우상을 들여놓은 사람들아

14 1-5 이스라엘의 지도자 몇 사람이 다가와서 내 앞에 앉았다. **하나님의 메시지**가 내게 임했다. "사람의 아들아, 이 백성은 마음속에 우상을 들여놓았다. 자신을 파멸시킬 악독을 품고 산다. 그런 자들의 기도에 내가 왜 마음을 써야 하느냐? 그러니 그들에게 말하여라. '주 **하나님의 메시지**다. 마음속에 우상을 들여놓고 자신을 파멸시킬 악독을 품고 살면서, 뻔뻔스럽게 예언자를 찾아오는 이스라엘 사람들아, 모두 주목하여라. 잡다한 우상들을 질질 끌며 나오는 그들에게, 나 **하나님**이 직접 나서서 대답하겠다. 나는 이스라엘 족속의 마음, 나를 떠나 우상들에게 간 그들의 마음을 손볼 것이다.'

6-8 그러므로, 이스라엘 족속에게 말하여라. '주 **하나님**께서 말씀하신다. 회개하여라! 너희 우상들에게서 돌아서라. 역겹기 그지없는 짓들에서 돌아서라. 이스라엘에

Idols in Their Hearts

14 1-5 Some of the leaders of Israel approached me and sat down with me. GOD's Message came to me: "Son of Man, these people have installed idols in their hearts. They have embraced the wickedness that will ruin them. Why should I even bother with their prayers? Therefore tell them, 'The Message of GOD, the Master: All in Israel who install idols in their hearts and embrace the wickedness that will ruin them and still have the gall to come to a prophet, be on notice: I, GOD, will step in and personally answer them as they come dragging along their mob of idols. I am ready to go to work on the hearts of the house of Israel, all of whom have left me for their idols.'

6-8 "Therefore, say to the house of Israel: 'GOD, the Master, says, Repent! Turn your backs on your no-god idols. Turn your

사는 거류민과 이스라엘 족속 모두에게—내게 등을 돌리고 우상을 품고 사는 자들과, 자신을 파멸시킬 악독을 삶의 중심에 들여놓고 살면서 뻔뻔스럽게도 예언자를 찾아와 내게 묻는 모든 자들에게—나 **하나님**이 직접 나서서 대답하겠다. 나는 그들을 정면으로 대적하여 본때를 보여주고 그들을 없애 버릴 것이다. 그제야 너희는 내가 **하나님**인 줄 알게 될 것이다.

9-11 만일 어떤 예언자가 우상숭배자들에게 현혹되어 그들이 듣고 싶어 하는 거짓을 말하면, 그로 인해 나 **하나님**이 비난을 받게 된다. 그는 그 책임을 면치 못할 것이다. 나는 그의 목덜미를 잡아 밖으로 내칠 것이다. 그 예언자나 그를 찾아가는 자들이나, 모두 유죄 판결을 받을 것이다. 이는 이스라엘 족속이 다시는 내 길에서 벗어나서 헤매거나 반역죄로 자신을 더럽히지 않고, 내가 그들의 하나님이듯 그들이 나의 백성이 되게 하려는 것이다. 주 **하나님**의 포고다.'"

⁂

12-14 **하나님**의 **메시지**가 내게 임했다. "사람의 아들아, 어떤 나라가 나를 반역하고 죄를 지어, 내가 손을 펴서 기근으로 그 나라의 양식이 동나게 하고 사람과 짐승 모두를 쓸어버린다고 하자. 그럴 경우에, 노아와 다니엘과 욥이—그 훌륭한 세 사람이—살아 있다고 해도, 그들은 그 나라에 사는 자들에게 아무 도움이 되지 못할 것이다. 그 세 사람의 의는 그들 셋의 목숨만 구할 수 있을 뿐이다." 주 **하나님**의 포고다.

15-16 "내가 들짐승을 풀어 그 나라를 활보하게 만들어, 모든 사람이 떠나고 나라 전체가 황무지가 되어 아무도 거기 들어가지 못한다고 하자. 살아 있는 나 하나님을 두

backs on all your outrageous obscenities. To every last person from the house of Israel, including any of the resident aliens who live in Israel—all who turn their backs on me and embrace idols, who install the wickedness that will ruin them at the center of their lives and then have the gall to go to the prophet to ask me questions—I, GOD, will step in and give the answer myself. I'll oppose those people to their faces, make an example of them—a warning lesson—and get rid of them so you will realize that I am GOD.

9-11 "'If a prophet is deceived and tells these idolaters the lies they want to hear, I, GOD, get blamed for those lies. He won't get by with it. I'll grab him by the scruff of the neck and get him out of there. They'll be equally guilty, the prophet and the one who goes to the prophet, so that the house of Israel will never again wander off my paths and make themselves filthy in their rebellions, but will rather be my people, just as I am their God. Decree of GOD, the Master.'"

⁂

12-14 GOD's Message came to me: "Son of man, when a country sins against me by living faithlessly and I reach out and destroy its food supply by bringing on a famine, wiping out humans and animals alike, even if Noah, Daniel, and Job—the Big Three—were alive at the time, it wouldn't do the population any good. Their righteousness would only save their own lives." Decree of GOD, the Master.

15-16 "Or, if I make wild animals go through the country so that everyone has to leave and the country becomes wilderness and no

고 맹세하는데, 그때 그 세 사람이 살아 있다고 해도, 오직 그들 셋만 구원받을 것이다. 그들의 아들과 딸들도 구원받지 못하고, 나라는 황무지가 될 것이다.

17-18 내가 그 나라에 전쟁을 일으켜 '살육 개시!' 하고 명령을 내려서 사람과 짐승을 다 죽게 만든다고 하자. 살아 있는 나 하나님을 두고 맹세하는데, 그때 그 세 사람이 살아 있다고 해도, 오직 그들 셋만 구원받을 뿐 아들과 딸들은 구원받지 못할 것이다.

19-20 내가 그 나라에 몹쓸 전염병을 보내고 살인적인 진노를 쏟아서 사람과 짐승을 다 죽게 만든다고 하자. 살아 있는 나 하나님을 두고 맹세하는데, 그때 노아와 다니엘과 욥이 살아 있다고 해도, 아들이나 딸 하나라도 더 구원받지 못할 것이다. 오직 그들 셋만 자신의 의로 말미암아 구원받을 것이다."

21-23 주 **하나님**께서 말씀하신다. "이것은 그림이다. 내가 네 가지 재앙—전쟁과 기근과 들짐승과 전염병—으로 예루살렘을 심판하여 사람과 짐승을 모두 죽일 때 일어날 일이다. 그러나 보아라! 믿기지 않겠지만, 살아남을 자들이 있을 것이다. 그들의 아들과 딸들 가운데 얼마가 구원을 받을 것이다. 그들이 살아서 너희에게 오고 너희가 그들의 구원을 목도하게 될 때에, 너희는 구원받은 그들이 어떻게 살았는지 직접 확인하게 될 것이다. 그러면 너희는 내가 예루살렘에 내린 혹독한 심판이 진실로 마땅한 것이요, 반드시 필요한 일이었음을 알게 될 것이다. 그렇다. 그들이 어떻게 살아왔는지 자세히 알게 되면, 너희 마음도 풀릴 것이다. 너희는 내가 예루살렘에서 행한 모든 일이 공연한 일이 아니었음을 알게 될 것이다." 주 **하나님**의 포고다.

one dares enter it anymore because of the wild animals, even if these three men were living there, as sure as I am the living God, neither their sons nor daughters would be rescued, but only those three, and the country would revert to wilderness.

17-18 "Or, if I bring war on that country and give the order, 'Let the killing begin!' leaving both people and animals dead, even if those three men were alive at the time, as sure as I am the living God, neither sons nor daughters would be rescued, but only these three.

19-20 "Or, if I visit a deadly disease on that country, pouring out my lethal anger, killing both people and animals, and Noah, Daniel, and Job happened to be alive at the time, as sure as I am the living God, not a son, not a daughter, would be rescued. Only these three would be delivered because of their righteousness.

21-23 "Now then, that's the picture," says GOD, the Master, "once I've sent my four catastrophic judgments on Jerusalem—war, famine, wild animals, disease—to kill off people and animals alike. But look! Believe it or not, there'll be survivors. Some of their sons and daughters will be brought out. When they come out to you and their salvation is right in your face, you'll see for yourself the life they've been saved from. You'll know that this severe judgment I brought on Jerusalem was worth it, that it had to be. Yes, when you see in detail the kind of lives they've been living, you'll feel much better. You'll see the reason behind all that I've done in Jerusalem." Decree of GOD, the Master.

땔감으로나 쓰일 예루살렘

15 1-3 **하나님**의 **메시지**가 내게 임
했다. "사람의 아들아, 포도나무
와 그 가지가 숲에 널린 다른 나무보다 무
엇이 나으냐? 포도나무로 무엇을 만들 수
있겠느냐? 물건을 걸어 둘 못 하나라도 만
들 수 있겠느냐?
4 기껏해야 땔감으로나 쓰일 뿐이다. 불에
던져 넣었다가 다시 꺼낸 그 나무 쪼가리를
보아라. 양쪽 끝은 타서 없어지고, 가운데
부분은 시커멓게 그을렸다. 그것을 무엇에
쓰겠느냐?
5 아무 쓸데가 없다. 성했을 때도 쓸모가 없
었는데, 반쯤 타 버린 것을 대체 무엇에 쓰
겠느냐?
6-8 그러므로 주 **하나님**의 **메시지**다. 나는
숲의 나무 중에서 포도나무를 골라 땔감으
로 쓰는 것처럼 예루살렘 주민을 다룰 것
이다. 내가 그들을 철천지원수로 여길 것
이다. 전에 한번 불에 그을렸던 그들이지
만, 그 불이 다시 한번 그들을 사를 것이
다. 내가 그들을 대적하는 날에, 너희는 내
가 **하나님**인 줄 알게 될 것이다. 내가 이
나라를 황무지로 바꿔 놓을 것이다. 그들
이 내게 반역했기 때문이다." 주 **하나님**의
포고다.

Used as Fuel for the Fire

15 1-3 GOD's Message came to me:
"Son of man, how would you
compare the wood of a vine with the branch-
es of any tree you'd find in the forest? Is vine
wood ever used to make anything? Is it used
to make pegs to hang things from?
4 "I don't think so. At best it's good for
fuel. Look at it: A flimsy piece of vine,
thrown in the fire and then rescued—the
ends burned off and the middle charred.
Now is it good for anything?
5 "Hardly. When it was whole it wasn't
good for anything. Half-burned is no
improvement. What's it good for?
6-8 "So here's the Message of GOD, the
Master: Like the wood of the vine I selected
from among the trees of the forest and used
as fuel for the fire, just so I'll treat those who
live in Jerusalem. I am dead set against them.
Even though at one time they got out of the
fire charred, the fire's going to burn them up.
When I take my stand against them, you'll
realize that I am GOD. I'll turn this country
into a wilderness because they've been faith-
less." Decree of GOD, the Master.

미모에 취해 자만한 예루살렘

16 1-3 **하나님**의 **메시지**가 내게 임
했다. "사람의 아들아, 예루살
렘이 벌인 어이없는 행각을 깨우쳐 주어
라. 이렇게 말하여라. '예루살렘을 향한
주 **하나님**의 **메시지**다. 너는 가나안 사람
들 사이에서 태어나고 자랐다. 네 아버지
는 아모리 사람이고, 네 어머니는 헷 사
람이다.
4-5 네가 태어난 날, 아무도 네 탯줄을 잘라
주지 않았고, 아무도 너를 목욕시켜 주지

Your Beauty Went to Your Head

16 1-3 GOD's Message came to me:
"Son of man, confront Jerusa-
lem with her outrageous violations. Say
this: 'The Message of GOD, the Master,
to Jerusalem: You were born and bred
among Canaanites. Your father was an
Amorite and your mother a Hittite.
4-5 "'On the day you were born your umbil-
ical cord was not cut, you weren't bathed
and cleaned up, you weren't rubbed with

않았다. 그날에 아무도 네 몸을 소금으로 문질러 주지 않았고, 아무도 너를 포대기로 감싸 주지 않았다. 너를 돌봐 준 사람이 아무도 없었다. 너를 따뜻이 보살펴 준 사람이 아무도 없었다. 너는 씻지 못한 더러운 모습 그대로 빈터에 버려졌다. 너는 버림받은 신생아였다.

6-7 바로 그때, 내가 그곳을 지나다가 비참하기 그지없는 핏덩어리인 너를 보았다. 그렇다. 위험하고 불결한 곳에 누워 있는 너를 보며 내가 말했다. "살아라! 들판의 초목처럼 자라라!" 그러자 나의 말대로, 너는 자랐다. 키가 자라고, 가슴 봉곳하여 긴 머리 휘날리는 성숙한 여인이 되었다. 그러나 너는 여전히 벌거벗은 채로 있었다.

8-14 내가 다시 지나다가 너를 보니, 너는 이제 사랑할 나이, 연인을 만날 나이가 되었다. 나는 너를 거두어 보살피고 옷을 입혀 주었다. 너를 보호해 주었다. 네게 사랑을 약속하고 너와 혼인 언약을 맺었다. 나 주 **하나님**이 네게 서약했다. 너는 내 것이 되었다. 내가 너를 목욕시켜 네 몸의 해묵은 핏자국을 씻겨 주고, 향기로운 기름을 발라 주었다. 네게 화려한 가운을 입히고 발에는 가죽신을 신겼다. 네게 모시옷과 값비싼 옷감으로 만든 최고급 옷을 입혀 주었다. 나는 너를 보석으로 아름답게 꾸몄다. 네 손목에 팔찌를 끼워 주고, 목걸이와 취옥 반지와 청보석 귀걸이와 다이아몬드 관으로 장식했다. 너는 모든 진귀하고 아름다운 것들을 받아 누렸다. 우아한 옷을 걸치고 꿀과 기름이 곁들여진 산해진미를 즐겼다. 너는 정말이지 대단했다. 너는 여왕이었다! 세계에 이름을 알린 너는 내 장신구로 단장한 완벽한 미인, 전설적인 미인이 되었다. 주 **하나님**의 포

salt, you weren't wrapped in a baby blanket. No one cared a fig for you. No one did one thing to care for you tenderly in these ways. You were thrown out into a vacant lot and left there, dirty and unwashed—a newborn nobody wanted.

6-7 "'And then I came by. I saw you all miserable and bloody. Yes, I said to you, lying there helpless and filthy, "Live! Grow up like a plant in the field!" And you did. You grew up. You grew tall and matured as a woman, full-breasted, with flowing hair. But you were naked and vulnerable, fragile and exposed.

8-14 "'I came by again and saw you, saw that you were ready for love and a lover. I took care of you, dressed you and protected you. I promised you my love and entered the covenant of marriage with you. I, GOD, the Master, gave my word. You became mine. I gave you a good bath, washing off all that old blood, and anointed you with aromatic oils. I dressed you in a colorful gown and put leather sandals on your feet. I gave you linen blouses and a fashionable wardrobe of expensive clothing. I adorned you with jewelry: I placed bracelets on your wrists, fitted you out with a necklace, emerald rings, sapphire earrings, and a diamond tiara. You were provided with everything precious and beautiful: with exquisite clothes and elegant food, garnished with honey and oil. You were absolutely stunning. You were a queen! You became world-famous, a legendary beauty brought to perfection by my adornments. Decree of GOD, the Master.

15-16 "'But your beauty went to your head and you became a common whore, grabbing anyone coming down the street and taking him into your bed. You took your fine dress-

고다.
15-16 그러나 너는 네 미모에 취해 자만해 지면서, 결국 길거리의 아무 남자나 붙들고 침실로 가는, 흔해 빠진 창녀가 되었다. 너는 네 좋은 옷들로 장막을 만들고, 그곳에서 몸을 팔았다. 결단코 있어서는 안될 일이었다.'"

병든 영혼아!

17-19 "'너는 내가 준 진귀한 보석과 금과 은을 가져다가 네 창녀집을 꾸밀 외설 조각상을 만들었다. 최고급 비단과 무명으로 네 침대를 장식하고, 거기에 나의 향유를 바르고 향을 뿌렸다. 너는 내가 마련해 준 산해진미를—허브와 양념을 곁들인 신선한 빵과 과일을—가져다가 네 창녀집의 별식으로 내놓았다. 네가 그렇게 했다. 주 **하나님**의 말이다.
20-21 너는 네가 낳은 아들딸들, 나의 자녀인 그 아이들을 죽여 우상에게 제물로 바쳤다. 창녀가 된 것만으로는 충분치 않았더냐? 너는 살인까지 저질렀다. 나의 자녀들을 죽여 우상에게 제물로 바쳤다.
22 입에 담을 수조차 없는 역겨운 짓과 창녀짓을 벌여 온 그 세월 동안, 너는 단 한 번도 네 유아기 때를 돌아본 적이 없었다. 벌거벗은 핏덩이 적 시절을 기억하지 않았다.
23-24 이 모든 악행으로도 모자라서, 너는 성읍 광장마다 보란 듯이 창녀집을 세웠다. 화가 임하리라! 네게 화가 있으리라. 주 **하나님**의 말이다! 너는 붐비는 교차로마다 보란 듯이 창녀집을 차렸고, 지나가는 아무에게나 두 다리를 벌려 음란한 음부를 보였다.
25-27 급기야 너는 국제적으로 창녀짓을 했다. 이집트 사람들과 간통하고, 그들을 찾아다니며 광란의 섹스판을 벌였다. 네

es and made "tents" of them, using them as brothels in which you practiced your trade. This kind of thing should never happen, never.

What a Sick Soul!

17-19 "'And then you took all that fine jewelry I gave you, my gold and my silver, and made pornographic images of them for your brothels. You decorated your beds with fashionable silks and cottons, and perfumed them with my aromatic oils and incense. And then you set out the wonderful foods I provided—the fresh breads and fruits, with fine herbs and spices, which were my gifts to you—and you served them as delicacies in your whorehouses. That's what happened, says GOD, the Master.
20-21 "'And then you took your sons and your daughters, whom you had given birth to as my children, and you killed them, sacrificing them to idols. Wasn't it bad enough that you had become a whore? And now you're a murderer, killing my children and sacrificing them to idols.
22 "'Not once during these years of outrageous obscenities and whorings did you remember your infancy, when you were naked and exposed, a blood-smeared newborn.
23-24 "'And then to top off all your evil acts, you built your bold brothels in every town square. Doom! Doom to you, says GOD, the Master! At every major intersection you built your bold brothels and exposed your sluttish sex, spreading your legs for everyone who passed by.
25-27 "'And then you went international with your whoring. You fornicated with the

방탕의 정도가 심해질수록, 나의 진노도 커져 갔다. 결국 나는 일어나 네 지경을 축소하고 너를 적들에게 넘겨주어 물어뜯기게 했다. 너는 아느냐? 네 방탕한 생활은 블레셋 여자들이 보고 경악할 정도였다.

28-29 너는 만족을 모르는 음욕 때문에 앗시리아 사람들과도 간통했다. 그러나 여전히 만족할 줄 몰랐다. 너는 바빌론 사람들, 그 장사치 나라와도 간통했지만, 여전히 만족할 줄 몰랐다.

30-31 병든 영혼아! 이런 짓들을 벌인 너, 가히 창녀 중의 창녀다! 붐비는 교차로마다 보란 듯이 창녀집을 짓고, 동네마다 창녀촌을 세웠다. 그런데 너는 보통 창녀들과 달리 화대를 받지 않았다.

32-34 바람난 여자들은 보통 정부(情夫)에게 선물을 받는다. 남자가 창녀에게 화대를 지불하는 것이 일반적이다. 그런데 너는 오히려 정부에게 돈을 건넨다! 너는 사방에서 남자들을 돈 주고 사서 네 침실로 데려온다! 섹스의 대가로 돈을 받는 보통 창녀들과 정반대다. 그들의 호의에 감사하며 돈을 지불한다! 너는 매춘 일마저 변질시켜 놓았다!

35-38 그러므로, 창녀야, **하나님**의 **메시지**를 잘 들어라. 나 주 **하나님**이 말한다. 문란하기 이를 데 없는 너는 아무 앞에서나 옷을 벗어 네 치부를 자랑하듯 드러내고, 음란한 우상들을 숭배하며, 아이들을 죽여 그것들에게 바쳤다. 그러므로 내가 네 정부들을 모두 불러 모으리라. 네가 쾌락을 위해 이용했던 모든 자들, 네가 좋아했던 자들과 네가 혐오했던 자들을 다 모을 것이다. 내가 그들을 법정에 모아 구경꾼들처럼 너를 둘러싸게 할 것이다. 그리고 벌건 대낮에, 그들 보는 앞에서 내가 너를 발가벗길 것이다. 그러면 그들이

Egyptians, seeking them out in their sex orgies. The more promiscuous you became, the angrier I got. Finally, I intervened, reduced your borders and turned you over to the rapacity of your enemies. Even the Philistine women—can you believe it?—were shocked at your sluttish life.

28-29 "'You went on to fornicate with the Assyrians. Your appetite was insatiable. But still you weren't satisfied. You took on the Babylonians, a country of businessmen, and *still* you weren't satisfied.

30-31 "'What a sick soul! Doing all this stuff—the champion whore! You built your bold brothels at every major intersection, opened up your whorehouses in every neighborhood, but you were different from regular whores in that you wouldn't accept a fee.

32-34 "'Wives who are unfaithful to their husbands accept gifts from their lovers. And men commonly pay their whores. But you pay your lovers! You bribe men from all over to come to bed with you! You're just the opposite of the regular whores who get paid for sex. Instead, you pay men for *their* favors! You even pervert whoredom!

35-38 "'Therefore, whore, listen to GOD's Message: I, GOD, the Master, say, Because you've been unrestrained in your promiscuity, stripped down for every lover, flaunting your sex, and because of your pornographic idols and all the slaughtered children you offered to them, therefore, because of all this, I'm going to get all your lovers together, all those you've used for your own pleasure, the ones you loved and the ones you loathed. I'll assemble them as a courtroom of spectators around you. In broad daylight I'll strip you naked before

네 진상을 보게 되리라. 나는 간통죄와
살인죄를 물어 네게 벌을 선고할 것이다.
너에게 내 진노의 맛을 보여줄 것이다!
39-41 내가 네 정부들을 다 모으고 그들
에게 너를 넘겨줄 것이다. 그들이 네 뻔
뻔스런 창녀집과 음란한 산당들을 다 허
물어 버릴 것이다. 네 옷을 찢고 네 보석
을 빼앗아 너를 발가벗길 것이다. 그러
고는 군중을 불러 모을 것이다. 모인 군
중이 네게 돌을 던지며 너를 칼로 난도
질할 것이다. 그들이 네 집을 불태울 것
이다. 모든 여자들이 지켜보는 앞에서
엄중한 심판이 있으리라!
41-42 내가 너의 창녀짓을 완전히 끝장낼
것이다. 돈을 주고 남자들을 침실로 끌
어들이는 일은 더 이상 할 수 없다! 그
제야 나의 진노가 풀리고 질투가 가라앉
을 것이다.
43 네가 어렸을 적 일을 기억하지 않고 이
런 짓들로 나를 노하게 했으니, 그 방종의
대가를 톡톡히 치르게 할 것이다. 역겨운
짓에 방탕까지 더해졌으니, 네가 치러야
할 값이 얼마나 크겠느냐?
44-45 속담을 즐겨 사용하는 자라면 "그
어머니에 그 딸"이라고 말할 것이다. 너는
남편과 자식들에게 싫증 내던 네 어머니
의 딸이다. 또 너는 남편과 자식들에게 싫
증 내던 네 자매 중 하나다. 네 어머니는
헷 사람이며, 아버지는 아모리 사람이다.
46-48 네 언니는 사마리아다. 그녀는 딸들
과 함께 네 북쪽에 살았다. 네 동생은 소
돔이며, 딸들과 네 남쪽에 살았다. 너도
그들과 똑같이 살지 않았느냐? 그들처
럼 차마 입에 담을 수 없는 역겨운 짓들
을 벌이지 않았느냐? 오히려, 너는 그들
을 따라잡고 추월했다! 살아 있는 나 하
나님을 두고 맹세하며 말한다! 주 **하나님**
의 포고다. 너와 네 딸들이 한 짓들에 비

them—they'll see what you *really* look like.
Then I'll sentence you to the punishment for an
adulterous woman and a murderous woman.
I'll give you a taste of my wrath!
39-41 "'I'll gather all your lovers around you
and turn you over to them. They'll tear down
your bold brothels and sex shrines. They'll
rip off your clothes, take your jewels, and
leave you naked and exposed. Then they'll
call for a mass meeting. The mob will stone
you and hack you to pieces with their swords.
They'll burn down your houses. A massive
judgment—with all the women watching!
41-42 "'I'll have put a full stop to your
whoring life—no more paying lovers to
come to your bed! By then my anger will be
played out. My jealousy will subside.
43 "'Because you didn't remember what
happened when you were young but made
me angry with all this behavior, I'll make you
pay for your waywardness. Didn't you just
exponentially compound your outrageous
obscenities with all your sluttish ways?
44-45 "'Everyone who likes to use proverbs
will use this one: "Like mother, like daugh-
ter." You're the daughter of your mother,
who couldn't stand her husband and
children. And you're a true sister of your
sisters, who couldn't stand their husbands
and children. Your mother was a Hittite and
your father an Amorite.
46-48 "'Your older sister is Samaria. She lived
to the north of you with her daughters. Your
younger sister is Sodom, who lived to the
south of you with her daughters. Haven't you
lived just like they did? Haven't you engaged
in outrageous obscenities just like they did?
In fact, it didn't take you long to catch up and

하면 네 동생 소돔과 그 딸들의 소행은
새 발의 피다.
49-50 네 동생 소돔은 자기 딸들과 함께 온
갖 사치를 부리며 살았다. 오만했고, 탐욕
스러웠으며, 게을렀다. 그들은 압제받는
자와 가난한 이들을 돕지 않았다. 거들먹
거렸고 추잡했다. 그들이 결국 어떻게 되
었는지 너는 잘 알 것이다. 내가 그들을
아주 없애 버렸다.
51-52 그리고 사마리아. 사마리아의 죄
는 네 반만큼도 되지 않는다. 네 역겨운
행위들은 그녀를 훨씬 능가한다. 아니,
네 소행에 비하면 네 두 자매는 선량해
보일 정도다! 정말 그렇다. 너에 비하면
네 자매들은 실로 성인군자들이다. 네
죄가 얼마나 그들을 능가하는지, 그들이
의인으로 보일 지경이다. 부끄럽지 않느
냐? 네가 안고 살아야 할 수치다. 역사
에 길이 남을 명성이 아니냐. 네 자매들
의 죄를 능가하다니!
53-58 그러나 나는 소돔과 그 딸들, 사마리
아와 그 딸들의 운명을 뒤집을 것이다. 그
리고—잘 들어라—그들과 더불어 네 운
명도 그러할 것이다! 어쨌거나 너는 네 수
치를 안고 살아야 할 것이다. 네 수치를
마주하고 받아들임으로, 네 두 자매에게
얼마간 위안을 줄 것이다. 네 자매들, 소
돔과 그 딸들과 사마리아와 그 딸들은 옛
모습으로 돌아갈 것이요, 너 역시 그러할
것이다. 네가 거들먹거리면서 오만방자하
게 동생 소돔을 깔보았던 시절을 기억하
느냐? 그때는 네 악행들이 폭로되기 전이
었다. 그러나 이제 네가 멸시의 대상이 되
었다. 너는 에돔 여자와 블레셋 여자와 주
변 모든 자들에게 경멸을 받는 신세가 되
었다. 그러나 너는 이 현실을 직시해야 하
고, 네 추악한 과거의 수치를 받아들여야
한다. 주 **하나님**의 포고다.

pass them! As sure as I am the living God!—
Decree of GOD, the Master—your sister Sodom
and her daughters never even came close to
what you and your daughters have done.
49-50 "'The sin of your sister Sodom was this:
She lived with her daughters in the lap of
luxury—proud, gluttonous, and lazy. They
ignored the oppressed and the poor. They put
on airs and lived obscene lives. And you know
what happened: I did away with them.
51-52 "'And Samaria. Samaria didn't sin half
as much as you. You've committed far more
obscenities than she ever did. Why, you make
your two sisters look good in comparison with
what you've done! Face it, your sisters look
mighty good compared with you. Because
you've outsinned them so completely, you've
actually made them look righteous. Aren't you
ashamed? But you're going to have to live with
it. What a reputation to carry into history:
outsinning your two sisters!
53-58 "'But I'm going to reverse their fortunes,
the fortunes of Sodom and her daughters and
the fortunes of Samaria and her daughters.
And—get this—*your* fortunes right along with
them! Still, you're going to have to live with
your shame. And by facing and accepting your
shame, you're going to provide some comfort
to your two sisters. Your sisters, Sodom
with her daughters and Samaria with her
daughters, will become what they were before,
and you will become what you were before.
Remember the days when you were putting on
airs, acting so high and mighty, looking down
on sister Sodom? That was before your evil
ways were exposed. And now *you're* the butt
of contempt, despised by the Edomite women,
the Philistine women, and everybody else

59-63 주 **하나님**이 말한다. 네가 내 맹세를 하찮게 여기고 나와의 언약을 깨뜨렸으니, 나는 네가 행한 대로 갚아 줄 것이다. 그러나 나는 너와 어렸을 적 맺었던 언약을 기억할 것이며, 너와 영원히 지속될 언약을 맺을 것이다. 너는 후회스러운 네 과거를 기억할 것이며, 네가 너의 두 자매, 언니와 동생을 다시 맞이하게 되는 날, 참으로 참회하게 될 것이다. 내가 그들을 네 딸들로 줄 것이다. 그러나 그들이 네 언약에 참여하게 되는 것은 아니다. 나는 너와 맺은 언약을 굳게 세울 것이고, 그제야 너는 내가 **하나님**인 줄 알게 되리라. 너는 네 과거를 기억하고 그 수치를 마주하겠지만, 내가 너를 위해 속죄를 행하고 네 모든 소행에도 불구하고 모든 것을 바로잡아 줄 것이다. 그날 너는 차마 입을 열지 못할 것이다.'" 주 **하나님**의 포고다.

독수리와 포도나무 비유

17 1-6 **하나님**의 **메시지**가 내게 임했다. "사람의 아들아, 이스라엘 족속을 위해 수수께끼를 하나 내어라. 그들에게 이야기를 들려주어라. '주 **하나님**께서 말씀하신다.

큰 날개와 기다란 깃털을 가진
커다란 독수리 한 마리가,
화려한 빛깔의 날개를 활짝 펴고
레바논에 날아왔다.
독수리는 어느 백향목 꼭대기를 꺾고
그 가장 위쪽 순을 잘라서,
그것을 무역상들의 땅에 가져가
어느 상인들의 도성에 내려놓았다.
그리고 그 땅에서 난 순을 하나 따서,
강둑에 버드나무를 심듯
넉넉한 물가 비옥한 땅에 심었다.

around. But you have to face it, to accept the shame of your obscene and vile life. Decree of GOD, the Master.

59-63 "'GOD, the Master, says, I'll do to you just as you have already done, you who have treated my oath with contempt and broken the covenant. All the same, I'll remember the covenant I made with you when you were young and I'll make a new covenant with you that will last forever. You'll remember your sorry past and be properly contrite when you receive back your sisters, both the older and the younger. I'll give them to you as daughters, but not as participants in your covenant. I'll firmly establish my covenant with you and you'll know that I am GOD. You'll remember your past life and face the shame of it, but when I make atonement for you, make everything right after all you've done, it will leave you speechless.'" Decree of GOD, the Master.

The Great Tree Is Made Small and the Small Tree Great

17 1-6 GOD's Message came to me: "Son of man, make a riddle for the house of Israel. Tell them a story. Say, 'GOD, the Master, says:

"'A great eagle
with a huge wingspan and long feathers,
In full plumage and bright colors,
came to Lebanon
And took the top off a cedar,
broke off the top branch,
Took it to a land of traders,
and set it down in a city of shopkeepers.
Then he took a cutting from the land
and planted it in good, well-watered soil,

순에 싹이 돋고 가지가 무성해져,
땅에 낮게 퍼지는 포도나무가 되었다.
그 포도나무 가지들이 독수리를 향해 뻗어 올라갔고,
뿌리는 땅속 깊숙이 뻗어 내렸다.
덩굴이 쭉쭉 뻗고
가지는 쑥쑥 자라났다.

7-8 큰 날개와 무성한 깃털을 가진
또 다른 커다란 독수리가 있었다.
그런데 이 포도나무가
멀리 있는 그 독수리로부터
물을 얻으려고,
심겨졌던 땅에서
그를 향해 뿌리를 뻗고,
가지들도 그를 향해 뻗어 갔다.
이 포도나무를 넉넉한 물가 비옥한 땅에 심은 것은,
가지를 내고 열매를 맺어
귀한 포도나무가 되게 하려는 것이었다.

9-10 주 **하나님**이 말한다.
그 포도나무가 과연 잘 자라겠느냐?
그 독수리가 뿌리째 뽑아 버려,
열매는 썩고
가지도 다 시들어
말라 죽은 포도나무가 되지 않겠느냐?
그런 포도나무를 뽑아 버리는 데는
힘이 많이 들지 않고, 손도 많이 필요 없다.
설령 다른 곳으로 옮겨 심는다 한들,
과연 잘 자라겠느냐?
뜨거운 동풍이 불어오면
시들어 버리지 않겠느냐?
심겨진 곳에서 말라 버려,
멀리 날려 가지 않겠느냐?'"

11-12 **하나님의 메시지**가 내게 임했다. "저

like a willow on a riverbank.
It sprouted into a flourishing vine,
low to the ground.
Its branches grew toward the eagle
and the roots became established—
A vine putting out shoots,
developing branches.

7-8 "'There was another great eagle
with a huge wingspan and thickly feathered.
This vine sent out its roots toward him
from the place where it was planted.
Its branches reached out to him
so he could water it
from a long distance.
It had been planted
in good, well-watered soil,
And it put out branches and bore fruit,
and became a noble vine.

9-10 "'GOD, the Master, says,
Will it thrive?
Won't he just pull it up by the roots
and leave the grapes to rot
And the branches to shrivel up,
a withered, dead vine?
It won't take much strength
or many hands to pull it up.
Even if it's transplanted,
will it thrive?
When the hot east wind strikes it,
won't it shrivel up?
Won't it dry up and blow away
from the place where it was planted?'"

11-12 GOD's Message came to me: "Tell this
house of rebels, 'Do you get it? Do you know

반역자 족속에게 말하여라. '알아들었느냐? 이 이야기가 무엇을 뜻하는지 알겠느냐?'

12-14 그들에게 말하여라. '바빌론 왕이 예루살렘에 와서 왕과 지도자들을 바빌론으로 끌고 갔다. 그가 왕족 중에 하나를 데려다 언약을 맺고, 그에게 충성을 맹세하게 했다. 바빌론 왕은 고위급 인사 전부를 포로로 붙잡아 갔는데, 그것은 이 나라를 무력한—허튼 생각을 할 수 없는—상태로 만들어, 언약을 지켜야만 살 수 있게 하려는 것이었다.

15 그런데 그가 반역을 했고, 이집트에 사절을 보내 군마와 대군을 청했다. 이 일이 성공할 수 있으리라고 보느냐? 이렇게 하고도 너희가 무사할 것 같으냐? 언약을 깨뜨리고도 벌을 면할 수 있겠느냐?

16-18 살아 있는 나 하나님을 두고 맹세하는데, 충성서약과 언약을 깨뜨린 왕은 그 나라 바빌론에서 죽을 것이다. 바빌론이 도성을 포위 공격하고 그 안의 모든 사람을 쳐죽일 때, 바로는 큰 대군을 갖고도 그 왕을 돕기 위해 손가락 하나 까닥하지 않을 것이다. 이것은 그가 엄숙히 맹세한 바를 어기고 언약을 깨뜨리면서 이 같은 일을 서슴지 않았기 때문이다. 그 왕은 절대 무사하지 못할 것이다.

19-21 그러므로, 주 **하나님**이 말한다. 살아 있는 나 하나님을 두고 맹세하는데, 나의 맹세를 업신여기고 나의 언약을 깨뜨린 그 왕은 대가를 톡톡히 치를 것이다. 내가 추격대를 보내어 그를 붙잡으리라. 그를 바빌론으로 데려가 재판할 것이다. 그의 정예병과 나머지 병사들 전부가 전장에서 죽을 것이고, 살아남은 자들은 사방으로 흩어질 것이다. 그제야 너희는 나 **하나님**이 말한 것을 알게 될 것이다.

22-24 주 **하나님**이 말한다. 내가 친히 높

what this means?'

12-14 "Tell them, 'The king of Babylon came to Jerusalem and took its king and its leaders back to Babylon. He took one of the royal family and made a covenant with him, making him swear his loyalty. The king of Babylon took all the top leaders into exile to make sure that this kingdom stayed weak—didn't get any big ideas of itself—and kept the covenant with him so that it would have a future.

15 "'But he rebelled and sent emissaries to Egypt to recruit horses and a big army. Do you think that's going to work? Are they going to get by with this? Does anyone break a covenant and get off scot-free?

16-18 "'As sure as I am the living God, this king who broke his pledge of loyalty and his covenant will die in that country, in Babylon. Pharaoh with his big army—all those soldiers!—won't lift a finger to fight for him when Babylon sets siege to the city and kills everyone inside. Because he broke his word and broke the covenant, even though he gave his solemn promise, because he went ahead and did all these things anyway, he won't escape.

19-21 "'Therefore, GOD, the Master, says, As sure as I am the living God, because the king despised my oath and broke my covenant, I'll bring the consequences crashing down on his head. I'll send out a search party and catch him. I'll take him to Babylon and have him brought to trial because of his total disregard for me. All his elite soldiers, along with the rest of the army, will be killed in battle, and whoever is left will be scattered to the four winds. Then you'll realize that I,

다란 백향목 끝에서 어린 가지 하나를 꺾
어다가, 높이 솟은 산, 이스라엘의 높은
산에 심을 것이다. 그것이 자라서 가지를
뻗고 열매를 맺어, 장대한 백향목이 될
것이다. 온갖 새들이 거기 깃들어 살게
될 것이다. 그 가지 그늘에 둥지를 틀 것
이다. 나 **하나님**이, 높은 나무는 낮추고
낮은 나무는 높이며, 푸른 나무는 시들게
하고 마른 나무에 푸른 가지가 싹터 나오
게 하는 줄, 들의 모든 나무가 알게 될 것
이다. 나 **하나님**이 말했으니, 그것을 이
룰 것이다.'"

각자 걸어온 길대로 심판하리라

18 1-2 나에게 임한 **하나님**의 **메시**
지다. "어찌 된 영문이냐. 나라
에 이런 말이 돌다니.

부모가 덜 익은 사과를 먹더니,
자식들이 배탈이 났다.

3-4 살아 있는 나 하나님을 두고 맹세하는
데, 이스라엘에 더 이상 이 말이 돌지 않
을 것이다. 남자나 여자, 아이나 부모, 자
식 할 것 없이, 모든 영혼은 다 내 것이다.
너희는 너희 자신의 죄로 죽는 것이지, 다
른 사람의 죄로 죽는 것이 아니다.
5-9 정의롭고 올바르게 사는 의인이 있다
고 하자. 그는,

이방 산당에 바쳐진 음식을 먹지 않고
이스라엘의 인기 높은 우상들을 숭배하
지 않고
이웃의 배우자를 유혹하지 않고
함부로 성관계를 갖지 않고
누구도 학대하지 않고
담보물로 재산을 늘리지 않고
도적질하지 않고

GOD, have spoken.
22-24 "'GOD, the Master, says, I personally will
take a shoot from the top of the towering cedar,
a cutting from the crown of the tree, and plant
it on a high and towering mountain, on the
high mountain of Israel. It will grow, putting
out branches and fruit—a majestic cedar. Birds
of every sort and kind will live under it. They'll
build nests in the shade of its branches. All
the trees of the field will recognize that I, GOD,
made the great tree small and the small tree
great, made the green tree turn dry and the dry
tree sprout green branches. I, GOD, said it—and
I did it.'"

Judged According to the Way You Live

18 1-2 GOD's Message to me: "What do
you people mean by going around
the country repeating the saying,

The parents ate green apples,
The children got the stomachache?

3-4 "As sure as I'm the living God, you're
not going to repeat this saying in Israel any
longer. Every soul—man, woman, child—
belongs to me, parent and child alike. You die
for your own sin, not another's.
5-9 "Imagine a person who lives well, treating
others fairly, keeping good relationships—

doesn't eat at the pagan shrines,
doesn't worship the idols so popular in Israel,
doesn't seduce a neighbor's spouse,
doesn't indulge in casual sex,
doesn't bully anyone,
doesn't pile up bad debts,
doesn't steal,

주리는 이들에게 기꺼이 먹을 것을 주고
헐벗은 이들에게 입을 것 주기를 거절하지 않고
가난한 이들을 착취하지 않고
충동과 탐욕에 따라 살지 않고
사람을 차별하지 않고
나의 율례를 지키고
나의 규례를 높이며, 신실하게 그것을 따른다.
이처럼 올바르게 사는 사람은
참되고 충만한 삶을 살 것이다.
주 **하나님**의 포고다.

doesn't refuse food to the hungry,
doesn't refuse clothing to the ill-clad,
doesn't exploit the poor,
doesn't live by impulse and greed,
doesn't treat one person better than another,
But lives by my statutes and faithfully honors and obeys my laws.
This person who lives upright and well shall live a full and true life.
Decree of GOD, the Master.

10-13 그런데, 이 사람에게 폭력을 휘두르고 살인을 자행하며 부모와 다르게 사는 자식이 있다고 하자. 그는,

10-13 "But if this person has a child who turns violent and murders and goes off and does any of these things, even though the parent has done none of them—

이방 산당에 바쳐진 음식을 먹고
이웃의 배우자를 유혹하고
약자를 학대하고
도적질하고
담보물로 재산을 늘리고
우상을 숭배하고
역겨운 짓을 벌이고
가난한 이들을 착취한다.

eats at the pagan shrines,
seduces his neighbor's spouse,
bullies the weak,
steals,
piles up bad debts,
admires idols,
commits outrageous obscenities,
exploits the poor

이런 사람이 살 수 있을 것 같으냐? 천만의 말씀이다! 이런 추잡한 짓을 벌이는 자는 마땅히 죽을 것이다. 자신의 잘못으로 죽을 것이다.

"—do you think this person, the child, will live? Not a chance! Because he's done all these vile things, he'll die. And his death will be his own fault.

14-17 그런데 이 사람에게도 자식이 있어, 자기 부모의 죄를 보면서 자랐다고 하자. 그런데 그는 부모처럼 살지 않는다. 그는,

14-17 "Now look: Suppose that this child has a child who sees all the sins done by his parent. The child sees them, but doesn't follow in the parent's footsteps—

이방 산당에 바쳐진 음식을 먹지 않고
이스라엘의 인기 높은 우상들을 숭배하지 않고

doesn't eat at the pagan shrines,
doesn't worship the popular idols of

이웃의 배우자를 유혹하지 않고
누구도 학대하지 않고
돈을 꾸어 주기를 거절하지 않고
도적질하지 않고
주리는 이들에게 기꺼이 먹을 것을 주고
헐벗은 이들에게 입을 것 주기를 거절하지 않고
충동과 탐욕에 따라 살지 않고
가난한 이들을 착취하지 않는다.
그는 나의 말을 준행한다.
그는 나의 규례를 이행하며, 나의 율례를 따라 산다.

17-18 이런 사람은 그의 부모가 죄를 지었다고 해서 죽지 않는다. 그는 참되고 복된 삶을 살 것이다. 그러나 그의 부모는 자기 소행으로 인해 죽을 것이다. 그는,

약자를 압제하고
형제자매에게 강도짓을 하고
공동체에 큰 해를 끼치는 죄를 지었기 때문이다.

19-20 너희는 '부모의 죄값을 자식이 함께 치르는 것이 아닙니까?' 하고 묻는다만, 무슨 소리냐?
명백하지 않느냐? 그 자식은 공정하고 옳은 일을 했다. 힘써 정당하고 옳은 일을 한 그 자식은, 그로 인해 살 것이다. 바르고 행복하게 살아갈 것이다. 누가 죄를 지으면, 죄지은 그 사람이 죽는다. 자식은 부모의 죄값을 함께 치르지 않으며, 부모 역시 자식의 죄값을 함께 치르지 않는다. 네가 올바른 삶을 살면, 그 공로는 네게 돌아간다. 네가 악한 삶을 살면, 그 죄값 역시 네게 돌아간다.
21-23 그러나 악인이라도 죄짓던 삶에서 돌이켜 나의 율례를 지키고 정의와 공의로 살면, 그는 살 것이다. 참으로 살 것이다. 그는

Israel,
doesn't seduce his neighbor's spouse,
doesn't bully anyone,
doesn't refuse to loan money,
doesn't steal,
doesn't refuse food to the hungry,
doesn't refuse to give clothes to the ill-clad,
doesn't live by impulse and greed,
doesn't exploit the poor.
He does what I say;
he performs my laws and lives by my statutes.

17-18 "This person will not die for the sins of the parent; he will live truly and well. But the parent will die for what the parent did, for the sins of—

oppressing the weak,
robbing brothers and sisters,
doing what is dead wrong in the community.

19-20 "Do you need to ask, 'So why does the child not share the guilt of the parent?'
"Isn't it plain? It's because the child did what is fair and right. Since the child was careful to do what is lawful and right, the child will live truly and well. The soul that sins is the soul that dies. The child does not share the guilt of the parent, nor the parent the guilt of the child. If you live upright and well, you get the credit; if you live a wicked life, you're guilty as charged.
21-23 "But a wicked person who turns his back on that life of sin and keeps all my statutes, living a just and righteous life,

죽지 않으리라. 그가 저지른 악행의 목록을
내가 삭제해 버릴 것이다. 그는 살 것이다.
생각해 보아라. 내가 악인이 죽는 것을 기뻐
하겠느냐? 나의 기쁨은 그들이 돌이켜서,
더 이상 잘못을 저지르지 않고 바르게 사는
것, 참된 삶을 사는 것이 아니겠느냐?
24 반대로, 선하게 살던 사람이 바른 삶을
버리고 악인이 저지르는 온갖 추하고 역겨
운 짓을 따라하는 경우도 마찬가지다. 이 사
람이 살겠느냐? 나는 그가 행한 선행의 목
록을 삭제해 버릴 것이다. 그는 자신의 반역
과 그 쌓인 죄로 죽을 것이다.
25-28 이를 두고 너희가 '공정하지 않다! 하
나님이 공정하시지 않다!'고 말하느냐?
이스라엘아, 잘 들어라. 내가 공정하지 않다
고 보느냐? 공정하지 않은 쪽은 너희다! 선
인이라도 선한 삶을 버리고 죄짓기 시작하
면, 그는 그로 인해 죽을 것이다. 자기 죄로
죽는 것이다. 마찬가지로, 악인이라도 악한
삶에서 돌이켜 선하고 공명정대하게 살기
시작하면, 그는 자기 생명을 구할 것이다. 지
금껏 자신이 저지른 모든 잘못을 직시하고
그것들과 단호히 결별하면, 그는 살 것이다.
참으로 살 것이다. 그는 죽지 않을 것이다.
29 그런데 이스라엘은 계속 '공정하지 않다!
하나님이 공정하시지 않다'며 징징거린다.
이스라엘아, 나더러 공정하지 않다고 하느
냐? 공정하지 않은 쪽은 너희다.
30-32 이스라엘아, 요지는 이것이다. 나는
너희 각 사람이 걸어온 길대로 심판할 것이
다. 그러니 돌이켜라! 반역 행위에서 돌이
켜, 죄로 인해 나락에 떨어지는 일이 없게
하여라. 과거를 청산하여라! 부디 반역을
그쳐라. 마음을 새롭게 하여라! 영을 새롭
게 하여라! 이스라엘아, 왜 죽고자 하느냐?
나는 누구의 죽음도 기뻐하지 않는다. 주 하
나님의 포고다.
과거를 깨끗이 청산하여라! 그리고 살

he'll live, really live. He won't die. I won't
keep a list of all the things he did wrong.
He will live. Do you think I take any
pleasure in the death of wicked men and
women? Isn't it my pleasure that they turn
around, no longer living wrong but living
right—really living?
24 "The same thing goes for a good person
who turns his back on an upright life and
starts sinning, plunging into the same
vile obscenities that the wicked person
practices. Will this person live? I don't
keep a list of all the things this person did
right, like money in the bank he can draw
on. Because of his defection, because he
accumulates sin, he'll die.
25-28 "Do I hear you saying, 'That's not
fair! God's not fair!'?
"Listen, Israel. I'm not fair? You're the
ones who aren't fair! If a good person
turns away from his good life and takes
up sinning, he'll die for it. He'll die for his
own sin. Likewise, if a bad person turns
away from his bad life and starts living a
good life, a fair life, he will save his life.
Because he faces up to all the wrongs he's
committed and puts them behind him, he
will live, really live. He won't die.
29 "And yet Israel keeps on whining,
'That's not fair! God's not fair.'
"I'm not fair, Israel? You're the ones who
aren't fair.
30-32 "The upshot is this, Israel: I'll judge
each of you according to the way you live.
So turn around! Turn your backs on your
rebellious living so that sin won't drag you
down. Clean house. No more rebellions,
please. Get a new heart! Get a new spirit!

아라!"

Why would you choose to die, Israel? I take no pleasure in anyone's death. Decree of GOD, the Master.
"Make a clean break! Live!"

애가

19 1-4 이스라엘의 제후들을 위한 애가를 불러라.

네 어머니는,
사자들 중에서도 실로 대단한 암사자였다!
젊은 사자 떼 가운데 몸을 웅크리고 살면서
새끼들을 크게 키웠다.
새끼들 중 하나가 자라서,
사나운 젊은 사자가 되었다.
그가 사냥하는 법을 배워,
사람을 잡아먹었다.
민족들이 경계했고,
덫을 놓아 그를 잡았다.
그들이 그를 갈고리로 꿰어
이집트로 끌고 갔다.

5-9 자신에게 운이 없다고,
새끼가 돌아올 가망이 없다고 생각한 암사자는,
다른 새끼를 골라
힘센 젊은 사자로 키웠다.
그는 다른 사자들과 어울려 먹이를 찾아다니는,
사나운 젊은 사자가 되었다.
그가 사냥하는 법을 배워,
사람을 잡아먹었다.
그는 사람들의 방어망을 뚫고 활보했으며,
그들의 도성을 폐허로 만들었다.
그가 포효하면
온 나라가 겁을 집어먹었다.
민족들이 합세하여 그를 사냥하러 나섰다.
모두가 그 사냥에 동참했다.
그들이 덫을 놓아
그를 포획했다.
그들은 그에게 나무 마구를 채워

A Story of Two Lions

19 1-4 Sing the blues over the princes of Israel. Say:

What a lioness was your mother
among lions!
She crouched in a pride of young lions.
Her cubs grew large.
She reared one of her cubs to maturity,
a robust young lion.
He learned to hunt.
He ate men.
Nations sounded the alarm.
He was caught in a trap.
They took him with hooks
and dragged him to Egypt.

5-9 When the lioness saw she was luckless,
that her hope for that cub was gone,
She took her other cub
and made him a strong young lion.
He prowled with the lions,
a robust young lion.
He learned to hunt.
He ate men.
He rampaged through their defenses,
left their cities in ruins.
The country and everyone in it
was terrorized by the roars of the lion.
The nations got together to hunt him.
Everyone joined the hunt.
They set out their traps

바빌론 왕에게 데려갔다.
이제 더는 들리지 않는다.
이스라엘의 평화롭던 산들의 정적을 깨뜨리던 그 포효소리!

10-14 여기 또 다른 이야기가 있다.
네 어머니는 흐르는 강물 옆에 심긴,
포도원의 포도나무 같았다.
물이 넉넉하여
가지는 무성했고, 포도 열매 또한 풍성했다.
가지가 어찌나 튼튼하던지,
깎아서 제왕의 홀로 사용할 만했다.
포도나무는 하늘 높이 쑥쑥 자랐고,
쭉쭉 뻗은 가지들은
멀리서도 보일 정도로 무성했다.
그런데 분노의 손길이 그 나무를 잡고 뽑아
땅바닥에 내동댕이쳤다.
뜨거운 동풍이 불어오니 나무가 오그라지고
열매도 모두 떨어졌다.
튼튼했던 가지들은 다 말라서,
불쏘시개로밖에 쓸 수 없는 것이 되고 말았다.
이제 광야에 꽂힌 나무 막대기,
불모의 땅에 박힌 나무토막에 불과해,
그것은 불을 지필 때나
광야에 모닥불을 피울 때 쓸모 있을 뿐이다.
제왕의 홀로 사용할 만하던 그 튼튼한 가지들,
이제 흔적조차 없어졌다!

(이것이 애가로 불리는 슬픈 노래의 가사다.)

너희가 탐닉하던 것들을 모두 없애라

20 1 일곱째 해 다섯째 달 십일에, 이스라엘의 지도자 몇 사람이 나를 찾아와 하나님의 인도를 구했다. 그들이

and caught him.
They put a wooden collar on him
and took him to the king of Babylon.
No more would that voice be heard
disturbing the peace in the mountains of Israel!

10-14 Here's another way to put it:
Your mother was like a vine in a vineyard,
transplanted alongside streams of water,
Luxurious in branches and grapes
because of the ample water.
It grew sturdy branches
fit to be carved into a royal scepter.
It grew high, reaching into the clouds.
Its branches filled the horizon,
and everyone could see it.
Then it was ripped up in a rage
and thrown to the ground.
The hot east wind shriveled it up
and stripped its fruit.
The sturdy branches dried out,
fit for nothing but kindling.
Now it's a stick stuck out in the desert,
a bare stick in a desert of death,
Good for nothing but making fires,
campfires in the desert.
Not a hint now of those sturdy branches
fit for use as a royal scepter!

(This is a sad song, a text for singing the blues.)

Get Rid of All the Things You've Become Addicted To

20 1 In the seventh year, the fifth month, on the tenth day of the month, some of the leaders of Israel came

내 앞에 앉았다.

2-3 그때 **하나님**의 **메시지**가 내게 임했다. "사람의 아들아, 이스라엘 지도자들과 이야기하고, 그들에게 전하여라. '주 **하나님**께서 말씀하신다. "너희가 내게 물으려고 왔느냐? 살아 있는 나 하나님을 두고 맹세하는데, 나는 너희가 묻는 것을 허락하지 않겠다. 주 **하나님**의 포고다."'

4-5 사람의 아들아, 오히려 네가 그들에게 책임을 물어야 하지 않겠느냐? 그들의 조상이 저지른 모든 역겨운 짓을 그들의 코앞에 들이대라. 그들에게, 주 **하나님**께서 이렇게 말씀하신다고 전하여라.

5-6 '내가 이스라엘을 택한 날에, 나는 이집트 땅에서 그들에게 나 자신을 계시했다. 그때 나는 손을 들어 엄숙히 맹세하며, 야곱 백성에게 말했다. "나는 **하나님**, 곧 너의 하나님이다." 나의 손을 들어 엄숙히 맹세한 그날에, 나는 그들을 이집트 땅에서 이끌어 내어 내가 그들을 위해 택한 젖과 꿀이 흐르는 땅, 참으로 보석 같은 땅으로 데려가 주겠다고 약속했다.

7 그때 나는 그들에게 말했다. "지금까지 너희가 탐닉하던 혐오스런 것들을 모두 없애라. 이집트 우상들로 너희를 더럽히지 마라. 오직 나만이 **하나님**, 곧 너희의 하나님이다."

8-10 그러나 그들은 내게 반역했고, 도무지 내 말을 들으려 하지 않았다. 그 누구도 혐오스런 것들을 없애지 않았다. 모두가 제 목숨이나 되는 듯 이집트 우상들을 애지중지했다. 당장에 이집트에서 나의 진노를 그들에게 쏟아부을까 생각했지만, 나는 마음을 고쳐먹었다. 나는 내 감정이 아니라 내가 누구인지에 입각해서 행동했다. 이는 내가 그들을 둘러싼 민족들에게서, 모독이 아니라 공경을 얻고자 함이었다. 그 민족들은 내가 이집트에서 내 백성을 이끌어

to ask for guidance from GOD. They sat down before me.

2-3 Then GOD's Message came to me: "Son of man, talk with the leaders of Israel. Tell them, 'GOD, the Master, says, "Have you come to ask me questions? As sure as I am the living God, I'll not put up with questions from you. Decree of GOD, the Master."'

4-5 "Son of man, why don't *you* do it? Yes, go ahead. Hold them accountable. Confront them with the outrageous obscenities of their parents. Tell them that GOD, the Master, says:

5-6 "'On the day I chose Israel, I revealed myself to them in the country of Egypt, raising my hand in a solemn oath to the people of Jacob, in which I said, "I am GOD, your personal God." On the same day that I raised my hand in the solemn oath, I promised them that I would take them out of the country of Egypt and bring them into a country that I had searched out just for them, a country flowing with milk and honey, a jewel of a country.

7 "'At that time I told them, "Get rid of all the vile things that you've become addicted to. Don't make yourselves filthy with the Egyptian no-god idols. I *alone* am GOD, your God."

8-10 "'But they rebelled against me, wouldn't listen to a word I said. None got rid of the vile things they were addicted to. They held on to the no-gods of Egypt as if for dear life. I seriously considered inflicting my anger on them in force right there in Egypt. Then I thought better of it. I acted out of who I was, not by how I

내겠다고 약속하면서, 나 자신을 그들에게
계시하는 것을 보았기 때문이다. 나는 이
스라엘을 이집트에서 데리고 나와 사막으
로 인도했다.
11-12 나는 그들에게 삶의 규례를 정해 주
었고, 내 앞에서 복된 순종의 삶을 사는 법
을 보여주었다. 나는 그들에게 매주 지켜야
할 나의 거룩한 휴식, 나의 안식일을 정해
주었다. 이는 나 **하나님**이 그들을 거룩하게
하는 일에 관심이 있음을 보여주는, 그들과
나 사이의 징표였다.
13-17 그러나 이스라엘은 광야에서 내게 반
역했다. 그들은 나의 율례를 따르지 않았
고, 복된 순종의 삶을 살라고 내가 정해 준
규례를 무시했다. 그들은 나의 거룩한 안식
일도 철저히 더럽혔다. 나는 당장에 광야에
서 그들에게 나의 진노를 쏟아부을까 생각
했지만, 마음을 고쳐먹었다. 나는 내 감정
이 아니라 내가 누구인지에 입각해서 행동
했다. 이는 내가 그들을 이끌어 내는 것을
본 민족들에게서, 모독이 아니라 공경을 얻
고자 함이었다. 그러나 나는 그 광야에서
내 손을 들어 엄숙히 맹세하기를, 내가 그
들을 위해 골라 놓은 젖과 꿀이 흐르는 땅,
보석 같은 땅으로 절대 그들을 데려가지 않
겠다고 다짐했다. 내가 이렇게 나의 약속을
파기한 것은, 순종의 삶을 살라고 내가 준
규례를 그들이 멸시하고 나의 율례를 따르
지 않았으며, 더 나아가 나의 거룩한 안식
일을 더럽혔기 때문이다. 그들은 우상을 따
라가는 것을 더 좋아했다. 하지만 나는 그
들의 행위대로 다 갚지 않았다. 광야에서
그들을 다 쓸어버리지 않았고, 멸절시키지
않았다.
18-20 그 후 나는 광야에서 그들의 자녀들에
게 말했다. "너희 부모들처럼 하지 마라. 그
들의 행습을 좇지 마라. 너희는 그들의 우
상들로 너희를 더럽히지 마라. 내가 바로

felt. And I acted in a way that would evoke
honor, not blasphemy, from the nations
around them, nations who had seen me
reveal myself by promising to lead my
people out of Egypt. And then I did it: I led
them out of Egypt into the desert.
11-12 "'I gave them laws for living, showed
them how to live well and obediently
before me. I also gave them my weekly
holy rest days, my "Sabbaths," a kind of
signpost erected between me and them to
show them that I, GOD, am in the business
of making them holy.
13-17 "'But Israel rebelled against me in
the desert. They didn't follow my statutes.
They despised my laws for living well and
obediently in the ways I had set out. And
they totally desecrated my holy Sabbaths. I
seriously considered unleashing my anger on
them right there in the desert. But I thought
better of it and acted out of who I was, not by
what I felt, so that I might be honored and
not blasphemed by the nations who had seen
me bring them out. But I did lift my hand in a
solemn oath there in the desert and promise
them that I would not bring them into the
country flowing with milk and honey that
I had chosen for them, that jewel among
all lands. I canceled my promise because
they despised my laws for living obediently,
wouldn't follow my statutes, and went ahead
and desecrated my holy Sabbaths. They
preferred living by their no-god idols. But I
didn't go all the way: I didn't wipe them out,
didn't finish them off in the desert.
18-20 "'Then I addressed myself to their
children in the desert: "Don't do what
your parents did. Don't take up their

하나님, 너희의 하나님이다. 나의 율례를
지키고 나의 규례를 따라 살아라. 나는 **하
나님** 곧 너희의 하나님이니, 나와 너희 사
이의 징표와도 같은 나의 안식일을 거룩한
휴일로 지켜라."
21-22 그러나 그 자녀들도 내게 반역했다.
그들은 나의 율례를 따르지 않았고, 바르고
복된 삶을 살라고 준 나의 규례를 지키지
않았으며, 나의 안식일을 더럽혔다. 나는
당장에 광야에서 그들에게 나의 진노를 쏟
아부을까 생각했지만, 마음을 고쳐먹었다.
나는 내 감정이 아니라 내가 누구인지에 입
각해서 행동했다. 이는 내가 그들을 이끌어
낸 것을 본 민족들에게서, 모독이 아니라
공경을 얻고자 함이었다.
23-26 그러나 나는 그 광야에서 내 손을 들
어 엄숙히 맹세하기를, 나의 규례를 지키지
않고 나의 율례를 따라 살지 않은 그들을
온 세상에 흩어 버리고 사방으로 쫓아 버리
리라 다짐했다. 그들은 나의 안식일을 더럽
혔고, 조상이 빠져 살았던 우상들에 여전
히 빠져 있었다. 악하게 살기로 작정한 그
들이었기에, 나는 그들에게 선을 낳지 못하
는 율례와 생명을 낳지 못하는 규례를 주었
다. 나는 그들을 내쳤다. 더러운 시궁창에
처박힌 그들은, 맏이를 불살라 제물로 바치
는 사악한 일까지 저질렀다. 그 소름끼치는
일 이후에 그들은 내가 **하나님**인 줄 깨달았
어야 했다.'
27-29 그러므로, 사람의 아들아, 이스라엘에
게 말하여라. 그들에게 **하나님**이 이렇게 말
한다고 전하여라. '너희 조상은 그런 짓을
하고도 부족하여 나를 반역하고 모욕하기
까지 했다. 내가 일찍이 그들에게 주겠다고
엄숙히 약속한 땅으로 그들을 인도했더니,
그들은 음란한 종교 산당이 서 있는 언덕이
나 신전 창녀들이 있는 숲만 보면 그리로
달려갔고, 이교의 온갖 풍습을 받아들였다.

practices. Don't make yourselves filthy
with their no-god idols. I myself am GOD,
your God: Keep my statutes and live by my
laws. Keep my Sabbaths as holy rest days,
signposts between me and you, signaling
that I am GOD, *your* God."
21-22 "'But the children also rebelled
against me. They neither followed my
statutes nor kept my laws for living
upright and well. And they desecrated my
Sabbaths. I seriously considered dumping
my anger on them, right there in the
desert. But I thought better of it and acted
out of who I was, not by what I felt, so that
I might be honored and not blasphemed
by the nations who had seen me bring
them out.
23-26 "'But I did lift my hand in solemn
oath there in the desert, and swore that
I would scatter them all over the world,
disperse them every which way because
they didn't keep my laws nor live by my
statutes. They desecrated my Sabbaths
and remained addicted to the no-god idols
of their parents. Since they were deter-
mined to live bad lives, I myself gave them
statutes that could not produce goodness
and laws that did not produce life. I
abandoned them. Filthy in the gutter,
they perversely sacrificed their firstborn
children in the fire. The very horror should
have shocked them into recognizing that I
am GOD.'
27-29 "Therefore, speak to Israel, son of
man. Tell them that GOD says, 'As if that
wasn't enough, your parents further insult-
ed me by betraying me. When I brought
them into that land that I had solemnly

나는 그들에게 말했다. "그래, 너는 어느 언
덕을 찾아가느냐?"' (지금도 그런 언덕을 '매
춘 언덕'이라 부른다.)
30-31 그러므로, 이스라엘에게 전하여라.
'주 **하나님**의 메시지다. 너희는 너희 조상
이 걷던 길을 그대로 답습하며 삶을 더럽
히고 있다. 그들의 추한 짓을 따라하며 너
희도 창녀가 되었다. 너희는 자녀를 불살라
제물로 바치면서—오늘까지도!—너희 우
상들처럼 부정한 존재가 되었다.
이스라엘아, 그러니 내가 너희의 묻는 것을
받아 줄 것 같으냐? 살아 있는 나 하나님을
두고 맹세하는데, 나 주 **하나님**은 너희가
묻는 것을 허락하지 않을 것이다!
32 너희 은밀한 생각대로 되지는 않을 것이
다. 너희는 속으로 생각하기를, "우리도 다
른 민족들처럼 될 것이다. 우리 마음대로
다룰 수 있는 신들을 만들어 예배할 것이
다" 한다.
33-35 살아 있는 나 하나님을 두고 맹세한
다. 주 **하나님**의 말이다. 그럴 일은 결단코
없을 것이다! 무시무시한 위력과 폭풍 진노
중에, 내가 너희를 다스리는 왕으로 등극하
리라! 무시무시한 위력과 폭풍 진노 중에,
내가 너희를 여러 민족에게서 데리고 나오
고, 흩어져 살던 나라들에서 거두어 모을
것이다. 내가 너희를 민족들의 광야로 데려
가고 법정으로 끌고 가서, 직접 대면하여
심판할 것이다.
36-38 이집트 광야에서 내가 너희 조상을 대
면하여 심판했듯이, 내가 너희를 대면하여
심판할 것이다. 너희가 도착하면 내가 너희
를 샅샅이 조사하고 언약의 끈으로 포박할
것이다. 반역자와 배신자를 가려낼 것이다.
내가 그들을 포로 상태에서 벗어나게 하겠
지만, 이스라엘로 다시 데려오지는 않을 것
이다.
그제야 너희는 내가 **하나님**인 줄 알게 될

promised with my upraised hand to give them, every time they saw a hill with a sex-and-religion shrine on it or a grove of trees where the sacred whores practiced, they were there, buying into the whole pagan system. I said to them, "What hill do you go to?"' (It's still called "Whore Hills.")
30-31 "Therefore, say to Israel, 'The Message of GOD, the Master: You're making your lives filthy by copying the ways of your parents. In repeating their vile practices, you've become whores yourselves. In burning your children as sacrifices, you've become as filthy as your no-god idols—as recently as today!
"'Am I going to put up with questions from people like you, Israel? As sure as I am the living God, I, GOD, the Master, refuse to be called into question by you!
32 "'What you're secretly thinking is never going to happen. You're thinking, "We're going to be like everybody else, just like the other nations. We're going to worship gods we can make and control."
33-35 "'As sure as I am the living God, says GOD, the Master, think again! With a mighty show of strength and a terrifying rush of anger, I will be King over you! I'll bring you back from the nations, collect you out of the countries to which you've been scattered, with a mighty show of strength and a terrifying rush of anger. I'll bring you to the desert of nations and haul you into court, where you'll be face-to-face with judgment.
36-38 "'As I faced your parents with judgment in the desert of Egypt, so I'll face you with judgment. I'll scrutinize and search every person as you arrive, and I'll bring you under

것이다.

39-43 너희 이스라엘 백성들아, 너희를 향한 **하나님**의 **메시지**다. 우상들을 섬길 테면, 계속 섬겨 보아라! 그러나 후에 너희는 생각을 다시 하게 될 것이다. 이교 예물과 우상들로 내 얼굴에 먹칠하던 짓을 그만두게 될 것이다. 나 주 **하나님**이 나의 거룩한 산, 이스라엘의 드높은 산에 서서 너희 이스라엘 온 백성을 향하여, 나를 경배하라고 말할 것이기 때문이다. 내가 두 팔을 활짝 펴고 너희를 받아 줄 것이다. 내가 너희에게 최고의 예물과 헌물을, 거룩한 제사를 요구할 것이다. 무엇보다도 너희가 흩어져 살던 땅과 나라들에서 내가 다시 너희를 데려오는 날에, 나는 너희 자신을 으뜸가는 예물로 받아 줄 것이다. 나는 온 세상이 보는 앞에서, 내가 거룩한 이임을 나타내 보일 것이다. 내가 너희를 이스라엘 땅, 곧 내가 너희 조상에게 주겠다고 엄숙히 손을 들어 약속한 땅으로 다시 들이는 날, 너희는 내가 **하나님**인 줄 알게 될 것이다. 그날 거기서, 너희는 지난 행위와 자신을 더럽히며 살아온 지난 길을 떠올리며 스스로를 혐오하게 될 것이다.
44 그러나 사랑하는 이스라엘아, 나는 나의 감정이 아니라 내가 누구인지에 입각해서 너희의 악한 삶, 너희의 부정한 과거를 처리할 것이다. 그날에, 너희는 내가 **하나님**인 줄 알게 될 것이다. 주 **하나님**의 포고다.'"

45-46 **하나님**의 **메시지**가 내게 임했다. "사람의 아들아, 얼굴을 남쪽으로 돌려라. 남쪽을 향해 **메시지**의 포문을 열어라. 남쪽 황무지 숲을 대적하며 예언하여라.
47-48 남쪽 숲을 향해 말하여라. '**하나님**의 **메시지**를 들어라! 주 **하나님**께서 말씀하신다. 내가 네 안에 불을 놓으리라. 죽은 나

the bond of the covenant. I'll cull out the rebels and traitors. I'll lead them out of their exile, but I won't bring them back to Israel. "'Then you'll realize that I am GOD.

39-43 "'But you, people of Israel, this is the Message of GOD, the Master, to you: Go ahead, serve your no-god idols! But later, you'll think better of it and quit throwing filth and mud on me with your pagan offerings and no-god idols. For on my holy mountain, the high mountain of Israel, I, GOD, the Master, tell you that the entire people of Israel will worship me. I'll receive them there with open arms. I'll demand your best gifts and offerings, all your holy sacrifices. What's more, I'll receive you as the best kind of offerings when I bring you back from all the lands and countries in which you've been scattered. I'll demonstrate in the eyes of the world that I am The Holy. When I return you to the land of Israel, the land that I solemnly promised with upraised arm to give to your parents, you'll realize that I am GOD. Then and there you'll remember all that you've done, the way you've lived that has made you so filthy—and you'll loathe yourselves.
44 "'But, dear Israel, you'll also realize that I am GOD when I respond to you out of who I am, not by what I feel about the evil lives you've lived, the corrupt history you've compiled. Decree of GOD, the Master.'"

Nobody Will Put Out the Fire

45-46 GOD's Message came to me: "Son of man, face south. Let the Message roll out against the south. Prophesy against the wilderness forest of the south.

무든 산 나무든, 모든 나무를 태워 버릴 불
이다. 누구도 끄지 못할 불이다. 남쪽부터
북쪽까지, 나라 전역이 숯검정으로 뒤덮일
것이다. 그 불은 나 **하나님**이 일으켰으며,
결코 꺼지지 않을 것임을 모두가 알게 될
것이다.'"
49 내가 말했다. "오 **하나님**, 모두 저를 두
고 '이야기를 지어내는 자'라고 합니다."

하나님의 칼

21 1-5 **하나님**의 **메시지**가 내게 임
했다. "사람의 아들아, 이제 얼
굴을 예루살렘으로 향하고, 성소를 향해
메시지의 포문을 열어라. 이스라엘 땅을
대적하며 예언하여라. '**하나님**의 **메시지**
다. 내가 너를 대적한다. 내 칼을 칼집에서
꺼내어 악인과 의인을 모두 쳐죽일 것이
다. 선인이든 악인이든 가리지 않을 것이
니, 남쪽에서 북쪽까지 모든 사람이 나의
칼을 받을 것이다! 내가 작정하고 칼을 꺼
내 들었음을 모두가 알게 될 것이다.'
6 그러니 사람의 아들아, 탄식하여라! 괴로
워하며 몸을 구부려라! 사람들 앞에서 소
란을 피워라!
7 사람들이 '무엇 때문에 이렇게 탄식하며
난리를 피우는 거요?' 하고 물으면, 너는
이렇게 말하여라. '곧 전해질 소식 때문이
다. 그 소식이 당도하면 모두 질겁해 숨이
막히고, 심장이 얼어붙고, 무릎이 후들후
들 떨릴 것이다. 그 소식이 오고 있다. 아무
도 막을 수 없다. 주 **하나님**의 포고다.'"

8-10 **하나님**의 **메시지**가 내게 임했다. "사
람의 아들아, 그들에게 예언을 전하여라.
'주께서 말씀하시기를,

칼이다, 칼!

47-48 "Tell the forest of the south, 'Listen
to the Message of GOD! GOD, the Master,
says, I'll set a fire in you that will burn up
every tree, dead trees and live trees alike.
Nobody will put out the fire. The whole
country from south to north will be black-
ened by it. Everyone is going to see that I,
GOD, started the fire and that it's not going
to be put out.'"
49 And I said, "O GOD, everyone is saying
of me, 'He just makes up stories.'"

A Sword! A Sword!

21 1-5 GOD's Message came to me:
"Son of man, now face Jerusalem
and let the Message roll out against the
Sanctuary. Prophesy against the land of
Israel. Say, 'GOD's Message: I'm against
you. I'm pulling my sword from its sheath
and killing both the wicked and the
righteous. Because I'm treating everyone
the same, good and bad, everyone from
south to north is going to feel my sword!
Everyone will know that I mean business.'
6 "So, son of man, groan! Double up in
pain. Make a scene!
7 "When they ask you, 'Why all this groan-
ing, this carrying on?' say, 'Because of the
news that's coming. It'll knock the breath
out of everyone. Hearts will stop cold,
knees turn to rubber. Yes, it's coming. No
stopping it. Decree of GOD, the Master.'"

8-10 GOD's Message to me: "Son of man,
prophesy. Tell them, 'The Master says:

"'A sword! A sword!

날카롭게 번쩍이는 칼,
살육을 위해 날을 세우고
번갯빛이 나도록 광을 냈다.

razor-sharp and polished,
Sharpened to kill,
polished to flash like lightning!

나의 자녀여, 너는 나무 막대기 우상을 숭배하면서
유다의 홀을 멸시했다.

"'My child, you've despised the scepter of Judah
by worshiping every tree-idol.

11 그 칼, 쥐고 휘두르라고
광을 낸 칼이다.
살인자에게 주어 휘두르게 하려고
갈고 닦은 칼이다.'

11 "'The sword is made to glisten,
to be held and brandished.
It's sharpened and polished,
ready to be brandished by the killer.'

12 사람의 아들아, 비명을 지르며 통곡하여라.
그 칼이 내 백성을 친다!
이스라엘의 제후들과 나의 백성이
그 칼에 맞는다!
가슴을 쥐어뜯어라!
머리칼을 잡아 뜯어라!

12 "Yell out and wail, son of man.
The sword is against my people!
The princes of Israel
and my people—abandoned to the sword!
Wring your hands!
Tear out your hair!

13 '시험은 오게 마련이건만,
어찌하여 너는 훈육을 멸시했느냐?
이는 피할 수 없는 시험이다.
주 하나님의 포고다.'

13 "'Testing comes.
Why have you despised discipline?
You can't get around it.
Decree of GOD, the Master.'

14-17 그러니, 사람의 아들아, 예언하여라!
손뼉을 쳐서, 사람들의 주목을 끌어라.
그 칼이 한 차례, 또 한 차례, 그리고 또 한 차례
그들을 내리칠 것이라고 알려 주어라.
그것은 살육하는 칼,
학살하는 칼,
무자비한 칼,
아무도 피할 수 없는 칼이다.
사람들이 오른쪽과 왼쪽으로 고꾸라지며,
도미노처럼 픽픽 쓰러진다.
내가 도성의 성문마다

14-17 "So, prophesy, son of man!
Clap your hands. Get their attention.
Tell them that the sword's coming down
once, twice, three times.
It's a sword to kill,
a sword for a massacre,
A sword relentless,
a sword inescapable—
People collapsing right and left,
going down like dominoes.
I've stationed a murderous sword
at every gate in the city,

도살용 칼을 세워 놓으리라.
그 예리한 칼이
이리 번쩍 저리 번쩍하며
오른쪽에서 베고 왼쪽에서 찌르며,
마구 도륙할 것이다!
그런 다음 내가 손뼉을 쳐,
나의 진노가 풀렸음을 알리리라.
나 **하나님**이 말한다."

18-22 **하나님**의 **메시지**가 내게 임했다. "사
람의 아들아, 바빌론 왕의 칼이 올 두 길을
정해 표를 하여라. 두 길은 같은 장소에서
출발하게 하여라. 각 길마다 시작 지점에
푯말을 세워라. 한 푯말에는 암몬 사람들의
랍바로 가는 길이라 적고, 다른 푯말에는
유다와 요새 예루살렘으로 가는 길이라 적
어라. 그 두 길이 갈리는 지점에 바빌론 왕
이 서서, 어느 길로 가야 할지 점을 쳐 결정
할 것이다. 제비를 뽑거나, 우상 앞에서 주
사위를 던지거나, 염소의 간을 살펴볼 것이
다. 그가 오른손을 펴면, 이런 점괘가 나올
것이다. '예루살렘으로 가라!' 그리하여 그
가 출정길에 오를 것이다. 성벽 부수는 무
기를 들고서 살기등등한 함성을 지를 것이
다. 공격용 축대를 쌓고 성문을 때려 부술
것이다.
23 맹세하던 유다 지도자들에게는 이것이
거짓 점괘로 보이겠지만, 바빌론 왕이 와서
그들의 죄를 상기시키고 그들을 붙잡아 갈
것이다.
24 그러므로 주 **하나님**이 말한다. '너희 죄
가 만천하에 공개되고 죄상이 낱낱이 드러
난 이상, 너희는 붙잡혀 가고야 말 것이다.
25-27 시드기야야, 이스라엘의 극악무도한
왕아, 시간이 다 되었다. 이제 죄값을 치를
때다. **하나님**이 말한다. 네 머리에서 왕관
을 벗어 던져라. 이제, 잔치는 끝났다. 바닥

Flashing like lightning,
brandished murderously.
Cut to the right, thrust to the left,
murderous, sharp-edged sword!
Then I'll clap my hands,
a signal that my anger is spent.
I, GOD, have spoken."

18-22 GOD's Message came to me: "Son of
man, lay out two roads for the sword of
the king of Babylon to take. Start them
from the same place. Place a signpost at
the beginning of each road. Post one sign
to mark the road of the sword to Rabbah
of the Ammonites. Post the other to mark
the road to Judah and Fort Jerusalem. The
king of Babylon stands at the fork in the
road and he decides by divination which
of the two roads to take. He draws straws,
he throws god-dice, he examines a goat
liver. He opens his right hand: The omen
says, 'Head for Jerusalem!' So he's on his
way with battering rams, roused to kill,
sounding the battle cry, pounding down
city gates, building siege works.
23 "To the Judah leaders, who themselves
have sworn oaths, it will seem like a false
divination, but he will remind them of
their guilt, and so they'll be captured.
24 "So this is what GOD, the Master, says:
'Because your sin is now out in the open so
everyone can see what you've been doing,
you'll be taken captive.
25-27 "'O Zedekiah, blasphemous and evil
prince of Israel: Time's up. It's "punish-
ment payday." GOD says, Take your royal
crown off your head. No more "business

을 기던 자들이 올라설 것이요, 높은 자리 에 앉았던 자들이 바닥으로 거꾸러질 것이다. 파멸, 파멸, 파멸이다! 내가 전부 파멸시켜 폐허로 만들 것이다. 그곳은 정당한 권리를 가진 자가 올 때까지 계속 폐허로 남아 있을 것이다. 그 사람이 오면, 내가 그곳을 그에게 넘겨줄 것이다.'
28-32 그러나 사람의 아들아, 네가 할 일은 예언하는 것이다. 그들에게 전하여라. '이는 주 **하나님**께서 암몬 사람과 그들의 비열한 조롱을 대적하며 주시는 **메시지**다.

칼이다!
도살하는 칼이 뽑혔다!
면도날처럼 날카롭고
번갯빛처럼 번쩍거린다.
그 칼에 관해 암몬에 거짓 선전이 나돌고 있으나
죄값을 치르는 날,
그 칼이 암몬 사람의 목을 칠 것이다.
네 칼은 다시 칼집에 넣어라! 내가 너를 네 고향 땅에서,
네가 자란 땅에서 심판하리라.
내가 네게 나의 진노를 쏟아붓고,
뜨거운 분노로 씩씩거리며 네 목을 조일 것이다.
내가 너를, 사람을 능숙하게 고문하는
짐승 같은 자들에게 넘겨주리라.
너는 땔감이 될 것이다.
네 땅은 시체로 뒤덮이고,
너는 흔적조차 없이 사라져, 그대로 잊혀질 것이다.
나 **하나님**이 말한다.'"

피의 도성 예루살렘

22 1-5 **하나님**의 **메시지**가 내게 임했다. "사람의 아들아, 피비린내 진동하는 저 도성을 심판하려느냐? 네가

as usual." The underdog will be promoted and the top dog will be demoted. Ruins, ruins, ruins! I'll turn the whole place into ruins. And ruins it will remain until the one comes who has a right to it. Then I'll give it to him.'
28-32 "But, son of man, your job is to prophesy. Tell them, 'This is the Message from GOD, the Master, against the Ammonites and against their cruel taunts:

"'A sword! A sword!
Bared to kill,
Sharp as a razor,
flashing like lightning.
Despite false sword propaganda
circulated in Ammon,
The sword will sever Ammonite necks,
for whom it's punishment payday.
Return the sword to the sheath! I'll judge you in your home country,
in the land where you grew up.
I'll empty out my wrath on you,
breathe hot anger down your neck.
I'll give you to vicious men
skilled in torture.
You'll end up as stove-wood.
Corpses will litter your land.
Not so much as a memory will be left of you.
I, GOD, have said so.'"

The Scarecrow of the Nations

22 1-5 GOD's Message came to me:
"Son of man, are you going to
judge this bloody city or not? Come now,
are you going to judge her? Do it! Face
her with all her outrageous obscenities.

심판하겠느냐? 그렇게 하여라! 그 성읍 사람들이 저지른 역겨운 짓을 그들 코앞에 들이대어라. 그들에게 전하여라. '주 **하나님**께서 말씀하신다. 뼛속까지 살인자인 도성아, 너는 매를 벌었다. 우상에 빠진 도성아, 너는 스스로 부정해졌다. 손에 피를 묻히며 죄를 쌓았고, 우상을 만들어 자신을 더럽혔다. 스스로 명을 재촉한 너, 내가 너를 뭇 민족의 놀림거리, 온 세상의 웃음거리로 만들리라. 먼 나라든 가까운 나라든, 모두가 너를 추악하고 혼란스럽기로 이름난 곳이라 부르며 비웃을 것이다.

6-12 네 지도자들, 이스라엘 제후들은 서
로 앞다투어 죄짓는 자들이다. 그리고 너는 부모를 업신여기고 외인을 억압하며, 고아와 과부를 학대한다. 너는 나의 거룩한 기물을 아무렇게나 다루며 나의 안식일을 더럽힌다. 네 백성은 거짓말을 퍼뜨리고 손에 피를 묻히며, 언덕 위 음란한 산당에 떼로 몰려가 간음을 일삼는다. 근친상간이 도처에 널렸다. 남자는 여자의 준비 여부나 의사와 상관없이 완력으로 성관계를 가진다. 성문화가 거의 무정부 상태다. 상대를 가리지 않는다. 이웃도, 며느리도, 여동생도 범한다. 청부살인이 횡행하고, 고리대금이 만연하며, 강탈이 다반사다.
너는 나를 잊었다. 주 **하나님**의 포고다.

13-14 자, 보아라! 내가 손뼉을 쳐서, 모두가
네 게걸스러운 탐욕과 짐승 같은 잔악함을 주목하게 했다. 과연 네가 버틸 수 있겠느냐? 내가 너를 손보기 시작하면, 네가 과연 감당할 수 있겠느냐?

14-16 나 **하나님**이 말하였으니, 내가 끝장
내겠다. 내가 너를 사방으로 던져 버리겠다. 온 세상에 흩어 버릴 것이다. 네 추잡한 삶을 끝장낼 것이다. 너는 민족들이 보는 앞에서, 스스로 오물을 뒤집어쓸 것이다.

Tell her, 'This is what GOD, the Master, says: You're a city murderous at the core, just asking for punishment. You're a city obsessed with no-god idols, making yourself filthy. In all your killing, you've piled up guilt. In all your idol-making, you've become filthy. You've forced a premature end to your existence. I'll put you on exhibit as the scarecrow of the nations, the world's worst joke. From far and near they'll deride you as infamous in filth, notorious for chaos.

6-12 "'Your leaders, the princes of Israel
among you, compete in crime. You're a community that's insolent to parents, abusive to outsiders, oppressive against orphans and widows. You treat my holy things with contempt and desecrate my Sabbaths. You have people spreading lies and spilling blood, flocking to the hills to the sex shrines and fornicating unrestrained. Incest is common. Men force themselves on women regardless of whether they're ready or willing. Sex is now anarchy. Anyone is fair game: neighbor, daughter-in-law, sister. Murder is for hire, usury is rampant, extortion is commonplace.
"'And you've forgotten *me*. Decree of GOD, the Master.

13-14 "'Now look! I've clapped my hands,
calling everyone's attention to your rapacious greed and your bloody brutalities. Can you stick with it? Will you be able to keep at this once I start dealing with you?

14-16 "'I, GOD, have spoken. I'll put an end
to this. I'll throw you to the four winds. I'll scatter you all over the world. I'll put a full stop to your filthy living. You will be

그제야 너는 내가 **하나님**인 줄 알게 될 것
이다.'"

17-22 **하나님**의 **메시지**가 내게 임했다. "사
람의 아들아, 이스라엘 백성은 내게 찌꺼
기다. 용광로 안에서 구리와 주석과 철과
납을 정련하고 남은 쓰레기, 무가치한 찌
꺼기 더미다. 그러므로 그들에게 말하여
라. '주 **하나님**이 말한다. 무가치한 찌꺼기
가 되어 버린 너희에게 이제 통보한다. 내
가 너희를 예루살렘에 한데 모으리라. 사
람들이 은과 구리와 철과 납과 주석을 용
광로 안에 모아 놓고 불을 뿜어 녹이듯이,
내가 나의 진노로 너희를 모아 녹일 것이
다. 나의 진노의 불을 뿜어 너희를 용광로
안에서 녹여 버릴 것이다. 은이 녹듯 너희
가 녹을 것이다. 그제야 비로소, 너희는 나
하나님이 나의 진노를 너희에게 퍼부었음
을 깨닫게 될 것이다.'"

23-25 **하나님**의 **메시지**가 내게 임했다. "사
람의 아들아, 유다에게 말하여라. '너는 나
의 진노로 인하여 비 한 방울 내리지 않는
땅이다. 눈이 벌겋게 충혈된 네 지도자들
은, 으르렁거리며 달려들어 닥치는 대로 물
어뜯고 죽이는 사자 떼와 같다. 강탈을 일
삼는 그들이 휩쓸고 간 자리에 무수한 과부
들이 남았다.
26-29 네 제사장들은 나의 법을 어기고, 나
의 거룩한 기물을 더럽혔다. 그들은 거룩
한 것과 속된 것을 구별하지 못한다. 그들
은 백성들이 옳고 그름을 구별하지 못하게
만든다. 나의 거룩한 안식일을 업신여기고,
나를 자기들 수준으로 끌어내리며 모독한
다. 네 정치인들은 먹이만 있으면 달려들
어 물어뜯고 삼키는 이리 떼와 같다. 네 설
교자들은 특별한 비전과 계시를 받은 체하
며 정치인들의 뒤치다꺼리를 도맡는다. 하

defiled, spattered with your own mud in the eyes of the nations. And you'll recognize that I am GOD.'"

17-22 GOD's Message came to me: "Son of
man, the people of Israel are slag to me, the
useless byproduct of refined copper, tin, iron,
and lead left at the smelter—a worthless slag
heap. So tell them, 'GOD, the Master, has
spoken: Because you've all become worthless
slag, you're on notice: I'll assemble you in
Jerusalem. As men gather silver, copper,
iron, lead, and tin into a furnace and blow
fire on it to melt it down, so in my wrath I'll
gather you and melt you down. I'll blow on
you with the fire of my wrath to melt you
down in the furnace. As silver is melted
down, you'll be melted down. That should get
through to you. Then you'll recognize that I,
GOD, have let my wrath loose on you.'"

23-25 GOD's Message came to me: "Son of
man, tell her, 'You're a land that during the
time I was angry with you got no rain, not so
much as a spring shower. The leaders among
you became desperate, like roaring, ravaging
lions killing indiscriminately. They grabbed
and looted, leaving widows in their wake.
26-29 "'Your priests violated my law and
desecrated my holy things. They can't tell the
difference between sacred and secular. They
tell people there's no difference between right
and wrong. They're contemptuous of my holy
Sabbaths, profaning me by trying to pull me
down to their level. Your politicians are like
wolves prowling and killing and rapaciously
taking whatever they want. Your preachers
cover up for the politicians by pretending to

나님이 말하지 않았는데도, "주 하나님께서 이렇게 말씀하셨다" 하며 설교한다. 강탈이 횡행하고 강도짓이 만연하며, 가난하고 빈궁한 이들이 학대를 당하며, 외국인들이 호소도 못한 채 부당하게 쫓겨난다.'
30-31 나는 이 모든 일에 맞서서 도성의 성벽을 보수하고 무너진 성벽의 틈에 서서, 내가 이 땅을 멸망시키지 못하게 막아 줄 누군가를 찾았다. 그러나 그런 자는 없었다. 그런 자를 한 사람도 찾지 못했다. 그러므로 나는 그들에게 나의 진노를 쏟아부을 것이다. 나의 뜨거운 분노로 그들을 바싹 태우고, 그들이 저지른 그 모든 행위의 대가를 치르게 할 것이다. 주 하나님의 포고다."

욕정에 사로잡힌 두 음녀

23 1-4 하나님의 메시지가 내게 임했다. "사람의 아들아, 두 여인이 있었다. 그들은 한 어머니에게서 났다. 그들은 어려서부터 이집트에서 창녀일을 했다. 사내들이 그들의 유방을 애무하고, 그들의 어린 젖가슴을 만지작거렸다. 그들의 이름은 언니가 오홀라요, 동생은 오홀리바다. 그들은 내 딸들이었고, 각기 아들딸을 낳았다.
오홀라는 사마리아고, 오홀리바는 예루살렘이다.
5-8 오홀라는 내 슬하에 있을 때부터 창녀짓을 하고 다녔다. 그녀는 앗시리아 사람들에게 욕정을 품었다. 푸른 제복을 말쑥이 차려입은 지휘관들, 특사와 총독들, 멋진 말을 탄 젊은 미남자들에게 말이다. 오홀라의 욕정은 제어불능이었다. 그녀는 앗시리아 엘리트들과 음행하고, 그들이 섬기는 우상으로 자신을 더럽혔다. 오홀라는 지칠 줄 몰랐다. 어렸을 적 이집트에서 시작한 창녀짓을 줄기차게 계속하며 사내들과 잠자리

have received visions and special revelations. They say, "This is what GOD, the Master, says..." when GOD hasn't said so much as one word. Extortion is rife, robbery is epidemic, the poor and needy are abused, outsiders are kicked around at will, with no access to justice.'
30-31 "I looked for someone to stand up for me against all this, to repair the defenses of the city, to take a stand for me and stand in the gap to protect this land so I wouldn't have to destroy it. I couldn't find anyone. Not one. So I'll empty out my wrath on them, burn them to a crisp with my hot anger, serve them with the consequences of all they've done. Decree of GOD, the Master."

Wild with Lust

23 1-4 GOD's Message came to me: "Son of man, there were two women, daughters of the same mother. They became whores in Egypt, whores from a young age. Their breasts were fondled, their young bosoms caressed. The older sister was named Oholah, the younger was Oholibah. They were my daughters, and they gave birth to sons and daughters.
"Oholah is Samaria and Oholibah is Jerusalem.
5-8 "Oholah started whoring while she was still mine. She lusted after Assyrians as lovers: military men smartly uniformed in blue, ambassadors and governors, good-looking young men mounted on fine horses. Her lust was unrestrained. She was a whore to the Assyrian elite. She compounded her filth with the idols of those to whom she gave herself in lust. She never slowed down.

를 같이했고, 사내들은 그녀의 젖가슴을 가지고 놀며 정욕을 쏟아 냈다.

9-10 그래서 나는 그녀가 그토록 탐하는 앗시리아 사람들에게 그녀를 내주었다. 그랬더니 그들이 그녀의 옷을 찢어 벗기고, 그녀의 자식들을 빼앗아 갔다. 그리고 결국 모욕을 주며 그녀를 죽였다. 이제 그녀는 여자들 사이에서 '수치'라는 이름으로 불린다. 그녀에게 떨어진 역사의 심판이다.

11-18 그녀의 동생 오홀리바는 그 일을 다 지켜보았으면서도, 언니보다 더 심하게 욕정을 좇으며 창녀짓을 일삼았다. 그녀도 앗시리아 사람들에게 욕정을 품었다. 특사와 총독들, 말쑥한 제복을 입고 멋진 말에 올라탄 지휘관들, 곧 앗시리아의 엘리트들을 향해 그렇게 했다. 그녀도 언니만큼이나 더러워질 대로 더러워졌다. 두 여자 모두 같은 길을 간 것이다. 그러나 오홀리바는 언니를 능가했다. 그녀는 허리에 화려한 띠를 두르고 머리에 멋진 관을 쓴, 바빌론 사람들의 모습이 새겨진 적색 벽부조를 보더니, 중요한 인물 같은 그 모습에 반해 욕정을 누르지 못하고 바빌론으로 초대장을 보냈다. 바빌론 사람들이 한걸음에 달려와서 그녀와 간음하며 안팎으로 더럽혔다. 그들이 그녀를 철저히 더럽힌 뒤에야, 그녀의 마음이 그들에게서 멀어졌다. 오홀리바는 아예 드러내 놓고 음행을 하며, 치부를 온 세상에 드러내 보였다.

18-21 나는 그녀의 언니에게 그랬던 것처럼 그녀에게도 등을 돌렸다. 그러나 그녀는 개의치 않았다. 그녀는 전보다 더 심하게 창녀짓을 일삼았다. 어린 시절 이집트에서 막 창녀생활을 시작했을 때를 생각하며 더 추잡하고 저속하고 난폭한 남자들—욕정에 사로잡힌 종마들—과 욕정을 불태우고 싶어 했다. 그녀는 이집트에서 남자들이 자기

The whoring she began while young in Egypt she continued, sleeping with men who played with her breasts and spent their lust on her.

9-10 "So I left her to her Assyrian lovers, for whom she was so obsessed with lust. They ripped off her clothes, took away her children, and then, the final indignity, killed her. Among women her name became Shame—history's judgment on her.

11-18 "Her sister Oholibah saw all this, but she became even worse than her sister in lust and whoring, if you can believe it. She also went crazy with lust for Assyrians: ambassadors and governors, military men smartly dressed and mounted on fine horses—the Assyrian elite. And I saw that she also had become incredibly filthy. Both women followed the same path. But Oholibah surpassed her sister. When she saw figures of Babylonians carved in relief on the walls and painted red, fancy belts around their waists, elaborate turbans on their heads, all of them looking important—famous Babylonians!—she went wild with lust and sent invitations to them in Babylon. The Babylonians came on the run, fornicated with her, made her dirty inside and out. When they had thoroughly debased her, she lost interest in them. Then she went public with her fornication. She exhibited her sex to the world.

18-21 "I turned my back on her just as I had on her sister. But that didn't slow her down. She went at her whoring harder than ever. She remembered when she was young, just starting out as a whore in Egypt. That whetted her appetite for more virile, vulgar, and violent lovers—stallions obsessive in their lust. She longed for the sexual prowess

의 어린 젖가슴을 애무하던 시절을 그리워했다.
22-27 '그러므로, 오홀리바야, 주 **하나님**의 **메시지**다. 내가 너의 옛 정부들, 네가 싫증 냈던 그들을 충동질하여 너를 치게 하겠다. 바빌론 사람과 모든 갈대아 사람, 브곳과 소아와 고아 사람, 모든 앗시리아 사람—젊은 미남자들, 특사와 총독들, 엘리트 고관과 유명인사들—이 사방에서 너를 치러 올 것이다. 모두 멋지고 혈기왕성한 말을 타고 올 것이다. 완전무장한 그들이 전차와 병력을 이끌고 북쪽에서 밀고 내려올 것이다. 내가 그들에게 심판의 임무를 맡기겠다. 그들이 자신들의 법에 따라 너를 처단할 것이다. 그들이 맹렬한 공격을 퍼부을 때 나도 가차 없이 너를 대적할 것이다. 그들은 네 사지를 절단하고, 네 귀와 코를 잘라 내고, 무차별적으로 학살할 것이다. 그들이 네 아들딸을 종으로 붙잡아 가고 남은 자들을 불태울 것이다. 네 옷을 찢어 벗기고, 네 장신구들을 빼앗아 갈 것이다. 나는 네 음란한 생활, 이집트에서 시작한 창녀생활에 종지부를 찍을 것이다. 너는 더 이상 창녀짓을 꿈꾸지 않고, 더는 이집트 생활을 추억하지 않을 것이다.
28-30 주 **하나님의 메시지**다. 나는 너를 네가 증오하는 자들에게, 네가 퇴짜 놓은 자들에게 넘겨줄 것이다. 그들이 너를 증오하여 너를 발가벗기고, 음행하던 네 몸뚱이를 백주 대낮에 공개적으로 전시할 것이다. 너의 음란한 짓이 만방에 폭로되리라. 네 욕정이 너를 이 지경으로 이끌었다. 너는 이방 민족들과 바람을 피웠고, 그들이 섬기는 우상으로 스스로를 더럽혔다.
31-34 너는 네 언니를 그대로 따라했으니,
네 언니가 마셨던 잔도 받아야 할 것이다.

of her youth back in Egypt, where her firm young breasts were caressed and fondled.
22-27 "'Therefore, Oholibah, this is the Message from GOD, the Master: I will incite your old lovers against you, lovers you got tired of and left in disgust. I'll bring them against you from every direction, Babylonians and all the Chaldeans, Pekod, Shoa, and Koa, and all Assyrians—good-looking young men, ambassadors and governors, elite officers and celebrities—all of them mounted on fine, spirited horses. They'll come down on you out of the north, armed to the teeth, bringing chariots and troops from all sides. I'll turn over the task of judgment to them. They'll punish you according to their rules. I'll stand totally and relentlessly against you as they rip into you furiously. They'll mutilate you, cutting off your ears and nose, killing at random. They'll enslave your children—and anybody left over will be burned. They'll rip off your clothes and steal your jewelry. I'll put a stop to your sluttish sex, the whoring life you began in Egypt. You won't look on whoring with fondness anymore. You won't think back on Egypt with stars in your eyes.
28-30 "'A Message from GOD, the Master: I'm at the point of abandoning you to those you hate, to those by whom you're repulsed. They'll treat you hatefully, leave you publicly naked, your whore's body exposed in the cruel glare of the sun. Your sluttish lust will be exposed. Your lust has brought you to this condition because you whored with pagan nations and made yourself filthy with their no-god idols.
31-34 "'You copied the life of your sister.
Now I'll let you drink the cup she drank.

이는 주 **하나님**의 **메시지**다.

너는 네 언니의 잔을 마시게 되리라.
협곡처럼 깊고 대양처럼 넓은 그 잔을
남김없이 비우고,
따돌림과 조롱을 당할 것이다.
너는 취해 비틀거리다 자빠질 것이다.
네가 눈물 흘리며 마시게 될 거대한 그 공포의 잔은,
네 언니 사마리아가 마신 잔이다.
너는 그 잔을 깨끗이 비우고,
산산조각 내어, 조각까지 씹어 먹으리라.
그리고 마침내 네 젖가슴을 쥐어뜯으리라.
내가 말했다.
주 **하나님**의 포고다.

35 그러므로 주 **하나님**이 말한다. 네가 나
를 아주 잊고서 등 뒤로 밀쳐놓았으니, 이
제 너는 네 행위의 대가를 치러야 한다. 음
란에 빠져 창녀짓을 저지른 값을 치러야
한다.'"

36-39 그때 **하나님**께서 내게 말씀하셨다.
"사람의 아들아, 오홀라와 오홀리바를 심
판하지 않겠느냐? 간음에서 살인에 이르
기까지, 그들이 지금껏 저지른 모든 역겨
운 짓을 그들 앞에 들이대어라. 그들은 우
상과 간통하고, 내 자녀인 그들의 아들딸
을 제물로 잡아 우상의 상에 올리기까지
했다! 거기에 더하여, 그들은 나의 거룩한
성소를 더럽히고 나의 거룩한 안식일을 범
했다. 제 자식을 우상에게 제물로 바치던
날, 그들은 나의 성소에 침범해 들어와 그
곳을 더럽혔다. 그것이 바로 그들이 한 짓
이다. 나의 집에서!
40-42 그뿐 아니라, 그들은 먼 곳까지 특사
를 보내 사내들을 초청했다. 두 자매는 좋
다고 달려온 그 사내들을 맞으려고, 몸을

"'This is the Message of GOD, the Master:

"'You'll drink your sister's cup,
a cup canyon-deep and ocean-wide.
You'll be shunned and taunted
as you drink from that cup, full to the brim.
You'll be falling-down-drunk and the tears will flow
as you drink from that cup titanic with terror:
It's the cup of your sister Samaria.
You'll drink it dry,
then smash it to bits and eat the pieces,
and end up tearing at your breasts.
I've given the word—
Decree of GOD, the Master.

35 "'Therefore GOD, the Master, says,
Because you've forgotten all about me,
pushing me into the background, you now
must pay for what you've done—pay for
your sluttish sex and whoring life.'"

36-39 Then GOD said to me, "Son of man,
will you confront Oholah and Oholibah with
what they've done? Make them face their
outrageous obscenities, obscenities ranging
from adultery to murder. They committed
adultery with their no-god idols, sacrificed
the children they bore me in order to feed
their idols! And there is also this: They've
defiled my holy Sanctuary and desecrated my
holy Sabbaths. The same day that they sacri-
ficed their children to their idols, they walked
into my Sanctuary and defiled it. That's what
they did—in *my* house!
40-42 "Furthermore, they even sent out
invitations by special messenger to men

씻고 화장하고 야한 속옷을 입었다. 그들은
향과 기름으로—나의 향과 기름으로—단
장한 호화로운 침대에 몸을 기대고 누웠다!
술 취한 어중이떠중이들이 몰려와서, 다투
어 가며 두 자매의 팔에 팔찌를 끼우고 머
리에 관을 씌웠다.
43-44 내가 '그 두 자매는 이제 퇴물이다!'
하고 말해 주어도, 그들은 막무가내였다.
창녀를 찾아 헤매는 자들처럼, 밤낮을 가리
지 않고 두 자매의 문을 두드렸다. 그들은
그렇게 오홀라와 오홀리바, 그 한물간 창녀
들을 이용했다.
45 의로운 자들이 그들에게 심판을 선언하
고, 간음죄와 살인죄를 물어 실형을 선고할
것이다. 그렇다. 간음과 살인이 그들이 평
생 해온 짓이다.
46-47 **하나님**이 말한다. 폭도를 모아 그들을
덮치게 하여라. 공포와 약탈이 일어나리라!
폭도가 그들을 돌로 치고 난도질하게 하여
라. 그들의 아들딸들을 다 죽이고, 집을 불
태워라!
48-49 내가 이 나라에서 음란을 끝장내고,
모든 여자들이 너희를 보고 경각심을 갖게
할 것이다. 욕정에 사로잡힌 너, 그 값을 치
를 것이다. 우상과 난잡한 짓을 벌인 너, 그
대가를 톡톡히 치를 것이다. 그제야 너는
내가 주 **하나님**인 줄 알게 될 것이다."

far away—and, sure enough, they came.
They bathed themselves, put on makeup
and provocative lingerie. They reclined on
a sumptuous bed, aromatic with incense
and oils—*my* incense and oils! The crowd
gathered, jostling and pushing, a drunken
rabble. They adorned the sisters with brace-
lets on their arms and tiaras on their heads.
43-44 "I said, 'She's burned out on sex!' but
that didn't stop them. They kept banging
on her doors night and day as men do when
they're after a whore. That's how they used
Oholah and Oholibah, the worn-out whores.
45 "Righteous men will pronounce
judgment on them, giving out sentences
for adultery and murder. That was their
lifework: adultery and murder."
46-47 "GOD says, 'Let a mob loose on them:
Terror! Plunder! Let the mob stone them
and hack them to pieces—kill all their
children, burn down their houses!
48-49 "'I'll put an end to sluttish sex in this
country so that all women will be well warned
and not copy you. You'll pay the price for all
your obsessive sex. You'll pay in full for your
promiscuous affairs with idols. And you'll
realize that I am GOD, the Master.'"

오물로 뒤범벅된 이스라엘

24 1-5 아홉째 해 열째 달 십일에,
하나님의 메시지가 내게 임했다.
"사람의 아들아, 오늘 날짜를 기록해 두어
라. 바로 오늘 예루살렘이 바빌론 왕에게
포위되었다. 그 반역자 무리에게 이야기를
하나 들려주어라.

'솥을 걸고
물을 가득 부어라.

Bring the Pot to a Boil

24 1-5 The Message of GOD came to
me in the ninth year, the tenth
month, and the tenth day of the month:
"Son of man, write down this date. The
king of Babylon has laid siege to Jerusalem
this very day. Tell this company of rebels a
story:

"'Put on the soup pot.

고깃덩이를 집어넣어라.
최상등급 고기—허리와 가슴부위—로 하여라.
양 떼에서 가장 좋은 놈들을 골라
최상급 뼈를 넣어라.
솥 밑에 장작을 쌓아라.
불을 지펴
국을 펄펄 끓여라.

6 주 **하나님**이 말한다.

살인의 도성이여,
벗겨낼 수 없을 만큼 두껍게
찌끼와 오물이 낀 솥이여, 화가 있으리라!
고기를 한 점 한 점 다 꺼내어 솥을 비워라.
그것들을 누가 물어 가든 신경 쓸 것 없다.

7-8 도성 전체가
살해당한 자들의 피로 물들어 있다.
길거리 돌들마다 피가 흥건하나,
닦아내려는 사람이 없다.
모두가 보는 대로에 흐르는 피,
나의 진노를 불러일으킨다.
나의 보복을 불러들인다.

9-12 그러므로, 주 **하나님**이 말한다.

살인의 도성에 화가 있으리라!
나도 장작을 쌓겠다.
나무를 많이 넣고
불을 지펴서
고기를 푹 삶고, 양념도 곁들인 뒤에 국물은 쏟아 버리고,
뼈들은 태워 버리겠다.
빈 솥을 숯불 위에 올려놓고
놋쇠가 빨갛게 달아오르도록 달구어,
병균을 죽이고
오염물을 모두 태워 버리겠다.

Fill it with water.
Put chunks of meat into it,
all the choice pieces—loin and brisket.
Pick out the best soup bones
from the best of the sheep in the flock.
Pile wood beneath the pot.
Bring it to a boil
and cook the soup.

6 "'GOD, the Master, says:

"'Doom to the city of murder,
to the pot thick with scum,
thick with a filth that can't be scoured.
Empty the pot piece by piece;
don't bother who gets what.

7-8 "'The blood from murders
has stained the whole city;
Blood runs bold on the street stones,
with no one bothering to wash it off—
Blood out in the open to public view
to provoke my wrath,
to trigger my vengeance.

9-12 "'Therefore, this is what GOD, the Master, says:

"'Doom to the city of murder!
I, too, will pile on the wood.
Stack the wood high,
light the match,
Cook the meat, spice it well, pour out the broth,
and then burn the bones.
Then I'll set the empty pot on the coals
and heat it red-hot so the bronze glows,
So the germs are killed

하지만 소용없다. 너무 늦었다.
그러기에는 오물이 너무 두껍다.

13-14 두꺼운 껍질이 되어 버린 오물은 바로 너의 음행이다. 내가 너를 깨끗이 닦아 주려고 했지만, 너는 그것을 거부했다. 내 진노가 가라앉을 때까지 나는 너를 닦아 주지 않을 것이다. 나 **하나님**이 말했으니, 그대로 이룰 것이다. 지체하지 않을 것이다. 내 자비는 이제 동이 났다. 내 마음이 바뀔 일은 없을 것이다. 너는 네가 초래한 일을 겪을 것이다. 주 **하나님**의 포고다.'"

에스겔의 아내가 죽다

15-17 **하나님의 메시지**가 내게 임했다. "사람의 아들아, 내가 네게서 삶의 즐거움을 앗아 가련다. 큰 불행이 네게 닥칠 것이다. 그러나 부디 눈물을 보이지 마라. 슬픔을 속으로 삼켜라. 사람 앞에서 울지 마라. 평소처럼 옷을 입고 나가서 네 일을 보아라. 통상적인 장례 의식도 치르지 마라."
18 아침에 내가 사람들에게 이 말씀을 전했는데, 그날 저녁에 내 아내가 죽었다. 다음 날 아침 나는 지시받은 대로 행했다.
19 사람들이 내게 와서 물었다. "아니, 왜 이렇게 하십니까? 대체, 이 일의 의미가 무엇입니까?"
20-21 그래서 내가 말했다. "**하나님**께서 내게 이렇게 말씀하셨습니다. '이스라엘 가문에 전하여라. 이는 주 **하나님**의 말이다. 내가 나의 성소이자 너희의 자랑인 난공불락의 요새를 더럽힐 것이다. 너희 삶의 즐거움이요 최고 행복인 그곳을 더럽힐 것이다. 너희가 그곳에 두고 온 자식들 모두가 죽임을 당할 것이다.
22-24 그때 너희는 에스겔이 한 그대로 하게 될 것이다. 너희는 통상적인 장례 의식도 치르지 못하고, 평소처럼 옷을 입고 나가서

and the corruption is burned off.
But it's hopeless. It's too far gone.
The filth is too thick.

13-14 "'Your encrusted filth is your filthy sex. I wanted to clean you up, but you wouldn't let me. I'll make no more attempts at cleaning you up until my anger quiets down. I, GOD, have said it, and I'll do it. I'm not holding back. I've run out of compassion. I'm not changing my mind. You're getting exactly what's coming to you. Decree of GOD, the Master.'"

No Tears

15-17 GOD's Message came to me: "Son of man, I'm about to take from you the delight of your life—a real blow, I know. But, please, no tears. Keep your grief to yourself. No public mourning. Get dressed as usual and go about your work—none of the usual funeral rituals."
18 I preached to the people in the morning. That evening my wife died. The next morning I did as I'd been told.
19 The people came to me, saying, "Tell us why you're acting like this. What does it mean, anyway?"
20-21 So I told them, "GOD's Word came to me, saying, 'Tell the family of Israel, This is what GOD, the Master, says: I will desecrate my Sanctuary, your proud impregnable fort, the delight of your life, your heart's desire. The children you left behind will be killed.
22-24 "'Then you'll do exactly as I've done. You'll perform none of the usual funeral rituals. You'll get dressed as usual and go

너희 일을 해야 할 것이다. 눈물도 흘리지 못한 채, 죄로 병든 너희끼리 탄식소리나 내게 될 것이다. 에스겔이 너희의 표징이다. 너희는 그가 했던 대로 하게 될 것이다. 이런 일이 일어날 때, 너희는 내가 주 **하나님**인 줄 알게 될 것이다.'

25-27 너 사람의 아들아, 내가 그들의 피난처요 큰 기쁨, 삶의 즐거움이자 최고 행복이던 그 자녀들을 앗아 갈 그날에, 생존자 한 사람이 네게 와서 그 도성에서 벌어진 일을 일러 줄 것이다. 그때 너는 닫혔던 입이 열려 그 생존자와 이야기하게 될 것이다. 네가 그들에게 표징이 될 것이고, 그제야 그들은 내가 **하나님**인 줄 알게 될 것이다."

심판

25

1-5 **하나님**의 **메시지**가 내게 임했다.

"사람의 아들아, 암몬이 있는 쪽으로 얼굴을 돌리고 그 백성을 대적하여 말씀을 전하여라. '주 **하나님**의 **메시지**에 귀 기울여라. 이는 **하나님**의 말씀이다. 나의 성소가 더렵혀지고 유다 땅이 쑥대밭이 되어 이스라엘 백성이 포로로 잡혀갈 때, 너희는 환호성을 올렸다. 그러므로 내가 너를 동방의 민족에게 넘겨주겠다. 그들이 네 땅에 들어와 자기 소유처럼 누비고 다니면서, 네 음식을 모두 먹어 치우고 네 우유를 다 마셔 버릴 것이다. 내가 너의 수도 랍바를 낙타 목장으로, 너의 마을 전부를 가축 우리로 바꾸어 놓을 것이다. 그제야 너희는 내가 **하나님**인 줄 알게 될 것이다.

6-7 주 **하나님**이 말한다. 너는 박수 치고 환호하며 이스라엘을 향해 비열한 경멸을 퍼부었다. 그러므로, 내가 나서서 너를 민족

about your work. No tears. But your sins will eat away at you from within and you'll groan among yourselves. Ezekiel will be your example. The way he did it is the way you'll do it.

"'When this happens you'll recognize that I am GOD, the Master.'"

25-27 "And you, son of man: The day I take away the people's refuge, their great joy, the delight of their life, what they've most longed for, along with all their children—on that very day a survivor will arrive and tell you what happened to the city. You'll break your silence and start talking again, talking to the survivor. Again, you'll be an example for them. And they'll recognize that I am GOD."

Acts of Vengeance

25

1-5 GOD's Message came to me:

"Son of man, face Ammon and preach against the people: Listen to the Message of GOD, the Master. This is what GOD has to say: Because you cheered when my Sanctuary was desecrated and the land of Judah was devastated and the people of Israel were taken into exile, I'm giving you over to the people of the east. They'll move in and make themselves at home, eating the food right off your tables and drinking your milk. I'll turn your capital, Rabbah, into pasture for camels and all your villages into corrals for flocks. Then you'll realize that I am GOD.

6-7 "GOD, the Master, says, Because you clapped and cheered, venting all your malicious contempt against the land of

들 앞에 약탈물로 내놓겠다. 누구든지 먼저 오는 자가 너를 차지할 것이다. 내가 민족들의 명단에서 네 이름을 지워 버릴 것이다. 너는 아주 망하고 나서야 내가 **하나님**인 줄 알게 될 것이다.'"

Israel, I'll step in and hand you out as loot—first come, first served. I'll cross you off the roster of nations. There'll be nothing left of you. And you'll realize that I am GOD."

8-11 "주 **하나님**이 말한다. 모압이 말하기를 '봐라, 유다도 별것 아니다'라고 한다. 그러므로, 내가 모압의 옆구리를 뚫어 버릴 것이다. 자랑하던 국경 성읍들, 곧 벳여시못과 바알므온과 기랴다임을 적의 공격에 노출시키겠다. 내가 모압과 암몬을 한 뭉텅이로 엮어 동방의 민족에게 넘겨줄 것이다. 암몬은 영영 사라지고, 모압은 혹독한 벌을 받을 것이다. 그제야 그들은 내가 **하나님**인 줄 알게 될 것이다."

8-11 "GOD, the Master, says: Because Moab said, 'Look, Judah's nothing special,' I'll lay wide open the flank of Moab by exposing its lovely frontier villages to attack: Beth-jeshimoth, Baal-meon, and Kiriathaim. I'll lump Moab in with Ammon and give them to the people of the east for the taking. Ammon won't be heard from again. I'll punish Moab severely. And they'll realize that I am GOD."

12-14 "주 **하나님**이 말한다. 에돔은 유다 백성에게 지나친 복수심을 품고 앙갚음하는 죄를 지었다. 나 주 **하나님**이 에돔을 대적하여 많은 사람과 짐승들을 죽일 것이다. 내가 그 땅을 초토화시켜, 데만에서 드단까지 시체들이 즐비하게 할 것이다. 내가 내 백성 이스라엘을 들어, 에돔에게 복수할 것이다. 나의 진노를 힘입고 이스라엘이 보복을 행할 때에, 에돔은 이것이 나의 보복임을 깨닫게 될 것이다. 주 **하나님**의 포고다."

12-14 "GOD, the Master, says: Because Edom reacted against the people of Judah in spiteful revenge and was so criminally vengeful against them, therefore I, GOD, the Master, will oppose Edom and kill the lot of them, people and animals both. I'll waste it—corpses stretched from Teman to Dedan. I'll use my people Israel to bring my vengeance down on Edom. My wrath will fuel their action. And they'll realize it's *my* vengeance. Decree of GOD the Master."

15-17 "주 **하나님**이 말한다. 블레셋 사람들은 지독한 앙심—오랜 세월 쌓이고 쌓인 원한!—을 품고 유다를 멸망시키려고 온갖 악랄한 수단을 썼다. 그러므로 나 주 **하나님**이 블레셋 사람들을 대적해 치고, 그렛 사람을 비롯해 바닷가의 남은 자들 전부를 베어서 쓰러뜨릴 것이다. 거대한 복수극과

15-17 "GOD, the Master, says: Because the Philistines were so spitefully vengeful—all those centuries of stored-up malice!—and did their best to destroy Judah, therefore I, GOD, the Master, will oppose the Philistines and cut down the Cretans and anybody else left along the seacoast. Huge acts of vengeance,

함께 무시무시한 응징이 있을 것이다! 내가 보복을 행하는 날, 그들은 내가 **하나님**인 줄 알게 될 것이다."

massive punishments! When I bring vengeance, they'll realize that I am GOD."

두로가 받을 심판

26 [1-2] 열한째 해 어느 달 첫째 날에, **하나님**의 **메시지**가 내게 임했다. "사람의 아들아, 두로가 예루살렘 소식을 듣고 환호성을 올리며 말했다.

'잘되었다! 길목 상권을 잡고 있던 도성이 박살났다!
이제 그가 하던 사업은 모두 내 차지다.
그가 망했으니,
이제 내가 흥하리라.'

[3-6] 그러므로, 주 **하나님**이 말한다.

'두로야, 내가 너를 치겠다.
해변에 밀어닥치는 파도처럼,
뭇 민족들이 네게 밀어닥치게 하겠다.
그들이 두로의 성벽을 박살내고,
그 성읍들을 허물어뜨릴 것이다.
내가 그 흙을 다 쓸어 내어
맨바위만 드러나게 할 것이다.
너는 바다 가운데 떠 있는 바위섬이 되어,
그물이나 펴서 말리는 곳이 되리라.
그렇다. 이것이 나의 말이다.' 주 **하나님**의 포고다.
'두로는 아무 민족이나 와서 거저 집어 가는, 약탈물이 될 것이다!
그의 주변 성읍들도 도살을 당하리라.
그제야 그들은 내가 **하나님**인 줄 알게 될 것이다.'

[7-14] 주 **하나님**이 말한다. 보아라! 내가 북쪽에서 왕 중의 왕인 바빌론 왕 느부갓네살을 데려와, 두로를 치겠다. 그가 전차와

As the Waves of the Sea, Surging Against the Shore

26 [1-2] In the eleventh year, on the first day of the month, GOD's Message came to me: "Son of man, Tyre cheered when they got the news of Jerusalem, exclaiming,

"'Good! The gateway city is smashed!
Now all her business comes my way.
She's in ruins
and I'm in clover.'

[3-6] "Therefore, GOD, the Master, has this to say:

"'I'm against you, Tyre,
and I'll bring many nations surging against you,
as the waves of the sea surging against the shore.
They'll smash the city walls of Tyre
and break down her towers.
I'll wash away the soil
and leave nothing but bare rock.
She'll be an island of bare rock in the ocean,
good for nothing but drying fishnets.
Yes, I've said so.' Decree of GOD, the Master.
'She'll be loot, free pickings for the nations!
Her surrounding villages will be butchered.
Then they'll realize that I am GOD.'

[7-14] "GOD, the Master, says: Look! Out of the north I'm bringing Nebuchadnezzar king of Babylon, a king's king, down on Tyre. He'll

기마와 기병, 엄청난 대군을 이끌고 올 것이다. 그가 네 주변 성읍들을 모조리 처치하고 너를 포위할 것이다. 네 성벽 주위로 축대를 쌓고, 방패로 숲을 이루어 행진해 올 것이다! 네 성벽을 쇠망치로 때려 부수고 철제 무기로 네 탑들을 박살낼 것이다. 지축을 뒤흔드는 말발굽소리와 함께 군마들이 전차를 끌고 성 안으로 쏟아져 들어오면, 너는 그것들이 일으키는 먼지를 뒤집어쓸 것이다. 지진 같은 군대다! 도성은 충격의 도가니가 되리라! 놀란 말들이 거리로 뛰쳐나와 이리저리 날뛸 것이다. 네 백성은 도살당하고, 네 거대한 기둥들은 성냥개비처럼 부러져 나뒹굴 것이다. 침략자들이 네 재산을 노략하고 네 물건을 모두 약탈한다! 그들이 네 저택을 때려 부수고, 깨진 석재와 목재를 바닷속으로 던져 버릴 것이다. 너의 잔치, 너의 유명한 파티들은 영영 사라질 것이다. 노래도 사라지고, 악기소리도 사라지리라. 내가 너를 바위뿐인 섬으로 만들어, 그물이나 펴서 말리는 곳이 되게 할 것이다. 네가 다시는 재건되지 못할 것이다. 나 **하나님**의 말이다. 주 **하나님**의 포고다.

15 이는 두로를 향한 주 **하나님**의 **메시지**다. 네가 무너져 내리는 소리에, 네가 다쳐 내는 신음소리에, 네가 학살당하는 광경에, 바다 섬들이 어찌 떨지 않겠느냐?
16-18 해변 전역에서, 왕들이 보좌에서 내려와 왕복과 화려한 옷을 벗어 던지고, 공포를 옷처럼 입은 채 떨 것이다. 땅바닥에 주저앉아, 네 모습을 보고 경악하며 몸을 바르르 떨 것이다. 네 죽음을 두고 애가를 지어 부를 것이다.

'가라앉았구나! 온 바다에 이름을 떨치던 도성이,

come with chariots and horses and riders—a huge army. He'll massacre your surrounding villages and lay siege to you. He'll build siege ramps against your walls. A forest of shields will advance against you! He'll pummel your walls with his battering rams and shatter your towers with his iron weapons. You'll be covered with dust from his horde of horses—a thundering herd of war horses pouring through the breaches, pulling chariots. Oh, it will be an earthquake of an army and a city in shock! Horses will stampede through the streets. Your people will be slaughtered and your huge pillars strewn like matchsticks. The invaders will steal and loot—all that wealth, all that stuff! They'll knock down your fine houses and dump the stone and timber rubble into the sea. And your parties, your famous good-time parties, will be no more. No more songs, no more lutes. I'll reduce you to an island of bare rock, good for nothing but drying fishnets. You'll never be rebuilt. I, GOD, have said so. Decree of GOD, the Master.

Introduced to the Terrors of Death

15 "This is the Message of GOD, the Master, to Tyre: Won't the ocean islands shake at the crash of your collapse, at the groans of your wounded, at your mayhem and massacre?
16-18 "All up and down the coast, the princes will come down from their thrones, take off their royal robes and fancy clothes, and wrap themselves in sheer terror. They'll sit on the ground, shaken to the core, horrified at you. Then they'll begin chanting a funeral song over you:

바다 밑바닥까지 가라앉았구나!
바다의 패권을 쥐고,
모두를 휘어잡아
벌벌 떨게 만들던
너와 네 백성이었는데.
이제 네 침몰소리에
섬들이 몸을 떨고,
네 추락의 여파로
바다 섬들이 흔들린다.'

19-21 주 **하나님**의 **메시지**다. '내가 너를 황
폐하고 텅 빈 도성과 유령마을로 만들고,
거대한 심연을 끌어올려 너를 뒤덮을 그날
에, 너를 아주 오래전에 죽은 자들의 무덤
으로 내려보낼 것이다. 너는 그 오래된 폐
허 속 무덤에서, 죽은 자들과 같이 살게 될
것이다. 네가 다시는 산 자들의 땅을 보지
못하리라. 내가 너를 죽음의 공포 속에 밀
어 넣고, 그것이 너의 끝이 되게 할 것이
다. 사람들이 수색대를 보내 너를 찾아보
아도, 끝내 찾지 못할 것이다. 주 **하나님**의
포고다.'"

두로에 대한 애가

27 1-9 **하나님**의 **메시지**가 내게 임
했다. "너 사람의 아들아, 두로
를 두고 크게 애가를 불러라. 바다의 관문
이요, 먼 섬들에 이르기까지 세계를 누볐던
상인 두로에게 전하여라. '주 **하나님**께서
말씀하신다.

두로야, 너는 뻐긴다,
"나는 완벽한 배다. 위용 있고 아름답
다"고.
대양을 주름잡던 너는
정말이지 아름다웠고, 완벽하게 건조된 배
였다.
네 선체는

"'Sunk! Sunk to the bottom of the sea,
famous city on the sea!
Power of the seas,
you and your people,
Intimidating everyone
who lived in your shadows.
But now the islands are shaking
at the sound of your crash,
Ocean islands in tremors
from the impact of your fall.'

19-21 "The Message of GOD, the Master:
'When I turn you into a wasted city, a city
empty of people, a ghost town, and when I
bring up the great ocean deeps and cover
you, then I'll push you down among those
who go to the grave, the long, long dead.
I'll make you live there, in the grave in old
ruins, with the buried dead. You'll never
see the land of the living again. I'll intro-
duce you to the terrors of death and that'll
be the end of you. They'll send out search
parties for you, but you'll never be found.
Decree of GOD, the Master.'"

Tyre, Gateway to the Sea

27 1-9 GOD's Message came to me:
"You, son of man, raise a funeral
song over Tyre. Tell Tyre, gateway to the
sea, merchant to the world, trader among
the far-off islands, 'This is what GOD, the
Master, says:

"'You boast, Tyre:
"I'm the perfect ship—stately, handsome."
You ruled the high seas from
a real beauty, crafted to perfection.
Your planking came from

헐몬 산의 로뎀나무로,
네 돛대는
레바논의 백향목으로 만들었다.
네 노는
바산의 튼튼한 상수리나무로,
네 갑판은
키프로스 섬에서 가져온 잣나무에 상아를 박아 만들었다.
네 돛과 기는
화려한 자수가 놓인 이집트산 모시로,
네 자주색 갑판차일 역시
키프로스 섬에서 가져온 천으로 만들었다.
시돈과 아르왓 사람들이 네 노를 저었다.
두로야, 네 선원들은 경험 많은 뱃사람들이었다.
배 안의 목수들은
비블로스 출신의 노련한 뱃사람들이었다.
바다의 모든 배와 선원들이
너와 교역하기 위해 네 주위로 몰려들었다.

Mount Hermon junipers.
A Lebanon cedar
supplied your mast.
They made your oars
from sturdy Bashan oaks.
Cypress from Cyprus inlaid with ivory
was used for the decks.
Your sail and flag were of colorful
embroidered linen from Egypt.
Your purple deck awnings
also came from Cyprus.
Men of Sidon and Arvad pulled the oars.
Your seasoned seamen, O Tyre, were the crew.
Ship's carpenters
were old salts from Byblos.
All the ships of the sea and their sailors
clustered around you to barter for your goods.

10-11 너의 군대는
페르시아, 룻, 붓 출신 군인들로 이루어졌다.
멋진 제복을 입은 정예군이었다.
그들이 네 명성을 만방에 드높였다!
네 도성 치안은
아르왓, 헬렉, 감맛 출신 용병들이 맡았다.
그들이 도성 성벽에 걸어 놓은 멋진 방패들은,
실로 네 아름다움의 정점이었다.

10-11 "'Your army was composed of soldiers
from Paras, Lud, and Put,
Elite troops in uniformed splendor.
They put you on the map!
Your city police were imported from
Arvad, Helech, and Gammad.
They hung their shields from the city walls,
a final, perfect touch to your beauty.

12 다시스는 네 많은 재물을 보고서 너와 거래했다. 그들은 은과 철과 주석과 납을 주고 네 상품들을 가져갔다.
13 그리스와 두발과 메섹도 너와 거래했다. 그들은 종과 청동을 주고 네 상품들을 가져갔다.
14 벳도갈마도 마필과 군마와 노새를 주고

12 "'Tarshish carried on business with you because of your great wealth. They worked for you, trading in silver, iron, tin, and lead for your products.
13 "'Greece, Tubal, and Meshech did business with you, trading slaves and bronze for your products.
14 "'Beth-togarmah traded work horses, war horses, and mules for your products.

네 상품들을 가져갔다.
15 로단 백성도 너와 거래했다. 뭇 섬들도
상아와 흑단을 가지고 와서 너와 교역했다.
16 에돔도 네 상품들을 보고서 너와 거래했
다. 그들은 마노와 자주색 옷감과 수놓은 천
과 가는 모시와 산호와 홍옥을 가지고 와서
너와 교역했다.
17 유다와 이스라엘도 너와 거래했다. 그들
은 최고급 밀과 기장과 꿀과 기름과 향유를
주고 네 상품들을 가져갔다.
18 다마스쿠스도 네 창고에 가득한 재화에
반해서, 헬본의 포도주와 자하르의 양털을
가지고 와서 너와 거래했다.
19 우잘 출신 단 사람들과 그리스인들도, 정
련한 쇠와 계피와 향신료를 가지고 와서 너
와 거래했다.
20 드단도 안장에 까는 담요를 가지고 와서
너와 거래했다.
21 아라비아와 게달의 모든 베두인 족장들
도, 새끼양과 숫양과 염소를 가지고 와서 너
와 교역했다.
22 남 아라비아의 스바와 라아마 출신 무역
상들도, 최고급 향신료와 귀금속과 금을 가
지고 와서 너와 거래했다.
23-24 앗시리아와 메대 동쪽의 하란과 간네
와 에덴도, 우아한 천과 물들인 옷감과 정교
한 양탄자를 가지고 와서 네 시장에서 팔며
너와 교역했다.
25 다시스의 큰 배들이 네 수입품과 수출품
을 부지런히 실어 날랐다. 오, 바닷길을 종
횡무진하며 막대한 사업을 벌이던 네가 아
니던가!

26-32 네 선원들이 힘차게 노를 저어,
너를 큰 바다로 데려간다.
그때 동쪽에서 폭풍이 불어와
바다 한가운데서 네 배를 산산조각 내버
렸다.

15 "'The people of Rhodes did business
with you. Many far-off islands traded with
you in ivory and ebony.
16 "'Edom did business with you because of
all your goods. They traded for your products
with agate, purple textiles, embroidered
cloth, fine linen, coral, and rubies.
17 "'Judah and Israel did business with
you. They traded for your products with
premium wheat, millet, honey, oil, and
balm.
18 "'Damascus, attracted by your vast
array of products and well-stocked
warehouses, carried on business with you,
trading in wine from Helbon and wool
from Zahar.
19 "'Danites and Greeks from Uzal traded
with you, using wrought iron, cinnamon,
and spices.
20 "'Dedan traded with you for saddle
blankets.
21 "'Arabia and all the Bedouin sheiks of
Kedar traded lambs, rams, and goats with
you.
22 "'Traders from Sheba and Raamah in
South Arabia carried on business with you in
premium spices, precious stones, and gold.
23-24 "'Haran, Canneh, and Eden from the
east in Assyria and Media traded with you,
bringing elegant clothes, dyed textiles,
and elaborate carpets to your bazaars.
25 "'The great Tarshish ships were your
freighters, importing and exporting. Oh,
it was big business for you, trafficking the
seaways!

26-32 "'Your sailors row mightily,
taking you into the high seas.

전부 가라앉는다. 네 귀중한 물품과 상품들,
선원과 승무원들, 배의 목수와 군사들 모두
바다 밑바닥으로 가라앉는다.
대침몰이다.
선원들의 울부짖는 소리가
해안까지 울려 퍼진다.
다들 배를 버린다.
베테랑 선원들은 뭍을 향해 헤엄친다.
침몰하는 너를 보며, 모두가 통곡하여 울부짖는다.
함께 비가를 부른다.
얼굴을 재로 문지르고
머리를 밀고
거친 베옷을 입은 채,
대성통곡한다.
목 놓아 애가를 부른다.
"바다에 두로 같은 자 또 누가 있으랴!"

33-36 상품을 싣고 바다를 종횡무진하던 너는,
뭇 민족에게 만족을 안겨 주었다.
세상 방방곡곡을 다니며 무역을 벌이면서
지상의 왕들을 부자로 만들어 주었다.
그러나 풍파로 파선된 너
바다 밑바닥까지 가라앉았고,
네가 사고팔던 모든 것도
너와 함께 바다 밑바닥까지 가라앉았다.
그 광경에 바닷가 모든 주민이 공포에 떤다.
왕들의 머리털이 곤두서고
그들의 얼굴이 잔뜩 일그러진다!
온 세상의 상인들이
두 손을 들고 혀를 내두른다.
어떻게 이런 끔찍한 일이!
오, 어떻게 이런 일이!'"

Then a storm out of the east
shatters your ship in the ocean deep.
Everything sinks—your rich goods and products,
sailors and crew, ship's carpenters and soldiers,
Sink to the bottom of the sea.
Total shipwreck.
The cries of your sailors
reverberate on shore.
Sailors everywhere abandon ship.
Veteran seamen swim for dry land.
They cry out in grief,
a choir of bitter lament over you.
They smear their faces with ashes,
shave their heads,
Wear rough burlap,
wildly keening their loss.
They raise their funeral song:
"Who on the high seas is like Tyre!"

33-36 "'As you crisscrossed the seas with your products,
you satisfied many peoples.
Your worldwide trade
made earth's kings rich.
And now you're battered to bits by the waves,
sunk to the bottom of the sea,
And everything you've bought and sold
has sunk to the bottom with you.
Everyone on shore looks on in terror.
The hair of kings stands on end,
their faces drawn and haggard!
The buyers and sellers of the world
throw up their hands:
This horror can't happen!
Oh, this *has* happened!'"

돈이 많아지자 거만해졌다

28 1-5 **하나님**의 **메시지**가 내게 임했다. "사람의 아들아, 두로의 통치자에게 전하여라. '주 **하나님**께서 말씀하신다.

마음이 교만한 너,
돌아다니면서 말한다. "나는 신이다.
하나님의 보좌에 앉아
온 바다를 지배하노라."
신이라니, 가당치 않다.
너는 사람일 뿐이다.
신이 되려고 애쓴다만,
그저 사람에 지나지 않는다.
보아라. 너는 네 자신이 다니엘보다 명민하다고 여긴다.
풀지 못할 수수께끼가 없다고 생각한다.
너는 총명하여
세계적인 부자가 되었다.
너는 네 창고에
금과 은을 잔뜩 쌓았다.
너는 좋은 머리를 굴려
사업에 성공했고, 떼돈을 벌었다.
그러나 돈이 많아지자 너는 거만해졌다.
콧대가 높아졌다. 어찌나 높아졌는지, 하늘을 찌를 정도다!

6-11 그러므로, 주 **하나님**이 말한다.

신처럼 행동하며
신이 된 것처럼 행세하는 너에게,
내가 분명히 경고한다. 내가 이방 사람과 민족들 중에 가장 악독한 자들을 불러 너를 덮치게 할 것이다.
그들이 칼을 뽑아서
모르는 것이 없다던 너의 명성을 땅에 떨어뜨릴 것이다.
신이라 자처하던

The Money Has Gone to Your Head

28 1-5 GOD's Message came to me, "Son of man, tell the prince of Tyre, 'This is what GOD, the Master, says:

"'Your heart is proud,
going around saying, "I'm a god.
I sit on God's divine throne,
ruling the sea"—
You, a mere mortal,
not even close to being a god,
A mere mortal
trying to be a god.
Look, you think you're smarter than Daniel.
No enigmas can stump you.
Your sharp intelligence
made you world-wealthy.
You piled up gold and silver
in your banks.
You used your head well,
worked good deals, made a lot of money.
But the money has gone to your head,
swelled your head—what a big head!

6-11 "'Therefore, GOD, the Master, says:

"'Because you're acting like a god,
pretending to be a god,
I'm giving fair warning: I'm bringing strangers down on you,
the most vicious of all nations.
They'll pull their swords and make hash
of your reputation for knowing it all.
They'll puncture the balloon
of your god-pretensions.
They'll bring you down from your self-made pedestal

너의 허풍을 까발릴 것이다.
네 스스로 올랐던 상석에서 너를 끌어내려
깊은 바닷속에 처넣을 것이다.
너를 죽이러 온 자들 앞에서도
"무엄하다! 나는 신이다" 하고 주장하겠느냐?
그들에게 너는 그저 인간일 뿐이다.
너는 그 이방 사람들의 손에
개죽음을 당할 것이다.
내가 그렇게 말했기 때문이다.
주 **하나님**의 포고다.'"

11-19 **하나님**의 **메시지**가 내게 임했다. "사람의 아들아, 두로 왕을 위해 크게 애가를 불러라. 그에게 주 **하나님**의 **메시지**를 전하여라.

너는 전부를 가진 자였다.
너는 하나님의 동산, 에덴에 있었다.
너는 휘황찬란한 옷을 둘렀다.
온갖 보석이 달린 예복이었다.
홍옥수, 감람석, 월장석,
녹주석, 얼룩 마노, 벽옥,
청보석, 터키석, 취옥이
세공한 금테에 매달려 있었다.
네가 창조된 그날,
너를 위해 준비된 예복이었다.
너는 기름부음 받은 그룹이었다.
내가 너를 하나님의 산에 두었다.
너는 불타는 돌들 사이를
위풍당당하게 거닐었다.
너는 창조된 날부터
완벽 그 자체였다. 그런데
이후에 네게 결함이—악이!—발견되었다.
사고파는 일을 많이 하면서
너는 난폭해졌고, 죄를 지었다!
내 눈 밖에 난 너를 내가 하나님의 산에서 내쳤다.

and bury you in the deep blue sea.
Will you protest to your assassins,
"You can't do that! I'm a god"?
To them you're a mere mortal.
They're killing a man, not a god.
You'll die like a stray dog,
killed by strangers—
Because I said so.
Decree of GOD, the Master.'"

11-19 GOD's Message came to me: "Son of man, raise a funeral song over the king of Tyre. Tell him, A Message from GOD, the Master:

"You had everything going for you.
You were in Eden, God's garden.
You were dressed in splendor,
your robe studded with jewels:
Carnelian, peridot, and moonstone,
beryl, onyx, and jasper,
Sapphire, turquoise, and emerald,
all in settings of engraved gold.
A robe was prepared for you
the same day you were created.
You were the anointed cherub.
I placed you on the mountain of God.
You strolled in magnificence
among the stones of fire.
From the day of your creation
you were sheer perfection...
and then imperfection—evil!—was detected in you.
In much buying and selling
you turned violent, you sinned!
I threw you, disgraced, off the mountain of God.
I threw you out—you, the anointed

내가 너를, 기름부음 받은 천사-그룹인 너를 밖으로 내쫓아,
더는 불타는 보석들 사이를 거닐지 못하게 했다!
너는 네 아름다움 때문에 거만해졌다.
너는 지혜를,
세상 영예를 얻는 수단으로 전락시켰다.
내가 너를 바닥에 내동댕이치고
왕들이 보는 앞에서 너를 때려눕혀,
네가 뻗음으로 그들의 조롱거리가 되게 했다.
너는 죄를 짓고, 짓고, 또 지으면서
부정한 방식으로 사업을 벌였고,
너의 거룩한 예배 처소를 더럽혔다.
그래서 내가 네 주위와 네 한가운데에 불을 놓았다.
그 불이 너를 살라 버렸다. 내가 너를 잿더미로 만들어 버렸다.
이제 누구라도 너를 볼 때
보이는 것이라고는
바닥에 나뒹구는 재뿐이다.
전에 너를 알았던 자들 모두가
두 손을 들고 혀를 내두른다.
'어떻게 이런 일이!
어떻게 이런 일이!'"

20-23 **하나님**의 **메시지**가 내게 임했다. "사람의 아들아, 시돈과 맞서라. 그곳을 대적하여 말씀을 전하여라. '주 **하나님**의 **메시지**다.

보아라! 시돈아, 내가 너를 대적한다.
내가 네 가운데서 나의 진면목을 드러낼 것이다.'
내가 모든 일을 바로잡고
나의 거룩한 임재를 나타내는 날,
그들은 내가 **하나님**인 줄 알게 될 것이다.
내가 명령을 내려 그곳에 전염병이 나돌게 하고,

angel-cherub.
No more strolling among the gems of fire for you!
Your beauty went to your head.
You corrupted wisdom
by using it to get worldly fame.
I threw you to the ground,
sent you sprawling before an audience of kings
and let them gloat over your demise.
By sin after sin after sin,
by your corrupt ways of doing business,
you defiled your holy places of worship.
So I set a fire around and within you.
It burned you up. I reduced you to ashes.
All anyone sees now
when they look for you is ashes,
a pitiful mound of ashes.
All who once knew you
now throw up their hands:
'This can't have happened!
This *has* happened!'"

20-23 GOD's Message came to me: "Son of man, confront Sidon. Preach against it. Say, 'Message from GOD, the Master:

"'Look! I'm against you, Sidon.
I intend to be known for who I truly am among you.'
They'll know that I am GOD
when I set things right
and reveal my holy presence.
I'll order an epidemic of disease there,
along with murder and mayhem in the streets.

거리마다 살인과 폭력이 난무하게 할 것이다.
사방에서 적군이 쳐들어오면,
사람들이 오른쪽, 왼쪽으로 나가떨어지리라.
그제야 그들은 내 말이 빈말이 아님을,
내가 **하나님**인 줄 알게 될 것이다.

24 이스라엘은
그들을 멸시하며 천대하는 자들,
그 가시와 엉겅퀴 같은 이웃들을 더 이상
참고 견딜 필요가 없으리라.
그들도 내가 **하나님**인 줄 알게 될 것이다."

25-26 주 **하나님**께서 말씀하신다. "내가 이스라엘을 흩어져 살던 민족들로부터 모으고, 모든 민족 앞에 나의 거룩을 드러내 보이는 날에, 그들이 자기 땅, 곧 내가 나의 종 야곱에게 준 땅에서 살게 될 것이다. 거기서 그들이 안전하게 살 것이다. 집을 짓고 포도밭을 가꾸며 안전하게 살 것이다. 내가 그들을 멸시하고 천대하던 이웃들에게 심판을 내릴 것이다. 그제야 그들은 내가 **하나님**인 줄 알게 될 것이다."

이집트가 받을 심판

29 1-6 열째 해 열째 달 십이일에, **하나님의 메시지**가 내게 임했다. "사람의 아들아, 이집트 왕 바로와 정면으로 맞서라. 그와 모든 이집트 사람을 대적하여 말씀을 전하여라. 그들에게 말하여라. '주 **하나님**께서 말씀하신다.

이집트 왕 바로야, 조심하여라.
너, 나일 강에 축 늘어져 어슬렁대며,
"나일 강은 내 것이다.
내가 만들었다"고 떠드는
늙은 용아,

People will drop dead right and left,
as war presses in from every side.
Then they'll realize that I mean business,
that I am GOD.

24 "No longer will Israel have to put up with
their thistle-and-thorn neighbors
Who have treated them so contemptuously.
And they also will realize that I am GOD."

25-26 GOD, the Master, says, "When I gather Israel from the peoples among whom they've been scattered and put my holiness on display among them with all the nations looking on, then they'll live in their own land that I gave to my servant Jacob. They'll live there in safety. They'll build houses. They'll plant vineyards, living in safety. Meanwhile, I'll bring judgment on all the neighbors who have treated them with such contempt. And they'll realize that I am GOD."

Never a World Power Again

29 1-6 In the tenth year, in the tenth month, on the twelfth day, GOD's Message came to me: "Son of man, confront Pharaoh king of Egypt. Preach against him and all the Egyptians. Tell him, 'GOD, the Master, says:

"'Watch yourself, Pharaoh, king of Egypt.
I'm dead set against you,
You lumbering old dragon,
lolling and flaccid in the Nile,

너는 내 원수다.
내가 네 턱을 갈고리로 꿸 것이다.
나일 강의 물고기들이 다 네 비늘에 달라붙게 만들 것이다.
내가 너를 나일 강에서 끌어 올릴 때,
네 비늘에 붙어 있는 물고기들도 같이 따라오리라.
네 비늘에 붙어 있는 나일 강 물고기들도 같이
사막으로 끌고 가겠다.
너는 거기 허허벌판에 내동댕이쳐진 채 내리쬐는 태양 아래 썩어 가며,
들짐승과 공중 나는 새들의 먹이가 될 것이다.
이집트에 사는 모두가
내가 **하나님**인 줄 알게 될 것이다.

6-9 이스라엘에게 너는 갈대 지팡이에 불과했다. 그들이 잡으면 부서져 손에 상처를 입혔고, 그들이 기대면 부러져 그들을 나자빠지게 했다. 주 **하나님**의 **메시지다**. 내가 전쟁으로 너를 칠 것이다. 사람이든 짐승이든 모두 없애고, 나라를 텅 빈 광야로 만들 것이다. 사람들은 그제야 내가 **하나님**인 줄 알게 될 것이다.

9-11 네가 "나일 강은 내 것이다. 내가 만들었다"고 떠들었으니, 내가 너와 네 강들을 대적한다. 내가 북쪽으로는 믹돌로부터 남쪽으로는 수에네와 에티오피아 국경선에 이르기까지, 이집트 전 지역을 텅 빈 황무지로 바꾸어 놓으리라. 사람 하나 보이지 않고, 지나다니는 짐승 하나 없을 것이다. 그곳은 사십 년 동안, 텅 빈 사막으로 있을 것이다.

12 내가 이집트를 황무한 땅 중에서도 가장 황무한 땅으로 만들 것이다. 사십 년 동안 그 도성은 황폐한 곳 중에서도 가장 황폐한 곳으로 남을 것이다. 내가 이집트 사

Saying, "It's my Nile.
  I made it. It's mine."
I'll set hooks in your jaw;
  I'll make the fish of the Nile stick to your scales.
I'll pull you out of the Nile,
  with all the fish stuck to your scales.
Then I'll drag you out into the desert,
  you and all the Nile fish sticking to your scales.
You'll lie there in the open, rotting in the sun,
  meat to the wild animals and carrion birds.
Everybody living in Egypt
  will realize that I am GOD.

6-9 "'Because you've been a flimsy reed crutch to Israel so that when they gripped you, you splintered and cut their hand, and when they leaned on you, you broke and sent them sprawling—Message of GOD, the Master—I'll bring war against you, do away with people and animals alike, and turn the country into an empty desert so they'll realize that I am GOD.

9-11 "'Because you said, "It's my Nile. I made it. It's all mine," therefore I am against you and your rivers. I'll reduce Egypt to an empty, desolate wasteland all the way from Migdol in the north to Syene and the border of Ethiopia in the south. Not a human will be seen in it, nor will an animal move through it. It'll be just empty desert, empty for forty years.

12 "'I'll make Egypt the most desolate of all desolations. For forty years I'll make her cities the most wasted of all wasted cities.

람들을 사방으로 흩어 버리고, 여기저기 포로로 잡혀가게 할 것이다.
13-16 주 **하나님**이 말한다. 그러나 이것이 그의 최후는 아니다. 사십 년이 지나면, 내가 그 흩어졌던 곳에서 다시 이집트 사람들을 모을 것이다. 이집트를 회복시킬 것이다. 나는 오래전 그가 시작되었던 곳, 바드로스로 그를 다시 데리고 갈 것이다. 거기서 그는 처음부터 다시 시작할 것이다. 그러나 계속 바닥을 기기만 할 뿐, 날아 비상하지는 못할 것이다. 다시는 강대국이 되지 못하고, 다시는 이스라엘이 의지하고 싶어 할 만한 나라가 되지 못한 채, 이제 이스라엘에게 이집트는 과거의 죄를 기억하게 하는 나라로만 존재할 것이다. 그제야 이집트는 내가 주 **하나님**인 줄 알게 될 것이다.'"

I'll scatter Egyptians to the four winds, send them off every which way into exile.
13-16 "'But,' says GOD, the Master, 'that's not the end of it. After the forty years, I'll gather up the Egyptians from all the places where they've been scattered. I'll put things back together again for Egypt. I'll bring her back to Pathros where she got her start long ago. There she'll start over again from scratch. She'll take her place at the bottom of the ladder and there she'll stay, never to climb that ladder again, never to be a world power again. Never again will Israel be tempted to rely on Egypt. All she'll be to Israel is a reminder of old sin. Then Egypt will realize that I am GOD, the Master.'"

17-18 스물일곱째 해 첫째 달 첫째 날에, **하나님의 메시지**가 내게 임했다. "사람의 아들아, 바빌론 왕 느부갓네살이 두로를 치느라 군대의 힘을 다 소진했다. 그들은 뼈가 휘도록 고생했으나 소득이 없었다.
19-20 그러므로, 주 **하나님**이 말한다. '내가 바빌론 왕 느부갓네살에게 이집트를 내주려 한다. 그가 이집트의 재물을 노략질하고 그곳을 싹쓸이할 것이다. 그 약탈물로 군대에게 보수를 지급할 것이다. 그는 여러 해를 보수도 없이 나를 위해 일해 왔다. 내가 그에게 주는 보수는 이집트다. 주 **하나님**의 포고다.
21 그때에 내가 이스라엘에 새 희망을 일으킬 것이다. 해방의 날이 도래할 것이다! 내가 너 에스겔에게 담대하고 확신에 찬 말을 주어, 외치게 할 것이다. 그제야 그들은 내가 **하나님**인 줄 알게 될 것이다.'"

17-18 In the twenty-seventh year, in the first month, on the first day of the month, GOD's Message came to me: "Son of man, Nebuchadnezzar, king of Babylon, has worn out his army against Tyre. They've worked their fingers to the bone and have nothing to show for it.
19-20 "Therefore, GOD, the Master, says, 'I'm giving Egypt to Nebuchadnezzar king of Babylon. He'll haul away its wealth, pick the place clean. He'll pay his army with Egyptian plunder. He's been working for me all these years without pay. This is his pay: Egypt. Decree of GOD, the Master.
21 "'And then I'll stir up fresh hope in Israel—the dawn of deliverance!—and I'll give you, Ezekiel, bold and confident words to speak. And they'll realize that I am GOD.'"

이집트의 거만을 끝장내리라

30 1-5 주 **하나님**께서 내게 말씀하
셨다. "사람의 아들아, 선포하여
라. 그들에게 주 **하나님**의 **메시지**를 전하여
라. 통곡하여라.

'재앙의 날이다!'
때가 되었다!
하나님의 큰 심판 날이 닥쳐왔다.
짙은 먹구름이 몰려온다.
뭇 민족에게 재앙이 임하는 날이다.
이집트에 죽음이 비 오듯 쏟아지리라.
이집트 사람들이 살육되고
재산을 빼앗기며
기둥뿌리까지 뽑혀 나가는 광경을 보면서,
에티오피아는 공포에 휩싸일 것이다.
에티오피아와 붓과 룻과 아라비아와 리비아와
이집트의 오랜 동맹국들 모두가,
이집트와 함께 쓰러질 것이다.

6-8 '나 **하나님**이 말한다.

이집트의 동맹국들이 쓰러지고,
거만하던 이집트의 힘이 꺾일 것이다.
북쪽 믹돌에서부터 남쪽 수에네에 이르기까지
이집트 전역에서 대학살이 벌어질 것이다!
주 **하나님**의 포고다.
이집트는 황폐해질 대로 황폐해지고,
도성들이 다 쑥대밭이 될 것이다.
내가 이집트에 불을 질러 잿더미로 만들고
그 우방국들을 때려눕히는 날,
그제야 그들은 내가 **하나님**인 줄 알게 될 것이다.

9 그 일이 일어나는 날, 내가 배로 사신을
보내어 만사태평인 에티오피아 사람들에

Egypt on Fire

30 1-5 God, the Master, spoke to
me: "Son of man, preach. Give
them the Message of God, the Master.
Wail:

"'Doomsday!'
Time's up!
God's big day of judgment is near.
Thick clouds are rolling in.
It's doomsday for the nations.
Death will rain down on Egypt.
Terror will paralyze Ethiopia
When they see the Egyptians killed,
their wealth hauled off,
their foundations demolished,
And Ethiopia, Put, Lud, Arabia, Libya
—all of Egypt's old allies—
killed right along with them.

6-8 "'God says:

"'Egypt's allies will fall
and her proud strength will collapse—
From Migdol in the north to Syene in the south,
a great slaughter in Egypt!
Decree of God, the Master.
Egypt, most desolate of the desolate,
her cities wasted beyond wasting,
Will realize that I am God
when I burn her down
and her helpers are knocked flat.

9 "'When that happens, I'll send out
messengers by ship to sound the alarm
among the easygoing Ethiopians. They'll
be terrorized. Egypt's doomed! Judgment's

게 경보를 발령할 것이다. 그들이 겁을 집어먹을 것이다. 이집트가 망했다! 심판이 다가온다!

10-12 주 **하나님**이 말한다.

내가 이집트의 거만을 끝장내리라.
바빌론 왕 느부갓네살을 이용해 그렇게 할 것이다.
그와 그의 군대, 잔인하기로 으뜸가는 민족을 이용해
이집트를 짓부술 것이다.
그들이 칼을 휘둘러
이집트 전역을 시체로 뒤덮을 것이다.
내가 나일 강을 말려 버리고
그 땅을 악당들에게 팔아넘길 것이다.
거기 들어갈 외국인을 고용해
온 나라를 결딴내고 거덜 낼 것이다.
나 **하나님**의 말이다.

13-19 주 **하나님**이 말한다.

내가 모든 우상을 박살내리라.
멤피스에 있는 거대한 신상들을 모조리 쓰러뜨릴 것이다.
이집트 왕은 영원히 사라지고,
그 자리에 내가 공포를 앉힐 것이다. 이집트 전체가 공포에 휩싸일 것이다!
내가 바드로스를 쑥대밭으로,
소안을 잿더미로 만들고, 테베에 벌을 내릴 것이다.
이집트의 요새 펠루시움에 나의 진노를 쏟고,
거드름 피우던 테베를 때려눕힐 것이다.
내가 이집트에 불을 지를 것이다.
펠루시움이 고통으로 몸부림치고,
테베가 결딴나며,
멤피스가 유린당하리라.

coming!

10-12 "'GOD, the Master, says:

"'I'll put a stop to Egypt's arrogance.
I'll use Nebuchadnezzar king of Babylon to do it.
He and his army, the most brutal of nations,
shall be used to destroy the country.
They'll brandish their swords
and fill Egypt with corpses.
I'll dry up the Nile
and sell off the land to a bunch of crooks.
I'll hire outsiders to come in
and waste the country, strip it clean.
I, GOD, have said so.

13-19 "'And now this is what GOD, the Master, says:

"'I'll smash all the no-god idols;
I'll topple all those huge statues in Memphis.
The prince of Egypt will be gone for good,
and in his place I'll put *fear*—fear throughout Egypt!
I'll demolish Pathros,
burn Zoan to the ground, and punish Thebes,
Pour my wrath on Pelusium, Egypt's fort,
and knock Thebes off its proud pedestal.
I'll set Egypt on fire:
Pelusium will writhe in pain,
Thebes blown away,
Memphis raped.
The young warriors of On and Pi-beseth
will be killed and the cities exiled.

아웬과 비베셋의 젊은 용사들이 쓰러지고
도성 주민들이 포로로 붙잡혀 갈 것이다.
다바네스가 흑암에 휩싸일 그날,
내가 이집트를 박살내고
그 권세를 꺾어,
오만한 압제를 끝장낼 것이다!
그가 먼지 구름을 피우며 사라질 것이며,
그의 도성 주민들이 포로로 사로잡혀 가리라.
내가 그렇게 벌할 그날에,
그제야 이집트는 내가 **하나님**인 줄 알게 될 것이다.'"

20 열한째 해 첫째 달 칠일에, **하나님**의 메시지가 내게 임했다.
21 "사람의 아들아, 내가 이집트 왕 바로의 팔을 부러뜨렸다. 그런데 보아라! 그 팔은 아직 부러진 채 그대로다. 부목도 대지 못해 뼈가 붙지 않았고, 그래서 칼을 들 수도 없다.
22-26 그러므로, 주 **하나님**이 말한다. 내가 이집트 왕 바로를 원수로 여겨, 그의 다른 팔마저 부러뜨릴 것이다. 양팔을 모두 분질러 놓을 것이다! 그가 다시는 칼을 휘두르지 못하리라. 내가 이집트 사람들을 온 세상에 흩어 버리겠다. 바빌론 왕의 팔은 강하게 하여 내 칼을 그의 손에 쥐어 주겠지만, 바로의 팔은 부러뜨릴 것이다. 그가 치명상을 입은 사람처럼 신음할 것이다. 바빌론 왕의 팔은 나날이 강해지고, 바로의 팔에서는 힘이 빠져나가리라. 내가 바빌론 왕의 손에 내 칼을 쥐어 주면, 이집트 사람들은 그제야 내가 **하나님**인 줄 알게 될 것이다. 바빌론 왕이 칼을 뽑아 이집트를 향해 휘두를 것이며, 내가 이집트 사람들을 온 세상에 흩을 것이다. 그제야 그들은 내가 **하나님**인 줄 알게 될 것이다."

A dark day for Tahpanhes
when I shatter Egypt,
When I break Egyptian power
and put an end to her arrogant oppression!
She'll disappear in a cloud of dust,
her cities hauled off as exiles.
That's how I'll punish Egypt,
and that's how she'll realize that I am GOD.'"

20 In the eleventh year, on the seventh day of the first month, GOD's Message came to me:
21 "Son of man, I've broken the arm of Pharaoh king of Egypt. And look! It hasn't been set. No splint has been put on it so the bones can knit and heal, so he can use a sword again.
22-26 "Therefore, GOD, the Master, says, I am dead set against Pharaoh king of Egypt and will go ahead and break his other arm—both arms broken! There's no way he'll ever swing a sword again. I'll scatter Egyptians all over the world. I'll make the arms of the king of Babylon strong and put my sword in his hand, but I'll break the arms of Pharaoh and he'll groan like one who is mortally wounded. I'll make the arms of the king of Babylon strong, but the arms of Pharaoh shall go limp. The Egyptians will realize that I am GOD when I place my sword in the hand of the king of Babylon. He'll wield it against Egypt and I'll scatter Egyptians all over the world. Then they'll realize that I am GOD."

레바논의 백향목 같았던 이집트

31 1-9 열한째 해 셋째 달 첫째 날
에, 하나님의 메시지가 내게 임
했다. "사람의 아들아, 이집트 왕 바로, 허
세 부리는 그 늙은이에게 전하여라.

'천하를 호령하는 너,
너는 네 실상이 무엇인지 아느냐?
보아라! 앗시리아는 거목이었다. 레바논의 백향목만큼 거대했고,
아름다운 가지는 서늘한 그늘을 드리웠다.
구름을 뚫을 듯,
하늘을 찌를 듯, 높이 솟은 나무였다.
마실 물이 넘쳤던 그 나무,
태곳적 심연이 그를 높이 키워 주었다.
그 심연이
나무가 심겨진 곳 주위로
강을 두르고,
숲 속 모든 나무에 물줄기가 뻗어 가게 해 주었다.
실로 거대했던 그 나무는,
숲 속 다른 모든 나무를 압도했다.
굵고 기다란 가지들이 쭉쭉 뻗어 나갔고,
뿌리는 땅속 깊은 곳까지 파고들어 물을 빨아들였다.
공중 나는 모든 새들이
그 가지에 둥지를 틀고,
모든 들짐승들이
그 가지 밑에 새끼를 낳았다.
강대한 민족들이 다
그 그늘 아래 모여 살았다.
참으로 위풍당당한 나무였다.
그 가지들이 얼마나 멀리까지 뻗었던가!
그 뿌리들은 얼마나 깊은 곳까지 파고들어 물을 빨아들였던가!
하나님의 동산에 있는 백향목도 그것에 견줄 수는 없었다.
그 어떤 소나무도 그것에 비길 수 없었다.

The Funeral of the Big Tree

31 1-9 In the eleventh year, on the
first day of the third month,
GOD's Message came to me: "Son of man,
tell Pharaoh king of Egypt, that pompous
old goat:

"'Who do you, astride the world,
think you really are?
Look! Assyria was a Big Tree, huge as a Lebanon cedar,
beautiful limbs offering cool shade,
Skyscraper high,
piercing the clouds.
The waters gave it drink,
the primordial deep lifted it high,
Gushing out rivers around
the place where it was planted,
And then branching out in streams
to all the trees in the forest.
It was immense,
dwarfing all the trees in the forest—
Thick boughs, long limbs,
roots delving deep into earth's waters.
All the birds of the air
nested in its boughs.
All the wild animals
gave birth under its branches.
All the mighty nations
lived in its shade.
It was stunning in its majesty—
the reach of its branches!
the depth of its water-seeking roots!
Not a cedar in God's garden came close to it.
No pine tree was anything like it.
Mighty oaks looked like bushes
growing alongside it.

우람한 상수리나무들도 그 옆에서는
키 낮은 관목일 뿐이었다.
하나님의 동산에 있는 어떤 나무도
그처럼 아름답지는 않았다.
내가 그처럼 아름답게 만들었다.
예술품 같은 가지와 잎을 만드니,
에덴의 모든 나무,
하나님의 동산에 있는 모든 나무가 그를 부러워했다.'"

10-13 그러므로, 주 **하나님**께서 말씀하신다.
"'그런데 그가 구름을 뚫고 하늘 높이 솟더
니, 자신의 높은 키를 뽐내며 으스댔다. 나
는 그를 세계적으로 이름 높은 한 통치자에
게 넘겨주어, 그 악의 대가를 치르게 했다.
나는 그를 용인할 수 없었다. 믿을 수 없을
만큼 무자비한 민족들이 그를 사정없이 찍
어 쓰러뜨렸다. 부러진 가지들이 골짜기 전
역에 흩어졌고, 잎이 무성한 가지들로 시내
와 강이 막혔다. 그늘이 사라지자, 모두가
떠났다. 그는 이제 쓰러진 통나무에 불과할
뿐이다. 죽은 통나무에는 새들이나 잠시 앉
았다 가거나, 들짐승이 그 아래에 굴을 파
고 살 뿐이다.
14 이것이 거목이라 불리는 민족들이 맞을
최후다. 땅의 나무들이 심연에서 물을 빨
아들이고 자라, 구름을 뚫고 하늘 높이 솟
는 일은 더 이상 없을 것이다. 그것들 앞에
는 죽음이 예정되어 있다. 흙에서 흙으로
돌아가는 인생처럼, 다시 땅으로 돌아갈
뿐이다.
15-17 주 **하나님**의 **메시지**다. 그 거목의 장
례식 날에, 내가 그 심연을 통곡 속에 빠뜨
렸다. 흐르는 강들을 막고, 대양들을 정지
시켰으며, 레바논 산을 암흑으로 감싸 버렸
다. 숲의 모든 나무가 혼절해 쓰러졌다. 그
나무가 바닥에 쓰러질 때, 나는 온 세상이
그 충격에 떨게 했다. 그 나무를 지하에 던

Not a tree in God's garden
was in the same class of beauty.
I made it beautiful,
a work of art in limbs and leaves,
The envy of every tree in Eden,
every last tree in God's garden.'"

10-13 Therefore, GOD, the Master, says,
"'Because it skyscrapered upward, piercing
the clouds, swaggering and proud of its
stature, I turned it over to a world-famous
leader to call its evil to account. I'd had
enough. Outsiders, unbelievably brutal,
felled it across the mountain ranges. Its
branches were strewn through all the
valleys, its leafy boughs clogging all the
streams and rivers. Because its shade was
gone, everybody walked off. No longer a
tree—just a log. On that dead log birds
perch. Wild animals burrow under it.
14 "'That marks the end of the "big tree"
nations. No more trees nourished from
the great deep, no more cloud-piercing
trees, no more earthborn trees taking over.
They're all slated for death—back to earth,
right along with men and women, for
whom it's "dust to dust."
15-17 "'The Message of GOD, the Master:
On the day of the funeral of the Big Tree,
I threw the great deep into mourning. I
stopped the flow of its rivers, held back
great seas, and wrapped the Lebanon
mountains in black. All the trees of the
forest fainted and fell. I made the whole
world quake when it crashed, and threw
it into the underworld to take its place
with all else that gets buried. All the trees
of Eden and the finest and best trees of

져, 이미 죽어 묻힌 다른 나무들과 함께 있
게 했다. 에덴의 모든 나무와 물가에 심겨
진 레바논의 으뜸 나무들—이미 그 나무와
함께 지하에 내려가 있던 나무들—과, 그
그늘에서 살았던 모든 자들과 죽임당한 모
든 자들이 그것을 보며 위안을 얻었다.
18 에덴의 모든 나무 가운데서 너의 장려함
에 비길 만한 것이 있더냐? 그러나 너는 이
제 찍혀 쓰러지고, 에덴의 나무들과 함께
지하로 떨어질 것이다. 이미 죽어 거기 쌓
여 있는 다른 통나무들처럼, 할례 받지 못
하고 죽은 다른 자들과 같이 될 것이다.
이는 허세 부리는 늙은이, 바로를 두고 하
는 말이다.
주 **하나님**의 포고다.'"

용과 같았던 이집트의 죽음

32 1-2 열두째 해 열두째 달 첫째 날
에, **하나님**의 **메시지**가 내게 임
했다. "사람의 아들아, 이집트 왕 바로를 두
고 애가를 불러라. 그에게 말하여라.

'너는 네 자신을, 만방을 휘젓고 다니는
젊은 사자라고 생각하지만,
너는 코를 씩씩거리며 사방으로 몸을 뒤틀
며 다니는,
바닷속의 용 같다.

3-10 주 **하나님**이 말한다.

내가 너를 향해 나의 그물을 던질 참이다.
많은 민족들이 이 일에 동참하리라.
나의 예인망으로 너를 잡아 올릴 것이다.
그러고 나서 너를 빈 들판
땅바닥에다 내동댕이치고,
까마귀와 독수리를 불러
푸짐한 썩은 고기 파티를 벌이게 할 것
이다.

Lebanon, well-watered, were relieved—
they had descended to the underworld
with it—along with everyone who had lived
in its shade and all who had been killed.
18 "'Which of the trees of Eden came
anywhere close to you in splendor and
size? But you're slated to be cut down to
take your place in the underworld with the
trees of Eden, to be a dead log stacked with
all the other dead logs, among the other
uncircumcised who are dead and buried.
"'This means Pharaoh, the pompous old
goat.
"'Decree of GOD, the Master.'"

A Cloud Across the Sun

32 1-2 In the twelfth year, on the
first day of the twelfth month,
GOD's Message came to me: "Son of man,
sing a funeral lament over Pharaoh king of
Egypt. Tell him:

"'You think you're a young lion
prowling through the nations.
You're more like a dragon in the ocean,
snorting and thrashing about.

3-10 "'GOD, the Master, says:

"'I'm going to throw my net over you
—many nations will get in on this operation—
and haul you out with my dragnet.
I'll dump you on the ground
out in an open field
And bring in all the crows and vultures
for a sumptuous carrion lunch.
I'll invite wild animals from all over the

내가 세상 전역에서 들짐승을 불러
네 창자를 배불리 먹게 할 것이다.
이 산 저 산에 네 살점을 떨어뜨리고
골짜기마다 네 뼈들을 흩뿌릴 것이다.
온 땅이, 산꼭대기까지
네 피로 흠뻑 젖고,
모든 도랑과 수로에 네 피가 흘러넘칠 것이다.
내가 너를 지워 없애는 날,
하늘에 휘장을 쳐서
별들을 가릴 것이다.
구름으로 해를 뒤덮고
달빛을 꺼 버릴 것이다.
네 위의 하늘 광채도 모두 꺼 버려,
네 땅을 암흑에 빠트릴 것이다.
주 **하나님**의 포고다.
내가 너로 낯설고 먼 나라로 포로로 잡혀가게 하는 날,
내가 온 세상의 사람들을 흔들어 놓을 것이다.
그들이 너를 보고 충격에 빠지고,
왕들이 보고 바들바들 떨리라.
내가 칼을 흔들면,
그들의 몸도 벌벌 떨 것이다.
네가 고꾸라지는 날, 그들은
"나도 저렇게 될 수 있다!"고 생각하며 벌벌 떨 것이다.

world
to gorge on your guts.
I'll scatter hunks of your meat in the mountains
and strew your bones in the valleys.
The country, right up to the mountains,
will be drenched with your blood,
your blood filling every ditch and channel.
When I blot you out,
I'll pull the curtain on the skies
and shut out the stars.
I'll throw a cloud across the sun
and turn off the moonlight.
I'll turn out every light in the sky above you
and put your land in the dark.
Decree of GOD, the Master.
I'll shake up everyone worldwide
when I take you off captive to strange and far-off countries.
I'll shock people with you.
Kings will take one look and shudder.
I'll shake my sword
and they'll shake in their boots.
On the day you crash, they'll tremble,
thinking, "That could be me!"

11-15 주 **하나님**이 말한다.

바빌론 왕의 칼이
너를 치러 오는 중이다.
내가 용사들의 칼을 이용해
너의 교만을 쓰러뜨리겠다.
가장 잔인한 민족을 이용해
이집트를 바닥에 고꾸라뜨리고,
그 허세와 건방을 박살낼 것이다.
강가에서 풀을 뜯는 가축들을 모조리

To Lay Your Pride Low

11-15 "'GOD, the Master, says:

"'The sword of the king of Babylon
is coming against you.
I'll use the swords of champions
to lay your pride low,
Use the most brutal of nations
to knock Egypt off her high horse,
to puncture that hot-air pomposity.

내가 쳐죽이리라.
다시는 사람의 발이나 동물의 뿔이
물을 휘저어 흐리게 하는 일이 없을 것이다.
내가 그 샘물과 시냇물을 깨끗게 하고,
그 강을 맑고 유유히 흐르게 할 것이다.
주 **하나님**의 포고다.
내가 이집트를 다시 광야로 돌려놓고
그 풍부한 생산물을 완전히 거덜 내고
거기 사는 모든 자를 쳐죽이면,
그제야 그들이 내가 **하나님**인 줄 알게 될 것이다.'

16 이것은 애가다. 불러라.
뭇 민족의 딸들아, 이 애가를 불러라.
이집트와, 그 거드름의 죽음을 두고 애가를 불러라."
주 **하나님**의 포고다.

17-19 열두째 해 첫째 달 십오일에, **하나님**의 **메시지**가 내게 임했다.

"사람의 아들아, 거드름 피우는 이집트를 보며 한탄하여라.
그를 제 갈 길로 보내라.
이집트와
그의 딸들, 그 오만한 민족들을
지하로 속히 보내라.
죽은 자가 묻혀 있는 나라로 내려보내면서,
말하여라. '너는 네가 높다고, 힘 있다고 생각하느냐?
지하로 꺼져라! 그 부정한 무덤 속 이교도들과 함께 거기 누워 있어라!'

20-21 그는 전쟁터에서 살해된 자들과 함께 지하로 떨어질 것이다. 칼이 뽑혔다. 저 허세 부리던 자를 끌고 가서 없애라! 지하에 가면, 죽어 묻힌 자들 중에 유명인사와 부하들이 그들을 반겨 주리라. '이교 무덤에

I'll destroy all their livestock
that graze along the river.
Neither human foot nor animal hoof
will muddy those waters anymore.
I'll clear their springs and streams,
make their rivers flow clean and smooth.
Decree of GOD, the Master.
When I turn Egypt back to the wild
and strip her clean of all her abundant produce,
When I strike dead all who live there,
then they'll realize that I am GOD.'

16 "This is a funeral song. Chant it.
Daughters of the nations, chant it.
Chant it over Egypt for the death of its pomp."
Decree of GOD, the Master.

17-19 In the twelfth year, on the fifteenth day of the first month, GOD's Message came to me:

"Son of man, lament over Egypt's pompous ways.
Send her on her way.
Dispatch Egypt
and her proud daughter nations
To the underworld,
down to the country of the dead and buried.
Say, 'You think you're so high and mighty?
Down! Take your place with the heathen
in that unhallowed grave!'

20-21 "She'll be dumped in with those killed in battle. The sword is bared. Drag her off in all her proud pomp! All the big men and

온 것을 환영하오! 전쟁 희생자 대열에 합류하시오!'

22-23 그곳에는 앗시리아와 그 무리가 묻혀 있고, 온 나라가 공동묘지를 이루고 있다. 앗시리아의 무덤은 지하에서도 가장 깊은 곳에 있다. 사방에 무덤을 이루고 있는 그들은 모두 전쟁터에서 살해된 자들로, 한때는 산 자들의 땅에 공포를 일으키던 자들이다.

24-25 교만하기 짝이 없던 엘람이 거기 있다. 공동묘지를 이루고 있다. 모두 전쟁터에서 살해된 자들로, 죽은 자들과 함께 이교 무덤에 내던져졌다. 한때는 산 자들의 땅에 공포를 일으키던 자들이지만, 지금은 무덤 속에서 다른 자들과 함께 자기 수치를 뒤집어쓰고 있다. 엘람은 이제 허세 부리다가 죽은 자들이 모인 번화가다. 전쟁터에서 도살된 자들의 이교 무덤이 장관을 이루고 있다. 한때 산 자들의 땅에 공포를 일으키던 그들이지만, 지금은 땅속 깊은 곳에서 다른 자들과 함께 자기 수치를 뒤집어쓰고 있다. 그들은 전쟁터에서 칼에 맞아 죽은 자들을 위해 따로 마련된 구역에 있다.

26-27 교만하기 짝이 없던 메섹과 두발이 거기 있다. 할례 받지 못한 자들이 모인 부정한 구역에서 공동묘지를 이루고 있는데, 전쟁터에서 도살된 자들과 함께 거기 내던져졌다. 산 자들의 땅에 공포를 일으키던 자들에게 주어진 응분의 대가다. 이제 그들은 땅속 깊은 곳에서 다른 자들과 함께 자기 수치를 뒤집어쓰고 있다. 그들은 칼에 맞아 죽은 자들을 위해 따로 마련된 구역에서, 다른 영웅들과 떨어져 있다. 갑옷을 갖춰 입고 칼로 머리를 괴고, 방패로 뼈를 가린 모습으로 무덤에 들어온 고대의 거물 장수들, 산 자들의 땅에 공포를 퍼뜨리던 그 영웅들과 떨어져 있다.

28 그리고 너 이집트는 다른 모든 이교도들과 함께, 칼에 맞아 죽은 자들의 구역에 있

their helpers down among the dead and buried will greet them: 'Welcome to the grave of the heathen! Join the ranks of the victims of war!'

22-23 "Assyria is there and its congregation, the whole nation a cemetery. Their graves are in the deepest part of the underworld, a congregation of graves, all killed in battle, these people who terrorized the land of the living.

24-25 "Elam is there in all her pride, a cemetery—all killed in battle, dumped in her heathen grave with the dead and buried, these people who terrorized the land of the living. They carry their shame with them, along with the others in the grave. They turned Elam into a resort for the pompous dead, landscaped with heathen graves, slaughtered in battle. They once terrorized the land of the living. Now they carry their shame down with the others in deep earth. They're in the section set aside for the slain in battle.

26-27 "Meshech-tubal is there in all her pride, a cemetery in uncircumcised ground, dumped in with those slaughtered in battle—just deserts for terrorizing the land of the living. Now they carry their shame down with the others in deep earth. They're in the section set aside for the slain. They're segregated from the heroes, the old-time giants who entered the grave in full battle dress, their swords placed under their heads and their shields covering their bones, those heroes who spread terror through the land of the living.

28 "And you, Egypt, will be dumped in a heathen grave, along with all the rest, in

는 이교 무덤에 내던져질 것이다.

29 에돔이, 그의 왕과 제후들과 함께 거기 있다. 위세를 떨치던 자였지만, 지하로 내려가는 다른 자들과 함께 이교 무덤에 내던져졌다.

30 북방의 제후들이 모두 거기에 있다. 시돈 사람들도 거기에 다 와 있다. 모두가—잔인하고 포악하던 그들이 얼마나 큰 공포를 퍼뜨렸던가!—자기 수치를 들고 지하로 내려와, 전쟁터에서 살해된 자들과 함께 부정한 지역에 내던져졌다. 땅속 깊은 곳으로 내려간 다른 자들과 함께 자기 수치를 뒤집어쓰고 있다.

31 바로는 그들 모두를 만나게 될 것이다. 허세 부리는 그 늙은이, 거기서 동무들을 만나고 반가워하리라. 바로와 도살당한 그의 군대가 그곳에 있을 것이다. 주 **하나님**의 포고다.

32 내가 그를 이용해 산 자들의 땅에 공포를 퍼뜨렸고, 이제 칼에 맞아 죽은 자들과 함께 그를 이교 지역에 내다 버릴 것이다. 바로와 그가 자랑하던 것들 전부를 던져 버릴 것이다. 주 **하나님**의 포고다."

에스겔을 파수꾼으로 세우시다

33 1-5 **하나님**의 **메시지**가 내게 임했다. "사람의 아들아, 네 백성에게 전하여라. 그들에게 말하여라. '내가 이 땅에 전쟁을 일으키려 하고, 백성이 그들 중 한 사람을 골라 파수꾼을 세웠다고 하자. 그 파수꾼이 전쟁이 들이닥치는 것을 보고 나팔을 불어 백성에게 경고해 주었는데도, 누가 그 소리를 무시하고 있다가 닥쳐온 전쟁에 목숨을 잃었으면, 이는 그 사람의 잘못이다. 경고를 들었으면서도 무시했으니, 그 사람의 잘못이다. 만일 그가 듣고 따랐으면, 그는 목숨을 구했을 것이다.

6 그런데 전쟁이 들이닥치는 것을 보고도

the section set aside for the slain.

29 "Edom is there, with her kings and princes. In spite of her vaunted greatness, she is dumped in a heathen grave with the others headed for the grave.

30 "The princes of the north are there, the whole lot of them, and all the Sidonians who carry their shame to their graves—all that terror they spread with their brute power!—dumped in unhallowed ground with those killed in battle, carrying their shame with the others headed for deep earth.

31 "Pharaoh will see them all and, pompous old goat that he is, take comfort in the company he'll keep—Pharaoh and his slaughtered army. Decree of GOD, the Master.

32 "I used him to spread terror in the land of the living and now I'm dumping him in heathen ground with those killed by the sword—Pharaoh and all his pomp. Decree of GOD, the Master."

You Are the Watchman

33 1-5 GOD's Message came to me: "Son of man, speak to your people. Tell them, 'If I bring war on this land and the people take one of their citizens and make him their watchman, and if the watchman sees war coming and blows the trumpet, warning the people, then if anyone hears the sound of the trumpet and ignores it and war comes and takes him off, it's his own fault. He heard the alarm, he ignored it—it's his own fault. If he had listened, he would have saved his life.

그 파수꾼이 나팔을 불지 않아 그 전쟁에서 누가 목숨을 잃었다고 하자. 그때는 경고를 받지 못해 죽은 그 죄인이 흘린 피에 대해, 내가 그 파수꾼에게 책임을 물을 것이다.'
7-9 너 사람의 아들아, 네가 바로 그 파수꾼이다. 내가 너를 이스라엘을 위한 파수꾼으로 세웠다. 너는 내 메시지를 들을 때 그 즉시 사람들에게 경고하여라. 만일 내가 악인들에게 '악인이여, 너는 지금 죽음으로 직행하는 중이다!' 하고 말하는데, 네가 목소리를 높여 악한 길에서 돌이키라고 그들에게 경고하지 않거나 그들이 경고를 듣지 못한 채 자신의 죄 때문에 죽으면, 나는 그들이 흘린 피에 대해 네게 책임을 물을 것이다. 그러나 네가 그 악인들에게 악한 길에서 돌이키라고 경고했는데도 그들이 따르지 않으면, 그들은 자신의 죄 때문에 죽을 것이고 너는 목숨을 보존할 것이다.

10 사람의 아들아, 이스라엘에게 전하여라. 그들에게 말하여라. '너는 "우리의 반역과 죄악이 우리를 짓누르고 있다. 우리는 기진하여 쓰러질 지경이다. 이 상태로 우리가 어떻게 살아갈 수 있을까?"라고 말했다.'
11 그들에게 전하여라. '살아 있는 나 하나님을 두고 맹세하는데, 나는 악인이 죽는 것을 기뻐하지 않는다. 나는 악인이 악한 길에서 돌이켜 살기를 바란다. 너희 삶의 방향을 바꾸어라! 악한 길을 떠나 그 반대 길로 가거라! 이스라엘아, 어찌하여 죽으려고 하느냐?'

12-13 사람의 아들아, 아직 더 남았다. 네 백성에게 전하여라. '의인이라도 반역의 길로 가기로 선택하면 과거의 의가 그를 구원해 주지 못한다. 악인이라도 반역의 길에서 돌이키고자 하면 과거의 악이 그를 막지 못할 것이다. 의인이라도 죄의 길을 택해 가면

6 "'But if the watchman sees war coming and doesn't blow the trumpet, warning the people, and war comes and takes anyone off, I'll hold the watchman responsible for the bloodshed of any unwarned sinner.'
7-9 "You, son of man, are the watchman. I've made you a watchman for Israel. The minute you hear a message from me, warn them. If I say to the wicked, 'Wicked man, wicked woman, you're on the fast track to death!' and you don't speak up and warn the wicked to change their ways, the wicked will die unwarned in their sins and I'll hold you responsible for their bloodshed. But if you warn the wicked to change their ways and they don't do it, they'll die in their sins well-warned and at least you will have saved your own life.

10 "Son of man, speak to Israel. Tell them, 'You've said, "Our rebellions and sins are weighing us down. We're wasting away. How can we go on living?"'
11 "Tell them, 'As sure as I am the living God, I take no pleasure from the death of the wicked. I want the wicked to change their ways and live. Turn your life around! Reverse your evil ways! Why *die*, Israel?'

12-13 "There's more, son of man. Tell your people, 'A good person's good life won't save him when he decides to rebel, and a bad person's bad life won't prevent him from repenting of his rebellion. A good person who sins can't expect to live when he chooses to sin. It's true that I tell good people, "Live! Be alive!" But if they trust in their good deeds and turn to evil, that

목숨 부지하기를 기대할 수 없다. 내가 의인
들에게 "살 것이다!"라고 말하는 것이 사실
이지만, 그렇더라도 그들이 과거의 선행을
믿고 악행을 저지를 경우, 그 선행은 아무
소용이 없다. 그들은 자기 악한 행실로 인해
죽을 것이다.
14-16 반대로, 내가 악인에게 "너는 악하게
살았으니 이제 죽을 것이다" 하고 말했어
도, 그가 죄를 회개하고 의롭고 바르게 살
기 시작하면—가련한 자들에게 인정을 베
풀고, 탈취한 것들을 돌려주고, 이웃을 해
하지 않고 늘 사람을 살리는 길을 찾아 살면
—그는 반드시 살 것이다. 그는 죽지 않을
것이다. 그의 죄가 하나도 기록에 남지 않을
것이다. 그는 옳은 일을 행하며 복된 삶을
살 것이다. 반드시 살 것이다.
17-19 네 백성은 "주가 공정하시지 않다"고
말하지만, 공정하지 않게 행동해 온 쪽은 바
로 그들이다. 의인들이 의로운 삶을 버리고
죄에 빠져들면, 그들은 그로 인해 죽을 것이
다. 그러나 악인이라도 악에서 돌이켜 바르
고 의롭게 살기 시작하면, 그는 살 것이다.
20 너희는 여전히 "주가 공정하시지 않다"
고 말하고 있다. 이스라엘아, 두고 보아라.
나는 너희 각 사람을 저마다 살아온 길에 따
라 심판할 것이다.'"

21 우리가 포로로 잡혀 온 지 열두째 해가
되는 열째 달 오일에, 예루살렘에서 살아 나
온 한 사람이 내게 와서 말했다. "도성이 함
락되었습니다."
22 살아 나온 그 사람이 도착하기 전날 저
녁에, **하나님**의 손이 내게 임하여 닫힌 말
문을 열어 주셨다. 아침이 되어 그가 도착
할 즈음, 나는 전처럼 다시 말을 할 수 있게
되었다.
23-24 **하나님**의 **메시지**가 내게 임했다. "사

good life won't amount to a hill of beans.
They'll die for their evil life.
14-16 "'On the other hand, if I tell a wicked
person, "You'll die for your wicked life,"
and he repents of his sin and starts living
a righteous and just life—being generous
to the down-and-out, restoring what he
had stolen, cultivating life-nourishing
ways that don't hurt others—he'll live. He
won't die. None of his sins will be kept on
the books. He's doing what's right, living a
good life. He'll live.
17-19 "'Your people say, "The Master's way
isn't fair." But it's the way *they're* living
that isn't fair. When good people turn
back from living good lives and plunge
into sin, they'll die for it. And when a
wicked person turns away from his wicked
life and starts living a just and righteous
life, he'll come alive.
20 "'Still, you keep on saying, "The
Master's way isn't fair." We'll see, Israel.
I'll decide on each of you exactly according
to how you live.'"

21 In the twelfth year of our exile, on the
fifth day of the tenth month, a survivor
from Jerusalem came to me and said, "The
city's fallen."
22 The evening before the survivor arrived,
the hand of GOD had been on me and
restored my speech. By the time he arrived
in the morning I was able to speak. I could
talk again.
23-24 GOD's Message came to me: "Son
of man, those who are living in the ruins
back in Israel are saying, 'Abraham was

람의 아들아, 이스라엘의 저 폐허더미에 사
는 자들이 이렇게 말한다. '아브라함은 혼
자서도 이 땅 전부를 소유했다. 그런데 우리
는 이렇게 다수니, 우리 소유권은 더욱 확실
하다.'
25-26 그러니 그들에게 전하여라. '주 **하나
님**께서 말씀하신다. 너희는 고기를 피째 먹
고, 우상을 숭배하고, 살인을 일삼는다. 그
런데 어떻게 너희가 이 땅의 소유자가 되기
를 기대한단 말이냐? 너희는 칼을 의지하
고 역겨운 짓을 벌이며, 무분별하게 아무하
고 아무 때나 성관계를 갖는다. 그러고도 너
희가 이 땅의 소유자가 되기를 기대한단 말
이냐?'
27-28 에스겔아, 그들에게 전하여라. '주 **하
나님의 메시지**다. 살아 있는 나 하나님을 두
고 맹세하는데, 폐허에 사는 생존자들이 모
두 살해될 것이다. 들판에 나가 있는 자들도
모두 들짐승에게 잡아먹힐 것이다. 산성과
동굴에 숨어 있는 자들은 전부 전염병에 걸
려 죽을 것이다. 내가 그 나라 전체를 허허
벌판으로 만들어 놓을 것이다. 그 거만과 오
만을 아주 끝장내리라! 이스라엘의 산들은
황폐하고 위험하기 짝이 없는 곳이 되어, 누
구도 감히 그곳을 지나다니지 않을 것이다.'
29 그들이 저지른 모든 역겨운 짓 때문에 내
가 그 나라를 황폐한 땅으로 만들 그날이 되
어서야, 그들은 내가 **하나님**인 줄 알게 될
것이다.
30-32 사람의 아들아, 너는 장안의 화젯거리
다. 네 백성은 길에서나 집 앞에서 사람을
만나면, '어디, **하나님**께서 새로 말씀하신
것이 있나 들어 보러 가자' 한다. 군중이 우
르르 몰려와 네 앞에 앉는다. 그들은 네 말
을 청해 듣는다. 그러나 그대로 행하지는 않
는다. 네 앞에서는 입에 발린 찬사를 늘어
놓지만, 그들의 관심은 오로지 돈과 성공이
다. 그들에게 너는 그저 오락거리다. 악기를

only one man and he owned the whole
country. But there are *lots* of us. Our
ownership is even more certain.'
25-26 "So tell them, 'GOD the Master
says, You eat flesh that contains blood,
you worship no-god idols, you murder
at will—and you expect to own this
land? You rely on the sword, you engage
in obscenities, you indulge in sex at
random—anyone, anytime. And you still
expect to own this land?'
27-28 "Tell them this, Ezekiel: 'The
Message of GOD, the Master. As sure as
I am the living God, those who are still
alive in the ruins will be killed. Anyone
out in the field I'll give to wild animals
for food. Anyone hiding out in mountain
forts and caves will die of disease. I'll
make this country an empty wasteland—
no more arrogant bullying! Israel's
mountains will become dangerously
desolate. No one will dare pass through
them.'
29 "They'll realize that I am GOD when I
devastate the country because of all the
obscenities they've practiced.
30-32 "As for you, son of man, you've
become quite the talk of the town. Your
people meet on street corners and in
front of their houses and say, 'Let's go
hear the latest news from GOD.' They
show up, as people tend to do, and sit in
your company. They listen to you speak,
but don't do a thing you say. They flatter
you with compliments, but all they care
about is making money and getting
ahead. To them you're merely entertain-
ment—a country singer of sad love songs,

켜며 구슬픈 사랑 타령이나 하는 딴따라일
뿐이다. 그들은 네 말 듣는 것을 좋아하지
만, 그뿐이다.
33 그러나 이 모든 일이 이루어지면—이제
곧 이루어지리라!—그들은 저희 가운데 예
언자가 있었다는 사실을 깨닫게 될 것이다."

이스라엘의 목자들

34 1-6 **하나님**의 **메시지**가 내게 임
했다. "사람의 아들아, 이스라엘
의 목자들, 그 지도자들을 대적하여 예언하
여라. 그렇다. 예언을 선포하여라! 그 목자
들에게 전하여라. '주 **하나님**께서 말씀하신
다. 자기 배나 채우는 너희 이스라엘의 목자
들에게 화가 있으리라! 목자는 양 떼를 먹
이는 자들이 아니냐? 그런데 너희는 양젖을
짜 마시고 양털로 옷을 지어 입고 양고기를
먹으면서, 양 떼는 먹이지 않는다. 너희는
약한 양들이 튼튼해지도록 돌보지도 않고,
아픈 양들을 치료하거나 상처 입은 양들을
싸매 주지도 않으며, 딴 길로 들어선 양들
을 데려오거나 잃어버린 양들을 찾아 나서
지도 않는다. 너희는 그들을 괴롭히기나 할
뿐이다. 그들은 지금 목자가 없어 사방에 흩
어져 있다. 뿔뿔이 흩어져 이리 떼의 손쉬운
사냥감이 되었다. 양 떼가—내 양들이!—산
과 들에 흩어져 위험천만한 지경에 처해 있
다. 나의 양 떼가 온 세상에 흩어졌는데도,
그들을 돌봐 주는 자 하나 없다!
7-9 그러므로, 목자들아, **하나님**의 **메시지**를
똑똑히 들어라. 살아 있는 나 하나님을 두
고 맹세하는데—주 **하나님**의 포고다—내
양 떼가 이리 떼의 손쉬운 사냥감이 되어 버
린 것은, 너희 목자들이 그들을 내팽개치고
너희 배만 불렸기 때문이다. **하나님**이 말한
다. 똑똑히 들어라.
10 두고 보아라! 내가 목자들을 불시에 덮쳐
내 양 떼를 되찾을 것이다. 내 양 떼의 목자

playing a guitar. They love to hear you
talk, but nothing comes of it.
33 "But when all this happens—and it is
going to happen!—they'll realize that a
prophet was among them."

When the Sheep Get Scattered

34 1-6 GOD's Message came to me:
"Son of man, prophesy against
the shepherd-leaders of Israel. Yes,
prophesy! Tell those shepherds, 'GOD, the
Master, says: Doom to you shepherds of
Israel, feeding your own mouths! Aren't
shepherds supposed to feed sheep? You
drink the milk, you make clothes from
the wool, you roast the lambs, but you
don't feed the sheep. You don't build
up the weak ones, don't heal the sick,
don't doctor the injured, don't go after
the strays, don't look for the lost. You
bully and badger them. And now they're
scattered every which way because
there was no shepherd—scattered and
easy pickings for wolves and coyotes.
Scattered—*my sheep*!—exposed and
vulnerable across mountains and hills.
My sheep scattered all over the world,
and no one out looking for them!
7-9 "'Therefore, shepherds, listen to the
Message of GOD: As sure as I am the
living God—Decree of GOD, the Master—
because my sheep have been turned into
mere prey, into easy meals for wolves
because you shepherds ignored them and
only fed yourselves, listen to what GOD
has to say:
10 "'Watch out! I'm coming down on the
shepherds and taking my sheep back.

였던 그들, 이제는 해고다. 제 배만 불리는
목자는 필요 없다! 내가 그들의 탐욕으로부
터 내 양 떼를 구하리라. 더 이상 그들이 내
양 떼를 먹어 치우지 못하게 할 것이다!
11-16 주 **하나님**이 말한다. 이제부터는, 내
가 친히 그들의 목자가 되어 주겠다. 내가
그들을 돌볼 것이다. 뿔뿔이 흩어진 양 떼
를 찾아 나서는 목자처럼, 내가 나의 양 떼
를 찾아 나설 것이다. 폭풍우를 만나 흩어
진 그들을 내가 구해 낼 것이다. 다른 민족
의 땅과 타국으로 흩어진 그들을 모아서,
다시 고향 땅으로 데려올 것이다. 내가 이
스라엘 산의 시냇가에서 그들과 그 동족을
먹일 것이다. 그들을 이스라엘의 푸른 목장
으로 인도하여 한가로이 풀을 뜯게 하고,
이스라엘 산들의 기름진 목장에서 꼴을 먹
게 할 것이다. 내가 친히 내 양 떼의 목자가
될 것이다. 그들이 마음 편히 쉬게 할 것이
다. 내가 잃어버린 양들을 찾아 나설 것이
다. 딴 길로 들어선 양들을 데려오고 상처
입은 양들을 싸매 주며, 약한 양들을 튼튼
하게 하고 힘센 양들은 잘 감시하여, 그들
이 착취당하지 않게 할 것이다.
17-19 너희, 내 사랑하는 양 떼야, 내가 나설
것이다. 내가 나서서 양과 양 사이, 숫양과
숫염소 사이의 시비를 가려 줄 것이다. 어
째서 너희는 좋은 목장에서 풀을 뜯는 일에
만족하지 못하고, 그곳을 다 차지하려고 드
느냐? 어째서 맑은 시냇물을 마시는 것으
로 만족하지 못하고, 발로 물을 휘저어 흙
탕물을 만들어 놓느냐? 어째서 나의 나머
지 양들이 너희가 짓밟아 놓은 풀을 뜯고
너희가 흙탕친 물을 마셔야 한단 말이냐?
20-22 그러므로, 주 **하나님**이 말한다. 내가
직접 나서서, 살찐 양과 비쩍 마른 양들 사
이의 일을 바로잡아 줄 것이다. 너희는 어
깨와 궁둥이로 서로를 밀치고 약한 짐승들
을 너희 뿔로 들이받아, 그들을 언덕 사방

They're fired as shepherds of my sheep. No
more shepherds who just feed themselves!
I'll rescue my sheep from their greed.
They're not going to feed off my sheep any
longer!
11-16 "'GOD, the Master, says: From now
on, *I myself* am the shepherd. I'm going
looking for them. As shepherds go after
their flocks when they get scattered, I'm
going after my sheep. I'll rescue them
from all the places they've been scattered
to in the storms. I'll bring them back
from foreign peoples, gather them from
foreign countries, and bring them back to
their home country. I'll feed them on the
mountains of Israel, along the streams,
among their own people. I'll lead them
into lush pasture so they can roam the
mountain pastures of Israel, graze at
leisure, feed in the rich pastures on the
mountains of Israel. And I myself will
be the shepherd of my sheep. I myself
will make sure they get plenty of rest. I'll
go after the lost, I'll collect the strays,
I'll doctor the injured, I'll build up the
weak ones and oversee the strong ones so
they're not exploited.
17-19 "'And as for you, my dear flock, I'm
stepping in and judging between one sheep
and another, between rams and goats.
Aren't you satisfied to feed in good pasture
without taking over the whole place? Can't
you be satisfied to drink from the clear
stream without muddying the water with
your feet? Why do the rest of my sheep
have to make do with grass that's trampled
down and water that's been muddied?
20-22 "'Therefore, GOD, the Master, says: I

으로 흩어 버린다. 내가 와서 내 사랑하는 양 떼를 구하고, 그들이 더 이상 이리저리 채이지 않게 할 것이다. 내가 나서서 양과 양 사이의 모든 일을 바로잡아 줄 것이다.

23-24 내가 그들 위에 한 목자를 세울 것이다. 바로, 나의 종 다윗이다. 그가 그들을 먹이고, 그들의 목자가 될 것이다. 그리고 나 **하나님**이 그들의 하나님이 되고, 나의 종 다윗이 그들의 왕이 될 것이다. 나 **하나님**의 말이다.

25-27 내가 그들과 평화의 언약을 맺을 것이다. 내가 그 나라에서 사나운 맹수들을 내쫓아, 내 양 떼가 들판에서 평안히 지내며 숲 속에서도 안심하고 잠들 수 있게 할 것이다. 내가 그들과 내 언덕 주변 모든 것에 복이 있게 하리라. 때를 따라 비를 넉넉히 내려 주리라. 억수같이 복을 퍼부어 주리라! 과수원의 나무들이 과실을 맺고 땅은 소산을 내며, 그들은 그 땅에서 만족과 평안을 누리며 살리라. 내가 그들을 묶은 종의 사슬을 끊고 그들을 종으로 부리던 자들에게서 구해 낼 것이다. 그제야 그들은 내가 **하나님**인 줄 알게 될 것이다.

28-29 그들이 다시는 다른 민족에게 착취당하거나 맹수들의 먹이가 되지 않으며, 안전과 자유를 누리며 살게 될 것이다. 내가 그들에게 비옥한 동산을 주어, 푸성귀가 풍성하게 자라게 할 것이다. 더 이상 주린 배를 움켜쥐며 살거나, 다른 민족에게 조롱당하는 일이 없을 것이다.

30-31 그제야 그들은 나 **하나님**이 그들의 하나님임을, 내가 그들과 함께하고 있음을, 그들 이스라엘이 나의 백성임을 분명히 알게 될 것이다. 주 **하나님**의 포고다.

너희는 나의 사랑하는 양 떼,
내 목장의 양 떼, 내 사람들이다.
그리고 나는 너희 하나님이다.

myself am stepping in and making things right between the plump sheep and the skinny sheep. Because you forced your way with shoulder and rump and butted at all the weaker animals with your horns till you scattered them all over the hills, I'll come in and save my dear flock, no longer let them be pushed around. I'll step in and set things right between one sheep and another.

23-24 "'I'll appoint one shepherd over them all: my servant David. He'll feed them. He'll be their shepherd. And I, GOD, will be their God. My servant David will be their prince. I, GOD, have spoken.

25-27 "'I'll make a covenant of peace with them. I'll banish fierce animals from the country so the sheep can live safely in the wilderness and sleep in the forest. I'll make them and everything around my hill a blessing. I'll send down plenty of rain in season—showers of blessing! The trees in the orchards will bear fruit, the ground will produce, they'll feel content and safe on their land, and they'll realize that I am GOD when I break them out of their slavery and rescue them from their slave masters.

28-29 "'No longer will they be exploited by outsiders and ravaged by fierce beasts. They'll live safe and sound, fearless and free. I'll give them rich gardens, lavish in vegetables—no more living half-starved, no longer taunted by outsiders.

30-31 "'They'll know, beyond doubting, that I, GOD, am their God, that I'm with them and that they, the people Israel, are my people. Decree of GOD, the Master:

You are my dear flock,

주 하나님의 포고다.'"

에돔이 받을 심판

35 1-4 **하나님**의 메시지가 내게 임
했다. "사람의 아들아, 세일 산
과 맞서라. 그것을 대적하여 예언을 선포하
여라! 그들에게 전하여라. '주 **하나님**께서
말씀하신다.

세일 산아, 내가 너를 불시에 덮쳐,
내가 나서서 너를 쑥대밭으로 만들어 놓겠다.
네 성읍들을 돌무더기 황무지로 바꾸어 놓겠다.
너는 폐허만 남기고 사라질 것이다.
그제야 너는 내가 **하나님**인 줄 알게 될 것이다.

5-9 내가 이렇게 하는 것은, 네가 이스라엘
을 향해 품고 있는 해묵은 악한 감정 때문
이다. 너는 그들이 벌을 받아 바닥에 쓰러
져 있는 모습을 빤히 보면서도, 악랄하게
그들을 공격했다. 그러므로, 살아 있는 나
하나님을 두고 맹세하는데, 내가 너를 피
범벅이 되게 할 것이다. 피를 그렇게 좋아
하는 너이니, 피바람이 네 뒤를 쫓을 것이
다. 내가 세일 산을 무너뜨려 돌무더기가
되게 하면, 그곳은 아무도 오가는 사람이
없는 땅이 될 것이다! 내가 네 산들을 시체
로 덮어 버릴 것이다. 살해된 시신들이 네
언덕을 뒤덮고, 네 골짜기와 도랑들을 가
득 채우리라. 내가 너를 폐허로, 네 모든
성읍을 유령마을—사람이 전혀 없는 곳—
로 만들 것이며, 그제야 너희는 내가 **하나
님**인 줄 알게 될 것이다.
10-13 너는 (**하나님**이 지켜보고 듣고 있는데도)
감히 이렇게 말했다. "저 두 민족, 저 두 나
라는 이제 내 것이다. 내 차지가 될 것이

the flock of my pasture, my human flock,
And I am your God.
Decree of GOD, the Master.'"

A Pile of Rubble

35 1-4 GOD's Message came to me:
"Son of man, confront Mount
Seir. Prophesy against it! Tell them, 'GOD,
the Master, says:

"'I'm coming down hard on you, Mount Seir.
I'm stepping in and turning you to a pile of rubble.
I'll reduce your towns to piles of rocks.
There'll be nothing left of you.
Then you'll realize that I am GOD.

5-9 "'I'm doing this because you've kept this
age-old grudge going against Israel: You
viciously attacked them when they were
already down, looking their final punish-
ment in the face. Therefore, as sure as I
am the living God, I'm lining you up for a
real bloodbath. Since you loved blood so
much, you'll be chased by rivers of blood.
I'll reduce Mount Seir to a heap of rubble.
No one will either come or go from that
place! I'll blanket your mountains with
corpses. Massacred bodies will cover your
hills and fill up your valleys and ditches. I'll
reduce you to ruins and all your towns will
be ghost towns—population zero. Then
you'll realize that I am GOD.
10-13 "'Because you said, "These two nations,
these two countries, are mine. I'm taking
over" (even though GOD is right there watching,

다." 내가 네가 품었던 것과 같은 불타는
증오와 격노로 너를 칠 것이다. 내가 심판
을 내릴 때에, 지금 내 말이 진심이라는 것
을 똑똑히 알게 될 것이다. "그들은 길에
서 죽어 뻗은 짐승이다. 우리가 가져다가
먹을 것이다" 했던 네 말을, 이스라엘의
산들을 가리켜 네가 퍼부었던 야비한 폭언
들을, 나 **하나님**이 모두 듣고 있었음을 깨
닫게 될 것이다. 너희는 거들먹거리고 허
세를 부리면서 겁도 없이 나를 모욕했다.
내가 다 들었다.
14-15 주 **하나님**의 선고다. 온 땅이 환호하
는 중에, 내가 너를 결딴낼 것이다. 이스라
엘의 유산이 결딴나는 것을 보면서 어깨춤
을 추던 너였다. 이제 너도 똑같은 일을 당
하게 될 것이다. 네가 결딴나고, 세일 산이
—그렇다. 에돔 땅 전역이—결딴날 것이
다. 그제야 그들은 내가 **하나님**인 줄 알게
될 것이다!'"

이스라엘이 받을 복

36 1-5 "사람의 아들아, 이스라엘의
산들을 향해 예언을 선포하여라.
'이스라엘의 산들아, **하나님**의 **메시지**에 귀
기울여라. 주 **하나님**이 말한다. 원수들이 너
희에게 떼로 달려들어 "저 유구한 역사의
언덕들, 이제 다 우리 차지다!" 하면서 좋아
했다. 여기, 주 **하나님**의 이름으로 선포하는
예언이 있다. 민족들이 사방에서 너희를 덮
쳐 갈가리 찢어 약탈해 가고, 너희는 조롱과
놀림거리가 되었다. 그러므로 이스라엘의
산들아, 주 **하나님**의 **메시지**를 잘 들어라.
산과 언덕에게, 도랑과 골짜기에게, 쑥대밭
이 되어 버린 땅과 모두 뜯긴 채 주변 민족
에게 조롱당하는 텅 빈 성읍들에게 이르는
말이다. 그러므로, 주 **하나님**이 말한다. 이
제 내가 다른 민족들을 향해 불같은 진노를
터뜨릴 것이다. 그중에서도 특별히, 광포하

right there listening), I'll turn your hate-bloated
anger and rage right back on you. You'll know
I mean business when I bring judgment on
you. You'll realize then that I, GOD, have
overheard all the vile abuse you've poured
out against the mountains of Israel, saying,
"They're roadkill and we're going to eat them
up." You've strutted around, talking so big,
insolently pitting yourselves against me. And
I've heard it all.
14-15 "'This is the verdict of GOD, the Master:
With the whole earth applauding, I'll demol-
ish you. Since you danced in the streets,
thinking it was so wonderful when Israel's
inheritance was demolished, I'll give you the
same treatment: demolition. Mount Seir
demolished—yes, every square inch of Edom.
Then they'll realize that I am GOD!'"

Back to Your Own Land

36 1-5 "And now, son of man, proph-
esy to the mountains of Israel.
Say, 'Mountains of Israel, listen to GOD's
Message. GOD, the Master, says, Because the
enemy crowed over you, "Good! Those old
hills are now ours!" now here is a prophecy
in the name of GOD, the Master: Because
nations came at you from all sides, ripping
and plundering, hauling pieces of you off
every which way, and you've become the
butt of cheap gossip and jokes, therefore,
Mountains of Israel, listen to the Message of
GOD, the Master. My Message to mountains
and hills, to ditches and valleys, to the heaps
of rubble and the emptied towns that are
looted for plunder and turned into jokes
by all the surrounding nations: Therefore,
says GOD, the Master, now I'm speaking in a

고 오만하기 이를 데 없이 내 땅을 빼앗아
차지한 에돔을 향해 그리할 것이다.'
6-7 그러므로 이스라엘 땅을 향해 예언을
선포하여라. 산과 언덕에게, 도랑과 골짜기
에게 말씀을 전하여라. '주 **하나님**의 메시
지다. 잘 보아라! 잘 들어라! 내가 노했다.
내 마음이 탄다. 내가 이렇게 말하는 것은,
그동안 너희가 여러 민족들에게 모욕을 당
했기 때문이다. 그러므로, 나 주 **하나님**이
말한다. 내가 엄숙히 맹세하는데, 다음 차
례는 너희 주변 민족들이다. 그들이 모욕을
당할 것이다.
8-12 그러나 너희 이스라엘의 산들아, 너희
는 새롭게 꽃피우리라. 내 백성 이스라엘을
위해 가지를 뻗고 열매를 맺으리라. 내 백
성이 고향으로 돌아오리라! 자, 보아라. 내
가 돌아왔다. 내가 너희 편에 섰다. 사람들
이 전처럼 너희를 경작하고 씨를 뿌릴 것이
다! 내가 온 이스라엘에 인구가 불어나게
하여, 성읍마다 사람들이 넘치고 폐허를 재
건하게 할 것이다. 내가 이곳을 생명—사
람과 짐승—이 약동하는 곳으로 만들 것이
다. 나라 전역에 생명이 차오르고 넘쳐흐르
게 하리라! 너희 성읍과 마을들이 옛날처럼
다시 사람들로 붐빌 것이다. 내가 이전 어
느 때보다도 너희를 선대할 것이다. 너희는
내가 **하나님**인 줄 알게 될 것이다. 내가 너
희 산들 위에 사람들을—내 백성 이스라엘
을!—두어 너희를 돌보게 하고, 너희가 그
들의 유산이 되게 할 것이다. 다시는 너희
가 그들에게 가혹하고 혹독한 땅이 되는 일
이 없게 할 것이다.
13-15 주 **하나님**이 말한다. 너희는 사람을
집어삼키는 땅, 아이를 잉태하지 못하게 하
는 땅으로 악명 높지만, 이제 내가 너희에
게 말한다. 너희가 사람을 집어삼키거나 아
이를 잉태하지 못하게 하는 일은 다시 없
을 것이다. 주 **하나님**의 포고다. 내가 다시

fiery rage against the rest of the nations, but
especially against Edom, who in an orgy of
violence and shameless insolence robbed me
of my land, grabbed it for themselves.'
6-7 "Therefore prophesy over the land of
Israel, preach to the mountains and hills,
to every ditch and valley: 'The Message
of GOD, the Master: Look! Listen! I'm
angry—and I care. I'm speaking to you
because you've been humiliated among the
nations. Therefore I, GOD, the Master, am
telling you that I've solemnly sworn that
the nations around you are next. It's their
turn to be humiliated.
8-12 "'But you, Mountains of Israel, will
burst with new growth, putting out
branches and bearing fruit for my people
Israel. My people are coming home! Do
you see? I'm back again. I'm on your side.
You'll be plowed and planted as before!
I'll see to it that your population grows
all over Israel, that the towns fill up with
people, that the ruins are rebuilt. I'll make
this place teem with life—human and
animal. The country will burst into life,
life, and more life, your towns and villages
full of people just as in the old days. I'll
treat you better than I ever have. And
you'll realize that I am GOD. I'll put people
over you—my own people Israel! They'll
take care of you and you'll be their inheri-
tance. Never again will you be a harsh and
unforgiving land to them.
13-15 "'GOD, the Master, says: Because you
have a reputation of being a land that eats
people alive and makes women barren, I'm
now telling you that you'll never eat people
alive again nor make women barren.

는 이방인들이 너희를 조롱하거나 뭇 민족들이 너희를 얕잡아 보게 놔두지 않을 것이다. 너희는 더 이상 아이를 잉태하지 못하게 하는 땅이 되지 않을 것이다. 주 **하나님**의 포고다.'"

16-21 **하나님**의 **메시지**가 내게 임했다. "사
람의 아들아, 이스라엘 백성은 자기 땅에 살 때 더러운 행위로 그 땅을 부정하게 만들었다. 내가 그들에게 나의 진노를 쏟은 것은 그들이 그 땅에 부정한 피를 쏟았기 때문이다. 마구잡이로 사람을 죽이고 더러운 우상을 숭배하여 나라를 부정하게 만든 그들에게, 나는 분노가 치밀어 올랐다. 그래서 그들을 발로 차서 내쫓아 여러 나라에 포로로 잡혀가게 했다. 그들이 살아온 삶대로 심판했다. 그들은 어디를 가든지 내 이름에 먹칠을 했다. 사람들이 말했다. '저 자들은 **하나님**의 백성인데, 하나님의 땅에서 쫓겨났다.' 어느 나라에 들어가든지, 이스라엘 백성은 거기서 내 거룩한 이름에 먹칠을 하여 나를 괴롭게 만들었다.
22-23 그러므로, 이스라엘에게 전하여라.
'주 **하나님**의 **메시지**다. 이스라엘아, 내가 이렇게 하려는 것은 너희를 위해서가 아니라 나를 위해서다. 너희가 가는 곳마다 먹칠해 놓은 나의 거룩한 이름을 위한 일이다. 내가 나의 크고 거룩한 이름을 만방에 떨쳐 보일 것이다. 뭇 나라에서 땅에 떨어져 버린 내 이름, 너희가 가는 곳마다 더럽혔던 내 이름을 말이다. 내가 너희를 통해 뭇 민족 앞에서 나의 거룩을 나타내 보이는 날에, 비로소 그들은 내가 **하나님**인 줄 알게 될 것이다.
24-28 내가 하려는 일은 이것이다. 내가 너
희를 그 나라들에서 데리고 나오고, 너희를 사방에서 모아다가 너희 고향 땅으로 데려가겠다. 내가 정결한 물을 부어 너희를 깨

Decree of GOD, the Master. And I'll never again let the taunts of outsiders be heard over you nor permit nations to look down on you. You'll no longer be a land that makes women barren. Decree of GOD, the Master.'"

16-21 GOD's Message came to me: "Son
of man, when the people of Israel lived in their land, they polluted it by the way they lived. I poured out my anger on them because of the polluted blood they poured out on the ground. And so I got thoroughly angry with them polluting the country with their wanton murders and dirty gods. I kicked them out, exiled them to other countries. I sentenced them according to how they had lived. Wherever they went, they gave me a bad name. People said, 'These are GOD's people, but they got kicked off his land.' I suffered much pain over my holy reputation, which the people of Israel blackened in every country they entered.
22-23 "Therefore, tell Israel, 'Message of
GOD, the Master: I'm not doing this for you, Israel. I'm doing it for me, to save my character, my holy name, which you've blackened in every country where you've gone. I'm going to put my great and holy name on display, the name that has been ruined in so many countries, the name that you blackened wherever you went. Then the nations will realize who I really am, that I am GOD, when I show my holiness through you so that they can see it with their own eyes.
24-28 "'For here's what I'm going to do: I'm

끗이 씻겨 줄 것이다. 너희에게 새 마음을
주고, 너희 안에 새 영을 넣어 줄 것이다.
내가 너희 안에서 돌로 된 마음을 도려내
고, 자기 뜻 대신 하나님의 뜻을 좇는 마음
을 불어넣을 것이다. 너희 안에 나의 영을
불어넣어, 내가 말하는 대로 너희가 행하
고, 내가 명령하는 대로 살 수 있게 할 것이
다. 너희는 내가 너희 조상에게 준 땅에서
다시 살게 되리라. 너희는 나의 백성이 되
고, 나는 너희의 하나님이 되리라!
29-30 나는 너희를 그 역겨운 더러움에서
건져 낼 것이다. 내가 직접 밭에 명령을 내
려 풍작을 이루게 할 것이다. 더 이상 기근
을 보내지 않으며, 너희 과일농사와 밭농
사가 번창하게 할 것이다. 앞으로는 기근
때문에 다른 민족들에게 모욕을 당하는 일
이 없을 것이다.
31 너희는, 끔찍한 지난 삶을—그 악하고
부끄러운 일들—돌이켜 보며, 너희가 그동
안 얼마나 역겨운 짓을 일삼아 왔는지 깨
닫게 될 것이다. 너희 자신을 한없이 역겨
워하리라.
32 똑똑히 알아 두어라! 내가 이렇게 하
는 것은 너희를 위해서가 아니다. 부끄러
운 줄 알아라. 이스라엘아, 너희가 모든
것을 얼마나 엉망진창으로 만들어 왔는
지 아느냐!
33-36 주 **하나님**의 **메시지**다. 내가 너희의
더러운 삶을 깨끗이 씻겨 줄 그날에, 너희
도성들도 다시 사람이 살 만한 곳으로 만들
것이다. 폐허가 재건되고 버려진 땅이 다시
경작될 것이다. 그 땅은 더 이상 잡초와 가
시뿐인 불모지로 보이지 않을 것이다. 사람
들이 그 땅을 보고 탄성을 지르리라. "아,
쑥대밭이었던 곳이 에덴 동산으로 바뀌었
구나! 허물어져 망각 속에 묻혔던 도성들이
이처럼 번성한 곳이 되다니!" 그때, 너희 주
변에 남아 있는 민족들은, 나 **하나님**이 무

going to take you out of these countries,
gather you from all over, and bring you
back to your own land. I'll pour pure water
over you and scrub you clean. I'll give you
a new heart, put a new spirit in you. I'll
remove the stone heart from your body and
replace it with a heart that's God-willed,
not self-willed. I'll put my Spirit in you and
make it possible for you to do what I tell
you and live by my commands. You'll once
again live in the land I gave your ancestors.
You'll be my people! I'll be your God!
29-30 "'I'll pull you out of that stinking
pollution. I'll give personal orders to the
wheat fields, telling them to grow bumper
crops. I'll send no more famines. I'll make
sure your fruit trees and field crops flour-
ish. Other nations won't be able to hold
you in contempt again because of famine.
31 "'And then you'll think back over your
terrible lives—the evil, the shame—and
be thoroughly disgusted with yourselves,
realizing how badly you've lived—all those
obscenities you've carried out.
32 "'I'm not doing this for you. Get this
through your thick heads! Shame on you.
What a mess you made of things, Israel!
33-36 "'Message of GOD, the Master: On the
day I scrub you clean from all your filthy
living, I'll also make your cities livable. The
ruins will be rebuilt. The neglected land
will be worked again, no longer overgrown
with weeds and thistles, worthless in the
eyes of passersby. People will exclaim,
"Why, this weed patch has been turned
into a Garden of Eden! And the ruined
cities, smashed into oblivion, are now
thriving!" The nations around you that are

너진 곳을 다시 일으켜 세우고 텅 빈 불모지
에 생명을 심는 이인 줄 알게 될 것이다. 나
하나님이 말했으니, 내가 이룰 것이다.
37-38 주 **하나님**의 **메시지**다. 내가 다시 한
번 이스라엘의 청을 들어주려고 한다. 내가
그들의 수를 양 떼처럼 불어나게 할 것이
다. 예루살렘이 축제 기간에 제물로 바치려
고 가져온 양 떼로 붐비듯이, 허물어진 도
성들이 사람들로 붐빌 것이다. 그제야 그들
은 내가 **하나님**인 줄 알게 될 것이다.'"

마른 뼈들이 살아나다

37 1-2 **하나님**께서 나를 잡아채셨
다. **하나님**의 영이 나를 위로 들
어 올리시더니, 뼈들이 널브러져 있는 넓은
벌판 한가운데에 내려놓으셨다. 그분이 나
를 데리고 그 뼈들 사이를 두루 다니셨다.
뼈가 얼마나 많던지, 벌판 전역이 뼈로 뒤
덮여 있었다. 햇볕에 바싹 말라 희어진 뼈
들이었다.
3 그분이 내게 말씀하셨다. "사람의 아들
아, 이 뼈들이 살 수 있겠느냐?"
내가 대답했다. "주 **하나님**, 오직 주만이 아
십니다."
4 그분이 내게 말씀하셨다. "저 뼈들을 향
해 예언을 선포하여라. '마른 뼈들아, **하나
님의 메시지**를 들어라!'"
5-6 주 **하나님**께서 그 마른 뼈들에게 이르
셨다. "자, 보아라. 내가 너희에게 생명의
숨을 불어넣겠고, 너희가 살아날 것이다.
내가 너희에게 힘줄을 붙이고, 너희 뼈에
살을 입히고, 너희를 살갗으로 덮고, 너희
안에 생명을 불어넣겠다. 그러면 너희가 살
아나서, 내가 **하나님**인 줄 알게 될 것이다!"
7-8 그래서 나는 명령받은 대로 예언을 선
포했다. 그러자 무슨 소리가 들리기 시작했
다. 바스락바스락하는 소리였다! 뼈들이 움
직이더니, 뼈와 뼈가 서로 붙기 시작했다.

still in existence will realize that I, GOD,
rebuild ruins and replant empty waste
places. I, GOD, said so, and I'll do it.
37-38 "'Message of GOD, the Master: Yet
again I'm going to do what Israel asks. I'll
increase their population as with a flock
of sheep. Like the milling flocks of sheep
brought for sacrifices in Jerusalem during
the appointed feasts, the ruined cities will
be filled with flocks of people. And they'll
realize that I am GOD.'"

Breath of Life

37 1-2 GOD grabbed me. GOD's Spirit
took me up and set me down in
the middle of an open plain strewn with
bones. He led me around and among
them—a lot of bones! There were bones all
over the plain—dry bones, bleached by the
sun.
3 He said to me, "Son of man, can these
bones live?"
I said, "Master GOD, only you know that."
4 He said to me, "Prophesy over these
bones: 'Dry bones, listen to the Message of
GOD!'"
5-6 GOD, the Master, told the dry bones,
"Watch this: I'm bringing the breath of life
to you and you'll come to life. I'll attach
sinews to you, put meat on your bones,
cover you with skin, and breathe life into
you. You'll come alive and you'll realize
that I am GOD!"
7-8 I prophesied just as I'd been command-
ed. As I prophesied, there was a sound
and, oh, rustling! The bones moved and
came together, bone to bone. I kept watch-
ing. Sinews formed, then muscles on the

계속 지켜보니, 그 뼈들에 힘줄이 붙고, 근
육이 오르며, 그 위로 살갗이 덮였다. 그러나
그들 안에 아직 생기는 없었다.
9 그분이 내게 말씀하셨다. "생기에게 말씀
을 선포하여라. 사람의 아들아, 예언을 선포
하여라. 생기에게 일러라. '주 **하나님**께서 말
씀하신다. 생기여, 오라. 사방에서 불어와,
저 살해당한 몸들에게 생명을 불어넣어라!'"
10 내가 명령받은 대로 말씀을 선포하자, 생
기가 그들 속에 들어갔고, 그들이 살아났다!
그들이 제 발로 일어서는데, 엄청나게 큰 군
대였다.
11 그때 하나님께서 내게 말씀하셨다. "사람
의 아들아, 이 뼈들은 온 이스라엘 집안이다.
그들이 하는 말을 들어 보아라. '우리 뼈가
말랐다. 우리 희망이 사라졌다. 남은 것이 아
무것도 없다.'
12-14 그러므로, 예언을 선포하여라. 그들에
게 전하여라. '주 **하나님**이 말한다. 나의 백
성들아, 내가 너희 무덤을 파헤치고 너희를
꺼내어 살려 주겠다! 곧장 너희를 이스라엘
땅으로 데려가 주겠다. 내가 무덤을 파헤치
고 내 백성인 너희를 꺼내는 날, 너희는 내가
하나님인 줄 알게 될 것이다. 내가 너희 안
에 나의 생명을 불어넣으면, 너희가 살아나
리라. 내가 너희를 너희 땅으로 데려갈 때에,
너희는 내가 **하나님**인 줄 알게 될 것이다. 내
가 말했으니, 내가 이룰 것이다. **하나님**의 포
고다.'"

15-17 **하나님**의 **메시지**가 내게 임했다. "너
사람의 아들아, 막대기를 가져다가 그 위에
이렇게 써라. '유다와 그의 이스라엘 동료
들.' 그 다음 다른 막대기를 가져다가 그 위
에 이렇게 써라. '에브라임의 막대기인 요셉
과 그의 모든 이스라엘 동료들.' 그런 다음
그 두 막대기를 하나로 묶어 네 손에서 한 막

bones, then skin stretched over them. But
they had no breath in them.
9 He said to me, "Prophesy to the breath.
Prophesy, son of man. Tell the breath,
'GOD, the Master, says, Come from the
four winds. Come, breath. Breathe on
these slain bodies. Breathe life!'"
10 So I prophesied, just as he commanded
me. The breath entered them and they
came alive! They stood up on their feet, a
huge army.
11 Then God said to me, "Son of man,
these bones are the whole house of Israel.
Listen to what they're saying: 'Our bones
are dried up, our hope is gone, there's
nothing left of us.'
12-14 "Therefore, prophesy. Tell them,
'GOD, the Master, says: I'll dig up your
graves and bring you out alive—O my
people! Then I'll take you straight to
the land of Israel. When I dig up graves
and bring you out as my people, you'll
realize that I am GOD. I'll breathe my
life into you and you'll live. Then I'll lead
you straight back to your land and you'll
realize that I am GOD. I've said it and I'll
do it. GOD's Decree.'"

15-17 GOD's Message came to me: "You,
son of man: Take a stick and write on it,
'For Judah, with his Israelite companions.'
Then take another stick and write on it, 'For
Joseph—Ephraim's stick, together with all
his Israelite companions.' Then tie the two
sticks together so that you're holding one
stick.
18-19 "When your people ask you, 'Are

대기가 되게 하여라.
18-19 네 백성이 네게 '지금 무얼 하는 겁니
까?' 하고 묻거든, 그들에게 전하여라. '주 하
나님이 말한다. 나를 잘 보아라! 내가 에브라
임 손에 있는 요셉 막대기, 곧 그와 연결된 이
스라엘 지파들의 막대기와 유다 막대기를 연
결하여 그 둘을 한 막대기로 만들 것이다. 그
둘이 내 손에서 하나의 막대기가 될 것이다.'
20-24 또 너는, 네가 글을 새겨 넣은 그 막대
기들을 가져다가 사람들이 잘 볼 수 있게 높
이 쳐들고 그들에게 말하여라. '주 하나님이
말한다. 나를 잘 보아라! 나는 이스라엘 백
성이 포로로 붙잡혀 간 땅에서 그들을 데리
고 나올 것이다. 내가 그들을 사방에서 모아
다가 다시 고향으로 데리고 올 것이다. 그들
이 그 땅, 이스라엘의 산에서 한 민족을 이루
어 살게 하고, 그들 모두를 다스릴 한 왕을
그들에게 줄 것이다. 다시는 그들이 두 민족,
두 왕국으로 나뉘는 일이 없을 것이다. 다시
는 우상숭배와 추악하고 역겨운 짓과 반역
행위로 자기 삶을 더럽히는 일이 없을 것이
다. 내가 그들을 죄로 물든 소굴에서 구해 주
리라. 그들을 깨끗이 씻겨 주리라. 그들은 나
의 백성이 되고, 나는 그들의 하나님이 될 것
이다! 나의 종 다윗이 그들을 다스리는 왕이
되고, 그들 모두가 한 목자 아래서 살게 될
것이다.
24-27 그들은 나의 규례를 따르고 나의 율례
를 지킬 것이다. 그들은 내가 나의 종 야곱에
게 준 땅, 그들의 조상이 살던 땅에서 살 것
이다. 그들과 그들의 후손들이 거기서 영원
히 살고, 나의 종 다윗이 영원히 그들의 왕이
될 것이다. 내가 그들과 평화의 언약을 맺을
것이다. 이는 만물을 존속시키는 언약이요,
영원한 언약이다. 내가 그들을 굳건히 지켜
주고, 나의 거룩한 예배 처소가 영원히 그들
삶의 중심에 자리 잡게 할 것이다. 내가 거기
서 그들과 함께 살 것이다. 내가 그들의 하

you going to tell us what you're doing?'
tell them, 'GOD, the Master, says, Watch
me! I'll take the Joseph stick that is in
Ephraim's hand, with the tribes of Israel
connected with him, and lay the Judah
stick on it. I'll make them into one stick.
I'm holding one stick.'
20-24 "Then take the sticks you've inscribed
and hold them up so the people can see
them. Tell them, 'GOD, the Master, says,
Watch me! I'm taking the Israelites out of
the nations in which they've been exiled. I'll
gather them in from all directions and bring
them back home. I'll make them one nation
in the land, on the mountains of Israel,
and give them one king—one king over all
of them. Never again will they be divided
into two nations, two kingdoms. Never
again will they pollute their lives with their
no-god idols and all those vile obscenities
and rebellions. I'll save them out of all their
old sinful haunts. I'll clean them up. They'll
be my people! I'll be their God! My servant
David will be king over them. They'll all be
under one shepherd.
24-27 "'They'll follow my laws and keep my
statutes. They'll live in the same land I gave
my servant Jacob, the land where your
ancestors lived. They and their children and
their grandchildren will live there forever,
and my servant David will be their prince
forever. I'll make a covenant of peace with
them that will hold everything together, an
everlasting covenant. I'll make them secure
and place my holy place of worship at the
center of their lives forever. I'll live right
there with them. I'll be their God! They'll be
my people!

나님이 되고, 그들은 나의 백성이 될 것이
다!
28 나의 거룩한 예배 처소가 영원히 그들
삶의 중심에 세워질 때, 뭇 민족은 나 **하
나님**이 이스라엘을 거룩하게 하는 이인
줄 알게 될 것이다.'"

곡을 통해 나의 거룩을 나타내리라

38 1-6 **하나님**의 **메시지**가 내게 임
했다. "사람의 아들아, 마곡 땅
에서 온, 메섹과 두발의 우두머리 곡과 맞
서라. 그를 대적하여 예언을 전하여라. '주
하나님께서 말씀하신다. 곡아, 경고한다.
메섹과 두발의 우두머리인 너를 내가 대적
한다. 내가 너를 돌려세우고 네 턱에 갈고
리를 꿰어, 너와 네 모든 군대와 네 말과 군
장—큰 방패, 작은 방패, 칼—을 갖춘 기병
들과 완전 무장한 전사들을 모조리 끌어내
올 것이다! 페르시아와 구스와 붓이 무기
를 들고 너와 함께 진군할 것이며, 고멜과
그 군대와 북방에서 온 벳도갈마와 그의
군대도 동참할 것이다. 많은 민족들이 너
와 함께하리라!
7-9 너는 불려 나온 모든 무리와 함께 전투
태세를 갖추어라. 만반의 준비를 갖추고
명령을 기다려라. 오랜 시간 후에, 네게 명
령이 떨어질 것이다. 먼 미래에, 너는 전쟁
의 참화를 딛고 일어선 나라에 이르게 될
것이다. 여러 민족의 땅에서 모여든 사람
들이 거기, 오랫동안 폐허로 남아 있던 이
스라엘의 산들에 모여 살고 있을 것이다.
여러 나라에 흩어져 살다 돌아온 그들이,
거기서 안전하고 평안히 살고 있을 것이
다. 너와 모든 군대는 폭풍처럼 일어나서,
구름 떼처럼 그 땅에 몰려들어 그곳을 뒤
덮을 것이다.
10-12 주 **하나님**의 **메시지**다. 그날이 오면,
너는 이런저런 궁리를 하다가 흉악한 계

28 "'The nations will realize that I, GOD,
make Israel holy when my holy place of
worship is established at the center of their
lives forever.'"

God Against Gog

38 1-6 GOD's Message came to me:
"Son of man, confront Gog from
the country of Magog, head of Meshech and
Tubal. Prophesy against him. Say, 'GOD, the
Master, says: Be warned, Gog. I am against
you, head of Meshech and Tubal. I'm going
to turn you around, put hooks in your jaws,
and drag you off with your whole army, your
horses and riders in full armor—all those
shields and bucklers and swords—fighting
men armed to the teeth! Persia and Cush and
Put will be in the ranks, also well-armed, as
will Gomer and its army and Beth-togarmah
out of the north with its army. Many nations
will be with you!
7-9 "'Get ready to fight, you and the whole
company that's been called out. Take charge
and wait for orders. After a long time, you'll be
given your orders. In the distant future you'll
arrive at a country that has recovered from a
devastating war. People from many nations
will be gathered there on the mountains of
Israel, for a long time now a wasteland. These
people have been brought back from many
countries and now live safe and secure. You'll
rise like a thunderstorm and roll in like clouds
and cover the land, you and the massed troops
with you.
10-12 "'Message of GOD, the Master: At that
time you'll start thinking things over and
cook up an evil plot. You'll say, "I'm going to
invade a country without defenses, attack an

략을 꾸밀 것이다. 너는 말할 것이다. "저 무방비 상태의 나라에 쳐들어가자. 성벽도 세우지 않고 문도 잠그지 않은 채 태평하게 살아가는 저들을 덮쳐서 물건을 약탈하자. 포로로 잡혀갔다가 돌아온 저들, 잿더미에서 일어선 저 나라에 쳐들어가서, 세상의 중심부에 자리를 잡고 나날이 번창하는 저들의 경제를 다 털어 오자."
13 돈벌이에 혈안인 무역상 스바와 드단
과 다시스가 네게 말할 것이다. "약탈할 새 땅을 찾았군! 손쉽게 부자가 되려고 군대를 데려왔군!"'
14-16 그러므로, 사람의 아들아, 예언을 선
포하여라! 곡에게 전하여라. '주 **하나님**의 **메시지다**. 내 백성 이스라엘이 견고하게 세워지면, 네가 그때 오겠느냐? 폭도 군단을 이끌고 먼 북방에서 내려오겠느냐? 질주하는 말을 타고 밀물처럼 땅을 뒤덮고 구름 떼처럼 나라를 뒤덮으며, 내 백성 이스라엘에게 쳐들어오겠느냐? 때가 이르면, 내가 너를 풀어 내 땅을 치게 할 것이다. 이는 뭇 민족이 보는 앞에서 내가 너 곡을 통해 나의 거룩을 만방에 나타내고, 그들이 나를 알아보게 하려는 것이다.
17-22 주 **하나님의 메시지다**. 여러 해 전
에, 내가 나의 종 이스라엘의 예언자들을 통해 말한 것이 바로 너를 두고 한 말이 아니냐? 여러 해에 걸쳐 그들은, 장차 내가 너를 불러 이스라엘을 칠 것이라고 예언했다. 곡아, 날이 이르면 네가 이스라엘 땅을 칠 것이다. 주 **하나님**의 포고다. 나의 불같은 진노가 터져 나오리라. 불타는 질투에 사로잡힌 내가 네게 말한다. 그날 이스라엘 땅을 뒤흔들 지진이 있을 것이다. 물고기와 새와 들짐승과—개미와 딱정벌레까지!—모든 사람이 내 앞에서 떨 것이다. 산이 허물어지고 해안 땅이 꺼질 것이다. 그날, 내가 전면전을 명하여 너

unsuspecting, carefree people going about their business—no gates to their cities, no locks on their doors. And I'm going to plunder the place, march right in and clean them out, this rebuilt country risen from the ashes, these returned exiles and their booming economy centered down at the navel of the earth."
13 "'Sheba and Dedan and Tarshish, traders
all out to make a fast buck, will say, "So! You've opened a new market for plunder! You've brought in your troops to get rich quick!"'
14-16 "Therefore, son of man, prophesy! Tell
Gog, 'A Message from GOD, the Master: When my people Israel are established securely, will you make your move? Will you come down out of the far north, you and that mob of armies, charging out on your horses like a tidal wave across the land, and invade my people Israel, covering the country like a cloud? When the time's ripe, I'll unleash you against my land in such a way that the nations will recognize me, realize that through you, Gog, in full view of the nations, I am putting my holiness on display.
17-22 "'A Message of GOD, the Master: Years
ago when I spoke through my servants, the prophets of Israel, wasn't it you I was talking about? Year after year they prophesied that I would bring you against them. And when the day comes, Gog, you will attack that land of Israel. Decree of GOD, the Master. My raging anger will erupt. Fueled by blazing jealousy, I tell you that then there will be an earthquake that rocks the land of Israel. Fish and birds and wild animals—even ants and beetles!—and every human being will tremble and shake before me. Mountains will disintegrate, terrac-

곡을 칠 것이다. 주 **하나님**의 포고다. 이스
라엘의 산들에서 곡이 곡을 쳐죽일 것이
다. 내가 곡을 심판의 홍수에 잠기게 하겠
다. 전염병과 대학살이 일어나고, 폭우와
우박과 용암이 너와 네 폭도 군대와 사람
들에게 쏟아질 것이다.
23 내가 나의 위엄과 거룩을 네게 보일 것
이다. 내가 온 세상에 나를 알릴 것이다.
그제야 너는 내가 **하나님**인 줄 알게 될 것
이다.'"

es will crumble. I'll order all-out war against
you, Gog—Decree of GOD, the Master—Gog
killing Gog on all the mountains of Israel.
I'll deluge Gog with judgment: disease and
massacre, torrential rain and hail, volcanic
lava pouring down on you and your mobs of
troops and people.
23 "'I'll show you how great I am, how holy
I am. I'll make myself known all over the
world. Then you'll realize that I am GOD.'"

침략자 곡의 멸망

39 1-5 "사람의 아들아, 곡을 대적
하여 예언을 선포하여라. '주 하
나님의 메시지다. 메섹과 두발의 우두머
리 곡아, 내가 너를 대적한다. 내가 너를 돌
려세우고 이끌어내겠다. 너를 먼 북방에서
이스라엘의 산지로 끌고 내려오겠다. 그런
다음 내가 네 왼손의 활을 쳐 떨어뜨리고,
네 오른손의 화살을 쳐 떨어뜨릴 것이다.
이스라엘의 산지에서, 너와 네 모든 군단
과 너와 함께한 모든 자들이 죽임당할 것
이다. 내가 너를 시체 뜯어 먹는 새와 짐승
들에게 먹이로 던져 줄 것이다. 너는 넓은
들판에서 살해될 것이다. 내가 말했다. 주
하나님의 포고다.'
6 내가 마곡과 안전하게만 보이는 먼 섬들
에도 불을 놓을 것이다. 그제야 그들은 내
가 **하나님**인 줄 알게 될 것이다.
7 내가 내 백성 이스라엘 가운데 내 거룩한
이름을 드러낼 것이다. 내가 다시는 내 거
룩한 이름이 진창에 처박히게 놔두지 않을
것이다. 그제야 뭇 민족은 나 **하나님**이 이
스라엘의 거룩한 이인 줄 알게 될 것이다.
8 그렇게 될 것이다! 그렇다. 그렇게 될 것
이다! 내가 네게 말한 그날에 그 일이 일어
날 것이다.
9-10 사람들이 이스라엘 도성 밖으로 나와

Call the Wild Animals!

39 1-5 "Son of man, prophesy against
Gog. Say, 'A Message of GOD,
the Master: I'm against you, Gog, head of
Meshech and Tubal. I'm going to turn you
around and drag you out, drag you out of
the far north and down on the mountains of
Israel. Then I'll knock your bow out of your
left hand and your arrows from your right
hand. On the mountains of Israel you'll be
slaughtered, you and all your troops and the
people with you. I'll serve you up as a meal
to carrion birds and scavenging animals.
You'll be killed in the open field. I've given
my word. Decree of GOD, the Master.'
6 "I'll set fire to Magog and the far-off
islands, where people are so seemingly
secure. And they'll realize that I am GOD.
7 "I'll reveal my holy name among my people
Israel. Never again will I let my holy name
be dragged in the mud. Then the nations will
realize that I, GOD, am The Holy in Israel.
8 "It's coming! Yes, it will happen! This is
the day I've been telling you about.
9-10 "People will come out of the cities
of Israel and make a huge bonfire of the
weapons of war, piling on shields large and

서, 크고 작은 방패, 활과 화살, 곤봉과 창을 쌓아 놓고 그 위에 불을 지펴, 거대한 화톳불을 피울 것이다. 그 불은 일곱 해 동안 계속 타리라. 사람들은 땔감을 구하러 숲에 들어갈 필요가 없을 것이다. 연료로 쓸 무기들이 쌓이고 쌓였기 때문이다. 그들은 자신을 발가벗기던 자들을 발가벗기고, 자신을 빈털터리로 만들던 자들을 빈털터리로 만들 것이다. 주 **하나님**의 포고다.

11 그날에, 내가 이스라엘 안에 곡을 묻을 매장지를 정할 것이다. 바다 동쪽 '여행자들의 휴식처'에 곡과 그의 폭도 군대를 묻을 것인데, 그 거대한 묘지로 인해 여행자들이 지나던 길이 막힐 것이다. 사람들은 그곳을 '곡의 폭도'라 부를 것이다.

12-16 땅을 정결하게 하기 위해 이스라엘이 그 시체들을 다 묻는 데만 일곱 달이 걸릴 것이다. 온 백성이 나와서 그 일을 거들 것이다. 그 일이 끝나고 내 임무를 마치면, 그날은 온 백성의 축제일이 될 것이다. 정결 매장 작업을 전담할 사람들이 고용되고, 그들이 나라 전역을 다니며 썩어 가는 부정한 시체들을 찾아낼 것이다. 일곱 달이 끝날 즈음에는, 대대적인 마지막 수색 작업이 있을 것이다. 뼈 하나라도 발견되면 그 장소에 막대기로 표를 하고, 매장인들이 그것을 가져다가 집단 매장지인 '곡의 폭도'(근처 성읍은 '폭도 마을' 하모나라고 불린다)에 묻을 것이다. 그렇게 해서 그들은 땅을 정결케 할 것이다.

17-20 사람의 아들아, 주 **하나님**이 말한다. 새들을 불러라! 들짐승들을 불러라! 소리 높여 외쳐라. '모여서 오너라. 내가 이스라엘의 산지 위에서 너희를 위해 희생 제물 잔치를 열 것이다. 너희는 고기를 먹고 피를 마실 것이다. 기라성 같은 영웅들의 몸을 뜯을 것이요, 이름 높은 왕들의 피를

small, bows and arrows, clubs and spears, a fire they'll keep going for seven years. They won't need to go into the woods to get fuel for the fire. There'll be plenty of weapons to keep it going. They'll strip those who stripped them. They'll rob those who robbed them. Decree of GOD, the Master.

11 "At that time I'll set aside a burial ground for Gog in Israel at Traveler's Rest, just east of the sea. It will obstruct the route of travelers, blocking their way, the mass grave of Gog and his mob of an army. They'll call the place Gog's Mob.

12-16 "Israel will bury the corpses in order to clean up the land. It will take them seven months. All the people will turn out to help with the burials. It will be a big day for the people when it's all done and I'm given my due. Men will be hired full-time for the cleanup burial operation and will go through the country looking for defiling, decomposing corpses. At the end of seven months, there'll be an all-out final search. Anyone who sees a bone will mark the place with a stick so the buriers can get it and bury it in the mass burial site, Gog's Mob. (A town nearby is called Mobville, or Hamonah.) That's how they'll clean up the land.

17-20 "Son of man, GOD, the Master, says: Call the birds! Call the wild animals! Call out, 'Gather and come, gather around my sacrificial meal that I'm preparing for you on the mountains of Israel. You'll eat meat and drink blood. You'll eat off the bodies of great heroes and drink the blood of famous princes as if they were so many rams and lambs, goats and bulls, the choicest grain-fed animals of Bashan. At the sacrificial

마실 것이다. 숫양과 어린양, 염소와 황소,
바산의 가장 좋은 육축들을 먹어 치울 것
이다. 너희는 내가 베풀 그 희생 제물 잔치
에서 배부를 때까지 기름진 살을 먹고 취
할 때까지 피를 마실 것이다. 내가 너희를
위해 차릴 그 상에서, 말과 기병, 영웅과 온
갖 용사들을 배불리 먹을 것이다.' 주 **하나
님**의 포고다.
21-24 내가 민족들에게 나의 영광을 나타내
보일 것이니, 그들 모두가 내 손으로 심판
을 행하는 모습을 목도하리라. 그날 이후로
이스라엘은 내가 그들의 **하나님**인 줄 알게
될 것이다. 그리고 이스라엘이 포로로 잡혀
간 것은 그들의 죄 때문이었음을 뭇 민족이
알게 될 것이다. 이스라엘은 내게 반역했
고, 그래서 나는 그들에게 등을 돌렸다. 내
가 그들을 그들의 원수에게 넘겨주었고, 그
들은 모두 죽임을 당했다. 나는 죄에 물든
삶을 산 더러운 그들에게 응분의 벌을 내렸
다. 나는 등을 돌려 그들을 외면했다.
25-29 그러나 이제 나는 사로잡혀 간 야곱을
다시 부르고, 이스라엘의 모든 백성을 가엾
이 여기며, 내 거룩한 이름을 위해 열심을
낼 것이다. 이스라엘이 그들의 땅에서 아무
두려움 없이 안전하고 평안히 살게 되는 날
에, 마침내 나를 배반했던 부끄러운 기억이
사라지리라. 그들을 낯선 땅에서 다시 데려
오고 원수의 영토에서 모은 다음, 나는 모
든 민족이 지켜보는 앞에서 그들을 사용해
나의 거룩을 나타내 보이리라. 그제야 그
들은 내가 그들의 **하나님**인 줄 확실히 알
게 될 것이다. 나는 그들을 포로로 잡혀가
게 했지만, 한 사람도 남김없이 다시 그들
의 땅으로 모을 것이기 때문이다. 나는 이
스라엘에 나의 영을 부어 내 생명으로 충만
케 하고, 다시는 그들에게 등을 돌리지 않
을 것이다. 얼굴을 마주하여 그들을 볼 것
이다. 주 **하나님**의 포고다."

meal I'm fixing for you, you'll eat fat till
you're stuffed and drink blood till you're
drunk. At the table I set for you, you'll stuff
yourselves with horses and riders, heroes
and fighters of every kind.' Decree of GOD,
the Master.
21-24 "I'll put my glory on display among
the nations and they'll all see the judgment
I execute, see me at work handing out
judgment. From that day on, Israel will
realize that I am their GOD. And the nations
will get the message that it was because of
their sins that Israel went into exile. They
were disloyal to me and I turned away from
them. I turned them over to their enemies
and they were all killed. I treated them as
their polluted and sin-sated lives deserved.
I turned away from them, refused to look at
them.
25-29 "But now I will return Jacob back
from exile, I'll be compassionate with all
the people of Israel, and I'll be zealous for
my holy name. Eventually the memory will
fade, the memory of their shame over their
betrayals of me when they lived securely
in their own land, safe and unafraid. Once
I've brought them back from foreign parts,
gathered them in from enemy territories,
I'll use them to demonstrate my holiness
with all the nations watching. Then they'll
realize for sure that I am their GOD, for
even though I sent them off into exile, I will
gather them back to their own land, leaving
not one soul behind. After I've poured my
Spirit on Israel, filled them with my life, I'll
no longer turn away. I'll look them full in
the face. Decree of GOD, the Master."

환상 중에 본 성전

40 1-3 우리가 포로로 잡혀 온 지 이십오 년째 되는 해—도성이 함락된 지 십사 년째 되는 해—첫째 달 십일에, **하나님**께서 나를 사로잡아 이곳으로 데려오셨다. 거룩한 환상 중에 그분이 나를 이스라엘 땅으로 데려오셔서, 높은 산 위에 내려놓으셨다. 남쪽을 보니, 거기에 도성처럼 보이는 건물들이 있었다. 그분이 나를 그곳으로 데려가셨고, 거기서 나는 구릿빛 피부를 가진 한 사람을 만났다. 그는 아마 줄과 측량 장대를 들고 건물 입구에 서 있었다.

4 그가 내게 말했다. "사람의 아들아, 잘 보고 들어라. 이제부터 내가 네게 보여줄 모든 것에 주목하여라. 이 일을 위해 내가 너를 이곳으로 데려왔다. 너는 본 것을 모두 이스라엘에게 말해 주어라."

5 먼저, 성전 복합건물을 둘러싸고 있는 담이 보였다. 그 사람의 손에 측량하는 장대가 들려 있었는데, 길이가 3.18미터였다. 그가 담을 측량하니 두께가 3.18미터, 높이도 3.18미터였다.

6-7 그가 동쪽으로 난 문으로 들어가 일곱 계단을 밟고 위로 올라가서 바깥쪽 문간의 깊이를 재니, 3.18미터였다. 문간 회랑 옆으로 문간방들이 있었는데, 가로와 세로가 각각 3.18미터인 정사각형의 방이었고, 2.25미터 두께의 벽으로 분리되어 있었다. 그 안쪽 문간은 성전 뜰로 들어가는 현관으로 이어졌는데, 깊이가 3.18미터였다.

8-9 또 그가 문의 안쪽 현관을 재니, 깊이가 3.6미터이고, 측면 기둥들의 두께

Measuring the Temple Complex

40 1-3 In the twenty-fifth year of our exile, at the beginning of the year on the tenth of the month—it was the fourteenth year after the city fell—GOD touched me and brought me here. He brought me in divine vision to the land of Israel and set me down on a high mountain. To the south there were buildings that looked like a city. He took me there and I met a man deeply tanned, like bronze. He stood at the entrance holding a linen cord and a measuring stick.

4 The man said to me, "Son of man, look and listen carefully. Pay close attention to everything I'm going to show you. That's why you've been brought here. And then tell Israel everything you see."

5 First I saw a wall around the outside of the Temple complex. The measuring stick in the man's hand was about ten feet long. He measured the thickness of the wall: about ten feet. The height was also about ten feet.

6-7 He went into the gate complex that faced the east and went up the seven steps. He measured the depth of the outside threshold of the gate complex: ten feet. There were alcoves flanking the gate corridor, each ten feet square, each separated by a wall seven and a half feet thick. The inside threshold of the gate complex that led to the porch facing into the Temple courtyard was ten feet deep.

8-9 He measured the inside porch of the gate complex: twelve feet deep, flanked by pillars three feet thick. The porch opened onto the

는 0.9미터였다. 그 현관은 성전 뜰 쪽으로 나 있었다.

10 이 동문 안쪽에는 각 면마다 세 개씩 문간방이 있었다. 방의 크기는 모두 같았고, 동일한 모양과 크기의 벽들로 분리되어 있었다.

11 그가 문 바깥쪽 입구를 재니, 너비가 4.5미터, 깊이는 5.85미터였다.

12 각 문간방 앞에는 45센티미터 높이의 낮은 벽이 있었다. 그 문간방들은 가로와 세로가 각각 3.18미터로 정사각형 모양이었다.

13 또 그가 한쪽 끝 문간방 지붕 모서리에서 다른 쪽 끝 문간방 지붕 모서리까지 재니, 그 사이의 거리가 11.25미터였다.

14 또 그가 문의 안쪽 벽들을 재니, 뜰로 이어지는 현관까지 거리가 27미터였다.

15 그 문의 입구에서 현관 끝까지의 거리는 22.5미터였다.

16 또 문 안쪽 문간방들과 그 사이의 벽에는 사방으로 돌아가며 좁은 창들이 나 있었다. 현관도 마찬가지였다. 창들은 모두 안쪽으로 나 있었다. 문간방 사이의 벽기둥들은 종려나무로 장식되어 있었다.

17-19 그런 다음 그가 나를 바깥뜰로 데리고 갔다. 그곳에는 뜰의 문들을 연결해 주는 포장된 보도를 따라, 서른 개의 방들이 줄지어 있었다. 그 보도의 길이는 문간의 길이와 같았고, 문간을 따라 옆으로 쭉 이어져 있었다. 그 보도는 바깥뜰로 가는 길이었다. 그가 문간 입구 정면에서부터 안뜰 입구까지의 거리를 재니, 45미터였다.

Temple courtyard.

10 Inside this east gate complex were three alcoves on each side. Each room was the same size and the separating walls were identical.

11 He measured the outside entrance to the gate complex: fifteen feet wide and nineteen and a half feet deep.

12 In front of each alcove was a low wall eighteen inches high. The alcoves were ten feet square.

13 He measured the width of the gate complex from the outside edge of the alcove roof on one side to the outside edge of the alcove roof on the other: thirty-seven and a half feet from one top edge to the other.

14 He measured the inside walls of the gate complex: ninety feet to the porch leading into the courtyard.

15 The distance from the entrance of the gate complex to the far end of the porch was seventy-five feet.

16 The alcoves and their connecting walls inside the gate complex were topped by narrow windows all the way around. The porch also. All the windows faced inward. The doorjambs between the alcoves were decorated with palm trees.

17-19 The man then led me to the outside courtyard and all its rooms. A paved walkway had been built connecting the courtyard gates. Thirty rooms lined the courtyard. The walkway was the same length as the gateways. It flanked them and ran their entire length. This was the walkway for the outside courtyard. He measured the distance from the front of the entrance gateway across to the entrance of the

19-23 그런 다음 그가 나를 북쪽으로 데리고 갔다. 보니, 또 다른 문이 북쪽으로 나 있었고, 바깥뜰이 거기서 끝났다. 그가 그 문의 길이와 너비를 재었다. 문의 양쪽으로 세 개씩 문간방이 있었는데, 그 벽기둥이나 현관이 앞서 말한 문의 크기와 같았다. 길이가 26.5미터, 너비가 13.25미터였다. 창과 종려나무들도 동쪽 문의 것과 크기가 같았다. 일곱 계단을 밟아 문으로 올라가 보니, 현관이 안쪽으로 나 있었다. 동문의 경우처럼, 북문 맞은편에도 안뜰로 들어가는 문이 있었다. 두 문 사이 거리는 53미터였다.
24-27 그런 다음 그가 나를 남쪽의 남문으로 데리고 갔다. 그가 그 문의 벽기둥과 현관을 재니, 크기가 다른 문들과 같았다. 창이 달린 현관도 앞에서 본 다른 문들과 크기가 같았다. 일곱 계단을 밟아 문으로 올라가는데, 현관이 바깥뜰 쪽으로 나 있고, 양편의 벽기둥이 종려나무로 장식되어 있었다. 남문 맞은편에도 안뜰로 들어가는 문이 남쪽으로 나 있었다. 그가 뜰을 가로질러 두 문 사이의 거리를 재니, 53미터였다.

28-31 또 그가 나를 남쪽 문을 통해 안뜰로 데리고 갔다. 그가 그 문을 재니, 바깥쪽 문들과 크기가 같았다. 문간방, 연결 벽, 현관의 크기가 모두 똑같았다. 그 문과 현관에는 사방으로 돌아가며 창이 나 있었고, 길이가 26.5미터, 너비가 13.25미터였다. 안뜰로 들어가는 문은 모두 13.25미터 길이에 2.65미터 너비였다. 각 현관은 바깥뜰

inner court: one hundred fifty feet.

19-23 Then he took me to the north side. Here was another gate complex facing north, exiting the outside courtyard. He measured its length and width. It had three alcoves on each side. Its gateposts and porch were the same as in the first gate: eighty-seven and a half feet by forty-three and three-quarters feet. The windows and palm trees were identical to the east gateway. Seven steps led up to it, and its porch faced inward. Opposite this gate complex was a gate complex to the inside courtyard, on the north as on the east. The distance between the two was one hundred seventy-five feet.
24-27 Then he took me to the south side, to the south gate complex. He measured its gateposts and its porch. It was the same size as the others. The porch with its windows was the same size as those previously mentioned. It also had seven steps up to it. Its porch opened onto the outside courtyard, with palm trees decorating its gateposts on both sides. Opposite to it, the gate complex for the inner court faced south. He measured the distance across the courtyard from gate to gate: one hundred seventy-five feet.

28-31 He led me into the inside courtyard through the south gate complex. He measured it and found it the same as the outside ones. Its alcoves, connecting walls, and vestibule were the same. The gate complex and porch, windowed all around, measured eighty-seven and a half by forty-three and three-quarters feet. The vestibule of each of the gate complexes leading to the inside courtyard was forty-three

쪽으로 나 있었다. 그 벽기둥 위에는 종려나무 모양이 새겨져 있고, 문으로 올라가는 여덟 계단이 있었다.
32-34 그런 다음 그가 나를 안뜰의 동쪽으로 데리고 가서, 거기에 있는 문을 재니, 그 크기가 다른 문들과 같았다. 문간방, 연결 벽, 현관의 크기가 모두 같았다. 그 문과 현관 양쪽에도 사방으로 돌아가며 창이 나 있었다. 재어 보니, 길이가 26.5미터, 너비가 13.25미터였다. 현관은 바깥뜰 쪽으로 나 있었고, 양편 벽기둥 위에는 종려나무가 새겨져 있었다. 또 여덟 계단이 있었다.
35-37 또 그가 나를 북쪽으로 난 문으로 데리고 가서 그 크기를 재니, 마찬가지로 다른 문들과 같은 치수였다. 문간방과 연결 벽과 창문 달린 현관이 있었고, 길이가 26.5미터, 너비가 13.25미터였다. 현관은 바깥뜰 쪽으로 나 있었고, 양편 벽기둥 위에는 종려나무가 새겨져 있었다. 마찬가지로 올라가는 여덟 계단이 있었다.

38-43 그 문의 현관 옆에 문이 달린 방이 하나 있었는데, 그 방은 번제물을 씻는 곳이었다. 방 양쪽에 상이 두 개씩 놓여 있었고, 그 위에서 번제, 속죄제, 속건제에 쓸 짐승을 잡았다. 현관의 바깥쪽에도 양 벽쪽으로 상이 두 개씩 놓여 있었다. 이렇게 안쪽에 네 개, 바깥쪽에 네 개, 모두 여덟 개의 상이 있었고, 거기서 제물로 바칠 짐승을 잡았다. 번제물을 바칠 때 쓰는 네 개의 상들은 모두 가로와 세로가 79.5센티미터인 정사각형 모양에 높이는 53센티미터였다. 제물로 바칠 짐승을 잡는 기구와 제사를 드릴 때 쓰는 그 밖의 기구들이 그 위에

and three-quarters by eight and three-quarters feet. Each vestibule faced the outside courtyard. Palm trees were carved on its doorposts. Eight steps led up to it.
32-34 He then took me to the inside courtyard on the east and measured the gate complex. It was identical to the others—alcoves, connecting walls, and vestibule all the same. The gate complex and vestibule had windows all around. It measured eighty-seven and a half by forty-three and three-quarters feet. Its porch faced the outside courtyard. There were palm trees on the doorposts on both sides. And it had eight steps.
35-37 He brought me to the gate complex to the north and measured it: same measurements. The alcoves, connecting walls, and vestibule with its windows: eighty-seven and a half by forty-three and three-quarters feet. Its porch faced the outside courtyard. There were palm trees on its doorposts on both sides. And it had eight steps.

38-43 There was a room with a door at the vestibule of the gate complex where the burnt offerings were cleaned. Two tables were placed within the vestibule, one on either side, on which the animals for burnt offerings, sin offerings, and guilt offerings were slaughtered. Two tables were also placed against both outside walls of the vestibule—four tables inside and four tables outside, eight tables in all for slaughtering the sacrificial animals. The four tables used for the burnt offerings were thirty-one and a half inches square and twenty-one inches high. The tools for slaughtering the sacrificial animals and other sacrifices were kept there. Meat hooks, three inches long, were fastened to the walls. The

놓여 있었고, 벽에는 8센티미터 길이의 갈고리들이 걸려 있었다. 그 상들은 제물로 바칠 짐승을 올려놓는 곳이었다.

44-46 안쪽 문과 안뜰이 이어지는 지점에 방이 두 개 있었다. 하나는 북쪽 문에 있으면서 남쪽으로 나 있었고, 다른 하나는 남쪽 문에 있으면서 북쪽으로 나 있었다. 그 사람이 내게 말했다. "남쪽으로 나 있는 이 방은 성전을 책임지는 제사장들을 위한 방이다. 그리고 북쪽으로 나 있는 저 방은 제단을 책임지는 제사장들의 방이다. 그들은 사독의 자손으로, 레위의 자손 중에서도 **하나님**께 가까이 나아가 그분을 섬기도록 허락받은 제사장들이다."

47 그가 또 안뜰을 재니, 가로와 세로가 53미터인 정사각형 모양이었다. 제단은 성전 앞에 놓여 있었다.

48-49 그가 나를 성전 현관으로 데리고 가서 현관의 벽기둥들을 재니, 양편 모두 높이가 2.65미터였다. 성전 문으로 들어가는 입구는 너비가 6.3미터이고, 연결 벽들의 두께는 1.35미터였다. 현관 자체는 너비가 10.6미터이고, 깊이는 6.36미터였다. 현관 어귀에는 열 개의 계단이 있었고, 벽기둥 옆으로 다른 기둥들이 서 있었다.

41 1-2 그가 나를 성전으로 데리고 가서 양편의 벽기둥을 재니, 그 두께가 각각 3.18미터였다. 입구의 너비는 5.3미터였다. 양 벽은 두께가 각각 2.65미터였다.

tables were for the sacrificial animals.

44-46 Right where the inside gate complex opened onto the inside courtyard there were two rooms, one at the north gate facing south and the one at the south gate facing north. The man told me, "The room facing south is for the priests who are in charge of the Temple. And the room facing north is for the priests who are in charge of the altar. These priests are the sons of Zadok, the only sons of Levi permitted to come near to GOD to serve him."

47 He measured the inside courtyard: a hundred seventy-five feet square. The altar was in front of the Temple.

48-49 He led me to the porch of the Temple and measured the gateposts of the porch: eight and three-quarters feet high on both sides. The entrance to the gate complex was twenty-one feet wide and its connecting walls were four and a half feet thick. The vestibule itself was thirty-five feet wide and twenty-one feet deep. Ten steps led up to the porch. Columns flanked the gateposts.

41 1-2 He brought me into the Temple itself and measured the doorposts on each side. Each was ten and a half feet thick. The entrance was seventeen and a half feet wide. The walls on each side were eight and three-quarters feet thick.

He also measured the Temple Sanctuary: seventy feet by thirty-five feet.

3-4 He went further in and measured the

또 그가 성전 안 성소를 재니, 길이가
21.2미터, 너비가 10.6미터였다.
3-4 그가 더 들어가서 성소 입구의 두
벽기둥을 재니, 그 두께가 각각 1.06미
터였다. 입구 자체 너비는 3.18미터이
고, 입구 벽의 두께는 3.71미터였다. 그
가 성소 끝에 자리한 지성소를 재니, 가
로와 세로가 10.6미터인 정사각형이었
다. 그가 내게 "이곳이 지성소다" 하고
일러 주었다.
5-7 그가 성전 벽을 재니, 두께가 3.18
미터였다. 성전을 둘러싸며 곁방들이
자리하고 있었는데, 너비가 각각 2.12
미터였다. 이 곁방들은 삼층으로 이루
어져 있었고, 각 층마다 서른 개의 방
이 있었다. 그 곁방들을 지탱해 주는
들보가 성전 주위로 둘려 있었는데, 성
전 벽에 붙어 있지 않고 자체로 독립되
어 있었다. 성전을 둘러싼 곁방은 위층
으로 올라갈수록 더 넓었다. 아래층에
는 중간층을 거쳐 맨 위층으로 올라가
는 계단이 있었다.
8-11 내가 자세히 보니, 성전 둘레를
3.18미터 두께의 단이 둘러싸고 있었
는데, 그것이 곁방들의 기초였다. 곁방
들의 외벽은 두께가 2.65미터였다. 성
전 곁방들과 제사장의 방들 사이에 너
비가 10.6미터인 빈 터가 있었고, 그 빈
터가 성전을 둘러싸고 있었다. 그 빈 터
에서 곁방들로 들어가는 입구가 둘 있
었는데, 하나는 북쪽 면에 다른 하나는
남쪽 면에 있었다. 성전을 빙 두르는 빈
터의 너비는 2.65미터였다.
12 서쪽 방향으로 서서 성전 뜰을 바
라보고 있는 건물이 있었는데, 너비는
37.1미터, 벽의 두께는 2.65미터였다.
벽과 건물의 길이는 47.7미터였다.
13-14 그가 성전을 재어 보니, 길이가 53

doorposts at the entrance: Each was three and
a half feet thick. The entrance itself was ten and
a half feet wide, and the entrance walls were
twelve and a quarter feet thick. He measured the
inside Sanctuary, thirty-five feet square, set at
the end of the main Sanctuary. He told me, "This
is The Holy of Holies."
5-7 He measured the wall of the Temple. It was
ten and a half feet thick. The side rooms around
the Temple were seven feet wide. There were
three floors of these side rooms, thirty rooms on
each of the three floors. There were supporting
beams around the Temple wall to hold up
the side rooms, but they were freestanding,
not attached to the wall itself. The side rooms
around the Temple became wider from first
floor to second floor to third floor. A staircase
went from the bottom floor, through the middle,
and then to the top floor.
8-11 I observed that the Temple had a ten-and-
a-half-foot-thick raised base around it, which
provided a foundation for the side rooms. The
outside walls of the side rooms were eight
and three-quarters feet thick. The open area
between the side rooms of the Temple and the
priests' rooms was a thirty-five-foot-wide strip
all around the Temple. There were two entranc-
es to the side rooms from the open area, one
placed on the north side, the other on the south.
There were eight and three-quarters feet of open
space all around.
12 The house that faced the Temple courtyard to
the west was one hundred twenty-two and a half
feet wide, with eight-and-three-quarters-foot-
thick walls. The length of the wall and building
was one hundred fifty-seven and a half feet.
13-14 He measured the Temple: one hundred
seventy-five feet long. The Temple courtyard

미터였다. 성전 뜰과 그 앞의 건물과 벽을 합한 길이도 53미터였다. 또 성전의 전면과 동쪽으로 난 빈 터의 너비도 각각 53미터였다.

15-18 그가 성전의 뒤뜰을 바라보고 있는 건물의 길이를 재니, 양쪽의 다락을 포함해 53미터였다. 성소와 지성소와 뒤뜰로 나 있는 현관에 나무판자를 대 놓았는데, 삼면으로 창틀과 문틀을 달았고, 바닥부터 창까지 벽에 판자를 대 놓았다. 지성소로 들어가는 바깥쪽 입구와 지성소와 성소를 나누는 벽들 사방에 그룹과 종려나무 모양이 일정한 간격으로 교차하며 새겨져 있었다.

18-20 그룹의 얼굴은 각기 두 개였다. 사람 얼굴은 오른쪽 종려나무를 바라보고 있었고, 사자 얼굴은 왼쪽 종려나무를 바라보고 있었다. 그 모양이 성전 전체에 새겨져 있었는데, 성소 벽 바닥부터 문 높이까지 새겨져 있었다.

21-22 성소에는 직사각형 모양의 문틀이 있었다. 지성소 앞에는 나무로 만든 제단처럼 보이는 무언가가 있었는데, 1.59미터 높이에 가로와 세로가 각각 1.06미터인 정사각형 모양이었다. 모서리며 받침대며 옆면이 모두 나무로 되어 있었다. 그 사람이 내게 말했다. "이것은 **하나님** 앞에 놓는 상이다."

23-26 성소와 지성소 모두 겹문이 달려 있었다. 문마다 문짝이 두 개씩 있고, 각 문짝마다 돌쩌귀가 두 개씩 달려 있었다. 두 개의 문짝은 안쪽으로, 다른 두 개는 바깥쪽으로 열리게 되어 있었다. 성소의 문에는 그룹과 종려나무가 새겨져 있었다. 바깥 현관 앞에는 나무로 만든 차양이 있었다. 현관 양편에는 종려나무 모양이 번갈아 가며 새겨진 좁은 창들이 있었다.

and the house, including its walls, measured a hundred seventy-five feet. The breadth of the front of the Temple and the open area to the east was a hundred seventy-five feet.

15-18 He measured the length of the house facing the courtyard at the back of the Temple, including the shelters on each side: one hundred seventy-five feet. The main Sanctuary, the inner Sanctuary, and the vestibule facing the courtyard were paneled with wood, and had window frames and door frames in all three sections. From floor to windows the walls were paneled. Above the outside entrance to the inner Sanctuary and on the walls at regular intervals all around the inner Sanctuary and the main Sanctuary, angel-cherubim and palm trees were carved in alternating sequence.

18-20 Each angel-cherub had two faces: a human face toward the palm tree on the right and the face of a lion toward the palm tree on the left. They were carved around the entire Temple. The cherubim-palm tree motif was carved from floor to door height on the wall of the main Sanctuary.

21-22 The main Sanctuary had a rectangular doorframe. In front of the Holy Place was something that looked like an altar of wood, five and a quarter feet high and three and a half feet square. Its corners, base, and sides were of wood. The man said to me, "This is the table that stands before GOD."

23-26 Both the main Sanctuary and the Holy Place had double doors. Each door had two leaves: two hinged leaves for each door, one set swinging inward and the other set outward. The doors of the main Sanctuary were carved with angel-cherubim and palm trees. There was a canopy of wood in front of the vestibule outside. There were narrow windows alternating with carved palm trees on both sides of the porch.

42 1-9 그 사람이 나를 북쪽 바깥뜰로 이끌고 나가서, 빈 터 앞에 있는 방들과 북쪽을 바라보고 있는 건물로 데려갔다. 북향 건물은 길이가 53미터이고, 너비가 26.5미터였다. 안뜰과 바깥뜰 가장자리의 포장된 보도를 가르는 10.6미터를 사이에 두고 방들이 나란히 삼층으로 올려져 있었다. 안쪽 방들 앞으로 복도가 있었는데, 그 너비가 5.3미터, 길이가 53미터였다. 입구는 북쪽으로 나 있었다. 건물 삼층 방들은 일이층 방들보다 좁았지만 회랑은 더 넓었다. 이 방들에는 바깥뜰에 있는 것 같은 기둥들이 없어서, 삼층 방이 일이층 방들보다 작았다. 바깥뜰에는 그 방들과 나란히 바깥담이 둘러 있었다. 방들 앞에 세워진 그 담의 길이는 26.5미터였다. 바깥뜰 쪽 방들의 길이는 26.5미터이고, 성소 가장 가까이에 있는 방들의 길이는 53미터였다. 일층 방들은 입구가 동쪽으로 나 있었는데, 바깥뜰에서 그리로 들어오게 되어 있었다.

10-12 남쪽 면에도 뜰의 바깥담을 따라 성전 뜰을 마주하고 있는 방들이 있었고, 그 앞으로 보도가 깔려 있었다. 북쪽 면의 방들과 똑같은 모습이었고—출구와 치수가 같았다—복도로 이어지는 입구는 동쪽으로 나 있었으며, 방들로 들어가는 문들도 북쪽에 있는 것들과 같았다. 남쪽 건물의 모양새는 북쪽과 거울에 비친 듯 똑같았다.

13-14 그가 내게 말했다. "빈 터 옆의 북쪽 방과 남쪽 방들은 거룩한 방들로, **하나님** 앞에 나아오는 제사장들이 거룩한 봉헌물을 먹는 곳이다. 제사장은 거룩한 제물, 곧 곡식 제물, 속죄 제물, 속건 제

42 1-9 The man led me north into the outside courtyard and brought me to the rooms that are in front of the open space and the house facing north. The length of the house on the north was one hundred seventy-five feet, and its width eighty-seven and a half feet. Across the thirty-five feet that separated the inside courtyard from the paved walkway at the edge of the outside courtyard, the rooms rose level by level for three stories. In front of the rooms on the inside was a hallway seventeen and a half feet wide and one hundred seventy-five feet long. Its entrances were from the north. The upper rooms themselves were narrower, their galleries being wider than on the first and second floors of the building. The rooms on the third floor had no pillars like the pillars in the outside courtyard and were smaller than the rooms on the first and second floors. There was an outside wall parallel to the rooms and the outside courtyard. It fronted the rooms for eighty-seven and a half feet. The row of rooms facing the outside courtyard was eighty-seven and a half feet long. The row on the side nearest the Sanctuary was one hundred seventy-five feet long. The first-floor rooms had their entrance from the east, coming in from the outside courtyard.

10-12 On the south side along the length of the courtyard's outside wall and fronting on the Temple courtyard were rooms with a walkway in front of them. These were just like the rooms on the north—same exits and dimensions—with the main entrance from the east leading to the hallway and the doors to the rooms the same as those on the north side. The design on the south

물을 그 방에 놓아둔다. 그 방들은 구별된 방들이요 거룩한 공간이다. 제사장들은 성소에 들어가 섬김의 일을 할 때 바깥뜰에 나와 백성과 섞여서는 안 된다. 그 일을 할 때 입었던 신성한 의복을 벗고 평상복으로 갈아입은 다음에야 그렇게 할 수 있다."

15-16 성전 내부를 재는 일을 마치자, 그는 나를 동쪽 문 밖으로 데리고 나가 성전의 바깥쪽을 재었다. 측량 장대로 그가 동쪽 면을 재니, 265미터였다.

17 북쪽 면을 재니, 265미터였다.

18 남쪽 면을 재니, 265미터였다.

19 마지막으로, 그가 서쪽 면으로 가서 그곳을 재니, 265미터였다.

20 그가 잰 사방의 벽은 모두 265미터였다. 그 벽들을 사이에 두고 거룩한 곳과 속된 곳이 구별되었다.

하나님의 영광이 나타나다

43 1-3 그 사람이 나를 동쪽 문으로 데리고 갔다. 오! 이스라엘 하나님의 찬란한 영광이 큰 물소리와 함께 동쪽에서 밀려들었고, 그 찬란한 영광의 광채에 땅이 환히 빛났다. 이는 그분께서 도성을 멸망시키러 오셨을 때 내가 보았던 것과 같은 모습이었다. 또 전에 그발 강가에서 본 것과도 같은 광경이었다. 이번에도 나는 얼굴을 땅에 대고 엎드렸다.

4-5 **하나님**의 찬란한 영광이 동쪽 문을 통해 성전 안으로 쏟아져 들어왔다. 그 영이 나를 일으켜 세우고 나를 안뜰로 데리고 갔는데, 내가 보니 성전에 **하나님**의 찬란한 영광이 가득했다!

6-9 그 사람이 내 곁에 서 있는데, 성

was a mirror image of that on the north.

13-14 Then he said to me, "The north and south rooms adjacent to the open area are holy rooms where the priests who come before GOD eat the holy offerings. There they place the holy offerings—grain offerings, sin offerings, and guilt offerings. These are set-apart rooms, holy space. After the priests have entered the Sanctuary, they must not return to the outside courtyard and mingle among the people until they change the sacred garments in which they minister and put on their regular clothes."

15-16 After he had finished measuring what was inside the Temple area, he took me out the east gate and measured it from the outside. Using his measuring stick, he measured the east side: eight hundred seventy-five feet.

17 He measured the north side: eight hundred seventy-five feet.

18 He measured the south side: eight hundred seventy-five feet.

19 Last of all he went to the west side and measured it: eight hundred seventy-five feet.

20 He measured the wall on all four sides. Each wall was eight hundred seventy-five feet. The walls separated the holy from the ordinary.

The Meaning of the Temple

43 1-3 The man brought me to the east gate. Oh! The bright Glory of the God of Israel rivered out of the east sounding like the roar of floodwaters, and the earth itself glowed with the bright Glory. It looked just like what I had seen when he came to destroy the city, exactly like what I had seen earlier at the Kebar River. And again I fell, face to the ground.

4-5 The bright Glory of GOD poured into the Temple through the east gate. The Spirit put

전 안쪽에서 누군가가 나를 향해 말하는 소리가 들려왔다. "사람의 아들아, 이곳은 내 보좌가 있는 곳, 내 발을 놓는 곳이다. 내가 이스라엘 백성과 영원히 살 곳이다. 다시는 이스라엘 백성과 왕들이 창녀짓을 하거나 길가에 산당을 세우고 우상으로 내 거룩한 이름에 먹칠을 하는 일이 없을 것이다. 그들은 나를 예배하는 처소 바로 옆에서, 얇은 담 하나를 사이에 둔 채 우상숭배 산당들을 세우고, 더러운 의식으로 내 거룩한 이름을 진창에 처박았다. 그러니 내가 어찌 진노 가운데 그들을 멸하지 않을 수 있었겠느냐? 이제 창녀짓을 그치고, 그들의 왕들이 들여온 악취 나는 우상들을 모두 없애게 하여라. 그러면 내가 그들이 사는 곳으로 옮겨 가서 영원히 그들과 함께할 것이다.

10-11 사람의 아들아, 이스라엘 백성에게 이 성전에 관한 모든 것을 말해 주어라. 그들은 지금껏 살아온 방종한 삶에 대해 스스로 경악하게 될 것이다. 이스라엘 백성이 이 성전 배치도를 면밀히 살펴보게 하여라. 그들이 가던 길을 멈추게 될 것이다. 성전 전체 도면—입구와 출구, 비율, 규정과 법도—을 다 보여주어라. 그들이 볼 수 있도록 그림을 그려 주어 도안과 그 의미를 이해하게 하고, 그 취지대로 살 수 있게 하여라.

12 이것이 성전의 법이다. 성전이 산 정상에서 빛을 발하면, 그 주변 전체가 거룩한 땅이 된다. 그렇다. 이것이 성전의 법, 곧 성전의 의미다."

13-14 "(길이가 53센티미터인) 긴 자로 잰 제단의 치수는 이러하다. 밑받침 물받이는 길이가 53센티미터, 너비가 53센

me on my feet and led me to the inside courtyard and—oh! the bright Glory of GOD filled the Temple!

6-9 I heard someone speaking to me from inside the Temple while the man stood beside me. He said, "Son of man, this is the place for my throne, the place I'll plant my feet. This is the place where I'll live with the Israelites forever. Neither the people of Israel nor their kings will ever again drag my holy name through the mud with their whoring and the no-god idols their kings set up at all the wayside shrines. When they set up their worship shrines right alongside mine with only a thin wall between them, they dragged my holy name through the mud with their obscene and vile worship. Is it any wonder that I destroyed them in anger? So let them get rid of their whoring ways and the stinking no-god idols introduced by their kings and I'll move in and live with them forever.

10-11 "Son of man, tell the people of Israel all about the Temple so they'll be dismayed by their wayward lives. Get them to go over the layout. That will bring them up short. Show them the whole plan of the Temple, its ins and outs, the proportions, the regulations, and the laws. Draw a picture so they can see the design and meaning and live by its design and intent.

12 "This is the law of the Temple: As it radiates from the top of the mountain, everything around it becomes holy ground. Yes, this is law, the meaning, of the Temple.

13-14 "These are the dimensions of the altar, using the long (twenty-one-inch) ruler. The gutter at its base is twenty-one inches

티미터이며, 테두리에는 10.6센티미터의 턱이 있다.

14-15 제단의 높이는 밑받침부터 첫째 선반까지 1.06미터이며, 너비는 53센티미터다. 첫째 선반부터 둘째 선반까지의 높이는 2.12미터, 너비는 53센티미터다. 그 위에는 2.12미터 높이의 제단 화덕이 있다. 화덕 위로 솟은 네 개의 뿔은 높이가 53센티미터다.

16-17 제단 맨 위에 있는 화로는 가로와 세로가 각각 6.36미터인 정사각형이다. 윗선반도 각 면이 7.42미터로 정사각형이며, 테두리의 턱은 26.5센티미터, 물받이는 너비가 53센티미터다.
제단의 계단은 동쪽으로 나 있다."

18 그 사람이 또 내게 말했다. "사람의 아들아, 주 **하나님**께서 말씀하신다. '제단에서 행할 규례, 번제물을 바치고 그 위에 피를 뿌리는 규례는 이러하다.

19-21 속죄 제물로 수송아지 한 마리를 제사장에게 가져오되, 내 앞에 나와서 나를 섬기는 사독 가문 출신 레위인 제사장들이 가져오게 하여라. 소의 피를 가져다가 제단 맨 윗선반 네 귀퉁이에 솟아 있는 네 뿔과 테두리 턱에 발라라. 이것은 제단을 정결하게 하고 거기서 희생 제물을 드릴 수 있게 하려는 것이다. 그런 다음 속죄 제물로 바친 수송아지를 가져다가 성소 바깥마당, 지정된 장소에서 불태워라.

22-24 이튿날에는, 흠 없는 숫염소 한 마리를 속죄 제물로 바쳐라. 수송아지를 바칠 때와 똑같은 방법으로 제단을 정결하게 하여라. 정결 의식을 마치면, 흠 없는 수송아지 한 마리와 양 떼 가운데서 흠 없는 숫양 한 마리를 골라 바쳐라. 그것들을 **하나님** 앞에 바칠 때는, 그 위에 소

deep and twenty-one inches wide, with a four-inch lip around its edge.

14-15 "The height of the altar is three and a half feet from the base to the first ledge and twenty inches wide. From the first ledge to the second ledge it is seven feet high and twenty-one inches wide. The altar hearth is another seven feet high. Four horns stick upward from the hearth twenty-one inches high.

16-17 "The top of the altar, the hearth, is square, twenty-one by twenty-one feet. The upper ledge is also square, twenty-four and a half feet on each side, with a ten-and-a-half-inch lip and a twenty-one-inch-wide gutter all the way around.
"The steps of the altar ascend from the east."

18 Then the man said to me, "Son of man, GOD, the Master, says: 'These are the ordinances for conduct at the altar when it is built, for sacrificing burnt offerings and sprinkling blood on it.

19-21 "'For a sin offering, give a bull to the priests, the Levitical priests who are from the family of Zadok who come into my presence to serve me. Take some of its blood and smear it on the four horns of the altar that project from the four corners of the top ledge and all around the lip. That's to purify the altar and make it fit for the sacrifice. Then take the bull for the sin offerings and burn it in the place set aside for this in the courtyard outside the Sanctuary.

22-24 "'On the second day, offer a male goat without blemish for a sin offering. Purify the altar the same as you purified it for the bull. Then, when you have purified it, offer a bull without blemish and a ram without

금을 뿌려 **하나님**께 번제물로 바쳐야
한다.
25-26 너는 칠 일 동안 매일 염소 한 마
리를 속죄 제물로 마련하고, 수송아지
한 마리와 양 떼 가운데서 흠 없는 숫양
한 마리를 마련해 놓아라. 칠 일 동안
제사장들은 제단을 정결하게 하면서,
준비해야 한다. 이것이 제단을 봉헌하
는 방식이다.
27 칠 일에 걸친 봉헌을 마치면, 팔 일째
되는 날부터는 제사장들이 너희의 번제물
과 화목 제물을 바칠 것이다. 그러면 내가
너희를 즐거이, 기쁘게 받아들일 것이다!
주 **하나님**의 포고다.'"

성소 규례

44 1 그 사람이 나를 다시 동쪽으
로 난 성소 바깥 문으로 데리고
갔다. 그런데 그 문이 닫혀 있었다.
2-3 **하나님**께서 내게 말씀하셨다. "이 문
은 닫혔고, 언제까지나 닫혀 있을 것이다.
누구도 이 문을 통해 들어갈 수 없다. **하
나님**, 이스라엘의 하나님이 이 문으로 들
어갔기 때문이다. 이 문은 영원히 닫혀 있
을 것이다. 오직 왕만이 왕의 자격으로 거
기 앉아 **하나님** 앞에서 먹을 수 있다. 그
는 현관을 통해 이 문 안에 들어왔다가,
다시 그 길로 나가야 한다."
4 그 사람이 나를 이끌어 북쪽 문을 통해
성전 앞으로 데리고 갔다. 내가 보니, **하
나님**의 찬란한 영광이 **하나님**의 성전에
가득 차 있었다! 나는 얼굴을 땅에 대고
엎드려 경배했다.
5 **하나님**께서 내게 말씀하셨다. "사람의
아들아, 너는 정신 차려 눈여겨보고 귀담
아들어라. 내가 이 **하나님**의 성전의 규례
와 법규에 대해 네게 이르는 모든 말과,
성전과 성소 출입구에 대해 이르는 지침

blemish from the flock. Present them before
GOD. Sprinkle salt on them and offer them
as a burnt offering to GOD.
25-26 "'For seven days, prepare a goat for a
sin offering daily, and also a bull and a ram
from the flock, animals without blemish.
For seven days the priests are to get the
altar ready for its work, purifying it. This is
how you dedicate it.
27 "'After these seven days of dedication, from
the eighth day on, the priests will present your
burnt offerings and your peace offerings. And
I'll accept you with pleasure, with delight!
Decree of GOD, the Master.'"

Sanctuary Rules

44 1 Then the man brought me back
to the outside gate complex of the
Sanctuary that faces east. But it was shut.
2-3 GOD spoke to me: "This gate is shut and it's
to stay shut. No one is to go through it because
GOD, the God of Israel, has gone through it. It
stays shut. Only the prince, because he's the
prince, may sit there to eat in the presence of
GOD. He is to enter the gate complex through
the porch and leave by the same way."
4 The man led me through the north gate to
the front of the Temple. I looked, and—oh!—
the bright Glory of GOD filling the Temple of
GOD! I fell on my face in worship.
5 GOD said to me, "Son of man, get a grip
on yourself. Use your eyes, use your ears,
pay careful attention to everything I tell
you about the ordinances of this Temple of
GOD, the way all the laws work, instructions
regarding it and all the entrances and exits
of the Sanctuary.
6-9 "Tell this bunch of rebels, this family Israel,

에 주목하여라.
6-9 저 반역자들, 곧 이스라엘 가문에게
전하여라. '주 **하나님**의 **메시지**다. 이스
라엘아, 추악하고 역겨운 짓을 이제 그쳐
라. 너희는 마음과 육체에 할례 받지 않
은 불경하고 완악한 이방 사람들을 내 성
소에 끌어들였고, 내게 희생 제물로 바친
것들을 그들이 먹도록 내놓았다. 너희는
추악하고 역겨운 짓을 서슴지 않았으며,
신의를 저버리고 나와 맺은 엄숙한 언약
을 깨뜨렸다. 너희는 나의 거룩한 기물들
을 돌보지 않았고, 나의 성소에 대한 경
외심이 전혀 없는 이방인들을 고용하여
그 일을 떠맡겼다. 마음이나 육체에 할례
를 받지 않은 불경하고 완고한 이방인들
은, 이스라엘 사람들과 함께 살고 있어도
내 성소에 들어올 수 없다.'
10-14 온 이스라엘이 우상을 좇아가자, 거
기에 편승하여 나를 버리고 떠난 레위인들
은, 그 모든 잘못의 대가를 치르게 될 것이
다. 이제부터 그들은 성소에서 머슴 일만
하게 될 것이다. 문지기 일이나 성전 허드
렛일을 맡아서, 백성이 가져오는 희생 제
물을 잡아 주고 그들을 섬기는 일을 하게
될 것이다. 우상들의 제사장 노릇을 하며
내 백성 이스라엘을 걸려 넘어지게 한 그
들이니, 내가 반드시 그들을 벌하기로 맹
세했다. 주 **하나님**의 포고다. 그렇다. 그들
은 자신들이 저지른 일의 대가를 치를 것
이다. 이제 그들은 제사장직에서 해고되었
다. 더 이상 내 앞에 나아와 내 거룩한 기물
들을 돌보는 일을 하지 못한다. 거룩한 곳
에 더 이상 들어가지 못한다! 그들은 추악
하고 역겨웠던 삶의 부끄러움을 짊어지고
살아야 한다. 이제부터는 청소와 심부름이
그들의 일이다. 그것이 전부다.
15-16 그러나 모두가 나를 등지고 떠났을
때도 신실하게 나의 성소를 지키고 돌보

'Message of GOD, the Master: No more of
these vile obscenities, Israel, dragging irrever-
ent and unrepentant outsiders, uncircumcised
in heart and flesh, into my Sanctuary, feeding
them the sacrificial offerings as if it were the
food for a neighborhood picnic. With all your
vile obscenities, you've broken trust with me,
the solemn covenant I made with you. You
haven't taken care of my holy things. You've
hired out the work to foreigners who care
nothing for this place, my Sanctuary. No irrev-
erent and unrepentant aliens, uncircumcised
in heart or flesh, not even the ones who live
among Israelites, are to enter my Sanctuary.'
10-14 "The Levites who walked off and left me,
along with everyone else—all Israel—who took
up with all the no-god idols, will pay for every-
thing they did wrong. From now on they'll
do only the menial work in the Sanctuary:
guard the gates and help out with the Temple
chores—and also kill the sacrificial animals
for the people and serve them. Because they
acted as priests to the no-god idols and made
my people Israel stumble and fall, I've taken
an oath to punish them. Decree of GOD, the
Master. Yes, they'll pay for what they've done.
They're fired from the priesthood. No longer
will they come into my presence and take care
of my holy things. No more access to The Holy
Place! They'll have to live with what they've
done, carry the shame of their vile and obscene
lives. From now on, their job is to sweep up
and run errands. That's it.
15-16 "But the Levitical priests who descend
from Zadok, who faithfully took care of my
Sanctuary when everyone else went off and
left me, are going to come into my presence
and serve me. They are going to carry out

았던 사독의 자손 레위인 제사장들은, 내 앞
에 나아와 나를 섬길 것이다. 그들은 엄숙
하게 희생 제물을 바치는 제사장의 일을 수
행할 것이다. 주 **하나님**의 포고다. 그들만이
내 성소에 들어올 수 있다. 그들만이 내 상
에 가까이 와서 내 일을 도우며 나를 섬길
수 있다.
17-19 그들이 안뜰 문에 들어올 때는, 반드
시 모시옷을 입어야 한다. 안뜰 문이나 성
전 안에서 섬길 때 양털로 만든 옷을 입어
서는 안된다. 머리에는 모시 관을 쓰고 속
에는 모시 속옷을 입어야 한다. 땀이 나게
하는 것은 어떤 것도 입어서는 안된다. 백
성이 모여 있는 바깥뜰로 나갈 때는, 안에
서 섬길 때 입은 옷을 벗어서 거룩한 방에
두고 평상복으로 갈아입은 다음에 나가야
한다. 잘못된 옷차림으로 그들이 수행하는
거룩한 일의 격을 떨어뜨리지 않게 해야
한다.
20 그들은 머리를 밀어서도 안되고 머리카
락이 덥수룩하게 놔두어서도 안되며, 늘 단
정하게 깎아야 한다.
21 어떤 제사장이든지, 일할 때 술에 취해
있으면 안된다. 안뜰에 있을 때는 포도주를
입에 대지 못한다.
22 제사장은 과부나 이혼한 여자와 결혼해
서는 안된다. 그러나 이스라엘 처녀나 제사
장의 아내였다가 과부가 된 여인과는 결혼
할 수 있다.
23 제사장이 할 일은 내 백성이 거룩한 것과
일상적인 것, 부정한 것과 정결한 것을 분별
하도록 가르쳐 보이는 것이다.
24 의견 대립이 일어나면, 제사장들이 나서
서 중재해야 한다. 나의 판결과 법규와 율례
에 입각해서 판단을 내려야 한다. 그들은 나
의 명령대로 백성들이 정해진 축제일을 엄
수하고, 나의 안식일을 거룩히 지키도록 할
책임을 맡은 자들이다.

the priestly work of offering the solemn sacrifices of worship. Decree of GOD, the Master. They're the only ones permitted to enter my Sanctuary. They're the only ones to approach my table and serve me, accompanying me in my work.
17-19 "When they enter the gate complex
of the inside courtyard, they are to dress in linen. No woolens are to be worn while serving at the gate complex of the inside courtyard or inside the Temple itself. They're to wear linen turbans on their heads and linen underclothes—nothing that makes them sweat. When they go out into the outside courtyard where the people gather, they must first change out of the clothes they have been serving in, leaving them in the sacred rooms where they change to their everyday clothes, so that they don't trivialize their holy work by the way they dress.
20 "They are to neither shave their heads
nor let their hair become unkempt, but must keep their hair trimmed and neat.
21 "No priest is to drink on the job—no
wine while in the inside courtyard.
22 "Priests are not to marry widows or
divorcees, but only Israelite virgins or widows of priests.
23 "Their job is to teach my people the
difference between the holy and the common, to show them how to discern between unclean and clean.
24 "When there's a difference of opinion,
the priests will arbitrate. They'll decide on the basis of my judgments, laws, and statutes. They are in charge of making sure the appointed feasts are honored and my Sabbaths kept holy in the ways I've

25-27 제사장은 시체에 가까이 다가가 자신을 부정하게 해서는 안된다. 그러나 죽은 자가 그의 부친이나 모친, 아들이나 딸, 형제나 미혼 자매일 경우에는 시체에 가까이 다가갈 수 있다. 그러나 그는 정결 의식을 치른 후에도 칠 일을 더 기다려야 한다. 다시 성소에서 제사장 직무를 수행하기 위해 성소 안뜰로 돌아갈 때는, 먼저 자신을 위해 속죄 제물을 바쳐야 한다. 주 **하나님**의 포고다.

28-30 제사장들의 땅 소유에 대해 말하면, 내가 바로 그들의 유산이다. 그들에게는 이스라엘의 어떤 땅도 주어서는 안된다. 내가 그들의 땅이며 내가 그들의 유산이다. 그들은 곡식 제물과 속죄 제물과 속건 제물에서 양식을 얻을 것이다. 이스라엘 사람들이 예배를 위해 **하나님**께 바친 것들은 모두 그들의 몫이다. 사람들이 기른 것 중에 가장 좋은 것과 모든 특별 선물도 제사장들의 몫이다. **하나님**께 예배하며 바친 모든 것이 그들의 몫이다. 먼저 그들을 섬겨라. 너희 소유 중에 가장 좋은 것으로 그들을 섬겨라. 그러면 너희 집이 복을 받을 것이다.

31 제사장은 길이나 들에서 죽은 짐승들 중에, 사람의 통상적 음식이 아닌 고기는 새든지 짐승이든지 먹어서는 안된다."

하나님을 위한 거룩한 공간

45 1-4 "땅 유산을 나눌 때, 너희는 땅의 일부를 **하나님**을 위한 거룩한 공간으로 따로 떼어 놓아야 한다. 길이는 11.25킬로미터, 너비는 9킬로미터가 되게 하여라. 그 땅 전체가 거룩한 공간이다. 이 직사각형 구역 안에서, 성소를 위해 가로와 세로가 각각 225미터인 정사각형 땅을 떼어 놓고, 그 주변 사방으로 22.5미터를 재어 완충지대를

commanded.

25-27 "A priest must not contaminate himself by going near a corpse. But when the dead person is his father or mother, son or daughter, brother or unmarried sister, he can approach the dead. But after he has been purified, he must wait another seven days. Then, when he returns to the inside courtyard of the Sanctuary to do his priestly work in the Sanctuary, he must first offer a sin offering for himself. Decree of GOD, the Master.

28-30 "As to priests owning land, I am their inheritance. Don't give any land in Israel to them. I am their 'land,' their inheritance. They'll take their meals from the grain offerings, the sin offerings, and the guilt offerings. Everything in Israel offered to GOD in worship is theirs. The best of everything grown, plus all special gifts, comes to the priests. All that is given in worship to GOD goes to them. Serve them first. Serve from your best and your home will be blessed.

31 "Priests are not to eat any meat from bird or animal unfit for ordinary human consumption, such as carcasses found dead on the road or in the field."

Sacred Space for God

45 1-4 "When you divide up the inheritance of the land, you must set aside part of the land as sacred space for GOD: approximately seven miles long by six miles wide, all of it holy ground. Within this rectangle, reserve a seven-hundred-fifty-foot square for the Sanctuary with a seventy-five-foot buffer zone surrounding it. Mark off within the sacred reserve a section seven miles long by three miles wide. The Sanctuary with its Holy

두어라. 이 거룩한 보호구역 안에, 길이
11.25킬로미터, 너비 4.5킬로미터 되는
구역을 정해 표를 하여라. 성소와 지성소
가 거기 위치할 것이다. 이곳은 성소에서
예배를 인도하며 **하나님**을 섬기는 제사
장들의 거주구역이다. 그들의 집이 거기
에 늘어설 것이다.
5 거룩한 보호구역 북쪽으로, 길이 11.25킬
로미터, 너비 4.5킬로미터 되는 지역을 떼어
놓아라. 그곳은 성소에서 예배 관련 직무를
맡는 레위인들의 마을을 위한 땅이다.
6 거룩한 보호구역 남쪽으로는 길이 11.25
킬로미터, 너비 2.25킬로미터 되는 지역을
재어 도성에 속한 땅으로 떼어 놓아라. 그
땅은 이스라엘 모든 가문이 공동으로 소유
하는 지역이다.
7-8 중심부의 거룩한 정사각형 땅에서 동
쪽과 서쪽으로 각각 11.25킬로미터까지는
왕의 몫이다. 이 땅은 동쪽으로는 요단까
지, 서쪽으로는 지중해까지 이르는 지역으
로, 이스라엘 왕의 소유다. 나의 왕들은 더
이상 내 백성을 못살게 괴롭히거나 짓밟지
않을 것이며, 각 지파에게 분배된 땅을 존
중할 것이다.
9-12 이는 주 **하나님**의 메시지다. '이스라
엘의 왕들아, 그동안 나는 참을 만큼 참
았다. 내 백성을 못살게 굴고 착취하는 일
을 그쳐라. 이제는 자세를 바꾸어 정의와
공의를 행하여라. 정직한 눈금, 곧 정직한
저울과 정직한 자를 사용하여라. 한 말은
언제나 18리터여야 한다. 한 되는 언제나
1.8리터여야 한다. 둘 모두의 기본 단위는
리터다. 너희 돈도 정직해야 한다. 위조지
폐는 안될 말이다!'"

제사 규례

13-15 "'너희가 바쳐야 할 제물은 이러하
다. 너희 밀의 육십분의 일, 보리의 육십

of Holies will be placed there. This is where the
priests will live, those who lead worship in the
Sanctuary and serve GOD there. Their houses
will be there along with The Holy Place.
5 "To the north of the sacred reserve, an
area roughly seven miles long and two and a
quarter miles wide will be set aside as land for
the villages of the Levites who administer the
affairs of worship in the Sanctuary.
6 "To the south of the sacred reserve, measure
off a section seven miles long and about a mile
and a half wide for the city itself, an area held
in common by the whole family of Israel.
7-8 "The prince gets the land abutting the
seven-mile east and west borders of the
central sacred square, extending eastward
toward the Jordan and westward toward
the Mediterranean. This is the prince's
possession in Israel. My princes will no
longer bully my people, running roughshod
over them. They'll respect the land as it has
been allotted to the tribes.
9-12 "This is the Message of GOD, the Master:
'I've put up with you long enough, princes of
Israel! Quit bullying and taking advantage
of my people. Do what's just and right for a
change. Use honest scales—honest weights
and honest measures. Every pound must have
sixteen ounces. Every gallon must measure
four quarts. The ounce is the basic measure
for both. And your coins must be honest—no
wooden nickels!

Everyone in the Land Must Contribute

13-15 "'These are the prescribed offerings
you are to supply: one-sixtieth part of your
wheat, one-sixtieth part of your barley,
one-hundredth part of your oil, one sheep out

분의 일, 기름의 백분의 일, 그리고 이스라엘의 비옥한 초장에서 자라는 양들 200마리당 1마리씩이다. 이것들은 백성을 위해 드리는 속죄제의 곡식 제물, 번제물, 화목 제물로 사용될 것이다. 주 **하나님**의 포고다.

16-17 이 땅 모든 사람이 이스라엘 왕이 관장하는 이 특별 봉헌에 참여해야 한다. 거룩한 축제일과 매달 초하루와 안식일, 곧 이스라엘 백성이 지켜야 할 모든 축제일에 바칠 번제물과 곡식 제물과 부어 드리는 제물을 마련하는 일은 왕의 몫이다. 이스라엘 백성을 위한 속죄제에 바칠 속죄 제물, 곡식 제물, 번제물, 화목 제물을 마련하는 일은 그의 책임이다.

18-20 이는 주 **하나님**의 메시지다. 첫째 달 첫째 날에는, 흠 없는 수송아지 한 마리를 골라다가 성소를 정결하게 하여라. 제사장은 그 속죄 제물의 피를 가져다가 성전의 문기둥과 제단의 선반 네 모서리와 안뜰 문 입구에 발라야 한다. 그달 칠 일에도, 모르고 죄를 지은 자들을 위해 그와 같이 다시 한번 행하여라. 이렇게 성전을 위해 속죄하여라.

21 첫째 달 십사일에, 너희는 유월절을 지켜야 한다. 칠 일 동안 이어지는 이 축제기간에는 누룩을 넣지 않은 빵을 먹어야 한다.

22-23 유월절 날에, 왕은 자신과 온 나라 백성을 위해 송아지 한 마리를 속죄 제물로 바쳐야 한다. 칠 일의 축제기간 동안, 그는 날마다 흠 없는 수송아지 일곱 마리와 숫양 일곱 마리를 **하나님**께 번제물로 바치고, 날마다 숫염소 한 마리도 바쳐야 한다.

24 왕은 수송아지 한 마리와 숫양 한 마리를 바칠 때마다, 20리터 상당의 곡식 제

of every two hundred from the lush pastures of Israel. These will be used for the grain offerings, burnt offerings, and peace offerings for making the atonement sacrifices for the people. Decree of GOD, the Master.

16-17 "'Everyone in the land must contribute to these special offerings that the prince in Israel will administer. It's the prince's job to provide the burnt offerings, grain offerings, and drink offerings at the Holy Festivals, the New Moons, and the Sabbaths—all the commanded feasts among the people of Israel. Sin offerings, grain offerings, burnt offerings, and peace offerings for making atonement for the people of Israel are his responsibility.

18-20 "'This is the Message from GOD, the Master: On the first day of the first month, take an unblemished bull calf and purify the Sanctuary. The priest is to take blood from the sin offerings and rub it on the doorposts of the Temple, on the four corners of the ledge of the altar, and on the gate entrance to the inside courtyard. Repeat this ritual on the seventh day of the month for anyone who sins without knowing it. In this way you make atonement for the Temple.

21 "'On the fourteenth day of the first month, you will observe the Passover, a feast of seven days. During the feast you will eat bread made without yeast.

22-23 "'On Passover, the prince supplies a bull as a sin offering for himself and all the people of the country. Each day for each of the seven days of the feast, he will supply seven bulls and seven rams unblemished as a burnt offering to GOD, and also each day a male goat.

24 "'He will supply about five and a half gallons of grain offering and a gallon of oil

물과 4리터 상당의 기름도 함께 바쳐야 한다.

25 일곱째 달 십오일과 칠 일간의 축제기간에도, 그는 날마다 속죄 제물과 번제물과 곡식 제물과 기름을 전과 동일하게 바쳐야 한다.'"

46 1-3 "'주 **하나님**의 **메시지**다. 안뜰 동쪽 문은 일하는 엿새 동안 닫아 두되, 안식일에는 열어야 한다. 그 문은 매달 초하루에도 열어야 한다. 왕은 그 문으로 들어와서 벽기둥 곁에 설 것이며, 그가 거기 현관에서 예배하는 동안 제사장들이 그의 번제물과 화목 제물을 바쳐야 한다. 그가 떠난 후에도, 그 문은 저녁때까지 닫지 말아야 한다. 안식일과 매달 초하루에는, 백성이 그 문 바깥 입구에 모여 **하나님**을 예배해야 한다.

4-5 안식일에 왕이 **하나님**께 바칠 번제물은, 흠 없는 어린양 여섯 마리와 흠 없는 숫양 한 마리다. 숫양과 함께 곡식 제물 20리터와 기름 4리터를 바치고, 각 어린양에는 소량의 곡식을 곁들여야 한다.

6-7 매달 초하루, 왕은 수송아지 한 마리와 어린양 여섯 마리와 숫양 한 마리를 흠 없는 것들로 바쳐야 한다. 숫양과 수송아지를 바칠 때는 각각 곡식 제물 20리터와 기름 4리터를 곁들이고, 각 어린양에는 소량의 곡식 제물을 곁들여야 한다.

8 들어올 때 왕은 문 입구의 현관을 통해 들어와야 하고, 나갈 때도 그 길로 나가야 한다.

9-10 그러나 정한 축제일에 이 땅의 백성이 **하나님**께 예배하러 올 때는 북쪽 문을 통해 들어온 자는 남쪽 문으로 나가

for each bull and each ram.

25 "'On the fifteenth day of the seventh month, and on each of the seven days of the feast, he is to supply the same materials for sin offerings, burnt offerings, grain offerings, and oil.'"

46 1-3 "'Message from GOD, the Master: The gate of the inside courtyard on the east is to be shut on the six working days, but open on the Sabbath. It is also to be open on the New Moon. The prince will enter through the entrance area of the gate complex and stand at the gateposts as the priests present his burnt offerings and peace offerings while he worships there on the porch. He will then leave, but the gate won't be shut until evening. On Sabbaths and New Moons, the people are to worship before GOD at the outside entrance to that gate complex.

4-5 "'The prince supplies for GOD the burnt offering for the Sabbath—six unblemished lambs and an unblemished ram. The grain offering to go with the ram is about five and a half gallons plus a gallon of oil, and a handful of grain for each lamb.

6-7 "'At the New Moon he is to supply a bull calf, six lambs, and a ram, all without blemish. He will also supply five and a half gallons of grain offering and a gallon of oil for both ram and bull, and a handful of grain offering for each lamb.

8 "'When the prince enters, he will go through the entrance vestibule of the gate complex and leave the same way.

9-10 "'But when the people of the land come to worship GOD at the commanded feasts, those who enter through the north gate will

고, 남쪽 문을 통해 들어온 자는 북쪽 문으로 나가야 한다. 들어온 문으로 되돌아 나가서는 안되며, 반대 문을 통해 나가야 한다. 백성들이 들어오고 나갈 때, 왕도 그들과 함께 섞여서 들어오고 나가야 한다.

11 축제일과 정한 축일에 바칠 곡식 제물의 양은 20리터이며, 수송아지와 숫양에는 기름 4리터를, 각 어린양에는 소량의 곡식을 곁들여야 한다.

12 왕이 자원하여 **하나님**께 번제물이나 화목 제물을 가져올 때는, 그에게 동쪽 문을 열어 주어야 한다. 그는 안식일에 하듯이 자기의 번제물이나 화목 제물을 바칠 것이며, 그런 다음 떠나야 한다. 그가 밖으로 나간 다음에는 문을 닫아야 한다.

13-15 매일 아침, 너희는 **하나님**께 바칠 번제물로 일 년 된 흠 없는 어린양 한 마리를 가지고 와야 한다. 또 매일 아침, 곡식 제물로 곡식 약 4리터에 1.25리터의 기름을 부어 가지고 와야 한다. 이와 같이 **하나님**께 곡식 제물을 바치는 것은 반드시 지켜야 할 율례다. 어린양과 곡식 제물과 기름을 번제물로 바치는 일은 날마다 행해야 할 의식이다.

16-18 주 **하나님의 메시지다**. 만일 왕이 자기 아들 중 하나에게 유산을 떼어서 주면, 그것은 대대로 그 가문의 소유가 된다. 그러나 왕이 어떤 종에게 자기 유산을 떼어서 선물로 주면, 그것은 해방의 해(희년)까지만 그 종의 소유가 되고, 그 후에는 다시 왕에게 되돌아간다. 왕의 유산은 오직 그의 아들들의 것이며, 대대로 그 가문이 소유한다. 왕은 백성 가운데 누구의 유산도 빼앗아서는 안되며, 그들의 땅 소유권을 빼앗아서도 안된다. 그는 오직 자기 재산을 떼어서 아들들에게 줄 수 있다. 내 백성 누구도 자기 땅에서 내쫓기는 일이

exit from the south gate, and those who enter though the south gate will exit from the north gate. You don't exit the gate through which you enter, but through the opposite gate. The prince is to be there, mingling with them, going in and out with them.

11 "'At the festivals and the commanded feasts, the appropriate grain offering is five and a half gallons, with a gallon of oil for the bull and ram and a handful of grain for each lamb.

12 "'When the prince brings a freewill offering to GOD, whether a burnt offering or a peace offering, the east gate is to be opened for him. He offers his burnt or peace offering the same as he does on the Sabbath. Then he leaves, and after he is out, the gate is shut.

13-15 "'Every morning you are to bring a yearling lamb unblemished for a burnt offering to GOD. Also, every morning bring a grain offering of about a gallon of grain with a quart or so of oil to moisten it. Presenting this grain offering to GOD is standard procedure. The lamb, the grain offering, and the oil for the burnt offering are a regular daily ritual.

16-18 "'A Message from GOD, the Master: If the prince deeds a gift from his inheritance to one of his sons, it stays in the family. But if he deeds a gift from his inheritance to a servant, the servant keeps it only until the year of liberation (the Jubilee year). After that, it comes back to the prince. His inheritance is only for his sons. It stays in the family. The prince must not take the inheritance from any of the people, dispossessing them of their land. He can give his sons only what he himself owns. None of my people are to be run off their land.'"

있어서는 안된다.'"

19-20 그런 다음 그 사람이 나를 데리고 북쪽 문을 통해 제사장들의 거룩한 방으로 가서, 서쪽에 있는 뒷방 하나를 보여주었다. 그가 말했다. "여기는 제사장들이 속건 제물과 속죄 제물을 삶고 곡식 제물을 굽는 부엌이다. 바깥뜰에서 거룩한 그 일들을 하다가는 준비가 안된 백성을 위험에 빠뜨리게 할 수 있으니, 이곳에서 제물을 준비해야 한다."

21-23 그가 다시 나를 이끌고 바깥뜰로 가서, 그 뜰의 네 모퉁이를 보여주었다. 내가 보니, 모퉁이마다 뜰이 있었다. 바깥뜰 네 모퉁이마다 각각 길이 18미터, 너비 13.5미터 되는 작은 뜰이 있었고, 크기는 모두 같았다. 그 뜰의 안쪽 벽에 돌로 만든 선반이 있었고, 그 선반 밑으로 요리용 화덕이 놓여 있었다.

24 그가 일러 주었다. "여기는 성전에서 섬기는 자들이 백성의 희생 제물을 삶는 부엌이다."

성전에서 흘러나오는 물

47 1-2 그가 다시 나를 성전 입구로 데리고 갔다. 내가 보니, 성전 현관 아래쪽에서 물이 쏟아져 나와 동쪽으로(성전은 동쪽을 향하고 있다) 흘러가고 있었다. 물은 성전 남쪽 면, 제단 남쪽에서 쏟아져 나오고 있었다. 그가 나를 데리고 북쪽 문으로 나가서, 밖을 돌아 동쪽 문으로 데리고 갔다. 물이 성전 남쪽 샘 아래에서 용솟음쳐 흘러나왔다.

3-5 그가 줄자를 가지고 동쪽으로 450미터를 재면서 갔고, 나는 발목까지 차오르는 물을 헤치며 따라갔다. 그가 다시 450미터를 재면서 갔고, 나는 무릎까지 차오르는 물을 헤치며 따라갔다. 그가

19-20 Then the man brought me through the north gate into the holy chambers assigned to the priests and showed me a back room to the west. He said, "This is the kitchen where the priests will cook the guilt offering and sin offering and bake the grain offering so that they won't have to do it in the outside courtyard and endanger the unprepared people out there with The Holy."

21-23 He proceeded to take me to the outside courtyard and around to each of its four corners. In each corner I observed another court. In each of the four corners of the outside courtyard were smaller courts sixty by forty-five feet, each the same size. On the inside walls of the courts was a stone shelf, and beneath the shelves, hearths for cooking.

24 He said, "These are the kitchens where those who serve in the Temple will cook the sacrifices of the people."

Trees on Both Sides of the River

47 1-2 Now he brought me back to the entrance to the Temple. I saw water pouring out from under the Temple porch to the east (the Temple faced east). The water poured from the south side of the Temple, south of the altar. He then took me out through the north gate and led me around the outside to the gate complex on the east. The water was gushing from under the south front of the Temple.

3-5 He walked to the east with a measuring tape and measured off fifteen hundred feet, leading me through water that was ankle-deep. He measured off another fifteen hundred feet, leading me through water that was knee-deep. He measured off another

다시 450미터를 재면서 갔고, 나는 허
리까지 차오르는 물을 헤치며 따라갔
다. 그가 다시 450미터를 재면서 갔는
데, 이제는 물이 내 키보다 높아져 헤엄
을 쳐야 했다. 물은 강물처럼 높았고 도
저히 헤치며 걸어갈 수 없었다.
6-7 그가 말했다. "사람의 아들아, 잘 보
았느냐?"
그런 다음 그가 나를 다시 강가로 데리고
갔다. 강가에 앉아서 보니, 강가 양편으
로 많은 나무들이 늘어서 있었다.
8-10 그가 내게 말했다. "이 물은 동쪽으
로 흘러서 아라바로 내려갔다가, 물들이
고여 있는 바다로 들어간다. 이 물이 바
다로 흘러들어 가면, 그 바닷물은 새로
워진다. 이 강물이 흘러들어 가는 곳은
어디든지 생명이—엄청난 물고기 떼가
—가득하게 되는데, 그것은 이 강물이
바다의 짠물을 단물로 바꿔 놓기 때문이
다. 이 강물이 흘러들어 가는 곳에는 생
명이 차오른다. 엔게디에서 북쪽 에네글
라임에 이르기까지, 어부들이 어깨를 나
란히 하고 서서 해안선을 따라 그물을
내릴 것이다. 그 바다에는 지중해처럼,
온갖 종류의 물고기들이 가득할 것이다.
11 그 늪과 습지들은 새로워지지 않고,
계속 짠물로 남아 있을 것이다.
12 그러나 그 강가 양편으로는 온갖 종류
의 과일 나무들이 자라며, 그 잎이 시들
지 않고 열매도 끊이지 않을 것이다. 나
무들은 때마다 신선한 열매를 맺을 것인
데, 성소에서 나온 강물이 그 나무들에게
흘러가기 때문이다. 그 열매는 양식이 되
고 그 잎은 약재가 될 것이다."

땅의 경계선과 분배

13-14 주 **하나님**의 메시지다. "다음은
이스라엘 열두 지파가 유산으로 나누

fifteen hundred feet, leading me through
water waist-deep. He measured off another
fifteen hundred feet. By now it was a river
over my head, water to swim in, water no one
could possibly walk through.
6-7 He said, "Son of man, have you had a
good look?"
Then he took me back to the riverbank.
While sitting on the bank, I noticed a lot of
trees on both sides of the river.
8-10 He told me, "This water flows east,
descends to the Arabah and then into the sea,
the sea of stagnant waters. When it empties
into those waters, the sea will become fresh.
Wherever the river flows, life will flourish—
great schools of fish—because the river is
turning the salt sea into fresh water. Where
the river flows, life abounds. Fishermen will
stand shoulder to shoulder along the shore
from En-gedi all the way north to En-eglaim,
casting their nets. The sea will teem with fish
of all kinds, like the fish of the Great Mediter-
ranean.
11 "The swamps and marshes won't become
fresh. They'll stay salty.
12 "But the river itself, on both banks, will
grow fruit trees of all kinds. Their leaves won't
wither, the fruit won't fail. Every month they'll
bear fresh fruit because the river from the
Sanctuary flows to them. Their fruit will be for
food and their leaves for healing."

Divide Up This Land

13-14 A Message from GOD, the Master:
"These are the boundaries by which you
are to divide up the inheritance of the land
for the twelve tribes of Israel, with Joseph
getting two parcels. It is to be divided up

어 가질 땅의 경계선이다. 요셉은 두 몫
을 가질 것이다. 나머지 지파들은 땅을
똑같이 나누어야 한다. 나는 너희 조상
에게 이 땅을 주기로 엄숙히 맹세했다.
이 땅이 너희 유산이 될 것이라고 내가
맹세했다.
15-17 이 땅의 경계선은 다음과 같다.
북쪽 경계선은 큰 바다 지중해에서 시
작해 헤들론 길을 따라, 하맛 어귀와 스
닷과 브로다, 다마스쿠스와 하맛 사이
의 시브라임, 더 나아가 하우란과 접한
하셀 핫디곤까지 이른다. 이렇게 북쪽
경계선은 지중해에서 하살에논까지 이
어지는데, 그 위로 다마스쿠스와 하맛
지역과 접경하고 있다. 이것이 북쪽 경
계선이다.
18 동쪽 경계선은 다마스쿠스와 하우란
사이에서 시작해 길르앗과 이스라엘
땅 사이의 경계인 요단 강을 따라 아래
로 가다가, 멀리 동쪽 바다 다말까지 이
른다. 이것이 동쪽 경계선이다.
19 남쪽 경계선은 다말에서 시작해 서
쪽으로 므리봇가데스 샘을 지나 이집
트 시내를 따라가다가, 큰 바다 지중해
까지 이른다. 이것이 남쪽 경계선이다.
20 서쪽 경계선은 큰 바다 지중해를 따
라 북쪽으로 가다가, 동쪽 하맛 어귀로
접어드는 지점까지 이른다. 이것이 서
쪽 경계선이다.
21-23 너희는 이 땅을 이스라엘 열두 지
파별로 나누어라. 너희 유산으로 나누
어 가지되, 너희 가운데 자녀를 낳고 사
는 거류민들에게도 몫이 돌아가게 하
여라. 그들도 너희처럼 이 땅에서 태어
난 사람들로 대우해 주어라. 그들도 이
스라엘 지파와 함께 유산을 얻게 하여
라. 모든 거류민이 각자 사는 지역에서
자기 유산을 받게 하여라. 주 **하나님**의

equally. I swore in a solemn oath to give it to
your ancestors, swore that this land would
be your inheritance.
15-17 "These are the boundaries of the land:
"The northern boundary runs from the Great
Mediterranean Sea along the Hethlon road to
where you turn off to the entrance of Hamath,
Zedad, Berothah, and Sibraim, which lies
between the territory of Damascus and the
territory of Hamath, and on to Hazor-hatticon
on the border of Hauran. The boundary runs
from the Sea to Hazor-enon, with the territories
of Damascus and Hamath to the north. That is
the northern boundary.
18 "The eastern boundary runs between
Damascus and Hauran, down along the
Jordan between Gilead and the land of Israel
to the Eastern Sea as far as Tamar. This is
the eastern boundary.
19 "The southern boundary runs west from
Tamar to the waters of Meribah-kadesh,
along the Brook of Egypt, and out to the
Great Mediterranean Sea. This is the south-
ern boundary.
20 "The western boundary is formed by the
Great Mediterranean Sea north to where
the road turns east toward the entrance to
Hamath. This is the western boundary.
21-23 "Divide up this land among the twelve
tribes of Israel. Divide it up as your inher-
itance, and include in it the resident aliens
who have made themselves at home among
you and now have children. Treat them as
if they were born there, just like yourselves.
They also get an inheritance among the tribes
of Israel. In whatever tribe the resident alien
lives, there he gets his inheritance. Decree of
GOD, the Master."

포고다."

각 지파의 몫과 거룩한 땅

48 1 "지파들은 이러하다.
단. 북쪽 경계선에서 시작해,
헤들론 길을 따라 하맛 어귀와 하살에논
까지, 곧 다마스쿠스 영토와 하맛을 북
쪽으로 두고 동쪽에서 서쪽까지가 그들
이 받을 몫이다.
2 아셀. 단 경계에 닿아 있는 동쪽에서 서
쪽까지가 그들이 받을 몫이다.
3 납달리. 아셀 경계에 닿아 있는 동쪽에
서 서쪽까지가 그들이 받을 몫이다.
4 므낫세. 납달리 경계에 닿아 있는 동쪽
에서 서쪽까지가 그들이 받을 몫이다.
5 에브라임. 므낫세 경계에 닿아 있는 동
쪽에서 서쪽까지가 그들이 받을 몫이다.
6 르우벤. 에브라임 경계에 닿아 있는 동
쪽에서 서쪽까지가 그들이 받을 몫이다.
7 유다. 르우벤 경계에 닿아 있는 동쪽에
서 서쪽까지가 그들이 받을 몫이다.

8-9 유다 경계에 닿아 있는 동쪽에서 서
쪽까지는 구별된 지역으로, 너희는 그
땅을 거룩한 곳으로 따로 떼어 놓아야
한다. 가로와 세로가 11.25킬로미터인
정사각형 지역의 중심에 성소가 자리 잡
는다. 너희는 길이 11.25킬로미터, 너비
4.5킬로미터 되는 구역을 **하나님**을 위
해 따로 구별해야 한다.
10-12 그 지역은 이렇게 나뉜다. 북쪽과
남쪽으로 길이 11.25킬로미터, 동쪽과
서쪽으로 너비 4.5킬로미터 되는 구역
은 제사장들의 몫이다. **하나님**의 성소
가 그 중심에 자리한다. 이것은 거룩하
게 구별된 제사장들인 사독의 자손들을
위한 구역으로, 그들은 레위인들과 달
리, 이스라엘이 그릇 행했을 때도 바른

The Sanctuary of God at the Center

48 1 "These are the tribes:
"Dan: one portion, along the
northern boundary, following the Hethlon
road that turns off to the entrance of
Hamath as far as Hazor-enon so that the
territory of Damascus lies to the north
alongside Hamath, the northern border
stretching from east to west.
2 "Asher: one portion, bordering Dan from
east to west.
3 "Naphtali: one portion, bordering Asher
from east to west.
4 "Manasseh: one portion, bordering
Naphtali from east to west.
5 "Ephraim: one portion, bordering
Manasseh from east to west.
6 "Reuben: one portion, bordering Ephraim
from east to west.
7 "Judah: one portion, bordering Reuben
from east to west.

8-9 "Bordering Judah from east to west is
the consecrated area that you will set aside
as holy: a square approximately seven by
seven miles, with the Sanctuary set at the
center. The consecrated area reserved for
GOD is to be seven miles long and a little
less than three miles wide.
10-12 "This is how it will be parceled out. The
priest will get the area measuring seven miles
on the north and south boundaries, with a
width of a little more than three miles at the
east and west boundaries. The Sanctuary of
GOD will be at the center. This is for the conse-
crated priests, the Zadokites who stayed true
in their service to me and didn't get off track as
the Levites did when Israel wandered off the

길에서 벗어나지 않고 한결같이 나를 섬
겼다. 이것은 그들이 받는 특별 선물이
요, 이 땅이 주는 선물이며, 지극히 거룩
한 땅으로, 레위인들의 구역과 닿아 있
는 지역이다.
13-14 레위인들의 구역도 제사장들의 구
역과 같은 크기로, 길이가 11.25킬로미
터, 너비가 4.5킬로미터다. 이 구역의 땅
은 단 한 평도 팔거나 거래할 수 없다.
이 땅은 가장 좋은 구역이며, 무엇보다
하나님께 거룩한 곳이다.
15-19 '거룩한 정사각형'의 나머지—길
이 11.25킬로미터, 너비 2.25킬로미터
되는—구역은 평범한 용도로 사용된
다. 도성과 건물들을 세우고, 도시를 중
심으로 주위에 빈 터를 둔다. 도성의 북
쪽과 남쪽과 동쪽과 서쪽 면의 길이는
각각 약 2.25킬로미터다. 112.5미터 너
비의 초장이 도성을 사방으로 둘러싼
다. 거룩한 제사장 구역과 붙어 있는 나
머지 땅, 곧 도성의 동서로 각각 4.5킬
로미터에 해당하는 땅은 농지로 사용
하여, 도성에 필요한 식량을 마련한다.
이스라엘 모든 지파에서 온 일꾼들이
거기서 땅을 경작할 것이다.
20 거룩한 목적을 위해 구별된 이 특별
지역은, 가로와 세로가 11.25킬로미터
인 정사각형의 땅으로, '거룩한 정사각
형'이다. 도성을 위해 구별된 구역도 여
기에 포함된다.
21-22 이 땅의 나머지, 곧 11.25킬로미
터 길이의 '거룩한 정사각형' 구역에서
동쪽으로 요단 강, 서쪽으로 지중해까
지는 왕에게 속한 땅이다. 왕의 땅은 북
쪽과 남쪽의 지파들이 받는 몫들 사이
에 끼어 있으며, 성전을 중심에 둔 '거
룩한 정사각형' 구역에서 동쪽과 서쪽
으로 뻗어 있다. 레위인들을 위해 구별

main road. This is their special gift, a gift from
the land itself, most holy ground, bordering the
section of the Levites.
13-14 "The Levites get a section equal in size
to that of the priests, roughly seven by three
miles. They are not permitted to sell or trade
any of it. It's the choice part of the land, to
say nothing of being holy to GOD.
15-19 "What's left of the 'sacred square'—each
side measures out at seven miles by a mile
and a half—is for ordinary use: the city and its
buildings with open country around it, but the
city at the center. The north, south, east, and
west sides of the city are each about a mile and
a half in length. A strip of pasture, one hundred
twenty-five yards wide, will border the city on
all sides. The remainder of this portion, three
miles of countryside to the east and to the west
of the sacred precinct, is for farming. It will
supply food for the city. Workers from all the
tribes of Israel will serve as field hands to farm
the land.
20 "This dedicated area, set apart for holy
purposes, will be a square, seven miles by
seven miles, a 'holy square,' which includes
the part set aside for the city.
21-22 "The rest of this land, the country
stretching east to the Jordan and west to the
Mediterranean from the seven-mile sides of the
'holy square,' belongs to the prince. His land is
sandwiched between the tribal portions north
and south, and goes out both east and west
from the 'sacred square' with its Temple at the
center. The land set aside for the Levites on one
side and the city on the other is in the middle of
the territory assigned to the prince. The 'sacred
square' is flanked east and west by the prince's
land and bordered on the north and south by

된 땅과 도성을 위해 구별된 땅이 왕에
게 할당된 영토 한가운데 자리한다. '거
룩한 정사각형' 구역은 동쪽과 서쪽으
로 왕의 땅에 접해 있으며, 북쪽과 남쪽
으로는 각각 유다 영토와 베냐민 영토
에 접해 있다.

23 나머지 지파들은 이러하다.
베냐민. 동쪽 경계선부터 서쪽 경계선까
지가 그들이 받을 몫이다.
24 시므온. 베냐민 경계에 닿아 있는 동
쪽에서 서쪽까지가 그들이 받을 몫이다.
25 잇사갈. 시므온 경계에 닿아 있는 동
쪽에서 서쪽까지가 그들이 받을 몫이다.
26 스불론. 잇사갈 경계에 닿아 있는 동
쪽에서 서쪽까지가 그들이 받을 몫이다.
27 갓. 스불론 경계에 닿아 있는 동쪽에
서 서쪽까지가 그들이 받을 몫이다.
28 갓의 남쪽 경계선은 남쪽 다말에서 시
작해 므리바가데스 샘에 이르고, 이집트
시내를 따라 큰 바다 지중해까지 이른다.
29 이것이 이스라엘 지파들이 그들의 유
산으로 나눌 땅, 그들이 받을 몫이다." 주
하나님의 포고다.

30-31 "그 도성의 문들은 다음과 같다.
도성 북쪽 면은 길이가 2킬로미터이며,
문이 셋 있다(도성의 문들은 이스라엘 지파
의 이름을 따서 부른다). 르우벤 문, 유다
문, 레위 문.
32 동쪽 면도 2킬로미터이며, 문이 셋이
다. 요셉 문, 베냐민 문, 단 문.
33 남쪽 면도 2킬로미터이며, 문이 셋이
다. 시므온 문, 잇사갈 문, 스불론 문.
34 서쪽 면도 2킬로미터이며, 문이 셋이
다. 갓 문, 아셀 문, 납달리 문.
35 도성 사면의 합은 8킬로미터다.

the territories of Judah and Benjamin, respectively.

23 "And then the rest of the tribes:
"Benjamin: one portion, stretching from the
eastern to the western boundary.
24 "Simeon: one portion, bordering Benja-
min from east to west.
25 "Issachar: one portion, bordering Simeon
from east to west.
26 "Zebulun: one portion, bordering Issachar
from east to west.
27 "Gad: one portion, bordering Zebulun
from east to west.
28 "The southern boundary of Gad will run
south from Tamar to the waters of Merib-
ah-kadesh, along the Brook of Egypt and
then out to the Great Mediterranean Sea.
29 "This is the land that you are to divide up
among the tribes of Israel as their inheri-
tance. These are their portions." Decree of
GOD, the Master.

30-31 "These are the gates of the city. On the
north side, which is 2,250 yards long (the
gates of the city are named after the tribes of Israel),
three gates: the gate of Reuben, the gate of
Judah, the gate of Levi.
32 "On the east side, measuring 2,250 yards,
three gates: the gate of Joseph, the gate of
Benjamin, the gate of Dan.
33 "On the south side, measuring 2,250
yards, three gates: the gate of Simeon, the
gate of Issachar, the gate of Zebulun.
34 "On the west side, measuring 2,250 yards,
three gates: the gate of Gad, the gate of
Asher, the gate of Naphtali.

이 도성의 이름은 이제부터 **여호와 삼마**
로 불릴 것이다.

하나님께서 여기 계신다."

35 "The four sides of the city measure to a
total of nearly six miles.

"From now on the name of the city will be YAHWEH-SHAMMAH:

"GOD-IS-THERE."

다니엘서에 담긴 여러 이미지들은 2천 년이 넘는 세월 동안 하나님의 백성의 삶 속에 깊숙이 침투하여, 주권자 하나님을 향한 순종과 신뢰를 북돋는 역할을 해왔다.

일상의 압박과 스트레스 가운데서 하나님께 순종하고 역사의 거대한 격류 속에서 하나님의 길을 신뢰하기란 늘 어려운 일이지만, 고난과 박해의 시기에는 특히 그러하다. 살아남으려면 하나님 따위는 잊고 당대 문화에 순응하라는 압박 앞에서, 하나님께 순종하는 길을 택하기란 결코 쉬운 일이 아니다. 크고 힘센 것을 숭배하는 시대에 하나님을 신뢰하면서 사는 것 역시 쉬운 일이 아니다.

다니엘서가 쓰인 시대가 바로 그러했다. 시류를 거슬러 하나님께 순종하고 철저하게 하나님을 신뢰하도록 용기를 북돋는 목소리는 거의 들리지 않았다. 그러나 다니엘서의 이야기와 환상들은, 당시 사회가 주지 못했고 줄 수 없었던 것을 하나님의 백성에게 공급해 주었다. 세기를 거듭하는 동안, 다니엘서는 가슴 벅차게 하나님께 순종하고 꿋꿋하게 하나님을 신뢰하게 만들어 주었다.

"하나님의 이름을
영원무궁토록 찬양하여라.
그분은 모든 것을 아시며, 그분이 모든 일을 행하신다.
계절이 바뀌게 하시고, 역사를 주관하신다.
왕들을 세우시고, 왕들을 폐하신다.
총명을 주시고, 통찰을 주신다.

Images generated by the book of Daniel have been percolating through the daily experiences of the people of God for well over two thousand years now, producing a richly aromatic brew stimulating God's people to obey and trust their sovereign God.

Obedience to God in the pressures and stresses of day-by-day living and trust in God's ways in the large sweep of history are always at risk, but especially in times of suffering and persecution. Obedience to God is difficult when we are bullied into compliance to the God-ignoring culture out of sheer survival. Trust in God is likewise at risk of being abandoned in favor of the glamorous seductions of might and size.

Daniel was written out of just such times. There was little or no observable evidence in the circumstances to commend against-thestream obedience or overarching trust. But Daniel's stories and visions have supplied what that society did not—could not—give. Century after century, Daniel has shot adrenaline into the veins of God-obedience and put backbone into God-trust, saying,

"Blessed be the name of God,
forever and ever.
He knows all, does all:
He changes the seasons and guides

심오한 것을 파헤치시고, 비밀을 드러내
신다.
어둠을 꿰뚫어 보시고, 빛을 쏟아내신다!"
(단 2:20-22)

history,
He raises up kings and also brings them
down,
he provides both intelligence and
discernment,
He opens up the depths, tells secrets,
sees in the dark—light spills out of
him!"
(Daniel 2:20-22)

다니엘서는 이야기 부분과 환상 부분—여섯 개의 이야기(1-6장)와 네 개의 환상(7-12장)—이 비슷한 비율로 나뉘어 있다. 이야기 부분에는, 역경 속에서도 하나님께 신실하게 순종하는 영혼들이 등장한다. 환상 부분에서는, 하나님은 안중에도 없이 사는 민족들에게까지 미치는 그분의 주권적 다스림이 파노라마처럼 펼쳐진다. 다니엘서는 영혼에 관한 여섯 이야기와, 하나님의 주권을 알리는 네 가지 환상으로 이루어져 있다고 말할 수 있다.

믿음과 생존을 다룬 여섯 이야기는, 우리가 하루하루 믿음을 지키며 끝까지 살아가도록 용기를 북돋아 준다. 우리 중에 하나님께 충성하기에 좋은 환경에서 살거나, 희생적 제자도의 가치를 높이 평가해 주는 사람들 속에 사는 이는 거의 없을 것이다. 우리는 거의 매일같이, 유익과 이득을 위해 현실에 순응할 것인가, 아니면 주께 충성을 다할 것인가를 두고 힘겨운 선택의 기로에 선다. 이 이야기들은 우리가 매일 마주하는 이 선택에 무엇이 달려 있는지 똑바로 직시하게 한다.

역사 속에서 일하시는 하나님의 구원 역사(役事)에 관한 다니엘서의 네 가지 환상은, 하나님을 가릴 만큼 어지러운 세계사의 소용돌이 한가운데서도 늘 하나님께 희망을 두고 살아가라고 용기를 북돋운다. 이 환상들은 의도적으로 난해하게 쓰인(묵시적인) 글이므로 이해하기가 쉽지 않고, 종종 열띤 연구와 해석의 대상이 되어 왔다. 이 책을 처음 읽는 독자들은, 여러 생경한 상징과 이미지들을 통해 이 책이 결국 증언하려고 하는 역사적 진실 하나에 집중하는 편이 좋을

Daniel is composed, in approximately equal parts, of stories and visions—six stories (chapters 1-6) and four visions (chapters 7-12). The stories tell of souls living faithfully in obedience to God in a time of adversity. The visions are wide-screen renditions of God's sovereignty worked out among nations who couldn't care less about him. Six soul stories; four sovereignty visions.

The six soul-survival stories nourish a commitment to integrity and perseverance right now. Very few of us live in settings congenial to Godloyalty and among people who affirm a costly discipleship. Hardly a day goes by that we do not have to choose between compliance to what is expedient and loyalty to our Lord. The stories keep us alert to what is at stake day by day, hour by hour.

The four visions of God's history-saving ways nourish hope in God during times when world events seem to put God in eclipse. The visions are difficult to understand, written as they are in a deliberately cryptic style (apocalyptic). From time to time they have been subjected to intense study and explanation. But for a first reading, perhaps it is better simply to let the strange

듯하다. 뉴스 매체가 쏟아내는 여러 사건들에 가려지기 쉬운 거대한 진실, 그것은 바로 '하나님께서 역사의 주관자'라는 사실이다.

오만한 통치자와 민족들이 일으키는 소음과 소란들, 그 모든 과시와 허세를 우리는 역사라 부르고 그런 것들로 인해 지금도 고통을 겪고 있지만, 우리 하나님께서는 그 모든 소용돌이 속에서도 아무 요동 없이 당신의 주권을 힘 있게 펼쳐 나가고 계신다. 우리는 결국 그분이 모든 것과 모든 사람을 당신의 통치 아래 두실 것을 믿는다. 다니엘서에서, 심지어 힘 있는 통치자인 느부갓네살 왕조차도 자신보다 더 대단한 힘이 있다는 것을 인정하게 되었다. 그는 하나님에 대해서 이렇게 이야기한다.

"그분의 주권적 통치는 영원하고,
그분의 나라는 결코 쇠하지 않는다.
이 지상의 것들은 아무것도 아니며,
하나님의 천상의 군대가 모든 것을 지탱한다.
그분이 하시는 일 아무도 막을 자 없으며,
그분의 통치에 이의를 제기할 자 아무도 없다……

그분이 하시는 일은 모두 참되고,
그 일을 다 바르게 행하신다.
그분은 교만한 자를
겸손하게 만드는 법을 아신다"(단 4:34-35, 37).

우리 중에 어떤 이들은 영혼 문제에 집중하기를 좋아하고, 또 어떤 이들은 역사의 큰 이슈들에 관해 다루기를 좋아한다. 다니엘서는 그 모든 것, 곧 개인적인 것과 정치적인 것, 현재 일과 장래 일, 영혼 문제와 사회 문제 모두를 하나로 담아낸 중요한 기록들 중 하나다.

symbolic figures give witness to the large historical truth that eclipses the daily accumulation of historical facts reported by our news media, namely, that God is sovereign. In the course of all the noise and shuffling, strutting and posing, of arrogant rulers and nations that we call history, with the consequent troubles to us all, God is serenely sovereign; we can trust him to bring all things and people under his rule. In Daniel, even the mighty king Nebuchadnezzar came to admit there was a power greater than his. He said of God,

"His sovereign rule lasts and lasts,
his kingdom never declines and falls.
Life on this earth doesn't add up to much,
but God's heavenly army keeps everything going.
No one can interrupt his work,
no one can call his rule into question...

Everything he does is right,
and he does it the right way.
He knows how to turn a proud person
into a humble man or woman."
(Daniel 4:34-35, 37)

There are always some of us who want to concentrate on the soul, and others of us who want to deal with the big issues of history. Daniel is one of our primary documents for keeping it all together—the personal and the political, the present and the future, the soul and society.

다니엘

DANIEL

바빌론 왕궁의 유다 출신 젊은이들

1 1-2 유다 왕 여호야김이 다스린
지 삼 년째 되던 해에, 바빌론 왕
느부갓네살이 예루살렘에 전쟁을 선포
하고 도성을 포위했다. 주께서 유다 왕
여호야김과 하나님의 성전 비품 일부를
느부갓네살의 손에 넘기셨다. 그는 왕을
포로로 잡아가면서 비품들도 함께 챙겨
고대 시날 땅인 바빌론으로 가지고 갔
고, 그것들을 신전 보물창고에 넣어 두
었다.
3-5 왕이 환관장 아스부나스에게 말하
여, 이스라엘의 왕족이나 귀족 출신 젊
은이들 가운데 신체가 건강하고 용모가
준수하며, 머리가 좋고 교양이 있으며,
장차 나라의 지도급 인사가 될 만한 재
목—최고 인재!—을 골라 바빌론의 언
어와 주술과 점술을 가르치게 했다. 또
왕은 그들의 식단을 왕실 식단과 똑같이
짜도록—매일 최고의 음식과 최고의 포
도주를 상에 올리도록—지시를 내렸다.
그들은 삼 년 동안 교육을 받은 뒤 왕궁
고위직에 임명될 예정이었다.
6-7 뽑힌 자들 가운데 유다 출신 젊은이 넷
이 있었으니, 그들은 다니엘과 하나냐와
미사엘과 아사랴였다. 환관장은 그들에게
바빌론식 이름을 지어 주었는데, 다니엘
은 벨드사살, 하나냐는 사드락, 미사엘은

Daniel Was Gifted by God

1 1-2 It was the third year of King
Jehoiakim's reign in Judah when
King Nebuchadnezzar of Babylon declared
war on Jerusalem and besieged the city. The
Master handed King Jehoiakim of Judah over
to him, along with some of the furnishings
from the Temple of God. Nebuchadnezzar
took king and furnishings to the country
of Babylon, the ancient Shinar. He put the
furnishings in the sacred treasury.
3-5 The king told Ashpenaz, head of the
palace staff, to get some Israelites from the
royal family and nobility—young men who
were healthy and handsome, intelligent and
well-educated, good prospects for leadership
positions in the government, perfect speci-
mens!—and indoctrinate them in the Babylo-
nian language and the lore of magic and
fortunetelling. The king then ordered that
they be served from the same menu as the
royal table—the best food, the finest wine.
After three years of training they would be
given positions in the king's court.
6-7 Four young men from Judah—Daniel,
Hananiah, Mishael, and Azariah—were
among those selected. The head of the
palace staff gave them Babylonian names:

메삭, 아사랴는 아벳느고였다.

8-10 그런데 다니엘은 왕의 음식과 왕의 포도주로 자신을 더럽히지 않겠다고 마음먹고, 환관장에게 왕실 음식을 먹지 않게 해달라고 청했다. 하나님의 은혜로 다니엘은 환관장의 총애를 받고 있었지만, 환관장은 다니엘에게 경고했다. "내 주인이신 왕께서 어떻게 하실지 두렵네. 왕께서 친히 이 식단을 정해 주셨는데, 만일 그대들의 건강이 다른 젊은이들만 못하다고 보시면, 분명 내 목을 베실 것이네!"

11-13 그러나 다니엘은 환관장 밑에서 다니엘과 하나냐와 미사엘과 아사랴를 돌보는 일을 맡은 감독관을 찾아가 호소했다. "부탁드립니다. 열흘 동안만 우리가 채소와 물만 먹고 지낼 수 있게 해주십시오. 그런 다음에, 왕실 음식을 먹는 다른 젊은이들과 우리를 비교해 보시고, 그때 나타난 결과를 가지고 결정을 내려 주십시오."

14-16 감독관이 그렇게 하기로 동의하고, 열흘 동안 그들에게 채소와 물만 주었다. 열흘이 지나서 보니, 그들은 왕실 음식을 먹은 다른 젊은이들보다 더 건강하고 원기 왕성해 보였다. 그래서 감독관은 계속 그들에게 왕실 음식과 음료를 먹이지 않았고, 대신 채소만 주어 먹게 했다.

17-19 하나님께서 이 네 젊은이들이 높은 학식과 함께 모든 일에 뛰어난 식견을 갖게 해주셨다. 거기다, 다니엘은 온갖 환상과 꿈을 해석하는 재능까지 받았다. 왕이 정한 훈련기간이 끝나자, 환관장은 그들을 느부갓네살 앞으로 데려갔다. 그들과 이야기해 본 왕은, 그들이 다른 모든 젊은이보다 월등하다는 것을 알아보았다. 누구도 다니엘과 하나냐와 미사엘과 아사랴에 필적하지 못했다.

19-20 그래서 그들은 왕을 모시는 자리에

Daniel was named Belteshazzar, Hananiah was named Shadrach, Mishael was named Meshach, Azariah was named Abednego.

8-10 But Daniel determined that he would not defile himself by eating the king's food or drinking his wine, so he asked the head of the palace staff to exempt him from the royal diet. The head of the palace staff, by God's grace, liked Daniel, but he warned him, "I'm afraid of what my master the king will do. He is the one who assigned this diet and if he sees that you are not as healthy as the rest, he'll have my head!"

11-13 But Daniel appealed to a steward who had been assigned by the head of the palace staff to be in charge of Daniel, Hananiah, Mishael, and Azariah: "Try us out for ten days on a simple diet of vegetables and water. Then compare us with the young men who eat from the royal menu. Make your decision on the basis of what you see."

14-16 The steward agreed to do it and fed them vegetables and water for ten days. At the end of the ten days they looked better and more robust than all the others who had been eating from the royal menu. So the steward continued to exempt them from the royal menu of food and drink and served them only vegetables.

17-19 God gave these four young men knowledge and skill in both books and life. In addition, Daniel was gifted in understanding all sorts of visions and dreams. At the end of the time set by the king for their training, the head of the royal staff brought them in to Nebuchadnezzar. When the king interviewed them, he found them far superior to all the other young men. None were a match for

오르게 되었다. 왕은 학문에 대해서나 세
상일에 대해 그들에게 자문을 구했고, 그
때마다 그들이 그의 나라 모든 마술사와
주술사를 합친 것보다 열 배는 낫다는 것
을 깨닫게 되었다.
21 다니엘은 고레스 왕 일년까지 계속 왕
을 모시는 자리에 있었다.

느부갓네살 왕의 꿈

2 1-3 느부갓네살 왕은 왕위에 오
른 지 이 년째 되는 해부터 꿈을
꾸기 시작했다. 그는 그 꿈에 몹시 시달렸
다. 그는 잠을 이룰 수가 없어, 꿈을 해석
하려고 바빌론의 모든 마술사, 주술사, 마
법사, 점성가를 불러들였다. 그들이 와서
왕 앞에 서자, 그가 그들에게 말했다. "내
가 꿈을 꾸었는데, 도무지 떨쳐 버릴 수가
없구나. 그 꿈이 무슨 뜻인지 알아야만 잠
을 이룰 수 있겠다."
4 점성가들이 아람 말로 아뢰었다. "왕이
시여, 만수무강하시기를 빕니다! 저희에
게 그 꿈을 들려주시면 뜻을 해석해 드리
겠습니다."
5-6 왕이 점성가들에게 대답했다. "내가
칙령을 내린다. 너희는 내게 그 꿈의 내
용과 뜻을 모두 말해 주어야 한다. 그렇
지 못할 경우, 너희를 능지처참하고 너
희 집을 다 허물어 버리겠다. 너희가 내게
그 꿈의 내용과 뜻을 모두 말해 주면, 내
가 너희에게 후한 상과 큰 영예를 내릴 것
이다. 그러니 그 꿈의 내용이 무엇이고 그
뜻이 무엇인지 내게 말해 보아라."
7 그들이 대답했다. "아뢰옵기 황공하오
나 그 꿈을 저희에게 말씀해 주소서. 그
리하면 저희가 그 뜻을 해석해 드리겠습
니다."
8-9 왕이 대답했다. "나는 너희 속셈이 무
엇인지 안다. 너희는 그저 시간을 벌려는

Daniel, Hananiah, Mishael, and Azariah.
19-20 And so they took their place in the king's
service. Whenever the king consulted them
on anything, on books or on life, he found
them ten times better than all the magicians
and enchanters in his kingdom put together.
21 Daniel continued in the king's service until
the first year in the reign of King Cyrus.

King Nebuchadnezzar's Dream

2 1-3 In the second year of his reign,
King Nebuchadnezzar started having
dreams that disturbed him deeply. He
couldn't sleep. He called in all the Babylo-
nian magicians, enchanters, sorcerers, and
fortunetellers to interpret his dreams for
him. When they came and lined up before
the king, he said to them, "I had a dream
that I can't get out of my mind. I can't sleep
until I know what it means."
4 The fortunetellers, speaking in the Arama-
ic language, said, "Long live the king! Tell
us the dream and we will interpret it."
5-6 The king answered the fortunetellers,
"This is my decree: If you can't tell me both
the dream itself and its interpretation, I'll
have you ripped to pieces, limb from limb,
and your homes torn down. But if you tell
me both the dream and its interpretation, I'll
lavish you with gifts and honors. So go to it:
Tell me the dream and its interpretation."
7 They answered, "If it please your majesty,
tell us the dream. We'll give the interpreta-
tion."
8-9 But the king said, "I know what you're up
to—you're just playing for time. You know
you're up a tree. You know that if you can't
tell me my dream, you're doomed. I see right

수작이다. 너희는 지금 궁지에 몰려 있다는 것을 알고 있다. 내 꿈을 말해 주지 못하면 큰일이 난다는 것을 알고서 그러는 것이다. 너희 속이 어떤지 훤하다. 너희는 내 마음이 바뀌기를 기다리면서, 그럴듯한 이야기로 대충 얼버무리려는 것이다. 어림없다! 먼저 내게 그 꿈의 내용을 말하여라. 그러면 내가 너희 해몽이 허풍이 아니라 믿을 만한 것인 줄 알겠다."

10-11 점성가들이 말했다. "왕께서 요구하시는 대로 할 수 있는 사람은 이 세상 어디에도 없습니다. 일찍이 어떤 위대한 왕이나 군주도 마술사나 주술사나 점성가에게 이런 요구를 한 적이 없습니다. 왕께서 물으시는 것은 신이나 여신이 알려 주지 않는 한, 답을 알기는 불가능합니다. 그런데 신들은 우리 같은 인간들과 어울리려 하지 않습니다."

12-13 이 말에 왕이 폭발했다. 평정을 잃은 그는 바빌론의 현인들을 모조리 잡아 죽이라고 명령을 내렸다. 사형집행 영장이 발부되었고, 다니엘과 그의 동료들도 명단에 포함되었다. 그들도 처형 대상이 된 것이다.

14-15 왕궁 경비대장 아리옥이 처형집행 일정을 잡고 있는데, 다니엘이 기지를 발휘해 그를 은밀히 만나서 물었다. "아니, 느닷없이 이 무슨 일입니까?"

15-16 아리옥이 자초지종을 말해 주자, 다니엘은 왕에게 가서 시간을 조금만 주면 자신이 그 꿈을 해석해 드리겠다고 말했다.

17-18 그 후에 다니엘이 집으로 돌아가, 동료인 하나냐와 미사엘과 아사랴에게 사정을 알렸다. 그는 그들에게 하늘의 하나님이 자비를 베푸셔서 이 비밀을 풀 수 있게 해주시고, 그들 네 사람이 바빌론 현인들과 함께 죽지 않게 해주시도록 기도를 부탁했다.

through you—you're going to cook up some fancy stories and confuse the issue until I change my mind. Nothing doing! First tell me the dream, then I'll know that you're on the up and up with the interpretation and not just blowing smoke in my eyes."

10-11 The fortunetellers said, "Nobody anywhere can do what you ask. And no king, great or small, has ever demanded anything like this from any magician, enchanter, or fortuneteller. What you're asking is impossible unless some god or goddess should reveal it—and they don't hang around with people like us."

12-13 That set the king off. He lost his temper and ordered the whole company of Babylonian wise men killed. When the death warrant was issued, Daniel and his companions were included. They also were marked for execution.

14-15 When Arioch, chief of the royal guards, was making arrangements for the execution, Daniel wisely took him aside and quietly asked what was going on: "Why this all of a sudden?"

15-16 After Arioch filled in the background, Daniel went to the king and asked for a little time so that he could interpret the dream.

17-18 Daniel then went home and told his companions Hananiah, Mishael, and Azariah what was going on. He asked them to pray to the God of heaven for mercy in solving this mystery so that the four of them wouldn't be killed along with the whole company of Babylonian wise men.

Dream Interpretation: A Story of Five Kingdoms

19-23 That night the answer to the mystery was given to Daniel in a vision. Daniel

꿈 해석: 다섯 왕국 이야기

19-23 그날 밤 환상 중에 다니엘이 그 비밀
에 대한 답을 얻었다. 다니엘이 하늘의 하
나님을 찬양하며 고백했다.

"하나님의 이름을
영원무궁토록 찬양하여라.
그분은 모든 것을 아시며, 그분이 모든 일
을 행하신다.
계절이 바뀌게 하시고, 역사를 주관하신다.
왕들을 세우시고, 왕들을 폐하신다.
총명을 주시고, 통찰을 주신다.
심오한 것을 파헤치시고, 비밀을 드러내
신다.
어둠을 꿰뚫어 보시고, 빛을 쏟아내신다!
내 조상의 하나님, 모든 감사와 찬양을 주
께 올려드립니다!
주께서 지금까지 저를 지혜롭고 굳세게 해
주셨습니다.
또 이제 우리가 청한 것을 보여주셨습니다.
왕이 물은 비밀을 풀어 주셨습니다."

24 다니엘은 사형집행을 맡은 아리옥에게
돌아가서 말했다. "사형집행을 중단하십시
오! 나를 왕께 데려가 주시면, 내가 왕의 꿈
을 해석해 드리겠습니다."
25 아리옥은 한시도 지체하지 않았다. 그는
다니엘을 데리고 왕에게 달려가서 말했다.
"유다 포로 중에서 왕의 꿈을 해석할 사람
을 찾았습니다!"
26 왕이 다니엘(바빌론 이름은 벨드사살)에게
물었다. "정말 내 꿈이 무엇이고 그 뜻이 무
엇인지 말할 수 있겠느냐?"
27-28 다니엘이 왕에게 대답했다. "왕께서
물으신 비밀은 그 누구도—현인이나 주술
사나 마술사나 점성가나 인간 그 누구도—
밝혀낼 수 없는 것입니다. 그러나 하늘에는
그 어떤 비밀도 밝히시는 하나님이 계시고,

blessed the God of heaven, saying,

"Blessed be the name of God,
forever and ever.
He knows all, does all:
He changes the seasons and guides history,
He raises up kings and also brings them down,
he provides both intelligence and discernment,
He opens up the depths, tells secrets,
sees in the dark—light spills out of him!
God of all my ancestors, all thanks! all praise!
You made me wise and strong.
And now you've shown us what we asked for.
You've solved the king's mystery."

24 So Daniel went back to Arioch, who had
been put in charge of the execution. He
said, "Call off the execution! Take me to
the king and I'll interpret his dream."
25 Arioch didn't lose a minute. He ran to the
king, bringing Daniel with him, and said,
"I've found a man from the exiles of Judah
who can interpret the king's dream!"
26 The king asked Daniel (renamed in Babylo-
nian, Belteshazzar), "Are you sure you can do
this—tell me the dream I had and interpret
it for me?"
27-28 Daniel answered the king, "No mere
human can solve the king's mystery,
I don't care who it is—no wise man,
enchanter, magician, diviner. But there
is a God in heaven who solves mysteries,
and he has solved this one. He is letting
King Nebuchadnezzar in on what is going
to happen in the days ahead. This is the

그분께서 이것을 밝혀 주셨습니다. 느부갓
네살 왕께 장차 일어날 일들을 미리 알려
주시려는 것입니다. 왕께서 침상에 누워 계
실 때 꾸셨던 꿈, 왕의 머릿속을 꽉 채웠던
환상은 이것입니다.
29-30 왕이시여, 왕께서 침상에 누워 계실
때에 장래에 대한 여러 생각이 왕께 몰려들
었습니다. 비밀들을 계시해 주시는 분께서
앞으로 일어날 일들을 왕께 보여주신 것입
니다. 그러나 그 뜻이 무엇인지는 제게 드
러내 보여주셨습니다. 이것은 제가 이 나라
에서 가장 총명해서가 아니라, 그 뜻을 알
려 드려 왕께서 그 꿈을 이해하실 수 있게
하시려는 것입니다.
31-36 왕이시여, 왕께서는 거대한 신상이 왕
앞에 서 있는 것을 보셨습니다. 그것은 어
마어마하고 무시무시한 모습이었습니다.
신상의 머리는 순금이고, 가슴과 팔은 은
이며, 배와 둔부는 청동이고, 다리는 쇠이
며, 발은 쇠와 도기가 섞인 혼합물이었습니
다. 왕께서 그 신상을 보고 계시는 동안, 보
이지 않는 손이 떠낸 돌 하나가 날아들어서
그 신상을 치고 쇠와 도기로 된 발을 부서
뜨렸습니다. 그러자 그 신상 전체가 산산조
각 났습니다. 쇠도 타일도 청동도 은도 금
도, 모두 박살났습니다. 무더운 여름날 공
터에서 이리저리 뒹굴다 사라지는 휴지조
각같이 되고 말았습니다. 그러나 그 신상을
친 돌은 거대한 산이 되어 땅 위에 우뚝 섰
습니다. 이것이 왕께서 꾸신 꿈입니다.
36-40 이제 저희가 왕을 위해 그 꿈의 뜻을
해석해 드리겠습니다. 왕이시여, 왕께서는
지상에서 가장 강력한 군주이십니다. 하늘
의 하나님께서 왕께 통치권과 권세와 힘과
영광을 주셨습니다. 그분이 온 세상 사람과
짐승과 새를 모두 왕의 손에 맡기셨습니다.
왕께서 바로 우두머리이시며, 금으로 된 머
리이십니다. 하지만 후에 왕의 나라보다 못

dream you had when you were lying on
your bed, the vision that filled your mind:
29-30 "While you were stretched out on
your bed, O king, thoughts came to you
regarding what is coming in the days ahead.
The Revealer of Mysteries showed you what
will happen. But the interpretation is given
through me, not because I'm any smarter
than anyone else in the country, but so that
you will know what it means, so that you
will understand what you dreamed.
31-36 "What you saw, O king, was a huge
statue standing before you, striking in
appearance. And terrifying. The head of
the statue was pure gold, the chest and
arms were silver, the belly and hips were
bronze, the legs were iron, and the feet
were an iron-ceramic mixture. While you
were looking at this statue, a stone cut
out of a mountain by an invisible hand hit
the statue, smashing its iron-ceramic feet.
Then the whole thing fell to pieces—iron,
tile, bronze, silver, and gold, smashed to
bits. It was like scraps of old newspapers
in a vacant lot in a hot dry summer, blown
every which way by the wind, scattered to
oblivion. But the stone that hit the statue
became a huge mountain, dominating the
horizon. This was your dream.
36-40 "And now we'll interpret it for the
king. You, O king, are the most powerful
king on earth. The God of heaven has
given you the works: rule, power, strength,
and glory. He has put you in charge of
men and women, wild animals and birds,
all over the world—you're the head ruler,
you are the head of gold. But your rule
will be taken over by another kingdom,

한 나라가 일어나서 왕의 통치를 넘겨받을 것입니다. 그 다음에 일어날 세 번째 나라는 청동 나라인데, 그 나라가 천하를 지배할 것입니다. 그 후 네 번째로 쇠같이 강한 나라가 일어날 것인데, 쇠가 모든 것을 부수고 박살내어 가루로 만들어 버리듯이, 그 나라가 앞선 나라들을 모조리 쳐부술 것입니다.

41-43 그러나 쇠로 된 다리가 발과 발가락에 이르러서는 도기와 쇠가 섞인 혼합물이 되고 말듯이, 그 나라는 결국 쇠가 일부 섞인 잡종 나라로 쇠락하고 말 것입니다. 그 발의 발가락이 일부는 도기고 일부는 쇠이듯이, 그 나라는 깨지지 않는 부분과 쉽게 깨지는 부분이 한데 뒤섞여 있는데, 쇠와 점토가 서로 결합하지 못하는 것처럼 그 나라도 하나로 결속되지 못할 것입니다.

44-45 이 나라들이 나타나고 사라지는 동안 하늘의 하나님께서는 한 나라를 세워 가실 것인데, 그 나라는 결코 무너지지 않을 나라요 어떤 나라의 지배도 받지 않을 나라입니다. 그 나라는 마침내 다른 나라와 충돌해 그 나라들을 모조리 쳐부수고 영원히 우뚝 설 것입니다. 그 나라는 보이지 않는 손이 산에서 떠낸 돌, 쇠와 청동과 도기와 은과 금을 다 쳐부순 그 돌과 같을 것입니다.

위대하신 하나님께서 왕께 장차 일어날 일들을 알려 주신 것입니다. 그것은 분명 이런 꿈이고, 이런 뜻입니다."

46-47 다니엘이 말을 마치자, 느부갓네살 왕이 경외감에 사로잡혀 다니엘 앞에 엎드렸다. 그는 다니엘을 높이는 희생 제물을 바치고 향을 피울 것을 명령했다. 그가 다니엘에게 말했다. "그대의 하나님은 참으로 모든 신을 뛰어넘는 신이시요, 모든 왕 위에 군림하는 군주이시다. 그대가 이 비밀을 밝힌 것을 보니, 그분은 그 어떤 비밀도 밝

inferior to yours, and that one by a third, a bronze kingdom, but still ruling the whole land, and after that by a fourth kingdom, ironlike in strength. Just as iron smashes things to bits, breaking and pulverizing, it will bust up the previous kingdoms.

41-43 "But then the feet and toes that ended up as a mixture of ceramic and iron will deteriorate into a mongrel kingdom with some remains of iron in it. Just as the toes of the feet were part ceramic and part iron, it will end up a mixed bag of the breakable and unbreakable. That kingdom won't bond, won't hold together any more than iron and clay hold together.

44-45 "But throughout the history of these kingdoms, the God of heaven will be building a kingdom that will never be destroyed, nor will this kingdom ever fall under the domination of another. In the end it will crush the other kingdoms and finish them off and come through it all standing strong and eternal. It will be like the stone cut from the mountain by the invisible hand that crushed the iron, the bronze, the ceramic, the silver, and the gold.

"The great God has let the king know what will happen in the years to come. This is an accurate telling of the dream, and the interpretation is also accurate."

46-47 When Daniel finished, King Nebuchadnezzar fell on his face in awe before Daniel. He ordered the offering of sacrifices and burning of incense in Daniel's honor. He said to Daniel, "Your God is beyond question the God of all gods, the Master of all kings. And he solves all mysteries, I know, because you've solved this mystery."

혀내시는 분임이 틀림없다."

48-49 왕은 다니엘을 나라의 높은 자리에 앉히고 큰 상을 내렸으며, 그를 바빌론 전 지역을 관할하는 통치자와 바빌론의 모든 현인을 거느리는 우두머리로 삼았다. 다니엘의 요청에 따라 왕은 사드락과 메삭과 아벳느고를 바빌론 전역에 관리로 내보냈고, 다니엘은 왕실 본부를 관할했다.

세 젊은이가 화덕에서 살아 나오다

3 1-3 느부갓네살 왕이 높이 27미터, 두께 2.7미터나 되는 금 신상을 만들어 바빌론 지방 두라 평야에 세웠다. 그러고는 그 지방 모든 주요 인사들—어느 정도 지위가 있는 모든 사람—에게 신상 봉헌식에 참석하라고 명령을 내렸다. 주요 인사들이 모두 봉헌식에 와서 느부갓네살이 세운 신상 앞에 자리를 잡았다.

4-6 그때 전령이 큰소리로 외쳤다. "모두 주목하시오! 종족과 피부색과 신념에 상관없이 모두들 들으시오! 악단이 연주를 시작하여 트럼펫과 트롬본, 튜바와 바리톤, 드럼과 심벌즈 소리가 들리면, 모두들 무릎을 꿇고 느부갓네살 왕께서 세우신 이 금 신상 앞에 절을 하시오. 무릎 꿇고 절하지 않는 자는, 누구든지 불이 활활 타오르는 화덕 속에 즉시 던져질 것이오."

7 바빌론의 악기들이 총망라된 큰 악단이 연주를 시작하자, 모든 사람이—종족과 피부색과 신념에 상관없이—무릎 꿇고 느부갓네살 왕이 세운 금 신상 앞에 절했다.

8-12 그때, 바빌론의 점성가 몇 사람이 나서서 유다 사람들을 고발했다. 그들이 느부갓네살 왕에게 말했다. "왕이시여, 만수무강하시기를 빕니다! 왕이시여, 왕께서 엄히 명하시기를, 큰 악단이 연주를 시작하면 모두 무릎 꿇고 금 신상 앞에 절해야

48-49 Then the king promoted Daniel to a high position in the kingdom, lavished him with gifts, and made him governor over the entire province of Babylon and the chief in charge of all the Babylonian wise men. At Daniel's request the king appointed Shadrach, Meshach, and Abednego to administrative posts throughout Babylon, while Daniel governed from the royal headquarters.

Four Men in the Furnace

3 1-3 King Nebuchadnezzar built a gold statue, ninety feet high and nine feet thick. He set it up on the Dura plain in the province of Babylon. He then ordered all the important leaders in the province, everybody who was anybody, to the dedication ceremony of the statue. They all came for the dedication, all the important people, and took their places before the statue that Nebuchadnezzar had erected.

4-6 A herald then proclaimed in a loud voice: "Attention, everyone! Every race, color, and creed, listen! When you hear the band strike up—all the trumpets and trombones, the tubas and baritones, the drums and cymbals—fall to your knees and worship the gold statue that King Nebuchadnezzar has set up. Anyone who does not kneel and worship shall be thrown immediately into a roaring furnace."

7 The band started to play, a huge band equipped with all the musical instruments of Babylon, and everyone—every race, color, and creed—fell to their knees and worshiped the gold statue that King Nebuchadnezzar had set up.

8-12 Just then, some Babylonian fortunetell-

하며, 무릎 꿇고 절하지 않는 자는 누구든지 불이 활활 타오르는 화덕 속에 던져질 것이라 하셨습니다. 그런데 여기 어떤 유다 사람들이 있습니다. 그들은 바로 왕께서 바빌론 지방의 높은 관직에 앉히신 사드락과 메삭과 아벳느고입니다. 왕이시여, 그들이 왕을 업신여겨, 왕의 신들에게 경의를 표하지 않고 왕께서 세우신 금 신상에 절하지도 않습니다."

13-15 격분한 느부갓네살 왕은 사드락과 메삭과 아벳느고를 데려오라고 명령했다. 그들이 당도하자, 느부갓네살이 물었다. "사드락과 메삭과 아벳느고야, 너희가 나의 신들에게 경의를 표하지 않고, 내가 세운 금 신상에도 절하기를 거부한다는 것이 사실이냐? 내가 너희에게 한 번 더 기회를 주겠다. 지금부터라도 큰 악단이 연주하는 소리가 들리면 무릎을 꿇고 내가 세운 신상에 절하여라. 만일 절하지 않으면, 너희의 갈 길은 오직 하나다. 너희는 불이 활활 타오르는 화덕 속에 던져질 것이다. 어느 신이 너희를 내 손아귀에서 구해 낼 수 있겠느냐?"

16-18 사드락과 메삭과 아벳느고가 느부갓네살 왕에게 대답했다. "왕께서 그렇게 말씀하셔도, 저희는 달라질 것이 없습니다. 왕께서 저희를 불 속에 던지신다고 해도, 저희가 섬기는 하나님은 왕의 불타는 화덕에서, 아니 그보다 더한 불구덩이에서도 능히 저희를 구하실 수 있습니다. 그분이 그렇게 하지 않으신다고 해도, 왕이시여, 저희에게 달라질 것은 아무것도 없습니다. 저희는 왕의 신들을 섬기지 않을 것이며, 왕께서 세우신 금 신상에 절하지도 않을 것입니다."

19-23 느부갓네살은 노하여 얼굴이 일그러지면서 사드락과 메삭과 아벳느고의 말을 도중에 끊었다. 그가 명령을 내려, 평소 때

ers stepped up and accused the Jews. They said to King Nebuchadnezzar, "Long live the king! You gave strict orders, O king, that when the big band started playing, everyone had to fall to their knees and worship the gold statue, and whoever did not go to their knees and worship it had to be pitched into a roaring furnace. Well, there are some Jews here—Shadrach, Meshach, and Abednego—whom you have placed in high positions in the province of Babylon. These men are ignoring you, O king. They don't respect your gods and they won't worship the gold statue you set up."

13-15 Furious, King Nebuchadnezzar ordered Shadrach, Meshach, and Abednego to be brought in. When the men were brought in, Nebuchadnezzar asked, "Is it true, Shadrach, Meshach, and Abednego, that you don't respect my gods and refuse to worship the gold statue that I have set up? I'm giving you a second chance—but from now on, when the big band strikes up you must go to your knees and worship the statue I have made. If you don't worship it, you will be pitched into a roaring furnace, no questions asked. Who is the god who can rescue you from my power?"

16-18 Shadrach, Meshach, and Abednego answered King Nebuchadnezzar, "Your threat means nothing to us. If you throw us in the fire, the God we serve can rescue us from your roaring furnace and anything else you might cook up, O king. But even if he doesn't, it wouldn't make a bit of difference, O king. We still wouldn't serve your gods or worship the gold statue you set up."

19-23 Nebuchadnezzar, his face purple with

보다 일곱 배나 더 뜨겁게 화덕의 불을 지
피게 했다. 그러고는 군사 중 몇몇 힘센 장
정에게, 그들의 손발을 묶고 활활 타오르는
화덕 속에 던져 넣으라고 명령했다. 사드락
과 메삭과 아벳느고는 관복을 입은 그대로
손과 발이 묶인 채, 활활 타오르는 화덕 속
에 던져졌다. 왕이 너무나 급하게 재촉한
데다 화덕이 너무 뜨거워서, 사드락과 메삭
과 아벳느고를 화덕에 던져 넣던 자들도 거
기서 나오는 화염 때문에 목숨을 잃고 말았
다. 순식간에 맹렬한 불이 사드락과 메삭과
아벳느고를 휩쌌다.
24 그때, 느부갓네살 왕이 소스라치게 놀라
며 자리에서 벌떡 일어나 말했다. "우리가
손발을 묶어 불 속에 던져 넣은 사람은 셋
이 아니더냐?"
"그러합니다, 왕이시여." 그들이 말했다.
25 왕이 말을 이었다. "그런데 보아라! 내
눈에는 지금 네 사람이 보인다. 그리고 그
들은 아무 해도 입지 않고 불 속을 자유자
재로 걸어 다니고 있다! 저 네 번째 사람은
꼭 신의 아들 모습 같구나!"
26 느부갓네살은 불이 활활 타오르는 화덕
어귀 가까이 가서 그들을 불렀다. "높으신
하나님의 종, 사드락과 메삭과 아벳느고야,
이리 나오너라!"
그러자 사드락과 메삭과 아벳느고가 불 가
운데서 걸어 나왔다.
27 모든 주요 인사와 각료, 왕의 자문관들
이 몰려가 그들을 자세히 살펴보니, 그 세
사람은 아예 불에 닿지도 않은 것 같았다.
머리털 하나 그슬리지 않았고, 옷에도 자국
이 전혀 없었으며, 불에 탄 냄새조차 나지
않았다!
28 느부갓네살이 말했다. "사드락과 메삭
과 아벳느고의 하나님을 찬양하여라! 그가
천사를 보내어 자기를 신뢰한 종들을 구하
셨다! 이들은 왕명을 어기고 목숨을 내놓으

anger, cut off Shadrach, Meshach, and
Abednego. He ordered the furnace fired up
seven times hotter than usual. He ordered
some strong men from the army to tie them
up, hands and feet, and throw them into
the roaring furnace. Shadrach, Meshach,
and Abednego, bound hand and foot, fully
dressed from head to toe, were pitched into
the roaring fire. Because the king was in
such a hurry and the furnace was so hot,
flames from the furnace killed the men who
carried Shadrach, Meshach, and Abednego
to it, while the fire raged around Shadrach,
Meshach, and Abednego.
24 Suddenly King Nebuchadnezzar jumped
up in alarm and said, "Didn't we throw three
men, bound hand and foot, into the fire?"
"That's right, O king," they said.
25 "But look!" he said. "I see four men,
walking around freely in the fire,
completely unharmed! And the fourth man
looks like a son of the gods!"
26 Nebuchadnezzar went to the door of the
roaring furnace and called in, "Shadrach,
Meshach, and Abednego, servants of the
High God, come out here!"
Shadrach, Meshach, and Abednego walked
out of the fire.
27 All the important people, the govern-
ment leaders and king's counselors,
gathered around to examine them and
discovered that the fire hadn't so much as
touched the three men—not a hair singed,
not a scorch mark on their clothes, not
even the smell of fire on them!
28 Nebuchadnezzar said, "Blessed be the
God of Shadrach, Meshach, and Abednego!
He sent his angel and rescued his servants

면서까지, 다른 신을 섬기고 경배하기를 거
부했다.
29 그러니 내가 칙령을 내린다. 이제부터
사드락과 메삭과 아벳느고의 하나님에 대
해 감히 함부로 말하는 자는, 종족과 피부
색과 신념에 상관없이, 어느 곳의 누구든지
사지를 찢고 그 집을 허물어 버릴 것이다.
일찍이 그 어떤 신도 사람을 이렇게 구해
낸 적이 없었다."
30 왕은 사드락과 메삭과 아벳느고를 바빌
론 지방에서 더 높은 직위에 앉혔다.

느부갓네살 왕의 두 번째 꿈

4 1-2 느부갓네살 왕은 종족과 피부
색과 신념이 다른 천하 만민에게
조서를 내렸다. "모두에게 평화와 번영이
있기를 바란다! 나는 높으신 하나님이 내게
베푸신 은혜로운 기적을 영광으로 생각하
여, 이를 백성에게 알리고자 한다.

3 그분의 기적은 실로 엄청나고,
그분의 이적은 놀랍기 그지없다.
그분의 나라는 영원하고,
그분의 통치는 대대로 이어진다.

4-7 나 느부갓네살은 왕궁에서 아무 걱정
없이 지내고 있었다. 그런데 어느 날 침
상에 드러누워 있다가 무시무시한 꿈을
꾸게 되었다. 소름 끼치는 악몽이었다.
그 꿈의 뜻을 알기 위해 나는 바빌론의
현인들을 모두 데려오게 했다. 그들—마
술사, 주술사, 점성가, 무당—이 다 모이
자, 나는 내가 꾼 꿈을 들려주었다. 그러
나 내게 그 꿈의 뜻을 설명할 수 있는 자
가 아무도 없었다.
8 그 후에 다니엘이 나타났는데, 내 신의 이
름을 따라 바빌론 이름으로 벨드사살이라
고 하는 그는, 거룩한 신의 영으로 충만한

who trusted in him! They ignored the king's
orders and laid their bodies on the line rather
than serve or worship any god but their own.
29 "Therefore I issue this decree: Anyone
anywhere, of any race, color, or creed, who
says anything against the God of Shadrach,
Meshach, and Abednego will be ripped to
pieces, limb from limb, and their houses
torn down. There has never been a god
who can pull off a rescue like this."
30 Then the king promoted Shadrach,
Meshach, and Abednego in the province of
Babylon.

A Dream of a Chopped-Down Tree

4 1-2 King Nebuchadnezzar to every-
one, everywhere—every race, color,
and creed: "Peace and prosperity to all! It
is my privilege to report to you the gracious
miracles

3 "His miracles are staggering,
his wonders are surprising.
His kingdom lasts and lasts,
his sovereign rule goes on forever.

4-7 "I, Nebuchadnezzar, was at home taking
it easy in my palace, without a care in the
world. But as I was stretched out on my bed
I had a dream that scared me—a nightmare
that shook me. I sent for all the wise men
of Babylon so that they could interpret the
dream for me. When they were all assem-
bled—magicians, enchanters, fortunetell-
ers, witches—I told them the dream. None
could tell me what it meant.
8 "And then Daniel came in. His Babylo-
nian name is Belteshazzar, named after my

사람이었다. 나는 내가 꾼 꿈을 그에게 이야기해 주었다.

9 내가 말했다. '마술사들의 우두머리인 벨드사살아, 나는 네가 거룩한 신의 영으로 충만한 사람이라는 것을 알며, 네가 풀지 못할 비밀은 없다는 것도 알고 있다. 내가 꾼 꿈을 잘 듣고 그 뜻을 해석해 보아라.

10-12 침상에 드러누워 있다가 내가 보게 된 것은 이러하다. 세상의 중심에 커다란 나무 한 그루가 높이 솟아 있었다. 그 나무는 내 앞에서 거대하고 튼튼한 나무로 자라났다. 나무 꼭대기가 하늘에 닿아, 땅끝 네 귀퉁이에서도 보일 정도였다. 잎사귀는 아름답고 열매는 풍성했다. 모든 사람이 먹고도 남을 만했다! 들짐승들이 그 그늘 밑에서 쉬고 새들도 그 가지에 둥지를 틀었으며, 모든 생명체가 그 나무에서 양식과 보금자리를 얻었다.

13-15 침상에 드러누워 있을 때 나는 이런 것도 보았다. 한 거룩한 파수꾼이 하늘에서 내려와 이렇게 외쳤다.

저 나무를 찍어 쓰러뜨리고, 가지들을 잘라 내라.
잎을 떨어 버리고, 열매를 흩어 버려라.
그 그늘 밑에 사는 짐승들을 몰아내고,
그 가지에 깃든 새들을 소리쳐서 쫓아내라.
그러나 그 그루터기와 뿌리는
쇠사슬과 청동사슬로 동여 무성한 풀밭 땅속에 남겨 두어라.

15-16 그가 하늘에서 내리는 이슬을 맞고
풀 뜯는 들짐승들과 섞여 살게 하여라.
그가 제정신을 잃고
대신 짐승의 마음을 얻어,
일곱 시절을
계속 그렇게 지내게 하여라.

god, a man full of the divine Holy Spirit. I told him my dream.

9 "'Belteshazzar,' I said, 'chief of the magicians, I know that you are a man full of the divine Holy Spirit and that there is no mystery that you can't solve. Listen to this dream that I had and interpret it for me.

10-12 "'This is what I saw as I was stretched out on my bed. I saw a big towering tree at the center of the world. As I watched, the tree grew huge and strong. Its top reached the sky and it could be seen from the four corners of the earth. Its leaves were beautiful, its fruit abundant—enough food for everyone! Wild animals found shelter under it, birds nested in its branches, everything living was fed and sheltered by it.

13-15 "'And this also is what I saw as I was stretched out on my bed. I saw a holy watchman descend from heaven, and call out:

Chop down the tree, lop off its branches,
strip its leaves and scatter its fruit.
Chase the animals from beneath it
and shoo the birds from its branches.
But leave the stump and roots in the ground,
belted with a strap of iron and bronze
in the grassy meadow.

15-16 Let him be soaked in heaven's dew
and take his meals with the animals that graze.
Let him lose his mind
and get an animal's mind in exchange,
And let this go on
for seven seasons.

17 천사들이 이 칙령을 전하고
거룩한 파수꾼이 이 판결을 알리는 것은,
높으신 하나님께서 인간 나라들을 다스리고 계심을
살아 있는 모든 자가 알게 하려는 것이다.
그분께서 모든 나라의 일을 뜻하신 대로 주관하시고,
패배자를 일으켜 영도자로 세우신다.

18 이것이 나 느부갓네살 왕이 꾼 꿈이다.
벨드사살아, 이제 네 차례다. 내게 그 뜻을 설명해 보아라. 바빌론의 현인들은 누구도 갈피를 잡지 못했지만, 너라면 분명히 할 수 있을 것이다. 너는 거룩한 신의 영으로 충만한 사람이다.'"

다니엘의 꿈 해석

19 바빌론 이름으로 벨드사살이라고 하는
다니엘은 처음에 몹시 당황했다. 몰려드는 여러 가지 생각에 간담이 서늘해졌다.

왕이 말했다. "벨드사살아, 진정하여라. 그 꿈이 무슨 뜻이든지 겁내지 말고 말하여라."

벨드사살이 말했다. "저의 주인이시여, 이 꿈이 왕의 원수들에 대한 것이고, 그 뜻이 왕의 원수들에게 해당하는 것이라면 얼마나 좋겠습니까.

20-22 왕께서 보신 나무, 곧 그 꼭대기가
하늘에 닿고 세상의 네 귀퉁이에서 보일 정도로 거대하고 튼튼하게 자란 나무, 잎이 무성하고 모두가 먹고 남을 만큼 열매가 풍성한 나무, 들짐승들이 깃들고 새들이 둥지를 트는 그 나무는, 바로 왕이십니다.

왕께서는 크고 강대해지셨습니다. 왕의 위엄은 하늘에 닿았고, 왕의 주권적 통치는 세상 끝까지 이르렀습니다.

17 The angels announce this decree,
the holy watchmen bring this sentence,
So that everyone living will know
that the High God rules human kingdoms.
He arranges kingdom affairs however he wishes,
and makes leaders out of losers.

18 "'This is what I, King Nebuchadnezzar,
dreamed. It's your turn, Belteshazzar—interpret it for me. None of the wise men of Babylon could make heads or tails of it, but I'm sure you can do it. You're full of the divine Holy Spirit.'"

"You Will Graze on the Grass Like an Ox"

19 At first Daniel, who had been renamed
Belteshazzar in Babylon, was upset. The thoughts that came swarming into his mind terrified him.

"Belteshazzar," the king said, "stay calm. Don't let the dream and its interpretation scare you."

"My master," said Belteshazzar, "I wish this dream were about your enemies and its interpretation for your foes.

20-22 "The tree you saw that grew so large and
sturdy with its top touching the sky, visible from the four corners of the world; the tree with the luxuriant foliage and abundant fruit, enough for everyone; the tree under which animals took cover and in which birds built nests—you, O king, are that tree.

"You have grown great and strong. Your royal majesty reaches sky-high, and your sovereign rule stretches to the four corners of the world.

23-25 그런데 하늘에서 거룩한 천사가 내려와서, '저 나무를 찍어 쓰러뜨리고 없애 버려라. 그루터기와 뿌리는 쇠사슬과 청동사슬로 동여 무성한 풀밭 땅속에 남겨 두어라. 그가 하늘에서 내리는 이슬을 맞으며 풀 뜯는 들짐승들과 섞여 일곱 시절을 지내게 하여라' 하고 명령했습니다. 왕이시여, 그것은 왕을 가리킨 명령입니다. 높으신 하나님께서 저의 주인이신 왕께 형벌을 선고하셨다는 뜻입니다. 왕께서는 인간사회에서 쫓겨나 들짐승들과 섞여 살면서, 소처럼 풀을 뜯고 하늘에서 내리는 이슬을 맞으며 살게 되실 것입니다. 그렇게 계속해서 일곱 시절을 지내시면서, 왕께서는 마침내 높으신 하나님께서 인간 나라들을 다스리시고, 그분께서 모든 나라의 일을 주관하신다는 사실을 깨닫게 되실 것입니다.

26 나무 그루터기와 뿌리를 남겨 두라는 명령은, 하나님께서 세상의 모든 일을 주관하시는 분이라는 사실을 왕께서 깨달으신 후에야, 왕의 나라가 왕께 되돌아갈 것임을 뜻합니다.

27 그러니 왕이시여, 저의 조언을 받아 주십시오. 왕의 죄를 끊으시고, 이제부터 다른 사람들을 위해 살아가십시오. 악한 삶에서 돌이켜, 억눌리고 짓밟히는 자들을 보살펴 주십시오. 그리하면 왕께서는 복된 삶을 이어 가실 것입니다."

느부갓네살 왕이 하나님을 찬양하다

28-30 이 모든 일이 느부갓네살 왕에게 그대로 일어났다. 열두 달 후에, 왕이 바빌론 왕궁의 옥상을 거닐다가 이렇게 으스댔다. "보아라! 내가 세운 이 위대한 바빌론을! 내 영예와 영광에 어울리는 이 왕궁을!"

31-32 이 말이 그의 입 밖으로 나오자마자 하늘에서 음성이 들려왔다. "느부갓네살

23-25 "But the part about the holy angel descending from heaven and proclaiming, 'Chop down the tree, destroy it, but leave stump and roots in the ground belted with a strap of iron and bronze in the grassy meadow; let him be soaked with heaven's dew and take his meals with the grazing animals for seven seasons'—this, O king, also refers to you. It means that the High God has sentenced my master the king: You will be driven away from human company and live with the wild animals. You will graze on grass like an ox. You will be soaked in heaven's dew. This will go on for seven seasons, and you will learn that the High God rules over human kingdoms and that he arranges all kingdom affairs.

26 "The part about the tree stump and roots being left means that your kingdom will still be there for you after you learn that it is heaven that runs things.

27 "So, king, take my advice: Make a clean break with your sins and start living for others. Quit your wicked life and look after the needs of the down-and-out. Then *you* will continue to have a good life."

The Loss and Regaining of a Mind and a Kingdom

28-30 All this happened to King Nebuchadnezzar. Just twelve months later, he was walking on the balcony of the royal palace in Babylon and boasted, "Look at this, Babylon the great! And I built it all by myself, a royal palace adequate to display my honor and glory!"

31-32 The words were no sooner out of his mouth than a voice out of heaven spoke, "This is the verdict on you, King

왕아, 네게 내리는 판결이다. 너는 네 나라
를 빼앗길 것이다. 너는 인간사회에서 쫓겨
나 들짐승들과 섞여 살면서 소처럼 풀을 뜯
어 먹게 될 것이다. 너는 일곱 시절 동안 이
형벌을 지고 살면서, 높으신 하나님께서 인
간 나라들을 다스리시며, 그분께서 택하신
자에게 나라를 주어 맡기신다는 사실을 깨
닫게 될 것이다."
33 그 말이 즉시 이루어졌다. 느부갓네살은
인간사회에서 쫓겨나 소처럼 풀을 뜯어 먹
고, 하늘에서 내리는 이슬을 맞으며 살았
다. 머리카락은 독수리의 깃털처럼 자랐고,
손톱은 매의 발톱처럼 자랐다.

34-35 "칠 년이 찼을 때, 나 느부갓네살은
하늘을 올려다보았다. 나는 제정신을 되찾
았고, 높으신 하나님을 찬양하고 영원하신
분께 감사하며 영광을 돌렸다.

그분의 주권적 통치는 영원하고,
그분의 나라는 결코 쇠하지 않는다.
이 지상의 것들은 아무것도 아니며,
하나님의 천상의 군대가 모든 것을 지탱
한다.
그분이 하시는 일 아무도 막을 자 없으며,
그분의 통치에 이의를 제기할 자 아무도
없다.

36-37 내가 제정신을 되찾자 위엄과 영화가
회복되었고, 내 나라를 다시 빛내게 되었으
며, 유력자들이 다시 나를 찾아왔다. 내 나
라의 왕으로 다시 세워지면서, 나는 이전보
다 더 강해졌다. 그래서 내가 이렇게 노래
한다. 나 느부갓네살이 하늘의 왕께 찬양을
드린다.

그분이 하시는 일은 모두 참되고,

Nebuchadnezzar: Your kingdom is taken
from you. You will be driven out of human
company and live with the wild animals.
You will eat grass like an ox. The sentence
is for seven seasons, enough time to learn
that the High God rules human kingdoms
and puts whomever he wishes in charge."
33 It happened at once. Nebuchadnezzar
was driven out of human company, ate
grass like an ox, and was soaked in heaven's
dew. His hair grew like the feathers of an
eagle and his nails like the claws of a hawk.

34-35 "At the end of the seven years, I,
Nebuchadnezzar, looked to heaven. I was
given my mind back and I blessed the
High God, thanking and glorifying God,
who lives forever:

"His sovereign rule lasts and lasts,
his kingdom never declines and falls.
Life on this earth doesn't add up to much,
but God's heavenly army keeps every-
thing going.
No one can interrupt his work,
no one can call his rule into question.

36-37 "At the same time that I was given
back my mind, I was also given back
my majesty and splendor, making my
kingdom shine. All the leaders and import-
ant people came looking for me. I was
reestablished as king in my kingdom and
became greater than ever. And that's why
I'm singing—I, Nebuchadnezzar—singing
and praising the King of Heaven:

그 일을 다 바르게 행하신다.
그분은 교만한 자를
겸손하게 만드는 법을 아신다."

벨사살 왕의 운명

5 1-4 벨사살 왕이 천 명의 귀족을
불러 큰 잔치를 베풀었다. 흥청망
청 마셔 대는 술잔치였다. 잔뜩 취한 벨
사살은, 아버지 느부갓네살이 예루살렘
에 있는 하나님의 성전에서 탈취해 온 금
잔과 은잔을 가져오라고 명령했다. 그 잔
에다 술을 부어 귀족들과 왕비와 후궁들
과 함께 마시려는 것이었다. 금잔과 은잔
을 가져오자, 왕은 귀족들과 왕비와 후궁
들과 함께 거기에 술을 담아 마셨다. 그
들은 잔뜩 취해서, 금과 은, 청동과 쇠, 나
무와 돌 등으로 만든 그들의 여러 신들을
찬양했다.
5-7 바로 그때, 갑자기 사람의 손가락이 나
타나더니, 불빛이 비치는 왕궁의 흰 석회벽
위에 글을 쓰기 시작했다. 몸도 없이 손가
락만 나타나 글을 쓰는 광경을 본 왕은 그
얼굴빛이 창백해지더니, 겁에 질려 제정신
이 아니었다. 다리에 힘이 빠지는 듯 그는
무릎을 후들후들 떨었다. 그는 주술사와 점
성가와 점쟁이들을 다 불러오라고 소리 질
렀다. 바빌론의 점성가들이 모이자 왕이 말
했다. "누구든지 벽에 쓰인 저 글을 읽고 내
게 그 뜻을 말하는 자는 영예와 부—자주
색 옷과 금목걸이—를 얻을 것이며, 내가
그를 이 나라에서 셋째 가는 통치자로 삼을
것이다."
8-9 한 사람씩 차례대로 시도해 보았으나,
그들은 도무지 그 뜻을 알 수 없었다. 벽에
쓰인 글을 읽지도 못했고, 왕에게 뜻을 해
석해 주지도 못했다. 왕의 두려움은 점점
더 커졌고, 급기야는 얼굴에서 핏기가 완전
히 가셨다. 귀족들도 안절부절못했다.

"Everything he does is right,
and he does it the right way.
He knows how to turn a proud person
into a humble man or woman."

The Writing of a Disembodied Hand

5 1-4 King Belshazzar held a great
feast for his one thousand nobles.
The wine flowed freely. Belshazzar, heady
with the wine, ordered that the gold and
silver chalices his father Nebuchadnezzar
had stolen from God's Temple of Jerusalem
be brought in so that he and his nobles, his
wives and concubines, could drink from
them. When the gold and silver chalices were
brought in, the king and his nobles, his wives
and his concubines, drank wine from them.
They drank the wine and drunkenly praised
their gods made of gold and silver, bronze
and iron, wood and stone.
5-7 At that very moment, the fingers of a
human hand appeared and began writing on
the lamp-illumined, whitewashed wall of the
palace. When the king saw the disembodied
hand writing away, he went white as a ghost,
scared out of his wits. His legs went limp
and his knees knocked. He yelled out for the
enchanters, the fortunetellers, and the divin-
ers to come. He told these Babylonian magi,
"Anyone who can read this writing on the
wall and tell me what it means will be famous
and rich—purple robe, the great gold chain—
and be third-in-command in the kingdom."
8-9 One after the other they tried, but could
make no sense of it. They could neither
read what was written nor interpret it to
the king. So now the king was really fright-
ened. All the blood drained from his face.

10-12 왕과 귀족들의 비명을 듣고 왕비가 연회장으로 왔다. 그녀가 말했다. "왕이시여, 만수무강하시기를 빕니다. 너무 당황하지 마시고 진정하소서. 왕의 나라에 거룩한 신의 영으로 충만한 자가 있습니다. 왕의 아버지께서 다스리실 때에, 탁월한 지성과 영적인 지혜로 이름 높았던 인물입니다. 그가 얼마나 대단했던지, 왕의 아버지 느부갓네살 왕은 그를 모든 마술사와 주술사와 점성가와 점쟁이들의 우두머리로 삼으셨습니다. 그 같은 인물이 없었습니다. 그는 무엇이든 할 수 있었습니다. 꿈을 해석하고 비밀을 밝히며 수수께끼를 풀었습니다. 그의 이름은 다니엘인데, 왕의 아버지께 하사받은 이름은 벨드사살입니다. 다니엘을 불러오게 하십시오. 이것이 무슨 일인지, 그가 왕께 말해 줄 수 있을 것입니다."

13-16 그리하여 다니엘이 불려 왔다. 왕이 그에게 물었다. "그대가 내 아버지께서 유다에서 붙잡아 온 포로 중 하나인 다니엘이오? 그대는 거룩한 영으로 충만하고, 지극히 명철하며, 더없이 지혜롭다고 들었소. 내가 현인과 주술사들을 불러들여 벽에 쓰인 저 글을 읽고 그 뜻을 해석하도록 했으나, 그들은 단어 하나, 음절 하나도 풀어내지 못했소. 하지만 그대는 꿈을 해석해 내고 비밀을 풀 수 있다고 들었소. 그러니, 저 글을 읽고 그 뜻을 내게 해석해 주시오. 그렇게 해준다면 그대는 부와 영예—자주색 옷과 금목걸이—를 얻고, 이 나라에서 셋째 가는 통치자가 될 것이오."

17 다니엘이 왕에게 대답했다. "그 선물들은 거두어 주십시오. 다른 사람에게 주셔도 좋습니다. 그렇게 하시더라도, 저는 왕께 저 글을 읽어 드리고 그 뜻을 말씀드리겠습니다.

18-21 왕이시여, 들으십시오! 높으신 하나

The nobles were in a panic.

10-12 The queen heard of the hysteria among the king and his nobles and came to the banquet hall. She said, "Long live the king! Don't be upset. Don't sit around looking like ghosts. There is a man in your kingdom who is full of the divine Holy Spirit. During your father's time he was well known for his intellectual brilliance and spiritual wisdom. He was so good that your father, King Nebuchadnezzar, made him the head of all the magicians, enchanters, fortunetellers, and diviners. There was no one quite like him. He could do anything—interpret dreams, solve mysteries, explain puzzles. His name is Daniel, but he was renamed Belteshazzar by the king. Have Daniel called in. He'll tell you what is going on here."

13-16 So Daniel was called in. The king asked him, "Are you the Daniel who was one of the Jewish exiles my father brought here from Judah? I've heard about you—that you're full of the Holy Spirit, that you've got a brilliant mind, that you are incredibly wise. The wise men and enchanters were brought in here to read this writing on the wall and interpret it for me. They couldn't figure it out—not a word, not a syllable. But I've heard that you interpret dreams and solve mysteries. So—if you can read the writing and interpret it for me, you'll be rich and famous—a purple robe, the great gold chain around your neck—and third-in-command in the kingdom."

17 Daniel answered the king, "You can keep your gifts, or give them to someone else. But I will read the writing for the king

님께서는 왕의 아버지 느부갓네살에게 큰 나라와 높은 영예를 주셨습니다. 하나님께서 그의 이름을 높여 주셨으므로, 종족과 피부색과 신념에 상관없이, 천하 만민이 그를 두려워했습니다. 부친께서는 마음 내키는 대로 사람을 죽이기도 하고, 살리기도 하셨습니다. 또한 기분 내키는 대로 사람을 높은 자리에 앉히기도 하고, 바닥에 깔아뭉개기도 하셨습니다. 부친의 마음이 우쭐해지고 교만해지자, 하나님께서는 그를 높은 자리에서 내치시고 높았던 명예를 땅에 떨어뜨리셨습니다. 그는 제정신을 잃은 채 인간사회에서 쫓겨나 들짐승처럼 사셨습니다. 소처럼 풀을 뜯고 하늘에서 내리는 이슬을 맞고 사시다가, 마침내 깨달아야 할 바를 깨달으셨습니다. 그것은 높으신 하나님께서 인간 나라들을 다스리시고, 그분이 택하신 자에게 나라를 주어 맡기신다는 사실입니다.

22-23 그런데 느부갓네살의 아들인 왕께서는 이를 다 아시면서도, 부친 못지않게 오만하십니다. 보십시오. 왕께서는 감히 하늘의 주께 도전하셨습니다! 왕께서는 그분의 성전에서 가져온 신성한 잔들을 왕의 술자리에 가져오게 해서, 왕의 귀족들과 왕비와 후궁들과 함께 거기에 술을 담아 마셨습니다. 그 신성한 잔을 은과 금, 청동과 쇠, 나무와 돌로 만든 왕의 신들—보지도, 듣지도, 지각하지도 못하는 신들—을 위해 축배용으로 사용하셨습니다. 왕의 생사를 손에 쥐고 계신 살아 계신 하나님을 능멸하셨습니다.

24-26 그러므로 하나님께서 손을 보내셔서, 벽에 저 글을 쓰게 하신 것입니다. 쓰인 글은 이렇습니다. **메네, 데겔, 베레스**. 이 단어들의 뜻은 이렇습니다.

메네. 하나님께서 왕의 통치 날수를 세어

and tell him what it means.

18-21 "Listen, O king! The High God gave your father Nebuchadnezzar a great kingdom and a glorious reputation. Because God made him so famous, people from everywhere, whatever their race, color, and creed, were totally intimidated by him. He killed or spared people on whim. He promoted or humiliated people capriciously. He developed a big head and a hard spirit. Then God knocked him off his high horse and stripped him of his fame. He was thrown out of human company, lost his mind, and lived like a wild animal. He ate grass like an ox and was soaked by heaven's dew until he learned his lesson: that the High God rules human kingdoms and puts anyone he wants in charge.

22-23 "You are his son and have known all this, yet you're as arrogant as he ever was. Look at you, setting yourself up in competition against the Master of heaven! You had the sacred chalices from his Temple brought into your drunken party so that you and your nobles, your wives and your concubines, could drink from them. You used the sacred chalices to toast your gods of silver and gold, bronze and iron, wood and stone—blind, deaf, and imbecile gods. But you treat with contempt the living God who holds your entire life from birth to death in his hand.

24-26 "God sent the hand that wrote on the wall, and this is what is written: MENE, TEQEL, and PERES. This is what the words mean:

"*Mene*: God has numbered the days of your rule and they don't add up.

27 "*Teqel*: You have been weighed on the scales and you don't weigh much.

보시니, 수가 맞지 않았다.
27 데겔. 왕을 저울에 달아 보시니, 무게가
모자랐다.
28 베레스. 왕의 나라가 쪼개져 메대와 페
르시아의 손에 넘어갔다."

29 벨사살은 약속을 이행했다. 그는 다니엘
에게 자주색 옷을 입혔고, 그의 목에 커다
란 금목걸이를 걸어 주었으며, 그를 그 나
라에서 셋째 가는 통치자로 삼았다.
30-31 바로 그날 밤에, 바빌론 왕 벨사살이
살해되었고, 메대 사람 다리오가 왕위를 이
어받았다. 그때 다리오의 나이는 예순두 살
이었다.

사자 굴 속의 다니엘

6 1-3 다리오는 나라를 재정비했다.
지방 장관 백이십 명을 세우고,
나라 전역을 나누어 두루 관리하게 했다.
그들 위로 총리 세 사람을 세웠는데, 다
니엘이 그들 가운데 하나였다. 총리는 지
방 장관들의 보고를 받았고, 왕을 위해
나라의 질서를 바로잡는 일을 맡았다. 그
런데 다니엘이 영적 능력과 지적 능력에
서 다른 총리들과 비교가 되지 않을 만큼
월등했으므로, 왕은 나랏일 전부를 그에
게 맡기려고 했다.
4-5 다른 총리와 지방 장관들이 모여 다
니엘의 허물과 치부를 찾아내 그를 공격
하려 했지만, 그들은 아무것도 찾아낼 수
없었다. 다니엘은 더할 나위 없이 올바르
고 신실한 사람이었다. 태만이나 과실의
증거도 전혀 찾을 수 없었다. 마침내 그
들은 찾는 것을 포기하고 나서 이같이 말
했다. "이 다니엘이라는 자는 종교 문제
로 트집을 잡지 않고서는 도저히 흠집을
낼 수 없다."

28 "*Peres*: Your kingdom has been divided
up and handed over to the Medes and
Persians."

29 Belshazzar did what he had promised.
He robed Daniel in purple, draped the
great gold chain around his neck, and
promoted him to third-in-charge in the
kingdom.
30-31 That same night the Babylonian king
Belshazzar was murdered. Darius the
Mede was sixty-two years old when he
succeeded him as king.

Daniel in the Lions' Den

6 1-3 Darius reorganized his kingdom.
He appointed one hundred twenty
governors to administer all the parts of his
realm. Over them were three vice-regents,
one of whom was Daniel. The governors
reported to the vice-regents, who made
sure that everything was in order for the
king. But Daniel, brimming with spirit and
intelligence, so completely outclassed the
other vice-regents and governors that the
king decided to put him in charge of the
whole kingdom.
4-5 The vice-regents and governors got
together to find some old scandal or
skeleton in Daniel's life that they could
use against him, but they couldn't dig up
anything. He was totally exemplary and
trustworthy. They could find no evidence
of negligence or misconduct. So they final-
ly gave up and said, "We're never going to
find anything against this Daniel unless we
can cook up something religious."

6-7 총리와 지방 장관들은 머리를 맞대고 음
모를 꾸민 뒤, 왕에게 가서 말했다. "다리오
왕이시여, 만수무강하시기를 빕니다! 왕의
총리와 지방 장관과 고위관료들이 회합을
갖고, 왕께서 이런 칙령을 내리셔야 한다고
의견을 모았습니다.

앞으로 삼십 일 동안 왕 외에 다른 어떤 신이나 인간에게 기도를 올려서는 안된다. 이를 따르지 않는 자는 누구든지 사자 굴에 던져질 것이다.

8 왕이시여, 이 칙령을 내리셔서, 모든 메대
와 페르시아의 다른 법처럼 철회가 불가능
하도록 하시기 바랍니다."
9 다리오 왕은 칙령이 담긴 조서에 서명
했다.
10 다니엘은 왕이 서명한 조서가 공표된 것
을 알았지만, 늘 하던 대로 기도했다. 그의
집 위층에 예루살렘 방향으로 난 창문이 있
었는데, 그는 거기서 하루 세 번씩 무릎을
꿇고 그의 하나님께 기도하며, 감사와 찬양
을 올려 드렸다.
11-12 음모를 꾸민 자들이 몰려와서, 다니
엘이 하나님께 기도하며 도움을 구하는 모
습을 지켜보았다. 그들은 곧장 왕에게 달려
가, 그가 서명한 칙령을 상기시키며 말했
다. "왕께서는 앞으로 삼십 일 동안 누구도
왕 외에 다른 신이나 인간에게 기도를 올려
서는 안된다고 하지 않으셨습니까? 그렇게
하다가 적발되는 자는 누구든지 사자 굴 속
에 던져질 것이라고 하지 않으셨습니까?"
왕이 말했다. "물론이오. 메대와 페르시아
의 법처럼, 그것은 철회가 불가능한 명령
이오."
13 그러자 그들이 말했다. "왕이시여, 유다
포로 중에 다니엘이라는 자가 왕을 무시하
고 왕의 칙령을 어겼습니다. 그가 하루에 세

6-7 The vice-regents and governors
conspired together and then went to the
king and said, "King Darius, live forever!
We've convened your vice-regents, gover-
nors, and all your leading officials, and
have agreed that the king should issue
the following decree:

For the next thirty days no one is to pray to any god or mortal except you, O king. Anyone who disobeys will be thrown into the lions' den.

8 "Issue this decree, O king, and make
it unconditional, as if written in stone
like all the laws of the Medes and the
Persians."
9 King Darius signed the decree.
10 When Daniel learned that the decree
had been signed and posted, he continued
to pray just as he had always done. His
house had windows in the upstairs that
opened toward Jerusalem. Three times
a day he knelt there in prayer, thanking
and praising his God.
11-12 The conspirators came and found
him praying, asking God for help. They
went straight to the king and reminded
him of the royal decree that he had
signed. "Did you not," they said, "sign a
decree forbidding anyone to pray to any
god or man except you for the next thirty
days? And anyone caught doing it would
be thrown into the lions' den?"
"Absolutely," said the king. "Written in
stone, like all the laws of the Medes and
Persians."
13 Then they said, "Daniel, one of the

번씩 기도를 드리고 있습니다."
14 이 말을 들은 왕은 크게 당황하면서, 자
기 때문에 곤경에 빠진 다니엘을 구하려고
몹시 애를 썼다. 그가 하루 종일 백방으로
노력했다.
15 그러나 음모를 꾸민 자들이 다시 와서 말
했다. "왕이시여, 왕의 칙령은 결코 철회될
수 없다는 것이 메대와 페르시아의 법임을
기억해 주시기 바랍니다."
16 왕은 결국 포기하고, 다니엘을 붙잡아다
사자 굴 속에 던져 넣으라고 명령했다. 왕이
다니엘에게 말했다. "충성을 다한 그대의
하나님이 그대를 구해 주실 것이오."
17 사람들이 석판을 가져와 굴 입구를 막았
다. 왕은 그의 인장 반지와 모든 귀족들의
인장 반지로 굴 입구를 봉인하여, 아무도 다
니엘을 구해 줄 수 없게 했다.
18 그 후 왕이 왕궁으로 돌아갔다. 그는 저
녁상을 물렸다. 잠도 이루지 못했다. 아무것
도 먹지 않고 뜬눈으로 밤을 새웠다.
19-20 동이 트자마자 왕은 즉시 사자 굴로
달려갔다. 굴 가까이 이르자, 그는 초조한
마음으로 소리쳐 불렀다. "살아 계신 하
나님의 종 다니엘이여, 충성을 다한 그대
의 하나님이 그대를 사자들에게서 구해
주셨소?"
21-22 다니엘이 말했다. "왕이시여, 만수무
강하시기를 빕니다! 저의 하나님께서 천사
를 보내시고 사자들의 입을 막으셔서, 사자
들이 저를 해치지 못하게 하셨습니다. 하나
님 앞에서, 그리고 왕 앞에서 제가 결백하다
는 사실이 입증되었습니다. 저는 결코 왕을
해하려고 한 적이 없습니다."
23 이 말을 들은 왕은 몹시 기뻤다. 그는 다
니엘을 굴에서 끌어 올리라고 명령했다. 다
니엘이 올라왔는데, 그에게는 상처 자국 하
나 없었다. 그가 자기 하나님을 신뢰했기 때
문이다.

Jewish exiles, ignores you, O king, and
defies your decree. Three times a day he
prays."
14 At this, the king was very upset and
tried his best to get Daniel out of the fix
he'd put him in. He worked at it the whole
day long.
15 But then the conspirators were back:
"Remember, O king, it's the law of the
Medes and Persians that the king's decree
can never be changed."
16 The king caved in and ordered Daniel
brought and thrown into the lions' den.
But he said to Daniel, "Your God, to whom
you are so loyal, is going to get you out of
this."
17 A stone slab was placed over the
opening of the den. The king sealed the
cover with his signet ring and the signet
rings of all his nobles, fixing Daniel's fate.
18 The king then went back to his palace.
He refused supper. He couldn't sleep. He
spent the night fasting.
19-20 At daybreak the king got up and
hurried to the lions' den. As he approached
the den, he called out anxiously, "Daniel,
servant of the living God, has your God,
whom you serve so loyally, saved you from
the lions?"
21-22 "O king, live forever!" said Daniel.
"My God sent his angel, who closed the
mouths of the lions so that they would
not hurt me. I've been found innocent
before God and also before you, O king.
I've done nothing to harm you."
23 When the king heard these words, he
was happy. He ordered Daniel taken up
out of the den. When he was hauled up,

24 왕은 다니엘을 밀고한 음모자와 그 처자
식들을 사자 굴에 던져 넣으라고 명령했다.
그들이 굴 밑바닥에 닿기도 전에 사자들이
달려들어, 그들을 물어뜯고 갈기갈기 찢어
버렸다.
25-27 다리오 왕은 종족과 피부색과 신념에
상관없이, 그 땅의 모든 백성에게 이같이
공포했다.

그대들에게 평화가 있기를, 평화가 넘치기를 바란다!
내가 칙령을 내리노니, 내 나라에 사는 모든 백성은 다니엘의 하나님을 예배하고 경외해야 한다.
그분은 살아 계신 하나님이시요, 영원히 다스리신다. 그분의 나라는 쇠하지 않는다.
그분의 통치는 영원하다.
그분은 구원자이시며 구조자이시다.
그분은 하늘과 땅에서 실로 놀라운 기적을 행하시는 분이다.
그분이 다니엘을 사자들의 입에서 구해주셨다.

28 이때부터 다니엘은 다리오의 남은 통치
기간과, 뒤이어 페르시아 사람 고레스의 통
치 기간 동안 선대를 받으며 지냈다.

네 마리 짐승 환상

7

1 바빌론 왕 벨사살 일년에, 다니
엘이 꿈을 꾸었다. 침상에 누워 자
다가 본 환상에 그는 혼비백산했다. 그것은
악몽이었다. 그는 그 꿈을 글로 적었다.
2-3 "그날 밤 꿈에서, 나는 하늘의 네 바람
이 바다에 휘몰아치고 거대한 폭풍을 일으
키는 것을 보았다. 그러자 바다에서 서로
다르게 생긴 거대한 짐승 네 마리가 올라

there wasn't a scratch on him. He had
trusted his God.
24 Then the king commanded that the
conspirators who had informed on Daniel
be thrown into the lions' den, along with
their wives and children. Before they hit
the floor, the lions had them in their jaws,
tearing them to pieces.
25-27 King Darius published this proclama-
tion to every race, color, and creed on earth:

Peace to you! Abundant peace!
I decree that Daniel's God shall be worshiped and feared in all parts of my kingdom.
He is the living God, world without end. His kingdom never falls.
His rule continues eternally.
He is a savior and rescuer.
He performs astonishing miracles in heaven and on earth.
He saved Daniel from the power of the lions.

28 From then on, Daniel was treated well
during the reign of Darius, and also in the
following reign of Cyrus the Persian.

A Vision of Four Animals

7

1 In the first year of the reign of
King Belshazzar of Babylon, Daniel
had a dream. What he saw as he slept in
his bed terrified him—a real nightmare.
Then he wrote out his dream:
2-3 "In my dream that night I saw the
four winds of heaven whipping up a great
storm on the sea. Four huge animals, each

왔다.
4 첫째 짐승은 사자같이 생겼고, 독수리의
날개를 가지고 있었다. 내가 지켜보고 있는
사이 짐승의 날개가 뽑히더니, 몸이 펴져
사람처럼 두 발로 서게 되고 사람의 마음까
지 지니게 되었다.
5 그 다음 본 두 번째 짐승은 곰처럼 생겼
고, 이리저리 휘청거리며 서 있었는데, 입
에 갈빗대 세 개를 물고 있었다. 누군가가
그에게 말했다. '덮쳐라! 삼켜라! 배가 터지
도록 먹어라!'
6 그 다음 또 다른 짐승을 보았는데, 이번에
는 표범처럼 생긴 짐승이었다. 짐승의 등에
새의 날개가 네 개 달려 있고 머리도 네 개
인데, 그가 통치권을 부여받았다.
7 그 후, 네 번째 짐승이 내 꿈에 나타났다.
그 짐승은 정말 소름끼칠 정도로 무시무시
했다. 커다란 쇠이빨을 가지고 있어서, 먹
이를 우두둑 씹어 꿀꺽 삼켰으며, 남은 것
은 모조리 짓밟아 뭉갰다. 그 짐승은 다른
짐승들과 달랐다. 뿔이 열 개나 달린 진짜
괴물이었다.
8 내가 그 뿔들을 주시하며 그 의미하는 바
를 생각하고 있는데, 뿔 하나가 또 돋아났
다. 자그마한 뿔이었다. 본래 있던 뿔 중에
세 개가 뽑혀 나가면서 새로 돋아난 뿔에
자리를 내주었다. 자그마한 그 뿔 안에는
사람의 눈이 여러 개 있고 커다란 입까지
있어서, 거만하게 떠들어 댔다.
9-10 내가 그것들을 지켜보고 있는데,

보좌들이 놓이고
옛적부터 계시는 분이 앉아 계셨다.
그분의 옷은 눈처럼 희고,
그분의 머리카락은 양털같이 희었다.
그분의 보좌는 불꽃처럼 타올랐고,
그 바퀴들은 활활 타는 불길 같았다.
그 보좌로부터

different from the others, ascended out of
the sea.
4 "The first animal looked like a lion, but it
had the wings of an eagle. While I watched,
its wings were pulled off. It was then pulled
erect so that it was standing on two feet like
a man. Then a human heart was placed in it.
5 "Then I saw a second animal that looked
like a bear. It lurched from side to side,
holding three ribs in its jaws. It was told,
'Attack! Devour! Fill your belly!'
6 "Next I saw another animal. This one
looked like a panther. It had four birdlike
wings on its back. This animal had four
heads and was made to rule.
7 "After that, a fourth animal appeared in
my dream. This one was a grisly horror—
hideous. It had huge iron teeth. It crunched
and swallowed its victims. Anything left
over, it trampled into the ground. It was
different from the other animals—this one
was a real monster. It had ten horns.
8 "As I was staring at the horns and trying
to figure out what they meant, another horn
sprouted up, a little horn. Three of the origi-
nal horns were pulled out to make room for
it. There were human eyes in this little horn,
and a big mouth speaking arrogantly.
9-10 "As I was watching all this,

"Thrones were set in place
  and The Old One sat down.
His robes were white as snow,
  his hair was white like wool.
His throne was flaming with fire,
  its wheels blazing.
A river of fire
  poured out of the throne.

불의 강이 쏟아져 나왔다.
그분을 시중드는 자가 수천이고,
그분을 모시고 서 있는 자가 수만이었다.
법정이 열리고,
책들이 펼쳐졌다.

11-13 내가 지켜보는데, 그 자그마한 뿔이
계속 거만하게 떠들어 대고 있었다. 그때,
내 눈앞에서 그 괴물이 살해되어 활활 타오
르는 불 속에 던져졌다. 다른 짐승들은 얼
마 동안 연명했으나 실제로는 죽은 목숨이
었고, 통치력도 잃었다. 이어 꿈에서,

13-14 나는 인자처럼 보이는 어떤 이가,
회오리 구름을 타고 오는 광경을 보았다.
그가 옛적부터 계시는 분께 이르러
그분 앞으로 인도되었고,
통치권을—왕의 위엄과 영광을—부여받
았다.
이제, 종족과 피부색과 신념에 상관없이,
만민이 그를 섬길 것이다.
그의 통치, 영원하고 끝이 없으리라.
그의 권세, 무궁하여 변치 않으리라.

15-16 그러나 나 다니엘은 혼란스러웠다. 꿈
에서 본 환상들로 마음이 복잡했다. 그래서
거기 서 있는 이들 중 하나에게 가까이 가
서, 내가 본 것이 무슨 뜻인지 물었다. 그러
자 그가 내게 그 꿈을 해석해 주었다.
17-18 그가 말했다. '그 거대한 짐승 네 마리
는 앞으로 지상에 나타날 네 나라를 뜻한
다. 그러나 결국 높으신 하나님의 거룩한
백성이 나라를 얻을 것이며, 영원히—그렇
다, 영원무궁히—그 나라를 차지하게 될
것이다.'
19-22 그러나 나는 더 알고 싶었다. 그 넷
째 짐승이 무엇인지 궁금했다. 그 짐승은
다른 짐승들과 많이 달랐고, 쇠이빨과 청

Thousands upon thousands served him,
tens of thousands attended him.
The courtroom was called to order,
and the books were opened.

11-13 "I kept watching. The little horn
was speaking arrogantly. Then, as I
watched, the monster was killed and its
body cremated in a roaring fire. The other
animals lived on for a limited time, but
they didn't really do anything, had no
power to rule. My dream continued.

13-14 "I saw a human form, a son of man,
arriving in a whirl of clouds.
He came to The Old One
and was presented to him.
He was given power to rule—all the glory
of royalty.
Everyone—race, color, and creed—had
to serve him.
His rule would be forever, never ending.
His kingly rule would never be replaced.

15-16 "But as for me, Daniel, I was disturbed.
All these dream-visions had me agitated. So
I went up to one of those standing by and
asked him the meaning of all this. And he
told me, interpreting the dream for me:
17-18 "'These four huge animals,' he said,
'mean that four kingdoms will appear on
earth. But eventually the holy people of the
High God will be given the kingdom and
have it ever after—yes, forever and ever.'
19-22 "But I wanted to know more. I was
curious about the fourth animal, the one
so different from the others, the hideous
monster with the iron teeth and the bronze

동발톱을 가진 무시무시한 괴물이었으며, 먹이를 갈기갈기 찢어 삼키고 남은 것들은 바닥에 짓이겼다. 나는 그 짐승 머리에 난 열 뿔과, 본래 있던 뿔 세 개를 제치고 돋아난 뿔에 대해서도 알고 싶었다. 새로 난 뿔에는 눈들이 달려 있었다. 큰 입은 오만하게 떠들어 댔으며, 다른 뿔들을 압도했다. 나는 그 뿔이 하나님의 거룩한 백성과 전쟁을 벌여 그들을 이기는 광경을 지켜보았다. 그러나 그때에 옛적부터 계시는 분이 개입하셔서, 높으신 하나님의 백성을 위해 모든 일을 바로잡아 주셨다. 마침내, 하나님의 거룩한 백성이 나라를 차지했다.

23-25 거기 옆에 서 있는 이가 이어서 말했다. '넷째 짐승은 지상에 나타날 넷째 나라다. 그것은 앞선 세 나라들과 다를 것인데, 닥치는 대로 씹어 먹고 뱉어 내는, 그야말로 괴물 나라가 될 것이다. 그 열 뿔은 그 나라에 차례대로 등장할 열 왕이다. 그 후에 또 다른 왕이 등장할 것인데, 그는 이전 왕들과 다를 것이다. 먼저 그는 앞의 세 왕부터 제거할 것이다. 그런 다음 높으신 하나님을 모독하고 높으신 하나님을 따르는 이들을 핍박하면서, 거룩한 예배와 윤리적 법도를 아주 없애 버리려고 할 것이다. 하나님의 거룩한 백성은 한 때와 두 때와 반 때 동안 그의 핍박을 받을 것이다.

26-27 그러나 법정이 열리면, 그 뿔은 권세를 빼앗기고 멸절될 것이다. 그러면 통치권과 권능과 하늘 아래 모든 나라의 영광이 높으신 하나님의 백성에게 넘어갈 것이다. 그들의 통치는 영원히 이어질 것이다. 모든 통치자들이 그들을 섬기고 복종할 것이다.'

28 이렇게 끝났다. 나 다니엘은 유령을 본 사람처럼 큰 충격을 받았다. 그러나

claws, gulping down what it ripped to pieces and trampling the leftovers into the dirt. And I wanted to know about the ten horns on its head and the other horn that sprouted up while three of the original horns were removed. This new horn had eyes and a big mouth and spoke arrogantly, dominating the other horns. I watched as this horn was making war on God's holy people and getting the best of them. But then The Old One intervened and decided things in favor of the people of the High God. In the end, God's holy people took over the kingdom.

23-25 "The bystander continued, telling me this: 'The fourth animal is a fourth kingdom that will appear on earth. It will be different from the first three kingdoms, a monster kingdom that will chew up everyone in sight and spit them out. The ten horns are ten kings, one after another, that will come from this kingdom. But then another king will arrive. He will be different from the earlier kings. He will begin by toppling three kings. Then he will blaspheme the High God, persecute the followers of the High God, and try to get rid of sacred worship and moral practice. God's holy people will be persecuted by him for a time, two times, half a time.

26-27 "'But when the court comes to order, the horn will be stripped of its power and totally destroyed. Then the royal rule and the authority and the glory of all the kingdoms under heaven will be handed over to the people of the High God. Their royal rule will last forever. All other rulers will serve and obey them.'

28 "And there it ended. I, Daniel, was in shock. I was like a man who had seen a

나는 이 모든 것을 혼자서 마음속에 간직해 두었다."

숫양과 숫염소 환상

8 [1] "벨사살 왕 삼년에, 또 다른 환상이 나 다니엘에게 임했다. 그것은 두 번째 환상이었다.

2-4 그 환상에서 보니, 나는 엘람 지방의 수도 수사에 있는 을래 수로에 서 있었다. 주위를 둘러본 나는, 수로 입구에 숫양 한 마리가 서 있는 것을 보고 깜짝 놀랐다. 그 숫양에게는 커다란 두 뿔이 있었는데, 하나가 다른 하나보다 컸고 더 큰 쪽이 나중에 난 뿔이었다. 내가 지켜보는 사이, 그 숫양이 마구 달려, 처음에는 서쪽, 그 다음에는 북쪽, 그 다음에는 남쪽을 향하여 들이받았다. 어떤 짐승도 그와 맞설 수 없었다. 그는 제멋대로 날뛰면서, 자기가 짐승들의 왕이라도 되는 듯 거들먹거렸다.

5-7 내가 그 모습을 지켜보며 그것이 의미하는 바를 생각하고 있는데, 이마 한가운데 거대한 뿔 달린 숫염소 한 마리가 서쪽에서 올라오더니, 발이 땅에 닿지 않을 정도로 온 땅을 종횡무진하며 뛰어다녔다. 그 숫염소가 수로 입구에 있던 두 뿔 달린 숫양에게 가까이 가서, 마구 성을 내며 그것을 들이받았다. 숫염소는 불같이 성을 내며 숫양을 들이받아 두 뿔을 부러뜨려 버렸다. 그 숫양은 숫염소의 상대가 되지 못했다. 숫염소가 숫양을 바닥에 쓰러뜨리고 마구 짓밟았지만, 누구도 숫양을 구해 줄 수 없었다.

8-12 그러자 숫염소의 덩치가 엄청나게 커졌다. 숫염소의 힘이 최고조에 이르자, 거대한 뿔이 부러져 나가더니 그 자리에 큰 뿔 네 개가 동서남북 사방을 가리키며 돋아났다. 그런 다음, 그 큰 뿔들 가운데 하나에서 또 다른 뿔이 돋아 나왔다. 처음에는 작

ghost. But I kept it all to myself."

A Vision of a Ram and a Billy Goat

8 [1] "In King Belshazzar's third year as king, another vision came to me, Daniel. This was now the second vision.

2-4 "In the vision, I saw myself in Susa, the capital city of the province Elam, standing at the Ulai Canal. Looking around, I was surprised to see a ram also standing at the gate. The ram had two huge horns, one bigger than the other, but the bigger horn was the last to appear. I watched as the ram charged: first west, then north, then south. No beast could stand up to him. He did just as he pleased, strutting as if he were king of the beasts.

5-7 "While I was watching this, wondering what it all meant, I saw a billy goat with an immense horn in the middle of its forehead come up out of the west and fly across the whole country, not once touching the ground. The billy goat approached the double-horned ram that I had earlier seen standing at the gate and, enraged, charged it viciously. I watched as, mad with rage, it charged the ram and hit it so hard that it broke off its two horns. The ram didn't stand a chance against it. The billy goat knocked the ram to the ground and stomped all over it. Nothing could have saved the ram from the goat.

8-12 "Then the billy goat swelled to an enormous size. At the height of its power its immense horn broke off and four other big horns sprouted in its place, pointing to the four points of the compass. And then from one of these big horns another horn sprouted. It started small, but then grew to

앉지만 곧 엄청난 크기로 자라면서, 남쪽과 동쪽과 아름다운 팔레스타인 땅을 향해 뻗어 나갔다. 그 뿔은 별들 곧 천상 군대에 미칠 만큼 높아지더니, 별 가운데 얼마를 땅에 떨어뜨리고는 마구 짓밟았다. 그것은 심지어 천상 군대의 통수권자이신 하나님의 권세에까지 도전했다! 또 그것은 매일 드리는 예배를 폐하고 성소를 더럽히기까지 했다. 하나님의 거룩한 백성도 매일 드리는 예배와 같은 운명에 처했다. 그것은 그들의 죄에 대한 심판이었다. 그 뿔이 하나님의 진리를 내동댕이쳤다. 그것은 의기양양하게 모든 물건과 모든 사람을 제 손아귀에 넣었다.

13 그런 다음 나는 거룩한 두 천사가 나누는 이야기를 엿듣게 되었다. 한 천사가 물었다. '우리가 보는 이 일, 곧 매일 드리는 예배가 폐지되고 죄로 인해 참혹한 심판을 받으며, 하나님의 거룩한 백성과 성소가 유린되는 일이 언제까지 계속될 것인가?'

14 다른 천사가 대답했다. '저녁과 아침으로 2,300번의 희생제가 드려진 다음에야 성소가 다시 세워질 것이다.'"

15 "나 다니엘이 이 환상을 보고 그 뜻을 깨달으려고 애쓰는데, 갑자기 내 앞에 사람처럼 생긴 어떤 이가 서 있었다.

16-17 그때, 을래 수로 옆쪽에서 어떤 사람이 큰소리로 외쳤다. '가브리엘아, 그에게 말해 주어라. 이 환상을 설명해 주어라.' 그러자 그가 내게 다가왔다. 그 순간 나는 겁에 질려 얼굴을 땅에 대고 엎드렸다.

17-18 그가 말했다. '이 환상은 세상 끝에 관한 것이다.' 그가 입을 열어 말하자마자, 나는 기절하여 땅바닥에 얼굴을 댄 채 쓰러졌다. 그러나 그가 나를 잡아 일으켜 세웠다.

an enormous size, facing south and east—toward lovely Palestine. The horn grew tall, reaching to the stars, the heavenly army, and threw some of the stars to the earth and stomped on them. It even dared to challenge the power of God, Prince of the Celestial Army! And then it threw out daily worship and desecrated the Sanctuary. As judgment against their sin, the holy people of God got the same treatment as the daily worship. The horn cast God's Truth aside. High-handed, it took over everything and everyone.

13 "Then I overheard two holy angels talking. One asked, 'How long is what we see here going to last—the abolishing of daily worship, this devastating judgment against sin, the kicking around of God's holy people and the Sanctuary?'

14 "The other answered, 'Over the course of 2,300 sacrifices, evening and morning. Then the Sanctuary will be set right again.'

15 "While I, Daniel, was trying to make sense of what I was seeing, suddenly there was a humanlike figure standing before me.

16-17 "Then I heard a man's voice from over by the Ulai Canal calling out, 'Gabriel, tell this man what is going on. Explain the vision to him.' He came up to me, but when he got close I became terrified and fell facedown on the ground.

17-18 "He said, 'Understand that this vision has to do with the time of the end.' As soon as he spoke, I fainted, my face in the dirt. But he picked me up and put me on my feet.

19 "And then he continued, 'I want to tell you what is going to happen as the

19 그가 이어서 말했다. '장차 세상이 끝나
고 진노의 심판 날이 닥칠 때에, 무슨 일이
있을지 네게 말하려고 한다.
20-22 네가 본 두 뿔 가진 숫양은 메대와 페
르시아의 두 왕을 나타낸다. 그리고 그 숫
염소는 그리스 사람들의 나라를 나타낸다.
그 이마의 거대한 뿔은 그리스의 첫째 왕이
다. 그것이 부러져 나간 뒤에 새로 돋아난
네 뿔은 첫째 왕 이후에 등장할 네 왕이다.
그들의 권세는 앞선 왕만 못할 것이다.

23-26 그들의 나라가 식어 가고
반역이 달아오를 때,
한 왕이 등장할 것이다.
그는 철면피에다 권모술수의 화신이다.
그의 권세는 나날이 커지고 또 커질 것이다.
그는 허풍을 떨면서 의기양양하게,
무엇이든 제멋대로이며,
영웅과 거룩한 이들을 사정없이 해치울 것이다.
그는 갖은 음모와 계략으로 죄를 짓고,
엄청난 성공을 거둘 것이다!
자신을 천하무적이라 여기며,
거치적거리는 자들을 모조리 없애 버릴 것이다.
그러나 그는 만왕의 왕이신 분에게까지 대적하다가,
결국 박살이 나고 말 것이다.
그를 부순 것은 사람의 손이 아니다.
저녁과 아침의 2,300번의 희생제에 대한 이 환상은,
틀림없으며 기밀사항이다.
너 혼자 비밀로 잘 간직하여라.
이는 먼 훗날에 대한 것이다.'"

27 "나 다니엘은 정신이 없어서, 여러 날 동

judgment days of wrath wind down, for
there is going to be an end to all this.
20-22 "'The double-horned ram you saw
stands for the two kings of the Medes and
Persians. The billy goat stands for the
kingdom of the Greeks. The huge horn
on its forehead is the first Greek king.
The four horns that sprouted after it was
broken off are the four kings that come
after him, but without his power.

23-26 "'As their kingdoms cool down
  and rebellions heat up,
A king will show up,
  hard-faced, a master trickster.
His power will swell enormously.
  He'll talk big, high-handedly,
Doing whatever he pleases,
  knocking off heroes and holy ones left and right.
He'll plot and scheme to make crime flourish—
  and oh, how it will flourish!
He'll think he's invincible
  and get rid of anyone who gets in his way.
But when he takes on the Prince of all princes,
  he'll be smashed to bits—
  but not by human hands.
This vision of the 2,300 sacrifices, evening and morning,
  is accurate but confidential.
Keep it to yourself.
  It refers to the far future.'

27 "I, Daniel, walked around in a daze,
unwell for days. Then I got a grip on myself

안 기운을 차리지 못했다. 이후 내 자신을 추스려 다시 왕을 보필했다. 그러나 이 환상으로 내 마음은 여전히 혼란스러웠다. 나는 그 뜻을 이해하지 못했다."

다니엘의 기도

9 1-4 "메대 출신으로 아하수에로의
아들인 다리오가 바빌론 땅을 다스
리는 왕이 되었다. 그의 통치 첫해에, 나 다
니엘은 성경을 읽으면서 예언자 예레미야
에게 주어진 **하나님**의 말씀, 곧 예루살렘이
폐허로 있어야 할 햇수가 칠십 년이라는 것
을 곰곰이 생각했다. 나는 응답을 들으려고
주 하나님께 나아갔다. 거친 베옷을 걸치고
금식하며, 잿더미 위에 무릎을 꿇고 간절히
기도했다. 나는 내 **하나님** 앞에 마음을 쏟
고 영혼을 토해 냈다.
4-8 '오 주님, 위대하고 존귀하신 하나님,
주께서는 주의 언약을 한결같이 지키시며,
주를 사랑하여 주의 말씀을 지키는 자들을
결단코 버리지 않으십니다. 그러나 우리는
죄라는 죄는 다 짓고 살아왔습니다. 악행
을 일삼고 반역하면서, 주께서 밝히 보여
주신 길을 이리저리 피해 다녔습니다. 우
리 왕과 지도자와 조상과 땅의 모든 백성
에게 주의 말씀을 전해 주던, 주의 종 예언
자들의 말에도 귀를 막았습니다. 주께서
는 언제나 의로우시건만, 우리가 보여드리
는 것은 죄와 수치뿐입니다. 우리 모두가
그러합니다. 유다 백성도, 예루살렘 주민
도, 고향 땅의 이스라엘도, 주께 반역한 탓
에 여러 곳으로 내쫓긴 이스라엘도 그러합
니다. **하나님**, 우리 모두가—왕과 지도자,
우리 조상들도—온 세상의 웃음거리가 되
고 말았습니다. 당연한 일입니다. 우리는
죄인이기 때문입니다.
9-12 우리 하나님이신 주의 자비만이 우리
의 유일한 희망입니다. 우리는 아무 권리

and went back to work taking care of the king's affairs. But I continued to be upset by the vision. I couldn't make sense of it."

God's Covenant Commitment

9 1-4 "Darius, son of Ahasuerus, born
a Mede, became king over the land
of Babylon. In the first year of his reign, I,
Daniel, was meditating on the Scriptures that
gave, according to the Word of GOD to the
prophet Jeremiah, the number of years that
Jerusalem had to lie in ruins, namely, seven-
ty. I turned to the Master God, asking for
an answer—praying earnestly, fasting from
meals, wearing rough penitential burlap, and
kneeling in the ashes. I poured out my heart,
baring my soul to GOD, my God:
4-8 "'O Master, great and august God. You
never waver in your covenant commitment,
never give up on those who love you and do
what you say. Yet we have sinned in every way
imaginable. We've done evil things, rebelled,
dodged and taken detours around your
clearly marked paths. We've turned a deaf ear
to your servants the prophets, who preached
your Word to our kings and leaders, our
parents, and all the people in the land. You
have done everything right, Master, but all we
have to show for our lives is guilt and shame,
the whole lot of us—people of Judah, citizens
of Jerusalem, Israel at home and Israel in
exile in all the places we've been banished to
because of our betrayal of you. Oh yes, GOD,
we've been exposed in our shame, all of us—
our kings, leaders, parents—before the whole
world. And deservedly so, because of our sin.
9-12 "'Compassion is our only hope, the
compassion of you, the Master, our God,

도 주장할 수 없는 반역자들이기 때문입니
다. 주께서는 우리에게 살길을 일러 주시
고, 주의 종인 예언자들을 통해 분명한 가르
침을 주셨습니다. 그럼에도 우리는 주의 말
씀에 귀 기울이지 않았습니다. 온 이스라엘
이 주의 말씀을 업신여겼습니다. 우리는 주
의 교훈을 무시했으며, 그저 제멋대로 살았
습니다. 그리고 이제 그 대가를 치르고 있습
니다. 하나님의 종 모세에게 주신 계시에 명
백히 적혀 있는 준엄한 저주가, 지금 우리 가
운데 실행되고 있습니다. 주를 거역했던 죄
의 값입니다. 주께서는 우리와 우리 통치자
들에게 행하시겠다고 말씀하신 일을 마침내
시행하셨습니다. 이토록 참혹한 재앙을, 일
찍이 없었던 최악의 재앙을 우리에게 내리
셨습니다. 예루살렘에 내리셨습니다!
13-14 모세에게 주신 하나님의 계시에 적혀
있는 그대로, 그야말로 모든 것을 쓸어버리
는 재앙이었습니다. 아무것도 남지 않았습
니다. 주께서는 이 재앙이 하나도 남김없이
우리에게 내리도록 하실 수밖에 없었습니
다. 우리는 한사코 죄를 고집하면서 주를 무
시하고, 주의 경고를 망각했기 때문입니다.
우리 **하나님**이신 주께서 우리에게 행하신
일은 전적으로 옳습니다. 감히 주를 업신여
기기만 했던 우리였기 때문입니다.
15-17 하지만 주님, 주께서는 우리의 하나님
이십니다. 주께서는 큰 능력을 떨쳐 보이시
며 주의 백성을 이집트 땅에서 건져 내신 분
입니다. 이 일은 아직도 뭇 사람들의 입에 오
르내리고 있습니다! 우리는 우리가 죄인이
고 악하게 살아온 것도 압니다. 그러나 주께
서는 언제나 모든 일을 바로잡으시고 사람을
바로 세우시는 일을 행하는 분이시니, 제발
이제도 그렇게 해주십시오. 주의 도성, 주의
거룩한 산, 예루살렘 위에 부어진 진노를 거
두어 주십시오. 모든 것은 우리 잘못이며, 우
리와 우리 조상의 죄 때문이라는 것을 잘 압

since in our rebellion we've forfeited our
rights. We paid no attention to you when
you told us how to live, the clear teaching
that came through your servants the
prophets. All of us in Israel ignored what
you said. We defied your instructions
and did what we pleased. And now we're
paying for it: The solemn curse written out
plainly in the revelation to God's servant
Moses is now doing its work among us, the
wages of our sin against you. You did to us
and our rulers what you said you would
do: You brought this catastrophic disaster
on us, the worst disaster on record—and in
Jerusalem!
13-14 "'Just as written in God's revelation
to Moses, the catastrophe was total.
Nothing was held back. We kept at
our sinning, never giving you a second
thought, oblivious to your clear warning,
and so you had no choice but to let the
disaster loose on us in full force. You, our
GOD, had a perfect right to do this since
we persistently and defiantly ignored you.
15-17 "'Master, you are our God, for you
delivered your people from the land of
Egypt in a show of power—people are
still talking about it! We confess that
we have sinned, that we have lived bad
lives. Following the lines of what you
have always done in setting things right,
setting people right, please stop being so
angry with Jerusalem, your very own city,
your holy mountain. We know it's our
fault that this has happened, all because
of our sins and our parents' sins, and
now we're an embarrassment to everyone
around us. We're a blot on the neighbor-

니다. 지금 우리는 주변 민족들의 웃음거리가 되었습니다. 이웃 나라의 멸시를 받고 있습니다. 그러니 하나님, 주의 종이 전심으로 드리는 이 기도를 들어주십시오. 폐허가 된 주의 성소에 자비를 베풀어 주십시오. 우리를 위해서가 아니라, 주님이 어떤 분이신지를 나타내 보이시기 위해서라도 그렇게 해 주십시오.

18 하나님, 우리에게 귀를 기울여 주십시오. 잿더미가 된 도성, 주의 이름으로 불리는 이 도성을 보살펴 주십시오. 우리는 주님의 응답을 받을 자격이 없음을 잘 압니다. 그러므로 주의 자비에 호소합니다. 우리에게 남은 마지막 희망은 이 기도뿐입니다.

> 19 주님, 들어주십시오!
> 주님, 용서하여 주십시오!
> 주님, 우리를 굽어살피시고, 행하여 주십시오!
> 주님, 지체하지 마십시오!
> 주의 이름으로 불리는 주의 도성과 주의 백성의 일은
> 곧 주님의 일이기도 합니다!'"

가브리엘이 환상을 설명하다

20-21 "내가 나의 하나님 앞에서 내 죄와 내 백성 이스라엘의 죄를 아뢰고, 내 하나님의 거룩한 산을 위해 마음을 쏟아 간절히 기도하고 있는데, 기도에 몰두해 있던 저녁예배 시간 무렵, 이전 환상에서 봤던 사람 모습의 가브리엘이 새처럼 날아서 내게 다가왔다.

22-23 그가 내 앞에 서서 말했다. '다니엘아, 너에게 깨달음을 주려고 내가 왔다. 네가 기도를 시작하자마자 응답이 내렸고, 나는 그 응답을 네게 전해 주려고 왔다. 네가 참으로 큰 사랑을 받고 있구나! 그러니 이 응답을 잘 들어라. 계시의 분명한 뜻에 귀를 기울여라.

24 네 백성과 네 거룩한 도성의 반역을 제압

hood. So listen, God, to this determined prayer of your servant. Have mercy on your ruined Sanctuary. Act out of who you are, not out of what we are.

18 "'Turn your ears our way, God, and listen. Open your eyes and take a long look at our ruined city, this city named after you. We know that we don't deserve a hearing from you. Our appeal is to your compassion. This prayer is our last and only hope:

> 19 "'Master, listen to us!
> Master, forgive us!
> Master, look at us and do something!
> Master, don't put us off!
> Your city and your people are named after you:
> You have a stake in us!'

Seventy Sevens

20-21 "While I was pouring out my heart, baring my sins and the sins of my people Israel, praying my life out before my GOD, interceding for the holy mountain of my God—while I was absorbed in this praying, the humanlike Gabriel, the one I had seen in an earlier vision, approached me, flying in like a bird about the time of evening worship.

22-23 "He stood before me and said, 'Daniel, I have come to make things plain to you. You had no sooner started your prayer when the answer was given. And now I'm here to deliver the answer to you. You are much loved! So listen carefully to the answer, the plain meaning of what is revealed:

24 "'Seventy sevens are set for your people

하고, 죄를 멈추게 하고, 범죄를 쓸어 내고,
모든 일을 영원히 바로잡으며, 예언자가 본
것을 확증하고, 지성소에 기름을 붓는 데
일흔 이레의 기간이 정해졌다.
25-26 너는 다음의 사실을 반드시 깨닫고 알
아야 한다. 예루살렘을 재건하라는 말씀이
내리는 때부터 기름부음 받은 지도자가 오
기까지, 일곱 이레가 지날 것이다. 재건 기
간은 길을 닦고 못을 두르는 일까지 포함해
서 예순두 이레가 걸릴 것인데, 힘겨운 시
간이 될 것이다. 예순두 이레 후에, 기름부
음 받은 지도자가 살해될 것이다. 그의 최
후다. 새로 오는 지도자의 군대가 도성과
성소를 폐허로 만들 것이다. 홍수에 휘말리
듯 도성이 종말을 맞을 것이다. 마지막까지
전쟁이 휘몰아쳐서 그 땅이 전부 황폐하게
될 것이다.
27 그런 다음 한 이레 동안 그는 많은 자들
과 강력한 동맹을 맺을 것인데, 그 이레의
반이 지날 즈음, 그가 예배와 기도를 그 땅
에서 추방할 것이다. 예배장소에는 신성을
모독하는 역겹고 흉측한 우상이 세워지겠
고, 신성을 모독한 자가 마지막을 맞을 때
까지 그곳에 서 있을 것이다.'"

티그리스 강 가에서 본 환상

10 1 페르시아의 고레스 왕 삼년에,
바빌론 이름으로 벨드사살이라
고 하는 다니엘이 한 메시지를 깨달았다.
그것은 큰 전쟁에 대한 진상을 알려 주는
메시지였다. 그는 계시를 받아 그 메시지의
뜻을 깨달았다.
2-3 "그때에, 나 다니엘은 예루살렘을 위해
세 주간 애곡하는 시간을 갖고 있었다. 나
는 간단한 음식만 먹었고, 조미료나 고기
나 포도주는 입에 대지 않았다. 세 주가 지
나기 전에는 목욕도 하지 않고 면도도 하지
않았다.

and for your holy city to throttle rebellion,
stop sin, wipe out crime, set things right
forever, confirm what the prophet saw,
and anoint The Holy of Holies.
25-26 "'Here is what you must understand:
From the time the word goes out to rebuild
Jerusalem until the coming of the Anointed
Leader, there will be seven sevens. The
rebuilding will take sixty-two sevens,
including building streets and digging a
moat. Those will be rough times. After the
sixty-two sevens, the Anointed Leader will
be killed—the end of him. The city and
Sanctuary will be laid in ruins by the army of
the newly arriving leader. The end will come
in a rush, like a flood. War will rage right up
to the end, desolation the order of the day.
27 "'Then for one seven, he will forge many
and strong alliances, but halfway through the
seven he will banish worship and prayers. At
the place of worship, a desecrating obscenity
will be set up and remain until finally the
desecrator himself is decisively destroyed.'"

A Vision of a Big War

10 1 In the third year of the reign of
King Cyrus of Persia, a message
was made plain to Daniel, whose Babylo-
nian name was Belteshazzar. The message
was true. It dealt with a big war. He under-
stood the message, the understanding
coming by revelation:
2-3 "During those days, I, Daniel, went into
mourning over Jerusalem for three weeks. I
ate only plain and simple food, no seasoning
or meat or wine. I neither bathed nor shaved
until the three weeks were up.
4-6 "On the twenty-fourth day of the first

4-6 첫째 달 이십사일에, 나는 큰 강 티그리스 강 둑에 서 있었는데, 거기서 위를 올려다보고 깜짝 놀랐다. 허리에 순금 허리띠를 매고 모시옷을 입은 어떤 이가 거기에 있었다! 그의 몸은 보석 조각처럼 단단하고 반짝였으며, 얼굴은 빛났고 눈은 횃불처럼 이글거렸다. 팔과 발은 청동처럼 광채가 났고, 깊이 울리는 음성은 거대한 합창소리 같았다.

7-8 그 광경을 나 다니엘 혼자서만 보았다. 같이 있던 다른 사람들은 그 광경을 보지 못했는데도 두려움에 사로잡혀 모두 도망쳐 숨었다. 사람들이 모두 떠나 홀로 남겨진 나는, 무릎이 후들후들 떨리고 얼굴에 핏기도 가셨다.

9-10 그때 그의 음성이 들려왔다. 그가 말하는 소리에 나는 정신을 잃은 채 얼굴을 땅바닥에 대고 쓰러졌다. 그러자 어떤 손이 나를 어루만지더니, 내 손과 무릎이 땅에 닿도록 일으켰다.

11 그가 말했다. '뛰어난 자 다니엘아, 귀 기울여 나의 메시지를 들어라. 일어서라. 곧게 서라. 네게 이 소식을 전해 주려고 내가 보냄을 받았다.'

그의 말을 듣고 내가 일어섰으나, 여전히 떨고 있었다.

12-14 '다니엘아, 진정하여라.' 그가 계속해서 말했다. '두려워하지 마라. 네가 이 일을 깨달으려고 네 자신을 낮춘 순간부터, 하나님은 네 기도를 들으셨다. 그리고 내가 너에게 왔다. 페르시아 왕국의 천사장이 내 길을 가로막아 시간이 세 주나 지체되었지만, 가장 높은 천사장 가운데 하나인 미가엘이 나서서 나를 도와주었다. 나는 그를 페르시아 왕국의 왕과 함께 있게 놔두고 떠나왔다. 마침내 네 백성에게 일어날 일을 네게 보이기 위해 이렇게 온 것이다. 이 환상은 장차 있을

month I was standing on the bank of the great river, the Tigris. I looked up and to my surprise saw a man dressed in linen with a belt of pure gold around his waist. His body was hard and glistening, as if sculpted from a precious stone, his face radiant, his eyes bright and penetrating like torches, his arms and feet glistening like polished bronze, and his voice, deep and resonant, sounded like a huge choir of voices.

7-8 "I, Daniel, was the only one to see this. The men who were with me, although they didn't see it, were overcome with fear and ran off and hid, fearing the worst. Left alone after the appearance, abandoned by my friends, I went weak in the knees, the blood drained from my face.

9-10 "I heard his voice. At the sound of it I fainted, fell flat on the ground, face in the dirt. A hand touched me and pulled me to my hands and knees.

11 "'Daniel,' he said, 'man of quality, listen carefully to my message. And get up on your feet. Stand at attention. I've been sent to bring you news.'

"When he had said this, I stood up, but I was still shaking.

12-14 "'Relax, Daniel,' he continued, 'don't be afraid. From the moment you decided to humble yourself to receive understanding, your prayer was heard, and I set out to come to you. But I was waylaid by the angel-prince of the kingdom of Persia and was delayed for a good three weeks. But then Michael, one of the chief angel-princes, intervened to help me. I left him there with the prince of the kingdom of Persia. And now I'm here to help you understand

일에 대한 것이다.'
15-17 그가 말을 하는 동안, 나는 땅만 보며 아무 말도 하지 못했다. 그때 갑자기 사람 손 같은 것이 내 입술을 어루만졌다. 그러자 내 입이 열리고 그에게 말을 하기 시작했다. '주여, 저는 주를 보고서 두려움에 사로잡혔습니다. 무릎이 후들후들 떨리고 움직일 수조차 없습니다. 사지가 굳고 숨을 쉬기조차 어려운데, 미천한 종인 제가 어떻게 감히 주와 이야기할 수 있겠습니까?'
18-19 그러자 사람 모습의 그가 다시 한번 나를 어루만지며 힘을 북돋아 주었다. 그가 말했다. '친구여, 두려워하지 마라. 평안하여라. 다 잘될 것이다. 용기를 가져라. 힘을 내라.'
그가 말을 할 때에, 내 속에서 용기가 솟아올랐다. 내가 말했다. '이제 말씀하십시오. 주께서 제게 용기를 불어넣어 주셨습니다.'
20-21 그가 말했다. '너는 내가 왜 네게 왔는지 아느냐? 이제 나는 돌아가서 페르시아의 천사장과 싸워야 한다. 내가 그를 물리치면 그리스의 천사장이 올 것이다. 그러나 나는 그 전에 먼저, 진리의 책에 기록된 것을 네게 말해 주려고 한다. 그 싸움에서 나를 도울 수 있는 이는 너희 천사장 미가엘밖에 없다.'"

11 1 "'나 역시, 메대 사람 다리오 일년부터 있는 힘을 다해 그를 도왔다.'"

남쪽 왕과 북쪽 왕이 싸우리라

2 "'이제 내가 이 일의 진상을 말해 주겠다. 페르시아에 세 왕이 더 등장하겠고, 그 다음 넷째 왕은 그들 모두보다 더 큰 부를 얻을 것이다. 그는 재물이 쌓인 만큼 힘도 커

what will eventually happen to your people. The vision has to do with what's ahead.'
15-17 "While he was saying all this, I looked at the ground and said nothing. Then I was surprised by something like a human hand that touched my lips. I opened my mouth and started talking to the messenger: 'When I saw you, master, I was terror-stricken. My knees turned to water. I couldn't move. How can I, a lowly servant, speak to you, my master? I'm paralyzed. I can hardly breathe!'
18-19 "Then this humanlike figure touched me again and gave me strength. He said, 'Don't be afraid, friend. Peace. Everything is going to be all right. Take courage. Be strong.'
"Even as he spoke, courage surged up within me. I said, 'Go ahead, let my master speak. You've given me courage.'
20-21 "He said, 'Do you know why I've come here to you? I now have to go back to fight against the angel-prince of Persia, and when I get him out of the way, the angel-prince of Greece will arrive. But first let me tell you what's written in The True Book. No one helps me in my fight against these beings except Michael, your angel-prince.'"

11 1 "'And I, in my turn, have been helping him out as best I can ever since the first year in the reign of Darius the Mede.'

The Kings of the South and the North

2 "'But now let me tell you the truth of how things stand: Three more kings of Persia will show up, and then a fourth will become richer than all of them. When

졌다 여기고, 그리스 나라 전체를 상대로
전쟁을 일으킬 것이다.
3-4 그때 한 강력한 왕이 나타나서 거대
한 영토를 차지하고, 세상을 좌지우지할
것이다. 그러나 전부를 장악한 듯 보였
던 권력의 정점에서, 그의 나라는 동서남
북 사방 넷으로 나뉠 것이다. 그의 상속
자들은 아무것도 얻지 못하고, 그의 왕
위도 계승하지 못할 것이다. 다른 자들이
그것을 놓고 쟁탈전을 벌여 나눠 가질 것
이다.
5-6 그 후 남쪽 왕이 강해지겠으나, 그의 제
후들 중 하나가 그보다 강력해지면서 더
큰 영토를 다스리게 될 것이다. 수년 후에,
남쪽 왕과 북쪽 왕은 협정을 맺고 평화 조
약을 굳건히 하기 위해 남쪽 왕의 딸과 북
쪽 왕이 결혼을 하게 될 것이다. 그러나 그
녀의 영향력은 약화되고, 그녀의 아이도
살아남지 못할 것이다. 그녀와 그녀의 종
들, 그녀의 아이와 그녀의 남편 모두 배신
당하고 말 것이다.
6-9 그 얼마 후에, 왕족 출신의 한 사람이
나타나서 권력을 잡을 것이다. 그가 자기
군대를 이끌고 북쪽 왕의 요새에 쳐들어
가 대승을 거둘 것이다. 그는 그 나라의
양철 신상과 그것에 딸린 금은 장신구들
을 모조리 수레에 싣고 이집트로 가져갈
것이다. 후에 전력을 회복한 북쪽 왕이
남쪽 왕의 지역으로 쳐들어가겠지만, 성
공하지 못할 것이다. 그는 결국 퇴각하고
말 것이다.
10 그러나 이후, 그의 아들들이 대군을
일으켜 남쪽 요새로 물밀듯이 쳐들어갈
것이다.
11-13 격분한 남쪽 왕이 전장에 나가 북
쪽 왕과 그의 대군과 싸워 대승을 거둘
것이다. 들판에 널린 시체들이 다 치워
지기도 전에, 피에 광분한 그는 더 나아

he senses that he is powerful enough as
a result of his wealth, he will go to war
against the entire kingdom of Greece.
3-4 "'Then a powerful king will show up and
take over a huge territory and run things just
as he pleases. But at the height of his power,
with everything seemingly under control, his
kingdom will split into four parts, like the four
points of the compass. But his heirs won't get
in on it. There will be no continuity with his
kingship. Others will tear it to pieces and grab
whatever they can get for themselves.
5-6 "'Next the king of the south will grow
strong, but one of his princes will grow
stronger than he and rule an even larger
territory. After a few years, the two of them
will make a pact, and the daughter of the
king of the south will marry the king of the
north to cement the peace agreement. But
her influence will weaken and her child
will not survive. She and her servants, her
child, and her husband will be betrayed.
6-9 "'Sometime later a member of the royal
family will show up and take over. He will
take command of his army and invade the
defenses of the king of the north and win
a resounding victory. He will load up their
tin gods and all the gold and silver trinkets
that go with them and cart them off to
Egypt. Eventually, the king of the north
will recover and invade the country of the
king of the south, but unsuccessfully. He
will have to retreat.
10 "'But then his sons will raise a huge
army and rush down like a flood, a torren-
tial attack, on the defenses of the south.
11-13 "'Furious, the king of the south will
come out and engage the king of the north

가 수만 명을 죽이는 대학살을 자행할 것이다. 그러나 그의 승리는 오래가지 못할 것이다. 처음보다 더 큰 군대를 규합한 북쪽 왕이, 엄청난 군사와 물자를 동원해 수년 후에 다시 쳐들어올 것이기 때문이다.

14 그때에, 많은 사람들이 일어나 남쪽 왕을 치러 나갈 것이다. 너희 백성 중에서도 성미 급한 자들이 꿈에 도취해 그 대열에 합류하겠지만, 소란만 일으키다가 말 것이다.

15-17 북쪽 왕이 와서, 공격용 축대를 쌓고 요새화된 도성을 함락시킬 것이다. 남쪽 군대는 무너질 것이다. 이름 높던 정예부대도 그의 공격을 당해내지 못할 것이다. 북쪽 왕은 그 땅을 다 차지하게 된 것처럼 의기양양하게 들어올 것이다. 그는 아름다운 지역, 팔레스타인을 점령하고 그곳에 주둔할 것이다. 그리고 하나도 빼지 않고 모조리 장악해 갈 것이다. 그는 남쪽 왕을 완전히 파멸시키려고 거짓 평화 조약을 맺고, 심지어 자기 딸을 남쪽 왕과 결혼시키기도 할 것이다. 그러나 그 계략은 결국 성공하지 못하고 수포로 돌아갈 것이다.

18-19 후에, 그가 해안 지역으로 관심을 돌려 많은 사람들을 포로로 잡겠지만, 마침내 한 장군이 나타나 그의 행패를 끝장낼 것이다. 북쪽 왕의 행패는 그 자신에게로 돌아갈 것이다! 그는 자기 나라로 돌아가서 군대를 추스르겠지만, 이미 한풀 꺾인 뒤여서 금세 잊혀지고 말 것이다.

20 그의 뒤를 이을 자는 별 볼 일 없는 위인으로, 처음부터 통치력과 명성과 권위가 형편없을 것이다. 그는 오래가지 못할 것이다. 싸움 한번 제대로 해보지 못하고 조용히 역사의 무대에서 사라질 것이다.

and his huge army in battle and rout them. As the corpses are cleared from the field, the king, inflamed with bloodlust, will go on a bloodletting rampage, massacring tens of thousands. But his victory won't last long, for the king of the north will put together another army bigger than the last one, and after a few years he'll come back to do battle again with his immense army and endless supplies.

14 "'In those times, many others will get into the act and go off to fight against the king of the south. Hotheads from your own people, drunk on dreams, will join them. But they'll sputter out.

15-17 "'When the king of the north arrives, he'll build siege works and capture the outpost fortress city. The armies of the south will fall to pieces before him. Not even their famous commando shock troops will slow down the attacker. He'll march in big as you please, as if he owned the place. He'll take over that beautiful country, Palestine, and make himself at home in it. Then he'll proceed to get everything, lock, stock, and barrel, in his control. He'll cook up a peace treaty and even give his daughter in marriage to the king of the south in a plot to destroy him totally. But the plot will fizzle. It won't succeed.

18-19 "'Later, he'll turn his attention to the coastal regions and capture a bunch of prisoners, but a general will step in and put a stop to his bullying ways. The bully will be bullied! He'll go back home and tend to his own military affairs. But by then he'll be washed up and soon will be heard of no more.

20 "'He will be replaced shortly by a real loser, his rule, reputation, and authority already in shreds. And he won't last long. He'll slip out of

21-24 그의 뒤를 이을 자는 실격자 취급을 받고 무시당하며 출셋길이 막혔던 인물로, 난데없이 등장해 모든 사람을 깜짝 놀라게 하면서 나라를 손아귀에 넣을 것이다. 그는 불도저처럼 밀어붙여 원수들을 모조리 깔아뭉개고, 심지어는 그와 동맹을 맺고 왕위에 오른 왕까지 짓뭉개 버릴 것이다. 휴전협정을 맺어 놓고도 서슴지 않고 위반하며, 몇몇 심복과 일을 도모해 마침내 전권을 장악할 것이다. 그는 비옥한 지방들을 골라 내키는 대로 침공할 것이다. 닥치는 대로 빼앗고 추종자들과 함께 사치와 향락을 일삼는 그의 행패는, 그의 가까운 조상이나 먼 조상 모두를 능가할 것이다.

24-26 그는 요새 도성들을 칠 계획을 세우지만, 결국 근시안적인 계획이었음이 드러날 것이다. 또 그는 남쪽 왕을 치려고 대군을 모아 전의를 불태울 것인데, 남쪽 왕도 이에 응해 자기 군대를—더 큰 대군을—모으고 싸울 태세를 갖출 것이다. 그러나 그 기세는 오래가지 못할 것이다. 내부 배신자의 악한 음모에 휘말려 그의 왕실이 벌집을 쑤셔 놓은 것처럼 될 것이기 때문이다. 남쪽 왕의 군대는 박살이 나고, 전장은 시체로 뒤덮일 것이다.

27 그 두 왕은 서로 음흉한 계략을 품고 협상 자리에 앉아서 거짓말을 주고받을 것이다. 그러나 그 거짓투성이 조약으로 얻는 것은 아무것도 없을 것이다. 이것이 끝이 아니다. 이야기가 끝나려면 아직 멀었다.

28 북쪽 왕은 노획물을 가득 싣고 자기 나라로 돌아가는 귀국길에, 거룩한 언약을 깨뜨리겠다는 생각을 할 것이다.

29-32 일 년 후에, 그는 다시 남쪽을 침공해 올 것이다. 그러나 두 번째 침공은 첫 번째 침공에 훨씬 못 미칠 것이다. 로마

history quietly, without even a fight.

21-24 "'His place will be taken by a reject, a man spurned and passed over for advancement. He'll surprise everyone, seemingly coming out of nowhere, and will seize the kingdom. He'll come in like a steamroller, flattening the opposition. Even the Prince of the Covenant will be crushed. After negotiating a cease-fire, he'll betray its terms. With a few henchmen, he'll take total control. Arbitrarily and impulsively, he'll invade the richest provinces. He'll surpass all his ancestors, near and distant, in his rape of the country, grabbing and looting, living with his cronies in corrupt and lavish luxury.

24-26 "'He will make plans against the fortress cities, but they'll turn out to be shortsighted. He'll get a great army together, all charged up to fight the king of the south. The king of the south in response will get his army—an even greater army—in place, ready to fight. But he won't be able to sustain that intensity for long because of the treacherous intrigue in his own ranks, his court having been honeycombed with vicious plots. His army will be smashed, the battlefield filled with corpses.

27 "'The two kings, each with evil designs on the other, will sit at the conference table and trade lies. Nothing will come of the treaty, which is nothing but a tissue of lies anyway. But that's not the end of it. There's more to this story.

28 "'The king of the north will go home loaded down with plunder, but his mind will be set on destroying the holy covenant as he passes through the country on his way home.

29-32 "'One year later he will mount a fresh invasion of the south. But the second

배들이 당도하면, 그는 꽁무니를 빼고 그의 나라로 달아날 것이다. 그러나 귀국길에 그는, 거룩한 언약에 대해 분이 가득하게 될 것이다. 그는 거룩한 언약을 배신한 자들의 뒤를 봐주며 그들을 우대할 것이다. 그의 경호부대원들이 성소와 성채에 난입해 그곳을 더럽힐 것이다. 그들은 매일 드리는 예배를 폐하고, 신성모독적이고 역겨운 우상을 그곳에 세울 것이다. 북쪽 왕은 거룩한 언약을 배신한 자들을 감언이설로 꾀어 매수할 것이다. 그러나 용기를 내어 하나님께 충성을 다하는 이들은 완강히 저항할 것이다.

33-35 심지가 곧은 이들은 스스로 모범을 보여, 사람들에게 옳고 그름을 가르칠 것이다. 그들은 한 시절 동안 극심한 시련을 겪을 것이다. 어떤 자들은 살해되고, 어떤 자들은 화형을 당할 것이며, 어떤 자들은 포로로 끌려가고, 어떤 자들은 약탈을 당할 것이다. 극심한 시련 중에 그들은 약간의 도움을 얻겠지만, 충분하지는 않을 것이다. 도움을 주는 자들도 마지못해 도와줄 것이다. 심지가 곧고 충성스런 이들은 이 시련을 통해 단련되고 씻기며 정화될 것인데, 이야기가 끝나려면 아직 멀었기 때문이다.

36-39 한편, 북쪽 왕은 계속 제멋대로 날뛸 것이다. 그는 자신이 모든 신보다 더 위대하다며 스스로를 높일 것이다. 그는 신들의 신이신 하나님에게까지 도전하며 으스댈 것이다. 얼마 동안은—진노의 심판의 때가 다 찰 때까지—그가 무사할 것이다. 포고된 것은 반드시 시행되어야 하기 때문이다. 그는 자기 조상의 신들도 전혀 존중하지 않을 것이다. 여자들 사이에서 가장 인기 높은 신 아도니스에 대해서도 그러할 것이다. 그는 모든 신과 여신을 업신여기면서, 자신이 그들보다 더 위대하다

invasion won't compare to the first. When the Roman ships arrive, he will turn tail and go back home. But as he passes through the country, he will be filled with anger at the holy covenant. He will take up with all those who betray the holy covenant, favoring them. The bodyguards surrounding him will march in and desecrate the Sanctuary and citadel. They'll throw out the daily worship and set up in its place the obscene sacrilege. The king of the north will play up to those who betray the holy covenant, corrupting them even further with his seductive talk, but those who stay courageously loyal to their God will take a strong stand.

33-35 "'Those who keep their heads on straight will teach the crowds right from wrong by their example. They'll be put to severe testing for a season: some killed, some burned, some exiled, some robbed. When the testing is intense, they'll get some help, but not much. Many of the helpers will be halfhearted at best. The testing will refine, cleanse, and purify those who keep their heads on straight and stay true, for there is still more to come.

36-39 "'Meanwhile, the king of the north will do whatever he pleases. He'll puff himself up and posture himself as greater than any god. He will even dare to brag and boast in defiance of the God of gods. And he'll get by with it for a while—until this time of wrathful judgment is completed, for what is decreed must be done. He will have no respect for the gods of his ancestors, not even that popular favorite among women, Adonis. Contemptuous of every god and goddess, the king of the north will puff himself up greater than all of

고 빼길 것이다. 심지어 그는 거룩한 이들의 하나님까지도 업신여길 것인데, 하나님께서 경배받으시는 장소에 누구도 들어 보지 못한 우상을 들여놓고, 그것을 금은보석으로 화려하게 장식할 것이다. 그는 낯선 신의 깃발을 높이 들고 주요 요새들을 공략할 것이며, 그 신을 섬기기로 한 자들을 권력의 요직에 앉히고 땅을 하사할 것이다.

40-45 이 이야기의 마지막은 이러하다. 남쪽 왕이 그와 맞서겠고, 북쪽 왕이 폭풍처럼 그를 덮칠 것이다. 전차부대와 기병부대와 대함대를 몰고 모든 것을 휩쓸며 내려올 것이다. 그가 아름다운 땅을 공격하고, 그 앞에서 사람들이 추풍낙엽처럼 쓰러질 것이다. 에돔과 모압과 몇몇 암몬 사람만이 화를 면할 것이다. 그는 손을 뻗어 이 나라 저 나라를 집어삼킬 것이다. 이집트도 예외가 되지는 못한다. 그는 이집트의 금은보화를 모조리 긁어모을 것이다. 리비아 사람과 에티오피아 사람들도 그에게 동조할 것이다. 그러나 그때 북쪽과 동쪽에서 불안한 소문이 들려와 그는 겁에 질릴 것이다. 그가 크게 노하여 사태를 진압하러 달려가지만, 지중해 바다와 거룩한 산 사이에 진—그 왕의 천막!—을 치는 순간, 그는 마지막을 맞게 될 것이다. 누구도 그를 도울 수 없으리라!'"

마지막 때

12 1-2 "'바로 그때, 위대한 천사장이자 네 백성의 수호자인 미가엘이 나설 것이다. 그리고, 세상이 만들어진 이래 최악의 환란이 임할 것이다. 그러나 네 백성, 그 책에 기록되어 있는 이들은 한 사람도 빠지지 않고 그 환란에서 구원을 받을 것이다. 오래전에 죽어 묻힌 많

them. He'll even stoop to despising the God of the holy ones, and in the place where God is worshiped he will put on exhibit, with a lavish show of silver and gold and jewels, a new god that no one has ever heard of. Marching under the banner of a strange god, he will attack the key fortresses. He will promote everyone who falls into line behind this god, putting them in positions of power and paying them off with grants of land.

40-45 "'In the final wrap-up of this story, the king of the south will confront him. But the king of the north will come at him like a tornado. Unleashing chariots and horses and an armada of ships, he'll blow away anything in his path. As he enters the beautiful land, people will fall before him like dominoes. Only Edom, Moab, and a few Ammonites will escape. As he reaches out, grabbing country after country, not even Egypt will be exempt. He will confiscate the treasuries of Egyptian gold and silver and other valuables. The Libyans and Ethiopians will fall in with him. Then disturbing reports will come in from the north and east that will throw him into a panic. Towering in rage, he'll rush to stamp out the threat. But he'll no sooner have pitched camp between the Mediterranean Sea and the Holy Mountain—all those royal tents!—than he'll meet his end. And not a soul around who can help!'"

The Worst Trouble the World Has Ever Seen

12 1-2 "'That's when Michael, the great angel-prince, champion of your people, will step in. It will be a time of trouble, the worst trouble the world has ever seen. But your people will be saved

은 자들이 깨어나서, 어떤 자들은 영원한
생명을 얻고 어떤 자들은 영원한 수치를
겪게 될 것이다.
3 지혜롭게 산 사람들은 총총한 밤하늘의
별처럼 밝게 빛날 것이다. 사람들을 바른
길로 인도하여 살린 사람들은 별처럼 영
원히 빛날 것이다.
4 다니엘아, 이 말씀은 기밀사항이다. 너
만 보고 들었으니, 이것을 비밀로 간직해
라. 마지막 때까지 이 책을 봉인해 두어
라. 그때까지 많은 사람들이 이 내용을 알
아내려고 이리저리 뛰어다닐 것이다.'"

5-6 "나 다니엘이 이 모든 말씀을 곱씹고
있을 때, 두 인물이 나타났다. 한 사람은
강 이쪽 언덕에, 다른 한 사람은 저쪽 언
덕에 서 있었다. 그들 중 한 사람이, 모시
옷을 입고 강물 위쪽에 서 있는 셋째 사
람에게 물었다. '이 놀라운 이야기는 언
제 끝이 납니까?'
7 모시옷을 입고 강물 위쪽에 서 있는 사
람이, 하늘을 향해 두 손을 들었다. 그는
영원하신 분을 두고 엄숙히 맹세하면서,
이 이야기는 한 때와 두 때와 반 때 동안
이어지다가, 거룩한 백성을 압제하는 자
가 패망할 때 완성된다고 말했다.
8 명확히 듣기는 했지만, 나는 그 뜻을 이
해하지 못했다. 그래서 물었다. '주님, 제
게 그 뜻을 알려 주시겠습니까?'
9-10 '다니엘아, 너는 그저 네 할 일을 계
속하여라.' 그가 말했다. '이 메시지는 마
지막이 될 때까지, 마지막이 올 때까지 기
밀사항으로 봉인되어 있을 것이다. 많은
사람이 깨끗이 씻겨져 새사람이 될 것이
다. 그러나 악한 사람은 무슨 일이 벌어지
는지도 모른 채 계속 악을 저지를 것이다.
지혜 있게 사는 사람들은 그 되어지는 일

from the trouble, every last one found
written in the Book. Many who have been
long dead and buried will wake up, some
to eternal life, others to eternal shame.
3 "'Men and women who have lived wisely
and well will shine brilliantly, like the
cloudless, star-strewn night skies. And
those who put others on the right path to
life will glow like stars forever.
4 "'This is a confidential report, Daniel, for
your eyes and ears only. Keep it secret. Put
the book under lock and key until the end.
In the interim there is going to be a lot of
frantic running around, trying to figure
out what's going on.'

5-6 "As I, Daniel, took all this in, two figures
appeared, one standing on this bank of the
river and one on the other bank. One of
them asked a third man who was dressed
in linen and who straddled the river, 'How
long is this astonishing story to go on?'
7 "The man dressed in linen, who strad-
dled the river, raised both hands to the
skies. I heard him solemnly swear by
the Eternal One that it would be a time,
two times, and half a time, that when the
oppressor of the holy people was brought
down the story would be complete.
8 "I heard all this plainly enough, but I
didn't understand it. So I asked, 'Master,
can you explain this to me?'
9-10 "'Go on about your business, Daniel,'
he said. 'The message is confidential and
under lock and key until the end, until
things are about to be wrapped up. The
populace will be washed clean and made

을 깨닫게 될 것이다.'"

⁂

11 "매일 드리는 예배가 성전에서 사라지
고, 그 자리에 역겹고 흉측한 우상이 세워
지는 때로부터 1,290일이 흐를 것이다.
12 1,335일 동안 인내하며 견디는 사람들
은 진실로 복되다.
13 그러니 네가 어떻게 해야겠느냐? 불
안해하거나 염려하지 말고, 네 할 일을
해나가라. 마음을 편히 가져라. 모든 일
이 끝날 때, 너는 일어나서 상급을 받을
것이다."

like new. But the wicked will just keep on being wicked, without a clue about what is happening. Those who live wisely and well will understand what's going on.'

⁂

11 "From the time that the daily worship is
banished from the Temple and the obscene
desecration is set up in its place, there will
be 1,290 days.
12 "Blessed are those who patiently make
it through the 1,335 days.
13 "And you? Go about your business
without fretting or worrying. Relax. When
it's all over, you will be on your feet to
receive your reward."

사랑 이야기가 홍수를 이루는 세상이다. 하지만 대개는 거짓이다. 실은 사랑 이야기가 아니라 욕정과 섹스 판타지, 지배욕에 대한 이야기일 뿐이다. 우리는 요람에서부터 사랑에 대한 거짓말들을 듣고 자란다.

그런 거짓말들은 우리의 인간관계—남자와 여자, 부모와 자녀, 친구와 친구 사이—에 혼란을 가져올 뿐 아니라 더 나아가, 우리가 하나님과 맺는 관계에도 혼란을 가져온다. 모든 현실 위에 태산처럼 우뚝 솟아 있는 거대한 실재는 바로 하나님은 사랑이시라는 사실, 곧 하나님이 이 세상을 사랑하신다는 사실이다. 이 사랑은 우리가 매일같이 마주하고 다루는 현실의 작은 일 하나하나에까지 모두 스며들어 있다.

그런데 사랑에 대한 거짓말들에 속아 지성과 상상력이 제 기능을 잃은 사람은, 우리 삶을 이루는 근원적 요소인 이 사랑을—'사랑'이라는 명사와 '사랑하다'라는 동사를—제대로 이해할 수 없게 된다. 삶의 근본 방향을 잡아 주는 말이어야 할 "하나님은 사랑이시다"에, 세상의 참모습을 가리고 왜곡시키는 온갖 문화적 낙서들이 덧칠되어 있다면, 우리는 삶을 참되게 사는 일에 크게 진보할 수가 없다. 참되게 살기 위해서는 사랑에 대해 참되게 말하는 이야기들이 필요하다.

호세아는 사랑의 예언자다. 하지만 우리가 상상하거나 공상하는 그런 사랑이 아니다. 예언자 호세아는, 당신의 백성을 향한 하나님의 사랑의 비유(parable)다. 다시 말

We live in a world awash in love stories. Most of them are lies. They are not love stories at all—they are lust stories, sex-fantasy stories, domination stories. From the cradle we are fed on lies about love.

This would be bad enough if it only messed up human relationships—man and woman, parent and child, friend and friend—but it also messes up God-relationships. The huge, mountainous reality of all existence is that God is love, that God loves the world. Each single detail of the real world that we face and deal with day after day is permeated by this love.

But when our minds and imaginations are crippled with lies about love, we have a hard time understanding this fundamental ingredient of daily living, "love," either as a noun or as a verb. And if the basic orienting phrase "God is love" is plastered over with cultural graffiti that obscure and deface the truth of the way the world is, we are not going to get very far in living well. We require true stories of love if we are to live truly.

Hosea is the prophet of love, but not love as we imagine or fantasize it. He was a parable of God's love for his people lived out as God revealed and enacted it—a lived parable. It is an astonishing story: a prophet commanded to marry a common whore and have children with her. It is an even more

해, 호세아는 하나님께서 계시하시고 행하신 사랑을 비유로 보여주는 삶을 산 것이다. 우리는 이 이야기에 놀란다. 예언자가 매춘부와 결혼해 자녀를 낳으라는 명령을 받는 이야기이니 말이다. 그러나 이 이야기의 메시지는 우리를 더욱 놀라게 한다. 그것은 하나님이 바로 이러한 방식으로 우리를 사랑하신다는 것이다. 하나님은 우리의 상태가 최악일 때 우리를 찾아오시고, 우리를 얻기까지 끊임없이 구애하시고, 참된 사랑을 몰랐던 우리를 마침내 사랑의 사람들로 변화시키신다. 그분은 말씀하신다.

"내가 그들의 방자함을 고쳐 주고,
그들을 아낌없이 사랑하리라. 이제 나의 노가 다 풀렸다.
내가 이스라엘과 다시 시작할 것이다.
그는 봄철의 백합화처럼 활짝 피어나리라.
상수리나무처럼 깊이 뿌리 내리고,
거대한 숲을 이루리라!
그는 거목처럼 장려해질 것이다.
백향목 숲 같은 향기를 낼 것이다!
그의 곁에 있는 자들도 그로 인해 복을 받아,
황금들판처럼 번성하리라.
모두가 그들에 대해 이야기꽃을 피우며,
그들을 두고 하나님의 으뜸가는 자녀라 칭송할 것이다.
에브라임은 이제 가짜 신들과의 관계를 끝냈다.
이제부터 그에게 해답과 만족을 주는 이는 바로 나다.
나는 풍요로운 과일나무와 같다.
네게 필요한 모든 것이 내 안에 다 있다."
(호 14:4-8)

이 이야기와 이 안의 언어들을 마음으로 받

astonishing message: God loves us in just this way—goes after us at our worst, keeps after us until he gets us, and makes lovers of men and women who know nothing of real love. He says,

"I will heal their waywardness.
I will love them lavishly. My anger is played out.
I will make a fresh start with Israel.
He'll burst into bloom like a crocus in the spring.
He'll put down deep oak tree roots,
he'll become a forest of oaks!
He'll become splendid—like a giant sequoia,
his fragrance like a grove of cedars!
Those who live near him will be blessed by him,
be blessed and prosper like golden grain.
Everyone will be talking about them,
spreading their fame as the vintage children of God.
Ephraim is finished with gods that are no-gods.
From now on I'm the one who answers and satisfies him.
I am like a luxuriant fruit tree.
Everything you need is to be found in me."
(Hosea 14:4-8)

Once we absorb this story and the words that flow from it, we will know God far more accurately. And we will be well on our way to being cured of all the sentimentalized and neurotic distortions of love that

아들일 때, 우리는 하나님에 대해 전보다 훨씬 더 정확히 알게 된다. 그때에야 비로소 우리는, 우리를 사랑하시는 하나님을 대하는 일과 우리를 사랑하지 않는 이웃을 사랑하는 일에 있어, 그동안 우리를 무능하게 만들어 온 온갖 왜곡된—감상적이고 신경증적인—형태의 사랑들로부터 치유받기 시작한다.

incapacitate us from dealing with the God who loves us and loving the neighbors who don't love us.

호세아

HOSEA

1 [1] 유브에리의 아들 호세아에게 임한 하나님의 메시지다. 이는 유다 왕 웃시야, 요담, 아하스, 히스기야의 통치기간 중에 그에게 임했다. 이 시기는 요아스의 아들 여로보암이 이스라엘의 왕으로 다스리던 때이기도 하다.

나라 전체가 사창가가 되었다

2 **하나님**께서 호세아에게 하신 첫 말씀은 이러하다.

"너는 창녀 하나를 만나 그녀와 결혼하여라.
그리고 그 창녀에게서 자식을 낳아라.
이 나라 전체가 사창가가 되어 버렸기 때문이다. 나라 전체가
나 **하나님**에게 부정을 저지른 창녀들의 소굴이 되어 버렸다."

3 호세아는 그렇게 했다. 그는 디블라임의 딸 고멜을 택했다. 고멜은 임신하여 호세아의 아들을 낳았다.
4-5 그러자 **하나님**께서 호세아에게 말씀하셨다.

"그의 이름을 이스르엘이라고 하여라. 머지 않아 나는 이스라엘 백성이
이스르엘에서 저지른 대학살에 대해 대가를 치르게 할 것이기 때문이다.
나는 그렇게 해서 이스라엘 왕국과 셈을 끝낼

1 [1] This is God's Message to Hosea son of Beeri. It came to him during the royal reigns of Judah's kings Uzziah, Jotham, Ahaz, and Hezekiah. This was also the time that Jeroboam son of Joash was king over Israel.

This Whole Country Has Become a Whorehouse

2 The first time GOD spoke to Hosea he said:

"Find a whore and marry her.
Make this whore the mother of your children.
And here's why: This whole country has become a whorehouse, unfaithful to me, GOD."

3 Hosea did it. He picked Gomer daughter of Diblaim. She got pregnant and gave him a son.
4-5 Then GOD told him:

"Name him Jezreel. It won't be long now before
I'll make the people of Israel pay for

것이다.
값을 치를 날이 다가오고 있다! 내가 이스르엘 골짜기에서
이스라엘의 활과 화살들을 다 부서뜨리고, 그 것들을 땔감으로 삼을 것이다."

the massacre at Jezreel.
I'm calling it quits on the kingdom of Israel.
Payday is coming! I'm going to chop Israel's bows and arrows
into kindling in the valley of Jezreel."

6-7 고멜이 다시 임신했다. 이번에 그녀는 딸을 낳았다. **하나님**께서 호세아에게 말씀하셨다.

"그 아이의 이름은 '자비를 못 얻음'이라고 하여라.
나는 이제 이스라엘이라는 말만 들어도 신물이 나기 때문이다.
내 자비는 동이 났다. 이제 더 이상의 용서는 없다.
하지만 유다는 다르다. 그들에게는 계속 자비를 베풀 참이다.
내가 그들을 구원할 것이다. 그들이 구원받는 것은
그들의 군비나 군대, 말과 사람의 힘 때문이 아니라,
오직 그들의 **하나님** 때문이다."

6-7 Gomer got pregnant again. This time she had a daughter. GOD told Hosea:

"Name this one No-Mercy. I'm fed up with Israel.
I've run out of mercy. There's no more forgiveness.
Judah's another story. I'll continue having mercy on them.
I'll save them. It will be their GOD who saves them,
Not their armaments and armies,
not their horsepower and manpower."

8-9 '자비를 못 얻음'이 젖을 떼자, 고멜은 다시 임신하여 아들을 낳았다. **하나님**께서 말씀하셨다.

"그 아이의 이름을 '아무것도 아닌 자'라고 하여라.
너희는 내게 아무것도 아닌 자들이 되었고,
나 **하나님**도 너희에게 아무것도 아닌 하나님이 되었기 때문이다.

10-11 그러나 장차 이스라엘은 인구가 폭발적으로 늘어, 그 수가 바닷가의 모래알같이 될 것이다. 전에 '아무것도 아닌 자'라고 불렸던 바로 그

8-9 After Gomer had weaned No-Mercy, she got pregnant yet again and had a son. GOD said:

"Name him Nobody. You've become nobodies to me,
and I, GOD, am a nobody to you.

10-11 "But down the road the population of Israel is going to explode past counting, like sand on the ocean beaches. In the very place where they

곳에서, 그들은 '하나님의 귀한 자'로 불리게 될 것이다. 유다의 모든 자들과 이스라엘의 모든 자들이 한 백성이 되어 함께 모일 것이다. 그들은 한 사람을 그들의 지도자로 세울 것이다. 그 무엇도 그들을 막을 수 없으리라! 그들은 이스르엘에서 위대한 날을 맞을 것이다!"

were once named Nobody, they will be named God's Somebody. Everybody in Judah and everybody in Israel will be assembled as one people. They'll choose a single leader. There'll be no stopping them—a great day in Jezreel!"

2

1 "너희 형제들의 이름을 '하나님의 귀한 자'로 고쳐 불러라.
너희 자매들의 이름을 '자비를 얻은 자'로 고쳐 불러라."

2

1 "Rename your brothers 'God's Somebody.'
Rename your sisters 'All Mercy.'

이제 파티는 끝났다

2-13 "너희 어머니를 법정으로 끌어내라. 그녀를 고발하여라!
그녀는 더 이상 내 아내가 아니고,
나는 더 이상 그녀의 남편이 아니다.
그녀에게 창녀처럼 입고 다니지 말라고,
가슴을 전시하고 다니지 말라고 전하여라.
그녀가 내 말을 따르지 않으면, 나는 그녀의 옷을 다 빼앗고,
갓 태어난 아기처럼 완전히 발가벗길 것이다.
그녀의 피부를 바싹 마른 가죽처럼 만들고,
그녀의 몸을 황량한 불모지와
사막에 쌓여 있는 뼈 무더기처럼 되게 할 것이다.
하나같이 사창가에서 태어난 그녀의 자식들도
나는 다 저버릴 것이다.
사실을 똑바로 보아라. 너희 어머니는 창녀였고,
사생아들을 낳았다.
그녀는 말한다. '나는 내 애인들을 찾아갈 거예요!
그들은 내게 포도주를 건네고 만찬을 베풀어 줄 거예요.
옷을 입혀 주고, 어루만지며,
향수를 뿌려 치장해 줄 거예요!'

Wild Weekends and Unholy Holidays

2-13 "Haul your mother into court. Accuse her!
She's no longer my wife.
I'm no longer her husband.
Tell her to quit dressing like a whore,
displaying her breasts for sale.
If she refuses, I'll rip off her clothes
and expose her, naked as a newborn.
I'll turn her skin into dried-out leather,
her body into a badlands landscape,
a rack of bones in the desert.
I'll have nothing to do with her children,
born one and all in a whorehouse.
Face it: Your mother's been a whore,
bringing bastard children into the world.
She said, 'I'm off to see my lovers!
They'll wine and dine me,
Dress and caress me,
perfume and adorn me!'
But I'll fix her: I'll dump her in a field of thistles,
then lose her in a dead-end alley.
She'll go on the hunt for her lovers
but not bring down a single one.

그러나 나는 그녀를 꼼짝 못하게 만들 것이다.
그녀를 엉겅퀴 밭에 던지고,
막다른 뒷골목에 내다 버릴 것이다.
그녀는 애인들을 사냥하러 나서겠지만
하나도 건지지 못할 것이다.
위를 보나 아래를 보나
하나도 낚지 못할 것이다. 그제야 그녀는 말하리라.
'남편에게, 내 첫 남자였던 그에게 돌아가야겠어요.
이렇게 사는 것보다는 그때가 훨씬 나았으니까.'
그녀는 몰랐다. 그동안 그녀에게 포도주를 건네고,
만찬을 베풀며, 아름답게 단장시킨 이가
다름 아닌 나였다는 것을.
그녀가 광란의 바알 파티에서 허비해 버린
그 세련된 옷과 보석들을 건넨 이가
다름 아닌 나였다는 사실을 말이다.
나는 곧 그녀를 재판에 불러낼 것이다. 포도주도, 만찬도 이제 끝이다!
실크 속옷도 가운도 다 지난 이야기다.
나는 그녀의 음부가 노출되게 만들 것이며,
그녀 곁에서 하룻밤 애인 행세하던 자들도 그녀를 돕지 못할 것이다.
이제 파티는 끝났다. 내가 다 멈추게 할 것이다.
광란의 주말, 성스러움과 거리가 먼 축제일을
모두 멈추게 할 것이다.
그녀가 '화대 받아 산 것들!'이라고 자랑하던
사치스런 정원과 화려한 분수들을 내가 다 부서뜨릴 것이다.
그것들은 들개나 들고양이가 와서 먹을 것을 찾는
쓰레기 더미가 될 것이다.
나는 난잡한 종교에 탐닉한 그녀가 대가를 치르게 할 것이다.
육욕을 좇는 바알 숭배,
그에 따르기 마련인 그 모든 난잡한 성생활,

She'll look high and low
but won't find a one. Then she'll say,
'I'm going back to my husband, the one I started out with.
That was a better life by far than this one.'
She didn't know that it was I all along
who wined and dined and adorned her,
That I was the one who dressed her up
in the big-city fashions and jewelry
that she wasted on wild Baal-orgies.
I'm about to bring her up short: No more wining and dining!
Silk lingerie and gowns are a thing of the past.
I'll expose her genitals to the public.
All her fly-by-night lovers will be helpless to help her.
Party time is over. I'm calling a halt to the whole business,
her wild weekends and unholy holidays.
I'll wreck her sumptuous gardens and ornamental fountains,
of which she bragged, 'Whoring paid for all this!'
They will soon be dumping grounds for garbage,
feeding grounds for stray dogs and cats.
I'll make her pay for her indulgence in promiscuous religion—
all that sensuous Baal worship
And all the promiscuous sex that went with it,
stalking her lovers, dressed to kill,
And not a thought for me."

나는 안중에도 없이,
한껏 꾸미고 남자들을 쫓아다닌 일에 대한 대가 말이다."
하나님의 **메시지**다!

백성을 향한 하나님의 사랑

14-15 "이제, 내가 하려는 일은 이것이다.
나는 처음부터 다시 시작하려고 한다.
그녀를 다시 광야로 데려갈 것이다.
우리가 첫 데이트를 했던 곳으로.
나는 거기서 그녀에게 구애하며,
장미 꽃다발을 선물할 것이다.
'비탄의 골짜기'를 '희망의 땅'으로 바꾸어 놓을 것이다.
그러면 그녀는 어린 소녀였을 적 그랬던 것처럼,
막 이집트에서 나왔을 적 그랬던 것처럼, 나를 대할 것이다."

16-20 계속 이어지는 **하나님**의 **메시지**다.
"그때는 네가 나를 '서방님!' 하고 부를 것이다.
다시는 나를 '주인님'이라 부르지 않을 것이다.
나는 비누로 너의 입을 깨끗이 씻기고,
입가에 묻은 더러운 거짓 신들의 이름을 말끔히 지워,
다시는 네가 그 이름들을 속삭이지 않게 할 것이다.
또, 너와 들짐승과 새와 파충류들 사이에
평화조약을 체결하고,
모든 전쟁 무기를 모조리 없앨 것이다.
생각해 보아라! 짐승과 악당들로부터 괴롭힘 당하지 않는 삶을!
나는 너와 결혼해 영원히 같이 살 것이다. 영원히!
나는 사랑과 애정을 가지고, 너와 정식으로 결혼할 것이다.
그렇다. 내가 너와 결혼하고 너를 떠나지 않

GOD's Message!

To Start All Over Again

14-15 "And now, here's what I'm going to do:
I'm going to start all over again.
I'm taking her back out into the wilderness
where we had our first date, and I'll court her.
I'll give her bouquets of roses.
I'll turn Heartbreak Valley into Acres of Hope.
She'll respond like she did as a young girl,
those days when she was fresh out of Egypt.

16-20 "At that time"—this is GOD's Message still—
"you'll address me, 'Dear husband!'
Never again will you address me,
'My slave-master!'
I'll wash your mouth out with soap,
get rid of all the dirty false-god names,
not so much as a whisper of those names again.
At the same time I'll make a peace treaty between you
and wild animals and birds and reptiles,
And get rid of all weapons of war.
Think of it! Safe from beasts and bullies!
And then I'll marry you for good—forever!

을 것이며,
네가 떠나도록 내버려 두지도 않을 것이다.
너는 참으로 내가 **하나님**인 것을 알게 될 것이다."

❧

21-23 "바로 그날에, 내가 응답할 것이다." 이는 **하나님**의 **메시지다**.
"나는 하늘에 응답하고 하늘은 땅에 응답할 것이며,
땅은 곡식과 포도주와 올리브기름에 응답하고,
그것들 모두는 이스르엘에 응답할 것이다.
나는 그녀를 좋은 땅에 심어,
'자비를 못 얻음'에게 자비를 베풀 것이다.
'아무것도 아닌 자'에게 '너는 이제 내게 귀한 자'라고 말해 주고,
그는 내게 '주는 내 하나님이십니다!' 하고 말할 것이다."

때가 되면 그들이 돌아오리라

3 1 또 **하나님**께서 내게 명령하셨다. "처음부터 다시 시작하여라. 네 아내를 다시 사랑하여라.
지금도 최근에 사귄 남자와 침실에 누워 있는 네 아내,
너를 속이는 네 아내를 말이다.
하나님인 내가 이스라엘 백성을 사랑하듯, 그녀를 사랑하여라.
마음 내키는 대로 온갖 신들과 놀아나는 그들을
내가 여전히 사랑하듯 말이다."

2-3 나는 그렇게 했다. 그녀를 되찾기 위해 큰돈을 지불했다.
종 하나를 살 수 있는 돈을 들였다.
나는 그녀에게 말했다. "이제부터 당신은 나와 같이 살 것이오.

I'll marry you true and proper, in love and tenderness.
Yes, I'll marry you and neither leave you nor let you go.
You'll know me, GOD, for who I really am.

❧

21-23 "On the very same day, I'll answer"—this is GOD's Message—
"I'll answer the sky, sky will answer earth,
Earth will answer grain and wine and olive oil,
and they'll all answer Jezreel.
I'll plant her in the good earth.
I'll have mercy on No-Mercy.
I'll say to Nobody, 'You're my dear Somebody,'
and he'll say 'You're my God!'"

In Time They'll Come Back

3 1 Then GOD ordered me, "Start all over: Love your wife again,
your wife who's in bed with her latest boyfriend, your cheating wife.
Love her the way I, GOD, love the Israelite people,
even as they flirt and party with every god that takes their fancy."

2-3 I did it. I paid good money to get her back.
It cost me the price of a slave.
Then I told her, "From now on you're living with me.
No more whoring, no more sleeping around.

몸을 파는 일, 여러 남자들과 놀아나는 일은 이제 끝이오.
당신은 나와 같이 살고, 나는 당신과 같이 살 것이오."

You're living with me and I'm living with you."

4-5 이스라엘 백성은 오랜 시간을
안전과 보호 없이,
종교와 위로 없이,
경건과 기도 없이 살게 될 것이다.
그러나 때가 되면, 그들은 돌아올 것이다. 이 이스라엘 백성은
그들의 **하나님**과 그들의 다윗 왕을 찾아서 돌아올 것이다.
연단받은 그들이 돌아와서 **하나님**을 경외하며 살 것이다.
그분이 주시는 온갖 좋은 선물을 받아 누리면서,
그분의 사랑 이야기의 결말을 맞을 준비를 할 것이다.

4-5 The people of Israel are going to live a long time
stripped of security and protection,
without religion and comfort,
godless and prayerless.
But in time they'll come back, these Israelites,
come back looking for their GOD and their David-King.
They'll come back chastened to reverence
before GOD and his good gifts, ready for the End of the story of his love.

신실한 자 아무도 없다

4 1-3 모든 이스라엘 사람들아, 주목하여라! **하나님의 메시지다**!
하나님께서 백성 모두를 고발하신다.
"신실한 자 아무도 없다. 사랑하는 자 아무도 없다.
하나님에 대해 초보적인 지식이라도 가진 자 아무도 없다.
악담과 거짓말과 살해, 도둑질과 문란한 성생활,
무정부 상태, 끊임없는 살인들!
이 모든 일 때문에 땅이 울고,
땅의 모든 것이 비탄에 빠졌다.
들의 짐승과 나는 새들,
심지어 바다의 물고기까지도 기운을 잃고, 생기를 잃었다."

No One Is Faithful

4 1-3 Attention all Israelites! GOD's Message!
GOD indicts the whole population:
"No one is faithful. No one loves.
No one knows the first thing about God.
All this cussing and lying and killing, theft and loose sex,
sheer anarchy, one murder after another!
And because of all this, the very land itself weeps
and everything in it is grief-stricken—
animals in the fields and birds on the wing,
even the fish in the sea are listless, lifeless.

4-10 "그러나 비난할 대상을 찾지 마라.
손가락질할 생각 마라!
너, 제사장인 네가 바로 피고다.
너는 벌건 대낮에 비틀거리며 다닌다.
너를 따라 예언자들도 밤새도록 비틀거린다.
네 어머니도 다를 게 없다.
내 백성이 파멸한 것은
그들이 무엇이 옳고 참된 것인지 모르기 때문이다.
네가 지식에 등을 돌렸기에,
나도 너희 제사장들에게 등을 돌렸다.
네가 하나님의 계시를 알려고 하지 않으니,
나도 더 이상 네 자녀들을 알려고 하지 않는다.
제사장들은 그들의 수만큼이나 많은 죄를 짓는다.
그들은 자신의 영광을 팔아 수치를 샀다.
그들은 내 백성의 죄를 마구 먹어대고,
최신 유행하는 악을 범하는 일에 누구보다 빠르다.
그 결과가 이것이다. 누가 제사장이고 누가 일반 백성인지
구분할 수 없다.
나는 그들 모두가 죄의 대가를 치르게 하여,
그들이 살아온 잘못된 삶의 결과를 맛보게 할 것이다.
그들은 먹어도 여전히 배가 고프고,
섹스를 해도 만족을 느끼지 못할 것이다.
창녀와 놀아나려고 그들이
나, 곧 그들의 **하나님**을 저버렸다."

종교를 나들이로 여기는 너희여

11-14 "포도주에 취해
내 백성이 인사불성이 되었다.
그들은 죽은 나무에게 묻는가 하면,
막대기에게 대답을 기대한다.
섹스에 취해 집으로 돌아가는 길도 잊어버

4-10 "But don't look for someone to blame.
No finger pointing!
You, priest, are the one in the dock.
You stumble around in broad daylight,
And then the prophets take over and stumble all night.
Your mother is as bad as you.
My people are ruined
because they don't know what's right or true.
Because you've turned your back on knowledge,
I've turned my back on you priests.
Because you refuse to recognize the revelation of God,
I'm no longer recognizing your children.
The more priests, the more sin.
They traded in their glory for shame.
They pig out on my people's sins.
They can't wait for the latest in evil.
The result: You can't tell the people from the priests,
the priests from the people.
I'm on my way to make them both pay
and take the consequences of the bad lives they've lived.
They'll eat and be as hungry as ever,
have sex and get no satisfaction.
They walked out on me, their GOD,
for a life of rutting with whores.

They Make a Picnic Out of Religion

11-14 "Wine and whiskey
leave my people in a stupor.
They ask questions of a dead tree,
expect answers from a sturdy walking

리고,
하나님을 대신해 자기 음부를 숭배한다.
그들은 산꼭대기에서 예배를 보며,
종교를 나들이 정도로 여긴다.
팔다리를 늘어지게 쭉 뻗고
언덕 위 상수리나무와 느릅나무 아래에 눕는다.
너희가 모르는 사이에 딸들이 창녀가 되고,
아들의 아내들이 여러 남자와 잠자러 다닌다.
그러나 나는 몸 파는 너희 딸이나
간음하는 너희 며느리들의 뒤를 쫓지 않을 것이다.
내가 뒤쫓는 자는 그 창녀들과 놀아나는 사내들,
그 성스럽다는 사창가에서 예배하는 자들이다.
창녀들 때문에 인생을 파멸시키는 어리석은 백성이여!"

✥

15-19 "이스라엘아, 너는 네 삶을 스스로 파멸시켰다.
유다도 같이 끌고 내려갈 생각은 마라!
길갈의 음란한 산당에 가지 말며,
죄의 도시 베델에 가지 마라.
하나님의 이름을 망령되이 부르거나,
'**하나님**이 너희에게 복 주신다'는 실없는 소리를 하고 다니지 마라.
이스라엘은 노새처럼 완고하다.
그러니 어떻게 **하나님**이 어린양을 치듯
그를 드넓은 초장으로 인도하실 수 있겠느냐?
에브라임은 우상에 중독되었다.
그대로 내버려 두어라.
술이 바닥나면,
하는 일이라곤 섹스, 섹스, 또 섹스다.
낯짝 두꺼운 그들은, 그 지저분한 방탕을
얼마나 사랑하는가!

stick.
Drunk on sex, they can't find their way home.
They've replaced their God with their genitals.
They worship on the tops of mountains,
make a picnic out of religion.
Under the oaks and elms on the hills
they stretch out and take it easy.
Before you know it, your daughters are whores
and the wives of your sons are sleeping around.
But I'm not going after your whoring daughters
or the adulterous wives of your sons.
It's the men who pick up the whores that I'm after,
the men who worship at the holy whorehouses—
a stupid people, ruined by whores!

✥

15-19 "You've ruined your own life, Israel—
but don't drag Judah down with you!
Don't go to the sex shrine at Gilgal,
don't go to that sin city Bethel,
Don't go around saying 'GOD bless you' and not mean it,
taking God's name in vain.
Israel is stubborn as a mule.
How can GOD lead him like a lamb to open pasture?
Ephraim is addicted to idols.
Let him go.
When the beer runs out,
it's sex, sex, and more sex.

회오리바람이 그들을 손아귀에 움켜쥐고 있고,
그들의 섹스 숭배는 결국 그들을 성 불구자로 만들어 놓는다."

하나님을 보아도 알아보지 못한다

5 1-2 "제사장들아, 귀 기울여 들어라!
이스라엘 백성들아, 주목하여라!
왕족들아, 다들 잘 들어라!
너희는 나라의 정의를 책임진 자들이다.
그러나 너희가 한 일이 무엇이냐?
미스바에서 백성들을 착취하고
다볼에서 그들을 벗겨 먹으며,
싯딤에서 그들을 희생 제물 삼았다.
내가 너희를 한 무더기로 벌하리라.

3-4 나는 너희, 에브라임을 속속들이 잘 알고 있다.
그렇다. 이스라엘아, 나는 너희를 꿰뚫어 보고 있다!
에브라임아, 너는 음란한 종교에 푹 빠졌다.
이스라엘 전체가 뿌리까지 썩었다.
그들은 오고 싶어도 하나님에게 돌아오지 못할 것이다.
그들의 악한 삶이 나쁜 습관이 되어 버렸기 때문이다.
그들은 내쉬는 숨까지도 창녀의 숨이다.
그들은 나 **하나님**을 보아도 알아보지 못할 것이다.

5-7 집채만 한 오만으로 잔뜩 부풀어 오른 그들,
세상 앞에 망신거리다.
그들, 이스라엘, 에브라임, 유다가 한 무더기로
비틀대며 죄의 도시를 누빈다.
설령 그들이 똑바로 살 결심을 하고
다시 한번 **하나님**을 찾아 나선다 해도,
그들은 이미 때가 늦었다는 사실을 알게 될

Bold and sordid debauchery—
how they love it!
The whirlwind has them in its clutches.
Their sex-worship leaves them finally impotent."

They Wouldn't Recognize God If They Saw Him

5 1-2 "Listen to this, priests!
Attention, people of Israel!
Royal family—all ears!
You're in charge of justice around here.
But what have you done? Exploited people at Mizpah,
ripped them off on Tabor,
Victimized them at Shittim.
I'm going to punish the lot of you.

3-4 "I know you, Ephraim, inside and out.
Yes, Israel, I see right through you!
Ephraim, you've played your sex-and-religion games long enough.
All Israel is thoroughly polluted.
They couldn't turn to God if they wanted to.
Their evil life is a bad habit.
Every breath they take is a whore's breath.
They wouldn't recognize GOD if they saw me.

5-7 "Bloated by arrogance, big as a house,
they're a public disgrace,
The lot of them—Israel, Ephraim, Judah—
lurching and weaving down their guilty streets.

것이다.
나 하나님은 그들을 떠난 지 이미 오래다.
그들은 너무 오랫동안 나를 농락했다.
그들은 온 나라를 사생아들로 가득 채웠다.
메뚜기 재앙이 덮쳐,
그들의 포도밭을 황무지로 만들어 버릴 것이다.

8-9 기브아에서 숫양 뿔나팔을,
라마에서 군대나팔을 불어라!
'죄의 도시'에 적군의 침입을 알려라!
베냐민이 겁을 집어먹고 사색이 되게 하여라!
에브라임은 황폐해져,
쑥대밭이 될 것이다.
나는 이스라엘 지파들에게 그들의 실상을
가감 없이 말해 주겠다.

10 이스라엘의 통치자들은 자기 백성을 속이는
사기꾼이고 도둑놈들이다.
그래서 나는 노한다. 크게 노한다.
그들은 뼛속까지 사무치도록 내 진노를 느끼게 되리라.

11-12 잔혹한 에브라임은 이제 잔혹한 일을 당할 것이다.
자기가 준 대로 받을 것이다!
그는 헛된 길을 한사코
고집했다.
그러므로 나는 에브라임에게 고름이며,
유다 집에는 썩은 오물이다.

13 에브라임이 제 몸 병든 것을 깨닫고,
유다가 고름 흐르는 제 상처를 보았다.
에브라임은 앗시리아로 달려가,
그 대왕에게 도움을 청했다.
그러나 그는 너희를 고쳐 줄 수 없다.
그는 고름이 흐르는 너희의 상처를 치료해

When they decide to get their lives together
and go off looking for GOD once again,
They'll find it's too late.
I, GOD, will be long gone.
They've played fast and loose with me for too long,
filling the country with their bastard offspring.
A plague of locusts will
devastate their violated land.

8-9 "Blow the ram's horn shofar in Gibeah,
the bugle in Ramah!
Signal the invasion of Sin City!
Scare the daylights out of Benjamin!
Ephraim will be left wasted,
a lifeless moonscape.
I'm telling it straight, the unvarnished truth,
to the tribes of Israel.

10 "Israel's rulers are crooks and thieves,
cheating the people of their land,
And I'm angry, good and angry.
Every inch of their bodies is going to feel my anger.

11-12 "Brutal Ephraim is himself brutalized—
a taste of his own medicine!
He was so determined
to do it his own worthless way.
Therefore I'm pus to Ephraim,
dry rot in the house of Judah.

13 "When Ephraim saw he was sick
and Judah saw his pus-filled sores,

줄 수 없다.

14-15 나는 에브라임에게 달려드는 큰곰,
유다에게 달려드는 어미 곰이다.
내가 그들을 갈기갈기 찢어 버릴 것이다.
그렇다. 내가 그렇게 할 것이다!
누구도 나를 막을 수 없다.
내가 그들을 끌고 갈 것이며,
누구도 그들을 도와줄 수 없다.
그런 다음 나는 내가 있던 곳으로 되돌아가,
그들이 제정신을 차릴 때까지 기다릴 것이다.
그들이 밑바닥까지 내려가면,
어쩌면 나를 찾을지도 모르니."

내가 너를 어찌해야겠느냐?

6 1-3 "이제 우리가 **하나님**께 돌아가자.
주께서 우리를 상하게 하셨으나, 이제 치료해 주실 것이다.
우리를 아프게 치셨지만,
다시 일으켜 주실 것이다.
우리가 이틀 내에 회복되고,
사흘째에는, 주께서 우리를 완전히 새롭게 해주실 것이다.
생기 넘치는 우리가 제 발로 서서,
그분의 얼굴을 마주 볼 수 있으리라.
우리가 **하나님**을 알자.
힘써 하나님을 알자.
날마다 새벽이 어김없이 오듯,
그분께서도 날마다 어김없이 오신다.
땅을 새롭게 하는 봄비처럼,
그분이 우리를 찾아오신다."

4-7 "에브라임아, 내가 너를 어떻게 해야겠느냐?
유다야, 내가 너를 어떻게 하면 좋겠느냐?

Ephraim went running to Assyria,
went for help to the big king.
But he can't heal you.
He can't cure your oozing sores.

14-15 "I'm a grizzly charging Ephraim,
a grizzly with cubs charging Judah.
I'll rip them to pieces—yes, I will!
No one can stop me now.
I'll drag them off.
No one can help them.
Then I'll go back to where I came from
until they come to their senses.
When they finally hit rock bottom,
maybe they'll come looking for me."

Gangs of Priests Assaulting Worshipers

6 1-3 "Come on, let's go back to GOD.
He hurt us, but he'll heal us.
He hit us hard,
but he'll put us right again.
In a couple of days we'll feel better.
By the third day he'll have made us brand-new,
Alive and on our feet,
fit to face him.
We're ready to study GOD,
eager for God-knowledge.
As sure as dawn breaks,
so sure is his daily arrival.
He comes as rain comes,
as spring rain refreshing the ground."

4-7 "What am I to do with you, Ephraim?
What do I make of you, Judah?
Your declarations of love last no longer
than morning mist and predawn dew.

너희의 사랑 고백은
아침안개처럼, 새벽이슬처럼 덧없다.
그래서 내가 예언자들을 보내어 너희를 흔들어 깨우고,
그들이 네 뼛속까지 파고드는 내 말을 전한다.
빛처럼 번득이는 내 심판에,
너희가 깨어 있게 하려는 것이다.
내가 찾는 것은 너희의 변함없는 사랑이지, 더 많은 종교가 아니다.
내가 원하는 것은 너희가 **하나님**을 아는 것이지, 더 많은 기도회에 나가는 것이 아니다.
너희는 언약을 깨뜨렸다. 아담처럼!
너희는 나와의 신의를 깨뜨렸다. 은혜를 모르는 비열한 인간처럼!

8-9 길르앗은 '죄의 도시'가 되었다.
거리마다 피가 흐른다.
전에는 도둑들이 행인을 강탈하더니,
이제는 제사장 무리가
세겜으로 여행중인 예배자들을 습격한다.
그들에게 신성한 것이란 없다.

10 나는 이스라엘 나라에서 실로 충격적인 광경을 보았다.
에브라임이 종교 매음굴에서 예배하는 모습,
이스라엘이 그와 함께 그곳 진창에서 뒹굴고 있는 모습이 그것이다.

11 유다야, 네 잘못도 저들 못지않다.
너 역시 이제 뿌린 대로 거둘 때가 되었다."

하나님의 경고에도 그분을 무시하는 이스라엘

7 1-2 "내가 이스라엘에게 다시 시작할 기회를 줄 때마다,
그의 더러운 전과를 말소해 줄 때마다,

That's why I use prophets to shake you to attention,
why my words cut you to the quick:
To wake you up to my judgment
blazing like light.
I'm after love that lasts, not more religion.
I want you to know GOD, not go to more prayer meetings.
You broke the covenant—just like Adam!
You broke faith with me—ungrateful wretches!

8-9 "Gilead has become Crime City—
blood on the sidewalks, blood on the streets.
It used to be robbers who mugged pedestrians.
Now it's gangs of priests
Assaulting worshipers on their way to Shechem.
Nothing is sacred to them.

10 "I saw a shocking thing in the country of Israel:
Ephraim worshiping in a religious whorehouse,
and Israel in the mud right there with him.

11 "You're as bad as the worst of them, Judah.
You've been sowing wild oats. Now it's harvest time."

Despite All the Signs, Israel Ignores God

7 1-2 "Every time I gave Israel a fresh start,
wiped the slate clean and got them going

에브라임은 금세 새로운 죄들로 전과를 쌓았고,
사마리아는 굵직한 반역죄를 더했다.
두 얼굴을 한 그들, 한 입으로 두말하는 그들,
너희를 속여 먹고, 벗겨 먹는다.
내가 모든 범죄를 기록하고 있다는 것을
그들은 생각도 못한다.
머리부터 발끝까지 지저분한 죄를 뒤집어쓰고 있는 그들,
나는 그들의 본색을, 그들이 하는 짓을 다 보고 있다.

3-7 그들은 사악한 곡예로 왕을 즐겁게 하고,
재주 좋은 거짓말로 제후들의 비위를 맞춘다.
색욕으로 달아오른 그들,
뜨겁게 달궈진 화덕 같다.
반죽된 가루가 빵이 될 때까지
계속 달궈져 있는 화덕.
왕실 축제일이 되면, 제후들은
포도주와 격앙된 군중들의 우롱에 취한다.
빨갛게 달아오르는 난로처럼
그들은 욕망으로 달아오른다.
밤새도록 쌓인 욕망은
아침에 불이 붙어, 게걸스럽게 널름거리는 불꽃이 된다.
흉악한 그들, 화산처럼 폭발하여
그들의 통치자들을 태워 재로 만든다.
그렇게 왕들이 하나씩 죽어 나가는데,
아무도 나에게 관심 갖지 않는다.

8-10 에브라임은 이방인과 뒤섞여, 자기 자신을 잃어버렸다.
에브라임은 팔푼이다.
낯선 자들이 자기를 다 빨아먹는데도
눈치채지 못한다.
제 머리가 백발이 되었는데도

again,
Ephraim soon filled the slate with new sins,
the treachery of Samaria written out in bold print.
Two-faced and double-tongued,
they steal you blind, pick you clean.
It never crosses their mind
that I keep account of their every crime.
They're mud-spattered head to toe with the residue of sin.
I see who they are and what they've done.

3-7 "They entertain the king with their evil circus,
delight the princes with their acrobatic lies.
They're a bunch of overheated adulterers,
like an oven that holds its heat
From the kneading of the dough
to the rising of the bread.
On the royal holiday the princes get drunk
on wine and the frenzy of the mocking mob.
They're like wood stoves,
red-hot with lust.
Through the night their passion is banked;
in the morning it blazes up, flames hungrily licking.
Murderous and volcanic,
they incinerate their rulers.
Their kings fall one by one,
and no one pays any attention to me.

8-10 "Ephraim mingles with the pagans, dissipating himself.
Ephraim is half-baked.
Strangers suck him dry

알아차리지 못한다.
오만이 집채만큼 부풀어 오른 이스라엘,
세상 앞에 망신거리다.
하나님은 안중에도 없이 떠도는 이스라엘,
그 모든 경고에도, 여전히 **하나님**을 무시하고 다닌다.

11-16 에브라임은 새대가리다.
아둔하고 미련하기 짝이 없다.
처음에는 이집트에 붙어서 짹짹거리더니,
다음에는 앗시리아에게 팔랑거리며 날아간다.
나는 그물을 던져 그들을 잡아들일 것이다.
그들의 날개를 잘라 버릴 것이다.
혼쭐을 내 줄 것이다!
집을 뛰쳐나간 그들, 화가 있으리라!
내게 도전한 그들, 큰일을 맞으리라!
내게 밥 먹듯이 거짓말하는 그들을
내가 도와주어야 하는가?
내게 마음을 쏟아 기도하고 부르짖는 대신에
그들은 창녀들과 어울려 침대에서 소리를 질러 대고,
음란한 광란의 종교 파티에서 피가 흥건하게 놀면서도
정작 나에게는 등을 돌렸다.
그들에게 똑똑한 머리와 건장한 신체를 주었건만,
내게 돌아온 것은 무엇인가? 사악한 음모뿐이다!
그들은 바람개비처럼 이리저리 돌지만,
내 쪽으로는 돌지 않는다.
그들의 통치자들은 칼에 베이고, 살해될 것이다.
조롱과 신성모독의 대가다.
그들의 최후는?
세상 모든 사람의 조롱거리가 되는 것이다."

but he doesn't even notice.
His hair has turned gray—
he doesn't notice.
Bloated by arrogance, big as a house,
Israel's a public disgrace.
Israel lumbers along oblivious to GOD,
despite all the signs, ignoring GOD.

11-16 "Ephraim is bird-brained,
mindless, clueless,
First chirping after Egypt,
then fluttering after Assyria.
I'll throw my net over them. I'll clip their wings.
I'll teach them to mind me!
Doom! They've run away from home.
Now they're *really* in trouble! They've *defied* me.
And I'm supposed to help them
while they feed me a line of lies?
Instead of crying out to me in heartfelt prayer,
they whoop it up in bed with their whores,
Gash themselves bloody in their sex-and-religion orgies,
but turn their backs on me.
I'm the one who gave them good minds and healthy bodies,
and how am I repaid? With evil scheming!
They turn, but not to me—
turn here, then there, like a weather vane.
Their rulers will be cut down, murdered—
just deserts for their mocking blasphemies.
And the final sentence?
Ridicule in the court of world opinion."

죄짓기용 제단이라니!

8 1-3 "나팔을 불어라! 경보를 울려라!
독수리 떼가 하나님의 백성 위를 선회하고 있다.
나와의 언약을 깨뜨리고,
나의 계시에 도전한 그들을 노리고 있다.
이스라엘은 '나의 하나님! 우리는 주를 아는 백성입니다!' 하고
부르짖겠지만,
그들의 행동은 전혀 딴판이다.
이스라엘은 복된 것을 다 잃을 것이며,
원수가 그들을 잡으러 올 것이다.

4-10 그들은 왕들을 세우면서, 내게 묻지도 않는다.
제후들을 세우면서, 내가 그 일에 관여하지 못하게 한다.
대신에, 그들은 은과 금으로 여러 우상을 만든다.
그들을 파멸시킬 우상들을.
사마리아야, 금송아지 신상을 쓰레기통에 던져라!
그 쓰레기 때문에 내 노가 끓어오른다.
도대체 언제가 되어야 바로잡히겠느냐?
너희 이스라엘은!
그것은 사람이 조각한 물건이다.
하나님이 아니다.
그 사마리아 송아지,
부러져 산산조각이 날 것이다.
그들을 보아라! 헛바람을 심는 그들,
결국 광풍을 수확하게 될 것이다.
쭉정이인 밀은
밀가루를 생산하지 못한다.
설령 만들어 낸다 해도,
남들이 다 먹어 치울 것이다.
이스라엘은 통째로 먹혔다가 내뱉어졌다.
이방인들에게 그들은 쓰레기다.

Altars for Sinning

8 1-3 "Blow the trumpet! Sound the alarm!
Vultures are circling over God's people
Who have broken my covenant
and defied my revelation.
Predictably, Israel cries out, 'My God! We know you!'
But they don't act like it.
Israel will have nothing to do with what's good,
and now the enemy is after them.

4-10 "They crown kings, but without asking me.
They set up princes but don't let me in on it.
Instead, they make idols, using silver and gold,
idols that will be their ruin.
Throw that gold calf-god on the trash heap, Samaria!
I'm seething with anger against that rubbish!
How long before they shape up?
And they're Israelites!
A sculptor made that thing—
it's not God.
That Samaritan calf
will be broken to bits.
Look at them! Planting wind-seeds,
they'll harvest tornadoes.
Wheat with no head
produces no flour.
And even if it did,
strangers would gulp it down.
Israel is swallowed up and spit out.
Among the pagans they're a piece of junk.
They trotted off to Assyria:

그들은 앗시리아로 쪼르르 달려갔다.
미련한 들나귀들도 자기 종족을 떠나지 않거늘,
어찌하여 미련한 나귀 에브라임은 밖으로 나돌며 돈 주고 정부를 산단 말인가.
이방인에게 몸을 파는 그들,
이제 내가 한곳에 모으고 대적할 것이다.
그들은 곧 죄의 대가를 치르게 될 것이다.
대왕의 압제 아래 놓인 삶이 무엇인지 깨닫게 될 것이다.

11-14 에브라임은 제단들을 많이 세우고는,
죄짓는 데 사용한다.
믿어지느냐? 죄짓기용 제단이라니!
내가 그들을 위해 나의 계시를 상세히 적어 놓았는데도
그들은 글을 읽을 줄 모르는 체한다.
그들은 내게 희생 제물을 바치고
그 고기로 잔치를 벌인다.
나 **하나님**은 조금도 기쁘지 않다!
아주 지긋지긋하다. 그들의 죄를 낱낱이 기억해 둘 것이다.
그 죄를 벌하여,
그들을 다시 이집트로 돌려보낼 것이다.
이스라엘은 자기 창조자를 잊었고,
그저 궁궐 짓는 일로 분주했다.
유다는 요새 세우는 일에만 몰두했다.
내가 그 도성에 불을 보내어,
그 요새들을 불태워 버릴 것이다."

더러운 영적 공기에 오염된 너희 영혼

9 1-6 이스라엘아, 광란의 파티로 너희 삶을 허비하지 마라.
이교도들과의 파티로 너희 삶을 탕진하지 마라.
너는 틈만 나면 너희 하나님을 저버리면서
거리의 음란한 종교 파티에 끼어들어,

Why, even wild donkeys stick to their own kind,
but donkey-Ephraim goes out and *pays* to get lovers.
Now, because of their whoring life among the pagans,
I'm going to gather them together and confront them.
They're going to reap the consequences soon,
feel what it's like to be oppressed by the big king.

11-14 "Ephraim has built a lot of altars,
and then uses them for sinning.
Can you believe it? Altars for sinning!
I write out my revelation for them in detail
and they pretend they can't read it.
They offer sacrifices to me
and then they feast on the meat.
GOD is not pleased!
I'm fed up—I'll keep remembering their guilt.
I'll punish their sins
and send them back to Egypt.
Israel has forgotten his Maker
and gotten busy making palaces.
Judah has gone in for a lot of fortress cities.
I'm sending fire on their cities
to burn down their fortifications."

Starved for God

9 1-6 Don't waste your life in wild orgies, Israel.
Don't party away your life with the heathen.
You walk away from your God at the drop of a hat
and like a whore sell yourself promiscu-

닥치는 대로 창녀처럼 네 자신을 판다.
그 파티 음식은 아무리 먹어도 너희 배를 채워 주지 못하고,
결국 전보다 더 허기질 것이다.
이런 식이라면 머지않아 너희는 **하나님**의 땅에서 살지 못하게 될 것이다.
너희 가운데 어떤 자들은 이집트에서 파산하고,
어떤 자들은 앗시리아에서 환멸을 맛보게 될 것이다.
너희는 이집트와 앗시리아에서 피난민 신세가 되어,
하나님을 예배할 기회도 얻지 못할 것이다.
배급받는 빵과 물로 겨우 연명하지만,
너희 영혼은 더러운 영적 공기에 오염될 것이다.
하나님의 나라에서 추방된 너희는
하나님에 주릴 것이다.
너희는 옛 거룩한 날들을 그리워하게 될까?
하나님의 축제일들을 그리워하게 될까?
조심하여라! 용케 작은 재난을 피해 간다고 해도,
결국 너는 이집트의 불구덩이 속으로 들어가게 될 것이다.
이집트는 너희에게 저승사자가 될 것이다!
잡초 밭에서 근근이 목숨을 부지하는 너희에게
은으로 만든 신이 무슨 도움이 되겠느냐?

7-9 시간이 다 되었다. 재앙이 문턱까지 와 있다.
빚을 청산해야 할 날이다!
이스라엘이 이렇게 고함쳤느냐? "저 예언자는 미쳤다!
'영의 사람'은커녕 미치광이일 뿐이다!"라고 고함쳤느냐?
다시 생각하여라. 너희가 지금 큰 곤경에 처

ously
at every sex-and-religion party on the street.
All that party food won't fill you up.
You'll end up hungrier than ever.
At this rate you'll not last long in GOD's land:
Some of you are going to end up bankrupt in Egypt.
Some of you will be disillusioned in Assyria.
As refugees in Egypt and Assyria,
you won't have much chance to worship GOD—
Sentenced to rations of bread and water,
and your souls polluted by the spirit-dirty air.
You'll be starved for GOD,
exiled from GOD's own country.
Will you be homesick for the old Holy Days?
Will you miss festival worship of GOD?
Be warned! When you escape from the frying pan of disaster,
you'll fall into the fire of Egypt.
Egypt will give you a fine funeral!
What use will all your god-inspired silver be then
as you eke out a living in a field of weeds?

7-9 Time's up. Doom's at the doorstep.
It's payday!
Did Israel bluster, "The prophet is crazy!
The 'man of the Spirit' is nuts!"?
Think again. Because of your great guilt,
you're in big trouble.
The prophet is looking out for Ephraim,

한 것은
너희의 큰 죄 때문이다.
그 예언자는 지금 하나님의 명을 받아 일하며,
에브라임을 보살피고 있다.
그러나 모두가 그에게 딴죽을 걸려고 하니,
그는 모든 곳에서, 심지어 하나님의 집에서도 미움을 받는다.
백성은 갈수록 질이 나빠지고,
오래전 기브아에서 있었던 범죄,
차마 입에 담기도 역겨운 그것에 버금가는 죄를 짓는다.
하나님께서 그들의 죄를 모두 기록해 두고 계시니,
그들로 죄의 대가를 치르게 하실 것이다.

돼지가 오물에 빠지듯 죄에 빠졌다

10-13 "오래전 내가 이스라엘을 처음 만났을 때,
마치 사막에서 포도송이를 만난 것 같았다.
내가 너희 조상을 발견했을 때,
마치 열매 맺는 무화과나무를 처음 발견한 것 같았다.
그러나 이방 산당 바알브올에 이르자,
그들은 돼지가 오물에 빠지듯 죄에 빠졌고,
새로 알게 된 친구들과 함께 진창을 뒹굴었다.
이제 에브라임은 검정 새 떼처럼 변덕스럽고 산만하다.
아름다움은 간곳없고, 허둥지둥 떠들어 댈 뿐이다.
정신없고 시끄러우며, 불감증에 불임까지.
아무것도 내세울 것이 없다. 수태도, 출산도 하지 못한다.
설령 아기를 낳는다 해도, 나는 그들에게
부모 자격이 없다고 선언하고 아이들을 빼앗아 갈 것이다!
그렇다. 내가 등 돌리고 떠나면,
암흑의 날이 임하리라!

working under God's orders.
But everyone is trying to trip him up.
He's hated right in God's house, of all places.
The people are going from bad to worse,
rivaling that ancient and unspeakable crime at Gibeah.
God's keeping track of their guilt.
He'll make them pay for their sins.

They Took to Sin Like a Pig to Filth

10-13 "Long ago when I came upon Israel,
it was like finding grapes out in the desert.
When I found your ancestors, it was like finding
a fig tree bearing fruit for the first time.
But when they arrived at Baal-peor, that pagan shrine,
they took to sin like a pig to filth,
wallowing in the mud with their newfound friends.
Ephraim is fickle and scattered, like a flock of blackbirds,
their beauty dissipated in confusion and clamor,
Frenetic and noisy, frigid and barren,
and nothing to show for it—neither conception nor childbirth.
Even if they did give birth, I'd declare them
unfit parents and take away their children!
Yes indeed—a black day for them
when I turn my back and walk off!
I see Ephraim letting his children run wild.
He might just as well take them and kill

내가 보니 에브라임은 자녀들이 미쳐 날뛰는 것을 방관하고 있구나.
차라리 그들을 잡아다가 당장 죽이는 편이 나으련만!"

14 **하나님**, 그들에게 주십시오! 그들에게,
메마른 자궁과 말라붙은 젖가슴을 주십시오.

15-16 "길갈의 이방 산당에서 그들의 악이 모두 드러났다.
오, 그곳에 있는 자들을 내가 얼마나 혐오하는지!
그처럼 악한 짓을 저지른 그들,
내 땅에서 내쫓을 것이다.
더 이상 그들에게 사랑을 허비하지 않을 것이다.
그들의 지도자들은 반항하는 청소년 같다.
에브라임은 큰 타격을 입었다.
이제 뿌리가 시들어, 열매를 맺지 못한다.
설령 기적적으로 아이를 가진다 해도,
귀여운 아기들은 살아남지 못할 것이다. 내가 반드시 그렇게 할 것이다!"

17 나의 하나님이 그들에게서 손을 떼셨다.
도무지 들으려 하지 않는 그들,
이방 민족들 사이에서 이리저리 떠돌며,
방랑하는 처지가 될 것이다.

너는 네 힘을 믿었다

10 1-2 이스라엘은 한때 푸르게 우거진 포도나무였고,
풍성한 열매를 맺었다.
그러나 수확이 풍성해지자,
그만큼 예배가 난잡해졌다.
돈이 많아지자,
자기들 형상대로 우상을 만드는 일에 돈을 쏟아부었다.
다들 환한 미소를 짓고 다니지만, 순전히 거

them outright!"

14 Give it to them, GOD! But what?
Give them a dried-up womb and shriveled breasts.

15-16 "All their evil came out into the open
at the pagan shrine at Gilgal. Oh, how I hated them there!
Because of their evil practices,
I'll kick them off my land.
I'm wasting no more love on them.
Their leaders are a bunch of rebellious adolescents.
Ephraim is hit hard—
roots withered, no more fruit.
Even if by some miracle they had children,
the dear babies wouldn't live—I'd make sure of that!"

17 My God has washed his hands of them.
They wouldn't listen.
They're doomed to be wanderers,
vagabonds among the godless nations.

You Thought You Could Do It All on Your Own

10 1-2 Israel was once a lush vine,
bountiful in grapes.
The more lavish the harvest,
the more promiscuous the worship.
The more money they got,
the more they squandered on gods-in-their-own-image.
Their sweet smiles are sheer lies.
They're guilty as sin.

짓이다.
범죄와 다름없는 미소다.
하나님께서 그들이 예배하는 산당들을 허물어 뜨리시고,
그 우상들을 가루로 만들어 버리실 것이다.

3-4 그들은 이렇게 말하며 다닌다.
"왕이 왜 필요한가?
하나님도 개의치 않는 우리들인데.
그런 우리가 왕이라고 신경 쓸까?
대체 왕이 무슨 소용인가?"
그들은 큰소리치며
거짓말을 밥 먹듯 하고,
뒷거래를 일삼는다.
하지만 그 거창한 말들은
결국 허풍과 쓸데없는 잡소리에 지나지 않았다.

5-6 사마리아 사람들이 '죄의 도시'로 몰려가서
금송아지 신을 숭배한다.
흥행사격인 제사장들의 안내를 받아
밖으로 나가서, 소리를 질러 대고 날뛴다.
송아지 신을 가운데 두고 잔뜩 폼을 잡지만,
그것이 얼마나 거짓되고 부끄러운 일인지 깨닫지 못한다.
그들은 금송아지를 앗시리아로 가져가서,
대왕에게 선물로 바칠 계획까지 세운다.
그렇게 에브라임은 스스로를 웃음거리로 만들고,
그 우스꽝스런 우상들로 이스라엘을 욕보인다.

7-8 사마리아는 이제 흘러간 역사다. 그 왕은
강물 위를 떠내려가는 죽은 가지다.
이스라엘이 즐겨 찾으며 죄짓던 곳들이
모두 무너져 내리리라.
엉겅퀴와 잡초들이
그 허물어진 제단을 장식할 것이다.
그러면 그들은 산들을 향해 이렇게 말할 것이다. "우리를 덮어 다오!"

God will smash their worship shrines,
pulverize their god-images.

3-4 They go around saying,
"Who needs a king?
We couldn't care less about GOD,
so why bother with a king?
What difference would he make?"
They talk big,
lie through their teeth,
make deals.
But their high-sounding words
turn out to be empty words, litter in the gutters.

5-6 The people of Samaria travel over to Crime City
to worship the golden calf-god.
They go all out, prancing and hollering,
taken in by their showmen priests.
They act so important around the calf-god,
but are oblivious to the sham, the shame.
They have plans to take it to Assyria,
present it as a gift to the great king.
And so Ephraim makes a fool of himself,
disgraces Israel with his stupid idols.

7-8 Samaria is history. Its king
is a dead branch floating down the river.
Israel's favorite sin centers
will all be torn down.
Thistles and crabgrass

또 언덕들을 향해 이렇게 말할 것이다. "우리 위에 무너져 다오!"

9-10 너의 죄는 기브아에서 처음 시작되었다.
오래전의, 차마 입에 담을 수 없는 충격적인 죄.
너는 계속 그 죄를 고집해 왔지만,
이제 기브아에서 그 끝을 볼 것이다.
모든 죄를 끝장내는 전쟁을 통해 그렇게 될 것이다.
내가 그들로 하여금 교훈을 얻게 할 것이다.
나라들이 패를 지어 그들을 칠 때,
그들은 기브아에 기브아를 더한 만큼의
쓴맛을 보게 될 것이다.

11-15 에브라임은 곡식 밟기를 좋아하던
잘 훈련된 암송아지였다.
지나가다 그녀의 튼실하고 매끄러운 목을 본 나는,
에브라임에게 멍에를 씌우고
들에서 부리고자 했다.
유다는 밭을 갈게 하고, 야곱은 써레질을 시키려 했다.
의를 심어,
사랑을 거두기를 원했다.
자, 준비된 땅을 갈자.
하나님과 더불어 땅을 갈자.
마침내 의가 무르익어 수확할 때가 되면
그분이 오실 것이니.
그러나 너희는 악한 길을 갈았고,
악의 곡물을 수확했으며, 거짓의 야채를 먹었다.
너는 네 힘을 믿었으며,
무기와 사람의 힘을 자랑했다.
전쟁이 네 백성 가운데 화산처럼 터져서,
너의 방어진들이 모조리 쑥대밭이 되고 말 것이다.
승리한 살만 왕이

will decorate their ruined altars.
Then they'll say to the mountains, "Bury us!"
and to the hills, "Fall on us!"

9-10 You got your start in sin at Gibeah—
that ancient, unspeakable, shocking sin—
And you've been at it ever since.
And Gibeah will mark the end of it
in a war to end all the sinning.
I'll come to teach them a lesson.
Nations will gang up on them,
Making them learn the hard way
the sum of Gibeah plus Gibeah.

11-15 Ephraim was a trained heifer
that loved to thresh.
Passing by and seeing her strong, sleek neck,
I wanted to harness Ephraim,
Put Ephraim to work in the fields—
Judah plowing, Jacob harrowing:
Sow righteousness,
reap love.
It's time to till the ready earth,
it's time to dig in with GOD,
Until he arrives
with righteousness ripe for harvest.
But instead you plowed wicked ways,
reaped a crop of evil and ate a salad of lies.
You thought you could do it all on your own,
flush with weapons and manpower.
But the volcano of war will erupt among your people.
All your defense posts will be leveled

벳아벨 성을 쑥대밭으로 만들고,
엄마와 아기들을
바위에 메어치던 때처럼 될 것이다.
이것이 바로 너희, 하나님의 백성이라는 너희 앞에 놓인 일이다.
이것이 모두 너희가 저지른 전대미문의 악 때문이다.
어느 날 아침, 너희가 자리에서 일어나 보면,
이스라엘이, 왕과 왕국도 사라져 버린 것을 보게 될 것이다.

내가 어찌 너를 단념하겠느냐?

11 1-9 "이스라엘이 어린아이였을 적,
나는 그를 사랑했다.
'내 아들아!' 하고 큰소리로 그를 불러냈다.
이집트에서 불러냈다.
그러나 다른 자들이 부르자,
그는 나를 버리고 가 버렸다.
그는 인기 좋은 음란한 신들을 숭배하고,
갖고 놀기 좋은 신들로 종교 놀음을 벌였다.
그래도 나는 그의 곁을 떠나지 않았다. 에브라임의 길을 인도해 주었다.
압제받던 그를 구해 주었다.
그러나 그는 나의 도움을 전혀 인정하지 않았다.
내가 그의 유모차를 밀어 주고,
아기처럼 번쩍 들어 뺨을 부비고,
허리 굽혀 젖을 주던 일을 알아주지 않았다.
이제 그는 다시 이집트로 돌아가고 싶어 한다.
앗시리아한테 가고 싶어 한다.
내게 돌아올 생각은 하지 않는다!
그래서 도성들이 위험한 곳이 되었다.
살인사건이 급증하고, 개선의 노력은 번번이 무산되었다.
내 백성은 나를 저버리는 일에 필사적이다.
바알 신에게 달려가 도와 달라고 기도하지만,
그 신은 손가락 하나 까딱하지 않는다.
그러나 에브라임아, 내가 어찌 너를 단념하겠

As viciously as king Shalman
leveled the town of Beth-arba,
When mothers and their babies
were smashed on the rocks.
That's what's ahead for you, you so-called people of God,
because of your off-the-charts evil.
Some morning you're going to wake up
and find Israel, king and kingdom, a blank—nothing.

Israel Played at Religion with Toy Gods

11 1-9 "When Israel was only a child, I loved him.
I called out, 'My son!'—called him out of Egypt.
But when others called him,
he ran off and left me.
He worshiped the popular sex gods,
he played at religion with toy gods.
Still, I stuck with him. I led Ephraim.
I rescued him from human bondage,
But he never acknowledged my help,
never admitted that I was the one pulling his wagon,
That I lifted him, like a baby, to my cheek,
that I bent down to feed him.
Now he wants to go *back* to Egypt or go over to Assyria—
anything but return to me!
That's why his cities are unsafe—the murder rate skyrockets
and every plan to improve things falls to pieces.
My people are hell-bent on leaving me.
They pray to god Baal for help.
He doesn't lift a finger to help them.

느냐?
이스라엘아, 내가 어찌 너를 단념하겠느냐?
내가 어찌 너를 아드마처럼 망하도록 놔두며,
가련한 스보임처럼 황폐해지도록 내버려 둘 수 있겠느냐?
나는 그런 생각을 하는 것조차 견딜 수 없다.
내 온몸이 거부한다.
아무리 노여워도 나는 그렇게 하지는 않을 것이다.
에브라임을 멸망시키지 않을 것이다.
왜 그러겠느냐? 나는 하나님이지 사람이 아니기 때문이다.
나는 '거룩한 하나님'이며, 지금 여기, 너희 가운데 있다.

10-12 내 백성이 마침내 **하나님**을 따르게 될 것이다.
내가 포효하리라.
사자처럼!
그러면 놀란 내 자녀들이 서쪽에서 뛰어오리라.
그들이 놀란 새들처럼 이집트에서 나오고,
겁먹은 비둘기들처럼 앗시리아에서 나오리라.
내가 그들을 다시 고향집으로 데려갈 것이다."
하나님의 말씀이다!

영혼을 파멸시키는 거짓말들

에브라임은 입만 열면 거짓말이다.
이스라엘이 하는 말은 한 마디도 믿을 수 없다.
유다도 나을 것이 없다. 그도,
값싼 신들에 중독되었다.

12

1-5 신에 대한 환상에 사로잡힌 에브라임은
환영과 망상을 좇는다.
그는 쉼 없이 거짓말을 해댄다.
영혼을 파멸시키는 거짓말들을.

But how can I give up on you, Ephraim?
How can I turn you loose, Israel?
How can I leave you to be ruined like Admah,
devastated like luckless Zeboim?
I can't bear to even think such thoughts.
My insides churn in protest.
And so I'm not going to act on my anger.
I'm not going to destroy Ephraim.
And why? Because I am God and not a human.
I'm The Holy One and I'm here—in your very midst.

10-12 "The people will end up following GOD.
I will roar like a lion—
Oh, how I'll roar!
My frightened children will come running from the west.
Like frightened birds they'll come from Egypt,
from Assyria like scared doves.
I'll move them back into their homes."
GOD's Word!

Soul-Destroying Lies

Ephraim tells lies right and left.
Not a word of Israel can be trusted.
Judah, meanwhile, is no better,
addicted to cheap gods.

12

1-5 Ephraim, obsessed with god-fantasies,
chases ghosts and phantoms.
He tells lies nonstop,
soul-destroying lies.

에브라임도 유다도 앗시리아와 뒷거래를 하고
이집트에게 잘 보이려 애쓴다.
하나님께서 이스라엘을 고발하신다.
야곱의 자녀들이 벌을 받으러 법정에 끌려 나온다.
'발뒤꿈치' 야곱이 모태에서 형을 눌러 이겼다.
장성한 다음에는, **하나님**과도 대결하여 이기려고 했다.
그러나 **하나님**은 꺾이지 않으시는 분,
하나님께서 그를 꺾으셨다.
무릎 꿇은 야곱은
울며 기도했다.
하나님은 베델에서 그를 만나셨고,
그곳에서 그와 말씀을 나누셨다.
하나님은 만군의 **하나님**,
자신을 계시해 주신 **하나님**, 자신을 알려 주신 **하나님**이시다.

Both Ephraim and Judah made deals with Assyria
and tried to get an inside track with Egypt.
GOD is bringing charges against Israel.
Jacob's children are hauled into court to be punished.
In the womb, that heel, Jacob, got the best of his brother.
When he grew up, he tried to get the best of GOD.
But GOD would not be bested.
GOD bested him.
Brought to his knees,
Jacob wept and prayed.
GOD found him at Bethel.
That's where he spoke with him.
GOD is GOD-of-the-Angel-Armies,
GOD-Revealed, GOD-Known.

6 너희는 무엇을 기다리느냐? 너희 하나님께로 돌아오너라!
사랑과 정의에 헌신하여라!
너희 하나님을 기다려라.
그분을 단념하지 마라. 결단코!

6 What are you waiting for? Return to your God!
Commit yourself in love, in justice!
Wait for your God,
and don't give up on him—ever!

7-8 장사치들이 대대적으로 사기를 치고,
사람들을 속이려 혈안이 되었다!
에브라임이 뻐기며 말한다. "봐라, 이제 나는 부자다!
나는 성공했다!
게다가 내가 과거의 흔적을 얼마나 잘 감추었는지,
사기의 흔적, 죄의 자국을 절대 찾지 못할 것이다!"

7-8 The businessmen engage in wholesale fraud.
They love to rip people off!
Ephraim boasted, "Look, I'm rich!
I've made it big!
And look how well I've covered my tracks:
not a hint of fraud, not a sign of sin!"

9-11 "그러나 속단하지 마라! 나는 **하나님**,

9-11 "But not so fast! I'm GOD, *your* God!
Your God from the days in Egypt!

너희 하나님이다!
너희가 이집트에 살던 시절부터 나는 너희 하나님이었다!
내가 다시 너희로 장막생활을 하게 만들 것이다.
광야에서 예배하던 때로 되돌려 보낼 것이다.
나는 예언자들을 통해
진실을 말하고,
예언자들을 들어 진실을 이야기한다.
길르앗에 만연한 종교 스캔들과
길갈에 유행하는 속 빈 종교를 폭로하고,
그들의 예배장소가 실은
악취 진동하는 쓰레기장임을 드러내 보인다."

12-14 너희는 너희 조상 야곱의 삶을 되풀이할 참이냐?
그는 죄를 짓고 아람으로 도망쳤고,
출세를 위해 영혼까지 팔았으며,
배신과 사기로 성공했다.
너희가 진정 누구인지를 말해 주는 자는 하나님이 보내신 예언자들이다.
그들은 너희를 이집트에서 인도해 냈고, 신실한 목자로 너희를 섬겼다.
그러나 에브라임은 끊임없이 죄를 짓고,
변명의 여지없이 하나님을 모독했다.
이제 그는 자신이 걸어온 멸망의 길에 대한 대가를 치러야 한다.
그가 행한 그대로 그의 주께서 되갚아 주실 것이다.

I'm going to put you back to living in tents,
as in the old days when you worshiped in the wilderness.
I speak through the prophets
to give clear pictures of the way things are.
Using prophets, I tell revealing stories.
I show Gilead rampant with religious scandal
and Gilgal teeming with empty-headed religion.
I expose their worship centers as
stinking piles of garbage in their gardens."

12-14 Are you going to repeat the life of your ancestor Jacob?
He ran off guilty to Aram,
Then sold his soul to get ahead,
and made it big through treachery and deceit.
Your real identity is formed through God-sent prophets,
who led you out of Egypt and served as faithful pastors.
As it is, Ephraim has continually
and inexcusably insulted God.
Now he has to pay for his life-destroying ways.
His Master will do to him what *he* has done.

사람의 입맛에 맞춰 주는 종교

13 1-3 전에 하나님은 에브라임,
곧 이스라엘에게 끔찍한 선고를 내리신 적이 있다.
추잡하고 음란한 바알 종교에 빠졌던 그들은,
붙잡혀서 유죄 선고를 받았다. 그들은 죽었다!

Religion Customized to Taste

13 1-3 God once let loose against Ephraim
a terrifying sentence against Israel:
Caught and convicted
in the lewd sex-worship of Baal—they died!

그런데 이제 그들은 또다시 죄 비즈니스를 열고,
자기들 용도에 맞게 신상들을 제조한다.
사람의 입맛에 맞춰 주는 종교다. 알아서 척척 해주는 전문가들이 있어,
너희가 신에 대해 원하는 것은 무엇이든 내놓는다.
믿어지느냐? 그들은 죽은 신에게 살아 있는 아기를 제물로 바친다.
살아 있는 아기를 죽이고는 금송아지에게 입을 맞춘다!
속이 텅텅 빈 남자들, 생기가 다 빠져 버린 여자들,
이런 자들에게 남는 것이란 없다.
길거리에서 바람에 나뒹구는 폐지 조각 같고,
세찬 바람에 몰려가는 연기 같다.

4-6 "지금도 나는 너희 **하나님**이다.
너희를 이집트에서 구원해 낸 그 하나님이다.
너희가 아는 유일한 참 하나님이며,
구원을 베푸는 유일무이한 하나님이다.
너희가 광야에서 고생할 때,
아무 가진 것 없던 그 시절, 내가 너희를 돌봐 주었다.
너희를 보살피고, 너희 필요를 살펴서,
너희에게 필요한 모든 것을 베풀어 주었다.
그런데 너희는 버릇이 없어졌다. 더 이상 내가 필요 없다고 여겼다.
나를 잊어버렸다.

7-12 내가 그들에게 달려들 것이다. 사자처럼,
숲 속을 활보하는 표범처럼.
새끼를 빼앗긴 암곰처럼 그들에게 달려들어,
그들의 오장육부를 찢어 놓을 것이다.
늑대들이 그들을 먹어 치우고,
까마귀들이 그들의 뼈를 말끔히 발라 먹을 것이다.
이스라엘아, 내가 너를 쓸어버리겠다.

And now they're back in the sin business again,
manufacturing god-images they can use,
Religion customized to taste. Professionals see to it:
Anything you want in a god you can get.
Can you believe it? They sacrifice live babies to these dead gods—
kill living babies and kiss golden calves!
And now there's nothing left to these people:
hollow men, desiccated women,
Like scraps of paper blown down the street,
like smoke in a gusty wind.

4-6 "I'm still your GOD,
the God who saved you out of Egypt.
I'm the only real God you've ever known.
I'm the one and only God who delivers.
I took care of you during the wilderness hard times,
those years when you had nothing.
I took care of you, took care of all your needs,
gave you everything you needed.
You were spoiled. You thought you didn't need me.
You forgot me.

7-12 "I'll charge them like a lion,
like a leopard stalking in the brush.
I'll jump them like a sow grizzly robbed of her cubs.
I'll rip out their guts.
Coyotes will make a meal of them.

누가 나를 막아 세울 수 있겠느냐?
너희를 구원해 주리라 철석같이 믿었던 그 왕은 지금 어디에 있느냐?
네가 그렇게 간절히 원했던 지방 수령들, 지금 다 어디에 있느냐?
'왕을 주십시오! 지도자를 주십시오!' 하면서 나를 다그쳐 얻어 낸 네 통치자들, 다들 어디에 있느냐?
오래전 내가 너에게 왕을 준 것은 사실이지만,
내가 흔쾌히 한 일은 아니었다.
이제 넌더리가 나서, 그를 치워 버렸다.
나는 너의 배신 행위들을 일일이 기록해 두었다.
에브라임의 죄는 모두 문서화되어 안전한 곳에 보관되어 있다.

13-15 진통이 시작되고 아기가 나올 시간이 되어도,
아둔한 에브라임은 태를 열고 나올 줄 몰랐다.
생명으로 나오는 길이 열렸음에도,
그는 나오지 않았다.
내가 나서서 그들을 끌어내어 살려야 할까?
가만두면 죽을 것이 분명한데 끄집어내 주어야 할까?
사망아, 누가 너를 두려워하느냐?
무덤아, 누가 너의 위협을 신경 쓰느냐?
마침내 내가 슬픔을 폐지시키고,
비탄을 추방시키리라.
에브라임, 그 문제아가
아무리 망나니짓을 해도, 결국 그렇게 되리라.

15-16 **하나님**의 광풍이 오고 있다.
노호하며 사막에서 오고 있다.
광풍이 온 나라를 휩쓸어,
폐허와 잔해만 남길 것이다.

Crows will clean their bones.
I'm going to destroy you, Israel.
Who is going to stop me?
Where is your trusty king you thought would save you?
Where are all the local leaders you wanted so badly?
All these rulers you insisted on having,
demanding, 'Give me a king! Give me leaders!'?
Well, long ago I gave you a king, but I wasn't happy about it.
Now, fed up, I've gotten rid of him.
I have a detailed record of your infidelities—
Ephraim's sin documented and stored in a safe-deposit box.

13-15 "When birth pangs signaled it was time to be born,
Ephraim was too stupid to come out of the womb.
When the passage into life opened up,
he didn't show.
Shall I intervene and pull them into life?
Shall I snatch them from a certain death?
Who is afraid of you, Death?
Who cares about your threats, Tomb?
In the end I'm abolishing regret,
banishing sorrow,
Even though Ephraim ran wild,
the black sheep of the family.

15-16 "GOD's tornado is on its way,
roaring out of the desert.
It will devastate the country,
leaving a trail of ruin and wreckage.

도성은 약탈당할 것이며,
애지중지하던 물건들은 다 사라질 것이다.
사마리아가 자기 하나님께 맞서 반역했으니
이제 그 대가를 치러야 하리라.
그의 백성은 죽임을 당하고, 아기들은 바위에 메어침을 당하며,
임신한 여인들은 배가 찢길 것이다."

돌아오너라! 너의 하나님께 돌아오너라!

14 1-3 오, 이스라엘아, 돌아오너라!
너의 **하나님**께 돌아오너라!
너는 거꾸러졌지만, 아주 끝장난 것은 아니다.
참회를 준비해
하나님께 돌아오너라.
그분께 기도하여라. "우리 죄를 없애 주시고,
우리 참회를 받아 주십시오.
우리의 회개 기도를,
속죄물로 받아 주십시오.
앗시리아는 우리를 구원하지 못합니다.
군마들은 우리를 원하는 곳으로 데려다 주지 못합니다.
다시는 우리 손으로 만든 것들에게,
'우리 신이여' 하고 말하지 않겠습니다.
주님은 우리의 마지막 희망이십니다.
고아를 불쌍히 여기시는 분은 주님밖에 없지 않습니까?"

4-8 "내가 그들의 방자함을 고쳐 주고,
그들을 아낌없이 사랑하리라. 이제 나의 노가 다 풀렸다.
내가 이스라엘과 다시 시작할 것이다.
그는 봄철의 백합화처럼 활짝 피어나리라.
상수리나무처럼 깊이 뿌리 내리고,
거대한 숲을 이루리라!
그는 거목처럼 장려해질 것이다.
백향목 숲 같은 향기를 낼 것이다!

The cities will be gutted,
dear possessions gone for good.
Now Samaria has to face the charges
because she has rebelled against her God:
Her people will be killed, babies smashed on the rocks,
pregnant women ripped open."

Come Back! Return to Your God!

14 1-3 O Israel, come back! Return
to your GOD!
You're down but you're not out.
Prepare your confession
and come back to GOD.
Pray to him, "Take away our sin,
accept our confession.
Receive as restitution
our repentant prayers.
Assyria won't save us;
horses won't get us where we want to go.
We'll never again say 'our god'
to something we've made or made up.
You're our last hope. Is it not true
that in you the orphan finds mercy?"

4-8 "I will heal their waywardness.
I will love them lavishly. My anger is played out.
I will make a fresh start with Israel.
He'll burst into bloom like a crocus in the spring.
He'll put down deep oak tree roots,
he'll become a forest of oaks!
He'll become splendid—like a giant sequoia,

그의 곁에 있는 자들도 그로 인해 복을 받아,
황금들판처럼 번성하리라.
모두가 그들에 대해 이야기꽃을 피우며,
그들을 두고 하나님의 으뜸가는 자녀라 칭송할 것이다.
에브라임은 이제 가짜 신들과의 관계를 끝냈다.
이제부터 그에게 해답과 만족을 주는 이는 바로 나다.
나는 풍요로운 과일나무와 같다.
네게 필요한 모든 것이 내 안에 다 있다."

9 참으로 잘살고자 한다면,
이 사실을 분명히 알아두어라.
정말 좋은 것을 찾고 싶다면,
이 사실을 철두철미하게 새겨라.
하나님의 길은, 너희를 그 원하는 곳으로 데려다 준다.
의롭게 사는 자들은 그 길을 평탄하게 걷지만,
그릇되게 사는 자들은 늘 비틀거리다 넘어지고 만다.

his fragrance like a grove of cedars!
Those who live near him will be blessed by him,
be blessed and prosper like golden grain.
Everyone will be talking about them,
spreading their fame as the vintage children of God.
Ephraim is finished with gods that are no-gods.
From now on I'm the one who answers and satisfies him.
I am like a luxuriant fruit tree.
Everything you need is to be found in me."

9 If you want to live well,
make sure you understand all of this.
If you know what's good for you,
you'll learn this inside and out.
GOD's paths get you where you want to go.
Right-living people walk them easily;
wrong-living people are always tripping and stumbling.

재난이 닥치면 하나님에 대한 이해가 흔들린다. 돌연한 발병이나 죽음, 국가적 재앙, 사회적 대혼란, 개인적 상실, 전염병, 홍수나 가뭄에 의한 참사를 만나면, 평소 하나님에 대해 아무 생각 없이 살던 사람도 단번에 신학자가 된다. 그리고 다음과 같은 풍문이 떠돈다. "하나님은 없다", "하나님께서 진노하셨다", "하나님께서 나를 미워하신다", "하나님은 무능하시다", "그동안 많이 참으신 하나님이 이제 폭발하셨다."

예언자의 직무는 바로 이런 재앙의 순간에 일어나서, 하나님이 어떤 분이시며 어떤 일을 하시는지 사람들에게 명확히 밝히는 것이다. 좋은 예언자, 다시 말해 진정한 예언자는 그 재난을, 사람들을 죄에서 해방시키고 하나님 앞에서 자유롭게 살 수 있게 하는 방편으로 삼는다. 그런 의미에서 요엘은 훌륭한 예언자다. 그는 이스라엘에게 닥친 한 사건을 가지고, 그들이 지금껏 단 하루도 하나님과 상관없이 살아온 날이 없었음을 각인시키는 전거로 활용했다. 우리의 삶은 늘 하나님과 관련이 있다.

요엘이 전거로 사용한 사건은 이스라엘에 닥친 끔찍한 메뚜기 재앙으로, 모든 농작물이 완전히 초토화된 엄청난 규모의 재난이었다. 요엘은 이것을 적군의 대대적인 침공 사태에 비유했다.

메뚜기 군대는 마치 말들과 같다.
질주하는 말들의 군대.
그것이 내는 소리는 산등성이를 울리는

When disaster strikes, understanding of God is at risk. Unexpected illness or death, national catastrophe, social disruption, personal loss, plague or epidemic, devastation by flood or drought, turn men and women who haven't given God a thought in years into instant theologians. Rumors fly: "God is absent"..."God is angry"..."God is playing favorites, and I'm not the favorite"..."God is ineffectual"..."God is holding a grudge from a long time ago, and now we're paying for it"...

It is the task of the prophet to stand up at such moments of catastrophe and clarify who God is and how he acts. If the prophet is good—that is, accurate and true—the disaster becomes a lever for prying people's lives loose from their sins and setting them free for God. Joel is one of the good ones: He used a current event in Israel as a text to call his people to an immediate awareness that there wasn't a day that went by that they weren't dealing with God. We are always dealing with God.

The event that Joel used as his text was a terrible locust plague that was devastating the crops of Israel, creating an agricultural disaster of major proportions. He compared it to a massive military invasion.

The locust army seems all horses—

천둥소리 같고,
풀과 잡목을 태워 버리는
마른번개소리 같으며,
피에 주리고 기세등등한
무적 군대의 고함소리 같기도 하다.
사람들은 그 군대를 보기만 해도
겁에 질려, 얼굴이 백지장이 된다(욜 2:4-6).

다른 종류의 재앙이었더라도, 요엘은 마찬가지로 유용하게 활용했을 것이다. 그는 그 재앙을 커다란 스크린에 투사해, 사람들이 그들 가운데 계시는 하나님을 뚜렷이 볼 수 있게 해주었다. 그런 다음 그 초점을 더욱 확장시켜, 그 안에 '모든' 사람과 '모든' 것을 포함시켰다. 실로 이 세상 전체를 하나님의 선고가 행해지는 '판결 골짜기' 속으로 밀어 넣은 것이다. 하나님의 백성들은 이 잊을 수 없는 그림을 오래도록 기억하며, 매일의 결정들이 초래하는 영원한 결과에 대해 경각심을 갖고 하루하루를 살았다.

어떤 의미에서, 재앙은 우리 삶에 새로운 사태를 유발시키는 것이 아니라, 쳇바퀴처럼 돌아가는 바쁜 일상과 자기몰두에 묻혀서 보이지 않던 진실, 곧 우리 삶의 도덕적 · 영적 차원을 우리 눈앞에서 드러나게 해준다. 우리는 진실을 마주하게 된다. 우리가 살면서 내렸던 모든 결정들—어떻게 말하고 행동할지, 사람들을 어떻게 대할지, 하나님의 명령에 어떻게 순종할지 등—이 하나님의 심판의 빛 안에서 적나라한 실상을 드러내게 된다.

일상적인 생활에서는, 옳고 그름의 문제나 그것에 관한 우리의 결정이 가지런히 정리되고 명확하게 정의된 모습으로 드러날 때가 드물다. 요엘의 예언자적 설교는, 우리의 일상을 흔드는 크고 작은 모든 일들이 궁극적으로 하나님과 연결되어 있음을 밝

galloping horses, an army of horses.
It sounds like thunder
leaping on mountain ridges,
Or like the roar of wildfire
through grass and brush,
Or like an invincible army shouting for blood,
ready to fight, straining at the bit.
At the sight of this army,
the people panic, faces white with terror(Joel 2:4-6).

But any catastrophe would have served him as well. He projected it onto a big screen and used it to focus the reality of God in the lives of his people. Then he expanded the focus to include everything and everyone *everywhere*—the whole world crowded into Decision Valley for God's verdict. This powerful picture has kept God's people alert to the eternal consequences of their decisions for many centuries.

There is a sense in which catastrophe doesn't introduce anything new into our lives. It simply exposes the moral or spiritual reality that already exists but was hidden beneath an overlay of routine, self-preoccupation, and business as usual. Then suddenly, there it is before us: a moral universe in which our accumulated decisions—on what we say and do, on how we treat others, on whether or not we will obey God's commands—are set in the stark light of God's judgment.

In our everyday experience, right and wrong and the decisions we make about them seldom come to us neatly packaged and precisely defined. Joel's prophet-

힌다. 동시에, 하나님은 언제나 우리에게 새로운 기회를 주시고, 믿음과 순종의 삶을 새롭게 시작할 수 있게 해주시는 분임을 깨닫게 한다.

ic words continue to reverberate down through the generations, making the ultimate connection between anything, small or large, that disrupts our daily routine, and God, giving us fresh opportunity to reorient our lives in faithful obedience.

아직 늦지 않았다.
여기, **하나님**께서 친히 주시는 **메시지**가 있다!
"내게 돌아오너라! 진심으로 돌아오너라!
오되, 금식하고 울며, 너희 죄를 슬퍼하며 오너라!"

It's not too late—
GOD's personal Message!—
"Come back to me and really mean it!
Come fasting and weeping, sorry for your sins!"

너희 삶을 고쳐라. 너희 옷만 바꾸지 말고.
하나님께, 너희 하나님께 돌아오너라.
하나님은 은혜로우시며 자비로우신 분이기 때문이다.
그분은 심호흡을 하시며 많이 참아 주신다.
이토록 오래 참으시고 넘치게 사랑하시는 하나님은,
언제든 재난을 취소할 준비가 되어 있으시다.
누가 알겠는가? 어쩌면 그분께서 당장 그렇게 해주실지,
어쩌면 뜻을 돌이켜 동정을 베풀어 주실지.
하실 말씀, 하실 일을 다 하신 다음에,
어쩌면 **하나님**께서 차고 넘치도록 복을 부어 주실지!(욜 2:12-14)

Change your life, not just your clothes.
Come back to GOD, *your* God.
And here's why: God is kind and merciful.
He takes a deep breath, puts up with a lot,
This most patient God, extravagant in love,
always ready to cancel catastrophe.
Who knows? Maybe he'll do it now,
maybe he'll turn around and show pity.
Maybe, when all's said and done,
there'll be blessings full and robust for your GOD!(Joel 2:12-14)

요엘서는 임종 전, 아직 하나님의 영광을 위해 살 수 있는 시간과 장소가 남아 있을 때, 우리로 하여금 '임종의 참회'를 할 수 있도록 이끄는 책이다.

Joel gives us opportunity for "deathbed repentance" before we die, while there is still time and space for a lot of good living to the glory of God.

요엘

현실을 직시하여라. 그리고 슬피 울어라!

1 1-3 브두엘의 아들 요엘에게 임한 **하나님의 메시지다.**

나라의 원로들아, 주목하여라!
모든 자들, 어디 사는 누구든지 귀 기울여라!
너희는 이런 일을 들어 본 적 있느냐?
전에도 이런 일이 일어난 적 있더냐?
너희는 이것을 너희 자녀들에게 들려주고
자녀들은 또 그들의 자녀들에게,
그 자녀들은 또 그들의 자녀들에게 이것을 들려주어,
이 메시지가 사라져 없어지지 않게 하여라.

4 씹어 대는 메뚜기 떼가 남긴 것을,
뜯어 대는 메뚜기 떼가 와서 다 먹어 버렸다.
뜯어 대는 메뚜기 떼가 남긴 것을,
삼켜 대는 메뚜기 떼가 와서 다 먹어 버렸다.
삼켜 대는 메뚜기 떼가 남긴 것을,
우적대는 메뚜기 떼가 와서 다 먹어 치워 버렸다.

5-7 너희 취한 자들아, 술에서 깨어나라!
현실을 직시하여라. 그리고 슬피 울어라!
이제 술은 다 떨어졌고,
마시고 싶어도 남은 술이 없다.
내 나라가 침략당하고 있다.
수를 헤아릴 수 없고, 누구도 당해내지 못

JOEL

Get in Touch with Reality—and Weep!

1 1-3 GOD's Message to Joel son of Pethuel:

Attention, elder statesmen! Listen closely,
everyone, whoever and wherever you are!
Have you ever heard of anything like this?
Has anything like this ever happened before—ever?
Make sure you tell your children,
and your children tell their children,
And their children *their* children.
Don't let this message die out.

4 What the chewing locust left,
the gobbling locust ate;
What the gobbling locust left,
the munching locust ate;
What the munching locust left,
the chomping locust ate.

5-7 Sober up, you drunks!
Get in touch with reality—and weep!
Your supply of booze is cut off.
You're on the wagon, like it or not.
My country's being invaded
by an army invincible, past numbering,

하는 군대가 밀려 들어온다.
사자 이빨,
호랑이 송곳니를 가진
그 군대는 내 포도밭을 황폐케 하고
내 과수원을 벌거벗겼으며,
온 나라를 쑥대밭으로 만들어 놓았다.
마치 달 표면처럼 황량하다.

8-10 약혼자를 잃고서 상복을 입은
젊은 처녀처럼 울어라.
곡식도 포도도 없어,
하나님의 성소에서
예배가 중단되었다.
제사장들이 쩔쩔매고,
하나님의 사역자들이 어쩔 줄 몰라한다.
밭이 메말랐고,
땅이 애곡한다.
밀밭도 죽었고,
포도밭도 말라붙었다. 올리브기름도 구할 수 없다.

11-12 땅 파는 농부들아, 절망하여라!
포도 재배자들아, 가슴을 쥐어뜯어라!
밀과 보리가 사라진 것을 슬퍼하여라.
작물들이 다 죽었다.
포도밭이 말라 버렸고,
무화과나무도 시들어 버렸다.
석류도, 대추야자도, 사과나무도
다 말라 죽었다! 그리고 사람들의 마음속에 있던
기쁨도 마르고, 시들어 버렸다.

쥐 죽은 듯 고요한 예배처

13-14 너희 제사장들아,
예복을 입고 함께 통곡하여라.
백성의 예배를 인도하는 너희들,
그들의 비탄도 인도하여라.
너희, 내 하나님의 종들아,

Teeth like those of a lion,
fangs like those of a tiger.
It has ruined my vineyards,
stripped my orchards,
And clear-cut the country.
The landscape's a moonscape.

8-10 Weep like a young virgin dressed in black,
mourning the loss of her fiancé.
Without grain and grapes,
worship has been brought to a standstill
in the Sanctuary of GOD.
The priests are at a loss.
GOD's ministers don't know what to do.
The fields are sterile.
The very ground grieves.
The wheat fields are lifeless,
vineyards dried up, olive oil gone.

11-12 Dirt farmers, despair!
Grape growers, wring your hands!
Lament the loss of wheat and barley.
All crops have failed.
Vineyards dried up,
fig trees withered,
Pomegranates, date palms, and apple trees—
deadwood everywhere!
And joy is dried up and withered
in the hearts of the people.

Nothing's Going On in the Place of Worship

13-14 And also you priests,
put on your robes and join the outcry.
You who lead people in worship,
lead them in lament.

거친 베옷을 입고 밤을 지새워라.
예배하는 곳이 쥐 죽은 듯 고요하다.
봉헌도 없고, 기도도 없고, 아무것도 없다.
거룩한 금식을 선포하여라. 특별 집회를 소집하여라.
지도자들을 다 불러 모아라.
이 땅의 백성들을 다 모아라.
그들로 **하나님**의 성소에 들어와, **하나님**께 간절히 기도하게 하여라.

15-18 그날이 왔다! 재앙의 날이다!
하나님의 심판 날이 이르렀다.
강하신 하나님께서 임하셨다.
실로 큰일이 닥쳤다!
식탁 위에 놓이던 음식은 그저 옛이야기며,
하나님의 성소에 흐르던 기쁨과 노래도 옛이야기가 되었다.
밭의 씨들이 다 말라 죽고,
창고가 텅텅 비어 폐가가 되었다.
곡식 저장고들도 빈 채 버려졌다.
작물이 모두 죽었으니, 그런 건물은 이제 필요가 없다!
농장의 동물들도 신음한다. 오, 그들의 비참한 신음소리!
가축들이 먹을 것을 찾지 못해,
떼 지어 이리저리 헤매고 다닌다.
양들도 먹을 것이 없다.

19-20 **하나님**! 기도합니다. 주께 부르짖습니다!
들판이 타들어 가고,
나라 전체가 먼지 구덩이로 변해 갑니다.
숲과 초원도 걷잡을 수 없이 불타고 있습니다.
목말라 죽어 가는 들짐승들,
마실 것을 찾아 주를 바라봅니다.
샘과 시냇물이 다 말라 버렸고,
나라 전체가 바싹 타들어 갑니다.

Spend the night dressed in gunnysacks,
you servants of my God.
Nothing's going on in the place of worship,
no offerings, no prayers—nothing.
Declare a holy fast, call a special meeting,
get the leaders together,
Round up everyone in the country.
Get them into GOD's Sanctuary for serious prayer to GOD.

15-18 What a day! Doomsday!
GOD's Judgment Day has come.
The Strong God has arrived.
This is serious business!
Food is just a memory at our tables,
as are joy and singing from God's Sanctuary.
The seeds in the field are dead,
barns deserted,
Grain silos abandoned.
Who needs them? The crops have failed!
The farm animals groan—oh, how they groan!
The cattle mill around.
There's nothing for them to eat.
Not even the sheep find anything.

19-20 GOD! I pray, I cry out to you!
The fields are burning up,
The country is a dust bowl,
forest and prairie fires rage unchecked.
Wild animals, dying of thirst,
look to you for a drink.
Springs and streams are dried up.
The whole country is burning up.

메뚜기 군대

2

1-3 시온에서 숫양 뿔나팔을 불어라!
내 거룩한 산에서 경보나팔을 불어라!
온 나라를 흔들어 깨워라!
하나님의 심판이 다가오고 있다. 그날이 임박했다!
암흑의 날이다! 재앙의 날이다!
환한 언저리 하나 없는 먹구름이 몰려온다!
산을 타고 넘어오는 새벽빛같이,
거대한 군대가 쳐들어온다.
이런 일은 전에도 없었고
앞으로도 없을 것이다.
이 군대는 마른번개가 앞장서 모든 것을 태우고
지나간 자리는 불이 모든 것을 핥아 버린다.
그들이 이르기 전에는 에덴 동산 같았던 이 나라가,
그들이 떠난 뒤에는 죽음의 골짜기로 변했다.
무사한 것이 하나도 없다.

4-6 메뚜기 군대는 마치 말들과 같다.
질주하는 말들의 군대.
그것이 내는 소리는 산등성이를 울리는
천둥소리 같고,
풀과 잡목을 태워 버리는
마른번개소리 같으며,
피에 주리고 기세등등한
무적 군대의 고함소리 같기도 하다.
사람들은 그 군대를 보기만 해도
겁에 질려, 얼굴이 백지장이 된다.

7-11 그 침략자들이 공습해 온다.
바리케이드를 넘어온다. 그 무엇으로도 그들을 막을 수 없다.
그 군인들, 각자 명령받은 대로 행한다.
잘 훈련되어, 한 치의 흐트러짐도 없는 그

The Locust Army

2

1-3 Blow the ram's horn trumpet in Zion!
Trumpet the alarm on my holy mountain!
Shake the country up!
GOD's Judgment's on its way—the Day's almost here!
A black day! A Doomsday!
Clouds with no silver lining!
Like dawn light moving over the mountains,
a huge army is coming.
There's never been anything like it
and never will be again.
Wildfire burns everything before this army
and fire licks up everything in its wake.
Before it arrives, the country is like the Garden of Eden.
When it leaves, it is Death Valley.
Nothing escapes unscathed.

4-6 The locust army seems all horses—
galloping horses, an army of horses.
It sounds like thunder
leaping on mountain ridges,
Or like the roar of wildfire
through grass and brush,
Or like an invincible army shouting for blood,
ready to fight, straining at the bit.
At the sight of this army,
the people panic, faces white with terror.

7-11 The invaders charge.
They climb barricades. Nothing stops them.
Each soldier does what he's told,

들이다.
서로 방해하는 일 없이,
각자 자신의 임무를 알아내 척척 수행한다.
아무 겁 없고, 아무 두려움 없으며,
확고부동하고, 거침이 없다.
그들은 도성을 초토화시키고
방어벽을 기어오르며,
집들을 약탈하고,
문들을 부수며, 창문들을 박살낸다.
그들이 지진처럼 와서,
토네이도처럼 휩쓸어 버린다.
해와 달이 불 꺼지듯 꺼지고,
별들도 캄캄해진다.
자기 군대를 호령하시듯,
하나님께서 천둥으로 고함치신다.
그 군대의 규모를 보라!
그분의 명령을 따르는 그들의 기세를 보라!
하나님의 심판 날, 크고 두려운 날,
누가 살아남을 수 있으랴?

너희 삶을 고쳐라

12 그러나 들어라. 아직 늦지 않았다.
여기, **하나님**께서 친히 주시는 **메시지**가 있다!
"내게 돌아오너라! 진심으로 돌아오너라!
오되, 금식하고 울며, 너희 죄를 슬퍼하며 오너라!"

13-14 너희 삶을 고쳐라. 너희 옷만 바꾸지 말고.
하나님께, 너희 하나님께 돌아오너라.
하나님은 은혜로우시며 자비로우신 분이기 때문이다.
그분은 심호흡을 하시며 많이 참아 주신다.
이토록 오래 참으시고 넘치게 사랑하시는 하나님은,
언제든 재난을 취소할 준비가 되어 있으시다.

so disciplined, so determined.
They don't get in each other's way.
Each one knows his job and does it.
Undaunted and fearless,
unswerving, unstoppable.
They storm the city,
swarm its defenses,
Loot the houses,
breaking down doors, smashing windows.
They arrive like an earthquake,
sweep through like a tornado.
Sun and moon turn out their lights,
stars black out.
GOD himself bellows in thunder
as he commands his forces.
Look at the size of that army!
And the strength of those who obey him!
GOD's Judgment Day—great and terrible.
Who can possibly survive this?

Change Your Life

12 But there's also this, it's not too late—
GOD's personal Message!—
"Come back to me and really mean it!
Come fasting and weeping, sorry for your sins!"

13-14 Change your life, not just your clothes.
Come back to GOD, *your* God.
And here's why: God is kind and merciful.
He takes a deep breath, puts up with a lot,
This most patient God, extravagant in love,
always ready to cancel catastrophe.
Who knows? Maybe he'll do it now,

누가 알겠는가? 어쩌면 그분께서 당장 그렇게 해주실지,
어쩌면 뜻을 돌이켜 동정을 베풀어 주실지.
하실 말씀, 하실 일을 다 하신 다음에,
어쩌면 **하나님**께서 차고 넘치도록 복을 부어 주실지!

❧

15-17 시온에서 숫양 뿔나팔을 불어라!
회개의 날, 금식의 날을 선포하여라.
대회를 소집하고, 모두 모이게 하여라.
모인 자들을 거룩하게 구별하여라.
장로들을 오게 하며,
아이들과 젖 먹는 아기들도 오게 하고,
신혼부부들도 오게 하여라.
신방에서 나와, 그 자리에 참여하게 하여라.
성소 현관과 제단 사이에서,
제사장들, **하나님**의 종들은 울며 회개하여라.
중보의 기도를 드려라. "**하나님**, 주의 백성에게 자비를 베풀어 주십시오!
주의 분깃인 그들이 조롱거리가 되지 않게 해주십시오.
이방인들이 쳐들어와 그들 위에 군림하면서
'저들의 하나님은 어디 있느냐?' 하며 비웃지 못하게 해주십시오."

❧

18-20 그러자, **하나님**께서 당신의 땅을 되찾으시기 위해 행동에 나섰다.
그분께서 자기 백성을 불쌍히 여기셨다.
하나님께서 응답하셨고, 당신의 백성에게 말씀하셨다.
"보아라, 들어라. 내가 선물을 보내리라.
곡물과 포도주와 올리브기름을 보낼 것이다.
금식은 끝났다. 이제 마음껏 먹어라!
더 이상 너희가
이방인들에게 멸시받게 놔두지 않을 것이다.
북방에서 내려올 마지막 적을 내가 저지해

maybe he'll turn around and show pity.
Maybe, when all's said and done,
there'll be blessings full and robust for your GOD!

❧

15-17 Blow the ram's horn trumpet in Zion!
Declare a day of repentance, a holy fast day.
Call a public meeting.
Get everyone there. Consecrate the congregation.
Make sure the elders come,
but bring in the children, too, even the nursing babies,
Even men and women on their honeymoon—
interrupt them and get them there.
Between Sanctuary entrance and altar,
let the priests, GOD's servants, weep tears of repentance.
Let them intercede: "Have mercy, GOD, on your people!
Don't abandon your heritage to contempt.
Don't let the pagans take over and rule them
and sneer, 'And so where is this God of theirs?'"

❧

18-20 At that, GOD went into action to get his land back.
He took pity on his people.
GOD answered and spoke to his people,
"Look, listen—I'm sending a gift:
Grain and wine and olive oil.
The fast is over—eat your fill!

주겠고,
그들을 황무지에 던져 버릴 것이다.
그들 가운데 절반은 사해에서,
나머지 절반은 지중해에서 최후를 맞을 것이다.
거기서 그들이 썩어, 천지에 악취가 진동할 것이다.
큰 적일수록 큰 악취를 풍길 것이다."

다시 열매 맺는 나무들

21-24 땅아, 두려워 마라! 즐거워하며 경축하여라!
하나님께서 큰일을 행하셨다.
들짐승들아, 두려워 마라!
들과 초장이 다시금 푸르러진다.
나무들이 다시 열매를 맺는다.
무화과나무도 포도나무도 다 풍작이다!
시온의 자녀들아, 경축하여라!
너희 **하나님** 안에서 즐거워하여라!
그분께서 너희에게 한 스승을 주셔서
바르게 사는 길을 너희에게 가르쳐 주실 것이다.
전처럼, 하늘에서 내리는 비와 같은 말씀들로
너희 영혼을 새롭게 하고 살지게 해주실 것이다.
너희 몸이 먹을 음식 또한 넘쳐 나리라. 창고에는 곡식이 가득하고,
통에는 포도주와 올리브기름이 흘러넘치리라.

25-27 "메뚜기 떼에 휩쓸린 세월을 내가 보상해 주겠다.
야만적이고 치명적이며
흉포하고 흉물스런 메뚜기 떼,
그 거대한 침략군을
내가 너희에게 보냈다.
그러나 이제 너희는 좋은 음식으로 배부를

I won't expose you any longer
to contempt among the pagans.
I'll head off the final enemy coming out of the north
and dump them in a wasteland.
Half of them will end up in the Dead Sea,
the other half in the Mediterranean.
There they'll rot, a stench to high heaven.
The bigger the enemy, the stronger the stench!"

The Trees Are Bearing Fruit Again

21-24 Fear not, Earth! Be glad and celebrate!
GOD has done great things.
Fear not, wild animals!
The fields and meadows are greening up.
The trees are bearing fruit again:
a bumper crop of fig trees and vines!
Children of Zion, celebrate!
Be glad in your GOD.
He's giving you a teacher
to train you how to live right—
Teaching, like rain out of heaven, showers of words
to refresh and nourish your soul, just as he used to do.
And plenty of food for your body—silos full of grain,
casks of wine and barrels of olive oil.

25-27 "I'll make up for the years of the locust,
the great locust devastation—
Locusts savage, locusts deadly,
fierce locusts, locusts of doom,
That great locust invasion

것이다.
너희 **하나님**께 찬양이 흘러넘치리라.
너희를 급습하여 놀라게 한 하나님을 향해.
다시는 내 백성이 멸시당하는 일이 없으리라.
너희는 분명히 알게 될 것이다.
내가 이스라엘 한복판에서 너희와 함께 있다는 것을,
내가 **하나님**, 바로 너희 **하나님**이라는 것을,
오직 한분 참 하나님이라는 것을.
다시는 내 백성이 멸시당하는 일이 없을 것이다."

내 영을 부어 줄 것이다

28-32 "그러나 이것은 시작일 뿐이다.

나는 모든 부류의 사람들에게
내 영을 부어 줄 것이다.
너희 아들들이 예언하고,
너희 딸들도 예언할 것이다.
너희 노인들은 꿈을 꾸고,
너희 젊은이들은 환상을 볼 것이다.
내가 종들에게, 남종과 여종 모두에게
내 영을 부어 줄 것이다.
내가 위로는 하늘에 놀라운 일을 일으키고,
아래로는 땅에 징조를 일으킬 것이다.
피와 불과 연기의 소용돌이가 있을 것이며,
해는 잿빛이 되고 달은 핏빛이 될 것이다.
하나님의 심판 날,
어마어마하고 무시무시한 그날이 이르기 전에 이 일들이 일어나리라.
누구든지 '**하나님**, 구원해 주십시오!' 하고 외치는 자는
구원을 받을 것이다.
시온 산에서, 또 예루살렘에서
많은 이들이 구원을 받을 것이다.
하나님께서 말씀하신 그대로 이루어질 것이다.
살아남은 이들 중에는

I sent your way.
You'll eat your fill of good food.
You'll be full of praises to your GOD,
The God who has set you back on your heels in wonder.
Never again will my people be despised.
You'll know without question
that I'm in the thick of life with Israel,
That I'm your GOD, yes, *your* GOD,
the one and only real God.
Never again will my people be despised.

The Sun Turning Black and the Moon Blood-Red

28-32 "And that's just the beginning:
After that-

"I will pour out my Spirit
on every kind of people:
Your sons will prophesy,
also your daughters.
Your old men will dream,
your young men will see visions.
I'll even pour out my Spirit on the servants,
men and women both.
I'll set wonders in the sky above
and signs on the earth below:
Blood and fire and billowing smoke,
the sun turning black and the moon blood-red,
Before the Judgment Day of GOD,
the Day tremendous and awesome.
Whoever calls, 'Help, GOD!'
gets help.
On Mount Zion and in Jerusalem
there will be a great rescue—just as

하나님의 부름을 받는 사람들도 있을 것
이다."

하나님께서 민족들을 심판하시다

3 1-3 "그렇다. 그때에,
내가 유다와 예루살렘을 회복시킬
그때에,
모든 이방 나라들을 모아
심판의 골짜기로 데려가리라.
그들 모두를 재판에 부치고,
그들이 내 백성 이스라엘에게 한 일을 심판
하리라.
그들은 내 백성을 이방 세계로 흩어 버렸고
내 땅을 약탈했다.
그들은 내 백성을 두고 제비를 뽑았으며
물건처럼 사고팔았다.
그들은 남자아이를 팔아 창녀를 샀고,
여자아이를 팔아 포도주를 사서 마셨다."

⚘

4-8 "너희 두로와 시돈과 블레셋아,
무엇을 하겠다는 것이냐?
너희가 지금 나에게
보복을 하겠다는 것이냐?
그렇다면 그만두어라.
나는 그 일이 네게 부메랑이 되어 돌아가게
할 것이다.
너희는 내 것을 약탈했다. 내게서 은과 금을
빼앗았으며,
귀중한 것들을 모조리 훔쳐서, 그것으로 너
희 신전을 꾸몄다.
너희는 유다와 예루살렘 사람들을
머나먼 땅 그리스 사람들에게 종으로 팔아
넘겼다.
너희가 저지른 일 그대로 내가 너희에게 되
갚아 줄 것이다.
내가 너희 아이들을 이웃 나라에 종으로 팔
아넘길 것이다.

GOD said.
Included in the survivors
are those that GOD calls."

God Is a Safe Hiding Place

3 1-3 "In those days, yes, at that
very time
when I put life back together again
for Judah and Jerusalem,
I'll assemble all the godless nations.
I'll lead them down into Judgment
Valley
And put them all on trial, and judge
them one and all
because of their treatment of my own
people Israel.
They scattered my people all over the
pagan world
and grabbed my land for themselves.
They threw dice for my people
and used them for barter.
They would trade a boy for a whore,
sell a girl for a bottle of wine when
they wanted a drink.

⚘

4-8 "As for you, Tyre and Sidon and
Philistia,
why should I bother with you?
Are you trying to get back at me
for something I did to you?
If you are, forget it.
I'll see to it that it boomerangs on you.
You robbed me, cleaned me out of silver
and gold,
carted off everything valuable to
furnish your own temples.
You sold the people of Judah and

그러면 그들이 너희 아이들을 머나먼 땅
스바 사람들에게 팔아넘길 것이다."
하나님의 선고다.

9-11 사악한 민족들에게 이렇게 소리쳐라.
전투를 준비하라!
병사들을 준비시켜라!
무기를 들고 전진하라!
너의 삽을 쳐서 칼을 만들고,
너의 괭이를 쳐서 창을 만들어라.
병약한 자도 가슴을 펴고 말하여라.
"나는 강한 용사다."
이방인들아, 서둘러라! 어디에 있든지, 빨리 서둘러라!
대오를 갖추어라.
준비하고 있어라.
하나님에게 박살날 준비를!

12 이방 나라들이
심판의 골짜기에 모이게 하여라.
거기서 내가 자리 잡고 앉아
사방의 모든 민족에게 심판을 내릴 것이다.

13 "낫을 들어라.
이제 추수할 때다.
포도주 틀이 가득 찼으니,
포도를 짓밟아라.
포도주 통에
최상급 악이 흘러넘친다.

14 혼란과 소동의 소용돌이에 휩싸인
판결 골짜기!
하나님의 심판 날이
판결 골짜기에 이르렀다.

15-17 하늘이 검게 변하고,
해와 달이 어두워지며, 별빛이 꺼진다.

Jerusalem
into slavery to the Greeks in faraway places.
But I'm going to reverse your crime.
I'm going to free those slaves.
I'll have done to you what you did to them:
I'll sell your children as slaves to your neighbors,
And they'll sell them to the far-off Sabeans."
GOD's Verdict.

9-11 Announce this to the godless nations:
Prepare for battle!
Soldiers at attention!
Present arms! Advance!
Turn your shovels into swords,
turn your hoes into spears.
Let the weak one throw out his chest
and say, "I'm tough, I'm a fighter."
Hurry up, pagans! Wherever you are, get a move on!
Get your act together.
Prepare to be
shattered by GOD!

12 Let the pagan nations set out
for Judgment Valley.
There I'll take my place at the bench
and judge all the surrounding nations.

13 "Swing the sickle—
the harvest is ready.
Stomp on the grapes—
the winepress is full.
The wine vats are full,
overflowing with vintage evil.

14 "Mass confusion, mob uproar—

하나님이 시온에서 포효하시고, 예루살렘에서 고함치신다.
땅과 하늘이 공포에 떤다.
그러나 **하나님**은 안전한 피난처,
이스라엘 자녀들의 견고한 아지트다.
그때 너희는 확실히 알게 되리라.
내가 너희 **하나님**이며,
나의 거룩한 산,
시온에 살고 있음을.
예루살렘은 거룩한 도성이 되고,
'불가침 지역'이라는 푯말이 그 앞에 나붙을 것이다."

젖이 언덕에 넘쳐흘러 강을 이루리라

18-21 "놀라운 날이다!
포도주가 산에 넘쳐흘러 시내를 이루고,
젖이 언덕에 넘쳐흘러 강을 이루며,
생수가 유다의 구석구석에 흘러넘치리라.
하나님의 성소에서 샘물이 흘러나와
모든 공원과 정원에 물을 댄다!
그러나 이집트는 망하여 잡초뿐인 공터가 되고,
에돔은 황량한 불모지가 될 것이다.
모두 그들이 유다 백성에게 저지른 잔인무도한 짓과,
힘없고 죄 없는 이들에게 행한 흉악한 일들과 살인죄 때문이다.
그러나 유다는 사람들로 북적대고,
예루살렘은 언제까지나 사람 사는 곳이 될 것이다.
내가 아직 용서하지 않은 죄들도 다 용서해 주리라."
하나님께서 시온에 들어오셔서, 거기서 영원히 사신다.

in Decision Valley!
GOD's Judgment Day has arrived
in Decision Valley.

15-17 "The sky turns black,
sun and moon go dark, stars burn out.
GOD roars from Zion, shouts from Jerusalem.
Earth and sky quake in terror.
But GOD is a safe hiding place,
a granite safe house for the children of Israel.
Then you'll know for sure
that I'm *your* GOD,
Living in Zion,
my sacred mountain.
Jerusalem will be a sacred city,
posted: 'NO TRESPASSING.'

Milk Rivering Out of the Hills

18-21 "What a day!
Wine streaming off the mountains,
Milk rivering out of the hills,
water flowing everywhere in Judah,
A fountain pouring out of GOD's Sanctuary,
watering all the parks and gardens!
But Egypt will be reduced to weeds in a vacant lot,
Edom turned into barren badlands,
All because of brutalities to the Judean people,
the atrocities and murders of helpless innocents.
Meanwhile, Judah will be filled with people,
Jerusalem inhabited forever.
The sins I haven't already forgiven, I'll forgive."
GOD has moved into Zion for good.

다른 어떤 방식보다도 종교를 명분으로 해서 더 많은 착취와 학대가 행해진다. 섹스나 돈이나 권력도, 악의 원천으로서의 종교에 필적하지 못한다. 종교는 그동안 인류에게 알려진 것 중 가장 위험한 힘이다. 어떤 사람이(혹은 정부나 종교나 기관 등이) 하나님께서 어떤 명분이나 사업을 자신에게 명했거나 허가했다고 확신하게 되면, 그는 그 일을 이루기 위해 수단 방법을 가리지 않게 된다. 세계적으로, 종교에 기반을 둔 증오와 살인과 압제의 역사는 가히 현기증을 일으킬 정도다. 이에 대해 무언가 행동을 취한 사람들의 선두에는, 바로 성경의 예언자들이 있다.

성경의 예언자들은, 종교가 정직하고 겸손하고 자비로운 제 모습을 잃지 않도록 역사상 가장 강력하고 효과적으로 목소리를 높였고, 지금도 높이고 있다. 불의를 잡아내는 선수들인 예언자들은, 특히 종교의 탈을 쓴 불의를 기가 막히게 잘 잡아낸다. 그들의 레이더망을 벗어날 길은 없다. 위선을 꿰뚫어 보는 명수로서, 종교로 치장한 위선을 여지없이 들추어낸다. 예언자들은 직위나 권력이나 권위에 눌리는 법이 없다. 수나 규모나 화려한 외양 따위에 속지도 않는다.

예언자들은 사람이 하나님에 대해 하는 말이나, 하나님을 위해 무엇을 한다는 것에는 별 관심이 없다. 다만 하나님께 귀를 기울여 듣고, 들은 말씀에 비추어 인간의 모든 말과 행동을 철두철미하게 따져 볼 뿐이

More people are exploited and abused in the cause of religion than in any other way. Sex, money, and power all take a backseat to religion as a source of evil. Religion is the most dangerous energy source known to humankind. The moment a person (or government or religion or organization) is convinced that God is either ordering or sanctioning a cause or project, anything goes. The history, worldwide, of religion-fueled hate, killing, and oppression is staggering. The biblical prophets are in the front line of those doing something about it.

The biblical prophets continue to be the most powerful and effective voices ever heard on this earth for keeping religion honest, humble, and compassionate. Prophets sniff out injustice, especially injustice that is dressed up in religious garb. They sniff it out a mile away. Prophets see through hypocrisy, especially hypocrisy that assumes a religious pose. Prophets are not impressed by position or power or authority. They aren't taken in by numbers, size, or appearances of success.

They pay little attention to what men and women say about God or do for God. They listen to God and rigorously test all human language and action against what they hear. Among these prophets, Amos towers

다. 이러한 예언자들 중에서도 타의 추종을 불허하는 이가 바로 아모스다. 그는 짓밟히는 가난한 자들의 대변자요, 하나님의 이름을 도용해 자기들의 죄를 정당화하는 힘 있는 부자들의 고발자였다.

사람들은 이런 이야기를 듣기 싫어한다.
진실은 인기가 없는 법이다.
그러나 적나라하게 드러난 진실이 여기 있다.
너희는 가난한 이들을 악랄하게 짓밟고
그들에게서 빵을 빼앗는다.
그러므로 너희는 결코 너희가 건축한 화려한 집에
들어가 살지 못할 것이다.
너희는 결코 너희가 재배한 값비싼 포도주를
마시지 못할 것이다.
나는 너희 위법이 어느 정도인지,
너희 죄가 얼마나 중대한지 정확히 알고 있다. 참으로 섬뜩하다!
너희는 의롭게 사는 이들을 괴롭히고
이리저리 뇌물을 받아 가며 가난한 이들을 바닥에 내친다.

정의는 패하고 악이 판치는 세상이다.
정직한 이들이 손을 놓아 버린다.
저항하고 꾸짖어 봐야 소용없고,
힘만 허비할 뿐이다.

악을 따르지 말고 선을 추구하여라.
그래서 살아라!
너희는 **하나님**, 곧 만군의 하나님이
너희의 절친한 친구인 것처럼 말한다.
좋다. 그 말대로 살아라.
그러면 정말로 그렇게 될 것이다.

악을 미워하고 선을 사랑하며,

as defender of the downtrodden poor and accuser of the powerful rich who use God's name to legitimize their sin.

People hate this kind of talk.
Raw truth is never popular.
But here it is, bluntly spoken:
Because you run roughshod over the poor
and take the bread right out of their mouths,
You're never going to move into
the luxury homes you have built.
You're never going to drink wine
from the expensive vineyards you've planted.
I know precisely the extent of your violations,
the enormity of your sins. Appalling!
You bully right-living people,
taking bribes right and left and kicking the poor when they're down.

Justice is a lost cause. Evil is epidemic.
Decent people throw up their hands.
Protest and rebuke are useless,
a waste of breath.

Seek good and not evil—
and live!
You talk about GOD, the God-of-the-Angel-Armies,
being your best friend.
Well, *live* like it,
and maybe it will happen.

Hate evil and love good,
then work it out in the public square.

사람들 앞에서 그것을 실천하여라.
그러면 **하나님**, 곧 만군의 하나님께서
너희 남은 자들을 눈여겨보시고, 은혜를
베풀어 주실지 모른다(암 5:10-15).

Maybe GOD, the God-of-the-Angel-Armies,
will notice your remnant and be gracious.(Amos 5:10-15)

우리 가운데 이 문제에서 안심해도 좋은 사람은 없다. 하나님께 기도하고 경배하는 그리스도인은, 우리처럼 하나님께 기도하고 경배하는 이들을 동무로 사귈 필요가 있으며, 무엇보다 성경의 예언자들을 깊이 알고 지낼 필요가 있다. 우리 자신의 종교가 제 잇속만 챙기는 행위로 변질되지 않으려면, 우리의 모든 언행을 예언자들의 불꽃같은 눈에 비추어 점검해야 한다. 예언자가 분명히 밝혀 놓은 정의를 중요하게 여기지 않는 신앙생활은 우리를 오히려 더 나쁜 인간으로 만들 뿐이요, 하나님의 길에서 멀어지게 만들 뿐이다.

None of us can be trusted in this business. If we pray and worship God and associate with others who likewise pray and worship God, we absolutely must keep company with these biblical prophets. We are required to submit all our words and acts to their passionate scrutiny to prevent the perversion of our religion into something self-serving. A spiritual life that doesn't give a large place to the prophet-articulated justice will end up making us worse instead of better, separating us from God's ways instead of drawing us into them.

아모스

AMOS

1 [1] 드고아에서 양 치던 목자 아모스
가 이스라엘에 대해 받은 **메시지**
다. 웃시야가 유다를 다스리고 요아스의 아
들 여로보암 2세가 이스라엘의 왕이던 시
기, 곧 대지진이 있기 이 년 전에, 이 메시지
가 환상 가운데 그에게 임했다.

이스라엘 이웃 나라에 내리실 심판

2 **메시지**는 이러하다.

하나님께서 시온에서 포효하시고,
예루살렘에서 고함치신다!
청천벽력 같은 그 소리에 양 치는 목자의 초장이 시들고,
갈멜 산 꼭대기가 벌벌 떤다.

3-5 **하나님**의 **메시지**다.

"다마스쿠스가 서너 가지 큰 죄를 저질렀으니,
내가 더는 그를 참아 주지 않을 것이다.
그는 길르앗을 사정없이 때려눕혔다.
쇠망치, 나무망치로 무자비하게 두들겨 팼다.
그래서다. 나는 하사엘의 왕궁에 불을 놓고,
벤하닷의 요새들을 태워 버릴 것이다.
다마스쿠스의 성문들을 박살낼 것이며,
죄의 골짜기에 사는 범죄자 왕,

1 [1] The Message of Amos, one of
the shepherds of Tekoa, that he
received on behalf of Israel. It came to
him in visions during the time that Uzziah
was king of Judah and Jeroboam II son of
Joash was king of Israel, two years before
the big earthquake.

Swallowing the Same Old Lies

2 The Message:

GOD roars from Zion,
  shouts from Jerusalem!
The thunderclap voice withers the pastures tended by shepherds,
  shrivels Mount Carmel's proud peak.

3-5 GOD's Message:

"Because of the three great sins of Damascus
  —make that four—I'm not putting up with her any longer.
She pounded Gilead to a pulp, pounded her senseless
  with iron hammers and mauls.
For that, I'm setting the palace of Hazael on fire.

낙원 왕궁에서 호령하는 그 악독한 우두머리를 쫓아낼 것이다.
그 땅의 백성들은
그들이 본래 살던 곳, 기르로 돌려보낼 것이다."
하나님의 포고다.

6-8 하나님의 메시지다.

"가사가 서너 가지 큰 죄를 저질렀으니,
내가 더는 그를 참아 주지 않을 것이다.
그는 주민 전부를 몰아내서는,
그들을 에돔에 팔아 버렸다.
그래서다. 나는 가사의 성벽을 불태워 허물고,
그의 요새들을 모조리 태워 버릴 것이다.
내가 범죄자 왕을 아스돗에서,
그 악독한 우두머리를 아스글론에서 쫓아낼 것이다.
내가 손을 들어 에그론을 칠 것이며,
블레셋 사람들을 하나도 남김없이 모두 죽일 것이다."
하나님의 포고다.

9-10 하나님의 메시지다.

"두로가 서너 가지 큰 죄를 저질렀으니,
내가 더는 그를 참아 주지 않을 것이다.
그는 주민 전부를 에돔에 넘기고,
자기 친족들과 맺은 조약을 깨뜨려 버렸다.
그래서다. 나는 두로의 성벽을 불태워 허물고,
그의 요새들을 모조리 태워 버릴 것이다."

11-12 하나님의 메시지다.

"에돔이 서너 가지 큰 죄를 저질렀으니,

I'm torching Ben-hadad's forts.
I'm going to smash the Damascus gates
and banish the crime king who lives in Sin Valley,
the vice boss who gives orders from Paradise Palace.
The people of the land will be sent back
to where they came from—to Kir."
GOD's Decree.

6-8 GOD's Message:

"Because of the three great sins of Gaza
—make that four—I'm not putting up with her any longer.
She deported whole towns
and then sold the people to Edom.
For that, I'm burning down the walls of Gaza,
burning up all her forts.
I'll banish the crime king from Ashdod,
the vice boss from Ashkelon.
I'll raise my fist against Ekron,
and what's left of the Philistines will die."
GOD's Decree.

9-10 GOD's Message:

"Because of the three great sins of Tyre
—make that four—I'm not putting up with her any longer.
She deported whole towns to Edom,
breaking the treaty she had with her kin.
For that, I'm burning down the walls of Tyre,
burning up all her forts."

11-12 GOD's Message:

"Because of the three great sins of Edom

내가 더는 그를 참아 주지 않을 것이다.
그는 자기 형제를 사냥감 쫓듯 쫓아서 살해한다.
무자비하고 무정하다.
분을 품고서 밤낮으로 미쳐 날뛰며,
야비하기 이를 데 없다.
그래서다. 나는 그의 수도 데만을 불태워 허물고,
보스라의 요새들을 태워 버릴 것이다."

—make that four—I'm not putting up
with her any longer.
She hunts down her brother to murder him.
She has no pity, she has no heart.
Her anger rampages day and night.
Her meanness never takes a timeout.
For that, I'm burning down her capital, Teman,
burning up the forts of Bozrah."

13-15 **하나님의 메시지다.**

13-15 GOD's Message:

"암몬이 서너 가지 큰 죄를 저질렀으니,
내가 더는 그를 참아 주지 않을 것이다.
땅을 더 차지하겠다고,
그는 임신한 길르앗 여인들의 배를 갈랐다.
그래서다. 나는 그의 수도 랍바의 성벽을 불태워 허물고,
그의 요새들을 태워 버릴 것이다.
전쟁이 고함친다! 으르렁댄다!
회오리바람과 함께 닥치는 대로 쓸어간다!
왕이 포로로 붙잡혀 갔고,
그의 제후들도 그 뒤를 따른다."
하나님의 포고다.

"Because of the three great sins of Ammon
—make that four—I'm not putting up
with her any longer.
She ripped open pregnant women in Gilead
to get more land for herself.
For that, I'm burning down the walls of her capital, Rabbah,
burning up her forts.
Battle shouts! War whoops!
with a tornado to finish things off!
The king has been carted off to exile,
the king and his princes with him."
GOD's Decree.

2

1-3 **하나님의 메시지다.**

"모압이 서너 가지 큰 죄를 저질렀으니,
내가 더는 그를 참아 주지 않을 것이다.
그는 에돔 왕의 시신을
불에 태워 모독했다.
그래서다. 나는 모압을 불태워 허물고,
그리욧의 요새들도 태워 버릴 것이다.
모압은 고함소리 중에,
전쟁나팔소리와 함께 망할 것이다.
내가 그 왕을 왕좌에서 끌어내리고,

2

1-3 GOD's Message:

"Because of the three great sins of Moab
—make that four—I'm not putting up
with her any longer.
She violated the corpse of Edom's king,
burning it to cinders.
For that, I'm burning down Moab,
burning down the forts of Kerioth.
Moab will die in the shouting,
go out in the blare of war trumpets.

그의 제후들도 다 죽일 것이다."
하나님의 포고다.

4-5 하나님의 메시지다.

"유다가 서너 가지 큰 죄를 저질렀으니,
내가 더는 그를 참아 주지 않을 것이다.
그들은 하나님의 계시를 거절했고,
내 명령 따르기를 거부했다.
그러면서도 그들은 오래된 거짓말,
그들의 조상을 막다른 골목으로 내몬 거짓말은 잘도 집어삼킨다.
그래서다. 나는 유다를 불태워 허물고,
예루살렘의 요새들을 다 태워 버릴 것이다."

이스라엘에 내리신 하나님의 심판

6-8 하나님의 메시지다.

"이스라엘이 서너 가지 큰 죄를 저질렀으니,
내가 더는 그를 참아 주지 않을 것이다.
그들은 사람을 사고판다.
그들에게 사람은 그저 물건일 뿐이다. 돈벌이 수단이다.
신발 한 켤레를 갖겠다고 가난한 사람을 팔아 버린다.
그들은 자기 할머니도 팔아 치우는 자들이다!
돈 없는 자들을 바닥에 메치고,
불운한 자들을 수렁으로 떠민다.
형이고 아우고 할 것 없이 다들 '신성한 매춘부'와 동침하며,
내 거룩한 이름을 더럽힌다.
그들이 가난한 이들로부터 강탈한 물건이
이방 신의 산당에 수북이 쌓여 있다.
그들은 그곳에 둘러앉아
사기 쳐 빼앗은 포도주를 들이킨다.

9-11 그러나 나는, 나는 언제나 너희 편이

I'll remove the king from the center
and kill all his princes with him."
GOD's Decree.

4-5 GOD's Message:

"Because of the three great sins of Judah
—make that four—I'm not putting up with them any longer.
They rejected GOD's revelation,
refused to keep my commands.
But they swallowed the same old lies
that got their ancestors onto dead-end roads.
For that, I'm burning down Judah,
burning down all the forts of Jerusalem."

Destroyed from the Roots Up

6-8 GOD's Message:

"Because of the three great sins of Israel
—make that four—I'm not putting up with them any longer.
They buy and sell upstanding people.
People for them are only *things*—ways of making money.
They'd sell a poor man for a pair of shoes.
They'd sell their own grandmother!
They grind the penniless into the dirt,
shove the luckless into the ditch.
Everyone and his brother sleeps with the 'sacred whore'—
a sacrilege against my Holy Name.
Stuff they've extorted from the poor
is piled up at the shrine of their god,
While they sit around drinking wine
they've conned from their victims.

었다.
나는 너희와 맞서던 아모리 사람들을 멸했다.
큰 백향목처럼 키가 크고,
굵은 상수리나무처럼 억센 그들을 멸했다.
내가 그들을 꼭대기에서부터
뿌리 끝까지 멸했다.
그렇다. 나는 너희를 이집트에서 건져 내고,
너희의 사십 년 광야 길을 안전하게 인도해 주었다.
그리고 나는 너희가 아모리 사람들의 땅을
식은 죽 먹듯 차지하게 했다.
나는 너희 젊은이들 중에서 예언자들을 길러 냈고,
으뜸가는 젊은이들을 구별하여 거룩을 훈련시켰다.
그렇지 않은가, 이스라엘이여!"
하나님의 포고다.

12-13 "그런데 너희는 훈련받는 젊은이들이 탈선하게 만들고,
젊은 예언자들에게는 '예언을 그만두라!' 고 말했다.
나는 도저히 너희를 두고 볼 수 없다.
참을 만큼 참아서 터지기 일보 직전이다.
용량을 초과하여 짐을 실은 마차처럼,
나는 지금 삐걱거리며 신음소리를 내고 있다.

14-15 내가 행동에 들어가면, 너희는 어찌할 작정이냐?
제아무리 빨리 달아나도 너희는 내게서 도망치지 못한다.
힘센 자들의 힘도 소용없다.
전사들도 소용없다.
활 잘 쏘는 자들도 소용없다.
잘 달리는 자들도 소용없다.

9-11 "In contrast, I was always on your side.
I destroyed the Amorites who confronted you,
Amorites with the stature of great cedars,
tough as thick oaks.
I destroyed them from the top branches down.
I destroyed them from the roots up.
And yes, I'm the One who delivered you from Egypt,
led you safely through the wilderness for forty years
And then handed you the country of the Amorites
like a piece of cake on a platter.
I raised up some of your young men to be prophets,
set aside your best youth for training in holiness.
Isn't this so, Israel?"
GOD's Decree.

12-13 "But you made the youth-in-training break training,
and you told the young prophets, 'Don't prophesy!'
You're too much for me.
I'm hard-pressed—to the breaking point.
I'm like a wagon piled high and overloaded,
creaking and groaning.

14-15 "When I go into action, what will you do?
There's no place to run no matter how fast you run.
The strength of the strong won't count.
Fighters won't make it.
Skilled archers won't make it.

전차를 모는 자들도 소용없다.
너희 가운데 최고로 용감한 전사라 해도
아무 소용 없다.
그저 걸음아 나 살려라 하고, 옷도 챙겨 입지 못한 채 내뺄 것이다."
하나님의 포고다.

Fast runners won't make it.
Chariot drivers won't make it.
Even the bravest of all your warriors
Won't make it.
He'll run off for dear life, stripped naked."
GOD's Decree.

하나님의 말씀을 받은 예언자

3 1 이스라엘아, 귀 기울여 들어라.
하나님께서 너희를 심문하신다. 너
희 모두와, 그분이 이집트에서 건져 주신 모
든 족속에게 말씀하신다. 모두, 귀 기울여
들어라!

The Lion Has Roared

3 1 Listen to this, Israel. GOD is
calling you to account—and I
mean *all* of you, everyone connected with
the family that he delivered out of Egypt.
Listen!

2 "지상의 모든 족속 중에서
내가 특별히 너희를 골라내었다.
지금 내가 너희 모든 죄에 대해 심문하는 것은
너희가 받은 이 특별한 부름 때문이다."

2 "Out of all the families on earth,
I picked *you*.
Therefore, because of your special calling,
I'm holding you responsible for all your sins."

3-7 두 사람이 손을 잡고 걷고 있으면,
둘이 같은 곳으로 가고 있다는 말이 아니냐?
사자가 숲 속에서 포효하고 있으면,
먹이를 움켜쥐었다는 말이 아니냐?
젊은 사자가 만족하여 으르렁거리고 있으면,
저녁거리를 잡았다는 말이 아니냐?
새가 바닥에 떨어졌으면,
돌에 맞았다는 말이 아니냐?
덫이 탁 하고 닫혔으면,
무언가 덫에 걸렸다는 말이 아니냐?
마을에 경보가 울리면,
주민들이 놀라는 것은 당연하지 않겠느냐?
재앙이 도성을 휩쓸고 있으면,
그 뒤에는 **하나님**이 계신 것이 아니겠느냐?
그렇다. **하나님**, 곧 주께서 무슨 일을 하실 때 당신의 예언자들에게 미리 그 모든 것을 말씀해 주시지 않고서는 무슨 일을 하시는 법이 없다.

3-7 Do two people walk hand in hand
if they aren't going to the same place?
Does a lion roar in the forest
if there's no carcass to devour?
Does a young lion growl with pleasure
if he hasn't caught his supper?
Does a bird fall to the ground
if it hasn't been hit with a stone?
Does a trap spring shut
if nothing trips it?
When the alarm goes off in the city,
aren't people alarmed?
And when disaster strikes the city,
doesn't GOD stand behind it?
The fact is, GOD, the Master, does nothing without first telling his prophets the whole story.

8 사자가 포효하는데
누가 겁먹지 않을 수 있겠느냐?
하나님께서 말씀하시는데
어떤 예언자가 입을 다물고 있을 수 있겠느냐?

8 The lion has roared—
who isn't frightened?
GOD has spoken—
what prophet can keep quiet?

9-11 앗시리아의 요새들에게 알려라.
이집트의 요새들에게 알려라.
그들에게 전하여라. "사마리아의 산 위에 모여,
유심히 아래를 내려다보아라.
잔인과 공포가 얼마나 들끓고 있는지를!
그들은 올바른 일을 하나도 할 줄 모른다.
그럴 마음도 없다."
하나님께서 말씀하셨다.
"그들은 폭력과 어둠을 쌓아 왔다."
이는 **하나님**의 말씀이다. "그러므로 적이 그 나라를 포위할 것이며,
너를 무력화시키고 너의 요새를 약탈할 것이다."

9-11 Announce to the forts of Assyria,
announce to the forts of Egypt—
Tell them, "Gather on the Samaritan mountains, take a good, hard look:
what a snake pit of brutality and terror!
They can't—or won't—do one thing right."
GOD said so.
"They stockpile violence and blight.
Therefore"—this is GOD's Word—"an enemy will surround the country.
He'll strip you of your power and plunder your forts."

12 **하나님**의 메시지다.

12 GOD's Message:

"사자에게서 어린양을 구하려던 목자가
겨우 두 다리와 귀 조각 정도나 건져 내듯이,
사마리아에 사는 이스라엘 사람들 중에도
소수만 건짐을 받을 것이다.
겨우 낡은 의자 몇 개,
부러진 탁자다리 정도만 남을 것이다.

"In the same way that a shepherd
trying to save a lamb from a lion
Manages to recover
just a pair of legs or the scrap of an ear,
So will little be saved of the Israelites
who live in Samaria—
A couple of old chairs at most,
the broken leg of a table.

13-15 야곱 가문에 대한 고발이다. 귀 기울여 듣고 증언하여라."
이는 하나님, 곧 만군의 **하나님**의 말씀이다!
"주목하여라! 그날 나는 이스라엘이 자기 죄에 대해 대가를 치르게 할 것이다.
베델에 악한 제단들을 세운 것에 대해 대가

13-15 "Listen and bring witness against Jacob's family"—
this is God's Word, GOD-of-the-Angel-Armies!
"Note well! The day I make Israel pay for its sins,
pay for the sin-altars of worship at Bethel,

를 치르게 할 것이다.
뿔 달린 제단들은 뿔이 전부 잘려 나가고
산산조각 날 것이다.
내가 겨울 궁궐을 허물고,
여름 궁궐을—화려한 건물들을 모조리 다—박살낼 것이다.
사치스런 집들,
호사스런 저택들, 다 허물어질 것이다."
하나님의 포고다.

너희는 하나님께 굶주리지 않았다

4 [1] "사마리아 언덕에서 풀을 뜯는 너희 바산의 암소들아,
귀 기울여 들어라.
가난한 이들에게 비열하고
밑바닥 사람들에게 잔인한 여자들!
게을러빠지고 제멋대로인 너희는 남편에게 요구한다.
'시원한 술 한 잔 갖다 주세요!'

2-3 잘 들어라. 나 **하나님**이 나의 거룩을 두고 맹세한다!
조심하여라. 심판의 날이 다가오고 있다!
그들이 너희를 밧줄로 묶어 끌고 가면서,
뒤처지는 자들은 몽둥이로 다스릴 것이다.
그들은 너희를 한 줄로 꿰어
훼파된 성벽들 밖으로 끌고 가서,
저승으로 던져 넣을 것이다."
하나님의 포고다.

4-5 "너희는 베델로 가서 죄를 지어라!
길갈로 가서도 죄를 지어라!
제물을 가져와 아침마다 예배를 드려라.
사흘마다 십일조를 바쳐라.
흠 없는 제물을 불살라 바치며 감사제를 드려라.
자원 제물을 바치면서 큰소리로 알려라!
이런 것이 바로 너희 이스라엘 사람들이 좋

The horned altars will all be dehorned
and scattered around.
I'll tear down the winter palace,
smash the summer palace—all your fancy buildings.
The luxury homes will be demolished,
all those pretentious houses."
GOD's Decree.

You Never Got Hungry for God

4 [1] "Listen to this, you cows of Bashan
grazing on the slopes of Samaria.
You women! Mean to the poor,
cruel to the down-and-out!
Indolent and pampered, you demand of your husbands,
'Bring us a tall, cool drink!'

2-3 "This is serious—I, GOD, have sworn by my holiness!
Be well warned: Judgment Day is coming!
They're going to rope you up and haul you off,
keep the stragglers in line with cattle prods.
They'll drag you through the ruined city walls,
forcing you out single file,
And kick you to kingdom come."
GOD's Decree.

4-5 "Come along to Bethel and sin!
And then to Gilgal and sin some more!
Bring your sacrifices for morning worship.
Every third day bring your tithe.

아하는
종교 쇼다."
하나님의 포고다.

6 "너희는 알고 있지 않느냐? 바로 내가 너
희 식료품실과 곳간을
텅 비게 만들었고,
너희를 주리고 궁핍하게 만들었다는 것을.
그래도 너희는 나에게 굶주리지 않았다. 너
희는 계속해서 나를 무시했다."
하나님의 포고다.

7-8 "그렇다. 바로 내가 추수 전 세 달 동안
비를 내리지 않았다.
어떤 마을에는 비를 내리고
어떤 마을에는 비를 내리지 않았다.
어떤 들판에는 비를 내리고
어떤 들판에는 비를 내리지 않아 농작물이
말라 죽게 했다.
사람들이 마실 물을 찾아 미친 듯 이 마을 저
마을을 헤맸으나,
목마름을 해결할 수 없었다.
그래도 너희는 여전히 나에게 목말라하지
않았다.
그저 나를 무시할 뿐이었다."
하나님의 포고다.

9 "나는 너희 작물들을 쳐서 병들게 하고
너희 과수원과 농장들을 말라 죽게 했다.
메뚜기들이 너희 올리브나무와 무화과나무
를 다 먹어 치웠지만,
그래도 너희는 계속 나를 무시했다."
하나님의 포고다.

10 "나는 전에 이집트에서 일어난 기근이 너
희를 찾아오게 했고,
너희 뛰어난 젊은이들과 최상급 말들을 죽
였다.

Burn pure sacrifices—thank offerings.
Speak up—announce freewill offerings!
That's the sort of religious show
you Israelites just love."
GOD's Decree.

6 "You know, don't you, that I'm the One
who emptied your pantries and cleaned
out your cupboards,
Who left you hungry and standing in
bread lines?
But you never got hungry for me. You
continued to ignore me."
GOD's Decree.

7-8 "Yes, and I'm the One who stopped the
rains
three months short of harvest.
I'd make it rain on one village
but not on another.
I'd make it rain on one field
but not on another—and that one would
dry up.
People would stagger from village to village
crazed for water and never quenching
their thirst.
But you never got thirsty for me.
You ignored me."
GOD's Decree.

9 "I hit your crops with disease
and withered your orchards and gardens.
Locusts devoured your olive and fig trees,
but you continued to ignore me."
GOD's Decree.

10 "I revisited you with the old Egyptian
plagues,

진영 안에 어찌나 썩는 냄새가 진동하는지,
너희는 코를 막고 다녔을 정도다.
그런데도 너희는 여전히 내게 주목하지 않았다.
계속 나를 무시할 뿐이었다."
하나님의 포고다.

11 "나는 지진과 불로 너희를 쳤고,
소돔과 고모라처럼 너희를 황폐하게 만들었다.
너희는 불 속에서 꺼낸
타는 막대기 같았다.
그래도 너희는 나를 바라보지 않았다.
여전히 나를 무시하기만 했다."
하나님의 포고다.

12 "이스라엘아, 이 모든 일을 내가 했고,
바로 내가 그렇게 하기로 작정했다.
오 이스라엘아, 시간이 다 되었다!
이제 너의 하나님을 만날 준비를 하여라!"

13 여기 오신 분이 누구신지 보아라. 산을 만드신 분! 바람을 지으신 분이다!
아담이 나기 전에 모든 계획을 세우시고,
어둠 속에서 새벽이 동트게 하시듯,
무에서 유를 만들어 내시며,
높고 높은 산등성이를 타고 넘으시는 분이다.
그분의 이름은 **하나님**, 곧 만군의 하나님이시다.

killed your choice young men and prize horses.
The stink of rot in your camps was so strong
that you held your noses—
But you didn't notice me.
You continued to ignore me."
GOD's Decree.

11 "I hit you with earthquake and fire,
left you devastated like Sodom and Gomorrah.
You were like a burning stick
snatched from the flames.
But you never looked my way.
You continued to ignore me."
GOD's Decree.

12 "All this I have done to you, Israel,
and this is why I have done it.
Time's up, O Israel!
Prepare to meet your God!"

13 Look who's here: Mountain-Shaper! Wind-Maker!
He laid out the whole plot before Adam.
He brings everything out of nothing,
like dawn out of darkness.
He strides across the alpine ridges.
His name is GOD, God-of-the-Angel-Armies.

나를 찾아라, 그래서 살아라

5 1 이스라엘 가문아, 귀 기울여 들어라.
내가 힘주어 전하는 **메시지**, 이 비극적 경고에 귀 기울여라.

2 "처녀 이스라엘이 바닥에 고꾸라졌다.

All Show, No Substance

5 1 Listen to this, family of Israel,
this Message I'm sending in bold print, this tragic warning:

2 "Virgin Israel has fallen flat on her face.
She'll never stand up again.

그녀는 다시 일어서지 못할 것이다.
바닥에 계속 고꾸라져 있다.
부축해 일으켜 주는 자 아무도 없다."

She's been left where she's fallen.
No one offers to help her up."

3 이것은 **메시지**, 곧 **하나님**의 말씀이다.

3 This is the Message, GOD's Word:

"천 명이 행진하며 나갔던 도성은
결국 백 명만 남게 되고,
백 명이 행진하며 나갔던 도성은
결국 열 명만 남게 될 것이다. 오, 이스라엘 가문이여!"

"The city that marches out with a thousand
will end up with a hundred.
The city that marches out with a hundred
will end up with ten. Oh, family of Israel!"

4-5 이스라엘 가문을 향한 **하나님**의 **메시지**다.

4-5 GOD's Message to the family of Israel:

"나를 찾아라. 그래서 살아라.
베델의 산당 주위를 기웃거리지 말고,
길갈에 가보겠다고 시간 낭비하지 마라.
공연히 브엘세바로 내려갈 것도 없다.
길갈은 오늘 있다가 내일이면 사라지고 말 것이며,
베델은 그저 빈껍데기에 불과하다."

"Seek me and live.
Don't fool around at those shrines of Bethel,
Don't waste time taking trips to Gilgal,
and don't bother going down to Beer-sheba.
Gilgal is here today and gone tomorrow
and Bethel is all show, no substance."

6 그러니, **하나님**을 찾아라. 그래서 살아라!
너희는 잿더미와 폐허뿐인 채
너희 생을 마감하고 싶지는 않을 것이다.
하나님께서 불을 내리시면,
그 불을 끌 수 있는 자는 아무도 없기 때문이다.

6 So seek GOD and live! You don't want to end up
with nothing to show for your life
But a pile of ashes, a house burned to the ground.
For God will send just such a fire,
and the firefighters will show up too late.

Raw Truth Is Never Popular

7-9 정의에 초를 치고,
의를 짓밟아 누더기로 만드는 너희에게 화가 있으리라.
너희가 사는 곳이 어떤 곳인지 알기나 하느냐?
너희는, 하나님이 별들을 흩뿌려 놓으신 우주,
하나님이 아침마다 깨우시고

7-9 Woe to you who turn justice to vinegar
and stomp righteousness into the mud.
Do you realize where you are? You're in a cosmos
star-flung with constellations by God,

밤마다 잠들게 하시는 세상에 살고 있다.
하나님은 대양에서 물을 퍼내어,
땅에 마실 물을 주신다.
하나님, 곧 계시된 하나님께서 이 모든 일을 행하신다.
손쉽게 만들어 내신 것처럼, 그분은 손쉽게 이 모든 것을 멸하실 수도 있다.
이 거대한 경이를, 그분은 단숨에 폐허가 되게 하실 수도 있다.

10-12 사람들은 이런 이야기를 듣기 싫어한다.
진실은 인기가 없는 법이다.
그러나 적나라하게 드러난 진실이 여기 있다.
너희는 가난한 이들을 악랄하게 짓밟고
그들에게서 빵을 빼앗는다.
그러므로 너희는 결코 너희가 건축한 화려한 집에
들어가 살지 못할 것이다.
너희는 결코 너희가 재배한 값비싼 포도주를 마시지 못할 것이다.
나는 너희 위법이 어느 정도인지,
너희 죄가 얼마나 중대한지 정확히 알고 있다. 참으로 섬뜩하다!
너희는 의롭게 사는 이들을 괴롭히고
이리저리 뇌물을 받아 가며 가난한 이들을 바닥에 내친다.

13 정의는 패하고 악이 판치는 세상이다.
정직한 이들이 손을 놓아 버린다.
저항하고 꾸짖어 봐야 소용없고,
힘만 허비할 뿐이다.

14 악을 따르지 말고 선을 추구하여라.
그래서 살아라!
너희는 **하나님**, 곧 만군의 하나님이
너희의 절친한 친구인 것처럼 말한다.
좋다. 그 말대로 살아라.
그러면 정말로 그렇게 될 것이다.

A world God wakes up each morning
and puts to bed each night.
God dips water from the ocean
and gives the land a drink.
GOD, God-revealed, does all this.
And he can destroy it as easily as make it.
He can turn this vast wonder into total waste.

10-12 People hate this kind of talk.
Raw truth is never popular.
But here it is, bluntly spoken:
Because you run roughshod over the poor
and take the bread right out of their mouths,
You're never going to move into
the luxury homes you have built.
You're never going to drink wine
from the expensive vineyards you've planted.
I know precisely the extent of your violations,
the enormity of your sins. Appalling!
You bully right-living people,
taking bribes right and left and kicking the poor when they're down.

13 Justice is a lost cause. Evil is epidemic.
Decent people throw up their hands.
Protest and rebuke are useless,
a waste of breath.

14 Seek good and not evil—
and live!
You talk about GOD, the God-of-the-Angel-Armies,
being your best friend.

15 악을 미워하고 선을 사랑하며,
사람들 앞에서 그것을 실천하여라.
그러면 **하나님**, 곧 만군의 하나님께서
너희 남은 자들을 눈여겨보시고, 은혜를 베풀어 주실지 모른다.

16-17 다시, 나의 주님의 **메시지다**. **하나님**, 곧 만군의 하나님께서 말씀하신다.

"거리로 나가 통곡하여라!
가게와 상점마다 곡하는 소리로 넘쳐나게 하여라!
소리 내어 울부짖어라. '저는 안됩니다! 우리는 안됩니다! 이대로는 안됩니다!' 하고 외쳐라.
관공서도 상점도 공장도 일터도 모두 문을 닫고,
사람들을 다 통곡에 동원시켜라.
너희에게 가는 날, 나는 그 소리가 크고 분명하게 들리기를 원한다."
하나님의 포고다.

냉엄한 현실을 대면하여라

18-20 **하나님**의 심판 날이 오기를 바라는 너희 모두에게 화가 있으리라!
어떻게 너희는 **하나님** 뵙기를, 그분이 오시기를 바랄 수 있느냐?
하나님이 오신다는 소식은, 너희에게 낭보가 아니라 흉보가 될 것이다.
그날은 최고의 날이 아니라, 최악의 날이 될 것이다.
그날은, 어떤 사람이 사자를 피해 도망치다가
곰 아가리 속으로 뛰어드는 것과 같다.
하루 종일 힘들게 일하고 집에 돌아온 여자가
이웃에게 강간당하는 것과 같다.
하나님께서 오시는 날, 그날은 우리가 환상

Well, *live* like it,
and maybe it will happen.

15 Hate evil and love good,
then work it out in the public square.
Maybe GOD, the God-of-the-Angel-Armies,
will notice your remnant and be gracious.

16-17 Now again, my Master's Message, GOD, God-of-the-Angel-Armies:

"Go out into the streets and lament loudly!
Fill the malls and shops with cries of doom!
Weep loudly, 'Not me! Not us, Not now!'
Empty offices, stores, factories, workplaces.
Enlist everyone in the general lament.
I want to hear it loud and clear when I make my visit."
GOD's Decree.

Time to Face Hard Reality, Not Fantasy

18-20 Woe to all of you who want GOD's Judgment Day!
Why would you want to see GOD, want him to come?
When GOD comes, it will be bad news before it's good news,
the worst of times, not the best of times.
Here's what it's like: A man runs from a lion
right into the jaws of a bear.
A woman goes home after a hard day's work
and is raped by a neighbor.

이 아니라 냉엄한 현실,
잿빛 현실을 대면하는 날이다.

21-24 "나는 너희 종교 행사들을 도저히 참을 수 없다.
너희 집회와 성회는 이제 신물이 난다.
너희가 벌이는 종교 프로젝트들,
너희가 내거는 허영에 찬 슬로건과 목표에 진절머리가 난다.
너희의 기금 모금 계획,
홍보 활동과 이미지 연출도 지긋지긋하다.
너희 자아나 만족시키는 시끄러운 음악들은, 나는 이제 들을 만큼 들었다.
너희가 나를 향해 노래한 적이 언제더냐?
내가 바라는 것이 무엇인지 알고 있느냐?
내가 바라는 것은 정의다. 큰 바다 같은 정의!
내가 바라는 것은 공평이다. 강 같은 공평!
이것이 바로 내가 바라는 것, 내가 바라는 전부다.

25-27 사랑하는 이스라엘 가문아, 광야에서 지낸 사십 년 동안, 너희는 내가 명한 제물과 헌물로 나를 신실하게 예배하지 않았더냐? 그런 너희가 어찌하여 그럴듯한 조각상을 만들어 너희 지배자라 부르고, 싸구려 별 신상들을 이리저리 메고 다니는 지경이 되었느냐? 너희가 그것들을 그토록 사랑하니, 내가 너희를 다마스쿠스 너머 먼 곳까지 붙잡혀 가게 하는 날, 그것들을 챙겨 가져가려무나." **하나님**, 곧 만군의 하나님의 **메시지다**.

하루하루 즐기는 데만 관심 있는 자들

6 1-2 시온에 거하니 만사형통하고,
사마리아 산에 사니 만사태평하다고
믿는 너희에게 화가 있으리라.
너희는 너희가 최고인 것처럼,
너희 사는 곳이 지상 최고의 장소인 양 말한다.

At GOD's coming we face hard reality, not fantasy—
a black cloud with no silver lining.

21-24 "I can't stand your religious meetings.
I'm fed up with your conferences and conventions.
I want nothing to do with your religion projects,
your pretentious slogans and goals.
I'm sick of your fund-raising schemes,
your public relations and image making.
I've had all I can take of your noisy ego-music.
When was the last time you sang to *me*?
Do you know what I want?
I want justice—oceans of it.
I want fairness—rivers of it.
That's what I want. That's *all* I want.

25-27 "Didn't you, dear family of Israel, worship me faithfully for forty years in the wilderness, bringing the sacrifices and offerings I commanded? How is it you've stooped to dragging gimcrack statues of your so-called rulers around, hauling the cheap images of all your star-gods here and there? Since you like them so much, you can take them with you when I drive you into exile beyond Damascus." GOD's Message, God-of-the-Angel-Armies.

Those Who Live Only for Today

6 1-2 Woe to you who think you live on easy street in Zion,
who think Mount Samaria is the good life.
You assume you're at the top of the heap,

글쎄다, 잠에서 깨어나 주위를 둘러보아라.
어깨에 힘을 빼라.
갈레를 보아라.
대도시 하맛에 가보아라.
블레셋 사람들이 사는 가드를 둘러보아라.
어떠냐, 주제파악이 좀 되지 않느냐?
그 도성들에 비하면, 너희는 별 볼 일 없지 않느냐?

voted the number-one best place to live.
Well, wake up and look around. Get off your pedestal.
Take a look at Calneh.
Go and visit Great Hamath.
Look in on Gath of the Philistines.
Doesn't that take you off your high horse?
Compared to them, you're not much, are you?

3-6 재앙을 향해 돌진하는 너희에게 화가 있으리라!
대재난이 목전에 다가왔다!
사치하며 사는 자들,
다른 사람을 종처럼 부리려는 자들에게 화가 있으리라!
그저 자신의 오늘만 즐길 뿐,
다른 사람의 내일에 대해서는 무관심한 자들에게 화가 있으리라!
인생을 자신만의 파티로 여기는,
바람둥이 남녀들에게 화가 있으리라!
고생 없이 안락한 생활에 중독된 자들,
남이 부러워하고, 폼 나는 인생에 집착하는 자들에게 화가 있으리라!
그들은 나라가 망해 가는데도
더없이 무관심했다.

3-6 Woe to you who are rushing headlong to disaster!
Catastrophe is just around the corner!
Woe to those who live in luxury
and expect everyone else to serve them!
Woe to those who live only for today,
indifferent to the fate of others!
Woe to the playboys, the playgirls,
who think life is a party held just for them!
Woe to those addicted to feeling good—life without pain!
those obsessed with looking good—life without wrinkles!
They could not care less
about their country going to ruin.

7 그러나 정말로 다가오고 있는 일은 이렇다.
그들은 줄지어 낯선 타향으로 끌려갈 것이다.
넝마 차림의 비참한 무리가 되어,
그들은 애처로이 울며 조국을 떠날 것이다.

7 But here's what's *really* coming:
a forced march into exile.
They'll leave the country whining,
a rag-tag bunch of good-for-nothings.

너희는 정의를 난장판으로 만들었다

8 주 **하나님**께서 맹세하셨다. 그분은 하신 말씀을 엄숙히 지키신다.
만군의 하나님께서 말씀하신다.

"나는 야곱의 오만을 미워하며,
그의 요새들을 경멸한다.

You've Made a Shambles of Justice

8 GOD, the Master, has sworn, and solemnly stands by his Word.
The God-of-the-Angel-Armies speaks:

"I hate the arrogance of Jacob.

나는 그 도성과
거기 사는 모두를 다 적들에게 넘겨 버릴 것이다."

9-10 어떤 집에 열 사람이 있었는데, 모두 죽었다. 한 친척이 시신을 묻어 주려고 왔다가, 한 사람이 살아서 곳간에 숨어 있는 것을 보았다. 그가 묻는다. "당신 말고 또 있습니까?" 생존자는 이렇게 대답한다. "아니요, 없습니다. 여기서는 말을 그만합시다! 이렇게 더럽혀진 곳에서 **하나님**의 이름을 들먹이며 인사를 나눌 순 없지 않습니까."

11 주목하여라. **하나님**께서 명령을 내리신다.
그분이 큰 집들을 조각내시고,
작은 집들을 가루로 만들어 버리실 것이다.

12-13 너희는 자갈밭에서 경마대회를 여느냐?
소를 부려 바다로 가느냐?
그러면 말들은 불구가 되고,
소는 익사할 것이다.
너희는 정의를 난장판으로 만들고,
의를 퉁퉁 부은 시체로 만들었다.
시시한 업적들에 허풍을 떨고
힘없는 자들을 두들겨 패면서,
의기양양하게 "내가 한 일을 보라!"고 떠벌리면서 말이다.

14 "그래, 너희 이스라엘 사람들아, 즐길 수 있을 때 마음껏 즐겨라.
내가 한 이방 군대를 일으켰으니, 그들이 곧 너희를 치러 갈 것이다."
이는 너희 **하나님**, 곧 만군의 하나님의 말씀이다.
"그들이 너희를 완전히 요절낼 것이다.
너희는 한 군데도 성한 곳이 없게 될 것이다."

I have nothing but contempt for his forts.
I'm about to hand over the city
and everyone in it."

9-10 Ten men are in a house, all dead. A relative comes and gets the bodies to prepare them for a decent burial. He discovers a survivor huddled in a closet and asks, "Are there any more?" The answer: "Not a soul. But hush! GOD must not be mentioned in this desecrated place."

11 Note well: GOD issues the orders.
He'll knock large houses to smithereens.
He'll smash little houses to bits.

12-13 Do you hold a horse race in a field of rocks?
Do you plow the sea with oxen?
You'd cripple the horses
and drown the oxen.
And yet you've made a shambles of justice,
a bloated corpse of righteousness,
Bragging of your trivial pursuits,
beating up on the weak and crowing,
"Look what I've done!"

14 "Enjoy it while you can, you Israelites.
I've got a pagan army on the move against you"
—this is your GOD speaking, God-of-the-Angel-Armies—
"And they'll make hash of you,
from one end of the country to the other."

첫째 환상: 메뚜기 재앙

7 1-2 나의 주 **하나님**께서 내게 이런 환
상을 보여주셨다. 그분께서 거대한 메
뚜기 군대를 준비하셨는데, 왕에게 바치는 첫
번째 수확이 끝나고 두 번째 뿌린 씨가 막 싹
을 내는 때였다. 그 메뚜기들은 푸른빛이 도는
것이면 무엇이든 다 먹어 치웠다. 이파리 하나
남기지 않았다.
내가 소리쳤다. "**하나님**, 나의 주님! 용서해 주
십시오. 그리하시면 야곱이 어떻게 되겠습니
까? 미약하기 그지없는 존재입니다."
3 **하나님**께서 뜻을 돌이키셨다.
"이 일은 일어나지 않을 것이다." 그분이 말씀
하셨다.

둘째 환상: 불폭풍

4 **하나님**께서 내게 이런 환상을 보여주셨다.
오! **하나님**, 나의 주 **하나님**께서 불폭풍을 불
러일으키셨다. 그 불폭풍은 대양을 불살라 버
렸다. 약속의 땅도 불살라 버렸다.
5 내가 말했다. "**하나님**, 나의 주님! 부디, 멈
추어 주십시오. 이렇게 간구합니다! 그리하시
면 야곱이 어떻게 되겠습니까? 미약하기 그지
없는 존재입니다."
6 **하나님**께서 뜻을 돌이키셨다.
"좋다. 이 일도 일어나지 않을 것이다." **하나
님**, 나의 주께서 말씀하셨다.

셋째 환상: 다림줄

7 **하나님**께서 내게 이런 환상을 보여주셨다.
나의 주께서 손에 다림줄을 들고 어느 벽 뒤에
서 계셨다.
8-9 **하나님**께서 내게 말씀하셨다. "아모스야,
무엇이 보이느냐?"
내가 말했다. "다림줄이 보입니다."
그러자 나의 주께서 말씀하셨다. "내가 한 일
을 보아라. 내가 내 백성 이스라엘 한가운데에
다림줄을 드리워 놓았다. 나는 더 이상 그들을

To Die Homeless and Friendless

7 1-2 GOD, my Master, showed me
this vision: He was preparing a
locust swarm. The first cutting, which
went to the king, was complete, and the
second crop was just sprouting. The
locusts ate everything green. Not even a
blade of grass was left.
I called out, "GOD, my Master! Excuse
me, but what's going to come of Jacob?
He's so small."
3 GOD gave in.
"It won't happen," he said.

4 GOD showed me this vision: Oh!
GOD, my Master GOD was calling up a
firestorm. It burned up the ocean. Then
it burned up the Promised Land.
5 I said, "GOD, my Master! Hold it—
please! What's going to come of Jacob?
He's so small."
6 GOD gave in.
"All right, this won't happen either,"
GOD, my Master, said.

7 GOD showed me this vision: My
Master was standing beside a wall. In
his hand he held a plumb line.
8-9 GOD said to me, "What do you see,
Amos?"
I said, "A plumb line."
Then my Master said, "Look what I've
done. I've hung a plumb line in the
midst of my people Israel. I've spared
them for the last time. This is it!

봐주지 않을 것이다. 이제 끝이다!

이삭의 음란한 종교 산당이 허물어지고,
이스라엘의 사악한 산당들이 산산조각 날 것이다.
내가 여로보암 왕가에 맞서 내 칼을 들 것이다."

10 베델 산당의 제사장인 아마샤가 이스라엘
의 왕 여로보암에게 사람을 보냈다.
"아모스가 왕을 제거할 음모를 꾸미고 있습
니다. 그는 이스라엘 한복판에서 일을 벌이고
있습니다. 그의 말이 나라를 무너뜨리고 말
것이니, 그의 입을 막아야 합니다. 왕께서는
아모스가 뭐라 말하고 다니는지 아십니까?

11 '여로보암은 살해될 것이고,
이스라엘은 포로로 사로잡힐 것이다' 하고 말합니다."

12-13 그러고 난 후 아마샤는 아모스를 찾아
가 맞섰다. "선견자 양반, 이곳을 떠나시오!
당신의 고향인 유다로 돌아가, 거기서 눌러
사시오! 설교는 거기서나 하고, 여기 베델에
서는 더 이상 설교하지 마시오! 다시는 이곳
에 코빼기도 보이지 마시오! 여기는 왕의 예
배당, 왕족 산당이란 말이오."
14-15 그러나 아모스가 아마샤의 말을 되받
았다. "나는 설교자로 자처한 적이 없고, 설
교자가 되겠다고 생각해 본 적도 없소. 나는
가축을 기르고 나뭇가지나 치며 살았을 뿐
인데, 어느 날 **하나님**께서 나를 농장에서 불
러내시고 '내 백성 이스라엘에게 가서 설교
하라'고 말씀하셨소.
16-17 그러니 **하나님**의 말씀을 잘 들으시오.
당신은 내게 '이스라엘에게 설교하지 마라.
이삭 가문에 대해 적대적인 말을 하지 마라'
하지만, **하나님**께서는 당신에게 이렇게 말

"Isaac's sex-and-religion shrines will be smashed,
Israel's unholy shrines will be knocked to pieces.
I'm raising my sword against the royal family of Jeroboam."

10 Amaziah, priest at the shrine at Bethel,
sent a message to Jeroboam, king of
Israel:
"Amos is plotting to get rid of you; and
he's doing it as an insider, working from
within Israel. His talk will destroy the
country. He's got to be silenced. Do you
know what Amos is saying?

11 'Jeroboam will be killed.
Israel is headed for exile.'

12-13 Then Amaziah confronted Amos:
"Seer, be on your way! Get out of here
and go back to Judah where you came
from! Hang out there. Do your preaching
there. But no more preaching at Bethel!
Don't show your face here again. This is
the king's chapel. This is a royal shrine."
14-15 But Amos stood up to Amaziah: "I
never set up to be a preacher, never had
plans to be a preacher. I raised cattle and
I pruned trees. Then GOD took me off the
farm and said, 'Go preach to my people
Israel.'
16-17 "So listen to GOD's Word. You tell
me, 'Don't preach to Israel. Don't say
anything against the family of Isaac.' But
here's what GOD is telling you:

Your wife will become a whore in town.

씀하시오.

네 아내는 동네 창녀가 되고,
네 자녀는 살해될 것이다.
네 땅은 경매에 붙여지고,
너는 집을 잃고 친구도 없이 살다가 죽을 것이다.
이스라엘은 포로로 끌려가 유랑민이 될 것이다. 고향을 떠나 멀리."

넷째 환상: 신선한 과일 한 바구니

8 1 나의 주 **하나님**께서 보여주신 환상
이다. 그분이 내게 신선한 과일 한 바
구니를 보여주시며 말씀하셨다.
2 "아모스야, 무엇이 보이느냐?"
내가 말했다. "잘 익은 신선한 과일 한 바구니가 보입니다."
하나님께서 말씀하셨다. "맞다. 나는 이제 내 백성 이스라엘과 관계를 끝내련다. 더 이상 우리 사이에 아무 문제도 없는 척하지 않을 것이다.

3 그날이 오면, 왕실 소속 가수들이 슬피 울며 통곡할 것이다."
내 주 **하나님**께서 말씀하셨다.
"사방천지에 시체들이 흩뿌려질 것이다.
쉿! 입을 다물어라!"

4-6 너희, 힘없는 이들을 짓밟는 자들아,
가난한 이들을 하찮게 여기는 자들아, 귀 기울여 들어라!
"놀러 나가고 싶은데
월급날이 왜 이리 멀까?
나가서 즐기고 싶은데
주말이 왜 이리 멀까?" 하면서,
베푸는 것 없이 늘 받아 내려고만 하고
정직하게 땀 흘려 일하지 않는 너희,
너희는 가난한 이들을 착취하고 이용하다

Your children will get killed.
Your land will be auctioned off.
You will die homeless and friendless.
And Israel will be hauled off to exile,
far from *home*."

You Who Give Little and Take Much

8 1 My Master GOD showed me
this vision: A bowl of fresh
fruit.
2 He said, "What do you see, Amos?"
I said, "A bowl of fresh, ripe fruit."
GOD said, "Right. So, I'm calling it quits with my people Israel. I'm no longer acting as if everything is just fine."

3 "The royal singers will wail when it happens."
My Master GOD said so.
"Corpses will be strewn here, there, and everywhere.
Hush!"

4-6 Listen to this, you who walk all over the weak,
you who treat poor people as less than nothing,
Who say, "When's my next paycheck coming
so I can go out and live it up?
How long till the weekend
when I can go out and have a good time?"
Who give little and take much,
and never do an honest day's work.
You exploit the poor, using them—
and then, when they're used up, you

가도,
이용 가치가 사라지면 주저 없이 버린다.

7-8 야곱의 오만을 대적하시는 **하나님**께서
맹세하여 말씀하신다.
"내가 그들의 죄를 하나도 남김없이 다 추
적하고 있다."
하나님의 맹세가 땅의 기초를 흔들고,
세상 전체를 갈기갈기 찢어 놓을 것이다.
하나님의 맹세가 강물처럼 불어나,
집과 땅을 휩쓸어 삼킬 것이다.
잦아들고 나면,
뒤에는 진흙뻘만이 남을 것이다.

9-10 "심판 날이 임할 것이다!"
하나님, 나의 주님의 말씀이다.
"내가 정오에 태양을 꺼버릴 것이다.
벌건 대낮에 땅이 암흑천지가 되리라.
내가 너희 파티를 장례식이 되게 할 것이며,
너희가 부르는 노래를 장송곡이 되게 할 것
이다.
모두가 누더기 옷을 걸치고,
움푹 들어간 눈에 대머리가 되어 걸어 다닐
것이다.
너희에게 일어날 수 있는 최악의 일을 상상
해 보아라.
너희의 외아들이 살해당한다면 어떨까.
심판 날을 짐작하게 하는 힌트다.
사실 그날은, 그것보다 훨씬 끔찍할 것이다.

11-12 그렇다. 심판 날이 다가오고 있다!"
이는 나의 주 **하나님**의 말씀이다.
"내가 나라 전체에 기근을 보낼 것이다.
음식이나 물이 아니라, 나의 말씀이 부족해
서 생긴 기근이다.
사람들이 이리저리
동서남북으로 헤매고 다닐 것이다.
하나님의 말씀을 듣겠다며 어디든 가서, 아

discard them.

7-8 GOD swears against the arrogance of
Jacob:
"I'm keeping track of their every last
sin."
God's oath will shake earth's foundations,
dissolve the whole world into tears.
God's oath will sweep in like a river that
rises,
flooding houses and lands,
And then recedes,
leaving behind a sea of mud.

9-10 "On Judgment Day, watch out!"
These are the words of GOD, my
Master.
"I'll turn off the sun at noon.
In the middle of the day the earth will
go black.
I'll turn your parties into funerals
and make every song you sing a dirge.
Everyone will walk around in rags,
with sunken eyes and bald heads.
Think of the worst that could happen
—your only son, say, murdered.
That's a hint of Judgment Day
—that and much more.

11-12 "Oh yes, Judgment Day is coming!"
These are the words of my Master GOD.
"I'll send a famine through the whole
country.
It won't be food or water that's lacking,
but my Word.
People will drift from one end of the
country to the other,
roam to the north, wander to the east.

무 말에나 귀 기울이겠지만,
아무리 애써도 결국 듣지 못할 것이다.

13-14 심판 날에,
사랑스런 젊은 여자들이 말씀에 주려 허덕이고,
씩씩한 젊은 남자들이 하나님에 주려 허덕일 것이다.
죄와 섹스를 숭배하는 사마리아의 이방 산당에서
'단의 신을 두고 맹세한다!',
'브엘세바 여신의 축복을 빈다!'고 말하는 자들도 같은 처지가 되리라.
그들의 삶이 산산조각 나서,
다시는 추스르지 못할 것이다."

다섯째 환상: 산당의 붕괴와 민족 전멸

9 1-4 나는 나의 주께서 그 산당의 제단 옆에 서 계신 것을 보았다. 그분께서 말씀하셨다.

"산당 기둥머리를 쳐서,
바닥이 흔들리게 하여라.
사람들 머리 위로 지붕이 떨어질 것이다.
살아남는 자들은 내가 다 죽일 것이다.
누구도 피하지 못한다.
누구도 도망가지 못한다.
땅속으로 기어들어가도,
내가 그들을 찾아내 끌고 올 것이다.
별 있는 데까지 올라가도
내가 그들을 찾아내 끌어내릴 것이다.
갈멜 산 꼭대기에 몸을 숨겨도,
내가 그들을 찾아내 데려올 것이다.
바다 밑바닥까지 잠수해 들어가도,
내가 용을 보내 그들을 삼켜 올릴 것이다.
적군에게 산 채로 포로로 잡혀가도,
내가 칼을 보내 그들을 죽일 것이다.
나는 마음을 정했다.

They'll go anywhere, listen to anyone,
hoping to hear GOD's Word—but they won't hear it.

13-14 "On Judgment Day,
lovely young girls will faint of Word-thirst,
robust young men will faint of God-thirst,
Along with those who take oaths at the Samaria Sin-and-Sex Center,
saying, 'As the lord god of Dan is my witness!'
and 'The lady goddess of Beer-sheba bless you!'
Their lives will fall to pieces.
They'll never put it together again."

Israel Thrown into a Sieve

9 1-4 I saw my Master standing beside the altar at the shrine. He said:

"Hit the tops of the shrine's pillars,
make the floor shake.
The roof's about to fall on the heads of the people,
and whoever's still alive, I'll kill.
No one will get away,
no runaways will make it.
If they dig their way down into the underworld,
I'll find them and bring them up.
If they climb to the stars,
I'll find them and bring them down.
If they hide out at the top of Mount Carmel,
I'll find them and bring them back.
If they dive to the bottom of the ocean,

그들을 해하고, 돕지 않을 것이다."

5-6 나의 주, 만군의 **하나님**께서
땅에 손을 대신다. 살짝 건드렸을 뿐인데,
땅이 진동한다.
온 세상이 초상집이 된다.
홍수 때 이집트의 거대한 나일 강처럼,
땅이 불어 올랐다가 잦아든다.
하나님께서 하늘 높이 탑이 치솟게 하시고
바위처럼 굳센 땅에 기초를 놓으셔서,
당신의 궁전을 세우신다.
바닷물을 불러올려,
땅 위에 쏟으신다.
하나님, 너의 하나님께서 이 모든 일을 행하신다.

7-8 "너희 이스라엘 사람들아, 너희가 저
기 먼 곳의 구스 사람들보다 조금이라도
나은 줄 아느냐?" **하나님**의 포고다.
"내가 모든 민족의 운명에 다 관여한다는
것을 모르느냐? 이스라엘을 이집트에서
건져 주었듯이, 나는 블레셋 사람을 갑돌
에서, 아람 사람을 기르에서 구해 주었다.
나 주 **하나님**이 너희를 주시하고 있다. 죄
의 왕국인 너희를 조만간 지면에서 쓸어
버릴 것이다. 그러나 야곱 가문을 완전히
멸하지는 않으리라." **하나님**의 포고다.

9-10 "내가 여기서 명령을 내린다. 나는
이스라엘을 체 속에 던져 넣고 모든 민
족 앞에서 심하게 흔들어, 죄와 죄인들
을 모조리 걸러 낼 것이다. 진짜 알곡은
하나도 잃어버리지 않겠지만, 죄인들은
모조리 걸러 낼 것이다. '우리 생애에 나
쁜 일은 일어나지 않는다. 나쁜 일의 조
짐도 없을 거야' 하고 말하는 죄인들을

I'll send Dragon to swallow them up.
If they're captured alive by their enemies,
I'll send Sword to kill them.
I've made up my mind
to hurt them, not help them."

5-6 My Master, GOD-of-the-Angel-Armies,
touches the earth, a mere touch, and it trembles.
The whole world goes into mourning.
Earth swells like the Nile at flood stage;
then the water subsides, like the great Nile of Egypt.
God builds his palace—towers soaring high in the skies,
foundations set on the rock-firm earth.
He calls ocean waters and they come,
then he ladles them out on the earth.
GOD, your God, does all this.

7-8 "Do you Israelites think you're any
better than the far-off Cushites?" GOD's
Decree.
"Am I not involved with all nations? Didn't
I bring Israel up from Egypt, the Philistines
from Caphtor, the Arameans from Qir? But
you can be sure that I, GOD, the Master,
have my eye on the Kingdom of Sin. I'm
going to wipe it off the face of the earth.
Still, I won't totally destroy the family of
Jacob." GOD's Decree.

9-10 "I'm still giving the orders around here.
I'm throwing Israel into a sieve among all
the nations and shaking them good, shaking
out all the sin, all the sinners. No real grain
will be lost, but all the sinners will be sifted

다 걸러 낼 것이다."

다윗의 집을 다시 일으켜 세울 것이다

11-12 "그러나 심판 날에, 나는 허물어진
다윗의 집을 다시 일으켜 세울 것이다. 지
붕에 난 구멍을 수리하고, 깨진 창문을 새
것으로 바꿀 것이다. 다윗의 백성은 다시
금 강해져서, 적국 에돔에 남은 자들과 나
의 주권적 심판 아래 있는 모든 자를 차지
하게 될 것이다." **하나님**의 포고다. 그분
께서 이 일을 행하실 것이다.
13-15 "정말 그렇다. 이제 얼마 남지 않았
다." **하나님**의 포고다.
"이 일은 정신이 없을 만큼 숨 가쁘게 일
어날 것이다. 하나가 끝나면 곧 다음 일
이 벌어져, 너희가 따라잡지 못할 정도로
많은 일들이 연이어 일어날 것이다. 너희
눈이 미치는 모든 곳에, 복이 쏟아지리
라! 산과 언덕 위에서 포도주가 흘러나오
듯, 복들이 흘러넘칠 것이다. 내 백성 이
스라엘을 위해 내가 모든 것을 바로잡을
것이다.

그들이 파괴된 도성을 재건하고,
포도밭을 가꾸어 좋은 포도주를 마
시며,
정원을 가꾸어 신선한 채소를 먹을
것이다.
내가 그들을 그들이 살아갈 땅에 심어,
내가 그들에게 준 땅에서 다시는 뿌리
뽑히지 않게 할 것이다."

하나님, 너의 하나님께서 그렇게 말씀하
신다.

out and thrown away, the people who say, 'Nothing bad will ever happen in our lifetime. It won't even come close.'

Blessings Like Wine Pouring off the Mountains

11-12 "But also on that Judgment Day I
will restore David's house that has fallen
to pieces. I'll repair the holes in the roof,
replace the broken windows, fix it up like
new. David's people will be strong again
and seize what's left of enemy Edom,
plus everyone else under my sovereign
judgment." GOD's Decree. He will do this.
13-15 "Yes indeed, it won't be long now."
GOD's Decree.
"Things are going to happen so fast your
head will swim, one thing fast on the heels
of the other. You won't be able to keep up.
Everything will be happening at once—and
everywhere you look, blessings! Blessings
like wine pouring off the mountains and
hills. I'll make everything right again for
my people Israel:

"They'll rebuild their ruined cities.
They'll plant vineyards and drink good
wine.
They'll work their gardens and eat fresh
vegetables.
And I'll plant *them,* plant them on their
own land.
They'll never again be uprooted from the
land I've given them."

GOD, your God, says so.

오바댜 | 머리말

성경의 어느 한 부분을 읽을 때에는 전체 맥락에 비추어 읽어야 한다. 단역에 불과해 보이는 오바댜에게도 분명한 자기 자리가 있다. 성경 안의 인물이든 성경 밖의 인물이든, 사실 모두가 중요하다. 오바댜가 맡은 임무는 에돔에 대한 하나님의 심판의 말씀을 전하는 것이었다.

성경은 첫 무대에서 쌍둥이 형제 야곱과 에서 이야기를 들려준다(창 25-36장). 그들은 모태에서 나올 때부터 서로 다투었다. 야곱은 이스라엘 백성의 조상이 되었고, 에서는 에돔 백성의 조상이 되었다. 이스라엘은 주로 요단 강과 사해의 서쪽에 자리 잡았고, 에돔은 남동쪽에 자리 잡았다. 이웃하는 그 두 민족은 늘 사이가 좋지 않았고, 오랜 전쟁과 반목의 세월을 보냈다. 이스라엘이 패망하고—주전 721년 먼저 북이스라엘이 앗시리아에게, 주전 586년 남유다가 바빌론에게—포로로 붙잡혀 가자, 에돔은 피를 나눈 친족이 당하는 참사를 강 건너 불구경하듯 지켜보며 한껏 고소해했다. 그러나 하나님은, 기뻐하지 않으셨다.

"사악한 외적들이 예루살렘을 공습하여 약탈하는데도,
그저 수수방관했다.
너도 그들 못지않게 악질이다.
자기 형제가 얻어맞고 있는데 고소해하다니,
그래서는 안되었다.
유다의 아들들이 진창에 처박히는 것을

It takes the entire Bible to read any part of the Bible. Even the brief walkon appearance of Obadiah has its place. No one, whether in or out of the Bible, is without significance. It was Obadiah's assignment to give voice to God's word of judgment against Edom.

Back in the early stages of the biblical narrative, we are told the story of the twins Jacob and Esau (Genesis 25-36). They came out of the womb fighting. Jacob was ancestor to the people of Israel, Esau ancestor to the people of Edom. The two neighboring peoples, Israel mostly to the west of the Jordan River and Dead Sea and Edom to the southeast, never did get along. They had a long history of war and rivalry. When Israel was taken into exile—first the northern kingdom by the Assyrians in 721 B.C. and later the southern kingdom by the Babylonians in 586 B.C.—Edom stood across the fence and watched, glad to see her old relative get beat up. God, however, was not pleased.

Godless foreigners invaded and pillaged Jerusalem.
You stood there and watched.
You were as bad as they were.
You shouldn't have gloated over your brother
when he was down-and-out.

보고 깔깔 웃다니,
그래서는 안되었다.
고생하고 있는 그들에게 큰소리를 해대다니,
그래서는 안되었다.
삶이 파탄 난 그들을 되레 이용하다니,
그래서는 안되었다.……

You shouldn't have laughed and joked at Judah's sons
when they were facedown in the mud.
You shouldn't have talked so big
when everything was so bad.
You shouldn't have taken advantage of my people
when their lives had fallen apart...

모든 사악한 민족들을 심판하실
하나님의 날이 가까이 왔다.
네가 행한 그대로 네게도 이루어질 것이다.
네가 행한 일이 부메랑이 되어
네 머리를 칠 것이다"(옵 11-12, 15절).

"GOD's Judgment Day is near
for all the godless nations.
As you have done, it will be done to you.
What you did will boomerang back
and hit your own head"(Obadiah 11-12, 15).

언뜻 보기에 오바댜의 짧고 굵은 예언은, 에돔이 하나님의 선민에게 저지른 잔인한 불의에 대한 맹렬한 고발장 같다. 에돔은 악당이고, 하나님의 언약 백성은 희생자라는 식으로 말이다.

그러나 예언의 마지막에 등장하는 문장은, 수세기에 걸친 증오와 반목과 독설을 박차고 나오는 커다란 진일보(進一步)다. 수세기에 걸쳐 에돔에게 괴롭힘을 당해 온 이스라엘에게 돌연 계시된 내용은, 장차 그들이 부당한 처지에서 벗어나 오랜 원수인 에돔 사람들을 통치하는 위치에 오르게 된다는 것이었다. 그러나 이스라엘의 몫은 받은 대로 갚아 주는 앙갚음이 아니었다. 그들이 할 일은 폭력의 악순환을 이어 가는 것이 아니라, 받은 통치권으로 하나님의 정의를 시행하는 것이었다. 그들은 자신을 새로운 맥락—하나님 나라—으로 바라보고, 새로운 소명—하나님의 통치를 나타내는 일—을 깨닫는다. 미미하기는 하지만(스물한 절 가운데 한 절!), 이것은 분명 서광이다(이것이 마지막 문구다!).

At first reading, this brief but intense prophecy of Obadiah, targeted at Edom, is a broadside indictment of Edom's cruel injustice to God's chosen people. Edom is the villain and God's covenant people the victim.

But the last line of the prophecy takes a giant step out of the centuries of hate and rivalry and invective. Israel, so often a victim of Edomite aggression through the centuries, is suddenly revealed to be saved from the injustices of the past and taking up a position of rule over their ancient enemies the Edomites. But instead of doing to others what had been done to them and continuing the cycle of violence that they had been caught in, they are presented as taking over the reins of government and administering God's justice justly. They find themselves in a new context . God's kingdom—and realize that they have a new vocation—to represent God's rule. It is not

> 시온 산의 구원받은 남은 자들이
> 에서의 산에 들어가,
> 정의롭고 공정하게 다스릴 것이다.
> **하나님** 나라를 높이는 통치를 펼칠 것이다.
> (옵 21절)

마지막 심판 날의 핵심은, 보복과 독설이 아니다. 오바댜의 예언 말미에는 정의의 서광이 있을 뿐이지만, 그 서광은 점점 커져 마침내 빛의 나라를 이룰 것이고, 그 나라에서 모든 민족이 영원한 하늘 보좌에서 임하는 정의로운 심판을 받게 될 것이다.

much (one verse out of twenty-one!), but it is a glimmer (it is the final verse!).

> The remnant of the saved in Mount Zion
> will go into the mountains of Esau
> And rule justly and fairly,
> a rule that honors GOD's kingdom(Obadiah 21).

On the Day of Judgment, dark retaliation and invective do not get the last word. Only the first rays of the light of justice appear here. But these rays will eventually add up to a kingdom of light, in which all nations will be judged justly from the eternal throne in heaven.

오바댜

OBADIAH

하나님께서 에돔을 심판하시다

1 오바댜가 전하는 **메시지**,
주 **하나님**께서 에돔을 향해 하시는 말씀이다.
우리는 이 소식을 **하나님**께 직접 들었다.
사악한 민족들에게 보냄받은 한 특사를 통해 들었다.

"일어나 전투태세를 갖춰라.
에돔과 전쟁을 벌일 준비를 하여라!"

2-4 "에돔아, 귀 기울여 들어라.
내가 너를 보잘것없는 자로 만들려 한다.
사악한 민족들 중에 가장 멸시받는 보잘것없는 민족으로 만들려 한다.
너는 네가 대단한 자인 것처럼 굴었다.
산의 우두머리인 양 높은 바위 위에 앉아서,
마음속으로
'나를 건들 자 누구랴. 내게 손댈 자 누구랴!'
하고 생각했다.
그러나 이제 생각을 바꾸어라. 네가 독수리처럼
높디높은 절벽 위에 보금자리를 잡더라도,
아니, 별들 사이에 둥지를 틀더라도,
내가 너를 땅으로 끌어내릴 것이다."
하나님의 확실한 말씀이다.

5-14 "도둑이 들면

Your World Will Collapse

1 Obadiah's Message to Edom
from GOD, the Master.
We got the news straight from GOD
by a special messenger sent out to the godless nations:

"On your feet, prepare for battle;
get ready to make war on Edom!

2-4 "Listen to this, Edom:
I'm turning you to a no-account,
the runt of the godless nations, despised.
You thought you were so great,
perched high among the rocks, king of the mountain,
Thinking to yourself,
'Nobody can get to me! Nobody can touch me!'
Think again. Even if, like an eagle,
you hang out on a high cliff-face,
Even if you build your nest in the stars,
I'll bring you down to earth."
GOD's sure Word.

5-14 "If thieves crept up on you,
they'd rob you blind—isn't that so?

집이 몽땅 털리지 않느냐?
밤길에 강도를 만나면
가진 것을 다 털리지 않느냐?
에서는 그렇게 하나씩 빼앗겨,
지갑과 호주머니를 다 털릴 것이다.
너의 옛 파트너들이 너를 궁지로 몰고,
너의 옛 친구들이 너를 대놓고 속여 먹을 것이다.
너의 옛 술친구들이 네 등에 칼을 꽂을 것이다.
너의 세상이 무너지리라. 주먹이 어디서 날아오는지도 모를 것이다.
그러니 놀라지 마라." 이는 **하나님**의 확실한 말씀이다!
"내가 에돔에서 현인들을 다 쓸어버리고,
에서의 산에서 유명한 현자들을 모조리 없애 버릴 날이 올 것이다.
데만아, 너의 위대한 영웅들이 너를 버리고 도망칠 것이다.
에서의 산에 남아 있는 자 아무도 없으리라.
네가 네 형제 야곱에게 행한 잔학한 일들이 낱낱이 역사에 기록되었다.
그 일로 너는 모두에게 멸시를 받을 것이다.
역사에 설 자리를 잃을 것이다.
그날, 너는 팔짱을 낀 채 그저 보고만 있었다.
낯선 자들이 네 형제의 군대를 붙잡아 끌고 가는데도,
사악한 외적들이 예루살렘을 공습하여 약탈하는데도,
그저 수수방관했다.
너도 그들 못지않게 악질이다.
자기 형제가 얻어맞고 있는데 고소해하다니,
그래서는 안되었다.
유다의 아들들이 진창에 처박히는 것을 보

If they mugged you on the streets at night,
  they'd pick you clean—isn't that so?
Oh, they'll take Esau apart, piece by piece,
  empty his purse and pockets.
All your old partners will drive you to the edge.
  Your old friends will lie to your face.
Your old drinking buddies will stab you in the back.
  Your world will collapse. You won't know what hit you.
So don't be surprised"—it's GOD's sure Word!—
  "when I wipe out all sages from Edom
  and rid the Esau mountains of its famous wise men.
Your great heroes will desert you, Teman.
  There'll be nobody left in Esau's mountains.
Because of the murderous history compiled
  against your brother Jacob,
You will be looked down on by everyone.
  You'll lose your place in history.
On that day you stood there and didn't do anything.
  Strangers took your brother's army into exile.
Godless foreigners invaded and pillaged Jerusalem.
  You stood there and watched.
  You were as bad as they were.
You shouldn't have gloated over your brother
  when he was down-and-out.
You shouldn't have laughed and joked at Judah's sons
  when they were facedown in the mud.

고 깔깔 웃다니,
그래서는 안되었다.
고생하고 있는 그들에게 큰소리를 해대다니,
그래서는 안되었다.
삶이 파탄 난 그들을 되레 이용하다니,
그래서는 안되었다.
그들의 고난, 그들의 비참한 모습을 보며 웃고 떠들다니,
다른 민족들은 몰라도 너만큼은 그래서는 안되었다.
얻어맞아 바닥에 쓰러진 그들의 옷을 벗겨 가다니,
그래서는 안되었다.
길 끝에서 기다리고 섰다가 피난민의 길을 막지 말았어야 했다.
모든 것을 잃고 목숨만 건진 무력한 생존자들에게 등을 돌리다니,
그래서는 안되었다."

You shouldn't have talked so big
when everything was so bad.
You shouldn't have taken advantage of my people
when their lives had fallen apart.
You of all people should not have been amused
by their troubles, their wrecked nation.
You shouldn't have taken the shirt off their back
when they were knocked flat, defenseless.
And you shouldn't have stood waiting at the outskirts
and cut off refugees,
And traitorously turned in helpless survivors
who had lost everything.

이스라엘의 승리

15-18 "모든 사악한 민족들을 심판하실
하나님의 날이 가까이 왔다.
네가 행한 그대로 네게도 이루어질 것이다.
네가 행한 일이 부메랑이 되어
네 머리를 칠 것이다.
너희가 내 거룩한 산에서 파티를 벌인 것처럼,
모든 사악한 민족들이 하나님의 진노를 마시게 될 것이다.
마시고 마시고 또 마시고,
그렇게 마시다 꼬꾸라질 것이다.
그러나 시온 산은 다르다. 그곳에는 쉼이 있다!
그곳은 안전하고 거룩한 장소!
강탈자들에게 모든 것을 빼앗긴 야곱 가문이
제 것을 다시 찾을 것이다.

15-18 "GOD's Judgment Day is near
for all the godless nations.
As you have done, it will be done to you.
What you did will boomerang back
and hit your own head.
Just as you partied on my holy mountain,
all the godless nations will drink God's wrath.
They'll drink and drink and drink—
they'll drink themselves to death.
But not so on Mount Zion—there's respite there!
a safe and holy place!
The family of Jacob will take back their possessions
from those who took them from them.
That's when the family of Jacob will catch fire,

그날 야곱 가문은 불이 되고,
요셉 가문은 맹렬한 화염이 될 것이며,
에서 가문은 밀짚이 될 것이다.
에서는 화염에 휩싸여 연기로 사라질 것이다.
잿더미만 남을 것이다."
하나님께서 그렇게 된다고, 분명히 말씀하셨다.

the family of Joseph become fierce flame,
while the family of Esau will be straw.
Esau will go up in flames,
nothing left of Esau but a pile of ashes."
GOD said it, and it is so.

19-21 남방에서 온 자들이 에서의 산을 차지할 것이다.
산기슭에서 올라온 자들이 블레셋 사람들을 괴멸시킬 것이다.
그들이 에브라임과 사마리아의 농장을 차지하고,
베냐민이 길르앗을 차지할 것이다.
그 전에, 이스라엘 포로들이 돌아오고,
사르밧 북쪽에 이르기까지 가나안 땅을 차지할 것이다.
저 먼 북서쪽 스바랏에서 예루살렘 포로들이 돌아와
남쪽 도성들을 차지할 것이다.
시온 산의 구원받은 남은 자들이
에서의 산에 들어가,
정의롭고 공정하게 다스릴 것이다.
하나님 나라를 높이는 통치를 펼칠 것이다.

19-21 People from the south will take over the Esau mountains;
people from the foothills will overrun the Philistines.
They'll take the farms of Ephraim and Samaria,
and Benjamin will take Gilead.
Earlier, Israelite exiles will come back
and take Canaanite land to the north at Zarephath.
Jerusalem exiles from the far northwest in Sepharad
will come back and take the cities in the south.
The remnant of the saved in Mount Zion
will go into the mountains of Esau
And rule justly and fairly,
a rule that honors GOD's kingdom.

요나를 모르는 사람은 없다. 성경을 한 번도 읽어 보지 않은 사람도 '고래' 운운하며 우스갯소리를 할 만큼 그를 알고 있다. 그 정도로 요나 이야기는 우리에게 친숙하다. 요나 이야기에는 재미있는 측면이 있다. 기를 쓰고 하나님에게서 달아나려고 애쓰지만, 좌충우돌하며 결국 뜻을 이루지 못하는 요나의 모습은 우스운 익살극의 한 장면 같다. 요나서 1:3에는 이런 장면이 등장한다. "요나는 일어나서, **하나님**을 피해 다른 방향인 다시스로 달아났다.……**하나님**에게서 최대한 멀리 달아나려는 것이었다."

그러나 재미있는 이야기가 시시한 이야기라는 뜻은 결코 아니다. 사실 이것은 매우 심각한 이야기다. 미소 짓거나, 때로는 웃어 가며 요나서를 읽어 내려가다 보면, 어느새 하나님과 안전거리를 유지하기 위해 우리가 세워 놓은 경계들이 풀어지면서 꼼짝없이 하나님의 뜻과 명령을 마주하게 되는 경험을 하게 된다. 예외 없이 모두가 그렇다.

이야기는 성경이 '하나님 이야기' 안에서 우리 자신을 발견하도록 돕는 대표적 방식이다. 성경 이야기는 우리를 만드시고 구원하시는 하나님의 이야기다. 진리에 대한 추상적 진술들과는 달리, 이야기는 독자의 옆구리를 꾹꾹 찔러 그 이야기 속에 뛰어드는 참여자로 만든다. 우리는 어느 순간 무대 위에 올라가 있다. 처음에는 구경꾼이나 비평가로 시작했더라도 탁월한 이야기(성경은 참으로 탁월한 이야기다!)를 만나면, 어느새

Everybody knows about Jonah. People who have never read the Bible know enough about Jonah to laugh at a joke about him and the "whale." Jonah has entered our folklore. There is a playful aspect to his story, a kind of slapstick clumsiness about Jonah as he bumbles his way along, trying, but always unsuccessfully, to avoid God. Jonah 1:3 says, "Jonah got up and went the other direction to Tarshish, running away from GOD...as far away from GOD as he could get."

But the playfulness is not frivolous. This is deadly serious. While we are smiling or laughing at Jonah, we drop the guard with which we are trying to keep God at a comfortable distance, and suddenly we find ourselves caught in the purposes and commands of God. All of us. No exceptions.

Stories are the most prominent biblical way of helping us see ourselves in "the God story," which always gets around to the story of God making and saving us. Stories, in contrast to abstract statements of truth, tease us into becoming participants in what is being said. We find ourselves involved in the action. We may start out as spectators or critics, but if the story is good (and the biblical stories are very good!), we find ourselves no longer just listening to but inhabiting the story.

이야기를 듣는 사람에서 이야기 안의 사람으로 바뀐다.

요나 이야기가 믿음의 삶을 격려하는 이야기로 오랫동안 사랑받아 온 것은, 그가 지고하고 위대한 영웅이 아니기 때문이다. 요나는 우리 자신과 동일시하기 어려운 존재가 아니다. 요나는 그리 대단한 일을 한 것이 없다. 그는 우리가 우러러보아야 할 이상적 인물이 아니라, 어리석은 우리와 별반 다르지 않은 인물로 그려지고 있다. 한마디로, 그는 우리 수준의 사람이다. 요나는 심지어 바른 일을 할 때도(결국 니느웨에서 말씀을 전하기는 하지만) 잘못을 저지른다(하나님께 화를 낸다). 그러나 하나님께서는 처음부터 끝까지 그런 요나의 어리석음을 재료 삼아 일하시고, 결국 당신의 목적을 이루어 내신다. 우리 모두에게 성경의 요나 같은 친구가 한두 사람쯤은 꼭 있어야 한다.

One reason that the Jonah story is so enduringly important for nurturing the life of faith in us is that Jonah is not a hero too high and mighty for us to identify with—he doesn't do anything great. Instead of being held up as an ideal to admire, we find Jonah as a companion in our ineptness. Here is someone on our level. Even when Jonah does it right (like preaching, finally, in Nineveh) he does it wrong (by getting angry at God). But the whole time, God is working within and around Jonah's very ineptness and accomplishing his purposes in him. Most of us need a biblical friend or two like Jonah.

요나

요나가 하나님을 피해 달아나다

1 [1-2] 오래전 어느 날, **하나님**의 말씀
이 아밋대의 아들 요나에게 임했
다. "일어나 큰 도시 니느웨로 가거라! 가
서 그들에게 말씀을 전하여라. 그들의 악행
을 내가 더 이상 두고 볼 수 없다."
3 그러나 요나는 일어나서, **하나님**을 피해
다른 방향인 다시스로 달아났다. 욥바 항으
로 내려간 그는, 다시스로 가는 배를 발견
했다. 그는 뱃삯을 지불하고 다시스로 가는
사람들과 함께 배에 올랐다. **하나님**에게서
최대한 멀리 달아나려는 것이었다.
4-6 **하나님**께서 바다에 거대한 폭풍을 보내
셨다. 집채만 한 파도가 일어났다.
배가 당장이라도 산산조각 날 것 같았다.
선원들은 공포에 사로잡혀, 저마다 모시는
신들에게 필사적으로 도움을 청하며 소리
를 질러 댔다. 그들은 배의 무게를 줄이기
위해 배에 실었던 물건 전부를 바다에 던졌
다. 그 와중에, 요나는 배 밑창에 내려가 잠
을 자고 있었다. 그는 아주 깊이 잠들어 있
었다. 선장이 그에게 와서 말했다. "아니,
지금 뭐하는 거요? 잠을 자고 있다니! 일어
나서, 당신의 신에게 기도하시오! 어쩌면
당신의 신이 우리가 처한 곤경을 보고 우리
를 구해 줄지도 모르잖소."
7 그러자 선원들끼리 말했다. "한번, 진상
을 파헤쳐 봅시다. 이 배에 탄 사람들 중에

JONAH

Running Away from God

1 [1-2] One day long ago, GOD's Word
came to Jonah, Amittai's son: "Up
on your feet and on your way to the big
city of Nineveh! Preach to them. They're in
a bad way and I can't ignore it any longer."
3 But Jonah got up and went the other
direction to Tarshish, running away from
GOD. He went down to the port of Joppa
and found a ship headed for Tarshish. He
paid the fare and went on board, joining
those going to Tarshish—as far away from
GOD as he could get.
4-6 But GOD sent a huge storm at sea, the
waves towering.
The ship was about to break into pieces.
The sailors were terrified. They called out
in desperation to their gods. They threw
everything they were carrying overboard
to lighten the ship. Meanwhile, Jonah had
gone down into the hold of the ship to take
a nap. He was sound asleep. The captain
came to him and said, "What's this? Sleep-
ing! Get up! Pray to your god! Maybe your
god will see we're in trouble and rescue
us."
7 Then the sailors said to one another,
"Let's get to the bottom of this. Let's draw

누가 이 재앙을 불러왔는지 제비를 뽑아 알
아보는 게 어떻겠소."
그들이 제비를 뽑으니, 요나가 걸렸다.
8 그들이 요나에게 다그쳐 물었다. "어서
털어놓으시오. 대체 무엇 때문에 이 재앙
이 일어난 거요? 당신은 뭐하는 사람이며,
어디서 왔소? 어느 나라, 어느 가문 출신
이오?"
9 요나가 대답했다. "나는 히브리 사람입니
다. 바다와 육지를 창조하신 하늘의 **하나님**
을 예배하는 사람이오."
10 그 말에 흠칫 놀란 선원들은 겁에 질려
말했다. "대체 당신이 무슨 일을 저지른 거
요?" 요나가 이야기를 들려주자, 선원들은
그가 **하나님**을 피해 달아나는 중이라는 사
실을 알게 되었다.
11 그들이 말했다. "이 폭풍을 가라앉히려
면 우리가 어떻게 해야 되겠소?" 바다가 거
칠게 날뛰고 있었다.
12 요나가 말했다. "나를 들어 바다에 던지
시오. 그러면 폭풍이 멈출 겁니다. 모두 내
잘못 때문이오. 내가 이 폭풍의 원인이니,
나를 없애면 폭풍도 사라질 것이오."
13 그러나 그것은 안될 말이었다. 그들은 어
떻게든 해변으로 노를 저어 돌아가려고 애
썼다. 하지만 배는 한 치도 더 나아가지 못
했다. 폭풍은 점점 더 거칠고 광포해졌다.
14 그러자 그들은 **하나님**께 기도했다. "오
하나님! 이 자가 살아온 삶 때문에 우리를
죽이지 말아 주십시오. 이 자를 죽인다고
해서 우리를 벌하지 말아 주십시오. 주는
하나님이시니, 주께서 가장 좋게 여기시는
대로 행해 주십시오."
15 그들은 요나를 들어 배 밖으로 던졌다.
그러자 즉시 바다가 잠잠해졌다.
16 선원들은 큰 충격을 받았다. 그들은 바
다에 대한 두려움 대신 **하나님**을 향한 경외
심에 사로잡혔다. 그들은 **하나님**께 경배했

straws to identify the culprit on this ship
who's responsible for this disaster."
So they drew straws. Jonah got the short
straw.
8 Then they grilled him: "Confess. Why
this disaster? What is your work? Where
do you come from? What country? What
family?"
9 He told them, "I'm a Hebrew. I worship
GOD, the God of heaven who made sea and
land."
10 At that, the men were frightened, really
frightened, and said, "What on earth have
you done!" As Jonah talked, the sailors
realized that he was running away from
GOD.
11 They said to him, "What are we going
to do with you—to get rid of this storm?"
By this time the sea was wild, totally out of
control.
12 Jonah said, "Throw me overboard, into
the sea. Then the storm will stop. It's all
my fault. I'm the cause of the storm. Get
rid of me and you'll get rid of the storm."
13 But no. The men tried rowing back to
shore. They made no headway. The storm
only got worse and worse, wild and raging.
14 Then they prayed to GOD, "O GOD!
Don't let us drown because of this man's
life, and don't blame us for his death. You
are GOD. Do what you think is best."
15 They took Jonah and threw him
overboard. Immediately the sea was quiet-
ed down.
16 The sailors were impressed, no longer
terrified by the sea, but in awe of GOD.
They worshiped GOD, offered a sacrifice,
and made vows.

고, 제물을 바치고 서약을 했다.
17 그때 **하나님**이 한 거대한 물고기를 보내
시니, 그것이 요나를 집어삼켰다. 요나는
사흘 낮과 밤을 그 물고기 뱃속에 있었다.

요나가 회개하고 살아나다

2 1-9 그러자 요나는 물고기 뱃속에서
그의 하나님께 기도했다.
그가 아뢰었다.

"심한 고통 속에서 **하나님**께 기도드렸더니,
그분이 내 기도를 들으셨습니다.
무덤의 뱃속에서 '도와주십시오!' 외쳤더니,
주께서 나의 부르짖음을 들으셨습니다.
주께서 나를 대양 깊은 곳에,
물 가득한 무덤 속에 던지셨습니다.
대양의 파도와 물결이
내게 부딪쳐 왔습니다.
나는 말했습니다. '내가 내던져졌습니다.
주의 시야 밖으로 내던져졌습니다.
다시는 눈을 들어
주의 거룩한 성전을 보지 못할 것입니다.'
대양이 나의 멱살을 잡았습니다.
태곳적 심연이 나를 꽉 움켜쥐었습니다.
산들의 뿌리가 놓인 해저에서
해초들이 내 머리를 휘감았습니다.
나는 사람의 몸이 닿을 수 있는 가장 깊은 곳까지 내려갔습니다.
내 뒤에서 문들이 쾅 소리를 내며 아주 닫혀 버린 듯했습니다.
그러나 **하나님**, 나의 하나님!
주께서 나를 그 무덤에서 끌어올려 살리셨습니다.
내 목숨이 사그라져 갈 때에
내가 **하나님**을 기억했고,
나의 기도가 주께 이르렀으며,
주의 거룩한 성전에까지 닿았습니다.
헛된 신들, 가짜 신들을 예배하는 것은

17 Then GOD assigned a huge fish to
swallow Jonah. Jonah was in the fish's
belly three days and nights.

At the Bottom of the Sea

2 1-9 Then Jonah prayed to his God
from the belly of the fish.
He prayed:

"In trouble, deep trouble, I prayed to GOD.
He answered me.
From the belly of the grave I cried, 'Help!'
You heard my cry.
You threw me into ocean's depths,
into a watery grave,
With ocean waves, ocean breakers
crashing over me.
I said, 'I've been thrown away,
thrown out, out of your sight.
I'll never again lay eyes
on your Holy Temple.'
Ocean gripped me by the throat.
The ancient Abyss grabbed me and held tight.
My head was all tangled in seaweed
at the bottom of the sea where the mountains take root.
I was as far down as a body can go,
and the gates were slamming shut behind me forever—
Yet you pulled me up from that grave alive,
O GOD, my God!
When my life was slipping away,
I remembered GOD,
And my prayer got through to you,
made it all the way to your Holy Temple.
Those who worship hollow gods, god-frauds,

유일하신 참 사랑을 등지는 것입니다.
나는 주님을, 오직 **하나님**을 예배하며,
소리쳐 감사드리겠습니다!
그리고 주 앞에서 약속한 것을 이행할 것입니다!
구원은 **하나님**께만 있습니다!"

10 **하나님**께서 그 물고기에게 말씀하시니, 물고기가 요나를 해변에 뱉어 냈다.

요나가 니느웨로 가다

3 1-2 그런 다음, **하나님**께서 요나에게 다시 한번 말씀하셨다. "일어나 큰 도시 니느웨로 가거라! 가서 그들에게 말씀을 전하여라. 나는 그들의 악행을 더 이상 두고 볼 수 없다."
3 이번에는 요나가 **하나님**의 명령에 순종하여, 니느웨를 향해 즉시 출발했다.
니느웨는 가로질러 지나가는 데만 꼬박 사흘이 걸리는 아주 큰 도성이었다.
4 요나는 그 도성에 들어가서 하룻길을 걸으며 말씀을 전했다. "사십 일만 지나면 니느웨는 쑥대밭이 될 것이다."
5 니느웨 사람들이 듣고 하나님의 말씀을 믿었다. 그들은 도성 전체에 금식을 선포하고, 자신들의 회개를 나타내 보이기 위해 베옷으로 갈아입었다. 부자도 가난한 자도, 이름 있는 자도 이름 없는 자도, 지도자도 백성들도 모두들 그렇게 했다.
6-9 이 소식이 니느웨의 왕에게 전해지니, 그도 왕좌에서 일어나 왕복을 벗은 뒤에 베옷으로 갈아입고 잿더미 위에 앉았다. 그러고는 니느웨 전역에 다음과 같은 공문을 발표했다. "누구든지 물 한 모금이라도 마시거나 밥 한 술이라도 입에 대서는 안된다! 남자든 여자든 짐승이든—너희 양 떼와 소 떼를 포함해—모두 마찬가지다! 사람이든 짐승이든 모두 베옷을 입고, 하나님께 살려

walk away from their only true love.
But I'm worshiping you, GOD,
calling out in thanksgiving!
And I'll do what I promised I'd do!
Salvation belongs to GOD!"

10 Then GOD spoke to the fish, and it vomited up Jonah on the seashore.

Maybe God Will Change His Mind

3 1-2 Next, GOD spoke to Jonah a second time: "Up on your feet and on your way to the big city of Nineveh! Preach to them. They're in a bad way and I can't ignore it any longer."
3 This time Jonah started off straight for Nineveh, obeying GOD's orders to the letter.
Nineveh was a big city, very big—it took three days to walk across it.
4 Jonah entered the city, went one day's walk and preached, "In forty days Nineveh will be smashed."
5 The people of Nineveh listened, and trusted God. They proclaimed a citywide fast and dressed in burlap to show their repentance. Everyone did it—rich and poor, famous and obscure, leaders and followers.
6-9 When the message reached the king of Nineveh, he got up off his throne, threw down his royal robes, dressed in burlap, and sat down in the dirt. Then he issued a public proclamation throughout Nineveh, authorized by him and his leaders: "Not one drop of water, not one bite of food for man, woman, or animal, including your herds and flocks! Dress them all, both

달라고 부르짖어라. 모두 악한 생활에서 돌
이키고, 손을 더럽히는 강포한 길에서 떠나
야 한다. 누가 알겠는가? 행여 하나님이 뜻
을 돌이키셔서, 우리에 대한 생각을 바꾸실
지! 우리에게 노하기를 그치시고 우리를 살
려 주실지!"
10 하나님께서 그들이 악한 길에서 돌이키
는 것을 보시고, 그들에 대한 생각을 정말
로 바꾸셨다. 그들에게 행하겠다고 말씀하
신 일을 행하지 않으셨다.

내, 이럴 줄 알았습니다

4 1-2 요나는 화가 치밀어 올랐다. 그
는 분을 터뜨리며 **하나님**께 소리를
질러 댔다. "**하나님**! 내, 이럴 줄 알았습니
다. 고국에 있을 때부터 이렇게 될 줄 알았
습니다! 그래서 내가 다시스로 도망치려고
했던 것입니다! 주님은 지극히 은혜로우시
며 자비로우신 분이라는 것을, 웬만해서는
노하지 않으시고, 사랑이 차고 넘치며, 벌
을 내리려고 했다가도 툭하면 용서해 주시
는 분이라는 것을, 내가 진작부터 알고 있
었습니다!
3 그러니 **하나님**, 저들을 죽이지 않으실 거
라면, 나를 죽여 주십시오! 차라리 죽는 게
낫겠습니다!"
4 **하나님**께서 말씀하셨다. "대체 무엇 때문
에 화를 내는 것이냐?"
5 그러자 요나가 자리에서 일어났다. 그는
씩씩거리며 도성 동쪽으로 나가 앉았다. 그
는 잎이 많은 나뭇가지를 꺾어 임시로 햇빛
가리개를 만들고, 그 그늘 밑에 앉아서 도
성에 무슨 일이 일어나는지 지켜보았다.
6 **하나님**께서 넓은 잎사귀를 가진 나무 하
나가 땅에서 솟아 나오게 하셨다. 그 나무
가 요나 머리 위로 자라서 그를 시원하게
덮어 주니, 그의 화가 누그러지고 기분도
한결 나아졌다. 그는 그 그늘을 즐겼다. 다

people and animals, in burlap, and send
up a cry for help to God. Everyone must
turn around, turn back from an evil life
and the violent ways that stain their hands.
Who knows? Maybe God will turn around
and change his mind about us, quit being
angry with us and let us live!"
10 God saw what they had done, that they
had turned away from their evil lives. He
did change his mind about them. What he
said he would do to them he didn't do.

"I Knew This Was Going to Happen!"

4 1-2 Jonah was furious. He lost his
temper. He yelled at GOD, "GOD!
I knew it—when I was back home, I knew
this was going to happen! That's why I
ran off to Tarshish! I knew you were sheer
grace and mercy, not easily angered, rich
in love, and ready at the drop of a hat
to turn your plans of punishment into a
program of forgiveness!
3 "So, GOD, if you won't kill them, kill *me*!
I'm better off dead!"
4 GOD said, "What do you have to be angry
about?"
5 But Jonah just left. He went out of the
city to the east and sat down in a sulk. He
put together a makeshift shelter of leafy
branches and sat there in the shade to see
what would happen to the city.
6 GOD arranged for a broad-leafed tree
to spring up. It grew over Jonah to cool
him off and get him out of his angry sulk.
Jonah was pleased and enjoyed the shade.
Life was looking up.
7-8 But then God sent a worm. By dawn
of the next day, the worm had bored into

시 살맛이 났다.
7-8 그러나 하나님께서 벌레를 한 마리 보
내셨다. 그 벌레가 다음 날 새벽까지 그 그
늘나무를 갉아 구멍을 내자, 나무는 시들
어 버렸다. 해가 솟았고, 하나님께서 푹푹
찌는 뜨거운 동풍을 보내셨다. 해가 요나의
머리 위에 내리쬐니, 그의 정신이 혼미해지
기 시작했다. 그는 죽고 싶다며 기도했다.
"차라리 죽는 게 낫겠습니다!"
9 그러자 하나님께서 요나에게 말씀하셨
다. "네가 이 그늘나무를 가지고 화를 내는
것이 옳으냐?"
요나가 대답했다. "옳다마다요! 그것 때문
에 화가 나서 죽겠습니다!"
10-11 **하나님**께서 말씀하셨다. "그래, 네가
아무 수고한 것도 없는 그 나무에 대해, 네
마음이 하룻밤 사이에 즐거움에서 분노로
바뀌었단 말이냐? 그 나무는 네가 심지 않
았고 물 한번 준 적 없으며, 그저 어느 날
밤에 자랐다가 다음 날 밤에 죽었을 뿐이
다. 그렇다면, 아직 옳고 그름을 분별하지
못하는 철부지 같은 자들이 십이만 명이나
되고, 아무 죄 없는 동물들이 가득한 이 큰
도성 니느웨에 대해, 내가 내 마음을 분노
에서 즐거움으로 바꾸지 못할 까닭이 무엇
이란 말이냐?"

the shade tree and it withered away. The
sun came up and God sent a hot, blistering
wind from the east. The sun beat down on
Jonah's head and he started to faint. He
prayed to die: "I'm better off dead!"
9 Then God said to Jonah, "What right
do you have to get angry about this shade
tree?"
Jonah said, "Plenty of right. It's made me
angry enough to die!"
10-11 GOD said, "What's this? How is it
that you can change your feelings from
pleasure to anger overnight about a mere
shade tree that you did nothing to get? You
neither planted nor watered it. It grew up
one night and died the next night. So, why
can't I likewise change what I feel about
Nineveh from anger to pleasure, this big
city of more than 120,000 childlike people
who don't yet know right from wrong, to
say nothing of all the innocent animals?"

예언자는 말을 사용하여 세상을 재창조하는 사람이다. 세상 만물은—하늘과 땅, 남자와 여자, 들짐승과 날짐승 할 것 없이 모두—본래 하나님의 말씀으로 창조되었다. 예언자는, 폐허가 된 세상의 도덕적 황폐와 영적 무질서를 목도하고, 인간의 불순종과 불신이 허물어뜨린 것을 다시금 말로 재건하는 사람이다. 예언자는 하나님께로부터 말하는 법을 배운 이들이다. 그들의 말은 하나님께 뿌리를 둔 말, 하나님을 힘입은 말, 하나님의 열정이 서린 말이다. 그 말이 우리 공동체의 언어로 표현되면, 우리는 하나님께 불려 가 그분 앞에 서게 된다. 인간의 죄가 만들어 놓은 엉망진창 속에 들어오셔서 견책하고 회복시키시는 하나님 앞에 서게 된다.

Prophets use words to remake the world. The world—heaven and earth, men and women, animals and birds—was made in the first place by God's Word. Prophets, arriving on the scene and finding that world in ruins, finding a world of moral rubble and spiritual disorder, take up the work of words again to rebuild what human disobedience and mistrust demolished. These prophets learn their speech from God. Their words are God-grounded, God-energized, God-passionate. As their words enter the language of our communities, men and women find themselves in the presence of God, who enters the mess of human sin to rebuke and renew.

> **하나님**께서 말씀하신다. "그 중대한 날이 오면,
> 나는 상처받고 집 잃은 모든 자들,
> 내게 맞고 쫓겨난 모든 자들을 다시 불러 모을 것이다.
> 찌그러졌던 그들을 엘리트 집단으로 변모시킬 것이다.
> 오래 길 잃은 그들을 강한 민족으로 만들고,
> **하나님**이 통치하고 있음을 나타내 보이는 전시품으로 삼을 것이다.
> 이제부터 영원까지,
> 내가 시온 산에서 그들을 다스리고 있음을 알릴 것이다"(미 4:6-7).

> "On that great day," GOD says,
> "I will round up all the hurt and homeless,
> everyone I have bruised or banished.
> I will transform the battered into a company of the elite.
> I will make a strong nation out of the long lost,
> A showcase exhibit of GOD's rule in action,
> as I rule from Mount Zion, from here to eternity"(Micah 4:6-7).

Left to ourselves we turn God into an ob-

가만 놔두면 우리는 하나님을 늘 어떤 대상으로 바꾸어 놓는다. 우리가 다룰 수 있는 무엇, 내 이익을 위해 이용할 수 있는 어떤 것—어떤 감정이나 사상이나 이미지 등—으로 바꾼다. 예언자는 이런 행태에 코웃음을 친다. 그들은 우리를 가르쳐 하나님의 임재와 음성에 반응하도록 한다.

미가는 주전 8세기에 혜성같이 등장하여 예언자로 활동하고 문서를 남긴 기라성 같은 '문서 예언자' 4인방(다른 셋은 이사야, 호세아, 아모스)의 마지막 멤버였다. 사람들을 일깨워 하나님의 임재와 그분의 음성에 반응하게 했던 동료 예언자들처럼, 그 역시 은유의 귀재였다. 다시 말해, 미가는 언어를 우리가 볼 수 있고, 만질 수 있고, 냄새 맡을 수 있고, 들을 수 있고, 맛볼 수 있는 어떤 것을 규정하거나 밝히는 도구로만 사용하지 않았다. 그는 언어를 사용해 우리를 하나님이 현존하시는 세계 안으로 밀어 넣었다. 그분의 임재를 경험한다는 것은, 우리의 감각 경험이 가리킬 뿐 잡아내지는 못하는, 보다 더 큰 세계 속으로 들어간다는 의미다. 그곳에는 사랑과 자비, 정의와 믿음, 죄와 악 같은 실재가 있고, 무엇보다 하나님이 계신다.

주와 비길 신이 어디에 있습니까?
우리의 죄과를 말끔히 없애 주시고
사랑하는 백성의 지난 죄들을 씻겨 주시며,
못 본 것으로, 못 들은 것으로 해주십니다.
주께서는 노를 오래 품지 않으십니다.
자비가 주의 전공이며, 주께서 가장 좋아하시는 일이기 때문입니다.
긍휼이 우리를 향해 진군해 오고 있습니다.
주께서 우리 허물을 짓밟으시고,

ject, something we can deal with, some *thing* we can use to our benefit, whether that thing is a feeling or an idea or an image. Prophets scorn all such stuff. They train us to respond to God's presence and voice.

Micah, the final member of that powerful quartet of writing prophets who burst on the world scene in the eighth century B.C. (Isaiah, Hosea, and Amos were the others), like virtually all his fellow prophets—those charged with keeping people alive to God and alert to listening to the voice of God—was a master of metaphor. This means that he used words not simply to define or identify what can be seen, touched, smelled, heard, or tasted, but to plunge us into a world of *presence*. To experience presence is to enter that far larger world of reality that our sensory experiences point to but cannot describe—the realities of love and compassion, justice and faithfulness, sin and evil...and God. Mostly God.

Where is the god who can compare with you—
wiping the slate clean of guilt,
Turning a blind eye, a deaf ear,
to the past sins of your purged and precious people?
You don't nurse your anger and don't stay angry long,
for mercy is your specialty. That's what you love most.
And compassion is on its way to us.
You'll stamp out our wrongdoing.
You'll sink our sins
to the bottom of the ocean.

우리 죄들을
대양 밑바닥에 가라앉혀 주실 것입니다.
우리 조상 야곱에게 하신 약속을 이루어 주시며,
우리 큰 조상 아브라함에게 베푸셨던 긍휼을
우리에게도 변함없이 베풀어 주실 것입니다.
오래전, 우리 조상에게 약속하셨던 모든 것을
다 이루어 주실 것입니다(미 7:18-20).

말씀으로 일깨워지는 실재야말로 이 세상 모든 의미 있는 행위의 대부분이 일어나는 자리다. "그저 말일 뿐"인 것은 없다.

You'll stay true to your word to Father Jacob
and continue the compassion you showed Grandfather Abraham—
Everything you promised our ancestors
from a long time ago(Micah 7:18-20).

The realities that are Word-evoked are where most of the world's action takes place. There are no "mere words."

미가

1 [1] 모레셋 사람 미가에게 임한 **하나님**
의 **메시지**다. 사마리아와 예루살렘
에서 벌어질 일들에 대한 것으로, 때는 유다
왕 요담과 아하스와 히스기야가 다스리던
시대였다.

사마리아와 예루살렘을 애도하다

2 백성들아, 너희는 들어라.
땅과 그 위에 있는 모든 자들아, 들어라.
주 **하나님**께서 너희와 맞서 증인으로 나서신다.
주께서 성전에서 나오신다.

3-5 보아라. **하나님**께서 오신다! 처소에서 나오신다!
내려오셔서, 산과 언덕 사이를 활보하신다.
산들이 그분 발아래 으깨지고,
골짜기들이 쪼개진다.
바위산이 자갈더미가 되고,
강 골짜기는 체에 물 빠지듯 허물어진다.
이 모든 것이 야곱의 죄 때문이다.
이스라엘 가문의 잘못 때문이다.
"야곱이 대체 무슨 죄를 지었기에?" 하고 너희가 묻느냐?
사마리아를 보아라. 명백하지 않느냐?
유다의 음란한 종교 산당들을 보아라.
예루살렘이 무죄하더냐?

MICAH

1 [1] GOD's Message as it came to
Micah of Moresheth. It came
during the reigns of Jotham, Ahaz, and
Hezekiah, kings of Judah. It had to do with
what was going on in Samaria and Jerusalem.

God Takes the Witness Stand

2 Listen, people—all of you.
Listen, earth, and everyone in it:
The Master, GOD, takes the witness stand against you,
the Master from his Holy Temple.

3-5 Look, here he comes! GOD, from his place!
He comes down and strides across mountains and hills.
Mountains sink under his feet,
valleys split apart;
The rock mountains crumble into gravel,
the river valleys leak like sieves.
All this because of Jacob's sin,
because Israel's family did wrong.
You ask, "So what is Jacob's sin?"
Just look at Samaria—isn't it obvious?
And all the sex-and-religion shrines in

⁂

6-7 "내가 사마리아를 돌무더기로 만들고,
쓰레기만 어지러이 나뒹구는 공터로 만들 것이다.
그 무너진 건물의 잔해를 골짜기에 갖다 버려,
기초가 다 드러나게 할 것이다.
조각하고 주조해서 만든 남신과 여신들,
모두 땔감이나 고철로 팔려 나갈 것이다.
신성하다는 다산의 숲이
다 불타 쓰러지고,
신으로 숭배하던 막대기와 돌들도
모두 박살날 것이다.
그것들은 다 그녀가 매춘으로 벌어들인 것들이다.
창녀가 화대로 번 것의 결국은 이러할 것이다."

⁂

8-9 이것이 내가 슬피 울며 통곡하는 이유다.
내가 누더기를 걸치고 맨발로 다니고,
이리 떼처럼 짖어 대며,
밤에도 부엉이처럼 울어 댄다.
하나님이 벌을 내리셔서,
유다가 나을 길 없는 상처를 입었다.
심판이 성문을 통과해 들어왔다.
예루살렘이 고발당했다.

⁂

10-16 '떠버리 성'에서 이 일에 대해 떠들지 마라.
눈물만 낭비할 뿐이다.
'먼지 성'에 가서는
먼지구덩이에서나 뒹굴어라.
'경보 성'에도
경보가 울렸다.
'탈출 성'의 시민들도

Judah—
isn't Jerusalem responsible?

⁂

6-7 "I'm turning Samaria into a heap of rubble,
a vacant lot littered with garbage.
I'll dump the stones from her buildings in the valley
and leave her abandoned foundations exposed.
All her carved and cast gods and goddesses
will be sold for stove wood and scrap metal,
All her sacred fertility groves
burned to the ground,
All the sticks and stones she worshiped as gods,
destroyed.
These were her earnings from her life as a whore.
This is what happens to the fees of a whore."

⁂

8-9 This is why I lament and mourn.
This is why I go around in rags and barefoot.
This is why I howl like a pack of coyotes,
and moan like a mournful owl in the night.
GOD has inflicted punishing wounds;
Judah has been wounded with no healing in sight.
Judgment has marched through the city gates.
Jerusalem must face the charges.

⁂

10-16 Don't gossip about this in Telltown.
Don't waste your tears.
In Dustville,
roll in the dust.
In Alarmtown,

결코 살아 나오지 못할 것이다.
'최후 생존 성'아, 슬피 울어라.
생존자 하나 없을 것이니.
'쓴 성'의 주민들,
달콤한 평화를 기다리지만 다 헛된 것이다.
하나님의 혹독한 심판이 임하여
'평화 성'에 들이닥쳤다.
'전차 성'에 사는 너희,
전차를 타고 모두 내빼다.
너희는 시온의 딸들을 꾀어
하나님 대신 전차를 믿게 만들었다.
이스라엘도 같은 죄를 지었는데,
너희가 출발점이었다.
'작별 성'에 가서
작별 선물이나 주어라.
'신기루 성'이 손짓했다만,
이스라엘 왕들에게 실망만 주었다.
'상속 성'이
상속을 잃어버리고 말았다.
'영광 성'이
영광의 끝을 보고 말았다.
귀중한 마을을 잃어버린 너희,
통곡하며 머리를 밀어라.
거위알처럼 머리를 밀어라. 모두 다 사로잡혀 갔다.
다시 돌아오지 못할 것이다.

the alarm is sounded.
The citizens of Exitburgh
will never get out alive.
Lament, Last-Stand City:
There's nothing in you left standing.
The villagers of Bittertown
wait in vain for sweet peace.
Harsh judgment has come from GOD
and entered Peace City.
All you who live in Chariotville,
get in your chariots for flight.
You led the daughter of Zion
into trusting not God but chariots.
Similar sins in Israel
also got their start in you.
Go ahead and give your good-bye gifts
to Good-byeville.
Miragetown beckoned
but disappointed Israel's kings.
Inheritance City
has lost its inheritance.
Glorytown
has seen its last of glory.
Shave your heads in mourning
over the loss of your precious towns.
Go bald as a goose egg—they've gone
into exile and aren't coming back.

하나님은 참을 만큼 참으셨다

2 1-5 악을 꾀하는 자들,
잠자리에서도 범죄를 꿈꾸는 자들에게 화 있으리라!
동이 트면 그들은
자리에서 벌떡 일어나, 왕성한 정력으로 계획했던 일을 실행에 옮긴다.
탐나는 밭을 손아귀에 넣고,
탐나는 집을 빼앗는다.
이웃과 그 가족을 못살게 굴고,

God Has Had Enough

2 1-5 Doom to those who plot evil,
who go to bed dreaming up crimes!
As soon as it's morning,
they're off, full of energy, doing what they've planned.
They covet fields and grab them,
find homes and take them.
They bully the neighbor and his family,

사람들을 이용해 먹을 궁리만 한다.
하나님은 참을 만큼 참으셨다. 그분께서 말씀하신다.
"내게 계획이 있다.
이 잡종번식하는 악은 결국 재난을 부를 것이다!
너희는 이제 죽은 목숨이다.
달아나지 못한다.
심판의 날이 왔다.
너희를 조롱하는 노래가 지어져 퍼지고,
너희 자신은 서러운 노래를 부르게 되리라.
'망했다.
집과 땅은 모두 경매에 넘어가고,
다 빼앗기고 아무것도 남지 않았다!
최고가를 부르는 입찰자에게 모두 팔려 넘어갔다'"
너희 편이 되어 줄 자 아무도 없으리라.
하나님과 그분의 배심원들 앞에서, 너희를 변호해 줄 자 아무도 없으리라.

see people only for what they can get out of them.
GOD has had enough. He says,
"I have some plans of my own:
Disaster because of this interbreeding evil!
Your necks are on the line.
You're not walking away from this.
It's doomsday for you.
Mocking ballads will be sung of you,
and you yourselves will sing the blues:
'Our lives are ruined,
our homes and lands auctioned off.
They take everything, leave us nothing!
All is sold to the highest bidder.'"
And there'll be no one to stand up for you,
no one to speak for you before GOD and his jury.

6-7 설교자들이 "설교하지 말라"고 말한다.
"그런 설교 하지 마라.
우리에게 그런 나쁜 일이 일어날 리 없다.
어떻게 야곱 가문에게 그런 소리를 하느냐?
하나님이 화를 터뜨리신다니?
그분이 그러실 분이냐?
그분은 선량한 사람들 편이 아니시더냐?
그분은 스스로 돕는 자들을 도우시는 분이 아니시더냐?"

6-7 "Don't preach," say the preachers.
"Don't preach such stuff.
Nothing bad will happen to us.
Talk like *this* to the family of Jacob?
Does GOD lose his temper?
Is this the way he acts?
Isn't he on the side of good people?
Doesn't he help those who help themselves?"

8-11 "'선량한 사람들'이라니!
내 백성의 원수인 너희가 말이냐?
너희는 저녁 산책을 나온 무고한 자들을 상대로
강도짓을 한다.
무장하지 않은 민간인을 약탈하는 군인들

8-11 "What do you mean, 'good people'!
You're the enemy of my people!
You rob unsuspecting people
out for an evening stroll.
You take their coats off their backs
like soldiers who plunder the defenseless.

처럼
그들에게서 옷을 노략질한다.
민가에서 여인들을 쫓아내고,
그 아이들을
폭력과 악의 희생 제물로 삼는다.
여기서 나가라, 너희 떼거리여.
여기는 너희 있을 곳이 아니다!
너희는 이곳을 오염시켰고,
이제 너희가 오염되었다. 몰락했다!
너희는, 미소 띤 얼굴과 기름칠한 혀를 가진 자가 나타나서,
아침부터 밤까지 거짓말을 늘어놓으며
'당신이 원하는 모든 것,
더 많은 돈과 최고의 포도주를
하나님에게서 얻어 낼 수 있는 법을 설교해 주겠다'고 하면,
너희는 그 자리에서 그를 설교자로 고용한다!"

You drive the women of my people
out of their ample homes.
You make victims of the children
and leave them vulnerable to violence and vice.
Get out of here, the lot of you.
You can't take it easy here!
You've polluted this place,
and now *you're* polluted—ruined!
If someone showed up with a good smile and glib tongue
and told lies from morning to night—
'I'll preach sermons that will tell you
how you can get anything you want from God:
More money, the best wines...you name it'—
you'd hire him on the spot as your preacher!

12-13 "야곱아, 내가 다 불러 모을 것이다.
나는 모두를 되찾기 원한다. 이스라엘의 남은 자들을,
내가 그들을 한곳에 모을 것이다.
우리의 양들처럼, 축사의 소들처럼
그들이 떼 지어 집으로 돌아오리라!
그리고 나 **하나님**이, 그들을 가두었던 모든 것을 허물고
탁 트인 곳에 풀어 줄 것이다.
그들은 그들의 왕을 따라갈 것이다.
내가 앞장서서 그들을 이끌 것이다."

12-13 "I'm calling a meeting, Jacob.
I want everyone back—all the survivors of Israel.
I'll get them together in one place—
like sheep in a fold, like cattle in a corral—
a milling throng of homebound people!
Then I, GOD, will burst all confinements
and lead them out into the open.
They'll follow their King.
I will be out in front leading them."

선을 미워하고 악을 사랑하는 너희

3

1-3 그때에 내가 말했다.

"야곱의 지도자들아, 이스라엘의 지도자들아, 들어라.
너희는 정의에 대해 눈곱만큼이라도 아느냐?

Haters of Good, Lovers of Evil

3

1-3 Then I said:

"Listen, leaders of Jacob, leaders of Israel:
Don't you know anything of justice?
Haters of good, lovers of evil:

선을 미워하고 악을 사랑하는 너희,
너희 직무설명서에는 과연 정의 항목이 있기라도 한 것이냐?
너희는 산 채로 내 백성의 가죽을 벗기고,
그 뼈에서 살을 발라 낸다.
너희는 그 뼈를 바수고 살을 썰어서,
그릇에 던져 넣고 국을 끓여 먹는다."

4 그러나 때가 오고 있다. 그때, 그 지도자들이 울며불며 **하나님**께 도움을 청하겠지만, 그분은 듣지 않으실 것이다.
그들이 자행해 온 악 때문에,
그분께서 얼굴을 돌리실 것이다.

5-7 예언자들을 향한 **하나님**의 **메시지**다.
내 백성을 속이는 설교자들에게 하시는 말씀이다.
"사례금을 두둑이 받고 배불리 대접받을 때면,
예언자들은 이렇게 설교한다.
'인생은 아름답도다! 모두에게 평화가 있기를!'
그러나 사례금을 받지 못하거나 인기를 끌지 못하면,
그들의 설교는 '하나님이 복 주시기를'에서 '하나님의 저주가 있기를'로 돌변한다.
그러므로, 너희는 눈이 멀 것이다. 눈멀어 아무것도 보지 못하게 될 것이다.
짙은 어둠 속에 살면서 아무것도 알 수 없으리라.
그 예언자들에게는 이미 해가 졌다.
그들의 날은 이미 저물었다. 이제부터는 밤이 계속될 것이다.
비전을 제시한다는 자들, 모두 혼란에 빠지고,
전문가라는 자들, 당황하여 허둥댈 것이다.
하나님에 대해 아무것도 모른다는 사실을 애

Isn't justice in your job description?
But you skin my people alive.
You rip the meat off their bones.
You break up the bones, chop the meat,
and throw it in a pot for cannibal stew."

4 The time's coming, though, when these same leaders
will cry out for help to GOD, but he won't listen.
He'll turn his face the other way
because of their history of evil.

5-7 Here is GOD's Message to the prophets,
the preachers who lie to my people:
"For as long as they're well paid and well fed,
the prophets preach, 'Isn't life wonderful! Peace to all!'
But if you don't pay up and jump on their bandwagon,
their 'God bless you' turns into 'God damn you.'
Therefore, you're going blind. You'll see nothing.
You'll live in deep shadows and know nothing.
The sun has set on the prophets.
They've had their day; from now on it's night.
Visionaries will be confused,
experts will be all mixed up.
They'll hide behind their reputations and make lame excuses
to cover up their God-ignorance."

써 감추면서,
그저 명성 뒤에 숨어 궁색한 변명만 늘어놓을 것이다."

8 그러나 나, **하나님**의 능력으로 가득해지고
하나님의 정의의 영, 능력의 영으로 가득해진 나는,
야곱의 죄악과 이스라엘의 죄와
맞설 준비가 되었다.

9-12 야곱의 지도자들과
이스라엘의 지도자들은
정의를 멸시한다.
바른 삶을 뒤틀고 비튼다.
그들은 사람을 죽여 시온을 세우고,
죄악을 저질러 예루살렘을 키운다.
재판관들은 가장 비싼 값을 부르는 자들에게 판결을 팔고,
제사장들은 돈으로 가르침을 상품처럼 판매한다.
예언자들은 높은 사례금을 받고 설교하면서,
겉으로는
하나님을 의지하는 시늉을 하며 말한다.
"**하나님**은 우리 편이시다.
재난을 당하지 않도록 우리를 지켜 주실 것이다."
바로 너희 같은 자들 때문에
시온은 다시 밭으로 돌아가고,
예루살렘은 결국 돌무더기가 될 것이다.
산 위에는 성전 대신,
몇 그루 잡목만 서 있게 될 것이다.

하나님께서 이루실 평화

4 1-4 그러나 해야 할 말과 해야 할 일이
모두 끝나고 나면,
산 위에는 **하나님**의 성전이 설 것이다.
굳건히 서서, 주변 언덕들 위로 높이 솟아

8 But me—I'm filled with GOD's power,
filled with GOD's Spirit of justice and strength,
Ready to confront Jacob's crime
and Israel's sin.

9-12 The leaders of Jacob and
the leaders of Israel are
Leaders contemptuous of justice,
who twist and distort right living,
Leaders who build Zion by killing people,
who expand Jerusalem by committing crimes.
Judges sell verdicts to the highest bidder,
priests mass-market their teaching,
prophets preach for high fees,
All the while posturing and pretending
dependence on GOD:
"We've got GOD on our side.
He'll protect us from disaster."
Because of people like you,
Zion will be turned back into farmland,
Jerusalem end up as a pile of rubble,
and instead of the Temple on the mountain,
a few scraggly scrub pines.

The Making of God's People

4 1-4 But when all is said and done,
GOD's Temple on the mountain,
Firmly fixed, will dominate all mountains,
towering above surrounding hills.

모든 산을 다스리게 되리라.
사람들이 그리로 흘러들고,
많은 민족들이 그리로 향하며 말할 것이다.
"가자, **하나님**의 산에 오르자.
야곱의 하나님의 성전으로 올라가자.
그분께서 우리에게 살 길을 가르쳐 주실 것이니,
우리는 하나님의 길을 배울 것이다."
시온에서 참된 가르침이 나오고,
예루살렘에서 **하나님**의 계시가 나오리라.
그분께서 여러 민족 가운데 정의를 세우시고,
먼 곳에서 일어나는 분쟁도 해결해 주실 것이다.
그들은 칼을 팔아 삽을 마련하고,
창을 팔아 갈퀴와 괭이를 마련할 것이다.
민족들은 싸움을 그치고,
서로를 죽이는 법을 연마하던 것도 그칠 것이다.
사람마다 자신의 나무 그늘 아래 앉아 지내고,
여인들도 안심하며 자신의 정원을 가꿀 것이다.
이는 만군의 **하나님**의 말씀이니,
그분께서 말씀하신 것을 반드시 행하신다.

People will stream to it
and many nations set out for it,
Saying, "Come, let's climb GOD's mountain.
Let's go to the Temple of Jacob's God.
He will teach us how to live.
We'll know how to live God's way."
True teaching will issue from Zion,
GOD's revelation from Jerusalem.
He'll establish justice in the rabble of nations
and settle disputes in faraway places.
They'll trade in their swords for shovels,
their spears for rakes and hoes.
Nations will quit fighting each other,
quit learning how to kill one another.
Each man will sit under his own shade tree,
each woman in safety will tend her own garden.
GOD-of-the-Angel-Armies says so,
and he means what he says.

5 다른 민족들은
마음대로 신들을 골라잡아 살겠지만,
우리는 **하나님**을 높이며 살고,
우리 하나님께 영원히 충성을 다할 것이다.

5 Meanwhile, all the other people live however they wish,
picking and choosing their gods.
But we live honoring GOD,
and we're loyal to our God forever and ever.

6-7 **하나님**께서 말씀하신다. "그 중대한 날이 오면,
나는 상처받고 집 잃은 모든 자들,
내게 맞고 쫓겨난 모든 자들을 다시 불러 모을 것이다.
찌그러졌던 그들을 엘리트 집단으로 변모시킬 것이다.
오래 길 잃은 그들을 강한 민족으로 만들고,
하나님이 통치하고 있음을 나타내 보이는 전시품으로 삼을 것이다.

6-7 "On that great day," GOD says,
"I will round up all the hurt and homeless,
everyone I have bruised or banished.
I will transform the battered into a company of the elite.
I will make a strong nation out of the long lost,
A showcase exhibit of GOD's rule in

이제부터 영원까지,
내가 시온 산에서 그들을 다스리고 있음을
알릴 것이다.

8 그리고 너, 예루살렘 주위를 배회하며
초라한 판자촌에서 근근이 살아가는 너는,
네 과거의 영광이 회복될 것이다.
예루살렘의 딸이 왕국의 중심이 될 것이다."

9-10 그런데 왜 멸망의 날처럼 울부짖느냐?
지금도 너에게는 왕이 있지 않느냐?
아마도 그가 자기 일을 제대로 하고 있지 않는가 보구나.
네가 출산중인 여인처럼 몹시 두려워하는구나.
딸 예루살렘아, 계속 몸을 비틀고 비명을 질러라.
사실 지금 너는 출산중인 여인과 같다.
너는 머지않아 성을 떠나서,
벌판에서 지내야 할 것이다.
그 다음 바빌론에 도착하여,
예루살렘에서 잃었던 것을 그곳에서 찾게 될 것이다.
하나님께서 다시 네게 새 삶을 주시고,
네 원수들의 손아귀에서 건져 주실 것이다.

11-12 그러나 지금은, 그들이 떼를 지어 너를 치고 있다.
이방 민족들이 말하기를,
"그녀가 쓰러지면 발로 걷어차라! 그녀를 짓밟아라!
시온이 땅바닥을 기는 꼴을 보고 싶다" 한다.
저 신성모독자들은 **하나님**이 지금 무슨 생각을 하시는지,
무슨 일을 하고 계시는지 모른다.
하나님께서 지금 그분의 백성을 만들어 내시고,

action,
as I rule from Mount Zion, from here to eternity.

8 "And you stragglers around Jerusalem,
eking out a living in shantytowns:
The glory that once was will be again.
Jerusalem's daughter will be the kingdom center."

9-10 So why the doomsday hysterics?
You still have a king, don't you?
But maybe he's not doing his job
and you're panicked like a woman in labor.
Well, go ahead—twist and scream, Daughter Jerusalem.
You *are* like a woman in childbirth.
You'll soon be out of the city, on your way
and camping in the open country.
And then you'll arrive in Babylon.
What you lost in Jerusalem will be found in Babylon.
GOD will give you new life again.
He'll redeem you from your enemies.

11-12 But for right now, they're ganged up against you,
many godless peoples, saying,
"Kick her when she's down! Violate her!
We want to see Zion grovel in the dirt."
These blasphemers have no idea
what GOD is thinking and doing in this.
They don't know that this is the making of GOD's people,
that they are wheat being threshed,
gold being refined.

그분의 밀을 타작 중이시며,
그분의 금을 정련하고 계신다는 사실을 그들은 모른다.

13 딸 시온아, 발로 서라!
타작을 받아 쭉정이를 털어 버리고,
정련을 받아 불순물을 빼어 버려라.
나는 지금 너를 아무도 범할 수 없는 민족으로,
사악한 민족들을 쳐부수는 하나님의 불전차로 다시 만드는 중이다.
너는 그들의 전리품을 **하나님**께 성물로 드릴 것이며,
그들의 재물을 온 땅의 주께 바칠 것이다.

목자처럼 이스라엘을 다스릴 지도자

5 1 그러나 딸아, 지금은 희생당할 준비,
최악의 상황을 맞을 준비를 하여라!
우리를 포위한 저들은,
이스라엘의 왕을 욕보일 것이고,
동네북처럼 그를 두들겨 팰 것이다.

2-4 그러나 너 다윗의 고향 베들레헴아,
작은 마을인 네게서
지도자가 나올 것이다.
이스라엘을 목자처럼 다스릴 지도자가 나올 것이다.
그는 벼락출세해 지도자 행세를 하는 자가 아니라,
뿌리 깊은 명문가 출신이다.
그때까지 이스라엘은 남의 집에 맡겨지겠으나,
마침내 진통이 끝나고 아이가 태어날 것이다.
그러면 흩어졌던 형제들이 고향으로,
이스라엘 집으로 돌아올 것이다.
그 지도자는 우뚝 서서 **하나님**의 힘을 덧입고,
계시된 **하나님**의 위엄으로, 목자와 같은 통치를 펼칠 것이다.
모든 사람이 집에서 안전하고 즐겁게 지내며,
온 세상이 그를 존경하리라.

13 On your feet, Daughter of Zion! Be threshed of chaff,
be refined of dross.
I'm remaking you into a people invincible,
into God's juggernaut to crush the godless peoples.
You'll bring their plunder as holy offerings to GOD,
their wealth to the Master of the earth.

The Leader Who Will Shepherd-Rule Israel

5 1 But for now, prepare for the worst, victim daughter!
The siege is set against us.
They humiliate Israel's king,
slapping him around like a rag doll.

2-4 But you, Bethlehem, David's country,
the runt of the litter—
From you will come the leader
who will shepherd-rule Israel.
He'll be no upstart, no pretender.
His family tree is ancient and distinguished.
Meanwhile, Israel will be in foster homes
until the birth pangs are over and the child is born,
And the scattered brothers come back
home to the family of Israel.
He will stand tall in his shepherd-rule by GOD's strength,
centered in the majesty of GOD-Revealed.
And the people will have a good and

세상에 평화를 가져오는 그를!

5-6 행여 깡패 같은 앗시리아 사람이 쳐들어
와서
우리 강토를 짓밟더라도, 걱정할 것 없다.
그들이 제 분수를 깨닫고 짐을 싸서 돌아가
게 만들어,
우리가 그들을 장악할 것이다.
우리 목자이신 그분의 통치가 사방으로 뻗
어 가,
앗시리아까지, 니므롯 같은 다른 이방 나라
에까지 이를 것이다.
우리 목자이시며 통치자이신 그분께서
우리의 오랜 원수와 새로운 적들을 막으시고,
우리 강토를 침략하고 유린하는 모든 세력
으로부터 우리를 구원하실
것이다.

7 정선되고 정화된 야곱 무리는
민족들 가운데 우뚝 솟은 존재가 되리라.
하나님께서 내려 주시는 이슬 같은 존재가
되리라.
여름철 내리는 소낙비와 같아서,
사람이 예측하지 못하며,
어림잡거나 어찌할 수 없는 존재가 되리라.

8-9 그렇다. 정선되고 정화된 야곱 무리는
민족들 가운데 우뚝 솟은 존재가 되리라.
짐승의 제왕,
양 떼 속을 활보하는 젊은 사자 같을 것이다.
닥치는 대로 잡아먹는 너를
막아설 자 아무도 없겠고,
승리를 거두고 의기양양해진 네 앞에는
더 이상 맞설 적이 없으리라!

10-15 "그날이 오고 있다."
하나님의 포고다.

safe home,
for the whole world will hold him in
respect—
Peacemaker of the world!

5-6 And if some bullying Assyrian shows
up,
invades and violates our land, don't
worry.
We'll put him in his place, send him
packing,
and watch his every move.
Shepherd-rule will extend as far as
needed,
to Assyria and all other Nimrod-bullies.
Our shepherd-ruler will save us from old
or new enemies,
from anyone who invades or violates
our land.

7 The purged and select company of Jacob
will be
like an island in the sea of peoples.
They'll be like dew from GOD,
like summer showers
Not mentioned in the weather forecast,
not subject to calculation or control.

8-9 Yes, the purged and select company of
Jacob will be
like an island in the sea of peoples,
Like the king of beasts among wild beasts,
like a young lion loose in a flock of
sheep,
Killing and devouring the lambs
and no one able to stop him.
With your arms raised in triumph over
your foes,

"전쟁이 그칠 날, 전쟁이 사라질 날이 오고 있다.
내가 너희 군마들을 도살하고 너희 전차들을 부술 것이다.
너희 진영과 요새들을
허물어뜨릴 것이다.
종교와 흑마술을 거래하는 암시장을
없앨 것이다.
너희가 조각하고 주조한 신들을 박살내고,
남근 모양의 기둥들을 잘라낼 것이다.
세상을 제멋대로 주무르고,
자기 일과 자기가 만든 것을 경배하던 행위는 이제 끝이다.
나는 너희가 숭배하던 '섹스와 권력' 산당을 뿌리 뽑고,
하나님과 맞서던 것들을 모조리 멸망시킬 것이다.
치솟는 진노를 발하여,
내 말에 귀 기울이지 않은 사악한 민족들을 모조리 쓸어버릴 것이다."

하나님께서 이스라엘의 죄를 밝히시다

6

1-2 이제 귀 기울여라. **하나님**의 말씀에 귀 기울여라.

"법정에 출두하여라.
고소할 일이 있거든, 산들에게 말하여라.
언덕들에게 진술하여라.
산들아, 이제, **하나님**의 진술을 들어 보아라.
땅아, 배심원 땅아, 들어 보아라.
내가 내 백성을 고소한다.
이스라엘을 고소한다.

3-5 사랑하는 백성들아, 내가 너희에게 무엇을 잘못했느냐?
내가 너희를 괴롭혔느냐? 너희를 지치게 했느냐? 대답해 보아라!
나는 이집트에서 고생하던 너희를 건져 주었다.

your enemies will be no more!

10-15 "The day is coming"
—GOD's Decree—
"When there will be no more war. None.
I'll slaughter your war horses and demolish your chariots.
I'll dismantle military posts
and level your fortifications.
I'll abolish your religious black markets,
your underworld traffic in black magic.
I will smash your carved and cast gods
and chop down your phallic posts.
No more taking control of the world,
worshiping what you do or make.
I'll root out your sacred sex-and-power centers
and destroy the God-defiant.
In raging anger, I'll make a clean sweep
of godless nations who haven't listened."

What God Is Looking For

6

1-2 Listen now, listen to GOD:

"Take your stand in court.
If you have a complaint, tell the mountains;
make your case to the hills.
And now, Mountains, hear GOD's case;
listen, Jury Earth—
For I am bringing charges against my people.
I am building a case against Israel.

3-5 "Dear people, how have I done you wrong?
Have I burdened you, worn you out?

종살이하던 너희를 큰 값을 치르고 구해 주었다.
너희 길을 인도하라고 모세를 보냈고,
아론과 미리암까지 함께 보냈다!
모압의 발락 왕이 어떤 계략을 꾸몄는지,
브올의 아들 발람이 어떻게 그것을 맞받아쳤는지 떠올려 보아라.
싯딤에서부터 길갈에 이르기까지의 일들을 떠올려 보아라.
그 모든 **하나님**의 구원 이야기를 다시 되살려 보아라."

6-7 어떻게 해야 내가 **하나님** 앞에 나아가
높으신 그분께 합당한 경의를 표할 수 있을까?
제물을 한 아름 바치고,
일 년 된 송아지를 그 위에 얹어 바치면 될까?
수천 마리의 숫양, 수천 통의 올리브기름을 바치면
하나님께서 감동하실까?
맏아들을, 금쪽같은 아기를 희생 제물로 바치면
그분께서 마음을 움직여 내 죄를 없애 주실까?

8 아니다. 그분께서는 이미 말씀해 주셨다.
사람이 어떻게 살아야 하는지,
하나님께서 찾으시는 것이 무엇인지 분명히 말씀해 주셨다.
간단하다. 이웃에게 공의를 행하고,
자비를 베풀고 사랑에 충실하며,
자신을 중심에 두지 말고
하나님을 중심에 모시면 된다.

9 주목하여라! **하나님**께서 도성을 향해 소리 높이신다!

Answer!
I delivered you from a bad life in Egypt;
I paid a good price to get you out of slavery.
I sent Moses to lead you—
and Aaron and Miriam to boot!
Remember what Balak king of Moab tried to pull,
and how Balaam son of Beor turned the tables on him.
Remember all those stories about Shittim and Gilgal.
Keep all GOD's salvation stories fresh and present."

6-7 How can I stand up before GOD
and show proper respect to the high God?
Should I bring an armload of offerings
topped off with yearling calves?
Would GOD be impressed with thousands of rams,
with buckets and barrels of olive oil?
Would he be moved if I sacrificed my firstborn child,
my precious baby, to cancel my sin?

8 But he's already made it plain how to live, what to do,
what GOD is looking for in men and women.
It's quite simple: Do what is fair and just to your neighbor,
be compassionate and loyal in your love,
And don't take yourself too seriously—
take God seriously.

9 Attention! GOD calls out to the city!

귀 기울여 듣는 게 좋을 것이다.
그러니 너희 모두 들어라!
중대한 일이다.

10-16 "너희는 내가, 속이고 빼앗아 부자가 된 너희를
그냥 좌시하리라고 생각했느냐?
너희의 부정한 거래와 더러운 계략을
그냥 참아 줄 것이라고 생각했느냐?
허세와 거짓말로 내 백성을 등쳐 먹는
광포한 부자들, 이제 넌더리가 난다.
나는 참을 만큼 참았다. 이제 너희는 끝났다.
마지막 한 푼까지, 너희 죄의 대가를 톡톡히 치르게 되리라.
아무리 많이 가져도, 결코 채워지지 않을 것이다.
배도 허기지고, 마음도 허기질 것이다.
아무리 애써도, 결국 내세울 것 하나 없게 될 것이다.
삶도 파산하고 영혼도 황폐해지리라.
잔디를 심어도
잔디밭을 얻지 못하리라.
잼을 만들어도
빵에 바르지 못하리라.
사과를 짜도
사과주스를 마시지 못하리라.
너희는 너희 왕, 오므리를 본받아 살았다.
아합 가문 사람들의 퇴폐적인 삶을 따랐다.
그들의 유행을 종처럼 좇았으니,
내가 이제 너희를 파산시킬 것이다.
너희의 인생은 조롱거리와 재미없는 농담거리로 전락할 것이다.
무가치하고 거짓된 인생이었다고 비웃음을 살 것이다."

If you know what's good for you, you'll listen.
So listen, all of you!
This is serious business.

10-16 "Do you expect me to overlook obscene wealth
you've piled up by cheating and fraud?
Do you think I'll tolerate shady deals
and shifty scheming?
I'm tired of the violent rich
bullying their way with bluffs and lies.
I'm fed up. Beginning now, you're finished.
You'll pay for your sins down to your last cent.
No matter how much you get, it will never be enough—
hollow stomachs, empty hearts.
No matter how hard you work, you'll have nothing to show for it—
bankrupt lives, wasted souls.
You'll plant grass
but never get a lawn.
You'll make jelly
but never spread it on your bread.
You'll press apples
but never drink the cider.
You have lived by the standards of your king, Omri,
the decadent lifestyle of the family of Ahab.
Because you've slavishly followed their fashions,
I'm forcing you into bankruptcy.
Your way of life will be laughed at, a tasteless joke.
Your lives will be derided as futile and fake."

이스라엘의 부패

7 [1-6] 나, 슬픔에 휩싸였다!
절망의 늪에 빠졌다!
지금 내 모습은 마치, 수프나 샌드위치나 샐러드를 만들기 위해
밭에 양배추와 당근과 옥수수를 찾으러 나갔다가,
아무것도 얻지 못하고 빈손으로 돌아온 사람 같다.
반듯한 사람, 하나도 찾아볼 수 없다.
바르게 사는 사람, 씨가 말랐다.
거리에는 모두, 서로 잡아먹고
잡아먹히는 짐승들뿐이다.
모두, 악행의 전문가들이다.
지도자들은 타락해, 뇌물을 요구한다.
힘 있고 돈 있는 자들은
어떻게든 원하는 것을 차지하고야 만다.
가장 좋다는 것이 엉겅퀴다.
가장 낫다는 것이 잡초들이다.
그러나, 더 이상은 아니다. 이제 시험 기간이 왔다.
망신을 당하고 꽁무니를 빼는 저 꼴을 보아라!
이웃을 믿지 마라.
친구라도 비밀을 털어놓지 마라.
말조심하여라.
아내에게도 마찬가지다.
이웃과 가족이 해체되고 있다.
가까운 자, 아들과 딸과 친척일수록,
더 사이가 나쁘다.
가족이 원수다.

7 그러나 나는, 희망을 버리지 않을 것이다.
나는 **하나님**께서 행하실 일을 기다릴 것이다.
모든 것을 바로잡으시고,
내게 귀 기울여 주실 것을 기대하며 살 것이다.

Stick Around to See What God Will Do

7 [1-6] I'm overwhelmed with sorrow!
sunk in a swamp of despair!
I'm like someone who goes to the garden
to pick cabbages and carrots and corn
And returns empty-handed,
finds nothing for soup or sandwich or salad.
There's not a decent person in sight.
Right-living humans are extinct.
They're all out for one another's blood,
animals preying on each other.
They've all become experts in evil.
Corrupt leaders demand bribes.
The powerful rich
make sure they get what they want.
The best and brightest are thistles.
The top of the line is crabgrass.
But no longer: It's exam time.
Look at them slinking away in disgrace!
Don't trust your neighbor,
don't confide in your friend.
Watch your words,
even with your spouse.
Neighborhoods and families are falling to pieces.
The closer they are—sons, daughters, in-laws—
The worse they can be.
Your own family is the enemy.

7 But me, I'm not giving up.
I'm sticking around to see what GOD will do.
I'm waiting for God to make things right.
I'm counting on God to listen to me.

날개를 활짝 펼칠 날

8-10 원수들아, 내 앞에서 뻐기지 마라.
내 비록 넘어졌지만, 아주 끝난 것은 아니다.
지금은 어두운 곳에 처했으나
하나님께서 내 빛이시다.
나는 **하나님**의 진노와 벌을 받아들일 수 있다.
받아 마땅하기 때문이다. 죄를 지었기 때문이다.
그러나 이 벌은 영원하지 않다. 그분은 내 편이시며,
마침내 여기서 나를 꺼내 주실 것이다.
환히 불을 밝혀 주시고, 내게 당신의 길을 보여주실 것이다.
그날에, 나는 전체 그림을 보면서 그분이 옳았다는 것을 깨닫게 되리라.
내 원수도 그것을 깨달아,
망신과 수치를 당하게 될 것이다!
"그래, 너의 **하나님**은 지금 어디 있느냐?"고
나를 놀려대던 원수가,
시궁창에 처박혀 뒹구는 꼴을
내 두 눈으로 똑똑히 보게 될 것이다.

11-13 오, 그날이 온다! 네 성을 재건할 날이,
네가 기지개를 펴고 날개를 활짝 펼칠 날이 온다!
그날, 흩어졌던 자들이 돌아오리라.
동쪽으로는 앗시리아로, 서쪽으로는 이집트로,
바다 건너, 산들 너머로 뿔뿔이 흩어졌던 자들,
떨어져 있던 고향친구와 가족들이 모두 돌아온다.
그러나 다른 사람들의 운명은 역전되리라.
그들이 사는 곳은 폐허가 되리라.
그들이 살아온 방식, 그들이 저지른 일들 때문이다.

Spreading Your Wings

8-10 Don't, enemy, crow over me.
I'm down, but I'm not out.
I'm sitting in the dark right now,
but GOD is my light.
I can take GOD's punishing rage.
I deserve it—I sinned.
But it's not forever. He's on my side
and is going to get me out of this.
He'll turn on the lights and show me his ways.
I'll see the whole picture and how right he is.
And my enemy will see it, too,
and be discredited—yes, disgraced!
This enemy who kept taunting,
"So where is this GOD of yours?"
I'm going to see it with these, my own eyes—
my enemy disgraced, trash in the gutter.

11-13 Oh, that will be a day! A day for rebuilding your city,
a day for stretching your arms, spreading your wings!
All your dispersed and scattered people will come back,
old friends and family from faraway places,
From Assyria in the east to Egypt in the west,
from across the seas and out of the mountains.
But there'll be a reversal for everyone else—massive depopulation—
because of the way they lived, the things they did.

14-17 오 **하나님**, 주의 백성을 주의 지팡이로 목양하여 주십시오.
주께서 사랑하시는 귀한 양 떼의 길을 인도하여 주십시오.
낙원 한가운데 있는 숲에서
오직 주의 백성으로 하여금,
옛적 길르앗의 푸른 초원에서처럼,
바산의 무성한 초원에서처럼 풀을 뜯으며 살게 해주십시오.
저희가 이집트에서 나왔을 때처럼
기적과 이적을 다시 일으켜 주십시오.
저 사악한 민족들이 제 분수를 알게 해주십시오.
오만한 그들, 굴욕을 당하여 말을 잃고 정신도 잃게 해주십시오.
뱀과 땅벌레처럼 땅을 기고
바위 밑구멍에서 기어 나왔다가,
우리 **하나님**과 직면하게 해주십시오.
그리하여, 거룩한 두려움과 떨림에 사로잡히게 해주십시오.

18-20 주와 비길 신이 어디에 있습니까?
우리의 죄과를 말끔히 없애 주시고
사랑하는 백성의 지난 죄들을 씻겨 주시며,
못 본 것으로, 못 들은 것으로 해주십니다.
주께서는 노를 오래 품지 않으십니다.
자비가 주의 전공이며, 주께서 가장 좋아하시는 일이기 때문입니다.
긍휼이 우리를 향해 진군해 오고 있습니다.
주께서 우리 허물을 짓밟으시고,
우리 죄들을
대양 밑바닥에 가라앉혀 주실 것입니다.
우리 조상 야곱에게 하신 약속을 이루어 주시며,
우리 큰 조상 아브라함에게 베푸셨던 긍휼을
우리에게도 변함없이 베풀어 주실 것입

14-17 Shepherd, O GOD, your people with your staff,
your dear and precious flock.
Uniquely yours in a grove of trees,
centered in lotus land.
Let them graze in lush Bashan
as in the old days in green Gilead.
Reproduce the miracle-wonders
of our exodus from Egypt.
And the godless nations: Put them in their place—
humiliated in their arrogance, speechless and clueless.
Make them slink like snakes, crawl like cockroaches,
come out of their holes from under their rocks
And face our GOD.
Fill them with holy fear and trembling.

18-20 Where is the god who can compare with you—
wiping the slate clean of guilt,
Turning a blind eye, a deaf ear,
to the past sins of your purged and precious people?
You don't nurse your anger and don't stay angry long,
for mercy is your specialty. That's what you love most.
And compassion is on its way to us.
You'll stamp out our wrongdoing.
You'll sink our sins
to the bottom of the ocean.
You'll stay true to your word to Father Jacob
and continue the compassion you

니다.
오래전, 우리 조상에게 약속하셨던 모든 것을
다 이루어 주실 것입니다.

showed Grandfather Abraham—
Everything you promised our ancestors
from a long time ago.

역사의 무대는 드넓다. 때때로 이 무대에 거물들이 등장해 거들먹거리고, 무력과 재력을 휘두르며 위협과 겁박을 일삼는다. 그들은 자신이 무대의 중심에 있다고 생각하지만, 사실은 다르다. 그들은 무대 중앙 근처에도 가지 못했다. 그들이 큰 소란을 일으키고 사람들의 이목을 끄는 것은 사실이며, 상당한 주목과 찬탄을 얻어 낼 때도 있다. 세계 열강들, 강력한 군대들, 유력한 인사들이 바로 그들이다. 세계 뉴스의 일면을 장식하는 존재는 언제나 그런 초강대국 몇몇 나라와 그 통치자들이다. 그들 가운데 몇몇은 공원 벤치 등에 새겨 넣은 이름을 오늘까지 남기고 있기도 하다. 하지만 그것들은 불멸을 얻어 보겠다는 부질없는—실로 가련한—시도였을 뿐이다.

허장성세 부리는 자들이 일으키는 소동에 시선을 빼앗기게 되면, 무대 중앙에서 지금 진행되고 있는 일—하나님께서 하고 계신 일—을 보지 못할 위험이 있다. 하나님께서 일하시는 방식에는 특징이 있다. 그분은 대개 조용히 일하시고, 기도를 통해 일하신다. 시인 조지 메리디스(George Meredith)가 읊은 대로, "마음을 쪼개며 보도블록을 밀고 올라오는 보이지 않는 힘들, 조용한 사람들과 나무들 안에 숨어 있는 힘들"이 있는 것이다. 그러나 우리가 요란스럽고 커다란 것에만 반응하도록 길들여진다면, 우리는 하나님의 말씀과 그분의 일하심을 놓치고 말 것이다. 하지만,

The stage of history is large. Larger-than-life figures appear on this stage from time to time, swaggering about, brandishing weapons and money, terrorizing and bullying. These figures are not, as they suppose themselves to be, at the center of the stage—not, in fact, anywhere near the center. But they make a lot of noise and are able to call attention to themselves. They often manage to get a significant number of people watching and even admiring: big nations, huge armies, important people. At any given moment a few superpower nations and their rulers dominate the daily news. Every century a few of these names are left carved on its park benches, marking rather futile, and in retrospect pitiable, attempts at immortality.

The danger is that the noise of these pretenders to power will distract us from what is going on quietly at the center of the stage in the person and action of God. God's characteristic way of working is in quietness and through prayer. "I speak," says poet George Meredith, "of the unremarked forces that split the heart and make the pavement toss—forces concealed in quiet people and plants." If we are conditioned to respond to noise and size, we will miss God's word and action. However,

하나님을 가벼이 여기지 마라.
그분은 너희가 만만히 대할 수 있는 분이 아니시다.
그분은 원수들에게 보복하신다.
맹렬한 노를 발하시며 적들에 맞서 일어나신다.
하나님은 버럭 화를 내시는 분이 아니시다.
강한 분이지만 오래 참으신다.
그러나 누구든 그분 앞에서 얼렁뚱땅 넘어갈 수 없다.
누구든 대가를 치르고야 만다(나 1:2-3).

GOD is serious business.
He won't be trifled with.
He avenges his foes.
He stands up against his enemies, fierce and raging.
But GOD doesn't lose his temper.
He's powerful, but it's a patient power.
Still, no one gets by with anything.
Sooner or later, everyone pays(Nahum 1:2-3).

때때로 하나님께서는 어떤 이들에게 이런 위세 부리는 인물과 민족과 운동들의 귀추를 유심히 살펴보는 임무를 맡기셔서, 나머지 사람들이 그런 것에 쏟던 관심을 끊고 역사의 주인이신 하나님께로 시선을 돌리게 하신다. 주전 7세기 나훔이 바로 그런 임무를 맡았다. 그 당시는 앗시리아로 인해 온 세상이 공포에 떨던 시절이었다. 나훔이 예언의 말씀을 전했을 당시, 앗시리아(수도는 니느웨였다)는 실로 천하무적으로만 보였다. 앗시리아 없는 세상은 상상도 할 수 없었다. 나훔의 임무는 그런 자유로운 세상에 대한 상상을 가능하게 해주는 것이었다. 하나님의 백성이 앗시리아 공포증에서 벗어나, 주권자 하나님을 믿고 그분께 기도할 수 있게 해주는 것이었다. 나훔의 설교, 성령이 주신 비유, 하나님의 논리는 한껏 부풀려진 앗시리아의 실체를 드러내고 니느웨의 소란을 정리해 줌으로써, 이스라엘로 하여금 앗시리아의 위세가 실은 허세에 지나지 않는다는 사실을 보게 해주었다. 이제 그들은 상황의 본질에 주목할 수 있었다. 나훔은 이렇게 선포한다.

From time to time, God assigns someone to pay attention to one or another of these persons or nations or movements just long enough to get the rest of us to *quit* paying so much attention to them and get back to the main action: *God*! Nahum drew that assignment in the seventh century B.C. Assyria had the whole world terrorized. At the time that Nahum delivered his prophecy, Assyria (and its capital, Nineveh) appeared invincible. A world free of Assyrian domination was unimaginable. Nahum's task was to make it imaginable—to free God's people from Assyrian paralysis, free them to believe in and pray to a sovereign God. Nahum's preaching, his Spirit-born metaphors, his God-shaped syntax, knocked Assyria off her high horse and cleared the field of Nineveh-distraction so that Israel could see that despite her world reputation, Assyria didn't amount to much. Israel could now attend to what was *really* going on. Nahum proclaimed,

니느웨에 내리시는 하나님의 명령이다.

GOD's orders on Nineveh:

"You're the end of the line.

"너는 이제 끝장이다.
니느웨는 끝났다.
내가 너의 신전을 모조리 부술 것이다.
네 신과 여신들을 쓰레기통에 처넣을 것이다.
나는 지금 너의 무덤을 파는 중이다. 비석 없는 무덤을.
이제 너는 없는 것이나 마찬가지다. 아니, 그보다 못하다."……

It's all over with Nineveh.
I'm gutting your temple.
Your gods and goddesses go in the trash.
I'm digging your grave. It's an unmarked grave.
You're nothing—no, you're *less* than nothing!"...

"앗시리아야, 나는 네 원수다."
만군의 **하나님**께서 말씀하신다.
"내가 네 전차들을 불태울 것이다. 잿더미로 만들 것이다.
'사자 나라'가 이제 송장들로 뒤덮이리라.
전쟁 사업은 이제 끝났다. 네가 할 일은 더 이상 없다.
전쟁을 보도할 일도 더 이상 없고,
승리를 선언할 일도 더 이상 없다.
너의 전쟁 사업은 이제 영원히 끝났다."
(나 1:14; 2:13)

"Assyria, I'm your enemy,"
says GOD-of-the-Angel-Armies.
"I'll torch your chariots. They'll go up in smoke.
'Lion Country' will be strewn with carcasses.
The war business is over—you're out of work:
You'll have no more wars to report,
No more victories to announce.
You're out of war work forever."
(Nahum 1:14; 2:13)

예언자 나훔은 니느웨, 곧 앗시리아에 임할 재앙이라는 단 하나의 메시지만을 전했기에, 자칫 그를 니느웨를 증오한 사람 정도로 오해하기 쉽다. 그러나 나훔은 더 큰 그림을 보며 말씀을 전하고 그 내용을 기록하기에, 적들의 죄 못지않게 이스라엘의 죄 역시 혹독한 고발을 당하고 있다. 나훔의 취지는 적국에 대해 종교적 증오심을 조장하는 것이 아니다. 그는 다만 이렇게 말하고 있다. "원수 앗시리아를 우러러보지도 말고 두려워하지도 마라. 저 자들도 우리와 똑같은 기준으로 심판을 받게 될 것이니."

Because Nahum has a single message—doom to Nineveh/Assyria—it is easy to misunderstand the prophet as simply a Nineveh-hater. But Nahum writes and preaches out of the large context in which Israel's sins are denounced as vigorously as those of any of her enemies. The effect of Nahum is not to foment religious hate against the enemy but to say, "Don't admire or be intimidated by this enemy. They are going to be judged by the very same standards applied to us."

나훔

NAHUM

하나님을 가벼이 여기지 마라

1 [1] 엘고스 사람 나훔이, 니느웨에 대
해 하나님께서 보여주신 것을 기록
한 보고서다.

2-6 **하나님**을 가벼이 여기지 마라.
그분은 너희가 만만히 대할 수 있는 분이
아니시다.
그분은 원수들에게 보복하신다.
맹렬한 노를 발하시며 적들에 맞서 일어나
신다.
하나님은 버럭 화를 내시는 분이 아니시다.
강한 분이지만 오래 참으신다.
그러나 누구든 그분 앞에서 얼렁뚱땅 넘어
갈 수 없다.
누구든 대가를 치르고야 만다.
토네이도와 허리케인은
그분의 발자취고,
폭풍 구름들은
그분께서 발을 터실 때 이는 먼지다.
그분께서 바다에 고함을 치시면, 바다가 마
른다.
강들이 말라 버린다.
바산과 갈멜의 산들이 떨고,
레바논의 과수원들이 오그라든다.
산들이 뿌리째 흔들리고,
언덕들이 녹아 개펄이 된다.
하나님이 두려워 땅이 몸을 떤다.

God Is Serious Business

1 [1] A report on the problem of
Nineveh, the way God gave Nahum
of Elkosh to see it:

2-6 GOD is serious business.
He won't be trifled with.
He avenges his foes.
He stands up against his enemies, fierce
and raging.
But GOD doesn't lose his temper.
He's powerful, but it's a patient power.
Still, no one gets by with anything.
Sooner or later, everyone pays.
Tornadoes and hurricanes
are the wake of his passage,
Storm clouds are the dust
he shakes off his feet.
He yells at the sea: It dries up.
All the rivers run dry.
The Bashan and Carmel mountains shriv-
el,
the Lebanon orchards shrivel.
Mountains quake in their roots,
hills dissolve into mud flats.
Earth shakes in fear of GOD.
The whole world's in a panic.
Who can face such towering anger?

온 세상이 겁에 질린다.
이 불길 같은 진노에 대항할 자 누구랴?
이 맹렬한 격노를 견딜 자 누구랴?
그분의 진노는 용암처럼 쏟아지고,
그분의 격노는 돌을 바스러뜨린다.

7-10 **하나님**은 선하시다.
힘겨울 때 피난처가 되어 주신다.
도움을 구하는 자 누구든,
딱한 사정에 처한 자 모두를
기꺼이 맞아 주신다.
그러나 사람들이 도피처로 삼는 곳은
모조리 쓸어버리신다.
누구도 하나님을 피해 도망칠 수 없다.
하나님을 거슬러 꾀를 쓰느라 왜 시간을 낭비하느냐?
그런 계략은 무엇이든 끝장나고 만다.
말썽을 피우는 자들, 두 번 다시 기회는 없다.
기름을 흠뻑 먹인
마른장작 더미처럼,
활활 타서 재가 될 것이다.

11 **하나님**께 맞서려는 악한 음모들이, 니느웨에 개미 떼처럼 바글거린다.
유혹과 배신,
온갖 거짓말들을 지어내는 원산지다.

12-13 이에 대해 **하나님**께서 하시는 말씀을 들어라.
"너, 지금 세상 꼭대기에 있다만
곧 바닥으로 고꾸라져,
모든 박수와 갈채를 잃어버릴 것이다.

유다야, 지금까지 내가 너를 괴롭게 했지만,
이제부터는 달라질 것이다.
네 목에서 멍에를 끌러 주고
그것을 쪼개어 불태워 버릴 것이다.
너를 속박했던 끈을

Who can stand up to this fierce rage?
His anger spills out like a river of lava,
his fury shatters boulders.

7-10 GOD is good,
a hiding place in tough times.
He recognizes and welcomes
anyone looking for help,
No matter how desperate the trouble.
But cozy islands of escape
He wipes right off the map.
No one gets away from God.
Why waste time conniving against GOD?
He's putting an end to all such scheming.
For troublemakers, no second chances.
Like a pile of dry brush,
Soaked in oil,
they'll go up in flames.

A Think Tank for Lies

11 Nineveh's an anthill
of evil plots against GOD,
A think tank for lies
that seduce and betray.

12-13 And GOD has something to say about all this:
"Even though you're on top of the world,
With all the applause and all the votes,
you'll be mowed down flat.

"I've afflicted you, Judah, true,
but I won't afflict you again.
From now on I'm taking the yoke from your neck
and splitting it up for kindling.
I'm cutting you free

풀어 줄 것이다."

from the ropes of your bondage."

14 니느웨에 내리시는 **하나님**의 명령이다.

"너는 이제 끝장이다.
니느웨는 끝났다.
내가 너의 신전을 모조리 부술 것이다.
네 신과 여신들을 쓰레기통에 처넣을 것이다.
나는 지금 너의 무덤을 파는 중이다. 비석 없는 무덤을.
이제 너는 없는 것이나 마찬가지다. 아니, 그보다 못하다."

14 GOD's orders on Nineveh:

"You're the end of the line.
It's all over with Nineveh.
I'm gutting your temple.
Your gods and goddesses go in the trash.
I'm digging your grave. It's an unmarked grave.
You're nothing—no, you're *less* than nothing!"

15 보아라! 전령이 기쁜 소식을 들고 온다.
산을 넘어 소식을 전한다. 평화가 왔다!
축제일이다! 유다여, 잔치를 벌여라!
하나님을 예배하고 그분께 다시 헌신하여라!
그 원수, 이제 걱정할 필요가 없다.
그는 끝장났으니, 마음 놓아라.

15 Look! Striding across the mountains—
a messenger bringing the latest good news: peace!
A holiday, Judah! Celebrate!
Worship and recommit to God!
No more worries about *this* enemy.
This one is history. Close the books.

니느웨는 망한다

2 1 무시무시한 파괴자가 오고 있다!
경비병들아, 군수품을 챙겨라.
정신 바짝 차리고
전투태세를 갖춰라.

Israel's Been to Hell and Back

2 1 The juggernaut's coming!
Post guards, lay in supplies.
Get yourselves together,
get ready for the big battle.

2 **하나님**께서 야곱의 자존심,
이스라엘의 자존심을 회복시켜 주셨다.
이스라엘은 힘든 시절을 넘어왔다.
지옥을 경험하고 돌아왔다.

2 GOD has restored the Pride of Jacob,
the Pride of Israel.
Israel's lived through hard times.
He's been to hell and back.

3-12 햇빛에 번쩍거리는 무기들,
눈부신 전투복 차림의 군인들,
당장이라도 돌격할 태세를 갖춘
번쩍번쩍 광이 나는 전차들,
하늘을 찌를 듯한 창들의 숲이

3-12 Weapons flash in the sun,
the soldiers splendid in battle dress,
Chariots burnished and glistening,
ready to charge,

지평선 위로 무시무시한 모습을 드러낸다.
전차들이 거리로 쏟아져 들어와
광장을 가득 메운다.
햇빛 아래 횃불같이 타오르고,
번개처럼 이리저리 번쩍인다.
앗시리아 왕이 부하들을 소집하지만,
다들 비틀거리다 자빠진다.
공격을 막기 위해 성벽으로 달려가 보지만,
이미 너무 늦었다.
병사들이 성문을 뚫고 쏟아져 들어오고,
왕궁이 허물어진다.
곧 끝장난다.
니느웨가 발가벗겨졌다. 니느웨가 멸망했다.
여종과 남종들이 비둘기처럼 흐느껴 울고,
가슴을 치며 통곡한다.
니느웨는
마개가 열린 물통이다.
고함소리 들려온다. "어떻게든 막아라! 어떻게든 막아라!"
하지만 이미 늦었다. 니느웨는 곧 빈 통이 된다. 텅 빈 통.
다른 고함소리 들려온다. "은을 털어라!
금을 털어라!
노다지다!
원하는 대로 다 꺼내가라!"
망했다! 저주받아 망했다! 아주 폐허가 되었다!
가슴은 철렁 내려앉고
다리에 힘이 풀린다.
속이 뒤집히고
얼굴은 새하얗게 질린다.
명성 높던 맹수 앗시리아의 사자에게,
그 새끼들에게,
이 무슨 일이란 말이냐?
적수가 없이
느긋하게 새끼들을 품던 맹수,
그 수사자와 암사자에게 이 무슨 일이란 말이냐?

A spiked forest of brandished spears,
lethal on the horizon.
The chariots pour into the streets.
They fill the public squares,
Flaming like torches in the sun,
like lightning darting and flashing.
The Assyrian king rallies his men,
but they stagger and stumble.
They run to the ramparts
to stem the tide, but it's too late.
Soldiers pour through the gates.
The palace is demolished.
Soon it's all over:
Nineveh stripped, Nineveh doomed,
Maids and slaves moaning like doves,
beating their breasts.
Nineveh is a tub
from which they've pulled the plug.
Cries go up, "Do something! Do something!"
but it's too late. Nineveh's soon empty—nothing.
Other cries come: "Plunder the silver!
Plunder the gold!
A bonanza of plunder!
Take everything you want!"
Doom! Damnation! Desolation!
Hearts sink,
knees fold,
stomachs retch,
faces blanch.
So, what happened to the famous
and fierce Assyrian lion
And all those cute Assyrian cubs?
To the lion and lioness
Cozy with their cubs,
fierce and fearless?
To the lion who always returned from

사냥을 나가면 어김없이
갓 잡은 신선한 먹이를 물고 와서 암사자와 새끼들을 먹이던
그 수사자에게,
피가 뚝뚝 떨어지는 고기들을 쌓아 놓고
축제를 벌이던 그 사자 굴에, 이 무슨 일이란 말이냐?

13 "앗시리아야, 나는 네 원수다."
만군의 **하나님**께서 말씀하신다.
"내가 네 전차들을 불태울 것이다. 잿더미로 만들 것이다.
'사자 나라'가 이제 송장들로 뒤덮이리라.
전쟁 사업은 이제 끝났다. 네가 할 일은 더 이상 없다.
전쟁을 보도할 일도 더 이상 없고,
승리를 선언할 일도 더 이상 없다.
너의 전쟁 사업은 이제 영원히 끝났다."

3

1-4 '살인자 성'이여, 너는 망할 것이다.
거짓말이 가득하고, 약탈물이 쌓이고, 폭력에 중독된 성이여!
나팔소리 울리고 바퀴소리 요란하다.
말들이 날뛰고 전차들이 비틀거린다.
칼과 창을 휘두르며
기수들이 질주한다.
거리에 시체들이 나뒹굴어
땔감처럼 쌓이고,
하수구와 골목마다 송장들이 쌓여
모든 길이 막힐 지경이다!
그리고 창녀들! 끝없는 창녀들!
치명적 매력의 창녀 도성이여,
너는 악한 주문으로 민족들을 유혹해 파멸시키는
마녀다.

the hunt
with fresh kills for lioness and cubs,
The lion lair heaped with bloody meat,
blood and bones for the royal lion feast?

13 "Assyria, I'm your enemy,"
says GOD-of-the-Angel-Armies.
"I'll torch your chariots. They'll go up in smoke.
'Lion Country' will be strewn with carcasses.
The war business is over—you're out of work:
You'll have no more wars to report,
No more victories to announce.
You're out of war work forever."

Let the Nations Get Their Fill of the Ugly Truth

3

1-4 Doom to Murder City—
full of lies, bursting with loot,
addicted to violence!
Horns blaring, wheels clattering,
horses rearing, chariots lurching,
Horsemen galloping,
brandishing swords and spears,
Dead bodies rotting in the street,
corpses stacked like cordwood,
Bodies in every gutter and alley,
clogging every intersection!
And whores! Whores without end!
Whore City,
Fatally seductive, you're the Witch of Seduction,
luring nations to their ruin with your evil spells.

5-7 "창녀 니느웨야, 나는 네 원수다.
나 만군의 **하나님**이 너를 대적한다!
세상을 호리는 너의 그 비단옷을 벗겨
온 세상 앞에서 발가벗길 것이다.
모든 민족이 네 적나라한 실체를 보게 할 것이다.
네 정체가 무엇이며 무슨 짓을 해왔는지 보게 할 것이다.
네게 개똥을 퍼부은 다음,
모두가 볼 수 있게 전시대에 올려놓고 이렇게 써붙일 것이다.
'창녀 전시 중.'
너를 보는 자들이 모두 역겨워하며 말할 것이다.
'니느웨, 저 돼지우리,
저렇게 더러울 줄이야.
두 번 다시 쳐다보기도 싫다. 추하다, 추해!'"

8-13 네가 이집트의 테베보다 강하냐?
나일 강 옆에 자리하여,
거대한 강이 보호벽과 방어벽이 되어 준다며,
천하무적이라며 뻐기던 테베 말이다.
남쪽은 에티오피아가,
북쪽은 이집트가 그를 도와 경계를 서 주었고,
언제든 나서서 도와줄
힘센 친구들, 붓과 리비아가 있었다.
하지만 테베가 어떻게 되었느냐?
성 주민 전체가 끌려가 난민이 되었다.
대낮에 대로에서
아기들이 길바닥에 메쳐져 죽고,
고관들이 경매에 부쳐져 팔려 갔으며,
유명인사들이 사슬에 묶여 끌려갔다.
니느웨야, 알아 두어라. 너도 그렇게 될 것이다.

5-7 "I'm your enemy, Whore Nineveh—
I, GOD-of-the-Angel-Armies!
I'll strip you of your seductive silk robes
and expose you on the world stage.
I'll let the nations get their fill of the ugly truth
of who you really are and have been all along.
I'll pelt you with dog dung
and place you on a pedestal: 'Slut on Exhibit.'
Everyone who sees you will gag and say,
'Nineveh's a pigsty:
What on earth did we ever see in her?
Who would give her a second look? Ugh!'"

Past the Point of No Return

8-13 Do you think you're superior to Egyptian Thebes,
proudly invincible on the River Nile,
Protected by the great River,
walled in by the River, secure?
Ethiopia stood guard to the south,
Egypt to the north.
Put and Libya, strong friends,
were ready to step in and help.
But you know what happened to her:
The whole city was marched off to a refugee camp,
Her babies smashed to death
in public view on the streets,
Her prize leaders auctioned off,
her celebrities put in chain gangs.
Expect the same treatment, Nineveh.
You'll soon be staggering like a bunch of drunks,

어디에 부딪히는지도 모른 채
이리저리 비틀거리며, 누울 곳을 찾는 취객처럼 될 것이다.
너의 요새는 복숭아나무 같다.
익을 대로 익어 수확만 기다리는 복숭아.
나무를 살짝만 흔들어도,
배고파 쩍 벌린 입속으로 우수수 떨어진다.
현실을 똑바로 보아라. 네 전사들은 힘없는 겁쟁이들이다.
그들은 봉에 지나지 않는다.
네 국경은 틈이 벌어진 문이다.
적들이 들어오는 것은 식은 죽 먹기다. 무슨 수로 그들을 막겠느냐?

Wondering what hit you,
looking for a place to sleep it off.
All your forts are like peach trees,
the lush peaches ripe, ready for the picking.
One shake of the tree and they fall
straight into hungry mouths.
Face it: Your warriors are wimps.
You're sitting ducks.
Your borders are gaping doors, inviting your enemies in. And who's to stop them?

14-15 포위에 대비해 물을 비축하여라.
방어망을 강화하여라.
기초를 다져라. 진흙을 가져다가
벽돌을 만들어라.
하지만 안됐구나. 너무 늦었다.
원수가 놓은 불이 너를 사를 것이다.
원수가 휘두르는 칼이 너를 갈기갈기 찢어 놓을 것이다.
너는 메뚜기 떼에게 뜯기듯 물어뜯길 것이다.

14-15 Store up water for the siege.
Shore up your defenses.
Get down to basics: Work the clay
and make bricks.
Sorry. Too late.
Enemy fire will burn you up.
Swords will cut you to pieces.
You'll be chewed up as if by locusts.

15-17 그렇다. 메뚜기 떼에 당하는 것, 네게 합당한 운명이다.
너 자신이 바로 메뚜기 재앙이기 때문이다.
상점과 상인들을 끝없이 늘려 온 너,
사는 자와 파는 자의 수가 하늘의 별들보다 많다!
메뚜기 떼 재앙이다. 온 지역을 깡그리 털어먹은 다음
날아가 버리는 메뚜기 떼다.
네 관료들이 메뚜기들이고,
네 브로커와 은행가도 메뚜기들이다.

15-17 Yes, as if by locusts—a fitting fate,
for you yourselves are a locust plague.
You've multiplied shops and shopkeepers—
more buyers and sellers than stars in the sky!
A plague of locusts, cleaning out the neighborhood
and then flying off.
Your bureaucrats are locusts,
your brokers and bankers are locusts.
Early on, they're all at your service,
full of smiles and promises,
But later when you return with questions

처음에는 너를 위해 봉사한다며
만면에 웃음을 띠고 선심을 쓰지만,
후에, 뭔가 묻거나 불평할 것이 있어 찾아가면,
그들은 종적도 찾을 수 없다.

18-19 앗시리아의 왕아!
목자가 되어 백성을 돌보라고 네가 세운 지도자들은
지금 딴짓을 하느라 정신없다.
그들은 책임을 다하고 있지 않다.
네 백성이 뿔뿔이 흩어져 길을 잃고 헤매는데,
아무도 보살펴 주지 않는다.
너는 돌아올 수 없는 강을 건넜다.
네가 입은 상처는 치명적이다.
네 운명에 대한 이야기를 듣게 되면,
온 세상이 박수를 치며 환호할 것이다.
네 흉악은
세상 구석구석까지 마수를 뻗쳤다.
그 악에 고통을 받지 않은 사람이 없다.

or complaints,
you'll find they've flown off and are nowhere to be found.

18-19 King of Assyria! Your shepherd-leaders,
in charge of caring for your people,
Are busy doing everything else but.
They're not doing their job,
And your people are scattered and lost.
There's no one to look after them.
You're past the point of no return.
Your wound is fatal.
When the story of your fate gets out,
the whole world will applaud and cry "Encore!"
Your cruel evil has seeped
into every nook and cranny of the world.
Everyone has felt it and suffered.

하박국 | 머리말

믿음의 삶은 당혹스러울 정도로 예측 불허인 모험의 여정이다. 다음에 무슨 일이 닥칠지 알지 못하며, 예상대로 일이 성사되는 경우는 많지 않다. 흔히 우리는, 자신이 하나님의 택함과 사랑을 받는 자이므로 하나님께 특별대우를 받을 것이라 여긴다. 자연스러운 기대이기는 하다. 그분을 따르는 제자가 되었으니 이제 막다른 골목을 만나거나, 진창길로 접어들거나, 목적지가 다른 여행자들에게서 끔찍한 일을 당하는 일 따위는 없을 것이라 기대한다. 이해 못할 바는 아니다. 그러나 하나님을 따르는 제자들이라고 해서 인생길에서 특별대접을 받는 것은 아니다. 이 사실은 늘 우리를 놀라게 한다. 그런데 더욱 놀라운 사실은, 그러한 순간에 우리의 길동무가 되어 주는 이들을 '성경' 속에서 만날 수 있다는 것이다.

그 반가운 길동무 중 하나가 바로 예언자 하박국이다. 예언자들이 하는 일의 대부분은 '우리'에게 하나님의 말씀을 전해 주는 것이다. 그들은 우리에게 하나님의 심판과 구원, 도전과 위로의 말씀을 들으라고 촉구하는 설교자들이다. 그들은 우리가 하나님을 마음대로 상상하지 못하도록, 진짜 하나님을 알려 준다. 하나님의 말씀에 귀 기울이라고 외치는 예언자들은 세련된 완곡어법을 사용하는 자들이 아니라, 가히 우리 면상에 주먹을 날리는 식으로 설교하는 이들이다. 그러나 하박국은 우리의 말을 '하나님'께 해주는 예언자다. 그는 도무지 이해하기 힘든 일 앞에서 우리가 느끼는 당혹

Living by faith is a bewildering venture. We rarely know what's coming next, and not many things turn out the way we anticipate. It is natural to assume that since I am God's chosen and beloved, I will get favorable treatment from the God who favors me so extravagantly. It is not unreasonable to expect that from the time that I become his follower, I will be exempt from dead ends, muddy detours, and cruel treatment from the travelers I meet daily who are walking the other direction. That God followers don't get preferential treatment in life always comes as a surprise. But it's also a surprise to find that there are a few men and women *within* the Bible who show up alongside us at such moments.

The prophet Habakkuk is one of them, and a most welcome companion he is. Most prophets, most of the time, speak God's Word *to us*. They are preachers calling us to listen to God's words of judgment and salvation, confrontation and comfort. They face us with God as he is, not as we imagine him to be. Most prophets are in-your-face assertive, not given to tact, not diplomatic, as they insist that we pay attention to God. But Habakkuk speaks our word *to God*. He gives voice to our bewilderment, articulates our puzzled attempts to make sense of things, faces God with our disappointment

감과 하나님에 대한 실망감을 서슴지 않고 하나님께 털어놓는다. 그는 하나님께 우리 말에 귀 기울여 주실 것을 요구한다. 그것도 예언자답게 정색을 하고 단호한 말투로 말이다.

하나님, 얼마나 더 외쳐야
저를 도와주시렵니까?
"사람 살려! 살인이다! 경찰!" 하며
얼마나 더 소리 질러야 저를 구하러 오시렵니까?
어찌하여 날이면 날마다 악을 목격하고,
고난과 맞닥뜨리게 하십니까?
혼란과 폭력이,
싸움과 다툼이 도처에서 터져 나옵니다.
법과 질서는 땅에 떨어졌고,
정의는 농담거리가 되었습니다.
악인이 의인을 맥 못 추게 하고
정의를 거꾸로 뒤집습니다(합 1:1-4).

하박국을 자극시켰던 것은 주전 7세기의 국제 정세였다. 그는 하나님께서 강력한 바빌론 군대를 들어서 하나님의 백성을 심판하실 예정인 것을 알게 되었다. 아니, 하나님을 모르는 이방 민족을 들어 하나님을 섬기는 경건한 민족을 벌하시겠다니! 하박국은 도저히 이해할 수 없어서, 즉시 하나님께 따졌다. 하나님께서 당신의 일을 제대로 하고 계신 것 같지 않다는 자신의 생각을 있는 그대로 털어놓았다. 그날 이후, 단 하루도 거르지 않고 누군가는 하박국처럼 당혹감에 사로잡혀 다음과 같은 말을 내뱉었다. "하나님, 도무지 이해가 되지 않습니다!"

그러나 우리의 길동무 예언자 하박국은 더 나아가, 보다 중요한 일을 행한다. 그는 기다린다. 그리고 귀 기울여 듣는다. 그렇게 기다리고 듣는 가운데, 그리고 그 내용

with God. He insists that God pay attention to us, and he insists with a prophet's characteristic no-nonsense bluntness.

GOD, how long do I have to cry out for help
before you listen?
How many times do I have to yell, "Help! Murder! Police!"
before you come to the rescue?
Why do you force me to look at evil,
stare trouble in the face day after day?
Anarchy and violence break out,
quarrels and fights all over the place.
Law and order fall to pieces.
Justice is a joke.
The wicked have the righteous hamstrung
and stand justice on its head(Habakkuk 1:1-4).

The circumstance that aroused Habakkuk took place in the seventh century B.C. The prophet realized that God was going to use the godless military machine of Babylon to bring God's judgment on God's own people—using a godless nation to punish a godly nation! It didn't make sense, and Habakkuk was quick and bold to say so. He dared to voice his feelings that God didn't know his own God business. Not a day has passed since then that one of us hasn't picked up and repeated Habakkuk's bafflement: "God, you don't seem to make sense!"

But this prophet companion who stands at our side does something even more important: He waits and he listens. It is in his

으로 기도하는 가운데, 어느새 그는 하나님의 주권이라는 보다 큰 세상을 발견하고, 그 세상의 주민으로 살아가게 된다. 그 자리에서 비로소 그는, 하나님을 믿는 삶, 하나님을 한결같이 신뢰하는 삶이야말로 충만한 삶이요 유일하고 참된 삶임을 마침내 깨닫게 된다.

waiting and listening—which then turns into his praying—that he found himself inhabiting the large world of God's sovereignty. Only there did he eventually realize that the believing-in-God life, the steady trusting-in-God life, is the full life, the only real life.

하나님, 주님에 대해 전하는 조상들의 말을 듣고,
놀라서 무릎을 꿇습니다.
그들에게 하신 일을 오늘 우리에게도 행해 주십시오.
그들을 위해 역사하신 것처럼, 오늘 우리를 위해서도 역사해 주십시오.
심판하실지라도,
자비를 잊지 말아 주십시오. 주께서는 분명 그렇게 하실 것입니다.……

GOD, I've heard what our ancestors say about you,
and I'm stopped in my tracks, down on my knees.
Do among us what you did among them.
Work among us as you worked among them.
And as you bring judgment, as you surely must,
remember mercy...

체리나무에 꽃이 피지 않고
딸기가 익지 않아도,
사과가 다 벌레 먹고
밀농사가 흉작이어도,
양 우리에 양이 없고
외양간에 소가 없어도,
나, **하나님**께 즐거운 찬송 부르리라.
나의 구원자 하나님 앞에서 즐겁게 뛰어놀리라.
나, **하나님**의 통치와 승리를 믿고
용기를 얻어 기운을 차리네.
사슴처럼 뛰어다니는 나,
산 정상에 오른 듯한 기분이라네!
(합 3:1-2, 17-19)

Though the cherry trees don't blossom
and the strawberries don't ripen,
Though the apples are worm-eaten
and the wheat fields stunted,
Though the sheep pens are sheepless
and the cattle barns empty,
I'm singing joyful praise to GOD.
I'm turning cartwheels of joy to my Savior God.
Counting on GOD's Rule to prevail,
I take heart and gain strength.
I run like a deer.
I feel like I'm king of the mountain!
(Habakkuk 3:1-2, 17-19)

하박국은 우리와 출발점이 같았다. 그 역시 우리처럼 혼란에 빠져 있었고 불평했으며, 심지어 하나님을 고발하기도 했다. 그러나 그는 그 자리에 머물지 않았다. 그는 더 나

Habakkuk started out exactly where we start out with our puzzled complaints and God-accusations, but he didn't stay there. He ended up in a world, along with us,

아갔다. 결국 그는, 하나님을 사랑하는 자들에게는 삶 속의 모든 것들이 협력하여 선을 이루어 내는, 그런 세상에 도달하게 되었다. 우리를 길동무로 데리고서 말이다.

where every detail in our lives of love for God is worked into something good.

하박국

1 1-4 하나님께서 하박국에게 알려 주
신 문제다.

하나님, 얼마나 더 외쳐야
저를 도와주시렵니까?
"사람 살려! 살인이다! 경찰!" 하며
얼마나 더 소리 질러야 저를 구하러 오시렵
니까?
어찌하여 날이면 날마다 악을 목격하고,
고난과 맞닥뜨리게 하십니까?
혼란과 폭력이,
싸움과 다툼이 도처에서 터져 나옵니다.
법과 질서는 땅에 떨어졌고,
정의는 농담거리가 되었습니다.
악인이 의인을 맥 못 추게 하고
정의를 거꾸로 뒤집습니다.

너희를 벌하려 바빌론을 일으킬 것이다

5-11 "너희 주변의 사악한 민족들을 둘러보
아라.
잘 살펴보아라. 충격 받지 않도록 마음 단단
히 먹어라.
너희가 믿기 어려워할 일이
이제 곧 일어날 것이다.
내가 너희를 벌하려 바빌론 사람들을 일으
킬 것이다.
흉악하고 잔악한 바빌론 사람들,

HABAKKUK

Justice Is a Joke

1 1-4 The problem as God gave
Habakkuk to see it:

GOD, how long do I have to cry out for
help
before you listen?
How many times do I have to yell, "Help!
Murder! Police!"
before you come to the rescue?
Why do you force me to look at evil,
stare trouble in the face day after day?
Anarchy and violence break out,
quarrels and fights all over the place.
Law and order fall to pieces.
Justice is a joke.
The wicked have the righteous hamstrung
and stand justice on its head.

God Says, "Look!"

5-11 "Look around at the godless nations.
Look long and hard. Brace yourself for
a shock.
Something's about to take place
and you're going to find it hard to
believe.
I'm about to raise up Babylonians to
punish you,

천하를 정복하고
뭇 민족들을 좌지우지하는 바빌론,
제멋대로가 법인
그 무시무시하고 가공할 자들 말이다.
그들의 말은 바람처럼 빠르게 뛰고,
피에 주린 늑대처럼 달려든다.
별안간 튀어나와
질풍노도같이 습격해 온다.
그들은 썩은 고기 위를 빙빙 돌다
내려와 덮치는 독수리들 같다.
그들은 살인광이다. 살인에 미쳤다.
그들은 사람을 쥐 잡듯 잡는다.
그들은 왕들에게 모욕을 주고
장군들을 놀림감으로 삼는다.
요새들도 우습게 여겨,
식은 죽 먹기로 허물어 버린다.
그들은 바람처럼 너희를 휩쓸고 지나갈 것이다.
죄로 인해 뻔뻔해진 그들, 그들에게는 힘이 곧 신이다."

Babylonians, fierce and ferocious—
World-conquering Babylon,
grabbing up nations right and left,
A dreadful and terrible people,
making up its own rules as it goes.
Their horses run like the wind,
attack like bloodthirsty wolves.
A stampede of galloping horses
thunders out of nowhere.
They descend like vultures
circling in on carrion.
They're out to kill. Death is on their minds.
They collect victims like squirrels gathering nuts.
They mock kings,
poke fun at generals,
Spit on forts,
and leave them in the dust.
They'll all be blown away by the wind.
Brazen in sin, they call strength their god."

어찌하여 침묵하고 계십니까?

12-13 **하나님**, 주께서는 영원부터 계신 분이 아니십니까?
거룩하신 하나님, 우리가 이대로 죽는 것은 아니겠지요?
하나님, 정말 주의 심판을 수행할 도구로 바빌론 사람들을 택하셨습니까?
반석이신 하나님, 설마 그들에게 징계의 일을 맡기신 것은 아니겠지요?
아니, 진담이실 리가 없습니다!
주님은 악을 묵과하시는 분이 아니십니다!
그렇다면, 무슨 일이라도 하셔야 하지 않습니까?
어찌하여 침묵하고 계십니까?
극악무도함이 판을 치고, 악인들이 의인들을 집어삼키는데도,
주님은 마냥 보고만 계십니다!

Why Is God Silent Now?

12-13 GOD, you're from eternity, aren't you?
Holy God, we aren't going to die, are we?
GOD, you chose *Babylonians* for your judgment work?
Rock-Solid God, you gave *them* the job of discipline?
But you can't be serious!
You can't condone evil!
So why don't you do something about this?
Why are you silent *now*?
This outrage! Evil men swallow up the

righteous
and you stand around and *watch*!

14-16 사람들을 그저
바닷속 물고기 떼 취급하고 계십니다.
방향도 모르고 목적지도 없이,
그저 갈팡질팡 헤엄쳐 다니는 물고기들 말입니다.
그런데 악한 바빌론 사람이 와서 낚시질을 해댑니다.
사정없이 잡아들입니다.
잡을 수 있을 만큼 잡아서 바구니를 가득 채웁니다.
낚시가 잘된 날이라고, 그의 기분은 최고가 됩니다!
그는 자기 낚싯대를 찬양하며,
낚시 도구들을 제단 위에 올려놓고 절을 합니다!
그는 그렇게 유쾌한 하루를 보내고는,
돌아가서 밤에 실컷 먹고 즐깁니다!

14-16 You're treating men and women
as so many fish in the ocean,
Swimming without direction,
swimming but not getting anywhere.
Then this evil Babylonian arrives and goes fishing.
He pulls in a good catch.
He catches his limit and fills his creel—
a good day of fishing! He's happy!
He praises his rod and reel,
piles his fishing gear on an altar and worships it!
It's made his day,
and he's going to eat well tonight!

17 이 일을 계속 허용하시렵니까?
이 바빌론 낚시꾼이
주말에 물고기를 잡듯,
사람을 잡아 죽이는 상황을 계속 허용하실 생각입니까?

17 Are you going to let this go on and on?
Will you let this Babylonian fisherman
Fish like a weekend angler,
killing people as if they're nothing but fish?

2
1 이런 내 질문에 하나님께서는 뭐라고 대답하실까?
나는 마음의 준비를 단단히 하고서,
망루에 올라 지평선을 살펴보련다.
하나님께서 무슨 말씀을 하실지,
내 불평에 뭐라고 대답하실지
기다려 보련다.

2
1 What's God going to say to my questions? I'm braced for the worst.
I'll climb to the lookout tower and scan the horizon.
I'll wait to see what God says,
how he'll answer my complaint.

자아 충만, 텅 빈 영혼

2-3 그러자 **하나님**께서 대답해 주셨다. "이것을 기록하여라.

Full of Self, but Soul—Empty

2-3 And then GOD answered: "Write this.
Write what you see.
Write it out in big block letters

지금 네 눈에 보이는 것을 기록하여라.
뛰어가는 사람도 읽을 수 있도록
커다랗고 두꺼운 글자로 써라.
이 환상, 이 메시지는
앞으로 올 일을 가리키는 증언이다.
이 일은 빨리 당도하고 싶어, 지금 뛰어오는 중이다.
거짓말이 아니다.
더디 오는 것처럼 보여도, 기다려라.
지금 오는 중이다. 제때에 도착할 것이다."

4 "그를 보아라. 자만심으로 한껏 부풀어 오른 그,
자아로 가득하다만 영혼은 텅 비었다.
그러나 하나님 앞에서 충실하고 한결같은 믿음으로
바르게 서 있는 자는,
온전히 살아 있다. 진정 살아 있다.

5-6 잘 알아 두어라. 돈은 사람을 속인다.
거만한 부자들, 오래가지 못한다.
무덤이 송장에 주려 있듯,
그들은 재물에 주려 있다.
죽음처럼 그들도 늘 더 많이 삼키려 하지만,
얻는 것이라곤 시체뿐이다.
그들은 죽은 민족들로 가득한 공동묘지,
송장으로 가득한 묘지다.
이런 자들, 두 번 다시 쳐다보지 마라.
곧 온 세상의 비웃음거리가 될 것이다.

6-8 '너는 네 자신을 뭐라 생각하느냐?
훔치고 강탈해 부자가 된 너 말이다.
그 짓을 네가
얼마나 더 오래 할 수 있을 것 같으냐?'
네게 해를 입은 자들이 깨어 일어나,
네게 받은 대로 갚아 줄 날이 멀지 않았다.
이 민족 저 민족을 약탈해 온 너,

so that it can be read on the run.
This vision-message is a witness
pointing to what's coming.
It aches for the coming—it can hardly wait!
And it doesn't lie.
If it seems slow in coming, wait.
It's on its way. It will come right on time.

4 "Look at that man, bloated by self-importance—
full of himself but soul-empty.
But the person in right standing before God
through loyal and steady believing
is fully alive, *really* alive.

5-6 "Note well: Money deceives.
The arrogant rich don't last.
They are more hungry for wealth
than the grave is for cadavers.
Like death, they always want more,
but the 'more' they get is dead bodies.
They are cemeteries filled with dead nations,
graveyards filled with corpses.
Don't give people like this a second thought.
Soon the whole world will be taunting them:

6-8 "'Who do you think you are—
getting rich by stealing and extortion?
How long do you think
you can get away with this?'
Indeed, how long before your victims wake up,
stand up and make *you* the victim?
You've plundered nation after nation.
Now you'll get a taste of your own medicine.

이제 네 차례다.
살아남은 모든 자들이 너를 약탈하려고,
네가 저지른 살인과 학살을 그대로 갚아 주려고 혈안이 되어 있다.

9-11 너는 네 자신을 뭐라 생각하느냐?
닥치는 대로 빼앗아 차지하는 너,
정상에 앉아 있으니, 재앙이 미칠 수 없을 거라고 생각하느냐?
마음 푹 놓고 즐기고 있느냐?
천만에, 너는 네 집의 파멸을 자초했다.
다른 사람을 파멸시킴으로 네 자신의 파멸을 불렀다.
네 토대를 스스로 침식시켰고,
네 영혼을 스스로 부식시켰다.
네 집의 벽돌들이 고함치며 너를 고발할 것이다.
그 목조 뼈대들이 증인으로 나설 것이다.

12-14 너는 네 자신을 뭐라 생각하느냐?
살인으로 성읍을 세우고, 범죄로 도성을 세우는 너,
만군의 **하나님**이
그런 일은 결국 잿더미가 되게 한다는 사실을 모르느냐?
네가 그 일에 힘을 쏟을수록
점점 더 하찮은 존재가 되게 한다는 사실을 모르느냐?
그러나 물이 바다를 덮음같이,
온 땅에 **하나님**의 영광을 깨달아 아는 지식이 가득하리라.

15-17 너는 네 자신을 뭐라 생각하느냐?
이웃을 불러 술 파티를 벌이고,
술을 잔뜩 먹여
광란의 섹스 파티로 끌어들이는 너,
즐거운 시간을 보냈다고 생각하겠지만,
틀렸다! 너는 망신을 당한 것이다.

All the survivors are out to plunder you,
a payback for all your murders and massacres.

9-11 "Who do you think you are—
recklessly grabbing and looting,
Living it up, acting like king of the mountain,
acting above it all, above trials and troubles?
You've engineered the ruin of your own house.
In ruining others you've ruined yourself.
You've undermined your foundations,
rotted out your own soul.
The bricks of your house will speak up and accuse you.
The woodwork will step forward with evidence.

12-14 "Who do you think you are—
building a town by murder, a city with crime?
Don't you know that GOD-of-the-Angel-Armies
makes sure nothing comes of that but ashes,
Makes sure the harder you work
at that kind of thing, the less you are?
Meanwhile the earth fills up
with awareness of GOD's glory
as the waters cover the sea.

15-17 "Who do you think you are—
inviting your neighbors to your drunken parties,
Giving them too much to drink,
roping them into your sexual orgies?

네가 줄곧 마신 것은,
하나님의 진노의 잔이다.
자리에서 일어나면 숙취로 머리가 쑤실 것이다.
네가 레바논에 휘두른 폭력,
네가 자행한 동물 학살,
네가 저지른 살인과 상해,
많은 곳에서 일삼은 폭행이,
가시지 않은 숙취가 되어 너를 괴롭힐 것이다.

18-19 대체 정교한 조각품 신을 만들어 무엇하려느냐?
거짓말밖에 할 줄 모르는
화려한 주물생산품 신을 만들어 무엇하려느냐?
말도 할 줄 모르는 신들을 제작해서
뭘 하자는 것이냐?
너는 네 자신을 뭐라 생각하느냐?
너는 나무 막대기에다 대고 '깨어나라' 외치고,
말 못하는 돌멩이를 향해 '일어나라' 외친다.
그것들이 대체 무엇을 가르쳐 줄 수 있느냐?
그것들은 순전히 거죽뿐이다.
속은 텅 비었다.

20 그러나 보아라! **하나님**은 그의 거룩한 성전에 있다!
모두 조용히 하여라. 거룩한 침묵을 지켜라.
귀 기울여 들어라!"

하박국의 기도

3 1-2 합주에 맞춘, 예언자 하박국의 기도다.

하나님, 주님에 대해 전하는 조상들의 말을 듣고,
놀라서 무릎을 꿇습니다.

You thought you were having the time of your life.
Wrong! It's a time of disgrace.
All the time you were drinking,
you were drinking from the cup of God's wrath.
You'll wake up holding your throbbing head, hung over—
hung over from Lebanon violence,
Hung over from animal massacres,
hung over from murder and mayhem,
From multiple violations
of place and people.

18-19 "What's the use of a carved god
so skillfully carved by its sculptor?
What good is a fancy cast god
when all it tells is lies?
What sense does it make to be a pious god-maker
who makes gods that can't even talk?
Who do you think you are—
saying to a stick of wood, 'Wake up,'
Or to a dumb stone, 'Get up'?
Can they teach you anything about anything?
There's nothing to them but surface.
There's nothing on the inside.

20 "But oh! GOD is in his holy Temple!
Quiet everyone—a holy silence. Listen!"

God Racing on the Crest of the Waves

3 1-2 A prayer of the prophet Habakkuk, with orchestra:

GOD, I've heard what our ancestors say about you,

그들에게 하신 일을 오늘 우리에게도 행해 주십시오.
그들을 위해 역사하신 것처럼, 오늘 우리를 위해서도 역사해 주십시오.
심판하실지라도,
자비를 잊지 말아 주십시오. 주께서는 분명 그렇게 하실 것입니다.

3-7 하나님께서 다시 길을 나서신다.
옛 구원의 길을 되밟아 오신다.
데만을 지나 남쪽에서 올라오신다.
거룩하신 분께서 바란 산에서 오신다.
하늘이 그분의 광휘로 번쩍이고,
그분을 찬양하는 소리가 땅을 울린다.
새벽빛 같은 그분의 빛이 구름처럼 몰려와 뒤덮고,
두 줄기 빛이 그분의 손에서 뿜어 나온다.
그분 손에 깃든 저 힘이 보이느냐!
그분 앞서 재앙이 행진해 오고,
역병이 그분 발꿈치를 따라온다!
그분이 멈추시면 땅이 흔들리고,
주위를 둘러보시면 민족들이 몸을 떤다.
태곳적부터 있던 산들이 산산조각 나고,
옛적부터 있던 언덕들이 바람 빠진 풍선처럼 폭 꺼진다.
하나님께서 걸어오시는 길은
가장 오래된 산과 언덕들보다 더 오래되었다.
내가 보니, 모두가 근심에 빠졌고 공포에 사로잡혔다.
옛 광야의 적들, 구산과 미디안이
그분의 눈에 띄지 않기만을 바라며, 잔뜩 겁에 질려 있다.

8-16 **하나님**, 강을 보고 그리 노하십니까?
오랜 강에게 노하십니까?
말과 전차로 구원을 행하셨을 때,

and I'm stopped in my tracks, down on my knees.
Do among us what you did among them.
Work among us as you worked among them.
And as you bring judgment, as you surely must,
remember mercy.

3-7 God's on his way again,
retracing the old salvation route,
Coming up from the south through Teman,
the Holy One from Mount Paran.
Skies are blazing with his splendor,
his praises sounding through the earth,
His cloud-brightness like dawn, exploding, spreading,
forked-lightning shooting from his hand—
what power hidden in that fist!
Plague marches before him,
pestilence at his heels!
He stops. He shakes Earth.
He looks around. Nations tremble.
The age-old mountains fall to pieces;
ancient hills collapse like a spent balloon.
The paths God takes are older
than the oldest mountains and hills.
I saw everyone worried, in a panic:
Old wilderness adversaries,
Cushan and Midian, were terrified,
hoping he wouldn't notice them.

8-16 GOD, is it River you're mad at?

주께서는 바다에게 격노하셨습니까?
주께서는 주의 활시위를 당기시고
화살을 퍼부으셨습니다.
강을 들어 땅을 쪼개셨습니다.
다가올 일을 보면서,
산들은 몸을 비틀며 고통스러워했습니다.
홍수가 들이닥치고,
대양이 노호하여 집채만 한 파도가 일어났습니다.
해와 달이 흠칫 놀랐습니다.
주의 번쩍이는 활이 그들을 멈춰 세웠고,
주의 번개 같은 창이 그들을 꿰찔렀습니다.
노한 주께서 땅을 짓밟으셨고,
격노한 주께서 사악한 민족들을 내리밟으셨습니다.
주의 백성을 구원하려,
특별히 선택한 백성을 구원하려, 주께서 일어나셨습니다.
주님은 사악한 왕을
혼쭐나도록 패 주시고,
머리끝부터 발끝까지
그를 홀딱 발가벗기셨으며,
잘린 머리를 그의 창에 꽂으시고서
그의 군대를 날려 버리셨습니다.
사방으로 흩어진 그들,
결국 상어 밥이 되었습니다!
주께서는 주의 말을 타고 바닷속을 질주하시고,
파도를 타고 달리셨습니다.
그 소리를 들을 때 내 배가 떨렸고,
입술이 떨려 말을 더듬었습니다.
다리에 힘이 풀려,
비틀거리다 자빠졌습니다.
저는 물러나 앉아 기다립니다.
우리를 공격하는 자들에게 닥칠 운명의 날을 기다립니다.

Angry at old River?
Were you raging at Sea when you rode
horse and chariot through to salvation?
You unfurled your bow
and let loose a volley of arrows.
You split Earth with rivers.
Mountains saw what was coming.
They twisted in pain.
Flood Waters poured in.
Ocean roared and reared huge waves.
Sun and Moon stopped in their tracks.
Your flashing arrows stopped them,
your lightning-strike spears impaled them.
Angry, you stomped through Earth.
Furious, you crushed the godless nations.
You were out to save your people,
to save your specially chosen people.
You beat the stuffing
out of King Wicked,
Stripped him naked
from head to toe,
Set his severed head on his own spear
and blew away his army.
Scattered they were to the four winds—
and ended up food for the sharks!
You galloped through the Sea on your horses,
racing on the crest of the waves.
When I heard it, my stomach did flips.
I stammered and stuttered.
My bones turned to water.
I staggered and stumbled.
I sit back and wait for Doomsday
to descend on our attackers.

17-19 체리나무에 꽃이 피지 않고
딸기가 익지 않아도,
사과가 다 벌레 먹고
밀농사가 흉작이어도,
양 우리에 양이 없고
외양간에 소가 없어도,
나, **하나님**께 즐거운 찬송 부르리라.
나의 구원자 하나님 앞에서 즐겁게 뛰어놀리라.
나, **하나님**의 통치와 승리를 믿고
용기를 얻어 기운을 차리네.
사슴처럼 뛰어다니는 나,
산 정상에 오른 듯한 기분이라네!

(합주에 맞춰 회중이 부르는 노래)

17-19 Though the cherry trees don't blossom
and the strawberries don't ripen,
Though the apples are worm-eaten
and the wheat fields stunted,
Though the sheep pens are sheepless
and the cattle barns empty,
I'm singing joyful praise to GOD.
I'm turning cartwheels of joy to my Savior God.
Counting on GOD's Rule to prevail,
I take heart and gain strength.
I run like a deer.
I feel like I'm king of the mountain!

(For congregational use, with a full orchestra.)

우리는 자신에게 하나님을 이용할 권리는 주면서도 우리의 인간관계는 건드리지 않는 종교를 찾는다. 우리는 사람들—남자와 여자와 아이들—과의 관계에서 염증을 느낄 때면, 찾아가서 위로와 영감을 얻을 수 있는 하나님을 원한다. 우리는 전쟁 같은 세상살이에서 우리의 칼날을 벼려 주는 하나님을 원한다.

하나님께 줄을 대면서도, 사람들과의 관계는 우리 좋을 대로 하도록 내버려 두는 종교를 원하는 성향은 그 뿌리가 매우 깊다. 인류 역사에서 가장 장려되고 가장 잘 팔린 종교는 언제나 이런 유였다. 지금도 이런 종교가 가장 장사가 잘된다. 성경의 예언자들은 바로 이런 종교를 뿌리 뽑으려 했다. 그들은 이 일을 위해 죽기 살기로 싸웠다. 하나님은 스바냐를 통해 이렇게 말씀하셨다.

"속 편하게 앉아서
자기만 편히 즐기는 살찌고 게으른 자들,
'하나님은 아무 일도 하지 않으신다. 좋은 일도, 나쁜 일도 하지 않으신다.
그분은 참견도 하지 않으신다. 우리도 그렇다'고 말하는 자들을 벌할 것이다"(습 1:12).

견실한 영적 삶은 하나님과 사람들 사이의 관계에 뿌리를 내린다. 그러기에 자칫 우리는 영적인 삶을 하나님과 나 사이의 개인적인 그 무엇으로 오해하기 쉽다. 기도와 노

We humans keep looking for a religion that will give us access to God without having to bother with people. We want to go to God for comfort and inspiration when we're fed up with the men and women and children around us. We want God to give us an edge in the dog-eat-dog competition of daily life.

This determination to get ourselves a religion that gives us an inside track with God, but leaves us free to deal with people however we like, is age-old. It is the sort of religion that has been promoted and marketed with both zeal and skill throughout human history. Business is always booming.

It is also the sort of religion that the biblical prophets are determined to root out. They are dead set against it. Through Zephaniah, God said,

"I'll find and punish those who are sitting it out, fat and lazy,
amusing themselves and taking it easy,
Who think, 'GOD doesn't do anything, good or bad.
He isn't involved, so neither are we.'"
(Zephaniah 1:12)

Because the root of the solid spiritual life is embedded in a relationship between people and God, it is easy to develop the

래, 위안과 영감을 주는 영적 독서, 마음이 통하는 사람들과 함께 드리는 예배 등의 어떤 사적인 것. 그러나 이런 식의 생각에 계속 머물 경우 자칫 우리는, 내가 싫은 사람과 나를 싫어하는 사람을 대하는 방식은 하나님과 전혀 상관없는 문제라고 생각할 수 있다.

예언자들은 이런 생각을 하는 우리에게 일갈한다. "그렇지 않다. 당신이 하는 모든 행동, 모든 생각, 모든 느낌이 하나님과 관련이 있다. 당신의 모든 인간관계가 하나님과 관련되어 있다." 우리는 모든 것이 상관관계를 맺고 있는 세상에 살고 있으며, 그 관계들 안에서 어떤 결과가 생겨난다. 그리고 그 결과들은 하나님에게서 최종 마무리된다. 이것을 가리키는 성경의 용어가 바로 최후의 심판 날이다. 스바냐는 그의 말을 듣는 사람들을 향해 이날을 준비할 것을 간절히 선포한다.

> 하나님을 찾아라,
> 하나님의 정의로 살아가는 너희, 은밀히 단련받은 너희여.
> 하나님의 바른 길을 추구하여라. 평온하고 올바른 삶을 추구하여라.
> 하나님의 진노의 날에, 행여 화를 면할지 모른다.
> (습 2:3)

이 최종 결산의 날은, 아무리 자주 아무리 많이 강조해도 지나치지 않다. 스바냐는 모든 예언자와 한목소리로, 우리를 향해 그 중대성과 긴급성을 외치고 있다.

misunderstanding that my spiritual life is something personal between God and me—a private thing to be nurtured by prayers and singing, spiritual readings that comfort and inspire, and worship with like-minded friends. If we think this way for very long, we will assume that the way we treat the people we don't like or who don't like us has nothing to do with God.

That's when the prophets step in and interrupt us, insisting, "Everything you do or think or feel has to do with God. Every person you meet has to do with God." We live in a vast world of interconnectedness, and the connections have consequences, either in things or in people—and all the consequences come together in God. The biblical phrase for the coming together of the consequences is Judgment Day. In Preparation for that day, Zephaniah implores his listeners,

> Seek GOD, all you quietly disciplined people
> who live by GOD's justice.
> Seek GOD's right ways. Seek a quiet and disciplined life.
> Perhaps you'll be hidden on the Day of GOD's anger(Zephaniah 2:3).

We can't be reminded too often or too forcefully of this reckoning. Zephaniah's voice in the choir of prophets sustains the intensity, the urgency.

스바냐

ZEPHANIAH

심판의 날

1 [1] 스바냐에게 임한 **하나님**의 **메시**
지다. 스바냐는 구시의 아들이고,
구시는 그다랴의 아들, 그다랴는 아마랴의
아들, 아마랴는 히스기야의 아들이다. 이것
은 유다 왕, 아몬의 아들 요시야가 다스릴
때 임한 **메시지**다.

2 "내가 땅을 말끔히 청소하리라.
먼지 하나 남기지 않으리라." **하나님**의 포
고다.

3 "사람도 동물도,
새와 물고기도,
죄를 일으키는 것은 무엇이든!
없애 버릴 것이다!"

4-6 "유다부터 시작할 것이다.
예루살렘 거주민들부터 시작할 것이다.
내가 거기서,
음란한 바알 산당과 그 사제들을 흔적도 없
이 쓸어버릴 것이다.
밤에 지붕 위로 살금살금 기어올라가
별 신과 여신들에게 절하는 자들을 없애 버
릴 것이다.
하나님을 경배하면서도
다른 왕과 신들에게 절하는 자들, 그들도

No Longer Giving God a Thought or a Prayer

1 [1] GOD's Message to Zephaniah son
of Cushi, son of Gedaliah, son of
Amariah, son of Hezekiah. It came during
the reign of Josiah son of Amon, who was
king of Judah:

2 "I'm going to make a clean sweep of the
earth,
a thorough housecleaning." GOD's Decree.

3 "Men and women and animals,
including birds and fish—
Anything and everything that causes sin—
will go,
but especially people.

4-6 "I'll start with Judah
and everybody who lives in Jerusalem.
I'll sweep the place clean of every trace
of the sex-and-religion Baal shrines and
their priests.
I'll get rid of the people who sneak up to
their rooftops at night
to worship the star gods and goddesses;
Also those who continue to worship GOD
but cover their bases by worshiping

없애 버릴 것이다.
하나님을 완전히 내다 버리고,
하나님 생각이나 기도 한번 하지 않는 자들은 말할 것도 없다."

⁂

7-13 "이제 입을 다물어라!
주 **하나님**인 내 앞에서 경건하게 침묵하여라!
시간이 되었다. 나의 심판 날이 다가왔다.
거룩한 날이 정해지고, 초대받은 손님들도 거룩하게 구별되었다.
그 거룩한 날, **하나님**의 심판 날,
내가 지도자와 왕의 아들들을 벌할 것이다.
이방의 남녀 제사장들처럼 차려입고 다니는 자들,
이교의 기도와 행습을 들여오는 자들을 내가 벌할 것이다.
또 이교의 미신들을 수입해 들여오는 자들,
거룩한 장소를 지옥구덩이로 만들어 놓는 자들을 내가 벌할 것이다.
심판 날이다!" **하나님**의 포고다!
"도성의 '물고기 문'에서 두려움에 떠는 울음소리가 들린다.
'둘째 구역'에서 공포에 질린 울음소리가 들린다.
언덕에서 와르르 무너져 내리는 굉음소리가 들린다!
거리에서 장사하는 사람들아, 통곡하여라!
돈벌이는 끝났다. 돈의 신은 죽었다.
심판 날,
나는 예루살렘의 모든 구석과 복도를 샅샅이 훑을 것이다.
속 편하게 앉아서
자기만 편히 즐기는 살찌고 게으른 자들,
'**하나님**은 아무 일도 하지 않으신다. 좋은 일도, 나쁜 일도 하지 않으신다.
그분은 참견도 하지 않으신다. 우리도 그렇

other king-gods as well;
Not to mention those who've dumped GOD altogether,
no longer giving him a thought or offering a prayer.

⁂

7-13 "Quiet now!
Reverent silence before me, GOD, the Master!
Time's up. My Judgment Day is near:
The Holy Day is all set, the invited guests made holy.
On the Holy Day, GOD's Judgment Day,
I will punish the leaders and the royal sons;
I will punish those who dress up like foreign priests and priestesses,
Who introduce pagan prayers and practices;
And I'll punish all who import pagan superstitions
that turn holy places into hellholes.
Judgment Day!" GOD's Decree!
"Cries of panic from the city's Fish Gate,
Cries of terror from the city's Second Quarter,
sounds of great crashing from the hills!
Wail, you shopkeepers on Market Street!
Moneymaking has had its day. The god Money is dead.
On Judgment Day,
I'll search through every closet and alley in Jerusalem.
I'll find and punish those who are sitting it out, fat and lazy,
amusing themselves and taking it easy,
Who think, 'GOD doesn't do anything, good or bad.

다'고 말하는 자들을 벌할 것이다.
그러나 기다려 보아라. 그들은 가진 것 전부를 잃게 되리라.
돈도 집도 땅도, 다 잃을 것이다.
집을 지어 올려도, 거기 들어가 살지 못할 것이다.
포도원을 만들어도, 거기서 나는 포도를 맛보지 못할 것이다."

대낮에 흑암이 드리우는 날

14-18 "**하나님**의 큰 심판 날이 코앞에 닥쳤다.
카운트다운이 시작된다. 칠, 육, 오, 사…….
내 심판 날은 비탄에 젖은 통곡의 날이다.
억센 사내들도 도와 달라고 비명을 지른다.
그날은 빚을 갚는 날이다. 내 노를 치르는 날이다.
비통과 격통의 날,
재난과 파멸의 날,
대낮에 흑암이 드리우는 날,
폭풍구름과 먹구름의 날,
소름끼치는 전쟁의 함성이 들리는 날이다.
요새들이 함락되고
방어진이 허물어진다.
그들은 무엇에 얻어맞았는지도 모를 것이다.
장님처럼 더듬거리며 다닐 것이다.
그들은 **하나님**을 거스른 죄인이다!
그들의 피는 구정물처럼 버려지고,
그들의 내장은 찌끼처럼 밟힐 것이다.
돈을 써서 빠져나갈 생각은 아예 마라.
너희 돈은 아무 쓸모없다.
이날은 **하나님**의 심판 날, 나의 진노의 날이다!
너희 죄로 인해 나의 노가 활활 타오른다.
그것은 썩은 세상을 태우는 불,
썩어 가는 인간들을 끝장내는 들불이다."

He isn't involved, so neither are we.'
But just wait. They'll lose everything they have,
money and house and land.
They'll build a house and never move in.
They'll plant vineyards and never taste the wine.

A Day of Darkness at Noon

14-18 "The Great Judgment Day of GOD is almost here.
It's countdown time:...seven, six, five, four...
Bitter and noisy cries on my Judgment Day,
even strong men screaming for help.
Judgment Day is payday—my anger paid out:
a day of distress and anguish,
a day of catastrophic doom,
a day of darkness at noon,
a day of black storm clouds,
a day of bloodcurdling war cries,
as forts are assaulted,
as defenses are smashed.
I'll make things so bad they won't know what hit them.
They'll walk around groping like the blind.
They've sinned against GOD!
Their blood will be poured out like old dishwater,
their guts shoveled into slop buckets.
Don't plan on buying your way out.
Your money is worthless for this.
This is the Day of GOD's Judgment—my *wrath*!
I *care* about sin with fiery passion—
A fire to burn up the corrupted world,
a wildfire finish to the corrupting people."

하나님을 찾아라!

2 [1-2] 그러니 함께 모여라. 전열을 정비하여라!
너희는 뭐가 필요한지도 모르는 민족이다.
폭풍 속의 나뭇잎처럼 날아가기 전에,
하나님의 진노의 심판이
너희를 쓸어버리기 전에,
그 격렬한 진노가
전력으로 너희에게 떨어지기 전에,
어서 모여라.

❧

3 **하나님**을 찾아라,
하나님의 정의로 살아가는 너희, 은밀히 단련받은 너희여.
하나님의 바른 길을 추구하여라. 평온하고 올바른 삶을 추구하여라.
하나님의 진노의 날에, 행여 화를 면할지 모른다.

이스라엘 이웃 나라들이 받을 심판

4-5 가사가 으스러질 것이다.
아스돗은 정오가 되기 전에 모두 쫓겨나고,
에그론은 뿌리째 뽑힐 것이다.
바닷가 사람들,
그렛의 뱃사람들이 재앙을 맞으리라!
너희, 블레셋 땅 가나안에 정착한 너희에게
하나님의 말씀은 나쁜 소식이다.
"너희는 망하기로 정해졌다.
살아남을 자 없을 것이다!"

❧

6-7 뱃사람들의 땅이
목초지가 되고,
목동과 양들의 땅이 될 것이다.
유다 가문 중에 남은 자들이 그것을 차지하여
날마다 바다 옆 땅에서 양을 치고,

Seek God

2 [1-2] So get yourselves together. Shape up!
You're a nation without a clue about what it wants.
Do it before you're blown away
like leaves in a windstorm,
Before GOD's Judgment-anger
sweeps down on you,
Before GOD's Judgment Day wrath
descends with full force.

❧

3 Seek GOD, all you quietly disciplined people
who live by GOD's justice.
Seek GOD's right ways. Seek a quiet and disciplined life.
Perhaps you'll be hidden on the Day of GOD's anger.

All Earth-Made Gods Will Blow Away

4-5 Gaza is scheduled for demolition,
Ashdod will be cleaned out by high noon,
Ekron pulled out by the roots.
Doom to the seaside people,
the seafaring people from Crete!
The Word of GOD is bad news for you
who settled Canaan, the Philistine country:
"You're slated for destruction—
no survivors!"

❧

6-7 The lands of the seafarers
will become pastureland,
A country for shepherds and sheep.
What's left of the family of Judah will get it.
Day after day they'll pasture by the sea,

저녁이 되면 아스글론에 있는 집으로 돌아가 잠잘 것이다.
그들의 **하나님**께서 그들을 돌봐 주시리라.
그분께서 모든 것을 전처럼 좋게 만들어 주시리라.

and go home in the evening to Ashkelon to sleep.
Their very own GOD will look out for them.
He'll make things as good as before.

8-12 "내가 모압의 그 악독한 조롱소리,
암몬이 내뱉은 비웃음소리를 들었다.
그들이 잔인한 말로 내 백성을 깔아뭉개고,
이스라엘의 국경에서 으스댔다.
그러므로, 나 살아 있는 하나님이 스스로 맹세하여 말한다."
만군의 **하나님**,
곧 이스라엘의 하나님께서 말씀하신다.
"모압은 소돔처럼 망하고,
암몬은 고모라처럼 유령도시가 되리라.
모압은 돌밭이 되고, 암몬은 불모의 땅,
영원한 황무지가 될 것이다.
내 백성 가운데 남은 자들이 그들을 끝장내고,
그들을 뿌리째 뽑아 없애 버릴 것이다.
이것은 그들의 거만과,
만군의 **하나님**의 백성을
조롱하고 비웃은 것의 대가다.
하나님이 무시무시한 모습으로, 거룩한 공포로 나타날 것이다.
땅에서 만들어진 모든 신은 다 찌그러지고 박살나, 바람에 날려 가리라.
마침내 먼 곳과 가까운 곳의 모든 자들이,
저마다 땅에 엎드려 주를 경배하리라.
에티오피아 사람들아,
너희도 마찬가지로 죽을 것이다. 내가 그렇게 할 것이다."

8-12 "I've heard the crude taunts of Moab,
the mockeries flung by Ammon,
The cruel talk they've used to put down my people,
their self-important strutting along Israel's borders.
Therefore, as sure as I am the living God," says
GOD-of-the-Angel-Armies,
Israel's personal God,
"Moab will become a ruin like Sodom,
Ammon a ghost town like Gomorrah,
One a field of rocks, the other a sterile salt flat,
a moonscape forever.
What's left of my people will finish them off,
will pick them clean and take over.
This is what they get for their bloated pride,
their taunts and mockeries of the people of GOD-of-the-Angel-Armies.
GOD will be seen as truly terrible—a Holy Terror.
All earth-made gods will shrivel up and blow away;
And everyone, wherever they are, far or near,
will fall to the ground and worship him.
Also you Ethiopians,
you, too, will die—I'll see to it."

13-15 그런 다음, **하나님**께서 북쪽으로 손을 뻗쳐

13-15 Then GOD will reach into the north

앗시리아를 멸하실 것이다.
니느웨를 황폐화시킬 것이며,
사막처럼 마르고 황무한 곳으로 만드실 것이다.
니느웨는 유령도시,
들짐승들이 출몰하는 곳이 되어,
너구리와 늑대들이
그 폐허 위에 누워 잘 것이다.
창문에서 부엉이들이 울고, 문간에서 갈까마귀들이 깍깍댈 것이다.
그 목조 장식품들은 새들이 앉는 홰로 쓰일 것이다.
잘나가던 도성,
"내가 일등이다!
내가 최고다!" 하고 뻐기던
화려한 도성이,
어찌하여 버림받은 땅,
들짐승의 소굴이 되어 버렸단 말인가?
지나가는 자들, 관심도 갖지 않는다.
그저 고개를 절레절레 흔들 뿐이다.

and destroy Assyria.
He will waste Nineveh,
leave her dry and treeless as a desert.
The ghost town of a city,
the haunt of wild animals,
Nineveh will be home to raccoons and coyotes—
they'll bed down in its ruins.
Owls will hoot in the windows, ravens will croak in the doorways—
all that fancy woodwork now a perch for birds.
Can this be the famous Fun City
that had it made,
That boasted, "I'm the Number-One City!
I'm King of the Mountain!"
So why is the place deserted,
a lair for wild animals?
Passersby hardly give it a look;
they dismiss it with a gesture.

시궁창이 된 도성

3 1-5 반역의 도성,
압제자들의 본거지, '시궁창 도성'에 재앙이 닥친다!
충고를 받아들이려 하지 않고
잘못을 고치려 하지 않으며,
하나님을 신뢰하지 않고
자기 신에게 가까이 갈 생각도 하지 않는 도성!
그곳의 지도자들은
탐욕스런 사자요,
재판장들은 아침마다
사냥감을 찾아 어슬렁대는 탐욕스런 이리 떼다.
그녀의 예언자들은 이득을 찾아 달려든다.
그들은 기회주의자들, 믿을 수 없는 자들이다.

Sewer City

3 1-5 Doom to the rebellious city,
the home of oppressors—Sewer City!
The city that wouldn't take advice,
wouldn't accept correction,
Wouldn't trust GOD,
wouldn't even get close to her own god!
Her very own leaders
are rapacious lions,
Her judges are rapacious timber wolves
out every morning prowling for a fresh kill.
Her prophets are out for what they can get.
They're opportunists—you can't trust them.

제사장들은 성소를 더럽힌다.
그들은 하나님의 법을 도구 삼아 영혼을 불구로 만들어 죽인다.
그 가운데 계시는 **하나님**은 언제나 의로우신 분,
악이 범접치 못하는 분이시다.
아침마다 정의를 베푸시고,
저녁까지 힘차게 그 일을 행하신다.
그러나 악한 인간들,
양심도, 수치심도 없는 자들은 끝까지 악을 고집한다.

6 "그래서 내가 사악한 민족들을 잘라내 버리고,
그 방어진들을 허물어뜨렸다.
그 길에 돌무더기를 가득 쌓아,
아무도 다니지 못하게 만들었다.
그 도성들은 폐허 더미가 되었고,
사람이 살 수 없는 곳, 살지 않는 곳이 되었다.

7 나는 이렇게 생각했다. '이제는 그녀가 나를 존중하겠지.
내 충고와 훈계를 받아들이고
어려움에서 벗어날 길,
내가 내릴 벌을 피할 길을 찾아 나서겠지.'
그러나 그녀는 아무 변화가 없다. 아침 일찍 일어나서
또다시, 하던 짓을 계속 한다."

8 **하나님**의 포고다.
"좋다. 정녕 원하는 것이라면, 그렇게 살아라.
네가 법정에 설 날이 다가온다.
그러나 내가 법정에 증거를 들고 갈 테니 명심하여라.
내가 모든 민족, 모든 나라를

Her priests desecrate the Sanctuary.
They use God's law as a weapon to maim and kill souls.
Yet GOD remains righteous in her midst,
untouched by the evil.
He stays at it, day after day, meting out justice.
At evening he's still at it, strong as ever.
But evil men and women, without conscience
and without shame, persist in evil.

6 "So I cut off the godless nations.
I knocked down their defense posts,
Filled her roads with rubble
so no one could get through.
Her cities were bombed-out ruins,
unlivable and unlived in.

7 "I thought, 'Surely she'll honor me now,
accept my discipline and correction,
Find a way of escape from the trouble she's in,
find relief from the punishment I'm bringing.'
But it didn't faze her. Bright and early
she was up at it again, doing the same old things.

8 "Well, if that's what you want, stick around."
GOD's Decree.
"Your day in court is coming,
but remember I'll be there to bring evidence.
I'll bring all the nations to the courtroom,
round up all the kingdoms,

법정으로 불러들여,
내 맹렬한 노를 맛보게 해줄 것이다.
나의 열심은 불이다.
땅을 정화하고 정련하는 불이다."

And let them feel the brunt of my anger,
my raging wrath.
My zeal is a fire
that will purge and purify the earth.

하나님이 이스라엘의 왕이시다

9-13 "그러나 마지막에는, 내가 이 백성의 처지를 바꾸어 주리라.
그들에게 오염되지 않은 순전한 언어를 주어,
그들은 그 말로 예배 중에 **하나님**을 부르며
하나 되어 힘써 나를 섬길 것이다.
에티오피아 강 너머에서 그들이 돌아올 것이다.
기도하며 올 것이다.
흩어지고 잡혀갔던 내 백성 모두가,
예배 때 드릴 예물을 가지고 고향으로 돌아올 것이다.
너희는 더 이상
과거의 죄를 부끄러워하지 않아도 되리라.
내가 너의 오만한 지도자들을 모두 제거해 버리겠다.
그들이 내 거룩한 언덕에서
경건을 가장하여 거만을 떠는 일은 더 이상 없을 것이다!
내가 네 가운데 알짜배기들을 남겨 두리니,
그들은 심령이 가난한 이들,
이스라엘 중에 남은 자들, 진정한 이스라엘이다.
그들이 **하나님** 안에 거할 것이다.
그 알짜배기 거룩한 이들은
악을 행치 않을 것이다.
거짓말하지 않고,
아첨하거나 유혹하는 말도 하지 않을 것이다.
자기 처지에 만족하며,
아무 염려 없이 평화롭게 살 것이다."

God Is in Charge at the Center

9-13 "In the end I will turn things around for the people.
I'll give them a language undistorted, unpolluted,
Words to address GOD in worship
and, united, to serve me with their shoulders to the wheel.
They'll come from beyond the Ethiopian rivers,
they'll come praying—
All my scattered, exiled people
will come home with offerings for worship.
You'll no longer have to be ashamed
of all those acts of rebellion.
I'll have gotten rid of your arrogant leaders.
No more pious strutting on my holy hill!
I'll leave a core of people among you
who are poor in spirit—
What's left of Israel that's really Israel.
They'll make their home in GOD.
This core holy people
will not do wrong.
They won't lie,
won't use words to flatter or seduce.
Content with who they are and where they are,
unanxious, they'll live at peace."

14-15 그러니 딸 시온아, 노래하여라!
이스라엘아, 서까래가 들썩이게 환호성을 올려라!
딸 예루살렘아,
기뻐하여라! 경축하여라!
너를 대적하시던 **하나님**께서 당신의 심판을 뒤집으시고
네 원수들이 꽁무니를 빼도록 만드셨다.
지금부터는, **하나님**께서
이스라엘의 왕이시다.
다시는
악을 두려워할 필요가 없다!

14-15 So sing, Daughter Zion!
Raise the rafters, Israel!
Daughter Jerusalem,
be happy! celebrate!
GOD has reversed his judgments against you
and sent your enemies off chasing their tails.
From now on, GOD is Israel's king,
in charge at the center.
There's nothing to fear from evil
ever again!

하나님께서 너와 함께 계신다

16-17 예루살렘은 이런 말을 듣게 될 것이다.
"두려워 마라.
사랑하는 시온아,
낙심하지 마라.
너의 **하나님**께서 너와 함께 계신다.
그분은 너를 구원하시는 힘센 전사이시다.
되찾은 너로 말미암아 기뻐하시며,
너를 잠잠히 사랑하시고,
너를 보고 노래하며 즐거워하신다."

God Is Present Among You

16-17 Jerusalem will be told:
"Don't be afraid.
Dear Zion,
don't despair.
Your GOD is present among you,
a strong Warrior there to save you.
Happy to have you back, he'll calm you with his love
and delight you with his songs.

18-20 "포로생활 중에 쌓인 슬픔들,
다 사라질 것이다.
나, 너의 하나님이 너를 위해 두려움과 슬픔을 없애 주리라.
네가 충분히 짐을 졌다.
나는 네 삶을 비참하게 만들던 모든 자들도 제거할 것이다.
저는 자들의 발을 고치고,
집 없이 떠돌던 자들을 집으로 데려올 것이다.
미움을 받던 나라에서
그들이 공경을 받을 것이다.
심판 날에,

18-20 "The accumulated sorrows of your exile
will dissipate.
I, your God, will get rid of them for you.
You've carried those burdens long enough.
At the same time, I'll get rid of all those
who've made your life miserable.
I'll heal the maimed;
I'll bring home the homeless.
In the very countries where they were hated
they will be venerated.

내가 너희를 고향으로 돌아가게 할 것이다.
거대한 가족 상봉이 있으리라!
온 세상에서 너희가
이름을 떨치고 높임을 받을 것이다.
너희 눈으로 보게 되리라.
고통스럽게 이별한 자들이 재회하는 광경을!"
이것은 하나님의 약속이다.

On Judgment Day
I'll bring you back home—a great family gathering!
You'll be famous and honored
all over the world.
You'll see it with your own eyes—
all those painful partings turned into reunions!"
GOD's Promise.

예배를 드리는 장소는 중요하다. 그러나 예배에 있어서 건물 자체가 중요한 것은 아니다. 도시 한가운데 웅장한 고딕 대성당이 서 있다고 해서, 그 도시가 예배를 중심으로 돌아간다는 의미는 아니다. 들판 언저리에 판자를 엮어 허름하게 지은 예배당이라고 해서, 반드시 작업복 차림의 겸손한 성인들이 모인다는 보장도 없다.

수세기에 걸쳐 하나님의 이름으로 벌어진 온갖 건축 프로젝트들—광야 성막, 부흥회 텐트, 고딕 대성당, 노변 채플, 회당, 성전, 집회소, 가두 선교관, 카타콤 등—을 돌이켜 볼 때, 건물과 그곳에 모이는 사람들의 믿음과 삶 사이에 필연적인 연관관계가 있는 것 같지는 않다.

그래서 흔히 우리는 건물 문제를 아예 무시해 버리면서 "예배당 건물은 중요하지 않다. 어떤 사람들이 모여 예배 드리는지가 중요하다"거나, "나는 대자연의 성당에서 하나님을 예배하고 싶다"고 말한다. 이런 선언 뒤에는 "우주를 만드신 하나님은 사람의 손으로 만든 예배당에 계시지 않는다"는 성경 구절이 따라붙는다. 이것은 토론에 쐐기를 박는 발언이다. 하나님은 건물 안에 계시지 않는다. 논의 끝. 우리는 자주 이렇게 말한다.

그러면 우리는 학개를 어떻게 보아야 할까? 학개는 우리가 '예언자'라고 높여 부르는 (우리가 경청해야 할) 사람이다. 하나님께서 학개를 보내시자, 총독과 대제사장도 "그를 주목했다. 그의 말에 귀 기울임으

Places of worship are a problem. And the problem does not seem to be architectural. Grand Gothic cathedrals that dominate a city don't ensure that the worship of God dominates that city. Unpainted, ramshackle, clapboard sheds perched precariously on the edge of a prairie don't guarantee a congregation of humble saints in denim.

As we look over the centuries of the many and various building projects in God's name—wilderness tabernacle, revival tent, Gothic cathedral, wayside chapel, synagogue, temple, meetinghouse, storefront mission, the catacombs—there doesn't seem to be any connection between the buildings themselves and the belief and behavior of the people who assemble in them.

In noticing this, it is not uncommon for us to be dismissive of the buildings themselves by saying, "A place of worship is not a building; it's people," or "I prefer worshiping God in the great cathedral of the outdoors." These pronouncements are often tagged with the scriptural punch line, "The God who made the universe doesn't live in custom-made shrines," which is supposed to end the discussion. God doesn't live in buildings—period. That's what we often say.

But then there is Haggai to account for. Haggai was dignified with the title "prophet" (therefore we must take him seriously), and,

로써 하나님을 높였다"(학 1:12). 그런데 그가 세 달 반 동안 맡아 수행했던 임무는, 하나님의 백성을 격려하여 하나님의 성전을 재건하는 일이었다(그것도 불과 칠십여 년 전에 하나님의 명령에 의해 파괴된 성전을). 학개 2:1-5에서는 이렇게 말한다.

> **하나님**의 말씀이 예언자 학개를 통해 임했다. "'……스룹바벨아, 일을 시작하여라!' **하나님**의 말이다.
> '여호사닥의 아들 대제사장 여호수아야, 일을 시작하여라!
> 너희 모든 백성들아, 일을 시작하여라!' **하나님**의 말이다.
> '그렇다. 내가 너희와 함께하니, 일을 시작하여라!' 만군의 **하나님**이 말한다!
> '……나는 지금도 너희 가운데 살아 숨쉬고 있다. 겁내지 마라. 뒤로 물러나지 마라.'"

회개와 구원을 설교했던 위대한 예언자들과 비교하면, 학개의 메시지는 그리 '영적'으로 들리지 않는 것이 사실이다. 그러나 하나님의 경륜에 따라 우리에게 맡겨진 일을 두고 영적 등급을 매기는 것은 지혜로운 태도가 아니다. 우리는 천사가 아니다. 우리는 몸을 둘 공간이 필요한 존재다. 비범한 신앙도 그것이 펼쳐지는 무대는 평범한 세상이며, 우리는 물질—벽돌과 진흙, 판자와 못—을 통해 평범한 세상에 발을 딛고 뿌리를 내리며 살아간다. 때로는 예배당 건물을 수리하는 일이 예배당에서 기도하는 일 못지않은 순종의 행위가 될 수 있다. 학개는 우리가 그 때를 놓치지 않게 해준다.

knowing God had sent Haggai, the governor and high priest "paid attention to him. In listening to Haggai, they honored GOD(Haggai 1:12). His single task, carried out in a three-and-a-half-month mission, was to get God's people to work at rebuilding God's Temple (the same Temple that had been destroyed by God's decree only seventy or so years earlier) Haggai 2:1-5 says,

> The Word of GOD came through the prophet Haggai: "'...get to work, Zerubbabel!'—GOD is speaking.
> "'Get to work, Joshua son of Jehozadak—high priest!'
> "'Get to work, all you people!'—GOD is speaking.
> "'Yes, get to work! For I am with you.' The GOD-of-the-Angel-Armies is speaking!
> '...I'm living and breathing among you right now. Don't be timid. Don't hold back.'"

Compared with the great prophets who preached repentance and salvation, Haggai's message doesn't sound very "spiritual." But in God's economy it is perhaps unwise to rank our assigned work as either more or less spiritual. We are not angels; we inhabit space. Material—bricks and mortar, boards and nails—keeps us grounded and connected with the ordinary world in which we necessarily live out our extraordinary beliefs. Haggai keeps us in touch with those times in our lives when repairing the building where we worship is an act of obedience every bit as important as praying in that place of worship.

학개

성전을 재건하여라

1 1 페르시아 다리오 왕 이년 여섯째
달 첫째 날에, 예언자 학개가 스알
디엘의 아들 유다 총독 스룹바벨과 여호사
닥의 아들 대제사장 여호수아에게 **하나님**
의 **메시지**를 전했다.

2 만군의 **하나님**의 **메시지**다. "이 백성이
시간만 끌고 있다. 그러면서 하는 말이 지
금은 내 성전, **하나님**의 성전을 재건할 때
가 아니라고 한다."
3-4 곧이어, **하나님**께서 더 많은 말씀을
주셨고 학개가 받아서 말했다. "**하나님**
의 집, **하나님**의 성전이 무너져 있는 이
때에, 너희 자신은 멋진 새 집을 짓고 산
단 말이냐?"
5-6 그리고 잠시 후에, 만군의 **하나님**께서
다시 말씀하셨다.

"너희 삶을 유심히 들여다보아라.
그리고 곰곰이 생각해 보아라.
너희는 그동안 많은 돈을 썼지만,
지금 보여줄 것이 많지 않다.
그릇을 가득 채웠지만,
너희는 배불러 본 적이 없다.
마시고 또 마셔 댔지만,
너희는 늘 목마르다.
여러 벌의 옷을 껴입었지만,

HAGGAI

Caught Up with Taking Care of Your Own Houses

1 1 On the first day of the sixth month
of the second year in the reign of
King Darius of Persia, GOD's Message was
delivered by the prophet Haggai to the
governor of Judah, Zerubbabel son of Sheal-
tiel, and to the high priest, Joshua son of
Jehozadak:

2 A Message from GOD-of-the-Angel-
Armies: "The people procrastinate. They
say this isn't the right time to rebuild my
Temple, the Temple of GOD."
3-4 Shortly after that, GOD said more and
Haggai spoke it: "How is it that it's the 'right
time' for you to live in your fine new homes
while the Home, GOD's Temple, is in ruins?"
5-6 And then a little later, GOD-of-the-Angel-
Armies spoke out again:

"Take a good, hard look at your life.
  Think it over.
You have spent a lot of money,
  but you haven't much to show for it.
You keep filling your plates,
  but you never get filled up.
You keep drinking and drinking and drink-
ing,

너희는 따뜻하지 않다.
너희를 위해 일하는 자들,
그들이 그 일로 무엇을 얻었느냐?
그리 많지 않다.
녹슬어 구멍 난 양동이, 그것이 전부다.

7 그래서 만군의 **하나님**이 말한다.

너희 삶을 유심히 들여다보아라.
그리고 곰곰이 생각해 보아라."

8-9 **하나님**께서 말씀하셨다.

"내가 너희에게 원하는 일이 있다.
작은 산에 올라가 나무를 베어 오너라.
그것을 가지고 내려와 성전을 재건하여라.
나를 위해 그 일을 하여라. 나를 높여라.
너희는 너희 자신을 위해 큰 야망을 품었지만,
결국 얻은 것은 아무것도 없다.
너희가 내 성전에 가져온 시시한 것들,
아무것도 아닌 그것들을 내가 흩어 버렸다.

9-11 이유가 무엇인지 묻느냐? (기억하여라. 이는 만군의 하나님의 메시지다.) 내 집이 무너졌는데도, 너희는 너희 집 돌보는 일로만 바빴다. 그것이 이유다. 너희의 인색함 때문이다. 그래서 내가 여름 가뭄을 보내어 너희가 보잘것없는 수확을 얻게 했다. 구두쇠 같은 너희의 인색함 때문에 내가 밭과 언덕을 마르게 했고, 정원과 과수원을 죽였으며, 식물과 과실을 시들게 했다. 이 땅에서는 그 무엇도—사람도, 동물도, 곡식도—번창하지 못할 것이다."

but you're always thirsty.
You put on layer after layer of clothes,
but you can't get warm.
And the people who work for you,
what are they getting out of it?
Not much—
a leaky, rusted-out bucket, that's what.

7 That's why GOD-of-the-Angel-Armies said:

"Take a good, hard look at your life.
Think it over."

8-9 Then GOD said:

"Here's what I want you to do:
Climb into the hills and cut some timber.
Bring it down and rebuild the Temple.
Do it just for me. Honor me.
You've had great ambitions for yourselves,
but nothing has come of it.
The little you have brought to my Temple
I've blown away—there was nothing to it.

9-11 "And why?" (This is a Message from GOD-of-the-Angel-Armies, remember.) "Because while you've run around, caught up with taking care of your own houses, my Home is in ruins. That's why. Because of your stinginess. And so I've given you a dry summer and a skimpy crop. I've matched your tight-fisted stinginess by decreeing a season of drought, drying up fields and hills, withering gardens and orchards, stunting vegetables and fruit. Nothing—not man or woman, not animal or crop—is going to thrive."

12 그러자 스알디엘의 아들 스룹바벨 총
독과 여호사닥의 아들 여호수아 대제사
장과 모든 백성이, 그들의 **하나님**의 음
성에 귀를 기울였다. 정말로 귀 기울여
들었다. **하나님**께서 그들에게 예언자 학
개를 보내시자, 그들이 그를 주목했다.
그의 말에 귀 기울임으로써 **하나님**을 높
였다.
13 **하나님**의 특사 학개는 백성에게 **하나
님의 메시지**를 전했다. "내가 너희와 함께
한다!" **하나님**의 말씀이다.
14-15 이렇게 하여 **하나님**께서 스룹바벨,
여호수아, 그리고 모든 백성을 움직이셔
서, 그들이 만군의 **하나님**의 성전 일에 착
수하게 하셨다. 이 일은 다리오 왕 이년
여섯째 달 이십사일에 일어났다.

2 1-3 일곱째 달 이십일일에, **하나님**
의 말씀이 예언자 학개를 통해 임
했다. "스알디엘의 아들 스룹바벨 총독과
여호사닥의 아들 여호수아 대제사장과 모
든 백성에게 전하여라. '너희 중에 예전
성전, 그 찬란했던 성전을 본 사람이 있느
냐? 그렇다면, 지금 너희가 보는 것은 어
떠냐? 보잘것없지 않느냐?
4-5 그러니 스룹바벨아, 일을 시작하여라!'
하나님의 말이다.
'여호사닥의 아들 대제사장 여호수아야,
일을 시작하여라!
너희 모든 백성들아, 일을 시작하여라!'
하나님의 말이다.
'그렇다. 내가 너희와 함께하니, 일을 시
작하여라!' 만군의 **하나님**이 말한다! '너
희가 이집트를 떠날 때 나와 맺은 언약을
실행하여라. 나는 지금도 너희 가운데 살
아 숨 쉬고 있다. 겁내지 마라. 뒤로 물러

12 Then the governor, Zerubbabel son of
Shealtiel, and the high priest, Joshua son
of Jehozadak, and all the people with them
listened, really listened, to the voice of their
GOD. When GOD sent the prophet Haggai to
them, they paid attention to him. In listening
to Haggai, they honored GOD.
13 Then Haggai, GOD's messenger, preached
GOD's Message to the people: "I am with
you!" GOD's Word.
14-15 This is how GOD got Zerubbabel,
Joshua, and all the people moving—got
them working on the Temple of GOD-of-the-
Angel-Armies. This happened on the twenty-
fourth day of the sixth month in the second
year of King Darius.

This Temple Will End Up Better Than It Started Out

2 1-3 On the twenty-first day of the
seventh month, the Word of GOD came
through the prophet Haggai: "Tell Governor
Zerubbabel son of Shealtiel and High Priest
Joshua son of Jehozadak and all the people: 'Is
there anyone here who saw the Temple the way
it used to be, all glorious? And what do you see
now? Not much, right?
4-5 "'So get to work, Zerubbabel!'—GOD is
speaking.
"'Get to work, Joshua son of Jehozadak—
high priest!'
"'Get to work, all you people!'—GOD is
speaking.
"'Yes, get to work! For I am with you.' The
GOD-of-the-Angel-Armies is speaking! 'Put
into action the word I covenanted with you
when you left Egypt. I'm living and breath-
ing among you right now. Don't be timid.

나지 마라.'
6-7 만군의 **하나님**이 말한다. '내가 너희
모르게 하늘과 땅, 바다와 들판을 뒤흔들
어 놓겠다. 그리고 사악한 민족들을 모조
리 흔들어 무너뜨릴 것이다. 그들이 재물
을 한가득 가지고 너희에게 올 것이다. 내
가 이 성전을 빛나는 것들로 가득 채울 것
이다.' 만군의 **하나님**의 말이다.

8 '은도 나의 것이요
금도 나의 것이다.'
만군의 **하나님**의 포고다.

9 '이 성전은 시작할 때보다 마칠 때가 더
좋을 것이다. 처음도 영광스러웠으나, 마
지막은 훨씬 더 영광스러울 것이다. 내가
온전함과 거룩을 나눠 주는 장소가 될 것
이다.' 만군의 **하나님**의 포고다."

10-12 (역시, 다리오 왕 이년) 아홉째 달 이
십사일에, **하나님**의 **메시지**가 학개에게
임했다. "만군의 **하나님**이 말한다. 제사
장들에게 이렇게 묻고 판단해 보라고 해
라. 어떤 사람이 신성한 고기, 곧 제사
때 제단에 바쳐진 구별된 고기 한 조각
을 주머니에 넣고 다니다가, 그 주머니
가 빵이나 국이나 포도주나 기름에 닿았
다고 하자. 그러면 접촉만으로 그 음식
이 거룩해지느냐?"
제사장들이 말했다. "아닙니다."
13 그러자 학개가 말했다. "그렇다면, 시
체를 만져 더러워진 사람은 어떠하냐?
그가 음식을 만지면, 그것이 부정해지느
냐?"
제사장들이 말했다. "네, 부정해집니다."
14 그러자 학개가 말했다. "'그래서 이 백
성이 부정해지고, 이 민족이 부정해진 것

Don't hold back.'
6-7 "This is what GOD-of-the-Angel-Armies
said: 'Before you know it, I will shake up sky
and earth, ocean and fields. And I'll shake
down all the godless nations. They'll bring
bushels of wealth and I will fill this Temple
with splendor.' GOD-of-the-Angel-Armies
says so.

8 'I own the silver,
I own the gold.'
Decree of GOD-of-the-Angel-Armies.

9 "'This Temple is going to end up far better
than it started out, a glorious beginning but an
even more glorious finish: a place in which I
will hand out wholeness and holiness.' Decree
of GOD-of-the-Angel-Armies."

10-12 On the twenty-fourth day of the ninth
month (again, this was in the second year of Darius),
GOD's Message came to Haggai: "GOD-of-the-
Angel-Armies speaks: Consult the priests for
a ruling. If someone carries a piece of sacred
meat in his pocket, meat that is set apart for
sacrifice on the altar, and the pocket touches
a loaf of bread, a dish of stew, a bottle of wine
or oil, or any other food, will these foods be
made holy by such contact?"
The priests said, "No."
13 Then Haggai said, "How about someone
who is contaminated by touching a corpse—
if that person touches one of these foods,
will it be contaminated?"
The priests said, "Yes, it will be contaminat-
ed."
14 Then Haggai said, "'So, this people is

이다. 그들이 하는 모든 일이 부정해졌다. 그들이 나를 위해 하는 모든 일이 부정해 졌다.' **하나님**의 말씀이다.
15-17 '과거를 돌아보아라. 너희가 내 성
전 재건을 시작하여 첫 기초를 놓기 전까지, 사정이 어떠했느냐? 너희 밭의 수확이 그렇게 더디고 양이 적었던 까닭은, 너희가 **하나님**의 성전 재건 일에 그토록 굼뜨고 뭉그적대었기 때문이 아니냐? 너희는 곡물과 포도주를 예전의 반밖에 거두지 못했다. 나는 너희를 가뭄과 병충과 우박으로 쳤고, 너희가 하는 모든 일이 타격을 받았다. 그러나 너희는 당황하는 빛이 없었다. 여전히 나를 무시했다.' **하나님**의 포고다.
18-19 '오늘, 아홉째 달 이십사일부터는
앞을 내다보아라. 성전 재건이 시작된 오늘부터 앞을 내다보아라. 지금까지 너희 밭에서 난 것들—포도나무, 무화과나무, 석류나무, 올리브나무—중에 열매가 풍성하게 달린 것이 하나라도 있었느냐? 그러나 오늘부터는 복을 기대해도 좋다.'"

20-21 아홉째 달 이십사일, 기억할 만한
이날에, **하나님**의 **메시지**가 두 번째로 학개에게 임했다. "유다 총독 스룹바벨에게 전하여라.
21-23 '내가 모든 것을 뒤흔들어 놓을 것
이다. 모든 것을 뒤집어서 처음부터 다시 시작하게 할 것이다. 정부를 전복시키고, 강대국들을 멸할 것이며, 무기와 병기들을 없애고, 군대를 혼란에 빠뜨려 저희끼리 서로 죽이게 만들 것이다.' 이것은 **하나님**의 **메시지**다. '그날에 내가 너, 스알디엘의 아들 스룹바벨을 내 종으로 삼을 것이다. 내 주권과 권위를 보

contaminated. Their nation is contaminated. Everything they do is contaminated. Whatever they do for me is contaminated.' GOD says so.
15-17 "'Think back. Before you set out to lay
the first foundation stones for the rebuilding of my Temple, how did it go with you? Isn't it true that your foot-dragging, halfhearted efforts at rebuilding the Temple of GOD were reflected in a sluggish, halfway return on your crops—half the grain you were used to getting, half the wine? I hit you with drought and blight and hail. Everything you were doing got hit. But it didn't seem to faze you. You continued to ignore me.' GOD's Decree.
18-19 "'Now think ahead from this same
date—this twenty-fourth day of the ninth month. Think ahead from when the Temple rebuilding was launched. Has anything in your fields—vine, fig tree, pomegranate, olive tree—failed to flourish? From now on you can count on a blessing.'"

20-21 GOD's Message came a second time to
Haggai on that most memorable day, the twenty-fourth day of the ninth month: "Speak to Zerubbabel, the governor of Judah:
21-23 "'I am about to shake up everything, to
turn everything upside down and start over from top to bottom—overthrow governments, destroy foreign powers, dismantle the world of weapons and armaments, throw armies into confusion, so that they end up killing one another. And on that day'"—this is GOD's Message—"'I will take you, O Zerubbabel son of Shealtiel, as my personal servant and I will set you as a signet ring, the

이는 징표, 나의 인장으로 쓸 것이다. 내가 밭을 살펴보고, 너를 이 일의 일꾼으로 택했다.'" 만군의 하나님의 메시지다.

sign of my sovereign presence and authority. I've looked over the field and chosen you for this work.'" The Message of GOD-of-the-Angel-Armies.

스가랴 | 머리말

스가랴는 동시대인인 학개와 더불어 유다 백성이 파괴된 성전을 재건하도록 독려하는 일을 맡았던 예언자다. 그들의 설교는 개인적 문제에 빠져 있던 유다 백성을 일으켜, 하나님의 백성으로서 공동의 과업에 힘을 모으게 했다. 두 예언자는 팀을 이루어 그 과업의 성취를 이끌어 냈다.

그러나 스가랴가 한 일은 그 이상이었다. 왜냐하면 당시 백성들이 직면한 문제는 무너진 성전과 도성만이 아니었기 때문이다. 하나님의 백성으로서의 정체성이 무너져 버린 상태였고, 한 세기 동안을 이리 채이고 저리 채이면서 조롱과 멸시, 배신과 학대를 당해 온 그들이었다. 한때는 자긍심 높던 백성으로서, 아브라함, 모세, 사무엘, 다윗, 이사야 등 기라성 같은 위인들과 영광스런 역사를 자랑했지만, 오랜 굴욕의 세월을 보내면서 과거의 유산을 모두 잃고, 하나님의 백성이라는 존엄한 정체성마저 잃어버릴 위험에 처해 있었다.

스가랴는 오랜 포로생활이 허물어뜨린 그 존엄한 정체성을 회복시키는 일에 중심 역할을 감당했던 예언자다. 그의 환상과 메시지는, 하나님의 백성의 상상력에 새로운 활력을 불어넣었다. 그 환상들은 하나님의 백성에게 주권자이신 하나님의 모습을 뚜렷이 각인시켰고, 유다 백성들이 오랜 오욕과 굴욕의 세월을 이겨 낼 수 있게 하는 힘이 되었다.

만군의 하나님의 메시지다.

Zechariah shared with his contemporary Haggai the prophetic task of getting the people of Judah to rebuild their ruined Temple. Their preaching pulled the people out of self-preoccupation and got them working together as a people of God. There was a job to do, and the two prophets teamed up to make sure it got done.

But Zechariah did more than that. For the people were faced with more than a ruined Temple and city. Their self-identity as the people of God was in ruins. For a century they had been knocked around by the world powers, kicked and mocked, used and abused. This once-proud people, their glorious sacred history starred with the names of Abraham, Moses, Samuel, David, and Isaiah, had been treated with contempt for so long that they were in danger of losing all connection with that past, losing their magnificent identity as God's people.

Zechariah was a major factor in recovering the magnificence from the ruins of a degrading exile. Zechariah reinvigorated their imaginations with his visions and messages. The visions provided images of a sovereign God that worked their way into the lives of the people, countering the long ordeal of debasement and ridicule.

A Message from GOD-of-the-Angel-Ar-

"너희 조상들이 나를 노하게 했을 때, 나는 너희를 벌주기로 작정했고 그 뜻을 굽히지 않았다. 그때와 마찬가지로, 이제 나는 예루살렘과 유다 나라에 복을 주기로 작정했다. 두려워하지 마라. 진실만을 말하여라. 개인적인 일에서나 법정에서나 옳은 일을 행하여라. 술수를 부려 다른 사람을 착취하지 마라. 거짓된 일이나 거짓된 말을 하지 마라. 나는 그런 것들을 미워한다. 너희는 순박하고 정직하게 살아라. 이것이 내가 너희에게 원하는 일이다." **하나님**의 포고다(슥 8:14-17).

또한 새로운 믿음의 어휘로 이루어진 그의 메시지는, 그들의 삶 속에서 일하시는 하나님의 장기적인 계획이 반드시 이루어질 것임을 믿게 했다.

만군의 **하나님**이 친히 나서서,
그분의 양 떼, 유다 백성을 돌보아 주신다.
그분께서 그들의 영을 소생시켜 주시고,
하나님이 그들 편임을 자랑스러이 여기게 하시리라.
하나님께서 그들을 들어 당신의 재건 사역에 쓰실 것이다.
그들을 주초와 기둥으로,
도구와 기구들로,
재건 사역의 감독자로 쓰시니,
그들은 자랑스러운 일꾼 군대가 될 것이다.
당당하고 일사불란하게, 씩씩하고 힘있게,
늪과 진창을 서슴없이 통과해 행진한다.
하나님께서 그들과 함께하시니, 그들을 꺾을 자 아무도 없으리라(슥 10:3-5).

하지만 그것이 다가 아니다. 여러 차원에

mies:

"In the same way that I decided to punish you when your ancestors made me angry, and didn't pull my punches, at this time I've decided to bless Jerusalem and the country of Judah. Don't be afraid. And now here's what I want you to do: Tell the truth, the whole truth, when you speak. Do the right thing by one another, both personally and in your courts. Don't cook up plans to take unfair advantage of others. Don't do or say what isn't so. I hate all that stuff. Keep your lives simple and honest." Decree of GOD(Zechariah 8:14-17).

The messages forged a fresh vocabulary that gave energy and credibility to the long-term purposes of God being worked out in their lives.

GOD-of-the-Angel-Armies will step in
and take care of his flock, the people of Judah.
He'll revive their spirits,
make them proud to be on God's side.
God will use them in his work of rebuilding,
use them as foundations and pillars,
Use them as tools and instruments,
use them to oversee his work.
They'll be a workforce to be proud of, working as one,
their heads held high, striding through swamps and mud,
Courageous and vigorous because GOD is with them,
undeterred by the world's thugs(Zechari-

서 작용하는 스가랴의 수수께끼 같은 환상들과 시적 이미지가 가득한 그의 메시지는, 타임캡슐처럼 지금도 하나님의 백성의 삶에 영향을 끼치고 있다. 그리하여 하나님과 그분의 뜻을 말해 줄 언어가 부재한 이 세상 속에서, 하나님이 당신의 목적을 이루어 가시는 도구로 쓰시는 그분의 백성들에게, 지금도 계속해서 지혜와 소망과 확신을 제공해 준다.

> 그날이 오면, 추운 밤이 사라지리라! 밤이 아예 모습을 감추리라! 낮이 계속될 그날이—언제일지는 **하나님**만이 아신다—오고 있다. 저녁때가 되어도 새로운 아침이 동터 오른다.
> 그날이 오면, 예루살렘에서 새로운 강이 흘러나와, 반은 동쪽 바다로 반은 서쪽 바다로 흐르리라! 여름과 겨울 일 년 내내, 그렇게 흐를 것이다!
> 그날이 오면, **하나님**께서 온 세상의 왕, 오직 한분 **하나님**이 되시리라!(슥 14:6-9)

ah 10:3-5).

But that isn't the end of it. Zechariah's enigmatic visions, working at multiple levels, and his poetically charged messages are at work still, like time capsules in the lives of God's people, continuing to release insight and hope and clarity for the people whom God is using to work out his purposes in a world that has no language for God and the purposes of God.

> What a Day that will be! No more cold nights—in fact, no more nights! The Day is coming—the timing is GOD's—when it will be continuous day. Every evening will be a fresh morning.
> What a Day that will be! Fresh flowing rivers out of Jerusalem, half to the eastern sea, half to the western sea, flowing year-round, summer and winter!
> GOD will be king over all the earth, one GOD and only one. What a Day that will be!(Zechariah 14:6-9)

스가랴

1
1-4 다리오 왕 이년 여덟째 달에, **하
나님**의 **메시지**가 잇도의 손자요 베
레갸의 아들인 예언자 스가랴에게 임했다.
"나 **하나님**은 너희 조상들에게 몹시 노했
었다. 그러니 만군의 **하나님**의 이 **메시지**를
백성에게 전하여라. '내게 돌아오너라. 그
러면 내가 너희에게 돌아가리라. 너희 부모
들을 닮지 마라. 일찍이 예언자들이 그들에
게 외쳤다. "만군의 **하나님**의 **메시지**다. 너
희 악한 삶에서 떠나라. 너희 악한 행실을
그만두어라." 그러나 그들은 내 말을 모두
무시했고, 한사코 듣지 않았다.'
5-6 너희 조상들은 지금 어디에 있느냐? 죽
어서 땅에 묻혔다. 그들에게 설교했던 예언
자들은 어디에 있느냐? 그들도 죽어 묻혔
다. 그러나 내 종 예언자들이 선포했던 **메
시지**는 죽지 않았다. **메시지**는 너희 조상들
에게 들어가 제 역할을 해냈다. 그렇지 않
느냐? **메시지**는 그들을 일깨웠고, 그들은
이렇게 말하며 돌아왔다. '그분은 말씀하신
대로, 아주 분명하게 행하셨습니다. 우리는
빠져나갈 수 없었습니다.'"

첫째 환상: 네 명의 기수

7 다리오 왕 이년 열한째 달 이십사일에, **하
나님**의 **메시지**가 잇도의 손자요 베레갸의
아들인 예언자 스가랴에게 임했다.
8 어느 날 밤 내가 보니, 한 사람이 붉은 말

ZECHARIAH

1
1-4 In the eighth month of the
second year in the reign of Darius,
GOD's Message came to the prophet Zecha-
riah son of Berechiah, son of Iddo: "GOD
was very angry with your ancestors. So give
to the people this Message from GOD-of-
the-Angel-Armies: 'Come back to me and
I'll come back to you. Don't be like your
parents. The old-time prophets called out
to them, "A Message from GOD-of-the-An-
gel-Armies: Leave your evil life. Quit your
evil practices." But they ignored everything
I said to them, stubbornly refused to listen.'
5-6 "And where are your ancestors now?
Dead and buried. And the prophets who
preached to them? Also dead and buried. But
the Message that my servants the prophets
spoke, that isn't dead and buried. That
Message did its work on your ancestors, did
it not? It woke them up and they came back,
saying, 'He did what he said he would do,
sure enough. We didn't get by with a thing.'"

First Vision: Four Riders

7 On the twenty-fourth day of the eleventh
month in the second year of the reign of
Darius, the Message of GOD was given to
the prophet Zechariah son of Berechiah,

을 타고 있었다. 그는 자작나무 숲 속 그늘
에 있었다. 그의 뒤에는 말이 더 있었다. 붉
은 말 한 마리와 밤색 말 한 마리와 흰 말
한 마리였다.
9 내가 말했다. "주여, 이 말들이 지금 여기
서 무엇을 하고 있습니까? 이것은 무슨 의
미입니까?"
전령 천사가 말했다. "내가 보여주마."
10 그러자 자작나무 숲의 기수가 목소리를
높여 말했다. "이들은 **하나님**께서 땅 위의
일을 조사하라고 보내신 기수들이다."
11 그들이 자작나무 숲에서 **하나님**의 천사
에게 자기들이 보고 온 것을 보고했다. "저
희가 온 땅을 두루 살펴보았는데, 다 좋습
니다. 모두 제대로 돌아가고 있습니다."
12 **하나님**의 천사가 보고를 드렸다. "만군
의 **하나님**, 예루살렘과 유다의 도성에 대
해 언제까지 노하시렵니까? 언제쯤 진노
를 누그러뜨리시렵니까? 칠십 년이면 충
분한 세월이지 않습니까?"
13-15 **하나님**께서 좋은 위로의 말씀으로 전
령 천사를 안심시켜 주셨다. 그러자 전령
천사가 나를 향해 말했다. "그들에게 전하
여라. 만군의 **하나님**께서 이렇게 말씀하셨
다고 일러 주어라. **하나님**의 **메시지다**. '내
가 예루살렘과 시온을 많이 아낀다. 그들
을 진정으로 나의 것으로 여긴다. 그러나
온 세상을 다 가진 것처럼 살고 있는 저 사
악한 민족들에 대해서는 진노가 머리끝까
지 치민다. 전에는 다소 화가 나는 정도였
는데, 이제는 그들이 도를 넘었다. 나는 이
제 행동에 나서려고 한다.

16-17 내가 예루살렘에 돌아왔다. 이번에는
동정의 마음을 품고 돌아왔다.'
하나님께서 말씀하신다.
'나는 내 성전이 반드시 재건되도록 할 것
이다.'

son of Iddo:
8 One night I looked out and saw a man
astride a red horse. He was in the shadows
in a grove of birches. Behind him were more
horses—a red, a chestnut, and a white.
9 I said, "Sir, what are these horses doing
here? What's the meaning of this?"
The Angel-Messenger said, "Let me show
you."
10 Then the rider in the birch grove spoke
up, "These are the riders that GOD sent to
check things out on earth."
11 They reported their findings to the Angel
of GOD in the birch grove: "We have looked
over the whole earth and all is well. Every-
thing's under control."
12 The Angel of GOD reported back, "O
GOD-of-the-Angel-Armies, how long are
you going to stay angry with Jerusalem and
the cities of Judah? When are you going to
let up? Isn't seventy years long enough?"
13-15 GOD reassured the Angel-Messenger—
good words, comforting words—who then
addressed me: "Tell them this. Tell them
that GOD-of-the-Angel-Armies has spoken.
This is GOD's Message: 'I care deeply for
Jerusalem and Zion. I feel very possessive
of them. But I'm thoroughly angry with the
godless nations that act as if they own the
whole world. I was only moderately angry
earlier, but now they've gone too far. I'm
going into action.

16-17 "'I've come back to Jerusalem, but
with compassion this time.'
This is GOD speaking.
'I'll see to it that my Temple is rebuilt.'
A Decree of GOD-of-the-Angel-Armies!

만군의 **하나님**의 포고다!
'재건 공사는 이미 시작되었다.'
다시 한번 전하여라. 만군의 **하나님**의 포고다.
'나의 도성들이 다시 번성하고,
하나님이 다시 시온을 위로할 것이다.
예루살렘이 다시 나의 총애를 받게 되리라.'"

'The rebuilding operation is already staked out.'
Say it again—a Decree of GOD-of-the-Angel-Armies:
'My cities will prosper again,
GOD will comfort Zion again,
Jerusalem will be back in my favor again.'"

둘째 환상: 네 뿔과 네 대장장이

18 고개를 들어 보니, 놀라운 또 다른 환상이 보였다. 네 뿔이 있었다!
19 내가 전령 천사에게 물었다. "이것은 무슨 의미입니까?"
그가 말했다. "이것은 유다와 이스라엘과 예루살렘을 멀리 흩어 버린 권세들이다."
20 그때 **하나님**께서 그 환상에서 네 대장장이를 더 보여주셨다.
21 내가 물었다. "이것은 무슨 뜻입니까?"
그가 말했다. "유다를 흩어 버리고 희망을 모두 꺾은 그 뿔들과 싸우려고 온 대장장이들이다. 그들이, 유다를 사방으로 흩어 버린 사악한 민족들의 뿔을 꺾어 버릴 것이다."

Second Vision: Four Horns and Four Blacksmiths

18 I looked up, and was surprised by another vision: four horns!
19 I asked the Messenger-Angel, "And what's the meaning of this?"
He said, "These are the powers that have scattered Judah, Israel, and Jerusalem abroad."
20 Then GOD expanded the vision to include four blacksmiths.
21 I asked, "And what are these all about?"
He said, "Since the 'horns' scattered Judah so badly that no one had any hope left, these blacksmiths have arrived to combat the horns. They'll dehorn the godless nations who used their horns to scatter Judah to the four winds."

셋째 환상: 줄자를 가진 사람

2 1-5 나는 고개를 들어 보고 놀랐다. 어떤 사람이 손에 줄자를 들고 서 있었다.
내가 말했다. "무엇을 하려는 것입니까?"
그가 말했다. "나는 지금 예루살렘의
너비와 길이를 측량하러 가는 중이다."
밖으로 나가던 전령 천사는 바로 그때,
안으로 들어오는 다른 천사를 만나 말했다.
"뛰어가라! 가서 측량사에게 말하여라. '예루살렘 성벽이 터질 것이다.
사람과 짐승들로 꽉 차 벽이 터져 버릴 것

Third Vision: The Man with the Tape Measure

2 1-5 I looked up and was surprised to see
a man holding a tape measure in his hand.
I said, "What are you up to?"
"I'm on my way," he said, "to survey Jerusalem,
to measure its width and length."
Just then the Messenger-Angel on his way out
met another angel coming in and said,

이다.
그러나 내가 예루살렘과 함께할 것이다.'
하나님의 포고다. '성벽 없는 예루살렘에게 불 성벽이 되어 주고, 그 안에서 빛이 되어 주리라.'"

⁂

6-7 "일어서라! 거기서 나오너라. 지금 당장!" **하나님**께서 말씀하신다.
"너희가 멀리 끌려간 그곳에서 돌아오너라."
하나님의 포고다. "내가 너희를 사방으로 흩었지만,
이제 시온아, 바빌론에서 나와 집으로 돌아오너라. 지금 당장!"

⁂

8-9 만군의 **하나님**, 곧 내게 사명을 주어 여기까지 오게 하신 영광의 하나님께서, 너희를 발가벗기고 집을 빼앗은 사악한 민족들에 대해 이렇게 말씀하셨다. "너희를 때리는 자는 곧 나를 때리는 자다. 그들은 나를 때려 코피를 내고 눈을 시퍼렇게 멍들게 만든다. 때가 되면, 내가 신호를 내릴 것이다. 그러면 그들은 발가벗겨질 것이다. 자기 종들의 손에 붙들려 내동댕이쳐질 것이다." 그러면 너희는 만군의 **하나님**께서 내게 이 사명을 주셨다는 것을 분명히 알게 되리라.

⁂

10 "소리쳐 외쳐라, 경축하여라, 시온의 딸아!
내가 간다. 내가 네 이웃으로 이사를 갈 것이다!"
하나님의 포고다.

⁂

11-12 그때가 되면 많은 이방 민족들이 하

"Run! Tell the Surveyor, 'Jerusalem will burst its walls—
bursting with people, bursting with animals.
And I'll be right there with her'—GOD's Decree—'a wall of fire
around unwalled Jerusalem and a radiant presence within.'"

⁂

6-7 "Up on your feet! Get out of there—and now!" GOD says so.
"Return from your far exile.
I scattered you to the four winds." GOD's Decree.
"Escape from Babylon, Zion, and come home—now!"

⁂

8-9 GOD-of-the-Angel-Armies, the One of Glory who sent me on my mission, commenting on the godless nations who stripped you and left you homeless, said, "Anyone who hits you, hits me—bloodies my nose, blackens my eye. Yes, and at the right time I'll give the signal and they'll be stripped and thrown out by their own servants." Then you'll know for sure that GOD-of-the-Angel-Armies sent me on this mission.

⁂

10 "Shout and celebrate, Daughter of Zion!
I'm on my way. I'm moving into your neighborhood!"
GOD's Decree.

⁂

11-12 Many godless nations will be linked

나님 편에 설 것이다. ("그들은 내 가족이 되
리라! 내가 그들의 집에서 살리라!") 그러면 너
희는 분명히 알게 될 것이다. 만군의 **하나
님**께서 내게 사명을 주어 여기 보내셨다는
것을. 그날, **하나님**께서 거룩한 성지에서
그분의 유산인 유다를 되찾으실 것이다.
예루살렘은 다시 그분의 특별한 도성이 될
것이다.

13 모두들, 조용히 하여라! 쉿! **하나님** 앞
에서 침묵하여라. 그분의 거룩한 집에서
무슨 일이 일어나고 있다. 그분이 움직이
고 계신다!

넷째 환상: 하나님의 천사 앞에 선 여호수아

3 1-2 전령 천사가 내게 대제사장 여
호수아를 보여주었다. 그가 **하나님**
의 천사 앞에 서 있는데, 고발자가 나타나
그를 고발했다. 그러자 **하나님**께서 고발자
에게 말씀하셨다. "고발자야, 나 **하나님**이
너를 책망한다. 내가 너는 책망하지만, 예
루살렘은 택한다. 놀랐느냐? 모든 것이 불
타서 재가 되겠지만, 내가 예루살렘은 거기
서 끄집어낸다!"
3-4 천사 앞에 서 있던 여호수아는 더러운
옷을 입고 있었다. 천사가 시중드는 자들
에게 말했다. "그의 더러운 옷을 벗겨 주어
라." 그런 다음 그는 여호수아에게 말했다.
"보아라. 내가 너의 죄를 벗겨 주고, 깨끗한
옷을 입혀 주었다."
5 내가 소리 높여 말했다. "그의 머리에 깨
끗한 새 관을 씌워 주시면 어떻겠습니까?"
그러자 그들이 여호수아의 머리에 깨끗한
새 관을 씌워 주었다. 그렇게 그에게 새 옷
입히는 일을 모두 마쳤다. **하나님**의 천사는
그 과정을 모두 지켜보았다.
6-7 그러고 난 뒤 **하나님**의 천사가 여호수

up with GOD at that time. ("They will become
my family! I'll live in their homes!") And then
you'll know for sure that GOD-of-the-
Angel-Armies sent me on this mission.
GOD will reclaim his Judah inheritance in
the Holy Land. He'll again make clear that
Jerusalem is his choice.

13 Quiet, everyone! Shh! Silence before
GOD. Something's afoot in his holy house.
He's on the move!

Fourth Vision: Joshua's New Clothes

3 1-2 Next the Messenger-Angel
showed me the high priest Joshua.
He was standing before GOD's Angel where
the Accuser showed up to accuse him.
Then GOD said to the Accuser, "I, GOD,
rebuke you, Accuser! I rebuke you and
choose Jerusalem. Surprise! Everything is
going up in flames, but I reach in and pull
out Jerusalem!"
3-4 Joshua, standing before the angel, was
dressed in dirty clothes. The angel spoke
to his attendants, "Get him out of those
filthy clothes," and then said to Joshua,
"Look, I've stripped you of your sin and
dressed you up in clean clothes."
5 I spoke up and said, "How about a clean
new turban for his head also?" And they
did it—put a clean new turban on his head.
Then they finished dressing him, with
GOD's Angel looking on.
6-7 GOD's Angel then charged Joshua,
"Orders from GOD-of-the-Angel-Armies:
'If you live the way I tell you and remain
obedient in my service, then you'll make

아에게 명령을 내렸다. "만군의 **하나님**께서 내리시는 명령이다. '만일 내가 이르는 대로 살고 계속 나를 섬기며 순종하면, 너는 결정권을 가지고 여기 일을 감독하게 될 것이다. 여기 서서 나를 수종 드는 자들 모두가 너를 받들어 섬길 것이다.

8-9 대제사장 여호수아야, 명심하여라. 여기서 너와 함께 일하는 네 동료들도 명심해야 한다! 자, 이제 내가 "가지"라고 부르는 내 종을 소개해 주겠다. 내가 지금 여호수아 앞에 두는, 일곱 눈을 가진 돌을 유심히 보아라.' 만군의 **하나님**의 포고다. '내가 그 위에 이런 문구를 새겨 넣을 것이다. "내가 이 땅의 모든 더러운 죄를 하루 만에 벗겨 주리라."

10 그때가 오면, 서로 모두가 사이좋게 지낼 것이다. 서로의 집을 오가며, 친구처럼 친하게 지낼 것이다.'"

다섯째 환상: 순금 등잔대와 두 올리브나무

4 1 전령 천사가 다시 나를 불러 주목하게 했다. 마치 깊은 잠에서 깨어난 듯했다.

2-3 그가 말했다. "무엇이 보이느냐?"

내가 대답했다. "윗부분에 그릇이 달린 순금 등잔대가 하나 보입니다. 그 그릇에 일곱 개의 등잔이 붙어 있는데, 각 등잔이 그릇과 관으로 연결되어 있습니다. 그리고 그릇 양편으로 올리브나무가 한 그루씩 서 있습니다."

4 내가 물었다. "이것은 무슨 의미입니까?"

5-7 전령 천사가 말했다. "모르겠느냐?"

내가 말했다. "모르겠습니다."

그러자 그가 말했다. "스룹바벨에게 주시는 **하나님**의 **메시지**다. '이것은 네가 힘으로 몰아붙일 수 있는 일이 아니다. 오직 내 영으로만 되는 일이다.' 만군의 **하나님**께서 말씀하신다. '그러니 큰 산아, 네가 무엇이

the decisions around here and oversee my affairs. And all my attendants standing here will be at your service.

8-9 "'Careful, High Priest Joshua—both you and your friends sitting here with you, for your friends are in on this, too! Here's what I'm doing next: I'm introducing my servant Branch. And note this: This stone that I'm placing before Joshua, a single stone with seven eyes'—Decree of GOD-of-the-Angel-Armies—'I'll engrave with these words: "I'll strip this land of its filthy sin, all at once, in a single day."

10 "'At that time, everyone will get along with one another, with friendly visits across the fence, friendly visits on one another's porches.'"

Fifth Vision: A Lampstand and Two Olive Trees

4 1 The Messenger-Angel again called me to attention. It was like being wakened out of deep sleep.

2-3 He said, "What do you see?"

I answered, "I see a lampstand of solid gold with a bowl on top. Seven lamps, each with seven spouts, are set on the bowl. And there are two olive trees, one on either side of the bowl."

4 Then I asked the Messenger-Angel, "What does this mean, sir?"

5-7 The Messenger-Angel said, "Can't you tell?"

"No, sir," I said.

Then he said, "This is GOD's Message to Zerubbabel: 'You can't force these things. They only come about through my Spirit,' says GOD-of-the-Angel-Armies. 'So, big mountain, who do you think you are?

냐? 스룹바벨 옆에서 너는 모래성에 지나
지 않는다. 그는 성전의 머릿돌을 놓을 것
이며, 그날 크나큰 함성이 울리리라.'"
8-10 그 후, **하나님**의 말씀이 내게 임했다.
"스룹바벨이 성전 건축을 시작했고 그가
그 일을 완성할 것이다. 그날 온 백성이 만
군의 **하나님**께서 너희에게 말씀을 주셨음
을 확실히 알게 될 것이다. 미약한 출발이
라고 이날을 경멸하는 자가 있느냐? 스룹
바벨이 마지막 돌을 놓는 날에 감히 그를
비웃는 자 없을 것이다!"
전령 천사가 앞의 환상을 다시 보이며 말했
다. "일곱 등잔은 탐조등처럼 세상의 어두
운 구석구석을 탐색하는 **하나님**의 눈이다."
11-12 "그러면 등잔대 양쪽의 두 올리브나
무는 무엇입니까?" 내가 물었다. "그것은
무엇을 의미합니까? 또 등잔에 기름을 흘
려보내는 올리브나무의 두 가지는 무엇을
의미합니까?"
13 전령 천사가 말했다. "깨닫지 못하겠
느냐?"
내가 말했다. "모르겠습니다."
14 그가 말했다. "그것은 온 땅의 주인이신
분 옆에 서서 온 세상에 금 등잔 기름을 공
급해 주는 두 사람이다."

여섯째 환상: 날아가는 책

5 1 다시 고개를 들어 보니—놀랍게
도!—날개를 단 책이 보였다! 날아
가는 책이었다!
2 전령 천사가 내게 말했다. "지금은 무엇
이 보이느냐?"
내가 말했다. "날아가는 거대한 책 한 권이
보입니다. 길이가 9미터, 너비가 4.5미터나
됩니다!"
3-4 그가 내게 말했다. "이 책은 온 세상 모
든 도둑과 거짓말쟁이들에게 내려지는 판
결이다. 책의 처음 절반은 도둑에 관한 내

Next to Zerubbabel you're nothing but a
molehill. He'll proceed to set the Corner-
stone in place, accompanied by cheers:
Yes! Yes! Do it!'"
8-10 After that, the Word of GOD came to
me: "Zerubbabel started rebuilding this
Temple and he will complete it. That will
be your confirmation that GOD-of-the-
Angel-Armies sent me to you. Does anyone
dare despise this day of small beginnings?
They'll change their tune when they see
Zerubbabel setting the last stone in place!"
Going back to the vision, the Messen-
ger-Angel said, "The seven lamps are the
eyes of GOD probing the dark corners of
the world like searchlights."
11-12 And the two olive trees on either side
of the lampstand?" I asked. "What's the
meaning of them? And while you're at it,
the two branches of the olive trees that feed
oil to the lamps—what do they mean?"
13 He said, "You haven't figured that out?"
I said, "No, sir."
14 He said, "These are the two who stand
beside the Master of the whole earth and
supply golden lamp oil worldwide."

Sixth Vision: The Flying Book

5 1 I looked up again and saw—
surprise!—a book on the wing! A
book flying!
2 The Messenger-Angel said to me, "What
do you see now?"
I said, "I see a book flying, a huge book—
thirty feet long and fifteen wide!"
3-4 He told me, "This book is the verdict
going out worldwide against thieves and
liars. The first half of the book disposes of

용이고, 나머지 절반은 거짓말쟁이에 관한 내용이다. 내가 이것을 보냈다." 만군의 **하나님**의 포고다. "이 판결이 모든 도둑과 거짓말쟁이의 집에 빠짐없이 날아들 것이다. 집 하나하나에 내려앉아 기둥과 돌을 허물어뜨릴 것이다."

일곱째 환상: 양동이 속의 여인

5 전령 천사가 나타나서 말했다. "위를 보
아라. 무엇이 보이는지 말해 보아라."
6 내가 말했다. "대체 저것이 무엇입니까?"
그가 말했다. "모든 곳, 모든 자의 죄를 담
고 어디론가 가는 양동이다."
7 그때 납으로 만들어진 양동이 뚜껑이 열
리고, 한 여자가 그 속에 앉아 있는 모습이
보였다!
8 그가 말했다. "이 여자는 '악독'이다." 밖
으로 나오려는 그녀를 그가 다시 양동이 속
으로 밀어 넣고는, 납 뚜껑을 단단히 고정
시켰다.
9 그 다음 내가 위를 보니, 놀랍게도 여자
둘이 날아가는 광경이 보였다. 날개를 활짝
펼친 그들이, 큰 양동이를 공중으로 들고
올라갔다.
10 내가 전령 천사에게 말했다. "저들이 저
큰 양동이를 어디로 가져가는 겁니까?"
11 그가 말했다. "동쪽 시날 땅으로 가는 중
이다. 거기서 그들은 창고를 하나 지어, 거
기에 양동이를 보관할 것이다."

여덟째 환상: 네 대의 전차

6 1 다시 고개를 들어 보니, 또 다른
기이한 광경이 보였다! 두 산 사이
로 전차 네 대가 돌진해 오고 있었다. 두 산
은 청동으로 되어 있었다.
2-3 첫째 전차는 붉은 말들이 끌고 있고, 둘
째 전차는 검은 말들이, 셋째 전차는 흰 말
들이, 그리고 넷째 전차는 얼룩말들이 끌고

everyone who steals; the second half takes care of everyone who lies. I launched it"—Decree of GOD-of-the-Angel-Armies—"and so it will fly into the house of every thief and every liar. It will land in each house and tear it down, timbers and stones."

Seventh Vision: A Woman in a Basket

5 The Messenger-Angel appeared and said,
"Look up. Tell me what you see."
6 I said, "What in the world is that?"
He said, "This is a bushel basket on a journey.
It holds the sin of everyone, everywhere."
7 Then the lid made of lead was removed
from the basket—and there was a woman
sitting in it!
8 He said, "This is Miss Wicked." He
pushed her back down into the basket and
clamped the lead lid over her.
9 Then I looked up and to my surprise saw
two women flying. On outstretched wings
they airlifted the bushel basket into the sky.
10 I said to the Messenger-Angel, "Where
are they taking the bushel basket?"
11 He said, "East to the land of Shinar. They
will build a garage to house it. When it's
finished, the basket will be stored there."

Eighth Vision: Four Chariots

6 1 Once again I looked up—another
strange sight! Four chariots
charging out from between two mountains.
The mountains were bronze.
2-3 The first chariot was drawn by red
horses, the second chariot by black horses,
the third chariot by white horses, and the
fourth chariot by dappled horses. All the
horses were powerful.

있었다. 말들은 모두 힘이 셌다.
4 내가 전령 천사에게 물었다. "이것은 무
슨 의미입니까?"
5-7 그가 대답했다. "이들은 하늘의 네 바람
으로, 온 땅의 주인이신 주님이 보내셨다.
검은 말들은 북쪽을 향하고, 바로 그 뒤를
흰 말들이 따른다. 얼룩말들은 남쪽을 향한
다." 힘센 말들은 온 땅을 순찰하러 가고 싶
어 발을 구르며 흥분했다. 전령 천사가 명
령을 내렸다. "가라! 온 땅을 조사하여라!"
그러자 그들이 사방으로 달려 나갔다.
8 천사가 나를 불러 말했다. "저들을 보아
라! 북쪽으로 가는 말들이, 나의 영을 나르
고 있다. 고요하고 견고하다. 북쪽으로 가
는 말들에게서는 더 이상 문제가 없을 것
이다."

왕관을 여호수아의 머리에 씌워라

9-12 그런 다음, **하나님**의 **메시지**가 내게 임
했다. "바빌론으로 사로잡혀 갔던 헬대와
도비야와 여다야에게 예물을 걷어라. 그들
이 방금 이곳에 도착했다. 지금 스바냐의
아들 요시야의 집에 있으니, 그들에게서 은
과 금을 거두어 그것으로 왕관을 만들어라.
왕관 하나는 여호사닥의 아들 대제사장 여
호수아의 머리에 씌우고, 그에게 이 메시지
를 전하여라.
12-13 '만군의 **하나님**의 **메시지**다. 정신 바
짝 차려라. 여기 "가지"라는 이름을 가진
사람이 있다. 그가 지금 있는 곳에서 가지
처럼 뻗어 나와 **하나님**의 성전을 지을 것
이다. 그렇다. 그가 바로 **하나님**의 성전
을 지을 사람이다. 또한 왕좌에 앉아 왕의
역할을 맡아서 통치할 것이다. 왕좌에 앉
은 제사장이 될 것이다! 그는 왕과 제사장
이 조화롭게 공존할 수 있음을 보여줄 것
이다.'
14 다른 왕관은 왕권의 상징으로, **하나님**의

4 I asked the Messenger-Angel, "Sir, what's
the meaning here?"
5-7 The angel answered, "These are the four
winds of heaven, which originate with the
Master of the whole earth. The black horses
are headed north with the white ones right
after them. The dappled horses are headed
south." The powerful horses galloped
out, bursting with energy, eager to patrol
through the earth. The Messenger-Angel
commanded: "On your way! Survey the
earth!" and they were off in every direction.
8 Then he called to me and said, "Look at
them go! The ones going north are convey-
ing a sense of my Spirit, serene and secure.
No more trouble from that direction."

A Man Named Branch

9-12 Then this Message from GOD came
to me: "Take up a collection from the
exiles. Target Heldai, Tobiah, and Jedaiah.
They've just arrived from Babylon. You'll
find them at the home of Josiah son of
Zephaniah. Collect silver and gold from
them and fashion crowns. Place one on the
head of Joshua son of Jehozadak, the high
priest, and give him this message:
12-13 "'A Message from GOD-of-the-Angel-
Armies. Be alert. We have a man here whose
name is Branch. He will branch out from
where he is and build the Temple of GOD.
Yes, he's the one. He'll build the Temple of
GOD. Then he'll assume the role of royalty,
take his place on the throne and rule—a
priest sitting on the throne!—showing that
king and priest can coexist in harmony.'
14 "The other crown will be in the Temple
of GOD as a symbol of royalty, under the

성전 안에 두어라. 헬렘과 도비야와 여다
야, 그리고 스바냐의 아들 헨이 그것을 관
리할 것이다.
15 먼 곳에서 사람들이 와서 천막을 치
고 **하나님**의 성전 짓는 일을 도울 것이
다. 이 일은 만군의 **하나님**께서 너희에
게 말씀하셨다는 확증이 되어 줄 것이
다. 이 모든 일은 너희가 온 마음으로 너
희 **하나님**의 목소리에 응답하고 순종할
때 이루어진다."

너희가 정말 나를 위해 금식했느냐?

7 1 다리오 왕 사년 아홉째 달 사일
에, **하나님**의 **메시지**가 다시 스가
랴에게 임했다.
2-3 베델 성읍이 사레셀과 레겜멜렉이 이
끄는 대표단을 보내어 **하나님**의 축복을 구
하고, 만군의 **하나님**의 성전 제사장과 예
언자들과 의논하게 했다. 그들은 이렇게
물었다. "예루살렘 멸망 칠십 주기인 금년
팔월에도, 늘 해오던 것처럼 애곡과 금식
을 위한 날을 하루 정해서 지켜야 합니까?"
4-6 그러자 만군의 **하나님**께서 내게 **메시
지**를 주셔서, 그들 곧 백성 전체와 제사장
들에게 전하게 하셨다. "너희는 과거 칠
십 년 동안 다섯째 달과 일곱째 달에 금식
의 날을 정하여 지켜 왔다. 그런데 너희가
정말 나를 위해 그 일을 했느냐? 축제일
들을 지킨 것이 정말 나를 위한 일이었느
냐? 아니었다. 나는 사람에게 관심이 있
는데, 너희는 종교에 관심이 있다.
7-10 이 일에 대해 너희에게 새로 해줄 말
은 없다. 예루살렘이 사람들로 북적이는
번창한 도성이었을 때, 그 주변에 있던
네겝과 스불라까지 사람들로 가득했을
때, 이미 예언자들이 내 메시지를 전하지
않았느냐? [이는 **하나님**께서 스가랴에게
주신 메시지다.] 그렇다. 지금도 메시지

custodial care of Helem, Tobiah, Jedaiah,
and Hen son of Zephaniah.
15 "People will come from faraway places to
pitch in and rebuild the Temple of GOD. This
will confirm that GOD-of-the-Angel-Armies
did, in fact, send me to you. All this follows
as you put your minds to a life of responsive
obedience to the voice of your GOD."

"You're Interested in Religion, I'm Interested in People"

7 1 On the fourth day of the ninth
month, in the fourth year of the
reign of King Darius, GOD's Message again
came to Zechariah.
2-3 The town of Bethel had sent a delega-
tion headed by Sarezer and Regem-Melech
to pray for GOD's blessing and to confer
with the priests of the Temple of GOD-of-
the-Angel-Armies, and also with the
prophets. They posed this question:
"Should we plan for a day of mourning
and abstinence next August, the seventieth
anniversary of Jerusalem's fall, as we have
been doing all these years?"
4-6 GOD-of-the-Angel-Armies gave me
this Message for them, for all the people
and for the priests: "When you held days
of fasting every fifth and seventh month
all these seventy years, were you doing it
for me? And when you held feasts, was
that for me? Hardly. You're interested in
religion, I'm interested in people.
7-10 "There's nothing new to say on the
subject. Don't you still have the message
of the earlier prophets from the time when
Jerusalem was still a thriving, bustling city
and the outlying countryside, the Negev

는 동일하다. 만군의 **하나님**이 그때도 말했고 지금도 말한다.

'서로 정의롭게 대하여라.
너희 이웃을 사랑하여라.
서로 자비를 베풀어라.
과부들, 고아들, 나그네들, 가난한 이들을 착취하지 마라.
서로 음모와 계략을 꾸미지 마라. 그것은 악이다.'

11-13 그러나 어떠했느냐? 너희 조상들이 그 말씀을 들었느냐? 그렇지 않다. 그들은 이를 악물고 반항했다. 귀를 닫았다. 그들은 **하나님**의 계시에 마음을 굳게 닫았고, 이전 예언자들이 만군의 **하나님**의 명령을 받아 전했던 성령충만한 설교에 대해 마음을 굳게 닫았다. 그래서 **하나님**께서 노하셨다. 정말로 노하셨다. 그분이 그들에게 명확히 전하신 말씀을 그들은 한 마디도 듣지 않았다.
13-14 [이는 만군의 **하나님**의 말씀이다.] 그들이 내 말을 듣지 않는다면, 나도 그들의 말을 듣지 않겠다. 내가 그들을 사방으로 흩어 버렸다. 그들은 나그네 신세가 되어 타지를 떠돌았다. '약속의 땅'은 잡초와 깡통과 엉겅퀴만 무성한 공터가 되었다. 생명의 흔적조차 찾을 수 없었다. 그들은 꿈의 땅을 황무지로 바꾸어 놓았다."

내가 예루살렘으로 돌아왔다

8 1-2 만군의 **하나님**께서 이 **메시지**를 주셨다.

만군의 **하나님**의 **메시지**다.

"시온을 향한 내 마음이 뜨겁다!
시온을 생각하면 분노가 치민다. 그것은

and Shephelah, was populated? [This is the message that GOD gave Zechariah.] Well, the message hasn't changed. GOD-of-the-Angel-Armies said then and says now:

"'Treat one another justly.
Love your neighbors.
Be compassionate with each other.
Don't take advantage of widows, orphans, visitors, and the poor.
Don't plot and scheme against one another—that's evil.'

11-13 "But did your ancestors listen? No, they set their jaws in defiance. They shut their ears. They steeled themselves against GOD's revelation and the Spirit-filled sermons preached by the earlier prophets by order of GOD-of-the-Angel-Armies. And GOD became angry, really angry, because he told them everything plainly and they wouldn't listen to a word he said.
13-14 "So [this is what GOD-of-the-Angel-Armies said] if they won't listen to me, I won't listen to them. I scattered them to the four winds. They ended up strangers wherever they were. Their 'promised land' became a vacant lot—weeds and tin cans and thistles. Not a sign of life. They turned a dreamland into a wasteland."

Rebuilding the Temple

8 1-2 And then these Messages from GOD-of-the-Angel-Armies:

A Message from GOD-of-the-Angel-Armies:

"I am zealous for Zion—I *care*!

내 문제이기 때문이다!"

I'm angry about Zion—I'm *involved*!"

하나님의 메시지다.

GOD's Message:

3 "내가 시온으로 돌아왔다.
내가 예루살렘으로 다시 돌아왔다.
예루살렘은 이제 새 이름으로 불리리라.
'진리의 도성',
'만군의 하나님의 산', '거룩의 산'으로 불리리라."

3 "I've come back to Zion,
I've moved back to Jerusalem.
Jerusalem's new names will be Truth City,
and Mountain of GOD-of-the-Angel-Armies,
and Mount Holiness."

4-5 만군의 하나님의 메시지다.
"노인들이 예루살렘에 돌아와서 거리의 벤치에 앉아 이야기꽃을 피우고, 지팡이를 짚고 안전하게 나들이할 것이다. 노인들이 살기 좋은 도성이 될 것이다. 도성의 광장은 웃고 떠들며 뛰노는 아이들로 가득할 것이다. 아이들이 자라기 좋은 도성이 될 것이다."

4-5 A Message from GOD-of-the-Angel-Armies:
"Old men and old women will come back to Jerusalem, sit on benches on the streets and spin tales, move around safely with their canes—a good city to grow old in. And boys and girls will fill the public parks, laughing and playing—a good city to grow up in."

6 만군의 하나님의 메시지다.
"고향으로 돌아오는 일과, 소수의 생존자들이 하나님의 성전을 재건하는 일이 너무나 큰일로 여겨지느냐? 그러나 내게 너무 큰일이 있겠느냐? 그렇지 않다. 일의 성사를 결정하는 이는 나다."

6 A Message from GOD-of-the-Angel-Armies:
"Do the problems of returning and rebuilding by just a few survivors seem too much? But is anything too much for me? Not if I have my say."

7-8 만군의 하나님의 메시지다.
"내가 동쪽 나라와 서쪽 나라에서 내 백성을 거둬들일 것이다. 그들을 다시 예루살렘으로 데려올 것이다. 그들은 내 백성이 되고, 나는 그들의 하나님이 될 것이다. 내가 그들 곁을 지키고, 옳은 길로 인도할 것이다."

7-8 A Message from GOD-of-the-Angel-Armies:
"I'll collect my people from countries to the east and countries to the west. I'll bring them back and move them into Jerusalem. They'll be my people and I'll be their God. I'll stick with them and do right by them."

9-10 만군의 **하나님**의 메시지다.
"내가 예언자들을 통해 하는 말에 귀 기울이는 너희여, 이 말의 의미를 분명히 알고 굳게 붙들어라. 만군의 **하나님**의 성전이 다시 세워졌다. 성전이 재건되는 중이다. 우리는 어려운 시기를 지났다. 전에 너희는 쥐꼬리만 한 돈을 벌기 위해 일했고, 그것도 운이 좋아야 손에 쥘 수 있었다. 거리가 위험해, 늘 경계하며 다녀야 했다. 내가 세상을 전쟁터로 만들었기 때문이다.
11-12 그러나 이제 상황이 변했다. 이제 나는 살아남은 자들 편에 설 것이다.

> 파종과 수확이 다시 시작되고,
> 포도나무들이 포도열매를 맺을 것이다.
> 동산에 초목이 우거지고,
> 이슬과 비로 모든 것이 푸르러질 것이다.

12-13 살아남은 자들은 살아가는 데 필요한 것 전부를—그 이상을—얻을 것이다. 너희 유다와 이스라엘 백성들아, 지금까지는 너희가 저주받은 백성 취급을 받았지만, 이제 내가 너희를 구원할 것이다. 이제부터 너희는 복 받은 백성이 될 것이다. 두려워하지 마라. 내가 지금 일하고 있음을 굳게 믿어라."

14-17 만군의 **하나님**의 메시지다.
"너희 조상들이 나를 노하게 했을 때, 나는 너희를 벌주기로 작정했고 그 뜻을 굽히지 않았다. 그때와 마찬가지로, 이제 나는 예루살렘과 유다 나라에 복을 주기로 작정했다. 두려워하지 마라. 진실만을 말하여라. 개인적인 일에서나 법정에서나 옳은 일을 행하여라. 술수를 부려 다

9-10 A Message from GOD-of-the-Angel-Armies:
"Get a grip on things. Hold tight, you who are listening to what I say through the preaching of the prophets. The Temple of GOD-of-the-Angel-Armies has been reestablished. The Temple is being rebuilt. We've come through a hard time: You worked for a pittance and were lucky to get that; the streets were dangerous; you could never let down your guard; I had turned the world into an armed camp.
11-12 "But things have changed. I'm taking the side of my core of surviving people:

> Sowing and harvesting will resume,
> Vines will grow grapes,
> Gardens will flourish,
> Dew and rain will make everything green.

12-13 "My core survivors will get everything they need—and more. You've gotten a reputation as a bad-news people, you people of Judah and Israel, but I'm coming to save you. From now on, you're the good-news people. Don't be afraid. Keep a firm grip on what I'm doing."

Keep Your Lives Simple and Honest

14-17 A Message from GOD-of-the-Angel-Armies:
"In the same way that I decided to punish you when your ancestors made me angry, and didn't pull my punches, at this time I've decided to bless Jerusalem and the country of Judah. Don't be afraid. And now here's what I want you to do: Tell

른 사람을 착취하지 마라. 거짓된 일이나 거짓된 말을 하지 마라. 나는 그런 것들을 미워한다. 너희는 순박하고 정직하게 살아라. 이것이 내가 너희에게 원하는 일이다." **하나님**의 포고다.

애도의 날이 축제의 날로 바뀌리라

18-19 만군의 **하나님**의 **메시지**가 다시 내게 임했다.
"넷째, 다섯째, 일곱째, 열째 달에 지키던 애도의 날이, 유다를 위한 축제의 날로 바뀌리라. 그날은 경축일이 될 것이다. 진리를 맞아들여라! 평화를 사랑하여라!"

⁂

20-21 만군의 **하나님**의 **메시지**다.
"무슨 일인지 알아보려고 각지에서 사람들이, 지도자들이 몰려오리라. 그들이 서로 의논하며 말할 것이다. '이 일에 동참해야 하지 않겠는가? **하나님**의 복을 받는 일에 우리도 동참해야 하지 않겠는가? 만군의 **하나님**께 기도해야 하지 않겠는가? 망설일 이유가 무엇인가? 가자!'
22 많은 민족들과 힘 있는 나라들이, 만군의 **하나님**이 주는 복을 얻고자 예루살렘에 몰려들 것이다."

⁂

23 만군의 **하나님**의 **메시지**다.
"그때에, 서로 언어가 다른 열 사람이, 유다 사람 하나의 옷소매를 붙들고 말할 것이다. '우리도 당신과 같이 가게 해주시오. 하나님께서 당신과 함께하신다는 말을 우리가 들었다오.'"

the truth, the whole truth, when you speak. Do the right thing by one another, both personally and in your courts. Don't cook up plans to take unfair advantage of others. Don't do or say what isn't so. I hate all that stuff. Keep your lives simple and honest." Decree of GOD.

⁂

18-19 Again I received a Message from GOD-of-the-Angel-Armies:
"The days of mourning set for the fourth, fifth, seventh, and tenth months will be turned into days of feasting for Judah—celebration and holiday. Embrace truth! Love peace!"

⁂

20-21 A Message from GOD-of-the-Angel-Armies:
"People and their leaders will come from all over to see what's going on. The leaders will confer with one another: 'Shouldn't we try to get in on this? Get in on GOD's blessings? Pray to GOD-of-the-Angel-Armies? What's keeping us? Let's go!'
22 "Lots of people, powerful nations—they'll come to Jerusalem looking for what they can get from GOD-of-the-Angel-Armies, looking to get a blessing from GOD."

⁂

23 A Message from GOD-of-the-Angel-Armies:
"At that time, ten men speaking a variety of languages will grab the sleeve of one Jew, hold tight, and say, 'Let us go with you. We've heard that God is with you.'"

온 세상이 하나님을 바라본다

9

1-6 전쟁에 대한 경고.

하나님의 메시지가 다마스쿠스에 임하리라.
하드락의 나라에 도전장을 보내리라.
온 세상이 **하나님**을 바라본다.
이스라엘뿐 아니라,
경계를 맞대고 있는 하맛과
스스로 똑똑하다고 여기는 두로와 시돈도 그분을 바라본다.
두로는 제법 큰 왕국을 이루었다.
은도 땔감처럼 많이 쌓았고,
금도 건초 더미처럼 높이 쌓았다.
그러나 하나님께서는 그를 확실히 망하게 하실 것이다.
재산 전부를 대양에 처넣으시고,
남은 것들은 큰 불을 놓아 태워 버리실 것이다.
그 광경을 본 아스글론은 잔뜩 겁을 먹고 혼이 나갈 것이고,
가사는 비통해하며 가슴을 쥐어뜯을 것이다.
에그론은 막다른 골목과 맞닥뜨리리라.
가사의 왕이 죽을 것이다.
아스글론은 텅 비고,
한 악인이 아스돗을 장악할 것이다.

6-8 "내가 오만한 블레셋 사람들의 코를 납작하게 만들 것이다.
그 피 묻은 노획물을 뱉게 만들어,
악한 짓을 멈추게 할 것이다."
남은 것들은 모두 하나님의 것이 될 것이다. 살아남은 백성은
유다에서 한 가족을 이룰 것이다.
그러나 에그론 같은 적들은 여부스 사람들의 전철을 밟아,
역사의 쓰레기통 속에 처박히리라.

The Whole World Has Its Eyes on God

9

1-6 War Bulletin:

GOD's Message challenges the country of Hadrach.
It will settle on Damascus.
The whole world has its eyes on GOD.
Israel isn't the only one.
That includes Hamath at the border,
and Tyre and Sidon, clever as they think they are.
Tyre has put together quite a kingdom for herself;
she has stacked up silver like cordwood,
piled gold high as haystacks.
But God will certainly bankrupt her;
he will dump all that wealth into the ocean
and burn up what's left in a big fire.
Ashkelon will see it and panic,
Gaza will wring its hands,
Ekron will face a dead end.
Gaza's king will die.
Ashkelon will be emptied out,
And a villain will take over in Ashdod.

6-8 "I'll take proud Philistia down a peg:
I'll make him spit out his bloody booty
and abandon his vile ways."
What's left will be all God's—a core of survivors,
a family brought together in Judah—
But enemies like Ekron will go the way of the Jebusites,
into the dustbin of history.
"I will set up camp in my home country
and defend it against invaders.
Nobody is going to hurt my people ever

"내가 내 나라에 진영을 세우고
침략자들로부터 지켜 주리라.
누구도 다시는 내 백성을 해치지 못할 것이다.
내가 언제나 그들을 지켜 줄 것이다."

나귀 타고 오시는 겸손한 왕

9-10 "딸 시온아, 환호성을 올려라!
딸 예루살렘아, 환성을 올려라!
네 왕이 오고 계신다!
모든 것을 바로잡으시는 선한 왕,
새끼 나귀 타고 오시는 겸손한 왕이시다.
내가 전쟁을 끝냈다. 에브라임에 전차들이 사라졌고,
예루살렘에 군마들이 사라졌다.
칼과 창, 활과 화살들도 사라지고 없다.
그분께서 민족들에게 평화를 가져오신다.
사방 온 세상, 칠대양에 이르기까지,
평화로운 통치를 펼치시리라.

11-13 내가, 너와 맺은 피의 언약을 기억하고
절망의 감옥에 갇힌 너를 풀어 주리라.
죄수들아, 집으로 돌아오너라! 희망을 한 아름 안고서!
바로 오늘, 내가 너에게 두 배의 복을 약속한다.
너는 잃었던 모든 것을 두 배로 되돌려 받게 될 것이다!
유다는 이제 내 무기, 내가 당기는 활이다.
에브라임은 활시위에 메긴 화살로 쓸 것이다.
시온아, 내가 네 아들들을 깨워,
그리스야, 내가 네 아들들을 칠 것이다.
이제부터는
사람들이 내 칼이다."

14-17 그때 **하나님**이 나타나셔서,
번개처럼 화살을 쏘실 것이다!
주 **하나님**께서 나팔을 부시고,

again.
I'm keeping my eye on them.

A Humble King Riding a Donkey

9-10 "Shout and cheer, Daughter Zion!
Raise the roof, Daughter Jerusalem!
Your king is coming!
a good king who makes all things right,
a humble king riding a donkey,
a mere colt of a donkey.
I've had it with war—no more chariots in Ephraim,
no more war horses in Jerusalem,
no more swords and spears, bows and arrows.
He will offer peace to the nations,
a peaceful rule worldwide,
from the four winds to the seven seas.

11-13 "And you, because of my blood covenant with you,
I'll release your prisoners from their hopeless cells.
Come home, hope-filled prisoners!
This very day I'm declaring a double bonus—
everything you lost returned twice-over!
Judah is now my weapon, the bow I'll pull,
setting Ephraim as an arrow to the string.
I'll wake up your sons, O Zion,
to counter your sons, O Greece.
From now on
people are my swords."

14-17 Then GOD will come into view,
his arrows flashing like lightning!
Master GOD will blast his trumpet

회오리바람을 일으키며 진군하신다.
만군의 **하나님**께서 그들을 보호해 주시리라.
전면전을 벌이시리라.
모든 전쟁을 끝내는 전쟁,
총력전을.
마침내 그들의 **하나님**이 이기시고, 그들을 구해 주시리라.
그들은 유순한 양 같은 존재가 되고,
왕관에 박힌 오색찬란한
보석 같은 존재가 되리라.
그날에, 그들이 반짝이리라! 빛을 발하리라!
젊은 남자들이 원기 왕성해지고, 젊은 여자들은 사랑스러우리라!

하나님께서 구원을 약속하시다

10 1 봄비가 내릴 때니,
하나님께 비를 내려 달라고 기도하여라.
비를 만들어 내시는 분,
봄 폭풍우를 만들어 내시는 분,
밀과 보리를 기르시는 분께.

2-3 "가게에서 파는 신들이 횡설수설 떠든다.
종교 전문가들도 헛소리나 지껄인다.
거들먹거리는 그들,
내뱉는 말이라곤 허풍뿐이다.
백성들이 길 잃은 양 떼처럼 방황한다.
목자 없는 가련한 양들처럼 길을 잃고 헤맨다.
목자라는 자들에게 내 노가 폭발한다.
숫염소만도 못한 자들, 내가 그들을 염소 다루듯 하리라."

⁂

3-5 만군의 **하나님**이 친히 나서서,
그분의 양 떼, 유다 백성을 돌보아 주신다.
그분께서 그들의 영을 소생시켜 주시고,
하나님이 그들 편임을 자랑스러이 여기게

and set out in a whirlwind.
GOD-of-the-Angel-Armies will protect them—
all-out war,
The war to end all wars,
no holds barred.
Their GOD will save the day. He'll rescue them.
They'll become like sheep, gentle and soft,
Or like gemstones in a crown,
catching all the colors of the sun.
Then how they'll shine! shimmer! glow!
the young men robust, the young women lovely!

God's Work of Rebuilding

10 1 Pray to GOD for rain—it's time for the spring rain—
to GOD, the rainmaker,
Spring thunderstorm maker,
maker of grain and barley.

2-3 "Store-bought gods babble gibberish.
Religious experts spout rubbish.
They pontificate hot air.
Their prescriptions are nothing but smoke.
And so the people wander like lost sheep,
poor lost sheep without a shepherd.
I'm furious with the so-called shepherds.
They're worse than billy goats, and I'll treat them like goats."

⁂

3-5 GOD-of-the-Angel-Armies will step in
and take care of his flock, the people of Judah.

하시리라.
하나님께서 그들을 들어 당신의 재건 사역에 쓰실 것이다.
그들을 주초와 기둥으로,
도구와 기구들로,
재건 사역의 감독자로 쓰시니,
그들은 자랑스러운 일꾼 군대가 될 것이다.
당당하고 일사불란하게, 씩씩하고 힘 있게,
늪과 진창을 서슴없이 통과해 행진한다.
하나님께서 그들과 함께하시니, 그들을 꺾을 자 아무도 없으리라.

⚘

6-12 "내가 유다 백성을 강하게 만들 것이다.
내가 요셉 백성을 구원하고,
그들의 고통을 아는 나, 그들을 새롭게 하리라.
모든 과거를 씻고 새 출발하게 하리라.
이유를 묻느냐? 나는 그들의 **하나님**이기 때문이다.
그들에게 필요한 일을 내가 해줄 것이다.
에브라임 백성은 만방에 이름을 떨치고,
그들의 삶은 기쁨으로 차오를 것이다.
오, 그들의 자녀들도,
하나님의 복을 만끽하게 되리라!
내가 휘파람을 불면, 그들이 내게로 뛰어오리라.
내가 그들을 자유롭게 풀어 주었으니, 오, 그들이 번성하리라!
비록 내가 그들을 사방으로 흩어 보냈지만,
이제 그들이, 그 먼 곳에서 나를 기억할 것이다.
이야기를 간직하여 자녀들에게 전해 주고,
때가 이르면 그들이 돌아올 것이다.
내가 그들을 이집트 서쪽에서 데려오겠고,
앗시리아 동쪽에서 그들을 몰아올 것이다.
내가 그들을 기름진 길르앗으로,
숲이 우거진 레바논으로 다시 데려올 것

He'll revive their spirits,
make them proud to be on God's side.
God will use them in his work of rebuilding,
use them as foundations and pillars,
Use them as tools and instruments,
use them to oversee his work.
They'll be a workforce to be proud of, working as one,
their heads held high, striding through swamps and mud,
Courageous and vigorous because GOD is with them,
undeterred by the world's thugs.

⚘

6-12 "I'll put muscle in the people of Judah;
I'll save the people of Joseph.
I know their pain and will make them good as new.
They'll get a fresh start, as if nothing had ever happened.
And why? Because I am their very own GOD,
I'll do what needs to be done for them.
The people of Ephraim will be famous,
their lives brimming with joy.
Their children will get in on it, too—
oh, let them feel blessed by GOD!
I'll whistle and they'll all come running.
I've set them free—oh, how they'll flourish!
Even though I scattered them to the far corners of earth,
they'll remember me in the faraway places.
They'll keep the story alive in their children,
and they will come back.
I'll bring them back from the Egyptian west

이다.
온 땅이,
귀향의 무리로 가득하리라.
험한 바다를 뚫고, 성난 파도를 가볍게 타고 그들이 돌아올 것이다.
사나웠던 강들이 실개울로 변할 것이다.
화려했던 앗시리아는 발가벗겨지고,
악당 이집트는 사기꾼으로 드러날 것이다.
그러나 내 백성은, 나 **하나님**의 힘으로 강해질 것이다!
그러면 그들은 능히 내 길을 걸어갈 것이다." **하나님**께서 그렇게 말씀하신다!

11 1-4 오만한 레바논아, 이민자들을 위해 네 국경을 열어라!
너의 보초 서던 나무들이 불에 탈 것이다.
우람한 소나무들아, 통곡하여라! 자매인 백향목들아, 애곡하여라!
너의 하늘 높이 솟았던 나무들이 이제 땔감이 되었다.
바산의 상수리나무들아, 통곡하여라!
너의 울창하던 숲이 이제 그루터기 밭이 되었다.
목자들의 통곡소리를 듣느냐?
그들은 가진 모든 것을 잃었다.
사자들의 포효소리가 들리느냐?
대단하던 요단의 정글이 이제 황무지가 되었다.
사로잡혀 갔다가 돌아오는 이들을 위해 자리를 마련하여라!

거짓 목자

4-5 **하나님**께서 내게 명령하셨다. "곧 도살될 처지의 양들을 위해 목자가 되어 주어라. 양을 사들일 자들은 손쉽게 돈을 벌기 위해 그들을 도살할 것이다. 그러고도 아무 문제없다. 양을 파는 자들은 이렇게 말한

and round them up from the Assyrian east.
I'll bring them back to sweet Gilead,
back to leafy Lebanon.
Every square foot of land
will be marked by homecoming.
They'll sail through troubled seas, brush aside brash ocean waves.
Roaring rivers will turn to a trickle.
Gaudy Assyria will be stripped bare,
bully Egypt exposed as a fraud.
But my people—oh, I'll make them strong, GOD-strong!
and they'll live my way." GOD says so!

11 1-4 Open your borders to the immigrants, proud Lebanon!
Your sentinel trees will burn.
Weep, great pine trees! Mourn, you sister cedars!
Your towering trees are cordwood.
Weep Bashan oak trees!
Your thick forest is now a field of stumps.
Do you hear the wailing of shepherds?
They've lost everything they once owned.
Do you hear the outrage of the lions?
The mighty jungle of the Jordan is wasted.
Make room for the returning exiles!

Breaking the Beautiful Covenant

4-5 GOD commanded me, "Shepherd the sheep that are soon to be slaughtered. The people who buy them will butcher them for quick and easy money. What's worse, they'll get away with it. The people who sell them will say, 'Lucky me! God's on my side; I've

다. '운도 좋지! 하나님께서 내 편이시다! 나는 부자가 되었다!' 그들의 목자들도 양에게 전혀 관심이 없다."

6 **하나님**의 포고다. "이제 나는 이 땅의 백성들에게서 아주 손을 떼어 버릴 작정이다. 지금부터 그들은 철저히 혼자 힘으로 살아야 한다. 이전투구, 적자생존, 약육강식의 세상이 펼쳐지리라. 내게 도움을 구할 생각은 마라."

7-8 그래서 나는 돈밖에 모르는 악덕 주인들에게 가서 그 양들을 넘겨받아, 도살당할 처지에 있던 양들을 돌보았다. 나는 양을 치는 막대기 두 개를 가져다가, 하나에는 '사랑스러움'이라 하고 다른 하나에는 '화합'이라고 이름을 써넣었다. 그러고는 그 양들을 돌보았다. 한 달도 못 되어 나는 부패한 목자들을 내쫓아 버렸다. 더 이상 봐줄 수 없었기 때문이다. 그들도 나를 견디지 못했다.

9 그 후 나는 양들에게도 지쳐서 이렇게 말했다. "너희에게 지쳤다. 더 이상 너희를 돌보지 않겠다. 이제 죽든지 살든지, 너희가 알아서 해라. 공격을 당해도 할 수 없다. 살아남는 것들은 서로 잡아먹어라."

10-11 그러고 나서 나는 '사랑스러움'이라 이름 붙인 막대기를 무릎 위에서 부러뜨렸다. 내가 모든 백성과 맺었던 아름다운 언약을 깨뜨린 것이다. 막대기와 언약이 한번에 깨졌다. 탐욕스런 주인들은 내 행동을 보고, 배후에 **하나님**이 계시다는 사실을 알아차렸다.

12 내가 그들에게 "내게 적절한 삯을 알아서 쳐 달라"고 말했다. 그들은 삯으로 은 삼십 개를 내게 주었는데, 모욕적일 만큼 적은 액수였다.

13 **하나님**께서 내게 말씀하셨다. "그 돈을 자선 헌금함 속에 던져 넣어라." 내가 한 일에 대해 그들이 쳐준 값이 고작 그 정도였다! 나는 은 삼십 개를 가져다가 **하나님**의 성전에 있는 자선 헌금함 속에 던져 넣었다.

14 그러고는 '화합'이라는 이름의 다른 막대

got it made!' They have shepherds who couldn't care less about them."

6 GOD's Decree: "I'm washing my hands of the people of this land. From now on they're all on their own. It's dog-eat-dog, survival of the fittest, and the devil take the hindmost. Don't look for help from me."

7-8 So I took over from the crass, money-grubbing owners, and shepherded the sheep marked for slaughter. I got myself two shepherd staffs. I named one Lovely and the other Harmony. Then I went to work shepherding the sheep. Within a month I got rid of the corrupt shepherds. I got tired of putting up with them—and they couldn't stand me.

9 And then I got tired of the sheep and said, "I've had it with you—no more shepherding from me. If you die, you die; if you're attacked, you're attacked. Whoever survives can eat what's left."

10-11 Then I took the staff named Lovely and broke it across my knee, breaking the beautiful covenant I had made with all the peoples. In one stroke, both staff and covenant were broken. The money-hungry owners saw me do it and knew GOD was behind it.

12 Then I addressed them: "Pay me what you think I'm worth." They paid me an insulting sum, counting out thirty silver coins.

13 GOD told me, "Throw it in the poor box." This stingy wage was all they thought of me and my work! So I took the thirty silver coins and threw them into the poor box in GOD's Temple.

기를 가져다가 무릎 위에서 부러뜨렸다. 유다
와 이스라엘 사이의 화합을 깨뜨린 것이다.
15-16 그때 **하나님**께서 말씀하셨다. "아둔한
목자처럼 옷을 차려입어라. 내가 이 땅에 바
로 그런 목자 하나를 세우려고 한다. 희생자
들에게 무심하고 길 잃은 자들을 낮추어 보
며, 상처 입은 자들을 멸시하고 양식 있는 시
민들을 우습게 여기는 그런 목자 말이다. 그
가 목자 일을 하는 것은 단 하나, 양 떼를 이
용하고 못살게 굴어 제 잇속을 챙길 생각 때
문이다.

17 너, 아무짝에도 쓸모없는 목자야,
양 떼를 방치하고 나 몰라라 하는 네게 화가 있으리라!
네 팔이 저주를 받으리라!
네 오른쪽 눈이 저주를 받으리라!
네 팔은 힘이 빠져 무용지물이 되고,
네 오른쪽 눈은 멀어 한 치 앞도 보지 못하게 될 것이다."

예루살렘의 구원

12

1-2 전쟁에 대한 경고.

이스라엘을 향한 **하나님**의 **메시지**, **하나님**
의 포고다. 하늘을 공간에 펼쳐 놓으시고,
땅을 굳건한 기초 위에 놓으시며, 인간에게
자기 생명을 불어넣어 주신 바로 그 **하나님**
께서 말씀하신다. "잘 보아라. 이제 나는 예
루살렘을 한 잔의 독한 술이 되게 할 것이
다. 유다와 예루살렘을 포위한 자들은, 그
술에 취해 인사불성이 되어 비틀거릴 것이
다.
3 그 큰 날에, 나는 예루살렘이 모두의 길을
막아서는 거대한 돌이 되게 할 것이다. 그 돌
을 들어 옮기려는 자들은 다 부서져 내릴 것
이다. 모든 이방 민족이 힘을 모아 그 돌을
없애고 싶어 할 것이다."

14 Then I broke the other staff, Harmony,
across my knee, breaking the concord
between Judah and Israel.
15-16 GOD then said, "Dress up like a
stupid shepherd. I'm going to install just
such a shepherd in this land—a shepherd
indifferent to victims, who ignores the
lost, abandons the injured, and disdains
decent citizens. He'll only be in it for what
he can get out of it, using and abusing
any and all.

17 "Doom to you, useless shepherd,
walking off and leaving the sheep!
A curse on your arm!
A curse on your right eye!
Your arm will hang limp and useless.
Your right eye will go stone blind."

Home Again in Jerusalem

12

1-2 War Bulletin:

GOD's Message concerning Israel, GOD's
Decree—the very GOD who threw the
skies into space, set earth on a firm
foundation, and breathed his own life
into men and women: "Watch for this:
I'm about to turn Jerusalem into a cup
of strong drink that will have the people
who have set siege to Judah and Jerusa-
lem staggering in a drunken stupor.
3 "On the Big Day, I'll turn Jerusalem
into a huge stone blocking the way for
everyone. All who try to lift it will rupture
themselves. All the pagan nations will
come together and try to get rid of it.
4-5 "On the Big Day"—this is GOD speak-
ing—"I'll throw all the war horses into a

4-5 **하나님**께서 말씀하신다. "그 큰 날에, 내가 모든 군마와 기수를 공황 상태에 빠뜨려 미치게 할 것이다. 그러나 유다는 언제나 내가 보살필 것이다. 적의 말들을 눈멀게 하는 순간에도 그들을 지킬 것이다. 그러면 유다의 가문들이 깨닫고 이렇게 말하리라. '우리 지도자들이, 그들의 하나님 만군의 **하나님**의 능력을 덧입어 저토록 강해졌다.'

6 그 큰 날에, 내가 유다 가문을 바싹 마른 숲 속의 불붙은 성냥과 같은 존재, 건초 가득한 헛간 속의 타오르는 횃불과 같은 존재가 되게 할 것이다. 그들은 보이는 모든 것을 불사를 것이다. 오른편에 있는 사람부터 왼편에 있는 사람까지, 모두 불사를 것이다. 예루살렘은 이주해 오는 사람, 귀향하는 사람들로 북적일 것이다.

7-8 나 **하나님**은, 유다의 평범한 가정들을 회복시키는 일부터 시작할 것이다. 유다 평민들이 맞을 영광이 다윗 가문과 예루살렘 지도자들의 영광 못지않을 것이다. 그 큰 날에, 나는 예루살렘에 사는 모든 자들을 돌볼 것이다. 가장 낮고 약한 사람도 다윗처럼 영광스러워질 것이다. 다윗 가문은 백성을 인도하는 **하나님**의 천사 같은 존재가 될 것이다.

9 그 큰 날에, 나는 그동안 예루살렘을 대적한 모든 이방 민족들을 없애 버릴 것이다.

10-14 그런 다음, 다윗 가문과 예루살렘 주민에게 은총과 기도의 영을 부어 줄 것이다. 그러면 그들이, 나 곧 그들에게 처참히 상처 입은 이를 알아보리라. 그들에게 찔린 창 자국을 알아보리라! 그들은 슬피 울 것이다. 참으로 슬피 울 것이다! 맏이를 잃은 부모가 슬피 우는 것처럼, 울며 통곡할 것이다. 그날 예루살렘에서 일어날 큰 통곡은, 므깃도 벌판 하다드 림몬의

crazed panic, and their riders along with them. But I'll keep my eye on Judah, watching out for her at the same time that I make the enemy horses go blind. The families of Judah will then realize, 'Why, our leaders are strong and able through GOD-of-the-Angel-Armies, their personal God.'

6 "On the Big Day, I'll turn the families of Judah into something like a burning match in a tinder-dry forest, like a fiercely flaming torch in a barn full of hay. They'll burn up everything and everyone in sight—people to the right, people to the left—while Jerusalem fills up with people moving in and making themselves at home—home again in Jerusalem.

7-8 "I, GOD, will begin by restoring the common households of Judah so that the glory of David's family and the leaders in Jerusalem won't overshadow the ordinary people in Judah. On the Big Day, I'll look after everyone who lives in Jerusalem so that the lowliest, weakest person will be as glorious as David and the family of David itself will be godlike, like the Angel of GOD leading the people.

9 "On the Big Day, I'll make a clean sweep of all the godless nations that fought against Jerusalem.

10-14 "Next I'll deal with the family of David and those who live in Jerusalem. I'll pour a spirit of grace and prayer over them. They'll then be able to recognize me as the One they so grievously wounded—that piercing spear-thrust! And they'll weep—oh, how they'll weep! Deep mourning as of a parent grieving the loss of the firstborn child. The lamentation in Jerusalem that day will be

통곡만큼이나 비통할 것이다.

모두가 눈물 흘리며 슬피 울 것이다.
땅과 땅 위의 모든 자들이.
다윗 가문이 울고,
그 가문의 여인들도 울고.
나단 가문이 울고,
그 가문의 여인들도 울고.
레위 가문이 울고,
그 가문의 여인들도 울고.
시므이 가문이 울고,
그 가문의 여인들도 울고.
나머지 모든 가문이 울고,
그 가문들의 여인들도 울리라."

죄를 씻어 주리라

13 1 "그 큰 날에, 한 샘이 열려 다
윗 가문과 예루살렘 모든 지도
자의 죄를 씻어 주며, 그들의 때 묻고 더러
운 삶을 깨끗이 씻어 주리라.
2-3 만군의 **하나님**께서 말씀하신다. "그
큰 날에, 내가 가게에 전시된 신들을 모조
리 없애고, 그들의 이름이 영영 잊혀지게
할 것이다. 사람들은 그런 신들이 있었다
는 사실조차도 잊게 되리라. 그날 나는 병
든 말로 세상을 오염시키던 예언자들을
없애 버릴 것이다. 만일 그때도 누가 병든
말로 오염을 퍼뜨리는 짓을 계속하면, 그
의 부모가 나서서, '이제 그만! 너는 이제
끝났다! **하나님**에 대한 네 거짓말이 모두
를 위험에 빠뜨린다'고 말하며, **하나님**에
대해 거짓 예언하는 그를, 그 자리에서 칼
로 찔러 죽일 것이다. 그의 부모가 그 일
을 할 것이다!
4-6 그 큰 날에, 거짓말을 일삼던 예언자
들은 사람들 앞에서 까발려져 수치를 당
할 것이다. 그들은 '환상' 운운하며 사람
들을 속였던 일을 후회하게 되리라. 예언

massive, as famous as the lamentation over Hadad-Rimmon on the fields of Megiddo:

Everyone will weep and grieve,
the land and everyone in it:
The family of David off by itself
and their women off by themselves;
The family of Nathan off by itself
and their women off by themselves;
The family of Levi off by itself
and their women off by themselves;
The family of Shimei off by itself
and their women off by themselves;
And all the rest of the families off by themselves
and their women off by themselves."

Washing Away Sins

13 1 "On the Big Day, a fountain will
be opened for the family of David
and all the leaders of Jerusalem for washing
away their sins, for scrubbing their stained
and soiled lives clean.
2-3 "On the Big Day"—this is GOD-of-the-
Angel-Armies speaking—"I will wipe out the
store-bought gods, erase their names from
memory. People will forget they ever heard
of them. And I'll get rid of the prophets who
polluted the air with their diseased words. If
anyone dares persist in spreading diseased,
polluting words, his very own parents will
step in and say, 'That's it! You're finished!
Your lies about GOD put everyone in danger,'
and then they'll stab him to death in the very
act of prophesying lies about GOD—his own
parents, mind you!
4-6 "On the Big Day, the lying prophets will
be publicly exposed and humiliated. Then

자 의상을 차려입고 예언자 행세를 하던 일도 끝장날 것이다. 그들은 그런 일을 들어본 적도 없다는 듯 시치미를 뗄 것이다. '내가 예언자였다고? 천만에. 난 그저 농부일 뿐이오. 농장에서 자랐다오.' 그때 누가 '그러면 당신 눈은 어디서 멍들었소?' 하고 물으면, 이렇게 말할 것이다. '친구 집 문에 부딪혔다오.'"

they'll wish they'd never swindled people with their 'visions.' No more masquerading in prophet clothes. But they'll deny they've even heard of such things: 'Me, a prophet? Not me. I'm a farmer—grew up on the farm.' And if someone says, 'And so where did you get that black eye?' they'll say, 'I ran into a door at a friend's house.'

7-9 "칼아, 움직여 내 목자를 쳐라!
내 가까운 동료인 그를 쳐라!"
만군의 **하나님**의 포고다.
"그 목자를 죽여라! 양 떼를 흩어라!
그 양들도 내가 내 손등으로 치리라!"
하나님의 포고다.
"온 나라의 삼분의 이가 황폐해지고,
삼분의 일만 남을 것이다.
살아남은 삼분의 일은 정련하는 불 속에 내가 던져 넣을 것이다.
그들을 은을 정련하듯 정련하고,
금을 제련하듯 제련할 것이다.
그러면 그들이 내 이름을 부르며 기도할 것이다.
내가 친히 그들에게 대답해 주리라.
내가 '오, 내 백성이여' 하고 말하면,
그들은 '**하나님**, 나의 하나님!' 하고 말하리라."

7-9 "Sword, get moving against my shepherd,
against my close associate!"
Decree of GOD-of-the-Angel-Armies.
"Kill the shepherd! Scatter the sheep!
The back of my hand against even the lambs!
All across the country"—GOD's Decree—
"two-thirds will be devastated
and one-third survive.
I'll deliver the surviving third to the refinery fires.
I'll refine them as silver is refined,
test them for purity as gold is tested.
Then they'll pray to me by name
and I'll answer them personally.
I'll say, 'That's my people.'
They'll say, 'GOD—my God!'"

그날이 오고 있다

14 1-2 주목하여라. **하나님**의 심판 날이 오고 있다.
"높이 쌓인 약탈품을 적들이 나누어 가질 것이다.
내가 이방 민족들 전부를 불러
예루살렘을 침탈하게 할 것이다.
집들이 약탈당하고,
여자들이 강간당할 것이다.

The Day Is Coming

14 1-2 Note well: GOD's Judgment Day is on the way:
"Plunder will be piled high and handed out.
I'm bringing all the godless nations
to war against Jerusalem—
Houses plundered,
women raped,

도성 사람의 절반이 사로잡혀 가,
반만 남게 될 것이다."

3-5 그 후 **하나님**이 전진해 오셔서 이방
민족들과 싸움을—거대한 전쟁을!—벌
이실 것이다. 바로 그날에, 그분께서 예
루살렘을 마주보고 동쪽 올리브 산에 우
뚝 서실 것이다. 올리브 산 한가운데가
갈라져서, 동서로 뻗은 넓은 골짜기가
만들어질 것이다. 그 산의 절반은 북쪽
으로 옮겨 가고, 나머지 절반은 남쪽으
로 옮겨 갈 것이다. 그때 너희는 살기 위
해 아셀까지 뻗은 골짜기 아래로 달음질
쳐 도망갈 것이다. 전에 유다 왕 웃시야
시절에 있었던 대지진 날처럼, 너희가
살고자 달음박질할 것이다. 그때 내 **하
나님**께서 모든 거룩한 천사들을 이끌고
당도하실 것이다.
6-7 그날이 오면, 추운 밤이 사라지리라!
밤이 아예 모습을 감추리라! 낮이 계속될
그날이—언제일지는 **하나님**만이 아신다
—오고 있다. 저녁때가 되어도 새로운 아
침이 동터 오른다.
8 그날이 오면, 예루살렘에서 새로운 강이
흘러나와, 반은 동쪽 바다로 반은 서쪽 바
다로 흐르리라! 여름과 겨울 일 년 내내,
그렇게 흐를 것이다!
9 그날이 오면, **하나님**께서 온 세상의 왕,
오직 한분 **하나님**이 되시리라!

Half the city taken into exile,
the other half left behind."

3-5 But then GOD will march out against
the godless nations and fight—a great war!
That's the Day he'll take his stand on the
Mount of Olives, facing Jerusalem from the
east. The Mount of Olives will be split right
down the middle, from east to west, leaving
a wide valley. Half the mountain will shift
north, the other half south. Then you will
run for your lives down the valley, your
escape route that will take you all the way
to Azal. You'll run for your lives, just as you
ran on the day of the great earthquake in
the days of Uzziah, king of Judah. Then my
GOD will arrive and all the holy angels with
him.
6-7 What a Day that will be! No more cold
nights—in fact, no more nights! The Day is
coming—the timing is GOD's—when it will
be continuous day. Every evening will be a
fresh morning.
8 What a Day that will be! Fresh flowing
rivers out of Jerusalem, half to the eastern
sea, half to the western sea, flowing
year-round, summer and winter!
9 GOD will be king over all the earth, one
GOD and only one. What a Day that will be!

10-11 예루살렘 주위로 드넓은 땅이 펼쳐
질 것이다. 북쪽으로 게바, 남쪽으로는 림
몬까지. 그 중앙에 예루살렘이 우뚝 솟고,
우람한 문들—'베냐민 문'에서 '첫 문'과
'모퉁이 문', '하나넬 망대'와 왕실 포도원
에 이르기까지—이 사람들로 가득한 도
성을 둘러쌀 것이다. 다시는 예루살렘이

10-11 The land will stretch out spaciously
around Jerusalem—to Geba in the north
and Rimmon in the south, with Jerusalem
towering at the center, and the commanding
city gates—Gate of Benjamin to First Gate to
Corner Gate to Hananel Tower to the Royal
Winery—ringing the city full of people. Never

멸망당하는 일이 없을 것이다. 그 도성은 안전할 것이다.

12-14 그러나 예루살렘을 공격한 자들은 **하나님**께서 끔찍한 재앙으로 치실 것이다. 걸어 다니는 자들의 몸에서 살이 썩어 떨어져 나갈 것이다. 눈동자가 썩어 눈구멍에서 빠져나오고, 혀도 입안에서 썩을 것이다. 사람들이 선 채로 죽어 갈 것이다! 광기와 절망이 그들을 휩쓸리라. 같은 편 군인들끼리 싸우고 죽이며, 거룩한 공포에 휩싸일 것이다! 그때 유다도 그 소동을 틈타 돌진할 것이다!

14-15 그 민족들에게서 빼앗은 보물들—금, 은, 최신 유행상품들—이 높이 쌓일 것이다. 재앙은 짐승들—말, 노새, 낙타, 나귀들—에게도 닥칠 것이다. 적진의 살아 있는 모든 것이 재앙을 맞을 것이다.

16-19 예루살렘을 대적하던 이방 민족들 중에 살아남은 생존자들은, 해마다 예루살렘으로 가서, 왕이신 만군의 **하나님**을 예배하고 초막절을 지킬 것이다. 해마다 그들 중에 누구라도 왕이신 만군의 **하나님**을 예배하러 예루살렘 순례길에 오르지 않으면, 그의 땅에는 비가 내리지 않을 것이다. 이집트 사람들이 순례길에 올라 하나님을 예배하지 않으면, 그들에게도 비가 내리지 않을 것이다. 초막절을 지키러 올라오지 않는 민족에게는 재앙이 닥칠 것이다. 이집트나 그 어느 민족도, 초막절을 경축하러 순례길에 오르지 않으면 벌을 받을 것이다.

20-21 그날, 그 큰 날에, 모든 말방울에 '**하나님**께 거룩'이라는 글귀가 새겨지고, **하나님**의 성전 안에 있는 모든 그릇이 제단 위 잔과 접시처럼 거룩해질 것

again will Jerusalem be totally destroyed. From now on it will be a safe city.

12-14 But this is what will happen to all who fought against Jerusalem: GOD will visit them with a terrible plague. People's flesh will rot off their bones while they are walking around; their eyes will rot in their sockets and their tongues in their mouths; people will be dying on their feet! Mass hysteria when that happens—total panic! Fellow soldiers fighting and killing each other—holy terror! And then Judah will jump into the fray!

14-15 Treasures from all the nations will be piled high—gold, silver, the latest fashions. The plague will also hit the animals—horses, mules, camels, donkeys. Everything alive in the military camps will be hit by the plague.

16-19 All the survivors from the godless nations that fought against Jerusalem will travel to Jerusalem every year to worship the King, GOD-of-the-Angel-Armies, and celebrate the Feast of Booths. If any of these survivors fail to make the annual pilgrimage to Jerusalem to worship the King, GOD-of-the-Angel-Armies, there will be no rain. If the Egyptians don't make the pilgrimage and worship, there will be no rain for them. Every nation that does not go up to celebrate the Feast of Booths will be hit with the plague. Egypt and any other nation that does not make pilgrimage to celebrate the Feast of Booths gets punished.

20-21 On that Day, the Big Day, all the horses' harness bells will be inscribed "Holy to GOD." The cooking pots in the Temple of

이다. 예루살렘과 유다의 부엌에 있는 모든 그릇과 냄비들도 만군의 **하나님** 앞에서 거룩해질 것이다. 음식과 희생 제물을 마련하여 예배하러 오는 자들이 그 그릇들을 사용할 것이다. 그 큰 날에, 만군의 **하나님**의 성전에서 사고파는 일이 사라질 것이다.

GOD will be as sacred as chalices and plates on the altar. In fact, all the pots and pans in all the kitchens of Jerusalem and Judah will be holy to GOD-of-the-Angel-Armies. People who come to worship, preparing meals and sacrifices, will use them. On that Big Day there will be no buying or selling in the Temple of GOD-of-the-Angel-Armies.

말라기 | 머리말

인생 대부분이 위기의 시간인 것은 아니다. 다행스러운 일이 아닐 수 없다. 인생에서 고통과 상실, 혼란이나 어려움이 쉴 새 없이 이어지는 삶을 감당할 수 있는 사람은 많지 않다. 그러나 위기의 시간이 갖는 가치는 소중하다. 위기의 시간에는 모든 것이, 정말 모든 것이 중대한 의미를 갖게 된다. 그야말로 생사가 갈리는 시간이기 때문이다. 말 한 마디, 행동 하나도 예사로울 수 없다. 그런 시간에는 언제나 하나님이, 하나님과 우리의 관계가 핵심 사안으로 떠오른다.

그러나 평범한 시기, 흔히 하는 말로 "별일 없이 사는" 때는, 하나님에 대한 관심이 삶의 언저리로 밀려나고 우리는 자신에게 몰두한 채 살아간다. 그런 시기에 종교는 "신에 대해 질문하는 일" 정도로 축소되어, 하나님에 대해 의문을 제기하거나 불평을 늘어놓거나 할 뿐이다. 예배는 기분전환용일 뿐이며, 우리는 하나님의 뜻을 물을 생각 없이 (결혼 같은) 개인적 일을 결정해 버리고, 일상의 모든 일을 하나님과는 아무 상관없다는 듯 처리하며 하루하루를 살아간다.

말라기의 예언은 바로 그러한 상태를 정조준한다. 말라기는 위기를 알아차리지 못하는 우리를 위해 새로운 위기를 만들어 낸다. 그는 우리가 우리 일에만 집중하고 있을 때 하나님의 위기에 눈뜨게 한다. 그는 우리로 하여금 늘 마음의 허리를 동이고 하나님께 귀를 기울이며 살아가게 한다. 지금

Most of life is not lived in crisis—which is a good thing. Not many of us would be able to sustain a life of perpetual pain or loss or ecstasy or challenge. But crisis has this to say for it: In time of crisis everything, absolutely everything, is important and significant. Life itself is on the line. No word is casual, no action marginal. And almost always, God and our relationship with God is on the front page.

But during the humdrum times, when things are, as we tend to say, "normal," our interest in God is crowded to the margins of our lives and we become preoccupied with ourselves. "Religion" during such times is trivialized into asking "God-questions"—calling God into question or complaining about him, treating the worship of God as a mere hobby or diversion, managing our personal affairs (such as marriage) for our own convenience and disregarding what God has to say about them, going about our usual activities as if God were not involved in such dailiness.

The prophecy of Malachi is made to order for just such conditions. Malachi creates a crisis at a time when we are unaware of crisis. He wakes us up to the crisis of God during the times when the only thing we are concerned with is us. He keeps us on our toes, listening for God, waiting in antic-

우리에게 오고 계신 하나님을 기대하고 맞이하며, 그분께 늘 응답할 태세를 갖추고 살아가게 한다.

> **하나님**께서 말씀하신다. "너희는 내게 무례하고 거친 말을 했다.
> 너희가 묻는다. '언제 우리가 그렇게 했습니까?'
> 너희는 이렇게 말했다. '하나님을 섬겨봐야 득 될 게 없다. 대체 얻는 것이 무엇이란 말인가? 그분의 말씀대로 행하고 만군의 **하나님** 앞에서 엄숙하고 침울하게 살았는데, 달라진 게 뭐지? 하지만 자기 인생을 제 마음대로 사는 자들은 행운아다. 법이란 법은 모두 어기며 살아도 잘만 산다. 하나님의 한계를 시험하는데도, 그들은 별 탈 없이 잘산다.'"
> 그때, **하나님**을 높이며 살아온 사람들이 한자리에 모여 이야기를 나누었다. **하나님**께서 그들을 보시며 그들의 말을 귀 기울여 들으셨다. 하나님 앞에 한 책이 펼쳐지고 그 모임이 기록되었다. **하나님**을 경외하는 자들, **하나님**의 이름을 높인 자들의 이름이 다 기록되었다.
> 만군의 **하나님**께서 말씀하셨다. "그들은 내 사람들이다. 모두 내 사람들이다. 내가 행동에 나설 때 그들은 특별대우를 받을 것이다. 부모가 자신을 높이는 자녀를 아끼고 품어 주듯이, 내가 그들을 그렇게 대해 줄 것이다. 다시 한번, 너희는 바른 일을 하는 사람과 그렇지 않은 사람, 하나님을 섬기는 사람과 그렇지 않은 사람의 운명이 얼마나 다른지 보게 될 것이다"(말 3:13-18).

말라기는 구약성경의 대미를 장식한다. 그는 메시지의 마지막 몇 문장에서, 모세와 엘리야라는 두 거인을 우리 앞에 불러 세운

ipation for God, ready to respond to God, who is always coming to us.

> GOD says, "You have spoken hard, rude words to me.
> "You ask, 'When did we ever do that?'
> "When you said, 'It doesn't pay to serve God. What do we ever get out of it? When we did what he said and went around with long faces, serious about GOD-of-the-Angel-Armies, what difference did it make? Those who take life into their own hands are the lucky ones. They break all the rules and get ahead anyway. They push God to the limit and get by with it.'"
> Then those whose lives honored GOD got together and talked it over. GOD saw what they were doing and listened in. A book was opened in God's presence and minutes were taken of the meeting, with the names of the GOD-fearers written down, all the names of those who honored GOD's name.
> GOD-of-the-Angel-Armies said, "They're mine, all mine. They'll get special treatment when I go into action. I treat them with the same consideration and kindness that parents give the child who honors them. Once more you'll see the difference it makes between being a person who does the right thing and one who doesn't, between serving God and not serving him"(Malachi 3:13-18).

Malachi gets in the last word of Holy Scripture in the Old Testament. The final sentences in his message to us evoke the gigantic figures of Moses and Elijah—Mo-

다. 하나님께서 과거에 행하신 일과 말씀에 뿌리박고 살아가게 해주는 모세, 그리고 하나님께서 앞으로 하실 일에 깨어 있게 해주는 엘리야.

"내가 내 종 모세를 통해 주었던 계시, 온 이스라엘을 위해 호렙에서 명령으로 주었던 계시, 바른 삶을 위한 그 모든 규례를 기억하고 지켜라.
그러나 동시에 앞을 내다보며 살아라. 내가 **하나님**의 큰 날—결정적 심판의 날—을 위해 예언자 엘리야를 보내어 길을 닦게 할 것이다. 그는 부모의 마음을 돌려 자녀를 돌보게 하고, 자녀의 마음을 돌려 부모를 공경하게 할 것이다. 만일 그들이 그것을 거절하면, 내가 와서 그 땅을 저주 아래 둘 것이다."
(말 4:4-6)

우리를 위대한 모세와 불같은 엘리야 앞에 불러 세움으로써, 말라기는 '하나님과 영혼' 문제를 대수롭지 않게 여기던 우리를 정신이 번쩍 들게 한다.

ses to keep us rooted in what God has done and said in the past, Elijah to keep us alert to what God will do in the days ahead.

"Remember and keep the revelation I gave through my servant Moses, the revelation I commanded at Horeb for all Israel, all the rules and procedures for right living.
"But also look ahead: I'm sending Elijah the prophet to clear the way for the Big Day of GOD—the decisive Judgment Day! He will convince parents to look after their children and children to look up to their parents. If they refuse, I'll come and put the land under a curse"(Malachi 4:4-6).

By leaving us in the company of mighty Moses and fiery Elijah, Malachi considerably reduces the danger of our trivializing matters of God and the soul.

말라기

거짓 예배는 이제 그만!

1 1 **메시지**, 곧 말라기를 통해 이스라
엘에게 주신 **하나님**의 말씀이다.
2-3 **하나님**께서 말씀하셨다. "내가 너희를
사랑한다."
너희가 대답했다. "정말 그렇습니까? 주께
서 어떻게 저희를 사랑하셨는데요?"
"역사를 보아라"(하나님의 대답이다). "내가 너
야곱을 에서와 얼마나 다르게 대해 왔는지
보아라. 나는 야곱을 사랑했고 에서는 미워
했다. 나는 머리인 양 우쭐대던 에서를 꼬리
가 되게 만들었고, 그의 나라 전체를 유령도
시로 만들었다."
4 에돔(에서)은, "우리가 쓰러졌지만 아무렇
지도 않게 다시 일어설 수 있다"고 말한다.
그러나 만군의 **하나님**께서 이렇게 말씀하신
다. "그래 한번 해보아라. 과연 그럴 수 있는
지 보자. 내가 때려눕히면 다시 일어서지 못
한다. 너희를 보고 사람들이 '악의 땅!', '**하
나님**께 저주받은 족속!'이라고 말하리라.
5 그렇다. 잘 보아라. 그러면 내가 얼마나 충
실하게 너희를 사랑해 왔는지 깨닫게 될 것이
다. 너희는 더 큰 것을 바라며 이렇게 말
할 것이다. '이스라엘의 경계를 넘어서까
지, 하나님의 이름이 더욱 높아지기를!'"

6 "아들은 자기 아버지를 높이고, 일꾼은 자

MALACHI

No More of This So-Called Worship!

1 1 A Message. GOD's Word to
Israel through Malachi:
2-3 GOD said, "I love you."
You replied, "Really? How have you loved
us?"
"Look at history" (this is GOD's answer).
"Look at how differently I've treated you,
Jacob, from Esau: I loved Jacob and
hated Esau. I reduced pretentious Esau
to a molehill, turned his whole country
into a ghost town."
4 When Edom (Esau) said, "We've been
knocked down, but we'll get up and start
over, good as new," GOD-of-the-Angel-
Armies said, "Just try it and see how far
you get. When I knock you down, you
stay down. People will take one look
at you and say, 'Land of Evil!' and 'the
GOD-cursed tribe!'
5 "Yes, take a good look. Then you'll see
how faithfully I've loved you and you'll
want even more, saying, 'May GOD be
even greater, beyond the borders of
Israel!'

6 "Isn't it true that a son honors his father

기 주인을 높이는 법이 아니냐? 그런데 내가 너희 아버지인데도, 너희는 과연 나를 높이느냐? 내가 너희 주인인데도, 너희는 과연 나를 존중하느냐?" 만군의 **하나님**께서 너희를 질책하신다. "너희 제사장들이 나를 멸시한다!

너희는 말한다. '그럴 리가요! 저희가 어떻게 주님을 멸시한단 말씀입니까?'

너희의 조악하고 천박한 예배로 나를 멸시한다.

너희가 묻는다. '멸시하다니, 무슨 말씀이십니까? 대체 어떻게 멸시한다는 말씀인가요?'

7-8 너희는, '**하나님**의 제단은 더 이상 중요하지 않다. **하나님**을 예배하는 일은 더 이상 최우선적인 과제가 아니다'라고 말한다. 이것이 나를 멸시하는 일이 아니고 무엇이냐? 또 너희는 예배 때 보잘것없는 짐승을 가져와서 제물로 바친다. 너희 자신도 갖고 싶어 하지 않을, 눈멀고 병들고 다리 저는 짐승들을 가져온다. 이것이 멸시가 아니면 무엇이냐? 너희 상관을 그런 식으로 속이려고 해보아라. 너희에게 무엇이 돌아오겠느냐?" 만군의 하나님께서 너희에게 물으신다.

9 "무릎 꿇고, 내게 은혜를 베풀어 달라고 기도하여라. 너희 제사장들은 모두를 구렁에 빠뜨렸다. 이런 짓을 해놓고도 내가 너희 말을 들어주리라고 생각하느냐?" 만군의 **하나님**께서 너희에게 물으신다.

10 "아예 성전 문을 닫아 걸어 버리는 것이 어떻겠느냐? 그러면 누구도 성전에서 아둔하고 천치 같은 예배를 드리며 종교놀음을 하지 못할 테니 말이다. 나는 기쁘지 않다. 만군의 **하나님**은 하나도 기쁘지 않다. 너희의 거짓 예배 따위는 원하지 않는다!"

너희는 나를 모독한다

11 "나는 온 세상에서 높임을 받는다. 세상

and a worker his master? So if I'm your Father, where's the honor? If I'm your Master, where's the respect?" GOD-of-the-Angel-Armies is calling you on the carpet: "You priests despise me!

"You say, 'Not so! How do we despise you?'

"By your shoddy, sloppy, defiling worship.

"You ask, 'What do you mean, "defiling"? What's defiling about it?'

7-8 "When you say, 'The altar of GOD is not important anymore; worship of GOD is no longer a priority,' that's defiling. And when you offer worthless animals for sacrifices in worship, animals that you're trying to get rid of—blind and sick and crippled animals—isn't that defiling? Try a trick like that with your banker or your senator—how far do you think it will get you?" GOD-of-the-Angel-Armies asks you.

9 "Get on your knees and pray that I will be gracious to you. You priests have gotten everyone in trouble. With this kind of conduct, do you think I'll pay attention to you?" GOD-of-the-Angel-Armies asks you.

10 "Why doesn't one of you just shut the Temple doors and lock them? Then none of you can get in and play at religion with this silly, empty-headed worship. I am not pleased. The GOD-of-the-Angel-Armies is not pleased. And I don't want any more of this so-called worship!

Offering God Something Hand-Me-Down, Broken, or Useless

11 "I am honored all over the world. And

도처에, 나를 예배할 줄 아는 자들, 자기에게 가장 귀한 것을 바치며 나를 높이는 자들이 있다. 그들은 세상 곳곳에서 말한다. '만군의 **하나님**이 가장 높으시다!'

12-13 너희만 예외다. 너희는 나를 높이기는커녕 모독한다. 너희는 '예배가 뭐 그리 중요한가, 예배에 무엇을 가져오는지가 그렇게도 중요한가?'라고 말하고, '예배는 지루하다. 내게 아무 도움이 되지 않는다'는 말로 나를 모독한다. 너희는 고개를 빳빳이 세우고, 나 만군의 **하나님** 앞에서 잘난 체한다! 또 너희는 내게 싸구려나 폐품, 쓰레기 같은 것들을 바친다. 내가 그런 것들을 받으리라고 생각하느냐? 나 **하나님**이 말한다!

14 나를 위해 뭔가 큰일—값진 희생제—을 할 것처럼 잔뜩 폼을 잡다가, 결국은 하잘것없는 것만 가져오는 자에게 저주가 있을 것이다! 나는 위대한 왕이요, 세상 도처에서 높임을 받는 만군의 **하나님**이다. 결단코 그런 일을 두고 보지 않을 것이다!"

하나님의 거룩을 더럽히는 일

2 1-3 "제사장들아, 너희에 대한 기소장이다! 너희가 순종하며 귀 기울여 듣지 않고, 나 만군의 **하나님**을 높이며 예배하지 않으면, 내가 너희를 저주 아래 둘 것이다. 내가 너희의 모든 복을 저주로 바꿀 것이다. 이미 저주가 시작되었다. 너희는 나를 높이는 일에 별 관심이 없기 때문이다. 그렇다. 그 저주는 너희 자손들에게까지 미칠 것이다. 내가 너희 얼굴에 악취 나는 쓰레기를, 너희 축제에서 나오는 쓰레기를 바를 것이다. 너희에게 곧 닥칠 일이다!

4-6 그렇게 하면 너희가 정신을 차릴 것이다. 레위 제사장들과 맺은 언약, 곧 만군의

there are people who know how to worship me all over the world, who honor me by bringing their best to me. They're saying it everywhere: 'God is greater, this GOD-of-the-Angel-Armies.'

12-13 "All except you. Instead of honoring me, you profane me. You profane me when you say, 'Worship is not important, and what we bring to worship is of no account,' and when you say, 'I'm bored—this doesn't do anything for me.' You act so superior, sticking your noses in the air—act superior to *me*, GOD-of-the-Angel-Armies! And when you do offer something to me, it's a hand-me-down, or broken, or useless. Do you think I'm going to accept it? This is GOD speaking to you!

14 "A curse on the person who makes a big show of doing something great for me—an expensive sacrifice, say—and then at the last minute brings in something puny and worthless! I'm a great king, GOD-of-the-Angel-Armies, honored far and wide, and I'll not put up with it!"

Desecrating the Holiness of God

2 1-3 "And now this indictment, you priests! If you refuse to obediently listen, and if you refuse to honor me, GOD-of-the-Angel-Armies, in worship, then I'll put you under a curse. I'll exchange all your blessings for curses. In fact, the curses are already at work because you're not serious about honoring me. Yes, and the curse will extend to your children. I'm going to plaster your faces with rotting garbage, garbage thrown out from your feasts. That's what you have to look forward to!

하나님의 언약에 새로운 생명을 불어넣기 위해 내가 너희를 기소한다는 것을 깨닫게 될 것이다. 내가 레위와 언약을 맺은 것은 그에게 생명과 평화를 주기 위해서였다. 나는 그와 맺은 언약을 지켰고, 그는 나를 높였다. 그는 경외심을 품고 내 앞에 섰다. 진리를 가르쳤으며, 거짓을 말하지 않았다. 평화와 의를 실천하며 나와 동행했다. 그는 많은 사람을 수렁에서 건지고, 바른 길로 이끌었다.

7-9 제사장의 일은 진리를 가르치는 것이다. 사람들에게 길을 안내하는 것이다. 제사장은 만군의 **하나님**의 특사다. 그런데 너희 제사장들은 제사장의 일을 저버렸다. 도리어 많은 사람들의 삶을 망쳐 놓았다. 너희는 제사장 레위의 언약을 쓰레기로 만들었다. 만군의 **하나님**이 말한다. 그래서 내가 이렇게 너희의 실상을 만천하에 폭로한다. 이제 모두가 너희를 역겨워하고 피해 간다. 너희가 내 말을 듣지 않고, 내 계시를 참되고 치우침 없이 가르치지 않기 때문이다."

10 우리는 모두 한 아버지에게서 나지 않았느냐? 모두 같은 하나님에 의해 창조되지 않았느냐? 그런데 어째서 우리는 서로 잘 지내지 못하는 것일까? 어째서 우리를 하나로 묶어 주는, 조상들의 언약을 더럽히고 있는가?

11-12 유다는 **하나님**을 속였다. 신뢰를 저버리는 역겨운 일이 이스라엘과 예루살렘에서 벌어졌다. 유다는 이방 신들을 예배하는 여자들과 사랑에 빠져 도망갔고, **하나님**의 거룩을 더럽혔다. 그들에게 **하나님**의 저주가 있을 것이다! 그들을 집에서 내쫓아라! 그들은 공동체 일원이 될 자격이 없다. 만군의 **하나님**께 아무리 많은 제물을 들고 온다고 해도 소용없다.

13-15 유다의 두 번째 죄는, 너희 예배장소를 우는 소리와 불평하는 소리로 가득 채

4-6 "Maybe that will wake you up. Maybe then you'll realize that I'm indicting you in order to put new life into my covenant with the priests of Levi, the covenant of GOD-of-the-Angel-Armies. My covenant with Levi was to give life and peace. I kept my covenant with him, and he honored me. He stood in reverent awe before me. He taught the truth and did not lie. He walked with me in peace and uprightness. He kept many out of the ditch, kept them on the road.

7-9 "It's the job of priests to teach the truth. People are supposed to look to them for guidance. The priest is the messenger of GOD-of-the-Angel-Armies. But you priests have abandoned the way of priests. Your teaching has messed up many lives. You have corrupted the covenant of priest Levi. GOD-of-the-Angel-Armies says so. And so I am showing you up for who you are. Everyone will be disgusted with you and avoid you because you don't live the way I told you to live, and you don't teach my revelation truly and impartially."

10 Don't we all come from one Father? Aren't we all created by the same God? So why can't we get along? Why do we desecrate the covenant of our ancestors that binds us together?

11-12 Judah has cheated on GOD—a sickening violation of trust in Israel and Jerusalem: Judah has desecrated the holiness of GOD by falling in love and running off with foreign women, women who worship alien gods. GOD's curse on those who do this! Drive them out of house and home! They're no longer fit to be part of the

운 것이다. 그들이 원하는 것을 **하나님**에게
서 얻지 못했기 때문이다. 너희는 그 이유
를 알고 있느냐? 너희가 너희 어린 신부를
맞으며 결혼 서약을 했을 때 **하나님**께서 거
기 증인으로 계셨는데도, 너희가 그 서약을
깨 버렸기 때문이다. 너희는 서약 맺은 동
반자, 언약 맺은 아내와의 약속을 깨뜨렸
다. 결혼은, 너희가 아닌 **하나님**의 작품이
다. 그 세부사항 하나하나에까지 그분의 영
이 깃들어 있다. 그분이 결혼에서 원하시는
것이 무엇인지 아느냐? 다름 아닌, 하나님
의 자녀가 되는 것이다. 그러니 너희는 부
부 간의 도리를 잘 지키며 살아야 한다. 너
희 배우자를 속여서는 안된다.
16 "나는 이혼을 미워한다." 만군의 **하나
님**, 이스라엘의 **하나님**께서 말씀하신다.
"나는 결혼으로 맺어진 '한 몸'이 찢어지는
것을 싫어한다." 그러니 늘 너희 자신을 살
펴라. 경계를 늦추지 마라. 속이지 마라.
17 너희가 하는 말은 하나같이 **하나님**을
괴롭힌다.
"우리가 어떻게 그분을 괴롭힙니까?" 하고
너희가 묻는다.
바로 이런 말로 **하나님**을 괴롭힌다. "**하나
님**은 죄인도, 죄도 다 사랑하신다. **하나님**
은 뭐든지 사랑하신다." "심판이라고? **하
나님**은 너무 좋으신 분이어서 심판 같은 것
은 하지 않으신다."

3 1 "보아라! 나를 위해 길을 닦으라
고, 내가 특사를 보낼 것이다. 너희
가 찾던 지도자가 불시에 자기 성전에 들어
설 것이다. 그렇다. 그가 바로 너희가 기다
리던, 언약의 특사다. 보아라! 그가 오고 있
다!" 만군의 **하나님의 메시지다**.
2-4 그러나 그가 올 때 과연 누가 견뎌 낼
수 있을까? 그가 나타날 때 과연 누가 살

community no matter how many offerings
they bring to GOD-of-the-Angel-Armies.
13-15 And here's a second offense: You fill
the place of worship with your whining
and sniveling because you don't get what
you want from GOD. Do you know why?
Simple. Because GOD was there as a witness
when you spoke your marriage vows to
your young bride, and now you've broken
those vows, broken the faith-bond with
your vowed companion, your covenant
wife. GOD, not you, made marriage. His
Spirit inhabits even the smallest details
of marriage. And what does he want from
marriage? Children of God, that's what.
So guard the spirit of marriage within you.
Don't cheat on your spouse.
16 "I hate divorce," says the GOD of Israel.
GOD-of-the-Angel-Armies says, "I hate the
violent dismembering of the 'one flesh' of
marriage." So watch yourselves. Don't let
your guard down. Don't cheat.
17 You make GOD tired with all your talk.
"How do we tire him out?" you ask.
By saying, "GOD loves sinners and sin
alike. GOD loves all." And also by saying,
"Judgment? GOD's too nice to judge."

The Master You've Been Looking For

3 1 "Look! I'm sending my messen-
ger on ahead to clear the way
for me. Suddenly, out of the blue, the
Leader you've been looking for will enter
his Temple—yes, the Messenger of the
Covenant, the one you've been waiting for.
Look! He's on his way!" A Message from
the mouth of GOD-of-the-Angel-Armies.
2-4 But who will be able to stand up to that

아남을 수 있을까?
그는 용광로 속의 맹렬한 불 같다. 그는 가장 강력한 세정제 같다. 그는 금과 은을 정련하고 더러운 옷을 깨끗이 빨듯이, 레위 제사장들을 정련하고 깨끗게 할 것이다. 그리하여 마침내 그들을 **하나님**께 합당한 자들, 의의 제물을 바치기에 합당한 자들로 만들어 낼 것이다. 그때에야 비로소 유다와 예루살렘은, 오래전처럼 **하나님**께 합한 존재, 기쁨을 드리는 존재가 될 것이다."

5 "그렇다. 내가 심판을 들고 너희를 찾아가는 중이다. 나는 마술 부리는 자들, 간음하는 자들, 거짓말하는 자들, 일꾼을 착취하는 자들, 과부와 고아들을 이용하는 자들, 집 없는 이들을 박대하는 자들, 곧 나를 높이지 않는 자들의 죄를 드러낼 증거를 내놓겠다. 그들이 꼼짝 못하도록." 만군의 **하나님의 메시지다.**

십일조

6-7 "나는 **하나님**이다. 그렇다. 언제나 **하나님**이다. 나는 변하지 않는다. 내가 변하지 않기에, 너 야곱의 자손이 지금까지 멸망하지 않은 것이다. 너희는 오랜 세월 동안 내 명령을 무시했다. 내가 너희에게 이르는 일을 하나도 행하지 않았다. 내게 돌아오너라. 내가 너희에게 돌아갈 수 있도록." 만군의 **하나님**께서 말씀하신다.

"너희가 묻는다. '저희가 어떻게 돌아가야 합니까?'
8-11 정직한 일부터 시작하여라. 정직한 자들은 하나님의 것을 훔치지 않는다. 그러나 너희는 날마다 내 것을 훔친다.
너희가 묻는다. '저희가 어떻게 주님의 것을 훔쳤단 말씀인가요?'

coming? Who can survive his appearance? He'll be like white-hot fire from the smelter's furnace. He'll be like the strongest lye soap at the laundry. He'll take his place as a refiner of silver, as a cleanser of dirty clothes. He'll scrub the Levite priests clean, refine them like gold and silver, until they're fit for GOD, fit to present offerings of righteousness. Then, and only then, will Judah and Jerusalem be fit and pleasing to GOD, as they used to be in the years long ago.

5 "Yes, I'm on my way to visit you with Judgment. I'll present compelling evidence against sorcerers, adulterers, liars, those who exploit workers, those who take advantage of widows and orphans, those who are inhospitable to the homeless—anyone and everyone who doesn't honor me." A Message from GOD-of-the-Angel-Armies.

6-7 "I am GOD—yes, I AM. I haven't changed. And because I haven't changed, you, the descendants of Jacob, haven't been destroyed. You have a long history of ignoring my commands. You haven't done a thing I've told you. Return to me so I can return to you," says GOD-of-the-Angel-Armies.

"You ask, 'But how do we return?'
8-11 "Begin by being honest. Do honest people rob God? But you rob me day after day.

십일조와 헌물이다! 지금 너희가—너희 모
두가—저주 아래 있는 것은, 너희가 내 것
을 훔쳤기 때문이다. 너희의 온전한 십일조
를 성전 보물 보관소로 가져와서, 내 성전
곳간이 넉넉해지게 하여라. 이 일을 가지
고 나를 한번 시험해 보아라. 내가 너희에
게 하늘을 열어 주는지 않는지, 너희가 감
히 꿈도 꾸지 못한 복들을 너희에게 쏟아부
어 주는지 않는지. 내가 약탈자들을 막고,
너희 밭과 정원들을 보호해 줄 것이다." 만
군의 **하나님**의 메시지다.
12 "너희는 '가장 행복한 나라'로 손꼽힐 것
이다. 은총이 넘치는 나라에서 살게 될 것
이다." 만군의 **하나님**의 말씀이다.

하나님을 높이며 살아온 사람들

13 **하나님**께서 말씀하신다. "너희는 내게
무례하고 거친 말을 했다.
너희가 묻는다. '언제 우리가 그렇게 했습
니까?'
14-15 너희는 이렇게 말했다. '하나님을 섬
겨 봐야 득 될 게 없다. 대체 얻는 것이 무
엇이란 말인가? 그분의 말씀대로 행하고
만군의 **하나님** 앞에서 엄숙하고 침울하게
살았는데, 달라진 게 뭐지? 하지만 자기 인
생을 제 마음대로 사는 자들은 행운아다.
법이란 법은 모두 어기며 살아도 잘만 산
다. 하나님의 한계를 시험하는데도, 그들은
별 탈 없이 잘산다.'"
16 그때, **하나님**을 높이며 살아온 사람들이
한자리에 모여 이야기를 나누었다. **하나님**
께서 그들을 보시며 그들의 말을 귀 기울여
들으셨다. 하나님 앞에 한 책이 펼쳐지고
그 모임이 기록되었다. **하나님**을 경외하는
자들, **하나님**의 이름을 높인 자들의 이름이
다 기록되었다.
17-18 만군의 **하나님**께서 말씀하셨다. "그
들은 내 사람들이다. 모두 내 사람들이다.

"You ask, 'How have we robbed you?'
"The tithe and the offering—that's how!
And now you're under a curse—the whole
lot of you—because you're robbing me.
Bring your full tithe to the Temple treasury
so there will be ample provisions in my
Temple. Test me in this and see if I don't
open up heaven itself to you and pour out
blessings beyond your wildest dreams.
For my part, I will defend you against
marauders, protect your wheat fields and
vegetable gardens against plunderers."
The Message of GOD-of-the-Angel-Armies.
12 "You'll be voted 'Happiest Nation.' You'll
experience what it's like to be a country of
grace." GOD-of-the-Angel-Armies says so.

The Difference Between Serving God and Not Serving Him

13 GOD says, "You have spoken hard, rude
words to me.
"You ask, 'When did we ever do that?'
14-15 "When you said, 'It doesn't pay to
serve God. What do we ever get out of
it? When we did what he said and went
around with long faces, serious about
GOD-of-the-Angel-Armies, what difference
did it make? Those who take life into their
own hands are the lucky ones. They break
all the rules and get ahead anyway. They
push God to the limit and get by with it.'"
16 Then those whose lives honored GOD
got together and talked it over. GOD saw
what they were doing and listened in. A
book was opened in God's presence and
minutes were taken of the meeting, with
the names of the GOD-fearers written
down, all the names of those who honored

내가 행동에 나설 때 그들은 특별대우를 받
을 것이다. 부모가 자신을 높이는 자녀를
아끼고 품어 주듯이, 내가 그들을 그렇게
대해 줄 것이다. 다시 한번, 너희는 바른 일
을 하는 사람과 그렇지 않은 사람, 하나님
을 섬기는 사람과 그렇지 않은 사람의 운명
이 얼마나 다른지 보게 될 것이다."

의의 태양이 떠오르리라

4 1-3 "두고 보아라. 그날이 오고
있다. 산불처럼 맹렬한 그날이.
악을 행하는 거만한 자들은 모두 땔감
처럼 태워져 부서질 것이다. 오직 그을
린 흙과 재만 남으리라. 그들에게는 암
흑의 날이 될 것이다. 그러나 너희는 기
대하여라! 내 이름을 높이는 이들에게
는 의의 태양이 떠오를 것이다. 거기에
서 치유의 빛이 흘러나올 것이다. 너희
는 기운 펄펄한 망아지처럼 에너지가
넘치고, 악한 자들을 밟게 될 것이다.
그날에, 그들은 너희에게 밟혀 재처럼
뒹굴 것이다." 만군의 **하나님**께서 말씀
하신다.
4 "내가 내 종 모세를 통해 주었던 계시, 온
이스라엘을 위해 호렙에서 명령으로 주었
던 계시, 바른 삶을 위한 그 모든 규례를 기
억하고 지켜라.
5-6 그러나 동시에 앞을 내다보며 살아라.
내가 **하나님**의 큰 날—결정적 심판의 날—
을 위해 예언자 엘리야를 보내어 길을 닦게
할 것이다. 그는 부모의 마음을 돌려 자녀
를 돌보게 하고, 자녀의 마음을 돌려 부모
를 공경하게 할 것이다. 만일 그들이 그것
을 거절하면, 내가 와서 그 땅을 저주 아래
둘 것이다."

GOD's name.
17-18 GOD-of-the-Angel-Armies said,
"They're mine, all mine. They'll get
special treatment when I go into action.
I treat them with the same consideration
and kindness that parents give the child
who honors them. Once more you'll see
the difference it makes between being a
person who does the right thing and one
who doesn't, between serving God and not
serving him."

The Sun of Righteousness Will Dawn

4 1-3 "Count on it: The day is coming,
raging like a forest fire. All the
arrogant people who do evil things will be
burned up like stove wood, burned to a
crisp, nothing left but scorched earth and
ash—a black day. But for you, sunrise! The
sun of righteousness will dawn on those
who honor my name, healing radiating
from its wings. You will be bursting with
energy, like colts frisky and frolicking.
And you'll tromp on the wicked. They'll be
nothing but ashes under your feet on that
Day." GOD-of-the-Angel-Armies says so.
4 "Remember and keep the revelation
I gave through my servant Moses, the
revelation I commanded at Horeb for all
Israel, all the rules and procedures for
right living.
5-6 "But also look ahead: I'm sending
Elijah the prophet to clear the way for the
Big Day of GOD—the decisive Judgment
Day! He will convince parents to look after
their children and children to look up to
their parents. If they refuse, I'll come and
put the land under a curse."

성경 이야기의 다섯 막

성경의 요체는 이야기다. 특정 백성에 대한 이야기, 하나님께서 어떻게 그들을 부르셨고 그들을 모든 인류를 위한 복의 통로로 삼고자 하시는지에 대한 이야기다. 사실, 이야기는 우리 삶을 가장 잘 묘사해 주는 단어이기도 하다. 우리는 법을 잘 준수하는 사람일 수도, 사실을 깊이 연구하는 사람일 수도, 지혜를 추구하는 사람일 수도 있지만, 이런 행위들이 우리에게 우리 삶의 의미를 밝혀 주는 것은 아니다. 우리 삶에 맥락을 제공하고 의미를 부여해 주는 것은 다름 아닌 이야기다.

성경은 모든 부분들이 모여 결국 하나의 이야기를 이룬다. 그렇기에

성경을 이해하자면, 우리는 그 등장인물을 파악하고
배경을 이해하고 줄거리를 따라가야 한다.

성경의 클라이맥스와 대미를 이해하자면, 우리는 거기까지 전개되어 온 이야기를 알고 있어야 한다. 고조되는 긴장과 깊어지는 갈등을 함께 느낄 줄 알아야 한다. 좋은 소설을 읽을 때처럼 우리는 이야기 속에 푹 빠져들어야 한다.

다음은 성경을 다섯 막으로 이루어진 드라마로 보고 그 이야기를 축약해 본 것이다.

제1막 | 창조

성경 드라마는 막이 오를 때 이미 하나님이 무대 위에 올라와 계신다. 세상을 창조하고 계신다. 하나님은 사람 곧 아담을 만드시고는, 그를 에덴 동산에 두어 그곳을 돌보고 가꾸는 일을 하게 하신다. 하나님의 뜻은 인간이 당신과 친밀한 관계 가운데 살며 주변의 모든 창조물과 조화를 이루며 사는 것이다. 성경의 처음 장들은 하나님을 처음 인간들인 아담과 하와와 더불어 에덴 동산에 거주하시는 분으로 그린다. 창세기 첫째 장은 스스로 하신 일에 대해 자평하시는 하나님의 말씀으로 마친다.

하나님께서 손수 만드신 모든 것을 보시니

참으로 좋고 좋았다!(창 1:31)

이렇게 성경 이야기의 1막은 하나님께서 사람에게 바라시는 것이 무엇인지를 계시해 주며, 이후 일어날 일들의 배경이 된다.

제2막 | 타락

이야기에 긴장이 도입된다. 아담과 하와가 하나님의 길을 저버리고 자기 꾀를 내어 살기로 선택한 것이다. 그들은 하나님의 원수인 사탄의 혹하는 소리에 귀를 기울이고 하나님의 미쁘심을 의심한다. 그들은 하나님께 반역한다. 그 결과,

> **하나님**은 그들을 에덴 동산에서 내쫓으시고, 그들이 흙으로 지어졌으므로 흙을 일구게 하셨다. **하나님**께서 그들을 쫓아내신 다음, 동산 동쪽에 그룹 천사들과 회전하는 불칼을 두셔서, 생명나무에 이르는 길을 지키게 하셨다(창 3:23-24).

1막이 세상을 창조하신 하나님의 뜻이 무엇인지를 계시해 주었다면, 여기 2막은 창조물 가운데 일부가 하나님의 계획을 따르기를 거부했음을 보여준다. 하나님은 과연 인간과의 관계를 회복하고 창조세계에서 저주를 제거하실 수 있을 것인가? 아니면, 하나님의 원수에 의해 결국 그분의 계획이 무산되고 이야기가 역전되고 말 것인가?

1막과 2막은 페이지 수로 따지면 성경에서 얼마 안되지만, 뒤따라 전개되는 이야기 전체를 지배하는 중심 갈등이 도입되는 부분이다.

제3막 | 이스라엘

> **하나님**께서 아브람에게 말씀하셨다. "네 고향과 네 가족과 네 아버지 집을 떠나, 내가 네게 보여줄 땅으로 가거라.
>
> 내가 너를 큰 민족이 되게 하고
> 네게 복을 주겠다.
> 내가 네 이름을 떨치게 할 것이니
> 너는 복의 근원이 될 것이다.
> 너를 축복하는 사람에게는 내가 복을 내리고
> 너를 저주하는 사람에게는 내가 저주를 내리겠다.

세상 모든 민족이

너로 인하여 복을 받을 것이다"(창 12:1-3).

하나님은 아브람(후에 하나님은 그에게 아브라함이라는 새 이름을 지어 주신다)을 부르셔서는 그를 큰 민족의 조상으로 삼아 주시겠다는 약속을 하신다. 그러고는 하나님은 초점을 좁혀 한동안은 한 무리의 사람들에게 집중하신다. 하지만 하나님의 궁극적 목적은 동일하다. 지상의 모든 민족들에게 복을 내리고, 창조세계에서 저주를 없애며, 에덴 동산에 존재했던 그 본래적 관계를 회복시키는 것 말이다.

이후 아브라함의 자손들이 이집트에서 노예로 살아가는 상황이 벌어지자, 성경 이야기의 중심 패턴 하나가 모습을 드러낸다. 즉 하나님께서 당신의 백성을 다시 찾아오시고, 그들을 해방시켜 주시며, 그들에게 약속의 땅을 되찾아 주신다. 하나님은 이 새 민족 이스라엘과 시내 산에서 언약을 맺으신다. 이집트로부터 탈출하여 출애굽(Exodus)하는 그들을 위해 모세를 지도자로 세워 주신다. 언약을 맺으실 때 하나님은, 만일 당신의 백성이 당신께 충실하고 신실히 당신의 길을 따른다면 그 새 땅에서 그들에게 복을 내리고 그곳을 에덴 동산 같은 곳으로 만들어 주겠노라고 분명히 약속해 주신다.

그러나 하나님은 또 경고하시기를, 만일 이스라엘이 언약을 충실히 이행하지 않는다면, 당신께서는 그들을 아담과 하와에게 하셨던 것처럼 그 땅에서 쫓아내실 것이라고 하신다. 비극적이게도, 또 하나님의 거듭된 경고와 호소에도 불구하고, 이스라엘은 결국 하나님의 길을 저버리고 만다. 그들은 하나님과의 언약을 깨뜨리고, 주변 민족들이 섬기는 거짓 신들을 따르며, 그렇게 하나님의 심판을 자초한다.

이렇게 아브라함의 자손들은 아담의 실패를 만회하라고 선택된 이들이었음에도 결국 실패하고 만다. 그러나 이런 와중에서도 하나님은 다른 씨들을 심고 계셨다. 이스라엘의 왕들 가운데 하나였던 다윗은 **"하나님의 마음에 합한 사람"**이었다. 하나님은 이스라엘에게 장차 다윗 같은 왕을 보내 주시겠다고 약속하셨다. 다윗의 후손인 그 왕은 이스라엘을 지혜롭게 인도할 것이며, 백성의 마음을 다시 하나님께로 돌이킬 것이며, 세계의 모든 민족들에게 복을 가져올 것이라고 하셨다.

이렇게 3막은 하나님의 부재와 더불어, 그러나 또한 한 약속, 희망과 더불어 막을 내린다.

제4막 | 예수

시간이 흘러 사백 년 후, 이스라엘 백성은 로마의 압제 아래서 신음하며 하나님이 다시 찾아와 주시기를 대망하고 있다. 이때 하나님의 천사가 마리아라는 한 젊은 여인을 찾아와서는 소식을 전한다.

"네가 임신하여 아들을 낳을 것이니, 그 이름을 예수라고 하여라.

그는 크게 되어
'지극히 높으신 분의 아들'이라 불릴 것이다.
주 하나님께서 그에게
그의 조상 다윗의 왕위를 주실 것이다.
그는 영원히 야곱의 집을 다스리고
그의 나라는 영원무궁할 것이다"(눅 1:31-33).

예수께서 오시는 것은 하나님의 약속의 성취였다.

예수께서는 미션에 돌입하신다. 백성 가운데 아프고 병든 이들을 고쳐 주신다. 영적 세계에 도사리고 있는 하나님의 원수들 곧 마귀들과 대결하시고, 그들더러 사람을 괴롭히지 말고 떠나라고 명령하신다. 가난한 심령으로 나아오는 이들에게 죄 용서를 선언하신다. 예수께서는 복음, 곧 희소식을 선포하신다.

"때가 다 되었다! 하나님 나라가 여기 있다.
너희 삶을 고치고 **메시지**를 믿어라"(막 1:15).

예수께서 전한 메시지의 핵심은 바로 이 희소식, 하나님께서 통치하시는 나라가 다가오고 있다는 소식이다. 마침내 하나님께서 당신의 백성에게 돌아오실 것이고 다시 그들 가운데 거하실 것이다. 예수께서 임마누엘, 곧 "하나님이 우리와 함께하신다"고 불리시는 까닭이 여기에 있다.

그러나 예수의 메시지는 상반된 반응을 불러일으킨다. 믿고 받아들이는 이들도 있으나, 대부분은 그저 어리둥절해하며 그분을 신기해할 뿐이다. 제도권 종교 지도자들은 곧 그분을 적대한다. 갈등은 고조되다가 마침내 파국에 이르고, 마침내 종교 지도자들은 공모해 예수를 체포해서는 십자가에 못 박아 죽인다.

그러나 일견 하나님의 패배로 보이는 이 일은 실상 하나님의 최고 승리 사건이다. 예수의 죽음은 대역전의 사건, 하나님께서 당신의 원수를 거꾸러뜨리고 세상을 뒤엎으신 사건이다. 스스로 자기 목숨을 제물로 바침으로써 예수께서는 우리의 죄에 대한 하나님의 심판을 친히 담당해 주신다. 이스라엘의 참 제사장으로서 그분은 자기 목숨을 당신의 백성을 위해 제물로 바치신다. 그분께서는 당신 백성을 새로이 출애굽시키신다. 죽음에서 생명으로 옮기신다. 이 모든 일이 보여주는 바, 예수께서는 인류를 하나님과 화해시켜 주러 오시기로 약속된 바로 그 아브라함의 자손이다. 이스라엘은 예수를 통해 비로소 자신의 역할을 완수하게 된다. 하나님께서 아브라함을 부르신 목적을 마침내 이루게 된다.

이와 같은 예수 이야기가 바로 성경 전체 이야기의 핵심 포인트다. 하나님의 원수와의 대결, 세상의 근원적 뒤틀림을 바로잡으려는 씨름의 진면목이 펼쳐지는 장이 바로 예수의 삶이다. 예수께서 바로 성경 이야기의 주인공이시다.

제5막 | 하나님의 새 백성

결정적 승리는 이미 확보되었다. 그런데 왜 5막이 필요할까? 하나님께서는 예수의 승리가 세상 모든 민족들에게 퍼져 나가기를 바라시기 때문이다. 예수를 따르는 이들은 지금 함께 하나님의 새 성전으로 지어져 가는 중이다. 하나님의 영이 거하시는 곳으로 말이다. 하나님은 세계 방방곡곡에서 이런 이들을 불러 모아 당신의 교회를 이루게 하신다. 이 일이 완성되는 날, 예수께서 돌아오실 것이고, 하나님의 통치가 하나님의 창조세계 전체에 걸쳐 실재가 될 것이다(고전 15:24-25). 2막 때 들어왔던 저주가 마침내 제거될 것이다(계 22:3).

세계 모든 민족들에게 복을 가져오는 백성이 되라는 임무가 다시금 아브라함의 자손들에게 주어졌다. 신약성경에 따르면, 그리스도께 속한 이들이야말로 진정한 아브라함의 자손들이다(갈 3:29). 5막은 그리스도를 따르는 제자들에게 부여된 미션을 강조한다. 그리스도의 나라에 대한 희소식, 그 해방의 메시지를 선포하며 살아 내는 삶 말이다.

지금 우리 모두는 이 5막의 시대, 그 드라마를 살고 있다. 그리스도에 대한, 그분 나라에 대한 복음 메시지가 우리에게까지 이르렀다. 우리도 중대한 결단 앞에 서게 된 것이다. 어떤 결단을 내릴 것인가? 이 이야기 속에서 우리는 어떤 역할을 자임할 것인가?

성경 이야기는 인류 역사를 관통하는 갈등과 씨름에 대한 참된 서술이다. 우리는 새 창조의 일을 하시는, 세상을 회복시키시며 세상과 우리를 새롭게 하시는 하나님의 선교에 동참할 것인가?

무엇을 할 것인가?

지금 당장 할 수 있는 가장 중요한 일은 먼저 이 성경을 주의 깊게 읽는 것이다. 그러면 하나님의 영께서 성경의 말씀을 힘 있게 들어 사용하셔서 당신의 목적을 성취하신다. 여러분을 변화시키며, 여러분을 통해 세상을 변화시키신다.

성경을 읽기 쉬운 책이라 말하기는 어렵다. 이해하기 어려운 구절들도 분명 있다. 그러나 그럼에도 불구하고 여러분이 성경 읽기를 고수한다면, 하나님에 대해, 또 그분께서 성경을 통해 주시는 이야기에 대해 더 깊이 알고자 매진한다면, 여러분은 인도받을 것이고, 변화될 것이며, 하나님과 친밀한 사이가 될 것이다.

성경 드라마 | 연대표

◎ **세계사 주요 사건**

피라미드 건설, 주전 2500년대
힌두교가 인도에서 흥왕하다, 주전 1100년대
불교가 인도에서 창시되다, 주전 500년대
알렉산더 대제의 통치 시대 개막, 주전 336년
중국이 만리장성 건축을 시작하다, 주전 214년
로마제국의 발흥, 주전 28년

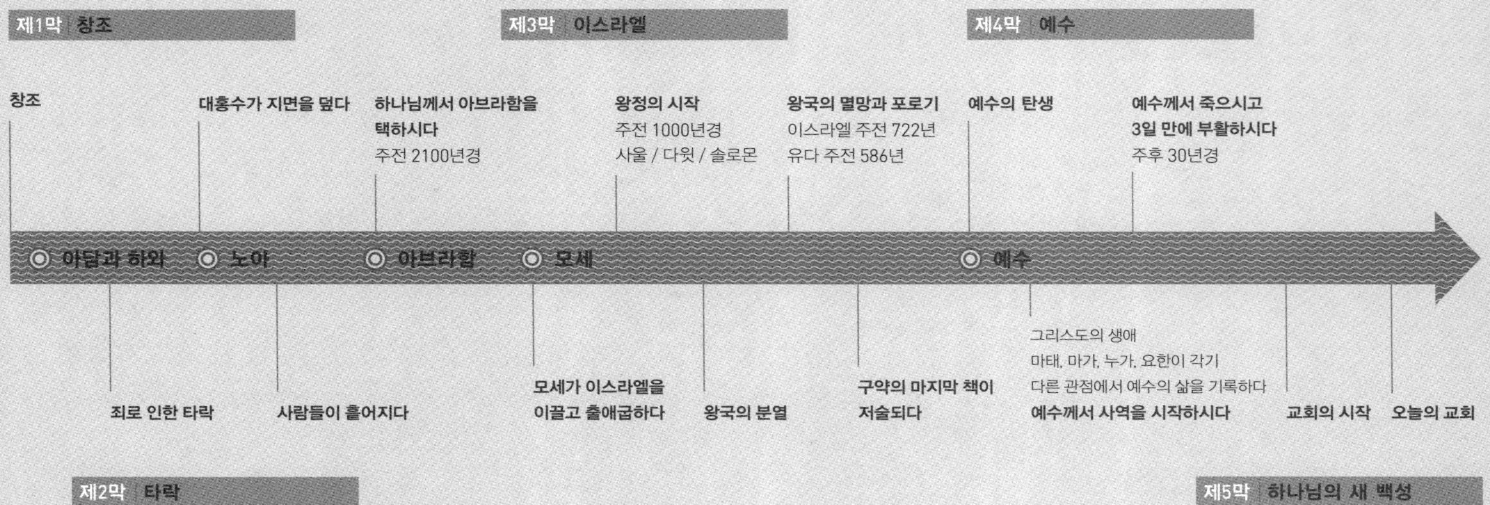

유진 피터슨 Eugene H. Peterson, 1932-2018

1932년 11월 6일	미국 워싱턴 주 이스트 스탠우드에서 태어나다. 몬태나 주 캘리스펠로 이주하여, 어린 시절을 보내다.
1950–1954년	시애틀 퍼시픽 대학에서 철학(B. A.)을 공부하다.
1954–1957년	뉴욕 신학교에서 신학(S.T.B.)을 공부하다.
1957–1959년	존스 홉킨스 대학에서 셈어 연구로 석사학위(M. A.)를 받다.
1958년	미국 장로교단(PCUSA)에서 목사 안수를 받다. 존스 홉킨스 대학에서 재니스 스텁스를 만나 결혼하다.
1959–1962년	뉴욕 신학교로 돌아와 성경 원어(히브리어, 그리스어)와 성경을 가르치며, 뉴욕 시 화이트 플레인스 장로교회 협동목사로 사역하다. "나는 잠깐 동안 목사 일을 할 생각이었다. 생활비를 벌기 위해 시작한 일이었고, 당시 내게는 목회자가 될 마음이 없었다.…… 그러나 3년을 교수와 목사로 일하면서 내 소명이 무엇인지 명확해졌다. 마침내 나는 교수가 아니라 목사이어야 함을 분명하게 깨닫게 되었다. 이 일이 큰 충격이었던 것은, 나는 한번도 목사로서의 삶을 진지하게 생각해 본 적이 없기 때문이었다."
1962년	교수직을 사임하고, 메릴랜드 주의 작은 마을 벨 에어에서 '그리스도 우리 왕 장로교회'(Christ Our King Presbyterian Church)를 시작하다. 이후 29년간 이 교회의 목사로 섬기다.
1980년대 초	교인들과 성경을 공부하며 성경 원문의 생생한 의미를 전달해 줄 방법을 고민하던 중, 갈라디아서를 오늘의 일상 언어로 번역해서 교인들과 함께 읽다. 이렇게 번역된 갈라디아서를 통해 교인들이 성경에 눈을 뜨게 되다. 이 번역은 나중에 있게 될 『메시지』 작업의 기초가 된다. "내가 번역을 하면서 염두에 두었던 것은 오직 우리 교회 교우들과 그들의 삶이었다. 그래서 나는 그리스어로 쓰여진 본문 속으로 들어가 그 의미의 밑바닥까지 살피고, 오늘 우리가 사용하는 일상 언어로 그것을 표현하려고 했다."
1988년	새로운 갈라디아서 번역과 설교를 담은 『자유』(*Traveling Light*)가 출간되다.
1990년 4월	『자유』에 실린 갈라디아서 번역을 수년간 마음에 두고 있던 NavPress 출판사 편집자 존 스타인이, 신약성경 전체를 번역할 것을 제안해 오다. "나는 정말로 그 일을 할 수 있으리라고는 생각하지 않았다. 하지만 우선 마태복음 10장까지 번역해 보기로 했다.…… 그러던 어느 날, 지하실 서재에서 산상수훈을 번역하고 있던 나는 이 작업이 가능하다는 것을 문득 깨닫게 되었다."
1991년 7월	마태복음 번역과 함께 보낸 16개월의 기도 끝에 신약성경을 번역하기로 결정하다. 29년간 섬기던 교회 목사직을 사임하다.
1991–1992년	피츠버그 신학교 집필교수로 재직하며 신약성경을 번역하다.